韓國 佛敎大辭典 ⑴

監修
東國大學校 名譽敎授 趙明基 博士
延世大學校 名譽敎授 閔泳珪 博士

編纂委員長
吳㫗山 스님 (前 梵魚寺 講師)

韓國佛敎大辭典編纂委員會 編

明文堂

觀世音菩薩像（253p. 參照）

達磨像(四溟大師) (612p. 參照)

敬天寺十層石塔 (167p. 參照)

高麗大藏經(海印寺) (196p. 參照)

大雄殿(曹溪寺) (705p. 參照)

多寶塔 (590p. 參照)

幢竿(甲寺鐵幢竿)(626p. 參照)

金剛山 (428p. 參照)

祇洹精舎（481p. 参照）

鹿野園（553p. 参照）

鬼子母神及半支迦像 (392p. 參照)

慶州南山里塔谷磨崖彫像群 (165p. 參照)

幢竿支柱(金山寺) (626p. 參照)

幢竿支柱(桐華寺) (626p. 參照)　慶州南山里七佛庵磨崖石佛 (165p. 參照)

慶州南山里三層石塔 (164p. 參照)

慶州背里石佛立像 (165p. 參照)

慶州南山里佛谷石佛坐像 (164p. 參照)

高仙寺趾三層石塔 (203p. 參照)

大安寺廣慈大師碑 (699p. 參照)

大覺國師 (632p. 參照)

慶州南山里神仙庵磨崖菩薩半跏像
(164p. 參照)

慶州羅原里五層石塔 (164p. 參照)

卷頭言

仁者必有言 文者貫道之器也 故言文者 心性道義之表跡也 有本有跡 有跡有本 本跡互回不相離也 然而其實 非本非跡 畢竟若何 石虎咆哮上九天 泥牛入海無尋處 阿呵呵

然夫辭書者 此語彙文類之聚輯書而 以此解其語彙文類之意而明其典據溯源也 故 學者不可不携帶書物也

我邦佛教文化 有史以來 有許多典籍語錄 然無可觀之此語彙文類之聚輯書也 而做工者恒有不便 由是 此辭書之出版發行 一大渴望之事也矣 是何幸也 此際 清信人 寶蓮閣李奉洙社長 護法爲公之心 發大清淨之願 作此辭書編譯事業 又況集群佛教辭書而 多年經苦之餘 集大成六卷佛教辭典 其功德不可勝言 斯學界之一大喜消息也 余讚之不已之餘 書此數言 付之言卷頭 推薦于世.

壬戌 肇夏.

桐華寺 祖室 西翁 謹識.

推薦辭

大韓佛敎曹溪宗總務院

院長 黃 軫 經

　우리 佛敎는『高麗大藏經』이란 世界的 至寶를 가지고 있음에도 불구하고 오늘의 時代가 要請하는 完璧한 佛敎辭典을 가지고 있지 못하였다.

　佛敎의 오랜 歷史性, 厖大한 敎理와 豊富한 哲學思想, 그리고 東洋은 물론 西歐世界의 精神文化에까지 끼친 그 莫大한 影響力을 생각할 때 質과 量에 있어서 佛敎辭典은 다른 어떠한 學問分野보다도 特殊性과 多樣性을 갖는다고 말할 수 있을 것이다.

　그러나 不幸히도 아직 우리의 佛敎學界는 이에 相應할 辭典을 내놓지 못하고 있던 차, 이번 寶蓮閣에서『韓國佛敎大辭典』을 大版 六册으로 編纂, 廻向케 되었다고 하니 歡喜心을 禁키 어렵다.

　本人이 알기에 宗立大學에서도 일찌기 佛敎大辭典 刊行計劃을 세워 作業에 착수했던 것 같으나 지금까지 結實을 맺지 못하고 있는 것을 보면 큰 辭典의 編纂이 그리 쉬운 것은 아닌 것 같다. 그럼에도 적지않은 經費와 多數의 專門知識 그리고 많은 學者를 필요로 하는 이 어려운 佛事를 한 出版社의 힘으로 完成시켰다는 것은 實로 壯快한 일이라 하지 않을 수 없을 것이다.

　寶蓮閣은 創立때부터 오늘날까지 佛敎出版을 專門으로 하여 其 百餘의 良書를 펴내왔는데 그중에서도 이번의 佛敎大辭典은 佛學振興을 위해 寄與하는 바 至大할 것으로 期待된다.

　다만 內容에 있어서 名과 實이 如如하도록 初刊에 滿足할 것이 아니라 繼續 修正 增補를 거듭하여 完璧을 期해주기 바라면서 敎界의 여러분의 奉存을 勸하는 바이다.

一九八二年　八月　　日

序 言

　우리民族이 千數百年前으로부터 使用해온 佛教語는 現代에 와서는 難澁하다는 理由로 佛教를 두려워하는 傾向까지 있으나 一邊으로는 簡明하고도 詳細한 佛教辭典이 나타나기를 切實히 바라는 바가 크다고 할 수 있다.

　우리나라 文物 大部分을 차지하고 있는 佛教文化를 現在를 通하여 未來까지 研究하고 發掘하고 다듬는 것이 우리의 義務라고 생각한다면 此際에 國民共通의 語彙로서 平明하게 理解하고 表現할 수 있는 새로운 辭典을 編纂할 必要를 느끼게 되는 것이다.

　우리民族의 精神生活에 있어서 그의 骨髓가 되는 것을 國民精神이라고 하면 그 血肉이 되는 것은 佛教的 教養이 附隨가 되고 加味가 되는 것이 當然할 것이다. 이런 意味에서 佛教를 바르게 理解하고 一般國民生活中에 提供하고저 하는 것이 이 佛教大辭典이니 이에 必要하다고 생각되는 語句 約 七萬五千餘項을 골라서 解釋해 넨것이다.

　佛教가 우리나라 文化의 모든 方面, 즉 思想, 藝術, 文學, 教育, 醫藥, 工學, 天文, 習俗, 國家 等等에 潤濕하여 人心을 感化하고 指導한 것이 事實이다. 韓國文化史에서 佛教를 除去할 수는 없을 것이니 國民의 國史를 보려면 佛教를 理解하지 않고는 엄두도 못내게 될 境遇도 있을 것이다. 韓國文化와 佛教와의 關係를 論한다는 것은 곧 韓國文化 全部를 論하는 것이 될 것이다.

　現今 思想界의 一隅에서는 佛教가 現代國家에 容納되지 않는다

고 하나 그러나 이것은 佛敎를 理解하지 못하는 것이 原因이 되는 것이다. 우리 先祖들은 英特하게도 佛敎를 攝取하여 固有文化를 深化시키고 佛敎를 信行하여 國民道德을 伸張시키므로서 國家基盤이 堅固해지고 世界的 國家로서 활개를 치게 된 것이 우리 國民의 幸福이 아니겠는가.

要컨대 우리國民이 이 佛敎를 如何히 受容하고 消化해서 내것으로 創造하여 不知不識中 日常生活에 具顯됨으로써 精神活動의 榮養素가 되고 있는 것을 뉘가 알겠는가 國寶로 保有하고 있는 高麗大藏經과 其他 佛敎典籍을 읽는데는 勿論이지만 어떤 儒籍에도 佛敎의 用語가 섞여있지 않다고는 못할 것이니 어찌 佛敎辭典이 必要不可缺한 것이라고 안할 수 있겠는가.

近十年을 두고 數많은 善知識들이 全心全力으로 執筆하여 原稿 二十萬數千枚를 모아 檢討를 거듭하고 一部는 廢棄하고 一部는 改書, 또는 訂正 修正에 努力하였으나 監修者의 눈이 미치지 못한 곳도 없지않을 것이 저으기 念慮되는 바이나, 大方의 敎示가 있기를 기다릴뿐, 李奉洙 社長 九年苦行이 이만큼 成就를 보게된 것을 隨喜稱頌해 마지 않는 바이다.

一九八二年 八月 日

東國大學校
名譽敎授 趙 明 基 博士

刊 行 辭

　우리 宗門에「不立文字하고　直指人心하여　見性成佛이라」하여 五祖가 六祖에게 衣鉢을 傳하면서 佛法은 文字에 있는 것이 아님을 强調하였으니, 이 辭典刊行이 어찌 큰 佛事라 하리요마는 上求菩提 下化衆生도 佛法이요 萬法이 歸一하고 諸法이 無常함도 또한 佛法임에 틀림이 없을진대, 어찌 昭昭 明明한 眞面目에 汚點을 친다고 말하랴! 부처님께서도 凡夫들에게 智慧의 눈을 뜨게 하시려고 모든 方便을 아끼지 않으셨으니 亦是 이 辭典刊行이 佛法을 探求함에 多少의 도움이 되고 凡夫를 일깨우는 한 指標의 方便임을 알 때 無限한 즐거움을 禁할 길 없다. 아무쪼록 佛法 弘布에 一翼이 되며 이 나라의 文化發展과 全國民 佛子化하는데 조금이나마 보탬이 되었으면 한다.

　이제까지 이 辭典을 刊行하기 爲하여 九個星霜을 거처 編纂에 惡戰苦鬪를 같이 해주신 編纂委員 여러분께 致賀와 感謝를 드리며 아울러 物心兩面으로 誠意를 다해주신 寶蓮閣 李奉洙 社長에게 感謝를 表하는 바이다.

佛紀二千五百二十六年 (西紀1682) 八月　　　日

韓國佛敎大辭典編纂委員會

委員長　吳 杲 山 謹識.

自 序

어떤 宿緣에서인지는 몰라도 나는 어려서부터 佛敎에 信仰을 가졌었고 法堂에서 禮佛할 때마다 무거운 佛恩을 느끼곤 하였다.

그 慈悲로움에 惑된 탓이었을까 철이 들면서부터 僧侶가 되어 朝夕으로 一平生을 佛前에 供養한다면 그 鴻恩에 조금이나마 報答할 수 있을까 하고 때로는 생각도 해보았다.

그러나 僧侶가 되는 길만이 最上이 아니라고 생각했다. 왜냐하면 佛恩에 報答하는 길은 僧侶가 되는 自利보다는 傳道者가 되는 利他가 더 크다고 생각했기 때문이다.

내 한 사람이 알수 없는 佛恩에 젖어 生을 滿足하는 것보다는 이 無量한 大法을 온누리에 펼쳐서 모두 함께 正覺을 이루게 하자는 決心에서였다.

佛敎書籍을 出刊하여 各地方에 골고루 配本하여 모든 佛子들이 부처님의 참뜻을 깨닫고 離苦得樂을 바라면서 같은 일에 종사한지 於焉 三十年을 헤아린다.

數많은 經典을 出刊도 하고 普及도 하였다. 그러나 恒常 마음 속에는 늘 滿足치 못한 心懷가 도사리고 있었다. 佛敎의 經典이 많이 刊行되고 寺刹의 數가 자꾸 늘어만 가도 마음속은 恒常 不安함을 금할 수가 없었다.

부처님이 가신지 年久歲深하여 眞言은 얻어 들을 길이 없고 藏經은 그 價値를 잃어 한낱 裝飾品에 不過하며 法紀는 날로 衰殘해지고 佛子中에는 法보다는 現實에 置重하여 苦行을 버리고 安逸을 取하며 法戒를 無視하고 享樂에 耽溺하는 事例를 往往 보기 때문이다.

뿐만 아니라 더욱 時代는 자꾸 變遷하여 精神에서 人生을 推究하던 時代가 物質에서 享樂을 獲得하려는 時代로 흘러가고 있음에랴……, 複雜한 社會構造와 眞假가 뒤범벅이 된 混濁한 人間關係로 人間의 心理가 그 支柱를 잃어가기 때문이다.

이러한 때일수록 聖人의 가르침은 火急을 要한다. 다시 말하면 부처님만이 世上을 救濟할 수 있다는 뜻이다.

부처님의 가르침이 온누리에 施行되는 날, 이 社會는 秩序가 바로 서며 人類가 幸福이란 共同의 利益을 얻을 수 있다고 確信한다.

그러나 奧妙한 眞理일수록 어려워서 大衆化되지 못한다. 特히 佛經은 本來 우리나라의 글이 아니요 우리말이 아니므로 더 더욱 어렵다. 이 어려움을 그대로 둔다면 아무리 佛經을 普及한다 하더라도, 또 설령 읽혀진다 할지라도 아무런 도움이 될 수 없다. 뜻을 모르고 하는 것을 空念佛이라 하지 않는가. 어떻게하면 이 어려움을 解決할 수 있을까 다만 뜻이라도 正確하게 理解시킬수만 있다면 佛書普及에 큰 도움이 되리라 생각하였지만 나로서는 좋은 생각이 나지 않았다.

外國에서는 各種의 辭典類가 쏟아져 나와 佛敎 理解에 많은 도움을 주고 있지만 우리나라에선 佛敎辭典이 別로 없어 大部分의 硏究하는 사람들은 外國辭典을 利用하고 있었다.

慾心같아서는 辭典다운 辭典, 佛經의 語彙를 總網羅한 大辭典을 만들려고 생각해 보기도 했으나 나의 當時의 位置로서는 엄두도 내지 못할 大難事였다.

왜냐하면 日本의 中村이 自己의 著作인 佛學辭典의 序文에서 밝힌 바에 따르면 上下 二卷의 册子를 經營함에도 三十年의 歲月을 消費하고 數많은 學者들의 協助를 받았다고 하였다.

그런데 東洋에서 가장 語彙數가 많고 內容이 充實한 辭典을 만들려면 그의 몇 갑절의 努力과 時間이 必要한가를 料量할 수 조차 없기 때문이다.

나에게 所要되는 時間은 있을지 모르지만 學者의 協助를 얻는 일과 經濟的인 負擔이 難事中의 難事가 아닐수 없었다.

혼자 苦憫하던 끝에 平素부터 親分이 있는 스님 몇분을 찾아 뵙고 諮問을 請하여 보았다. 그랬더니 모두 異口同聲으로「辭典을 만든다는 것은 참 어려운 일이지. 하지만 우리나라에도 辭典다운 辭典은 있어야 하겠고…… 그렇지만 어떠한 大佛事라도 그 成敗는 信心에 달려 있지 않는가. 信心만 두텁다면 부처님이 계시는데 무엇을 걱정하나 成功할 수 있고 말고.」

나는 여기에서 勇氣를 얻었다. 다른 일이라면 몰라도 信心만은 누구에게도 뒤지지 않는다고 自負해온 自身이 아니였던가……

어떠한 犧牲이 따르더라도 부처님의 恩德이 온누리에 쉽게 흘러서 모든 佛子들이 함께 즐길수만 있다면 그리고 社會淨化와 國家發展에 이바지할 수 있다면……

成敗는 하늘에 맡기고 오직 부처님의 慈悲를 힘입어 이 일을 꼭 成就시키리라…… 決心에 또 決心으로 다짐하였다.

資料를 蒐輯하기 始作한지 九年이란 歲月이 흘렀다. 數많은 學者들이 나의 信心을 어엿비여겨 오직 佛音의 傳播를 돕기 위해 갖은 苦楚를 堪耐하면서도 使命感을 가지고 犧牲的인 奉仕를 하여 준 結果로 오늘날 이 佛敎大辭典의 첫 面目을 世上에 내어놓게 된 것이다.

這間의 事緣을 어찌 筆舌로 다 할수 있으랴? 다만 內容面에서는 그 어느 辭典보다 內容이 充實하며 各國의 佛敎辭典에서 다하지 못한 短點들이 充分히 補遺되었고 그 單語數에서도 七萬餘單語가 훨씬 넘어 佛敎 唯一의 辭典임을 自負해 본다. 信心이 흔들리지 않고 오직 辭典을 위해 일하는 동안 어려움을 當할 때마다

念佛을 하여 勇氣를 빌었고 그때마다 無事히 지나도록 도와주신 佛恩에 다시 한번 感謝를 드리며 여러가지로 도와주시고 怠惰함을 激勵해주신 編輯委員 여러분과 病中이면서도 끝가지 原稿를 써주신 분을 비롯하여 直接 業務에 參與해주신 여러분에게 삼가 紙面을 빌어 고마움을 表하며, 특히 物心 兩面으로 勞苦해주신 趙明基博士님과 閔泳珪博士 吳果山 辭典編輯委員長님께 거듭 感謝드리는 바이다.

끝으로 이 辭典이 本來의 目的을 達成하여 부처님의 가르치심이 쉽게 이해되어 온누리에 퍼져 울릴 날을 기다리면서 삼가 이 글을 마치며 誤譯·誤·脫字가 있더라도 널리 이해하여 주시길 바랍니다.

1982년 8월 일

李 奉 洙 合掌.

再刊行辭

부처님 가신 지도 年久歲深하여 眞言을 얻어 들을 길이 없고 時代는 變遷하여 法을 求하고 苦行을 하기보다는 物質에서 享樂을 追求하는 風潮가 蔓延되어 있는 世上이다. 그러나 이러한 때 일수록 聖人의 가르침은 火急을 요하므로 부처님의 奧妙한 眞理를 널리 普及하여 온 누리에 그 恩德이 넘치기를 바라는 간절한 마음으로 佛敎大辭典을 再刊行하게 되었다. 이 大佛事에 많은 어려움이 따랐으나 오직 信心에 依支하였으며 數많은 學者들의 協助에 힘입어 이에 結實을 맺게 되었다.

初版을 修訂·補完하여 再刊行함에 있어서 物心兩面으로 도움을 주시고 勞苦를 아끼지 않은 많은 분들께도 아울러 感謝를 드린다.

1992년 12월

金 東 求 識

監　修	趙　明　基　博士　東國大學校　名譽敎授	
	閔　泳　珪　博士　延世大學校　名譽敎授	

(가나다順)

證　義	故　姜　高　峰　스님	姜　昔　珠　스님	金　大　隱　스님
	南　無　佛　스님	柳　錫　岩　스님	全　觀　應　스님
	崔　月　山　스님		
編纂委員長	吳　杲　山　스님		
編纂・執筆	權　五　玹　敎授	權　五　虎　先生	金　觀　鎬　先生
	金　月　雲　스님	金　魚　水　先生	金　俊　烴　敎授
	金　雨　龍　스님	金　知　見　博士	都　利　天　스님
	朴　金　奎　先生	無　盡　藏　스님	徐　首　生　博士
	徐　燉　珏　博士	釋　無　比　스님	釋　性　陀　스님
	沈　載　烈　先生	安　興　德　스님	尹　永　德　先生
	元　義　範　敎授	李　英　茂　敎授	李　妙　嚴　스님
	李　鍾　德　敎授	李　永　子　敎授	李　鍾　益　博士
	全　明　星　스님	張　忠　植　敎授	鄭　泰　爀　博士
	鄭　湖　鏡　스님	千　惠　鳳　博士	崔　普　光　스님
	한　길　로　先生	韓　鍾　萬　博士	洪　庭　植　博士
	洪　潤　植　博士	黃　永　眞　스님	
刊行委員	金　慶　萬　先生	金　鏡　牛　스님	金　月　棲　스님
	金　泰　然　스님	朴　相　圭　先生	朴　石　泉　스님
	朴　完　一　先生	朴　昌　根　先生	朴　炯　喆　先生
	裵　慧　珠　스님	徐　義　玄　스님	釋　燈　國　스님
	宣　晋　圭　先生	成　岩　度　스님	宋　在　雲　先生
	尹　德　山　스님	李　秉　九　先生	李　建　鎬　先生
	李　性　奎　先生	李　奉　洙　先生	李　　　焌　先生
	李　月　南　스님	林　影　潭　스님	田　雲　德　스님
	鄭　光　鎬　先生	鄭　雲　門　스님	韓　定　燮　先生
	許　慧　淨　스님	黃　天　午　先生	
校　正	金　永　敏	張　菜　香	崔　南　順

凡　例

〈編輯方針〉
1. 佛敎에서 使用하는 術語를 누구나 쉽게 理解할 수 있도록 可及的 多方面에서 풀이하는데 注力하였다.
2. 用語를 採集함에 있어서는 初期의 漢譯經典文集을 主로 하고 印度·中國·韓國·日本 등의 重要한 佛敎文獻을 參考하여 될 수 있는대로 많은 單語를 採集하였다.
3. 印度의 古代語(산스크리트) 巴梨語·西藏語는 原語를 表記하여 術語의 說明에 嚴密을 期하고 原典을 硏究하는 者가 쉽게 利用할 수 있도록 出處를 밝혔다.
4. 印度의 思想的인 傾向과 印度人의 生活方式을 檢討하여 그 中 佛敎에 關係되는 部分의 用語를 充分히 理解시키려고 努力하였다.
5. 普通名詞 以外에도 佛經을 解讀하는데 必要한 用語는 勿論 人物·地名·山川·寺刹 등의 固有名詞를 總網羅하여 採集하였고 되도록 詳細하게 說明하려고 示圖하였다.
6. 旣刊行된 織田·望月·中村의 佛敎辭典을 비롯하여 梵漢辭典·禪宗辭典·禪學辭典·耘虛佛敎辭典 등의 不備를 補充하고 臺北版佛學大辭典을 主로 하고 그 외의 漢文大辭典·大漢和辭典·佛說解說大辭典·康熙字典·李熙昇編 國語大辭典 등에서 十分 採錄하였으며, 또 採錄되지 않은 많은 原典에서도 多數의 原語를 採集하였으므로 梵語辭典·巴里語辭典등의 役割도 兼할 수 있도록 하였다.
7. 大部分의 辭典이 一律的으로 處理되었으나 本書에서는 多方面으로 풀이하여 利用途에 따라 多分化하였다.

8. 佛敎를 硏究하는 專門人들을 위하여 어려운 用語는 풀이할 수 있는데까지 充分히 說明하고 그래도 未盡하다고 생각되었을 때는 漢文의 原典을 옮겨서 參考하도록 하였다.
   〔보기〕 ※ 玄應音義十「迦私 此云光 能發光 藥名也」

<語彙의 選定範圍>

1. 原則으로 佛敎의 用語를 總網羅하여 收錄하되 한글과 漢字의 表記는 한글學會가 制定施行하는 現行 맞춤法에 따르기로 하였다. 그러나 이미 오래전부터 變音되어 우리말化한 것과 또는 梵語의 原語는 맞춤법을 無視하고 소리나는대로 收錄하였다.
   〔보기〕 1. 梵語의 境遇
      ㄱ. 尼連禪河를 니련선하,
      ㄴ. 羅刹을 라찰,
      ㄷ. 蘭若을 란야,
      ㄹ. 摩黎를 마리,
      ㅁ. 波羅蜜을 바라밀,
      ㅂ. 薄伽梵을 바가범,
      ㅅ. 嚩曰羅를 바왈라,
      ㅇ. 摩低梨迦를 마지리가,
      ㅈ. 吒婆를 다바,
      ㅊ. 陀羅尼를 다라니.
   〔보기〕 2. 우리말化의 境遇
      ㄱ. 菩提를 보리,
      ㄴ. 道場을 도량,
      ㄷ. 十方世界를 시방세계,
      ㄹ. 八日을 파일 로.

2. 用語는 述語・雜語・名詞 등의 區別없이 收錄하고 알기쉽게 說明하도록 配慮하였다. 說或 佛敎와 關係없는 一般名詞라 할지라도 그 區別이 明確하지 않은 것은 全部 採錄하였으므로 韓・中・日 三國의 佛敎辭典中에서는 가장 많은 語彙가 收錄되었음을 讀者들은 쉽게 알 수 있을 것이다.
3. 語彙는 最初의 佛典에서부터 印度・中國・韓國・日本에서 作成된 佛典을 中心으로 하여 可能한 限 많은 語彙를 直接 採錄하였다.
4. 採錄의 根底를 原典에 두었으므로 至今까지 出刊된 許多한 佛敎辭典에서 採錄되지 않았던 많은 用語를 採集할 수 있었다.
5. 古典에서는 볼 수 없지만 우리나라 巫俗이나 神壇같은 데서 쓰이는 用語도 可及的 採錄하였고 印度・中國・日本 등지에서 實際로 使用되는 佛敎語도 될 수 있는대로 採集收錄하였다.

〈配列과 索引〉

1. 各用語의 漢字 一字를 一音으로 하여 가・나・다 順으로 配列方式에 依하여 配列하고 同音異語는 漢字의 字劃의 數에 따라 적은 것부터 順序대로 配列하였다.
2. 쌍받침은 그 列이 끝난 다음에 音順에 따라 配列하였다.
   〔보기〕 사列인 境遇
   　　1. 十惑
   　　2. 雙觀經
3. 漢字로 表記할 수 없는 純粹한 우리말이나 또는 산스크리트語・梵語의 原音 등은 音에 따라 맨 끝에 收錄하였다..
4. 語彙 다음에 ( )를 使用하여 漢字로 表記 可能한 것은 漢字로, 순수한 우리말이나 우리말과 外國語의 複合語 또는 梵

語의 原音 등은 ― 또는 알파벹으로 標記하였다.
　　〔보기〕 1. 가사(袈裟)
　　　　　　2. 땡초. (―)
　　　　　　3. 라마야나(Rāmāyana)
5. 各 페이지마다 奇數인 面은 右側上端에 그 페이지의 마지막 短語를, 偶數인 面은 左側上端에 그 페이지의 첫 單語를 各各 欄外에 揭載하여 索出에 便宜를 圖謀하였고 單語가 길어서 五字이상으로 形成되었을 때는 五字로 끊어서 煩雜을 避하였다.
　　〔보기〕 阿彌陀相好印相. 아미타상호.
6. 全體의 索引은 漢字音의 가, 나, 다語順에 따라 單語別로 作成하여 六卷末尾에 記載하여 漢字音을 正確히 모를 때를 考慮하여 索引의 便宜를 圖謀하였다.

〈語　譯〉
1. 佛敎의 術語는 難解語에 屬하므로 그 理觀를 돕고자 可及的 術語를 主로 하여 平易한 解釋을 꾀하였고 漢字語의 難解度를 줄이며 또한 漢字를 括號안에 쓰는 煩雜을 덜기 위하여 國漢文을 渾用하였다.
2. 說明은 可及的 平易한 現代語를 使用하였고 비록 梵語나 巴梨語등 漢字로 音譯된 것이라도 그 語源이 分明한 것은 原語를 並記하여 參考에 資하였다.
　　〔보기〕 1. 앙굴마라(央掘摩羅)　㊛〈Aṅgulimālya〉
　　　　　　2. 紇哩字㊜〈Hrih〉
3. 解說을 容易하게 하기 위하여 對話를 利用하여 處理하였고 그 對話를 表示할 때는 "　"의 符號를 使用하였다.
　　〔보기〕 問 "부처가 어디 있읍니까"
　　　　　　答 "네 마음 속에 있다"

4. 解說에 使用된 數字는 一二三등의 漢字를 使用함을 原則으로 하였으나, 年月日과 사람의 나이는 1, 2, 3, 등의 아라비아 數字를 使用하였으며 特히 다음의 境遇에는 例外로 하였다.
   〔보기〕 팔월 보름을 八月 보름으로,
          사월 초파일을 四月 初八日로.
5. 한개의 單語 가운데 二個이상의 다른 뜻이 있을 때는 ①②③으로 區別하고 그 뜻을 다시 細分할 때는 (1)(2)(3) 더 細分해야 할 必要가 있을 때는 1.2.3.으로 하였다.
6. 單語의 뜻이 다른 單語에서 抱括的으로 詳細하게 풀이 되어 있을 때에는 거듭 풀이하지 않고 ──로 다른 單語를 보도록 하였고 또한 細目의 單語를 보아야 한다던지 또는 一定한 語釋이 있을지라도 다른 單語를 參考해야 될 境遇에는 ──로 參照토록 하였다.
7. 單語의 用例를 他經典에서 引用한다든지 또는 그 解說을 補充하기 위하여 他經典을 引用했을 境遇에는 「 」로 그 內容을 表示하였다.
   〔보기〕 智度論文에 「꿈에는 五種이 있다 (中略)」
8. 單語의 用途를 分明하게 하기 위하여 對等한 낱말 사이에는 ·표, 同意語는 ＝표, 그와 反對되는 낱말은 ↔로 表示하고 梵語와 梵語 사이에는 ；표로 表示하고 感歎符號(！)와 물음표(？)는 省略하였다.
   〔보기〕 1. 央掘摩羅·央仇摩羅
          2. 菴羅＝波利
          3. 顯教↔密教
9. 悉曇字를 밝혀야 될 境遇에는 悉曇字를 漢字 다음에 表記하여 그 發音과 用途를 說明하였다.
   〔보기〕 阿 𑖀

10. 用語에서 名詞・固有名詞・雜話・人名 등의 區分을 하지 않고 다만 經典 등이 不分明할 때만 ㉲ ㉳ 등으로 區別하였고, 梵語와 巴梨語 등의 原語를 收錄할 때만 ㉻ ㉤ ㉥ 등으로 表示하였다.

11. 對話式으로 된 公案은 區別이 없으면 무엇인지 알 수 없을 때에 限하여 ㉱ 등으로 表示하여 그 對話가 公案에 關한 것임을 注意토록 하였다.

〈出 典〉

1. 單語의 說明을 引用한 例外의 境遇에는 出典을 末尾에 (　) 로 表示하고 一般的인 것은 出典을 省略하여 煩雜을 避하였다.

〔보기〕 (碧岩錄) ※ 他文獻에 引用된 것을 再引用할 때.

ㄱ

가(伽) ① 梵〈ᘀ gha〉悉曇體文 三十五字 가운데 牙소리의 네번째. 五十字門의 하나. ② 梵〈ᘀ ga〉 실담 五十字門의 하나. 四十二字門의 하나. 또는 誐・哦・我・嘘・仰・蘖・竭 등이라 함. →誐.

※大日經에「伽(去引)字門 一切法一合不可得故」文殊問經에「稱伽字時 是摧稠密無明闇冥聲」莊嚴經에「唱伽字時 出除滅一切無明黑闇厚重翳膜聲」此由 Ghaṭana (合)及 Ghana(稠密)之語釋之也.

가(佉) 梵〈ᘀ kha〉 또는 呿・喀・吃・哥・珂・恪・軼, 悉曇體文 三十五字 가운데 목구멍 소리의 제 二字 五十字門의 하나.

※金剛頂經에「佉字門一切法 等虛空不可得故」文殊問經에「稱佉字時 是出一切法等空虛聲」 大般若經에「呿字入諸法虛空不可得故」華嚴經에「唱佉字時 入般若波羅蜜門」智度論에「呿伽秦云虛空」大日經疏七에「梵音佉字是虛空義」以爲五大中虛空之種子 大日經一에「阿字門爲地 嚩字門爲水 羅字門爲火 訶字門爲風 佉字門爲空」由 Kha (虛空)之語釋之也.

가(迦) 梵〈ᘀ ka〉또는 葛・嘎・揭・柯・羯・箇・各・紺. 悉曇體文 三十五字 가운데 목구멍 소리의 第

一. 五十字門의 하나.

※字記에「迦」寄歸傳에「脚」金剛頂經字母品에「迦字門 一切法離作業故」文殊問經에「稱迦字時 是入業異熟聲」大莊嚴經에「唱迦字時出入業果聲」涅槃經에「迦者 於諸衆生起大慈悲 生於子想 如羅睺羅 作妙善義 是故名迦」四十二字門에「稱迦字時 入差別種種般若波羅蜜門 悟一切法作者不可得故」般若經에 「迦字門入諸法作者不可得故」此從Kārya (業作)釋之也.

가(假) 借의 뜻. 萬有는 제각기 實體가 없고, 서로 다른 것에 의지하여 存在하는 것이므로 假라 한다. 예를 들면, 나(我)라고 하는 것은 五蘊의 和合으로 이룩되고, 집(家)은 나무나 흙 등으로 이루어진 것과 같이, 나(我)나 집(家)은 그 實體가 없으므로 이를 假라고 함.

가가(佉佉) 부처 이름. 文殊의 眷屬.

가가(迦迦) 梵〈Kāka〉 또는 迦迦迦・迦迦羅(Kākāla) 번역하여 까마귀라 한다. 울음소리에 좇아 이같이 이름.

가가(家家) 十八有學의 하나. 一來向中에 極果를 證得한 聖者. 이에 두가지가 있으니 ①은 家家에 三生하여 欲과 惑의 三品을 끊고 四

生을 滅하였으나 오히려 六品이 남아서 곧 三生에 即하는 것이요 ②는 家家에 二生하여 欲과 惑의 四品을 끊고 이미 五生을 滅하였으나 오히려 五品이 남아서 二生에 即하는 것이다. 이 聖者의 三生 또는 二生이 家로부터 家에 轉生하여 極果를 證得하여 涅槃에 들어 가므로 家家라 한다. 三生과 二生의 一生이 사람의 一生과 함께 모두 少生 혹은 半生이라 하나 天의 一生과 合하여 一大生이라 한다. 이에 平等家家와 不等家家의 두가지가 있는데 平等家家는 天三人三・天二人二 혹은 人三天三・人二天二가 되고 不等家家는 天三人二・天二人一 혹은 人三天二・人二天一이 된다. 그러므로 天家와 人家의 二種으로 나누어지는데 天家는 平等家家의 天三人三・天二人二로 天處에서 得道하여 다시 天處에 돌아와서 極果를 證得한 것과 不等家家의 天三人二 혹은 天二人一로 人處에서 得道하여 天에서 極果를 證得한 것이며 人家家는 平等家家의 人三天三 或은 人二天二로 人處에서 得道하여 人處에서 極果를 證得한 것과 不等家家의 人三天二・人二天一로 天處에서 得道하여 人處에서 極果를 證得한 것이다.

※ 平等家家 { 三生 { 天三人三 / 人三天三 } 天家家
              二生 { 天二人二 / 人二天二 } 人家家

不等家家 { 三生 { 天三人二 / 人三天二 } 天家家
          二生 { 天二人一 / 人二天一 } 人家家

今就此中不等家家中第一種 天三人二. 三生家家之天家 示其生處得果之相 則先於人中得見道已 斷三品之惑 從此命終而生於天之一處 又由天死 來生人間 受人之一生 又由人死 生於天處 受天之一生 合前之一生爲天之二生 復由天來生人間受人之一生 合前之一生爲人之二生 又由人死 上生於天 更受一生 合前之二生爲天之三生 於此第三生斷盡一切餘惑而證阿羅漢果也 故三生之天家家爲天三人二 (總除最初得道之生) 三生之天家家旣然 則其餘二生天家之天二人一 三生之人家家之人三天二 二生之人家家之人二天一 及平等家家之四種亦準此可知 此中平等家家爲不厭受生之人 人天具三生 二生者人天具二生 不等故三生者家家爲厭受生之人 故三生者人天中 一方三生滿 則三生之分濟故一方之生 略而不受也 二生準是可知 婆沙四十二 俱舍光記 二十四 四教儀.

가가가(迦迦迦) →迦迦.

가가나(迦迦那) 梵〈Gagana〉空이라 번역함. (大日經疏 十三)

가가나비리차니(伽伽那卑麗叉尼) 梵〈goganaprekṣaṇa〉 또는 伽伽那必利綺那 번역하여 觀處空이라 함.

가가나필리기나(伽伽那必利綺那) →伽伽那卑麗叉尼.

가가라(迦迦罷) 까마귀라 번역함. →迦迦.

가가라충(迦迦羅蟲) 梵〈Kakala〉黑

蟲이라 함. 이 벌레는 반드시 그 어미를 해친다 함.

가가루다(迦迦婁多) 梵〈Kākaruta〉 烏音이라 번역함. 一佉樓書.

가가바가빈사라(迦迦婆迦頻闍邏) 梵〈Kapiñjala〉雉(꿩)라 번역함. (大威德陀羅尼經七)

가가성자(家家聖者) 家家와 같음. 十八有學의 하나. 家에서 家에 이르는 聖者란 뜻. 四向・四果의 하나인 一來向의 聖者. 欲界의 三品 또는 四品의 修惑을 끊고 命이 다하면 欲界와 人天의 사이를 두세번 往來하는 이, 그 중에서도 三品의 惑을 끊은 이를〈三生家家〉, 四品의 惑을 끊은 이를〈二生家家〉라 한다. 욕계 九品의 수혹은 潤七生이라 말하며, 그 세력이 욕계에 일곱번 생을 받게 한다. 이 三生家家・二生家家에서는 天家家・人家家의 구별이 있으며, 또는 等生家家, 不等生家家로 구별한다. 天家家는 人 또는 天중에서 得道하여 天中에서 涅槃에 드는 이. 人家家는 天 또는 人中에서 得道하여 人中에서 涅槃에 드는 이를 말함.

가가지(可可地) 좋은 모양. 地는 助字.

가거제(伽車提) 梵〈gacchati〉번역하여 去라 함.

※智度論四十七에「若聞車字 卽知一切法無所去」

가게(歌偈) 노래로 他人의 功德을 讚嘆하는 偈頌.

※智度論三十五에「喜德女見太子 自造歌偈 而讚太子 愛眼視之 目未曾眴」

가견유대색(可見有對色) 또는 有見有對色. 色法에 五根・五境과 無表色의 十一種이 있는데 이 중에 色境의 하나를 可見有對色이라 하고 眼 등 五根과 聲 등 四境을 不可見有對色이라 한다. 눈으로 볼 수 있는 것을 可見이라 하고, 極微로 조직되어 障礙가 되는 것을 有對라 함.

※智度論二十에 「佛說三種色有色可見有對 有色不可見有對 有色不可見無對」

가공(加供) 佛事의 供養에 참예하여 供物을 내어줌.

가관(可觀) ①〔1092~1182〕中國 天台宗 승려. 江蘇省 松江府 華亭縣 사람. 字는 宜翁, 號는 解空, 또는 竹庵, 車溪擇卿에게 참학하고, 南宋 建炎(1127~1130)初에 嘉禾 수성사에 住하고, 뒤에 當湖 덕장사・상부사・연경사 등에 住하였다. 1182 (南宋 淳熙 9)年 2月 世壽 91세로 入寂함. 有著 楞嚴集解(二卷)・楞嚴補註(二卷) 등. ②볼만함. 言行이 꼴답지 않아 비웃는 말.

※又見慧覺於湖州 在雪窓之下讀指要鈔 至若不謂實 鐵床非苦 變易非遷云云 豁然喜曰 世間之文字言語 皆糟糠耳 高宗紹興戊午 3(1138)年 司當湖德藏院 乾道(1171)年秋 住北禪之天台寺.

가관(假觀) 天台 三觀(空・假・中)

의 하나. 諸法의 假諦를 觀하는 것. 곧 萬有의 모든 法은 空하여 하나도 實在한 것이 없는 假의 存在라고 觀하는 것을 이름.
※觀一念之心 具三千諸法也.

가괴(可壞) 破壞되는 것. 色의 特質을 말함.

가교(家敎) 小參의 別稱. 禪林에서 쓰는 말.
※龍翔錄에「明日結制 今夜小參 謂之家敎 如家裡人說家裡話」

가구(加句) 眞言의 위 아래에 덧붙이는 語句. 그 법에 따라 각각 분별함.

가구(家狗) 煩惱가 몸에 따라다녀 버리기 어려운 것을 家畜의 개(狗)에 비유한 말.
※涅槃經十五에「如家犬不畏於人 山林野鹿見人怖走 瞋恚難去如守家狗 慈心易失如彼野鹿」往生要集中末에「野鹿難繫家狗自馴」

가구가(迦拘迦) 河水의 이름. 所在地 不明. 번역하여 腫頷. (飜梵語九)

가구경행(街衢經行) 高麗 때 開城을 중심으로 승려들이 행렬을 지어 경문을 외우면서 거리를 다니며 백성을 위하여 복을 빌던 일. 1046(高麗 定宗 12)年 3월에 시작한 후 연중행사가 되었다. 이 행렬은 시가를 三구역으로 나누어 각기 彩楼子를 만들어 般若經을 수레에 실어 앞세우고 승려들은 法服을 입고 걸어가면서 경문을 읽는데 감독하는 관원도 제복을 입고 그 뒤를 따랐다 함.

가구사(迦鳩駛) 梵〈Kākṣi〉또는 迦鳩라 함. 香·香料의 뜻. 나무의 이름. 학명(Cytisus cajan)
※僧伽羅利所集經卷中에「猶..伽鳩 封 降伏諸魔衆」

가구파(迦拘婆) 梵〈Kahupha〉번역하여 峰이라 함. 나무의 이름. 학명 (Teminalia arjuna) 訶梨勒에 속한다. (本行集經 四十一)

가권(加勸) 諸佛이 神力을 加하여 菩薩에게 精進을 권하는 것.

가권진(歌勸進) 佛供드릴 때에 노래하는 일.

가귀(可歸) 新羅 승려. 孝昭王 때의 高僧. 勝詮法師의 弟子. 著書: 심원장.

가근방계(假根謗戒) 根據없이 말하는 것이 아니지만 다른 일과 뒤섞어서「저 僧은 波羅夷罪를 犯하였다」고 조롱함을 경계하는 戒. (八宗綱要)

가금결벌(枷禁決罰) 枷禁은 罪人의 목에 칼을 씌워 拘禁시키는 것, 決罰은 罪人의 刑罰을 決定하는 것.

가기(迦枳) 꽃이름. (可洪音義四下)

가나(伽那) ①梵〈Gaṇa〉密合이라 번역 함. ②梵〈Ghana〉厚라 번역 함.
※大日經疏七에「梵云伽那是密合義 如衆微相合成一細塵 諸蘊相合成一身等」②智度論四十八에「若聞伽字 卽知諸法不厚不薄」

가나가무니(迦那伽牟尼) 梵〈Kanakamuni) 또는 羯諾迦牟尼・拘那含牟尼. 번역하여 金寂・金仙人이라 한다. 賢劫千佛의 第二, 過去七佛의 第五. 사람의 壽命이 三萬歲 때에 淸淨城에 나고, 婆羅門 種族으로 姓은 迦葉, 아버지는 大德, 어머니는 善勝이라 한다. 우담바라나무 아래서 크게 깨닫고, 衆生을 濟度하였음.

※慧琳音義十八에 「羯菩迦牟尼 唐言金寂靜 是賢劫中第二佛」 梵網經述記下에 「拘那含牟尼者 或言迦那伽牟尼 拘那含此云無節樹 牟尼者 此云忍 亦云滿 亦云寂」

가나나가니다(伽那那伽尼多) 梵〈Gaaṅnaganita〉 數의 명칭.

※本行集經十二에 「百三蔓多羅婆 名伽那那伽尼多 隋數十柿」

가나나발다서(伽那那跋多書) 六十四書의 하나로 算轉이라 번역함. (本行集經 十一)

가나다(迦那陀) 梵〈Kaṇāda〉 勝論派의 始祖. 번역하여 食米라 한다. 낮에는 산에 숨어서 經書를 읽고, 밤에는 나다니면서 說法敎化하는 것이 올빼미와 같다하여, 優楼迦(ulūka) 곧 鵂鶹仙人이라 하였음.

가나발지(迦那跋底) 雙身象鼻의 歡喜天의 이름. →誐那鉢底.

가나복력인(伽那馥力双) 龍樹菩薩의 梵名. →那伽閼剌樹那.

가나제바(伽那提婆) 梵〈Kaeadova〉 사람의 이름. →提婆.

가나제바(迦那提婆) 梵〈Kāṇa-deva〉 西乾 第十五祖인 提婆菩薩의 별칭. 龍樹의 弟子. 迦那는 「애꾸눈」이란 뜻. 提婆는 天의 뜻. →提婆.

※付法藏傳六에 「其初託生南天竺土婆羅門重 尊貴豪勝 由毀神眼 遂無一目 因卽號曰迦那提婆」 提婆菩薩傳에 「初出眼與神 故遂無一眼 時人號曰迦那提婆也」

가낙가발리타사(迦諾迦跋釐墮闍) 十六羅漢의 第三. 권속 三百을 거느리고 東勝身州에 住하였다 함.

迦諾迦跋釐墮闍

가낙가벌차(迦諾迦伐蹉) 梵〈Kanakavatsa〉 西〈gser-behu〉 또는 嘎納嘎巴薩 那迦跋이라고 하며 十六大阿羅漢의 第二位. 眷屬 五百 阿羅漢과 함께 北方 迦濕彌羅國에 머물러 正法을 守護하며 有情이 풍부하

迦諾迦伐蹉

다고 믿는 聖者이다. 西藏所傳에 十八羅漢中 七位.

가납신복(嘉納信伏) 기꺼이 말을 받아들여 굴복하는 것.

가니(伽尼) 飮食. 石蜜이라 번역함.
※善見律十八에「廣州土境 有黑石蜜者 是甘蔗糖 堅强如石 是名石蜜 伽尼者 此是蜜也」

가니가(迦尼迦) 梵〈Kanika〉또는 羯尼迦・尼迦割羅. 尼迦는 月, 割羅는 作이라 함.
※慈恩傳三에「羯尼迦樹 處處成林 發蔓 開榮 四時無間 花如金色」

가니가수(迦尼迦樹) 梵〈Kanika〉迦 尼迦는 金色의 꽃이 피고, 좋은 향취를 내는 나무.

가니색가(迦膩色迦) 梵〈Kaniṣka〉또는 割尼尸割・罽膩迦 迦膩琵吒・栴檀 罽尼吒 眞檀迦膩吒. 月氏 種族으로 健䭾羅 王國을 세우고 佛敎에 歸依하여 그 振興에 힘썼다. 阿育王과 같이 높이 일컫는 임금. 五百聖者를 모아 迦濕彌羅國에서 三藏을 결집하고, 또 大毘婆沙論 二백권을 짓다.
※屬於月氏族 其祖於中央亞細亞頗富强 之國土 至王勢威更張 新創建健䭾羅王 國領地 西自大夏Bactra 之境 東殆達 於恒河 北徹葱嶺 南及信度 Shindu 河 口 占阿育王以後不見其例之廣大領土 其初不信罪福 輕侮佛法 後發正信深 歸依於佛法 注其全力 弘宣佛敎 爲 古來外護者 與阿育王併稱 其功之顯 著者 結集佛典也 王出世年代古來有 種種異論 而非一致 今尙模糊 衆說彷 徨於紀元前一世紀至後一世紀之間, 而 無一定之者 今暫以西域記佛國記所傳從 佛滅四百年頃之出世說（王歸佛有由釋 尊懸記之傳說 出西域記二）

가니색가왕결집삼장(迦膩色迦王結集 三藏) 王은 如來가 涅槃한 뒤 第四 百年에 시기를 맞추어 나라를 잘 다스리니 帝王의 풍교가 멀리까지 미처 殊俗(풍속이 다른 나라 사람)이 內附하였다. 王은 機務의 餘暇에 佛經을 익히려고 어느날 한 중을 청하여 宮中에서 法을 說하는데 諸師가 각기 그 說이 달라 王은 자못 去就에 迷하여 脇尊者에게 물었다. 尊者가 말하기를「如來께서 이 세상을 떠난지 오래되어 師資의 部執이 스스로 모순을 불러일으키니 이제는 自宗을 좇아 三藏을 結集하는 것만 같지 못합니다」하였다. 王이 이 말을 듣고 阿羅漢 四百九十九人을 가려 뽑고 뒤에 世友菩薩을 上座를 삼아 五百人을 충원하였다. 迦濕彌羅國은 四方이 모두 山으로 둘러싸인 要害地로 産物이 풍부하니 迦膩色迦王이 諸阿羅漢을 거느리고 이 나라에 와서 伽藍을 세우고 三藏을 結集하게 하였다. 三藏은 각각 十萬頌으로서 총 九百六十萬言이니 이것이 大毘沙論이다. 王은 드디어 赤銅으로 板을 만들고 論文을 새기어서 石函으로 封하여 塔을 세우고 그속에 갈무려 두었다. 藥叉神에 명하여 그 나라를 수호하며 밖에 나가

가다~가담바

지 못하게 하고 배우는 자를 구하여 여기에서 受業하게 하였다는 故事. (西域記三)

가다(伽他) 頌이라 번역함. →伽陀.

가다(呿陀) 梵文의 字母. 華嚴四十二字母 가운데 呿陀 두자. 呿는 虛空의 뜻.
※吳來詩에「鳥文映呿陀 器物窮雅鏤」

가다(迦多) 迦多衍那의 약칭. 婆羅門의 族姓. →迦旃延.

가다가(佉吒迦) 梵〈Khaṭaka〉印相의 이름. 旋舞하는 형상. 左·右손의 팔꿈치를 서로 가까이하고 부드럽게 돌리면서 열 손가락을 벌려서 함께 가슴앞에 세번 돌리면서 춤춘다. 마음이 法喜의 觀에 머물은 모습임. (慧琳音義 三十六)

가다니(佉陀尼) 梵〈Khādaniya〉食物의 이름. →珂但尼.

가다라산(佉陀羅山) 梵〈Khadiraka〉西〈Sen-dlen-can〉또는 竭地洛迦·朅地洛迦·朅達洛迦·佉提羅迦·佉提羅·軻梨羅·軻地羅 번역하여 擔木山·檀林山·空破.旃등이라 함. 須彌山과 鐵圍山 사이에 있다고 傳하는 七金山의 하나.

가다무니(迦吒牟尼) 사람의 이름. 苦行仙이라 번역함. (本行集經 四十)

가다부단나(迦吒富單那) 梵〈Kaṭabhūtana; Kaṭapūtana〉또는 迦吒布單那·羯吒布怛那·竭吒富呾那 번역하여 奇臭鬼·極臭鬼라 함. 餓鬼의 一種. 刹帝利種이 비천한 짓을 했을 때 이 鬼神이 되어 下界에 살면서 餓鬼의 고통을 받는다고 함.
※慧琳音義十八에「羯吒布怛那鬼 唐云叫譟作災怪鬼」首楞嚴經에「迦吒富單那」

가다식(佉陀食) 佉陀尼食의 약칭.

가다연나(迦多衍那) 羅漢의 이름. →迦旃延.

가다연니자(迦多衍尼子) 梵〈Kātyāyani-putra〉또는 迦多演尼子·迦旃延 번역하여 剪剃種·文飾·好肩이라 한다. 西北 印度에서 佛敎를 크게 떨친 大論師. 有部宗의 始祖. 著書 發智論. →迦旃延.

가단니(珂但尼) 梵〈Khādaniya〉또는 佉陀尼·佉闍尼. 번역하여 嚼食. 섭어서 먹는 것.

가담바(迦曇波) 梵〈Kādamba〉또는 迦曇婆라 하며 나무의 이름. 白花라 번역함.
※起世經一에「弗婆毘提訶洲有大樹 名迦曇婆 其本縱橫七由旬 高百由旬」

가담바(迦曇婆) 梵〈Kadanba〉번역하여 條莖이라 함. 인도에서 자생하는 喬木. 학명(Nauclea cadamba) →迦曇波.

迦曇婆

※北地落葉 新芽發生甚速 葉常不絕 雨季開花 至九月散 花爲球形 花絲生於全面 宛如圓毬 白色而帶淡黃綠 又見念佛三昧經一.

가담파(Bkah-gdams-pa) 宗派. 또는 甘丹派. 敎勅派의 뜻. 西藏佛敎 新派「Gsar-ma-pa」의 一宗派. 1042年에 西藏에 來錫한 아티샤(Atīśa) 또는 「Jo-bo-rje」 印度名 「Dīpaṁkaraśrijñāna」의 敎義에 根據하여 展開된 宗派로 通常彼의 弟子 돔톤 (Hbrom-ston)을 그 始祖로 함.

가대사(可大師) 東土의 二祖 慧可大師를 말함.

※傳燈壇序에 「西傳四七 至菩提達磨 東來此土 直指人心 見性成佛 有可大師者 首於言下悟入 末上三拜 得髓受衣」

가도(賈島) [777~841 또는 788~843]. 중국 唐나라 때 詩人. 姓은 賈氏, 名은 島, 字는 浪仙, 號는 碣石山, 河北 出生. 進士에 落第하고 僧侶가 되어 無本이라 號하고 法乾寺에서 한때 住하다가 뒤에 還俗함. 어느날 당나귀를 타고 가다가 〈鳥宿池邊樹·僧敲月下門〉이라는 詩를 읊고 〈僧敲月下門〉의 句節에 대하여 敲(두드릴 고)字가 좋을지 推(밀퇴)字가 좋을지 定하지 못하고 있던 차에 京兆尹 韓愈의 行次에 부딪쳐 꾸짖음을 받고, 韓愈에게 事實대로 말하니 「敲」字가 좋다는 가르침을 받았다는 逸話는 유명함.

그리하여 詩文을 고치는 것을 推敲라 하게 되었다. 唐 宣宗(846~859)이 일찍 法乾寺에 몰래 갔을 때 다락 위에서 읊는 소리를 듣고 그 詩卷을 가져오게 하여 보고는 賈島를 遂州 長江 主簿(文書簿籍을 管理하는 職位)로 任命하여 賈長江이라고도 한다. 著書에 〈長江集〉 十卷이 있음.

가도(嘉遁) 義理를 지키고 뜻을 바르게 하기 위하여 世上을 피해 사는 것. →玄義.

가득상사(可得相似) 立論者가 提示한 因 밖에 또 다른 因이 있으므로 그 因은 결코 正因이 아니라고 立論者를 논박하는 것.

가득상사과류(可得相似過類) 因明十五過類의 第五. 立論者가 쓴 因에 허물이 없는 것을 굳이 책잡으려다가 도리어 받게 되는 허물. →因明正理門論.

※對於無過之正因 而强次付以過失之過誤也.

가등류(假等流) 三等流果의 하나. 前世에 殺生하여 남의 목숨을 짧게 한 이가 今生에 단명한 것은 실은 異熟果이지만 단명한 점에서 앞뒤가 서로 같으므로 等流라 함. →等流果.

가라(伽羅) ①梵〈Tagara〉多伽羅의 약칭. 熱帶地方에서 나는 木材의 심으로 만든 香料의 이름. 黑沈香. 奇南香. ②禪家에서 입는 袈裟의

한 가지.

※谷響集七에「伽羅翻黑　經所謂黑沈香是矣　蓋昔蠻商傳天竺語耶今名奇南香也　華嚴經云　菩提心者　如黑沈香　能熏法界　悉周遍故　又虛空藏經云　燒衆名器堅黑沈水」玄應音義一에「多伽羅香 此云根香」慧琳音義三에「多揭羅　香名也　正云藥囉　卽零陵香也」

가라(佉羅)　梵〈Khara〉나무의 이름. 墟라 번역함. (大陀羅尼法中一字心呪經)

가라(迦羅)　① 梵〈Kalā〉또는 哥羅·歌羅·分量의 이름. 번역하여 堅라 함. 사람몸의 一毛를 나눈 百分의 一分. 혹은 十六分의 一分이라 한다. 西域 風俗에는 열여섯되를 一斗라 하고, 中國에서는 十六兩을 一斤이라 한다. 義譯하여 校量分이라 함. ② 梵〈Kāla〉또는 迦擺. 번역하여 實時. 時에 두가지가 있으니 實時를 迦羅라 하고, 假時를 三摩耶라 한다. 律에서 말한 時食·時藥·時衣는 實時. 經에서 말한 一時·一日 내지 一劫時는 假時이다. →三摩耶. ③ 黑이라 번역한다. 혹은 哥羅라 하며 이는 尊者로 이미 阿羅漢果를 얻은 사람. →迦婁.

※玄應音義四에「折一毛以爲百分　一分爲歌羅分　論以義翻名爲力勝　以無漏善法一歌羅分　勝有漏千分故也」智度論一曰「天竺說時名有二種　一名迦羅　二名三摩耶」

가라(柯羅)　梵〈Kāla〉또는 哥羅·迦擺. 번역하여 黑이라 함.

가라(歌羅)　梵〈Kalā〉또는 哥羅·迦羅·哥羅分 번역하여 分則·計分이라 한다. 分量의 단위로 물체나 시간의 아주 적은 부분. 터럭 하나를 백으로 나눈 그 一分, 혹은 十六분의 一分을 말함. →迦羅.

가라가(迦羅迦)　梵〈Kālaka〉번역하여 黑果라고 함. 나무 이름. 독이 있는 열매를 맺음. →迦羅鎭頭.

가라가(迦邏迦)　梵〈Kāraka〉번역하여 作者라고 함.

※智度論四十八에「若聞迦字　卽知諸法中無有作者.

가라가다(迦羅迦吒)　蟹라고 번역한다. 또는 十二宮가운데 螃蟹宮의 이름.

가라가룡(迦羅迦龍)　梵〈Kālaka〉또는 迦羅龍, 迦梨迦龍 번역하여 黑龍이라 함.

가라가수(迦羅迦樹)　黑果를 말하며 形狀이 鎭頭(柿類)와 같다. 害毒이 있는 果實. →迦羅鎭頭.

가라건다(佉羅騫駄)　① 梵〈Kharakaṇṭha〉鬼王의 명칭. 吼如雷라 번역한다. ② 阿修羅王의 이름. 번역하여 廣肩胛·惡陰.

가라구다(迦羅鳩駄)　迦羅鳩忖駄의 약칭. ① 佛의 名號. 또는 拘留孫. →拘留孫佛. ② 人名(Krakuda) 外道의 字. 姓은 迦㫋延. 六師外道의 하나.

가라구다가전연(迦羅鳩駄迦旃延) 梵 〈Krakuḍa-kātyāna〉 또는 波浮陀迦旃延・波休迦旃 번역하여 黑領剪剃라 한다. 六師外道의 하나. 이 外道는 모든 衆生을 自在天이 내는 것이라 하고 自在天이 기뻐하면 衆生이 安樂하고 성내면 괴롭다고 한다. 온갖 罪와 福은 모두 自在天이 주는 것이므로 사람에게 罪와 福이 있는 것이 아니라고 한다. 만일 사람이 죄를 지었을지라도 마음에 부끄럽게 여기지 아니하면 惡道에 떨어지지 않고, 부끄럽게 여기면 地獄에 떨어진다고 함. 이것을 이른바 無慚外道라 한다. 또 이 外道는 物에 따라서 여러가지 다른 소견을 일으켜 有냐고 물으면 有라 대답하고, 無냐고 물으면 無라고 대답함.
※維寧經弟子品肇註에 「姓迦旃延 字迦羅鳩駄 其人謂法亦有相亦無相」

가라구라(迦羅求羅) 梵 〈Kalākula〉 벌레의 이름. 또는 迦羅咎羅 번역하여 黑木虫. 그 종류는 확실치 않지만 蜥蜴의 一種인 것 같음.
※智度論七에 「譬如迦羅求羅蟲其身微細 得風轉大 及至能吞食一切 光明亦如是 得可度衆生 轉增無限」

가라구촌다(迦羅鳩村駄) 梵 〈Krakucchanda〉 또는 迦羅鳩飡陀. 舊稱 拘留孫이라 하며, 佛의 이름. →拘留孫佛.

가라구촌대(迦羅鳩村大) 또는 拘留孫, 佛의 名號. →拘留孫佛.

가라구촌다(迦羅鳩村駄) 梵 〈Krakucchanda〉 또는 迦羅鳩飡陀・拘留孫이라 한다. 佛의 名號. →拘留孫佛.

가라나(迦羅那) 梵 〈Karana〉 나무 이름. 번역하여 作이라 함. (翻梵語九)

가라녕(迦羅傳) 饒益이라 번역함.
※大日經疏八에 「梵本云係多 Hita翻云利益 次云吃囉耶 Kriya 此翻爲利 迦囉傳 Karani 翻爲饒益 本名各異」

가라다(伽羅陀) 梵 〈Kharādiya〉 또는 佉羅陀・佉羅帝耶・佉羅提耶 번역하여 騾林山이라 함. 十寶山의 하나. 또는 七金山의 하나. 부처님이 이산에서 地藏十輪經을 說한 곳. 또 地藏菩薩의 住處라 함. ② 菩薩階位의 이름. 번역하여 度邊地라 한다.
※羅什譯之仁王經下에 「以六阿僧祇劫集無量明波羅蜜故 入伽羅陀位 無相行受持一切法」

가라라(迦羅邏) 梵 〈Karāla〉 夜叉의 이름. 喋涯라 번역함. (無量破魔陀羅尼經)

가라라(歌羅邏) 또는 歌羅邏時. 胎內五位의 하나. 母胎內에 托胎한 最初의 7日間. →羯邏藍.
※釋禪波羅蜜次第法門卷三之上曰 我初生時攪父母身 分異爲己有.

가라라지리(迦羅囉底哩) 梵 〈Kālarātri〉 黑夜神이라 번역한다. 演密鈔九에 迦羅는 黑이요 囉底哩는 夜이

니 즉 黑夜神을 말함.
가라룡(迦羅龍) 黑色龍. →迦羅迦.
가라륵(迦羅勒) 果實의 이름. →訶梨勒.
가라밀(迦羅密) 梵〈Kalyāna-mitra〉 巴〈kalyāṇa-mitta〉 西〈dge-baḥi-bśes-gnen〉 또는 迦里也曩蜜怛羅. 번역하여 善友.
가라바사림(迦羅波沙林) ①地名 梵〈Kalpasiya〉 巴〈kappasika〉 또는 劫波 번역하여 白覺林.
②摩揭陀園(Magadha)에 있는 林藪의 名稱.
가라발사라발(迦羅鉢舍羅鉢) 梵〈Kala-patra Sona-patra〉 黑과 赤 二色의 鉢을 말한다. 迦羅는 黑이요 舍羅는 赤.
가라베라(迦羅吠羅) 梵〈Kālavelā〉 時分의 名稱. (慧琳音義十三)
가라부(迦羅富) 梵〈Garāpu〉 城의 이름. 臭地라 번역함. (慧琳音義二十六)
가라분(迦羅分) 또는 歌羅分·哥羅分. 迦羅는 分數의 이름. →迦羅.
가라분(歌羅分) 梵〈Kala〉 또는 伽羅·迦羅·哥羅 번역하여 分則·計分이라 함. 물체나 시간의 아주 적은 부분 즉 터럭 하나를 百으로 나눈 하나, 혹은 十六分의 하나를 一歌羅分이라 함. →迦羅.
가라비가(迦羅毘迦) 赤黃色이라 번역함. 大村의 이름. 迦羅毘迦는 迦羅迦의 誤記. →迦毘羅婆蘇都.

가라비구(迦羅比丘) 十誦律에 鹿子長者의 아명을 迦羅라 한다. 그는 총명하고 智慧가 있으며 根機가 예리하여 衆人이 물으면 항상 의혹을 끊어주었다. 迦羅는 뒤에 출가하여 중이 되었음.
가라비라(迦羅毘羅) 梵〈Karavira〉 나무의 이름. 羊躑蠋이라 번역함. 그 잎에서 脂汁이 나옴.
가라빈가(迦羅頻伽) 鳥類의 이름. →迦陵頻伽.
가라빈가(歌羅頻伽) 새 이름. →迦陵頻伽.
가라사(迦羅奢) 梵〈Kalaśa〉 또는 羯羅舍·羯攞賒 번역하여 瓶·寶瓶·賢瓶이라 한다. 五寶·五香·五藥 五穀과 香水 등을 담아 曼茶羅 諸尊에게 供養하는 一種의 瓶.

迦羅奢

가라사예(迦羅沙曳) 袈裟를 말함.
※明朱國楨湧幢小品 引陳養吾象教皮編 云 迦羅沙曳 僧衣也 省羅曳字 止稱迦沙 葛洪字苑 添衣作袈裟 或從毛作毠毭.
가라수(伽羅樹) 나무의 이름. 집안

의 災禍를 제거하기 위하여 이 나뭇
가지를 꺾어다가 한치 정도로 끊은
뒤에 酥酪蜜을 발라서 주문을 외우
고는 불 가운데 던진다고 한다. 만
일 가라수가 없을 경우에는 石榴나
무로 대신하였다고 함.

가라아육(迦羅阿育) ㉫〈Kālaśoka〉또
는 迦羅阿輸迦·迦羅育 번역하여
黑無憂라 한다. 中印度 摩訶陀國의
임금. 본디 阿育王이라 하였으나
百年을 지낸 뒤 많은 業績을 쌓은
大阿育王이 출현하여 그와 구별하
기 위하여 迦羅阿育이라 부른다 함.
※佛滅百年頃君臨摩訶陀國之王 而難陀
王朝(Nanda) 之始祖也 此王歷史古
來頗有議論 爲未決之問題 此以北方
所傳無此王之記事故也.

가라야차(伽羅夜叉) ㉫〈Kālaka〉智
度論 六十四에「伽羅夜叉가 주먹으
로 舍利弗의 머리를 쳤으나 舍利弗
은 그때 滅盡定에 들었으므로 아픔
을 느끼지 못하였다」고 한다. 이는
般若를 닦는 자는 非人이 능히 해
하지 못한다는 증거.

가라야차(柯羅夜叉) 黑夜叉를 말한
다. 柯羅는 梁에서 黑이라 하였음.
(孔雀王呪經上)

가라월(迦羅越) ㉫〈Kulapati〉有族
者란 뜻. 中國에서는 居士. 出家하
지 아니한 俗人으로 있으면서 佛法
에 歸依한 男子. (翻譯名義集).

가라육(迦羅育) 人名. 迦羅阿育과 같
음.

가라이(迦羅伊) 靑藍色의 懸巢鳥를
말한다. 또는 鵲類.

가라자구라 ㉫〈Kāla-cakra〉時·時
輪이라는 뜻. 西藏佛敎에서 信奉하
는 一種의 敎義. 西紀 11세紀頃 印
度에서 일어나, 뒤에 西藏에 傳해
진 것으로 現在 同國 密敎四派中에
最上인 無上瑜伽密을 일컬음. 또는
太陽을 이름.

가라자구라

가라자마(迦羅者摩) 번역하여 虎皮
라 함. (何耶揭唎婆像法)

가라제(佉羅帝) 산의 이름. →伽羅
陀.

가라제야(佉羅帝耶) 또는 佉羅提耶.
산의 이름. →伽羅陀.

가라진두(迦羅鎭頭) ㉫〈Kālaka Ti-
nduka〉迦羅와 鎭頭는 모두 과일의
이름. 가라는 毒이 있고, 진두는 毒
이 없는데 두가지 과일이 서로 비
슷하므로 比丘의 持戒者와 破戒者
에게 比喩하는 말.
※涅槃經六에「善男子 如迦羅迦林 其
樹衆多 於是林中 唯有一樹 名鎭頭
迦 是迦羅迦樹鎭頭迦樹 二果相似
不可分別其果熟時 有一女人 悉皆拾

取 鎭頭迦果 才有一分 迦羅迦樹 乃
有十分 是女不識 齎來詣市 而街賣
之 凡愚小兒不復別故 買迦羅果 噉
巳命終 有智人輩 聞是事已 卽問女
人 姉何處持是果來 是時女人卽示方
所 諸人卽言 如是方所 多有無量迦
羅迦樹 唯有一根鎭頭迦樹 衆人知已
笑而捨去 善男子 大衆之中 八不淨
法 亦復如是 於是衆中 多有受用如
是八法 唯有一人淸淨持戒 不受如是
八不淨法」

가란가(伽蘭伽) 새 이름. →迦淩頻伽.

가란나부라(迦蘭那富羅) 梵〈Karṇa-pur〉마을의 이름. 耳城이라 번역.

가란다(伽蘭他) 梵〈Grantha〉번역하여 結節. 敎文의 一結一節을 말함.

※婆籔槃豆法師傳에「伽蘭他 譯爲結亦
曰節 謂義類各相結屬故曰結 又攝義令
不散故云結 義類各有分限故云節」

가란다(迦蘭陀) ①梵〈Karanda, Kaaṇḍaka〉또는 迦蘭馱・迦藍陀・羯蘭鐸迦・迦蘭多迦・迦蘭陀夷・羯蘭駄迦・柯蘭陀・伽璘 번역하여 好聲鳥라 함. 그 모양은 까치와 같으며 떼를 지어 흔히 대숲에 산다 함.
② 山鼠의 이름.

※釋迦譜五에「時摩竭陀國 有一長者名
曰迦淩(中略) 是故名曰迦陵竹園」

가란다가(迦蘭多迦) 새 이름. 迦蘭陀와 같음. →迦蘭陀.

가란다이(迦蘭陀夷) 竹園의 名稱. →迦蘭陀.

가란다장자(迦蘭陀長者) 迦蘭陀子는 그때 한 마을의 長者로서 四十億의 돈을 가지고 있어 王이 長者位를 下賜하여 마을 이름으로 삼았기 때문에 迦蘭陀長者라 함.(善見律 六)

가란다죽림(迦蘭陀竹林) 梵〈Kāraṇḍa-veṇūvaana〉또는 迦蘭陀竹園・迦藍陀竹園・迦陵竹園・迦隣竹園 등으로 불리운다. 迦蘭陀鳥가 棲息하는 竹林. 또 迦蘭陀長者가 所有한 竹林으로 摩竭陀國의 王舍城과 上茅城 사이에 있다. 迦蘭陀長者의 所有로 본래 尼犍外道에 주었다가 뒤에 佛을 모시고 僧園을 만들었다. 이것이 印度僧園의 始初로 이른바 竹林精舍가 이것임.

※以上竹林精舍施與者雖有二說 然是毘
雜園林之寄附者與精舍之施與者 蓋竹
園係長者迦蘭陀所寄附 其園中精舍爲
頻婆沙羅王建奉佛也.

가란다죽원(迦蘭陀竹園) →迦蘭陀竹林.

가란다지(加蘭陀池) 梵 巴〈Kalandamani〉大唐西域記 卷十九에「竹林精舍의 北쪽 二百餘步에 迦蘭陀池가 있다 하였음. 如來가 在世時에 자주 이곳에서 法을 說하였다. 물이 맑고 깨끗하여 八功德을 가추었으나 부처님이 涅槃한 後에 말라버렸다 함.

가란다촌(迦蘭陀村) 善見律六에 의하면「어느 때에 毘舍離王이 여러 妓女들을 데리고 山에 들어가서 놀때에 王이 疲勞하여 한 나무아래서 잠자는데 左右의 妓女들은 四方으로 흩어져 노니다가 그때 나무아래 窟속에서 큰 毒蛇가 王의 酒氣를 맡고 나와서 王을 물려고 하니 나무 위에 쥐 한마리가 오르내리면서 울부짖어 王을 깨어나게 하였다. 뱀은 도리어 움츠려 들었다.(中略) 王이 스스로 생각하기를 내가 살아난 것은 쥐의 은혜다 하고 쥐의 恩惠를 갚으려고 山邊에 있는 마을을 보고 村中에 命하여 오늘부터 나에게 바치는 稅金을 다 쥐 기르는데 使用하라 하였음. 이 쥐로 因하여 이 마을의 이름을 迦蘭陀村이라 하였다」고 함.

가란빈가(迦蘭頻伽) 새의 이름. → 迦陵頻伽.

가람(伽藍) ㉚〈僧伽藍摩=Saṁghārama〉의 약칭. 번역하여 衆園이라 함. 衆僧이 住하는 寺院의 통칭. →僧伽藍摩.

가람(迦藍) →伽藍.

가람경(伽藍經) 부처님께서 伽藍國의 衆人을 위하여 十惡을 경계하고 慈悲喜捨의 네가지 安穩處를 說한 것. 中阿含經 三에 收錄되었음.

가람고(伽藍考) 朝鮮 英祖때 申景濬의 著書. 우리나라의 절에 관계되는 事實을 적은 책.

가람당(伽藍堂) 伽藍神(寺院을 守護하는 神)을 모시는 堂.

가람법(伽藍法) 伽藍을 相續하는 法

系를 말함. ↔人法

가람부(迦藍浮) 王의 이름. →迦利.

가람신(伽藍神) 伽藍을 守護하는 神 또는 守伽藍神·護伽藍神·寺神. 그 神을 모신 곳을 伽藍堂 또는 土地堂이라고 함.

※佛說 有十八神 釋氏要覽上에 「七佛經 云 有十八神 護伽藍 ①美音 ②梵音 ③天鼓 ④歎妙 ⑤歎美 ⑥摩妙 ⑦雷音 ⑧師子 ⑨妙歎 ⑩梵響 ⑪人音 ⑫佛奴 ⑬頌德 ⑭廣目 ⑮妙眼 ⑯徹聽 ⑰徹視 ⑱遍視」伽藍神 又單云伽藍 敕修清規念誦에 「伽藍土地 護法護人」同沙彌得度에 「伽藍土地 增益威光 護法護人 無諸難事」或有寺院以漢將關羽등爲伽藍神者.

가람조(伽藍鳥) 물새로서 큰 거위(鵝). 목구멍에 주머니가 달려 있어 능히 물 한되를 저장할 수 있다 함.

가량나가리(迦良那伽梨) ㉚〈Kalyānakāri〉太子의 이름. 번역하여 善事라 함. (賢愚經十)

가력(加力) 佛. 菩薩이 加被하는 힘.

가련생(可憐生) 불쌍하다는 뜻. 生은 助字.

가령서원(假令誓願) 眞實한 誓願에 對하여 方便誓願. 淨土眞宗에서 阿彌陀佛 四十八願 가운데 第十九·二十願을 말함.

가로(佉盧) ① ㉚〈Khara〉또는 佉樓 仙人의 이름. →佉樓. ② ㉚〈Khara〉升量의 명칭. 한 말(一斗)에 해당됨. (名義集三)

가로(迦老) 釋迦가 現世에 八十壽의 老比丘相을 保有하였기 때문에 迦老라 함.

가로니(迦嚧尼) 梵〈Karuṇin〉번역하여 悲라 함. (大日經疏)

가로슬타(佉洛瑟吒) 또는 佉盧虱吒 仙人의 이름. →佉樓.

가로슬타(佉盧虱吒) 또는 佉路瑟吒 仙人의 이름. →佉樓.

가로슬타서(佉盧虱吒書) 梵〈Kharcsti〉또는 佉路瑟吒・佉盧虱底・佉留・佉樓 번역하여 驢脣이라고 한다. 古代 北印度 등에서 사용한 銘刻文字의 一種.

佉盧虱陀文字

가루(可漏) →可漏子.

가루(佉樓) 梵〈Kharoṣṭhi〉또는 佉盧・佉盧虱吒・佉路瑟吒의 약칭. 仙人의 이름. 번역하여 驢脣이라고 한다. 몸이 端正하고 입술이 나귀와 같으므로 驢脣仙人이라 함.

가루(迦樓) 또는 迦留・迦羅 번역하여 黑이라 한다. 이 比丘는 瓶沙王의 옛 大臣으로 世法을 잘 아는 까닭에 부처님이 法을 물은 뒤에 國法에 따라 結戒하였다 함.

가루나(迦樓那) 梵〈Karuṇa〉또는 迦盧拏. 悲라 번역함.
 ※玄應音義三에「摩訶 此云大 迦樓那 此云悲 言如來功德 以般若大悲二法 爲體」

가루다(迦嘍茶) 梵〈Garuḍa〉새 이름. →迦樓羅.

가루다가(迦留陀伽) 梵〈Kālodaka〉번역하여 時水. 西域 사람. 東晋 때 중국에 와서 孝武帝 太元 17(392)年에 십이遊經 一部를 번역하였음.

가루다이(迦留陀夷) 梵〈Kālodāyin〉또는 迦樓陀夷・迦盧陀夷・迦路那・烏陀夷 번역하여 起時・黑曜・黑光이라고 한다. 悉達太子가 王宮에 있을 때의 스승. 六群比丘의 하나, 그 살갗이 검고 빛나므로 이같이 이름.
 ※嘉祥法華經義疏九에「迦留陀夷者 迦留 此翻時 陀夷 名之爲起 十八部 疏云 迦留者黑 陀夷者上 謂悉達太子在宮時師也」

가루다이교화(迦留陀夷敎化) 부처님이 舍衛國에 계실 때에 長老 迦留陀夷가 阿羅漢道를 證得하고 이렇게 생각하였다. 나의 先祖는 六群比丘 中에 있으면서 舍衛國에서 諸家를 욕하였으나 나는 지금 도리어 諸家를 清淨케 하리라 이렇게 생각한 뒤에 舍衛國으로 들어가서 九百九十

九家를 濟度하였다. 이중에 男便은 得道하고 妻가 得道하지 못하거나 妻는 得道하고 男便이 得道하지 못한 것은 이 數에 包含시키지 아니하였다. 다시 一家를 濟度하여 千家를 채우고 억울하게 죽음을 當하였다는 故事. (十誦律十七)

가루다이사분중(迦留陀夷死糞中) 옛적에 舍衛城에 婆羅門家가 있었는데 聲聞으로 得度하였다. 迦留陀夷가 생각하기를 내가 이 집을 濟度한다면 舍衛城에서 千家가 될 것이다 하고 새벽에 바리때를 들고 그 집에 가니 主婦가 門을 닫고 떡을 굽고 있어 迦留陀夷가 갖가지 神變을 나타내어 그 마음을 敎化하고 祇洹에 가서 그 떡을 僧에게 供養하게 하다. 따라서 法을 說하여 初果證과 五戒를 얻어 優婆夷가 되게 하고 그는 집에 돌아 와서 그 男便을 引導하여 그 男便도 또한 初果를 얻어서 優婆塞가 되었다. 夫妻가 入道하고 힘을 다하여 迦留陀夷를 供養하는데 그 子息에게 命하여 내가 죽은 뒤에도 오늘과 다름이 없게 하라 하였다. 그 아들이 命을 받아 供養을 법대로 하였다. 뒤에 子婦는 賊主가 年少 端正한 것을 보고 가만히 그와 정을 통하여 즐기었다. 그때에 迦留陀夷가 그 집에 가서 그 子婦의 淫欲한 허물을 말하니 子婦가 듣고 혹시 男便에게 말할가 두려워서 賊主와 서로 모의, 어느날 病을 청탁하고 迦留陀夷를 초청하여 해가 진뒤에 迦留陀夷가 뒷간에 가는 것을 엿보고 賊主로 하여금 찔러죽이게 하니 賊主가 예리한 칼로 迦留陀夷의 목을 베어 그 시체를 뒷간에 묻어 버렸다. 世尊이 그것을 아시고 諸比丘를 거느리고 뒷간으로 가서 그 尸身을 거두어 城밖에서 火葬하니 波斯匿王이 이 말을 듣고 婆羅門家와 그 七代의 至親을 滅하였다는 傳說. (十誦律 十七)

가루라(迦樓羅) 梵 〈Garuḍa〉 또는 迦留羅·迦婁羅·揭路荼·蘗路荼·伽樓羅·誐嚕拏·蘗嚕拏 번역하여 金翅鳥·妙翅鳥·頂癭鳥·食吐悲苦聲이라고 한다. 龍을 잡아 먹는다는 鳥類의 王. 독수리 같이 사나운 새. 八部衆의 하나. 실재로 있는 동물이 아니고 神話로 된 것. 古代 印度 사람은 새의 괴수로서 이러한 큰 새의 존재를 생각하고, 대승경전 같은 데에 八部衆의 하나로 자주 인용했다. 密敎에서는 이 새로써 大梵天·大自在天 등이 중생을 구제하기 위하여 化現한 것이다 하고. 혹은 文殊菩薩의 化身이라고도 함.

※法華文句二下에 「迦樓羅 此云金翅 翅翮金色 居四天下大樹上 兩翅相去 三百三十六萬里」 探玄記二에 鳥翅 有種種寶色莊嚴 非但金 依海龍王經 其鳥兩翅相去三百三十六萬里 閻浮提 止容一足 依涅槃經 此鳥能食消龍魚

(No1) 迦樓羅

(No2) 迦樓羅

(No3) 迦樓羅

七寶 等.

가루라관(迦樓羅觀) 모든 災害를 除去하는 것이 迦樓羅鳥가 毒蛇의 害를 除去하는 것과 같다. 이런 觀法을 迦樓羅觀이라 한다. 義譯하여 微妙觀이라 함. (守護經)

가루라법(迦樓羅法) 迦樓羅王을 本尊으로 하여 病을 제거하고 風雨와 惡雷를 피하기 위해 닦는 비법.

가루라심(迦樓羅心) 六十心의 하나. 마음의 움직임을 比喩한 말. 迦樓羅鳥는 두 날개와 부리의 힘을 믿고 사는데 깃 하나만 없어도 움직일 수가 없다. 사람의 마음도 助力者의 도움을 얻으면 事業을 쉽게할 수 있다는 뜻.
※隨順明黨羽翼法也.

가루라염(迦樓羅炎) 불이 타오르는 形狀이 마치 迦樓羅鳥가 날개를 펼친 것과 같다는 말.
※聖無動尊安鎭家國等法에「威容極忿右持智劍 左執羂索 坐金盤石 光焰熾然 其焰多有伽樓羅狀」同偈曰「盂焰從心生 狀如金翅鳥」

가루바다(迦留波陀) 梵 〈Karipada〉 하늘 이름. 번역하여 象跡天. (正法念經二十三)

가루서(佉樓書) 또는 佉盧書라 함. 驢仙의 著書.
※百論疏上之下曰「外云 昔有梵王 在世說七十二字 以敎世間 名佉樓書 世間敬情漸薄 梵王貪悋心起 收取呑之 唯阿漚兩字從口兩邊墮地 世人貴之以爲字王 故取漚字置四韋陀首 以阿字置廣主經初(中略)毘婆沙云 瞿毘婆羅門 造梵書 佉盧仙人造佉盧書 大婆羅門造皮陀論」

가루염(迦樓炎) 迦樓羅炎의 약칭.

→迦樓羅

가루오다이(迦婁烏陀夷) ⑨ ⟨Kāloddayin⟩ 比丘의 이름.

가루오다이경(迦樓烏陀夷經) 내용은 迦樓烏陀夷가 世尊의 깊은 恩惠를 思慕하여 中食이 不可함을 讚하니 佛이 印可하여 이 戒를 受持하지 아니한 자를 꾸짖은 것. 中阿含經 五十에 수록되어 있음.

가루자(可漏子) 또는 可漏・殼漏子・書簡(柬)袋 可漏는 殼漏 즉 卵殼(알의 껍데기)을 이름. 편지를 봉투에 넣는 것을 말함. 마치 벌레가 껍질 속에 몸을 붙이고 사는 것과 같다는 것. 또는 사람의 육체를 경멸하여 殼漏子라 함.

※百丈淸規第二並第三記於諸狀用之 後世遂用於祭文疏文等.

가류타이교화(迦留陀夷敎化) →가루다이교화(迦留陀夷敎化)

가류타이사분중(迦留陀夷死糞中) → 가루다이사분중(迦留陀夷死糞中)

가라지가(迦剌底迦) 月의 이름. →迦月那.

가률지가(歌栗底迦) ⑨ ⟨Karttika⟩ ㉺ ⟨Kattika⟩ ㊄ ⟨tonzla ḥachunsmin⟩ 또는 迦利底迦・迦㗚底迦・羯栗底迦・迦哩底迦・迦刺底迦・迦利邸迦・迦栗底迦・迦提라 함. 印度曆 8月의 명칭. 즉 음력 8月 16日 부터 9월 15일까지를 이름. →迦利底迦.

가릉(迦陵) 迦陵頻伽의 약칭. 새의 이름. →迦陵頻伽.

※楞嚴經一曰「迦陵仙音徧十方界」

가릉가(迦陵伽) 또는 羯陵伽・迦陵迦. 새의 이름. →迦陵頻伽.

가릉가(迦陵迦) 새의 이름. →迦陵伽.

가릉가림(迦陵迦林) 地名 ⑨ ⟨Kaliugavana⟩ 또는 羯陵伽林 번역하여 相鬪諍時라 함. 이 말은 투쟁하여 나라를 세웠으므로 이같이 이름하였다 함.

※深玄記十九에「迦婆迦者 此云鬪諍時也 婆是菩 正云婆那 此云林也」

가릉가왕(迦陵伽王) ⑨ ⟨Kalingaraja⟩ 번역하여 憍逸・鬪諍. 仙人의 이름. 또는 옛 王의 이름. 波羅奈國의 無道王.

※羅什譯之金剛經作「歌利王」

가릉가의(加陵伽衣) ⑨ ⟨Kalngapravāra⟩ 옷의 이름. 細滑衣 또는 鳥毛衣라 한다. 慧林音義에는 迦陵伽는 나라 이름. 波和羅는 옷의 이름이라 하였음.

가릉비가(迦陵毘伽) 새의 이름. →迦陵頻伽.

가릉빈(迦陵頻) 새의 이름. →迦陵頻伽.

가릉빈가(迦陵頻伽) ⟨Kalaviṅka⟩ 歌羅頻伽・加蘭伽・迦蘭頻伽・羯羅頻迦・迦楞頻伽・迦陵毘伽・迦陵・羯陵伽 羯羅頻伽・羯毘伽羅・羯陵伽羅・迦頻伽羅・迦毘伽羅・鵾鵯伽羅・羯脾伽羅・迦毘伽・迦尾羅・迦

羅頻伽 번역하여 好聲·和雅라고 한다. 佛經에 나오는 人頭鳥身에 용 꼬리가 달린 상상의 새. 몹시 미묘한 소리를 낸다 함. 美音鳥. 妙聲鳥.

迦陵頻伽

가릉빈무(迦陵頻舞) 舞曲의 이름. 또는 迦樓頻·迦樓賓·伽樓賓 번역하여 새 또는 不言樂이라 한다. 印度의 祇園精舍에서 供養하는 날에 迦陵頻이 내려와 춤을 출때 妙音天이 이 曲을 연주하였다 함. 阿難이 그 곡을 傳하여 세상에 유포하였다 함.

가리(伽梨) 僧服의 한가지. 僧伽梨의 약칭.

가리(佉梨) 〈Khari〉 또는 佉利·佉黎·佉梨 번역하여 斛·十斛 또는 石이라고 한다. 물건을 計量하는 單位.

가리(迦利) 梵〈Kali〉 또는 哥利·歌利·羯利·迦藍浮·迦羅富·迦黎 번역하여 鬪諍·惡生이라 한다. 옛날에는 惡世無道王이라 하였음. 곧 波羅奈國의 王을 말함.

※西域記三曰「舊揭鼇城東四五里 有窣堵波 極多靈瑞 是佛在昔 作忍辱仙於此爲羯利王(唐言鬪諍 舊云哥利 訛也)」

가리(軻梨) 蒙〈Khadiraka〉山名. 또는 軻地羅. 軻는 空, 地羅는 破라 번역하여 空破山이라 이름.

가리가(迦哩迦) 梵〈Kalika〉또는 迦力迦·迦羅·嘎禮嘎. 十六大阿羅漢의 第七位. →羅漢.

迦哩迦

가리가(迦梨迦) ①옷의 이름. 吉貝花로 짠 옷. 蠟으로 물들여서 얼룩얼룩하게 만든다. ②梵〈Kālika〉또는 迦羅迦. 龍의 이름. 黑龍이라 번역함.(玄應音義 四)

가리가용왕(迦梨迦龍王) 梵〈Kalika〉 西〈aus-can〉또는 迦羅迦·伽陵伽·加梨加. 번역하여 俱時·黑色 또는 黑이라 한다. 이 龍은 두 惡龍의 하나로 다른 惡龍 金毘羅와 함께 부처님에게 調伏되었다고 함.

가리라(珂梨羅) 또는 軻梨羅·可梨羅·朅地羅·佉陀羅 나무 이름. 紫薑木을 말함. →軻地羅.

※慧琳音義二十五에「朅地羅 舊言佉陀羅 木名也」

가리사(迦利沙) 梵〈Karṣa karṣaṇa〉 또는 迦利沙那. 斤兩의 이름. 半迦利沙는 半兩.

가리사나(迦利沙那) →迦利沙.

가리사바나(迦利沙波拏) 梵〈Karṣapaṇa〉 또는 羯利沙鉢那·羯利沙鉢拏·迦利沙般拏·罽利沙盤·迦利沙鉢拏·迦利沙鉢拏등으로 불리운다. 錢量의 名稱. 번역하여 具齒·四百錢이라 함.
※慧琳音義십삼에「羯利沙鉢拏 金名也 計直可當四百錢一顆金也 顆顆圓大如江豆也」同二十九에「迦利沙波拏 此云貝齒」

가리사바나(迦利沙婆那) 迦利沙波那와 같음.

가리사반나(迦利沙般拏) 迦理沙般拏 迦利沙波拏와 같음.

가리사발나(迦利沙鉢拏) 또는 迦羅沙鉢羅. 錢量의 이름. →迦利沙婆那.

가리사발라(迦利沙鉢羅) 梵〈Karṣapaṇs〉 또는 羯利沙鉢拏·迦哩沙槃拏·罽利沙盤·迦履盆拏라고 함. 印度 옛 貨幣의 이름. 또는 그 重量을 말함.

가리사사니(迦梨沙舍尼) 梵〈Karṣaniya〉 滅罪라 번역함.

가리야나(架梨耶那) 梵〈Kalyāṇa〉 사람의 이름. 正眞이라 번역함.(起世因本經 十)

가리왕(歌利王) 梵〈Kali〉 迦利·哥利·羯利·迦藍浮 번역하여 鬪諍이라 함. 부처님이 過去世에 忍辱仙人이 되어 수도할 때에 부처님의 팔다리를 끊었다고 하는 極惡無道한 임금. →迦利.

가리왕할인욕선(歌利王割忍辱仙) 옛적 부처님이 南印度의 富單城 婆羅門家에서 태어났다. 그때의 王迦羅富의 성질이 포악하고 교만하였다. 이때에 부처님이 중생을 제도하기 위하여 城밖에서 禪定을 닦고 있는데 王이 그 一族宮人들을 거느리고 두루 구경하며 나무 아래에 이르니 婇女들이 王을 버리고 부처님의 처소로 왔다. 부처님이 그들을 위하여 法을 說하니 王이 그것을 보고 악한 마음으로 부처님에게 묻기를 네가 阿羅漢果를 얻었느냐 하니 부처님이 얻지 못했읍니다 하였다. 또 不還果를 얻었느냐 하니 부처님이 대답하기를 얻지 못했읍니다 하니 王이 말하기를 그러면 네가 아직도 貪欲과 煩惱를 지닌 몸으로서 함부로 女人들을 대하느냐 하니 부처님이 말하기를 내가 비록 貪結을 끊지 못했으나 마음에는 조금도 탐착이 없다 하니 王이 곧 그것을 시험하고자 부처님의 귀를 절단하였으나 안색을 조금도 변치 않았다. 群臣들이 王에게 諫하여 그것을 中止하도록 하였으나 王은 들어주지 않고 다시 코와 손을 베어도 相好가 원만하여 조금도 변함이 없었다. 그때에 돌만한 큰 비가 내리니 王이 심히 두려워하며 부처님 처소에 나아가 참회하고 부끄러워하며 哀愍한 마음으로 請하니 부처님이 말씀하기를 내 마음은 瞋恚도 貪欲도 없다 하니 (中略) 王은 더욱 참회하며 부끄럽게 여기고 드디어 佛門에 들어왔다 함.

가리용왕(迦梨龍王) 梵〈Kala〉巴〈Kala〉西〈nag-po〉 또는 迦羅·迦梨·迦梨加·迦羅迦梨 번역하여 黑色·黑者·黑龍 또는 黑이라 함.

가리지가(迦利底迦) 또는 迦利邸伽·歌利底伽라 한다. 달(月)의 이름. →迦絺那.

가리지가마세(迦哩底迦麽洗) 달의 이름. 麽洗. 달이라 번역함. →迦絺那

가린(迦隣) 竹園의 이름. →伽蘭陀.

가린다(伽鄰陀) 새의 이름. 번역하여 細綿衣. →迦遮鄰地.

가린다의(迦鄰陀衣) 또는 迦㤄隣陀衣·迦鄰陀鳥의 털로 만든 옷.

가린제(迦鄰提) 새의 이름. →迦遮鄰地.

가마(迦摩) 梵〈Kāmarūpa〉 餓鬼의 이름. 번역하여 欲色·欲神이라 함. 印度 神話에 나오는 愛欲의 神.

가마라(迦摩羅) ①梵〈Kāmalā〉 또는 迦末羅·伽摩羅 번역하여 黃病·惡垢·大風病·癩病. 황달병의 一種. ②仙人의 이름. 번역하여 懈怠라 함. →阿羅邏迦羅摩.

가마랑가(迦摩浪迦) 梵〈Kāmalaṅkā〉

또는 郎迦·郎迦戍. 印度 東쪽 境界에 있던 옛 나라의 이름. 慈恩傳 四에 나옴.

가가루파(迦摩縷波) 梵〈Kāmarūpa〉 東印度에 있던 옛 나라 이름. 지금 印度 阿撒母 西部에 해당함.

※周萬餘里 人體卑小 語言少異 於中印度 崇奉天神 不信佛法 自佛敎興至唐世 未建立伽藍 招集僧侶 淨信之徒惟竊念佛耳 王拘摩羅 聞玄奘三藏在摩揭陀 頗遣使延請三藏 三藏由戒賢論師勸至彼處盛頌大唐天子聖德與王同行還會於戒日王之無遮會 見西域記十 唐書地理志作迦摩波.

가마사바다(迦摩沙波陀) 梵〈Kalmaṣapāda〉 또는 劫摩沙波陀 번역하여 班足·鹿足이라 함. 普明王을 殺害한 악한 임금의 이름.

가마시리사다(柯摩施離沙多) 梵〈Kāmaśreṣṭha〉夜叉의 이름. 梁에서는 勝欲이라 함. 또는 迦摩施瑟陀.

가말라(迦末羅) 病의 이름. →迦摩羅.

가명(假名) 假와 같은 말. 實名이 아닌 헛 이름. 다른 것을 假藉하여 붙인 이름.

※有二釋 一就名所釋 諸法本無名 以人爲假付名者 故一切之名 虛假不實 不契實體 如貧賤之人與以富貴之名是卽假名 大乘義章一에 「諸法無名 假與施名 故曰假名 如貧人假稱富貴」

가명보살(假名菩薩) 十信의 菩薩.

또는 信想菩薩·名字菩薩.
※十住已去爲實行之菩薩 瓔珞經下에「佛子從不識始凡夫地 値佛菩薩敎法 中起一念信 便發菩提心 是人爾時住前」

가명세간(假名世間) 또는 衆生世間·有情世間. 三世間의 하나. 世間法 가운데 一切의 有情을 假名世間이라 함. →三世間.
※以有情者是於五蘊上假設之名字 無有情之實體也 卽十界之有情是 止觀五上에 「衆生世間 旣是假名無體 分別攬實法假施設耳」

가명유(假名有) 三有의 하나. 恒存性이 없고 다만 여럿이 모인 위에 가짜로 이름만이 있는 것.
※如色香味觸四事之因緣和合 假名爲酪 是酪者其實爲色香味觸 無酪之自體而以假名之故有酪 是卽假名有也 就色香味觸一一而言亦然 見智度論十二 三藏法數十三.

가명종(假名宗) 北齊 大衍이 세운 四宗의 하나. 萬有는 다만 이름뿐이고, 그 實體가 없다고 하는 宗旨. 成實宗·經量部등이 이에 속함. →一宗.

가무관청계(歌舞觀聽戒) 八戒의 하나. 연극·무용·음악 등을 보거나 듣는 것을 禁하는 戒律.

가무보살(歌舞菩薩) 天樂과 가무로써 부처님의 공덕을 찬탄하고 往生極樂한 사람을 賞讚하는 菩薩.
※無量壽經下에 「咸然奏天樂 暢發和雅音 歌歎最勝尊 供養無量覺」 又金剛界三十七尊中有金剛歌 金剛舞之二菩薩.

가무삼마지(歌舞三摩地) 大日如來가 三摩地를 노래하고, 三摩地를 춤추는 것. 大日如來가 이 三摩地에 주하는 것을 變現一天女라 함. 한편 歌詠으로써 西方彌陀如來에게 供養하고, 한편 舞藝로써 北方不空成就如來에게 供養함.
※是金剛界三十七尊中之內四供女菩薩也. 然則歌舞卽大日法身內證之德 一句之歌詠 一曲之旋舞 亦無非爲深妙之佛事 因而具法性無盡之德 故與之相應則一切之悉地得成就也 智度論十三에 「問諸佛賢聖是離欲人 不用音樂歌舞 何以故 供養伎樂耶 答諸佛於一切法 中心無所著 於世間法悉無所須 惟憐愍衆生故出世 應隨供養者應頒而使得福 故受 又菩薩欲淨佛土 故求好音聲 欲使國土中衆生聞好音聲 其心柔軟 心柔故受化易 是故以音聲因緣供養佛」

가무인(歌舞人) 內四供 가운데 西北二供을 말함. 金剛輪 안의 네 모퉁이에 있는 嬉·鬘·歌·舞의 보살 가운데 歌와 舞를 말함.

가문(假門) 機根이 얕은 이를 濟度하려고 假設한 法門. 眞實한 敎에 들어가게 하기 위하여 베풀어 놓은 方便의 敎法.
※阿彌陀佛四十八願中之第十九願念佛之外修諸行諸善 欲往生極樂者 則誓臨終來迎其人也 此爲日本淨土眞宗所立 敎行信證文類六本에「久出萬行諸善之

假門 永離雙林樹下之往生」

가미니(伽彌尼) ㊁⟨Gamini⟩ 天子의 이름.

가미니경(伽彌尼經) 내용은 부처님께서 伽彌尼天子를 위하여 흑과 백의 果報는 마치 돌이 물에 잠기고 기름이 물에 뜨는 것과 같다고 說한 것. 中阿含 三에 收錄됨.

가미라(迦尾羅) 새의 이름. →迦陵頻伽.
※七佛經曰「言音甚深妙 如迦尾羅聲」

가미라바다(迦尾攞縛婆多) 城의 이름. →迦毘羅婆蘇都.

가바리(迦婆離) ㊁⟨Kabari⟩ 外道의 이름. 結鬘이라 번역함.

가바리가(迦婆離迦) 鬼神의 이름. 護身이라 번역함. (正法念經 十六)

가바자(迦縛遮) ㊁⟨Kavaca⟩ 甲冑. 鎧甲・甲을 말함. (鎧는 투구회)

가바하라(伽波訶羅) ㊁⟨Gardha-āhāra⟩ 夜叉의 이름. 번역하여 食孕. (孔雀王呪經 上)

가방(街坊) 街坊化主의 약칭.

가방파제(伽傍鐵帝) ㊁⟨Gavāmpati⟩ 또는 伽梵波堤・憍梵波提 번역하여 牛主라 함. 羅漢의 이름. →憍梵波提.

가방표백(街坊表白) 街坊은 市街. 表白은 唱導師를 말함. 市街에서 聲・辯・才・博을 驅使하여 敎法을 펴고 널리 衆生을 化導하는 직임.

가방화주(街坊化主) 또는 街坊・化主・化緣. 거리에 나가서 여러 사람에게 施物을 얻으면서 사람들로 하여금 法緣을 맺게 하는 동시에 그 절에서 쓰는 비용을 구해 들이는 이.
※敕修淸規曰「化主凡安衆處 常住租入有限 必藉化主勤化檀越 隨力施與 添助供衆 其或恆產足用 不必多往干求 取厭也」

가범(伽梵) ㊂⟨婆伽梵＝Bhagavat⟩의 약칭. 부처님의 존칭.

가범달마(伽梵達摩) ㊂⟨Bhagavad-dharma⟩ 번역하여 尊法이라 함. 西印度 사람. 唐나라 때 중국에 건너와 千手千眼觀世音菩薩大圓滿無礙大悲心陀羅尼經(1卷)을 번역하였음. 生卒年代 未詳(貞元錄 十二)

가범파제(伽梵波提) 比丘의 이름. →伽傍鐵帝.

가법(假法) 因緣和合을 따라서 나온 거짓된 法. 즉 原因과 原因을 돕는 緣과의 和合에 따라 생긴 一時的인 存在 一假. ↔實法.

가베(Garbe Richard von) 獨逸의 印度學者. 1857年生. 게니히스벨크大學講師(78), 츄빈겐大學敎授(94), 오로지 印度正統哲學思想을 講義한 베다學・六派哲學의 大家. 85〜87에 印度에 留學함.

가보살(歌菩薩) →內四供養.

가부(跏趺) 結跏趺坐・跏趺坐의 약칭. 왼발을 오른쪽 허벅다리 밑으로 놓고, 오른발을 왼쪽허벅다리 위에 얹어 놓고 앉는 자세. →跏趺坐.

가부연묵(跏趺宴默) 默默히 坐禪하는 것.

가부좌(跏趺坐) 跏趺와 같음. →結跏趺坐.

가비(加備) 備는 被의 뜻. 부처님의 힘을 衆生에게 加하여 중생을 이롭게 함. 加被와 같은 말.
※玄義分에 「請願遙加備 念念見諸佛」 法事讚曰 「遙加普備」 俱舍光記一에 「恐有魔事 造論不終 讚德歸敬 請加備故」

가비(伽毗) 路伽懺(Lokavit)의 약칭. 번역하여 世間解. 如來十號의 하나. (玄應音義 三)

가비가(迦毗伽) 새의 이름. →迦陵頻伽.

가비가라(迦毗伽羅) 새의 이름. →迦陵頻伽.

가비다수(迦毘陀樹) 梵 〈Kapittha; Kapitthaka〉 巴 〈Kapittha, Kavittha ; Kapitthaka〉 西 〈Ka-pi-ta〉 또는 迦毘佗·迦卑他·劫彼陀·劫比他·劫必他·阿必他·迦卑多羅 번역하여 梨라 함. 果樹의 이름.

가비라(伽毘羅) 神의 이름. →迦毘羅.

가비라(迦比羅) ① 外道의 이름. →迦毘羅. ② 古代 中印度의 地名. 또는 迦毘羅·迦比羅·伐窣堵. 즉 釋迦의 父王이 다스리던 나라.
※釋迦在世之年 其國即已滅亡 地在今尼泊爾西南境 拉普的 Rapti 河以東 晋法顯旅行時 已云城址荒蕪 民家僅數十 唐玄奘西遊 尙見伽藍宰堵波及阿育王所建大石柱 今遺迦己不可見 惟大石柱陷入土中 於西元 1897年 始行掘出 其地在今哥拉克普爾 Corakhpur 以北 爲釋迦降生之處.

가비라(迦毘羅) ① 梵 〈Kapila〉 西 〈Ser-skya〉 外道의 이름. 또는 迦比羅·迦比梨·劫毘羅 번역하여 黃頭·赤色·金頭·黃赤이라 함. 二十五諦를 세운 數論派의 開祖. ② 世俗의 福德을 맡은 鬼神의 이름. ③城 혹은 나라이름. 迦毘羅婆蘇都의 약칭.

가비라바(迦毘羅婆) 城의 이름. 迦毘羅婆窣都의 약칭.

가비라바선인림(迦毘羅婆仙人林) 이 林園은 迦毘羅城에서 五十里 떨어진 곳에 있으며 諸釋이 遊戲하던 동산임.
※智度論三十三에 「一切諸佛法 還本國時 與大會諸天衆 俱住迦毘羅婆仙人林中」

가비라바소도(迦毘羅婆蘇都) 梵 〈Kapila-vastu〉 또는 迦維·迦維羅閱·迦維羅越·迦毘羅·迦毘羅婆·迦比羅皤窣都·迦毘羅皤窣都·迦夷羅·迦維羅衛·迦比羅婆修斗·迦隨羅衛·迦尾擺縛婆多·劫比羅伐窣堵. 번역하여 妙德(晋言)·黃頭·居處(隋言)라 한다. 悉達太子가 탄생한 곳. 옛날 黃頭仙人이 이곳에서 修道를 했다고 하여 붙여진 이름.
※石壁之梵網經疏上에 「迦夷羅國 正云

劫比羅伐窣堵也 此云黃髮仙人住處 卽是白淨王等兄弟四人所住之處 本是彼仙住處因立城名 今爲國號耳」慧琳音義一에「迦維 梵語訛略也 正言劫毘羅伐窣覩城 佛下生之處也」西域記六曰「劫比羅伐窣堵國 舊曰迦毘羅衛訛也」慧琳音義十에「迦毘羅衛國 卽如來下生之地 淨飯王所治之境界」智度論三十三에「迦毘羅婆城」

가비라바수두(迦比羅婆修斗) 城의 이름. →迦毘羅婆蘇都.

가비라발췌(迦比羅跋麂) 城의 이름. →迦毘羅婆.

가비라신(迦毘羅神) 梵〈Kapila〉또는 劫毘羅・劫畢羅 번역하여 黃色이라 한다. 守護神의 이름. →迦毘羅.

가비라위(迦毘羅衛) 城 이름. 悉多太子가 탄생한 곳. →迦毘羅婆蘇都

가비라솔도(迦毘羅幡窣都) 城의 이름. →迦毘羅婆蘂都.

가비리(迦毘梨) 外道의 이름. →迦毘羅.

가비마라(迦毘魔羅) 梵〈Kapimala〉印度 摩揭陀國 사람. 付法藏의 第十三祖. 처음에는 外道였으나 馬鳴에게 說服되어 그 三千弟子와 같이 佛教에 歸依하여 南印度에서 敎化에 힘쓰고 뒤에 龍樹에게 法을 傳함. 無我論 一百偈를 지음.

가빈도(迦賓菟) 比丘의 이름. →劫賓那.

※飾宗記八本에「迦賓菟者 五分十六 劫賓那是也」

가빈사라(迦頻闍羅) 梵〈Kapiñjala〉또는 迦賓闍羅・鷓鴣를 말한다. 慧琳音義에는 鷄鳥라 하고, 名義集에는 雉라 하였음.

가사(加沙) 梵〈Kasāya〉또는 迦沙・袈裟라고도 함. 色의 이름. 번역하여 不正色・染色・濁色이라고 함 또는 乾陀加沙野라고 하며 赤色의 뜻. →袈裟.

가사(佉沙) 梵〈Kāṣa〉또는 奇沙・疏勒・沙勒. 中國 신강성 西北쪽에 있던 옛 왕국. 中國과 印度와의 교통 요충지였으며 4~5세기 경에는 佛敎가 융성하였음.

※正音宣云室利訖栗多底 疏勒之言 猶爲訛也.

가사(伽闍) 산의 이름. →伽耶.

가사(迦師) 곡식의 이름. 번역하여 錯麥. 小麥飯을 말함.

가사(迦闍) 나라의 이름이나 所在가 不明하다. 蘆葦라 번역함. (慧琳音義 十八)

가사(袈裟) 梵〈Kasāya〉濁하다는 뜻. 또는 加沙野・迦沙曳 번역하여 赤色・不正色・染色이라고 함. 僧侶가 입는 法衣. 靑・黃・赤・白・黑의 다섯 가지 正色 밖에 雜色으로 물들이는 것이므로 이렇게 이름. 그 재료를 衣體 또는 衣財라 한다. 그 규격에는 五條(1長1短)로 만든 것을 安陀會. 七條(2長1短)로 만든 것을 鬱多羅僧. 九條・十一條・

十三條(모두 2長1短) 十五條·十七條·十九條(모두 3長1短), 二十一條·二十三條·二十五條(모두 4長1短)로 만든 것을 僧伽梨라 한다. 이 三衣는 본래 부처님이 더운 印度 지방에 사는 이를 위하여 만든 法衣로서 이것만을 몸에 가리므로 衣라 하였으나 우리나라·중국·일본 등지에서는 가사 아래 옷(장삼)을 입어 이를 가사와 구별한다. 후세에 이르러서는 그 규격과 모양도 다양하여 자못 혼란하여졌다. 그리고 袈裟에 대하여 ①無垢衣. ②離塵服. ③消瘦衣. ④蓮花服 ⑤間色衣. ⑥福田衣. ⑦降邪衣. ⑧幢相衣. ⑨功德衣. ⑩無相衣. ⑪勝幢衣. ⑫無上衣. ⑬解脫服. ⑭道服 ⑮出世服. ⑯慈悲衣. ⑰忍辱衣. ⑱忍鎧衣. ⑲割截衣. ⑳田相衣 등 異名이 있음.

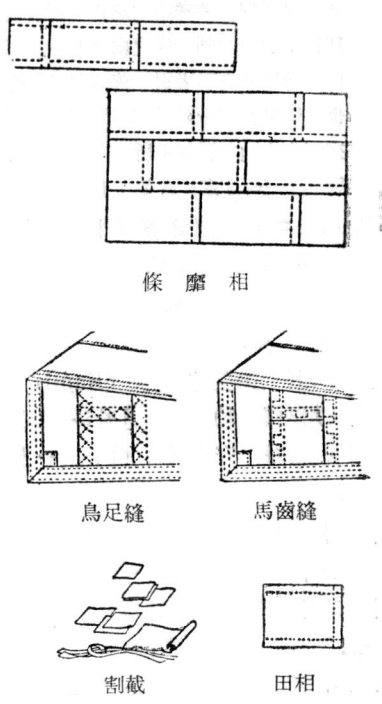

條麛相

鳥足縫   馬齒縫

割截   田相

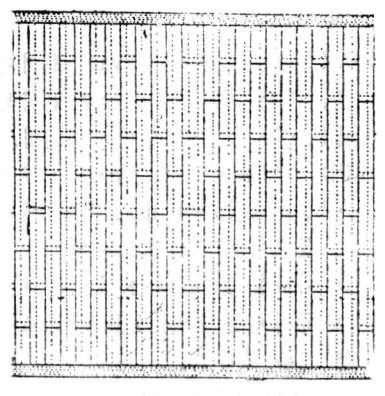

袈裟(僧伽梨二十五條)

가사공덕(袈裟功德) 袈裟를 착용하여 얻는 功德. 搭袈裟의 功德은 廣大無邊하여 袈裟를 입는 날부터 一切의 惡을 끊고, 正覺을 이룬다함. 五條衣는 貪慾, 七條衣는 瞋恚, 大衣는 愚痴를 끊음. 곧 三毒을 모두 消滅함을 말함.

가사나아람마나(迦師那阿攬摩那) 번역하여 三十八禪定. (善見律四)

가사니(佉闍尼) 또는 佉陀尼 음식물의 한가지. →珂但尼.

가사니식(佉闍尼食) 梵⟨Khadaniya⟩ 野菜와 果物 등 菜食類.

가사대(袈裟袋) 袈裟를 넣는 布袋. 禪僧이 다른 곳에 行脚할 때 三衣와 늘 사용하는 經卷・度牒・數珠・引磬(手磬)・戒刀 등 諸具를 담아서 목에 걸어 가슴에 드리우는 것.

가사만다라(袈裟曼茶羅) 袈裟의 田相內에 諸佛과 諸尊을 奉安하여 建立한 曼茶羅를 말한다. 九條袈裟中에 그 上邊을 南方閻浮提, 夏三月에 비기어 有餘涅槃路에 配하고. 下邊을 北方欝單越, 冬三月에 비기어 無餘涅槃路에 配하고. 左邊을 東方弗婆提, 春三月에 비기어 本來淸淨涅槃路에 配하고 右邊을 西方瞿陀尼, 秋三月에 비기어 無住處涅槃路에 配하였고 九條를 九世界에, 八箇의 條葉을 八味. (金・水・師子頭・羊頭・牛頭・馬頭・王・女・甘露)에 配하고 二九・十八의 橫堤를 須陀洹・斯陀含・阿那含・阿羅漢의 四果・十二因緣・六波羅蜜 등으로 表示한 것. 또 三九・二十七隔의 田相中, 四維의 四樸에는 提頭賴吒・毘盧勒叉 등의 四天王을 奉安하고 中央의 田中에는 摩訶毘盧遮那佛과 靈山淨土의 釋迦牟尼佛, 그 왼쪽에는 金剛界曼茶羅, 右側에 胎藏界曼茶羅, 上部에 南方寶生佛, 下方에는 北方不空成就佛, 左方에 東方阿閦佛, 右方에 西方無量壽佛을 奉安하며 其他의 各 田相中에 毘婆尸・尸棄・毘舍浮・拘留孫・拘那含牟尼・迦葉의 六佛, 文殊・普賢・觀音・彌勒・地藏・金剛藏・日光・月光의 八大菩薩・梵天・帝釋・堅牢地神・韋駄天 등 諸天神을 奉安하여 建立

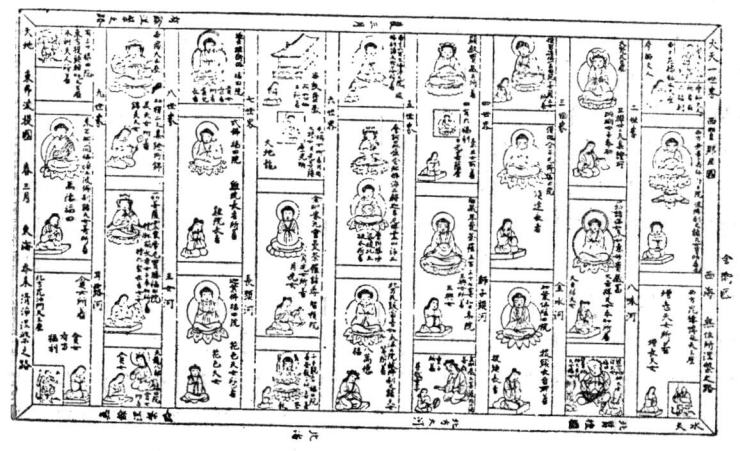

(No.1) 袈裟曼茶羅

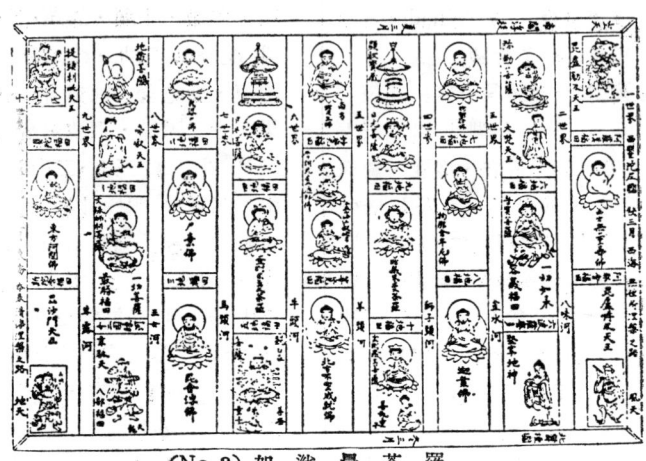

(No.2) 袈裟曼茶羅

하였음.

가사미(袈裟味) 梵〈Kasaya〉袈裟는 濁의 뜻. 草木 가운데 收斂性이 있어 먹지 못하는 것. 흔히 삶아서 나오는 液汁의 收斂劑를 말함. 五正色의 雜色을 袈裟色. 六味의 雜味를 袈裟味라 함.

가사변백(袈裟變白) 千三百年을 지나니 袈裟가 白色으로 變하여 물들지 아니하다 하였음. (摩耶經下) 末世에 法이 滅하는 相은 沙門의 袈裟가 在家의 白衣와 같음.

가사보라성(迦奢布羅城) 梵〈Kasapura, kasapura kajapura〉中印度 憍賞彌國에 있는 城의 이름.

가사불사(袈裟佛事) 袈裟를 짓는 일.

가사시주(袈裟施主) 袈裟를 짓는 경비를 내는 사람.

가사십리(袈裟十利) 袈裟를 착용함으로써 얻는 열가지의 이익 ①몸을 가리어 羞恥와 慚愧를 여윔 ②추위・더위와 모기・벌레 등의 해를 막음 ③沙門의 相을 나타내어 보는 이가 기뻐서 邪心을 여의게 됨 ④人天의 寶幢相으로서 梵天의 福을 내게 함 ⑤착용하였을 때 寶塔의 想이 生하여 모든 죄가 소멸됨 ⑥壞色으로서 탐욕이 일어나지 아니함 ⑦부처님의 淨衣로 길이 煩惱를 끊고 좋은 福田을 지음 ⑧罪가 소멸하고 十善이 生함 ⑨좋은 福田과 같아서 菩提의 싹이 增長함 ⑩甲冑와 같아서 煩惱의 毒箭이 해치지 못함. 그러므로 三世의 諸佛이 모두 착용함.

가사십이명(袈裟十二名) (一) 釋氏要覽에는 ①離染服 ②出世服 ③無垢衣 ④忍辱鎧 ⑤蓮花衣 ⑥幢相 ⑦田

相衣 ⑧痟瘦衣 ⑨離染服 ⑩去穢衣 ⑪振起 (二)六物圖에는 ①袈裟 ②道服 ③出世服 ④法衣 ⑤離塵服 ⑥痟瘦服 ⑦花服 ⑧間色服 ⑨慈悲服 ⑩福田衣 ⑪臥具 ⑫敷具.

가사야(加沙野) 梵 〈Kaṣāya〉 또는 乾陀色. 번역하여 赤色.

가사오덕(袈裟五德) 袈裟를 존중하여 얻는 다섯 가지의 功德. ①무거운 邪見을 犯한 四衆이 一念으로 袈裟를 尊重하면 반드시 三乘에서 授記를 받고 ②天・龍・人・鬼가 袈裟의 少分이라도 공경하면 三乘의 不退轉을 얻고 ③鬼神과 諸人이 만약 少分의 袈裟라도 얻으면 음식이 충족하고 ④衆生이 모두 위반하되 袈裟를 念하면 悲心이 生하고 ⑤만약 陣中에서 袈裟를 少分이라도 얻어서 공경하고 존중하면 항상 승리 함. (釋氏要覽上).

가사의(袈裟衣) 印度에서 본래 만든 三種의 袈裟를 말함. 中國・日本에는 袈裟외에 一種의 僧服이 있음. →衣.

가사착법(袈裟著法) 옷을 세주름 잡아서 그 어깨머리 주름에 方帖을 넣어 衣峋를 바로잡아 긴 것은 두 손가락으로 同心結을 맺고 밖으로 잡아당겨 十字形으로 묶고 두 고리가 생기게 하며 가슴 앞 주름에는 緣邊에 끈을 넣어 고리안으로 빼내서 옷의 바른 끝을 넉넉하게 하여 左肩에 걸어서 등뒤로 늘어뜨린다 이것이 古法이다. 中世에 와서는 袈裟의 着法은 古法과 아주 다르니 그 濫觴은 宋나라 靈芝律師에게서 始作되었음. (寄歸傳)

가사초(迦奢草) 梵 Kasa〉 또는 加尸 번역하여 細秋라고 함. 학명 〈Saccharum, spontane-um〉수수 種類로서 坐具를 만드는데 씀.

迦奢草

가사포라(迦奢布羅) 梵 〈Kaśapura〉 鉢邏耶伽國의 城 이름. 護法論師가 이곳에서 外道를 調伏시켰다고 함. (西域記 五).

가산(迦算) 藿香을 말함. (飜譯名義集).

가산고(伽山藁) 四卷 一册. 朝鮮 승려 戒悟(1773~1849)가 지은 文集으로 詩・祝文・讚・書・記・序・上樑文・碑銘 등을 모아 哲宗 4(1853)年에 刊行하였음.

가살토라(迦薩吐羅) 麝香을 말함.

가상(家常) 尋常과 같음. 禪宗의 語錄으로 집안에 언제나 있는 물건. 보통 茶飯 등.

가상(假相) 이승의 덧 없고 거짓된

모양.
가상(嘉尙) 唐나라 慈恩寺의 승려. 玄奘門下 四哲의 한 사람. 師는 玄奘門下에서 瑜伽·唯識의 旨歸를 배우고 玄奘이 大般若를 번역할 때 師는 證義하여서 글을 이룸. 卒年未詳. (宋高僧傳 四)

가상(嘉祥) ①隋 會稽의 嘉祥寺에 住한 吉藏을 이름. 三論宗의 開祖. 嘉祥寺에 오랫동안 住하였기 때문에 이같이 이름. (唐高僧傳 十三·佛祖統紀 十) ②梁高僧傳의 著者慧皎를 이름. 梁 會稽의 嘉祥寺에 住하였기 때문에 붙여진 이름. (唐高僧傳 六)

가색(假色) 無表色의 異名. 또는 無作色·無敎色. 무표색은 色法에 속하지만, 향기나 맛 따위는 모양이 없으므로 모양이 있는 實色에 대하여 假色이라 이름.
※色法之中有無表色 由受敎所生.

가석허(可惜許) 애석함. 許는 「乎」의 뜻으로 助字. 許多·許久의 許와 같음.

가석호(可惜乎) 또는 可惜許. 乎는 助字. 愛惜·護惜의 뜻.

가설(加說) 부처님이 힘을 더하여 제자들에게 설법하는 것.

가설(珂雪) 눈(雪)같이 흰 白貝. 물건이 곱고 흰것에 譬喩한 말. 珂는 소라(螺)의 종류로 海中에서 나오며 潔白하기가 눈과 같다 함.
※祖庭事苑七에「珂 丘何切 石次玉也 亦瑪瑙 潔白如雪者 一曰螺屬」

가섭(迦葉) ①梵〈Kāśyapa〉迦葉波·迦攝波의 약칭. 번역하여 飮光이라 함. 부처님 十大弟子 가운데 頭陀第一인 摩訶迦葉을 이름. →飮光摩訶迦葉. ②七大仙·十大仙·十鉢羅闍鉢底(Prajāpati)의 한분. 또는 韋陀(Veda)를 誦出한 一人.
※古代之姓氏 玄應音義二十四에「梵言迦葉波 迦葉 此云光 波 此云飮」慧苑音義上에「迦葉 具云迦攝波 此曰飮光 斯則一家之姓氏」②孔雀王呪經等見其名 在密敎與瞿曇 末建拏請仙皆爲配於胎藏外金剛部之一尊.

가섭결경(迦葉結經) 一卷. 後漢 安世高의 번역. 내용은 부처님이 滅度한 뒤에 迦葉이 阿難의 九過와 三藏을 結集한 事實에 관하여 說한 것.

가섭결집법장(迦葉結集法藏) 如來가 入滅하신 뒤에 迦葉이 종을 쳐서 大衆을 모아 小乘의 三藏을 結集한 故事. →結集.

가섭결집삼장(迦葉結集三藏) →摩訶迦葉.

가섭경권(迦葉擎拳) 釋門正統三에「殿堂 가운데 釋迦·文殊·普賢·阿難·迦葉·梵王·金剛神의 像을 설치한 것은 이 지방의 圖像이다. (天竺式이 아님) 阿難이 합장한 것은 부처님의 堂弟이므로 다른 형상이 있을 수 없고, 迦葉이 주먹을 든 것은 본래 外道의 권속이므로 그 본디 습관을 표시하여 그 象을 위엄스럽게 꾸미었다」함.

가섭금계경(迦葉禁戒經) 佛說迦葉禁戒經의 약칭. 一卷. 宋 京聲의 번역. 내용은 부처님이 迦葉을 對하여 禁戒의 法을 說한 것. 小乘律部에 수록되어 있음.

가섭기무(迦葉起舞) 香山大樹緊那羅가 거문고를 타니 頭陀第一의 迦葉이 앉아 있지 못하고 일어나서 춤을 추었다는 傳說. →緊那羅.

가섭두타제일(迦葉頭陀第一) →摩訶迦葉.

가섭리사(迦葉利師) ⓢ Kāśyapa-rsi 迦濕彌羅 國王의 이름. 王이 깊이 佛法을 信奉했으나 諸部의 取捨에 迷하였다. 迦旃延子가 薩婆多部의 宗義에 의하여 發智論을 지어서 王에게 보이니 王이 옳게 여겨 世上에 弘布하였음. →迦旃延. (了義灯一本)

가섭마등(迦葉摩騰) ⓢ 〈Kaśyapamataṅga〉 또는 攝摩騰・竺驪摩騰이라 함. 中印度 사람. 大小乘經에 정통하다. 일찍 한 小國을 위해 金光明經을 講하여 敵國의 침해를 막고 이름을 크게 떨쳤다. 永平 10(67)年 竺法蘭 등과 함께 洛陽에 들어와 白馬寺에서 四十二章經 등을 번역함. 中國에 佛法이 이때 처음 들어왔다. (歷代三寶記 四・梁高僧傳 一・開元釋教錄 一)

가섭무(迦葉舞) →摩訶迦葉.

가섭미라(迦葉彌羅) 나라의 이름. →迦濕彌羅.

가섭보살품(迦葉菩薩品) 涅槃經篇章의 名稱. 내용은 부처님이 幼童迦葉菩薩과 問答한 것으로 佛性은 常住한다는 깊은 뜻을 發揚한 것.

가섭본경(迦葉本經) 大迦葉本經의 약칭.

가섭부불반열반경(迦葉赴佛般涅槃經) 一卷. 東晋의 曇無蘭이 번역함. 내용은 迦葉이 부처님의 涅槃處에 나아가서 悲哀로 偈를 說한 것을 記錄한 것.

가섭불(迦葉佛) ①現世人의 壽命이 二萬歲 때에 出世하여 正覺을 이룬 釋迦佛 이전의 부처. 過去 七佛의 한 분. (法苑珠林 三・佛祖統紀 三十) ②菩薩의 이름. 涅槃經 三에 「이때 大衆 가운데 한 菩薩摩訶薩이 있으니 本是 多羅 마을 사람으로 姓은 大迦葉이요, 波羅門種族이다. 어릴 때에 佛의 神力으로 자리에서 일어나 右肩을 偏袒하고 百千匝을 圍繞하다가 오른쪽 무릎을 땅에 붙여 合掌하고 부처님을 向하여 아뢰기를, 世尊이시어 제가 지금 咨問하고자 합니다」하였음.

가섭불연좌석(迦葉佛宴坐石) 新羅 때 迦葉佛의 塔像. 玉龍集・慈藏傳・諸家傳記에 의하면 新羅의 月城 동쪽 龍宮의 남쪽에 있었다고 기록되어 있다. 553(眞興王 14)年 2月 月

城 동쪽에 新宮을 지을 때 黃龍이 나타났으므로 이를 皇龍寺로 개조하였는데 이때 佛殿 후면에 연좌석이 있었다고 한다. 돌의 높이는 5·6자 가량이며, 둘레는 3발로 위는 편편하였다. 진흥왕이 절을 세운 후 두 차례의 화재로 돌이 갈라져서 돌에 쇠를 붙여 보호하였으나 그후 蒙古의 침입 때 이 돌이 파묻혀 버렸다고 함.

가섭비(迦葉毘) 또는 迦葉遺·迦葉維·迦葉波. 律部의 名稱. →迦葉維.

가섭사금색처(迦葉捨金色妻) 智度論 四十五에 「摩訶迦葉이 金色女에게 장가들었으나 마음에 愛樂(요)하지 않고 버리고 出家하였다」는 傳說.

가섭선(迦葉仙) 梵〈Kāśyapa〉巴〈Kassapa〉또는 迦葉波. 古代 印度神話 가운데 나오는 神仙의 이름. 阿闥婆吠陀 가운데 七大仙人의 한 분. 또는 吠陀를 誦出한 한 분.

가섭선인설의여인경(迦葉仙人說醫女人經) 一卷. 宋法賢의 번역. 내용은 迦葉仙人이 㘑嚩迦 선인의 請에 應하여 女人의 出產 후의 병고를 治療하는 法을 說한 것으로 오로지 醫書이고, 佛敎와는 關係가 없음.

가섭수기(迦葉受記) 迦葉이 法華會座에서 小乘을 버리고, 大乘에 歸依하여 未來世에 成佛의 記別을 받았다는 傳說.
※法華經授記品에 「爾是世尊 說此偈已 告諸大衆 唱如是言 我此弟子摩訶迦葉 於未來世當得奉覲三百萬億諸佛世尊 供養恭敬 尊重讚嘆 廣宣諸佛無量大法於最後身得成爲佛 名曰光明如來」

가섭유(迦葉遺) 梵〈Kaśyapiya〉또는 迦葉維·迦葉毘·迦葉波 번역하여 飮光·重空觀이라 함. 본래는 人名이었으나 律部의 한 이름이 됨. 佛滅後 百年頃에 優婆毱多의 門下에 다섯 弟子가 있었는데 각기 異見을 내세워 律藏이 五部로 분파되었다. 迦葉遺는 그 가운데 한 사람임으로 그 部派를 迦葉遺部라 하며 번역하여 飮光部라 함.
※拾毘尼義鈔上一에 「迦葉遺者 人名也 此人精進勇決 救護衆生 著木蘭袈裟」 大集經二十二에 「我涅槃後 我諸弟子 受持如來十二部經 書寫讀誦 說無有我及以受者 轉諸煩惱 猶如死屍 是故名爲迦葉毘部」是如來之豫言也 戒本疏一上에 「迦葉毘 此云重空觀 法名解說 此有戒本 相同五分」

가섭의십만량(迦葉衣十萬兩) 智度論 二十六에 「부처님이 처음 成道하였을 때에 가섭의 입은 옷을 마땅히 부처님이 입을 것인 줄을 알았다. 가섭의 입은 옷값이 十만량에 해당되었다. 그 뒤에 耆域이 부처님에게 摩根羯籤(특이한 染色)로 물들인 옷을 바쳤는데 그 값이 또한 十만량에 해당되었다. 부처님이 阿難에게 명하여 이 옷을 가지고 가서 다시 재단하여 僧伽梨(法服)를 만들게 하고 다 만들자 부처님이 받아 입었다는 傳說.

가섭입정(迦葉入定) 摩訶摩耶經下에 「摩訶迦葉이 阿難과 함께 法藏을 結集하였는데 일을 다 마치자 摩訶迦葉은 狼跡山에서 滅盡定에 들었다.」고 하는 傳說.

※毘婆沙論百三十五에 「尊者大迦葉波入王舍城最後乞食 食己未久 登雞足山 山有三峰 如仰雞足 尊者入中結跏趺坐」西域記九에 「屈屈吒播陀山(唐言尊足)亦謂窶盧播陀山(唐言尊足) 高欝陷險(中略)其後尊者大迦葉波 居中寂滅 不敢指言 故言尊足」

가섭전의(伽葉傳衣) 迦葉尊者가 如來의 僧伽梨를 받아 가졌다는 傳說. →摩訶迦葉.

가섭전의미륵(迦葉傳衣彌勒) 迦葉이 釋迦如來로부터 袈裟를 받아서 雞足山에서 入定할 때에 그 袈裟를 彌勒에게 傳하였다는 傳說.

가섭존자(迦葉尊者) 佛弟子 가운데 摩訶迦葉(Mahākāśyapa)·優樓頻螺迦葉(Uruvilvākāśyapa)·伽耶迦葉(Gayākāśyapa)·那提迦葉(Nadikāśyapa)·十力迦葉(Daśabalakāśyapa) 五人을 말한다. 다만 迦葉이라 함은 摩訶迦葉을 가리키며 그는 頭陀第一로 付法藏의 第一祖임.

가섭찰간(迦葉利竿) 㘘 阿難이 迦葉에게 묻기를 「世尊께서 金襴袈裟를 傳한 외에 따로 무슨 法을 傳했읍니까」하니 迦葉이 대답하기를 阿難이라 하니 阿難이 응낙했다. 迦葉이 門前의 刹竿이 꺼꾸로 섰다하니 難이 言下에 大悟하였다는 것. (會元—阿難章)

가섭파(迦葉波) 또는 迦提波. 부처님 弟子의 이름. 또는 古佛·童子·仙人·律部의 이름. →迦葉.

가섭파안미소(迦葉破顏微笑) 世尊이 靈鷲山에 계실 때 어느날 天華를 들어 衆人에게 보이니 百萬의 人天이 그 뜻을 알지 못하였으나 迦葉만이 홀로 破顏微笑하니 世尊이 「나의 正法眼藏과 涅槃妙心을 너에게 付屬한다」하였다. 이는 禪門에서 傳해 내려오는 傳說. →拈笑微笑.

가성(歌聲) 緊那羅의 노랫 소리에 五百仙人이 넋을 잃었고, 迦葉尊者도 자리에서 일어나 춤추었다는 故事. →緊那羅. (智度論 十七)

가소론(可笑論) 史詩·敍事詩라는 말. 語源은 梵語「itihasa」 즉 웃는다에서 나온 말로 그릇 해석하여 可笑라 번역되었음.

가송(歌頌) 如來의 德을 노래한 偈頌.

※法華經法師品에 「妓樂歌頌 供養恭敬」

가쇄(可煞) 煞는 殺의 俗字로 語勢를 强하게 해주는 助字. 甚하다의 俗語·太煞와 같음.

가쇄(枷鎖) 죄인의 목에 칼을 씌우

고, 발에 쇠사슬을 채우는 형틀.

가쇄원(枷鎖愿) 東岳聖의 誕日은 士庶人이 정성에 報答하는 날이라 하여 어떤 이는 오로지 信香만을 바치기도 하고 어떤 이는 重囚나 枷鎖者의 願에 報答하고자 날마다 道路에 사람이 끊지지 않았다 함.

가수라위(迦隨羅衛) 城의 이름. 一 迦毘羅婆蘇都.

가습미라(迦濕彌羅) 梵〈Kaśmira〉㊄〈Khache〉또는 羯隰弭羅・罽濕彌羅・箇濕蜜・箇失蜜・迦葉彌羅・迦葉蜜多・賓羼・罽賓那・劫賓. 번역하여 阿誰入이라 함. 印度의 西北境에 있는 王國의 이름.

※西域記三에「迦濕彌羅國 舊曰罽賓訛也 北印度界 周七千餘里 四境負山 山極峭峻 雖有門徑 而復隘狹 自古隣敵 無能攻伐 國大都城 西臨大河 南北十二里 東西四五里 宜稼稷 多花菓 出龍種馬及鬱金香 火珠衣白疊毛」藥草 氣序寒勁 多雪少風 服毛褐 希麟音義一에「罽賓西域國名 或云 个濕蜜羅 亦云迦葉彌羅 皆梵語訛轉也」 貞元錄十七에「迦畢試國 罽賓訛也」 梵語雜名에「罽賓 梵 劫比舍也」

가습미라국용지(迦濕彌羅國龍池) 地名. (西域記 三・部執論疏・希麟音義)

가습미라성결집(迦濕彌羅城結集) 小乘經典 第四期의 結集으로 說一切有部의 所傳임. 이에 兩說이 있는데 ①은 佛이 入滅한 뒤 四百年에 五百羅漢과 五百菩薩이 모여서 迦旃延羅漢을 上座로 삼고, 馬鳴菩薩이 阿毘達磨의 毘婆沙 一百萬偈를 지었다는 것이며, ②는 佛滅後 四百年에 健陀羅國 迦膩色迦王 때에 五百羅漢이 모여 世友菩薩을 上首로 삼고 鄔波第鑠論 十萬頌을 지어 經藏을 解釋하였으며 毘那耶와 阿毘達磨의 毘婆沙論 各 十萬頌을 지어 律藏과 論藏을 解釋하니 總三十萬頌이 된다. 그 두 說이 모두 迦濕彌邏城에서 結集했다고 하니 곧 罽賓城임.

가승(假僧) 가짜 僧侶.

가시(加尸) 梵〈Kāśi〉또는 加私・迦尸 번역하여 光이라 함. 약의 이름. 光澤이 있으므로 이같이 이름.

가시(迦尸) 梵〈Kāśi〉또는 伽尸・加尸・迦私・迦夷・伽翅・迦施那・迦赦・伽奢. 번역하여 光有體・蘆葦라 함. 迦尸는 본래 대(竹)의 이름. 이 나라에 대나무가 나기 때문이다. 慧苑音義上에「迦尸는 西國의 대 이름. 그 대는 살대를 만들만 하며 그 나라에서 이 대가 많이 나므로 이같이 이름. 그 나라는 中印度의 憍薩羅國의 北에 인접해 있으며. 十六大國의 하나다」하였음.

가시(假時) 梵〈三摩耶 = samaya〉어느날・어느 시간과 같이 가정한 時間 즉 모든 經典의 첫머리에「一時」라고 하는 것과 같음. 一迦羅・

三摩耶. ↔實時.

가시가(迦尸迦) 比丘의 이름.

가시비여(柯尸悲與) 地獄 이름. →阿婆婆.

가실(假實) 假와 實의 倂稱. 假는 虛, 實은 眞의 뜻. 또는 虛假眞實이라 함.
※順正理論三十二에 「然許極微略有二種 一實二假 其相云何 實謂極成色等自相 於和集位現量所得 假由分析 比量所知 謂聚色中 以慧漸析 至最極位 然後於中辨色聲等極微差別 此析所至 名極極微」成唯識論八에 「依他起性有實有假 聚集相續分位性故 說爲假有 心心所色從緣生 故說爲實有 若無實法假法亦無 假依實因而施設故」

가아(假我) 實體로서의 내(我)가 存在하는 것이 아니고 五蘊의 假和合으로 이룩된 것. ↔實我.
※外道凡夫妄執之爲實我 悟道之聖者了達爲因緣生之假我 假我爲因緣生與兎角龜毛之都無不同 若撥無此假我 卽爲惡取空之邪見 經中諸賢聖之自稱我者 皆但就假我而言 卽如如是我聞 又我此土安穩 我說卽是空 皆從人法假立爲我也.

가야(伽邪) 伽耶와 같음.

가야(伽耶) ① 梵〈Gaya〉또는 那伽(Nāga)·那先 번역하여 象이라 함. 中印度 摩揭陀國 바트나의 西南쪽 六十마일 지점에 위치한 도시. 南으로 六마일 지점에는 釋尊이 成道한 佛陀伽耶가 있고, 동쪽으로 尼連禪河가 흐르고 있다. ②伽耶山의 약칭. 번역하여 象頭山이라 함. 伽耶市의 西方 一마일 지점에 있음.
※本行集經十二에 「伽耶 隋言象王 仙名也」

가야(迦耶) 梵〈Kāya〉번역하여 身·積集이라 함. 五根은 四大가 모여서 된 것이며 그 가운데 눈·귀·코·혀의 四根은 身根에 의지한 것이므로 특히 身根을 이름.
※圓覺大鈔七下에 「迦耶 此云積集 雖五根大造並皆積集 身根爲彼多法依止 積集其中 獨得身稱 瑜伽論云 諸根所隨周遍積集 故名爲身」名義集六에 「梵有四名 一迦耶 二設利羅 三弟訶 四應伽 此云集積」

가야가섭(伽耶迦葉) 梵 Gāyakāśyapa〉또는 竭夷迦葉·伽耶迦葉簸. 三迦葉의 한분. 伽耶는 번역하여 象城이라 함. 본래 불(火)을 숭상하는 外道였으나 그 徒衆 五百명을 거느리고 伽耶城에 住하다가 부처님의 교화를 받고 歸依, 마침내 羅漢道를 證得함. →三迦葉.

伽耶迦葉

※文句一下에「伽耶亦竭夷 亦象 此翻城 家在王舍城南七由旬」名義集一에「孤山云 伽耶山名 卽象頭山也 文句翻城 近此山故」

가야사다(伽耶舍多) 西天의 第二十八祖 가운데 第十八祖. 僧伽難提에게 法을 배우고 鳩摩羅多에게 法을 傳함.

가야산(伽耶山) ① ⓢ〈Gajasirśa〉또는 羯闍尸利沙山·伽闍山·伽種山 번역하여 象頭山이라 함. 산마루가 코끼리의 머리처럼 생겼다 하여 이같이 이름. 一羯闍尸沙. ②경북 星州郡과 경남 陜川郡 사이에 있는 山. 높이 1,430m. 일명 牛頭山. 산기슭에는 海印寺가 있고 세계적 至寶인 大藏經板木이 보관되어 있다. 또한 新羅 말기의 碩學 崔孤雲의 전설로 더욱 유명하다. ③충남 禮山郡과 瑞山郡 사이에 있는 名山. 높이 678m. 신라 시대에는 西鎭을 삼았고, 이조시대에는 駐在官으로 하여금 봄과 가을에 제사지내게 하였다. 이 山 東쪽에는 伽耶寺, 西쪽에 水簾洞이 있다. 가야사가 황폐되자 大院君은 그 터에 아버지 南延君(字 球)의 묘를 썼다.

※西域記八 記近於菩提道場之伽耶山에「城西南五六里至伽耶山 谿谷杳冥 峰巖危險 印度國俗 稱曰靈山 自君昔王 馭宇承統 化洽遠人 德隆前代 莫不登封而告成功」

가야산정경(伽耶山頂經) 이 經에 두 가지가 있다. ①秦의 鳩摩羅什이 번역한 文殊師利問菩提經(또는 伽耶山頂經) 一卷. ②元魏의 菩提留支가 번역한 伽耶山頂經 一卷이다. 이 二本은 隋의 毘尼多流支가 번역한 佛說象頭精舍經 一卷과 唐의 菩提流支가 번역한 伽耶山頂經 一卷과 四譯同本임.

※佛初成道在伽耶山 最初文殊菩薩問 佛發菩提心之深義 次應諸天子等交相請問 而文殊自答種種之菩薩道者

가야산정경론(伽耶山頂經論) 文殊師利菩薩問菩提經論의 異名. 天親의 著書.

가야성(伽耶城) ⓢ〈Gaya〉印度의 地名으로 現在의 伽耶市. 印度 摩揭陀國 바트나의 西南 쪽 六十마일 地點에 위치함. 부처님이 成道한 佛陀伽耶는 伽耶城의 南方 尼連禪河에 沿하여 七마일 되는 곳에 있다. 또한 有名한 象頭山은 伽耶城의 西方 一마일 地點에 있음. (法華經漏出品)

※西域記八에「渡尼連禪河至伽耶城 甚險固 少居人 唯婆羅門有千餘家 大仙人祚胤也」出城東南行 三里 大道坦坦 直至菩提道場.

가야야(伽耶耶) ⓢ〈Kāṇeyā〉번역하여 瞎眼. 여자의 이름. (開宗記四本)

가야포절나(迦耶襃折那) ⓢ〈Kāyapoñcha〉번역하여 拭身巾. 比丘의 十三資具의 하나. (百一羯磨十)

가업(家業) 가정의 生業. 一家世襲의 生業. 집안의 財産과 門閥.

가여(假如) 假令·假使·設使·設令과 같은 말.

가영(歌詠) 律敎에서는 歌詠을 금하나 大乘에서는 佛을 讚歎하여 노래 부르는 것을 許諾함.
※毘奈耶雜事六에「苾蒭不應歌詠引聲而誦經卷 若苾蒭作闡陀聲 誦經典者 得越法罪 若方國言音 須引聲者 作時無犯」然大乘許之.

가영심(歌詠心) 六十心의 하나. 曲을 他人으로부터 傳해 듣고 그것을 또 他人에게 傳하는 마음. 가르침을 他人으로부터 듣고 그것을 또 他人이 들을 수 있도록 하는 마음. →六十心.

가왕(哥王) 哥利王과 같음. →迦利.

가왕(歌王) 歌利王의 약칭. 稽古史略三에「忍仙林下에서 坐禪할 때 일찌기 歌王이 다리를 割截당했다」고 하였음. →迦利.

가우(加祐) 加被와 같음. 神佛의 힘을 衆生에게 加하여 도와 줌.
※稱讚淨土經曰 慈悲加祐 令心不亂.

가우력(加祐力) 加護의 힘.

가월(珂月) 珂는 희고 깨끗한 玉. 珂와 月로 물건의 곱고 흰 것에 비유한 것.
※法華經嚴王品에「眉間毫相 白如珂月」

가위(可謂) 可히 이르자면, 可히 이르는 바, 可히~하다고 이를만 하다로 새김.

가위력(加威力) 佛·菩薩이 衆生에게 加被하여 주는 威信과 功德의 힘.

가유(迦維) 城 이름. 迦維羅衛의 약칭. 또는 迦比羅·劫比羅伐窣堵·迦維衛·迦夷라 함. →迦毘羅婆蘇都.
※竺法蘭對漢明云 迦毘羅衛者 大千之中也 瑞應經에「菩薩下當世作佛 託生天竺迦維羅衛翼 迦維羅衛者 天地之中央」

가유(假有) 또는 俗有. 가짜로 存在한다는 뜻. 곧 因緣和合에 의하여 이루어진 것은 참으로 存在하는 것이 아니므로 假有라 함. ↔實有.
※因緣所生之法 如鏡花水月 無其實性 雖無實性然非虛無之法 因之對於龜毛兎角之無法 比於眞如法性之實有而名之爲假有.

가유라열(迦維羅閱) 城名. 迦毘羅婆蘇都의 약칭. →迦維.

가유라월(迦維羅越) 城의 이름. →迦維.

가유라위(迦維羅衛) 城의 이름. →迦維.

가유위(迦維衛) 迦維羅衛의 약칭. 城의 이름. →迦維.

가의(可意) 適意. 뜻에 맞음.
※俱舍論一에「可意及不可意」涅槃經疏五에「可意果」

가의(家依) 梁나라 眞諦三藏의 別名.

가이(迦夷) 迦夷羅의 약칭. 부처님

이 誕生한 나라. →迦毘羅婆蘇都.

가이거(Geiger wilhelm) 獨逸의 東洋言語 特히 巴利語學者. 1856年 뉘른베르그(Nurnberg)에서 出生. 1891年 엘란겐(Erlangen) 大學의 印歐語學敎授가 되다. 1920年 뮨헨 (Munchen)大學敎授, 1924年까지 아리안語學을 擔當하였고 쿤(Kuhn)과 함께 「Grundrisdev」(이란語學大系)를 編纂하였음.

가이그릅(Mkhas-grub) 西藏名 賢善成就의 뜻. 가이그릅 개럭벨잔포 (Mkhas-grud Dge- legs-dpal- bzan-po)의 약칭. 音譯하여 開魯可魯巴桑保라고 함. 또는 게라브(Mkhas-rab)(善巧의 뜻)라고도 한다. 宗喀巴二大弟子의 한 사람. 1385年 北部 山間地의 一城에서 出生, 23歲에 렌다바(Renmdab-ba)에게 具足戒를 받고, 中觀・量論・戒律・俱舍・般若 등의 根本釋義를 배웠다. 47歲에 達磨린첸을 따라 第二代 간덴坐床者(Dgab-ldankhri-pa)가 되다. 그後 8年間 그 座에서 法을 說함.

가이라(迦夷羅) 地名. →迦夷.

가이바도(迦夷婆兜) 地名으로 迦毘羅婆蘇都의 약칭.

가자(迦柘) ㉞〈kāca〉보배의 이름. 구슬. →迦遮末尼.

가자린지(迦遮鄰地) ㉞〈Kācalindi-kāka〉또는 迦旃隣提・迦旃隣陀・迦止栗那・迦遮隣底迦・迦眞隣底迦・迦隣提・迦鄰陀. 水鳥의 이름. 鴛鴦의 一種.

※正法念經三十에 「迦旃隣提 海中鳥觸之大樂 有輪王出 此鳥則現」 慧琳音義二十五에 「迦隣提 此云實可愛」

가자린지가(迦遮鄰底迦) 새의 이름. →迦遮隣地.

가자린지의(迦遮隣地衣) 또는 迦旃隣陀衣・迦鄰陀衣・迦遮隣地는 瑞鳥의 이름. 곧 이 새의 털로 만든 옷. 털이 부드러워 솜과 같으므로 베를 짜서 옷을 만들기도 하고, 솜으로 쓰기도 한다 함. 轉輪聖王이 이 옷을 입었다고 함.

가자말니(迦遮末尼) ㉞〈Kācamani〉또는 迦柘末尼. 玉의 이름. 水精의 종류.

가작인가작례(可作仁可作禮) 佛道를 修行하는 初學者. 中國에서는 8.9세의 어린이가 「可作仁・可作禮」부터 배우기 始作하므로 일컫는 말.

가재(迦才) 중국 唐나라 때 사람. 唐나라 貞觀年代(627~649)에 長安寺・弘法寺에 住하면서 淨業을 닦고 淨土論 三卷을 지음.

가전(迦旃) 迦旃延 또는 迦旃延子의 약칭.

가전린다(迦旃隣陀) ㉞〈Kacilindi-ka〉①實可愛鳥라 번역함. 水鳥의 한 種類. 깃이 가는 실 같아서 짜면 柔軟한 衣服을 만들 수 있다고 함. ②印度에 있는 부드러운 풀. 이 풀에 닿으면 즐거움이 生한 다 하여 淨土에 비유함.

※淨土論註上에「實性功德草. 柔軟左右旋. 觸者生勝樂. 過迦旃隣陀」

가전린제(迦旃隣提) 🉐 〈Kacilindi; Kacilindika〉 →迦旃隣地

가전연(迦旃延) ① 🉐 〈Kātyāna〉 또는 迦旃延子・迦多衍那 번역하여 文飾・不空이라 함. 부처님 十大제자 가운데 한사람. 南印度 사람. 바라문 출신으로 불도에 귀의하여 후에 論議第一로 높이 존경을 받음. ②天神의 이름. ③外道의 이름. 十外道의 일곱번째. 번역하여 算數라함.

※慧琳音義二十七에「摩訶迦旃延 摩訶迦多衍那 此云大剪剔種男 剪剔 婆羅門姓也」嘉祥維摩經疏二에「迦旃延卽其姓 此云好肩」

가전연경(迦旃延經) 譯者未詳. 내용은 有와 無의 二邊을 여의는 것에 대하여 說한 經.

※智度論二에「車匿比丘 我涅槃後 如梵天法治 若心憍伏者 應敎那陀迦旃延經 卽可得道」

가전연교화(迦旃延敎化) 貧困한 老母에게 가난에서 떠나 天上에 生할 果를 얻도록 敎化시킨 일.

※見賢愚經五迦旃延敎老母賣貧品 諸經要集六 經律異相十五 耆者受佛敎往本生處惡生王國爲國王解八夢使發正信.

가전연논의제일(迦旃延論議第一) →摩訶迦旃延.

가전연니자(迦旃延尼子) 比丘의 이름. →迦旃延.

가전연설법몰진게경(迦旃延說法沒盡偈經) 佛使比丘迦旃延說法沒盡偈의 약칭. 내용은 佛滅後 迦旃延이 佛法沒盡의 相을 說한 것.

가전연아비담(迦旃延阿毘曇) 🉐 阿毘曇八犍度論의 다른 이름. →迦旃延.

가전연자(迦旃延子) 迦旃延과 같음. 이는 迦旃延姓의 子息이므로「子」字를 붙였다.

가전연저작(迦旃延著作) 俱舍論光記一에「大迦多衍那가 施設足論 一萬八千頌을 지었다」하였음. 六足論의 하나.

가전자(迦旃子) 迦旃延子의 약칭. →迦旃延.

가정비구(迦丁比丘) 부처님이 入滅한 뒤의 羅漢 이름.

가정비구설당래변경(迦丁比丘說當來變經) 一卷. 역자 미상. 末世에 佛法이 破滅하는 相을 說한 것.

가제(迦提) 衣服. →迦絺那.

가제(假諦) 三諦의 하나. 森羅萬象은 모두 自性이 없이 因緣에 의하여 生하므로 實在하지 않는 相. 즉 假有로 나타나 있는 현실의 相을 말함. →三諦.

가제라가(佉提羅迦) 또는 佉陀羅. 나무의 이름. →軻地羅.

가조라(佉咀羅) 🉐 〈Katvā〉 번역하여 小長床이라 함.

가종(迦種) 山의 이름. →伽耶山.

가좌(跏坐) 跏趺坐의 약칭. 앉는 법

의 한가지. 발을 넓적다리 위에 올려 놓고 앉음. 이에 全跏와 半跏의 두가지가 있다. ①全跏는 먼저 오른 발을 왼편 넓적다리 위에 올려 놓고, 다음에 왼발을 오른편 넓적다리 위에 올려 놓는 자세. ②半跏는 왼발 또는 오른발만을 맞은 편 넓적다리 위에 올려 놓고 앉은 자세. →結跏趺坐.

가주대상(嘉州大象) 唐나라 玄宗 때에 沙門 海通이 嘉州의 大江변에 높이 三十六丈의 彌勒佛石像을 造成하고 이를 嘉州大象이라 하였음. 古語에「嘉州의 大象, 陝府의 鐵牛」라 하였음.

가중(可中) ①만일・만약・縱使의 뜻. ②俗에 恰好라 말하는 것과 같음. ③箇中・此中과 같은 뜻.
※潙山「可中頓悟正因 便是出塵階漸」守邃註에「若頓悟正因兩字 則百川會海」王佐初詞에「可中三日得相見」

가지(可止) 俗姓은 馬氏, 范陽大房山 高丘 사람. 나이 겨우 12세에 憫忠寺 法貞律師에게 出家하였고 15세에 沙彌가 되기 위해 眞定에게 가서 經論을 배웠다. 19세에 五臺山에 가서 戒를 받고 23세에 幷部에 가서 法華經 百法論을 익혔다. 後唐 應化 1(934)年 1月 22日 갑자기 微疾이 일어나 弟子들을 불러놓고 나의 後生을 도와달라 하고 彌陀佛을 염하며 世壽 75, 僧臘 56세로 遷化하다. 清泰 2(935)年 4月 8

日 龍門山 廣化寺의 동남쪽에 塔을 세우다. 그는 百家子史經에 해박하고 더욱 近體詩에 長하였음.

가지(加持) 梵 地瑟尾曩=Adhiṣṭhāna 加는 加被, 持는 任持의 뜻. ① 加는 諸佛 大悲의 힘이 修行者에게 加해지는 것. 持는 修行者의 信心에 부처가 感應하는 것. ②부처님 三密의 緣에 의하여 衆生의 三業을 밝히는 것. ③부처님의 加被力을 입어 病・災難・不淨・不吉 등을 없애기 위해 하는 기도.
※卽身成佛義에「加持者 表如來大悲與衆生信心 佛日之影 現衆生心水曰加 行者心水能感佛日曰持」

가지(伽胝) 梵〈Saṁghāti〉僧伽胝의 약칭. 가사의 이름. 九條로부터 二十五條에 이르는 袈裟. 舊譯에 僧伽梨는 複衣의 뜻.

가지공물(加持供物) 眞言行者가 一尊法을 닦을 때 供物을 加持하는 것. 만약 加持하지 않으면 날아다니는 藥叉羅刹・幽陰鬼 등이 와서 모두 음식을 훔쳐가고 혹은 더럽히기 때문임.

가지률나(迦止栗那) 새의 이름. →迦遮鄰地.

가지염송(加持念誦) 眞言行者가 一尊法을 닦을 때 語密(如來 三密의 하나)로 念誦하는 것을 이름.
※蓋行者己於本尊加持之位 自證圓極 成就本尊之身故 卽出化他大悲門 說法利生也 此之爲正念誦.

가지라(軻地羅) 梵 〈Khadira〉 또는 珂地羅·朅地羅·軻梨羅·朅達羅·佉陀羅·朅地落迦·佉達羅·朅達洛迦·佉提迦. 번역하여 山木·苦楝木·空破·紫檀木·毒樹刺라 한다. 護摩할 때에 장작으로 쓰이는 나무. 學名은 Acaciacatechu. 印度 동쪽 海岸 오릿샤 지방에서 산출된다.

가지라산(軻地羅山) 七金山의 第五. 또는 佉陀羅山. 번역하여 空破山이라 함.

가지문(加持門) 本地佛이 중생을 加護하고, 說法하기 위해 他受用身 등의 不思議한 作用. 또는 힘을 갖춘 方面을 말함. ↔本地門.

가지문설(加持門說) 大日如來가 自證身으로 法을 說함. 大日如來가 加持三昧에 들어가 加持身으로 大日經을 說하므로 加持門說이라고 함.

가지물(加持物) 또는 相應物. 本尊과 相應한 供物. 加持는 相應涉入의 뜻. 護摩할 때에 이 修法에 따라 本尊에 相應하는 供物을 선정하여 護摩爐에 던져 本尊과의 涉入을 觀하는 것은 護摩行法 가운데 가장 重要한 것임.

가지산(迦智山) 全南 長興郡 有治面에 있는 九山의 하나. 達磨의 선법을 처음으로 전한 道義禪師가 개창한 寶林寺가 있다. 高麗 말기 九山이 모두 쇠운에 빠졌으나 이 山門의 太古和尙이 王師로 1356(恭愍王 5)年에 九山을 통합하여 一家를 이룸.

가지산문(迦智山門) 우리 나라 九山門의 하나. →九山門.

가지산파(迦智山派) 新羅 때 佛敎의 한 宗派. 禪宗 九山門의 하나. 憲德王 때 體澄國師가 道儀(또는 道義)國師를 宗祖로 삼고 지금의 光州 寶林寺에서 일으킨 禪風.

가지설(加持說) 新義眞言宗에서 大日經의 敎主에 관한 學說. 眞言宗에는 自證極位·加持門·加持世界의 三段階의 구별을 세우고 極位와 加持門은 因位 行者의 視聽을 斷絶함. 또 極位는 無說法이나 지금의 大日經은 極位 加持門에서 說하였다고 봄으로 加持說이라 함.

가지성불(加持成佛) 眞言三種成佛의 하나. 衆生의 몸과 마음이 그대로 부처라고 함은 理智가 본래 갖추어 있다는 理論上의 일이고 實際로 凡夫는 아직 그 德相이 實現되어 있지 않다. 그러므로 衆生과 佛, 迷와 悟를 상대하여 아직 이루지 못한 凡夫가 부처님을 흠앙하는 信心과 이미 이룬 부처님이 베푸는 大悲力이 서로 어울려서 凡夫에게 본래 갖추어진 實德이 잠깐 동안에 나타난다는 宗敎的인 修養에 따른 실제상의 成佛을 말함.

가지세계(加持世界) 또는 海會現前·隨他法界宮. 本地法身이 他受用 加持身을 나타내어 三平等句의 法

門을 說하는 住處.
※卽敎主自性身現他受用己下 瑞相三身 之加持處 恰如國王行政時 必由本宮 出御前殿也.

가지신(加持身) 加持에 의하여, 佛身을 나타내는 것. 곧 應身을 말함. 중생을 제도하기 위하여 本持身이 方便으로 그 根機에 알맞는 몸을 나타내어 說法 敎化하는 應化身.
↔本地身.
※演密鈔二에「今言如來是佛加持身 卽是應身 謂從加持而現起故 加持之身名加持身」

가지염송(加持念誦) 眞言行者가 一尊法을 닦을 때, 語密로써 念誦하는 것. 大槪 行者는 本尊으로 加持의 位를 삼아 스스로 圓極을 證하여 本尊의 身을 成就한 까닭에 곧 다른 大悲門에 出化, 法을 說하여 利生하는 것. 이를 正念誦이라 함.

가지염주(加持念珠) 密敎의 行法에서 正念誦에 들어가기 전에 念珠를 加持하는 것을 말한다. 먼저 念珠를 가지고 囕字의 明을 唱하고 다음에 淨珠의 呪文을 誦하여 念珠를 淸淨하게 하며 이것을 세번 이마에 대고 五大願 등의 祈念을 위하며 다음에 旋轉明을 唱하며 세번 念珠를 굴리는 法.

가지인명(加持印明) 密敎의 修法으로 供物 供具 등을 淸淨케 하며 또는 行者 自身의 過去의 罪業을 씻기 위하여 加持할 때의 印契와 明呪를 말함.

가지자신법(加持自身法) 자신을 加持하여 本尊을 爲하는 法.
※大疏演奧鈔十二에「觀心中有縛字 變成五股金剛杵 杵變成金剛薩埵 如是觀已 手結薩埵印 口誦其眞言 爲加持法也」衆尊準之.

가지장(加持杖) 복숭아 나뭇가지를 한자 남짓 잘라서 眞言으로 加持하여 혹은 魅女의 어깨를 두드리고 혹은 병자의 아픈 곳을 두드리는 것.
※止觀八에「又隨身上有痛處 以杖痛打病處 至四五十 此復何意 夫諸病無非心作 心有憂愁思慮 邪氣得入 今以痛偪之 則不暇橫想 邪氣去 病除也」用桃木者 由於道家之記 事物紀元八에「五燭寶典曰 元日施桃枝著戶上 謂之仙木 以鬱壘山桃 百鬼畏之故也」本草綱目二十九에「一名仙人桃」

가지즉신성불(加持卽身成佛) 三種卽身成佛의 하나. 修行하는 공부에 따라 부처님의 威力이 加持되어 成佛하는 相을 나타냄을 말함.

가지찰(加持札) 眞言을 唱하며 加持하는 신성한 紙札. 지찰 위에는 갖가지 眞言 혹은 符籍을 눌러놓음.

가지향수(加持香水) 香水로 加持하는 것. 香은 두루 퍼지는 德이 있고 물은 맑게 씻는 덕이 있으므로 이것으로 加持하면 修行하는 이의 煩惱를 씻고, 菩提心을 일으킨다고 함.
※蘇悉地經二에「器盛淨水 隨所作事置

本獻花 復置塗香 依本法而作閼伽 燒香薰之 應誦眞言」

가진(家珍) 家寶. 自家의 珍寶라는 뜻. 누구나 나면서부터 지니고 있는 佛性을 말함. 禪家에서는 참으로 價値가 있는 것을 말할 때에 흔히 씀.
※會元七(雪峰存章)岩頭偈에「你不聞道 從門入者 不是家珍」無門關自序에「從門入者 不是家珍 從緣得者 始終成壞」

가진린다(加眞隣陀) 새의 이름. 이 새는 海中에서 나며, 그것이 몸에 닿으면 身心이 부드럽고 快適하여 六欲을 누르는 것보다 낫다 함.

가진린지가(加眞隣底迦) →迦遮鄰地.

가진상(可進相) 또는 堪達法·能進法. 나아갈 소지가 있는 자. 九無學의 第五. 鍊根修行을 능히 해내고, 일찍 不動種生에 달한 阿羅漢을 말함.

가집(嘉集) 嘉辰吉日의 集會.
※注維摩經一에「肇曰 一時 法王啓運 嘉集會時也」

가책(呵責) →하책(呵責).

가천(歌天) 胎藏界의 外金剛部院에

歌　天

住한 天人으로 피리를 불고 있음. 또 노래하는 天女도 있음. (胎藏界曼陀羅大鈔 六)

가추외양(家醜外揚) 집안의 醜惡한 것을 外部에 드러내 보임. 곧 자기가 소속한 宗派의 密意를 숨김없이 털어놓는 것. →無門關.

가치나(迦絺那) 梵〈Kaṭhina〉 또는 迦提·迦郄那·羯絺那 번역하여 堅實衣·功德衣라고 함. 安居後 어느 일정한 기간에 한하여 입는 一種의 便衣. 이것은 安居 후에 供養 받은 것을 五條면 열조각으로, 七條면 스물 한조각으로 베어서 다시 꿰매고, 둘레에는 緣(의복의 가장자리를 싸서 돌린 선)을 달아 가사 빛깔로 한다. 혹은 安居中에 더럽힌 옷을 빨래하는 동안에만 입는 옷, 아무렇게나 지은 무명옷으로서 하루 낮과 밤 동안에 만든 것이라 함.

가치나경(迦絺那經) 내용은 八百比丘와 世尊이 阿那律(佛弟子)을 위하여 옷을 짓고, 阿那律은 大衆을 위하여 그 信心에 따라 出家 내지 三明六通을 說한 것을 迦絺那法이라 한다. 이 經은 中含經 十九가운데 수록되어 있음.

가치나월(迦絺那月) 梵〈Karttika〉 또는 加提月·迦栗底迦月·羯栗底迦月·迦利邸迦月·迦剌底迦月·迦哩底迦麼洗라고 함. 安居를 마친 다음날부터 30日동안은 比丘가 迦

絺那衣를 받는 때이므로 月이라고 함. 다만 配月하는데 新舊의 分別이 있다. 南山舊譯家는 陰曆 4月 16日을 前安居에 들어가는 날로 삼기, 때문에 7月 15日을 安居竟日이라 하여 그 翌日 16日부터 8月 15日까지의 30日을 迦絺那月이라 하고(이 功德衣는 前安居에 든 사람에 限함). 玄奘·義淨·新譯家는 5月 16日을 前安居에 드는 날로 삼기 때문에 8月 15日을 竟日이라 하여 그 翌日부터 9月 15日까지를 迦提月이라 하였음.

가치나의건도(迦絺那衣犍度) 二十犍度의 하나. 7月 15日에 安居를 마친 比丘의 노고를 기리고 다섯달 동안 功德衣의 착용을 허락하며 아울러 五種의 利益을 說한 犍度(篇章). →二十犍度·四分律.

가타(伽陀) ① 梵〈Agada〉阿伽陀의 약칭. 藥 이름. →何伽陀. ② 梵〈Gāthā〉 또는 伽他 번역하여 句頌·孤起頌·不重頌이라 함. 이에 두 가지가 있다. ①은 通이니 頌文과 散文을 莫論하고 經文의 文字가 三十二字에 이른 것을 首盧伽陀(Sloka)라 하고 ②은 別이니 반드시 四句로써 文義를 갖춘 것. 三言·八言 등을 不問하고 四句를 갖춘 것을 結句伽陀라 함.

가타무니(迦吒牟尼) 번역하여 苦行仙. 사람의 이름. (本行集經 四十)

가탄(歌嘆) 노래로 如來의 德을 讚嘆함.
※無量壽經下에 「咸然奏天樂 暢發和雅音 歌嘆最勝尊 供養無量覺」

가태보등록(嘉泰普燈錄) 三十卷. 平江府 報恩光寺 雷菴虛中의 저서. 寧宗 嘉定 17(1224)年에 皇帝께 올리니 皇帝가 嘉尙히 여기어 嘉泰普燈錄이라 이름.

가패(珂貝) 珂는 美石이요, 貝는 貝殼의 아름다운 것. 옛날에는 이것을 貨幣로 使用하였음.

가패(歌唄) 梵〈Pāṭhaka〉歌는 歌嘆, 唄는 梵語 唄匿의 약칭. 번역하여 讚頌, 讚嘆이라 함. 이는 梵語와 漢語를 같이 일컫는 말. 또한 唄는 노래한다는 뜻.
※法華經方便品에 「或以歡喜心. 歌唄頌佛德」

가포대(迦逋大) 梵〈Kapota〉西〈thi-ba〉또는 迦逋·迦布德迦. 번역하여 비둘기·斑鳩(산비둘기).

가포덕가(迦布德迦) 梵〈Kapotaka〉 번역하여 鴿(비둘기)

가포덕가가람(迦布德迦伽藍) 梵〈Kapotaka-saṁghārāma〉 번역하여 ◊園이라 함. 中印度 摩竭陀國의 동쪽에 있는 절. 부처님이 過去世에 큰 비둘기가 되어, 불속에 몸을 던져 죽음으로써 사냥군을 正道로 이끌었다는 그 옛 터에 지은 절이므로 이같이 이름 함. 그 位置는 지금 恒河의 남쪽 海岸. 파도나의 東

南쪽인 連丘에 있음. →鴿園.

가피(加被) 또는 加祐·加備·加護. 불·보살이 慈悲의 힘을 베풀어 중생을 이롭게 하는 일.

가필시(迦畢試) 梵〈kāpiśi〉또는 迦臂施·劫比舍. 印度의 西쪽에 있던 옛 나라 이름. (西域記 一)
※周四千餘里 北背雪山 三陲爲黑嶺 國都域 周十餘里 宜穀麥 多果木 出善馬欝金香 異方奇貨 多聚此國 文字大司覩貨羅國 僧徒六千餘人 多習學大乘.

가하나(伽訶那) 梵〈Ghana〉胎內五位의 第四. 번역하여 堅肉·凝厚·肉團이라 함. 胎內에 托胎한지 28日이 경과하면 점점 살이 굳어지는 것. →健南位.

가하라바아(佉訶囉嚩阿) 佉는 空大, 訶는 風大, 囉는 火大, 嚩는 水大, 阿는 地大 이 五字를 五大의 種子라 함. 五輪의 塔婆는 五大를 象徵한 것으로서, 맨 밑의 方形은 地大 그위 圓形은 水大, 三角形은 火大, 半月形은 風大, 맨 위의 團形은 空大를 나타낸 것. →五大.

가합(假合) 여러 緣이 임시로 和合된 것. 和合은 반드시 離散이 뒤따르니 이는 一時의 和合이요, 永久히 가지 못하므로 假라 이름.

가합지신(假合之身) 사람의 몸뚱이는 여러 緣이 임시로 和合한 것. 그 衆緣이 和合한 것을 衆生이라고 함.

가행(加行) 梵〈Prayoga〉또는 方便·方便道. 正位에 들어가기 전에 한층 힘을 더 加하여 修行하는 것.
※舊譯曰方便(七方便)以於佛果之善巧方便 有混濫之恐 故新譯曰加行 唯識述記九末에 「舊言方便道. 今言加行 顯與佛果善巧差別」

가행결원(加行結願) 密法傳授의 加行을 終了하는 末日.

가행과(加行果) 西方의 師가 세운 四果의 하나. 加行으로 말미암아 일어나는 果를 이름. (俱舍論六)
※一大毘婆沙論百二十一에「加行果者謂不淨觀, 或持息念, 爲加行故, 漸次引起盡無生智. 餘加行果類此可知」

가행대사(加行大士) 大乘에서 加行位의 보살을 말함. 日本에서는 世親을 加行大士라고 함.

가행도(加行道) 四道의 第一. 또는 方便道三賢·四善根位에 앞서 힘을 더 加하여 三學을 닦는 地位를 이름. →四道.

가행득(加行得) 加行에 의하여 증득한다는 뜻. 修得과 같음. 生得 또는 離染得에 對한 말. 이는 聞所成·思所成·修所成 세 가지로 구분함.

가행선(加行善) 方便善·修得善과 같은 말. 곧 加行方便에 의하여 얻어지는 善心. →生得善.
※俱舍論七에「三界善心 各分二種 謂加行得生得別故」又法苑義林章六末에「若於三藏 要用功力 所生明勝覺慧之善心 名加行善 由功 力起性極明了 讀解文義 加行而起 名爲聞慧」

가행위(加行位) 唯識宗 五位의 第二. 十廻向의 끝에서 四尋思觀・四如實觀의 願을 닦아 다시 煖・頂・忍・世第一法의 四善根을 證得하는 地位. 見道에 들어가기 위하여 바로 眞理의 方便加行의 分際를 통달하므로 加行位라 한다. 즉 四道 가운데 加行道. →四尋思觀.

가행정진(加行精進) 寺刹에서 隨時로 信徒를 모아 설법하는 것을 말함. 一定한 期間동안(百日祈禱 등) 坐禪精進하는 것을 일컬음.

가행처(可行處) 比丘가 行乞할 곳을 허가받은 지역.

가호(加護) 부처님이 慈悲를 베풀어 衆生을 두호하여 주는 일.
※八十華嚴經廿七에 「常爲一切諸佛加護」 最勝王經八에 「由諸天加護. 得作於國王」

가호(嘉號) 부처님의 名號. 아름다운 德을 갖춘 名號라는 뜻. (存覺法語)

가홍음의(可洪音義) 三十卷, 新集藏經音義隨函錄의 다른 이름. 後晋의 可洪이 撰함.

가화합(假和合) 모든 事物은 實在하는 것이 아니고 因緣에 따라서 임시로 和合한 것을 이름.

가회(嘉會) 嘉辰吉日의 法會.
※大日經疏四에 「良日晨者. 意在菩提心 嘉會之晨也」

가회단만다라(嘉會壇曼陀羅) ①曼陀羅의 德名. 만다라를 설하고 灌頂을 행할 때에 十方諸佛이 모이어 導師當來를 발하는 嘉會. ②中臺 大日如來의 理法身이 西方蓮華部의 阿彌陀三昧에 住하여 加持曼茶羅를 領得하고 衆生을 위하여 說法하는 것을 嘉會曼茶羅라고 함. 大日經 具緣品의 說法이 그것이니 이것은 自證會의 加持身의 說이 된다. 또 西方極樂 阿彌陀相을 領會하고서 說法하는 것이 嘉會曼茶羅이다. 이것은 說하고 듣는 것이 和合하는 기회이므로 嘉會라고 하는 것이니 모든 經 머리에 一時라고 함이 그것임.
※秘藏記鈔一에 「大日住於阿彌陀三摩地 領加持曼茶羅 三部中蓮華部之曼 茶羅也」 聖財集下에 「五佛中前三佛 理證之三點無相法身也 三點中南方 內智不二之寶生也 不對於迷機 謂之爲 四身一體內證之自性壇王 西方之嘉會壇 始爲對於迷機之淨土佛彌陀 一切淨土佛 彌陀之分身也」

가회단염송법(嘉會壇念頌法) 三卷. 玄靜이 지음. 내용은 嘉會壇曼茶羅를 本尊으로 하여 修行하는 法의 次第를 기록한 것. 著者는 水尾禪門寺의 阿闍梨로 본디 東寺家의 密師였으나 뒤에 台密의 五大院 安然에게 受學하고 寂照에게 法을 傳함.

가훈(家訓) 禪林에서 쓰는 語錄으로 小參을 家訓 또는 家敎라 함. →小參.

가히~각기인

가히(佉呬) 부처 이름. 普賢의 眷屬.
각(角) 梵 〈śaṅkha〉 樂器의 이름. 쇠뿔을 깎아서 나팔모양과 같이 만든 것.
※法華經方便品에 「擊鼓吹角貝」 慧琳音義二十七에 「角者曲形似角 卽大角」
각(覺) 梵 〈菩提＝Bodhi〉 또는 道. 覺에는 覺察・覺悟의 두가지 뜻이 있다. 覺察은 나쁜 일을 살펴 아는 것. 覺悟는 眞理를 깨닫는 것.
※大乘義章二十末에 「有兩義 一覺察名覺 如人覺賊 二覺悟名覺 如人睡寤 覺察覺知煩惱障 煩惱侵害事等如賊 唯聖覺知 不爲其害 故名爲覺 覺悟覺知其智障無明昏寢 事等如賊 聖慧一起翻然大悟 如睡得寤 故名爲覺」
각거일의(各據一義) 각각 一門에 의거하여 뜻을 세우는 것.
※俱舍光記一之餘에 「各據一義 並不相違」
각검(覺劍) 깨달은 힘으로 삿된 집착을 무너뜨리므로 칼에 비유하여 일컫는 말.
※王勃文曰 揮覺劍而破邪山.
각견(覺堅) 六堅法의 하나. 覺知가 堅固함을 이름. (三藏法數 二十五)
각관(覺觀) ①또는 尋伺. 총체적으로 사고하는 麤思를 覺, 분석적으로 상세히 관찰하는 細思를 觀이라 이름. ②覺과 觀은 言語를 發하는 因이 되므로 覺觀을 여의면 言語가 성립되지 않음.

※二者皆爲妨定心者 因此覺觀之有無而判定心之淺深 智度論二十三에 「是覺觀撓亂三昧 以是故說此二事 雖善而是三昧賊 難可捨離(中略)麤心相名覺 細心相名觀」 往生要集中本曰「願除滅我麤動覺觀心」
각관풍(覺觀風) 禪觀에 대한 비유. 小乘禪에서 禪을 닦는데 尋・伺가 있고 또 覺과 觀이 있다. 그런데 大乘禪에서는 尋・伺와 覺・觀을 모두 除去해 버린다. 곧 覺察이 있거나 觀想이 있으면 참된 禪定・三昧境이 아니다. 一念・無念의 경계에 이르러야 된다. 智度論十七에 혼탁한 먼지가 하늘을 가리우드라도 큰 비가 능히 씻어버리고, 覺・觀의 바람이 마음을 흐트릴지라도 禪定이 능히 滅한다고 함이 그것임.
각구다가다연나(脚俱陀迦多演那) 梵 〈Kraku-da-kātyāyana〉 또는 脚陀迦㮈延. 外道의 이름. (毘奈雜事 三十八)
※希驎音義九에 「脚陀 舊云迦羅鳩駄此云黑領 迦㮈延姓也 此外道應物而起 若問有答有 問無答無也」
각근(覺根) 眼・耳・鼻・舌・身의 다섯 가지 感覺機官. 五知根.
각근점지(脚跟點地) 前後際가 끊어진 경지에서 本來面目을 徹見하여 일체의 공부가 모두 歸着됨을 이름.
각근하(脚跟下) 다리밑, 自身을 뜻함. 跟은 발뒤꿈치의 뜻.
각기인(覺起印) 印相의 이름. 金剛

起印 또는 驚覺一切如來印. 修法時에 모든 부처님께 出定하여 護念해 주실 것을 請하면서 맺는 印契. 千手儀軌에는 驚覺一切如來印이라 했고, 攝眞實經에는 覺起印이라고 했음.

※眞言修行鈔二에 憲深口傳云 上觀佛時 雖奉見遍空諸佛 彼諸佛未出定故 今結金剛起印加時時 入定諸佛被驚覺 出定護念行者及法界衆生.

각대(角駄) 나귀에 짐을 싣는다는 것 衲僧의 邪見·妄想에 비유한 말. (駄는 徒個切이니 「대」라 읽음)
※碧巖二十一則垂示에 「脫龍頭. 卸角駄」

각덕(覺德) ①新羅 때 승려. 求法僧의 선구자. 540(眞興王 1)年 梁나라에 들어가 여러 高僧들에게 도를 배우고, 549(眞興王 10)年에 梁나라 사신과 함께 佛舍利를 가지고 돌아왔다. 이것이 우리나라에 舍利가 들어오게 된 시초이다. 이때 왕은 친히 백관을 거느리고 興輪寺까지 나가 영접하였다. 이때부터 불교가 성하게 되더니 565(眞興王 26)年 陳나라에서 사신 劉思와 입학승 明觀에게 佛書 二千七百여권을 보내어 佛敎융성의 기틀이 마련되었다. ②印度 比丘의 이름.

※涅槃經云 世尊於過去爲王 名有德 爲擁護覺德比丘 與惡比丘鬪戰而死 涅槃經會疏에 「仙豫行誅 覺德破陣 諸菩薩上求心大 至此如海」

각도(覺道) ①大覺의 道. 즉 正覺의 大道를 일컬음. ②七覺과 八正道.
※①維摩經佛國品에 「始在佛樹力降魔 得甘露滅覺道成」 肇註에 「大覺之道 寂滅無相 至味和神如甘露」②法華經譬喩品에「根力覺道」

각도지(覺道支) 七覺支와 八正道支를 말함.
※稱讚淨土經에「甚深念住 正斷神足根力覺道支等 無量妙法」

각돈오(覺頓悟) 迷의 世界에서 善因善果·惡因惡果 등 限量없는 業을 지으며 六途로 輪廻하다가 홀연히 善知識의 敎化를 받게 되면 宿世에 善根을 심은 자는 한번 들어 곧 頓悟함을 말함.

각라사(脚羅沙) 羅沙는 圍遶의 뜻. 脚羅沙는 발닿는대로 東西南北을 위요하는 것. 徧參行脚과 같은 말.

각랑(覺朗) 俗姓은 未詳. 河東 사람. 大興善寺에 住하면서 四分律과 大涅槃의 뜻을 밝혔으며 또한 氣骨이 장대하고 목소리가 우렁찼다. 隋 大業(605~617)末에 勅命에 의하여 大禪定道場의 主가 되어 道化에 힘쓰다가 얼마 후에 이 도량에서 卒하다. 뒤에 매장한 뼈가 밖으로 드러나 밤마다 밝게 비치었다고 함.

각래(却來) 却入·却回와 같음. 洞家(曹洞宗의 一家)의 擧唱이 正位를 向하는 것을 向去라 하고, 正位에서 偏位로 오는 것을 却來라 함.

각래수좌(却來首座) 大方의 尊宿이 그 지위에서 물러나 首座의 職에 나아가는 것.

각력(角力) 實力을 다루는 것. 또는 실력을 비교하는 것.

각령(覺靈) 죽은 高僧의 尊稱.

각로(覺路) 正覺의 길. 菩提의 道를 일컬음. 즉 涅槃寂靜의 길. →迷途

각료(覺了) 事理를 覺知하여 了達함.
※無量壽經下에 「佛眼具足 覺了法性」 楞嚴經一에 「應知汝言覺了能知之心住在身內 無有是處」

각료법성(覺了法性) →十金剛心.

각루자(殼漏子) ①또는 可漏子. 殼은 皮甲, 漏는 汚物을 漏泄한다는 뜻. 子는 物을 가리킨 말. 四大가 和合한 人體를 비유한 말. ②封皮의 뜻.
※傳燈錄(价禪師章)에 「師將圓寂 謂衆曰 離此殼漏子 向什麼處與吾相見 衆無對」

각류반좌(各留半座) 極樂淨土에 먼저 往生한 사람이 그 蓮花座의 半을 남겼다가 뒤에 往生하는 이를 기다리는 것.

각륜(覺輪) 覺性은 圓融하고 두루하여 쉬지 아니하므로 수레바퀴에 비유한 말.
※關尹子曰 修眞鍊圓 性通覺輪.

각마(慤懜) 人名. →憼懜彌.

각마자(覺魔子) 西藏의 國民들이 佛教를 篤信하여 子女 가운데 出家한 者가 많다. 男子는 喇嘛가 되고, 女子는 覺魔子가 되어 比丘尼와 같으니 그 數가 五·六萬이 넘는다. 곧 富豪 噶布倫 같은 이는 집에 巨萬의 財產이 있으면서도 그 女子는 覺魔子가 되었다고 함. (西藏新志)

각만(覺滿) 覺行이 圓滿한 부처님을 말함.
※大乘義章二十末에 「旣能自覺 復能覺他 覺行圓滿故名爲佛」

각망수란(脚忙手亂) 손발을 구르며 당황하는 모습. 修行者를 理由없이 때리고 욕함. 서툰 禪者의 난폭한 태도를 말함. (碧巖錄 五七)

각모(覺母) 文殊의 德號. 覺은 佛의 譯語로 覺母는 佛母를 뜻함. 文殊는 理智의 二門 가운데 智를 맡았다는 뜻으로 이같이 이름. 또한 諸佛이 지혜로부터 나오는 까닭에 覺母라고 함.
※心地觀經三에 「文殊師利大聖尊 三世諸佛以爲母 十方如來初發心 皆是文殊敎化力」 同八에 「三世覺母妙吉祥」 名義集二에 「本所事佛 名不動智 故常爲佛母」

각민(覺敏)〔1596~?〕 朝鮮 승려. 姓은 盧氏, 號는 松坡. 忠州 사람. 젊어서 雉岳山 覺林寺의 寒溪에게 중이 되고, 逍遙의 門下에서 修學하였다. 毘瑟山 虎丘에게 經을 배워 碧岩에게 의심을 묻고, 任姓에게 三敎의 깊은 뜻을 講究한 후 金剛山 松月에게서 業을 마쳤다. 그 뒤

10餘年 동안 小白山 龍門寺·海印寺 등지를 行脚함.

각배(各拜) 十王이나 羅漢의 各位에 따로따로 예배함.

각범(覺範)〔1071~1128〕 중국 宋나라 때 승려. 黃龍派. 瑞州사람. 姓은 彭氏. 名은 德洪. 初名은 慧洪. 字는 覺範. 自號는 寂音尊者. 諡號는 寶覺圓明이다. 14세에 중이 되어 三峰靚禪師의 侍童이 되고, 다음에 寶峰克文 밑에서 7年을 지내다. 宋 崇寧(1102~1106)때 撫州景德寺에 있다가 다시 淸凉寺로 옮겨 있던 중 奸僧의 참소로 옥에 갇혔다가 석방됨. 宋 政和 1(1111)年 다시 참소를 입어 국외로 쫓겨나고, 뒤에 또다시 감옥에 갇히게 되었다. 欽宗이 卽位(1126)함에 勅命으로 다시 머리를 깎고 본 이름을 다시 부르게 하다. 金나라의 난리를 만나 암자에 물러가 있다가 南宋 建炎 2(1128)年 5月 世壽 58세로 入寂함. 著書는 林間錄 二卷, 禪林僧寶傳 三十卷, 高僧傳 二卷, 智證傳 十卷, 法華合論 七卷, 起信論解義 二卷, 石門文字禪 三十卷, 기타 楞嚴·圓覺 등의 注疏와 語錄 등이 있음.(稽古略四·佛祖通載二十九)

각부(各部) 十王과 羅漢을 따로따로 그린 幀畵.

각분(覺分) ㊦〈菩提分＝Bodhyanga〉覺의 支分에 따른 三十七法을 覺分이라 함. 즉 三十七科의 道品.
※俱舍論二十五에「經說覺分有三十七謂 四念住 四正斷 五神足 五根 五力 七等覺支 八聖道支(中略) 三十七法順趣菩提 是故皆名菩提分法」

각붕(脚絣) 다리를 싸매는 헝겊띠. 旅行할 때 使用함. 또는 行纏·脛衣·脛巾. 俗稱 脚絆. 律에서는 護踝衣·臑衣라고 일컬음.

각비(角婢) 婢는 女子. 다박머리를 한 젊은 女子.

각산(覺山) 佛의 妙覺을 山에 비유한 말.
※性靈集七에「覺山妙果 不可不仰」

각선구검(刻船求劍) 刻舟·刻舟求劍과 같음. 미련해서 事理에 어둡고 어리석음을 비유한 말. 옛날 楚나라 사람이 배를 타고 나루를 건너다가 잘못하여 칼이 물속에 빠지자 그 뱃전에 표를 하였다가 배가 나루에 닿은 뒤에 표를 해놓은 뱃전 밑의 물속에 다시 들어가서 칼을 찾았다는 故事.(呂氏春秋)

각성(覺性) ①一切의 迷妄을 여읜 즉 깨달은 自性. ②覺知하는 自性 즉 心識을 말함.
※圓覺經에「若諸菩薩 以圓覺慧 圓合一切 於諸生相 無離覺性 此菩薩者 名爲圓修三種自性淨隨順」

각성(覺城) ①覺悟한 경내에는 一切의 衆惑이 들지 못하므로 城에 비유한 것. ②부처님이 正覺을 이룬 都城으로 곧 摩竭陀國의 伽耶城

(Gaya)을 이름.
※圓覺經에「一切諸衆生 皆由執我愛 無始妄流轉(中略)愛憎生於心 諂曲存諸念 是故多迷悶 不能入覺城」圭峯疏에「了心性空 衆惑不入如防外敵」

각수(覺樹) ①世尊이 畢波羅樹下에서 菩提를 이루었으므로 그 나무를 菩提樹라 함. ②正覺을 이룰만한 功德善根을 이 나무에 비유한 것.

각수왕(覺樹王) 覺樹는 菩提樹. 如來가 이 나무 아래서 正覺을 이룬 까닭에 覺樹王이라 함.

각승인(覺勝印) 大日金輪의 智拳印을 일컬음.

각심(覺心) 本覺의 妙心. 즉 一心의 靈性은 본래 迷妄을 여의었기 때문에 覺이라 이름.
※圓覺經에「一切衆生種種幻化 皆生如來圓覺妙心 猶如空華從空而有 幻化雖滅空性不壞 衆生幻心還依幻滅 諸幻盡滅 覺心不動」

각심불생심(覺心不生心) 日本 弘法의 十住心論에서 세운 第七. 自心은 本來不生임을 覺知한 것. 이는 三論宗의 뜻을 說한 것인데 不生이란 그 宗에서 說한 不生不滅·不去不來·不一不異·不斷不常의 八不 가운데 第一不로서 나머지 七不은 省略된 것. 即 一心不生 乃至 不常의 道理를 깨닫고 一切戱論妄想의 住心을 여읜 것.
※大日經住心品에「心主自在 覺自心本

不生」此其略語 秘藏實鑰上에「不生覺心 獨空慮絕 則一心寂靜 不二無相」

각안(覺岸) ①迷惑을 바다에 비유하고, 미혹에서 깨우침을 언덕에 비유한 말. 부처님이라 함은 깨달은 언덕에 이른 분이다. ②元나라 승려의 이름. 號는 寶洲, 吳興사람 著書에 釋氏稽古略 四卷이 있음. (續稽古略)
※玄贊一에「庶令畢離苦津 終登覺岸」

각여(覺如) 眞如를 깨달음.

각예(覺倪) 高麗때의 승려. 睿宗(在位 1105~1122) 때 宮人의 아들로 出家, 法泉寺에 住하였다. 詩를 좋아하여 毅宗과 交遊 함.

각예(覺蘂) 正覺은 修行의 뿌리로부터 發하므로 正覺을 華蘂에 비유한 말.

각오(覺悟) 眞理를 깨닫는 것. 참다운 眞理를 開悟함.
※南本涅槃經十六에「佛者名覺 既自覺悟 復能覺他」

각오방편(覺悟方便) 一十種方便.

각오지(覺悟知) 佛의 智能으로 諸法을 了達하므로 覺悟智라고 이름.

각온신주경(却溫神呪經) 一卷 역자 미상. 부처님께서 竹林精舍에 계실 때에 국내에 疫氣가 猛盛하여 會中의 大衆가운데 쓰러지는 자가 많았다. 阿難이 그 疾毒을 退治하는 방법을 물으니 부처님께서 가르쳐 주신 經. 日本은 이 經을 續藏經에

收錄함.

각온황신주경(却溫黃神呪經) →却溫神呪經.

각왕(覺王) 또는 覺皇・覺帝. 부처님을 말한다. 부처님은 覺에 自在하므로 覺王이라 함.
※萬善同歸集六에「同攝先聖之遺蹤 共稟覺王之慈勅」

각운(覺雲) ①고려의 승려. 高宗때 眞覺國師의 弟子. 眞覺國師가 지은 禪門拈頌을 연구함. 拈頌說話 三十권이 그의 저술이라고 하나 확실치 않음. ②高麗 恭愍王 때의 승려. 姓은 柳氏. 號는 龜谷. 본관은 南原. 臨濟宗 太古普愚의 嫡孫. 衣冠의 嫡子. 南原 萬行山 勝蓮寺의 住持로 있었다. 이 절은 叔父인 拙菴禪師 衍昷이 수축하다. 拙菴이 죽을 때 절의 일을 覺雲에게 맡겼다. 학행이 높고 필법이 뛰어났으므로 恭愍王은 손수 達磨折蘆渡江圖・普賢六牙白象圖를 그려주고 龜谷覺雲 四字를 써주었다. 그리고 大曹溪宗師禪敎都摠攝崇信眞乘勸修至道都大禪師라는 法號를 내렸다. 牧隱李穡이 이에 대하여 쓴 贊이 전함.

각웅(覺雄) 또는 世雄・梵雄. 모두 부처님의 尊稱. 覺雄이란 覺道에 큰 威猛力이 있다는 말.

각원(覺苑) ①淨土를 이름. ②마음에 비유한 말. ③遼 燕京 圓福寺에 있던 중 號는 總秘大師. 秘密瑜伽宗. 大康 3(1077)年에 王命을 받아 大日經義釋演密鈔 十卷을 撰함.
※僧淸珙詩曰 覺苑常開智慧花.

각원(覺圓) 중국 西蜀 사람. 호는 鏡堂. 일찌기 吳 나라에 와서 諸老를 참방하고 뒤에 楊岐下 環溪惟一에게 나아가 玄機를 밝혔으며 日本 弘安 2(1279)年 봄에 36세로 無覺祖元과 함께 渡日하여 禪興寺에 住하면서 北條時宗의 존경을 받았다. 德治元(1306)年 9月에 나이 36세로 졸함.

각월(覺月) ①涅槃. 깨달음을 달에 비유한 말. 열반의 證果에 비유함. ②고려 승려. 一名 覺訓. 號 高陽醉髡. 華嚴首座라 일컬음. 內典뿐 아니라 글을 잘하여 草集이 士林에 전하였음. 著書에 海東高僧傳이 있음.

각위(覺位) 萬有의 實相을 깨달은 正覺, 成佛의 階位.

각위자사(各謂自師) 自己 宗派의 祖師만이 佛의 本意를 證得하였다고 일컫는 말.

각유(覺猷) 高麗 승려. 睿宗(在位 1105~1122) 때에 祇林寺에 住하였음.

각응(覺膺) 高麗 때 승려. 熙宗(在位 1204~1211)의 第五子로 出家함. 諡號는 冲明國師.

각의(刻意) 刻苦 또는 銘心과 같은 말. 마음을 괴롭힘. 애씀. 苦心함.

각의(覺義) →僧錄司.

각의삼매(覺意三昧) 능히 모든 三昧로 하여금 無漏를 이루어 七覺과 서로 應하게 하는 三昧.
※智度論四十七에「得是三昧 令諸三昧 變成無漏 與七覺相應 譬如石汁一斤 能變千斤銅爲金」

각인(覺人) 眞理를 깨달은 사람. 佛祖統紀四十二에「唐穆宗의 南山律師讚에 말하기를 代에 覺人이 있어 如來使가 되니 龍鬼가 歸仰하고 天人이 奉侍한다」고 하였음.

각인(覺因) 梵〈Uttana-bodhi-bija〉最高의 깨달음을 얻게 하는 原因.

각일(覺日) 常住不變하는 日時를 이름.
※性靈集三에「覺日者也本常 妄時者也代謝」 大日經疏一에「卽此實相之日 圓明常住 湛若虛空」

각입생사(却入生死) 보살이 生死海에 와서 중생을 제도하는 것.
※文句記五中에「却入生死之說 驚入火宅之喩」

각자(覺者) 梵〈佛陀=Buddha〉覺은 覺察·覺悟의 두가지 뜻이 있으며 自覺·覺他·覺行窮滿한 것을 覺者라고 말함. 이 세가지 가운데 한가지만 결하여도 覺者가 아님.
※大乘義章二十末에「旣能自覺 復能覺他 覺行圓滿 故名爲佛 道言自覺 簡異凡夫 云言覺他 明異二乘 覺行究滿 彰異菩薩 是故獨此偏名佛矣」

각장(刻藏) 大藏經을 刊刻하는 일.

각장(殼藏) 衆生이 無明煩惱에 繫縛됨은 마치 새가 卵殼속에 가치어 있는 것과 같다는 비유.
※勝鬘經寶窟下末에「爲於無明覆 如鳥在殼 爲殼所藏 故名爲藏」

각제(覺帝) 또는 覺皇·覺王, 곧 부처님을 말함. 부처님은 覺에 自在하므로 이같이 이름.
※性靈集七에「奇哉覺帝之德 異哉經王之功」

각제(覺祭) 祭는 察의 뜻. 깨달음을 밝힌다는 뜻으로 죄를 지은 者가 스스로의 罪를 自覺하여 告白토록 권하는 것.

각주(閣主) 禪宗의 僧職으로 佛閣을 주관하는 主事.
※禪苑淸規에「閣主殿主維那所請」

각지(却地) 不還과 같음. →不還.

각지(覺支) 또는 覺分·菩提分·心術의 偏과 正을 覺察함을 覺法이라 일컬음. 깨달음이 하나뿐 아니므로 支(갈래)라 하며 이에 三十七法이 있음. 覺은 菩提의 譯語.

각차수질(脚蹉手跌) 다리를 헛디디어 꺼꾸러지고, 손을 어설피하여 잡았던 것을 놓쳐버리는 것. 곧 心思意路가 끊어졌다는 말.

각책(覺策) 妄心을 깨우치고 煩惱를 警策한다는 말.

각천(覺天) 梵〈Buddhadeva〉 또는 勃陀提婆. 覺은 勃陀, 天은 提婆의 譯語. 婆沙四評家의 한 사람, 舊譯에 佛陀提婆라 함은 잘못임.

각타(覺他) 二覺의 하나, 스스로를

깨닫고 또 法을 說하여 다른 사람을 開悟시켜 生死의 괴로움을 여의게 하는 것. ↔自覺.

각판(脚板) 「발바닥」이란 뜻. 죽을 때에 八識이 떠나가는 것을 따라서 六途에 태어남을 아는 것. 마지막 體溫이 정수리에 있으면 聖者이고 눈에 있으면 天上에 나고, 심장에 있으면 人道에 태어나고, 배에 있으면 餓鬼途에, 무릎에 있으면 畜生에, 발바닥에서 끝나면 地獄에 떨어진다고 하였다. (雜寶藏經) 또 「네가 허둥지둥 여러곳으로 가는데 무슨 물건이 네의 脚板을 밟는 것인지 찾아보아라」(臨濟錄)

각패(角唄) 또는 角. 樂器의 一種. 陣中에서 使用함. 牛角으로 喇叭모양같이 만든 것. 이에 大角・小角이 있으며, 後世에 와서는 牛角뿐만 아니라 竹筒이나 皮로도 製作함. 大角은 길이 五尺이며 또는 銅角이라 하여 길이 一尺五寸으로 竹筒과 같은 것은 小角임.

각포(脚布) 入浴할 때 허리에 차는 수건.
※百丈淸規六에「展浴袱取出浴具於一邊 解上衣 未御直綴 先脫下面裙裳 以脚布圍身 方可繫浴裙 將裩袴捲摺入袱內」

각하(脚下) 直下 當下와 같은 말. 出發始點, 곧 그 자리, 즉시, 現在 至今이라는 뜻. 마음을 낸 즉시, 法門을 들은 즉시.

각해(覺海) ①覺性이 周徧하여 매우 깊고 湛然하므로 바다에 비유한 말 ②佛敎를 말함. 부처님은 覺悟로써 宗旨를 삼음. 바다라고 함은 敎義가 깊고 넓은데 비유한 것.
※楞嚴經六에「覺海性澄圓 圓澄覺元妙」長水疏에「意性周徧 甚深湛然 故如海也」②盧思道文에「投心覺海 束意玄門」

각행(覺行) 自覺・覺他하는 行法. 佛・菩薩의 行.
※大乘義章二十末에「覺行究滿 故名爲佛」

각현(覺賢) 〈359~429〉印度 迦毘羅國 사람. 梵名은 佛駄跋陀羅, 印度에 求法次 갔던 中國 승려 智嚴의 청으로 中國 長安에 와서 鳩摩羅什과 法相을 의논하고 慧遠을 위하여 처음으로 禪經을 講함, 418년 華嚴經을 번역하고 이밖에 십오부 백십칠권을 번역하였음.

각화(刻花) 造花.

각화(覺華) ①부처의 名號. ②覺眞을 꽃에 비유한 말. 覺은 智慧이다. 智慧가 열리는 것이 마치 꽃이 피는 것과 같으므로 이같이 이름.
※智度論四十에「時劫名華賓 佛皆號覺華」長阿含에「受法而能行 覺華而爲供」

각황(覺皇) 覺王과 같음. 부처님을 이름.
※釋門正統八에「覺皇盛心 其欲躋天下於仁壽者」

각황전석벽화엄경(覺皇殿石壁華嚴經) 全南 求禮郡 馬川面 黃田里 華嚴寺 覺皇殿 안의 돌에 새긴 華嚴經. 新羅 眞德王 때 華嚴經을 돌에 새겨 四面壁을 이루었는데 壬辰倭亂에 불에 타서 수천 조각으로 부수어져 지금도 覺皇殿 안에 수십개 나무궤에 담겨 있음.

각훈선사(覺訓禪師) 또는 覺月首座. 海東高僧傳의 著者. 고승전에 「京北五冠山 靈通寺住持 敎學賜紫沙門 臣 覺訓奉宣撰」이라 하였음은 그가 당시 凡僧이 아니었음을 짐작케 함. 그리고 賜紫沙門으로서 高僧傳 저술의 命을 받았을 정도이니 그의 學識과 道力을 추측할 수 있음. 高麗 高宗 때의 승려. →覺月.

간(慳) ⓢ〈履衍=Mātsarya〉 또는 路婆=Lobha〉, 俱舍十小煩惱地法의 하나. 또는 唯識二十隨煩惱의 하나. 財와 法을 몹시 아끼어 布施하지 못하는 마음.
※大乘義章二에 「悋惜財法稱慳」同五末에 「堅着不捨 目之爲慳」

간간(看看) 얼른얼른. 번뜻번뜻. 輕輕과 같은 말.

간격(間隔) 無始의 間隔과 一念의 間隔 등을 말함. 眞言宗의 用語로 根本無明의 異名. 法界의 平等한 道理를 깨닫지 못하고 差別에 집착하는 妄念. 이 差別의 妄念으로 인하여 貪瞋 등의 煩惱를 일으키고 모든 惡業을 지어 生死에 輪廻하는 것이며 一切 生死의 根本은 모두 이 一念의 間隔에 있고, 이 妄情이 凡夫의 自性이 되어 시작이 없이 相續하므로 無始間隔이라 함.
※辨惑指南二에 「一念間隔頓有差別自他之念 殺生偸盜邪婬妄語等惡業皆從自愛疏他而起故 皆是無始間隔所作也」

간결(慳結) 九結의 하나. 자기의 身命과 財物을 아끼는 마음. 이 마음이 우리들을 결박하여 해탈을 방해하므로 結이라 함. →結

간경(看經) 禪家에서 讀經을 말함. 뒤에는 달라져 經文을 보는 것을 뜻하기도 함.

간경도감(刊經都監) 朝鮮王朝時代에 佛經을 한글로 번역하여 출간하던 국립기관. 1457(世祖 3)年에 설치. 1471(成宗 2)年에 폐함. 王을 비롯하여 信眉·慧覺·守眉·妙覺 등의 승려와 韓繼禧·尹師路·朴守身·盧思愼·姜希孟 등이 中心이 되어 이 일에 종사하였다. 刊行된 책으로는 楞嚴經諺解(十卷)·金剛經諺解(二卷)·佛說阿彌陀經諺解(一卷) 등이 있음.

간과(干戈) 兵仗器의 총칭. 干은 矢·釰·戚(작은 도끼)·揚(큰 도끼)을 막는 방패, 戈는 상대방을 찌르는 單枝로 된 槍.

간기(簡器) 弟子가 될만한 그릇인가 아닌가를 簡擇하는 일.

간다기리 ⓢ〈Khandagiri〉 印度 푸리주밧바네스왈시의 서쪽 약 四마일 지점에 있는 山 이름.
간다라(乾陀羅) →건다라(乾陀羅).
간단(間斷) 또는 有間·間隔·斷絕의 뜻. 곧 서로 이어지지 않고 中間에 끊어짐을 말함. ↔無間.
※成唯識論四所謂 「無心定 熟眠 悶絕 無想天中 間斷故」
간당(看堂) 禪室에서 參禪할 때 禪衆을 조종하기 위하여 行하는 儀式.
간도(看道) 끼리끼리 짜고 도둑질하는 무리 중에서 망보는 역할을 하는 것. →四分律.
간두진보(竿頭進步) 百尺竿頭에서 다시 한걸음 나간다는 뜻.
간디 ⟨Gandhi, Mohands Karamchand⟩ 印度의 政治家·獨立運動과 精神의 指導者. 通稱 마하드마(偉大한 魂)간디. 1869年 西印度 카티아와「Kathiauar」藩王國(現在의 印度聯邦 사우라슈트라「Saurashtra」州)에서 出生. 1886年 渡英, 法律을 硏究한 후 1891年 歸印하여 辯護士 開業. 州立法議員選擧權剝奪法案에 反對하여 印度人選擧權鬪爭을 敢行하고 印度人勞動者 학대에 對한 抗爭을 繼續하였다. 二十餘年間 아프리카에 居住하면서 印度人을 指導하였다. 移民登錄法强制에 抵抗하여 數次 投獄되었으나 屈하지 않고 그 法을 撤回토록 하였다. 20年 反英不服從運動에 對한 爆彈宣言을 行하여 反英運動을 展開하였다. 44年 감옥에서 풀려나 47年 主權을 回復한 以後 印度敎와 이스람敎의 融和에 專念하였음.
간래(看來) 본다는 뜻. 來는 助字.
간량(看糧) 禪家에서 衆僧의 식량을 보살펴 典座에게 있고 없음을 보고하는 僧職, 이를 맡아보는 이를 看糧師라고 함.
간루타루(看樓打樓) 看은 본다. 打는 만든다는 뜻. 敵이 쌓은 樓臺를 보고 이쪽에서도 樓臺를 築造하는 것. 곧 他人을 모방하여 作事함을 뜻함.
간률다(干栗馱) ⑳⟨Hṛd Hṛdaya⟩ 또는 汗栗太·乾栗駄 번역하여 肉團心·堅實心이라 함. →訖利多.
간마변이록(揀魔辨異錄) ㊈ 八卷. 내용은 淸의 世宗 因密會의 會下에 法藏이라 하는 者가 그 스승의 宗旨를 배반하고 自己의 臆見으로 五宗原을 著述하여 後學들이 自己를 推尊해 주기를 바란 것. 普陀山 印光法師(常慚)가 그 잘못된 부분을 상세하게 바로 잡아 民國 7(1918)年에 刊行함.
간목(干木) 또는 竿木. 自由自在로 뛰어 넘기 위해 使用하는 三尺 남짓한 막대. 一說에는 人形을 놀리는 道具라고 함. 또는 拄杖 或은 盜賊들이 物件을 찾기 爲해 使用하는 막대라고도 한다. 轉하여 師匠이 學人을 교화하는 機略에 비유하여 쓰는 말.
간방(看坊) 禪院에서 뒤치다꺼리도

하고 宿直도 하는 僧.

간방편(看方便) 禪家의 語錄으로 注意하라는 뜻.

간법칠보(慳法七報) 說法을 아끼어 남에게 베풀지 않는 사람이 후세에 받는 일곱가지의 惡報. 곧 生盲報・愚痴報・生惡衆報・胎夭報・物恐報・善人遠離報・無惡不作報.

간별(簡別) 또는 簡異・別異・分異. 略하여 簡이라고도 함. 諸法의 同異를 簡擇하여 그 差別을 밝히는 것.

간병(看病) 환자를 看護하는 것. 또는 그 사람.
※梵網經下에「若佛子見一切病人 常應供養 如佛無異 八福田中 看病福田 第一福田」

간불용발(間不容髮) 한 오락의 머리카락도 들어갈 틈이 없다는 뜻. 轉하여 일이 대단히 절박함을 이름, 間不容息과 같음.

간사(揀師) 阿闍梨(스승될 만한 승려)를 간택하는 일. 未熟한 阿闍梨가 大宗師라 自稱하고, 衆人을 邪途로 誤導하는 자가 있으므로 배우려는 이는 마땅히 그 익숙하고 익숙치 못함을 간택해야 한다는 말.

간사(諫謝) ① 일깨움. 忠告. ② 告白하기 전에 잘못을 悔誤함을 일컬음.

간사나(干闍那) 梵〈Kāncana〉또는 建折那・干闍羅・那闍羅 혹. 千闍羅라 함은 잘못이다. 나무의 이름.

잎은 나비의 나래같고 꽃은 紅白色 두가지가 있으며 다만 香氣가 없다. 열매는 莢豆와 같고 그 나무는 矮小한 灌木과 같다 하고 或은 二三丈의 喬木과 같다 함. 印度에서 產出됨.

간산수륙(看山水陸) 餓鬼에게 施與하는 法을 水陸法이라 함. 水陸의 有情에게 施與한다는 뜻.

간색(間色) 靑등의 五正色에 대하여 綠등의 다섯 가지 中間色, 또는 五間色 밖에 靑・黑・木蘭의 세 가지 壞色을 말함. 이 色이 袈裟를 만드는 常色이며 五正・五間色으로는 袈裟를 만들지 않음.

간색복(間色服) 袈裟의 異名. 袈裟에는 定해진 세가지의 壞色이 있다 이것이 一種의 間色이므로 間色服이라 함. 즉 靑・黑・木蘭의 간색으로 지은 袈裟. →袈裟.

간생(間生) 間世而生의 뜻. 즉 뛰어난 人物은 드문드문 나온다는 말.

간석가훼계(慳惜加毀戒) 顯敎 十重戒의 하나. 인색하여 구하는 것을 주지 않고, 도리어 毀辱을 加함을 禁制하는 戒.
※法藏謂爲故慳戒 太賢謂爲慳生毁辱戒

간성(看星) 또는 副殿・副尊・扶尊・佛堂을 맡아서 받드는 사람, 부처 앞에 놓은 香火 등을 보살핌.

간속(簡束) 꾸밈새 없다는 말.

간시궐(乾屎橛) ① 변소를 젓는 마

른 막대. ② 똥덩이가 말라 막대기처럼 된 것. 屎橛(뒤 닦는 막대기) 一名 厠籌・淨籌・淨木・厠簡子라 함. (五燈會元)

간심(慳心) 六蔽心의 하나. 慳貪하는 惑이 마음을 가리어 布施를 행하지 아니함. (智度論三十三・三藏法數二十七)

간어(揀語) 古則과 公案을 揀擇하고 評論하는 말.

간언(簡言) 또는 簡別語. 因明에서 논법상의 과실을 예방하기 위하여 宗 혹은 因喩 위에 冠하여 제한하는 말.

간연(間然) ①허물을 지적하여 비난함. ②異議를 提起함.

간왕경(諫王經) 一卷. 佛說諫王經의 약칭. 宋沮渠京聲의 번역. 내용은 부처님이 舍衛國祇樹給孤獨園에 계실 때 不離先尼王에 대하여 治世의 要法을 說한 것. 내용이 적실하여 百王의 洪範이 됨. (三寶紀第十・內典錄第四)

간정(刊定) 譯場에서 쓸데없는 글자를 깎아버리고 잘못을 바르게 고침. 또는 그 사람.

간정기(刊正記) 二卷. 孤山 智圓의 著書. 내용은 天台의 觀經疏를 해석한 것.

간정기(刊定記) 十六卷. 華嚴刊定記의 약칭. 靜法寺 慧苑이 새로 번역한 經典을 해석한 것. (地與賢首異)

간지(懇志) 淨土眞宗에서 特別한 機會에 信徒들이 喜捨하는 금전.

간착천(間錯天) 胎藏界曼荼羅外金剛部南方 十七位의 天名. 二十八宿가운데 翼星.
※種子지字 此天在因位 下禍於小男女 或使至死 由胎藏大日之加持 攝取於曼茶羅會中 爲曼茶羅外護之一尊.

간탐(慳貪) 물건을 아끼어 남에게 주지 않고, 탐내어 구하면서 만족을 모르는 마음.
※中阿含經三十一에「我見世間人 有財痴不施 得財復更求 慳貪積聚物」

간헐(間歇) 一定한 時間을 두고 쉬었다 일어났다 함.

간혈병(間穴餠) 구멍을 뚫어서 갖가지 맛 있는 것을 넣은 떡.
※大日經疏七에「間穴餠有二種 或剖爲孔穴 或狀如亂絲重重間穴 加以衆味也」

간혜(乾慧) →건혜(乾慧). 乾의 原音은「간」.

간혜지(乾慧地) 三乘共十地의 第一地. 乾慧는 마른 智慧란 뜻. 이 地位는 五停心・別相念處・總相念處의 觀을 닦아 지혜는 깊으나 아직 온전한 眞諦法性의 理致를 깨닫지 못했으므로 乾慧地라 함.
※大乘義章十四에「雖有智慧 未得定水 故云乾慧 又此事觀 未得理水 亦名乾慧」

간화(看話) 看은 본다는 뜻. 話는 話頭・公案을 뜻함. 古人의 公案을 看하는 參禪法.

— 68 —

간화결의론(看話決議論) 一卷. 高麗때 知訥의 著書·1608(宣祖 41)年 順天 松廣寺에서 刊行함. 禪宗과 敎宗이 한 가지로 實道에 돌아간다는 취지로 禪門十種病 외에 여러가지의 의문을 華嚴經·圓覺經 등을 인용하여 설명한 것.

간화선(看話禪) 話는 話頭·公案을 말하며, 看은 본다는 뜻. 곧 古人의 公案을 參究하여 悟境에 들어가는 하나의 參禪法. ↔默照禪.

간화염불(看話念佛) 또는 參究念佛·念佛公案·阿彌陀佛의 一句. 念佛을 公案으로 삼고, 拈提參究하여 깨닫는 것을 말함.

갈가(渴伽) 梵〈Khaḍga〉또는 朅伽·佉迦. 번역하여 犀牛角이라고 함.
※謂犀牛一角也 一亦獨也 喩獨覺也 大日經疏十五에「獨覺本云犀角 論云麟角」

갈가(朅伽) ①梵〈Khaḍga〉또는 朅誐. 번역하여 刀 혹은 劍이라 함. 成就를 祈願할 때에 사용하는 七物의 하나. ②犀牛의 梵語. →渴伽.

갈가비사나(朅伽毘沙拏) 梵〈Khaḍga-viṣāṇa〉또는 伽婆沙·渴伽婆沙·佉伽毘沙拏 번역하여 犀角이라 함. →渴伽.

갈가선(朅伽仙) 梵〈Garga〉또는 朅伽·揭伽·揭羅·伽罼·朅羅伽라고 함. 옛 仙人의 이름.

갈거바(羯車婆) 梵〈Kaochapa〉번역하여 龜(거북).

갈계도(羯雞都) 梵〈Karketana〉水精의 다른 이름. 그 빛깔은 희고, 계란 같으나 조금 큼.

갈고(羯鼓) 雅樂의 打樂器의 한가지. 장구와 비슷하나 양쪽 마구리를 다말가죽으로 매어 臺위에 올려 놓고 좌우 두개의 채로 쳐 合奏의 완급을 조절함.

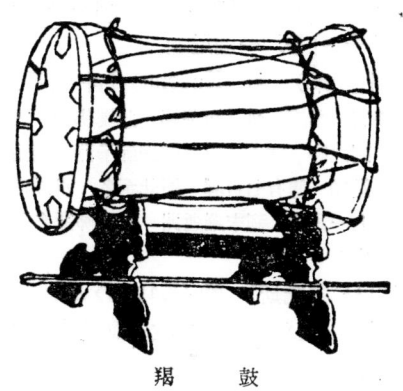

羯 鼓

갈구적검룡(羯句摘劍龍) 또는 商佉龍. 龍의 이름.

갈구촌나(羯句村那) 佛名. →拘留孫佛.

갈나다가(羯孋駄迦) 梵〈Kalandaka〉①地名. 摩竭陀國의 王舍城 밖에 있는 竹園. (釋尊에게 바친 長者 迦蘭陀의 이름을 딴 迦蘭陀竹林) ②새 이름. 그 형상은 鵲(까치)와 같고 무리를 지어 숲에서 산다고 함. ③山鼠의 이름. 栗鼠. →迦蘭陀.

갈나복(羯拏僕) 梵〈Kanabhuj〉舊

稱은 塞尼陀(Kanāda). 번역하여 食米齋라 함. 嘔露迦仙人의 別名. 勝論의 開祖.

갈낙가모니(羯諾迦牟尼) 佛名. →迦那伽牟尼.

갈니가(羯尼迦) 梵〈Karnikara〉 巴〈Kanikara or Kannikar〉 또는 迦尼迦·迦割羅·尼割迦羅 번역하여 耳作이라고 함. 학명(Pterospermum acerifolium〉 印度에서 나는 나무 이름. →迦尼迦.

갈다(羯茶) 梵〈Kacoha〉나라 이름.
※百一羯磨五에「羯茶國 此屬佛逝 舶到之時 當正二月 若向師子洲 西南進舶 傳有七百驛 停此至多 汎舶南上一月許 到末羅逝洲 今爲佛逝多國矣」

갈다사(羯吒斯) 梵〈Kaṭasi〉 또는 羯吒私 번역하여 貪愛·血鑊이라고 함.

갈다포달나(羯吒布怛那) 梵〈Kaṭapūtana〉 또는 迦吒布單那·迦吒富卓那·羯吒富呾那 번역하여 極臭鬼·奇臭鬼라 함. 餓鬼의 한가지. →迦吒富單那.

갈달(獦狙) 원숭이와 비슷하며 눈썹은 붉고, 눈은 쥐눈 같다고 함.

갈달라(羯達羅) 山名, 七金山의 第五. →軻地羅山.

갈두(碣斗) 또는 竭斗·傑斗. 碣은 우뚝하게 솟은 것, 斗는 돌출한 것. 轉하여 교활한 무리들이 도리에 어긋남에도 불구하고 오히려 자기들의 理論을 관철하려고 거만하게 다투는 것을 비유한 말.

갈등(葛藤) 葛과 藤은 모두 山野에 自生하는 植物로서 넌출이 他物에 얽혀 生存하는 것. 轉하여 事件의 錯雜, 事情의 紛糾를 容易하게 벗어나기 어려움을 비유한 말. ①言句의 枝葉에 얽혀서 宗旨의 根源에 通達치 못함을 言句葛藤 또는 閑葛藤을 弄한다고 함. ②煩惱妄想의 뜻. ③禪家에서 言說을 뜻함.
※出曜經三에「其有衆生 墮愛網者 必敗正道(中略) 猶如葛藤纏樹 至末遍則樹枯」

갈등단구(葛藤斷句) 침. 藤나무는 다 같이 덩굴지어 뻗어나가는 蔓木. 즉 葛·藤과 같이 複雜하게 엉켜있는 것을 一擧에 끊어버리는 一句.

갈등선(葛藤禪) 言語가 번잡한 것을 葛藤이라 한다. 宗旨를 알지 못하고 言語에만 局執하는 禪客을 비방하는 말.

갈등전갈등(葛藤纏葛藤) 紛糾에 紛糾를 거듭하여 도저히 알 수 없음을 말함. 文字나 言句에 얽매어서 그 本意를 忘却하고 煩惱에 煩惱를 더하여 그 소굴을 빠져나오지 못함을 일컬음.

갈라가(竭羅伽) 또는 竭伽揭伽·揭瞿. 옛 仙人의 이름. 吠陀를 誦出한 한 사람. 四明論을 짓고 呪術을 잘 한다고 함. 胎藏界 曼荼羅 가운데 火天의 眷屬으로 他 四仙과 같

— 70 —

이 外金部院에 자리하고 있으며 다만 現圖 曼茶羅에는 그 形像을 그리지 않았음.

갈라나(羯羅那) 梵〈Kārandava〉콩의 한가지. (玄應音義二十三)

갈라나소벌라나(羯羅拏蘇伐刺那) 梵〈Karṇasvarṇa〉金耳라 번역함. 南印度의 경계에 위치한 나라 이름. 西域記에「주위가 四千四五百里, 大都城은 二十餘里로 人口가 많고 나라가 부유하다」하였음.

갈라라(羯邏羅) →羯邏藍識.

갈라람(羯邏藍) 梵〈Kalala〉또는 羯羅藍·歌羅邏·羯刺藍·羯邏羅· 柯羅邏 번역하여 凝滑·雜穢·凝結·和合·雜染이라 함. 胎內五位의 하나. 受胎한 최초의 7日間. 父母의 兩精(精虫과 卵子)이 凝滑의 상태에 있으므로 이같이 말함.
※父母不淨和合 如蜜和酪 泯然成一 於受生七日中 凝滑如酪上凝膏 漸結有肥滑也」

갈라람식(羯邏藍識) 羯邏藍에 寄託한 心識. 즉 十二緣起支 가운데 第三識支.

갈라리(褐刺縭) 梵〈Kārali〉毛布이름.
※西域記二에「褐刺縭衣 織野獸毛細耎 可得緝績 故以爲珍 而充服用」

갈라미라(羯囉微囉) 梵〈Karavira〉 또는 羯囉尾囉·迦羅毘羅·伽囉毘囉라고도 함. 학명(Nerium Odoum) 夾竹桃이다. 그 잎에서 採取되는 脂汁은 눈병에 효력이 있다고 함. →迦羅毘囉.

갈라빈가(羯羅頻伽) 또는 羯羅頻迦 새 이름. →迦陵頻伽.

갈라사(羯羅舍) 梵〈Kalaśa〉또는 迦羅舍·羯擺賖 번역하여 瓶·寶瓶·賢瓶이라 함. 大壇의 四方과 中央에 있는 다섯개의 병을 이름. 이 병에 五寶·五穀·五香·五藥 등 二十種의 香藥을 담으므로 五瓶이라고 함.

갈라사(羯擺賖) →羯羅舍.

갈라하(羯羅訶) 梵〈Graha〉번역하여 執. 빌면 내리는 神의 이름.

갈락가손다(羯洛迦孫馱) 佛名. →拘留孫佛.

갈란다가(羯嬭駄迦) 地名, 또는 動物 이름. →迦蘭陀.

갈란탁가(羯蘭鐸迦) 地名, 또는 動物 이름. →迦蘭陀.

갈람(羯藍) →羯藍婆.

갈람바(羯藍婆) 또는 羯藍波·阿羅· 귀신이 住하는 地名.
※地藏十輪經四에「有一大丘壙 名羯藍婆 甚可怖畏 藥叉羅利 多住其中」

갈랍바(羯臘婆) 梵〈Karabha〉數名 十大醯都. 六十數의 하나. →俱舍論.

갈래탑사적(葛來塔事蹟) 書 一권. 강원도 太白山에 있는 淨巖寺의 葛來塔(일명 水瑪瑠寶塔)의 내력을 기술한 책. 석가와 文殊의 신기한 행적 등을 상세히 실었다. 전설에 의하면 탑의 터를 닦을 때 三개의 침이 있어 세존·문수가 올 때는 겨울인데도 三개의 침꽃이 피어 있었다 하여 이 마을을 葛來라고 이름하였다 함. 1778(정조 2)年 僧 翠岩性愚가 짓고 寶塔重修誌는 1874(고종 11)年에 僧 景雲以祉가 지음.

갈록(渴鹿) 목마른 사슴이 아지랭이를 보고 물인줄 아는 것을 迷妄한 마음에 비유한 말.

갈률지가(羯栗底迦) 달(月)이름. →迦締那月.

갈릉가(羯陵伽) 또는 羯䟦伽·迦陵伽 번역하여 和雅. 새 이름. →迦陵頻伽.

갈릉가국(羯䟦伽國) 㲄〈Kalinga〉 西〈Ka-hn-ga〉 또는 羯凌伽·迦陵伽·迦陵誐·伽凌·迦隣·羯䟦伽 번역하여 鬪爭時·相鬪時라 함. 南印度에 있던 옛 나라의 이름. 南憍薩羅國의 동남에 있으며, 東北은 恭御陀國, 西南은 案達羅國과 인접해 있으며 동남은 벵갈灣에 臨해 있음.

갈릉가림(羯陵伽林) 地名.
※唯識述記下에「羯㥇迦者 此云和雅 如彼鳥名 陵字去聲呼也」

갈리(褐麗) 褐麗筏多의 약칭. 比丘의 이름.

갈리(羯利) 王의 이름. 새 칭호는 羯利. 옛 칭호는 哥利라 함. →迦利.

갈리나(曷利拏) →할리나(曷利拏).

갈리벌다(褐麗筏多) 㲄〈Revata〉 또는 離婆多·比丘의 이름. →離婆多.

갈리사발나(羯利沙鉢那) 또는 羯利沙鉢拏, 錢量의 이름. →迦利沙波拏.

갈마(羯磨) 㲄〈Karmra〉 또는 劍暮 번역하여 作業이라 함. 受戒나 참회 때의 儀式作法. 密敎에서 갈마금강을 가리킴, 세가닥 金剛杵를 十字모양으로 組合한 것이며, 如來의 作業을 표시한 輪寶.

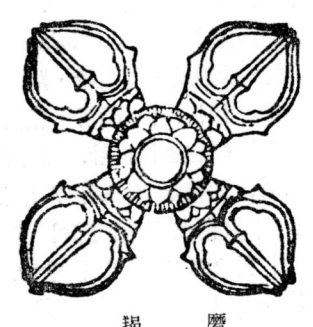

羯　磨

※慧苑音義上에「羯磨比云辦事 謂諸法事由玆成辦也」 此羯磨必具四法 一法 正擧行之作法也 名之爲秉法 二事 或犯罪之事 或懺悔之事等 羯磨所行之事也 三人 就行羯磨而定之人數也 四界 行羯磨處之結界也 又其秉法有三種 一心念法 二對首法 三衆僧法 心念法者 事至微小之時 或界中無人 雖無衆僧及對首 亦獨發心念境 而明了口言之 則其事戎辦 謂之獨秉 此心念法又有三 一但心念法 唯得自說 界中假令有人 亦不要對之 如懺輕微之突吉羅罪 二對首心念法 原

是對首之法 由界內無人而佛用心念 說
淨受藥等之事也 三衆心法念 原是衆
僧法 但界內無人 故開獨秉之心念 二
對首法 對首者對一人已上三人之比丘
而說之也 此有二 一但對首法 爲當
分之對首法 故界中有多僧 不要用之
對首於一人乃至三人卽事足也 受三衣
等事是也 二衆法對首 可爲衆僧法者
由界中無人而開對 與前心念同 三衆
僧法 必四人以上秉羯磨 是爲僧所秉
故曰衆僧法 亦云僧秉(慈恩以三人以上
爲衆 南山以四人以上爲衆)
羯磨有一定之形式 亦須一定之人衆
　二十人　出罪羯磨之最少限衆
　十　人　授具足戒之最少限衆
　五　人　自恣與邊地授具足戒之最少
　　　　　限衆
　四　人　爲上記外一切之羯磨時
此人衆不可以比丘尼 式叉摩那 沙彌
沙彌尼 或得罪者 俗人等 加於人數
必取淸淨同見之和合僧 比丘尼之羯磨
必須比丘之同數者列坐 故爲上數之倍
羯磨는重大한要件 在無非法(不具一定
之形式者)及無不和合(同一結界內僧之
意見缺一致者)

갈마계사(羯磨戒師) 羯磨阿闍梨와
　같음. 授戒할 때의 스승이므로 戒
　師라 함.

갈마궐(羯磨橛) →羯磨金剛.

갈마금강(羯磨金剛) 法器의 이름.
　三鈷杵를 十字로 交叉한 것으로서
　修法에 사용한다. 羯磨는 반드시
　金屬을 가지고 만들므로 羯磨金剛
　이라 함.

※大日經疏十六에「金剛有二種　一者智
　金剛　二者業金剛　此梵云金剛羯磨　謂
　所作業也　以此金剛業而加持故　得淨
　除其心地」此形爲三股與三股相突貫之
　相　正示金剛杵之作業者.

갈마다나(羯磨陀那) 梵〈Karmadāna〉
　절을 관리하는 소임. 舊譯은 維那
　번역하여 授事라 함. →維那.

갈마득(羯磨得) 十種得戒緣의 하나.
　十人이 傳授하는 羯磨方法을 써서
　戒를 받는 것, 보통의 受戒方法에
　의하여 三師七證을 모시고 具足戒
　를 받는 것을 이름.

갈마라(羯磨羅) 또는 犍陀摩. 나무
　이름. 香花라 번역함.(增一阿含第
　二十九)

갈마륜(羯磨輪) 北方不空成就佛의
　法輪. →轉法輪四輪.

갈마만다라(羯磨曼荼羅) 梵〈Karm-
　amaṇḍala〉 줄여서 羯磨. 번역하여
　作業輪圓具足이라 함. 四曼의 하
　나. 佛·菩薩의 형상 威儀·所作을
　이름.

갈마문석(羯磨文釋) 菩薩戒羯磨文釋
　의 약칭.

갈마바라밀(羯磨波羅蜜) 四波羅蜜의
　하나. 金剛界曼荼羅의 中央 如來北
　方에 자리한 一尊. 大日如來의 侍
　女. 密號를 妙用金剛·作業金剛이
　라고 함.

※聖位經에　毘盧遮那佛於內心證得羯金
　剛大精進三摩地智　自受用故　成羯

磨波羅蜜形 住於毘盧遮那如來左邊月輪.

갈마부(羯磨部) 金剛界 五部의 하나. 作業의 부분이란 뜻. 金剛界의 五大月輪 가운데 北方을 羯磨部라 함. 衆生을 위해 慈悲를 드리워 갖가지의 事業을 이루는 部分.

※秘藏記本에「爲衆生垂悲愍 成辦一切事業 云羯磨部」

갈마사(羯摩師) 羯磨阿闍梨와 같음.

갈마소(羯磨疏) 四卷. 南山律三大部의 하나. 四分律刪補隨機羯磨疏의 약칭.

갈마승(羯磨僧) 四人 이상의 比丘가 한 結界 안에 同居하면서 羯磨의 作法을 行하는 것.

※大乘義章七에「羯磨僧出家之中具戒比丘四人已上 不簡凡聖 在一界內 於彼百一羯磨之法 同遵不乖 名羯磨僧」

갈마신(羯磨身) 密敎에서 顯敎의 法·報·應 三身에 對하여 種子·三時耶·尊形의 三身을 세운 것.

갈마아사리(羯磨阿闍梨) ㊅〈Karmāacārya〉 또는 羯磨戒師. 授戒三師의 하나. 戒壇에서 具足戒를 받는 이에게 지침이 되는 스님. 小乘戒에서는 學德과 法臘을 갖춘 승려를 선정 하고, 圓頓敎에서는 文殊를 羯磨師로 삼음.

※行事鈔上三請羯磨阿闍梨之文에「今請大德爲羯磨阿闍梨 願大德爲我作羯磨阿闍梨 我依大德故得受具足戒」

갈마인(羯磨印) 모든 佛菩薩의 높은 威儀를 나타내는 結印. 密敎에서 行하는 羯磨金剛을 말함. 세가닥 金剛杵 두개를 十字形으로 交叉한 것.

갈마파파(Kar-ma-pa派) 西藏佛敎 칸규스派의 하나. 스그램포파(Sg-am-po-pa)의 弟子 도슴겐바(1110~1193)를 創始者로 한다. 1155年 라사의 北方 써프(Htsur-phu)에 쓰처하문(Tshu-mtshur-lha-lun)寺를 세웠다. 이것이 그 派의 本山임.

갈마회(羯磨會) 金剛界九會曼陀羅의 中央會 또는 根本會·成身會라 함. 이는 諸尊의 本體를 示現하므로 成身會라 함. 이 會中에 三十七尊·賢劫千佛·二十天·四執金剛·一千六十一尊이 있음.

갈바라(曷波羅) ㊅〈Kapala〉 번역하여 頭蓋骨.

갈반다(堨盤陀) ㊅〈Gorband〉 西域에 있는 나라 이름. 또는 渴盤陀·渴槃陀·喝盤陀·喝囉槃陀. 開國祖를 漢日天種이라 하며, 母는 漢族, 父가 日天에서 왔다 함. 그 王族의 容貌는 中國人과 같고 머리에는 方冠을 쓰고, 몸에는 胡服을 입었음. (西域記十二)

갈법(渴法) 正法을 渴仰하는 것.

※大集經二十一에「釋迦牟尼佛 告諸梵天帝釋四王 善男子 我於此惡處 成

就阿耨多羅三藐三菩提 爲欲利益無明
闇冥渴法衆生」

갈비(羯毗) 또는 羯隨·迦毘 번역하여 好聲鳥. →迦陵頻伽.

갈비가라(羯鞞迦羅) →迦陵頻伽.

갈사(羯娑) 梵〈Pulkasa Paulkasa Pukkaśa〉 번역하여 除糞. →補羯娑.

갈사시리사(羯闍尸利沙) 梵〈Gajaśirṣa〉 또는 揭闍尸利沙. 舊稱은 伽耶·伽種 번역하여 象頭山. 山 꼭대기가 마치 코끼리 머리 같으므로 이같이 이름. 이에 두곳이 있다. 한 곳은 靈鷲山 부근, 또 한 곳은 부처님이 成道한 부근에 있음. →伽耶山

갈상나(羯霜那) 梵〈Kasana〉 나라 이름. 번역하여 史國(西域記一)

갈수(羯隨) 새 이름. →迦陵頻伽.
※釋迦譜五에 「佛有八種音聲‥今海邊有鳥 名曰羯隨 其音哀亮 頗似萬一」

갈수라(渴樹羅) 梵〈Kasans〉 과일

渴樹羅

이름. 모양은 작은 대추 같다. 맞은 떫고 달며 波斯國에서 산출됨.

갈수라장(渴樹羅漿) 八種漿의 第八.

갈슬나자나(羯瑟那自那) 印象의 이름. 번역하여 着鹿皮印. (陀羅尼集經四).

갈습미라(羯濕彌羅) 나라 이름. →迦濕彌羅.

갈아(羯誐) 梵〈Khadga; Khanga〉 또는 渴誐, 揭伽. 太刀라 번역함.

갈아인(羯誐印) 印相의 한가지. 劍印이라 번역함.

갈앙(渴仰) 그 사람을 敬仰하고 思慕하기를 마치 목마른 사람이 물을 생각하듯 함.
※法華經壽量品에 「心懷戀慕 渴仰於佛」 涅槃經一에 「善持淨戒 渴仰大乘」

갈애(渴愛) 凡夫가 목마르게 五欲에 愛著하는 일.

갈야국사(羯若鞠闍) 梵〈Kanyākubja〉 巴〈Kannakujja〉 또는 葛那及·葛那鳩闍·葛那究撥闍·迦那鳩闍·伽那慰闍·屬饒夷 번역하여 曲女·妙童이라 함. 中印度에 있던 나라 이름.
※周四千餘里 國之大都城 臨西殑伽河 長二十餘里 廣四五里 名曲女城 女奘渡天時 戒日王於此開無遮大會.

갈자의(褐紫衣) 褐衣·紫衣의 병칭. 승려의 階位를 옷으로 表示함. 즉 褐衣는 粗惡한 옷으로 一般僧, 紫

衣는 天子에게 받은 옷으로 지위가 높은 승려를 表象함.

갈전발실자박지가(羯專鉢失遮薄底迦) 不重受食이라 번역함. 一時에 음식을 받고 재차 받지 않는 것.
※此含二義 一者不作餘法而食 二者一時受訖 更益不受也」

갈주올기라(羯朱嗢祇羅) 梵〈Kajughil〉巴〈Kajaingala〉또는 羯𦟀揭羅・迦微伽羅. 中印度에 있던 옛 王國의 이름. (西域記十).

갈지(竭支) 梵〈Saṁkakṣika〉또는 僧伽鵄・僧祇支・祇支 번역하여 覆腋衣라 함. 長方形의 僧衣로 왼쪽 어깨에서부터 오른쪽 겨드랑이를 덮는 것.

갈지라(羯地羅) 梵〈Khadira〉또는 佉達羅・佉陀羅・竭達羅 번역하여 空破라고 함. 護摩할 때에 장작으로 쓰는 나무 이름. →軻地羅.

갈지락가(羯地洛迦) ①또는 洛地竭迦・軻地羅. 나무 이름. 번역하여 擔山木・苦楝木・空破・紫檀木・毒樹羅라 함. 히말라야山의 高地帶에서 生產되는 나무. →軻地羅. ②須彌 七金山의 第五.

갈지옥(渴地獄) 十六遊增地獄의 하나. 獄卒이 발갛게 달은 鐵丸을 罪人의 입안에 넣어 그 입술과 혀를 태우고, 뱃속까지 들어가 지진다고 함. (三藏法敎四十五).

갈차(竭叉) 葱領가운데 있는 나라 이름. 氣候가 차가워서 다른 穀物은 자라지 못하고 다만 보리만 자란다. 國中에 부처님의 이(齒) 한 개가 있어서 佛齒로 塔을 세웠으며 千餘僧徒가 있으나 다 小乘을 배운다. 晋나라 法顯이 이 나라에 와서 五年大會를 만나 四方의 沙門이 다 雲集하였다. 王과 群臣이 法대로 一乃至 三個月을 供養하고 供養이 끝나면 王이 馬匹을 다 내어 重臣으로 하여금 타게 하고 또한 갖가지 珍寶와 沙門이 필요한 물건을 群臣과 같이 發願하고 衆僧에게 布施하는데 布施가 끝나면 僧으로부터 값을 주고 사들임. (法顯傳).

갈춘아(渴樁誐) 梵〈Khaitvanga〉密敎에서 行者가 가지는 지팡이의 一種. 위에 頭蓋骨을 붙이었음. 본래 힌두敎에서 스와神이 가졌던 것.

갈치나(羯耻那) 梵〈Khaṭika〉또는 羯耻羅・伽絺那・伽縛那 번역하여 煮狗人・斷獄官이라 함. 屠殺者를 말함.

갈치나(羯絺那) 번역하여 功德衣. →迦絺那.

갈치라(羯耻羅) →羯耻那.

갈타포단나(羯咤布單那) 梵〈Kataputana〉또는 迦咤富單那. 極臭鬼라 번역함. 餓鬼의 一種.

갈파사가(羯播死迦) →七種衣.

갈포라〈羯布羅〉 ㊹〈Karpūra〉 香의 이름. 번역하여 龍腦香.
  ※案西域記云 羯布羅香 樹松身異葉 花果亦別 初採旣濕 尙未有香 木乾之後 修理而折 其中有香 狀若雲母 色如氷雪 此謂龍腦香者也.

감(龕) ① 佛像을 安置하는 櫃. ② 시체를 넣는 棺.
  ※增韻에 「浮圖塔」 廣韻에 「塔下室」 勅修淸規結制禮儀에 「侍者於聖僧龕後立」 釋氏要覽下에 「今釋氏之周身 其形如塔 故名龕 方志云 受也 廣雅云 盛也此名蓋異俗也」

감개(壏垉) 비틀거리는 것. 謂行不正 亦事不合機.

감거(龕居) 절에 安置함.

감겁(減劫) 住劫에서 사람의 목숨이 無量歲로부터 百年마다 한살씩 줄어들어 十歲에 이르는 것을 第一減劫, 그 뒤부터 百年마다 한살씩 늘어 八萬歲에 이르는 것을 第一增劫, 다시 내려서 十歲에 이르는 것을 第二減劫, 이렇게 한번 오르고 한번 내려서 第十九減劫을 마치고 다시 늘어 목숨이 八萬歲에 이르는것을 二十增劫 이것으로 住劫을 마친다. 이것을 住劫의 二十增減劫이라 하는데 第一에서 第十九까지 목숨이 주(減)는 시기를 減劫, 第二十까지 목숨이 느(增)는 시기를 增劫이라 함.

감공(鑑空) 俗姓은 齊氏. 吳郡 사람. 집이 가난하였으나 어려서부터 學業에 힘쓰며 여러 곳을 유랑하다가 나중에 靈隱寺에 출가하여 具足戒를 받음.

감과(勘過) 또는 勘破. 一切 事物의 眞相을 꿰뚫어 봄. 능히 사람의 胸中을 看破함.

감과(感果) 修行하는 業因에 의하여 얻는 證果.
  ※戒疏四下에 「因不虛設 必能感果」

감극(減尅) 減削와 같음, 덜고 깎음.

감기삼매(鑒機三昧) 부처님이 說法하기 前 대중의 根機를 분별하기위해 드는 禪定.

감능(堪能) 일을 잘 堪當할 만한 能力.
  ※起信論에 「於一切時一切處 所有衆善 隨己堪能 不廢修學」 止觀七下에 「地持云 得勝堪能 名爲力」

감다(甘茶) 절에서의 단술을 이름.

감달법(堪達法) 羅漢이 그 성품이 능히 道行을 練習하여 不動法에 통달한 것. 六種羅漢의 하나.
  ※俱舍論二十五에 「堪達法者 彼性堪能 好修練根 速達不動」

감등(龕燈) 佛壇의 등불.

감로(甘露) ㊹〈Amrta〉 또는 天酒·美露. 天人이 먹는 달콤한 이슬. 이것을 먹으면 長壽한다 하여 不死藥이라고 한다. 轉하여 如來의 敎法을 甘露에 비유한 말.
  ※註維摩經七에 「什曰 諸天以種種名藥 着海中 以寶山摩之 令成甘露 食之

得仙 名不死藥 生曰 天食爲甘露味也」玄應音義二十二에「蘇陀味 舊經中作須陀飮 此云天甘露食也」正法念經九에「甘露爲毒」

감로경(甘露經) 甘露經陀羅尼의 약칭.

감로경다라니(甘露經陀羅尼) 佛說甘露經의 약칭. 一卷 唐 實叉難陀의 번역. 이 경 가운데「물 한그릇을 가져다 주문을 일곱번 읽은 뒤에 공중에 흩게 되면 그 물방울이 변하여 열말(十斛) 甘露가 되어 一切의 餓鬼가 모두 마시고 조금도 모자람이 없이 배가 부른다」고 한 까닭에 이것을 施甘露眞言 또는 十甘露呪라고 말함.

감로계(甘露界) 涅槃界에 비유한 말.
※中阿含經一에「於甘露界 自作證 成就遊」

감로고(甘露鼓) 妙法의 소리를 甘露의 북에 비유한 말.
※中阿含經五十六에「我至波羅㮈 擊妙甘露鼓 轉無上法輪 世所未曾轉」

감로고경(甘露鼓經) 樓閣正法甘露鼓經의 약칭.

감로군다리명왕(甘露軍茶利明王) 군다리명왕은 大尊의 한분. 軍茶利明王에 세가지가 있으니 ①은 金剛軍茶利, ②는 蓮華軍茶利, ③은 甘露軍茶利다. 胎藏界圖에 金手院의 軍茶利는 金剛軍茶利. 觀自在院의 軍茶利는 蓮華軍茶利. 蘇悉地院의 軍茶利는 甘露軍陀利라고 함. 이 明王은 甘露의 寶甁으로 三昧耶形을 삼으므로 이같이 이름함. 一軍茶利明王.
※谷響集七에「一家相承有三部軍茶利明王 甘露軍茶利爲佛部 蓮華軍茶利爲蓮華部 金剛軍茶利爲金剛部」梵語曰 阿密利多軍茶利 Amṛtakuṇḍalin 阿密利多 譯言甘露 軍茶利譯曰甁.

감로군다리명왕화상(甘露軍茶利明王畵像) 甘露軍茶利菩薩供養念誦儀軌에「軍茶里의 몸빛은 마치 碧玻璃와 같이 빛나고 그 威光은 劫末의 불꽃보다 더하여 혁혁하기는 日輪을 떤듯하며 눈살을 찌푸리고 웃으며 성난 얼굴에 위아래로 범의 어금니를 드러내고 있으며 또 일천 눈을 드러내어 깜박이지 아니하고 빛나기는 모두 햇빛과 같다. 일천 손에는 각기 金剛의 모든 器杖을 쥐고 머리에는 金剛寶를 쓰고 있으며 龍 목걸이에 虎皮의 치마를 입고 忿怒하는 無量衆과 金剛 및 諸天이 圍繞하고 侍衛한다」고 하였음.
※「次說本尊身相應觀四面四臂 右手執金剛杵 左手滿願印 二手作羯磨印 身佩威光焰臂 住月輪中 靑蓮華色 坐瑟瑟盤石 正面慈悲 右第二面忿怒 左第三面作大笑容後第四面微怒開口 (中略)隨意所樂 觀念四臂八臂乃至兩臂千臂」

감로군다리보살공양염송성취의궤(甘露軍茶利菩薩供養念誦成就儀軌) 一卷 唐 不空의 번역 내용은 軍茶利

의 印呪觀門을 說한 것.

감로다(甘露茶) 부처님 앞에 올리는 달고 깨끗한 茶水.

감로다라니주(甘露佗羅尼呪) 一卷. 唐 實叉難陀의 번역. 無量壽如來供養儀軌 가운데의 無量壽如來 根本佗羅尼와 同本으로 곧 阿彌陀의 大呪이다. 呪 가운데 甘露의 十語가 있으므로 十甘露明이라 함.

감로대(甘露臺) 施食架의 美稱. 施食을 올려놓는 臺.

감로멸(甘露滅) 甘露를 涅槃에 비유한 말. 涅槃을 證得하여 생사를 멸하는 것을 甘露滅이라 함.

감로문(甘露門) ① 甘露涅槃의 門戶에 도달한다는 말. 곧 如來의 교법 ② 佛大勝多와 菩提達磨가 함께 교화하니 時人이 甘露門이라 부름.
※法華經化城喩品에「普智天人尊 哀愍羣萌類能開甘露門 廣度於一切」

감로미(甘露味) 奧妙한 境地.

감로미경(甘露味經) 阿毘曇甘露味論의 다른 이름.

감로미국(甘露味國) 華嚴의 善財童子가 訪問한 五十三善知識 가운데 하나인 靑蓮花香長者가 住하는 나라.
※探玄記十九에「甘露味者 救生善巧之勝味也」

감로미론(甘露味論) 阿毘曇甘露味論의 약칭.

감로미아비담(甘露味阿毘曇) 阿毘曇甘露味經의 異名.

감로반왕(甘露飯王) 梵〈阿彌都檀那 =Amṛta-dana〉또는 甘露淨. 迦毘羅國 師子頰王의 아들, 淨飯王의 아우요 釋尊의 叔父.

감로백법(甘露白法) 白法은 一切의 善法. 實相의 法에 비유한 것. 佛祖相傳의 正法을 賞讚하여 甘露에 比喩한 것.

감로법(甘露法) 如來의 敎法을 믿으면 끝없는 功德과 이익이 있음을 甘露에 비유한 말.

감로법문(甘露法門) 最上의 法에 비유한 말. 長阿含經一에「내가 너이들을 가엾이 여겨 지금 甘露法門을 說한다」하였음.

감로법우(甘露法雨) 如來의 敎法을 甘露의 비에 비유한 말.
※涅槃經二에「世尊我今身 有調牛良田 除去株杌 唯悕如來甘露法雨」法華經普門品에「悲體戒雷震 慈意妙大雲 澍甘露法雨 滅除煩惱焰」

감로성(甘露城) 涅槃을 城에 비유한 말.
※智度論三에「能到甘露城」

감로왕(甘露王) 梵〈阿密㗚多＝Amṛta〉阿彌陀의 別號. 阿彌陀의 呪를 甘露呪라 하므로 阿彌陀를 甘露王如來라고 함. 金剛界 五佛 가운데 西方阿彌陀佛에 해당되는 부처님.
※彌陀化身說法 澍甘露之雨 以是稱其德也 但此時之梵語曰阿彌利帝 胎藏曼陀羅大鈔一에「阿婆縛抄云 阿彌

陀 阿彌利帝 梵語也 此翻無量壽無
量光 又正云甘露 故大咒云 甘露明
依之甘露王如來云 服甘露不老不死故
名無量壽矣」菩提心集經上에 「甘露王
者 應身也 甘露者 說法之德也 以
法名 甘露之時梵語阿密嘌多也」

감로왕존(甘露王尊) 甘露軍茶利의 약
칭. 또는 軍茶利.

감로일(甘露日) 日月金木水火土의 七
曜와 二十八宿가 相應하는 날을 甘
露日. 大善日이라 함.

※宿曜經下에 「太陽直日 月與軫合(中
略)土曜直日 月與星合 己上名甘露
日 是大吉祥 宜册立受灌頂法 造作
寺宇 及受成習學經法 出家修道 一
切並吉」

감로존(甘露尊) 甘露軍茶利王의 약
칭.

※軍茶利儀軌에 「加持自身. 同甘露尊」

감로준(甘露樽) 慶北 淸道郡 雲門面
虎踞山에 있는 雲門寺의 遺蹟 가운
데 하나인 銅壺의 다른 이름.

감만(敢曼) ㉛〈Kambala〉허리에 두
르는 옷. 몸의 醜한 곳을 가리는
치마. 잠방이와 같음. (寄歸傳一)

감말달(憨抹撻) 憨은 어리석다, 抹
撻은 모호하다의 뜻. 즉 어리석어
서 事物에 밝지 못함을 뜻함. 抹撻
은 憨을 형용하는 말.

감무(監務) 三職의 하나. 住持 밑에
서 절의 모든 사무를 감독하는 職
任.

감발(紺髮) 또는 紺頂. 佛陀의 머리

털이 紺瑠璃 빛깔과 같으므로 이
같이 일컬음.
※續高僧傳一에 「陽門飾毫眉之像. 夜臺
圖紺髮之形」

감방(紺坊) 절의 별칭. 朴殿·紺·紺
園 등과 같음.
※大周新翻三藏聖教序에 「可謂緇俗之綱
維 紺坊之龍象」

감변(勘辨) 禪僧이 修行者의 力量·
素質 등을 시험하고 또는 學人이
師家의 力量을 點檢하는 것.

감보자(甘菩遮) ㉛〈kamboja〉나라
의 이름. 또는 劍蒲·紺蒲·甘菩·
印度 十六大國의 하나.
※此國多出美女 故以爲名也 華嚴疏鈔
四十五에 「甘菩遮國 正云紺蒲 卽是
果名 赤白圓滿 乍似此方林檎 而復
三約橫文 此國多端正女人 面似甘蒲
三約文㪅 以女名國」

감사(監寺) ㉛〈摩摩帝〉禪宗 六知
事의 하나. 寺主와 같음. 절을 감
독하는 僧職.
※釋氏要覽下에 「會要云 監者惣領之
稱 所以不稱寺院主者 蓋推尊長老」
祖庭事苑八에 「僧史에 知事三綱者
網罟之巨綱 提之則百目正矣 詳其寺
主起於東漢白馬也 寺旣爰處 人必主
之 於時雖無寺主之名 而有知事之者
至東晉以來 此職方盛 今吾禪門而然
也」

감사(監事) 三職의 하나. 禪寺에서
住持를 보좌하여 그 절의 재산을
맡아 보는 僧職. 俗稱 東班長이라
함.

감산(憨山) 名은 德淸, 號는 憨山. 大那羅延窟 復興曹溪의 道場에서 지은 楞嚴遍議・楞伽記・南華註 등이 세상에 傳함. (纂稀古略三)

감산대사몽유전집(憨山大師夢遊全集) 憨山大師全集의 具名.

감산대사연보(憨山大師年譜) 二卷. 明德淸自의 著書.

감산대사전집(憨山大師全集) 四十卷 明의 福善 등이 集錄함.

감상(龕像) 또는 龍龕. 佛像을 安置함.

감상탄아(感傷嘆訝) 感은 느끼는 것. 傷은 쓰라림, 곧 마음에 느끼어 슬퍼함. 嘆은 탄식, 訝는 歎聲을 발하는 것. 곧 嗟訝와 같음.

감수(監收) 절의 收入과 租稅를 맡아 보는 僧職. (百丈淸規四)
※元時與莊主同設 多爲住持私住.

감연감행(減緣減行) 所緣을 減하고 行相을 減한다는 뜻. 緣은 觀境이니 觀想하는 對境. 즉 上界의 四諦와 下界의 四諦를 가리킴. 行은 行相이며 行解의 狀態. 즉 上界 四諦 하의 非常・苦・空・非我(이상 苦諦)・因・集・生・緣(集諦)・滅・靜・妙・離(滅諦)・道・如・行・出(道諦)의 十六行相과 下界 四諦 하의 十六行相과의 三十二行相을 가리킴. 聲聞은 四선근(煖・頂・忍・世第一法)의 처음부터 忍位(하인・중인・상인)의 하인까지는 이 上・下 八諦 三十二行相을 連環하여 널리 觀하는 것. 중인부터는 一行씩 감하여 마침내는 非常이나 道 등의 一行相만이 남게 됨을 減行. 그 四 行相을 減할때마다 一諦가 저절로 주는 것을 減緣이라 함.. 一行相
※上下八諦之三十二行相 第一回自第一觀至第三十一 因而減去第三十二卽上界道諦下出之一行相 第二回更自第一觀至第三十 因而減去第三十一卽上界道諦下行之一行相 如此每一周自下逆次減一行相 終至減第一卽欲界苦諦下苦之一行相 卽減去者 三十一行相也 減此三十一行相中 每第四周減一諦 故謂之減緣 減於他三周之行相 謂之減行 卽減緣七周 減行二十四周 合於三十一周減去三十一丁也 第四周謂之減緣者 上下八諦 爲所緣之境 三十二行相 爲對於此之能緣觀解 故減四行相卽減所緣之境一諦也 因而逆次減去每至第四行相 不謂爲減行 特附以所謂減緣卽減諦之名耳.

감우(紺宇) 절의 다른 이름. 紺園・紺殿과 같음.

감원(紺園) 절의 별칭. 또는 紺宇.
※以紺富璃 爲佛之毛髮 又爲佛國土之色相故也 謂靑而含赤色也 內敎多爲紺目紺髮 取比義也.

감원(監院) 한 절을 감독하고 승려들을 총찰하는 職任. 옛날 監寺를 일컫는 말. (象器箋)

감유리(紺璃璃) 紺靑과 같음. 紺은 靑色과 赤色을 합한 빛. 유리는 아청 빛이 나는 寶石. 부처님의 머리털과 佛國土의 빛깔.
※起佛盈一에「至於成道以髮示父王 卽以手伸其髮 從尼拘樓陀精舍至父王宮 如紺瑠璃遍城七匝」心地觀經一에「爾時世尊坐寶蓮華師子座上 其師子色紺瑠璃」觀無量壽經說極樂之地相心에「見瑠璃地內外映徹 上有金剛七寶金幢擎瑠璃也」法華譬喩品說華光如來之淨土相에「其土平正 淸淨嚴飾 安紺琉璃 天人熾盛 瑠璃爲地」

감응(感應) 感應道交의 뜻. 중생의 感과 부처님의 應이 서로 통하여 융합하는 것. 佛心이 衆法의 마음 가운데 들어가고 중생이 이를 느껴 서로 사귀는 것. →滅應妙
※三藏法數三十七에「感卽衆生 應卽佛也 謂衆生能以圓機感佛 卽以妙應應之 如水不上升 月不下降 而一月普率衆水」正法華經一에「無數世界 廣說經法 世尊所爲感如是」大日經疏一에「妙感妙應 不出阿字門」金光明文句六에「淨土三昧經云 衆生亦度佛 若無機感 佛不出世 亦不能得成三菩提」同記에「今從圓說始究經意 良以自他性本不二 方有能感及有能資」因是台宗立四機四應.

감응도교(感應道交) 衆生의 感과 如來의 應하는 道가 서로 통함을 말함.
※法華文句六下에「始是今日 感應道交 故云忽於此間 會遇見之」

감응묘(感應妙) 十妙의 하나. 중생의 근기에 맞추어 慈悲를 드리우는 부처님의 妙德.

감응사자(感應使者) 帝釋의 使者. 禪院에서는 伽藍神이라 하여 받듬.

감인(堪忍) 苦難을 참고 견딤.
※南本涅槃經二十六에「不惜身命 堪忍衆難」俱舍論十八에「衆苦逼身 皆能堪忍」

감인세계(堪忍世界) 梵〈Sahālokadhātu〉또는 娑婆世界. 우리가 살고 있는 세계. 이 세계의 衆生들은 十惡을 참고 견디며 또 이 국토에서 벗어나려는 생각이 없으므로 자연히 중생들 사이에서 참고 견디지 않고는 살아갈 수 없다는 뜻으로 하는 말. 또는 보살이 중생을 교화하기 위하여 수고로움을 참고 견딘다는 뜻으로 이같이 이름.
※文句二下에「婆婆此翻忍 其土衆生 安於十惡 不肯出離 從人名土 故稱爲忍 悲華經云 云何名婆婆 是諸衆生 忍受三毒及諸煩惱 故名忍土」玄贊二에「此云堪忍 諸菩薩等 行利樂時 多諸怨嫉 衆苦逼惱 堪耐勞倦 而忍受故 因以爲名 娑婆者訛也」

감인지(堪忍地) 菩薩十地 가운데 初地의 다른 이름. 또는 歡喜地. 菩薩은 이 階位에서 心身의 괴로움을 능히 참고 견디므로 이같이 이름.
※南本涅槃經十一에「得四念處已 則得住堪忍地中 菩薩摩訶薩 住此地已 則能堪忍貪欲恚痴 亦能堪忍寒熱飢渴 蚊蛇蚤虱 暴風憲觸 種種疾疫 撾打楚撻 身心苦惱 一切能忍 是故名爲住堪忍地」此堪忍地 配於菩薩之十地 諸

— 82 —

師各有異見　天台一家以定之爲初地之位　涅槃經會疏十一에「舊云　第五地禪波羅蜜備是堪忍地　今明不爾　若各就別圓　別論定果　已如前釋　若圓別合論　還是初也」女義四上에「祇登地時　不爲二邊所動　名不動地　上持佛法　下荷衆生　名堪忍地　於生死涅槃俱得自在　名無畏地　無果地從我德立名　堪忍地從樂德立名　不動地從常德立名　淨德通三處　登地之日　四德俱成」

감인지경(堪忍之境)　堪忍世界와 같음. 곧 娑婆世界.

감자(甘蔗)　①物件이 많은 것을 譬喩한 말. ②㉺ 〈Kṣvāku〉 釋尊 五姓의 하나. 佛本行集經에 甘蔗王 前前의 王인 大茅草王이 王位를 버리고 出家하여 五神通을 얻어 號를 王仙이라 하였는데 王仙이 老衰하여 行動이 不能함에 여러 弟子들이 그를 草籠에 담아 나무에 매달아 놓고 나와서 밥을 빌어 먹였다. 그런데 그때 어떤 사냥꾼이 王仙을 白鳥로 잘못 알고 쏘아서 죽였다. 뒤에 그 피가 떨어진 곳에 甘蔗 두 뿌리가 生하여 그것을 햇빛에 쪼여서 쪼개니 그 하나는 童子가 되고 또 하나는 童女가 되었다. 大臣이 이 소식을 듣고, 그를 데려다가 宮中에서 養育하였다. 日光에다 甘蔗를 쬐어서 났기 때문에 이름을 善生 (sujāta) 또는 日種(sūryavaṁsa) 또 甘蔗에서 나왔기 때문에 甘蔗王

(Ikṣvāku)이라 하고 童女는 善賢이라 이름하였다. 마침내 善生을 王으로 善賢을 王妃로 삼아 善賢이 四子를 낳고 王이 뒤에 繼妃를 얻어 또 一子를 낳다. 繼妃가 王에게 勸하여 四子를 國外로 쫓아냈다. 四子가 雪山의 南方에 나라를 세우고 姓을 釋迦(sakya)라 稱하고 또 舍夷라 하니 이것이 곧 迦毘羅城이다. 三子가 죽은 뒤에 一子가 王이 되어 尼拘羅라 이름하고 다음에 拘盧·瞿拘盧, 또 師子頰(siṁhahanu)·閱頭檀(suddhodana)이라 이름하였으니 곧 悉達太子의 父王임.

※佛本行蔗經五載甘蔗王之次前有王　名大茅草王　捨王位出家　得五通稱王仙　王仙衰老不能行　諸弟子盛之以草籠　懸於木　出而乞食　時有獵者　誤王仙爲白鳥　射殺之　其血滴處　後生甘蔗二本　炙於日而開剖　一生童子　一生童女　大臣聞而迎取之　養育於宮中　以日光炙甘蔗而生　故名善生　Sujāta　以自甘蔗而生　故名甘蔗生　Ikṣvāku　又以由日炙故名日種　Sūryavaṁsa　名女曰善賢　遂立善生爲王　以善賢爲其妃　善賢生四子　王後納第二妃　生一子　第二妃勸王放逐四子於國外　四子在雪山之南建國　姓曰釋迦〈Sakya〉又號舍夷　卽是迦毘羅城也　三子沒後一子爲王　名尼拘羅　次名拘盧　次名頭拘盧　次名師子頰　Siṁhahanu　次名閱頭檀　Suddhodana　卽悉達太子之父王也　佛所行讚一에「甘蔗之苗裔　釋

迦無勝王 淨財德純備 故名曰淨飯」

감자왕(甘蔗王) ㉻〈Ikṣvaku〉또는 懿摩·伊摩 번역하여 日種·善生이라 한다. 釋迦 種族의 先祖라고 하며 印度河의 하류 浮佗珞域에 도읍을 정하고 복덕으로써 천하를 통일한 임금. 그리하여 그 후손인 釋迦種族을 甘蔗族이라고 함.

감자월광주(甘蔗月光胄) 甘蔗族의 달(月). 胄는 子孫의 뜻. 곧 釋尊을 달에 비유한 것.

감자종(甘蔗種) 甘蔗王의 後孫 곧 釋迦種族을 이름.

감재보살(監齊菩薩) 또는 監齊使者. 禪宗에서 大衆의 음식을 監督하는 神.

감재사자(監齊使者) 또는 監齊菩薩. 衆僧의 음식을 監護하는 神. 형상은 얼굴은 푸르고 머리털은 붉음. (象器箋四)

감전(紺殿) 절의 異名 紺宇·紺園과 같음. 紺瑠璃色을 取하여 이같이 이름. →紺園.

감전소(龕前疏) 龕前에서 읽는 疏文 마을 사람들이 祭文을 지어 읽는 것과 같음.

감정(紺頂) 또는 紺髮. 부처님 頂上의 毛髮이 紺靑色이기 때문임. 大般若三百八十一에 「世尊의 머리털은 길고 감청색이며 稠密하여 희지 않는다」고 하였음.

감주이(甘珠爾) ㉨〈kanjur〉佛訓誡를 번역했다는 뜻. 西藏佛敎本典二藏의 하나. 經·律·論을 구비한 三藏으로 총 一百八十卷. 每卷 一千面이 넘는다. 一時에 운반하려면 소 열마리가 끌어야 됨. 版도 여러 종류가 있는데 그중 北京版과 蒙古版이 가장 著名함.

감지금니(紺紙金泥) 泥金(아교풀에 갠 金箔 가루)으로 紺色 종이에 쓴 經文·佛畵 따위, 金泥 대신에 銀泥로 쓴 것도 있음. 用紙도 紺色밖에 자주·노랑·빨강·흰빛 등이 있음.

감진(感進) 感은 感應, 進은 精進의 뜻. 學習에 精進하는 자가 부처님의 感應을 받음. 感은 進에서 生하므로 感進이라 함.

감진(鑑眞) 중국 唐나라 때 高僧. 姓은 淳于, 唐 揚州 江陽縣 사람 14歲에 智滿禪師에게 출가 三藏을 硏究하고 더욱 戒律에 밝다. 당시 入唐한 日本僧 榮叡普照의 請을 받고 그의 門徒 184人과 함께 754(日本天平勝寶 6)年 日本으로 건너가 弘法에 힘써 戒律宗의 開祖가 됨. 763(日本 天平寶字 7)年 5月 5日에 世壽 77세로 坐化 함.(高僧傳 十四)

감집(減執) 損減의 執着이란 뜻. 一切萬有는 空하다고 고집하는 것과 같이 空無에 치우친 見解를 이름. ↔增執.

감징(感徵) 생각밖에 奇瑞가 있을 것을 感知하는 것. 豫期하지 못하던 瑞相을 느끼는 것.

감첩(紺睫) 紺瑠璃色으로 된 부처님의 눈썹.
※大般若三百八十一에「世尊眼睫猶若牛王 紺青齊整 不相雜亂」廣弘明集十三에「白毫紺睫」

감청(紺青) 푸른 바탕에 붉은 빛이 섞인 色. 부처님 毛髮의 빛깔. 또는 紺瑠璃라 함.
※大般若三百八十一에 「世尊首髮脩長 紺青稠密不白」又曰「世尊眼睫猶如牛王 紺青齊整 不相雜亂」玄應音義三에「紺古闇反 青赤色也 釋名云 紺 含也 謂青而含赤色也」

감탑(龕塔) 龕室이 있는 塔.
※十誦律五十六에「佛聽作龕塔柱塔」

감통록(感通錄) 🕮 →感通傳.

감통전(感通傳) 一卷 外題는 道宣律師感通錄, 內題는 宣律師感天侍傳이라 되어 있다. 인하여 感通傳 또는 感通錄律相感通傳이라 함.
※記道宣師 感天人來降 付與戒律事相問答者 案一卷之傳錄 蓋記感通一部分者 燦然據釋門正統八謂 「又言此土雪蹤西天聖跡 計有三千八百餘條 隨問隨錄 爲感通傳」

감파(勘破) 일의 是非를 勘別하여 定함.

감파료(勘破了) 勘檢(조사)하였다는 뜻. 破·了는 助詞.

감포(紺蒲) 🅟 〈kamboja〉 과일 이름. 세줄의 橫紋이 있음. 부처님의 목에는 이 相이 갖추었다 하여 紺蒲成就라 이름.
※慧苑音義下에「紺蒲 正云劍蒲 乃西域菓名 其色紅色 復周三約橫文 而佛顯成就彼相」

감포국(紺蒲國) 華嚴經에서 일컫는 甘菩遮國. 甘菩遮.

감험(感驗) 不空三藏의 仁王呪感驗은 宋高僧傳 不空傳과 三寶感應錄 가운데 있고 舊譯仁王經感驗은 三寶感錄 가운데 있으며, 唐代宗이 仁王般若를 講하여 비를 내리게 한 感驗은 三寶感應錄 가운데 있음.

감회(勘會) 校勘하여 會通하는 것.

갑가사(甲袈裟) 甲은 條葉의 뜻. 袈裟는 七條를 말하며 그 빛에 따라 青甲·爐甲·黃甲·赤甲·紫甲 등의 명칭이 있고 同質同色을 가지고 지은 것을 平袈裟라 하며 그 條葉을 青·爐·黃 등의 色衣로 하고 橫提堅條 및 四邊의 揲葉에 黑布를 사용한 것을 甲袈裟라 함.

갑간(甲幹) 甲은 長, 幹은 主幹·幹事와 같이 일을 맡는다는 뜻. 즉 남의 우두머리가 되어 일을 주관하는 사람. 지금은 莊主에 예속되어 耕作 등을 맡은 禪僧의 직임.

갑계(甲稧) 한 절 안에 있는 僧侶끼리 친목과 절을 보호할 목적으로 조직한 공동단체. 子年生에서 巳年生까지, 午年生에서 亥年生까지 한

甲楔를 조직하였음.

갑마(甲馬) 俗에 종이에 神佛像을 그리고 제사지내는 것을 甲馬라고 이름.
※「以此紙爲神佛憑依 似乎馬也」武林舊事에「有印馬作坊」

갑삽(榼𣧑) 榼𣧑과 같음. 거름 또는 거름통. 語錄과 話頭는 眞實로 開導하기 위한 하나의 方便일 뿐인데 잘못 이에 너무 執着하게 되면 통에 담긴 거름같이 아무런 쓸모가 없는데 비유한 것.

갑수(瞌睡) 앉아서 조는 것. 修行이 게으른 僧이나 進步가 없는 僧을 비웃는 말. (碧巖錄三二)

갑염불(甲念佛) 甲聲의 念佛이라는 뜻. 例時作法 가운데 唐音 阿彌陀經의 直前直後에 높은 音調로 唱하는 念佛. 空門의 例示作法略抄에 「彌陀의 名號를 唱함에 있어 그 音聲에 甲乙이 있다. 지금의 것은 甲聲이다」 하였음. 甲念佛은 六字一聲. 四字二聲 合하여 三聲이다. 六字는 南無阿彌陀佛, 四字는 阿彌陀佛이다 導師가 初句 第五陀字까지는 獨唱하고 第六佛字 이하는 衆僧이 함께 唱하는 것.

갑주인(甲冑印) 손가락 끝으로 여러 가지 모양을 지어 法德의 示幟를 삼는 것을 印이라 한다. 먼저 두손 바닥을 합하여 가슴에 대고 두 집게손가락을 두 가운데 손가락의 등에 대고 두 엄지손가락을 나란히 세워 두 가운데 손가락의 가운데 마디를 누르는 結印. 제일 가는 큰 절.

갑찰(甲利) 甲은 첫째. 으뜸의 뜻.
※象器箋一에「支那甲利 有龍朔山集慶寺 華嶽山顯報寺等 不得盡錄 日本甲利有平安山佛心寺 靈龜山景德寺等 不得盡錄」

강(講) 講演·說法의 뜻. 즉 集會의 席上에서 經論 등을 講演論義하는 것을 말함. 法華八軸을 講論하는 것을 法華八講·最勝王經을 講論하는 것을 最勝講·仁王般若를 講論하는 것을 仁王講·唯識論을 講論하는 것을 唯識講이라 말하는 것과 같음. 이밖에 華嚴講·涅槃講·舍利講·遺跡講·菩提講·迎講·往生講·念佛講·持經講·五十五善知識講·羅漢講·觀音講·達磨講 등 그 種類가 많다. 이 가운데 經論만이 講演이 아니고, 集會의 뜻으로도 講이라 말함.

강가(講家) ①敎宗을 말함. ②敎宗의 승려. ③敎宗의 寺院. ↔禪家.

강가섭(江迦葉) 梵〈那提迦葉＝Ma-di-Kāśyapa〉三迦葉의 한분. 那提는 江이라 번역함.
※增一阿含四三에「心意寂然 降伏諸結 所謂江迦葉比丘是」

강가하사(强伽河沙) 一恒河沙.

강갈라(薑羯羅) 梵〈kaṅkara〉敎法

의 이름.

강강난화(剛强難化) 性品이 强剛하여 普通 方便으로는 敎化하기 어렵다는 뜻.

강개(慷慨) 의분에 복받치어 슬퍼하고 한탄하는 것.

강거(康居) 月氏國북쪽에 있던 西域의 나라 이름.
※史記大宛列傳에「月氏在大宛西 可二三千里 其南則大夏 西則安息 北則康居(大宛去長安萬二千五百五十里 月氏在天竺北可七千里)

강게리(羌揭梨) 번역하여 小刀라 함.
※慧琳音義三十六에「羌揭梨 唐云小刀 似報持之印信也」大日經疏十六釋羌揭梨印에「諸奉敎使者 普皆作小刀印 此刀作鋸齒形 云小刀者 非正翻」但大日經疏演密鈔五十三謂鋸之梵語 爲迦羅波但囉 則羌揭梨非可譯爲鋸 蓋爲小刀之一種 而作鋸齒形者

강격(綱格) 綱은 綱紀이니 綱의 外圍와 같고 格은 格正이니 物의 大體와 같음.
※止觀七下에「敎門綱格」

강경(講經) ①經典을 講說함. ②僧職. →僧錄司.

강공(講供) 經典을 經하고 僧侶에게 供養하는 것.

강구(康衢) 康은 다섯 갈래의 길, 衢는 네갈래의 길. 轉하여 번화한 거리를 말함.

강급법계(降級法階) 犯罪의 輕重에 따라서 法階의 계급을 낮춤.

강당(講堂) 講經하는 곳. 講院과 같음.

강도솔(降兜率) 八相의 하나. 부처님이 兜率天에서 白象을 타고 南贍浮洲로 내려올 때 큰 光明을 놓아 땅을 振動케 하니 해·달·별은 그 빛을 잃고 天龍 등이 모두 놀랐다고 함.
※法華文句所謂「本己有善 釋迦以小而將護之 本未有善 不輕以大而强毒之」是也.

강독(强毒) 또는 彊毒. 억지로 毒鼓의 緣을 맺는다는 뜻. 大善根이 없는 자에게 일부러 法華經을 說하고 그로 하여금 비방케하여 逆緣을 맺게 하는 것.

강독사(講讀師) 講師와 讀師의 倂稱. 諸寺의 僧尼를 管掌하며 講說하는 者를 講師라하고 講師를 補佐하며 여러가지 佛事를 맡아 보는 이를 讀師라 함.

강량루지(彊梁婁至) 梵 ⟨kalyāṇarci⟩ 沙門의 이름. 貞元錄圖에 「沙門 彊婁梁至는 晋나라 말로는 眞喜이며 西域 사람이다. 志情이 放曠하고 弘化에 뜻을 두었음. 武帝 太康 2 (281)年 廣州에서 十二遊經一部를 번역하였다 함.

강량야사(畺良耶舍) 梵 ⟨kalayaśas⟩ 번역하여 時稱. 西域 사람. 三藏에 모두 밝고 특히 참선을 專修하였음. (宋 元嘉 1424)年에 중국의 建鄴에

와서 鍾山 道林精舍에 住하며 藥王經·觀無量義經을 번역함. 그 뒤 江陵·四川地方을 다니면서 禪法을 가르치고 世壽 60歲에 入寂함.

강룡발(降龍鉢) 道人의 발자취가 自由스러움에 비유한 말. 眞의 高僧 涉公이 眞王符堅의 請으로 비를 내리게 하는 加持를 行할 때 龍에게 비니 문득 龍이 涉公의 바리때에 내려와 이내 큰 비가 쏟아졌다는 故事.

강림(降臨) 佛·菩薩의 來臨을 말함.
※安像三昧儀軌經에「如來賢聖 降臨隨喜 成就功德」

강맹상(康孟詳) 後漢 때 사람. 그의 先祖는 康居國 사람으로 지혜와 學問의 칭예가 있었다. 獻帝 興平元(194)年에서 建安 4(199)年에 이르기까지 洛陽에서 遊四衢等徑六部를 번역함. (開元釋敎錄)

강목(綱目) 綱領의 細目을 말함. 天台의 判敎에서 頓敎·漸敎·秘密敎·不定敎의 化儀四敎를 大綱에 비유하고 藏敎·通敎·別敎·圓敎의 化法四敎를 綱目에 비유하여 일컫는 말.
※法華玄義文句記一에「頓等是此宗判敎之大綱藏等是一家釋義之綱目」

강목(講目) 講讀하는 經典의 名目.

강발왕하(降鉢王何) 王濛은 支道林이 미리 구상한 數百言을 보고 그것을 品題하고자 다 읽고 나서 천천히 말하기를「그대와 이별한지 오래되었는데 말이 진전이 없다. 하고 王何가 물러나와 사람들에게 말하기를「支公은 降鉢의 王何이다고 하였다는 말.

강백(講伯) 講師의 존칭.

강법랑(康法朗) 師는 永嘉(307~313) 中에 一比丘와 함께 印度로 향하여 流沙를 지나던 중 길가에 敗壞한 佛圖를 보고 法朗 등이 내려와 예를 드렸다. 또 그 옆에 두 중이 따로 居하는데 한 사람은 經을 읽고 한 사람은 痢疾로 더러운 물이 방에 가득하였으나 經을 읽는 사람은 끝내 쳐다 보지도 않았다. 朗 등은 愴然히 가엾은 생각이 들어 미음을 끓여주고 깨끗이 세탁하여 주었으나 六日이 되도록 이질은 더 심하여 朗 등이 함께 생각하기를 "患者는 반드시 내일 아침까지 가지 못할 것이다"하고 다음날 새벽에 와 보니 容色이 밝고 병세도 갑자기 물러나 집안에 더러운 것이 모두 빛나고 향기로웠다. 朗 등은 이에 깨닫고 이는 "道를 깨달은 사람이 우리들을 시험하는 것이라"하였다. 그 뒤 法朗은 山中에서 돌아와 大法師가 되어 道俗의 숭앙을 받았다 함.

강사(强死) 非業·非命에 죽음.

강사(講師) 法華會·最勝會 등 講院에서 經論을 講說하는 法師·講會할 때마다 그 講師를 選出함.

강사(講師) 講義나 講演 또는 說敎를 하는 자리. 講座·講席·講筵과 같음.

강사독사고좌(講師讀師高座) 講師와 讀師가 오르는 高座. 부처님의 左右에 있음. 講師의 자리는 佛의 右側에, 讀師의 자리는 佛의 左側에서 마주 對하여 讀師는 經의 題目을 읽고, 講師는 經義를 講함.

강상(綱常) 寺院에서 사무를 보는 사람.

강상(講床) 講經하는 책상.

강생(降生) 八相의 하나. 부처님이 兜率天에서 내려와 摩耶夫人의 오른쪽 옆구리에서 탄생한 것.
※釋迦譜一에「釋迦降生成佛」止觀弘決序에「惟昔智者大師 降生不生」

강서(江西) 馬祖의 號. 六祖慧能에게 靑原行思, 南嶽懷讓의 두 弟子가 靑原의 法嗣에 湖南. 南嶽의 弟子에 江西가 있다. 禪法이 이 二師에 와서 비로소 크게 盛하였다 함. 江西의 名은 道一. 姓은 馬氏이기 때문에 馬祖라 함. 師는 江西에서 道를 크게 떨쳐 號를 江西라 하였다. 唐의 開元(713~741)年에 衡岳 讓和尙에게 禪을 배우고 그의 心印을 받음. 大曆(766~779)中에 鍾陵 開元寺에 住錫하니 四方의 學者가 雲集하였다. 貞元 4(788)年에 入寂하니 元和(806~820)中에 大寂禪師의 諡號가 내렸음. (傳灯錄)

강설(講說) 法義를 講述하고 演說함.
※維摩經佛國品에「演法無畏猶師子吼. 其所講說乃如電震」

강세(降世) 佛·菩薩의 出生을 말함 높은 곳에서 下劣世界로 내려왔다는 뜻.

강승개(康僧鎧) ㊣ 〈僧伽跋摩=Saṃghavarman〉 또는 僧伽婆羅. 印度 사람. 널리 여러 經典을 통달하고, 曹魏 嘉平 5(253)年에 중국에 건너와 洛陽의 白馬寺에서 無量壽經을 번역함. (梁高僧傳一)

강승시(講僧始) 僧이 經論 등을 강론한 시초. 講經의 始初는 曹魏 때 朱士行이 道行般若를 講한 것이 처음. 講論은 羅什이 嵩法師에게 成實論을 講한 것이 처음이며 講律은 元魏 때 法聰律師가 門人 道覆을 위하여 四分律을 各各 講한 것이 처음임.

강승연(康僧淵) 그 先祖는 본디 西域 사람. 長安에서 태어남. 容止가 분명하고 學業에 뜻을 두어 放光·道行二般若의 大小品을 論하다. 당시 康法暢·支敏度 등과 함께 이름을 떨치고, 후에 豫章山에 절을 세워 오로지 講說에만 힘쓰다가 이 절에서 卒함.

강승회(康僧會) 그의 先祖는 唐居國 사람, 그의 아버지가 장사차 交趾로 옮겨와서 그를 낳았다. 10歲 때

양친을 여의고, 出家하여 佛法을 크게 펼 뜻을 품고, 吳나라 赤鳥 4 (241)年에 중국 建鄴에 이르렀다. 吳나라 孫權은 그를 위하여 처음으로 建初寺란 절을 짓고 이곳에서 六度集經 등 七部 二十권을 번역하여 드디어 吳나라에 佛敎가 크게 떨쳤다. 그 뒤 吳나라 天紀 4(280) 年 9月에 病으로 入寂함. 후세에 超化禪師라 이름. 著書에 法鏡經注解·道樹經注解·安般守意經注解등 (梁高僧傳一).

강식(講式) 佛·菩薩·혹은 高僧 등의 德을 講讚하는 法式·六道講式·往生講式·愛染講式·不動講式·地藏講式·涅槃講式·十六羅漢講式·遺跡講式·舍利講式 등이 있음.

강신(降神) 如來가 母胎에 머물고 있음을 말함. 無量壽經에 「저 天宮을 버리고 母胎에 降神하다」하였음.

강안(强顔) 厚顔·厚顔無恥와 같음. 낯가죽이 두꺼움. 염치를 모름. 뻔뻔스러움. 鐵面皮.

강연(强緣) 因緣을 강하게 하는 힘. ※敎行信證文類序에「弘誓强緣 多生回値」

강연(講演) 講義·講說.

강연(講筵) 講義하는 座席.

강용(剛用) 굳센 作用.

강원(講院) 佛學을 專修하는 寺院.

강월헌(江月軒) 高麗 승려. 懶翁(1320~1376)의 堂號.

강유(綱維) 寺中의 諸事를 綱領하고 佛事를 維持하는 職任. 寺主·上座·維耶를 三綱이라 일컬음. (義楚六帖六)

강정(剛正) 마음이 굳세고 바름. 剛直.

강종(講宗) 禪宗과 律宗을 제한 其他 諸宗을 講宗이라 함. 혼히 經義를 강설하는 것을 禪宗에서 講宗이라 함.

강종(講鍾) 講經할 때 치는 종.

강좌(講座) 講說하는 法師의 座席.

강주(講主) 經스승. 講師와 같음.

강중(降重) 尊宿을 초청할 때나 大衆의 垂示를 請할 때 쓰는 말. 一說에는 和尙을 請함을 降重, 首座를 請함을 光降이라 한다. 그러나 반드시 和尙에만 限한 것이 아님.

강중(講衆) 講義를 聽聞하는 大衆. 講堂에 모인 大衆.

강집법시(講集法施) 사람을 모아 說法하는 것.

강찬(講讚) 和解를 講이라 하고, 褒美를 讚이라 하므로 講讚은 그 義理를 和解하고 그 利益을 褒美하는 것.

강친(講嚫) 講義에 대한 謝禮. 嚫은 梵語達嚫(Daksina)의 약칭. 번역하여 布施. (嚫의 原音은 「츤」)

강탄(降誕) 부처님이 이 세상에 탄생함.

※象器箋十三에 「趙岦賓退錄云 詩 誕彌

厥月 誕 大也 朱文公以爲發語之辭 世俗誤以誕訓生 遂有降誕慶誕之語 前輩辯者多矣」佛法傳通緣起에「迦毘羅城示降誕之迹」

강탄회(降誕會) ①매년 음력 4月초 8日에 부처님의 탄신일을 축하하는 法會. 灌佛會. ②佛敎 各宗派의 開祖, 宗祖의 탄신 일을 기념하는 法會.

강태(降胎) 부처님이 母胎에 머물고 있음. 無量壽經에「저 天宮을 버리고 母胎에 降神하다」고 함.

강하종(講下鍾) 法華八講 등을 說할 때, 講師의 下座를 알리는 打鍾.

강항(强項) 强力하다는 뜻. 項骨强剛하여 쉽사리 사람에게 머리를 숙이지 아니한다는 뜻, 곧 강직한 사람을 이름.

강호(江湖) 江西・湖南 혹은 三江・五湖의 뜻. 禪林에 轉하여서 雲水僧을 뜻함. 唐 말기에 禪風이 크게 드날려 南嶽의 門下 馬祖道一은 江西, 靑原의 門下 石頭希遷은 湖南에 있으면서 天下의 衲子를 提接하였으므로 江西・湖南지방에 禪客의 往來가 빈번하였다. 따라서 그 때 사람들이 이들 雲水僧을 가리켜 江湖의 禪客이라 이름.
※故禪士之散處名山大刹之外 江上湖邊 此爲江湖人 或不出世爲名山大刹住持者 聚會在一處爲江湖衆也 然相傳以江西馬祖湖南石頭往來幢幢爲解 此說浸染學家肺腸 欲浣灌之 難矣」案江湖二字 莊子大宗師에「泉涸魚相與處於陸 相呴以濕 相濡以沫 不如忘於江湖」

강호료(江湖寮) 禪宗에서 大衆의 集會所를 말함. 또한 江湖會.

강호소(江湖疏) 새로 住持로 임명된 僧이 晋山할 때 江湖의 승려들이 축하하여 지어주는 疏. 이에 東江湖・西江湖의 二疏로 나누어 東西의 藏主가 宣讀함.

강호집(江湖集) 江湖風月集의 약칭. 二卷. 宋 釋松坡의 撰. 趙宋 景宗(1260~1264)・咸淳(1265~1274)元나라 至治(1321~1323)・延祐(1314~1320)사이에 諸方 尊宿의 偈領을 集錄한 것.

강호회(江湖會) 禪宗에서 夏安居의 別稱으로 씀. 江湖의 雲水僧을 모아 安居의 法會를 行한다는 뜻.

개(箇) ①중국 唐代 이후에 쓰던 俗語. 比와 뜻이 같음. 다른 字와 連用하여「이」・「저」등의 뜻으로 쓰임. 那箇・這箇・比箇 등 ②助字로 쓰임 好箇・眞箇 등.

개(蓋) ①煩惱의 다른 이름. 覆蓋의 뜻, 修行者의 마음을 덮어 착한 마음을 내지 못하게 하는 것. 五蓋. ②比丘가 사용하는 笠蓋로서 이에 竹蓋・葉蓋의 두가지가 있음. ③寶蓋・天蓋 등 佛의 供具.
※法界次第上之上에「蓋以覆爲義 能覆蓋行者 淸淨信心 不得開發」無量壽經下에「離蓋淸淨 無厭怠心」②諸居士遙見謂是官人 皆避道 及近元是比丘

개~개경

蓋

乃譏嫌之 佛乃制戒 不應持大蓋 若天雨卽聽」寄歸傳云 西域僧 有持竹蓋 或持傘者」③增一阿含經에 「是時梵天王在如來右 釋提桓因在如來左 手執拂 密迹金剛力士 在如來後 手執金剛杵 毘沙門天王 手執七寶之蓋 處虛空中 在如來上 恐有塵土坌如來身」蓋之用 有防塵者 觀無量壽經에 「其光如蓋 七寶合成 徧覆地上」

개각(開覺) 본래 지니고 있는 佛性을 開發하여 眞性의 本源을 깨달아 아는 것.
※八十華嚴經六에 「應受化者 咸開覺」

개각자성반야바라밀다경(開覺自性般若波羅蜜多經) 四卷. 佛說開覺自性般若波羅蜜多經의 약칭. 宋의 惟淨 등이 번역함.

개감로문(開甘露門) 餓鬼에게 베풀어 줌. 甘露의 비를 내려 餓鬼의 불타는 것을 없앤다는 뜻.

개강(開講) 講經을 시작함. 講座의 첫날. 解講 혹은 滿講에 對하여 이르는 말.
※考信錄二에 「開講 發講並解講 解座之字 屢見廣弘明集二十一」

개개원상도(箇箇圓常道) 華嚴宗・天台宗에서 說한 幽遠하고 玄妙한 敎理로 개개의 事物과 山川草木은 물론 一塵一芥의 미세한 것까지도 모두 圓滿常住의 道를 갖추어 다 眞理의 온전한 體를 지니고 있다는 말. 圓은 完全圓滿, 常은 常住不滅의 뜻으로 佛法의 至極한 道理를 말함.

개결이경(開結二經) 天台宗에서 세운 無量義經과 普賢經의 二經을 말함. 法華經의 앞에 序說이 되기 때문에 開經, 普賢經은 法華經의 後說로 法華의 經意를 총결하므로 法華約經이라 함.

개경(開經) ①本經을 說하기 前에 예비로 설하는 經文. 마치 法華經을 本經으로 삼고 無量義經을 開經으로 삼는 것과 같음. ↔結經 ②經文을 펼침을 이름. 보통 「無上甚深微妙法・百千萬劫難遭遇・我今聞見得受持・願解如來眞實義」등의 偈를 繙經卷・開經偈라 일컬음.

개경게(開經偈) 經卷을 讀誦하기 전에 먼저 외우는 偈. 「無上甚深微妙法・百千萬劫難遭遇・我今聞見得受持 願解如來眞實義라는 이 偈를 各

- 92 -

宗派마다 대개 외우지만 作者는 未詳.

개경십사(開京十寺) 高麗 太祖 王建이 開京에 지은 十個寺刹. 王建은 본래부터 佛敎를 독실히 숭상하였는데, 특히 고려를 세운 후로는 국가의 安泰를 부처님의 덕에 의지하려는 護國佛敎의 信仰을 취하여, 寺院建築에 힘씀. 그중 開京 안에 세운 法王寺・王輪寺・慈雲寺・內帝釋寺・舍耶寺・天禪寺・新興寺・文殊寺・圓通寺・地藏寺 등 十寺刹을 이름.

개계(開啓) 또는 啓建法會를 연다는 뜻. 禪家에서 法會의 첫날을 말함.
※敕修淸規聖節에「彼閱金文 今辰開啓」

개공무루(皆空無漏) 諸惡이 모두 空하여 淸淨함을 말함. 無漏는 煩惱의 垢染을 여의어 潔白淸淨하다는 뜻. →無漏.

개광(開光) 또는 開眼・開眼供養. 佛像을 조성한 뒤에 擇日하여 佛供을 드리는 것을 이름.
※佛說一切如來安像三昧儀軌經에「復爲佛象 開眼之光明 如點眼相似 卽誦開眼光眞言二道」

개광명(開光明) 開眼과 같음. 禪家의 用語. →開光.
※大慧錄에「江給事請開佛光明」

개교(開敎) 敎法을 개척한다는 뜻. 아직 佛敎가 행하여지고 있지 않은 지역에 전도하는 것. 그 전도에 종사하는 승려를 開敎師 또는 開敎使라 하고, 그 지역을 開敎區라 함.

개교사(開敎使) 아직 敎法이 행하여지고 있지 않는 지역에 布敎 임무를 띠고 가는 사람.

개구(開具) 器物의 數量과 目錄을 자세히 기록함.
※敕修淸規送亡板帳式에「開具內 幾貫文」

개구견담(開口見膽) 말로써 자기의 뱃속까지 헤쳐 보임. 말에 의지하여 평소의 역량을 남에게 보인다는 뜻.

개구부득(開口不得) 입을 열 수 없다는 뜻. 轉하여 禪의 極致는 말로다 表現할 수 없다는 뜻으로 혼히 쓰임. (景德傳燈錄)

개권(開權) 開權顯實의 약칭. →開顯.
※法華文句記三上에「開權卽是法華之相 息化是涅槃之徵」

개권현실(開權顯實) 權敎의 方便을 펴서 眞實한 교리를 나타내 보이는 것. 부처님 一代 50年 동안 法華經을 說할 때까지의 40餘年 동안은 方便敎를 眞實한듯이 말하고, 方便을 方便이라고 말하지 않았으나 法華經을 설하면서 三乘敎는 方便, 一乘敎는 진실이라 하여 方便을 펴서 眞實을 나타내는 것과 같음. →開顯.

개근현원(開近顯遠) 또는 開迹顯本. 法華經의 앞 十四品에서는 釋尊이 옛적에 成佛하였다고 말하지 않았으며 사람들은 모두 釋尊은 伽耶城에서 처음으로 成道한 부처님으로 믿고 있다. 뒤의 十四品에서 釋尊은 無量劫前에 이미 成佛하였다고 말함으로써 伽耶에서 처음 成佛하였다고 믿던 중생의 無知한 소견을 없애주었다. 이같이 伽耶에서 成佛하였다는 모르는 소견을 제쳐놓고, 옛적에 成佛한 부처님을 나타낸 것을 이같이 이름. →開顯.

※明八相成道之近事爲方便 以顯久遠之本體者 玄義十下에「如法華三周說法 斷疑聲聞 咸歸一實 後開拓顯遠 明菩薩事」同九下에「若扶文便應言開近顯遠 若取義便應言本迹 呼近爲迹 稱遠爲本 名異義同」

개금(改金) 佛像에 금칠을 다시 함.

개금불사(改金佛事) 佛像에 금칠을 다시 할 때에 행하는 의식.

개기(開基) 절을 새로 세우는 것. 또는 그 일에 종사하는 승려. 절을 건립하고 처음으로 住持가 된 승려. 開山. 開祖와 같음.

개단(開壇) 傳法·灌頂을 行하는 壇.
※其授灌頂之知法師範謂之開壇阿闍梨.

개단과(開旦過) 旦過寮를 개방하여 雲水僧의 投宿을 허락하는 것을 이름. 結制中에는 旦過를 닫고 四方에서 오는 雲水僧의 투숙을 허락하지 않지만 解制後 解制 동안은 旦過를 개방하여 雲水僧의 투숙을 허락하는 것을 開旦過라 이름.

개당(開堂) ①본래 譯經院에서 行하는 儀式 해마다 聖誕節이면 새 경전을 번역하여 聖壽를 祝賀하는 것으로 두달전에 여러 벼슬아치들이 모여서 번역하는 것을 보는 것. ② 宗門에서 새로 任命된 住持가 절에 赴任하여 처음으로 法을 說하는 것을 開堂이라고 함은 여기에서 비롯됨. 또는 祝國開·祝聖開堂이라 함. (祖庭事苑)
※今世宗門長老新住持 初演法 謂之開堂者基於此.

개도(開度) 開導하고 濟度함.
※賢愚經六에「唯願如來當見哀愍 暫下開度」

개도(開導) 어리석음을 깨달아 佛道로 인도함. 無量壽經에「器量에 따라 開導하여 經法을 授與한다」하였음.

개도의(開導依) 前生의 心王(八識)이 길을 열어 後生의 心王과 心所(意識으로부터 생각하는 모든 善·惡心)를 인도한다는 뜻.
※唯識論三에「開導依者 謂有緣法爲主 能作等無間緣 此於後生心心所法 開路引導名開導依 此但屬心 非心所等」

개도자(開道者) 佛道를 開示하는 者. 부처님의 자칭. 法華經 藥草喩品에「나는 一切智者·一切見者·知道者·開道者·說道者」라 하였음.

개디푸춘⟨Dge-bses phu-chun⟩ 通常 푸춘바「phu-chun-ba」라고 하며. 이름은 손누걀쌘(Gshon-nargyalmtshan) 돔스톤(Hbrom-Ston)의 精神子 三兄弟의 한분. 1031年 라사北方의 山間地 판눌(Hphanyul)의 걀(Rgyal)에서 出生함. 出家하여 아티이샤의 死後에 돔스톤에게 2年間 承仕하다. 그는 거의 弟子를 거느리지 아니하고 오랫동안 獨間處에서 禪定에 住함.

개라야간(疥癩野干) 至極히 嫌惡하는 者를 譬喩하여 말하는 것. 惡癩野干과 같음.
※行事鈔標宗顯德篇에「薩蕉尼犍云 若不持戒 乃至不得疥癩野干身 何況當得功德之身」無盡燈論上에 「以二乘類比疥癩野干」

개련(開蓮) 法華三喩의 하나, 연꽃이 피면 蓮의 모양이 드러남, 開權顯實에 비유한 것. 마음속에 연꽃이 피어 成佛하는 것.

개로(開爐) 禪林에서 해마다 음력 10月 1日이 되면 僧堂과 各 寮舍에 火爐를 피워 놓는 것.

개루긍(蓋樓亘) 觀世音菩薩의 音譯. 번역하여 光世·光世菩薩. (蓋는 盍 감출 합의 誤字)

개마정진(揩磨淨盡) 사람의 本性을 갈고 닦아서 깨끗하게 하는 일.

개면환두(改面換頭) 또는 改頭換面. 얼굴을 고치고 머리를 바꾼다는 뜻. 즉 마음은 고치지 아니하고 겉으로만 달라진 체함. 轉하여 凡夫의 얼굴을 고쳐 부처님의 얼굴로 바꾼다는 뜻. 또는 말뜻을 豹變하는 것에 비유하는 말.

개목사원통전(開目寺圓通殿) 慶北 安東郡 西後面 臺床里 개목사에 있는 佛殿. 국보 제379호.

개물성무(開物成務) 사람이 아직 모르는 것을 개발하고, 사람이 하고자 하는 바를 성취시키는 것.

개발금강보장위(開發金剛寶藏位) 大日經에 三妄執을 놓는 것을 地前에 붙이고 이 위에 다시 十地를 세우는 것을 開發金剛寶藏位라 함. 이것은 開發大日金剛寶藏의 行位가 되기 때문임.

개백(開白) 法事의 첫날을 開白·啓白·表白·開啓라 함. 開白이라 함은 法事를 시작할 때 반드시 表白文을 읽기 때문임.

개백사(開白詞) 表白하는 글. 즉 法會를 열 때에 그 일을 本尊에게 고하는 일.

개백타(開白打) 새벽을 알리기 위하여 鍾磬을 치는 것을 말함.

개법(開法) 敎法을 開始함.
※資持記上一之一에「以如來爲開法大師 迦葉已下爲佛法聖僧」塵露章에「如來是開法導師 迦葉乃傳持初首」

개본(開本) 開迹顯本의 약칭.

개부(開敷) 꽃이 피는 것. (增阿含經)

개부도인(開敷道印) 辯才天의 印相. 八葉印을 左右로 나누어 五指를 위로 제쳐 폄.

개부화왕여래(開敷華王如來) 名號. 胎藏界의 八葉 가운데 南方位에 해당함. 大日經華開敷疏에 「沙羅樹王開敷佛이 金色의 光明을 놓는 것은 離垢三昧에 住하는 相이며 平等性智의 所成이 五德가운데 第二 修行의 德을 맡아 大悲萬行을 길러서 萬德의 꽃을 활짝 피우므로 華開敷라고 함. 그 종자가 第二點의 𑖀字가 된다. 그 密號를 平等金剛이라 하며, 平等性智의 所成이기 때문임.

開敷華如來

※於金剛界云寶生如來 其密號同 是四種法身中之他受用身也 大日經一에「南方大勤勇 遍覺華開敷 金色放光明 三昧離諸垢」 同疏四에 「南方觀娑羅樹王華開敷佛 身相金色放光明 如住離垢三昧之標相 自菩提心種子長養大悲萬行 今成遍覺萬德開敷 故以爲名」

개사(開士) ⓟ〈扶薩〉또는 扶薛·菩薩. 開悟한 士夫라는 뜻. 佛法으로서 開導하는 士夫. 그래서 和尙의 존칭 또는 闓士라고 함.
※前奏符堅 賜沙門有德解者 號開士.

개산(開山) 처음으로 절을 세우는 것. 또는 절을 창건한 중, 一宗一派의 開祖.
※佛祖統紀八(擇卿傳)에 「建壽聖院 請師開山」 續稽古略一에 「成宗建大萬聖祐國寺於五臺 詔求開山第一代住持 帝師迦羅欺巴薦之」

개산기(開山忌) 開山한 祖師의 忌日에 행하는 법회. 중국에서부터 행하여졌음.

개산당(開山堂) 開山祖師의 화상을 모신 堂, 또는 祖堂·影堂이라 함.

개산법회(開山法會) 開山한 날을 기념하기 위하여 행하는 法會.

개산시조(開山始祖) 開山祖師.

개산일(開山日) 開山한 날. 절을 처음 세운 날.

개산제(開山祭) 開山한 날에 지내는 제사.

개산조(開山祖) 처음으로 開山한 祖師.

개산조사(開山祖師) 절이나 宗派를 처음으로 開山한 始祖. 또는 開山祖. 開祖. 開山.

개산탑(開山塔) 절을 처음 세운 開祖의 舍利나 뼈를 넣고 쌓은 塔.

개삼현일(開三顯一) 天台宗에서 三乘敎는 一乘敎의 方便임을 밝혀 一乘敎가 絕對的임을 드러낸 것. 一

開顯.
※法華經前前半十四品所謂 之迹門法華玄義六下에「今經四大弟子 領佛開三顯一益」

개석(芥石) 芥子劫과 磐石劫의 비유 秘藏寶鑰에 芥石과 竭磧으로 虛空을 可量하였음.

개선(開善) 梁의 鍾山 開善寺 智藏法師가 절 이름을 가지고 自身의 號를 開善이라 불렀음. (唐僧傳五)

개성(芥城) 時劫의 無量한 것에 비유한 말. 智度論에「四方 一百由旬 되는 城中에 가득한 겨자씨를 長壽天 사람이 百年에 한번 와서 겨자씨 한알을 가지고 가서 겨자씨가 다 없어지면 劫末이 다한다」하였음. 一劫.
※大周新翻三藏聖敎序에「所冀芥城數極 鳥事猶傳 拂石年窮 樹經無泯」

개성불도(皆成佛道) 누구든지 三生을 통하여 佛道를 修行하면 부처가 될 수 있다는 말.

개습마(箇什麽) 箇는 뜻을 강하게 하는 助字. 什麽는 「무엇」또는 「어떻게」의 俗語.

개시삼온도(開示三蘊道) 三種의 蘊道를 開示하는 것.

개시오입(開示吾入) 부처님이 깨달은 實相의 理를 開示하여 衆生들이 證悟하도록 하는 것. 諸佛이 이 세상에 출현한 것은 實로 衆生의 迷妄을 除하고 諸佛과 동등한 正知見을 깨닫도록 함에 있다는 것.

개시진실(皆是眞實) 모두 眞實하다는 뜻. 法華經 寶塔品에「多寶如來가 法華經은 眞實하다라고 證明한 말」

개실(開室) 또는 入室. 선방을 개방하여 대중에게 參學하게 하는 것.

개심(開心) ①지혜를 널리 열어 줌. ②高句麗 승려, 寶藏王 때 善德의 弟子.

개심입지합지(開心入智闔智) 金剛界의 五成身의 앞에 이 三種을 說함. 開心이라 함은 無漏智에 들어가기 위하여 먼저 나의 心殿을 여는 것. (觀自在王如來軌)

개심초(開心鈔) 三권. 眞言宗 杲寶의 저서로 眞言宗要義를 서술하고 또한 禪과 密의 관계를 論한 것. 총 三十門으로 되어 있음.

개안(開眼) ①佛眼을 연다는 뜻. 佛像을 조성한 뒤에 처음으로 佛供을 드리는 의식. 開明·開光明·開眼供養과 같음. ②佛의 眞理를 깨달음.

개안공양(開眼供養) 새로 완성한 佛像·佛畵像에 佛의 靈을 맞이하는 儀式·入眼·點眼과 같음.
※必當奉香華 佛供 燈明等於佛 故云供養

개안사(開眼師) 開眼을 행할 때 供養하는 導師.

개암(鎧庵) 吳 克己의 號 字는 復之. 어려서부터 穎悟하여 배워서 通하지 않음이 없었다. 갑자기 눈병을 얻어서 圓通道大士의 號를 念할 것을 사람들로부터 勸告를 받고 이를 念하여 나았다. 이로부터 佛法을 깊이 믿어 楞嚴經을 읽다가 「空生心內 猶雲點太淸」이라는 곳에 이르러서 豁然히 깨쳤고 또 宗鏡錄을 읽을 때 寶積이 말하기를 이 글은 規矩가 없으니 止觀을 읽는 것만 못하다는 곳에 이르러서 晝夜로 境觀 二字를 생각하여 끝내 깨우침을 얻었다. 嘉定 7(1214)년 겨울에 寶山에서 天壽를 마치니 壽가 75歲이며 僧禮로 茶毘하였다. 著書는 法華樞鍵・楞嚴集解科 등이 있고 晩年에 釋門正統을 編集했으나 마치지 못하였다. (佛祖統記 十七)

개연(介然) 中國四明鄞縣 사람. 처음에 福泉山의 延壽에게 배우고 뒤에 南湖의 明智中立에게 天台敎觀을 배우다. 宋 元豊初(1071~1085)에 三번을 期하여 淨業을 닦으려고 三指를 태워 十六觀堂을 세우고 중앙에 西方 三聖殿을 設하여 功成함에 또 三指를 태워서 佛恩에 보답하였다. 建炎 4(231)년에 金虜가 와서 明州를 공격함에 寺衆이 다 도망하였으나 介然은 홀로 떠나지 아니하였다. 金虜가 와서 소리쳐 문되 "죽음이 두렵지 아니하냐" "나는 一生의 원을 세워 이 觀堂을 지었다. 이제 늙었으니 버리고 갈 수가 없노라"하니 虜僧가 이를 義롭게 여겨 北地에 다시 觀堂을 지으라 하고 데리고 가버렸다. 時人들이 이를 슬퍼하여 잡혀간 날을 忌日로 삼았다고 함.

개연(開演) 開示演說의 뜻. 法을 說함.
※唯識述記一本에「幽隱未顯 今說名開 先略難知 廣談爲演」

개오(開悟) 지혜를 열어 眞理를 깨닫는 것.
※付法藏傳五에「爾時馬鳴 著白氎衣 入衆伎中 自擊鍾鼓 課和琴瑟 音節哀雅 曲調成就 演宣諸法苦空無我 時此城中 五百王子 同時開悟 厭惡五欲 出家爲道」

개욕(開浴) 욕실을 개방하여 목욕을 허락함. 추울 때는 5日에 한번 더울 때는 날마다 목욕한다. 개욕을 衆僧에게 알리기 위하여 齋堂앞에 開浴牌를 걸어 둠.
※敕修淸規知浴에「凡遇開浴 齋前掛開浴牌」

개욕패(開浴牌) 禪寺에서 浴室을 개방할 때 먼저 대중에게 알리기 위해 齋堂 앞에 걸어놓는 패.

개원(開原) 高句麗 때의 승려. 寶藏王 때 普德의 弟子. 開原寺를 창건함.

개원록(開元錄) ⓢ 開元釋敎錄의 약칭.

개원삼대사(開元三大士) 三國佛敎略史에 唐玄宗開元 8(720)年, 金剛智三藏이 不空三藏을 데리고 京師에

이르러 王命으로 慈恩寺에 居하면서, 龍樹의 密敎를 전하고 이르는 곳마다 壇을 쌓고 衆人을 제도하였다. 그 때에 善無畏·金剛智·不空을 가리켜 開元三大士라고 일컬음.

개원석교록(開元釋敎錄) 二十卷. 또는 開元錄, 唐 開元 10(722)年 沙門 智昇의 편찬. 三藏의 經論을 編叙하여 그 目錄을 總括群經錄(十卷)·別分乘藏錄(十卷)으로 나눔. (四庫提要)

※起漢明帝永平十年丁卯 迄開元十八年庚午 凡六百六十四載 中間. 傳經緇素 總一百七十六人 所出大小二乘 三藏聖敎 及聖賢集傳 併及失譯總二千二百七十八部 合七千四十六卷 分爲二錄 一에 總括羣經錄 皆先列譯人名氏 次列所譯經名卷數 及或存或佚 末爲小傳 凡九卷 其第十卷 則歷代佛經目錄四十一家 一曰別分乘藏錄.

개원석교록약출(開元釋敎錄略出) 四卷. 唐의 智昇이 편찬한 佛典目錄. 千字文의 순서로 編定하였음.

개의(開意) 가르침을 받고 理解하는 것. (七處三觀經)

개이(介爾) 介는 微弱의 뜻. 爾는 助字. 극히 微弱한 마음. 細念을 형용한 말. 또는 刹那心이 간단없이 相續하는 것을 이름.

※止觀五上에「此三千在一念心 若然心而已 介爾有心卽具三千」輔行五之三에「纔一刹那三千具足」

개이음망일념(介爾陰妄一念) 중생의 현재 생각하는 一念妄心을 가리킴. 곧 第六意識의 一念. 介爾라 함은 잠간 아주 적은 것을 뜻함. 陰妄은 이 마음이 五陰中 識陰에 속하여 迷妄해진 것. 一念은 一刹那의 마음.

※天台宗之觀法 以此心爲所觀 無觀欺妄之一念心 爲具三千性相 卽空卽假卽中者 輔行五之三에「言介爾者 謂刹那心 又介爾者 介者弱也 謂細念也 但異無心 三千具足」四敎儀集註下에「觀一念心等者 卽現前陰妄一刹那心」

개인후인(開咽喉印) 餓鬼에게 施食하는 印契. 餓鬼의 咽喉를 빌리어 음식을 먹게 하는 印契·施餓鬼法.

개입(開入) 衆生을 敎化하여 阿彌陀佛의 本願에 돌아오게 하는 것. 開는 開示, 入은 歸入, 開入은 지금까지 닫혀있던 것을 열어 보인다는 뜻. 本願은 이 眞理를 가르치고 引導하는 것. 敎化된 衆生에게 利益됨을 開示하여 냇물이 바다로 들어가듯 本願의 바다에 歸入하는 것.

개자(芥子) ①㉛〈薩利殺跛＝sarṣapa〉㉕〈yuṅs-kar〉또는 舍利娑婆·舍利沙婆 계자과에 속하는 1年 또는 2年草. 學名 Papaver somniferum(var nigrum) ②겨자씨를 바늘 끝에 던져 맞히기 어려운 것 같이 부처님이 세간에 출현하기 어려움을 비유한 말. ③아주 작은 것을 비유한 말. ④劫量에 비유한 말.

一芥子劫.
※芥子爲性堅辛者 密敎以之爲降伏之相
應物 於此加持眞言 投於爐 以供降伏
之用 眞言修行鈔五에 「實賢僧正護摩
師傳抄云 取芥子投爐中 十方十度也
護摩略觀抄云(道範)芥子堅辛性 有降
伏用 依添眞言加持 作降魔結界也 投
十方 破十方魔軍也 又龍猛菩薩咒 白
芥子打開鐵塔扇 入法界塔中 受金剛薩
埵灌頂 今行者芥子加持 又打開十方法
界塔婆 請諸佛聖中證明聽許之觀可作
之」②涅槃經二에「芥子投針鋒 佛出
難於此」③白居易僧問에「維摩經不可
思議品中云 芥子納須彌 須彌至大至高
芥子至微至小 豈可芥子之內入得須彌
山乎」

개자겁(芥子劫) 겨자씨를 劫量에 비
유하여 芥子劫이라 함. 一劫.
※以盤石喩劫量曰石劫

개자계(開遮戒) 戒律가운데 許諾하
는 것과 禁止하는 것을 말함. (遮
는「차」로도 發音함)

개자공(芥子供) 馱都法을 닦을 때
本尊에게 白芥子를 공양하는 것.
곧 다도법은 如意寶珠의 법으로 그
寶珠 가에는 모든 마귀가 반드시
엿보므로 그것을 물리치기 위하여
이 공양을 행함. 만약 白芥子가 없
으면 榮種으로 대용하기도 함. 一
白芥子.
※又 降伏者 用芥榮之子 其作法於小土
器或銅器等 盛芥子 後供養時 於華傍
置閼伽以前 取其芥子器 以乙字加持
以弘字供之 後置本處 不令他人見 若

人多時 華器乘之而供爲法.

개장(開張) 문호를 열고 佛體를 拜
瞻한다는 뜻. 또는 開扉·啓龕 다
른 곳에 出張하는 것을 出開張이라
함.

개장(蓋障) 障礙. 煩惱障과 所知障.
(理趣經)

개재(開齊) 比丘가 아침 공양하는
일. 義楚六帖六의 律에「이르기를
明相出時에 開齊한다」하였음. 明
相은 날이 閻浮樹에 비칠 때를 말
함.
※身黑葉靑過則白 開齋 又云星沒 又云
少年比丘見手中龕文.

개적현본(開跡顯本) 開近顯遠과 같
음. 一開顯.
※明八相成道之釋迦 爲垂迹之身 以顯久
遠實成之本地也 是法華經後半十四品
之所明 是日本門法華 玄義七下에「華
開蓮現 譬開迹顯本」

개전(蓋纏) 五蓋와 十纏의 명칭. 모
두 煩惱의 數를 뜻함.
※維摩經佛國品에「悉已淸淨 永離蓋纏」

개전성불(改轉成佛) ①惡을 고쳐서
成佛한다는 뜻. ②女人의 몸으로
男子로 轉變하여 成佛하는 것.

개점(開漸) 開漸顯頓·開權顯實과
같음. 漸敎를 열어서 頓敎를 示顯
하는 것. 一開顯. ↔顯頓.

개정(開定) 禪定에서 나온다는 뜻.
또는 禪定에서 일어남을 이름. 出
定과 같음.

개정(開靜) ①止靜을 開放함. 禪宗

에서 좌선을 쉬고 혹은 課誦・粥飯・聽講・普請 또는 睡眠에 나아갈 때 動散을 허락하는 것. 이에 大開靜과 小開靜의 구별이 있는데 大開靜은 朝課・晝飯・晩課와 臥單에 나갈 때를 말하고 小開靜은 止靜中에 小休息을 취하도록 하는 것. ②禪林에서 새벽에 版을 울리어 잠을 깨우는 것을 이름.
※有小大二種 五更四點之後 鳴庫前之版 先起行者 是云小開靜 五更五點之後 庫前之版及諸堂之版一齊鳴 合闔寺之大衆起, 是云大開靜.

개제(開制) 開遮와 같음.

개제(開題) 經文의 題號를 대강 解釋한 것.
※如大日經開題 金剛頂經開題 等 日本空海多用此名.

개제공양(開題供養) 새로 經文을 書寫하고 供養하는 法會. 그 法會의 表白에 스스로 그 經文의 題號와 大意를 해석함으로 開題라 씀.

개조(開祖) 一宗派를 처음으로 開創한 祖師. 開宗祖・開山祖師와 같음.

개조과(開朝過) 過寮를 設施하고 客을 마지하여 宿泊을 許하는 것.

개종(改宗) 前에 소속된 宗派를 벗어나 다른 宗門으로 옮김. 轉宗・轉派라고도 함. 혼히 信仰의 變改로 말미암아 行해짐.

개종기(開宗記) ⑧ 四分開宗記의 약칭.

개종조(開宗祖) 한 宗派를 처음으로 창설한 祖師. 開祖와 같음.

개중의(箇中意) 佛敎의 要旨. 深奧한 佛敎의 根本趣意.

개증론(皆證論) ⑧ 潭潭眞淨이 지음. 내용은 一切衆生이 모두 圓覺을 證得할 수 있다는 主題로 지은 論.

개차(開遮) 開는 聽許, 遮는 制止의 뜻. 戒律에서 허락하고 금하는 것을 말함. 開制와 같음.
※資持記上一之五에「遮卽是制 不制意卽是開」

개채(改彩) 佛象에 채색을 다시 올림.

개천(蓋天) ⑫ ⟨parittābha⟩ 光壽天이라 번역함. 玄應音義에「蓋天은 盖天으로 되어 있음」(盖烏合切로 音은「압」)

개천개지(蓋天蓋地) 또는 普天普地. 天地를 뒤덮음. 자기의 意氣가 넘쳐흘러 宇宙에 가득하다는 뜻.

개청(開淸)〔854~930〕 신라의 승려. 姓은 金氏. 경주 사람. 華嚴寺에서 중이 되어, 康州 嚴川寺에서 具足戒를 받고, 五臺山 通曉를 섬겨 心印을 전해 받다. 경애왕은 사신을 보내어 國師의 예를 표했다. 930(경순왕 4)年 나이 97세 법랍 72세로 보현사에서 입적했다. 시호는 朗圓大師 塔號는 悟眞. 940(태조 23)年에 세운 비가 지금 강릉군 개청사 寺止에 있음.

개추현모(開麁顯妙)　開權顯實과 같음.

개침(開沈)　就寢과 같음.
※日用軌範에「候首座開枕後　因重者就寢」

개탑인(開塔印)　塔印과 같음. 두 大指사이를 약간 벌린 印相. 一率都婆印.

개폐(開癈)　開遮와 같음. 허락하여 줌을 開, 禁制하는 것을 癈라고 함. 계율에서 혹은 許諾하고 혹은 禁制하는 것. 이를테면 죽게 될 때에는 戒律을 어기어도 좋다고 許諾하고 어떤 때는 죽게 되더라도 戒律을 지키라고 한 것과 같음.

개폐회(開癈會)　開는 開除・癈는 癈捨・會는 會入의 뜻. 즉 天台宗에서 말하는 開權顯實・癈權立實・會三歸一의 並稱.
※天台所謂論本迹二門開會之三義開者開除 除權敎及迹門也 癈者捨 捨權敎及迹門也 會者會入融 會權敎及迹門諸行 使歸入實敎及本門 開就敎法之體而言 癈就化導之用而言 會就所修之行而言也.

개피(開避)　①差別. 他人을 피하는 것. ②길을 양보하여 열어주고 피하는 것. (往生要集)

개합(開合)　①혹은 열고 혹은 닫는다는 뜻. ②多少. 많다는 뜻. (五敎意)

개해(開解)　道理를 了解함.
※無量壽經에「心中閉塞　意不開解」賢愚經二에「聞佛說法　咸得開解」

개현(開顯)　開權顯實・開三顯一・開近顯遠의 약칭. 이는 法華經 一部의 說意. 天台宗의 判釋이다. 權은 方便, 實은 眞實이니 方便을 열어서 眞實을 示顯하는 것은 本經 一部의 主意 임.
※開方便者 指四十餘年之方便說 開示此爲方便 不開示之 謂爲閉方便門 至於法華 方便之說 裝如眞實 閉方便之門 故不得見眞實之義 然今以開示方便爲方便 而知方便之爲方便 則眞實之爲眞實自顯 經文謂之에「開方便門 示眞實相 一是卽法華之開權顯實也 然以此開權顯實當於經文 則前十四品曰開三顯一之說 後十四品曰開近顯遠之說 開三顯一者 就敎法而名　開近顯遠者 就佛身而名 卽前開三權敎之方便 而顯一乘敎之眞實 後開垂迹之近佛 而顯本地之遠佛也」

개화(開化)　사람을 가르쳐 어리석음을 열어주고 惡함을 교화하여 주는 일.
※法華經序品에「是諸八王子　妙光所開化」無量壽經上에「入衆言音　開化一切」

개화삼매(開化三昧)　觀世音菩薩이 西方淨土에 往生한 사람이 묵고 있는 연꽃을 피게 하기 위하여 住하는 三昧.
※觀經定善義에「因大悲菩薩入開華三昧 疑障乃除 宮華開發 身相顯然」傳通記一에「開華三昧者 菩薩威神 有開華德

從德立名 故云開華」

개확(開廓) 마음이 트여서 넓다는 뜻. 限없이 廣大함. (無量壽經)

개황삼보록(開皇三寶錄) 📖 歷代三寶紀의 다른 이름, 開皇은 著作 年代로 隋文帝 1年부터 20(581~610)年까지를 말함.

개회(改悔) 지나간 잘못을 뉘우치고 고침.
※涅槃經十六에「是一闡提 若受苦時或生一念改悔之心 我卽當爲說種種法」

개회(開會) 開는 方便門을 열어 보이는 것. 會는 그 方便을 다시 眞實에로 會歸한다는 뜻. 法華經에 갖가지 三乘方便門을 열어서 모든 衆生을 인도하고 나중에 一乘으로 會通한다는 것. 혹은 開顯, 곧 三乘方便을 열어서 一乘의 眞實을 드러낸다는 뜻. →開顯
※例如法華經方便品斷定三乘敎爲方便之說 爲開 於經文名之曰開方便門 又三乘敎於一乘上 始有分別者 說一乘之外無三乘 三乘卽一乘 爲會.

개회귀입(開會歸入) 小乘이 大乘보다 殊勝하다고 생각하는 者를 모두 大乘으로 들어가도록 하는 것. (八宗綱要)

개회문(改悔文) 📖 또는 領解文・蓮如의 著述. 마음에 얻은 것이 잘못 되었으면 고쳐 회개한다는 뜻으로 완전히 자기의 사심을 버리고 본원을 신봉하며 報謝의 이름을 부르고 二諦相依의 宗風을 嚴守할 것을 서

술한 것.

개효(開曉) 어리석음을 열어주고 어두움을 밝게 하는 것. 藥師經에「幽明의 衆生이 모두 開曉를 입었다」하였음.

개훈(開葷) 또는 開素. 葷肉을 먹도록 허락하는 것. 부처님이 비록 술, 고기・五辛菜 등을 먹지 말라고 금하였으나 몸에 병을 치료하거나 어떤 利益이 있을 때는 먹는 것을 허락하는 것.
※如四分律四十二等 爲病比丘 許噉諸種肉 飮諸種汁漿 十誦律二十六僧祇律三十二毘尼母論三等 許食離見聞疑之三種淨肉 五事報應經謂有病聽於伽藍外白衣家食五辛 分別功德論四說佛許病比丘飮酒 文殊問經上說佛許食肉噉蒜 皆是也.

객두행자(客頭行者) 禪院의 知客寮에서 심부름을 하는 侍者. (象器箋八)

객무도(客無到) 十無到의 하나. 法界는 본래 淸淨한 것이므로, 더럽혀진 것이 뒤에 다시 깨끗해진다 해도 本來는 付隨的인 것. 이 付隨的 性質을 그대로 아는 일.

객사(客司) 또는 接待所. 官員과 尊宿이 지날때에 맞이하여 相具하고 安下處(宿泊處)를 맡아서 管理하는 所任. (敕修淸規)
※如次次人客 只就客司相欵

객산(客山) 主山에 대하여 이르는

말.
※虛堂顯孝錄에「爲甚麼 客山高 主山低」

객선(客善) 釋尊 以前부터 世上의 忠·孝·仁·義 등의 善을 舊善이라 하는데 대하여 釋尊이 출세하여 처음으로 가르친 三歸衣·戒律 등의 善을 이같이 이름. ↔舊善

객승(客僧) ㊿ ⟨agantuka⟩ ㊄ ⟨blo-bur-du-du hons-pa⟩ 새로 오는 僧侶. 또는 客苾芻·客比丘.

객위(客位) 賓客과 新參者가 휴식하는 거실을 말함.

객작아(客作兒) 下賤한 日傭人夫를 말함. (臨濟錄·碧巖錄四七)

객작천인(客作賤人) 남의 집에 손이 되어 일하는 賤人. 즉 한 窮者가 여기 저기 유랑하다가 父家에 돌아와서 갖가지 후한 대접을 받았으나 오히려 나그네로 일하는 賤人이라 생각하고 高尙한 뜻이 없다는 것. 轉하여 須菩提 등 聲聞이 비록 大乘의 法을 들었으나 아직도 大乘心을 發하지 못하는데 비유한 말.
※法華義疏七에「未識大乘爲客作尙守小分爲賤人也」

객잡염(客雜染) ⟨agantukair upakleṣair⟩ 附隨的인 煩惱에 依하여 染汚되는 것.

객진(客塵) 煩惱를 가리키는 말. 煩惱는 心性에 본래부터 存在하는 것이 아니고, 이치에 迷하여 일어나기 때문에 客이라 하고 心性을 더럽히므로 塵이라 함.
※維摩經問疾品에「菩薩斷除客塵煩惱」註「什曰 心本淸淨 無有塵垢 塵垢事會而生 於心爲客塵也 肇曰 心遇外緣 煩惱橫起 故名客塵」寶窟下末에「無始無明 自心分別所作 無有眞實 故名爲客 坌汚爾塵」

객진번뇌(客塵煩惱) ㊿ ⟨akasmat kleṣa⟩ ㊄ ⟨blo-bu-ghi non-mons-pa⟩ 客塵은 煩惱의 뜻. 心性을 더럽히는 無明 등의 客性煩惱를 말함. 또는 客塵이라 함. ↔自性淸淨.

객행(客行) 知客行者의 약칭. 知客僧을 따라 다니면서 그 일을 돌봐주는 所任.

갱두(羹頭) 또는 茶露. 총림에서 국을 끓이는 職任.

갱유(更有) 前生에 태어났던 사람이 今世에 다시 生을 받는 것.

갱의중(更衣衆) 轉衣한 僧을 이름. →轉衣.

갱장(鏗鏘) 소리높여 論難하는 것. 鏗은 金石의 소리. 鏘은 玉을 울리는 소리. (臨濟錄四七)

갹차(噱叉) ㊿ Vaksu(the oxus) 河川의 이름.

거(擧) 公案을 擧起하는 것. 다만 公案을 擧起하여 記載할 때에 所用되는 말. 座上에서 바로 그 公案을 唱할 때는 다만「記得」이라 말함.
※碧巖種電鈔一에「擧者記者之語也 圜悟擧起達磨公案也 拈提之時 於座上自唱則言記得也」

거가계(居家戒) 또는 在家戒. 本家의 五戒를 말함. 五戒는 殺生·偸盜·邪婬·妄語·飮酒이다. 以上 五戒는 집에 居하며 반드시 지켜야 할 戒法이므로 居家戒라 함.

거각(擧覺) 擧는 스승이 公案을 들어 보이는 것. 覺은 그것으로 말미암아 學人이 깨닫는 것이므로 스승과 學人이 접견하는 것을 말함.

거간(居簡) 四川 사람. 성은 王氏 혹은 龍氏, 育王德光을 뵙고 그 法印을 받음. 뒤에 杭州, 淨慈寺에서 法道를 베풀고 절 북쪽 개울가에 집을 짓고 居함. 北磵集 十九권. 北磵續集 一권을 저술하고 淳祐 6 (1246)年에 入寂함. (續傳灯綠·釋氏稽古略·五灯嚴統)

거개(擧皆) 擧도 皆의 뜻. 온통, 모조리, 전부.

거겁(去劫) 去는 過去. 劫은 오랜 時間의 뜻. 지나간 오랜 시간을 말함. ↔來劫.

거경(居敬) 字는 心淵, 號는 蘭要, 內外經을 널리 통하고, 律部에 長하였다. 金陵 大報恩寺 一兩和尙에게 귀의, 知客의 소임을 맡고 후에 杭州 集慶寺 東源法師를 參訪, 第一座에 居하였다. 永樂(1403~1424) 初에 認書를 받들어 大藏經을 校勘하고 후에 大衆의 숭앙을 받으며 크게 道風을 선양하였음.

거경(擧經) ①讀經時 소리 높이 經名을 부르는 것. 곧 많은 사람이 모여 讀經하는 소리를 말함. ②維耶의 代名詞.

거관결안(據款結案) 款은 罪狀, 案은 判決書, 죄상에 따라 단안을 내려 판결하는 것. 言語, 動作에 따라서 실지로 수행하는 정도를 간파한다는 뜻.

거기공안(擧起公案) 公案을 擧起하는 것. 곧 公案을 제시한다는 뜻. 禪師가 어떤 公案話題를 提唱하는 것을 記者가 擧起하는 말로 표현한 것.

거념(擧拈) 집어 들어 남에게 보여 줌. 擧示와 같음.

거눌(居訥)〔1010~1071〕 雲門下, 梓州 사람, 姓은 蹇氏, 名은 淨固(또는 祖印), 宋의 大中祥符 3(1010)年에 출생, 11세에 출가하여 17세에 得度함. 그후 楚州·荊州등지를 遊歷하다가 마침내 延慶子榮禪師의 法을 잇다. 다음에 廬山의 歸宗寺에 住하다가 圓通寺로 옮겼다. 그때에 李之寧이 汴原에 十方淨固禪院을 건립하고 師를 請하여 開山祖로 삼다. 또 歐陽修 등이 奏達하여 師를 廬山으로 청하였으나 병으로 가지 못하고 그의 嗣法弟子 懷連을 대신 보냈다. 老後에 寶積嚴으로 물러가 宋 熙寧 4(1071)年 世壽 92, 법랍 46세로 示寂함.

거동(擧動) 擧止. 擧措와 같음. 온

갖 行動擧止.

거둔(居遁) 俗姓은 郭氏, 臨川 南域 사람 나이 겨우 14세에 無常을 느끼고 廳陵 滿四寺에 출가 嵩山에게 具戒를 받다. 후에 翠微禪會에 參學 洞山의 言下에 玄理를 깨치고 후에 龍牙山 妙濟禪院에 住錫함에 僧衆이 항상 數千이 모이었다. 임금이 紫袈裟를 下賜하고 아울러 證空이라 號하였다. 후에 龍德 3(923)年 9月 13日에 入寂함.

거래금(去來今) 過去·未來·現在의 三世를 이름.
※圓覺經에「無起無滅去來今」蘇軾詩에 「一彈指頃去來今」

거래실유종(去來實有宗) 外道十六宗의 하나. 過去와 未來도 現在와 같이 실재한다는 外道의 一派. 또는 去來實有論이라 함.
※法苑義林章第一所謂 「去來實有宗者 有去來世 猶如見在 實有非假」是也 爲勝論及時計外道之所計者 又小乘佛敎中 如說一切有部宗亦爲此說.

거래타국진경(去來他國塵經) 자기의 故鄕을 떠나 他鄕에 流浪하는 것. 自己에게서 찾지 않고 마음 밖에서 깨달음을 구하고 부처님을 찾는데 비유한 말.

거래현(去來現) 過去·未來·現在의 並稱.

거려(遽廬) 오래 머무르지 못하는 假設의 숙소, 잠시동안 사용하려고 아무렇게나 얽은 집 즉 堅固하지 못함을 말함.

거력작식(去曆昨食) 去年의 曆書와 昨日의 음식이란 뜻. 즉 今日의 所用에 필요 없음을 비유한 말.

거력장자소문대승경(巨力長者所問大乘經) 佛說巨力長者所問大乘經의 약칭. 三卷, 宋의 智吉祥 등이 번역함. 내용은 부처님께서 巨力長者를 위하여 大乘의 深法을 說하니 長者가 無生忍을 증득하고 出家하여서 부처님이 授記하였다 함.

거륜(居倫) 梵〈Ajñātakauṇḍinya〉 또는 居隣·拘輪·俱隣. 五比丘의 第一· 阿若憍陳如를 말함.
※玄應音義四에「居倫大哀經作拘輪 譯云本際 第一解法者也 普曜經云 俱隣者解本際也 阿若者言已知也 正言解了拘隣亦姓也」又曰「拘隣 或作居倫 或作拘輪 皆梵言訛也 此云本際 則經中尊者了本際 尊者知本際 皆是也 此卽憍陳如」

거마(巨磨) 梵〈gomaya〉번역하여 牛糞·牛屎. →瞿摩夷

거민(巨岷) 俗姓은 任氏, 西河 사람 그는 7세에 志惠가 돈독하고 佛像을 보면 기뻐하니, 그 부모가 宿因이 있음을 알았다. 혹 절에 데리고 가면 돌아갈 것을 잊었다. 本郡 淨心院에 이르러 宣遠論師를 뵙고 울면서 攝受해 주기를 바랐다. 부모가 그 願을 막지 못할 것을 알고 出家를 허락하였다. 나이 열살에 法華·維摩經을 誦하고 末年에 大

般涅槃經·因明論에 더욱 철저하였다. 乾祐 1(948)年에 漢祖가 龍潛時에 師를 숭상하여 특별히 庭臣을 보내어 紫衣를 下賜하고, 圓智大師라 號하였다. 다음해 11月 5日 世壽 93, 法臘 54세로 天龍寺에 장사지내고, 諡號를 達識이라 내려주었음.

거발라바(車鉢羅婆) 귀신의 이름. 번역하여 忍得脫. (金光明文句七).

거방(巨方) 俗姓은 曹氏, 安陵 사람 어려서 스승을 좇아 本州 明福院 朗禪師에게 法華·維摩經을 聽誦하고 具戒를 받다. 開元 15(723)年 9月 3日 世壽 81세로 入寂함.

거비(去非) 固執을 버림. 잘못을 고치는 것. (五敎章)

거사(居士) 梵〈kulapati; Grhapati〉또는 迦羅越 成主. 번역하여 재물을 많이 가진 사람 집에 있는 선비. 집에 있으면서 佛道에 뜻을 둔자. ①인도에서 四姓중 工, 商에 종사하는 毘舍종족의 부사. ②중국에서는 학식과 도덕이 높으면서도 벼슬하지 않는 사람. ③불교에서는 보통 출가하지 않고 가정에 있으면서 佛門에 歸依한 남자를 말하며 여자는 女居士라 한다. ④후세에는 남자가 죽은 뒤 그 法名 아래 붙이는 칭호로도 씀. 장군이나 貴人은 大居士, 士人 등은 居士라 하며 지금은 일반인에게도 씀.

※居財之士 居家之士 在家志佛道者 輟耕錄에「今人多以居士自號 考之六經 惟禮記有居士錦帶 註 謂道藝處士也」 吳曾能改齋漫錄에「居士之號 起於商周之時 韓非子書에 太公封於齊 東海上有居士狂矞華士昆弟二人立議에 吾不臣天子 不友諸侯 耕而食之 掘而飲之云云 則居士之由來久矣」

거사(擧似) 물건을 사람에게 들어 보임. 擧示와 같음.

거사불교(居士佛敎) 居士를 主體로 하는 一種의 佛敎革新運動의 뜻으로 特히 中國의 明末부터 淸朝를 거쳐 現代에 이르기까지의 近世的인 佛敎의 方法을 말함. 居士는 元來 在家佛敎人을 意味하나 宋代이후에는 널리 一般士大夫의 自稱으로 쓰이고 있음.

거사십분(去死十分) 十分 죽음을 마침. 곧 全身心 共히 죽음을 마치는 것. 一切의 煩惱를 모두 끊어버림을 말함.

거사전(居士傳) 淸의 彭際淸이 지음 五十六권에 二百二十七명의 전기를 수록하고 또 七十七인을 부록에 수록하였음.

거상(居常) ①道를 지키어 변하지 않는 것. ②平常時의 私生活을 말함.

거상미(巨賞彌) 梵〈kansmnbi〉 巴〈Kosambi〉 나라 이름. → 俱睒彌

거세(巨細) 크고 작음. 巨大와 細小 크고 작은 것의 구별 없는 일체.

거수저두(擧手低頭) 法華經 方便品에 「어떤 사람이 禮拜를 하고 다시 合掌 乃至는 한손을 들거나 或은 다시 머리를 조금 숙이는데 이로써 불상에 供養하여 漸次로 無量佛을 뵙고 스스로 無上道를 이룩한다고」 하였으니 이는 곧 敬禮의 輕한 것.

거승(巨僧) 이름난 높은 중.

거승위론(據勝爲論) 두가지 이상의 물건을 서로 견주어 말할 때에 각각 그 장점을 들어 따로따로 의론하는 것, 이를테면 「A는 문학통이요 B는 경제통」이다 함과 같이 그 장점을 들어 말하는 것. →據實通論. ↔剋實通論.

※如色之名 據實通論 則五根五境無表色之十一法 悉爲色 獨於眼根所對之境 與以色之名 則據勝爲論也 天台戒疏一에「三業之中 意業爲主身口居次 據勝爲論 故言心地」

거실(據室) 주지가 있는 방.

거실통론(據實通論) →據勝通論.

거애(擧哀) 禪林의 장례식에서 佛事를 마친 뒤에 大衆이 모두〈哀哀哀〉의 소리를 세번 내는 의식 이것을 擧哀佛事라고 함. (象器箋十四)

거연(巨然) 南唐의 승려, 江寧 사람 開元寺에 있다가 李俊主가 宋에 降服하자 따라서 京師에 들어가 開寶寺에 있었음. 그림에 能하고 薰原의 山水를 祖述하여 妙境에 이르매 世人이 薰巨라 일컬음.

거연(巨淵)〔1858~1934〕朝鮮 末期의 승려. 俗姓은 洪氏, 號는 月初, 서울 出生, 15歲에 京畿道 揚州郡 浮圖庵에서 幻翁에게 出家, 그의 法脉을 잇다. 35歲에 南漢摠攝, 그 이듬해에 北漢摠攝이 되다. 1900年에 당시 高陽郡 見平面 葛峴里에 「宇國寺를 創建하고 서울 東大門 밖 元興寺 자리에 「明進學校」를 세워 靑年僧侶들을 가르쳤다. 뒤에 揚州 奉先寺에서 世壽 77, 法臘 63歲로 入寂함.

거연(居然) ①그 모양 그대로 ②편안한 모양, 安然 ③일에 움직이지 않는 모양, ④突然, 即刻.

거익(巨益) 큰 利益.

※法華玄義五上에 「聞有巨益 意在於此」

거일명삼(擧一明三) 한 모를 들어 보이면 바로 다른 세 모를 了解한다는 뜻, 곧 하나를 들면 열을 안다는 말과 같음. 禪宗에서 영리한 것을 나타내는 말.

※碧巖第一則垂示에 「擧一明三 目機銖兩」

거일예제(擧一例諸) 一例를 들어서 모든 것을 說明하는 것. (開目鈔五九)

거일전수(擧一全收) 一法을 들어서 一切法을 攝收하는 것.

※唐判五敎章中에 「三性一際擧一全收」(和本擧一作隨一) 清凉華嚴玄談二에 「上十處共爲緣起 擧一全收」

거일폐제(擧一蔽諸) 一法을 들어서 一切法을 모두 아는 것.

※文句三下에 「但略擧一而蔽諸耳」

거정(居靜) 號는 愚丘, 成都 楊氏의 아들. 14세에 白馬寺 安慧에게 출가. 뒤에 南堂禪師의 道望을 듣고 參訪하여 師의 言下에 크게 깨달음

거정(擧鼎) 擧鼎絶臏의 약칭. 秦武王이 기운이 세어 힘 試合하기를 좋아했다. 當時의 力士 晉鄙(或은 任鄙)·烏獲·孟說과 더불어 솟들기 시합을 하는데 晉鄙 등이 五千斤의 솟을 無難히 드는 것을 보고 武王도 또한 들다가 종지 뼈가 부러진데서 온 말.

거정발설(去釘拔楔) 釘과 楔은 固着되어 움직이지 아니하므로 곧 執着된 邪見을 뽑아 버림에 비유한 말.

거정범(居淨梵) 스승밑에 弟子로 들어가서 淨行을 닦는 時期.

거제(巨帝) 石窟의 이름. 부처님이 泥洹(즉 涅槃)한 후에 五百阿羅漢이 經을 結集한 곳.

거조(擧措) 擧止와 같음. 行動擧止의 뜻.

거조암영산전(居祖庵靈山殿) 慶北永川郡 청통면 거조암에 있음. 국보 제63호.

거족하족(擧足下足) 다리를 올렸다 내렸다 하는 것. 日常의 起居動作을 말함.

거지(擧止) 行動擧止의 뜻. 擧措와 같음.

거지사자(距地獅子) 臨濟四喝의 하나. 땅에 쭈그리고 앉아 있는 獅子의 氣力이 全身에 가득하여 가까이 다가설 수 없는 것. 衲僧의 威風이 당당한 것에 비유한 말.
※人天眼目에 「距地獅子者 發言吐氣 威勢振立 百獸恐悚 衆魔腦裂」

거차불원(去此不遠) 極樂淨土가 비록 西方十萬億土가 된다고 하지마는 法味觀念상으로 觀하면 이 자리에서 멀지 않다는 말.

거착(擧着) 擧는 擧示·擧出·擧揚·擧唱의 뜻. 着은 語勢를 强하게 하는 助詞. 古則公案을 提唱하는 것. 禪錄 또는 拈古 등의 첫 머리에 반드시 擧字를 붙임.

거찰(巨刹) 큰절. 大刹. 大伽藍.

거처이욕(居處離欲) ⓢ〈Viraganiṣ-rita〉修行으로 欲望을 여읜 境地에 住하는 것. 또는 隱遁하여 世上의 物欲을 忘却한다는 뜻.

거철심(拒轍心) 螳螂이 수레를 막음. 즉 自己의 힘을 헤아리지 않고 大敵에게 항거하려는데 비유한 말.

거체(擧體) 全體.

거체부정(擧體不淨) →七種不淨.

거체전섭(擧體全攝) 또는 擧體全收. 一法의 體를 들어서 他法의 體를 撼攝하는 것.
※五敎章中所謂 「二義鎔融 擧體全攝」卽 其例也.

거체전진(擧體全眞) 一切가 모두 眞如라는 뜻. 擧體는 全部. 全體(景德傳燈錄一九)

거축(車軸) →차축(車軸).

거취(去就) 去는 退·入, 就는 進· 出의 뜻으로 進退·出入과 같음. 혹은 去就出處·起居振舞의 뜻으로 쓰임.

거침(巨浸) 大海 또는 大澤.(碧岩錄 三三)

거할(擧喝) 喝하고 위엄있게 소리를 질러 學人을 깨우치는 것.

거해칭추(鋸解秤錘) 톱으로 저울 추를 끊음. 대단히 어려운 일을 말함. 곤란한 문제의 형용.

거행(去行) 穢土를 버리고 가는 것. 곧 淨土에 往生하기 위하여 닦는 갖가지 行을 말함.

거허쉬략(居虛倅略) 十八地獄의 하나. →地獄.

거화인(擧話人) 禪의 公案을 學論하고 商量할 만한 사람.

건(犍) 五種不男의 하나. 男根을 잘라버린 것. 通俗文에 칼로 陰莖을 除去한 것을 「犍」이라 하였음. 犍 不男 혹은 據劇이라 함. (據·劇 居言切로 音은 「건」)

건(鍵) 梵 〈ᄖgha〉 悉曇五十字門의 하나. 四十二字門의 하나. 또는 伽 誐↔哦·噓·恒이라고도 함. →伽

건강보설(建康普說) 曹 一卷. 曹洞宗의 本猛禪胡 등이 편찬함. 面山瑞芳이 若州 建康山 空印寺에 傳하면서 大衆을 위하여 설한 普說. 十三章을 모은 것. 1764(日本 明治 2)年 面山 83세 때 刊行함.

건건(乾乾) 쉬지 않고 노력하는 것.

건나표하(健拏驃訶) 經梵 〈Gandavyuha〉 健拏는 華, 驃訶는 嚴이라 번역함.

건남(健南) 梵 〈Ghana〉 胎內五位의 하나. 또는 鍵南·蹇南·羯南·伽訶那. 번역하여 堅厚·堅固·凝厚·堅肉이라 함. 母胎에 托胎한지 4·7 동안을 말함. 이 동안에 살이 엉기어 굳어진다 함. →鍵南.

건남(鍵南) 梵 〈Ghana〉 또는 伽訶那 번역하여 堅·堅厚·凝厚·硬肉이라고 함. 托胎 後 四七日이 되면 胎兒가 점점 堅厚하게 되는 자리. ※玄應音義二十三所謂「健南渠偃反亦云伽訶那 此云堅 至第四七日時 肉團方堅實」是也.

건나복(蹇拏僕) 梵 〈Kaṇabhuj〉 勝論의 開祖. 食米齊山人의 梵名. →優樓迦

건니다(蹇尼陀) 勝論의 祖師. 食米齊山人의 梵名. →優樓迦

건다(乾陀) 梵 〈Yugaindhara〉 山名. 瑜乾駄羅의 약칭. 雙持라 번역함. ※慧苑音義上에「乾陀山 具云瑜乾駄羅 言瑜乾者 此云雙也 駄羅 持也」

건다(犍陀) 梵 〈Skandha〉 巴 〈Knandha〉 또는 蹇陀·犍度. 번역하여 聚篇章이라 함. →犍度.

건다(蹇茶) 梵 〈Khanda〉 西 〈hbags or hye Kar〉 번역하여 砂糖. 白糖

이라 함.

건다곡자가사(健陀穀子袈裟) 「衣服」 健陀 또는 乾陀라 함. 香樹의 이름 香染이라 함. 穀子는 果實. 곧 건다수의 과일로 물들인 가사를 말함. 그 빛은 赤色이 많고 黑色은 적은 것으로 袈裟의 本色. 健陀는 香의 梵名. 穀은 殼으로도 쓰며 枳殼의 뜻. →健陀・香染.

건다구지(健陀俱知) 梵〈Gandakuṭi〉 또는 健陀俱胝 번역하여 香室堂이라 함. 본래는 世尊의 居室이었으나 후에 轉하여 寺廟의 異名이 되었음.
※毘奈耶雜事二十六에 「西方 名佛所住堂曰健陀俱知 健陀是香 俱知是堂 此是香室香臺香殿之義」

건다국왕경(健陀國王經) 一卷. 또는 犍陀國王經・犍陀王經, 後漢 安世高의 번역. 내용은 健陀國王이 뿔부러진 소(牛)의 울음소리를 듣고 포악하고 殘忍한 것은 옳지 못하다고 여겨 婆羅門敎를 버리고 부처님에게 귀의한 한 說話. 부처님은 阿難에게 이 소와 王은 宿世의 拘那含牟尼佛 때 兄弟였다는 本法을 說함.

건다달다(塞陀達多) 梵〈Skandadatta〉 比丘의 이름. 提婆達多의 眷屬.

건다달라도바(乾陀達羅度波) 印相・香水法印이라 번역함. (陀羅尼集經 五法)

건다라(乾陀羅) ① 梵〈Gandhara〉 또는 健馱邏・犍陀囉・乾陀・乾陀衛・乾陀越 번역하여 持地・香行・香遍・香淨・香潔이라고 함. 中印度의 북과 北印度의 西쪽 중간에 있는 나라 이름. ② 山名 犍陀羅 혹은 持天地山. ③ 樹名 乾陀. ④ 色名 乾陀羅 혹은 劫賓那라고 함. 黃色을 이름. →健陀.
※卽今此地尚有古代大乘流行之形跡 加以古來爲印度與希臘交通之衝 西曆紀元前後所製作極精好之佛像亦有發見者 美術 建築學上最名者也 寶樓閣經中에 「若以乾陀羅對香和白芥子油伏一切龍」 註에 「乾陀羅樹香 安息香也」

건다라(健馱邏) 國名, 또는 健馱邏・健陀羅・乾陀羅・乾陀衛・乾陀. 번역하여 香遍이라 함. →乾陀羅.
※今阿富汗之喀布爾 堪達哈爾以東 及印度之西北邊省 悉爲健陀羅故地 而堪達哈爾卽健陀羅之音轉也 布路沙布邏城 卽今西北邊省之白沙瓦.

건다라(犍陀羅) 健馱邏. 香遍國 또는 頗古. →健馱邏.

건다라미술(健馱邏美術) 印度 健馱邏(gandhara)지방을 중심으로 발전한 造形美術 알렉산더大王이 印度侵入直後에서 쿠샨王朝 滅亡에 이르기까지 인도의 인더스. 가불 二河의 合流地 부근을 중심으로 希臘美術과 인도불교미술이 融合되어 발생한 造形美術을 말함.

건다라수향(乾陀囉樹香) 梵〈Gand

건다라야~건다하주

hara; Gandhala〉 乾陀囉樹로써 제조한 香料. 곧 安息香.
※安息香者 通常呼爲 Guggula.

건다라야(乾陀羅耶) 梵〈Gandhalaya〉 佛國의 이름. 번역하여 香積. (玄應音義三)

건다루(犍陀樓) 梵〈Gandhalu〉樹名. 번역하여 持地. (四分第九)

건다륵(犍陀勒) 본디 西域 사람으로 洛陽에 온지 여러해 되었다. 대중들이 그의 風度를 공경하였으나 그 마음속은 헤아리지 못하였다. 후에 衆僧에게 말하기를 洛陽 동남쪽의 槃鵄山에 古寺가 있었는데 지금도 그 유허가 있다 하며 함께 터를 닦아 절을 세우는 것이 좋겠다 하였다. 衆僧들은 그것을 믿지 않고 시험삼아 쫓아가 조사해 보았다. 山에 들어가 한곳에 이르니 四面이 평탄하였다. 師가 이르기를 "이곳이 절터이다" 하여 곧 그곳을 파보니 과연 寺趾여서 주춧돌이 나왔다. 다음에 講堂과 僧房터를 일러주니 대중들은 모두 말과 같음을 경탄하고 함께 터를 닦아 절을 세우고 師를 寺主로 삼았다 함.

건다리(健馱梨) 梵〈Gandari〉 번역하여 持地·奪香이라 함. 呪文 이름. 이 呪文을 지니면 空中에 날아오를 수 있다 함.
※是由健馱羅國女巫所出之呪 故從女聲而云健馱利 俱舍論二十七에「有咒術名健馱梨 持此便能騰空自在」同光記

二十七에「眞諦云 有女天名健馱梨 翻爲持地此咒是健馱梨所說 從能說女天爲名 故稱健馱梨」玄應音義二十三에「健馱梨 持 女名也 從國爲名 此女聲呼之 男聲猶健馱羅國也」大法炬陀羅經十三에「犍陀利 隋言奪香」

건다마다마라(健陀摩陀摩羅) 梵〈Gandamādanamāla〉 山 이름. 번역하여 香花. 곧 香醉山.

건다마하연(犍陀摩訶衍) 梵〈Gandha-mahayana〉 山 이름. 健陀는 번역하여 香. 摩訶衍은 大乘이라 함.

건다바나(乾陀婆那) 國名. →乾陀羅.

건다수(乾陀樹) 梵〈gandha〉 西〈dri or Spor〉 또는 健陀·乾大·乾杜 번역하여 香이라 함. 학명〈Hyperantheramoringa〉南海 安南 地方에서 생산되는 喬木으로 껍질이 두텁고 잎은 앵도와 같음. 나무껍질로 染料를 만듬. 이 樹皮로 옷에 물드린 색을 乾陀色이라 함.

건다암라(犍陀菴羅) 樹名. 번역하여 香果. (善見第三)

건다월(乾陀越) 國名. →乾陀羅.
건다위(乾陀衛) →乾陀羅.
건다하(犍陀訶) →乾陀羅.

건다하제(乾陀訶提) 梵〈Gandhahastin〉 또는 乾陀呵晝·菩薩 이름. 번역하여 香象이라 함.
※可洪音義六에「乾陀訶提 下合作堤 音低 此云香象」玄應音義三에「乾陀呵晝菩薩 新道行作香象菩薩是也」

건다하주(乾陀呵晝) 또는 犍陀呵晝.

— 112 —

→乾陀訶提.

건달(乾闥) ① 또는 健達, 번역하여 香. →香健. ② 陀乾闥婆의 약칭, 香陰이라 번역함. 樂神의 이름. 八部衆의 하나. →乾闥婆.

건달바(乾闥婆) ① 梵〈Gandhava〉또는 健達婆·犍達縛·健闥婆·乾沓和·乾沓婆·彥達縛·犍陀羅 번역하여 香神·嗅香·尋香行이라 한다. 樂人을 일컬음. 八部衆의 하나 樂神의 이름. 술과 고기를 먹지 않고 오직 香만을 구하여 陰身을 보호하며 또 스스로 그 陰身에서 香이 나오므로 香神 혹은 尋香行이라고 일컬음. ②西域에서 能優를 일컫는 말. 그들은 生業에 종사하지 않고 다만 飮食의 香氣만을 찾아 다니면서 노래하고 구걸하므로 이같이 이름. 또는 尋香·尋香行·作樂神이라 함. ③中有를 일컬음, 죽어서 次生으로 태어날 때까지의 중간의 몸은 香만을 먹음으로 일컫는 말.

건달바성(乾闥婆城) 梵〈Gandhava-nagara〉또는 犍闥婆城·健闥縛城·巘達嚩城 번역하여 尋香域 蜃氣樓라 함. 實體는 없이 空中에 나타나는 성곽. 海上 그 밖에 공기가 局部的으로 또는 層을 이루어 온도차를 가지는 곳에 흔히 나타나는데 먼 곳의 육지·수목·가옥 등의 像이 거꾸로 서거나 바로 서서 아래쪽 또는 공중 높이 솟아 보임. 이

것을 건달바성이라 함은 건달바는 항상 天上에 있다는 데서 생긴 말. 또는 西域에서 樂師를 건달바라 부르고 그 악사는 환술로써 교묘하게 누각을 나타내어 사람에게 보이므로 이같이 일컬음.

건달바신(乾闥婆身) 三十三身의 하나. 乾闥婆는 帝釋天에서 法樂을 執行하는 神의 이름. 八部衆의 하나.

乾 闥 婆 身

※ 觀自在菩薩 現種種之身 應入諸國土時 亦示此身形 法華經普門品所謂「應以天龍 夜叉 乾闥婆 阿修羅 迦樓羅 緊那羅 摩睺羅伽 人非人等得度者 卽皆現之而爲說法」首楞嚴經六所謂「若乾現婆樂脫其倫 我於彼前現乾闥婆身 爲說法」

건달바왕(乾闥婆王) 梵〈Gandharva〉四乾闥王의 하나. 번역하여 食音. 尋香行. 彌酬迦 등 十五鬼神을 결박하여 태어난 어린애를 보호하는

— 113 —

神의 이름. 형상은 冥官과 같이 甲胄形임. 돌 위에 앉아 한쪽 발을 드리우고 손에 三戟을 지니고 있음.

乾闥婆神王

※法華經序品에 「有四乾闥婆王 樂乾闥婆王 樂音乾闥婆王 美乾闥婆王 各與若干百千眷屬俱」 智度論十에 「犍闥婆王名童籠磨(奏言樹)」

건달바왕탄금(乾闥婆王彈琴) 樂神乾闥婆의 奏樂.

※智度論十에 「屯崙摩甄陀羅王 Druma kimnararaja 犍闥婆王 至佛所 彈琴讚佛 三千世界 皆爲震動 乃至摩訶迦葉 不安其座」

건달박(健達縛) →乾闥婆.

건달성(乾達城) 乾達婆城의 약칭. 尋香城이라 번역함. 樂人이 幻術로 지어내는 化城, 또는 蜃氣樓.

건답(犍畓) 天名. 곧 乾畓和.

건답바(乾畓婆) →乾闥婆.

건답화(乾畓和) 또는 犍畓和·健畓和. 八部衆의 하나. 樂神의 이름. →乾闥婆.

건당(建幢) 建立法幢의 약칭. 法幢을 세운다는 뜻. 行解가 원만하여 다른 이의 師表가 될만하면 傳法師에게서 法脉을 이어 받는 일. 이를 入室이라고도 함.

건당식(建幢式) 스승의 법을 이어받아 따로 一家를 이루어 法의 旗幟를 세우는 의식.

건덕(犍德) 또는 蹇特. 悉達太子가 타는 말(馬) 이름. →建佗歌.

건도(犍度) ㊢ 〈Skhanda; Kandha〉 또는 乾度·塞犍陀·塞犍圖·婆犍圖 번역하여 聚·蘊·積·藏·結·節이라 함. 論·律 가운데 篇章의 이름.

※婆藪槃豆法師傳에 「八伽蘭他 Grantha 卽此間云八乾度 伽蘭他 譯爲結 亦曰節 謂義類各相結屬 故云結 又攝義令不散 故云結 義類各有分限 故云節」

건두(健杜) 또는 健陀·健達. 번역하여 香이라 함. →健陀.

건두발라지거단나(建豆鉢剌底車憚娜) ㊢ 〈Kandnpraticchadana〉 번역하여 遮瘡疥衣. 十三資具衣의 하나. (有部百一羯磨十)

건률다(乾栗駄) 번역하여 堅實心. →紇哩陀耶.

건률다야(乾栗陀耶) ㊢ 〈Hrdaya〉 또는 乾栗駄·汗栗駄·紇哩娜耶·紇哩娜野. 紇哩乃耶, 訖利馱野, 紇利陀 번역하여 眞實心, 堅實心이라고 함. 衆生이 본래부터 갖추고 있는 心性. →紇哩陀耶.

건립(建立) 法門을 設함. 또는 塔과 佛像을 築造하는 것.

※法華經方便品에 「若人爲佛故 建立佛

形像」

건립가(建立假) 또는 施設假 別敎에서 空을 쫓아 假로 들어가는 假觀을 말함. 이는 처음 空觀으로 諸法을 무너뜨리고 다시 大悲를 施化하여 假를 建立하므로 建立假라 함.
※以簡別於初從假入空之虛妄假也 光明玄義記下一에「假在空後卽建立假」釋籤一之一에「以藏通菩薩爲立謗」

건립궤(建立軌) ⓖ 建立曼茶羅護摩儀軌의 약칭.

건립만다라급간택지법(建立曼茶羅及揀擇地法) 一卷. 唐의 慧琳이 편집함. 法을 說한 것.

건립만다라호마의궤(建立曼茶羅護摩儀軌) 一卷. 唐의 法全이 편집함. 護摩壇을 建立하는 作法을 說한 것.

건립방(建立謗) 藏通의 菩薩이 但空에서 大悲施化하여 假觀을 닦는 것. →建立假.

건립인(建立因) 凡人과 聖人이 差別되는 原因. 經量部에서는 不相應行法의 得(梵語 鉢羅鉢多)을 가리켜서 建立因이라 함.

건마바마(犍摩波摩) 夜叉의 이름. 번역하여 守法. (孔雀呪經上)

건박박(乾剝剝) 乾은 空의 뜻으로 아무것도 없는 것. 剝은 벗기다 즉 一切를 벗기어 아무것도 없음을 말한다. 마음속의 煩惱 妄想을 모두 除去하여 아무것도 없는 廓落한 境界를 말함.

건법(建法) 法體를 세워 宗旨를 一方에 建立하는 것. 또는 祖室이 되는 것을 이름.

건봉(乾峯) 越州乾峯(혹은 瑞峯) 和尙을 말함. 洞山良价의 法嗣. (會元十三・傳燈十七)

건봉일로(乾峯一路) ⓖ 無門關 第四十八則에 "乾峯和尙」에게 僧이 묻기를 "十方薄伽梵이 一路涅槃이라 하니 그 路頭가 어디에 있읍니까" 乾峯和尙이 拄杖을 들어서 땅에 한 획을 긋고 말하기를 "이 안에 있다" 하였다. 뒤에 그 僧이 雲門에게 請益할 때 雲門이 부채를 들고 말하기를 "부채가 踍跳하여 三十三天에 올라가 帝釋의 鼻孔에 붙어버리고 東海의 잉어를 한번 치매 비가 동이를 기울듯 쏟아졌다"했다. 乾峰은 越州乾峯으로 洞山良价의 法嗣이며 雲門은 雲門文偃임.

건봉일획(乾峯一劃) ⓖ 또는 乾峯一路. 僧이 묻기를 "十方薄伽梵이 한 길로 涅槃門에 이른다 하오니 그 路頭가 어느 곳에 있읍니까" 乾峯禪師가 拄杖을 들어 한 劃을 그으면서 "이 속에 있다." 하였음. →乾峯一路.

건불남(犍不男) ⓢ 〈Āpatpṇḍdaka Ruṇapaṇḍaka〉 五種不男의 하나. 칼로 男根을 잘라버린 것.
※法華文句記九上에「五不男者 (中略) 劇謂藏等」(作劇誤)唐韻에「劇. 居言切 音犍 剔也」犍劇通用.

건성(建聲) 外道의 種類. 大日經에

서 說한 三十種外道 가운데 第四建立淨外道·第五不建立無淨外道를 建이라 하고 또 第二十七聲頭外道·第二十八聲生外道·第二十九非聲外道를 聲이라 함.
※秘藏寶鑰中에「爪犢遙望不近 建聲何得窺窔」

건성(乾城) 乾闥婆城의 약칭. 또는 鬼域·蜃氣樓라 함. 乾闥婆는 印度 樂人의 異名. 樂人이 교묘한 幻術로 樓閣을 지어 空中에 蜃樓를 드러내므로 이같이 이름. →乾闥婆城.
※慈恩寺傳九에「乾城水沫無以臂其不堅」

건용좌(健勇坐) 結跏趺坐를 일컬어 健勇坐라고 함. (白傘蓋大佛頂念誦要法)

건유(褰帷) 褰帷와 같음. 馬鳴菩薩이 鬼辯婆羅門을 降伏받은 故事.

건유(褰帷) 褰帷와 같음.

건자(鍵鎡) 또는 鍵茨·健支·建鍵 번역하여 淺鐵鉢이라고 함. 鐵鉢가운데 작은 鉢盂. 鎖子라고 別稱함.
※應量器中黑三箇小鉢 自大至小 總鎖子 其第二에 大鎡鍵 其第三曰小鍵鎡 尼鈔에「鎡鍵者謂小盆也」出要律儀에「鎡鍵者 爲助食器 秦言淺鐵鉢也」釋氏要覽中에「鉢器大小數 十誦律云 鉢半鉢大鍵鎡(鍵音虔 鎡音咨 經音疏云 鉢之中之小鉢助鉢用故)小鍵鎡(僧祇同)

건잔(建盞) 찻잔 이름. 중국의 建安에서 만든 茶盞.
※象器箋二十에「宋蔡襄茶錄云 茶色白 宜紅盞 建安所造者紺黑 絞如兎毫 其杯徵厚 之久熱難冷 最爲要用」

건절나(建折耶) ㉛〈Kancata; Kancada〉㉠〈Kancaka〉또는 干闇耶·干闇羅·學名은 Commelina Salicifolia. 鴨跖草과의 식물. 印度의 土語인 오릿 샤語로는 곤촌(Koncon)이라 부르며 잎의 형태는 나비의 날개와 같고 꽃은 紅白二種이며 향기는 없음.

건조(建爪) 外道의 하나. 大日經에서 說한 三十種外道 가운데 建立淨外道와 不建立無淨外道를 建이라 함. 爪는 長爪梵志로 外道의 이름.
※大日經疏二에「建立淨 不建立無淨等 種種宗記 皆不相應 乃至長爪梵居諸大論師等」

건지(鍵地) →鍵稚.

건지(建坻) ㉛〈Ghantin〉祇洹精舍에 있던 종(奴)의 字, 번역하여 續이라하니 續生의 뜻. 본래 波斯匿 王兄의 아들로 容色이 아름다와 王의 夫人이 몰래 그를 불러들여 정을 통하고자 하였으나 건지가 들어 주지 아니하매 夫人이 王에게 참소하였다. 王이 大怒하여 그의 몸을 節解하여 무덤에 버렸다. 채 숨이 끊어지기 전에 부처님이 그곳에 이르러 光明을 놓아 그 몸에 비추니 전과 같이 회복되었다. 부처님이 法을 說하여 빈도 第三果를 증득하고 말하기를 "이몸이 쓰러졌을 때 부처님이 나의 命을 이어 주었으니 나는 마땅히 이 목숨이 다하도록 부처님과 比丘에게 보답하겠다"하고 곧 祇洹精舍에 들어가 終身토록 종노릇을 하였다.「續生」이라 이름한 것도 이 때문이다. (智度論八).

건지보라(建志補羅) 梵〈Kāñcipura〉또는 建志城·建志補羅城·首都·南印度 達羅毘茶(drāvida)國의 수도. 지금 어디인가는 확실하지 않다. 一說에 마도라스의 西方 三十마일 파랄 하반 곤제베람(Conjeveram)이라 하며 혹은 네가파담(Negapatam)이라고도 한다. 護法論師가 출생한 곳. (西域記十)

건척(犍陟) 梵〈Kanthaka〉또는 犍德·乾陟·騫特·迦蹉迦 犍他歌 번역하여 納이라 함. 悉達太子가 타던 말(馬). 出家할 때에 이 말을 타고 마부(車匿)를 데리고 밤중에 城을 탈출 苦行林으로 들어 갔다 함. →建陀歌.

건척마(犍陟馬) 또는 金泥馬·犍陟 과 같음.

건추(犍椎) 또는 犍槌·乾槌(椎는 槌와 통함) →稚犍.

건치(犍稚) 梵〈Ghaṇṭa〉또는 犍槌 犍稚·乾稚·犍地·犍遲 번역하여 磬·鍾·打木·鳴鍾이라 함. 시간을 알리는 나무로 만든 기구, 木魚의 종류.

건타(健陀) ① 梵〈Kanthā; Kantaka〉또는 乾陀·乾駄·健達 번역하여 赤色·黃色이라 함. 즉 袈裟의 빛깔. ② 梵〈Gandha〉또는 健杜 健達 번역하여 香. ③香樹의 이름 ④私健陀(Skandha; Skanda)의 약칭, 귀신의 이름. ⑤ 天名. 健達婆의 약칭. 또는 健達縛·乾闥婆. 八部衆의 하나. →乾闥婆. ⑥ 犍陀羅國의 약칭. →乾陀羅.

건타가(建佗歌) 梵〈kanthaha〉悉達太子가 王宮을 出走할 때 탔던 말. 또는 犍陟·犍德·騫特 번역하여 納이라 함. 말(馬)은 帝釋의 化身이라 함. (六度集經八·經律異相七)

건타공(乾打閧) 閑打哄과 같음. 乾은 말라서 가볍다는 뜻. 打는 作의 뜻. 閧은 哄과 같이 시끄럽게 떠든다는 뜻. 즉 쓸데 없는 말을 한다는 뜻.

건혜(乾慧) 實效가 없는 智慧. 겨우 欲心에 젖은 習性이 다 했을 뿐 아직도 實德을 具備하지 못하였으므로 그 效用을 볼 수 없는 것을 말함. (乾의 原音은「간」)

건화문(建化門) 法幢을 세우고 化門을 넓히는 것. 자기 修行에서 나와 다른 이를 教化함. 第二義門이라고도 함.

건황문(犍黃門) 五種下男의 하나. →犍不男.

걸개(乞丐) 貧寒하여 남에게 물건을 구걸하는 자. 丐도 乞의 뜻.

걸개필추(乞匃苾芻) 匃는 丐와 같음. 勹는 구부린 모양으로 腹部를 뜻하며 凶은 없다는 말. 따라서 匃는

空腹이라는 뜻. 苾芻는 梵語 bhrkṣu
로 比丘·修行僧. 乞匈苾芻는 즉
托鉢하는 修行僧을 말함.

걸률쌍제찬(乞喋雙提贊) 梵 ⟨Khri-
Sron-Lde-btsan⟩ 西藏王의 이름.
金城公主의 아들 唐 開元 16(728)年
에 태어나 13세에 西藏의 國王에
卽位하였다. 그 당시에 國威를 크
게 떨쳐 西로 揭職浩罕을 항복받고
東으로 雲南·四川지방의 대부분을
평정하여 국위를 四方에 떨쳤다.
王이 처음에는 佛敎를 믿지 않았으
나 그 母의 감화를 받고 僧을 印度
에 보내어 佛敎를 배우게 하였음.
그리고 前後에 善海大師·蓮華上生
師를 초청하니 蓮華上生師는 中觀
宗의 典籍·陀羅尼·密乘修法 등을
가져와서 크게 佛敎를 振興시켰다.
唐 貞元 2(786)年 在位 47年에 죽
으니 國人들이 文殊의 化身이라 부
름. (彰所知論上等)

걸립(乞粒) 절에 특별히 경비를 쓸
일이 있을 때 중들이 패를 짜 각처
로 돌아다니면서 집집의 문전에서
꽹과리를 치며 축복하는 念佛을 하
고 돈이나 쌀을 구걸하는 일. 또는
그 중의 패들, 施主乞粒과 같음.

걸망(乞網) 걸머지고 다니기 위하여
망태기 모양으로 얽어 만든 바랑.

걸사(乞士) 比丘三義의 하나. 比丘
는 모든 생업을 끊고 밥을 빌어서
몸을 기르고 또 법을 빌어 부처님
의 慧命을 이으므로 乞士라 함.

걸사녀(乞士女) 比丘尼를 말함.

걸세(乞灑) 크샤(梵꣤=Kṣa) 悉曇五
十字母의 하나. 四十二字의 하나.
漢字로 乞察·乞叉·葛叉·差叉 등
으로 音譯. 곧 五十字母의 마지막
字로서 다함의 뜻. 一切文字가 마
침내 말소리가 없다는 뜻이며 一切
法이 다하여 더 얻을 것이 없다는
뜻. 본디 크사야(Ksaya)가 有盡의
뜻에서 온 뜻으로 해석되었다. 字
母가 끝나서 言語가 없듯이 言語
文字를 여읜것이 곧 涅槃本寂의 경
계로서 一切法이 다하여 그 自性을
얻을 수 없다는 것임. (文殊問經字
母品·金剛頂經釋字母品 등)

걸식(乞食) 十二頭陀行의 하나. 比
丘가 자기의 몸을 기르기 위하여
남에게 밥을 비는 일.
※是爲淸淨之正命 若自作種種生業而自
活 稱爲邪命 梵云分衛 大乘義章十五에
「專行乞食 所爲有二 一者爲自 省事修
道 二者爲他 福利世人」

걸식사분(乞食四分) ①梵行이 같은
자를 받듬. ②곤궁한 乞人에 施與
함. ③鬼神에 줌. ④자신이 먹음.
(寶雲經六)

걸식사사(乞食四事) 乞食할 때에 比
丘가 지켜야 할 네가지 일. ①住
正戒(심신을 바르게 가지어 正戒에
주함) ②住正威儀(위의 바르게 하
여 보는 이로 하여금 공경하여 믿
게 함) ③住正命(부처님의 법도에
따라 걸식하고 다섯 가지 不正한 行

위를 여읨) ④住正覺(몸이 괴로움의 근본임을 알아 음식은 겨우 몸을 지탱하는 것으로 만족함).

걸식십리(乞食十利) 乞食에 열가지의 利益이 있음을 말함. ①乞食으로 生命을 유지함은 자기에게 屬한 것이며 他人에 屬한 것이 아님 ②나에게 施食하여 三寶에 住하게 함 ③나에게 施食하여 悲心을 내게 함. ④부처님의 敎行을 따름. ⑤만족하기 쉽고 自奉하기 쉬움. ⑥ 憍慢한 法을 깨뜨림. ⑦三十二相 가운데 第一인 無見頂相의 善根에 감동함. ⑧나의 乞食하는 것을 보고 其他 善根을 닦는 자가 나를 본받음. ⑨男女와 大小에 모든 緣이 없어짐. ⑩차례로 乞食하므로 衆生 가운데 平等心이 生함. (十住論 十六・行事鈔下三)

걸식십위(乞食十爲) ①은 모든 有情을 攝受, ②는 차례로 걸식. ③은 피곤하거나 게으르지 아니하며 ④는 족한 것을 알며 ⑤는 分布, ⑥은 탐하고 즐기지 아니하며 ⑦은 몸을 알아서 하며 ⑧은 원만한 善品이 되며 ⑨는 善根으로하여금 앞에 나타나게 하며 ⑩은 我執을 여의어야 한다는 것. (寶雨經八)

걸안바라문(乞眼婆羅門) 因位에서 修行하는 菩薩의 눈을 달라고 괴롭히던 婆羅門의 이름. 舍利弗이 六十劫 동안 菩薩道를 行하면서 布施를 마치려고 할 때에 婆羅門이 와서 눈을 달라고 청하므로 한쪽눈을 주었더니 바라문은 이것을 그 자리에서 밟아버렸다. 舍利弗은 이것을 보고 이같은 무리는 제도하기 어렵다 하고 나 혼자나 일찍 生死를 해탈함만 못하다고 생각하였다. 舍利弗은 보살도에서 퇴전 小乘에 회향했다고 함.

걸자인불애(乞者人不愛) 五分律에 부처님께서 말씀하기를 "과거세에 恒水邊에 어떤 仙人이 石窟에 살고 있는데 그때에 용왕 日由水가 나와서 仙人을 위로하고 恭敬하니 제자들은 두려워서 파리해지므로 仙人이 弟子를 시켜 턱아래 있는 如意珠를 달라고 한데 龍이 가서 다시 오지 아니하였다" 이에 世尊이 古說의 偈를 말하기를 "乞人은 사람이 사랑하지 아니하는데 자주하면 원망과 미움은 더할뿐이로다" 龍王이 애걸하는 소리를 듣고는 한번 가서 다시 돌아오지 아니하였다는 傳說.

검교(檢校) 點檢典校의 뜻. 檢校와 같음. 일을 살피어 바르게 함.
※四分律所謂「應尋究修多羅毘尼 撿挍法律」百一羯磨 所謂「言共印持者 如檢挍營作之芯芻 創起其石 將欲興功 告共住諸芯芻 諸具壽 仁應共知 於此處當爲僧伽作淨㕑」

검교(撿挍) 檢校와 같음. →檢校.

검륜법(劒輪法) 惡魔를 降伏받기 위하여 刀劍을 使用하는 法. 秘印과

秘呪로써 行하는 修法. 大之帥 儀軌에 그 法이 있음.

검림지옥(劍林地獄) 十六小地獄의 하나. 罪人이 臨終에 이르러 고통한 나머지 칼로 배를 째려고 할 때에 이 지옥의 옥졸이 거울을 罪人에게 비추면 罪人은 이를 얻으려다가 숨이 끊어져 칼숲 속에 태어난다. 이리하여 뜨거운 쇠뭉치가 떨어져 머리에서 몸 속으로 뚫고 들어가 창자를 지지며 옥졸은 또 쇠갈고리로 두들겨 칼숲에 던지면 나무 위에는 쇠 부리가 달린 벌레가 죄인을 물고 뒤쳐 내리면 다시 쫓아 온다. 이렇게 온갖 칼숲을 오르내리다가 죄가 소멸되면 굶주림과 질병이 많은 세상에 태어난다고 한다. 이는 어버이에게 불효하고 스승과 어른을 존경치 않고 칼이나 몽둥이로 남을 괴롭힌 이가 떨어진다는 지옥. →劍樹地獄.

검마사제(劒摩舍帝) 鬼神의 이름. 伏衆根이라 번역함. (金光明文句六)

검사문(檢師門) 學人이 師家의 脚下를 點檢하려고 질문하는 것. 檢主門과 같음.

검산(劍山) 十六遊增地獄의 하나. 地獄에 있다는 칼을 수 없이 세워 만든 山. 獄卒이 罪人을 山에 부딪쳐 五體를 끊는다고 한다. 또는 山 위에서 美女가 罪人을 손짓하여 부르면 罪人이 劍山을 붙들고 올라가 그 곳에 닿을만할 때 美女는 다시 산 아래로 내려와 그를 부른다. 이리하여 罪人은 검산을 오르내리면서 五體가 갈기갈기 찢어진다고 함. 劍樹地獄. 또는 刀刃路라고도 함.

검세양직(儉歲梁稷) 儉歲는 흉년. 梁과 稷은 곡류. 흉년에 穀類를 얻음. 곧 旱天에 비를 얻는 것과 같이 衆人의 촉망에 副應하는 것을 말함.

검수도산(劍樹刀山) 地獄에 있다고 함. 또는 鑊湯爐炭.

검수지옥(劍樹地獄) 十六小地獄의 하나. 劒林地獄과 같음.

검인(劍印) 印相·二種이 있는데 ①은 不動明王의 印相이니 칼이 칼집 속에 들은 形相. 右手로 칼자루를 잡고 左手로 칼집을 잡은 것. ②는 大日如來의 劒印이며 두손을 가슴에 대고 合掌하되 두 頭指의 中節을 구부려서 橫으로 서로 바치고 두 엄지 손으로 頭指의 上節을 눌러서 칼모양처럼 한 것.

검인봉망변(劍刃鋒鋩辨) 鋒鋩은 尖鋒, 劍刃의 尖鋒이 銳利함과 같이 他人의 기승을 꺾어 부수는 힘 있는 辯論을 말함.

검인상논살활(劍刃上論殺活) 活人劍과 殺人刀를 휘두르면서 자유로이 學人을 提接하여 敎化한다는 뜻.

검인상주(劍刃上走) 宗匠이 自由自在로 敎化하는 것을 일컫는 말.

검자(檢子) 程式과 같음. 즉 文書의

稿本을 이름.

검주문(檢主問) 設問하여 他人의 脚下를 點檢하는 일. 곧 他人의 見地를 시험함. 또는 探拔門.

검파(劍波) 地動神으로 日天의 眷屬.

검하분신(劍下分身) 칼을 휘둘러 死活을 決定하는 것. 師家의 一言下에 學人의 死活을 分明히 하는 것을 말함.

겁(劫) 劫籤〈Kalpa〉의 약칭. 번역하여 分別時節・大時. 보통 年月日時를 계산할 수 없는 아득한 時間을 말함.

※智度論三十八에 「時中最小者六十念中之一念 大時名劫」 釋迦氏譜에 「劫波此土譯之名長時也」 慧苑音義上에 「劫梵言 具正云羯臘波 此翻爲長時」 劫有二種 一名器世間 就世界成壞而立之數量也 如戎劫壞劫增劫減劫等名 祖庭事苑에 「日月歲數謂之時 成住壞空謂之劫」 二名歲數劫 算晝夜日月之數量者 法華論에 「示理一念劫 一者夜 二者晝 三者月 四者時 五者年」 智度論三十八에 「有人言 時節歲數名爲小劫 如法華經中 舍利弗作佛時 正法住二十小劫 像法住二十小劫」

겁렬(怯劣) 怯弱하고 卑劣함.

겁마사(劫摩沙) 巴〈Kamasa〉地名. 長阿含經十에 「부처님께서 拘流沙國의 劫摩沙에 계시었다」고 하였음.

겁바라(劫波羅) ①나무의 이름. 劫波羅樹의 꽃으로 짠 白氈의 이름.

劫貝. ② 梵〈kapara〉觸髏라 번역함.

겁발(劫撥) 또는 撥劫 仙人의 이름.
※經律異相三十九 仙人撥劫經作「撥劫」 輔行四之三作「劫撥」

겁보달나(劫布呾那) 梵〈Kebudhana〉 번역하여 曹國. (西域記一)

겁비(劫比) 人名. 劫比羅의 약칭.

겁비나(劫比拏) 梵〈Kapphina〉 人名. 또는 劫庇那・劫譬那. 번역하여 房宿이라 함. →劫賓那.

겁비나왕(劫比拏王) 古代 인도 南憍薩羅國의 王名.

겁비다과(劫比他果) 梵〈kapittha〉植物 이름.
※西域記二에 「花草果木雜種異名 所謂菴沒羅果 (中略)劫比他果」

겁비다국(劫比他國) 梵〈Kapitha〉 中印度에 있는 지명으로 周圍가 二千여리나 되며 성 서쪽 二千여리에 大伽藍이 있고 가람 안에 三寶階의 遺趾가 있다. 舊稱은 僧法尸 (saṅkāśya)
※釋尊自切利天下時 帝釋所化作者 見西域記四.

겁비라(劫比羅) 또는 迦毘羅・劫畢羅 번역하여 黃赤이라 함. 迦毘羅.

겁비라국(劫比羅國) 劫比羅伐窣堵國의 약칭.

겁비라선(劫毘羅仙) 梵〈Kapira〉또는 迦毘羅仙. 번역하여 黃赤仙・黃頭仙이라 함. →迦毘羅.

겁비라벌졸도(劫比羅伐窣堵) 梵〈Kapiravastu〉 또는 迦羅. 迦毘羅衛國. 석가모니가 탄생한 곳. 淨飯王이 다스리던 나라. →〈迦毘羅婆藏都〉

겁비라천(劫毘羅天) 梵〈Kapila〉또는 金毘羅天・俱觯羅天. 하늘의 명칭. →迦毘羅.

겁비사야(劫比舍也) 나라 이름. →罽賓.

겁빈나(劫賓那) 比〈Kapphiṇa〉또는 劫庇那, 劫譬那, 劫比拏 번역하여 房宿. 房星이라 함. 憍薩羅國 사람, 天文・曆數에 能通하여 부처님 제자 가운데서 「知星宿」 第一이라 일컬음.

겁빈나비구(劫賓那比丘) 번역하여 坊宿이라 함. 이분이 僧房에서 자고 있을 때에 如來가 그의 根機가 익숙함을 아시고 곧 老比丘로 화하여 그와 함께 잠을 잤다. 그날밤에 그로 하여금 道를 증득하게 하였으므로 坊宿이라 함.

※又解言 此人是劫賓國人 從國受名 前解必然 後未必爾也 文句一上에 「父母禱房星感子 故用房宿以名生身也」玄贊一에 「劫賓那者 此云房宿 佛與開房宿 化作老比丘爲之說法 因而得道 故云房宿 或云房星 房星理時生 故云房星」慧琳音義五十六에 「劫庇拏 庇音上 亦梵語阿羅漢名也.

겁석(劫石) 부처님께서 劫量의 長久함을 말씀하되 天衣가 磐石을 스치는데 비유하여 盤石劫이라 함. →盤石劫・芥子劫.

겁소(劫燒) 劫時의 大火災.
※法華經에 「假令劫燒 擔負乾草入不燒」 閻曼德迦念怒王儀軌에 「夏雨玄雲色 其特如劫燒」維摩經佛道品에 「或現劫盡燒 天地皆洞然」

겁수(劫水) 大三災의 하나. 壞劫時에 일어나는 큰 水難. 즉 地下에서 水輪이 湧出하여 第二禪天 以下가 모두 물에 浸潤, 破壞된다 함.
※無量壽經에 「譬如劫水彌滿世界 其中萬物沈沒不現 滉瀁浩汗唯見大水」

겁수(劫樹) 劫波樹의 약칭. →劫波樹.
※金剛頂經四에 「西方國王長者以種種華香瓔珞裝掛樹上 布施一切 此名劫樹」

겁수(刧數) 厄運과 같음.

겁암(劫巖) 劫石과 같음.

겁약(怯弱) 怯懦와 같은 말. 겁이 많고 마음이 약함.

겁염(劫焰) 劫末의 火焰. 壞劫의 末에 큰 火災가 일어나 世界를 燒盡하는 것. →火災.

겁외(劫外) 이 世界가 變遷하는 相으로서 成・住・壞・空의 四大劫이 있으나 이 四劫 밖에 초연함을 말함. (傳光錄八二)

겁외춘(劫外春) 劫外는 成・住・壞・空의 四劫 밖이란 말. 陰陽不到의 春光 곧 常住不變의 別天地란 뜻. 永平廣錄에 「五葉花開劫外春 一輪月白上曉天」이란 詩句가 있음.

겁재(劫災) 世界가 滅亡할 때에 일어나는 불·바람·물의 세가지의 災厄. 劫水·劫風·劫火의 총칭.
※大日經三에「周遍生圓光 如劫災猛焰」

겁진(劫盡) 世界의 住劫이 다하는 것.
※維摩經佛道品에「或現劫盡燒 天地皆洞然」智度論九에「劫盡燒時 一切衆生 自然皆得禪定」

겁진화(劫盡火) 劫末에 세계를 燒盡하는 大火.
※六十華嚴經二十三에 「若人堪任聞 雖在於大海及劫盡火中 必得聞此經」

겁초(劫初) 梵〈Kalpagra〉西〈bs-kal-pahi-dan-po〉成劫의 처음. 이 세상의 중생이 地味를 먹고 오래도록 세상에 生存하게 되는 始初.
※觀無量壽經에「劫初以來 有諸惡王」

겁초금령(劫初金鈴) 祖庭事苑五에 善順菩薩이 劫初에 閻浮檀金鈴을 拾得하였는데 舍衛國 波斯匿王이 나라에서 제일 빈곤한 사람에게 주었다는 故事.
※說偈에「若人多貪求 積財無厭足 如是狂亂者 名爲最貧人」

겁탁(劫濁) 梵〈Kalpa-Kaṣāya〉劫波濁. 五濁의 하나. 減劫 중에 사람의 壽命이 줄어서 30세에 이르면 굶주림이, 20세에 이르면 疾病이, 10세에 이르면 전쟁이 일어나 世上이 어지럽다고 하는 時期를 劫濁이라 함. →五濁.
※指五濁煩惱濁等之興時 法華經方便品

에「劫濁亂時 衆生垢重」

겁파(劫簸) ① 梵〈Kalpa〉또는 刧波·刧跛 번역하여 分別時節長時間이라 함. ②妄執이란 뜻.
※② 大日經疏二에「梵云劫跛有二義 一者時分 二者妄執」

겁파겁파야제(劫破劫破夜帝) 梵〈kalpa-kalpayati〉번역하여 離分別·無分別이라 함.

겁파다(劫婆吒) 梵〈Kaparda〉또는 劫縛拏 돈의 이름.
※飾宗記四本에「北方覩貨羅國十箇銀錢名劫婆吒 卽此方一兩」

겁파라(劫波羅) ①나무의 이름. 또는 刧波羅樹의 華絮로 짜서 만든 白氈(방석)의 이름. →刧具. ② 梵〈Kapala〉觸髏(해골)이라 번역함.

겁파라수(劫婆羅樹) 또는 劫波樹. →劫具.
※婆羅恐是倒置.

겁파라천(劫波羅天) 번역하여 時分天. →時分天.
※楞嚴經一에「取燈波羅天所奉華中 於大衆前 縮成一結」

겁파배(劫波杯) 梵〈Kapala〉伊舍那天(欲界六天의 天神)이 가지고 있는 잔. 즉 髑髏杯. 이것을 劫波樹로 만든 잔이라 함은 잘못이다. 十二天供儀軌에「伊舍那天이 黃豊牛를 타고 左手로 劫波杯에 피(血)를 담아 들고 右手로 三戟鎗을 쥐고 있다」하였음.

겁파사(劫波娑) 식물의 이름. 劫具

와 같음.

겁파살(劫波薩) →劫具.

겁파수(劫波樹) 西〈Kalpataru〉帝釋天의 喜林園에 있는 나무의 이름. 劫波는 때라는 뜻.

겁파육(劫波育) 식물의 이름. →劫具.

겁패(劫貝) ① 梵〈Karpasa〉또는 劫波育·劫波羅·劫婆羅·劫波娑·劫波薩·劫貝娑. 번역하여 時分樹. 나무 이름. ② 白氈 이름. 劫貝樹의 솜으로 짠 것.

겁포라(劫布羅) 梵〈karpūra〉번역하여 龍腦香. (千手千眼治病合藥經)

겁풍(劫風) 大三災의 하나. 四劫中 壞劫時에 일어나는 큰 風災. 땅 속의 風輪에서 사나운 바람이 일어나 第三禪天까지를 온통 바람으로 날려버린다고 함.

겁필라(劫畢羅) 梵〈Kapila〉또는 劫比羅 번역하여 黃赤. 迦毘羅.

겁필라야차(劫畢羅夜叉) 東方四夜叉의 하나. 黃色夜叉라 번역함. (大孔雀王呪經)

겁해(劫害) 劫盜(强盜와 劫賊)에 의하여 받은 害.

겁해(劫海) 劫數가 많은 것을 큰 바다의 水量에 비유한 말.
※華嚴經二에 「佛於無邊大劫海 爲衆生故求菩提」

겁화(劫火) 壞劫의 三災 가운데 火災, 또는 劫燒·劫盡火. 세계가 壞滅되는 壞劫時에 일어나는 화재, 이때에 일곱개의 해가 하늘 위에 나타나 初禪天까지는 모두 이 火災로 불타버린다고 함. →劫灰.
※ 俱舍論十二에 「於是漸有七日現 諸海乾竭 衆山洞然 洲渚三輪並從焚燈 風吹猛焰燒上天宮 乃至梵宮無遺灰燼」

겁회(劫灰) 世界가 壞滅되는 壞劫時에 큰 화재가 일어나 이 세계를 모두 태운다고 한다. 이때에 일곱개의 해가 하늘 위에 나타나 初禪天까지는 모두 불타버린다고 하는데 이때 세계가 탄 재를 이름.

게(偈) 梵〈Gāthā〉번역하여 頌이라 함. 글자의 수를 定하여 四句로 맺는 것. 三言·四言 내지 數言을 不問하고 반드시 四句로써 된 것.

게가(憩伽) 梵〈Khaḍga〉또는 朅伽 번역하여 劍 혹은 大慧刀라 함. →朅誐. 哦.

게구(偈句) 偈의 글귀. 부처님의 功德을 讚美한 詩句.
※南山戒疏一下에 「彼葉一偈三十二字 唯此方言多少無準 或三四字 或五六七 節以聲言用爲偈句」 康熙字典 偈句 釋氏詩詞也.

게라바(朅羅婆) 梵〈Karpāra〉향기로운 藥의 이름.

게로(揭露) 높이 들어서 드러냄.

게로다(揭路茶) 새 이름. →迦樓羅.

게룩스파(Dge-lugs-pa) 음역하여 額爾德派라 함. 德行派·兜率教派라

翻譯하며 또는 新가담派(Bkah-gda msgsar-ma-pa)라고도 함. 다른 諸派를 紅帽派(Shwa-dmarcod-pan hchan-pa) 또는 紅敎라고 하는데 對하여 黃帽派(Shwa-sercod-pan hchan-pa) 또는 黃敎라고 한다. 西藏의 佛敎新派「Gsar-ma-pa」의 一宗派로 現在 가장 勢力이 있고 西藏全土에 普及되어 있음.

게리다라구(揭利駄羅鳩) 山의 이름. 一耆闍崛.

게문(偈文) 부처님의 功德이나 敎理를 찬미하는 노래 글귀.

게별(偈莂) 佛家의 詩文을 일컬음. 佛家에서 作詩하는 것을 偈라 하고 作文하는 것을 莂이라 함.

게샵찬드라센(Keshab chandra Sen) 印度의 近代宗敎改革者 1838年 醫師를 業으로 하는 가스트(Vaidya caste)의 印度敎 바이슈누派의 名門에서 生長하였다. 近代敎育을 받은 갈갓다學徒였으나 부라후마 사마디에 1857年에 入會 그후 印度敎의 近代的 革新에 生涯를 바쳤다. 世界宗敎의 建設에 눈뜨는데 이르렀다. 그러나 急進的이고 獨裁的인 그의 改革은 分裂을 招來하게 되었음.

게송(偈頌) 偈는 ⑳ 〈偈陀=Gatha〉의 약칭. 頌은 그 뜻을 번역한 것으로 梵語와 漢語의 倂稱. 부처님의 功德과 敎理를 노래 글귀로 찬미한 것. 그 글자 수와 글귀의 수에는 三字 乃至 八字를 一句로 하고 四句를 一偈라 함.

게어(偈語) 偈頌體의 語句. 偈는 梵語 Gathā의 음역으로 伽陀라 하며 詩 또는 頌이라 번역함. 經・論가운데서 佛의 思想을 詩句에 依하여 述한 것. 或은 佛・菩薩의 德을 稱頌한 詩句・偈頌・노래. 一種의 頌文으로 四句로 된 孤起偈와 重頌偈의 二種이 있음.

게제(偈諦) 偈句에 대한 참 뜻. 佛敎의 오묘한 참뜻.

게지(揭底) ⑳ 〈Gati〉數를 일컬음. 六十數의 하나. 頌疏世間品에 十大三摩鉢耽을 揭底라 함.

게찬(偈讃) 偈句로써 佛・菩薩의 德을 讃嘆하는 것.

※演密鈔五에「以金剛偈讃 稱歎諸尊」

게타(偈他) 頌이라 번역함. 一伽陀.

겐던돕파(Dge-hdungrub-pa) 西藏名 根敦珠巴라 音寫함. 第一世達賴喇嘛. 1391年 西部高原의 한 地方에서 牧者의 三男으로 出生. 七處에 失父하고 後에 曰喀則(Shi-ga-tse)에서 數里 멀어진 날단(Snar-than)僧院에 寺男으로 入寺. 旅行中 한 高僧에 의하여 재주가 認定되어 沙彌가 되다. 20세에 具足戒를 받고 겐던돕파로 부르다. 24세 때에 宗喀巴를 만나 弟子가 되었음.

겔드나(Geldner, Karl Friedlich) (1852~1929) 獨逸의 東洋學者. 말부르크大學敎授(1907) 베다와 젠드・

아베스타(Zend Avesta)의 연구에 生涯를 바치었고 리그·베다에 대한 宗敎的 抒情詩로서의 獨自的 해석과 評價를 주장하는 튜빈겐 學派를 중하게 생각하였음.

격고심(擊鼓心) 卒心의 하나. 북을 쳐서 자는 사람을 깨우는 것과 같이 無礙辯才한 法鼓를 쳐서 衆生을 깨닫게 하려는 마음. (大日經住心品十八)

격관파절(擊關破節) 關節은 障害 圓滑하지 못함을 일컬음. 이 障害를 격파하여 圓轉自在함을 이름.

격량(格量) 度量한다는 뜻으로 事物을 헤아려 아는 것. 「度」는 「탁」으로 읽음.

격력(隔歷) 圓融에 相反되는 말. 理事 또는 事事가 次第隔別하여 서로 融通되지 않는 것. 天台에서 이것은 別敎法門이라고 하며 圓敎의 圓融無碍에 대한 말. 玄義一下에 「五陰의 實法으로 隔歷한 것이 이 世界이다」하였고 四念處四에 「別(別敎)은 隔歷하고 圓(圓敎)은 一念에 圓融하다」하였다. 別敎에서는 時劫이 길고 行住가 멀어서 隔別歷修하지만 圓敎는 念劫이 圓融하고 一行이 一切行이 되는 것임.

격력삼제(隔歷三諦) 空·假·中 三諦가 서로 막히어 融合되지 않는 것. 宇宙의 本體인 眞如는 空과 有를 초월한 中道이므로 즉 中諦, 現相인 萬法은 假의 存在이므로 假諦 현상은 그 實體가 없는 것이므로 空諦라 한다. 그러나 空諦와 假諦 또는 空諦·假諦·中諦와는 서로 일치하지 않고 서로 막혔다고 하는 것. 天台 四敎가운데 別敎의 주장. ↔圓融三諦.

※空爲但空 破見思之惑 假爲但假 破塵沙之惑 中爲但中 破無明之惑 又自空觀而入於假觀 自假觀而入於中觀 如此空假中三者 次第各別 名爲隔歷之三諦 別敎之分際也 玄義一上에 「隔歷三諦 麁法也 圓融三諦 妙法也」

격생즉망(隔生卽忘) 사람이 이 세상에 새로 태어날 때에는 그 前生 일을 모두 잊어버리는 것과 같이 凡夫나 修行 얕은 菩薩이 다음 生을 받을 때도 過去의 일을 잊어버리고 기억하지 못하는 것.

※凡夫不足言 天台六卽位中 至觀行卽之位亦云爾 玄六下에 「若相似益 隔生不忘 名字觀行益 隔生卽忘」

격석화(擊石火) 閃電光과 같음. 돌과 돌이 부딪쳐 일어나는 불과 같이 極히 짧은 時間을 말함.

격수구(隔手句) 또는 隔身句. 凡夫는 흔히 말에 국집하여 그 참뜻을 알지 못하나 뜻을 아는 이끼리 만나면 서로 뜻이 통하여 말은 도리어 사이를 막히게 한다는 것.

격숙(隔宿) 忌日의 전날, 그 當日과는 하루밤을 隔했다는 말.

※敕修淸規景命四齋日祝讚에 「隔宿堂司行者 報衆掛諷經牌」

격신구(隔身句) →隔手句.
격연(関然) 고요한 모양.
격외(格外) 恒用의 格式을 超越한 것. 尋常하지 아니한 것.
※碧巖九則評唱에 「須是斬斷語言 格外見諦 透脫得去」
격외구(格外句) 常格을 超越한 向上의 語句.
※碧巖二十一則垂示에 「太平特節 若辨得格外句 擧一明三」
격외선(格外禪) 말이나 文字로 의논할 수 있는 격식을 초월한 禪法을 말함. 達磨祖師가 傳한 最上乘禪.
격외역량(格外力量) 格은 格式・規格. 格外는 틀에서 벗어났다는 뜻으로 迷悟・凡聖의 格式을 超脫한 大力量을 말함.
격외현기(格外玄機) 분별하는 생각으로 헤아릴 수 없는 宗旨의 현묘한 기틀.
격외현지(格外玄旨) 格外는 尋常을 超越하였다는 뜻. 玄旨는 幽玄微妙하다는 趣意. 곧 五時・八敎 등의 범주를 超脫한 自在의 妙旨. 格外玄談과 같음.
격의(格義) 外敎(佛敎 이외의 敎)와 그의 뜻을 格한다는 뜻.
격자문(隔子門) 方丈에 달려 있는 작은 門. 바깥 뜰과 막혀 있으므로 이같이 이름.
격전기(擊電機) 電光과 같은 禪僧의 날카로운 機鋒, 活動을 말함. (景德傳燈錄十九)

격절록(擊節錄) 書 또는 佛果擊節錄・圓悟擊節錄. 雪竇重顯이 百則의 古則을 拈提한 것에 對하여 圓悟克勤이 그것을 一一이 著語詳唱한 것으로 그 體制는 碧嚴錄과 비슷함.
격죽(擊竹) 香嚴智閑이 출가하여 潙山의 회상에 있었는데, 위산이 法器인 줄로 알고 지혜를 끌어내기 위해 이르기를 『내가 지금 너의 평생 공부한 知解나 經卷에서 얻은 것을 묻는 것이 아니라, 네가 아직 어머니 뱃속에서 나오기 전 동서를 분간할 줄 모르던 때의 本分事를 한마디 말해 보라. 내가 너에게 授記하려 한다』지한이 아득하여 대답하지 못하고 얼마동안 망서리다가 소견대로 몇 마디 대답했으나 모두 허락하지 않았다. 지한『스님께서 말씀하여 주십시오』위산『내가 내 소견을 말하더라도 네 안목에는 아무 이익도 없을 것이 아니냐?』지한은 이에 자기 방으로 돌아가 기록하여 두었던 스님의 語句를 두루 찾아 보았으나, 한마디로 대답할만한 것이 없었다. 그래서 그 책에 쓰기를 "그림에 떡만으로는 배 불릴 수 없다"하고 모두 불태워버렸고,『금생에 불법을 배우지 못하면, 항상 밥중 노릇을 면치 못하리라』고 울면서 위산을 하직하고, 南陽으로 가서 慧忠國師의 유적을 보고 거기에 있었다. 하루는 산중에서 풀을 벨 때에 기왓장

올 던지다가 대를 맞춘 소리를 듣고 환하게 깨달았다. 문득 웃으면서 곧 돌아가 목욕하고 향을 꽂고 멀리 위산을 향하여 절하면서 "화상의 큰 자비여 은혜 부모보다 더 큽니다. 그때에 만일 나에게 말씀하셨던들 어떻게 오늘 이 일이 있겠나이까"하고 게송을 지어 「一擊忘所知 更不假修知 動容揚古路 不墮悄然機 處處無踪跡 聲色忘威儀 諸方達道者 咸言上上機」라고 함. →香嚴擊竹.

격총(茖葱) →革葱.

격하(格下) ①格은 正으로 바르게 한다는 뜻. 下는 助詞. ②俗에서는 格을 낮춤을 말함.

격화조양(隔靴抓癢) 또는 隔爬搔癢·隔靴爬痒. 신을 신고 발바닥을 긁는다는 뜻. 일을 當하여 充分히 그 뜻을 이루지 못함을 가르키는 말.

견(見) ㉫〈捺咮捨囊＝Darśana〉 思慮하고 推求하여 事理를 決擇하는 것. 이는 正見과 邪見에 모두 통하나 흔히 偏見에 쓰임. 이에 二見·四見·五見·七見·十見·六十二見 등이 있음.
※止觀五下에「一切凡夫未階聖道 介爾起計 悉皆是見」俱舍論二에「審慮爲先決擇名見」大乘義五本에「推求說之爲見」止觀十上에「作決定解 名之爲見」

견가라(甄迦羅) ㉫〈Kaṁkara〉 數量의 명칭.
※玄應音義六에「甄迦羅 或云恒迦羅 此當千萬億」法華玄贊十에「甄迦羅等者 俱舍論第十二卷 說數六十 妄失餘八 以十漸積至第十六名矜羯羅 第十八名頻跋羅 第十九名大頻跋羅 第二十名阿蒭婆 第二十一名大阿蒭 此總三種 卽是十六十八二十數也」

견가라녀(甄迦羅女) 樂神의 이름. 八部衆의 하나. →緊那羅.
※智度論十七有甄陀羅女 輔行四之三誤作甄迦羅女 緊那羅 堅陀羅 眞陀羅等 梵語之訛轉.

견건도(見犍度) 犍度의 하나. 八犍度論 가운데 갖가지 邪見을 설한 篇章의 목록. 犍度는 聚·蘊이라 번역함.

견결(見結) 九結의 하나. 邪見의 煩惱를 말함. →三結·九結.

견고(堅固) 나무의 뿌리와 같이 뽑을 수 없는 것을 堅, 他物에 말렸으나 原形이 변치 않는 것을 固라 함. 轉하여 心念이 不變·不動함을 말함.

견고경(堅固經) 堅固長者의 아들이 "제자에게 神通이 나타나게 해주십시오"하고 부처님께 세번 청하니 부처님께서 "나는 弟子들에게 다만 空閑處에서 조용히 道를 생각하고 自身의 德을 감추고 허물을 드러내라 가르칠 뿐이다"고 하신 내용으로 長阿含經十六에 수록됨.

견고계(堅固戒) 六種戒의 하나. 보살이 戒律을 지닐 때에 무엇으로

견고녀~견고지신

유혹하여도 깨뜨릴 수 없는 견고한 戒律.

견고녀(堅固女) 부처님이 祇園精舍에 계실 때 堅固像婆夷가 부처님 앞에서 大菩提心을 發함. 舍利弗이 그와 더불어 問答하였고 부처님이 그에게 道記를 수여함. →堅固女經

견고녀경(堅固女經) 佛說堅固女經의 약칭. 一卷. 隋나라 那連提黎耶舍의 번역. 내용은 堅固女가 發心한 일을 說한 것.

견고림(堅固林) 娑羅樹의 譯語. 이 나무는 여름과 겨울에도 凋落하지 않으므로 意譯하여 堅固라고 함. →娑羅
※玄應音義二에 「娑羅 泥洹經作堅固林」名義集三에 「娑羅 此云堅固 北遠云 冬夏不改 故名堅固」

견고법신(堅固法身) 話 또는 大龍 敗壞法身・大龍法身・大龍山 智洪弘濟가 一僧의 물음에 답하여 色身 밖에 法身을 찾을 수 없다는 것을 현시한 것.
※碧巖錄八十二則에 「僧問大龍 色身敗壞如何 是堅固法身 龍云 山花開似錦 澗水湛如藍」

견고보살(堅固菩薩) 地藏院의 一尊. →堅固惠

견고삼매(堅固三昧) 百八三昧의 하나. 金剛三昧의 異名. 智度論四十七에 「어떤 사람이 말하기를 金剛三昧는 堅固하여 무너지지 않는다」 하였음.

견고의(堅固意) ㊛ 地利袒地也舍夜 Drahdhrsaya 또는 堅固深心. 胎藏界 地藏院 九尊의 第八尊. 密號는 超越金剛. 種子는 「卍」字. 戱論을 滅却한다는 뜻으로 內證이 堅固한 것을 表하는 것. 三尊耶形으로 蓮華위에 羯摩를 삼음. 尊의 形狀은 肉色으로 右手에 활짝 핀 蓮華를 가졌으며 꽃가운데 羯摩金剛이 있고 赤蓮華에 앉아 있음.

견고의보살(堅固意菩薩) 堅固意는 ㊛ 〈地利恒地也舍夜＝drahadhyasaya〉 ㊄〈Ihag-pahi bsam-pa brtan-pa〉 또는 涅哩荼地也捨也. 번역하여 堅固深心. 堅意라고 함. 胎藏界曼茶羅 地藏院가운데의 태에서부터 둘째번에 奉安된 菩薩・除蓋障과 持地의 중간에 위치함.

堅固意菩薩(胎藏界曼茶羅)

견고장자(堅固長者) 五十三善知識 가운데 제四十六.

견고지신(堅固地神) 神의 이름. 金

光明經에는 堅牢地神. 三藏法數四十六에 堅固地神이라 하였음. →堅牢.

견고혜(堅固惠) 胎藏界 地藏院 위의 第八位에 奉安된 菩薩. 密號는 超越金剛. 內證이 堅固不壞하므로 이름을 堅固深心이라 한다. 菩薩의 形은 肉色이며 右手에 蓮華를 들었는데 위에 羯摩杵가 있고 左手는 大指를 세워 가볍게 指頭만 굽혀서 나머지 손가락을 잡아 위를 보도록 무릎위에 올려놓고 赤蓮에 앉아 있음.

견공(甄公) 俗姓은 魯氏, 湖北省 江陵縣 사람. 어려서부터 총명하여 7세에 詩雅를 통달함. 沙門과 더불어 불교의 玄理를 논하고 곧 薦福寺에 출가후에 嵩山禪師를 參訪하고 心決을 밝히고 다시 藏州 楞伽山에 알고자 住錫하니 四方에서 玄理를 찾아 오는 자가 줄을 이었다. 太和 3(829)년 世壽 90세로 입적, 그 해 4月 17日에 塔을 세움.

견과어사방각전수(見遇於師方堪傳授) 見은 見識·見解·見處의 뜻. 弟子의 見解가 스승보다 나을 程度라야 비로소 스승의 法을 傳授할만 하다는 뜻.

견관초(見管鈔) 現在 있는 錢財 등을 기록하는 書類.

견기(見幾) 幾는 機와 같음. 機會를 봄, 낌새를 알아 차림.

견다(甄陀) 八部衆의 하나. 또는 緊那羅·堅捺洛. 번역하여 人非人. →緊那羅.

견다라녀가성(甄陀羅女歌聲) 智度論에 「甄陀羅女가 雪山의 池中에서 목욕하며 노래하니 山中에 住하던 五面仙人이 그 노래소리를 듣고 心面卒하여 곧 禪定을 버리고 미친듯이 달리어 스스로 몸을 가누지 못하였으니 譬하면 大風이 나무숲을 불어부치는 것 같다」고 하였음.
※同下文에 「如五百仙人飛行時 聞甄陀羅女歌聲 心著狂醉皆失神足 一時墮地

견대(見大) 七大의 하나. 色性이 法界에 두루함과 같이 見性도 法界에 徧滿하므로 이같이 이름. (楞嚴經 三·三藏法數三十)

견대개(見臺開) 僧이 처음으로 書見台에서 大衆을 위하여 講義함을 말함. 學位昇進의 記念으로 이 式을 行하는 풍습이 있음.

견대기무유궁진(見大己無有窮盡) 大己는 法臘이 自己보다 앞선 분. 곧 先進·大己는 限定된 것이 아니라 부처님의 位에 이르기까지는 그 위에 또 大己가 있으므로 窮盡이 없다고 함.

견도(見道) 三道의 하나. 처음으로 無漏智를 내어 眞諦理의 자리를 照見함. 道는 道路의 뜻. 三賢·四善根의 加行을 쌓아서 世第一法無間의 無漏眞智를 生함. 또는 大乘의 菩薩이 初僧祇의 마지막에 四善根의 加行을 마치고 단박에 分別起의

煩惱·所智二章을 끊는 것을 見道라 함. ↔修道.

견도량수원(見道場樹願) 阿彌陀佛의 四十八願 가운데 二十八번째의 願.
※無量壽經上에 「設我得佛 國中菩薩乃至少功德者 不能知見其道場樹無量光色 高四百萬里者 不取正覺」

견도석의(見道釋義) →현도석의(見道釋義)

견도소단(見道所斷) 三斷의 하나. 見道의 位에서 끊는 煩惱. →見道.

견도팔도행성(牽道八道行城) 八路에 돌아다니면서 바둑을 두는 西域의 놀이. (梵網合註 六)
※梵網經心地品에 「不得樗蒲, 圍棊 波羅塞戲 彈棊 六博 拍毬 擲石 投壺 牽道行城」

견독(見毒) 邪見을 말함. 邪見은 佛道를 수행하는데 있어 마치 독을 바른 화살촉과 같다는 말.
※菩薩藏經에 「我觀一切世間衆生 於無量劫 具造諸過失 爲十種毒箭所中 何爲十 一愛毒箭(中略)八見毒箭」 智度論一 佛詰長爪梵志에 「汝已飮邪見毒 今出此毒氣言一切法不受 是見毒汝受不」

견득(見得) 또는 見至. 七聖의 하나. 修道位에 든 聲聞乘 가운데 根機가 銳利한 자가 스스로 法을 보고 이치를 증득하므로 見得이라 함. (四敎儀集註中)

견득수증(見得修證) 자기 본래의 성품을 보고, 수행하여 佛果를 증득

하는 것.

견련(牽連) 十二緣起의 다른 이름. →二緣起

견론(見論) 二種戲論의 하나. 我見·邊見 등을 말함. 갖가지 執見上의 戲論. 희론은 아무 의미도 이익도 없는 言論. →愛論.

견뢰(堅牢) 또는 堅牢地神·堅牢地祇·堅牢地天. 大地를 맡은 女神의 이름.

견뢰지기(堅牢地祇) 또는 堅牢地神. 地神을 祇라 함. 이 神이 大地를 굳게 지키므로 이같이 말함. 항상 敎化가 流布하는 곳에 따라가 法座의 아래에서 부처님을 守護하는 神. 그 相은 붉은 살빛으로 왼손에 아름다운 꽃을 심은 화분을 받들고 있음. →堅牢.

견뢰지천(堅牢地天) 堅牢地神을 말함. 印度에서는 神을 또한 天이라 함. →堅牢.

견뢰지천의궤(堅牢地天儀軌) 一卷, 唐 善無畏의 번역.

견류(見流) 成實論에서 說한 四流의 하나. 見惑으로 말미암아 三界를 流轉하며 벗어나지 못함을 見流라 말함.

견림(堅林) 梵〈沙羅=Sāla〉 또는 牢固. 부처님이 이 園林에서 涅槃하였다 함. →堅固林.

견망(見網) 갖가지 邪見이 몸을 얽어매어 벗어나지 못하게 하므로 그물에 비유한 말.

※文句四下에「十六知見 六十二等 猶如羅網 又似稠林 纏縛屈曲 不能得出」

견망바론(肩亡婆論) 梵〈kaitabha〉 巴〈ketubha〉. 外道 十八大經중 八論의 하나. 내용은 제법의 시비를 간택한 것. (亡은 혹 土로도 씀)

견명(見明) 高麗때 僧侶. 姓은 金氏 字는 晦然. 後에 이름을 一然으로 改名함. 高麗 熙宗(1206)年 慶尙道 慶州 章山에서 出生. 高宗 6(1219) 年 陳田大雄을 따라 出家하다. 14年 選佛科에서 上上科에 及弟, 23年 包山 無住寺에서 證得하고 三重大師의 封爵을 받다. 元宗(1261)年 王命에 依하여 開京 禪月社에서 開堂하였으며 忠烈王 9(1283)年에 國尊에 封册되었으며 圓徑冲照의 號를 받고 入寂後에 普覺의 諡號를 받음. 三國遺事를 저술.

견문(見聞) ①눈으로 부처를 보고 귀로 法을 들음. ②見聞覺知의 약칭.

견문각지(見聞覺知) 눈으로 빛을 보고 귀로 소리를 듣고 코·혀·몸으로 냄새·맛·촉감을 알고, 뜻으로 法을 아는 것. 곧 心識이 客觀世界에 접촉함을 총칭하여 이같이 말함.

※眼識之用爲見 耳識之用爲聞 鼻舌身三識之用爲覺 意識之用爲知 又爲識.

견문무생(見聞無生) 見聞知覺이 全혀 生하지 않는다는 뜻. 見聞知覺의 功効는 어디까지나 効用에 그치고 그 主體·實體가 없다는 것. (頓悟要門. 續藏十五)

견문생(見聞生) 또는 見聞位. 華嚴三生成佛의 第一. 過去世에 盧舍那佛을 친견하고 普賢菩薩의 法門을 들어 未來에 부처가 될 種子를 성취한 자리로 이는 宿善에 屬함. →華嚴三生.

견문성불(見聞成佛) 華嚴宗에서 세운 三生成佛의 하나. →華嚴三生.

견문위(見聞位) →見聞生.

견문의(見聞疑) 三根이라 함. 戒學의 명칭. 드러난 事實을 보고 들었다고 할지라도 비록 직접 見聞한 것이 아니면 마음에 疑心을 두는 것.

※行事鈔上之二에「四分云 若有人擧罪者 不得輒信擧罪人語 便喚所告之人 對僧訓答 先問見聞疑三根」

견문지각(見聞知覺) 見은 眼識·聞은 耳識. 知는 意識·鼻識·舌識·身識에 의하여 깨닫는 것.

견밀신(堅密身) 佛陀의 法身. 如來의 法身은 常住不滅하므로 堅密이라 함.

견박(見縛) 二縛 또는 四縛의 하나. 三界의 見惑. 非理의 執見이 사람을 속박하여 자유롭지 못하게 하므로 縛이라 함.

※「大寶積經云 出家有二種縛 一見縛 二利養縛」無量壽經淨影疏에「縛謂四縛 (中略) 三界諸見 名爲見縛」

견번뇌(見煩惱) 見惑과 같음. 온갖

바른 도리에 대한 迷惑을 말함.

견법(見法) 眞言을 行하는 이가 祈願成就하는 일에 대하여 淸淨眞實하고 無染無着한 마음으로 實相을 자세히 관찰하여 그 참뜻을 바로 통달하는 것을 말함.
※大日經悉地出現品에「爾時金剛手白佛言 世尊 唯願復說此正等覺句悉地成就句 諸見此法善男子善女人等 心得歡喜 受安樂住 不害法界」同疏十一釋之謂 此卽是隨此中修學者 若得成就 卽名見法.

견법(堅法) 三種의 堅法이 있으니 곧 身과 命과 財物이다. 道를 닦는 者는 無極의 몸과 無窮의 命과 無盡의 財를 얻으므로 堅法이라 하며 또한 이 세가지는 天地가 불타도 타지 않고 劫數가 다하여도 다하지 않기 때문에 堅法이라 함.
※維摩經菩薩品에「常觀五欲無常 以求善本 於身命財 而修堅法」註에「肇曰 堅法三堅法 身命財寶也 若忘身命竟財 寶去封累而修者 必獲無極之身無窮 之命無盡之財也」

견별(甄別) 甄明陳別의 약칭. 명확히 나누고 분명히 구별함.

견분(見分) 八識四分의 하나. 客觀的 事物을 인식하기에 적합하도록 主觀에 나타나는 影像인 相分을 인식하는 作用. →四分.

견분훈(見分熏) 二種熏習의 하나. 解緣의 主觀 作用인 見分·自證分·證自證分의 種子를 第八識의 가운데 熏習하는 것. →二種熏習.

견불(見佛) 報身, 應身의 佛身을 보는 것을 말함. 凡夫와 二乘이 分別하는 識으로 보는 것을 應身이라 하고 菩薩이 分別없는 마음으로 보는 것을 報身이라고 함. 宿像이 없는 사람은 應身도 볼 수 없음.

견불문법(見佛聞法) 눈으로 大慈大悲한 부처를 보고 귀로 奧妙한 敎法을 들음.

견불문법락(見佛聞法樂) 彼生要集에 說한 十樂의 하나. 극락에 왕생하며 항상 阿彌陀佛을 친견하고 深妙한 법문을 듣는 즐거움.
※往生要集上末에「法華云 是諸衆生 以惡業因緣 過阿僧祇劫 不聞三寶名 而彼國衆生 常見彌陀佛 恒聞深妙法」

견불진신(見佛眞身) 頓悟入道要門論에 "어떻게 佛의 眞身을 볼 수 있읍니까"하고 물으니 답하여 "無有를 보지 않는 것이 佛의 眞身을 보는 것이라"고 하였음.

견비견(見非見) →현비현(見非見).

견사(見思) 見惑과 理惑과 思惑(事惑)을 말함. 또는 見愛·見修·四住·染汚無智·枝末無明·通惑·界內惑이라 함. 모두 三界의 煩惱를 槪括하여 통칭하는 말. 見惑은 갖가지의 妄見 즉 邪見으로 道理를 分別·計度하여 일어나는 我見·邊見 등의 妄惑이요, 思惑은 貪·瞋·痴의 迷情 즉 世間의 事物을 思慮하여 일어나는 妄惑.
※斷見惑之位 謂之見道 斷思惑之位謂之

修道 斷了二惑之位 謂之無學道 天台 結歸一切之妄惑爲三種 一見思 二塵沙 三無明 見思爲涅槃之障 塵沙爲菩提之 障 無明爲中道實相之障

견삭(羂索) ① 梵〈播捨=Pasa〉또 는 羂網・寶索・金剛索. 새와 짐승 을 잡는 도구. 佛・菩薩이 四攝法 으로 衆生을 攝取함을 比喩한 말. ②凡夫의 마음이 我見에 얽매어 있 는 것을 비유한 말.

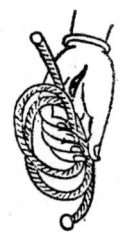

羂 索 手

※演密鈔五에「羂索是菩提心中等者 四 攝一是法羂索是喩 諸佛菩薩 以四攝法 攝取衆生 無空過者 世間羂索 索取諸 獸 少有所失 故以爲喩」

견삭관음(羂索觀音) 不空羂索觀音의 약칭.

견상(見相) 起信論三細相의 하나. 또는 轉相. ①第一의 業相이 一轉 하여 能見의 相을 이루는 것. ②四 分 가운데 見分과 相分을 말함.

※「二者能見相 以依動故能見 不動則無 見」同義記에「第二能見相 卽是轉相 依前業相 轉成能見」

견상(肩上) 또는 上肩. 禪家에서 자 기보다 윗자리에 있는 이를 일컫는 말. 一肩下.

견상이분(見相二分) 唯識에서 인식 하는 의식작용의 四分 가운데 相分 과 見分을 말함.

견상증성식(遣相證性識) 五重唯識의 하나. →唯識

견색명심(見色明心) 色은 外界의 諸 法, 즉 外界의 諸法을 보고 自己의 本心을 밝히는 것. ↔聞聲悟道.

견서사자(堅誓師子) 釋尊이 因位때 에 金毛堅誓師子가 되어서 袈裟의 德을 念하였기 때문에 獵師를 爲하 여 몸을 버린 일. 報恩經 七・賢愚 經十三堅誓師子品에 나옴.

견성(見成) →現成.

견성(見性) 禪家에서 쓰는 말로 自 心의 佛性을 꿰뚫어 보는 것.

※黃檗傳心法要에「卽心卽佛 上至諸佛 下至蠢動含靈 皆有佛性 同一心體 所 以達摩從西天來 唯傳一法 直指一切衆 生本來是佛 不假修行 但如今識取自心 見自本性 更莫別求」血脉論에「若欲 見佛 須是見性 性卽是佛 若不見性 念 佛誦經 持齋持戒 亦無益處」日本永平 道元法語謂「見性者 佛性也 萬法之實 想也 衆生之心性是也 此性渡於有情非 情 普於凡夫賢聖 都無所住 故無住之 性 雖在於有情 而不住於有情 雖在於 惡 而不住於惡 雖在於色 而不住於色 雖在於形 而不住於形 不住於一切 故 云無住之性 又此性非色 非有 非無 非 住 非明 非無明 非煩惱 非菩提 全無 實性 覺之名爲見性也 衆生迷此性故 輪廻於六道 諸佛覺此性故 不受六道之

苦」

견성명심(見性明心) 性과 心은 佛性을 말함. 모든 衆生이 날때부터 지니고 있는 佛性을 밝힌다는 뜻.

견성성공(見性成功) 자기 본연의 성품을 깨달아 佛果를 이룸.

견성성불(見性成佛) 自性을 보고 부처를 이룬다는 뜻. 바로 煩惱의 生死의 疑團迷雲을 쳐부수고 자기 본래의 面目을 獨露하여 覺體圓明의 本源을 證得함.

견소단(見所斷) 三所斷의 하나. 見道所斷에서 말하는 八十八便의 見惑을 가리킴.

견수(見修) 또는 見思·見愛. 見惑과 修惑의 倂稱. 見惑은 見道에서 끊는 理惑, 修惑은 修道에서 끊는 事惑. 見修 二惑을 끊고 眞理를 證得하여 三界를 벗어나는 것. →見思

견숙(甄叔) 僧名. 師는 어느 곳 사람인지 알 수 없으나 어려서부터 총명하고 기개가 있어 남에게 굴하지 않았음. 일찍 불교에 귀의하여 正覺을 깨치고 元和15(820)년 1月 15日 入寂하여 茶毘하니 舍利 七百顆가 나왔다. 高足 任運 등이 志閑에게 命하여 碑紀를 지어서 東峯아래에 塔을 세움.

견숙가(甄叔迦) ① 梵 〈Kiṁśuka〉 또는 堅叔迦, 緊祝迦, 번역하여 赤寶라 함. 寶石의 一種. ②나무의 一種. 꽃은 붉고, 모양은 사람의 손과 같다. 一名 阿叔迦(Aśoka) 또는 無憂樹. 學名(Buteafrondosa)

견습난동(堅濕煖動) 地·水·火·風 등 四元素의 特性. (俱舍論一)

견승법계좌(堅勝法界座) 胎藏大日의 法座. 또는 大日座.
※金剛頂義訣에「名妙顯山(舊云妙高山) 名堅勝法界座種」

견신득(遣信得) 十種得戒緣의 하나. 만일 戒를 받으려는 尼僧의 용모가 미려하고 자태가 단아하여 精舍(절)에 이르는 길에 액난을 만날 우려가 있을 때 부처님이 使者를 보내어 具足戒를 일러주게 하는 것.

견실심(堅實心) 梵 〈Hṛdaya〉 또는 乾栗駄·經栗駄·干栗駄·汗栗駄·汗栗太·乾栗陀耶, 번역하여 貞實心이라 함. 四心의 하나. 堅固하고 眞實한 마음. 곧 중생이 본래 지니고 있는 自性淸淨心·如來藏心·眞心의 다른 이름.

견실심합장(堅實心合掌) 또는 寧居拏合掌. 十二合掌가운데 第一.
※大日經疏十三에「第一合掌 令當中心 堅相著 十指頭稍相離 少許開之」

견심정의경(堅心正意經) 堅意經의 다른 이름.

견애(見愛) 我見과 邪見등 일체 迷理의 惑을 見이라 하고 貪欲·瞋恚 등의 일체 迷事의 혹을 愛라 한다. 見은 일체의 見惑이요, 愛는 일체의 修惑(또는 思惑).
※迷事之惑中 以愛着爲苦之本 故標愛而

該餘也 法界次第上之上에 「若論煩惱 根本 不出見愛 邪心觀理 名之爲見 若於假實之理 情迷而倒想邪求 隨見偏理 妄執爲實 通名爲見 見煩惱者 謂五利使 貪染之心 名之爲愛 若於假實之事 情迷隨心 所對一切事境 染着纏綿 通名爲愛」

견애번뇌(見愛煩惱) 眞實한 理法에 헤매는 知的 煩惱와 具體的 事象에 사로잡혀 헤매는 情意의 煩惱를 말함(起信論三二).

견애이행(見愛二行) ①見行과 愛行을 말함. 行은 作業이란 뜻. 見行은 다른 이의 가르침을 좇지 않고 자기 소견대로 하려는 것. 愛行은 다른 이의 가르침을 좇는 것. ②煩惱의 二種, 行은 有爲法을 이름. 여기에서는 특히 煩惱을 가르킴. 見行은 身見 등 五見·六十見九十六종의 나쁜 소견. 또는 견혹을 통털어 말하며 愛行은 思惑·貪愛를 뜻하기도 함.

견액(見軛) 四軛의 하나.

견연(見緣) 見分이 반연하는 그림자. 곧 相分을 말함. 主觀이 客解을 감각, 인식할 때에 객관 그 자체를 직접 인식하는 것이 아니고, 반드시 자기 마음속에 먼저 客觀의 형상을 그리고 그 形像을 客觀的인 존재로 인식하는 것이므로 이렇게 자기의 주관에 그려진 영상을 見緣이라 함. →四分.

※楞嚴經二에 「見與見緣 幷所想相 如虛空華 本無所有」

견염왕(見閻王) 朝野僉載(唐 張鷟의 見聞錄)에 崔泰之가 李嶠를 哭하는 詩에 「魂은 司命鬼를 따르고 넋은 閻王을 좇아가 본다」고 하였음.

※五燈會元에 「淨曇偈에 五十六年成話欛 今朝死去見閻王」

견왕재(見王齋) 죽은 뒤 三日만에 베푸는 僧齋. 亡人이 이날 염라왕을 보고 일어난다 함.

※釋氏要覽下에 「北人 亡至三日 必齋僧 謂之見王齋」

견우(見牛) 비유하는 말로 十牛의 하나.

견의(堅意) ⓢ〈悉恥羅末底=Sthiramati〉印度 사람. 年代와 事蹟은 不詳. 著書에 入大乘論(二卷)이 있음. 北梁의 道泰가 번역함.

※慧祥之法華傳一擧眞諦之傳訖에 「佛涅槃後 五百年終 龍樹菩薩造法華論 六百年初 堅意菩薩造釋論 幷未來此土」

견의경(堅意經) 一卷. 佛說堅意經의 약칭. 後漢 安世高의 번역.

※誨人受謗 心不可動 且一心聽經

견인인(牽引因) 十因의 하나. →因.

견일처주지(見一處住地) 또는 一切見住地·見一切處住地. 五住地惑의 하나. 三界의 一切見惑을 말함. 見惑이란 宇宙의 眞理가 판명되지 않는 迷로서 見道位에 들어가 四諦의 이치를 관찰하면 그 迷가 한꺼번에 없어지므로 見一處라 하고, 이 惑이 근본이 되어 여러 煩惱를 일으켜 그 煩惱의 의지할 데가 되고 머무를 데가 된다는 뜻으로 佳地라 함.

견자(見者) 十六人我의 하나. 人我를 固執하는 것을 見者라 함.
※大乘義章六에「計有我人 用眼見色 故名見者」

견장(見障) 四障의 하나. 갖가지 邪見이 일어나 菩提心에 障害가 되는 것. (海意菩薩所問淨印法門經·三藏法數十八)

견쟁(見諍) 異見을 固執하며 論諍하는 것.
※玄義二下에「各執一文 自起見諍」

견적(見跡) ①跡은 道라는 뜻. 見道와 같음. ②十牛의 하나.

견전도(見顚倒) 三顚倒의 하나. 眼識으로 外境을 보고 虛幻에 전도되어 實有라 하고 갖가지 迷惑을 일으키는 見解. (宗鏡錄四十二)

견정(見正) 見正比丘를 말함. →見正經.
※見正比丘 疑無後世 佛爲說見正經.

견정경(見正經) 一卷. 佛說見經의 약칭. 東晉 竺曇無蘭의 번역. 佛이 見正比丘를 위하여 갖가지 비유로 단상(斷常)二見을 除하도록 說한 經.

견정론(甄正論) 三卷. 唐나라 玄嶷의 著書.
※廣破靈寶等經天尊等名之僞.

견제(見諦) 道理를 證悟함. 聲聞으로 預流果이상 보살로 初地이상의 聖者를 말함.

견제득(見諦得) 十種得戒緣의 하나. 阿若憍陳如 등 五比丘와 같이 부처님이 說한 四諦의 理致를 듣고, 見道位에 들어 迷悟·因果의 도리를 體得하여 자연히 具足戒를 얻는 것.

견제불토원(見諸佛土願) 四十八願 가운데 四十번째의 願. 모든 사람으로 하여금 淨土의 장엄을 보게 하는 願.
※無量壽經上에「設我得佛 國中菩薩 隨意欲見十方無量嚴淨佛土 應時如願於寶樹中皆悉照見 猶如明鏡覩其面像 若不爾者不取正覺」

견제아사리(見諦阿闍梨) 三昧를 發得하여 秘密灌頂의 阿闍梨를 얻는 것 八地이상의 聖者.
※己下者爲未見諦之法則阿闍梨.

견좌(堅座) 두다리를 나란히 하여 무릎을 세우고 앉아서 엉덩이를 땅에 붙이지 않는 것. (攝眞實經一)

견지(見至) 또는 見得·見到. 七聖의 하나. 뛰어난 見解의 힘으로 正見에 도달한 者. ①俱舍論에서는 修道位의 銳利한 機根을 가진 聖者. ②成實論에서는 不還果중의 한 位階. →見得.

견지(見地) 三乘共十地의 第四位. 聲聞乘의 預流果에 해당함. 四諦의 理를 觀하여 三界의 見惑을 끊고 처음 聖果를 얻은 地位. 곧 第十六心의 道類智. (大乘義章十四·四敎儀集註下)

견지(堅智) 金剛拳의 다른 이름.

※金剛頂義訣에 「金剛拳者佛堅智相也」

견지신(見智身) 智法身을 본다는 뜻. 金剛界修法에서 맺는 印契의 하나.
※金剛頂蓮華部心念誦儀軌에 「次結見智身 印契如前相 見彼智薩埵 應觀於自身 鉤召引入縛 令喜作成就 眞言曰 嚩日囉(二合)薩恒嚩(二合)涅哩(二合)捨也(二合)」印契如前相者 指現智身也.

견진(見眞) ①空慧로써 眞諦의 이치를 꿰뚫어 보는 일. ②日本 眞言宗의 開祖 親鸞의 諡號. →見眞大師.
※無量壽經下에 「慧眼見眞 能度彼岸」

견진대사(見眞大師) 日本 眞言宗의 開祖, 明治 9(1876)年 11月에 親鸞에게 내려준 諡號.

견차(肩次) 또는 肩下·下肩. 禪家에서 어깨를 접하고 자기보다 아랫자리에 있는 이를 일컬음.
※百丈淸規五에 「副參遵向前接聯參頭肩次 伺住持至」

견처(見處) 有漏法의 異名, 有漏의 모든 法이 身見·邊見·邪見·見取見·戒禁取見의 五見을 일으켜 머무는 곳이므로 이같이 이름. →五見.

견철(見徹) 徹底하게 꿰뚫어 봄.

견축괴(犬逐塊) 無知한 사람이 果를 보고도 因을 구하지 않는 것은 마치 개가 흙덩이를 쫓으면서 흙덩이를 던지는 사람을 쫓지 않는 것과 같다는 비유.
※涅槃經二十五에 「一切凡夫 惟觀於果 不觀因緣 如犬逐塊不逐於人」

견취(見取) ① 四取의 하나. 身見·邊見 등 非理에 取着하는 見惑. 三藏法數에 「邪見으로 分別하는 것을 見이라 하고, 身見·邊見 등과 같이 見에 取著하므로 見取라」고 하였음. ②見取見의 약칭. 五見의 하나.

견취견(見取見) 梵〈Dṛṣṭiparāmarśa〉五見의 하나. 모든 邪見을 고집하여 자신이 가장 殊勝하며, 일체 투쟁하는 근본이라고 생각하는 것.
※俱舍論十九에 「於劣爲勝 名爲見取 有漏爲劣 聖所斷故 執劣爲勝 總名見取 理實應立見等取名 略去等言但名見取」法界次第上之上에 「於非眞勝法中謬見涅槃 生心而取 故曰見取」

견취사(見取使) 十使 혹은 五利使의 하나. 四取가운데 見取, 五見가운데 見取見을 취하여 十使가운데 見取使라 함. 使는 번뇌의 다른 이름으로 심신을 괴롭게 한다는 뜻.

견탁(見濁) 梵〈Dṛṣṭi-Kaṣya〉五濁의 하나. 末世에 衆生의 邪見이 盛하게 일어나 世間을 흐리고 어지럽게 함을 이름. 즉 有見·無見 내지 六十二見 등과 같음.
※法華玄贊四에 「若於今世法壞法沒 像法漸起 邪法轉生 是名見濁 此以五見 而爲體性 多近外道惡見數生」

견파가(甄波迦) 梵〈Kimpaka〉西〈Kim-pa-ka; Kim-pa〉또는 緊波. 독한 과일이 달린 植物의 名稱. 正法念處 卷六十八에 「甄波迦와 粘那果는 仙光山에서 나며 그 맛은 매우 좋지만 이것을 먹으면 죽는다」

고 하였음.

甄波迦

견폭류(見瀑流) 四瀑流의 하나. 三界의 見惑·瀑流는 煩惱의 異名. 곧 有身見·邊執見·邪見·見取見·戒禁取見의 五見. (集異門論八).

견하(肩下) 肩次와 같음.

견행(見行) 見愛二行의 하나. →二行.

견허존실식(遣虛存實識) 五重唯識의 하나. →唯識.

견현(遣顯) 遣은 遮遣, 顯은 表顯의 뜻, 즉 여러 經典에 眞如의 性品을 不生不滅·不增不減·非凡非聖 등의 非·不·無字를 써서 무엇이든지 모두 아니라고 부인하는 것을 遣門(否定的인 全揀門), 어떤 事物이든지 積極的으로 정면으로 표시하는 것을 顯門(肯定的인 全收門)이라 말함.

견현관(見現觀) 三現觀의 하나. 無漏의 智慧로 現前 四諦의 이치를 觀하는 것.

견혜(見慧) 諸見의 智慧를 發함.
※止觀十上에「如是見慧從何處出 由禪中有觀支」.

견혜(堅慧) 凾〈沙囉末底=sthiramati〉佛滅後 700年頃 中印度 那爛陀寺의 學僧. 저서에 法界無差別論(一卷)·究竟一乘寶性論(四卷)이 있음. (法界無差別論法藏疏)

견혹(見惑) 또는 見道惑·見煩惱·見障. 小乘의 見道位에서 四諦의 이치를 보고 끊는 것이므로 見所斷惑이라 함. 이에 八十八惑이 있으니 다음과 같다.

欲界:苦諦 十惑, 身. 邊. 邪. 見. 取. 戒禁取. 貪. 瞋. 癡. 慢. 疑見.

集諦 七惑, 邪. 取. 貪. 瞋. 癡. 慢. 疑見.

滅諦 七惑, 邪. 取. 貪. 瞋. 癡. 慢. 疑見.

道諦 八惑, 邪. 取. 戒. 貪. 瞋. 癡. 慢. 疑見.

色界:苦諦 九惑, 貪. 癡. 慢. 疑. 身. 邊. 邪. 見取. 戒禁取見.

集諦 六惑, 貪. 癡. 慢. 疑. 邪. 見取見.

滅諦 六惑, 貪. 癡. 慢. 疑. 邪. 見取見.

道諦 七惑, 貪. 癡. 慢. 疑. 邪. 見取見. 戒禁取見.

無色界는 色界와 同一함. 이 八十八惑을 見道位의 十六心(苦類智忍. 苦類智. 苦法智忍. 苦法智. 集類智忍. 集類智. 集法智忍. 集法智. 滅類智忍. 滅類智. 滅法智忍. 滅法智. 道類智忍. 道類智. 道法智忍. 道法智 中 前十五心(道法智忍)에서 끊는다. 見思. ↔修惑.

견혹품수(見惑品數) 小乘 俱舍에서는 八十八, 大乘 唯識에서는 百十二를 내세웠다. 八十八이란 일체 번뇌 가운데 貪·瞋·痴·慢·疑·身見·邊見·邪見·見取見·禁戒取見의 十惑을 本惑이라 하고, 그 나머지는 모두 隨惑이라 한다. 이 가운데 소승의 貪·瞋·痴·慢 네가지는 見·修 二斷에 통하고, 疑와 五見은 오직 見斷이다. 見斷의 十惑이 迷한 바의 諦理에서 보면 차별이 八十八使가 된다. 또 대승의 貪·瞋·痴·慢과 身見·邊見의 여섯 가지는 見·修 二斷과 통하고 나머지 넷은 오직 見斷이다. 苦·集·滅·道의 四諦가 迷한 바 眞理가 되고 그 眞理가 迷하여 欲界 三十二, 色界 二十八, 無色界 二十八을 일으켜 三界가 모두 八十八이 됨.

※欲界之三十二者 先迷於苦諦之理而起 十惑 一身見 以五蘊假和合之苦果迷執 爲常之一見也 二邊見 以爲此我體死後常住 或以爲死後斷絶 各執一邊也 三 邪見 此現在之身對於過去業因之果報 撥無道理也 四見取見 迷執前三見爲正 見也 五戒禁取見 迷執現在苦身作種種 邪戒苦行 爲此身生於人天樂處之因也 六貪 愛以前五見爲可者 七瞋 瞋以前五見爲非者 八痴 不知五見之理非也 九慢 以五見爲是而生慢心也 十疑 疑苦諦之理也 以上十惑中五見與疑 直以諦理爲所迷 故謂爲親迷之惑 他之貪瞋痴慢四者 以其五見爲所迷 故謂爲疏迷之惑.

견환(遣喚) 發遣과 招喚을 뜻함. 釋尊은 娑婆世界에서 阿彌陀佛의 배를 타고 極樂世界로 가라고 알려주고, 아미타불은 극락세계에서 바로 오라고 부르는 것.

견황(遣蝗) 田園의 害虫을 驅除하는 祈禱.

결(結) ㉾〈Bandhana〉 結集·繫縛의 뜻. 煩惱의 異名. 煩惱의 因이 되어 生死를 結集하고 또는 衆生을 계박하여 解脫하지 못하게 하므로 結이라 함. 이는 곧 生死의 因이 됨.

결가(結跏) →結跏趺坐.

결가부좌(結跏趺坐) 如來의 앉는 方法으로 완전히 책상 다리를 하고 앉는 正坐法. 두가지가 있는데 오른 발을 왼쪽 넓적다리의 위에 얹어 놓은 다음에 왼 발을 오른쪽 넓적다리 위에 놓는 것을「降魔坐」라 하고, 그 반대를「吉相坐」라 함. 또는 結跏·全跏坐·全跏趺坐·本跏趺坐. ↔半跏趺坐.

※大日經不思議疏下에「結跏坐者 凡坐

法 聖善之寺三藏和上邊面受 左足先著
右膝上 名爲蓮華坐 單足著左膝上 名
爲吉祥坐也 別此坐者 非聖坐也 若欲
求菩提 學佛坐爲得」

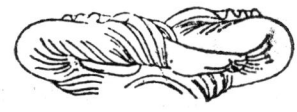

結跏趺坐(降魔坐)

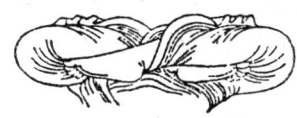

結跏趺坐(吉祥坐)

결가부좌인유(結跏趺坐因由) 智度論
七에 여러가지 坐法 가운데 結跏趺
坐가 가장 안온하여 피로하지 않으
며 이것이 坐禪하는 坐法이라」하
였음.

※此是禪坐 取道法坐 魔王見之 其心憂
怖(中略)見畫跏趺坐 魔王亦愁怖 何況
入道人 安坐不傾動」

결감계중(缺減界中) 裟婆世界를 가
리킴.

결갑(結甲) 여러 사람이 한데 뭉쳐
組를 결성함. 甲은 중국 宋代에 十
戶를 한 組로 한 자치단체.

결강(結講) 講會를 마침. 곧 講會의

最終日을 말함.

결경(結經) 本經을 說한 뒤에 이것
(結經)으로 結論을 삼아 그 要點을
추려 說하는 經을 말함. 마치 法華
經의 結經은 觀音普賢經이 되는 것
과 같음. ↔開經.

결계(結戒) 戒律을 結成하고 護持하
는 것.

※智度論二十二에「衆僧大海中 結戒爲
畔際」

결계(結界) 梵〈滿馱也雖滿＝sīmā-
bandha〉 또는 建伽藍 혹은 戒壇.
①佛道 修行에 장애가 없도록 일
정한 지역을 정하여 衣食住에 제한
을 가함. 또는 그 정한 지역. ②
마작의 장란을 없애기 위하여 印明
法에 따라 제정한 도량의 구역, 이
것은 密敎에서 쓰는 법으로 주로 도
량의 정결을 그 목적으로 함. ③
절 안에 중과 俗人과의 자리를 구
분하기 위하여 木柵을 둘러 가름.

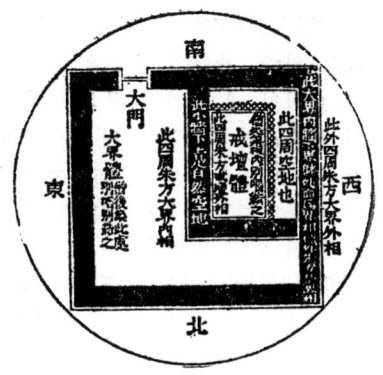

結界(四分得行事鈔)

또는 그 목책 ④結界地의 약칭. 수도에 방해될만한 것의 출입을 금함.
※行一種之作法 而定其區域境界也 即其作法所限定之地 謂之結界地.

결계석(結界石) 結界의 形相을 標識하는 돌(石). 이에 두가지가 있으니 ①攝僧界(三種結界의 하나) 가운데 大界를 맺어 그 外相을 표지하는 石牓(돌로 만든 패). ②葷酒 등을 門內에 들어오지 못하게 禁하는 石牓이 있다. 이를 禁牌石 또는 葷酒牌라 한다. 葷酒 등을 結界 안에 들어오지 못하게 禁하여 僧衆으로 하여금 道業에 精進하게 하는 것.

결계오상(結界五相) 大界의 形相에 다섯 가지가 있으니 ①方相 ②圓相 ③鼓形相 ④半月相 ⑤三角相. 각각 天然의 山水 혹은 木石 등으로 그 境界의 표지를 삼음. (善見論十七·三藏法數 二十四)

결계인명(結界印明) 印相, 왼쪽 大指로 왼쪽 小指의 손톱을 누르고 그 나머지 세 손가락 끝을 벌려 곧게 세움. 마치 三股杵의 모양같이 오른쪽으로 돌려서 三匝하고 結界를 이룸. 眞言에 「唵 枳里枳里 嚩曰羅 吽」이라 하였음.

결계지(結界地) 結界한 區域과 境界.

결과(結果) 어떤 原因으로 말미암아 생긴 結末의 상태. ↔原因.

결과자연성(結果自然成) 菩提達磨가 後世에 禪宗의 展開를 豫言한 말이라고 傳함. 「達磨가 입멸한 뒤에 禪宗은 五流派로 나뉘어 結果的으로 禪宗이 自然繁榮하리라」고 한 말. (景德傳燈錄三)

결료(決了) 義理를 決定하여 밝힘.
※法華經法師品에 「決了聲聞法」資持記 序에 「決了權乘 同歸實道」

결료여환삼매경(決了如幻三昧經) 濡首菩薩無上淸淨分衛經의 다른 이름.

결루(缺漏) 戒律은 마치 堤防과 같아서 比丘의 허물을 막아준다. 인하여 戒를 지키지 않는 것을 「缺」이라 하고 따라서 戒를 지키지 않으므로 허물이 밖으로 새는 것을 「漏」라 함.

결루(結漏) 結과 漏는 모두 煩惱의 다른 이름. 煩惱가 心身을 결박하므로 結. 煩惱가 眼·耳 등 六根으로부터 밤낮 漏泄하므로 漏라 함. →煩惱.

결박(結縛) 번뇌의 다른 이름. 몸과 마음을 繫縛하여 자유롭지 못하게 한다는 뜻.
※無量壽經下에 「煩惱結縛 無有解已」

결발(結髮) 머리를 묶는 법 또는 結頂髻·結頂髮. 상투트는 방법을 말함.

결병(結病) 結은 煩惱의 다른 이름. 煩惱가 몸의 병이 됨을 비유한 것.

결사(結使) 結에는 九結과 十使가 있음. 모두 煩惱의 異名. 心身을

계박하여 피로운 결과를 맺으므로 「結」. 중생을 쫓아 다니면서 중생을 부리므로 「使」라 함.
※大乘義章五本에 「隨逐繁縛 稱之爲使 結集生生死 目之爲結 結縛衆生 亦名爲結」

결사건도(結使犍度) 八犍度의 하나. 八犍度論 가운데의 分別煩惱에 대한 篇章名.

결생(結生) 中有가 없어지고 母胎에 生을 의탁하는 것을 말함.
※俱舍論九所謂「時健達縛於二心中 隨一現行 謂愛或恚 彼由起此二種倒心 便謂己身與所愛合 所僧不淨泄至胎時 謂是己有 便生喜慰 從玆蘊厚 中有便沒 生有起已 名己結生」是也.

결선(結線) 밀교에서 調伏하는 법으로 六字經法을 닦을 때에 원수나 나쁜 병을 결박하기 위하여 행하는 呪術.

결수(結手) 結印.

결수문(結手文) 고려 승려 竹庵이 지은 水陸儀文撮要의 加持變供篇에 淨法界眞言 등 十二眞言을 덧붙이고 眞言마다 印契를 붙인 것.

결업(結業) 惑을 結이라 하며, 迷惑으로 말미암아 일어나는 善과 惡을 짓는 것을 業이라 함.
※行事鈔上四에 「結業自纏 永流苦海」

결연(結緣) 佛法에 因緣을 맺음. 未來에 得度할 인연을 처음으로 맺음. 즉 佛菩薩이 세상을 구제하기 위하여 먼저 중생과 관계를 맺는 것,

또는 중생이 불도를 닦기 위하여 먼저 佛法僧에 因緣을 맺는 일.
※文句記二下에 「結謂結構 立機之始 緣卽緣助 能成其終 則成未來修得三德之先萌也」往生要集下末에 「當知生誘亦是結緣 我若得道願引攝彼 彼若得道願引攝我」

결연경(結緣經) 結緣하기 위하여 詩文을 書寫하는 일. 이는 諸經에 통하나 주로 法華經의 경문을 베끼어 공양하는 일. 또는 그 경문.

결연관정(結緣灌頂) 二種灌頂의 하나. 一般俗人들에게 灌頂壇에 들어와서 諸尊에게 꽃을 던져 인연을 맺게 함을 이름. 즉 꽃을 던져 맞힌 尊像을 그 사람과 宿緣이 있는 尊體라고 念하게 하는 것. →灌頂.

결연기(結緣機) 佛·菩薩의 救援을 받을 수 있는 因緣의 機會를 가지는 것. 또는 因緣의 機會를 얻은 사람. 佛·菩薩이 衆生을 救濟하기 爲하여 먼저 衆生과 關係를 맺는 일.

결연중(結緣衆) 四衆의 하나. 비록 宿因이 얕아 現世에 이익은 얻지 못하였으나 未來에는 得度할 因緣이 되어 如來의 法座에서 부처님을 뵙고 法을 듣는 자. →四衆.

결연팔강(結緣八講) →八講.

결연풍경(結緣諷經) 結緣하기 위하여 讀經回向하는 것. →諷經.

결원(結願) 法會·祈禱가 끝나는 날. 또는 滿願. ↔開白.

결원작법(結願作法) 密敎에서 結緣作法에 補闕을 行하는 啓白. 結願은 日數를 定하여 法會를 하는 것을 말하며 그 法會의 末日을 뜻하기도 함. 啓白은 法會나 修法을 始作할 때 本尊 앞에서 行하려는 內容을 告白하는 것. 法會의 滿願日에 法會中에서 闕漏된 部分을 모아 本尊앞에서 告白하는 것을 뜻함. (考信錄四)

결응(決凝)〔964~1053〕 고려 때, 승려, 俗姓은 金氏, 字는 慧日, 溟州 사람. 12세에 龍興寺에 출가하여 福興寺에서 比丘戒를 받고, 28歲에 大德이 되었다. 顯宗 때 首座가 되어 關東의 妙智寺에 住하고 定宗 때에 僧統이 되어 1042年 王師, 1047年에 國師가 되었다. 그후 浮石寺에서 世壽 90세로 入寂하니 文宗이 圓融이라 諡號를 내림.

결의무소외(決疑無所畏) 菩薩四無所畏의 하나. 보살이 說法할 때에 聽衆으로부터 어떠한 難問을 받더라도 자유 자재로 해결하므로 마음속에 두려움이 없는 것을 말함.

결의업장경(決疑業障經) 妙法決疑業障經의 다른 이름.

결인(結印) 印契를 맺는다는 뜻. 또는 結手·印. 眞言宗의 修行者가 수행할 때에 손가락 끝을 이리저리 맞붙이는 형식. 엄지 손가락 끝과 가운데 손가락 끝이 서로 닿을만큼 오그린 주먹을 중심으로 하여 손가락을 한개·두개·세개·네개씩 펴고 오그리고 하는 여러가지 區分이 있어 佛菩薩의 誓願을 나타내는 것인데 각 佛像의 구별은 이것을 보고 알 수가 있음. →印.

결재(潔齋) 婬事를 금하고 酒肉을 끊는 것.

결적(結賊) 結은 결박의 뜻으로 煩惱의 다른 이름. 煩惱가 知慧를 해하므로 賊에 비유한 말.
※金光明經一에 「六入村落 結賊所止」同文句記五에 「能害慧命 故云結賊」

결절(結絶) 맺어 끊는 것. 즉 話頭를 打破하는 것.

결정(決定) 부처님의 가르침을 굳게 믿고 흔들리지 않음.
※無量壽經上에 「決定必成無上正覺」勝鬘經寶窟上末에 「決定謂信也」

결정무(決定無) 梵〈asad-bhuta〉絶對的으로 實在하지 않는 것. (中論八)

결정사(決定思) 三思의 하나. 決定心을 일으켜 發動하려는 생각.

결정성(決定性) ①決定되어 있는 本性. 또는 實體性. ②반드시 언젠가는 聲聞·緣覺菩薩이 될 수 있는 性. →三性. ↔不定性·無性. ③決定性의 二乘. 決定聲聞種性·決定緣覺種性의 略語. 聲聞의 깨달음을 얻을 수 있는 種性과 緣覺의 깨달음을 얻을 수 있는 決定이 된 種性을 말함.

결정성문(決定聲聞) 五種聲聞의 하

나 오랫동안 小乘을 익혀 마침내 羅漢果를 증득한 聲聞. (三藏法數 二十二)

결정신(決定信) 如來의 法을 굳게 믿고 의심하지 않는 信心.
※往生論註下에 「念不相續故 不得決定信」

결정업(決定業) 不定業에 對하여 일컫는 말. 定業이라 약칭함. →定業.

결정왕생집(決定往生集) 二券. 日本 三論宗의 珍海가 지음. 淨土經·觀無量壽經·起信論 등의 說을 이끌어 稱讚하여 반드시 即得往生을 決定한 글.

결정유(決定有) 梵〈Sad-bhava〉實在하는 것.

결정의경(決定義經) 佛說決定義經의 약칭. 一券 宋 法賢의 번역 내용은 五蘊·五取蘊·十八界·十二處내지 三十七品 등의 諸法을 설한 經.

결정일상(決定一相) 無差別한 眞理의 世界에 分別을 確立하는 것.

결정장론(決定藏論) 三卷. 陳나라 眞諦의 번역. 瑜伽論決擇分 가운데 五識身相應地와 意地品의 異譯.

결정주(決定住) 六種住의 하나. 菩薩이 八地이상부터 眞實한 行을 얻어 不還不退하는 階位. (三藏法數 二十六)

결정지법(結淨地法) 戒·定·慧·解脫·解脫知見 등의 五分을 體得하려는 諸比丘가 一房이나 一角, 半房이나 半角에서 羯磨를 하고자 할 때에 中庭이나 或은 坊間을 通結하여 淨地를 만들고 다른 僧들을 모아 幷聽토록 한다. 이때 結界가 都司에게 通報되면 都司가 말하기를 「이 住處는 比丘가 함께 住하며 함께 布薩하는 곳이니 僧들은 이제부터 淨地를 結하는데 이곳은 除外하라」고 事實을 告하는 儀式. ①起心作, 절을 처음 지을 때에 基石을 定한 뒤에 한 苾芻로 하여 檢校人을 삼아 如是心을 일으키며 여기서 一寺 或은 一房에 僧이 淨厨를 만든다. ②共印持, 寺基를 定할 때에 만일 三人이면 한 苾芻가 다른 苾芻에게 告하기를 「모든 比丘들이 다 이같은 곳에 心印을 쓰며 이 한 절, 或은 一房으로 僧의 淨厨를 만들 수 있다」고 하면 第二·第三의 苾芻가 이 같이 對答한다는 說. ③如牛臥, 그 寺屋이 牧牛하는 곳과 같이 起臥가 散漫하고 房門이 定한 곳이 없어서 마음대로 이 곳에서 作法할 수가 없어 곧 그 곳을 淨하도록 하는 것. ④故廢處, 이는 오래전에 往하던 곳을 버렸다가 그 곳에 다시온 僧이 舊觸處를 淨하게 하는 것. 그러나 이곳에서 宿泊을 할 수 없고 밤을 지낸 뒤에 곧 作法에 應하는 것. ⑤秉法作, 白二羯磨法의 結界를 秉하는 것. 文은 白一羯磨 中에서 說한 것과 같음. (寄歸傳二)

결정총지경(決定摠持經) 佛說決定摠

持經의 약칭. 一卷. 西晋 竺法護의 번역. 佛說誘佛經과 同本. 내용은 부처님 비방한 죄를 멸하는 陀羅尼를 說한 것.

결제(結制) 九旬安居의 制度를 맺는 것. 즉 安居의 法則을 遵守하는 것. 또는 結夏・結會・結衆・江湖會라 함. 安居의 制度는 釋尊以前부터 行하던 것으로 釋尊이 成道한 후 第一年부터 依用하였다. 그 時期는 年中 二期(본래는 夏安居만이었다)로서 前安居(陰 4月 16日부터 7月 15日까지)와 後安居(陰 5月 16日부터 8月 15日까지)가 있음. 또 夏安居는 雨安居(음 4月 16日부터 7月 15日까지) 冬安居는 雪安居(陰 10月 15日부터 翌年 1月 15日까지)라고도 함. ↔解制.

결좌(結座) 끝맺는 法座라는 뜻. 禪師가 上堂說法을 할 때 그 마지막에 古則 혹은 偈頌을 들려주고 法會를 마침을 말함. (象器箋十一)

결주(結冑) 眞言行法에서 諸魔를 물리치고. 속히 成就하기 위하여 金剛甲冑의 印을 맺는 작법.

※金剛頂蓮華部心念誦儀軌에 「次於諸有情 當興大悲心 無盡生死中 恒被大誓甲 爲淨佛國土 降伏諸天魔 成最正覺故 被如來甲冑 二羽金剛拳 當心舒進力 二度相縈遶 心背次兩膝 齋腰至兩肩 喉項額又頂 各各三旋遶 徐徐前下垂 先從檀慧散 即能護一切 天魔不能壞」

결중(結衆) 많은 사람이 서로 모여서 한 무리를 지어 일을 같이 하는 것.

※多人相倚. 結成一群之衆. 而共業者.

결집(結集) ㉚〈saṁgiti〉 부처님이 入滅한 뒤에 여러 弟子들이 모여서 각자 들은 부처님의 法을 외어내어 이것을 結合集成, 大小乘典經을 만들 일. 이 결집사업을 大別하면 ① 王舍城에서의 小乘經 ②毘舍離城에서의 大乘經 ③波吒利弗城에서의 秘密經 ④迦濕彌羅城에서의 小乘經 結集의 四期로 나눔.

※
```
     ┌ 王 舍 城(窟外/窟內) 佛滅年
     │ 毘舍離城────一百年
小乘 ┤ 波吒利弗城───二百年
     │ 迦濕彌羅城───(四百年/五百年)
大乘───鐵圍山或耆闍窟窟山
秘密───不言年處
```

太炎文錄初編別錄三에 「佛未涅槃以前經典已有結集 如阿毘達磨法蘊足論 爲目乾連所造 而引大因緣經及敎誨頗顚羅那經(卷十一) 即小乘初次結集 亦非止阿難集經 優波離集律 迦葉集論而已 西域記九云 諸學無學數百千人不預大迦葉結集之衆更相謂曰 如來在世 同一師學 法王寂滅 簡異我曹 欲報佛恩 當集法藏 於是凡聖咸會 賢智畢萃復集 素呾纜藏 毘奈耶藏 阿毘達磨藏 雜集藏 禁呪藏 別爲五藏 凡聖同會 因而謂之大衆部 是則阿含以外大衆部又有所集可知(此大衆部乃佛弟子 非佛滅百年大天破敎以後之大衆部也)」

결집법(結集法) 많은 比丘가 모여

戒律에 依하여 一會를 組織하고 會中에서 一人을 선출, 高座에 오르게 하고, 質問하여 答을 듣고 다시 會衆에게 물어 한 사람도 異議가 없으면 如法한 佛說로 定하니 이를 結集法이라고 함.

결치도사(缺齒道士) 達磨大師를 가리킴. 道士는 道人과 같음.

결탄(結嘆) 經을 해석하는 科文에서 쓰는 만. 즉 위의 글 뜻을 요약하여 讚嘆하는 것.

결택(決擇) 梵〈Nairvedhika〉決은 決斷, 擇은 揀擇의 뜻. 곧 疑心을 決斷하여 理致를 分別하는 智慧의 作用.

결택분(決擇分) 見道에서 發하는 無漏의 眞智. 無漏의 眞智는 見・修・無學의 三道에 通하며 見道는 그 一部分이 되므로 決擇分이라 함.
  ※俱舍論二十三에「分謂分段 唯見道一分 決擇之分故 得決擇名」頌疏二十三에「見道名決擇分 是決擇中一分故也」

결하(結河) 結은 繫縛, 곧 얽어맨다는 뜻. 煩惱의 다른 이름. 結惑은 사람이 물에 빠진 것과 같으므로 河水에 비유한 것.

결하(結夏) 結은 結成, 夏는 夏安居의 뜻으로 곧 安居를 시작하는 첫 날을 이름. 또는 結制・入制. →安居.
  ※資持記上四之一에「立心止住 名爲結耳」荊楚歲時記에「四月十五日 天下僧尼 就禪刹掛搭 謂之結夏」

결해(結解) 결박을 벗어남을 말함. 煩惱에 계박되어 自由롭지 못함으로 結이라 하고, 眞理를 깨달아 결박을 벗어남을 解라 함.

결해동년(結解冬年) 結夏・解制・冬至・설날의 倂稱. 四節.

결행인(潔行人) 品行이 결백한 사람. 戒行이 高潔한 道人.

결호(結護) ①眞言을 修行하는 자가 印契를 맺고, 眞言을 외워 닦는 法을 수호하는 것을 이름. ②眞言을 修行하는 자가 수도할 때에 먼저 加持로 몸을 守護하고, 다음 道場의 區域을 제정하여 惡魔를 물러가게 함.

결회(結會) 緣이 없어진 것을 다시 맺는 일.

겸단대대(兼但對帶) 天台宗 五時 가운데 前四時를 說하는 方法. 第一 華嚴時는 圓敎・別敎를 겸하여 설함으로 兼. 第二의 阿含時는 다만 藏敎만 설함으로 但. 第三의 方等時는 藏・通・別・圓의 四敎를 比較하여 說함으로 對. 第四 般若時는 圓敎를 中心으로 藏・通・別, 三敎를 挾帶하여 설함으로 帶라 함.

겸량약중(兼兩略中) 두 끝을 겸하고 가운데를 줄였다는 뜻. 例示하면 「乃至」라는 말을 해석하는 法의 하나. 즉 하나에서 백까지를 말할 적에 一乃至 百이라 하면 一과 百의 두 끝을 말하고, 그 중간을 생략함과 같은 것.

겸리(兼利) 자기와 他人이 함께 利로운 것.
※無量壽經上에「自利利人 人我兼利」止觀五上에「自匠匠他 兼利具足」

겸익(謙益) 百濟 때 승려. 百濟 律宗의 祖師 百濟 成王 4(526)年 中印度에 건너가 常伽那寺에서 律을 연구한 후 倍達多三藏 등 梵僧과 함께 梵本律文을 가지고 귀국하여 백제 律宗의 開祖가 됨. 왕명으로 興輪寺에서 高僧 28명과 함께 律部 七十二권을 번역. 예의와 의식에 치중하는 百濟佛敎의 전통을 세움.

겸자(鎌子) ⓥ 會元三에「師(南泉普願)가 어느날 山上에서 일을 보는데 僧이 "南泉은 어느 길로 向하여 가느냐"고 물었다. 師가 茅鎌子를 들고 말하기를 "이 茅鎌子를 三十錢에 샀다"고 답하였다. 僧이 茅鎌子를 묻지 않고 "南泉이 어디를 향하여 가느냐"하니 師는 내가 "正히 快함을 얻게하리라" 하였다.

겸추(鉗鎚) 鉗은 쇠집게(물건을 집는 데에 쓰는 끝이 두 가닥으로 갈라진 연장). 鎚는 쇠망치(못같은 것을 박는데 쓰는 연장). 轉하여 宗匠이 學人을 다루는데 수단이 엄하다는 말. (鎚는「퇴」로도 읽음).

겸퇴(鉗鎚) →겸추(鉗鎚)

겸하공경(謙下恭敬) 謙下는 謙遜卑下의 약칭. 스스로를 卑下하고, 他을 공경하여 높임.

겸학(兼學) 여러 宗派의 敎理를 兼하여 배움.

겸행육도품(兼行六度品) 天台宗五品位의 第四. 正觀을 修行하는 한편 布施의 六度를 兼行하는 位.

경(景) 慕의 뜻. 우러러보는 것.

경(境) ① ⓢ〈Niṣaya; Artha; Gocara〉인식작용의 대상. 혹은 對境의 뜻. 마치 眼識의 대상이 되는 色을 色境, 意識의 대상이 되는 法을 法境이라 함과 같음. ②實相의 理는 妙智의 대경이 되므로 境이라 함.

경(經) ① ⓢ〈修多羅=Sutra〉또는 契經·經本. 三昧의 하나. 律과 論에 대하여 부처님이 說한 敎法을 말함. ②十二部經의 하나. 祇夜·優婆提舍에 對하여 經 가운데서 直說한 長行을 말함.
※論其字義 瑜伽師地論第二十五 謂「能貫穿縫綴種種能引義利能引梵行眞善妙義 是名契經」同第八十一 謂「契經者 謂貫穿義」顯揚聖敎論亦同之 是以貫穿之義釋經也 然佛地經論 謂「能貫能攝 故名爲經 以佛聖敎貫穿攝持所應說義所化生故」又法苑義林章第二本 謂「雖以貫穿之義釋契經 然以敎貫義 以敎攝生 名之爲經猶如綖之貫花 經之持緯 西域呼汲索 縫衣之綖 席經聖敎等 皆名素呾纜 衆生由敎攝而不散流於惡趣 義理由敎貫而不散失隱沒 是故名聖敎爲契經 ②大乘阿毘達磨雜集論第十一所謂「契經者 謂以長行綴緝 略說所應說義」者是也 是經中長行 卽爲散文而不用偈頌 又稱不屬於授記 本生 論

議等之部分也

경(磬) 梵〈犍稚〉또는 鐘·磬·鏧·磬子. 犍稚와 磬의 모양은 비록 다르나 그 用法은 같음. 磬은 원래 中國의 樂器로서 돌을 깎아 만듦.

磬및磬架

경(鏡) 律에서 明鏡을 말함.
※資持記下二之三에「坐禪之處 多懸明鏡 以助心行」

경가(經架) 經을 얹어놓는 시렁.

경가(經家) 經典을 結集한 사람. 곧 阿難을 가리킴.

경각(驚覺) 三昧耶 四義의 하나. 놀라게 하여 깨닫도록 함. ①諸佛이 衆生의 不覺惛眠을 깨치는 일. ②密敎의 行者가 諸佛의 驚覺印과 眞言에 依해서 加護를 請하는 것.

경각일체여래인(驚覺一切如來印) 또는 金剛起印·覺起印. 一切如來를 驚覺시키는 印契. (眞言修行錄二)

경각진언(驚覺眞言) 三世十方의 諸尊을 驚覺시키는 陀羅尼의 이름. 密敎에서 修法하면서 이 眞言을 唱함. (魚山集略)

경개(傾蓋) 傾蓋如故의 약칭. 길을 가다가 서로 만나 車蓋(수레 위에 바치는 비단으로 만든 일산)를 기울이고서 이야기한다는 뜻. 길가는 도중 一見에 서로 마음이 맞아서 百年의 知己와 같이 친함을 뜻함.

경거(經筥) 또는 經箱·經筐. 經을 넣어 두는 함. 나무나 銅으로 만든 것으로 크기는 같지 않음.

經筥

경경찰착(輕輕拶着) 輕輕은 얼른얼른 拶은 밀어냄, 着은 語勢를 强하게 하는 助字.

경계(經戒) 經義와 戒行의 倂稱. 戒는 萬世의 常經이 되므로 經戒라 말함.
※無量壽經下에「奉持經戒 受行道法」

경계(境界) 梵〈Viṣaya〉自家의 세력이 미치는 범위. 또는 내가 얻는 果報의 界域을 말함.

경계반야(境界般若) 五種般若의 하나. 一切의 諸法은 般若가 對하는 客觀의 境界가 되므로 一切諸法을 가리켜 境界般若라고 함. (般若는

能緣(主觀)의 智慧가 되고, 諸法은 所緣(客觀)의 境界가 됨). (三藏法數二十)

경계상(境界相) 起信論에서 說한 三細의 하나. 第二의 轉相에서 一切의 境界를 나타내는 것을 말함. 또는 現相・現識이라 함.

경계애(境界愛) 三種愛의 하나. 一愛.

경계유대(境界有對) 三有對의 하나. 一有對.

경계주의지주(境界住依止住) 부처님이 遊化하는 處所를 境界住. 부처님이 住하는 처소를 依止住라고 하며 또는 境界處・依持處라 함. 淨土家의 眞諦記에는 住處가 둘이 있으니 ①은 境界處로 俗人을 敎化하는 곳을 말하고 ②는 依持處로 出家衆을 統督하는 곳이니 一은 即 舍衛요 二는 即 祇園.

경고(更鼓) 更은 하룻밤을 五等分한 시각. 즉 하룻밤을 五更(初更・二更・三更・四更・五更)으로 나누어 그 時刻에 打鼓하는 것을 更鼓라 함. 庫司主가 이 일을 맡음, 一更을 五點. 五更을 二十五點으로 나누고 更에는 鼓・點에는 鍾을 쳐서 알림. (象器箋十八)

경곡(鏡谷) 그림자가 거울에 비추고 소리의 餘響이 골짜기에 응함을 부처님과 중생이 서로 感應함에 비유한 것.

경공양(經供養) 어느 經에 限하지 않고 書寫하여 佛事를 짓는 일. 經은 三寶 가운데 法寶에 屬하므로 經을 供養하는 것은 곧 法寶를 供養하는 것이 됨.
※法華經分別功德品에「如來滅後 若有受持讀誦 爲他人說 若自書 若敎人書 供養經卷 不須復起塔寺 及造僧坊供養衆僧」

경괴자(境塊子) 外境의 塊物. 心外에 存在하는 塊物이란 뜻. 子는 助字.

경교(景敎) 3世紀 頃(唐代) 中國에 盛行한 基督敎. 東로마의 異端派인 네스톨스(Nestorus)派에 속함. 大秦에서 傳來한 光明宗敎란 뜻으로 大秦景敎라고도 함. 太宗(626~649)의 命으로 長安에 波斯寺를 세워 玄宗(712~756) 때에 大秦寺라 改名함. 781年 僧 景淨이 大秦景敎流行中國碑를 세움. 9世紀半에 武宗의 탄압으로 쇠미함. 이 敎의 經典으로 序聽迷詩所經・景敎威度經・志玄安案經 등이 있음.

경교(經敎) 經典의 敎訓.
※圓覺經에「如是經敎功德名字」

경교리행과(境敎理行果) 四法寶의 밖에 따로 所觀의 境界를 더한 것. 法相宗에서 說한 五種의 唯識. 境唯識・敎唯識・理唯識・行唯識・果唯識으로 나누어 說한 것. 法苑義林章・成唯識論樞要 등에 나옴.

경구죄(輕垢罪) 輕垢는 가벼운 罪. 즉 중대한 과실이 아니고 淸淨行을 더럽히는 罪. ↔波羅夷罪.
※梵網經心地品에「若不爾者 犯輕垢罪」

경권(經卷) 經典. 옛 經典은 모두 두루마리(卷)로 되었기 때문에 이같이 이름.
※方冊之經 成於明朝 法華經法師品에「於此經卷 敬視如佛 種種供養」

경권립(經卷立) 經卷을 세워 놓는 器具.

경궤(經几) 佛前에서 讀經할 때 經文을 올려 놓는 책상.

경궤(經軌) ①普徧光明燄鬘淸淨熾盛如意寶印心無能勝大明王大隨求陀羅尼經(不空 번역) 二卷. 隨求即得大自在陀羅尼神呪經(寶思惟 번역) 一卷. 大隋求即得大陀羅尼明王懺悔法(譯者未詳). 一卷. 大隋求八印・宗叡傳 一卷을 말함. ②轉法輪菩薩摧魔怨敵法 一卷. 不空 번역. ③密部의 經典과 儀軌. ④佛說七俱胝佛母准提大明陀羅尼經 一卷. 金剛智 번역. 金剛智儀軌라 일컬음. 七俱胝佛母所說准提陀羅尼經 一卷. 不空 번역. 不空儀軌라 일컬음. 佛說七俱胝佛母心大准提陀羅尼經 一卷. 地婆訶羅 번역. 七佛俱胝佛母心大准提陀羅尼法 一卷. 善無畏 번역. 七俱胝獨部法 一卷. 善無畏 번역. ⑤大聖天歡喜雙身毘那夜伽法 一卷. 不空 번역. 使呪法經 一卷. 菩提留支 번역. 大聖歡喜雙身大自在天毘那夜迦王歸依念誦供養法 一卷. 善無畏 번역. 大聖歡喜雙身毘那夜迦天形像

品儀軌 一卷. 憬瑟 지음. 毘那夜迦還那識鉢底瑜伽悉地品秘要 一卷. 含光記. 佛說金色迦那鉢底陀羅尼經 一卷. 金剛智 번역.

경궤(經櫃) 衆僧의 의복과 道具를 넣어 두는 궤. 僧堂에 있는 것을 函櫃, 衆寮에 있는 것을 經櫃라 함. 衆寮는 看經하는 곳이기 때문에 이같이 이름. 앞뒤에 각각 두개의 다리가 달려 있음.
※其小者 有時用代經案 其大者 容大人而有餘

경궤도(經櫃圖) 衆寮에서 그 衆僧의 單位를 排列한 그림.

경궤여현도상위(經軌與現圖相違) 現圖에는 釋迦를 第二院에 안치하고, 經軌에는 第三院에 안치 하였음.
※大日經疏五에「次往第二院畵釋迦牟尼阿闍梨云 此中第二是隱密語耳 若從中向外當以釋迦牟尼眷屬爲第三院 今則以毘盧遮那法門眷屬爲第一 釋迦牟尼眷屬爲第二 諸菩薩在悲智之間 上求下化故爲第三 所以如此互文者 此是如來密藏 爲防諸慢法人不從師受者變亂經文故須口傳相付也」→經疏與現圖相違.

경근(境根) ㊔〈Visa yani indriyā-ni〉 모든 感官의 對象으로서의 모든 機關을 말함. (佛所行讚)

경내(境內) 寺域內. 區劃된 寺院의 域內.

경념불(經念佛) 經文을 읽으며 念佛함.

경단(經單) 經名을 적은 標紙. 禪家에서 經 題目을 쪽지에 써서 붙이는 것. 特別한 法會를 行하기 前에 읽을 經典의 이름을 누런 종이에 써서 미리 大殿에 붙여 大衆에게 알리는 것.

※禪家每年啓建正月祝道場之前一日 貼於大殿前者 勅修百丈淸規第一에 「啓建元先一日 堂司備榜 張於三門之右及上殿經單 俱用黃紙書之」

경담(鏡潭) 朝鮮 末期 승려, 瑞寬律師(1824~1904)의 號.

경당(經堂) 一切의 經典을 간직하여 두는 殿堂. 經藏과 같음.

경당(經幢) 또는 石幢, 經文을 새긴 石柱. 多角形 石柱에 經文을 새긴 것으로서 八角形이 가장 많음.

경당(鏡堂)〔1244~1306〕 臨濟宗. 이름은 覺圓, 宋나라 西蜀 사람. 白玉蟾의 후손으로 幼時에 吳나라에 가서 諸老宿을 뵙고, 다시 太白山 環溪禪師에게 法을 묻고 弘安 2(1277)年 佛光禪師와 함께 日本에 건너감. 1306年 9月 26日 世壽 63세로 示寂하니 大圓禪師의 시호를 내림.

경당궤(經唐櫃) 經文을 넣어 두는

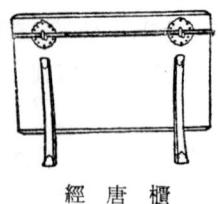

經 唐 櫃

唐櫃. 經櫃.

경덕전등록(景德傳灯錄) 三十卷. 宋나라 沙門 道原이 景德 3(1006)年에 지음. 翰林學士 楊億이 序하고, 長樂 鄭昂이 跋을 썼으며 天童宏智의 疏와 劉斧의 後序 등이 있음. 내용은 過去 七佛로부터 歷代 禪宗의 祖師 五家 五十二世에 이르기까지 傳灯한 法系의 차례를 기록한 책. 一卷부터 二十卷까지는 七佛을 비롯하여 摩訶迦葉에서 靑原의 아래로 第十一世의 長壽法齊에 이르는 1,712人을 수록하였음. 그 중 954人은 語錄이 있고, 그외 758人은 이름만 있다. 第二十七卷에는 寶誌·善慧·慧思·智顗·僧伽·法雲·豊干·寒山·拾得·布袋의 十人과 諸方에서 雜擧·徵·拈·代·別을 싣고 二十八卷에는 南陽慧忠에서 法眼文益까지 十二人의 廣語를 싣고, 第二十卷에는 讚·頌·偈·詩를 싣고, 第三十卷에는 銘·記·箴·歌를 싣다. 기타 石頭의 參同契. 傅大士의 心王銘. 三祖의 信心銘. 顯宗記. 證道歌. 草庵歌 등을 수록하였음. 後世 學人이 佛祖의 史蹟을 아는 데는 가장 緊要한 책임. 그런데 鄭昂의 跋에 의하면 이 冊은 본래 湖卅 鐵觀音院 僧 拱辰의 所撰이라 한다. 拱辰이 책을 지어 서울로 가는데 배속에서 마침 한 중에게 그 原稿를 도적 맞고 서울에 갔는데 道原이 이미 책을 지어 올려서 褒賞을 받았다는 소리를 듣고 말하기를 나의 뜻은 佛祖의 大道를 밝히려 함에 있으니 내 어찌 다시 간행하여 영리를 꾀하겠는가 하였다 함.

경도(經道) 經典에서 說한 道.
※無量壽經下에「如來興世 難値難見 諸佛經道 難得難聞」

경도사(慶導師) 法會를 慶讚하는 導師.

경두(經頭) ①禪家에서 經卷圖書를 관장하는 僧侶. ②禪院에서 一切經을 보수하기 위하여 街坊에서 勸化하는 승려.

경량부(經量部) ㊹〈sautrāntika〉또는 經部. 小乘十八部의 하나. 佛滅後 四百年初에 說一切有部로부터 別派한 것. 三藏 가운데서 오직 經을 가지고 正量을 삼는 까닭에 經量部라 함.
※宗輪論述記에「此師唯依經爲正量 不依律及對法 凡所援據 以經爲證 卽經部師 從所立以名經量部」

경례(敬禮) ㊹〈Vandana〉三寶를 恭敬하여 禮拜하는 것.
※毘奈耶雜事一에「見老婆羅門 卽云跪拜 若見苾芻 便云敬禮」同十五에「凡是口云我今敬禮 但是口業申敬 若時曲躬口云畔睇 此雖是禮 而未具足 然鄔波離 於我法律 有二種敬禮 云 何爲二 一者五輪着地 一者兩手捉䏶 而皆口云我今敬禮 彼云無病 若不爾者 俱得越法罪」

경론(經論) 三藏 가운데 經藏과 論藏을 말함. 經은 부처님이 說한 法華・涅槃 등이요, 論은 菩薩이 祖述한 唯識・俱舍論 등을 말함.

경론가(經論家) 經論을 業으로 하는 사람. ↔禪家.

경론사(經論師) 經師・論師의 약칭. →經師・論師.

경론석(經論釋) 如來가 說法한 經과 菩薩이 祖述한 論과 여러 사람들이 그 經・論의 뜻을 풀이한 것을 말함.

경류(經流) 죽은 이의 혼백이나 魚類의 고난을 구하기 위하여 經文을 書寫하여 바다나 강에 띄우는 일.

경률(經律) 三藏가운데 經藏과 律藏
※經爲敎常道者 律爲制惡事者

경률론(經律論) 부처님이 說한 經. 부처님이 定한 律과 後代의 祖師가 敎義를 解明한 論. 이것을 三藏이라 함. →三藏.

경률오종별(經律五種別) 經과 律을 說者本位로 區別한 것. 곧 金口直說(佛說)・弟子說・仙人說・諸天說・化人說의 五種.

경률이상(經律異相) 五十卷, 梁나라 僧旻・寶唱 등이 엮음. 經律 二藏 가운데서 拔萃하여 類聚한 것.

경마(經馬) 般若心經과 繪馬의 倂稱. 禪院에서 祈禱나 盂蘭盆會 등에서 이 두가지를 印造하여 태우는 것으로 紙錢을 더하여 經이 罷하면 불태움. 이는 宋나라 때에 禪林에서 行하던 法이라 함.

※蓋以人鬼道異 若火化之 則他得受用也 異聞總錄云 李泳子永 常印尊勝陀羅尼幡 焚施鬼道 卽此也.

경만(輕慢) 他人을 경멸하고 업신여기는 것.
※法華經不輕菩薩品에 「我深敬汝等 不敢輕慢」

경명일(景命日) 天子가 卽位하는 날. 禪林法規에 每月 이날에는 祝讚하는 諷經이 있음. (象器箋十三)

경모(輕毛) 十信位에 있는 菩薩은 佛道修行에 있어서 一進一退가 一定하지 않으므로 가벼운 털에 비유한 것.
※名義集二에 「婆羅 隋言毛道 謂行心不定 猶如輕毛隨風東西 魏金剛云毛道凡夫」 然唐善導師所謂信外輕毛者 自謙而云.

경모각(輕侮覺) 八覺의 하나. 자기의 才德만을 믿고 남을 업신여기고 모멸하는 생각.

경목(經木) 또는 音木, 讀經할 때에 치는 拍子木.

경목립(經木笠) 經木型의 얇은 나무쪽으로 만든 삿갓.

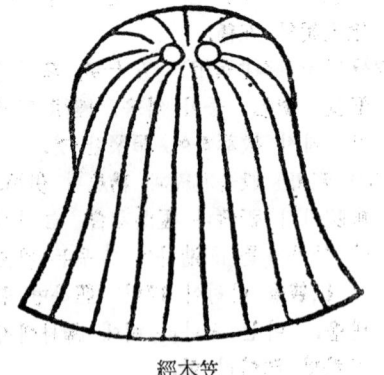
經木笠

경문(經文) 經의 文句. 義理를 能詮한 것. 즉 經文을 能詮이라 하고, 義理를 所詮이라 함.

경박박지(硬剝剝地) 물건이 단단하여 깎아도 깎아지지 않는 것을 형용하는 말. 地는 助字(碧嚴五十則著語)

경법(經法) 如來가 說한 敎法은 萬世의 常法이 되므로 經法이라 일컬음.
※毘奈耶雜事匹에 「善和苾芻 作吟諷聲 讚誦經法」

경변(經變) 經典을 記述하고 있는 情景을 그린 繪畫. 主로 中國 唐代의 寺院壁畫를 말함. 唐 張彦遠의 歷代名畵記 卷二 長安 慈恩寺條에 「塔北의 殿閣 前窻 사이에는 吳道玄이 菩薩을 그리고 殿內에는 楊廷光이 經變을 그렸다」고 하였음. 變의 種類를 大別하면 維摩變·淨土經變·金剛經變·金光明經變·本行經變·彌勒變·華嚴變·除災忠變·法華變·日藏月藏變·業報差別變·十輪經變·藥師變·寶種經變·楞嚴經變相·楞伽變相·智度論色偈變 등이 있음.

경보(慶甫) (868~947) 新羅末 高麗初의 승려. 字는 光宗. 속성은 金氏. 鳩林에서 출생. 夫仁山寺에서 중이 되고 백계산 道乘의 제자가 되어 18세에 월유산 華嚴寺에서 具足戒를 받음. 眞聖女王 6(892)年 唐

나라에 건너가 撫州 疎山의 匡仁에게 入室. 心印을 전해 받고 景明王 5(921)年에 귀국, 後百濟 甄萱의 請으로 南北禪院과 백계산 玉龍山에 住하다. 그후 高麗의 太祖·惠宗·定宗의 스승이 되었다가 947(定宗2)年 玉龍寺 上院에서 世壽 80, 법랍 62세로 入寂함. 시호는 洞眞大師. 塔號는 寶雲. 뒤에 碑를 세운 것이 지금 光陽郡 玉龍寺 터에 있음.

경본모(經本母) ㉤(suttantamatilca 巴利七論의 하나인 法集(Dhamma sangant)의 冒頭에 記載된 말로 四十二門의 諸法을 分別·觀察하는 基準이 된다 함.

경본정신(境本定身) 부처님의 相好를 보고 發心하는 것을 相發心이라고 함. 이 見相은 四敎의 根機에 의하여 다른 四種이 있다. 그러나 그 對象의 佛身은 반드시 丈六釋迦의 應身을 所觀의 境으로 삼는다. 같은 應身佛이지만 四敎의 근기에 따라서 四種相이 다르다. 그러나 丈六釋迦로 所觀境을 삼은 것은 같으므로 境本定身이라고 함.

※ 觀輔行一에「皆以三藏如來而爲境本於色上四見不同」四敎儀集註上에「如來謂丈六身 卽境本定身也」

경봉(鏡峰) (1895~1969) 姓은 金氏 本貫은 光山. 師는 1895年 11月 30日 父金鎭珠 母 慶州金氏의 사이에 二男으로 태어났다. 師는 甲午(1894)年 이후 가세의 몰락으로 全北 益山郡 熊浦面에 있는 먼 일가를 찾아 그곳에서 四書三經을 읽은 후 論山郡 良村面 仁水里의 培養學校에서 漢文을 지도하였다. 그후 乙巳보호조약이 체결되자 의분을 禁치 못하여 한때 茂州 德裕山 등지에서 의병대장으로 抗日투쟁도 하였으나 사세 부득이하여 庚戌年 國恥에 出家를 결심하고 가족의 눈을 피하여 행방을 감추다. 그후 2年여 동안 金剛山을 遊歷하다가 27세에 乾鳳寺에서 朴蓮湖禪師를 恩師로 得度. 沙彌戒를 받아 乾鳳寺佛敎專門講院에서 祖室 雲坡講伯의 자극을 받고 하루 3시간밖에 자지 않으며 3年 각고 끝에 大敎科·隨意科를 마치자 當寺의 元老이신 凌虛大禪師가 傳法弟子로 入室을 許하고 金剛山의 一萬二千峰의 정기가 거울에 비춤과 같은 慧明을 지녔다 하여 鏡峰이란 堂號를 내리었다. 그후 1918~1922年 大敎科를 마치고 內金剛 소재 摩訶衍庵에서 修禪하며 羅漢과의 對話 등 靈驗을 보이고 瑞氣放光하는 異蹟을 남기었다. 1923~1939年 楡岾寺·乾鳳寺에서 經法. 38세에 大講伯이 되었다. 楡大講寺 佛科專門講院의 祖室로 2年 乾鳳寺 佛敎專門講院의 祖室로 3年동안 많은 人材를 길러냈으니 즉 太古宗 宗正 鄭斗石. 金炳奎·張元圭·黃錦松과 法華宗의 李法弘和尙이 그 門下에서 배출되었다. 19

39年 4月 日本佛敎視察을 마치고 1939年 10月 乾鳳寺 住持에 피임. 僧侶의 紀綱確立과 大伽藍 수호에 힘 쓰다. 朝鮮總督府에서 年例的으로 소집하는 三十一本山 住持회의에서는 南次郎總督의 면전에서 큰 소리를 쳐 그들의 오만한 태도를 꾸짖다. 또 東國大學校의 前身 惠化專門學校가 운영난으로 매도직전에 처했을 때 그 부당성을 통박하고 인재양성을 力說하여 그 유지에 힘을 기울였다. 8.15해방 후 乾鳳寺 住持로 三選되었으나 北傀의 불교 탄압으로 월남. 鷄龍山 신도안에 은거중 1953年 東鶴寺 住持 宋德潤의 간청으로 당시 佛科專門講院을 재건하여 우리나라 최초의 比丘尼 講院으로 발족시켜 많은 人材를 배출하다. 1953年 8月 25日 78세로 文化勳章國民章을 받다. 1969年 음 7月 25日 世壽 85세로 世緣을 끊고 涅槃에 드니 法臘이 58세임.

경부(經部) 經量部의 약칭.

경붕익운(景鵬益運) 이름은 益運. 景鵬은 堂號. 俗姓은 金氏. 順天 住岩사람. 憲宗 2(1836)年에 出生하다. 어려서 穎悟非凡하고 器宇가 軒昂하였다. 15歲에 仙岩寺에 家出하였고 函溟和尙에게 禪訣을 배웠다. 侍巾의 餘暇에는 古人書를 읽고 19세에 雪竇有炯禪師에게 華嚴經을 배워 慧眼을 밝혔다. 高宗 5(1868)年 가을에 無等山 元曉寺에 幢을 세우니 나이 35歲였다. 陞堂하여 經을 講하니 遠近의 學者가 듣고 欽敬하지 않는 이 없어 聽衆이 恒常 數百에 達했다. 敎壇의 牛耳를 主執한지 20餘年에 諸方의 龍象이 그 門下에서 많이 나왔다. 末年에 一炷香과 數枝의 연꽃으로 彌陀를 禮念하여 淨土에 回向하고자 淨業을 닦으며 늘年을 보내다. (1915年)에 微疾로 淨髮沐浴하고 奄然히 入寂하니 世壽가 80이며 法臘이 66세임.

경사(經師) 讀經하는 法師.
※毘奈耶雜事四에 「善和苾芻 作吟諷聲 讚誦經法(中略)欲親往奉彼經師」梁高僧傳有經師之一科.

경사(經笥) 經을 넣어 두는 상자. 轉하여 經에 통달한 사람이란 뜻. 또는 法將이라 함.
※與西域記十二贊奘師所謂「印度學人咸仰盛德」

경산(徑山) 중국 浙江省 杭州府에 있는 山. 震旦 五山의 하나. 唐 徑山道欽(714=開元・2)~792=貞元・8)이 이 山에 住錫함.

경산도흠선사(徑山道欽禪師) 玄素의 法嗣. 처음 徑山에 駐錫하였으나 唐 代宗 大曆 3(768)年 詔勅에 依하여 宮闕에 나아가서 皇帝를 拜謁하니 帝께서 國一禪師의 號를 내려줌. 뒤에 本山으로 돌아와 德宗 貞元 8(792)年에 79歲로 入寂하니 大覺禪師의 諡號를 내림. (宋高僧傳

九. 傳灯錄四)

경산불감선사(徑山佛鑑禪師) 夔州의 臥龍에 住한 破庵祖先의 法嗣. 이름은 師範. 號는 無準. 東福寺의 開山 聖一과 圓覺寺의 開山祖 元은 다 그의 法嗣. →無準.

경산선(徑山禪) 唐나라 禪師. 大慧宗杲가 주장하던 臨濟活句의 看話禪을 말함.

경산중(京山~) 서울 부근의 절에 있는 승려.

경산허당지우선사(徑山虛堂愚禪師) 道場運庵에 住하던 普岩의 法嗣. 이름은 知愚. 號는 虛堂. 建長寺의 紹明은 그의 法嗣. →虛堂.

경삼진(經三塵) 經에 三種類가 있음을 말함. 부처님의 音聲으로 說한 聲塵經, 紙墨에 의하여 示顯한 色塵經, 스스로 생각하여 眞性을 體得한 法塵經의 三種.

경상(經床) 經을 올려 놓는 책상. 經案.

경상(經箱) 經을 넣어 두는 상자.
※其形不同 而在經案之上者 堅一尺許 橫四五寸 多鏤金銀嵌螺細爲飾.

경상(鏡像) 梵〈adarsa〉 般若經十喩의 하나. 거울 속에 비친 影像은 그 實體가 없는 것이 恰似 水中에 비친 달 그림자와 같다. 宇宙의 萬像은 그 因緣에 依하여 생기는 것이며 實體가 없으므로 宇宙萬像을 거울속의 영상에 比喩한 말.
※智度論六에「如鏡像 實空不生不滅 誑惑人眼 一切諸法 亦復如是 空不實不生不滅 誑惑凡夫人眼(中略)諸法因緣生無自性 如鏡中像」

경상원융(鏡像圓融) 鏡과 像이 圓融無礙하다는 것. 譬喩하면 明鏡과 같다. 明은 空에, 像은 假에 鏡은 中에 比喩하며 合하지도 흩어지지도 아니하여 合散이 宛然하다. (摩訶止觀第二)

경상자하(敬上慈下) 위로 尊長에게 恭敬供養하고, 아래로 一切衆生에게 慈愍·愛念함을 이름.
※觀無量壽經所謂「孝養父母 奉事師長 慈心不殺 修十善業」卽其意也.

경생(經生) 또는 經手. 經을 쓰기 爲하여 國家에서 同一한 筆體로 익힌 사람.

경생성자(經生聖者) 預流 등 聖者의 階位에서 欲界 혹은 色界의 多生을 지낸 뒤에 涅槃(入滅)한 者를 말함. (俱舍光記二十四·寶疏二十四)
※其中經欲界生之聖者 必不往生於色無色界 證得不還果已 定於現身般涅槃 此以彼聖者 旣厭欲界之苦 深恐生於上界 猶有長時之苦 同於欲界故也 經色界生之聖者於色界無苦 隨有以厭心劣 而上生于無色界之義.

경석(經釋) 佛經과 師釋의 倂稱. 如來의 說法을 傳誦·記錄한 것을 經, 그 經의 뜻을 스승이 되어 解釋한 것을 釋이라 함.

경성(敬聖) 朝鮮 승려 一禪(1488~

1568)의 號 또는 慶聖이라 함.

경소(慶照) 중국 錢塘 사람. 姓은 胡氏, 字는 子文, 出家 후에 奉先寺에서 源淸을 17年 동안 시봉함. 源淸이 入寂한 뒤에 그 法을 이어 받고 景德 元(1004)年 梵天寺에서 講風을 크게 멸쳤다. 天禧 元(1017年 4月에 世壽 55세로 入寂하니 智圓이 그의 行業을 기록함. (閑居編·十義書·四明教行)

경소여현도상위(經疏與現圖相違) 現圖는 釋迦의 第二院에, 經軌는 第三院에 安置되어 있음. 이 經軌는 大日經具緣品에 이르기를 「第二院에 가니 東方으로 첫 門안에 釋迦牟尼의 그림이 있다」는 글에 依한다. 그러나 阿闍梨의 說에 依하면 안에서부터 밖으로 향하는 次例는 文殊院이 마땅히 第二重이 되어야 하고 釋迦院은 第三重이 되어야 하는데 只今 釋迦院이 第二院이 된다는 것은 大智大悲의 次例를 示現한 때문이다. 그러므로 이 曼陀羅를 만들 때에 먼저 中胎와 아울러 第一重을 만드니 이는 大日이 內證한 智德 때문이고, 다음으로 二重을 넘어서 第三重의 釋迦院을 짓는 것은 大日이 外用한 悲德 때문이다. 곧 大智와 大悲의 不二한 次例이다. 다음에 다시 第二重의 文殊院 등을 지은 것은 悲와 智의 二利를 象備한 까닭이다. 그러하면 經文의 第二院은 法門의 次第에 의하여 釋迦가 第二番이 되므로 第二院이라 하고, 文殊가 三番이 되므로 第三院이라 함.

경쇠(磬~) 부처님 앞에 절할 때에 흔드는 작은 종. 갸름하고 끝이 벌어졌으며 안에는 치는 추가 달리고 위에는 나무 자루가 있음. 磬·石磬.

경수(經手) 또는 經生. 經을 書寫하는 者. →經生.

경순(敬淳) 〔?~1883〕 朝鮮 승려. 號는 影山. 어려서 出家하여 禪雲寺 先知識으로 근세에 名聲을 멸침. 뒤에 通度寺·觀音寺·松廣寺·海印寺 등지에서 菩薩行을 닦아 헐벗은 이를 만나면 입은 옷을 벗어주고, 굶주린 이에게 밥을 주며 頭陀行으로 諸方을 다니다가 觀音寺에서 坐化함.

경순(敬順) 他人을 恭敬하고 他人의 命을 좋음.
※法華經安樂行品에「敬順佛故 發大誓願」

경술(徑術) 徑은 길. 術은 溝의 뜻으로 小路. 지름길. 大路(正道)로 가지 않고 질러 감을 말함.

경신(庚申) 庚申會에서 祭祀지내는 神의 이름. 青面金剛의 化身이라 함. 본디, 六甲의 하나로 道教의 迷信에서 나왔으며, 뒤에 佛教의 帝釋天·青面金剛 등의 신앙과 혼동 숭배되는 神.

※北斗七星儀軌曰 世有司命神 每至庚申 日 上向天帝 陳說衆人之罪惡.

庚申(佛像圖)

경신(敬信)(1798~1862) 朝鮮 승려. 俗姓은 李氏, 號는 自下, 湖南 朗州 사람. 14세에 全南 海南郡 達摩山 美黃寺에서 중이 되어 禪敎를 익히고 金剛山·五臺山·頭流山 등 名山을 다니면서 先知識을 찾아 뵙고 晩年에 全南 長興郡 迦智山, 松臺庵의 內院에서 定慧를 닦다가 世壽 65歲로 內院의 禪室에서 入寂함.

경신일(庚申日) 北斗七星儀軌에「세상에 司命神이 庚申日이면 위로 上帝를 향하여 衆의 죄악을 고한다」고 함. →庚申會.

경신회(庚申會) 庚申日 밤에 세마리의 원숭이 그림을 걸어놓고 帝釋天과, 青面金剛에게 제사지내는 行事. 그 기원은 道敎에서 말하기를 사람의 몸에 있는 三尸蟲이 庚申日마다 사람이 잠든 사이에 昇天하여 그 사람의 罪를 上帝에게 참소한다고 하므로 이날밤은 자지 않고 밤새워야 한다는 데서 由來한 것.

※庚申之夜 以青面金剛之像爲本尊 造猿形爲神 設祭供徹夜 以滿足衆願 謂之庚申 是本出於道家 避三尸蟲之說 更無佛敎之典據.

격안(敬安) 中華民國初의 護法僧. 姓은 黃氏. 字는 寄禪. 淸 咸豊 元年(1851)에 湖南省 湘潭市에서 出生. 어릴때부터 仙道와 佛道를 좋아하였음. 早失父母하고 어느날 울타리 가에 핀 白桃花가 風雨에 지는 것을 보고 出家를 決心. 同治 7(1868)年에 湖陰 法華寺의 東林長老에게 出家하여 坐禪 5年에 크게 깨우쳤다. 왼손가락 두개를 불에 태우고 自稱 八指頭陀라 함. 中華民國 佛敎總會의 創設者.

경안(經案) 經을 올려 놓는 책상.

경안(經眼) 經을 볼 만한 眼目이란 뜻. 곧 경문을 이해할 수 있는 힘을 말함.

경안(輕安) 心所의 이름. 善心과 서로 應하여 일어나서 마음으로 그 일을 감당케 하여 몸이 경쾌하고 안온하게 하는 마음의 作用.

※俱舍論四에「輕安者 謂心堪任性」

경안각지(輕安覺支) →七覺分.

경암(鏡巖) 朝鮮 승려. 應允(1743~1804)의 法號.

경암집(鏡巖集) 三권一책. 朝鮮 승려 應允의 詩文集. 詩·書·序·雜

著 등을 모아 朝鮮 純祖 4(1804)年에 門人 八關이 刊行함.

경애(敬愛). 五種壇法의 하나. 모든 佛·菩薩의 加護를 請하는 修法. 또는 一家 親戚의 和平을 비는 修法을 이름(秘藏記末). →祈禱.
※無量壽經下에「父子弟夫婦室家 中外親屬 當相敬愛 無相憎嫉」

경애법(敬愛法) →祈禱.

경약(更藥) 또는 非時藥 四藥의 하나. 아침부터 初更까지 복용하는 여덟 가지의 漿水.
※百一羯磨五에「更藥者晝日應飮 如其至夜 但齊初更 律敎一夜分爲三節 初之一分 名曰初更 過斯不應飮用 若准五更 當一更强半」

경어(鯨魚) →摩竭.

경열(敬悅)(1580~1646) 朝鮮 승려. 號는 海運. 28歲에 海南 大芚寺에서 逍遙太能의 法을 전해 받고 그는 弟子 醉如三愚에게 法을 전함.

경와(經瓦) 기와에 經文을 새겨 길이 후세에 傳하기 위해 땅속에 묻어둔 것. 보통 크기가 7·8촌 되는 기와의 안팎에 經文을 새기고 가에 經의 題目과 번호를 새긴다. 佛像이나 曼茶羅를 새긴 것도 있음. →瓦經.

경왕(經王) 그 經이 다른 經보다 殊勝한 것을 일컬어 經王이라 함. 즉 모든 經 가운데 王이란 뜻. 또는 經典을 讚嘆하여 그렇게 부름.
※法華嘉祥疏九에「言經王者 此經於今

昔權實開合自在 故稱爲王 又獨一無二 亦是王義」

경용응조(鏡容鷹爪) 誌公禪師를 이름. 師는 얼굴이 모가 나서 거울과 같고, 손톱·발톱이 다 매(鷹)의 발톱을 닮았다 함. 처음 金陵 朱氏의 女가 하루는 매의 둥지에서 어린애 울음소리가 나므로 나무에 올라가 안고 내려와서 키웠으니 이가 곧 뒷날 寶公禪師라 함.

경우대(徑迂對) 徑은 지름길. 迂는 돌아가는 길. 念佛은 淨土에 이르는 지름길. 諸行은 方便化土로 돌아가는 길. 그러므로 徑과 迂가 對가 됨.

경우신수법보록(景祐新修法寶錄) 二十一卷. 北宋 呂夷簡 등이 임금의 詔勅을 받들어 엮음. 또는 景祐法寶錄·景祐寶錄이라 함. 大中祥符法寶錄에 이어 大中祥符 5(1012)年 以後 景祐 4(1037)年까지 25年동안 번역해 낸 佛典을 編次하여 그 奏章願頌·序引 등을 集錄한 것.

경우존자(慶友尊者) 十八羅漢의 제 十七. →羅漢.

경욱(景昱)(1890~1961) 호는 古峯. 俗姓은 朴氏. 順天사람. 1890 大邱에서 出生. 어려서 三經과 四書를 讀破하고 21세(1911)때 尙州 西長寺에 들어가 慧峰을 따라 得度하였다. 1915年 八公山 把溪寺 聖殿禪院에서 坐禪中 心華發明하여 見性하고 諸方의 善知識을 찾아 精進하다가

1922年 德崇山 定慧寺에서 滿空和尙에게 古峰의 號를 받다. 그 후 棲鳳寺 白雲寺 등의 祖室이 되어 많은 衲子를 爲해 禪法을 講하고 6·25 動亂中에는 公州 麻谷寺·隱寂庵에서 禪會를 열고 禪旨를 講하였고 末年에 牙山 鳳谷寺·大田 福田寺·彌陀寺 등에 있다가 1961년 華溪寺에서 世壽 72세 法臘 51세로 入寂함.

경운(擎雲)(1852~1936) 朝鮮 末期 승려. 이름은 元奇 擎雲은 號. 俗姓은 金氏. 嶺南 熊川사람. 曹溪山 仙岩寺 大乘庵의 講主였다. 어려서 諸方을 遊歷하고, 17歲에 求禮의 智異山 燕谷寺에서 幻月和尙에게 出家하고, 順天 仙岩寺의 大乘講院에 들어가서 玄說의 幽意를 硏究할 때에 神才가 超拔하여 景鵬講伯의 提掇로 時敎의 全秘를 盡修하였다. 30歲에 景鵬講伯의 講席을 물러나서 衆望의 推戴를 받고 敎筵을 主管하니 該博한 講義와 은근한 敎誨는 當世를 風靡하여 學을 뜻하는 者 接續하여 이르고 風彩欽慕하는 者 줄을 이으니 千古法燈의 再煌을 얻었다고 하였다. 더우기 信行이 兼全하여 義學을 莊嚴하고 戒律이 嚴飾하여 衆望이 重厚하였다. 覺皇寺가 中央에 設立된 후 錫을 옮겨 敎化에 盡力하였고 1911년에 臨濟宗의 建立과 同時에 臨濟管長으로 推戴되고 禪佛兩敎의 敎正이 됨. 19 36년에 世壽 85歲로 仙岩寺에서 入寂함.

경원(景元) 號는 此菴. 溫州 永嘉 張氏의 아들. 18세에 靈山希拱和尙에게 귀의, 具戒를 받고 天台敎를 익히다. 世壽 53세로 入寂, 茶毘하니 五色舍利가 나오고 齒舌과 右拳이 문드러지지 않았다 함. 절의 동북편에 탑을 세움.

경원부(慶元府) 中國 浙江省에 있음. 지금의 寧波府. 城의 동쪽 七十里 멀어진 곳에 大梅山이 있으며, 法常禪師가 이 山에 讚聖寺를 創建함.

경월(鏡月) 朝鮮 승려. 寧邀(1775~1857)의 法號.

경유(經帷) 經衣.

경유(慶猷)(871~971) 新羅末 高麗 初의 승려. 俗姓은 張氏. 遠祖는 漢의 宗技, 母는 孟氏. 15세 때 訓宗에게 중이 됨. 888(眞聖女王 2)年 唐에 가서 雲居道膺의 가르침을 받고 908(孝恭王 12)年에 귀국함, 914(神德王 3)年에 王建이 羅州로 出陣할 때 그의 名聲을 듣고 陣中으로 맞아 歸依하고 高麗 太祖로 卽位한 후에는 그를 王師로 섬겼다. 921(高麗 太祖 4)年 世壽 51, 法臘 33세 日月寺에서 入寂함. 諡號는 法鏡. 塔號는 普照慧光. 碑는 開城 嶺南面 歸嚴山 五龍寺 터에 있음.

경유식(境唯識) 五種唯識의 하나. 所觀의 境界에 한하는 唯識.

경유의(經帷衣) →經衣.

경유자(經唯子) →經衣.

경융(京融) 新羅 승려. 新羅 聖德王 18(719)年에 慶州市 薪溪里에 소재한 甘山寺의 阿彌陀如來造像記를 썼다 함.

경음(鯨音) 梵鐘 소리. 바닷가에 사는 蒲牢는 고래가 물위로 뛰어오르면 무서워서 우는데 그 소리가 마치 종소리와 같다 하여 종의 머리에 포뢰의 모양을 흔히 새김. 고래는 본래 소리가 없으나 고래가 물위로 뛰어오르면 포뢰가 울므로 鯨音이라 함.

경의(更衣) 옷을 갈아 입음.

경의(景宜) 高麗 승려. 忠烈王 21(1295)年에 國師가 됨.

경의(經衣) 또는 經帷·維帷衣·維帷子. 經文을 書寫하여 死者에게 입히는 淨衣.
※不空羂索眞言經六에 「若有衆生 億劫 具造四重五逆十惡等罪 身壞命終 墮阿鼻獄 若此亡者隨其身分屍骸衣服爲眞 言者 身影映着 卽得解脫 捨所苦身-直生淨土」

경이(京夷) 都市와 시골.

경일구(經一口) 經典을 한번 讀誦함을 일컬음. (性靈集)

경자(經者) 法華經을 受持한 자. 또는 經論을 講說하는 자. ↔禪者.

경자(磬子) 法器의 이름. 또는 鑿子·磬·金. 手磬에 대하여 大磬이라고도 함. 銅製鉢形의 鳴器로서 이것을 臺上에 올려 놓고 枹木(북채)으로 쳐 소리내는 것.

경잠(景岑) 南泉普願(748~834)의 法弟子. 號는 長沙. 招賢 또는 岑大蟲. 淸 雍正 12(1734)年에 洞妙朗淨禪師에 봉함.
※三十二祖傳에 「岑嘗與仰山寂玩月次 寂曰 人人盡有這個 祇是用不得 岑曰 拾是倩汝用 寂曰 爾作麼生用 岑劈胸與一蹋 寂曰 因 直下似個大蟲」

경장(經藏) ①三藏의 하나. 부처님이 說한 經典. 經中에 一切의 事理가 含藏되어 있기때문에 藏이라 함. ②經典을 넣어 두는 府庫. 또는 經堂. 藏殿·輪藏.
※六十華嚴經六에「自歸於法 願與衆生 深入經藏 智慧如海」

경장당주(經藏堂主) 藏主 밑에 堂主가 있음. 堂主는 藏殿에서 항상 經을 지킴. (象器箋六)

경전(敬田) 佛法僧 三寶를 恭敬하고 供養하면 한량 없는 福이 生하므로 敬田이라 함.
※止觀十下에『上不見經佛敬田 下不見親恩之德」

경전(經典) ㊫〈Arṣa〉부처님이 說한 敎法을 기록한 책.
※佛說之 阿難結集之 初傳之於口 後書之於貝葉 其文句並書籍 謂爲經典.

경전목록(經典目錄) 漢譯한 佛典의 目錄. 略하여 經錄. 佛典의 漢譯은 後漢때부터 元代까지 약 千年동안 계속되었음. 따라서 그 經錄을 성립과정에 따라 구별하면 개인의 藏書目錄, 번역자의 譯經目錄, 學者의 研究目錄, 時定寺院의 藏書目錄·一切經目錄 등인데 이것을 다시 내용별로 구분하면 역자별 時代別 目錄, 大小乘 經律論 등의 분류에 중점을 둔 分類整理錄, 兩者를 兼備한 綜合的인 目錄 등이다. 譯經을 최초에 대량 수집한 사람은 東晋의 道安(314~385)이 분류한 총 611部의 經典으로 이 經錄을 道安錄이라 함, 이어 梁의 僧祐가 出三藏記集을 撰하여 道安錄에 빠진 것과 東晉 이후에 출간된 것 등 1,278部를 수록하여 道安錄이 失傳된 후 最古의 經錄이 됨. 이밖에 南北朝時代에 寶唱錄·李廓錄·法上錄 등의 經錄이 있다고 하나 散逸되었다. 그러나 隋는 南北을 통합하고 主室에서 南北朝에 散在한 經典을 十萬軸이나 수집했는데 그 가운데 가장 잘된 것이 彥琮의 仁壽錄이다. 이것은 668部 2,533卷이다. 그리고 唐代에 와서 玄奘의 새로운 譯經이 이룩된 다음 道宣이 長安西明寺의 大藏經을 정리한 것이 大唐內典錄이다. 이는 仁壽錄을 이어서 800部 3,361권을 收錄했다. 이로부터 2年 뒤에 洛陽 大敬愛寺에 勅命으로서 大藏經이 書寫入藏되었다. 이어서 大周刊定衆經目錄이 860部 3929卷이 되고 그 뒤에도 수많은 目錄이 있었으나 가장 조직적으로 體載가 完備된 것은 開元錄으로 1,076部 5,048卷으로서 흔히 一切經五千餘卷이라 함은 이를 指稱함.

경절(經截) 捷經. 지름길. (碧岩錄 四四)

경절(磬折) 磬은 돌. 또는 玉으로 만든 樂器. 곧 경쇠처럼 몸을 구부려 하는 절.

경절문(徑截門) 徑截은 直截과 같음. 敎外禪門의 별칭으로 三乘의 敎門에 地位와 漸次인 十地功行의 修證을 假藉하지 않고 바로 (徑) 佛地에 오른다는 法門. 不立文字·直指人心 見性成佛이라는 斬釘截鐵의 言句로서 온갖 佛藏知解를 頓斷하고 永劫生死에서 出身活路를 얻음을 말함.

경정(景淨) 본명은 Adam 波斯 사람. 景敎. 大秦寺의 중. 唐建中 12 (781)年 寧恕가 세운 景敎流行中國碑領并序를 쓴 作者.

경제(經題) 경전의 제목.
※佛經置重首題 題爲一部之總標 天台釋經題 立五重之玄義 爲萬代之洪範.

경제(慶諸)(?~888) 중국 廬陵 新金 사람. 姓은 陳氏. 號는 石霜. 13세에 洪正西山의 紹鑾禪翁에게 중이 되고 23세에 嵩山에 가서 具戒를 받다. 뒤에 圓智의 法을 받고 石霜山에 가서 그를 모시다. 圓智가 入寂한 뒤에 學徒가 雲集하여 五百人이 되었다 함. 僖宗이 師의 風聲을 듣고 紫衣를 下賜했으나 굳이 사양하고 받지 않았음. 唐 僖宗 4(888)年 2月 20日 나이 82세로 入寂함. 謚號는 普會大師.

경조(景照) 高麗 瑜伽派의 승려. 字는 空空. 詩와 술을 좋아하여 世人들이 詩僧이라 하였음. 居處하던 절은 兎角庵.

경조불이(境照不二) 對象과 그것을 알아보는 智慧가 하나이며 둘이 아니라는 뜻. (景德傳燈錄二九)

경종(經宗) 經典에 의하여 세운 宗旨를 이름. 따라서 經論에 의하여 세운 宗旨를 論宗이라 함.

※如華嚴天台是經宗 如成實三論是論宗.

경주(敬注) 韓末 때 승려. 姓은 金氏. 本貫은 金海. 號는 暎潭. 父 金萬龍과 母 金福來의 三男으로 1896年 11月 11日 慶南 東萊郡 北面 靑龍里 17-7에서 태어났다. 1908年 龍谷法師에게 沙彌戒를 받고 同年 龍谷을 恩師로 得度함. 同年 吳惺月을 戒師로 比丘戒를 받음. 1918年 大禪法階를 禀受. 1921年 中德法階에 1927年 大德法階에 승진, 1913年 梵魚寺에서 首先安을 성취 1911年 梵魚寺 明正學校(四集科彙修). 1912年 同校 補習科, 1915年 서울 徽文義塾, 1917年 梵魚寺에서 四敎科. 1918年 大敎科, 동년 東京市 東洋大學倫理學敎育學科, 1923年 同大學部 印度哲學倫理學科 졸업하고 1915年 明正學校 敎員에 1923年 同校 校長에 1926年 同校夜會長이 됨, 1938年 中央佛敎專門學校 校長署理에 취임함.

경주나원리오층석탑(慶州羅原里五層石塔) 국보 제39호. 경북 月城郡 見谷面 나원리 소재. 신라 통일시대 건립함. 높이 11.1m. 2층의 基壇 위에 5층의 塔身이 솟아 있어 신라 통일기의 전형적인 양식을 보이는 탑. 경주 부근에서 가장 높은 석탑이며 특히 탑신의 고상함과 金堂址 후방에 있는 것이 특이하다. 절의 이름은 전하지 않으나 溪塔이라 부름.

경주남산리삼층석탑(慶州南山里三層石塔) 보물 제124호. 경북 경주시 남산리 소재. 신라통일시대 건립. 높이 약7.3m 2층 基壇의 3層塔. 기단 面石에는 八部神將 조각하였음.

경주남산불곡석불좌상(慶州南山佛谷石佛坐像) 보물 제198호. 경북 경주시 인왕리 소재. 신라 통일시대 제작. 재료는 화강석. 높이 1.42m 무릎의 폭 1.12m 남산 동면에 있는 小溪谷에 노출되어 있는 많은 암석 중에서 가장 큰 암석남면에 높이 1.55m, 폭1.2m. 깊이 0.6m 가량의 龕形을 파고 여래 좌상을 조각하였음.

경주남산신선암마애보살반가상(慶州南山神仙庵磨崖菩薩半跏像) 보물 제199호. 경북 경주시 남산리 소재. 신라통일 시대 제작. 재료는 화강석 전체의 높이 1.9m, 불상의 높이

1.4m. 이 불상은 높이 2.3m, 폭 1.24m의 舟形으로 판 큰 암석의 斷崖에 菩薩半跏像을 浮刻하였음.

경주남산칠불암마애석불상(慶州南山七佛庵磨崖石佛像) 보물 제200호. 경북 경주시 인왕리 소재. 신라통일시대 제작. 재료는 화강석. 本尊像. 右協侍菩薩像, 左協侍菩薩像. 동면여래상, 서면여래상, 남면여래상, 북면여래상이 경주 남산리 높은 지대에 있는 높이 4.4m에 폭 7.6m나 되는 큰 암석에 釋迦三尊像을 浮刻했으며, 그 앞면에 있는 東西 1.2m, 南北 2m, 높이 2.7m 가량의 돌기둥 4면에 각각 如來를 부각하였음.

경주남산탑곡마애조상군(慶州南山塔谷磨崖彫像群) 보물 제201호. 경북 경주시 배반리 소재. 신라 통일시대 제작. 재료는 화강석, 神印寺址로 추정되는 이 寺域에 南北의 폭이 12m, 東西의 폭이 6m, 높이 9m 가량의 큰 바위가 돌출했는데 이 바위 四面에는 佛·菩薩을 비롯하여 天人, 僧侶, 俗人등 23位가 조각되었으며 또한 雙塔, 貊犬 등이 조각되었음.

경주배리석불입상(慶州拜里石佛立像) 보물 제63호. 경북 월성군 내남면 배리소재. 신라 통일시대 제작. 재료 화강석. 본존상의 높이 2.77m 우보살상의 높이 2.36m. 좌보살상의 높이 2.36m. 이 석가여래상과 두 보살상은 본래 부근에 무너졌던 것을 재건한 것.

경주서악리마애석불상(慶州西岳里磨崖石佛像) 보물 제62호. 경북 경주시 서악리 소재. 신라 통일시대 제작. 재료는 화강석. 본존 높이 6.85m. 보살상의 머리높이 0.9m 및 0.84m. 경주 西岳의 높이 390m의 仙桃山 꼭대기에 있는 큰 암석에 삼존상이 조각되었다. 이것이 제작된 것은 8세기 초로 추측됨.

경주서악리삼층석탑(慶州西岳里三層石塔) 보물 제65호. 경북 경주시 서악리 소재. 신라 통일시대에 건립. 높이 6.36m. 4개의 地臺石 위에 건립되었으며 그 基壇을 8개의 석재로 만들고 그위에 얕은 臺를 놓았다. 각층 塔身은 南向에 戶形을 하고 양편에 金剛力士를 浮彫하였음.

경주율동리마애석불상(慶州栗洞里磨崖石佛像) 보물 제122호. 경북 경주시 율동리 소재. 신라 통일시대 제작. 재료는 화강석. 중존상의 높이 2.47m. 좌협시보살상의 높이 1.97m. 우협시보살상의 높이 1.93m 이 석불상은 길이 7m. 높이 3.5m 가량의 암석에 浮刻된 三尊像이다 이 석불상의 제작 연대는 대략 9세 초기로 추정됨.

경주천군리삼층석탑(慶州千軍里三層石塔) 보물 제168호. 경북 경주시 천군리 소재. 신라 통일시대(8세기의 건립으로 추정. 높이 약 6.6m 2층기단 위에 3층의 탑신을 가지고 있다. 신라 석탑의 전형적인 양식에 속함.

경중상(鏡中像) 거울에 비치는 影像은 實體가 없으므로 水中의 달과 같다는 것. 宇宙의 萬象은 因緣所生으로 그 實體가 있는 것이 아니므로 宇宙의 萬象을 거울속의 영상에 비유한 말.

경중의(輕重儀) 四分律輕重儀의 약칭. 一卷 南山道宣의 著書.
※就亡五衆物 分別輕物重物者 律中死者之遺產相繼法 輕物與親近比丘 弟子比丘 看病比丘等 重物屬於四方僧者 不許分與 此所以須分別輕重物也 又曰現前僧物 四方僧物.

경지(境智) 所觀의 理를 境. 能觀의 心을 智라고 함.
※釋籤一에「理惑一體 境智如如」

경지(鏡智) 高麗 승려. 熙宗(1204~1211)의 第四子.

경지행(境智行) 天台宗에서 내 세운 三軌를 말함. →三軌.

경집(經集) ㉿ 〈sutta-nipata〉 略하여 尼派多라 함. 巴利의 小部經 Khuddaka-nikaya의 하나. 短篇의 古經典을 收集한 것. 總五品七十經임.

경찬(經讚) 經典을 讚歎하는 偈頌. 現在된 것으로 法華經讚 Saddharmapundarika-stava과 讚般若波羅蜜偈가 있다. 이 中에 法華經讚은 河口慧海氏가 西藏에서 가져온 梵文 法華經寫本의 首部에 있는 스로카(Sloka)調 二十頌으로 되어 있다. 末尾에 阿遮利耶羅睺羅跋陀羅造(Krtir acarya-Rahulabhadrasya)라고 되어 있음.

경찬(慶讚) 佛像. 經卷을 奉安하거나 殿堂. 塔廟 등을 새로 지었을 때 行하는 法事. 그 成功을 기꺼이 여겨 善根을 찬탄한다는 뜻.
※安像三昧儀軌經에「從三昧起 說彼塑像畫雕莊嚴 一切佛及諸賢聖之衆 安像慶讚儀軌之法」

경참(經懺) 轉經禮懺의 약칭. 經을 誦讀하며, 禮拜하고 참회하는 것. 공드리는 施主가 自己의 福壽와 安全을 祈願하려고 절에 와서 僧侶에게 請하여 讀經禮懺함을 일컬음.

경참(慶懺) 慶讚과 같음.
※禪苑淸規看藏經에「於看經了日 設齋供慶懺」象器箋十一에「碧嚴錄云 長慶云 大似因齋慶讚 卽作讚 恐作懺者訛然諸錄多作懺」

경책(經筴) 또는 梵筴・具筴. 筴은 筮策(점대)・簡書(서간)의 뜻.
※字典에「廣韻楚革切 魯語錄文仲聞柳下季之言 使書以爲三筴 註簡書也」以貝經與簡策同也 作夾者爲非 寄歸傳一에「云十誦四分者多是取其經夾以爲廳目」僧史略上에「于時未事翻譯 必存梵筴」

경책(警策) 禪房에서 僧衆이 坐禪할 때 권태・졸음을 물리치는데 사용하는 채찍.

※長四尺二寸 上幅少廣 有二寸弱 不問 睡與不睡 可打卽打 受者合掌低頭而謝 之.

警策

경천사십층석탑(敬天寺十層石塔) 국 보 86호 景福宮內에 소재. 세칭 十 三層塔 높이 약 13m, 재료 대리 석, 四面斗出星形의 三層 基壇 위에 같은 모양의 탑신을 올리고 그 위에 方形塔身 七層을 올렸다. 기단부 위에는 불상·보살상·초화·반룡 등을 陽刻하고 탑신에는 柱·枓栱 ·屋蓋 등을 만들어 부처·보살· 天部 등을 전면에 조각하였다. 이 탑은 원래 1348(忠穆王 4)에 축조, 京畿道 開豊郡 廣德面 扶蘇山의 敬 天寺에 있었다. 서울 파고다공원의 圓覺寺 탑은 이 탑을 본뜬 것이라 한다. 1348年 元나라 기술자의 도 움으로 만들었다는 說도 있다. 19 18年 日本 사신 田中光顯(당시 宮 內大臣)이 日本으로 가져 갔다가 되돌려 왔는데 많이 파괴된 부분을 시멘트 등을 보충하여 景福宮 안에 세웠음.

경첩(輕捷) →夜叉.

경청우적성(鏡淸雨滴聲) 語 鏡淸道 怤가 빗소리를 듣고 一機一境의 眞 奧를 깨달았다는 것.

경청줄탁기(鏡淸啐啄機) 語 또는 鏡 淸草裏漢. 鏡淸道怤가 啐啄으로 因 하여 稚鷄가 出生하는 것과 같이 開 悟의 機緣은 항상 師資의 啄覺하는 一師那의 消息에 있다고 說한 것. (啐은 닭이 알을 깔때에 알속의 병 아리가 껍질을 깨뜨리고 나오기 爲 하여 껍질 안에서 쪼는 것. 啄은 어미 닭이 밖에서 쪼아 깨뜨리는 것을 말함).

경체(經體) 經의 體, 곧 한 경전에 서 밝히는 主題를 이름.
※天台觀經疏卷上 謂諸法實相爲經之體 餘皆魔事 如諸星環北辰 萬流宗於東海 也 天台以前之諸師 不別經宗與經體 天台以體爲一經之主 謂宗如輔臣 小乘 經以三法印爲體 淨土諸師以念佛爲體.

경체삼진(經體三塵) 經體에 聲塵의 經, 色塵의 經, 法塵의 經 등 세가 지가 있음을 말함. 聲은 如來가 在 世時에 부처님의 音聲을 듣고 道를 깨달으니 聲塵으로 經을 삼고, 色 은 如來가 入滅한 후 經卷으로 말 미암아 傳하여 가지니 色塵으로 經 을 삼고, 法은 內心으로 思惟하고 스스로 法받아 理에 계합함이 他敎 로 말미암지 않고 오직 法塵으로

經을 삼음(玄義八上)
※耳識利者依於聲 眼識利者依於色 意識利者依於法 此土之人 此三識利 餘三識鈍 鼻嗅紙墨亦無所知 身觸經卷亦不能解 舌瞰文字寧辨是非耶 是故唯以三塵爲經體.

경초(景超) 師는 어느 곳 사람인지 알 수 없으나 성품이 곧았다. 諸方을 遊歷하다가 廬峯에서 오직 法華經을 외웠다. 또 華嚴經 一字마다 절을 하면서 두번이나 읽고 한 손가락을 태워 燈供養을 하였다. 그 후 天福年間(936~943)에 卒함.

경촉(輕觸) 八觸의 하나. 몸이 구름 또는 먼지와 같이 가벼워 마치 날아가는 듯한 느낌이 있는 것.

경총(經塚) 佛經을 길이 후세에 傳하기 위하여 경전을 넣거나 經文을 새기거나 또는 쓴 經筒·經石·經瓦 등을 땅속에 묻고 만든 무덤, 무덤 위에 五輪塔 등을 새우기도 함.

경탈(敬脫) 俗姓은 未詳, 汲郡 사람. 일찍 孝行과 淸直으로 이름이 알려졌고 어려서 출가, 大小乘에 해박하고 成實論에 더욱 밝았다. 몸집이 長大하고 풍만하여 그때 모두 僧傑이라고 불렀다. 隋 大業 13(617)년에 世壽 63세로 東都의 鴻臚寺에서 卒함.

경탑(經塔) ①經文이나 陀羅尼를 속에 넣고 供養하는 塔. 印度에서는 塔과 佛像을 造成하면 반드시 舍利나 經을 안에 넣어 두는데, 經을 속에 넣은 것을 말함. ②塔에 經文을 새긴 것.
※寶篋印陀羅尼經에「安置此陀羅尼於像像中者 我等十方諸佛 隨其方處恒常隨逐」

경통(經筒) 經典을 넣거나 경문을 새기어 經塚에 묻는 통, 흔히 원통형·육각형·팔각형이며, 靑銅·金銅·철·사기·돌 등으로 만듦.

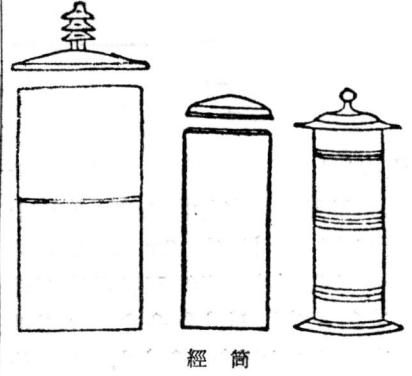

經筒

경판(經板) 경전을 간행하기 위하여 나무나 금에 새긴 판.

경패(經唄) 經文을 노래로 읊는 소리. 곧 梵唄.
※慧琳音義六十五에「經唄 僧尼法事梵唄聲也」

경학원(經學院) 우리나라 寺院에서 經典을 學習하는 建物.

경한(景閑)(1299~1375) 高麗末 승려. 號는 白雲. 高麗 忠定王 3(1351)년에 元나라 湖州에 건너가서 石屋淸珙에게 法을 묻고 1353년 1월에 道를 깨치다. 1360年 海州 神光

寺에서 宗風을 宣揚하고, 후에 川寧 鷲岩寺에서 나이 77歲로 入寂하다. 著書에 白雲錄 2卷이 있음.

경해(謦咳) ①소리가 작은 것을 謦 큰것을 咳(欬)라 하며 連用하여 言笑에 비유한 말. ②十神力의 하나.

경행(經行) 梵〈Vihara〉또는 行道 坐禪중에 졸음이 오거나 身病을 療養하기 위하여 一定한 장소를 도는 일. 經行에 다섯 가지의 이익이 있으니 즉 勤健(몸이 가볍고 민첩함). 有力, 不病, 消息, 意堅固이며 또한 經行에 적당한 곳으로는 閑處·戶前·講堂前·塔下·閣下의 五處.
※十誦律五十七에「經行法者 比丘應直 經行 不遲不疾 若不能直 當畫地作相 隨相直行 是名經行法」

경행과(境行果) 境·行·果의 병칭. 境은 所觀의 對境, 行은 修斷의 因行. 果는 所得의 果報를 말함.
※就一切法而審詳分別觀察三性有體無體 有爲等 謂爲境 已知境界 則修習聞思 修三慧 凝五重唯識觀 謂爲行 果者 謂 有漏之修 能感世間一切之妙果 無漏之修 永滅諸障而得大菩提也.

경허(鏡虛)(1875~1939) 1875年 8月 24日 全州 子東里에서 誕生함. 이름은 惺牛. 鏡虛는 號. 俗姓은 宋氏. 九歲에 桂虛에게 得度하여 東鶴寺 萬化和尙에게 佛經을 배우고 23歲에 講會를 열다. 31歲 때 桂虛를 만나러 가던 途中癘疫이 甚한 마을을 지나다가 사람들이 몹씨 苦痛을 겪는 것을 보고 文字만으로 生死를 濟度할 수 없음을 알고 歸寺하여 學僧들을 돌려 보낸 뒤 문을 닫고 三個月동안 參禪하여 妙旨를 大悟하였다. 32歲에 洪州 天藏菴에서 龍岩和尙의 法을 잇고 開心寺. 海印寺·梵魚寺·摩訶衍·釋王寺등 여러 절에서 禪風을 振作시키고 晩年에는 온갖 萬行을 거침없이 行하였다고 함. 1939年 4月 25日 世壽 64, 法臘 56세로 甲山에서 入寂함.

경헌(敬軒)(1542~1632) 朝鮮 승려. 俗姓은 曺氏 號는 霽月, 또는 虛閑居士. 長興사람. 15세에 天冠寺 玉珠에게 중이 됨. 일찌기 史記와 諸子書를 통달하였으나 이는 出世間法이 아니라 하고, 圓哲·玄雲에게 나아가 三藏을 익혔다. 宣祖 3(1569)年에 西山에게 禪의 心法을 깨닫고, 壬辰亂때에 僧義兵에 應募 左營將이 되었다가 얼마 후에 사면하고, 王이 禪敎兩宗判事를 除授했으나 사양한 후 山中으로 물러나 楓岳·五臺·雉岳 등 諸方을 遊歷하다가 金剛山 仙隱洞에서 7年동안 머물고, 仁祖 10(1632)年 雉岳山에서 寶蓋山으로 오면서 여기가 인연 있는 땅이라 하더니 얼마 후에 世壽 91, 法臘 76세로 入寂하다 著書에 霽月集이 있음.

경협(經夾) 또는 梵夾. 經文을 具多羅에 새겨 厚板에 끼워서 묶은 것. 그 모양이 箱子와 같으므로 梵이라

함. (筴은 筞의 誤字로 策과 같음)

경호(竟胡)(1868~1915) 韓末 승려, 俗姓은 田氏. 號는 錦波(뒤에 琴巴라고 함) 結城 사람 高宗 5(1868)年에 全北 金提에서 출생함. 일찍 兩親을 여의고 外家에서 자랐다. 어느날 밤 龍이 金堤들에서 昇天하는 꿈을 꾸고 發心하여 任實의 上耳庵에 出家. 21세에 景峰에게 具足戒를 받다 數年동안 碧松・大源・華嚴・白羊・東鶴 등 諸寺를 遊歷하며 經業을 肄習하여 聲名이 遠近에 들리었다. 1915年 世壽 48, 法臘 27세로 仙化 함.

경화(敬和)(1786~1848) 朝鮮 승려. 俗姓은 朴氏. 號는 華潭. 密陽 사람. 18歲에 楊州의 華陽寺 月華에게 중이 되어 弄月栗峰에게 比丘戒를 받고, 華嚴知濯의 法을 받다. 智異山에서 瑞鳳을 만나 梵頌을 배우고, 寶蓋山 石臺菴・伽耶山 海印寺에 住하면서 經을 說하는 여가에 偈頌 六十七品을 지어 世上에 펴고 加平 懸燈寺에서 定慧를 닦다가 世壽 63, 法臘 48세로 入寂함.

경흥(憬興) 新羅 文武王(在位681~691) 때의 高僧. 熊川(忠南公州)사람. 姓은 水氏. 18세에 출가, 三藏에 通達하였음. 文武王이 돌아갈 때 아들 神文王에게 憬興法師는 가히 國師로 삼을 만하니 나의 命을 잊지 말라고 부탁하였다. 神文王이 즉위하자 國老로 모시었다. 法相宗의 學僧으로서 三郞寺에 있으면서 오로지 저술에만 힘썼다. 憬興이 항상 말을 타고 王宮에 출입하였는데 하루는 王宮에 들어가려 할 때 종자들이 먼저 東門밖에 이르러 鞍騎와 靴笠을 화려하게 차리고 있으므로 行人들이 그를 위해 길을 비끼었다. 이때 한 居士가 외양이 초췌하여 손에 지팡이를 짚고 등에 광주리를 지고 와서 下馬臺 위에서 쉬었다. 광주리속에 乾魚가 있으므로 종자가 꾸짖어 "네가 중의 옷을 입고 어찌 佛道에서 금하는 물건을 졌느냐"하니 중이 대답하기를 "두 다리 사이에 生肉을 끼는 주제에 시장의 乾魚를 졌다고 나무랄 것이 무엇이 있느냐"고 하였다. 憬興이 門에 이르러 이 이야기를 듣고 탄식하여 말하기를 大聖이 와서 내가 騎馬한 것을 경계함이라 하고 그 뒤로는 종신토록 말을 타지 않았다 한다. 憬興의 行狀은 중 玄本이 지은 三郞寺碑文에 자세히 실려 있다. 著書에 大涅槃經疏 十四권・法華經疏 十六권・俱舍論鈔 四권・金光明經述讚 七권・金光明經略讚 三권・解深密經疏 五권・阿彌陀經略記 一권・彌陀經述讚 三권・灌頂經疏 二권・十二門陀羅尼經疏 一권・藥王經疏 一권・金剛般若料簡 三권・法苑義林記 四권・四分律羯磨記 一권・習毘尼記 五권・無量壽經述讚 三권・起信論問答 一권・成唯識論

縣量 二十五권·成唯識論樞要記 二권·成唯識論義記 三권·瑜伽論疏 十권·瑜伽釋論記 三十六권·顯揚論疏 八권·因明疑門義鈔 四권 등 무려 45部 160餘卷에 達하나 現存하는 것은 10部 114권 뿐임. (三國遺事 五·新編諸宗敎總錄一二등)

경흥(憬興) 新羅 사람. 法相宗 師의 著書 無量壽經連義述文贊(三卷)이 세상에 傳함.

경희(慶喜) 念佛하는 이가 阿彌陀佛을 믿는 一念에서 淨土에 往生하여 正定聚에 들어감을 기뻐하는 일.

경힘(經~) 經文의 功德의 힘. 독경의 힘.

계(戒) 梵〈尸羅=Sila〉 三藏中 律藏에서 說한 것. 尸羅는 禁制의 뜻으로 消極的으로는 防非·止惡의 힘이요, 積極的으로는 萬善 발생의 根本이라 하여 흔히 그 作用에 따라 해석한다. 또 戒는 律藏에서 말한 것이므로 毘奈耶와 같이 생각하거니와 律은 經藏에 대한 一部의 총칭이고, 戒는 戒法·戒體·戒行·戒相의 네가지로 설명한다. 戒法은 부처님이 制定한 法, 法體는 戒를 일러 주는 作法에 의하여 마음에 받아 들인 戒體로서 防非戒·止惡하는 作用이 있는 것을 말하고, 戒行은 이 戒體를 낱낱이 행동에 나타내는 것. 戒相은 그 行에 따른 여러 가지 差別相을 말한다. 종류에는 大乘戒·小乘戒의 구별이 있음. 大乘戒는 三歸戒·三聚淨戒·十重禁戒·四十八輕戒 등의 在家戒와 比丘의 二百五十戒, 比丘尼의 三百四十八戒·沙彌戒·沙彌尼戒 등을 말함. ② 十信의 第九位, 戒로써 마음을 편히 머물게 하는 자리를 말함.

※大乘義章一에「言尸羅者 此名淸涼 亦名爲戒 三業炎火 焚燒行人 事等如燒 戒能防息 故名淸涼 淸涼之名 正翻彼也 以能防禁 故名爲戒」瓔珞本業經下에「一切衆生 初入三寶海 以信爲本 住在佛家 以戒爲本」資持記上一之三에「欲達四科 先須略示 聖人制敎名法 納法成業名體 依體起護名行 爲行有儀 名相」補助儀上에「戒科總有四種 謂戒法 戒體 戒行 戒相 (中略)戒法者 舍那佛三聚淨戒功德是也 戒體者 師資相傳 作法受得 心中領納法體也 此受持法體一一行彰 以云戒行 其行有開遮持犯 名云戒相也」

계(界) 梵〈馱都=Dhātu〉 ①差別의 뜻. 彼此의 事物을 구별하여 뒤섞지 않는 것. ②性의 뜻. 事物固有의 體性을 이름. ③因의 뜻. 다른 물건을 生하는 原因. ④種族의 뜻. ⑤持의 뜻, 事物이 각각 自相을 維持함을 이름. ⑥語根의 뜻 語根·語幹의 총칭.

계(計) 보통 計度이라 말함. 妄念으로 道理를 推度하는 것.
※俱舍論十九에「計我我所」

계(繫) 繫縛의 뜻.

계갈마(戒羯磨) 羯磨는 梵語로 번역

하여 作業. 授戒할 때에 쓰는 表白文. →羯磨.

계강나(稽薑那) 梵 〈Kikāṇa〉 西印度에 있던 옛 王國의 이름. 伐刺拏國의 西方山中에 있으며 羊馬가 많이 나는 곳으로 有名함. (西域記十一)

계건(啓建) 開啓와 같음.

계검(戒檢) 戒律의 檢束을 말함.
※感通錄에「俗中常論 以淪陷戒檢爲言」

계경(戒經) ① 梵網經·優婆塞戒經 등 계율을 설한 경. ② 菩薩戒本·四分戒本 등 戒本을 말함.
※玄義三下에「戒經云 諸惡莫作 諸善奉行 自淨其意 是諸佛敎」

계경(契經) 梵 〈Sūtra〉 佛敎의 經典. 契는 契合, 經은 貫穿·攝持의 뜻. 즉 위로는 眞理에 아래로는 衆生의 마음에 계합하며, 義理를 꿰뚫어 중생을 잡아 거둔다는 뜻.
※大乘章一에「以其聖敎稱當人情 契合法相 從義立目 名之爲契」

계계(界繫) ①欲界의 法에 繫屬되고 色界의 法에 계속된다는 뜻. 그 界繫를 判定하여 界繫分別이라고 함. ②三界의 繫縛으로 業을 가리키는 말.

계고(稽古) 옛 것을 생각하고 고찰함. 轉하여 學習한다는 뜻.

계과(戒果) 戒法을 受持하는 結果. 곧 受戒의 果報를 말함. 受戒의 果報에는 ①天樂과 ②菩提樂의 二種이 있다. 菩薩戒를 受持하는 사람은 果報를 바라서는 아니되며, 果報를 좋아 함은 참다운 受戒가 아니라 함.

계과(戒科) 戒의 四科를 말함. →戒.

계과인연경(戒果因緣經) 鼻奈耶의 다른 이름.

계관(戒灌) 受戒할 때 香水를 정수리에 끼얹는 儀式, 密敎에서 일컫는 말.

계관정(戒灌頂) 灌頂의 形式을 취한 顯密一致·戒密合談의 戒法으로 처음 戒를 받은 後 十二年에 다시 受戒하는 것 또는 重授戒灌頂·授戒灌頂·灌頂授戒라 함.

계괴(戒壞) 戒를 무너뜨리는 일. (俱舍論).

계교정진(計較情塵) 事物을 이것저것 계탁하고 비교하여 마음을 정하지 못하는 것. (碧岩錄一)

계구(戒垢) 女人을 말함. 女人은 戒法을 더럽히는 원인이 되므로 이같이 일컬음.
※智度論三에「佛言 女人爲戒垢 女人非戒垢 是戒垢因故 女人爲戒垢」

계구계(鷄狗戒) 印度의 外道가 鷄戒·狗戒를 信奉하는 것. 鷄戒는 終日토록 발 하나를 들고 섰는 것. 狗戒는 사람의 똥을 먹는 것.

계권(誡勸) 誡와 勸 二門. 즉 소극적으로 모든 惡을 짓지 않는 것을 誡門, 적극적으로 모든 善을 좇아 행하는 것을 勸門이라 함.

계귀(鷄貴) 古代 印度에서 우리나라

를 부르던 이름. 南海寄歸內法傳에 의하면 인도에서는 高麗를 矩矩吒翳設羅(Kukutesvara)라고 하는데 梵語에서 「矩矩吒」는 「鷄」「翳設羅」는 「貴」를 뜻하는 말. 또한 고구려에서는 鷄神을 숭상하여 닭의 깃을 머리에 꽂아 표지로 삼기때문에 鷄貴國이라 한다 하였음.

계그릇(戒～) 戒命을 능히 감당하여 받을 수 있는 사람. 戒器.

계근(戒根) 根은 根機. 戒를 받는 機根을 말함. 戒器와 같음.

계금(戒禁) 宗規에 依하여 定한 戒律로 禁止하는 것.

계금취(戒禁取) 戒禁取見의 약칭.

계금취견(戒禁取見) 五見의 하나. 戒度의 外道에서 非理의 戒法인 牛戒・狗戒 등을 확신하여 이것이 天界에 生하는 原因이 되고, 解脫의 道가 된다고 생각하는 것. 즉 理에 迷하여 그릇된 戒禁을 取하는 邪見. 이 가운데 또한 布施取・苦行取 등도 포함된다. 즉 그릇된 布施와 혹 苦行을 行하면서 淸淨의 因 혹은 道가 된다고 생각하는 까닭이다. 戒取・戒禁取・戒取見・戒盜取・戒禁等取.

※俱舍論十九에「於非因道 謂因道見 一切總說 名戒禁取 (中略) 理實應立戒禁等取品 略去等言 但名戒禁取」大乘義章六에「言戒取者 於有漏法 取爲能淨 故云戒取」

계금취신계(戒禁取身繫) 또는 戒盜

縛・戒禁身聚. 戒禁取가 有情의 身體를 繫縛함을 일컬음. (集異門論)

계급(戒急) 乘急에 대하여 일컫는 말. 다만 戒를 엄하게 지닌 뒤에 지혜를 닦는 사람을 말함.

※ 因此生乘急戒緩, 戒急乘緩, 乘戒俱急, 乘戒俱緩之四種. 是謂戒乘之四句. 乘戒緩之人, 如維摩居士. 戒急乘緩之人, 如小乘之比丘. 乘戒俱急之人, 如出家之菩薩. 乘戒俱緩之人, 不足言.

계급승완(戒急乘緩) 戒 지키기만 함쓰고, 지혜 닦기를 힘쓰지 않음. →戒急.

계기(戒器) 戒를 감당하여 받을 수 있는 그릇. 즉 부처님이 제정한 禁戒・威儀를 받을만한 자격을 갖춘 사람, 五逆罪를 犯한 자, 20未滿者, 남의 종, 부모의 허락이 없는 자, 빚진 사람, 역적을 도모한 자, 생식기에 이상이 있는 자는 비구계를 받을 자격이 없다. 계그릇.

※四分律三十五 擧十三難十遮 卽不犯邊罪 不犯比丘尼 非賊心入道 非壞二道 非黃門 非殺父 非殺母 非殺阿羅漢 非破僧 不惡心出佛身血 非是非人 非畜生 非有二形 及不自稱名字 不稱和尙名 年不滿二十 不具三衣鉢 不聽營母 負債 奴隷 官人 大夫 惡病是也.

계나시기불(罽那尸棄佛) 梵 〈Ratna-aśiknin〉 또는 刺那尸棄佛. 번역하여 寶髻・寶頂・螺髻・寶積이라 함. 釋尊이 因位에서 첫 阿僧祇劫의 수행을 마쳤을 때에 만난 부처님,

계내~계니다왕위

※舊俱舍十三作「剌那尸棄」新婆沙一百七十七, 新俱舍十八作「寶髻」優婆塞戒經一作「寶頂」菩薩本行經作「螺髻」玄應音義九에「罽那居例切 秦言寶積 經本或作剌那 力達切」

계내(界內) 欲界・色界・無色界의 三界로 이는 界外의 國土에 對하여 界內라고 말함.

계내교(界內敎) 三界에 輪廻하는 衆生에 대하여 見・思 二惑을 끊고, 三界에서 벗어남을 가르친 法門・天台宗의 藏敎・通敎를 말함.

계내사교(界內事敎) 天台의 三藏敎를 말함. 이 敎는 五蘊・十二處・十八界 등 事相의 法門을 궁구, 理는 다만 眞에 치우친 空理라고 하여 理를 궁구함이 가장 천박하므로 그것을 貶하여 「界內事敎」라 함.

※玄義三上에「三藏具有三人 而皆以析智觀界內十二因緣事爲初門」又曰「通敎亦有三人 同以體智觀界內十二因緣理」

계내이교(界內理敎) 天台에서 通敎를 말함. 이 敎는 事相의 談論이 藏敎보다 勝하지 못하나 理를 궁구함이 점점 깊어 達하면 生이 곧 無生・空이 곧 不空이 되므로 그것을 포양하여 界內理敎라 함.

계내혹(界內惑) 三惑 가운데 見・思 二惑. 이는 三界의 生死를 가져오므로 界內惑이라 함.

계념(係念) 繫念과 같음.

계념(繫念) 생각을 한 곳에 매어 둔다는 뜻. 또는 掛念・懸念 혹은 懸想이라 함.

※寶積經四十七에「晝夜常繫念 勿思於欲境」觀無量壽經에「汝及衆生 應當專心繫念一處想於西方」

계념정생원(係念定生願) 생각을 阿彌陀佛國에 매어둔 자가 定해진 왕생의 果業을 이루려는 소원. 四十八願 가운데 第二十願. 또는 三生果遂願・攝取聞名欲生願・攝下品願・植諸德本願・聞名係念修福卽生願・聞名係念修善定生願・遠生果遂願・順後往生願 혹은 第二十願 등으로 불리움.

※無量壽經上에「設我得佛 十方衆生聞我名號 係念我國 植諸德本 至心廻向欲生我國 不果遂者 不取正覺」

계니다왕(罽尼吒王) 또는 罽膩吒王. 付法藏傳五紀에「月支國王의 이름은 旃檀罽呢吒王(梵 canda-kaniṭa)이 中天竺을 정벌하고 九億金의 贖償을 討索하여 馬鳴菩薩과 佛鉢, 한 慈心鷄를 얻어 가지고 돌아오다. 뒤에 王이 安息國과 싸워서 九億人을 죽이고는 마음에 뉘우치고 그 罪報를 두려워하니 馬鳴菩薩이 王을 爲하여 淸淨法을 說하여 그 重罪를 漸漸 微薄하게 하였으나 王은 오히려 四方을 征伐하여 그치지 아니하니 群臣들이 憾情으로 王을 弑害하다」하였음.

계니다왕위천두어(罽尼吒王爲千頭魚) 罽膩吒王이 殺生을 많이 한 罪로 馬鳴菩薩의 說法을 들었으나 죽어서 大海 가운데 千頭魚가 되었다. 칼로 몸을 돌아가며 머리를 자르니 자르는대로 생하여 잠깐도 멈추지 않았다. 그때 羅漢이 維那가 되어 犍稚를 울리니 王이 그 소리를 듣고 苦痛이 그쳤다. 따라서 羅漢을 請하여 犍稚를 長打하였다는 傳說. (付法藏傳 五·行事鈔上一·經律異相)

계다(契吒) ㉨〈khəda〉 中印度 옛 王國의 이름. (西域記十一)

계단(戒壇) 戒를 받는 壇. 壇은 梵語 曼陀羅. 보통 흙과 돌로 쌓아서 만들며 大乘·小乘계단의 두가지가 있음. (僧史畧上)
※其濫觴 在天竺者 樓至菩薩請築戒壇爲 比丘受戒 佛許之 使於祇園精舍外院之 東南建壇 見釋氏要覽上 在支那者 曹魏嘉平正元中 曇柯迦羅 曇帝皆於洛陽 立大僧羯磨之法 支那之有戒壇自此始.

계단당(戒壇堂) 戒壇을 설치하여 授戒의 儀式을 行하는 特定한 建物. 또는 戒堂이라 한다. 곧 戒壇堂이라 戒壇院을 構成하는 諸堂宇 가운데 하나를 말하며 또는 觀世音寺四十九院의 하나.

계단도경(戒壇圖經) 一卷. 唐의 道宣이 지음.
※僧史略上에「唐初靈感寺 南山宣律師 按法立壇 感長眉僧(卽賓盧身也) 隨善讚嘆 立壇應法 勿過此焉」

계단석(戒壇石) 律宗이나 禪宗의 모든 寺門에 크게「禁葷酒入山門」이라 쓴 빗돌. 戒壇 앞에 세운 돌이

라 하여 이같이 이름.

계덕(戒德) 戒律의 功德.
※普超三昧經一에「被戒德鎧 化度衆生」行事鈔標宗顯篇 廣引諸經論而 顯戒德.

계덕경(戒德經) 戒德香經의 약칭.

계덕향경(戒德香經) 佛說戒德香經의 약칭 一卷. 東晉의 竺曇無蘭이 번역함. 내용은 戒香이 널리 퍼져 世間의 모든 香보다 殊勝함을 說한 것. (小乘經·雜阿含三十八)

계도(戒刀) 比丘가 지니는 작은 칼. 三衣 따위를 베는데 씀.
※釋氏要覽中에「僧史略云 戒刀皆是道具 按律許畜月頭刀子爲割衣故 今比丘畜刀名被者 蓋佛許斫截一切草木壞鬼神村故 草木尙爾 況其他也」

계도(計都) ㉨〈Ketu〉 또는 計部·鷄兜·鷄都 번역하여 旗星이라 함. 九曜의 하나. 곧 彗星을 말함.

계도견(戒盜見) →戒禁取見.

계도기(戒度記) 大智律師 元照가 지은 觀經疏로 이름을 義疏라고 함. 二卷. 戒度와 用欽 두 제자가 있었는데 用欽은 白蓮記 四卷을 짓고, 戒度는 正觀記 三卷을 지었는데 두 가지를 戒度記라고 칭함.

계도말지(計都末底) ㉨〈ketumati〉 山의 이름. 번역하여 幢慧.

계도피안(戒到彼岸) 持戒가 完成하였다는 뜻. 到彼岸은 波羅蜜(Prarnita)의 意譯.

계독(鷄毒) 印度의 옛 이름. 賢豆·

身毒 등과 같음. (身은 「연」이라 읽음)

계라다(罽羅多) 梵〈Kirāta〉北方의 山夷라는 뜻. 雪山 西北部에 사는 種族. 前漢初에 北印度를 侵入하여 罽賓을 征服한 塞種族을 가르키는 듯하다.

계라다마(鷄羅多摩) 향이름. 鷄羅는 鷄薩羅의 약칭으로 花葉, 多摩는 多摩羅의 약칭으로 天花를 말함. 이 香은 天上의 花葉로 만든 것이라 이름.

계랍(戒臈) 戒臘과 같음. (臈은 臘의 俗字)

계랍(戒臘) 戒를 받은 年數를 이름. 比丘의 坐次는 戒臘의 多少에 따라 定함.
※ 禪苑掛搭章에 「維那依戒臘次第掛搭」

계랍다(戒臘茶) 대중의 戒臘에 따라 上位로부터 차례로 衆寮에 청하여 點茶하는 儀式. (禪林象器箋十七)

계랍패(戒臘牌) 중의 席次를 정하여 揭示하는 木牌.

계려궐(繫驢橛) 길가에 나귀를 맨 말뚝. 즉 文字나 語句에 집착되어 自由의 妙用을 얻지 못함을 비유한 말.
※ 譬書心非貴重之物 非可保重 而爲其所繫縛.

계력(戒力) 戒律의 功力. 持戒의 功力. 五戒를 지키면 人間에 태어나고, 十戒를 지키면 天上에 태어난다는 것 등과 같음.

계령(鷄嶺) 迦葉尊者가 禪定을 닦던 雞足山. 그래서 迦葉山이라 함.
※ 興禪護國論序에 「鷲峯廻面 鷄嶺笑顔」

계론(界論) 巴〈Prata-katha Gppakarana〉巴利論藏의 하나. 蘊處界 등 諸法의 攝不攝과 相應不相應의 關係를 說한 것. 처음은 本論에 說한 十四品의 標目과, 五蘊・十二處・十八界내지 同分・非同分 등 二十八種에 對한 論母가 실려있고, 本文은 모두 十四品으로 나누어 七十三條의 問答으로 分類되어 있음.

계룡산(鷄龍山) 충남 公州郡에 있는 산. 높이 828m. 산중에는 甲寺, 新元寺・東鶴寺 등의 절이 있고, 산기슭 일대에는 옛 고려자기의 窯址가 발견되어 학계에 널리 알려져 있다. 三國遺事에는 雞龍山을 新羅五岳의 하나로 들고 있으며 朝鮮朝이래 鄭鑑錄과 결부된 민간 신앙으로 말썽이 많던 곳.

계루고(鷄婁鼓) 또는 奚樓子・鷄婁子. 북의 一種. 그 모양은 항아리와 같고, 몸통은 북보다 큼. 북의 머

鷄婁鼓(集古十種)

리를 겨드랑에 끼고 침.

계륜(繼倫) 俗姓은 曹氏. 晉陽 사람, 어려서부터 뜻이 웅대하고 마음이 용감하였다. 出家하여 戒를 받은후 나이 21세가 되어 法華經을 통하였으며 唯識·因明論을 한번 보고서 能히 講하였다. 그리하여 그에 관한 鈔를 저술하고 또 法華鈔 三卷을 짓다. 그후 開寶 2(969)년 享年 51세로 入寂함.

계률사부(戒律四部) 十誦律·四分律·僧祇律·五分律의 四種律을 말함.

계률전래기(戒律傳來記) 三권. 唐 招提寺의 豊安이 지음. 또는 戒律記. 戒律傳來宗旨問答이라 함. 지금은 上卷만 있고, 中·下 二권은 失傳됨.

계률허망국적(戒律虛妄國賊) 줄여서 律國賊이라 함. 戒律은 虛妄한 國賊이라는 뜻. 末法의 時代에 戒律을 守持한다는 것은 있을 수 없는 妄想이나 治政 등 모든 것이 法華經에 依하지 않으면 안된다는 境遇에서 拘束主義의 打破를 目標로 律宗을 批判하는 日蓮의 語句임.

계리(戒羸) 戒體의 세력이 衰함을 말함. 比丘등이 戒法을 받아 지키지 못하고 훼범하면 戒의 세력이 줄어서 마침내 戒를 버리는 것과 같게 되는 것.

※法苑義林章三에 「若作捨心 雖起語言 而對於比丘 依法不言捨 但名戒羸 其

戒不捨」亦曰學羸 以戒法亦名學處故也.

계리기리(計里枳黎) →髻利吉羅.

계리길라(髻利吉羅) 梵 〈Kelikila〉 또는 計利枳櫃·計里計羅. 번역하여 觸이라 함. 金剛手菩薩의 이름.

※「以不捨生必令解脫故 欲明觸性卽菩提故 所以住抱持相 而現其觸淨俱幻平等身」

계리길라금강녀(計里吉羅金剛女) 計里吉羅(Kelikila)는 梵名. 또는 髻利吉羅·髻黎吉羅·計里計羅. 번역하여 適悅이라 함. 觸金剛女 春金剛女로 불리운다. 金剛界 曼茶羅 理趣會 十七尊의 한분, 또는 金剛薩埵 四明妃의 한분. 觸金剛의 여인으로 金剛薩埵의 바른 편 一隅에 봉안된 菩薩.

計里吉羅金剛女

계리사반(隅利沙盤) →迦利沙婆拏.

계맥(戒脈) 戒의 血脈. 곧 佛祖 釋

迦牟尼 이후 摩訶迦葉·阿難 등 현재의 戒師·受戒者에 이르기까지의 系譜.

계명(戒名) 受戒에 의하여 받은 이름. 처음 沙彌戒를 받을 때 戒師로부터 俗名을 버리고 法名을 지어주는 것을 이름.

계명자상(計名字相) 六相의 하나. 對象에 對한 執着의 念에서 그 하나하나의 對象에 對하여 임시로 名字와 言說을 부쳐서 그것들이 恰似 마음 밖에 따로 實在하고 있는 것처럼 誤認하여 더욱 執着의 念을 增大시키는 것. 計는 橫計 곧 잘못된 思考, 이 思考에 依하여 名義·言說을 일으키는 것. (起信論三二)

계무실(戒無失) ①戒律을 잃어버리지 아니함. 戒를 犯하지 않음. ②菩薩의 殊勝한 美德의 하나.

계문(戒文) 戒律의 條文.

계문(戒門) 戒律에 관한 法門.

계문(戒聞) ①戒를 듣는 것. 持戒하는 사람의 名聲이 멀리 들린다는 뜻. ②戒를 受持하면 이름이 諸方에 들리게 된다하여 戒聞이라 함. ③戒律과 學問.

계문(誡門) →勸門.

계문왕생(戒門往生) 戒律을 잘 지킨 戒功으로 極樂淨土에 가서 태어남.

계바라밀(戒波羅蜜) 梵〈尸羅波羅蜜=Silapāramitā〉. 六波羅蜜의 하나. 波羅蜜은 번역하여 度·到彼岸·事究竟이라 함. 즉 苦海를 건너 涅槃에 이른다는 뜻. 戒는 生死苦海를 건너는 法이 되므로 波羅蜜이라 함.

계바라밀교주(戒波羅蜜教主) 梵網菩薩戒를 說한 盧舍耶佛. 이 보살은 千葉蓮花臺에 앉아 있는 報身佛.
※梵網經下에「我今盧舍那 方坐蓮花臺 周匝千花上」

계바라밀보살(戒波羅蜜菩薩) 梵〈尸羅波羅蜜多=Sila-pāramita〉胎藏界 曼荼羅 虛空藏院 가운데 虛空藏菩薩의 왼쪽 第二位 菩薩. 密號는 尸羅金剛.

戒波羅蜜菩薩

계바리(戒婆離) 부처님 十大弟子 가운데 優婆離尊者를 말함. 그는 持戒가 第一이므로 戒婆離라 함. →優婆離.

계박(繫縛) 煩惱가 몸과 마음을 얽어매어 자유롭지 못하게 하므로 이같이 말함.

계반자(界畔字) 「丑」字 五轉 가운데

菩提를 成就하는 那와 涅槃하는 秕의 二字를 界畔字라 한다. 菩提와 涅槃의 二轉으로 煩惱와 生死의 邊際를 斷盡한 까닭임. (悉曇三密鈔 上)

계방(界方) ①界尺과 같음. ②制限한다는 뜻.

계백(啓白) 法會나 法事를 시작할 때에 그 사유를 佛, 菩薩에게 告白하는 것. 表白, 開啓, 開白.

계백일(啓白日) 또는 開白. 처음 啓白하는 날. 곧 法會를 시작하는 첫날.

계벌(誡罰) 승려 가운데 죄가 있는 이를 罰하는 것.
※僧史略上에「或有過者 主事示以柱杖 焚其衣錦 謂誡罰」

계범(契範) 經典의 다른 이름. 부처님의 經典은 理와 機에 契合하고, 轉迷開悟의 法則·軌範이 되므로 이같이 이름.
※八宗綱要上에「阿難尊者 持契範而利群生」

계법(戒法) ①부처님이 制定한 戒律의 法. 一戒. ②佛弟子가 받는 戒法. 이에 五戒·八戒·十戒·具足戒 등이 있음.

계법당(戒法堂) 戒壇을 설치한 法堂.

계보(髻寶) 國王의 髻子 가운데 있는 寶珠. 一髻珠.
※慈恩寺傳序에「解其髻寶 示以衣珠」 義楚六帖七에「衣珠己現 髻寶仍傳」

계복(戒福) 三福의 하나. 三歸五戒와 乃至具足戒를 지니는 것.

계본(戒本) 〈婆羅提木叉=Prati-moksa〉廣律 가운데 比丘·比丘尼가 지켜야 할 戒律의 각 조목만을 뽑아낸 것. 이것은 廣律의 根本이 되고 또한 戒를 說한 根本이 되므로 戒本이라 함.
※菩薩戒本等 四分戒疏一上에「戒爲教本 一部廣律 止解戒行之丈(中略)戒爲說本 在座勸誡有所依承」

계본경(戒本經) 梵網經의 下卷. 菩薩의 戒本을 쓴 것이므로 戒本經이라 일컬음.

계본소(戒本疏) 梵網經菩薩戒本疏五권은 華嚴法藏이 짓고 또 四分合註戒本疏 四권은 南山道宣이 짓고, 四分戒本疏 四권은 唐의 懷素가 지음.

계봉(雞峯) 雞足山.

계분(界分) 欲界·色界·無色界의 三界를 말한다. 界는 分이란 뜻. 보통 界分이라 함.
※行事鈔羯磨篇에「拔羣迷之重累 出界分之深根」

계빈(罽賓) 漢나라 때 西域에 있던 나라 이름. 또는 劫賓·羯賓·迦濕彌羅. 현재 克什米爾 地方.

계빈국용지(罽賓國龍地) 西域記三에 國內에 阿羅婆樓(Aravada)라는 龍王이 큰비를 내려서 農作物에 被害가 있었는데, 阿育王때에 그 態을 大德 末田地가 教化하였다는 傳說.

계빈왕비타(罽賓王臂墮) 付法藏 第

二十三祖師子尊者가 罽賓國에서 遊化할 때 그 나라의 國王 彌羅崛이 邪見을 일으켜 佛敎를 破壞하고 利劍으로 師子尊者의 목을 베니 머리에 피는 없고 오직 젖만 흘러나왔다. 그리하여 師資의 付法이 마침내 끊어지고 그때 王의 팔이 떨어져 七日만에 죽었다는 傳說(付法藏傳 六·佛祖統紀五)

계사(戒師) 또는 戒和尙. 授戒師의 약칭. 戒를 알려주는 스님. →戒和尙.

계사(繼嗣) 後嗣를 이음. 곧 상속하는 것.

계사과(戒四科) →戒四別.

계사라(計捨羅) 梵 ⟨kesara⟩ 또는 計薩羅·計捨囉·雞薩羅 번역하여 蘂·혹은 花蘂라 함. 또는 獅子털의 旋文을 말함. (慧苑音義下)

계사발라지게라하(雞舍鉢喇底揭喇呵) 梵 ⟨Keśapratigrahaṇam⟩ 十三資具衣의 하나. 번역하여 剃髮衣. (百一羯磨十)

계사별(戒四別) 또는 戒四科. 戒를 설명하는데 쓰는 네가지 분류. 곧 戒法·戒體·戒行·戒相을 말함. →戒.
※戒法者 如來所制之法 戒體者 - 由於受授之作法而領納法於心臍 生防非止惡之功德者 戒行者 隨順其戒體而如法動作三業也 戒相者 其行之差別 即十戒乃至二百五十戒也 一切之戒 盡具此四科.

계사오덕(戒師五德) ①持戒. ②十臘 ③解律藏. ④通禪思. ⑤慧藏窮玄의 다섯 가지 德. (天台戒疏上)

계사위(戒四位) 戒는 五戒·八戒·十戒·具足戒의 四階位를 말함.

계살라(計薩羅) →計捨羅.

계살라(雞薩羅) 梵 ⟨Keśara⟩ 보배 이름.
※慧苑音義下에「師子身毛旋文 呼爲雞薩羅·西域有寶·旋文 恰如師子毛旋形 從其爲名耳也」

계살염불(戒殺念佛) 殺生을 警戒하고 念佛修行한다는 뜻. 中國 宋末 이후에 特別히 强調되었던 行儀. 「殺生을 경계하고 念佛하며 아울러 放生한다면 決定코 西方上品의 會上에 이르게 될 것이다」하였음. (歸元直指集卷上)

계상(戒相) 戒四別의 하나. 戒法의 여러 가지 차별. 곧 五戒乃至 二百五十戒 등을 말함. →戒.

계서(契書) 또는 證書. 文劵. (象器箋十六)

계선(戒善) 戒를 지키는 善根. 前生에 五戒를 지니면 今生에 人間에 태어나고, 前生에 十善을 지니면 今生에 天上에 태어나는 것을 말함. →十善.
※國王爲人間已上者 故由前生十善持戒之功也.

계선(契線) 線은 經이란 말. 契線은 契經과 같으며 經文을 이름.

계선(啓璇) 朝鮮 승려. 俗姓은 吳氏

號는 羊岳. 平昌 사람. 白羊寺에 出家, 雪坡·雲潭에게 內外典을 배우고 蓮潭의 法統을 잇다. 著書에 古文私記. 一권·文集 二권이 있음.

계선교(界善巧) 六根·六境·六識의 十八界를 觀하는 智. (瑜伽論)

계설니동자(髻設尼童子) 梵〈Kesini〉 西〈Skra-can-ma〉 또는 計設尼·繼室尼라 함. 文殊五使者의 하나. 胎藏界 曼茶羅 文殊院중 文殊菩薩의 左邊 第一位에 봉안되었음. 密號는 妙惠金剛.

髻設尼童子

계설향(鷄舌香) 香의 이름. 정향나무의 꽃봉오리를 말린 약재. 악취를 제거하는데 씀.

계소(戒疏) 天台菩薩戒經義疏의 약칭. 또는 南山四分合註戒本疏의 약칭.

계소발은(戒疏發隱) 五권. 明의 株宏이 지음.

계소재경(戒消災經) 또는 佛說戒消災經·戒消伏災經·戒伏銷災經. 一卷. 吳나라 支謙의 번역. 五戒의 功德으로 災害를 免한 說話를 기록한 것.
※說受三歸戒之人鬼 神毘避及五戒之功 德 小乘律

계손(戒孫) 佛祖의 大戒를 傳해 받은 자. 宗門에서 특히 血脈에 따라 受持한 者를 칭함.

계수(戒受) 戒를 받아 지키는 것. 또는 戒行이나 誓願에 對하여 가지는 執着을 말할 때도 있음.

계수(稽首) 梵〈和南〉또는 稽首禮·稽顙僧家의 禮拜. 이마가 땅에 닿도록절을 함.
※九拜中至敬之禮也 稽是稽留之義 拜中 最重 臣拜君之拜

계수배(稽首拜) 이마가 땅에 닿도록 절을 함. 가장 공손한 절. 稽首再拜.

계숭(契嵩)(1007~1072) 雲門宗, 中國 藤州 鐔津縣 사람. 姓은 李氏. 字는 中靈, 號는 佛日, 自號는 潛子. 7세에 出家하여 13세에 중이 되고, 이듬해 14세에 具戒를 받다. 뒤에 筠州의 洞山曉聰에게 禪法을 받다. 文章에 能하여 原敎論을 지어 儒佛이 一貫하다는 뜻을 밝혀 韓退之의 排佛論을 반박했다. 뒤에 永安蘭若에 住하면서 禪門定祖圖·傳法正宗記·傳法正宗論·輔敎篇을 지어 禪宗이 二十八祖가 別傳한 系

統을 論定하였다. 宋 嘉祐 7(1062)年, 仁宗이 紫袈裟와 明敎大師란 號를 내렸다. 뒤에 佛日山에 住한지 數年後에 宋 熙寧 5(1072)年 6月 4日에 世壽 66, 法臘 54세로 入寂함. 著書에 輔敎篇(二卷)・禪門定相圖(一卷)・傳法正法記(九卷)・傳法正宗論(三卷)・鐔津文集(二十卷)・治平集(약百卷)이 있음. (佛祖統紀 四十五. 佛祖通載 三十八. 稽古畧 四・續傳燈五)

계슬(戒膝) 比丘가 戒를 받을 때의 무릎의 姿勢. 곧 右膝을 땅에 붙인 坐法. →右膝著地.

계승구급(戒乘俱急) →乘戒俱急.

계승구완(戒乘俱緩) →乘戒俱緩.

계승사구(戒乘四句) 戒를 지키고 法을 듣는 것이 느리고 빠름에 따라 四句(乘急戒緩・戒急乘緩・乘戒俱緩・乘戒俱急)로 分別하여 중생의 機類를 구별한 것. →戒急.

계시자(戒侍者) 戒師를 받들어 모시는 사람.

계신(戒身) 小乘은 戒・定・慧・解脫・解脫知見의 五法으로써 佛陀三身 가운데 法身을 삼음. 따라서 戒는 法身의 一分이 되므로 戒身이라 함. →戒定慧解脫知見.

계신족론(界身足論) 三卷. 六足論의 하나. 阿毘達磨界身足論의 약칭.

계실(契實) 一乘實相의 妙理에 契合하는 正智의 作用. →性靈集.

계심(戒心) ①戒本과 같음. 戒律의 心要를 말함. ②책의 이름.

계심(械心) 足鎖에 얽매여 前進할 수 없는 것과 같이 端坐하여 定心을 닦으나 이에 執着하여 前進하지 못함을 比喩한 말.

계심(繫心) 煩惱에 흔들리는 마음을 한곳에 묶어서 統一시키는 것.

계아실유종(計我實有宗) 外道十六宗의 하나. 獸主(唯識論에서 說한 五種外道의 하나) 등 外道가 主張하는 것. 이 外道들은 모두 我・有情・命者・生者가 있어 이것들이 모두 實在하는 것이라 하며, 또 이 我는 감각이 작용할 때에 認識하는 것이라고 한다. 대개 實我의 존재를 인식하는 것은 印度의 모든 외도들에 공통된 주장으로 실로 내가 있다 없다 하는 것은 외도와 불교와의 구별을 결정 짓는 것이므로 이는 유달리 어느 一派만을 가르킨 것은 아님. 計我論.

계업(繼業) 中國北宋時代의 승려. 姓은 王氏. 陝西省耀縣 사람. 乾德 2(964)年 北宋 太祖가 沙門 二百명을 天竺에 보내어 舍利와 貝多葉書를 求하여 오도록 하였다. 이때에 天竺에 들어가 開寶 9(976)年에 歸國하여 梵經과 舍利 등을 太宗에게 바치었다. 太宗이 조서를 내리어 峨帽山의 牛心寺에 住하도록 하였음.

계여(界如) 天台의 法相으로 十界와 十如를 말함. →一念三千.

계여삼천(界如三千) 十界·十如와 一念三千을 말함.

계여삼천창(界如三千窓) 天台一念을 닦는 三千觀法의 窓. 一念을 觀하여 三千諸法을 갖추니 이것이 天台宗의 觀法이다. 이 三千諸法은 十界·十如繫三世間으로 因하여 이루어졌기 때문에 界如三千이라 함.

계연(繫緣) 널리 法界의 事物에 대하여 懸念하는 것.
※對一念之語而言 一念者一思而止也 止觀上에 「圓頓者初緣實相 造境卽中 無不眞實 繫緣法界 一念法界 一色一香 無非中道」

계오(戒悟)(1777~1849) 朝鮮 승려. 俗姓은 權氏. 字는 鵬擧, 號는 月荷, 安東에서 출생함. 11세에 八公山 月菴에게 중이 되어 枕虛에게 比丘戒를 받고 智峰의 法을 이어받다. 經敎에 진력하는 한편 詩와 글씨에도 뛰어났다. 나이 60이 지나서는 글 짓는 것이 佛道에 장애가 된다고 하여 일시에 끊고, 念佛에만 전심하였다. 77세에 蔚山 石南寺에서 入寂하다. 著書에 伽山集이 있음. 지금 石南寺에 그가 쓴 草千字板이 있음.

계완(戒緩) 在家하여 修養하는 사람같이 戒律을 嚴守하지 않는 것. ↔戒急.

계외(界外) ①三界 밖의 國土. 三界 밖의 모든 佛·菩薩의 淨土를 界外라 하고 三界를 界內라 함. ②佛道 修行에 장애가 없도록 율법에 의지하여 마련한 일정한 지경의 바깥.
※此界外之淨土 天台差別爲方便有餘土 實報無障礙土之二土 寶窟中末에 「三界外者名無漏」

계외교(界外敎) 見思惑을 끊고 三界를 벗어나 界外淨土에서 變易生死를 받은 法身菩薩에 대하여 無明을 끊고 成佛하는 法門을 가리킴. 天台의 四敎에서 藏敎와 通敎를 界內敎라 하고 別敎와 圓敎를 界外敎라 함.
※玄義五上에 「若隨界外好樂 說後兩敎位」 同六下에 「三藏不說界外 今以大乘意望之」 四敎儀集註下에 「此敎明界外獨菩薩法 敎理智斷 行位因果 別前二敎 別後圓敎」 又에 「圓敎菩薩以界外滅諦爲初門」

계외기(界外機) 界外의 敎를 받을만한 根機.

계외별혹(界外別惑) →界外惑.

계외사교(界外事敎) 天台의 別敎를 말함. 別敎의 菩薩이 中道의 理에 迷함이 심하므로 無量한 事法을 分別하여 方便으로써 理를 깨닫게 함을 界外事敎라 함. (七帖見聞七).
※玄義三上에 「別敎佛與菩薩 俱知界外十二因緣事」

계외이교(界外理敎) 天台의 圓敎를 말함. 圓敎의 菩薩은 理에 迷함이 가벼우므로 모든 일에 方便을 빌지 않고 바로 一切萬法을 說하여 中道實相의 妙理가 됨을 界外理敎라고 함.

※玄義三上에「圓敎佛與菩薩 俱觀界外 十二因緣理」又曰「無作迷中輕 故從 理得名」

계외인연(界外因緣) 輪廻의 世界에 서 十二因緣을 초탈하고 不生不滅 의 果를 얻는 인연. ↔內內因緣.

계외혹(界外惑) 塵沙惑과 無明惑. 三界는 물론 三界 밖에도 있는 煩 惱이므로 이같이 말함.

계요이(罽饒夷) 梵〈Kanyākubja〉 또는 羯若鞠闍. 번역하여 曲女城이 라 함. 옛적 梵授王때 仙人이 怒 하여 惡呪로써 婇女 九十九人의 허 리를 굽게 하였다 하여 이같이 이 름.

※續高僧傳作髖拏究撥闍 翻爲耳出城 玄 奘渡天時 昳奢種曷利沙伐彈那 Harṣa vardlhana 王君臨此地. 卽有名之戒日 王也.

계욱(戒勗) 戒는 경계, 勗은 권면의 뜻. 부처님이 一切衆生을 가르쳐 佛法에 나아가게 하는 것.

계원(戒源) 戒의 始初. 戒法의 根源 이 부처님에게서 나왔다 함은 一般 的인 해석이나 宗門에서 戒는 無始 無終인 것으로 天地가 개벽되기 이 전부터 끝없는 未來에 이르기까지 不增不減이니 戒의 근원은 있을 수 없다고 함.

계원사(戒源師) 戒師의 本師, 곧 戒 師의 스승을 말함.

계유아(計有我) 梵〈ātma-graha〉내 가 存在한다고 想定하는 것. 나(我 라는 生命이 實在한다고 생각하는 것.

계육(契育) 고구려 승려. 寶藏王 때 普德의 弟子, 同門僧 四大 등과 함 께 中臺寺를 刱建함.

계윤부(鷄胤部) 梵〈Gokulika=ka- ukkutika〉小乘二十部의 하나. 또 는 灰山住部・窟居部・高拘梨訶部 ・憍矩胝部. 佛滅 後 200年頃 大乘 部에서 갈린 一派로서 過去・未來 의 法은 體가 없다고 主張하여 三 藏 가운데서 論을 主로 삼고 經・律 은 중생의 機類에 맞춘 方便이라고 하여 輕視하였다. 이는 上古의 仙 人이 貪慾에 빠져 마침내 닭과 음 행한 후 낳은 무리라 하여 雞胤」이 라고 함.

※婆羅門中仙人種姓(中略)此部唯弘對法 不弘經律 是佛世尊方便敎故.

계율(戒律) 梵〈尸羅=Sila〉戒는 防 非止惡, 律은 法律의 뜻. 五戒・十 善戒내지 二百五十戒 등 佛弟子의 비도덕적인 행위를 막는 律法.

※開宗記一本에「言律藏者 梵云優婆羅 懺 此譯爲律 律則法也 非法無以肅威 儀也」資持記上一之一에「律者梵云毘 尼 華言稱律(中略)不出三義 初言律者 法也 從敎爲敎 斷割重輕開遮持犯 非 法不定(中略)二言律者分也 謂須商度 據量有在 若律呂分氣也(中略)三云律 字安聿 聿者筆也 必審敎驗情 在筆投 斷.

계율장(戒律藏) 三藏의 하나, 戒律

을 밝힌 經典. 戒律의 文義가 含藏되어 있기 때문에 藏이라 함.

계율종(戒律宗) 唐僧 南山道宣이 창설, 戒律의 실천을 주안으로 삼은 五敎의 하나.

계응(戒膺) 高麗 승려. 一名 繼膺(高麗史). 號는 太白山人. 大覺國師의 뒤를 이어 敎法을 널리 펴니 法海의 龍門이라 불렀음. 講經하는 외에 文章에도 能했다. 睿宗이 불러 闕內에 住하게 하였으나 太白山에 있으면서 응하지 않았다. 諡號는 無碍國師.

계의(戒儀) 授戒할 때 儀式의 作法. 大乘·小乘에 있어서 그 제도가 같지 않다. 彌沙塞羯磨本에는 正授戒 중에는 九法을 구비해야 된다고 하였는데 그 九法이란 第一請和上法, 第二安受戒人, 第三差敎師法, 第四敎師檢法(一 問和上, 二 問受人), 第五召入衆法, 第六敎乞戒法, 第七戒師問白法, 第八羯磨師問法, 第九正授戒法이다. 이것은 小乘戒儀이며 大乘戒儀에는 梵網本·地持本·高昌本·瓔珞本·新撰本·制旨本의 六種의 분별이 있고 湛然의 授菩薩戒儀에는 十二門으로 분별하였는데 ①開導 ②三歸 ③請師 ④懺悔 ⑤發心 ⑥問遮 ⑦授戒 ⑧證明 ⑨現相 ⑩說相 ⑪廣願 ⑫勸持.

계인(戒印) 戒는 사람이 믿기때문에 印에 비유한 것.
※成實論十四에 「入善人聚 以戒爲印」 行事鈔上一에 「入善人聚 要佩戒印」

계인연경(戒因緣經) 十卷. 鼻奈耶의 다른 이름. 姚秦의 竺佛念이 번역한 小乘律.

계일왕(戒日王) 梵 〈śiladitya〉 中印度(羯若鞠闍國=Kanyākubja) 曲女城의 王, 본디 吠奢 종족으로 이름은 曷利沙伐彈那(Harsavardhana) 번역하여 喜增이라 한다. 그의 兄(王)이 이웃 國王에게 被殺되자 兄의 뒤를 이어 王位에 올라 號를 尸羅阿迭多라 하고 번역하여 戒日이라 하다. 王位에 오른지 6年에 그 兄의 원수를 갚고 全印度를 장악하였다. 뒤에 여러 곳에 精舍를 建立, 음식과 의약을 베풀어 빈궁한 모든 사람을 주휼하였다. 또 5年에 한번씩 無遮大會를 열고 해마다 諸國의 沙門을 모아 三七日 동안 四事供養을 하고 法座를 莊嚴한 후 그 優劣을 비교하여 善行을 포양하고 惡行을 징계하였음. (西域記 五)
※立六年復兄之讎 臣五印度 有象軍六萬 馬軍六萬 垂三十年兵戈不起 政敎和平 於五印度城邑建立精舍 設飮食醫藥 施諸窮貧而周給之 於聖迹之處並立伽藍 又五歲一設無遮大會 竭府庫而施一切 歲一集諸國沙門 三七日中以四事供養 莊嚴法座 而校其優劣襃貶淑慝唐玄奘 於此時渡天竺 王之大會設於曲女城遇其盛事.

계자(戒資) 또는 戒金. 授戒할 때에 쓰이는 費用에 充當하기 위하여 戒

弟들이 거둔 金錢.

계자면(雞子面) 달걀 모양으로 된 面貌란 뜻. 즉 菩薩의 面相.

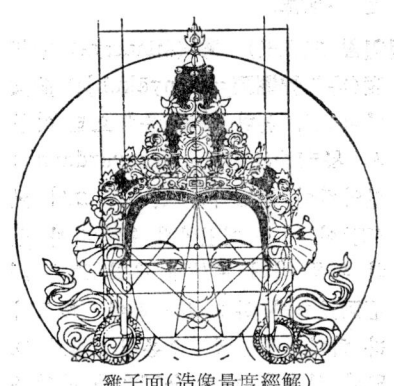
雞子面(造像量度經解)

계장(戒杖) 승려가 짚은 지팡이. 錫杖.

계장(戒場) 부처님이 제정한 戒를 받는 일정한 장소. 戒壇과 같음.
※釋氏要覽上에「今言壇場非一也 壇則出地立基 場則除地令平 今有混稱 蓋誤」其所以設戒場戒壇者 凡爲法事 一山內(卽結界之內)之僧 不盡會同和合 卽不成就 然僧中之法事(授戒等)非一 每事使大衆來會 恐妨事而勞人 特使結定一道場 聚一定之人 數於此場上 此場上人人和合贊同之時 法事卽爲成功 行事鈔羯磨篇에「戒場本爲數集惱僧故開結之」

계장(戒藏) 戒律을 밝힌 經典.
※梵網經下에「諦聽我正誦佛法中戒藏波羅提木叉」

계재(戒財) 戒를 財寶에 비유한 말. 戒律을 지키는 것은 成佛의 資本이라는 뜻.

계전(戒傳) 戒法을 傳附相傳하는 일. 禪門의 戒傳은 一經一論에 의하여 後人이 創立한 것이 아니라 佛祖의 正傳대로 하는데 戒法의 數目, 傳附의 儀式 등이 극히 簡易著明함.

계정(戒定) 持戒와 禪定. 몸을 절제함을 戒라 하고, 마음을 삼가함을 定이라 함.
※淨心誠觀上에「一切苦因果財色爲本 一切樂因果戒定爲本」

계정혜(戒定慧) 戒律·禪定·智慧의 약칭. 이를 三學이라 이름. ①戒는 몸·입·뜻으로 범하는 나쁜 짓을 방지하는 것. ②定은 마음이 散亂한 것을 一境에 머물게 하는 것. ③慧는 迷惑을 제거하고 眞理를 證得하는 것. 이 세가지가 서로 도와 道果를 證得하는 것이므로 戒가 아니면 定을 얻을 수 없고, 定이 아니면 慧를 얻을 수 없다. 이 세 가지는 伊(∴)字의 三點과 같이 不卽不離하여 定과 戒가 없는 慧는 乾慧요 戒와 慧가 없는 定은 枯禪이요 定과 慧가 없는 戒는 偏狹한 小節로 이를 經·律·論 三藏에 藏配對하면 經은 定學, 律은 戒學, 論은 慧學임.
※唐宣宗問弘辨禪師曰 云何名戒 對曰 防非止惡謂之戒 帝曰 云何爲定 對曰 六根涉境 心不隨緣名定 帝曰 云何爲慧 對曰 心境俱空 照覽無惑名慧 名義集四에「防非止惡曰戒 息慮靜緣曰定

破惡證眞曰慧」學此三法而到涅槃 故云三學 若人防止三業之邪非則心水自澄明 是由戒而生定者 心水澄明 則自照萬象是由定而生慧者 此三者次第相生 入道之關鍵也.

계정혜해탈지견(戒定慧解脫知見) 解脫·解脫知見 두 가지를 합하여 解脫知見이라고 함.

계정혜해탈해탈지견(戒定慧解脫解脫知見) 戒·定·慧·解脫·解脫知見 다섯 가지를 五分法身이라고 함. 戒는 몸의 나쁜 짓을 막는 것·定은 散亂한 마음을 한 경계에 머물게 하는것. 慧는 迷惑을 끊고 진리를 증득하는 것. 解脫은 지혜로 惑을 끊고 惑의 繫縛을 푸는것. 解脫知見은 스스로 解脫한 것을 認知하는 지혜. 앞의 戒·定·慧는 因을 닦는 것이요, 뒤의 解脫·解脫知見은 果를 맺는것. (大乘義章二十本)

계제(戒弟) 受戒하는 弟子. 授戒會 때에 戒를 받는 사람.

계제(階梯) ①階段과 사닥다리. ②端緖·入門.

계족(戒足) 戒는 佛道에 나아가는 주요한 그릇이므로 이를 발에 비유한 것.

※行事鈔上에「經云 若欲生天等必須護戒足」資持記上一之三에「戒以足譬 頗符發趣之義」

계족동(雞足洞) 雞足山의 마을.

계족산(雞足山) 梵 〈Kukuṭapada〉 또는 狼跡山·尊足. 迦葉尊者가 入定하던山, 中印度 摩揭陀國에 있음. →屈屈吒播陀.

※西域記九에「莫訶河東入大林 野行百餘里 至屈屈吒播陀山(中略)唐言雞足 亦謂窶盧播陀山 Gurupada 唐言尊足 其後尊者大迦葉波 居中寂滅 不敢指言 故云尊足」

계족수의(雞足守衣) 迦葉尊者가 雞足山에서 禪定에 들었을 때 如來가 傳해준 金襴衣를 받들고 彌勒의 出世를 기다렸다는 傳說. →金襴衣.

계종(啓宗)〔1867~1929〕 韓末 승려. 俗姓은 白氏, 號는 鶴鳴. 靈光 사람. 20세에 佛岬寺의 금화에게 중이 되어 설유에게 比丘戒를 받고 금화의 法을 잇다. 34歲에 龜巖寺에서 開講, 그 뒤에 참선에 전심하다. 世壽 63, 法臘 43세로 內藏寺에서 入寂함.

계주(戒珠) 戒律은 潔白한 것으로 人身을 莊嚴하는 까닭에 珠玉에 비유한 것.

※法華經에「精進修靜戒 猶如護明珠」 唐代宗文에「戒珠在握 明鏡入懷」 梵網經下에「戒如明日月 亦如瓔珞珠」 唐高僧傳(智者傳)에 「禪師戒珠圓淨 定水淵澄」

계주(繫珠) 자기의 옷속에 구슬이 있는 것을 알지 못하고 衣食을 구걸하는 가난한 사람에 비유한 말. →衣珠.

※大日經疏四에「繫珠毒鼓之緣 豈當已乎」

계주(髻珠) 法華七喩의 하나. 髻子 가운데 있는 珠玉.
※有大功者 王解髻中之明珠而與之 以喩 爲己出分段生死 進而離變易生死之機 說法華也 方等陀羅尼集經四에 「譬如 國王髻中明珠 愛之甚重 若臨終時授與 所愛之子 我今爲諸法王 此經卽如髻中 明珠 如我子 今以此大方等陀羅尼經授 與於汝 譬如此王以明珠授與其子」

계주경(髻珠經) 大乘金剛髻珠菩薩 修行分經의 약칭.

계주전(戒珠傳) 三卷. 淨土往生傳의 약칭. 宋나라 飛山戒珠가 지음. 梁・唐・宋의 高僧傳 등에서 淨土往生한 七十五人의 事蹟을 探集한 것.

계중(界中) 欲界・色界・無色界・三界의 사이.

계증(契證) 또는 證契. 自己의 깨달음이 스승의 智에 契合되는 것.

계지(戒智) 朝鮮 比丘尼. 世祖 1(1456)年에 端宗의 妃 定順王后(宋氏)의 侍女로 淨業院에서 중이 됨.

계차(契此) (?~916) 中國 승려. 唐나라 明洲 奉化縣 사람. 언제나 이마를 찡그리고 배는 불룩하며 말이 일정치 않고 어느 곳에서나 졸고 있었다. 항상 지팡이에 布袋를 메고 다니면서 아무 물건이나 보면 구걸하여 조금씩 布袋에 넣었다. 그리하여 그때 사람들이 長汀子・布袋和尙이라 불렀다. 後梁 貞明 2(916)年 丙子 3月에 示寂하니 世人들이 慈氏의 乘跡이라 말하였다. 辭世의 偈에 「彌勒眞彌勒・分身千百億・時時示時人・時人不自識」이라 함. (宋僧傳 二十一・傳燈錄 二十七)

契 此

계착(計着) 梵〈Abrinivesa〉 妄想으로 計度하여 執着하는 것.
※楞伽經三에 「如緣言說義計着」

계착(繫著) 執著과 같음. 마음이 事物에 繫縛되어 局執하는 것. 著은 助字.
※涅槃經十七에 「繫著爲魔縛 若不著者 則脫魔縛」

계책(戒策) 拍子木과 비슷한 작은 道具, 禪院에서 使用함. (洞谷記)

계척(戒尺) 戒를 說할 때에 쓰는 道具.
※兩小木 一仰一俯 仰者在下而稍大 把上者向下擊之使鳴 專於受戒用之 故云 戒尺 敕修淸規沙彌得度에 「設戒師座 机 與住持分手 机上安香燭手鑪戒尺」

계척(界尺) 文鎭. 줄을 치거나 종이를 눌러 놓을 때 쓰는 도구.

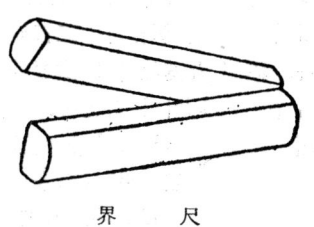
界 尺

계첩(戒牒) 戒를 받았다는 證書. 처음에는 和尙이 누구, 敎授師가 누구라는 등 일일히 그 이름을 列記하고 다음에는 戒를 받고 自己의 意志를 白함. 끝에는 自己의 이름을 기록하여 傳戒師 등 十師가 署名捺印하여 證明하는 것. 度牒.

계청(啓請) 讀經하기 前 佛·菩薩을 奉請함.

계체(戒體) 잘못된 일을 막고 나쁜 짓을 그치게 하는 能力을 가진 戒의 본체.

※戒法授受之作法成就時 指防非止惡之功能 發現於受者身中者謂之戒體 此戒體舊澤云無作 新譯云無表 隨順此戒體 而於身口意三業 表現如法之所作謂之戒行.

계체삼종(戒體三種) 戒體의 三種을 말함. 戒의 體性(바탕)을 定하는데 大·小乘을 통하여 세가지가 있다. ①色法이니 戒를 받을 때에 身·口(羯磨作業 등) 二業이 發顯의 表色이 있으니 그 表色은 四大에 의하여 생겼으니 그것은 一種의 色法이다. 또 그른 것을 막고 惡을 그치는 功能이 있으니 그것은 無表色이라고 한다. 또 無作色이라고 이름하니 이것이 四大의 所生이 되므로 色法이 되며, 色蘊에 攝한다고 한다(有部家의 뜻). ②心法이니 戒를 받을 때에 생각하는 心所(心으로부터 生한 것)를 발동시키니 이 心所의 종자가 상속하여 그른 것을 막고 惡를 그치는 功能이 있으므로 戒體를 삼으니 이것은 受戒할 때에 表色作用에 의하여 일어나는 것이므로 色의 이름을 부쳤으나 실은 心法이 된다고 한다(大乘唯識의 뜻). ③色도 아니요 心도 아닌 法이니 그것이 形質이 없으므로 色이 아니요 그것이 緣慮가 없으므로 心이 아니다. 그러므로 非色非心의 別法이 된다고 함. (成實論의 所立).

※已上三種之戒體 南山於四分律之當分 準於成實宗之所立 而立非色非心之戒體 自己之本意 依於大乘唯識之義而取心法之戒體 又天台 於止觀取心法 戒疏取色法 但於小乘之有部大乘之唯識 所異者 爲性具之色 性具之心 而其意未見異於彼之二宗也 梵網戒疏上에「戒體者 不起而已 起卽性無作假色」

계체상(戒體箱) 三昧耶戒에서 金剛界·胎藏界의 式文을 戒體라 하며 그 계체를 담는 상자를 계체상이라 함.

계초심학인문(誡初心學人文) 一卷. 高麗때 高僧 普照國師가 지음. 처음으로 중이 된 이를 경계하기 위하여 지은 글.

계촉(戒囑) 戒律의 軌躅.
※寄歸傳一에「初轉法輪則五人受化 次談戒躅則千生伏首」

계충(繼忠) 中國 溫洲 永嘉縣 사람. 俗姓은 丘씨. 字는 法臣. 號는 扶宗. 8세때 開元寺에서 得道, 成長하여 經律을 배우고 延慶寺에 들어가서 廣智尙賢을 師事, 敎觀에 精通하다. 儀相이 偉岸하여 文飾을 일삼지 아니함. 語聲이 鐘과 같고 辯才無礙하여 呪를 誦하면 神驗이 있지 아니함이 없었다. 弟子에 從義·處元이 있음. (稽古略)

계취(戒取) 四取의 하나. 戒禁取見과 같음. →戒禁.

계취(界趣) 生死輪廻하는 三界와 六趣를 말함.

계취견(戒取見) 五見의 하나. 戒禁取見과 같음.

계취사(戒取使) 五利使의 하나. 戒取의 煩惱. 使는 煩惱의 異名. 이 戒取로 말미암아 心身을 驅使하여 쉬지 않으므로 「使」라고 함.
※三藏法數二十四에「戒取者 謂諸外道 於非戒中 謬以爲戒 如雞狗等邪戒以爲 眞戒 取以進行也」

계침(桂琛) 중국 常山사람. 俗姓은 李씨. 唐 咸通 8(867)년생. 20세에 萬歲寺 無相大師에게 剃髮受戒하고 오로지 毘尼를 배우다. 福州 玄沙師備 아래서 一言에 啓發하여 廓然히 衆惑을 脫落시키었다. 潭牧王公이 地藏院을 세우고 師를 청하여 演法하게 하니 駐錫하기 18년에 參集한 學徒가 二百餘人이었다. 漳州 羅漢院에서 玄要를 밝히니 羅漢桂琛이라 하였다. 다시 雲居·雪峯玄沙에 나아가 歸旨를 얻고. 閩城 西石山에 蓮宮을 세우고 一年半동안 住錫하다. 天成 3(928)年 世壽 62, 法臘 40세로 坐化함.

계칭이문(戒稱二門) 天台 眞盛宗의 根本敎學으로서 戒는 圓頓菩薩戒, 稱은 口稱阿彌陀佛名號 卽 念佛·圓戒念佛의 二門은 二而不二·相卽不離라는 뜻.

계탁(計度) 意識의 作用으로 갖가지 事物을 思量 분별하는 것.

계탁분별(計度分別) 三分別의 하나. 널리 과거·현재·미래의 三世에 걸쳐 현전에 보는 사실을 여러 가지로 생각하고 분별하는 것. 推度分別. 分別思惟.
※散心之意識與相應之智慧之作用也 俱舍論一에「意識相應散慧 名爲計度分別」

계폐(啓閉) ① 열고 닫음. ② 啓는 立春과 立夏. 閉는 立秋와 立冬 즉 계절이 바뀐다는 뜻. 開閉.
※啓陽氣啓物也 謂立春立夏 閉陰氣閉物也 謂立秋立冬也 →左氏會箋.

계품(戒品) ①五戒·十善戒 등 戒의 品類. ②梵網經 가운데 戒를 밝힌 한 篇章의 이름.
※梵網經下에「常作如是信 戒品已具足」 梵網經盧舍那佛說菩薩心地戒品 是梵

網經中之一篇章.

계품(界品) 俱舍論 一部九品의 第一. 이 品은 諸法의 體性을 밝힌 것이므로 界品이라 함. 界란 性이라는 뜻.
※俱舍光記二에「界者性也 性之言體也 此品明諸法體 以界標名」

계학(戒學) 三學의 하나. 부처님이 제정한 戒律을 배우는 것. 몸·입·뜻으로 짓는 악업을 방지하는 것.
→三學.

계해(戒海) 戒律이 淸淨함을 바닷물에 비유한 것.
※止觀二下에「戒海死此 宜依律屍治」同輔行에「律云 譬如彼死屍大海不容受 爲疾風所吹置之岸上 犯重如屍衆海不受 作法擯治如疾風吹 飄出家外如置岸上」

계행(戒行) 戒를 받은 뒤 戒法의 조목에 따라 이를 실천 수행하는 것.
※依授戒作法一旦發得戒體者 能隨順其戒體而如戒動作三業 謂之戒行 行事鈔中에「戒行謂方便修成順本受體」洛陽伽藍記에「戒行眞苦 莫可揄揚」

계행궁진(計行窮盡) 🅟 〈apratipatti〉自己의 情識으로 善惡을 差別할 수 있는 能力이 다하여 行動을 繼續하지 못하는 것. (瑜伽論因明)

계행율의(戒行律儀) 戒의 정한 바에 따라 몸·입·뜻으로 惡을 防止하고, 반드시 戒를 지켜 實踐修行함을 말함.

계향(戒香) 戒의 功德이 쌓이고 쌓임을 四方에 香氣가 널리 퍼지는데 비유한 말.
※觀無量壽經에「戒香熏修」觀佛經三에「常以戒香 爲身瓔珞」戒香經에「世間所有諸華香 乃至沈檀龍麝香 如是等香 非徧聞 唯聞戒香徧一切」

계향경(戒香經) 佛說戒香經의 약칭. 一卷. 宋나라 法玄의 번역. 戒德經과 同本임.

계험(戒驗) 戒를 받는 것을 증명하는 公驗. 즉 戒牒. (朝野群載十六)
※受者乞戒驗辭에「比丘某 今蒙慈濟 秉受淨戒 納法在心 福河流注 伏乞現前傳戒和上 幸垂示名 永爲戒驗」

계현(戒賢) 🅢 〈尸羅跋陀羅＝śilabhadra〉東印度 摩竭陀國 那爛陀寺의 住僧. 護法菩薩의 弟子요, 玄奘三藏의 스승. 三摩呾吒國의 王族으로 婆羅門 種族. 어려서부터 學問을 좋아하고 風度가 있었다. 護法菩薩에게 法門을 듣고 開悟하여 名聲이 세상에 널리 알려졌다. 大衆들이 모두 尊重하여 그의 이름은 부르지 않고 號를 「正法藏」이라 하였음. (慈恩傳)

계현관(戒現觀) 六現觀의 하나. 無漏의 道共戒로 破戒한 허물을 除去하고 觀智를 더욱 밝게 하므로 또한 現觀이라고 함.

계화상(戒和尙) 授戒하는 師僧. 和尙은 和上이라고도 하며 弟子들이 스승을 부르는 稱號. 戒師. →和尙.

계환(戒環) 중국 宋나라 溫陵 開元蓮寺의 승려. 徽宗 宣和年中(1119

~1125)에 妙法蓮華經解 二十卷을 著述함.

계회(界會) 遍三千世界가 모두 集會함.
※九條錫杖文에「恭敬供養三傑界會」

계회(契會) 꼭 맞아서 빈틈이 없는 것. 契心證會의 약칭. →契心證會.
※唯識論三에「遠離二邊 契會中道」 地義記一本에「妙捨有無 契會中道」

고(苦) ① 梵〈豆佉＝Duḥkha〉몸과 마음을 핍박하여 괴롭게 하는 것을 이름. 이에 二苦·三苦·四苦·五苦·八苦·十苦 등이 있음. ② 四諦의 하나.

고(鼓) 악기의 이름. 둥근 나무의 양쪽 아구리에 가죽을 팽팽하게 매어서 북채로 쳐 울리게 되었음.
※釋氏要覽下에「五分云 諸比丘布薩 衆不時集 佛言 若打犍稚 或打鼓 吹貝」
→毒鼓·甘露鼓·法鼓·金鼓·天鼓

고가(告暇) 병이나 其他 特殊한 事情으로 말미를 청하는 것. 禪院에서 쓰는 말.

고가타쇄(敲枷打鎖) 禪宗에서 斷滅頑空의 쇠사슬을 打破하고, 繫縛에서 解脫함을 이같이 비유함.
※續傳燈錄三十四密庵咸傑條所謂「將來敲伽打鏡則不無」是也

고각(苦覺) 괴로운 覺想. 八十華嚴經二十四에 「永除苦蘊 永斷苦覺」이라고 하였음.

고간(古澗) 高麗 때 승려. 禪印宗의 名僧으로 존경을 받았음.

고감빈신(顧鑑頻申) 顧鑑은 돌아 본다는 뜻. 頻申은 嚬呻과 같으며 하품한다는 뜻. 師家가 修行者를 提接하는 手段으로 말없이 자주 돌아보고 또는 하품을 하여 注意(機用)을 끄는 것을 말함.

고감이(顧鑑咦) 顧는 돌아본다. 鑑은 분간하여 본다. 咦는 큰 소리로 부른다는 뜻. 雲門禪師께서 行者修의 質問을 받으면 이 三字를 즐겨써서 答하였음으로 雲門 三字의 禪이라고도 함. →咦. (碧岩錄六)

고격(古格) 格은 格則. 風儀法則의 뜻. 곧 古代부터의 風儀法則을 말함.

고견수(高堅樹) 地中에서 百年을 지내고 나와 枝葉이 茂盛하고 높이 百丈이나 된다고 함. 菩提樹의 別名. 또는 好堅·高顯. (大智度論十)

고경(古徑) 古는 無限, 徑은 眞理. 無限한 眞理의 實相을 말함. (正法眼藏行持 八二)

고계(苦界) 괴로운 세계, 곧 地獄·餓鬼·畜生·修羅·人間·天上의 六途.

고고(苦苦) 梵〈Duḥkha-duḥkhatā〉三苦의 하나. ①衆生의 心身을 괴롭게 하는 苦. 飢餓·疾病·風雨·寒熱·勞役 등 苦緣이 핍박하여 괴로움을 生하므로 苦苦라고 함. ② 有情의 心身이 本來 苦인데 다시 끼

杖 등의 괴로움이 더하므로 이같이 이름.
※大乘義章三에 「從彼苦緣逼而生惱 名爲苦苦 刀杖等緣能生內惱 說之爲苦 從苦生苦 故曰苦苦」法界次第中之下에 「苦受從苦緣生 情覺是苦 卽苦苦也」 ②大乘義章三에 「心性是苦 依彼苦上 加以事惱 苦上加苦 故云苦苦」

고고(故苦) 舊舊. 智度論十九에 「新古는 즐겁고 故苦는 괴로우니 마치 처음 앉았을 때는 즐거우나 오래되면 괴로움이 생하는 것같이 처음 서거나 누우면 또한 즐거우나 오래되면 또한 괴롭다」고 하였음.

고고형형(孤孤逈逈) 孤孤는 高峯頂上에 우뚝 솟은 소나무나 層岩絕壁에 외로운 한포기의 풀과 같이 話頭의 純一한 생각을 形容하는 것. 즉 孤絕하여 比論이 없다는 뜻. 逈逈은 寥遠한 모양으로 窺知하기 어려운 모양. 즉 廣大深遠하여 物의 比倫이 끊어진 경지를 뜻하는 말.

고곤(古崑) 中國 淸末의 念佛僧. 字는 玉峰. 號는 戀西. 廣信(江西省上饒縣)사람 十餘歲에 普寧寺에 出家하여 모든 大乘經을 閱讀하고 天台山 國淸寺에서 受具함. 어느날 종소리를 듣고 크게 깨닫다. 後日 杭州 崇福寺에서 明 幽溪傳燈의 阿彌陀經略解圓中鈔를 읽고 깨달아 스스로 幽溪傳法의 後裔라고 일컬었다. 戒律을 嚴守하고 一心으로 念佛往生을 誓願하였다고 함.

고골(故骨) 遺骨. 舊雜譬喩經下 「옛날 어떤 사람이 죽은 뒤에 魂神이 돌아와서 스스로 그 故骨을 어루만지고 있는데 지나가는 사람이 묻기를 "너는 이미 죽었거늘 어찌하여 다시 故骨을 어루만지는가" 神이 말하기를 "이는 나의 故身이다 몸으로 殺生과 도둑질을 하지 아니하고 不瞋 不痴하여 죽은 뒤에 天上에 태어나 所願을 저절로 이루어 快樂이 다함이 없으므로 愛之重之한다"고 하였음.

고골여산(故骨如山) 生死가 流轉하여 一有情의 故骨이 一劫사이에 山과 같이 많음을 이름. 雜阿含經三十四에 「世尊이 諸比丘에게 말씀하시기를 "어떤 사람이 一劫中에 生死輪轉하는 것만도 만일 白骨이 쌓이기만 하고 腐壞하지 않는다면 毘富羅山만 하리라"고 하였음」

고공(苦空) 有漏果報四相의 二. 有漏의 果報는 三苦와 八苦의 性이 되므로 苦라 하고, 萬有는 하나도 그 실체나 제 성품이 없으므로 空이라 함.

고공곡(苦空曲) 印度의 馬鳴菩薩이 歌詠을 잘하여 항상 苦空無常의 理致를 말함에 曲을 演奏하여 사람을 敎化하였다. 曲名은 賴陀和羅. 一賴吒呷羅.

고공무상무아(苦空無常無我) 또는 非常苦空非我. 苦諦의 경계를 관하여 일어나는 四種의 智慧로서 이를 苦

諦四行相이라 함. 이 世上의 事物은 衆生의 몸과 마음을 핍박하여 괴롭게 하므로 苦, 萬有는 모두 因緣의 화합으로 생기는 것으로 하나도 실체나 제 성품이 있는 것이 아니므로 空, 萬有는 因緣이 흩어지면 문득 없어지므로 無常, 모두 空하고 無常하여 나(我)라든가 나의 所有物이라고 고집할 것이 없으므로 곧 無我라고 관함을 말함.

※俱舍論二十六에「苦聖諦有四相 一非常 二苦 三空 四非我 待緣故非常 逼迫性故苦 違我所見故空 違我見故非我」觀無量壽經에「八種淸風 從光明出 鼓此樂器 演說苦空無常無我之音」大乘義章三에「逼惱名苦 苦法遷流 說爲無常 苦非我所 故名爲空 苦非我體 名爲無我」

고공무아(苦空無我) 有漏果報四相의 세가지 즉 苦는 몸과 마음을 핍박하는 것. 空은 만유가 모두 인연의 화합으로 하나도 실체나 제 성품이 없는 것. 無我는 有漏果報 가운데 나라든가 나의 소유물이라는 實體가 없는 것.

고과(苦果) 마음과 몸을 괴롭게 하는 果報·惡業의 果報로서 받는 고뇌.

※總言之 則生死之果報皆苦也 就中分別之 則如天上者樂果 如地獄者苦果 如人界者苦樂互立也

고관(苦觀) 이 세상을 苦의 世界로 봄.

고관격절(敲關擊節) 敲關은 바둑의 수, 擊節은 音樂의 拍子. 둘 다 重要하다는 뜻. (碧岩錄)

고광대상계(高廣大牀戒) 八戒 (또는 八戒齋·八支戒·八齋戒·八所應離·八關齋戒)의 하나. 높고 넓은 평상에 눕거나 금·은·진주·구슬 등으로 장식한 화려한 자리에 앉는 것을 금하는 戒.

고교조심(古敎照心) 古敎는 古人의 敎訓. 곧 옛 敎로써 마음을 비쳐 봄.

고구(苦具) 괴로움을 받는 제구의 뜻으로 地獄·餓鬼·畜生·修羅의 四趣를 말함. (俱舍論七)

고구리하부(高拘梨訶部) →鷄胤部.

고구정녕(苦口叮嚀) 입이 쓰도록 간절히 타이르는 것. 叮嚀은 丁寧과 같음.

※苦口今謂再三言之 卽鄭重囑付之意

고굴(苦屈) 苦는 困苦, 屈은 屈辱 즉 지독한 恥辱을 받음.

고귀(高貴) 高貴德王菩薩의 약칭.

고귀덕왕보살(高貴德王菩薩) 光明遍照高貴德王菩薩의 약칭.

※涅槃經二十一卷已下 高貴德王菩薩品之對告衆 佛對之說修行涅槃經十種之功德 涅槃經疏十九에「光明遍照 論外化廣 高貴德王 辨內行深」

고귀사덕지교(高貴四德之敎) 高貴德王菩薩이 涅槃經의 對告衆이 됨에 부처님이 그를 대하여 常樂我淨 四德의 妙理를 說한 것. 涅槃經의 二十一에서 二十六品까지가 高貴德王

품임.

고귀사저(枯鬼死底) 無想定, 또는 滅盡定을 말함. 마음의 一切의 活動作用이 止息된 三昧. 無意識의 法悅. 죽음까지도 잊어버리는 無我狀態를 말함.

고귀상명(枯龜喪命) 枯龜는 古龜로 오래된 거북을 뜻함. 옛날 中國 黃河에서 오래된 큰 거북이 圖書를 지고 나왔는데 이것은 天文을 기록한 貴重한 것으로 河圖라 한다. 거북은 이 때문에 죽음을 당했다. 轉하여 작은 智慧를 믿고 지나친 일을 하면 도리어 남의 미움을 받아 喪身失命한다는데 比喩한 것.

고근(苦根) 根은 支配하는 힘. 즉 여러가지의 機能을 말함. 身心에 煩惱를 주는 機能을 苦根이라 함. →二十二根.

고금역경도기(古今譯經圖紀) 四卷. 唐의 翻經沙門 靖邁가 撰함. 漢明帝(57~75)때 摩騰尊者로부터 唐太宗(626~649)때 玄奘三藏까지 각각 그 번역한 經論을 敍述하였음.

고기게(孤起偈) 十二部教 가운데 伽陀와 祇夜 두가지가 있는데 모두 이 偈語의 體이다. 그러나 祇夜는 앞의 經文을 重說하고 偈文으로써 끝을 맺으므로 重說偈라 하고, 伽陀는 그렇지 않고 單結하는 偈文임으로 孤起偈라 함.

※玄義一下에 「或孤起偈說 世界陰入 等 事 是名伽陀」

고기송(孤起頌) ㊹〈伽陀=Gāthā〉 句頌 不重頌.

고념(古念) 中國 淸末의 禪僧. 字는 淸一. 號는 幻影. 湖北省鍾祥縣의 舒氏家門에서 태어났다. 그는 早失父母하고 出家하여 行脚하다가 浙江省 天目山 禪源寺 廣福淸의 法을 잇다. 晚年에 廣濟寺에서 經論을 講하니 歸依者가 千餘人이었으며 北京의 佛教가 이로 因하여 크게 發展하였음.

고념불(高念佛) 높은 소리로 念佛하는 것.

고뇌(苦惱) 몸과 마음이 괴로움. 生死海의 法은 모두 나를 괴롭히는 것이요 하나도 安穩한 自性이 없음.
※無量壽經下에 「貪恚愚痴 苦惱之患」

고덕(古德) 古聖先德의 약칭. 古來의 諸佛諸祖를 가리킴. 옛날의 德이 높은 승려의 존칭.
※義林章本一에 「古德說有頓漸」 華嚴玄談三에 「斥於古德經非敵對」

고덕(高德) 學識과 德望이 뛰어난 高僧의 존칭. 大德.

고도(苦道) 三道의 하나. 道는 能히 通한다는 뜻. 惑·業·苦가 서로 通하여 惑은 業을 일으키고 業은 苦를 일으키며 苦는 다시 惑을 일으키므로 苦道라 한다. 즉 三界生死의 果報를 말함. (三藏法數十二)

고도(靠倒) 기대고 서 있는 이를 밀어 넘어뜨림.
※今俗謂相依曰靠.

고독(苦毒) 苦身과 毒身을 말함. 法華經方便品에 「諸欲의 因緣으로 三惡道에 떨어지며 六趣에 輪回하여 모든 苦毒을 받게 된다」하였음.

고독원(孤獨園) ①給孤獨園의 약칭. 祇園精舍가 있는 곳. 給孤獨은 須達多의 譯名이며 이 동산은 須達長者가 布施한 것이므로 給孤獨園이라 함. 一給孤獨園. ②後世의 養老院이나 孤兒院과 같은 것. 南史 梁帝紀에 普通 2(521)年 봄에 詔勅으로 孤獨園을 두어 孤幼를 救恤하였음.

고독지옥(孤獨地獄) 또는 孤地獄. 八寒・八熱地獄과 같이 일정한 처소가 있는 것이 아니고, 각기 지은 業에 따라서 홀로 地下나 山野 등에 있는 지옥.
※俱舍頌疏十에「如上所論十六地獄 一切有情業 增上力感 餘孤地獄各別業招 或多或少 或二或一 所止差別多種 處處不定 或近江河山邊曠野 或在地下空 及餘處」

고두(庫頭) 또는 櫃頭・副寺・財帛. 寺內의 돈・쌀・천・곡식 등의 出納을 맡아 보는 職任. 지금의 會計와 같음.

고등(枯藤) 拄杖子의 다른 이름.

고락가(孤落迦) 漿의 이름. 八種漿의 하나. 그 과일의 모양은 酸棗(멧대추)와 비슷함. (百一羯磨五)

고래세시경(古來世時經) 佛說古來世時經의 약칭. 一卷. 譯者 未詳. 中阿含經中本本經의 別譯.

고래실유종(古來實有宗) 外道 十六宗의 하나. 과거・미래는 實有하는 것이요 거짓이 아니라고 주장하는 勝論과 時計의 두 外道.
※義林章一에「去來實有宗 謂勝論外道 及時計道等 亦作此計 有去來世 猶如 現在 實有非假 雖通小乘 今取外道」

고량편피(鼓兩片皮) 또는 動兩片皮. 兩片皮는 위아래 입술이란 뜻, 즉 입술을 놀려 쓸데 없이 말을 많이 지껄이는 것.

고려국신조장경교정별록(高麗國新彫藏經校正別錄). 三十卷. 高麗때 國本・契丹本・宋本의 장경을 대조 교정하여 틀린 것을 고친 기록. 高麗때 開泰寺 住持 守其가 지음.

고려대장경(高麗大藏經) 高麗 때 二次에 걸쳐 간행한 불경. 高麗는 文臣을 존중하고 武臣을 천대하여 오던 차 여러 차례 외국의 침입을 받게 되니 부처님의 힘으로 나라의 安全을 꾀하려 하였다. 이것이 방대한 대장경의 刊行事業으로 나타났는데 이를「第一次大藏經刊行」・「第二次大藏經刊行」으로 크게 둘로 나눌 수 있다. 第一次 大藏經 刊行은 初板古本 大藏經과 續大藏經으로 나눈다. ①契丹의 침입을 받아 곤경에 처했을 때 佛力으로 물리치기 위하여 刊行에 着手하였으며 顯宗朝에 시작. 文宗朝에 完成된 것으로 대구의 符仁寺(지금은 없음)에 都監을 두고 大般若經・華嚴經・金剛明經・妙法蓮華經 등 六千여권을 雕造하였다. 이 初板古本 大藏經은 高宗 19(1232)年 蒙古의 침입을 받아 燒失되고 약간 남아 있는 것은 日本 京都 南禮寺에 一千七百十五卷이 傳할 뿐이다.
②續大藏經은 初板古本에 계속하여 刊行한 것으로 義天이 宋나라에 갔다 오면서 수집하여 온 佛經과 遼・日本에서 수집한 것을 합하여 四千七百여권을 수집, 文宗 27(1073)年부터 宣宗 7(1090)年까지 수집된 佛經의 총목록을 작성하여 新編諸宗教藏總錄이라 했는데 이 목록에 의하여 차례대로 彫造하였다. 이는 모두 一千十部 四千七百四十여권으로 몽고의 병화로 初板古本 大藏經과 함께 없어졌으나, 약간 남은 것으로는 順天 松廣寺에 涅槃涅槃經疏 중 第九卷・第十卷이 있고, 高麗大學校 도서관에 天台四教義 日本 奈良 東大寺에 華嚴經隨疏演義鈔 四十卷, 名古屋 眞福寺에 釋摩衍論通玄鈔 四卷이 있다. 第二次 大藏經 刊行은 八萬大藏經의 雕造를 말하는 것인데 몽고의 침입을 받아 江華島에 피난중 그 禍를 佛力으로 막아내고자 한 것이었으며, 第一次 刊行 雕板이 없어졌기 때문에 대장경의 雕造가 시급하였다. 高宗 23(1236)年 江華島에 藏經都監을 설치하고, 雕造에 착수 高宗 38(1251)年에 完成을 보았는데, 총 1,511부 6,802卷 81,137枚로 처음은 江華에 板堂을 짓고 봉장하였으나 朝鮮太祖 7(1938)年 江華의 禪源寺에서 서울 支天寺로 옮겼다가 다시 海印寺로 옮겼다. 八萬大藏經은 日本의 大正新修大藏經의 底本이며 東國大學校에서 影印本이 나왔다. 大藏經의 雕造는 高麗社會의 재정을 위기에 몰아넣을 정도로 국가적인 大事業이었으므로 국민들의 부담이 막심하였다. 그러나 印刷術의 발달과 출판기술의 발전에 큰 공헌을 하였다. 經板의 크기는 세로가 8寸, 가로가 2尺3寸이며 두께가 1寸2~3分이다. 그리고 두 끝에 뒤틀어지지 않게 角木을 붙이고 네귀에 구리를 장식하고, 全面에 칠을 발랐다. 板面은 위아래에 줄을 치고, 1面 23項 14行 32字로 兩面에 刻板하였으며 板의 한 끝에는 經의 이름, 卷數, 張數와 千字文으로 函號를 새겼다. 八萬大藏經・海大藏經・高麗藏經.

고려대장경판(高麗大藏經板) 國寶 32호. 大藏經을 넓은 나무조각에 글자를 새겨 종이에 박아내게 한 原板. 第一次의 것은 두 차례에 걸친 雕板이 몽고병의 침입 때 없어지고 第二次를 高宗때 江華島에서 雕板한 것이 지금 陝川 海印寺에 남아 있음. 八萬大藏經板.

고려장(高麗藏) 高麗때 彫刻한 大藏

經. 또는 麗藏. 高藏本. 麗本 或은 鮮本이라 한다. 高麗藏經은 前後 세차례에 걸쳐 雕造하였는데 ①은 顯宗 2(1011)年 契丹兵의 亂을 退治하기 爲한 發願으로 刻한 것이며 ②는 文宗朝에 刻한 것이며 ③은 高宗 24(1237)年에 蒙古兵을 물리치려는 祈願으로 刻한 것이다. 顯宗때 板本은 義天의 諸宗敎藏의 雕印疏에 依하면 五千軸으로 符仁寺에 保管하였으나 高宗 20(1233)年에 蒙古兵이 태워버렸다. 文宗때의 刻本은 雕造의 年代가 詳細하지 아니함.

고려장경(高麗藏經) 高麗 大藏經의 약칭. 海印藏經.

고려장경본(高麗藏經本) 高麗 穆宗 7(1004)年에 宋나라에 使臣을 보내어 官本藏經을 구입, 본래 있던 전후 二藏과 契丹藏本을 校合하여 새긴 것.

고로(古路) 古今一轍. 凡聖一如의 길. 즉 久遠의 消息. 佛祖가 걸어간 길. 佛祖가 行한 大道를 말함.

고로(孤露) 孤는 孤獨. 父母가 없다는 말이며 露는 露出되어 나를 扶育할 사람이 없다는 뜻.
※法華經壽量品에 「自惟孤露然復怙恃」 涅槃經一에 「貧窮孤露 一旦遠離無上世尊」

고로선덕(古老先德) 自己의 先輩를 尊稱하는 말.

고론(庫論) ⓜ〈hure, Khurje〉輪狀으로 죽 세워진 建造物의 總體. 특히 寺廟를 말한다. 몽고人民共和國의 首都에 對한 呼稱. 러시아人과 기타 유럽人들은 庫論을 울가「ulga」로 稱하나 이것은 「ongo」인 蒙古語의 轉訛이며 宮殿 또는 貴人의 帳幕을 뜻한다. 蒙古人은 복도·라마·인·푸레로 呼稱하였고, 1921年 以後 人民政府의 首都가 된 뒤로는 오란·바터·호타「ola gan bagator Khota」(赤色英雄의 都)라 불리워져 一般化되어 버림.

고루(孤陋) 혼자 배워서 見聞이 좁음.
※謂獨處見聞少也 禮記學記篇曰 獨學而無友 則孤陋而寡聞.

고루(鼓樓) 큰 북을 달아 놓은 누각 鐘樓와 서로 마주하여 講堂의 左右에 세움. 鐘樓는 동쪽에 鼓樓는 서쪽에 있다. 건축 양식은 二層, 큰 북은 윗층에 달고 法會때에 大衆의 모임을 알리는 것이며, 또 아침 저녁 禮佛과 其他 시간을 알릴 때에 침.

고류인(苦類忍) 苦類智忍의 약칭.

고류지(苦類智) 八智의 하나. 色界 無色界의 苦諦를 觀하여 苦諦의 見惑을 끊는 智慧.
※此智爲先觀欲界苦諦而起之 苦法智流類 故有類之名 三藏法數三十一에 「觀欲界苦諦之後 復觀上二界苦諦 眞智明發 是欲界法智之流類 是名苦類智」

고류지인(苦類智忍) 八忍의 하나.

色界・無色界의 苦諦의 이치를 관하여 苦類智를 얻으려는 때에 일어나는 忍可決定하는 마음. 苦類忍.
※信忍上二界苦諦之理 將得苦類智之無間道智也 苦類智屬於果 解脫道也 苦類忍屬於因 無間道也.

고륙(高六) 高는 高祖라는 뜻으로 天台大師를 가리키며 六은 六祖로 荊溪大師를 가리킴. 天台宗에서 쓰는 말.

고륜(苦輪) 苦輪海의 약칭. 生死의 苦果가 輪轉하여 그치지 아니하므로 輪이라 함.
※勝天王般若經一에「衆生長夜 流轉六道 苦輪不息 皆由貪愛」仁王經에「十善菩薩發大心 長別三界苦輪海」同良賁疏四에「苦輪海者 苦通三界 謂三苦也 依苦樂捨 立爲苦故 往返不息 廻轉如輪 昇沈出沒 深大如海」

고륜(庫倫) ㊛〈kurun; urgya kuran〉蒙古 喇嘛敎의 中心地. 長城 북쪽으로부터 六百里의 距離에 土拉(tura) 河岸에 있는 都市로 蒙古人과 漢人의 두 住所로 區分되어 있다. 商業이 繁盛하여 人口가 三萬이나 되는데 그 太半이 喇嘛敎徒이다.

고륜해(苦輪海) →苦輪.

고릉화(古菱花) 菱花는 婦人의 거울. 곧 오래된 거울이란 뜻. 거울은 物件을 그대로 비추며 조금도 憎愛의 念이 없으므로 本地의 光明에 비유한 말.

고리(庫裡) 庫院과 같음.

고림무선사어록(古林茂禪師語錄) 五卷. 日本의 元浩・應槐・承宜 등의 편저. 禪師의 語錄을 편찬한 것으로 入寺・開堂・上堂・小參・佛事・拈香・偈頌 등을 收錄한 것.

고말라(苦末羅) 나무의 이름. 慧苑音義上에 西域의 海岸에서 자라는 나무로 黃雜色이라 번역하며 金翅鳥가 그 위에서 서식한다 하였음.

고망(苦網) 괴로움이 사람을 얽매는 것을 그물에 比喩한 것.
※最勝王經六에「汝能破裂一切衆生貧窮苦網令得富樂」

고면호(告面孝) 出入할 때에 兩親에게 人事만 할 줄 알고 奉養할 줄을 모르는 孝心. (三敎指歸三二八)

고명(告命) 위에서 아래로 일러주는 것. 佛・菩薩이 중생에게 선포하는 것.

고명(膏明) 膏油와 燈明의 倂稱. 正行을 膏에, 妙解를 燈明에 비유한 말. 止觀上에「膏明이 相賴하여 目定更資라」하였음.

고목(枯木) 唐나라 石霜禪師의 會下에 禪坐하여 눕지 않는 이가 있었는데 天下에서 그를 枯木衆이라고 하였음.
※宋僧傳十二(慶緒傳)에「如是二十年間 堂中老宿 長坐不臥 屹若枯樁 天下謂之石霜枯木衆是也」傳燈錄十五石霜章에「師止石霜山二十年間 學衆有長坐不臥 屹若株杌 天下謂之枯木衆也」

고목게(枯木偈) 大海山法禪師의 偈에 「摧殘枯木倚寒林·幾度逢春不變心·樵客遇之猶不顧·郢人那得苦追尋」이라 하였음. (傳燈錄)

고목당(枯木堂) 枯木衆이 거처하는 집. →枯木.

고목선(枯木禪) ㊊ 옛날 어떤 老婆가 한 庵主를 供養하는데 20年이 지났다. 항상 젊은 女子에게 밥을 보내어 시중들게 하더니 어느 날 女子를 시켜서 안아 보게 하고 庵主에게 묻기를 "안겼을 때 氣分이 어떠 하던가" 庵主 "枯木이 찬 바위에 기댄것 같아 三冬에 따스한 氣運이 없다"하였다. 女子가 老婆에게 들어 말하니 老婆 "나는 20年 동안 供養하여 俗漢을 얻었군"하고 드디어 쫓아내고 庵子를 태워버렸다는 것. (五燈會元)

고목심(枯木心) 마음이 無心함을 枯木에 비유한 말.

고목용음(枯木龍吟) 枯木은 死. 龍吟은 活에 비유하여 死中에서 살아나 現成하는 모양을 말함. 龍吟은 枯木에서 바람이 불어나는 소리, 情識滅盡의 妙用, 靜中動, 死中活을 말함.

고목중(枯木衆) →枯木.

고묘향로거(古廟香爐去) 石霜七去의 하나. 古廟는 오래된 사당이니, 古廟의 香爐에는 아무도 香火를 피우는 이가 없는 까닭에 暖氣가 없음을 말함. 곧 煩惱의 熱氣가 없음에 비유한 말.

고박(苦縛) 苦患의 繫縛. 法華經方便品에 「내가 苦縛을 벗어나게 하다」하였음.

고범미괘(古帆未掛) ㊊ 어느 중이 巖頭에게 묻기를 "古帆을 걸지 못하였을 때 어떠한가" 頭가 "작은 고기가 큰 고기를 삼킨다"고 하니 "전 뒤에는 어떠한가" 頭 "후원의 나귀가 풀을 뜯어 먹는다" 하였음. (會元七巖頭章)
※虛堂問南浦曰古帆未掛時如何 浦云蝦見眼裏五須彌 堂云掛後如何 浦云黃河向北流

고법인(苦法忍) 苦法智忍의 준말. 八忍의 하나. 欲界 苦諦의 이치를 관하여 苦法智를 얻으려고 할 때에 일어나는 忍可決定하는 마음.

고법지(苦法智) 八智의 하나. 三界의 見惑을 끊을 때 欲界의 苦諦를 觀하여 자기의 解脫道智를 끊는 것.
※俱舍頌疏二十三에 「緣苦法故 名苦法智」大藏法數에 「因觀欲界苦諦 而斷見惑之智明發也」

고법지인(苦法智忍) 八忍의 하나. 欲界의 苦諦를 觀하여 바로 見惑의 無間道智를 끊는 것. 즉 理를 信하여 의심하지 않는 지혜로서 이는 苦法智를 얻는 因이 되므로 이같이 이름함. 智는 果요, 忍은 因.
※俱舍慧暉鈔下末에 「忍謂言 光無始來 於苦諦執我我所等 今得無漏智 知苦諦無我我所 信唯有苦理名忍」

고본(苦本) 貪欲은 苦의 根本이란 말. 法華經方便品에 「諸苦所因 貪欲爲本」 龍樹傳에 「是時始知欲爲苦本」.

고봉(古峰) 韓末 승려 景昱(189~1961)의 號. →景昱.

고봉(孤峰)(1271~1361) 日本 臨濟宗 승려. 이름은 覺明. 奧州 會津 사람. 17세에 출가, 叡山에게 具足戒를 받고 天台宗을 8年間 연구하다. 世壽 91, 法臘 75세로 寂함.

고봉(高峰) ①朝鮮 승려. 松廣寺十六國師 가운데 一人인 法藏(1351~1428)의 法號. ②中國 元나라 승려 原妙의 法號. 姓은 徐氏. 蘇州 吳江 사람. 南宋 嘉熙 2(1238)年에 출생. 六祖慧能의 第22代 嫡孫인 雪巖祖欽의 弟子. 15세에 密印寺에 出家하여 受業하고 17세에 受具, 18세에 天台敎를 習學하다가 20세에 淨慈寺에 들어가 3年死限으로 捨敎入禪하다. 후에 斷橋妙倫에게 請益하고 雲巖을 北磵寺에서 처음으로 參訪하였다. 1261年 3月 24日 三塔寺(雙徑寺)에서 得悟하고 雲巖의 法을 잇다. 龍鬚·龍鬐·西峯寺 등에서 住錫하다가 元 至元 16(1279)年에 天目山 西峰의 張公洞에 들어가 死關이라는 看板을 붙이고 15年동안 문밖을 나가지 않았다. 學徒가 雲集하여 受法弟子가 數百人에 達하였으며 師子·大覺 二大寺刹을 創建하였다. 元나라 元貞 1(1295)年 12月 1日 世壽 58, 法臘 43세로 坐化하다. 著書에 高峰錄 一卷. ③俗名은 旭在, 또는 泰秀. 1901·10, 黃海道 長淵郡 果道面 道習里에서 탄생. 父는 晉州 姜永坤. 어느때 우연히 錦草스님을 만나 世俗의 모든 煩惱와 愛着을 끊고, 그 길로 서울 大覺寺에 들러 白龍城 스님을 恩師로 入山 得度함. 스님은 元來부터 禪에 對한 前生의 인연이 있었는지 그 當時 道峰山 望月寺에서 萬日結社를 하여 용맹精進을 하는데 龍成스님과 같이 參席, 그 嚴한 寺院의 規則下에 如法히 精進修行하였다. 43세 때 海印寺 講師. 1967年 入寂함.

고봉관삼매(高峰觀三昧) 부처님이 들어가는 三昧의 이름으로 高峰에 올라가서 十方을 바라보면 高低가 없는 것같이 이 三昧에 住하여 十界 衆生의 一相一昧를 觀하는 까닭. (大日經疏)

고봉독숙(孤峰獨宿) 向上의 절정에 죽어 있으며 向下의 자유가 없는 것. 곧 自悟自證만을 높이고 下化衆生할 분이 없음을 경계하는 말.

고봉록(高峰錄) 一卷. 宋祖雍의 編著.

고봉정상(孤峰頂上) 孤峰은 重疊한 산가운데 특별히 높이 솟은 봉우리. 이 孤峰의 頂上이란 一切의 差別을 斷盡한 絕對의 境界에 있음을 말함.

고부(孤負) 背負와 같음. 두 글자가

고불~고산

다 배반한다는 뜻으로 恩惠를 저버리는 것. 辜負라고 씀은 잘 못된 것.

고불(古佛) ①옛적의 부처님. 過去世의 부처님. ②辟支佛의 別稱. ③高僧의 尊稱. ④造成한 年代가 오래된 佛像.
※大日經二에「當廣說灌頂 古佛所開示」

고불심(古佛心) 字義는 過去에 出現하였던 佛陀의 마음. 古今·生佛·心身 등의 情量을 超越한 絕對의 妙心.

고불정(高佛頂) ㊬〈阿毘廣嘔識都瑟尼沙=abhyud gatōṣṇlsa〉㊥〈paḥphags-paḥigtsug-tor〉또는 高頂王 廣生佛頂·極廣生佛頂·最高佛頂·黃色佛頂·廣大發生佛頂. 五佛頂의 하나. 八佛頂의 하나. 胎藏界曼茶羅釋迦院중 中尊 釋迦牟尼佛의 좌측 하단 제四位에 奉安된 佛·密號는 難都金剛 →佛頂.

高佛頂(胎藏界曼茶羅)

고사(古寺) ①오래된 절. 古刹. ②寺名. →附錄 寺刹篇.

고사(孤寺) 외딴 절. 외따로 떨어져 있는 절.

고사(高士) 菩薩의 舊譯. 三敎指歸 二에 菩薩을 옛 維摩經에서 高士라 번역하였다 하였음.

고사(庫司) 또는 都司·監司·副司·禪寺의 總監으로 온갖 사무를 감독하는 소임.

고사객두행자(庫司客頭行者) 庫司는 都司·監司·副司를 가리킴. 庫司의 知客으로 庫司寮에 住하면서 그 事務를 맡아보는 所任. →客頭行者.

고사업(故思業) 또는 故作業·故思造業·故思所造業. 故意로 짓는 身業·語業을 故思業이라 하고 알지 못하고 짓는 것을 不故思業이라 함. 苦樂의 果에 느끼는 것은 故思業에 限함.
※瑜伽論九十에「故思所造業者 謂先思量己 隨尋思己 隨伺察己 而有所作」

고사행자(庫司行者) →庫子.

고산(孤山) ①奉先源淸의 弟子 智圓을 말함. 字는 無外. 自號는 中庸子. 名은 替夫 또는 病夫. 奉旨先源淸에게 나아가 天台三觀의 奧를 배우고 西湖 孤山에 住하며 學者를 提接하였다. 많은 著書를 남기고 宋 乾興 1(1022)年에 世壽 47세로 入寂하다. 宋 崇寧 3(1104)에 法慧大師의 諡號를 받다. ②중국 浙江省 杭州 西湖의 西北쪽에 있는 섬. 또는 孤嶼·瀛嶼·梅花嶼

라 하며 唐代의 孤山寺가 있다. 林處士 和靖의 墓와 元 陳子安이 창건한 放鶴亭이 있음.

고산(鼓山) 중국 福建省 閩侯縣의 동쪽 三十里에 있고 길이가 三十리에 달함. 山嶺에 있는 巨石의 형상이 북과 같으므로 이같이 이름. 산은 여러 峰으로 되어 있으며 제일 높은 峰을 大頂峰이라 하고 그외 小頂峰·香爐峰·鉢盂峰·白雲峰·雙髻峰 등이 있고 山에 華嚴寺가 있음.

고산돈설(高山頓說) 華嚴經은 世尊이 成道하여 最初로 高位菩薩을 모은 最上의 說法이다. 마치 해가 東天에 뜰 때와 같아 먼저 高山을 비추므로 高山頓說이라 한다. 高山은 菩薩의 機類에 비유하며. 頓說은 次第와 階級을 밟지 않고 大乘의 법을 頓說한 것을 이름.

고살라왕(高薩羅王) 梵〈kosala〉波斯匿王의 別名.
※大威德陀羅尼經六에 「波斯匿高薩羅王」易土集六에 「高薩羅者 應橋薩羅之轉聲 婆斯匿王 舍衛國主也 舍衛者 卽橋薩羅 都城之名也 由是波斯匿 亦名高薩羅王乎」

고삼론(古三論) 옛부터 傳해 오는 三論宗·龜玆國의 沙車王子로부터 鳩摩羅什에게 傳한 것. 姚秦때 羅什이 支那에 들어와 道生·曇濟·道朗 등에게 傳承함(三論宗).

고상(苦想) 十想의 하나. 五陰의 身이 恒常 모든 괴로움에 逼迫 됨. 이 想을 하면 智慧가 生하고, 衆苦가 滅함을 苦想이라 함. (智度論二十三)

고선(苦僛) 梵〈tapas〉 苦行과 같음. →苦行.

고선(枯禪) 또는 枯槁禪坐 곧 萬事를 잊어버리는 것.

고선사서당화상비(高仙寺誓幢和尙碑) 慶北 慶州市 暗谷里 高仙寺 터에 있던 비. 元曉大師의 事蹟碑. 지금은 完破된 채 景福宮 안에 있다. 元曉大師의 入寂 年月日과 그 장소를 고증할 수 있는 유일한 것. 碑文에 「垂拱 二年 三月 卅日 終於穴寺 春秋七十也……」로 보아 神文王 6(686)年 음력 3月 30日에 죽은 것을 알 수 있다. 誓幢은 元曉大師의 본 이름.

고선사지삼층석탑(高仙寺址三層石塔) 國寶 제38호 경북 慶州市 暗谷里 소재. 新羅 통일시대 건립, 높이 약 9m, 二층의 基壇 위에 三층의 塔身이 놓여 있으며 一층 四面에는 門戶形의 模刻이 있고, 屋蓋 처마의 층급 받침은 모두 五단으로 되어 있는 걸작이다. 高仙寺는 元曉大師의 住刹로 有名함.

고성(古聖) 옛 성인.

고성(苦性) 괴로운 性體라는 뜻. 俱舍論二十二에 三苦性이 있으니 一은 苦苦性·二는 行苦性·三은 壞苦性이다. 모두 漏行이 있어 그 應

고성염불(高聲念佛) 또는 厲聲念佛. 높은 소리로 외는 念佛. 곧 큰소리로 南無阿彌陀佛을 唱하는 것. ↔ 輕聲念佛.

고성제(苦聖諦) 梵〈Duḥkha-aryanisatyani〉四聖諦의 하나. 약하여 苦諦라 함. 苦集滅道 四諦는 聖智만이 알 수 있고 凡夫는 알 수가 없으므로 聖諦라고 함.
※大乗義章三에「涅槃云聖者 所謂諸佛菩薩一切聖人 就聖辨諦 故云聖諦 何故就聖辨諦乎 良以諦實唯聖所知 非凡能覺 聖所知者 方名諦故 就聖辨之」

고세야(高世耶) 梵〈Kauśeya〉또는 憍奢耶・憍尸. 비단(絹) 이름.

고세야승실리리(高世耶僧悉哩唎) 梵〈Kauśeya-samastara〉번역하여 野蠶臥具. (飾宗記五末)

고소(姑蘇) ①姑蘇 闕上 사람. 傳記未詳. ②江蘇省 吳縣. 그곳에 姑蘇山이 있음.
※釋門正統三에 襄陽啖蛉 姑蘇餌蝦

고수(叩首) 또는 叩頭. 머리가 땅에 닿을 程度로 숙임. 곧 공손히 禮拜하는 것. 頓首拜.

고수(苦受) 三受의 하나. 苦를 甘受함. ↔違情.
※苦受領納違情之境而起苦惱之感者

고수경(枯樹經) 佛說枯樹經의 약칭. 一卷. 역자 미상.

고승(高僧) 德行이 높은 중. 계위가 높은 중. 出家者에 대한 존칭.

고승법현전(高僧法顯傳) 一卷. 東晉의 法顯이 지음, 또는〈東晉沙門釋法顯自記遊天竺事・歷遊天竺記傳・佛國記〉法顯이 律藏을 구하기 위하여 姚秦 弘始 1(399)年에 長安을 떠나 東晉 義熙 12(416)年 歸國하기까지 17年 동안 印度를 비롯 三十여개 국을 다니며 그 보고 들은 것을 적은 紀行文. 이 책은 玄奘의 西域記와 함께 그 때의 西域・印度를 연구하는 데에 귀중한 자료가 됨.

고승전(高僧傳) 十四卷. 梁 慧皎의 撰. 後漢 明帝 永平 10(67)年부터 梁 天監 18(519)年에 이르는 453年間에 걸쳐 高僧의 事蹟을 集錄한 것. 序錄 一卷과 本文 十三卷으로 세상에서 梁高僧傳이라 함. 이밖에 唐道宣이 撰한 續高僧傳(三十卷)・宋 贊寧 등이 撰한 宋高僧傳(三十卷)・明 如惺이 撰한 明高僧傳(八卷)과 함께 四朝高僧傳이라 함.

고시초(姑尸草) 번역하여 吉祥草. 姑尸는 梵語「Kuśa」의 音譯. →吉祥草.

고십현문(古十玄門) 唐의 至相智儼(600~668)이 세운 十玄門을 賢首 法藏(643~712)이 세운 十玄門에 대해 古十玄門이라고 함. →十玄門.

고액(苦厄) 苦患과 災厄.
※心經에「照見五蘊皆空 度一切苦厄」

고언(苦言) 他人의 허물을 꾸짖는

말. 他人을 경계하는 말.
※ 法華經信解品에 「如是苦言 汝當勤作 又以軟語 若如我子」.

고언하책(苦言呵責) 듣기 싫은 말을 해서 남을 나무라는 것.

고업(苦業) 煩惱의 業緣을 이름.
※淨住子「衆等此生由於身意 造諸苦業」

고여(苦餘) 三餘의 하나. 二乘은 이미 界內의 生死를 벗어났으나 아직도 界外의 生死가 남았으므로 이같이 말함. 三藏法數 十一에 「二乘은 이미 三界의 分段生死를 벗어났으나 아직도 變易生死의 괴로움이 있기 때문에 苦餘라 한다」 하였음.

고역(考繹) 考는 勘考, 繹은 演繹의 뜻. 즉 자세히 비교하여 참고하는 것.

고역(苦域) 苦의 세계. 이 세계는 고통이 가득하므로 이같이 말함.
※天台觀經疏에 「夫樂邦之與苦域 金寶之與泥沙」

고온(苦蘊) 사람의 몸뚱이를 말함. 사람의 몸은 五蘊으로 이루어져 三苦・八苦 등의 괴로움을 면치 못하므로 이같이 말함.
※八十華嚴經二十四에 「永除苦蘊 永斷古覺」

고왕경(高王經) 高王觀世音經의 약칭.

고왕관세음경(高王觀世音經) 東魏의 天平年中(534~537) 高王때의 사람이 感得한 觀音經. 또는 觀世音救生經. 觀音經. 救苦觀音經. 옛날 五帝 때 高觀國王이 相州의 郡主가 되어 殺生을 일삼았다. 그 때에 寶藏의 官員 孫敬德이 잘못 法을 犯하여 죽음에 처하였을 때에 밤에 꿈속에 한 중이 나타나서 "네가 觀世音經 一千번을 외우면 刑을 벗어날 수 있을 것이다." 하며 그 經을 口授하였다. 꿈을 깨어 經을 誦하기 九百번, 王이 處刑의 슈을 내리자 刑場에 끌려가면서 千번을 채워서 몸에 칼이 들지 아니하여 刑을 免하였다는 古事에 依한 것.

고왕관음경(高王觀音經) 高王觀世音經의 약칭.

고운(古云) 古人云의 약칭. 古人은 옛 사람으로 善知識을 뜻함. 云은 다른 글이나 말을 인용할 때 생략하여 「이러이러하다」는 뜻으로 쓰는 말.

고원(孤園) 給孤獨園의 약칭.

고원(庫院) 七堂伽藍의 하나. 庫는 물건을 저장하는 창고, 院은 舍로 즉 寺院의 厨房을 이름. 大寺院에는 大庫裏・小庫裡의 구별이 있다. 大庫裏는 부처님께 올리는 마지를, 小庫裏는 住僧의 時食을 調辨하는 곳. 지금은 佛殿에 대하여 僧房과 厨房을 併稱하여 庫院이라 함. 또는 庫下・庫裏・厨庫.

고원육지(高原陸地) 維摩經 第八 佛道品에 있는 말로서 高原과 陸地에는 연꽃이 나지 않고 卑濕한 진흙탕에 연꽃이 生하는 것과 같이 出家

고월(古月) 中國近代의 曹洞宗의 僧侶. 字는 圓朗. 福建省 閩侯縣(福經) 宋氏의 집에서 出生함. 鼓山에 出家, 經을 參究하여 心要를 얻다. 靈嶠巖에서 坐禪함에 巖上에서 밤에 빛을 發하여 大蛇·猛虎가 降伏하였고 사람의 病을 잘 고치었다. 福建의 士大夫가 많이 參謁하여 僧俗의 歸依者가 數千에 이르렀음.

고음(苦陰) 또는 蘊·陰. 사람의 몸뚱이를 말함. 사람의 몸에는 苦가 있으므로 이같이 말함. →陰.
※釋門歸敬儀上에「形則縛於俗習 苦陰常纏」

고음경(苦陰經) 佛說苦陰經의 약칭. 一권. 역자 미상. 즉 中阿含經가운데 苦陰經上의 別譯.

고음성다라니경(鼓音聲陀羅尼經) 阿彌陀鼓音聲王陀羅尼經의 약칭.

고음성왕경(鼓音聲王經) 阿彌陀鼓音聲王陀羅尼經의 약칭.

고음여래(鼓音如來) →天鼓雷音佛.

고음왕경(鼓音王經) 阿彌陀鼓音聲王陀羅尼經의 약칭.

고음인사경(苦陰因事經) 佛說苦陰因事經의 약칭. 一권. 西晋 法矩의 번역. 곧 中阿含經 가운데 苦陰經下의 別譯.

고의(估衣) 唱衣와 같음.

고의(鼓儀) 犍稚를 치는 규칙. 者만이 悟道할 수 있는 것이 아니라 在家信徒도 悟道할 수 있다는 말.

고의방행위(故意方行位) 十地 가운데 第三地에서 第七地까지의 사이. 이 地位에 있는 菩薩은 故意로 煩惱를 일으켜 중생을 濟度하므로 이같이 이름.

고이(故二) 梵〈purva-dvitiya〉故는 舊, 二는 配의 뜻. 즉 比丘의 옛 妻를 말함.
※玄應音義十四에「故二 梵本云裒羅那地耶 譯云舊第二 雜心論云衆具及第二是也」 四分律一에「近在屛處犯惡行 與故二行不淨」

고인(苦因) 다음 生에 받을 苦果의 原因. 즉 今生에 짓는 나쁜 業.
※法華經譬喩品에「深著苦因 不能暫捨」 成實論六에「衣食等物皆是苦因」

고일당공(杲日當空) →杲日麗天.

고일리천(杲日麗天) 밝은 해가 하늘에 뜸. 즉 日中 또는 正午라는 뜻. 日中에는 저녁 이슬과 아침 서리의 차별을 認定하지 않듯이 轉하여 迷悟·凡聖 등의 二見을 鎔融한 大悟人의 境界를 말함. 杲日當天·杲日當空.

고자(庫子) 또는 庫司行者. 禪家에서 會計 등을 맡아보는 行者 百丈淸規副寺條에「그 上下庫子는 모름지기 心力이 있고 글씨와 算數에 능하며 몸 가짐이 청렴하고 조심성이 있는 자를 뽑아 쓴다」하였음.

고작업(故作業) 梵〈saṃcitani ka-karman〉 巴〈sañcetanika-kamma〉 고의로 짓는 일이라는 뜻. 또

는 故思業·故思造業·故事所造業.
→故思業.

고잡염(苦雜染) 三雜染의 하나. 煩惱와 業에 따라 三界에 나서 苦를 받고, 苦로 말미암아 心識의 참 성품을 물들여 不淨케 함을 말함. 生雜染.

고장(姑臧) 중국 甘肅省凉州府 武威縣에 있는 地名. 원래는 蓋臧. 뒤에 姑臧이라 함. 옛날에는 匈奴의 땅이었으나 뒤에 漢나라가 점령하여 武威郡에 예속시켜 姑臧縣을 두었다함. (集開元錄)
※梁高僧傳二에「乃東適龜茲 頃之復進至姑臧 止於傳舍」 此地原爲當西藏交通之要路 故東西來往之人 多輻輳 東晋安帝時 曇無讖三藏爲河西王 大沮渠蒙遜譯出大般涅槃 卽在此地.

고장(庫藏) ①十一種 衣界의 하나. 옷을 갈무려 두는 곳으로 중이 三衣를 떠나도 罪가 되지 아니하는 結界를 말함. ②器具를 넣어 두는 倉庫.

고재(高才) 뛰어난 재주. 또는 재주가 뛰어난 사람.

고적멸(苦寂滅) 괴로움이 完全히 없어진 것.

고전무불(古殿無佛) 사람의 心中에 主人公이 없는 것에 비유한 말. 轉하여 줏대가 없는 사람을 가리킴.

고절갈마(苦切羯磨) 또는 呵責羯磨. 紛爭을 즐겨 갖가지 惡事를 일삼으며 三寶를 비판하는 者를 呵責하여 一時 僧權을 停止시키는 法.

고정(敲鉦) 또는 鉦鼓. 북 모양의 징. 징을 두드리며 念佛하는 것.

고제(苦際) 괴로움의 最後. 生死의 苦를 받은 最後의 몸.
※法華經序品에「若人遭苦 厭老病死 爲說涅槃 盡諸苦際」 大部補注六에「婆沙云 或有說者 阿羅漢最後陰 是苦際」

고제(苦諦) 四諦의 하나. 三界生死의 果報는 필경 苦로서 安樂을 누릴 수 없다는 것은 眞實하므로 苦諦라 함. →苦聖諦.

고제(皐諦) 梵〈Kunti〉 또는 罤帝. 번역하여 何所. 十羅刹女의 하나.
※ 種子爲리 形像爲女形 衣色紅靑 右手把裳 左手持獨股 如打物形 立膝 密家以之爲文殊師利菩薩之化身.

고조(孤調) 小乘의 證果. 他人을 調度하지 못하고, 홀로 자기만을 調度하여 生死를 解脫하는 것. 四教儀에「灰身滅智하면 無餘涅槃 또는 孤調解脫이라 이름한다」하였음.
※止觀三上에「若入無餘 但有孤調解脫」 輔行三之一에「灰身故無身 滅智故無智 獨一解脫 故云孤調」

고조(高祖) 各宗派의 開祖를 高祖라 함.

고조해탈(孤調解脫) →孤調.

고족(高足) 弟子 가운데서 가장 뛰어난 자를 高足이라 함.
※宋 高僧傳七에「有大乘基 爲其高足」

고존숙어록(古尊宿語錄) 四十八卷. 宋나라 賾藏主가 편집하고 靈谷寺

淨戒가 重攷함. 南嶽懷讓이하 數十人의 語錄을 수집한 것으로 南嶽下의 禪風을 觀할 수 있는 중요한 典籍. 大明三藏目錄과 閱藏知津四十二 등에 나옴.

고종(古蹤) 옛 사람의 남긴 자취.

고좌(高座) 계단을 한층 높이 설치한 좌석. 導師·說法者가 오르는 높은 자리. 또는 法華會 등 大會에서 그 左右에 講師가 앉는 높은 자리.

고주(故住) 遷化한 住持.

고주계(酤酒戒) 顯敎十重戒의 하나. 술 파는 것을 禁하는 戒. 無明의 毒酒를 사람에게 주어 사람을 惛迷하게 하는 것을 경계하는 것.

고주삼승무금이냥(沽酒三升無金二兩) 숨기려면 더욱 더 드러난다는 뜻. 中國의 俗談. 인색한 사람이 佳客을 맞아 待接치 않을 수 없어 먼지 술 서되를 사가지고 왔으나 안주를 사기가 싫어서 손님에게 가난함을 알리려고 땅을 가리키면서 "이 아래 金 二兩이 없는 것이 恨스럽다" 고 하였다. 일찌기 이 地下에 金二兩을 묻어둔 事實을 自白한 꼴이 되었다는 諷刺에서 나온 말.

고지(故紙) 舊紙. 쓰지 못하는 물건에 비유한 말.
※臨濟錄에 「三藏十二分敎 皆是拭不淨故紙」

고지(苦智) 十一智의 하나. 苦諦의 이치를 아는 智慧. (大般若經 三)

고지옥(孤地獄) →孤獨地獄.

고지중합약(故紙中合藥) 故紙는 古紙. 合藥은 調合한 藥. 古紙에 包裝된 調合한 藥은 그 效能이 거의 없다는 것으로 쓸모가 없다는 뜻. 또는 佛祖의 言敎나 文句 등에 滯하는 것을 막기 爲하여 經論을 故紙에다 比喩하거나 或은 故紙中 合藥에 比喩한 것.

고지통행(苦遲通行) 未至定과 中間定에 머물고 있는 鈍根의 修行者가 眞理를 理解함이 더딤을 말함. 四通行의 하나. (集異門論七)

고진(苦津) 苦患이 깊음을 門津에 比喩한 말.
※智度論十一에 「萬物無常 唯福可恃 將人出苦津 通大道」法華玄贊一에 「庶令畢離苦津 終登覺岸」

고질전(庫質錢) 또는 無盡財. 寺院에서 저당물을 받고 금전을 貸與하여 取利하는 것.

고집(苦集) 四諦 가운데 苦諦와 集諦, 곧 迷界의 因果를 말함.
※苦者業煩惱之結果生死之苦患 卽一切生死之果報也 其集成生死苦果之業煩惱謂之集 卽生死之原因也

고집멸도(苦集滅道) 迷의 原因(集) 結果(苦)와 悟의 原因(道) 結果(滅). 苦는 生老病死의 괴로움. 集은 苦의 原因이 되는 煩惱의 모임. 滅은 깨달은 경계. 道는 그 깨달은 경계에 도달한 修行임, 이를 四諦라고 함.

※見四諦條 按法界次第云 苦以逼惱爲義
一切有爲心行 常爲無常患累之所迫惱
故名爲苦 集以招聚爲義 若心與結業相
應 未來定能招集生死之苦 故名爲集
滅以滅無爲義 結業旣盡 則不爲生死之
患累 故名爲滅 道以能通之義 有二種
一正道 實觀三十七道品 三解脫門 緣
理慧行 名爲正道 二助道 得解觀中種
種諸對治法及諸禪定 皆是助道 此二相
扶 能通涅槃故名爲道.

고집성제(苦集聖諦) 苦는 迷界의 果
報가 모두 苦라는 뜻이며 集은 迷
界의 因으로 未來의 苦果를 集起하
는 것. 이는 最高의 眞理이며 苦가
生하는 原因을 말함.

고찰(古刹) 옛 절. 古寺.

고창(估唱) 죽은 비구의 유물을 살
아 있는 비구들에게 나누어 주는데
먼저 그 값을 정하는 것을 估衣 다
음에 대중들 앞에서 競賣하는 것을
唱衣라 함.

고창(高唱) 西域의 옛 王國 이름.
漢代의 車師前部이며 後漢 戊己校
尉의 故土. 지금 新疆省 戈壁沙漠
東北部의 吐魯番 哈刺和綽 부근.
옛날에 佛敎가 盛行하여 梵漢兩種
의 經典이 並行하였음.
※北凉時 產法盛法衆等諸師 北魏時 曇
學威德輩 於此地譯賢愚經 東晋智嚴智
簡等入竺 途次入此地 求行資 玄奘亦
停留一月 國王麴文泰敬仰之 其歷史見
源書新舊唐書法顯傳等.

고창(敲唱) 敲는 學人의 물음. 唱은
스승의 답. 두드리면 울리고 울리

면 소리가 나는 것. 敲와 唱은 別
時인 듯 하면서도 동시요 能所가
있는 듯 하면서도 둘이 아니므로
이를 스승과 제자가 서로 만나 이
야기하는 데에 비유한 말.

고창쌍거(敲唱雙擧) 學人이 스승에
게 法을 묻고 스승이 學人에게 설
법하는 사이에 證契卽通, 感應道交
하는 모양을 가리키는 말.

고창위용(敲唱爲用) 敲는 두드린다
는 뜻으로 修行者가 스승에게 가르
침을 請하는 일. 唱은 스승이 修行
者의 물음에 答하는 일. 應酬問答
의 作用을 말함.

고책우치방(苦責愚癡棒) 濟宗 八棒
의 하나. 愚癡를 꾸짖는 棒. 衆生
의 愚癡迷忘을 脫却시키기 위하여
때리는 棒, 이같이 하여 策進勉勵
케 함.

고처고평(高處高平) ㊞ 仰山이 하루
는 潙山을 따라 논을 고르고 있었
다. 仰山이 묻기를 "스님 여기는
이렇게 낮은 데 저기는 저렇게 높
습니다" 潙山이 "물이 땅을 평평하
게 하나니, 물을 대어서 평평하게
하라" 仰山이 "물도 표준할 수 없
아오니 스님 높은 데는 높은대로
낮은데는 낮은대로 평평하게 하십
시다" 潙山이 그렇게 여겼다 함.

고처고평저처저평(高處高平低處低平)
平은 평등, 高는 高의 평등, 低는
低의 평등이란 뜻. 諸法이 하나하
나 各自의 本位를 지켜서 높은 山

이나 깊은 물도 모두 平等하여 높고 낮음의 差別이 없다는 것.

고천(鼓天) 북을 치는 天尊 現圖. 胎藏界 曼茶羅 서방의 月天妃와 歌天의 중간에 봉안된 尊位로 歌天·樂天 등과 함께 風天眷屬의 四乾闥婆의 一衆.

鼓　天

고철(古轍) 轍은 수레바퀴로서 古聖의 軌轍. 즉 古聖人의 행한 자취.
※寶鏡三昧歌에「要合古轍. 請觀前古」

고체(孤滯) 한 곳에 滯留하여 轉回하지 못하는 것.

고체(苦體) 苦의 本體. 즉 火宅에 비할만 한 三界의 苦患.

고촉루지생처(叩髑髏知生處) 五分律에 耆域(人名)은 音聲으로 능히 本來의 相을 분별하였다 함. 어느 날 부처님이 무덤 사이를 지나다가 五人의 해골을 들어 보이니 耆域이 두루 두드려 본 뒤 부처님께 아뢰기를 "첫번째 두드린 것은 地獄에, 두번째는 餓鬼에 세번째는 畜生에 네번째는 人道에 다섯번째는 天上에 나겠다"고 하니 부처님께서 "착하다 모두 네가 말한 바와 같다"하고 다시 한 해골을 들어 보이니 耆域이 세번 두드려 보고 부처님께 아뢰기를 "저는 이 사람이 태어날 곳을 알지 못하겠읍니다" 하니 부처님이 "네가 알지 못함은 무엇때문이냐" 하시니 이 羅漢의 해골은 生處가 없다는 말.

고출삼매(高出三昧) 福德智慧를 내는 三昧. 智度論四十七에「高出三昧는 菩薩이 이 三昧에 드니 所有한 福德智慧가 모두 增長하여 모두 三昧性이 마음을 쫓아 나온다」고 하였음.

고칙(古則) ①公案과 같은 말. 古人들이 들어보인 語句로 참선하는 이의 法則이 되므로 古則이라고 함 ② 書 元末 皇慶 2(1313)年 幻住智賢이 緇門警訓을 上·中·下 三卷으로 만들었고 우리나라에서는 柏庵性聰이 1695년에 智異山 雙溪寺에서 開刊하고 역시 上·中·下三卷으로 만들었음.

고탑(古塔) 옛 탑.

고풍(孤風) 對比가 斷切된 것. 比較할 수 없을 程度로 뛰어난 風姿. (碧岩錄)

고필(固必) 頑固·執拗의 뜻. 굳고 頑冥하여 資質이 되지 못한다는 뜻

고하(苦河) 苦痛이 깊음을 河水에

比喩한 말.
※大集經十九에「善作諸行 能乾苦河」
고하상(高下想) 한걸음 한걸음 높은 境地에 到達하는 것.
고한(孤閑) 朝鮮 승려, 熙彦(1500~1587)의 法號. →熙彦.
고한(高閑) 中國 浙江省 湖州府 烏程縣 사람. 어려서 뛰어난 재주가 있었다. 出家하여 修法함에 있어 부지런히 精勵하였으며 唐나라 宣宗이 佛法을 中興할 때 勅命으로 入闕하여 紫衣를 下賜받고 光懺戒壇을 設備하였다. 晚年에 故鄉이 그리워서 湖州 開元寺에 돌아와 講經에 從事하다가 入寂함. 年壽未詳.
고해(苦海) 괴로움이 끝이 없음을 바다에 비유한 말.
※法華經壽量品에「我見諸衆生 沒在於苦海」 楞嚴經四에「引諸沈冥 出於苦海」 心地觀經二에「常於生死苦海中 作大船師濟羣生」千手陀羅尼經에「南無大悲觀世音 願我早得超苦海」止觀四上에「苦海悠深 船筏安寄」
고행(苦行) ① 敎〈Duskara-carya〉 몸으로 견디기 어려운 여러가지 修行을 쌓는 일. 주로 外道에서 가르치는 行業. ②寺內의 淨化 比丘들을 侍奉하는 俗人을 苦行이라 함.
※以苦行爲出離解脫之道 此思想印度多行之者 觀世尊六年苦行之事跡可知 至後世 佛敎中之荒行亦云苦行.
고행논사(苦行論師) 二十種外道의 하나. 苦行을 涅槃의 正因이라고 하

는 外道. 外道小乘涅槃論에 나옴.
고행림(苦行林) 釋尊이 修行하던 곳. 優樓頻螺의 마을. →優樓頻螺.
고행숙연경(苦行宿緣經) 부처님이 六年 苦行한 宿因緣을 說한 것. 佛說興起行經下에 記錄되어 있음.
고행외도(苦行外道) 모든 離繫子와 波羅門輸婆多·殺利伐羅多迦 등과 같은 異類外道. (俱舍論九)
※智度論三十八에「諸外道等 信著苦行 若佛不六年苦行 則人不信 言是王子慣樂不能苦行 以是故 佛六年苦行」
고향(告香) 燒香과 같음.
고현처(高顯處) 塔의 譯名. 또는 方墳. 高顯處라 함은 우뚝 솟아 있기 때문임.
고형형(孤逈逈) 孤는 외로와서 동무가 없는 것. 逈逈은 멀고 고요하여 엿볼 수 없는 모양. 廣大深遠하여 견줄만한 물건이 없는 것을 나타내는 말.
고황(膏肓) 膏肓疾·膏肓之疾·病入膏肓의 약칭. 膏(염통밑 고)는 심장 밑의 작은 비계, 肓(명치황)은 가슴 위의 얇은 膜. 병이 그 속에 들면 고치기 어렵다는 곳.
고황질(膏肓疾) 이 병은 침이나 藥으로 다스리기 어려우므로 不治病을 病入膏肓이라 함. →膏肓.
곡(曲) ①曲業의 약칭. 속임수에 의하여 生한 業. 치우치고 구부러진 마음에서 생긴 身·口·意 세가지의 行爲를 말함. ②가르침「還鄕의

曲」 ③家風과 같은 뜻. 宗旨. ④曲道. ⑤무엇이든지 다 가추어져 있는 것.

곡(斛) 量의 單位. 十斗에 해당함. 또는 그 量의 計量하는 말.

곡고고(谷呱呱) 비들기의 울음소리. 指月錄에「옛날 어떤 官人이 無鬼論을 지었는데 그날 밤에 한 귀신이 나타나 말하기를 "네가 나를 없다고 하는가" 五祖가 말하기를 "老僧이 그때 너(鬼)를 보았더라면 손으로 비들기 형상을 지어 너를 向하여「谷呱呱」하고 했을 것이다"」고 하였음.

곡녀성(曲女城) ㉫〈Kanyakudia〉西域記에 羯若鞠若國 사람이 長壽할 때에 그 옛적의 王城을 蘇礬補羅라 하고 王을 梵授라고 하였다. 그의 아들이 千名, 딸이 百名이었는데 모두 儀容이 곱고 아리따왔다. 그때에 한 仙人이 殑加河변에서 禪定에 들어 數萬年을 지나니 형용이 마치 枯木과 같았다. 새가 메를 지어 날며 尼拘律(樹名)의 열매를 仙人의 어깨에 떨어뜨리니 싹이 돋아나서 큰나무가 되었다. 여러해를 지난 후 禪定에서 일어나니 그 나무를 버리고자 하나 새집이 무너질가 두려워서 敢行하지 못했다. 그때 사람들이 그 德을 아름답게 여겨 大樹仙人이라고 하였다. 仙人이 우연히 물가에서 王女들이 즐거이 장난하며 노는 것을 보고 愛欲이 일어나 王에게 나아가 청하자 王이 부득이 그것을 허락하여 仙人이 돌아왔다. 王이 여러 公主에게 두루 물어보니 한 사람도 出嫁하기를 원하지 않았다. 王이 仙人의 위력이 두려워서 근심하며 어찌할 바를 모르니 그때에 王女中에서 제일 어린 공주가 自請함에 王이 기뻐하며 仙人의 집으로 보냈다. 仙人은 보고 기뻐하지 않으며 王에게 말하기를 "내가 늙었다고 輕忽히 여겨 못생긴 딸을 배필로 주느냐"하니 王이 "여러 딸에게 두루 물어 보았으나 모두 命을 쫓으려는 자가 없고 오직 이 어린 딸이 모시고자 하였다."고 했다. 仙人이 怒하여 惡呪하기를 "九十九女가 一時에 허리가 굽고 얼굴이 헐고 폐하여 평생 결혼하지 못하리라"하고 王에게 가서 "시험하라"하니 과연 등이 곱사등이 되었다. 그 후부터 曲女城이라 불렀다는 傳說이 있음.

곡단(穀斷) 穀類를 끊고, 먹지 않는 것. 仙道를 닦는 一種의 苦行.

곡두(穀頭) 禪家에서 미곡을 관장하는 職임.

곡록(曲彔) 또는 曲錄·曲祿·曲頴·僧家에서 사용하는 椅子. 나무를 깍아서 만든 것으로 그 모양이 구부러지기 때문에 曲彔이라 함.
※正字通에「刻木曲彔也」然則彔爲本字他皆假用也 象器箋十九에「曲彔 蓋刻木屈曲貌 今交椅曲彔然 故略名曲彔木

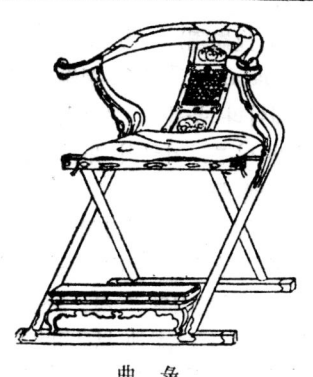

曲象

逐省木單稱曲象也」

곡루(穀樓) 다락집으로 된 곡식창고.

곡림(鵠林) 婆羅離樹林을 鶴林이라 하며 一轉하여 鵠林이라 함. 正字通에 「鵠은 鶴과 통한다」고 하였음.
※四敎儀一에 「鹿野鵠林之文」三論玄義에 「始從鹿苑 終竟鵠林」

곡목(曲木) 曲象木의 약칭. 또는 曲象. 曲祿. 曲頹. 僧家에서 사용하는 椅子의 一種. 기대는 곳을 둥글게 굽혀서 만든 椅子. →曲象.
※雲門錄에 「諸方老禿奴 曲木禪床上坐 地求名求利」祖英集에 「曲木據位 知幾何」

곡반(斛飯) ⓢ〈途盧檀那 = Dronodana; Dotodana〉 또는 穀淨. 師子頰子의 아들. 淨飯王의 아우. 釋尊의 叔父. 傳記는 未詳.

곡법문(曲法門) 邪曲한 法義로 세상 사람을 迷惑하게 하는 法.

곡성(曲成) 형세의 변동에 따라 事物에 잘 응함. 臨機應變.
※易繫辭上注에 「曲成者 乘變以應物 不係一方者也」

곡시(哭市) 常啼菩薩이 般若를 구하려고 東으로 한 大城을 지나다가 울었다는 故事. →常啼菩薩.

곡식(斛食) 斛은 度量器의 一種으로 十斗의 容量. 四角의 木㮹으로 밥을 담아 三界萬靈의 牌 앞에 供養하는 것. 一斛食은 施與한다는 뜻.

곡신(谷神) ①사람이 지켜야 할 길을 形容한 말. 老子가 道의 本體를 골짜기의 空虛한데 比喩한 말. ②산울림. 산울림은 모습은 보이지 않으나 부르면 恒常 應하여 無가 아니라 하여 無爲하게 하는 일을 谷神의 應함에 比喩한 것.

곡업(曲業) 아첨에 의하여 일어나는 身·口·意의 三業.

곡예탁삼업(曲穢濁三業) 비굴하게 몸을 굽히는 것과, 怒하여 말을 더럽히는 것과, 貪하여 마음(意)을 흐리게 하는 세가지 마음에서 생기는 業.

곡절(曲折) ①꾸부러지고 꺾어짐. ②글의 문맥같은 것이 복잡하고 변화가 많음. ③까닭. 轉하여 자세한 사정, 복잡한 내용 등으로 쓰임.

곡차(穀茶) 또는 曲茶, 麪茶, 절에서 술을 일컫는 말. 震默大師가 술을 좋아하였는데 술이라고 하기가 겸연쩍어 차(茶)라 하고 마신데서 나온 말.

곡천(谷泉) 師의 姓氏는 未詳, 南泉

사람. 어려서부터 총명하였다. 행동이 不遜하여 流俗이 모두 그를 미워하였음. 沙門이 되어서도 戒律을 지키지 않고 마음대로 행동하였다. 汾陽에 가서 昭禪師를 참알하니 昭가 그를 기특하게 여겨 몰래 記別을 轉하였다. 그후 南으로 湘中을 유랑하다가 慈明이 道가 있다는 말을 듣고 찾아가 뵈었다. 嘉祐15(1070)年 6月 6日 世壽 92, 法臘 64세로 遷化 함. (神僧傳九)

곡첨기(哭添忌) 또는 所願忌·始善忌·初七日의 忌辰.

곡치(曲齒) ⑳ 矩吒檀底 또는 施積 十羅刹女의 하나. 형상은 天女仙과 같으며 푸른 빛깔의 옷에 얼굴을 숙이고 향화를 받들고서 꿇어 앉아 半伽坐를 하고 있다. 密家에서는 서방아미타불의 化身이라고 함.

곡회사정(曲會私情) 眞實을 굽혀 私情에 附會한다는 뜻. (開目鈔五八四)

곤륜(崑崙) ①南海 諸國의 總稱. 지금의 爪哇(java)와 그 부근의 諸島를 말함. ②崑崙奴의 약칭. 中國의 西南部인 티벧의 북쪽 일대의 族屬인 黑人種을 말함. ③崑崙山의 약칭. 중국 서쪽에 있는 아세아에서 가장 큰 山脉의 하나.
※寄歸傳一에「唯崑崙捲頭體黑」宋高僧傳一에「附崑崙毅 離南海 至訶陵國界 遇大黑風」此崑崙皆指南海諸國 非崑崙山也

곤륜국(崑崙國) ⑳ 〈Dvipatala〉 ⑫ 〈Dipatala〉 본명은 掘倫. 交廣人이 崑崙이라 부름. 黑色人이 住하는 나라 이름. 지금의 爪哇(자바)·蘇門答臘 등.

곤륜박(崑崙舶) 崑崙國의 배(船).

곤륜산(崑崙山) 雪山의 북쪽에 있는 香山. 香醉山의 약칭. 一香山.
※此山之南有無熱池 以爲四大河之源

곤륜자(崑崙子) 또는 崑崙奴, 곤륜국의 黑人, 晋의 道安이 얼굴빛이 검으므로 사람들이 곤륜자, 또는 漆通人이라고 부름.
※高僧傳五(道安傳)에 「澄講安每覆述 衆未之愜 咸言 須待後次當難殺崑崙子 卽安後更覆講 疑難蜂起 安挫銳解紛 行有餘力 時人語曰 漆道人驚四隣」

곤륵(昆勒) ①또는 蜫勒 論藏의 이름. 小乘四門의 하나. 번역하여 篋藏. 尊者迦斾延의 著書. 내용은 亦有亦空의 理를 밝힌 것. ②⑳ 〈pitaka〉 毘은 昆의 誤字로 昆勒이라 해야 함.

곤륵(蜫勒) →昆勒.

곤역(閫域) 문지방·방안이란 뜻. 閫內, 閫奧과 같음.

곤유(坤維) 坤은 西南方向. 維는 天地의 모퉁이. 곧 天地間이란 뜻.

곤충작불(昆蟲作佛) 圓頓 一乘의 뜻에 依하면 昆虫도 또한 부처가 될 수 있다고 하였음.

골다(榾柮) 또는 骨朶. 마른 나뭇가지, 막대 같은 것.

골돌~골장

골돌(鶻突) 분명하지 아니한 모양.
또 일을 깨닫지 못함.
※鶻突猶糊塗也.

골동선(骨董禪) 輕心과 慢心으로 기
운 없이 참선하는 모양을 꾸짖는
말.

골란(汨亂) 濁亂과 같음. 흐리고 어
지러운 것.

골로달가(骨魯怛佉) 번역하여 新驢
屎. 「千手千眼觀世音菩薩治病合藥
經」

골로말자(骨魯末遮) 번역하여 白馬
屎. 「千手千眼觀世音菩薩治病合藥
經」

골루초(骨婁草) 풀이름. 또는 屈婁
草·屈婁草. 혹은 骨露草. 如法·
尊勝法 및 普賢延命法 등 延命을
위하여 護摩를 닦을때 燒供에 쓰는
품.

골률추(骨律錐) 송곳을 세운 것처럼
여윈 모양을 형용하는 말.

골목(骨目) 가장 重要하다는 뜻.
※文句記三中에「一經六骨目」

골법(骨法) 禮儀動作에 基準이 되는
事項을 規定한 基本法.

골부르크(Colebrooke Henry Thom-
as) 英國의 印度學者. 斯學의 先驅
者. 1765年 런던에서 出生하였다.
東印度會社의 社長 銀行家이던 Sir
GeorgeC가 아버지임으로 일찍이 印
度事業에 關係하여 印度 滯留中 산
스크리트를 배우고 印度의 法律·
社會·文化를 研究하였다. 歸國 後
베다學을 研究·言語·印度哲學·
法律·天文·地理學 등에 通하였
다. 後에 벵갈最高委員會委員이 됨.

골불(骨佛) 사람이 죽어서 白骨이
된 것을 말함.

골산(骨山) 骸骨이 쌓여서 山이 된
것.
※毘奈耶雜事三十七에「枯竭血海 超越
骨山」

골상관(骨想觀) 骨鎖觀과 같음.

골쇄관(骨鎖觀) 또는 骨想觀·白骨
觀. 九種不淨觀(九想觀)의 第八.
肉身이 흩어지면 다만 白骨이 된다
는 것을 觀하여 貪著心을 다스리는
것. 一九想.

골쇄신(骨鎖身) 肉脫이 되어 白骨만
이 相連되어 있는 가냘픈 몸. 뼈만
앙상한 身體. (俱舍論二七)

골쇄천(骨鎖天) ⓢ〈商羯羅=śamk-
ara〉鑠는 鎖와 같음. 번역하여 骨
鎖. 自在天의 化身.
※外道有言 成劫之始 大自在天人間化導
二十四相 匡利旣畢 自在歸天 事者顧
戀 遂立像 像其苦行 悴疲飢羸 骨節相
連 影狀如鎖 故標此像名骨鎖天」

골신(骨身) 舍利의 譯語舍利는 室利
羅(Sarira) 혹은 設利那라 함.

골인(骨人) 枯骨을 그리어 坐禪하는
이로 하여금 觀하게 하는 것. 즉
枯骨을 그린 幀畵를 骨鎖觀의 대상
으로 삼아 생각을 짓게 하는 것.

골장(骨場) 火葬을 할 때에 죽은 사
람의 遺骨을 拾取하는 것.

— 215 —

골절번동인연경(骨節煩疼因緣經) 부처님이 今生에 感受한 骨節疼의 宿世因緣을 說한 것. 興起行經上에 수록 되었음.

골탑(骨塔) 舍利塔. 佛舍利를 안치한 塔.
※止觀五下에「金光明中 佛禮骨塔」

골필(骨筆) 寫經을 하기 위하여 뼈를 깎아서 붓을 만든 것.
※梵網經下에「剝皮爲紙 刺血爲墨 以髓爲水 折骨爲筆 書寫佛戒」

공(公) 姓이나 이름 밑에 붙이어 상대자를 존대하는 말. 僧을「公」이라 일컬을 때는 마땅히 이름의 第二字에 놓아야 한다. 마치 慧遠法師를 遠公, 道生法師를 生公이라 稱함과 같음.
※金石要例에「僧之稱公 當以其名 宋景濂塔銘可按也 及今乃以其字 失之矣 文章家不得因之」

공(空) 梵〈śūnyatā〉因緣이 所生하는 法. 究竟에 實體가 없음을「空」이라 하고, 또는 理體가 空寂함을 말함.
※維摩經弟子品에「諸法究竟無所有 是空義」同註「肇曰 小乘觀法緣起 內無眞主爲空義 雖能觀空 而於空未能都泯 故不究竟 大乘在有不有 在空不空理無不極 所以究竟空義也」 大乘義章二에「空者就理彰名 理寂名空」同二에「空者理之別目 絶衆相故名爲空」萬善同歸集五에「敎所明空 以不可得故 無實性故 是不斷滅之無」

공(恐) 반신반의할 때 쓰는 말.「~할까 두렵다로 새기며」·「아마 그럴 것이다」·「……할 것이다」의 뜻.

공가갈라사(功嘉葛刺思) 西〈kundgah-grags〉 梵〈ānanda-yaśa.〉또는 膽巴(Dampa) 번역하여 普喜名聞·微妙라 한다. 西藏의 甘突斯旦麻 사람. 어려서 孤兒가 되어 季父 밑에서 자랐다. 11세에 法王上師를 시봉하며 經科·呪式·壇法·明方 등을 익히고 24세에 大喜樂本續 등을 講하였다. 뒤에 上師의 命을 받고 印度에 가서 古達麻室利에게 梵典을 배우다. 元 中統年中(1260~1263)에 國師 發思巴의 천거로 五臺山 壽寧寺에 들어가 住하였다. 至元 7(1270)年에는 詔勅을 받고 仁王寺에 住하고 9(1272)年에는 中都에 居하며 王公을 위하여 授戒하였다. 大德 7(1303)年에 世壽 74세로 入寂하니 皇慶 2(1313)年에 大覺普惠廣照無上膽巴帝師의 諡號를 내리고 또 金剛上師라 號하였음.(佛祖歷代通載·元史·神僧傳 등)

공가중(空假中) 天台宗에서 세운 三諦와 三觀을 말함. 所觀의 理에서는 三諦라 하고 能觀의 智에서는 三觀이라 한다. ①三諦; 森羅萬象은 空無한 것으로 한 물건도 實在한 것이 없는 것을 空諦, 한 물건도 實在한 것이 아니지만 모든 현상은 뚜렷하게 있으므로 假諦, 이같이 모든 法은 空도 有도 아니며 또 空이면서 有, 有이면서 空인 것을 中諦라 함. ②三觀; 앞의 三諦를 觀하는 방법으로 空諦를 觀하는 것을 空觀, 假諦를 觀하는 것을 假觀, 中諦를 觀하는 것을 中觀이라 함.

공강(供講) 法筆經 등을 書寫한 후에 이를 供養하고 講讚하는 것. 空海의 性靈集十에 「애오라지 法筵을 베풀고 供講을 마치다」라고 하였음.

공거천(空居天) 虛空中에 있는 하늘. 欲界의 夜摩·兜率·化樂·他化自在의 四天과 色界의 諸天을 말함. ↔地居天.

공건나보라(恭建那補羅) 梵〈Kon Kana-para〉 또는 建那補羅·恭達那補羅·茶建補羅·南印度의 옛 王國.

공겁(空劫) 四劫의 하나. 이 세계가 壞滅되고 成劫에 이르기까지 二十中劫 동안을 말함.
※俱舍論十二에「謂此世間 炎所壞已 二十中劫 唯有虛空」

공견(空見) 因果의 이치가 없다고 물리치는 그릇된 소견. 諸見 가운데 空見의 罪가 가장 重함. 또는 空法에 집착하는 소견을 말함. 一空心.

공경(空經) 般若部의 經典. 모든 法이 다 空하다는 旨歸를 說했으므로 이같이 이름.
※法鼓經下에「佛告迦葉 一切空經是有餘說」

공경(恭敬) 남 앞에서 제 몸을 낮춤을 「恭」이라 하고 남의 智德을 推仰하고 존경함을 「敬」이라 함.

공경경(恭敬經) 이 經은 中阿含經 第十에 수록되어 있음.

공경수(恭敬修) 四修의 하나.

공경시(恭敬施) 三施의 하나. 佛·菩薩을 向하여 恭敬 禮拜하는 것을 말함.

공계(公界) 公共의 限界·公界는 井田法에서 井田의 中央部分을 公界로 한 것에서 由來하며 一般公衆이 使用하는 場所를 말함. 寺院의 法堂. 佛殿. 僧堂. 衆寮 등을 가르키는 말. ↔私界.
※百丈淸規第六日用軌範條에「不得以兩邊公界之手巾 拭頭面」

공계(空界) 六界의 하나. 無邊한 虛空을 말함.

공계무물(空界無物) 어떤 物體도 存在하지 않는 一切皆空處.

공계색(空界色) 有部에서 세운 것으로 허공 밖에 따로 空界가 있어 눈으로 볼 수 있는 것. 즉 문·창·입·코 등 안팎의 구멍과 틈. 눈으로 볼 수 있기 때문에 色의 이름을 부쳐 空界色이라 함. →隣阿迦色.

공고(貢高) 梵〈mada〉 ① 驕慢한 것. 뽐내는 것. 자랑하는 것.

공공(功功) 功勳五位의 一位. →功勳五位.

공공(空空) 十八空의 하나. 一切의

法은 因緣에 의해서 임시로 和合한 것이므로 空이라 하거니와 그 空도 또한 空한 것이므로 이같이 말함.

공공적적(空空寂寂) 宇宙에 形體가 있는 것이나 없는 것이나 모두 그 實體가 空無하여 思慮・分別할 수 없다는 것.

공과(功果) 功을 쌓아 결과를 얻는 것.

공과(功過) 功勞와 罪過. 功과 허물.

공과(空果) 虛空의 果實. 즉 無法에 비유한 말.
※圓覺經에「善男子 有作思惟 從有心起 皆是六塵妄想緣起 非實心體 己如空華 用此思惟 辨於佛境 猶如空華 復結空果 展轉妄想 無有是處」

공과(供過) 送供의 뜻. 모든 所任僧에게 물품을 공급하는 雛僧(稚僧)을 말함. 또는 음식물 등을 배달하는 것.

공과행자(供過行者) 供頭行者를 달리 일컫는 이름. (象器箋八)

공관(空觀) 三觀의 하나. 諸法皆空의 이치를 觀하는 일. 一切의 諸法은 모두 인연에 따라 생긴 것으로 그 自性이 없고 空寂無相하다는 것.
※中觀論四諦品에「因緣所生法 我說卽是空」此謂空諦之理 觀此空諦之理曰空觀 此空觀有四敎之別 藏敎分折諸法而觀空理 故謂爲折空 通敎不要分折 譬之幻夢之體 而直證空 故謂爲體空 別敎於假中之外觀空 故謂爲偏空 圓敎觀假中卽空 故謂爲圓空 有如此四種之別者 以機有利鈍之別故也 利鈍之機雖有別 而以空觀爲入理之門則一也.

공관파외포(空觀破畏怖) 小乘에서 魔鬼 등의 畏怖가 있을 때는 三念과 八念으로 깨뜨리고, 大乘에서는 空觀을 닦아 깨뜨림.
※但大乘中有相違 顯敎觀豁虛無物爲空 本來無物 則誰爲能障 誰爲所障 密敎不然 觀我之身口意 與佛之身口意 魔之身口意 平等而周遍於法界 泯此中自他能所之相 爲不二一如也.

공교(工巧) ① 技術과 工藝. ② 職業을 가진 사람. 細工物을 만들거나 書畫를 그리는 身工巧와 詩歌를 노래하는 語工巧의 區別이 있음. ③鍛冶工. 金屬細工人을 가리킴.

공교(共敎) 共通的으로 說하는 敎. 또는 共敎大乘・三乘共敎・共般若라 함. →共般若.

공교(空敎) 三時敎의 하나. 諸法皆空의 이치를 밝힌 敎法을 말함.

공교명(工巧明) 梵〈Śilpāsthāna-Nidya〉五明의 하나. 또는 巧業明. 工巧는 工藝를 말하고, 明은 明顯이라는 뜻. 곧 技術・機關・陰陽・曆數 등에 관한 學藝를 말함.

공교무기(工巧無記) 四無記의 하나. 그림 彫刻 등 가지 가지의 工藝를 만들 때의 마음이 無記한 것을 말함.

공교업처(工巧業處) 梵〈śilpa-Karna-sthāna〉美術・工藝・文藝・歌曲 등을 말함. (瑜伽論二)

공교처무기(工巧處無記) →工巧無記.
공구(供具) 供物을 말함. 즉 佛·菩薩에게 供養하는 香·華·음식·幡蓋 등 물건. 또는 그런 것을 供養하는데 쓰는 그릇.
공구여의원(供具如意願) 또는 供養具如意願. 阿彌陀佛 四十八願 가운데 第二十四願의 名稱.
※無量壽經上에「設我得佛 國中菩薩 在諸佛前 現其德本 諸所欲求供養之具」
공권(空拳) ⓢ〈Biktamusti〉空手로 주먹을 쥐어서 어린애를 속이는 것.
※智度論二十에「我坐道場時 智慧不可得 空拳誑小兒 以度於一切」證道歌에「空拳指上生實解」
공기아(工伎兒) 마음을 재주부리는 광대에 비유한 말.
※楞伽經四에「心爲工伎兒 意如和伎者 五識爲伴侶 妄想觀伎衆」
공념처(共念處) 三種念處의 하나. 三種念處.
공능(功能) 功用과 能力.
공대(空大) 五大의 하나. 두루하므로 이같이 일컬음.
공대(供臺) 供養할 물건을 올려 놓는 큰 卓子. (象器箋十九)
공덕(功德) 功은 福利의 功能으로서 善行의 德이 되므로 이같이 이름함. 또 德은 得의 뜻으로 功을 닦아 얻는 바가 있으므로 功德이라 함. 天台仁王經에 재물을 보시하는 것을 功, 자기에게 돌아옴을 德이

라 하였고 勝鬘經寶窟에는 惡이 다함을 功, 善이 가득함을 德이라 하였음.
공덕단(功德斷) 煩惱는 本無하여 곧 淨菩提心의 功德이 된다고 達觀하는 것을 말함. 卽 理無의 斷惑을 뜻함. 斷은 無明을 버리지 않음을 斷이라 한 것이며 斷除의 斷이 아님.
공덕림(功德林) 善根功德을 많이 쌓아서 수풀이 무성함과 같다는 말.
공덕문(功德文) 중이 布施를 얻기 위하여 만들어 돌려주는 종이 주머니.
공덕법신(功德法身) 五種法身의 하나. 十力·四無畏 등 一切의 功德을 말함. →法身.
공덕분사(功德墳寺) 中國에서 故人을 追善하기 위하여 세운 寺刹을 功德院, 墳墓를 守護하기 위하여 建立한 寺刹을 墳寺라고 稱하였으나 宋代 以後의 功德墳寺는 貴族이 寺院을 兼倂하여 田地의 免稅를 피하였으며 或은 寺院이 貴族과 結托하여 그 經濟力으로 發展을 計劃하는 手段으로 惡用된 制度의 寺院.
공덕사(功德使) 僧尼 및 道士女冠을 管掌하던 唐代의 官職. 新唐書 卷四十八에「처음에 天下의 僧尼·道士·女冠을 鴻臚寺에 隷屬·武后의 延載 元(694)年 僧尼를 祠部에 隷屬·開元 24(736)年 道士·女冠을 宗正寺에 隷屬시킴. 後에 左右功德

使・東都功德使・修功德使를 두어 僧尼의 籍과 功役을 總括하였음.

공덕수(功德水) 八功德의 물. →功德地.

공덕시론(功德施論) 金剛般若波羅蜜經破取着不壞假名論의 다른 이름.

공덕시보살론(功德施菩薩論) 金剛般若波羅蜜經破取着不壞假名論의 약칭. 二卷. 功德施菩薩이 짓고, 唐 地婆訶羅 또는 日照가 번역함.

공덕심(功德心) 여러 사람에게 착한 일을 하려는 마음.

공덕업(功德業) ①善根功德을 쌓는 일. ②功德을 쌓기 위하여 7월 초하루부터 24일까지 길가에서 차(茶)를 끓이어 내왕하는 사람들에게 베푸는 일.

공덕유(功德遊) 法樂을 이름. 곧 法事를 마친 뒤에 낭랑하게 詠歌등을 읊으며 노는 것.

공덕의(功德衣) ⓢ 迦絺那 袈裟를 일컫는 말. 功德 있는 이의 옷이란 뜻. →迦絺那.

공덕장(功德藏) 功德의 寶藏을 말함.

공덕장엄왕경(功德莊嚴王經) 一切法功德莊嚴王經의 약칭.

공덕전(功德田) 三福田의 하나. 佛・法・僧 三寶는 無上한 功德을 갖추어서 여기에서 衆生의 功德이 生하고 혹은 衆生이 三寶에 供養하면 無量한 報가 生하므로 田이라 함. 三藏法數 十一에 「佛法僧 三寶를 恭敬・供養하면 無量한 功德을 成就할 뿐만 아니라 또한 그 福報를 얻으므로 功德福田이라 한다」하였음.

공덕주(功德主) 檀越을 말함. 王寶에 供養하는 施主. (象器箋)

공덕지(功德池) 極樂淨土에 있다는 못. 이 못의 물은 澄淨・清冷・甘美・輕輭・潤澤・安和 등 여덟가지 공덕이 있는 물이라 함.
※無量壽經上에 「內外左右 有諸浴池 或十由旬 或二十三十乃至百千由旬 縱橫深淺 各皆一等 八功德水湛然盈滿」

공덕지법재(功德之法財) 善根功德이 갖추어진 것을 財寶에 비유한 말.

공덕직(功德直) 西域사람. 劉宋 孝武帝 大明 6(462)年에 중국 荊州에 와서 禪房寺에 기거하면서 사문 玄暢의 청에 의하여 念佛. 三昧經 六卷 無量門 破魔陀羅尼經 一권을 번역함. 뒤의 자취는 알 수 없음.

공덕천(功德天) 번역하여 吉祥天(新稱) →吉祥天.

공덕천녀(功德天女) →吉祥天女.

공덕천녀여흑염녀구행(功德天女與黑闇女俱行) →吉祥天女.

공덕천품(功德天品) ⓝ 金光明經 二에 나옴. 資財를 가지고 說者와 請者를 利롭게 하는 것. 功德天女가 말하기를 自己를 念誦하고 供養하면 福을 준다고 한 것.

공덕총림(功德叢林) 禪林, 또는 禪院.

※宋 高僧傳十二 慶諸傳에「南方謂之叢林者 翻禪那 爲功德叢林也」

공덕취(功德聚) ①一切의 功德을 그 몸에 具有한 것. 즉 釋尊이 具有하고 있는 德을 일컬음. ②塔의 德名.

공덕품(功德品) 法華經에 分別功德品·隨喜功德品·法師功德品의 세 가지가 있음.

공덕해(功德海) 功德이 깊고 넓은 것을 바다에 비유한 말.

공두(供頭) 佛前·祠堂 등에 供物을 드리는 직임.

공두행자(供頭行者) 供頭의 지휘를 받아 事務를 보좌하는 직임. →供頭.

공등(供燈) 燈明을 佛像과 塔廟에 供養하는 것.

공력(功力) ①힘써 착한 일을 권장함. ②修行하여 얻는 功德의 힘. ③佛·菩薩이 衆生에 대하여 加護하는 힘.

공로로지(空勞勞地) 空하여 勞勞하는 것. 即 昏沈. 地는 助字. ↔虛豁豁地.

공료(供料) 大衆이 供養할 물품이나 음식의 재료.

공루루지(空婁婁地) 地는 助字. 婁는 屢와 같음. 空乏의 뜻.

공륜(空輪) ①四輪의 하나. 輪은 圓滿의 뜻. 이 세계의 가장 밑에 있는 허공. ②五輪의 하나. 空大를 말함. ③탑의 맨 꼭대기에 장식하는 輪相. 보통 아홉개의 輪으로 되었으므로 九輪이라 함. 相輪. →九輪.

공리(空理) 모든 法은 그 實體가 없고 空하다는 眞理.

공리일편석(空裏一片石) 一片은 한 조각이 아닌 全體를 뜻함. 空밖에는 아무것도 없다는 뜻. 즉 空밖에 돌이 없고 돌 밖에 空이 없으며 空과 돌이 하나라는 뜻. 곧 空即是色·色即是空의 當體를 말함.

공마(空魔) 因果가 없다고 부정하는 惡魔. 因果를 부정하는 것은 곧 佛法을 부정하는 것이므로 魔라 함.

공명도첩(空名度牒) 唐 食貨志에「肅宗(757〜762)이 鳳翔(現 陝西省)에 이른 이듬해, 鄭叔淸이 天下의 用度가 부족하다고 아뢰어 諸道의 사람을 불러 돈을 바치게 하고 空名度牒을 발급했다」는 故事.

공명조(共命鳥) 〈耆婆耆婆=jiv-ajiva〉 또는 命命鳥·生生鳥. 머리 둘에 몸뚱이가 하나 달렸다는 새. →耆婆.

공목장(孔目章) 四卷 華嚴孔目章의 약칭. 唐나라 智儼의 著. 華嚴經의 名數·法相을 풀이한 것으로 총 141 章.

공목장기(孔目章記) 八卷. 高麗 승려 均如가 지음.

공무(空無) 一切의 사물은 개개의 自性이 없음을 말함.

공무력대연(空無力待緣) 華嚴宗에서 說한 因門六義의 하나. 原因이 되

는 것. 그 實體가 空하여 結果를 成立할 힘과 活動이 없다. 結果를 成就시키는 힘과 活動은 緣과 結合하여 他에 依存함으로 存在한다는 뜻.

공무변처(空無邊處) ㉗〈Akāśānan-tāyatana〉無色界의 第一天, 色身을 싫어하고 無邊한 허공을 생각하며 허공이 無邊하다는 見解를 지어 태어나는 곳이므로 空無邊處라 함.

공무변처정(空無邊處定) ㉗〈Akaś-unant ayatans dhyana〉人界에서 이 定을 닦은 사람은 죽은 뒤에 空無邊處에 태어난다 함.
※此定有加行根本之二 有空無邊之知解者 加行定之分也 發得根本定 則惟空無邊之境界而己 無知亦無解.

공무변처지(空無邊處地) 三界九地의 하나가 되기 때문에 地라 함.

공무변처천(空無邊處天) 無色界 四天의 하나. 六道 가운데 天道에 屬하므로 天이라고 함.

공무상무원(空無相無願) 三三昧.

공무상무작(空無相無作) 三三昧.

공무상육비(空無常六譬) →六喩.

공무아(空無我) ①苦諦四行相 가운데 두가지. 五蘊의 法에 확실한 一相·異相이 없는 것을 空, 我와 我所가 없는 것을 無我라고 함. ② 空과 無我의 倂稱, 異名同義.

공무아성(空無我聲) 極樂世界 八功德池의 파도 소리로 空·無我의 妙法을 說하는 것.
※無量壽經上에 「波揚無量自然妙聲(中略)或寂靜聲 空無我聲」

공묵(拱默) 손을 마주잡고 말이 없음. 默然히 아무 말도 하지 않는 것.

공문(空門) ①常有의 見을 깨드린 我空·法空·有爲空·無爲空 등 空相의 法門. ②四門(有門·空門·亦有亦空門·非有非空門)의 하나. ③佛敎의 총칭. 佛敎는 空法으로써 涅槃의 門을 삼기 때문임.

공문자(空門子) 僧徒를 말함. 모든 法이 空함을 觀하고 이 門에 의하여 涅槃에 들므로 이같이 이름.

공물(供物) 三寶에 供養하는 물품.

공물당투하(供物當投河) 世尊에게 供養한 物品은 마땅히 河水에 던져야 한다고 하는 儀式. (瞿醯經下) 다른 儀軌에도 또한 이렇게 說하였음.

공미(供米) 부처님과 혹은 중에게 供養하는 쌀. 佛餉. 佛供. 供養米.

공미대(供米袋) 供米를 담은 자루 (袋)

공미소(供米所) 供米田과 같음.

공미전(供米田) 供米를 生產하는 田地.

공반야(共般若) 二種般若의 하나. 共은 共同의 뜻. 三乘이 함께 行하고 함께 앉아서 聲聞·緣覺·菩薩의 區別이 없는 것을 말함. 即 般若時의 說法中 通敎에 屬하는 것으로. 三乘이 共通으로 배워서 얻는 法門이기 때문임. ↔不共般若.

공법(共法) 또는 共功德. 부처님이 갖추고 있는 無量功德을 그밖의 聖者·異生과 함께 함을 말함. ↔不共法.

공법(空法) ①我空·法空·有爲空·無爲空 등 空理를 觀하는 法. (般若經의 說) ②小乘의 涅槃을 일컬음.
※寶積經七十八에「欲除如是過 當離諸利養 遠離在空閑 修習於空法」中論二에「大聖說空法 爲離諸見故」法華經弟子授記品에「於諸佛所說空法 明了通達」

공변(共變) 山河 등과 같이 모든 衆生이 共業으로 變現하는 境界. →四變.
※唯識論二에「諸業同者. 此共變故」

공변처(空遍處) 一切萬物을 空이라고 觀하는 것. 十一切處의 하나. →十一切處.

공보(共報) 國土 등과 같이 自他가 함께 受用하는 果報.
※是共業之所感論經下에「衆生爲別報之體 國土爲共報之用」

공복고심(空服高心) 참된 修行은 하지 않고 깨달은 것처럼 行動하는 것. 곧 뱃속에 얻은 것 없이 마음만 高大한 것을 말함. →眼高手卑.

공봉(供奉) 內供奉의 약칭. 또는 內供. 大內의 道場에서 供奉하는 僧官. 이에 두가지의 해석이 있는데 ①은 宮中佛事인 齋學·修法·法華八講 등 奉仕하는 十禪師를 말하고 ②는 寺院에서 本尊에게 供奉하고 佛前에 供華·點燈·奉香하는 僧을 뜻함.

공봉운(供奉雲) 모든 菩薩이 구름같이 모여서 世尊을 供奉함. 華嚴經妙莊嚴品에「諸菩薩이 각각 種種의 供奉雲을 일으킨다」고 하였음.

공봉탐(供奉貪) 四種貪의 하나. 供奉하는 威儀를 보고 일으키는 執着. 이를테면 여자가 나를 섬기는 태도를 보고 일으키는 貪愛같은 것.

공부(工夫) 혹은 功夫. 禪語로 參禪을 말함.
※孏殘에「我豈有工夫 爲俗人拭涕」臨濟에「始知從前虛用工夫」

공부선(功夫選) 高麗 恭愍王때 開京 廣明寺에서 승려에게 실시하였던 시험. 國師 慧勤이 광명사에서 王의 임석하에 禪·敎 兩宗의 衲子를 모아 그들이 체득한 것을 시험 하였음.

공부순일(工夫純一) 다른 생각없이 專心으로 坐禪하는 것.

공부승(工夫僧) 佛經을 배우는 중. 修業中인 중.

공부정(共不定) 因明三十三過의 하나. 因十四過의 第五, 六不定의 하나.
※卽因用於宗同品並宗異品 有全分關係之法之過失也 因明入正理論所謂「共

者 如言聲常 所量性故 常無常品皆共
此因 是故不定 爲如瓶等 所量性故 聲
是無常 爲如空等 所量性故 聲是其常」
是也 卽共爲所量性之因 於同宗品及異
宗品 共有全分關係故 不能以此因決宗
之常無常也.

공부좌선(工夫坐禪) 工夫 즉 坐禪을
뜻함. 禪家에서의 工夫는 思量과
忖度을 뜻하는 것이 아니고 坐禪을
專一하게 하는 것을 工夫坐禪이라
함. →工夫.

공불(供佛) 佛前에 供物을 供養하는
것.

공불공(共不共) 共法과 不共法, 共
通과 特別의 二門을 말함. 마치 共
般若와 不共般若, 共業과 不共業 등
과 같음.

공비량(共比量) 三比量의 하나. 또
는 약하여 共比라 함. 立論者와 對
論者가 함께 인정하면서 다만 宗依
만을 立論者와 對論者가 論爭하는
것. 例를 들면 聖人은 보통 사람이
다(宗). 그 신체는 보통 사람과 같
기 때문이다(因). 우리들과 같다.
(喩). 여기에서 보통 사람이란 것
을 가지고 立論者와 對論者가 논쟁
하는 것. 다른 개념에서는 立論者
나 對論者의 사이에 異論이 없다.
自比量과 他比量에서와 같이 「나와
네가」 或은 인정(許諾)한다는 限定
語가 必要하지 않는 自比量・他比
量에 對하여 共比量이라 함.

공빙(公憑) 官에서 僧侶에게 身分을
證明하기 위하여 주는 證書.

공사(供笥) 떡, 菓子 등을 담아 佛
前에 供養하는 祭具.

공삭삭(空索索) 索은 寂寞하다의 뜻.
空界에 아무 물건도 없이 아주 寂
寞한 것.

공삼매(空三昧) 三三昧의 하나. 一
切諸法은 인연에 따라 생기는 것이
므로 我도 없고 我所도 없으며 필
경 空이라고 觀하는 三昧.
※智度論五에「觀五蘊無我無我所 是名
爲空 知一切諸法實相 所謂畢竟空 是
名空 是名空三昧 復次十八空 是名空
三昧」就因而言 則爲三三昧 就果而言
則爲三解脫.

공상(共相) 모든 法에는 自相과 共
相이 있다. 즉 自體의 相에 局限된
것을 自相, 다른 것과 공통된 相을
共相이라 함.
※例如五蘊中五蘊各事 是自相也 空無我
等之理 生住異滅等之相 是共相也 乃
至於靑色有多事體 其一一事體 是自相
也 如華之靑 果之靑 乃至金之靑 衣之
靑 自他共通之靑 是共相也.

공상(空相) ①諸法이 皆空한 모양.
모든 法은 因緣에 의하여 생긴 것
으로 그 自性이 없기때문에 이를
空의 相이라 함. ②眞空의 體相을
空相이라 함.

공상(空想) →이루어질 수 없는 헛
된 생각.
※止觀論五에「着此空想 諸佛不化」

공상경(共相境) 對象으로서의 共通

性. 모든 事物에는 共通된 一般的인 特相이 있으며 이 特相이 思考의 對象이 된다는 것.

공상작의(共相作意) 三種作意의 하나. 法의 共通性을 觀하는 智慧와 對應하여 일어나는 作意의 心所. 例를 들면 四諦 十六行相과 對應하는 作意. 苦·空·無常·無我 등의 十六行相은 色法과 心法에 共通되는 相이기 때문임.

공상혹(共相惑) 🅜 〈samanya-Klesa〉 또는 약하여 共惑. 모든 法은 共通하는 苦·空·無常·無我 등 相을 緣하여 이에 迷惑되어 苦를 樂, 空을 有, 無常을 常, 無我를 我라고 執着하는 煩惱. ↔自相惑.
※俱舍論二十言에「二者共相 謂見疑癡」次言「所餘一切見疑無明去來未斷 遍縛三世 由此三種是共相惑 一切有情俱遍縛故 若現在世正緣境時 隨其所應能繁此事」

공색(空色) 형상이 없는 것을 空, 형상이 있는 것을 色이라고 함.

공생(共生) 함께 나는 것. 어떤 물건이 생성할 때에 因과 緣이 화합하여 나게 된다. 因(自性)만으로 날 수도 없고 緣(他性)만으로 날 수도 없으며 因과 緣이 한데 합치어 나게 된다는 것.

공생(空生) 🅜 〈須菩提〉부처님 十大弟子 가운데 解空第一. 또는 無諍第一이라고 부름. →須菩提.

공생공사(空生空死) 헛되게 살고 헛되게 죽어서 일생을 허무하게 보내는 것. 醉生夢死와 같음.

공성(空性) 🅜 〈舜若多=Sūnyata〉眞如의 다른 이름.
※唯識述記一本에「梵言舜若 可說如空 名舜若多 如是空性 卽是二空所顯實性 故言空者 從能顯說 二空之性 依士釋名 言眞如空 未善理故」同序에「空性了義 幾乎息矣」

공성(空聖) 聖者라는 이름은 얻었으나 聖者의 實德이 없는 者.

공성무경심(空性無境心) 空海가 세운 敎判인 十住心의 第八. 또는 一道無爲心·如實一道心·如實知自心·一如本淨心이라 함. 一實中道의 無爲眞如를 觀하는 마음.

공수(供需) 절에서 손님에게 무료로 접대하는 음식.

공수간(供需間) 절에서 음식을 만드는 곳.

공수래공수거(空手來空手去) 빈손으로 왔다가 빈 손으로 간다는 뜻으로 사람이 세상에 태어났다가 허무하게 죽는다는 말.

공수삼매(共修三昧) 三三昧의 하나. 定과 慧를 함께 닦는 禪定.

공숙(供宿) 尊宿을 供養함.
※性靈集十에「禮著鄕飮 經稱供宿」月燈三昧經六에「當問其夏臘 若是尊宿者 應供養恭敬頭面接足禮」

공시교(空始敎) 華嚴宗의 五敎 가운데 大乘始敎의 하나. 이 始敎를 空始敎와 相始敎로 나누어 般若·三

論 등 諸法皆空한 이치를 밝힌 것을 空始敎라 하고, 深密·瑜伽 등 諸法을 세운 것을 相始敎라 함. 모두 大乘의 入門이 되므로 始敎라 말함.
※起信論義記上에「①隨相法執宗 卽小乘诸部是也 ②眞空無相宗 卽般若等經 中觀等論所說是也 ③唯識法相宗卽解深密等經 瑜伽等論所說是也 ④如來藏緣起宗 卽楞伽密嚴等經 起信實性等論所說是也」此中第二爲空始敎 第三爲相始敎也.

공심(空心) 空理를 觀하는 마음. 因果의 理를 부정하는 마음. 즉 空見을 집착하는 마음. →空見.
※止觀十下에「空心無畏 不存規矩 恣情縱欲」卽執空見之心也.

공심정좌(空心靜坐) 昏住와 같음.
※六祖壇經에「第一莫着空 若空心靜坐 卽着無記空」

공십지(共十地) 聲聞·緣覺·菩薩이 함께 닦는 열가지 階位로 즉 乾慧地·性地·八人地·見地·薄地·離欲地·已辨地·辟支佛地·菩薩地·佛地를 말함. 이는 大品般若經에서 說한 것으로 天台宗에서는 通敎의 位次라 함. (大乘義章十四·四敎儀集注下)

공안(公案) 公府案牘의 약칭. 政府에서 確定한 法律案으로 國民이 遵守할 事案. 禪家의 公案도 이와 같아서 古來祖師들이 定한 說. 言句. 問答 등 佛祖가 機緣에 相契하여 宗綱을 開示한 因緣을 收錄한 것. 그 數는 大槪 千七百則이라 하며 中國唐代부터 提唱되었음. 禪의 課題. 因緣話頭라고 함.
※碧巖集三敎老人序에「祖敎之書謂之公案者 唱於唐而盛於宋 其來尙矣 二字乃世間法中吏牘語」雲棲正訛集에「公案者 公府之案牘也 所以剖斷是非 而諸祖問答機緣 亦只爲剖斷生死 故以名之」

공야(空也)(901~972) 日本 天台宗 승려. 釋光勝. 醍醐天皇의 아들(혹은 常康親王의 아들) 時宗의 王子로 어릴 때에 出家하여 스스로 空也라 일컬음. 諸方을 두루 다니며 지나는 곳마다 다리를 架設하고 우물을 파서 利濟를 많이 하였음. 天慶1(938)年에 京都에서 阿彌陀佛을 부르며 市民들을 敎化하여 사람들이 號를 市上人이라 불렀음. 天曆2(948)年에 天台山에서 座主 延昌에게 大戒를 받음. 5(951)年에 京畿地方에 疫疾이 퍼져 길이 一丈되는 十一面觀音像을 조각하여 祈禱를 드리니 疫疾이 물러갔다. 西光寺를 創建하고 여기에 그 觀音像을 安置하였음. 뒤에 奧·羽 二州를 遊化하다가 暮年에 京都에 돌아와 西光寺에서 居하다. 天祿3(972)年 9月 11日에 世壽 70세에 入寂함. 弟子 中信은 台敎에 精研하여 師業을 繼承하고 院宇를 重修하여 六波羅密寺라 일컬음.

공양(供養) 凡 〈pujana〉 三寶에 對하여 恭敬하는 마음으로 物品을 드리는 일. 이에 敬供養·行供養·利供養의 세가지가 있다. 敬供養은 殿堂을 莊嚴하게 하는 것. 行供養은 讀經하는 것. 利供養은 飮食을 供養하는 것 등임.

공양문(供養文) 觀佛三昧海經十(念十方佛品)의 記錄에 의하면 香華를 奉獻할 때에 願文을 發하여 지은 것. 法會 때에 供養文을 지어 諷詠함. (魚山集略)

공양미(供養米) 부처님에게 供養으로 드리는 米穀.

공양법(供養法) 또는 曼陀羅供·水天供·聖天供 등 갖가지 供養하는 法式. 그 作法은 蘇悉地經 二供養品·瞿醯經中 奉請供養品·不空羂索經十五. 最上神變解脫壇品 등에 나옴.

공양삼보(供養三寶) 佛·法·僧 三寶에 供養함. →三寶.

공양십이대위덕천보은품(供養十二大威德天報恩品) 一卷. 唐 不空의 번역. 地天·水天 등 十二天의 供養하는 法을 說한 것.

공양여의원(供養如意願) 四十八願 가운데 第二十四願을 가리켜 말함. 供具如意願과 같음.

공양의식(供養儀式) 書 一卷. 著者 未詳·大日經에 의거하여 供養하는 法式을 記錄한 것.

공양정행(供養正行) 六種正行의 第六. 한결같이 阿彌陀佛에게 香華 등을 供養하는 것.

공양제불원(供養諸佛願) 阿彌陀佛 四十八願 가운데 第二十三願. 淨土의 菩薩이 佛의 神力을 받아 自由스럽게 諸佛을 供養하게 되기를 誓願하는 것.

공양제일(供養第一) 僧伽를 供養하는데는 優留頻羅迦葉이 第一이라 한 故事.

공양주(供養主) ①우리 나라에서는 供司·飮頭라 함. 절에서 밥을 짓는 직임. ②三寶에게 財物을 施主하는 이. ③施主하기를 勸하거나 供養을 받는 이. 化主와 같음. (象器箋七)

공양탑(供養塔) 供養하기 위하여 만든 작은 塔.

공양회(供養會) 金剛界九會曼荼羅의 하나. 이 會의 諸尊은 모두 寶冠·華鬘 등으로 本師 大日如來를 供養하는 相을 들어내 보이므로 이같이 이름. 四曼中 羯磨曼荼羅. →九會曼荼羅.
※有五佛四波羅蜜 十六大菩薩 八供四攝 賢劫十六尊 外金剛部二十天之七十三尊.

공어다(恭御陀) 凡 〈Kongodha〉 東印度에 있던 옛 王國의 이름. 烏茶國의 西南에 있음. 玄奘이 印度에 갔을 때 이 나라에 外道가 盛하여 佛敎를 믿지 아니하나 國王은 熱誠

스런 濕婆敎徒하였다고 함. (西域記十)

공업(功業) 修業의 功.

공업(共業) 二業의 하나. 各人이 共同으로 善惡의 業을 짓고 따라서 各人이 공동으로 苦樂의 果報를 받는 것.

공여래장(空如來藏) 如來藏은 眞如의 德名. 眞如의 體性은 필경 空寂하여 一切染淨의 法에 그치지 않는 것이 마치 거울 속에 한가지 實質도 없는 것과 같으므로 空이라 하며 眞如의 體가 없다는 것은 아님.

공왕(空王) 부처님의 異名, 法을 空法, 佛을 空王이라 함. 空은 一切의 그릇된 집착을 여의고 涅槃城에 들어가는 要門이 되기 때문이다. 또는 佛은 萬法의 王이 되므로 空王이라 함.

공왕불(空王佛) 過去世의 한 부처. 空王은 부처의 총칭이었으나 지금은 한 부처만을 일컬음.
※往生要集中本에 「五體投地 遍身流汗 歸命彌陀佛 念眉間白毫相 發露涕泣 應作此念 過去空王佛 眉間白毫相 彌陀尊禮敬 滅罪今得佛 我今禮彌陀佛 亦當復如是」

공왕이전(空王己前) 空劫의 世上에 출현한 부처님을 空王佛이라 함. 이 空王佛의 出現己前이란 말은 空劫己前과 같음. →空劫己前.

공용(公冗) 公務의 뜻.

공용(功用) 몸·입·뜻의 動作을 말함.

공용지(功用地) 初地이상은 이미 眞如를 證得하여 加行의 功을 要하는 것과 같으므로 功用地라 하고 八地이상은 加行을 假藉하지 않고 自然히 功德이 增進하므로 無功用地라 함.

공운(空雲) 물건이 견실하지 못함을 空中의 뜬 구름에 비유한 말.
※維摩經觀衆生品에 「如智者見水中月 (中略)如空中雲(中略)菩薩觀衆生爲若此」新譯仁王經中에「三世善惡 如空中雲」

공유(空有) 論理上 正反對의 二門. 즉 空과 有, 平等과 差別, 實體와 假象.

공유력대연(空有力待緣) 華嚴宗에서 說하는 因의 六義중 하나. 原因은 그 本體는 空이나 그러나 힘과 作用이 緣을 지어 結果를 낳는다는 뜻. ↔空有力不待緣.

공유무애종(空有無礙宗) 淸凉이 세운 十宗의 第九. 五敎 가운데 終敎에서 밝힌 旨歸로서 賢首가 세운 眞德不空宗에 해당한다. 모든 法은 원래 偏有나 偏空이 아니라 空은 有에 即한 空이며 有는 空에 即한 有로 空과 有가 兩存하여도 서로 방해가 되지 않는다는 宗旨.

공유이관(空有二觀) 空·有의 두가지 執着을 무너뜨리기 위하여 이 二觀을 세움. 實我·實法이 없다고 觀하는 것을 空觀이라 하여 有執을 깨뜨리고 因果의 事法과 涅槃의 妙體가 있다고 觀하는 것을 有觀이라 하여 空執을 무너뜨림.

※法相宗立五重之唯識觀 其中第一重之遣虛存實觀 卽是空有二觀也 義林章一末에 「由無始來執我法爲有 撥事理爲空故 此觀中遣者 空觀對破有執 存者有觀對遣空執」

공유이론(空有二論) 二觀은 本來 二執의 하나를 破하는 具體的인 佛法인 까닭에 何宗을 莫論하고 이 뜻을 잃어버리지 않는다. 그러나 自宗과 他宗이 對抗하는 境遇에는 空門空觀을 爲主로 하여 立論하는 者가 있고 有門有觀을 爲主로 하여 立論하는 者가 있다. 즉 小乘에서 一切有部宗은 有門有觀이라 하고 成實宗은 空門空觀이라 하며 特히 大乘에서 法相宗은 有門을 主張하여 三論宗의 空門과 爭論함이 더욱 顯著하다. 換言하면 諸事物을 다 空하다고 說한 龍樹·提婆 系統의 主張과 諸事物을 現象面에서 有하다고 主張하는 無着·世親 系統의 論爭을 뜻함.

※佛滅後一千載 印度之護法淸辨二菩薩出 護法依彌勒之瑜伽論 釋成唯識論 而張妙有之義(是法相宗) 淸辨依龍樹之中觀論(三論之一) 著掌珍論 而立眞空之理(是三論宗) 佛地論四에 「菩薩藏佛滅後千載已前一味 千載已後 興空有二論」

공유이종(空有二宗) 八宗 가운데 俱舍宗은 小乘의 有宗이 되고 成實宗은 小乘의 空宗이 되며 法相宗은 大乘의 有宗이 되고 三論宗은 大乘의 空宗이 됨.

공유이집(空有二執) 또는 有無二見. 범부의 迷情으로 實我와 實法이 있다고 고집하는 것을 有執, 因果의 事法과 열반의 妙體가 없다고 고집하는 것을 空執이라 함.

공의(共依) 二識이상이 共通으로 의지하는 것. 五識의 四依中 同境밖에 分別依·染淨依·根本依를 除한 것. 第六識의 二依 가운데 染淨依를 除한 根本依. 이 가운데 阿賴耶識은 根本依가 되고 六識共依가 됨. (百法問答抄一)

공인(空忍) 欲·色·無色의 三界는 苦를 받는 世界이지만 그 받는 苦도 필경은 空이라는 것을 깨닫게 되면 苦를 苦로 여기지 않고 安心할 수 있다는 말.

공인자(空印字) 空中에 그은 文字란 뜻. 文彩도 없고 汚染을 받지 않은 眞空妙有의 文字를 말함.

공일체처(空一切處) 또는 空徧處라 하며 禪定의 명칭. 일체처에 두루 하여 空界의 一色이 되게 한다는 것. 十徧一切處定의 하나. →(三藏法數三十八)

공일현색(空一顯色) 四洲의 天色. 즉 北洲의 金色, 東洲의 銀色, 南洲의 碧色, 西洲의 赤色은 須彌山

四面의 空中에 各一顯色이 되므로 空一顯色이라 함.
※也俱舍論一에「有餘師說 空一顯色 第二十一」同光記一之餘에「妙高山四邊 空中各一顯色 名空一顯色 故正理三十四云 空一顯色 謂見空中蘇迷盧山所現 純色」

공작(孔雀) 梵〈摩由羅＝Mayura〉새 이름.

공작경(孔雀經) 佛母大孔雀明王經의 약칭. 三卷. 唐 不空의 번역. 내용은 孔雀明王의 神呪를 써 놓은 經.

공작경법(孔雀經法) 孔雀明王經法의 약칭.

공작명왕(孔雀明王) 梵〈摩瑜利羅闍＝Mayriraja〉佛母大金曜孔雀明王 의 약칭. 그 明王은 머리 하나에 팔이 넷이며 菩薩형상에 孔雀을 타고 있으므로 이같이 이름.
※種子爲才字 三昧耶形爲孔雀尾 孔雀明王畫像壇場儀軌에「於內院中心 畫八葉蓮華 於蓮華胎上 畫佛母大孔雀明王

(No.1) 孔雀明王

(No.2) 孔雀明王

菩薩 頭向東方 白色著白繒輕衣 頭冠瓔珞 耳璫臂釧 種種莊嚴 乘金色孔雀王 結跏趺坐白蓮華上 或青蓮華上」

공작명왕경(孔雀明王經) 佛母大孔雀明王經의 약칭. 孔雀經. 不空의 번역.

공작명왕경법(孔雀明王經法) 密敎四六法의 하나. 孔雀明王을 本尊으로 삼고 災殃을 消滅하기 위하여 닦는 秘法・孔雀經法.

공작문뢰임(孔雀聞雷姙) 涅槃經 三十四에「어떤 衆生이 父母를 인연하지 않고 生長하였으니 비유하면 孔雀이 우뢰소리를 듣고 몸을 얻었으며 또 靑雀이 雄雀의 눈물을 머금고 몸을 얻었으며 命命鳥가 雄鳥의 춤추는 것을 보고 몸을 얻었다는 傳說.

공작신주(孔雀神呪) 孔雀經에「어떤 比丘(이름은 莎底)가 출가한지 오래지 않아 大衆을 위해 장작을 패어 목욕물을 데우는데 큰 黑蛇가 썩은 나무통에서 나와 그 比丘의 오른발 拇指를 쏘았다. 그 毒氣가 온몸에 퍼져 땅에 쓸어졌는데 입에 서 거품을 토하였다. 그때 阿難이 부처님에게 이 사실을 아뢰니 부처 님이 阿難에게 말하기를 나에게 摩 訶摩瑜利佛母明王大陀羅尼가 있는 데 큰 威力이 있어 능히 一切의 諸 毒과 怖毘와 災惱를 멸할 수 있으 니 그것을 受持하여 一切有情을 覆 育하라」하였음(摩瑜利는 孔雀이라 번역함)

공작왕법(孔雀王法) 密敎에서 孔雀 明王을 本尊으로 모시고 除災・請 雨를 비는 儀式.

공작왕주경(孔雀王呪經) 一卷. 秦 羅什의 번역. 唐義淨의 번역 大金 色孔雀王呪經(一卷)과 譯者未詳의 佛說大金色孔雀王呪經(一卷)과 함 께 以上 三經은 唐義淨이 번역한 佛說大孔雀王呪經(三卷) 가운데 一 部分.

공작종(孔雀種) 梵〈摩由羅=maur-ya〉번역하여 孔雀이라 함. 阿育王 系譜에 그 說이 있는데 旃陀羅笈多 王으로부터 나온 것을 공작종이라 함.

공작좌(孔雀座) 梵〈mayūrasana〉 孔雀의 臺座 佛母孔雀明王과 阿彌 陀佛 등이 앉는 자리.

공장(供帳) 僧籍을 만들어 官廳에 제출하는 것을 供帳이라 함. 唐玄 宗 開元 17(729)年에 天下의 僧尼 에게 詔勅을 내려 3年에 한번씩 僧 籍을 만들도록 하니 供帳이 이때부 터 始作되었음. (佛祖統紀)
※勅修淸規에 「往時僧道歲一供帳 納免 丁錢 官給由爲憑」

공장(空藏) 俗姓은 王氏, 母가 그를 잉태한 후 酒肉과 五辛菜를 먹지 않았고 이미 태어나 나이 19세에 출가하여 龍池寺에 住하면서 날마 다 經論을 외워 모두 三百餘卷을 읽었으며 隋 大業(60○~617) 初에 藏이라고 일컬었다. 勅令에 의하여 金城坊에 會昌寺를 세우고 大德 十 人과 度僧 五十人을 청하여 住持가 되었다. 師는 눕지 않고 앉아서 거 의 30年을 보내고 唐 貞觀 16(642) 年 5月 12日에 世壽 74세로 會昌에 서 입적하니 弟子들이 師를 추모하 여 會昌寺에 碑를 세우고 당시 金 紫光祿大夫衛尉卿 于志寧이 碑文을 지었음.

공재어(公才語) 公道上才語의 약칭. 도리에 맞는 훌륭한 말. 야비한 말 의 반대.

공적(空寂) 諸相이 없는 것을 空. 起 滅이 없는 것을 寂이라 함. 空無하 여 寂靜함.
※維摩經佛國品에 「不著世間如蓮華 常 善入於空寂行」心地觀經一에 「今者三 界大導師 座上跏趺入三昧 獨處凝然空 寂舍 身心不動如須彌」

공점(空點) 梵字의 머리에 있는 圓

點으로 「ṁ」字의 소리를 내는 것. 이 점은 모두 諸法皆空의 理를 들어보이므로 空點이라 함.

공점이형(空點二形) ①圓點 「·」의 형태. ②仰月 「⌒」의 형태.
※日本悉曇三密鈔上에 「凡就此圓點 與仰月 自他門存異義 他門ṛ am 字局圓點 ñaña ṇa ṇa ma五字局仰月也 東寺ḍha字ṛam字ḍ ña等五字 皆通成圓點半月也」 又 「安然以仰月爲仰等五字異形」

공정(空定) 空相을 觀하는 禪定.
※內道之空定 三三昧是也 外道之空定 四無色定是也 亦曰四空定 是雖空諸法而獨不能空我 故還輪廻於三有」

공제(空際) 涅槃의 다른 이름. 涅槃은 空寂의 際極이 되므로 空際 또는 實際라고 함. →實際.
※楞伽經三에 「如如與空際 涅槃及法界」 註解 「如如卽眞如 空際卽實際 涅槃卽究竟大涅槃法界 卽佛法界此是一體異名」

공제(空諦) 三諦의 하나. 一切世間法은 有情·無情할 것 없이 모두 인연에 의하여 生한 것으로 自體가 不實하므로 空이라 하며 이 이치는 또한 眞實하므로 諦라 함. →三諦.
※依中論偈之「因緣所生法 我說卽是空」 二句而立之.

공조(功祚) 功이란 佛心을 찾아서 一切의 妄見을 버린다는 뜻. 祚는 福과 같음. ①佛果를 成就하여 부처님의 地位에 到達하는 것. 卽 成道. ②因位의 行과 果位의 福. ③修行의 功德에 依하여 成佛하는 것을 稱頌하는 말. (無量壽經一二)

공조(功曹) ①守直하는 사람을 도와서 違法한 者에 對하여 檢問檢索하는 所任. ②나라의 運輸任務를 맡은 벼슬아치.

공조(空鳥) 空空하는 소리를 내는 새. 眞空妙理를 알지 못하고 함부로 空이라고 말하는 것을 비유한 것.
※止觀八上에 「諸位全無 謬謂卽是 猶如鼠唧 若言空空 如空鳥空」 同輔行에 「不達諦理 謬說卽名 何異怪鼠作唧 聲 卽聲無旨 濫擬生死卽涅槃 亦如怪鳥作空空聲 豈得濫同重空三昧」

공종(共宗) 모든 宗派의 共通된 宗旨. 念佛宗과 같은 것.

공종(空宗) 空理를 本旨로 삼는 宗門. 小乘의 成實宗, 大乘의 三論宗 따위.

공종성종십이(空宗性宗十異) ①法義의 眞과 俗이 다름. ②心과 性 두 이름이 다름. ③性字 二體가 다름. ④ 眞智와 眞知가 다름. ⑤有我와 無我가 다름. ⑥遮詮과 表詮이 다름. ⑦認名과 認體가 다름. ⑧二諦와 三諦가 다름. ⑨三性의 空과 有가 다름. ⑩ 佛德의 空과 有가 다름. (宗鏡錄 三十四)

공종자(共種子) 또는 共相種子. 自他가 共變하는 경계에서 내는 識變種子를 말함. ↔不共種子.
※自此種子而生之境 有自他共得受用者

與不然者之別.

공좌문신(空座問訊) 上堂儀式의 하나. 空座를 향하여 問訊함을 이름.

공중공(共中共) 共法중의 공법이란 뜻. 自他의 第八識에서 共同으로 變하여 나타나며 공동으로 受用할 수 있는 것. 山河大地 따위. →共法.

공중누하(空中淚下) 翻譯名義集에「阿含이 舍利佛의 열반을 說할 때에 無色界天의 공중에서 눈물이 쏟아지기를 마치 봄날 가랑비 내리듯 하였다」하였음.

공중불공(共中不共) 共法中의 不共法이라는 뜻. 自他의 第八識이 共同으로 變하여 나타난 것 중에서 자기만이 受用하는 것을 말함. 주택·정원 따위.

공중천(空中天) 虛空中에 處하는 神들. (佛所行讚一)

공즉시색(空卽是色) 眞如實相인 空은 色인 모든 法의 차별에 있는 것이 아니고 공의 자체 그대로가 모든 法이라고 하는 것. ↔色則是空.

공진(空塵) 外道에서 空을 觀하면 반드시 空相이 존재하여 空見에 떨어지니 이 空見塵은 六塵가운데 法塵에 속하므로 空塵이라 함. 즉 外道의 空觀은 法塵이 되고 正觀이 아님을 示顯하는 것.
※止觀五下에「觀心推畫 發一分細定 生一分空解 此是空見法塵 與心相應 何關無生」次文에「卽是向者 所發空塵

謂爲涅槃」

공집(空執) 空에 치우친 집착으로 偏空의 理를 고집하고 因果의 이치가 없다고 하는 것. 空見와 같음. →空見.

공차반(供次飯) 반찬.

공처(空處) 空無邊處의 약칭. 無色界는 모두 形色이 없으므로 이같이 이름. 이에 四處의 구별이 있으므로 四空處 또는 四無色處라고 함. (法界次第上之下)

공처정(空處定) 梵〈Akāśānantāyata-nadbyana〉空無邊處定의 약칭. 四無色定의 하나. 色을 싫어하고 空을 緣하여 定에 들어가 定心無邊의 虛空과 더불어 서로 應하므로 이같이 이름. (法界次第上之下)

공천(供天) 梵天·帝釋·功德·歡喜 등의 諸天에 공양하는 것. 또는 天供.

공청(公請) 勅命 또는 官命에 依하여 公法會 或은 論議에 招請되는 일. 公請을 받은 중을 公請僧이라 하며 公請僧에 依한 論議의 道場을 公請論場이라 함.

공체(供遞) 遞는 交遞 즉 바꾼다는 뜻. 즉 供物을 交遞함을 말함.

공취(空聚) ①사람이 살지 아니하는 마을. ②사람의 몸에 六根은 거짓으로 和合하여 실재하지 않는 것을 사람이 살지 아니하는 마을에 비유한 말.

공한처(空閑處) 梵〈阿蘭若=Araṇ=

ya〉마을에서 3百步내지 6百步 정도 떨어진 곳으로 閑適하여 比丘 등이 修行에 알맞는 장소.

공해(空海) ①虛空과 大海. ②日本 眞言宗의 開祖 弘法大師의 이름. 唐나라에 들어가 靑龍寺의 慧果阿闍梨에게 密法을 傳해 받고 歸國하여 密典을 널리 펴고 마침내 일본에서 말하는 東密의 一派를 開創함.

공해(空解) 空理에 執着하는 知解. 즉 空見.
※止觀五下에「生一分空解 此是空見法 塵 與心相應」同十上에「或作幻本無 實 無實故空 空解明利」

공해탈문(空解脫門) 三解脫門의 하나. 一切法은 모두 因緣·和合의 所生으로 本來 自性이 空하여 作者도 없고 受者도 없다는 것을 觀하여 통달한 자가 涅槃解脫의 門에 들므로 解脫의 門이라 함.

공행(功行) 功德과 行實.

공행(空行) 空法을 닦는 行. 空法에 大小淺深이 있어 대승·소승·보살·성문으로 구별함.
※涅槃經一에「爲欲利益安樂衆生 成就 大乘第一空行」

공허(共許) 論場의 用語. 立論者와 對論者가 어떤 사물을 함께 긍정하는 것. 立敵. 共許. 同許. 俱許.
※因明大疏上本에「宗依必須共許 共許 名爲至極成就」

공허극성(共許極成) 立論者와 對論者가 함께 긍정한다는 말.

공형(功逈) 姓은 邊氏, 汴州 浚儀 사람. 6세에 출가할 뜻을 가지고 9세에 절에 들어가 머물으며 16세에 俗服을 벗고 山에 住하기를 願하였다. 25세에 弘法師를 섬기고 뒤에 汴州 惠福寺에 住하였다. 晚年에 法華로써 時要를 삼고 無性攝論疏를 지음.

공혜(空慧) 空의 이치를 觀하는 지혜.
※嘉祥法華經疏二에「經論之中多說 慧 門鑒空 智門照有」安樂集上에「若依 維摩經 不可思議解脫爲宗 若依般若經 空慧爲宗」瓔珞本業經下에「爲過去未 來現在一切衆生 開空慧道 入法明門」

공화(空華) ㊹〈Khapuṣpa〉空中의 꽃이란 뜻. 눈병있는 사람이 허공에 꽃이 있다고 보는 것. 허공에는 본래 꽃이 없지만 다만 눈병있는 사람이 그렇게 보는 것으로 이것은 헤아린 諸相은 實體가 妄心으로 없는데 비유한 것.
※圓覺經에「妄認四大爲自身 六塵緣影 爲自心相 譬如彼病目見空中華 及第二 月」傳燈錄十(歸宗語)에「一翳在眼 空華亂墜」

공화(供華) ①꽃을 佛·菩薩에게 供養하는 것. →香華. ②佛壇에 供養할 물건을 담는 그릇.

공화외도(空華外道) ㊹〈Śūnyapuṣ-pa〉印度의 小乘學者들이 大乘을 비방하여 供華外道라고 함.

※慈恩傳四에 「僧皆小乘學 不信大乘 謂 空華外道 非佛所說(中略)那爛寺空華 外道 與迦波鳌不殊故也」

공후(箜篌) 古代 東洋 絃樂器의 일종. 자루가 있는 활모양과 쟁(箏) (또는 琴) 또는 서양의 하아프와 비슷한 것이 있다. 이는 본래 西域에서 중국·우리나라(백제)를 거쳐 日本에 전수되었으며 堅箜篌(21絃)와 臥箜篌(13絃)가 있음. 空侯·坎侯·百濟琴.

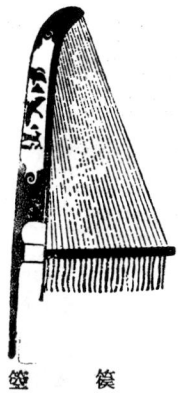

箜 篌

※釋名謂爲師延所作 空國之侯所存也 故亦作空侯 或謂漢武帝使樂人侯暉爲之 其聲坎坎故 又作坎侯 隋書音樂志謂出自西域 非華夏舊器 其器今已失傳 舊說謂似瑟而小 用木撥彈之 傳自百濟故亦謂之百濟琴 有堅箜篌臥 箜篌兩種 印度自古有之 故法華經에 「簫笛琴箜篌」

공훈변(功勳邊) 修行으로 인하여 얻어지는 至大한 效果. 邊은 별다른 뜻이 없음.

공훈오위(功勳五位) 洞山良介禪師가 세운 다섯 가지의 敎說. ①向. ②奉. ③功. ④共功. ⑤功功을 말한다. 向은 子息이 親父母를 向하는 것과 같이 本具의 主人公이 있음을 信하여 歸向하는 것.(入佛門) 奉은 子息이 父母의 命을 順奉하는 것과 같이 本具의 主人公의 命令에 順奉하는 것.(精修行) 功은 奉順의 功에 依하여 父子相親으로 間隔이 없는 것과 같이 主人公을 相見하여 妄見을 透脫하는 것.(見性) 共功은 父子 相互間 그 地位를 지킨다고는 하지만 全혀 그 想念에서 벗어날 수 없는 것과 같이 本然의 自性을 본 후 正位를 지키지 않고 當處에 出生하며 隨處에 還滅하여 自由活動을 하나 오히려 功에 對한 자랑을 버리지 못하는 것.(功極處에서 功을 지키는 일) 功功은 君臣父子의 道를 合하여 一念으로 그 사이에 擬量이 없는 것과 같이 功의 極處를 透脫하여 功不功을 보지 못하고 스스로 無功用의 境地에 到達하는 것. 無功은 大功이므로 功功이라 일컬음. 功勳五位는 實體哲學의 標準이 됨.

과(果) 梵〈頗羅=phala〉木實의 뜻. 一切有爲法은 前後로 서로 상속하므로 前因에 대하여 後生의 法을 果라 함. →因果↔因.

※擇滅雖爲無爲法 然由道力而證悟 故名果 虛空與非擇滅 無爲果者.

과거(過去) 三世의 하나. 前世·이

승에 태어나기 전.

과거명명(過去冥冥) 生의 由來를 알 수 없음을 이름.
※秘藏寶鑰上에「生我營母 不知生之由來 受生我身 亦不悟死之所去 顧過去冥冥 不見其首 臨未來漠漠 不尋其尾」

과거미래업보지력(過去未來業報智力) 如來十力의 하나. 過去·現在·未來의 三世에 걸쳐 衆生들이 어떤 業因으로 어떤 果報를 받을 것을 분명하게 아는 부처님의 智力. 業異熟智力.

과거불(過去佛) 歸田錄(宋 歐陽修의 見聞錄)에 宋太祖(在位 960~976)가 처음 相國寺에 行幸하여 佛前에 燒香하고 절을 할 것인가 아니할 것인가를 물으니 僧錄(僧官) 贊寧(918~999)이 아뢰기를 "절을 하지 마시요"하여 그 까닭을 물으니 대답하기를 "見(현)在佛이 過去佛에 절을 하지 않습니다" 하니 上이 빙긋이 웃으며 고개를 끄덕였다. 이로 인하여 마침내 制度가 되었다는 故事.

과거불분위경(過去佛分衛經) 過去世佛分衛經의 약칭.

과거성령(過去聖靈) 死者의 靈魂을 총칭함. 聖靈은 이미 塵身을 버리고 神聖한 靈識만이 存在함을 이름.

과거세불분위경(過去世佛分衛經) 佛說過去世佛分衛經의 약칭. 一卷. 西晉 竺法護의 번역. 分衛(pinda-pātika)는 乞食한다는 梵語.
※說過去世有佛 與弟子俱乞食 有一婦 見其儀容 發心使所生之子出家而得授記.

과거심불가득(過去心不可得) 本來 우리 衆生의 마음은 縱으로 三世에 뻗치고 橫으로 十方을 덮는다고 하지마는 그 自性은 얻어 볼 수 없으므로 過去의 마음만이 不可得이 아니라 現在心·未來心도 또한 그렇다는 뜻.

과거인과경(過去因果經) 過去現在因果經의 약칭.

과거장(過去帳) 또는 靈簿·靈會簿·著鬼簿. 死者의 이름을 기록한 冊子. (考信錄四)

過去帳

과거장엄겁(過去莊嚴劫) 劫에 大·中·小의 세가지가 있다. 現在의 大劫을 賢劫, 過去의 大劫을 莊嚴劫, 未來의 大劫을 星宿劫이라고 함.

과거장엄겁천불명경(過去莊嚴劫千佛名經) 三千佛名經 가운데 제一권. 譯者未詳. 내용은 千佛의 이름을 列記한 것.
※首附宋疆良耶舍譯之三劫三千佛緣起擧五十三佛之名號.

과거진점겁(過去塵點劫) 過去의 오

랜 시간을 나타내고자 法華經에서는 五百塵點劫・三千塵點劫 등을 說하여 塵點에 비유하였음. →塵點.

과거첩(過去帖) 死者의 名簿. 法名・年月을 記錄한 帳簿. 또는 點鬼簿.

과거칠불(過去七佛) 지나간 세상에 출현한 七佛이 가운데 앞의 三佛은 過去莊嚴佛의 末에 나신 부처님이며 뒤의 四佛은 現在의 賢劫에서 나신 부처님.「①毘婆尸佛(Vipda-śyi) ②尸棄佛(Sikī) ③毘舍浮佛(Visabhā) ④拘留孫佛(Krakucchanda) ⑤拘那含牟尼佛(Kanakamuṇi) ⑥迦棄佛(Kāśyapa) ⑦釋迦牟尼佛(Sākyamuni)」(法苑珠林八・佛祖統紀 三十)

과거현재인과경(過去現在因果經) 四卷. 宋求那跋陀羅의 번역. 또는 過現因果經・因果經이라 함. 舍衛國 祇樹給孤獨園 중의 所說로 佛이 자기의 過去因緣을 述하고 善慧仙人이 되어서 普光如來에게 散華供養하고 當來成佛의 記를 받았다는 것을 說한 후 入胎・出胎・出家・降魔・成道 이후 法輪을 轉하여 五比丘・耶舍・三迦葉・頻毘娑羅王・舍利弗・目連 摩訶迦葉 등을 제도하여 一千二百五十인의 阿羅漢을 얻은 일을 설한 自說佛傳.

※佛說過去於普光佛所 得授記 行生生菩薩之道 乃至於今生八相成道 示一一往因 中有與仙人論破冥諦及非想天之事 太子瑞應本起經 異出菩薩本起經與之同本.

과거흑암신(過去黑闇身) 過去世에 出生한 事實을 알지 못하고 今世의 果報를 疑心하는 黑闇한 身體.

과건혜지(過乾慧地) 大品般若經第六 등에 菩薩十地 가운데 하나. 乾慧地를 지났다는 말. →乾慧地. (乾의 原音은「간」)

과계원현(果界圓現) 佛果 위에 一切의 제법이 원만하게 顯現함을 이름.

과계증입(果界證入) 佛果에 證入하는 것.

과과(果果) 涅槃을 말함. 菩提는 修行의 結果가 되므로 果라 하고 그 菩提를 의지하여 涅槃을 證得하므로 涅槃을 果果라고 함.

※涅槃經二十七에「佛性者 有因有因因 有果有果果 有因者卽十二因緣 因因者卽是智慧 有果者卽是阿耨多羅三藐三菩提 果果者卽是無上大般涅槃」

과구(窠臼) ①또는 臼窠・科臼. 窠는 새의 보금자리, 새집은 절구통(臼) 모양으로 들어가 있으므로 窠臼라 함. 새가 깃을 틀어 安住의 생각을 가진다는 데서 學者가 得意하여 마음의 安定을 얻는 것을 窠臼에 비유한 말. ②土窟・古巢・巢窟・우리와 같은 것. 그 가운데 들어가면 컴컴하여 手足의 自由가 없어 拘泥・執着되는 것.

과극(果極) 如來果上의 功德이 지극한 것.

※玄義六上에「果地圓極 非復因位」行

宗記下一之一에 「良以如來行果磁圓窮盡衆生重輕業性」

과극법신(果極法身) 圓滿한 果德이 極成한 法身. 法性身과 같음. ↔應化法身.
※瓔珞經卷下因果品所謂「有二法身 一果極法身 二應化法身 是也」

과근경(過根境) 六根의 感覺을 超越한 境界.

과능변(果能變) 唯識論의 말. 八識이 種子로부터 現行됨은 種子에 對하여 果가 됨. 그 果의 八識이 現行할 때 반드시 識의 自體分에서 見・相二分이 變現되므로 이를 果能變이라 함. 八識種子도 또한 能變의 뜻이 있어 그것을 因能變이라 함.
※唯識論二에「果能變 謂前二種習氣力故 有八識生 現種種相」

과단(果斷) 解脫 二種의 하나. 惑業을 끊는 것을 子斷이라 하고 苦果를 여읜 것을 果斷이라 함. 有餘涅槃의 阿羅漢이 子縛은 끊었으나 아직 果縛은 끊지 못한 것.

과당(過堂) 僧堂에 올라가 밥을 먹는 일. (象器箋九)

과대(果大) 七種大義의 하나. 果로서 證得한 偉大性을 말함. 大乘에서 證得한 實踐의 因이 偉大하므로 그 結果에 있어서 小乘은 아니다. 十力・四無畏・十八不共佛法 등의 偉大한 性質을 얻음을 말함.

과덕(果德) 果上의 功德・涅槃에 常・樂・我・淨의 四德을 果德이라 함.

과덕천(果德天) 胎藏界 제十二 金剛院의 一衆.

과도(過度) 스스로 生死를 벗어나는 것을 말함. 또는 他人으로 하여금 生死를 벗어나게 하는 것.
※無量壽經上에「過度生死 靡不解脫」 異譯之大阿彌陀經에「過度人道經」

과도견(果盜見) 七見의 하나. 바른 因果를 알지 못하여 不善・苦行을 바른 행이라 하고 작은 果를 얻고서 가장 큰 果로 잘못 아는 見解. 一煩惱.

과두(果頭) 因을 닦아 果를 얻는 것. 果가 因의 위에 있기 때문에 果頭라 함. 果上과 같음.
※四教儀集註下에 「修因克果 果在於上 故曰果頭」

과두(裹頭) ①중의 袈裟로 머리를 쌈, ②중이 다시 俗人으로 돌아감・還俗. ③주머니속의 물품.

과두무인(果頭無人) 天台宗에서 일컫는 말. 天台宗에서 四教를 세우는데 四教에는 각기 教・行・證・人의 네가지가 있다. 그러나 藏・通 二教는 因 가운데 비록 教・行・證・人의 네가지가 있으나 그러나 果에 이르면 오직 教 하나 뿐이요 行・證・人의 세가지는 없다. 왜냐하면 藏・通教 등은 果로써 灰身滅智가 되어 實을 證할 人이 없다. (人이 없으면 行도 없고 證도 없음) 오직 行・證・人이 있다고 하는 教만 있을 뿐이다. 別教도 또한 그렇다. 初地이상의 果位에 이르면 오직 敎만 있고 行·證·人의 세가지는 없다. 왜냐하면 그 別敎의 初地位는 곧 圓敎의 初住位로 이 때는 이미 圓敎의 人이 된 것이다. 그렇다면 저 初地 이상으로부터 오직 別敎에서 이른바 行·證·人이 있다고 하는 一敎가 있을 뿐이며 그 所詮의 行·證·人은 모두 없고 완전히 圓敎의 行·證·人이 된다. 따라서 앞의 三敎를 果頭無人이라 함. 오직 圓敎의 因果만이 모두 敎·行·證·人의 네가지를 갖추고 있음.

과두불(果頭佛) 天台宗에서 일컫는 말. 四敎에서 말하는 果上의 부처님. 修行을 原因으로 하고 깨우침을 果報로 하여 부처님의 地位를 얻은 것.
※四敎儀에「鈍則但見偏空 不見不空 止成當敎果頭佛」

과두중(裹頭衆) 머리와 얼굴을 袈裟로 싸맨 僧衆. 裹頭에 關해서는 부처님이 在世時에 모자로 머리를 싸맨 제도가 있었다고 함.

과량기(過量機) 度量이 一般人보다 뛰어난 根機. 부처다 또는 범부다 라고 이름을 붙일 수 없는 根機.

과량대인(過量大人) 度量이 남보다 뛰어난 大人.

과량인(過量人) 沒量大人과 같음. 情量을 超越했다는 뜻으로 凡聖. 迷悟 등을 超越한 大人을 일컬음.

과량저인(過量底人) 비교하여 도량을 논할 수 없는 사람. 沒量大人. 過量人.

과력(果力) 부처님이 가진 自由自在하고 不思議한 힘. 이는 修行하여 얻는 佛果上의 힘이므로 果力이라 함.

과만(果滿) 果上의 功德이 원만한 것.

과만(過慢) 七慢의 하나. 同輩 가운데서 내가 殊勝하다고 생각하는 것.

과만전(果滿轉) 六種轉位의 하나. 究竟位를 말함. 金剛定에 앉아 金剛의 지혜로써 一切 麤重한 煩惱를 끊고 圓滿한 佛果를 證得하는 轉位.

과명(果名) 萬行을 쌓은 佛果의 名號. 곧 一切諸佛의 명호를 말함.
※西方要訣에「諸佛願行 成此果名 但能念號具包衆德故成大善」

과목교(過木橋) ⓼ 神山僧密(唐代 雲巖曇成의 弟子)이 洞山良价와 함께 외나무다리를 지날 때 拈提古則의 故事에 붙여 一事一物도 고집하고 의지하지 않으며 有와 無 二見의 待對에도 떨어지지 않는다는 것을 示現한 것.
※頌古聯珠通集第二十四에「神山與洞山 過獨木橋 洞先過了 拈起木橋曰 過來 師曰 价闍黎 洞乃放下木橋」

과문(果門) 如來果上의 法門.

과문(科文) 經論을 解釋하는데 그 文句의 段落을 分科한 것. 이것은 秦의 道安으로부터 비롯되었으며

一經의 大意를 아는데는 缺할 수 없음.
※文句一에「古講師俱敷弘義理不分章段 若純用此意 後生殆不識起盡 又佛說貫 散 集者隨義立品(中略)天親作論以七 功德分序品 五示現分方便品 其餘品各 有處分 昔河西憑 江東瑤 取此意節目 經文 末代尤煩 光宅轉細(中略)曇鸞云 細科烟颺 雜礪塵飛 蓋若過若不及也」

과미(過未) 過去와 未來의 倂稱.

과미무체(過未無體) 小乘 가운데 薩婆多部는 三世實有를 내세워 過去의 法과 未來의 法은 現在의 法과 같이 實有하다고 하는 것.
※宗輪論述其宗에「有者皆二所攝 一名 二色 過去未來體亦實有」然大乘之諸 家無論 小乘中大衆部等及成實宗 亦言 過未之法 非實有之體.

과박(果縛) 生死의 苦果가 나를 繫縛하여 解脫하지 못하게 하는 것을 果縛이라 하고 이 苦果의 業因을 불러들여 나를 繫縛하는 것을 子縛이라 함. 이것을 因果의 二縛이라 함.
※觀音義疏上에「惡業卽招果縛」法華玄 論二에「三界內外一切果縛」四教儀에 「子縛已斷 果縛猶在 名有餘涅槃」

과박단(果縛斷) 涅槃에 들어 생사의 苦果를 斷盡하는 것.
※玄義三上에「若不然火 是則無烟 是名 子縛 無子則無果 滅智灰身 離二十五 有 是名果縛斷」

과보(果報) ①過去에 지은 善惡業의 原因에 依하여 現在에 받는 結果 또는 現在에 짓는 原因에 依하여 未來에 받을 結果를 果報라 함. 또는 福德의 果報만을 가리키는 수도 있음. ②因果應報의 약칭. ③果報土의 약칭.
※但分別果報二字 則法華方便品明十如 是中 有因緣果報之四 對於因而言果 對於緣而言報也 正可生果之物曰因 助 其因而使取果者曰緣 譬如米麥之種 因 也 農夫之力或雨露之潤等 緣也 然則 當年米麥之成熟時 對於昨年之米麥而 言 則是果 對於昨年之農夫雨露而言 則爲報也 如是吾等原具可生夫夫三界 之果之種 是曰因 然爲惡業則助地獄界 之因 使感地獄之果爲善業則助人間天 上界之因 使招人間天上界之果 蓋善惡 之業 對於三界之果 則非爲因 而爲緣 因而望此緣於三界之果更與以報之名也

과보사상(果報四相) 生·老·病·死를 이름.

과보식(果報識) 正星部에서 想定한 輪廻의 主體.(異部宗輪論)

과보토(果報土) 天台四土의 하나. 實報無障礙土의 별칭. 中道를 證悟한 圓別二敎의 菩薩이 感得한 勝妙한 果報. →四土.

과분(果分) 果分不可說 또는 性海果分의 약칭. 果의 分齊란 뜻. 곧 因을 超絶하여 사람의 言說과 思慮로서 생각하고 의논할 수 없는 경계를 말함. ↔因分.
※依華嚴探玄記十 有說所詮之義爲果分 有說地上之證智爲果分 有說十地之圓 滿爲果分 有說亡詮證證入十地之正行離

諸言敎所安立之相爲果分無不皆應於理義 自出兩重之釋 一就實之十地 唯佛之所知佛智之所行 名爲果分 二約於妙智 證正智如境故離言離相 名爲果分」

과분가설(果分可說) 密敎에서는 眞言으로써 果分의 極致(結果로 본 佛의 境地)를 說할 수 있다고 하나. 이에 對하여 顯敎에서는 因分可說이라 하여 因이 되는 修行의 位置는 說할 수 있으나 結果인 究極의 境地는 說할 수 없다고 하는 것.

과분법화(果分法華) 日本僧(最澄 767~822)이 常用하던 말. 最澄禪師는 法華經을 가장 殊勝한 一乘으로 보았으므로 果分法華라 하였음. →根本法華.

과분불가설(果分不可說) 華嚴宗에서 如來 果地의 分際는 法性의 妙理가 되어 言說의 제한이 있지 않다는 말. →因中說果・果分.

과상(果上) 修行하는 기간을 因位라 하고 修行하는 功에 의하여 증득하는 位를 果地라 함. 이 果地가 因位의 위가 되므로 果上이라 함.

과상(果相) 阿賴耶識 三相의 하나. 즉 有情總報의 果體인 第八阿賴耶識의 眞異熟을 말함.
※成唯識論二에「此是能引諸界趣生 善不善業異熟果故 說名異熟 離此命根衆同分等恒時相續勝異熟果 不可得故 此卽顯示初能變識所有果相 此識果相雖多住多種 異熟寬不共 故偏說之」

과상명호(果上名號) 因位 때의 願・行과 相應하여 果上의 如來를 證得하였을 때 그 功德으로 成就한 名號.

과상법문(果上法門) 大悲의 加持力에 의하여 因位의 사람도 또한 들을 수 있으나 그 實은 부처와 부처의 法門으로 菩薩 이하의 當分이 아닌 甚深한 敎法.
※法華經方便品에「唯佛與佛 乃能究盡諸法實相」大日經疏一에「如是智印 唯佛與佛乃能持之」

과상불(果上佛) 佛果가 圓滿한 佛을 果上佛이라 함. 곧 釋尊은 過去 迦葉佛 때에는 아직 因地佛로 修行中이었으나 今世에 出現하여 菩提樹 下에 端坐하여 正覺을 成就하고 나서는 果上佛이라 이름. ↔因地佛.

과송위(果誦位) 禪家에서 朝食, 晝食前 또는 晝食後와 薄暮 三時에 佛前에서 讀經할 때에 앉는 자리를 말함.

과수(果遂) 희망하던 果報가 성취됨.

과수원(果遂願) 阿彌陀佛의 四十八원 가운데 第二十願의 이름.
※無量壽經上에「設我得佛 十方衆生 聞我名號 係念我國 植諸德本 至心廻向 欲生我國 不果遂者 不取正覺」

과순(果脣) 부처님의 입술이 頻婆果와 같이 붉고 고운 것.
※法華經妙莊嚴王品에「脣色赤好 如頻婆果」廣弘明集十三에「果脣華目」

과시불우(過時不雨) 때가 지나도록 비가 오지 않는다는 뜻. 旱魃. 藥師經에 나오는 七難의 하나. (安國論)

과여(果餘) 三餘의 하나. 苦餘의 다른 이름. 二乘은 界內의 生死는 벗어났으나, 아직도 界外의 生死는 남아 있음을 말함. →苦餘.

과위(果位) 因行이 성취되어 證得하는 佛果의 地位. ↔因位.

과유식(果唯識) 五種 唯識의 하나. 經論 가운데서 말한 우주의 종극적 실재는 오직 마음 뿐이고, 外界의 사물은 그의 변현에 지나지 않는다는 유식의 이치를 생각하고 관찰하여 얻은 果智를 밝힌 것.

과의(科儀) 科는 斷, 儀는 法의 뜻. 벼(禾)는 말(斗)로써 그 數量을 알고, 經은 科로써 뜻이 自明해짐.
※今科家將此經中文義事理 復取三敎聖人語言合爲一體 科判以成篇章 故立科儀以爲題名.

과인(果人) 修行에 따라 證位를 얻은 사람. 이에 佛·辟支佛·阿羅漢이 있음.
※二敎論上에 「如是絕離 並約因位談 非謂果人也」

과인법(過人法) 法은 聖法. 善한 行爲 또는 德을 뜻함. 凡人을 超越한 聖者의 功德. 또는 뛰어 난 사람이 지니는 善行의 美德을 말함.

과인성(果人性) 果人은 修行의 果를 얻은 사람이란 뜻. 佛·佛性을 말함. →佛性.

과절(跨節) 天台宗에서 모든 經의 當意에서 敎意를 판단하는 것을 當分이라 하고, 法華經의 뜻으로 다른 經의 뜻을 단정하는 것을 跨節이라 함.
※例如阿含經爲使離生死苦入於涅槃而說當分之意也 爲使得大乘佛果之階級 方便說之 其本意在於佛果 跨節之解釋也 因而以當分成法華之相待 妙 以跨節成法華之絕待妙 當分爲方便之施設 跨節爲佛之本意也.

과정병래(過淨餠來) 불 어떤 중이 南陽國師에게 묻기를 「어떤 것이 本身의 盧舍那佛입니까?」 하니 國師가 「나를 위하여 淨餠을 가져오라」 하여 淨餠을 가져가니 국사가 「다시 가져다 두라」하여 그 스님이 다시 전과 같이 물으니 國師가 「古佛이 지나간지 오래이다」하였다 함.

과중설인(果中說因) 범 〈Karane karyopacara〉 서 〈Hbras-bu-largyubtags-pa〉 果 중에도 因이 포함되어 있음을 說한 것. ↔因中說果.

과증(果證) 因位의 수행에 의하여 果地의 證悟를 얻는 것.
※慈恩寺傳序에 「示之以因修 明之以果證」

과지(果地) 因位의 修行에 의하여 그 納果를 깨닫는 地位. ↔因地.
※三乘各異果地 聲聞乘之中 又有四果之別 楞嚴經四에 「因地發心與果地覺 爲同爲異」玄義六上에 「果地圓極 非復

因位」

과지만덕(果地萬德) 여러 가지 善行을 닦은 결과로 증득한 佛果上의 限量 없는 妙德. ↔因位萬行.

과천비구(寡淺比丘) 二種比丘의 하나. 經典을 讀誦한 일은 적으나 전심으로 수행에 힘쓰는 비구. ↔多聞比丘.

과추(撾捶) 비난함. 他人을 치고 배격하는 것.

과칭(課稱) 日課로 念佛하는 것. 佛名을 부르는 것. 하루 천번이나 만번으로 정하고 헤아려가며 念佛함.

과피(瓜皮) 唯識論에 「毘尼 律藏 가운데 한 比丘가 밤길에 오이껍질을 밟고는 말하기를 蝦蟇(개구리)를 죽였다고 하며 죽어서 惡道에 떨어졌다는 故事.

과하(過夏) 九十日의 夏安居를 보냄.
※碧巖錄에 「且在這裏過夏」

과항사(過恒沙) 恒河의 모래 수보다 많다는 뜻. 수가 한량 없이 많은 것을 비유한 말.

과해(果海) 佛果의 功德이 넓고 큰 것을 바다에 비유한 말.
※華嚴疏四에 「因該果海 果徹因源」

과해원현(果海圓現) 佛果上에 모든 萬法이 원만하게 나타남.

과해증입(果海證入) 佛果를 證得하여 들어감.

과현(過現) 過去와 現在의 倂稱.

과현당래(過現當來) 過去·現在·當來(未來)의 三世.

과현미래업보지력(過現未來業報智力) 또는 業異熟智力. 如來 十力의 하나. 過去·現在·未來의 三世에 걸쳐 衆生들이 어떤 業因으로 말미암아 어떤 果報를 받을 것을 分明하게 아는 부처님의 智力.

과현인과경(過現因果經) 過去現在因果經의 약칭.

과호(果號) 正覺을 이룬 뒤의 佛名. 이는 因位에서 功德을 쌓은 結果의 名號이므로 果라고 함.
※彌陀經元照疏에 「萬行圓修, 最勝獨推於果號」

과호계(過虎溪) →虎溪三笑.

과환(過患) 過咎와 災患.

과환단(過患斷) 또는 情有斷. 煩惱의 過患을 斷除한다는 뜻. ↔공덕단.

과후(果後) 佛果를 證得한 뒤.
※文句記九下에 「昔於諸敎 雖見不同 而生於疑 不知是果後方便」

과후방편(果後方便) 佛果를 증득한 부처님이 衆生을 濟度하기 위하여 方便으로 衆生 등의 몸을 示現하여 修行하는 것.

곽향(藿香) 香木의 이름. 法華經에서는 多摩羅跋香, 楞嚴經에서는 兜婁婆香, 金光明經에서는 金本恒羅香, 涅槃經에서는 迦算香이라고 함.
※南州異物志에 「藿香出海遼國 形如都梁 可着衣服中」 南方草木狀에 「藿香出交阯九眞武平興古諸國 民自種之 榛

生 五六月採 日晒乾 乃芬香.
관(關) ㊜ 雲門一字關의 公案. 翠巖이 夏末에 大衆에게 말하기를 「一夏以來 兄弟를 爲하여 說話한다. 봐라 翠巖의 눈썹이 있느냐?」 保福, 「賊이 되는 사람은 心虛하다」長慶「生한다」雲門「關」하였다. 翠巖은 令修. 保福은 從展. 長慶은 慧稜. 雲門은 文雪로 모두 雪峯義存의 法嗣임.
관(觀) ①㊂〈毘婆舍那=Vipaśyanā ;Vidarsana〉妄惑을 觀察하는 것. 또는 眞理를 達觀하는 것. 곧「智」의 別稱. ②道教의 道士가 있는 곳을 말함.
※遊心法界記에 「言觀者觀智 是法離諸情計故名爲觀也」止觀五에 「法界洞朗 咸皆大明 名之爲觀」
관가주재(官家做齋) 諸官吏가 절에 와서 僧齋를 올리는 것.
관견(管見) 대통 구멍으로 내다봄. 轉하여 좁은 소견 넓지 못한 見聞. 自己 소견을 겸사하여 이르는 말.
관경(灌經) 灌洗佛形像經의 약칭.
관경(觀經) 佛說觀無量壽經의 약칭.
관경(觀境) 觀察하는 對境.
관경만다라(觀經曼茶羅) 觀無量壽經에서 說한 圖畫에 准했기 때문에 觀經曼茶羅라고 함.
관경소(觀經疏) 四卷. 唐의 善導가 지은 觀無量壽經의 疏. 四帖疏·證誠疏·本書라고도 함.
관경양삼매(觀經兩三昧) 觀無量壽經의 취지를 보인 觀佛三昧와 念佛三昧.
관경화전서(觀經化前序) 唐 善導가 觀經을 科分한 序分은 他師와는 뜻을 달리함. 如是我聞이 一句(보통 六成就 가운데 信成就와 聞成就의 二)는 證信序라 하고, 六成就 가운데 뒤의 四成就를 化前序라 함.
관계(灌溪) 중국 승려. 臨濟義玄의 弟子. 志閑(?~895)의 法號.
관고금(貫古今) 古今의 歷史를 잘 안다는 말.
관공(觀空) 諸法의 空相을 觀照하는 것.
※仁王經一有觀空品 天台仁王經疏中에 「言觀空者 謂無相妙慧照無相境 內外並寂 緣觀共空」
관공품(觀空品) ㊜ 舊譯 仁王經 第二品의 명칭. 내용은 諸法皆空의 이치를 널리 說한 것. 이중에 十八空의 法門이 있음.
관고보(觀果報) →四種觀行.
관곽(棺槨) 屍體를 담는 상자로서 그 內箱을 棺, 外箱을 槨이라 함.
관구지옥(灌口地獄) 飮酒戒를 지키지 아니한 자가 빠지는 지옥. 끊임없이 입에 물을 붓는다고 함.
관근두기(觀根逗機) 根機를 보아서 機根에 맞추는 것. 逗는 投合의 뜻.
관기(觀機) 新羅 승려. 玄風 琵瑟山의 南嶺에 草庵을 짓고 道伴 道成과 함께 구름과 달을 즐기며 다같이 道를 이루었다 함.

관난(官難) 九橫의 하나. 뜻밖에 王法(국법)의 해를 입는 것.
※藥師經에 「橫被王法之所誅戮」 灌頂經 十二에 「橫遭縣官」

관념(觀念) 眞理와 佛體를 관찰하고 思念하는 것.

관념법문(觀念法門) 一卷. 唐 善導가 지음, 觀佛三昧와 念佛三昧를 밝힌 法門.
※卷首之題 爲觀經阿彌陀佛相海三昧功德法門經一卷 卷末之題 爲觀念阿彌陀佛相海三昧功德法門經一卷 明觀佛三昧念佛三昧之法門者 五部九卷之一.

관념염불(觀念念佛) 阿彌陀佛을 관찰하며 마음으로 憶念하는 것. ↔ 口稱念佛.

관달(觀達) 智慧의 用. 理를 觀하여 그 根源을 達通함.
※大乘義章十二에 「於法觀達 故稱爲慧」 天台戒疏上에 「觀達無始無明源底」

관대(管帶) 管取와 같음. 管은 뜻을 알아서 잊지 않는 것. 帶는 몸에 붙어 떠나지 않는 것, 佛緣을 몸과 마음으로 보호하여 항상 지니고 잃어버리지 않는다는 뜻.

관대도리(觀待道理) →四種道理.

관대사문(棺臺四門) 胎藏界曼陀羅의 四門을 形容하여 棺外에 四門을 만들고 東南西北의 차제로 發心·修行·菩提·涅槃의 이름을 써 붙임. 이는 佛道의 始終을 示現한 것. 葬場의 四門도 또한 같음.

관대인(觀待因) 十因의 하나.

관도(觀道) 觀法의 道를 말함.

관독목(管毒木) 常瞿梨童女가 所持한 물건의 하나. 이것을 왼손에 쥐는 것은 모든 毒龍과 毒蛇가 衆生을 侵害하지 못하게 하는 것.
※常瞿梨毒女經所謂 「左手把管毒木印」 是也 此木或謂是四角之木 或謂以毒木作管 或謂非一木名 乃束諸毒木爲之 丙說似當 蓋常瞿梨以諸毒蛇爲瓔珞 諸蠱蟒蛇類爲伴戲.

관동(卯童) 머리를 두 가닥 뿔처럼 묶은 어린아이.

관득(管得) 管取와 같음.

관등(觀燈) 또는 燈夕. 釋尊의 탄일(음력 4月 8日)을 기념하는 일. 집집마다 등을 달고 큰 거리에 등대를 세워 대끝에 꿩의 꼬리를 묶어 물들인 비단으로 기를 달고, 가족 수만큼 등을 달아 불이 밝은 것을 吉하다고 한다. 등의 모양에 따라 수박등·연화등·일월등·거북 등이 있다. 신라 중엽 八關會를 열 때부터 시작된 것으로 고려 때는 매우 성행했으나 이조 때에는 排佛정책으로 쇠퇴하여졌다. 이날을 관등절, 이때의 놀이를 관등놀이라고 함.

관등연(觀燈宴) 관등할 때에 베푸는 잔치.

관등절(觀燈節) 釋迦牟尼의 탄생일인 음 4月 8日의 名節. 이날 집집마다 지붕위 竿頭에 그 집 자녀의 수대로 초롱을 달고 관등놀이를 하며 관랍(灌臘) 灌은 浴佛, 臘은 夏滿日을 뜻함. 해마다 夏滿日에 灌佛의 의식을 行하는 것을 이같이 이름.

관랍경(灌臘經) 般泥洹後灌臘經의 약칭. 一卷. 西晉 竺法護의 번역. 灌은 4月 8日의 灌佛을 뜻하고, 臘은 7月 15日의 盂蘭盆을 뜻함.
※ 此日爲比丘安居之終日, 故云臘. 佛依阿難之問, 說滅後於此兩日可設齋會者.

관려자(關捩子) 關門의 열쇠·門의 빗장이라는 뜻. 轉하여 言詮不及·意路不到의 奧義에 비유한 말. (捩는 榍로도 씀)

관력(觀力) 法을 觀하는 힘.
※ 止觀大意에「如上諸境 並須觀力 而調伏之」

관련(貫鍊) 貫은 貫通, 鍊은 鍊習의 뜻으로 꿰뚫어 익힘.
※無量壽經上에「博綜道術 貫練辟籥」

관련훈수(觀練熏修) 觀·練·熏·修의 倂稱·出間禪의 種別로서 觀禪·練禪·熏禪·修禪을 말함. 그 중 觀禪이란 境相을 觀照하는 뜻으로 不淨 등의 境을 觀하여 淫欲 등을 破하는 것을 말하며, 練禪이란 無漏禪으로서 모든 有漏味禪을 練하여 그 滓穢를 제거하고 淸淨제 하는 것을 말하며, 熏禪이란 능히 두루 諸禪을 熏熟하여 다 通利하고 轉變自在한 것을 말하며, 修禪이란 超入·超出. 順逆이 自在한 禪으로

三昧를 뛰어넘는 것.
※三種禪中第二出世間之四種 ①觀禪 九想八背捨 八勝處 十一切處也 此四通觀法相 故名觀禪 ②練禪 四禪四空 滅盡定之九次第定也 於上之觀禪 雖得色無色之八定 而入於此 則有垢淳之間離 今欲純熟而自初淺至後深 次第而入 中間無有垢淳之間雜 使不次第 而爲次第 故名次第 亦是練無漏有漏而三除諸間穢故名練禪 ③熏禪 獅子奮迅三昧也 於前之九次第定 雖得入次第間 而不能出逆次無間 今入次第無間 亦能出於無間 因能除蠱間味禪法愛之念 猶如獅子之能進能却而奮諸塵土 行者入出於此法 而能遍熏諸禪 悉使通利轉變自在 如薰皮使熟 隨意作物 故名薰禪 ④修禪 超越三昧也 是更修得前之九次第定而使精妙 因得近違(如自初禪入三禪近也 又如自初禪入滅盡定 違也) 超入近遠超出 近遠超住自在 故名修禪 是功德最深 故又名頂禪 復次 以八背捨觀四念處名觀禪 以九次第定練四念處名練禪 以奮迅三昧薰習四念處 名熏禪 以超越三昧修四念處 名修修.

관렴장송경(棺殮葬送經) 佛滅度後棺殮葬送經의 약칭. 一卷. 譯者 未詳

관륵(觀勒) 百濟 승려. 三論의 大家로 무왕 3(602)年 日本에 건너가 元興寺에 住하며, 曆本·天文·地理·遁甲術 등을 日本 書生에게 가르쳐 주고 불교전파에 힘씀. 무왕 25(624)年 어떤 중이 자기의 祖父를 살해한 사건으로 日王의 불교에 대한 박해가 심하자 이를 무마

하여 일본 정부로 하여금 僧正·僧都를 두어 승려를 다스리게 하고 스스로 승정에 취임하다. 이것이 일본 僧綱의 시초가 됨.

관릉가경기(觀楞加經記) 書 十八卷. 補遺 一卷. 明나라 釋德淸의 撰.

관리서(管理署) 朝鮮 高宗 때 全國 寺刹과 僧侶들을 관장하던 宮內府에 딸린 관청.

관목리첩안(棺木裏眨眼) 眨眼은 눈을 끔적거리는 것 즉 눈을 끔적거려 자세히 보려는 태도. 棺木裏는 死者가 들어갈 棺의 속이란 뜻. 즉 死者를 말함. 이미 棺속에 들어간 死者가 눈을 떠서 事物을 보려고 하나 볼 수 없는 일이니, 無益한 徒勞에 비유한 말. 棺木裡瞠眼과 같음.

관무량수경(觀無量壽經) 一卷. 淨土宗의 根本聖典인 三部經의 하나. 佛說觀無量壽佛經의 약칭. 또는 觀無量壽佛經·無量壽觀經·十六觀經·觀經이라 함. 宋 元嘉1(424)年 畺良耶舍의 번역. 그 내용의 大要는 王舍城에서 阿闍世 太子가 父王 頻婆娑羅王을 가두고 母后 韋提希 夫人을 죽이려 함에 夫人이 멀리서 부처님께 예배하면서 敎化해 주기를 빌었다. 부처님이 神通으로 이를 알고 十六觀法을 說하여 王妃와 侍女를 깨닫게 하고, 마침내 阿難에게 이 經을 流通하도록 부촉하였다. 異譯本에 觀無量壽佛經(一卷)이 있

으나 失傳되었다. 註釋書에는 隋 智者大師의 無量壽佛經義疏(一卷)·隋 慧遠의 觀無量壽經義疏(二卷)·隋 古藏의 觀無量壽經義疏(一卷)·唐 善導의 觀無量壽佛經疏(四卷)·唐 法聰의 釋觀無量壽佛經記(一卷)·宋 知禮의 觀無量壽佛經疏妙宗鈔(六卷)·觀無量壽佛經融心解(一卷)·宋 元照의 觀無量壽佛經義疏(三卷)·宋 戒度의 靈芝觀經義疏正觀記(三卷)·明 傳燈의 觀無量壽佛經圖頌(一卷)·彭 際淸의 觀無量壽佛經約論(一卷)·丁 福保의 觀無量佛經箋註 등이 있음.

관무량수경득익분(觀無量壽經得益分) 唐나라 善導가 觀無量壽經疏를 五段으로 科分한 것으로 ①序分. ②正宗分. ③得益分. ④王宮流通分 ⑤耆闍分 가운데 第三의 得益分을 말함. 得益分은 十六觀의 正宗을 說한 뒤 韋提希夫人과 五百侍女는 西方淨土와 彌陀三尊을 뵙고 韋提希는 無生法忍을 얻고 五百侍女는 各各 無上菩提心을 發하여 利益을 얻은 一段을 說한 것.

관무량수경왕궁회(觀無量壽經王宮會) 一經에 二會가 있으니 ①은 王宮會로 尊釋이 王宮에서 十六觀을 說한 것. ②는 耆闍會로 阿難이 王宮에서 들은 뒤에 耆闍崛山(靈鷲山)에 돌아 와서 다시 演說한 것. 이로 因하여 지금의 經文은 王宮會에 그치고 **耆闍會는** 다만 最末에 그 事由

만 記錄했을 뿐임.

관무량수경의소(觀無量壽經義疏) ① 二권. 隋나라 慧遠의 撰. 또는 觀無量壽經義記 혹은 淨影의 觀經疏라 하며 觀無量壽經을 註釋한 것. ② 一권. 隋나라 吉藏의 撰. 또는 嘉祥의 觀經疏라고 함. 觀無量壽經을 注解한 것.

관무량수불경소묘종초(觀無量壽經佛疏妙宗鈔) 六권. 宋 知禮의 撰. 또는 觀經疏妙宗鈔·妙宗鈔라 함. 智顗의 觀經疏를 隨文解釋한 것으로 即心念佛의 뜻을 唱道한 것. 또는 解釋 가운데 왕왕 色心雙具의 說을 提唱하여 山家山外 사이에 論諍을 惹起하기도 하였음.

관무상(觀無常) 모든 事物은 變轉하여 一定한 모양이 없음을 觀하는 것.

관문(棺文) 장례 때 棺에 적은 글귀. 통상 「出離生死·入住涅槃·寂靜無畏·究意安樂」이라 쓰며, 또는 「迷故三界性·悟故十方空·本來無東西·何處有南北」이라 씀.

관문(觀門) 敎觀二門의 하나, 또는 六妙門의 하나. 法을 觀함을 말함. 觀法은 法門의 하나로 入道의 門戶가 되기 때문에 門이라 이름.

관문십법계(觀門十法戒) 天台의 正修止觀法에서 十境을 十法界로 세워서 觀하는 것. ①陰界入法界 ; 五陰·十二入·十八界의 諸法은 모두 中道의 不可思議한 法界가 된다는 것. ②煩惱法界 ; 無行經의 說과 같이 貪欲은 곧 道다 維摩經에서 非道를 行한다 하였으니 佛道를 通達하면 煩惱도 곧 不可思議한 法界라는 것. ③病患法界 ; 維摩가 病을 稱託한 일이나 離林에서 病을 示現한 것 같이 病患도 곧 不可思議한 法界라는 것. ④業相法界 ; 法華에서 說한 것 같이 깊이 罪福相에 達觀하면 罪福의 諸業도 不可思議한 法界라는 것. ⑤魔事法界 ; 首楞嚴經의 說과 같이 魔界와 佛界가 一如하므로 魔事도 곧 不可思議한 法界라는 것. ⑥禪定法界 ; 首楞嚴經의 說과 같이 不昧·不亂하여 王三昧禪定에 들면 곧 不可思議한 法界라는 것. ⑦諸見法界 ; 維摩經에서 說한 것과 같이 邪相으로 正相에 들면 諸見이 不動하여 三十七品을 닦게 되는데 諸見도 곧 不可思議한 法界라는 것. ⑧增上慢法界 ; 도리어 이 煩惱는 앞의 煩惱法界와 諸見法界의 例와 같이 알게 될 것임. ⑨二乘法界 ; 智者는 곧 二乘의 空으로 不空을 觀하여 中道에 達하면 이 二乘도 不可思議한 法界라는 것. ⑩菩薩法界 ; 生死를 싫어하는 下劣의 小乘도 오히려 곧 法界인데 菩薩의 法이 어찌 佛道가 아니랴? 菩薩의 境界를 알면 곧 不可思議한 法界라는 것. (止觀五)

관미륵보살상생도솔천경(觀彌勒菩薩

上生兜率天經) ㊄ 〈byań-chub-sems-dpań byams-pa dgańldan-gnam-du skye-ba blańs-bańi mdo〉 一卷. 宋나라 沮渠京聲이 번역함. 또는 彌勒菩薩般涅槃經·觀彌勒上生經이라 함. 佛이 한때 舍衛國祇樹給孤獨園에 계실 때 優波離의 물음에 대하여 彌勒菩薩이 十二년 후 命終兜率天上에 태어날 것을 말씀하시었는데 天上의 五百만억의 임금은 彌勒을 供養하기 위하여 宮殿을 짓고 牢度跋提大神은 善法堂을 짓고 寶幢 등 五大神은 그 宮殿을 莊嚴하게 수식함.

관미륵상생경(觀彌勒上生經) 佛說觀彌勒菩薩上生兜率天經의 약칭. 一彌勒.

관미륵하생경(觀彌勒下生經) 佛說彌勒下生經의 다른 이름. 鳩摩羅什의 번역본(一卷)과 竺法護의 번역본(一卷) 두가지가 있음.

관법(觀法) 마음으로 眞理를 觀念하는 것. 觀心과 같음.
※止觀에 「觀法雖王 著心司邪」止觀大意에 「慧文但列 爲觀視聽而已 洎乎南嶽天台 復因法華三昧 發陀羅尼 開拓義門 觀法周備」

관법무아(觀法無我) 阿毘達磨의 敎學으로 心·受·身 以外의 諸法이 無我임을 觀하여 顚倒想을 없애는 일. 四念住의 하나.

관변계소집(觀遍計所執) 法苑義林章에 「대략 五重觀法이 있으니 虛를 보내고 實을 두는 識이니 遍計의 所執이 오직 虛妄으로 일어난 것이고 體用이 없음을 觀하여 마땅히 空을 보낼 것이니 情으로는 있고 理로는 없기 때문이다. 依他와 圓成은 諸法의 體가 實在한 二智境界를 觀하여 마땅히 有를 둘 것이며 理로는 있고, 情으로는 없기 때문이다. 이것은 法相宗에서 萬法唯識의 이치를 觀하는데 麤로부터 細에 이르기까지 五重觀을 세우는데 이것은 그 第一重 遣虛存實의 唯識觀이다. 遣虛存實이라 함은 三性 가운데 遍計所執性의 體가 空하다 하여 除去하고 依他起性과 圓成實性은 虛無가 아니라 하여 存留하는 것이다. 遍計所執性은 凡夫의 迷妄의 情見으로 그 體性이 없다. 마치 썩은 밧줄을 뱀으로 착각하는 것이 뱀은 妄執일 뿐 그 體性이 없기 때문이다. →依他起性·圓成實成.

관보현경(觀普賢經) 佛說觀普賢菩薩行法經의 약칭. 一卷. 劉宋 曇摩蜜多의 번역. 法華 三部經의 하나. 如來가 入滅하기 석달 전에 毘耶離國의 大林精舍에서 阿難·迦葉·彌勒 등의 물음에 답한 것으로 普賢菩薩을 觀念하여 六根의 罪를 참회하는 法과 참회한 뒤의 功德을 說한 것. 異譯本으로 普賢觀經(一卷)·觀普賢菩薩經(一卷)이 있고, 注釋書에는 觀普賢菩薩行法經義疏科(一卷)·觀普賢菩薩行法經義疏(二

卷)・觀普賢菩薩行法經箋註가 있음.

관보현관경(觀普賢觀經) 觀普賢經의 다른 이름.

관부사의경(觀不思議境) 十乘觀法의 第一. 一念의 마음에 나아가 不思議한 이치를 觀하는 것. 境은 理의 다른 이름. 理의 智에 대하여 境이라 함. 不思議는 即空・即假・即中 이니 이 法은 셋이면서 하나요, 하나이면서 셋으로 셋과 하나가 서로 융합하여 앞서지도 뒤서지도 아니하므로 이것을 가리켜 不思議라고 함. 이 不思議한 이치를 一念의 妄心에서 觀하는 것. 요컨대 一念의 妄心은 곧 三千三諦의 妙理를 비추어 볼 뿐임.
※四敎儀에 「觀不思議境 謂觀一念心 具足無減三千性相百界千如 即此之境即空即假即中 更不前後 廣不圓滿 橫竪自在」

관부소(官府疏) 官에서 내리는 書狀. ①옛날에는 절의 住持를 초청할 때는 반드시 官府에서 請待狀을 보냈다. 이것을 官府疏라 함. ②官府에서 聖壽를 빌어 주기를 請하는 書狀을 절에 보내는 것.

관불(灌佛) 灌佛會의 약칭. 또는 浴佛. 佛像에 香水를 뿌리는 일. 佛像을 씻으면 그 공덕이 많다고 함. →臘八.
※依般泥洹後灌臘經 則說四月八日佛生日與七月十五日夏滿日之灌佛 諸宗行佛生日之灌佛 禪宗於十二月八日之佛成道亦行灌佛式.

관불(觀佛) 부처님의 威儀와 功德을 마음으로 생각하고 관찰하는 것. (觀無量壽經・觀佛經 등)

관불게(灌佛偈) 敕修清規佛降誕에 「내가 지금 모든 如來를 灌浴하고 淨智로 功德衆을 莊嚴하여 五濁衆生으로 하여금 垢念을 여의고 함께 如來의 淨法身을 修證하게 한다」는 偈가 있음.

관불경(灌佛經) 佛說灌洗佛形像經의 약칭.

관불경(觀佛經) 佛說觀佛三昧海經의 약칭.

관불삼매(觀佛三昧) 一心으로 부처님의 相好와 形色을 觀察하고 想念하는 것. 이 三昧가 이루어지면 곧 부처님이 來現함을 보게 된다 함.

관불삼매경(觀佛三昧經) 佛說觀佛三昧海經・觀佛三昧海經의 약칭. 觀佛經과 같음.

관불삼매해경(觀佛三昧海經) 佛說觀佛三昧海經의 약칭. 十卷. 東晉 佛陀跋陀의 번역. 내용은 부처님의 相好와 그 功德을 觀하여 깨닫게 하는 것. 海라 함은 三昧의 功德이 깊고 넓은 것을 비유한 말.

관불삼매해경육비(觀佛三昧海經六譬) 念佛三昧의 殊勝한 功德을 여섯 가지 비유로써 示現한 것. ①長者의 閻浮檀那紫金의 비유. ②王의 寶印의 비유. ③長者의 如意珠의 비

유. ④仙人의 훌륭한 모양의 비유. ⑤力士의 髻珠의 비유. ⑥劫末의 金剛山의 비유. (往生要集下卷 末)

관불용침사통거마(官不容針私通車馬) 公事에는 嚴格하여 一點의 情實과 偏頗를 용납하지 아니하나 私事에는 寬仁하여 融通無碍함을 뜻하는 俗語. 禪門에서 上句는 把住(把定) 下句는 放行에 비유하여 이 二句는 把住放行·自由自在의 境界를 말함.

관불위종(觀佛爲宗) 觀無量壽經은 觀佛三昧로써 宗旨를 삼는다는 것. 無量壽經에서 念佛을 宗旨로 삼는데 對하여 일컫는 말.

관불인(觀佛印) 부처를 觀하는 印明이라는 뜻. 곧 道場內가 아니라 虛空의 諸佛을 觀하는 印明을 이름. 또는 觀佛이라 함.

관불재(灌佛齋) 佛像에 향수를 뿌리는 齋會. 宋 孝武帝가 大明 6(462)年 4月 8日 內殿에서 灌佛齋를 베품. (佛祖統紀 三十六)

관불진언(觀佛眞言) 二卷.
※敎王經上에 「於虛空觀佛 徧滿如胡麻. 則徧照明 歷然見諸佛 觀佛眞言曰 ㅎㅑ (虛空又金界大日種子) ㅂㅈㄴ (金剛) ㅇ ㅈ(界)」

관불향탕(灌佛香湯) 浴像功德經에 「마땅히 牛頭栴檀·紫檀·多摩羅香·甘松·芎藭·白檀·鬱金·龍腦·沈香·麝香·丁香 등 妙香을 求하는 대로 湯水를 만들어서 깨끗한 그릇에 둔다」고 하였음. 그러나 禪宗의 一法에는 다만 일곱가지 향만 쓴다 하였음. 象器箋 十三에는 「옛 부터 고전하기를, 佛像을 씻는 香湯의 處方으로 沈香(一兩)·白檀(一兩)·甘松(半兩)·丁子(半兩)·薰陸(半兩)·芎(半兩)·鬱金(一錢三分) 일곱가지를 깨끗한 베주머니에 담아서 삶는다」고 하였음.

관불회(灌佛會) 매년 음력 4月 8日 釋尊의 탄생일에 그 佛像을 목욕시키는 行事. 이날 화초로 꾸민 花亭 가운데 銅盤에 佛像을 모시고 그 佛像의 머리에 香湯이나 甘茶를 붓는 일. 이것은 釋尊 탄생시에 香水로써 몸을 씻었다는 유래에 따라 큰 聖人의 出世를 축하하는데 뜻이 있음. 浴化齋·浴佛會·佛生會·誕生會·龍華會·降誕會라고 함.

관산매승(關山罵僧) ㉰ 關山慧玄이 僧을 꾸짖으며 의거할 生死도 없고 찾을 涅槃도 없음을 示現한 것.

관삼마지단행성취신족(觀三摩地斷行成就神足) 觀은 곧 慧로서 正知·擇法·正見·無疑 등을 增上의 因緣으로 하여 善의 有漏와 無漏의 道를 成就시키는 것을 말함.

관상(觀象) 소경이 코끼리를 어루만져 보아도 결국에 그 實相을 알 수 없으나 具眼者는 한번 흘깃 보고도 明了하게 아는 것을 觀象하는 眼目이 있다고 말함. →摸象.
※涅槃經疏梁武序에 「導求珠之心 開觀

관상~관세음

象之目」

관상(觀想) 어떤 想念을 마음속에 浮却시키는 것.
※觀無量壽經에 「名見無量壽佛極樂世界 是爲普觀想」

관상만나라정제악취경(觀想曼拏羅淨諸惡趣經) 佛說大乘觀想曼拏羅淨諸惡趣經의 약칭. 二卷 宋 法賢의 번역. 내용은 理觀에 대하여 자세히 說한 것.

관상불모반야바라밀다보살경(觀想佛母般若波羅蜜多菩薩經) 佛說觀想佛母般若波羅蜜多菩薩經의 약칭. 一卷. 宋 天息灾의 번역. 내용은 般若菩薩의 呪와 觀門에 대하여 說한 것.

관상불모반야보살경(觀想佛母般若菩薩經) 觀想佛母般若波羅蜜多菩薩의 약칭.

관상염불(觀像念佛) 四種念佛의 하나. 阿彌陀佛化身의 形像을 마음속에 觀念하는 것. (普賢行觀記·三藏法數 十七)

관선(觀禪) 觀心坐禪. 觀心이 곧 坐禪이라는 것. →八背捨.
※往生要集上末에 「勤心觀禪 苦而得道」

관세(灌洗) 佛像을 香水로 씻는 것.

관세불형상경(灌洗佛形像經) 佛說灌洗佛形像經의 약칭. 一卷. 西晉 法炬의 번역.

관세음(觀世音) ㉨〈Avalokiteśvara〉 또는 觀自在·光世音·觀世自在·觀世音自在·觀音이라 함. 大慈大悲를 근본서원으로 하는 菩薩의 이름. 大慈大悲하여 衆生이 괴로울 때 그 이름을 외우면 그 음성을 듣고 곧 救濟한다고 함. 無量壽經을 보면 이 菩薩은 極樂淨土에서 아미타불의 脇侍로서 부처의 교화를 돕고 있다고 한다. 觀世音은 世間의 音聲을 觀한다는 뜻이고, 觀自在라 함은 智慧로 觀照하므로 自在한 妙果를 얻는다는 뜻이다. 또 중생에게 온갖 두려움이 없는 無畏心을 베푼다는 뜻으로 施無畏者, 慈悲를 위주하는 뜻으로 大悲聖者, 세상을 구제하므로 救世大士라고도 한다. 이 보살이 세상을 교화함에는 중생의 근기에 맞추어 여러가지 형체로 나타난다. 이를 普門示現이라 하며 三十三身이 있다고 한다. 왼손에 든 연꽃은 중생이 본래 갖추고 있는 佛性을 나타내며, 그 꽃이 핀것은 佛性이 드러나서 成佛한 것을 뜻하고 그 봉우리는 佛性이 번뇌에 물들지 않고 장차 필것을 나타낸다. 그 형상을 달리함에 따라 六觀音(聖·千手·馬頭·十一面·準提·如意輪) 등으로 나누는데 그중 聖觀音이 본신이고 기타의 것은 普門示現의 變化身이다. 그 淨土를 補陀落迦(potalata)라고 하나 중국에서는 浙江省의 舟山島를 補陀落이라 함. →觀音.
※法華經에 「苦惱衆生 一心稱名 菩薩卽

時觀其音聲 皆得解脫 以是名觀世音」按觀世音像 世俗多作婦人 胡石麟筆叢 王世貞觀音本紀 皆謂古時無作婦人像者 陔餘叢考據南北史駁之 蓋六朝時已然矣.

관세음경(觀世音經) 一卷. 또는 觀音經. 鳩摩羅什의 번역. 法華經 속에서 觀世音菩薩 普門品만을 따로 만든 經. 관세음보살이 三十二身을 나타내어 자비로써 중생의 재난을 구제하고 소원을 이루게 설한 經.

관세음모(觀世音母) 多羅菩薩을 일컬음. (陀羅尼經一)

관세음보살(觀世音菩薩) 大慈大悲를 근본서원으로 하는 菩薩의 이름. 중생이 苦難 중에 열심히 그 이름을 외면 곧 구제를 받는다고 함. 阿彌陀佛의 왼편에서 부처님의 교화를 돕고 그 형상에 따라 千手觀音・十一面觀音 등 三十二觀音으로 일컫는다. →觀世音.

관세음보살득대세지보살수기경(觀世

(No. 2) 觀世音菩薩

(No. 3) 觀世音菩薩

(No. 1) 觀世音菩薩

(No. 4) 觀世音菩薩

音菩薩得大勢至菩薩授記經) 觀世音菩薩授記經의 다른 이름.

관세음보살보문품(觀世音菩薩普門品) ㉾ 〈Samantamukna-parivartonam avalokiteśvalokiteśvara-vikurvana-nirdeśah〉 ㉘ 〈spyan-ras-gzigsdbaṅ-phyug-gi rnam-par-ḥphrulpabstan-pa kun-nas-sgo〉 一卷. 또는 觀音經・普門品經이라 하며 法華經 第二十五品의 이름. 妙法蓮華經第七觀世音菩薩 普門品의 別項으로 관세음보살의 普門示現한 한 妙用을 說한 것.
※說觀世音菩薩開周遍法界之門而濟度衆生者 河西王沮渠蒙遜之代 使別行此一品.

관세음보살비밀장신주경(觀世音菩薩秘密藏神呪經) 觀世音菩薩秘密藏如意輪陀羅尼神呪經의 다른 이름.

관세음보살비밀장여의륜다라니신주경(觀世音菩薩秘密藏如意輪陀羅尼神呪經) 一卷. 唐 實乂難陀의 번역. 如意輪陀羅尼經과 同本이나 내용이 좀 간략함.

관세음보살수기경(觀世音菩薩授記經) ㉾ 〈avalokiteśvara-bodhisattvamahāsthama-prāpta-bodhisattvavyākara〉 一卷. 劉宋 曇無竭의 번역. 또는 觀世音菩薩得大勢菩薩授記經・觀世音授決經・觀世音授記經. 佛이 波羅奈國 鹿苑에 계실 때, 華德藏菩薩을 爲하여 無依止의 一法으로 如幻三昧를 얻을 것을 說하

고, 彌勒・文殊 能 諸止士와 觀音・勢至도 이 三昧를 얻었다는 것을 述하고 다음은 觀音과 勢至 二大士의 發心의 因緣을 밝히고 阿彌陀佛이 滅度 後, 이어서 等正覺을 成就하여 그것을 보충할 것을 說한 經.

관세음보살여의마니다라니경(觀世音菩薩如意摩尼陀羅尼經) 一卷. 唐 寶思惟의 번역. 如意輪陀羅尼經과 同本이나 내용이 좀 간략함.

관세음수기경(觀世音受記經) 過去世佛分衛經의 다른 이름.

관세자재(觀世自在) 觀自在菩薩의 별칭. 世人들의 音聲을 觀하여 고뇌를 벗어나게 하므로 이같이 일컬음. →觀音.
※大日經疏五에「觀世自在者 即是蓮華主 謂如來究竟觀察十緣生句 得成此部普眼蓮華, 故名觀自在」

관소연연론(觀所緣緣論) 一卷. 南印度의 陳那菩薩이 짓고, 唐의 玄奘이 번역함. 내용은 因明三支의 作法으로 心外의 所緣緣은 有가 아니고 心內의 所緣緣은 無가 아니라는 것을 說明한 것. 이의 註釋에는 明昱의 觀所緣緣論會釋(一卷)・明智旭의 觀所緣緣論直解(一卷)・觀所緣緣論釋記(一卷)・觀所緣緣論釋直解(一卷) 등이 있음.

관소연연론석(觀所緣緣論釋) 一卷. 護法菩薩이 짓고 唐 義淨이 번역함. 내용은 觀所緣緣論 가운데에

外道의 邪執見으로 敎義를 褒貶하여 취하고 버리는 뜻을 破하도록 해석한 것.

관수(貫首) 한 貫籍. 上首라는 뜻. 또는 貫主·管主라고 하며 一派의 長을 말함. 貫은 本貫·鄕貫으로 鄕籍을 말하며 首는 上首로 원래 鄕黨의 上首라는 뜻이나 뒤에 一門 一職의 頭領을 칭하기도 함.
※孔安國孝經序에 「貫首弟子 顏回 閔子騫 冉伯牛 仲弓」後漢書(邊讓傳)에 「若以年齒爲嫌 則顏回不得貫德行之首」

관수(觀樹) 釋尊이 成道를 마치고 金剛座에서 일어나 菩提樹를 觀하는 것.
※法華經方便品에「我始坐道場 觀樹亦經行」文句五上에「感樹恩故觀察 念地德故經行」玄贊四에「觀樹喜自道圓 經行思惟利物 又觀樹心凝妙理 經行想化群生」

관승(貫乘)〔?~1149〕高麗 승려. 坡平의 金剛居士 尹彦頤와 親交가 두터웠음.

관식(慣式) 朝鮮 승려. 應允(1743~1804)의 初名. →應允.

관신성불의궤(觀身成佛儀軌) 妙吉祥平等瑜伽秘密觀身成佛儀軌의 약칭.

관실(觀室) 秘密壇場을 베풀고 灌頂을 行하는 곳. 主로 台密의 傳法灌頂을 行하는 道場을 말함.

관심(觀心) 마음의 본성을 관찰함을 觀心이라 함. 마음은 萬法의 主體로 모든 것은 마음과 관계되므로 마음을 관찰하는 것은 곧 一切를 관철하는 것이다. 따라서 事와 理를 궁구하고 관철하는 것을 모두 觀心이라 일컬음. →觀法.
※敎觀綱宗上에「佛祖之要 敎觀而已矣 觀非敎不正 敎非觀不傳 有敎無觀則罔 有觀無敎則殆」台宗觀心之法有三種.

관심론(觀心論) 一卷. 隋智顗의 저술. 내용은 三十六問을 發하여 간절히 觀心을 勸한 것. 灌頂의 疏 五卷이 있음.

관심무상(觀心無常) 四念住의 하나. 마음의 無常을 觀함.

관심문(觀心門) 敎門(敎相門)이 理論的인 敎理임에 對하여 이것은 實踐的인 修行方法으로 마음을 觀하는 法門. ↔敎相門.

관심석(觀心釋) 天台四釋의 하나. 說한 法義를 자기의 一心에 붙여 實相의 理를 觀하므로 이같이 말함. →天台四釋.

관심송경법기(觀心誦經法記) 一卷. 隋의 智顗가 說하고 唐의 湛然이 기술함. (湛은 「잠」이라 읽음)

관심식법(觀心食法) 一卷, 隋의 智顗가 저술함.

관심염불(觀心念佛) 나의 마음이 곧 부처라고 觀하며 염불하는 것.

관약왕약상이보살경(觀藥王藥上二菩薩經) 一卷. 宋 畺良耶舍의 번역. 내용은 부처님이 青蓮華池精舍에 계실 때 眉間에서 光明을 놓아 두

菩薩이 이마를 비추며 十方의 佛事를 示現하는데 두 菩薩이 각각 呪를 說하며 부처님에게 瓔珞을 바쳤다. 부처님은 두 菩薩에게 成佛의 記를 주고, 차례로 그 觀法과 五十三佛의 名號를 說하고 끝으로 阿難을 위하여 두 菩薩의 彼昔의 因緣을 說한 것.

관여래신(觀如來身) →四種觀行.

관영(瓘英)〔1856~1926〕 朝鮮 승려. 姓은 柳氏·號는 錦海·父는 汀奎. 母는 義城金氏, 文節公 眉岩先生의 十世孫 哲宗 7(1856)年 7月 20日에 湖南路扶風縣葛村의 善山에서 태어났다. 어려서부터 英顯超方의 뜻이 있었다. 高宗 3(1866)年 봄 淨土寺 (지금 白羊寺)의 華曇禪師에게 출가 佛法를 배우고 虎隱律師에게 具足戒를 받다. 18세에 諸方의 講席을 遊歷하며 三藏을 硏窮하고 幻應長老에게 華嚴과 圓敎를 배웠다. 1880年에 錦海堂의 號를 받고 淸流丈室에서 비로소 開堂하여 西來宗旨를 專攻하고 數十年이 지낸 후에는 禪敎의 大宗匠이 되었다. 그후 淸流蘭若에서 1926年 2月 世壽 71세로 入寂함.

관음(觀音) ㉕〈Avalokiteśvara〉觀世音의 약칭. 또는 光世音·觀世自在·觀自在라 함.
※觀世音者 觀世人稱彼菩薩名之音而垂教 故云觀世音 觀世自在者 觀世界而自在拔苦與樂 觀音有六觀音 七觀音乃至三十三觀音 但常稱之觀音 指六觀音中之聖觀音 如法華普門品之觀音 觀無量壽經之觀音是也 此爲觀音之總體 是與西方彌陀四菩薩之最初法菩薩同體 顯敎以爲阿彌陀之弟子 密敎以爲阿彌陀之化身 與大勢至菩薩皆在阿彌陀佛之左右(觀音左勢至右)而贊其敎化 故稱彌陀之二脇士 梵號禮懺 則阿彌陀佛之本名爲觀自在王 觀依其本師之名而自稱觀自在王 猶如今之釋迦牟尼依久遠本師釋迦牟尼而得其稱也.

관음강(觀音講) 觀音經을 강의하는 法會.

관음경(觀音經) 一卷, 姚秦 弘始 8 (406)年에 鳩摩羅什이 번역함.〈法華經〉第八觀世音菩薩普門品 第二十五品을 따로 한 經을 만든 것. 觀世音菩薩이 중생의 炎難을 구제하고, 소원을 이루게 하며, 또 三十二身을 나타내어 설법한 것.
※各家疏註如下 觀音玄義二卷 隋智顗說 灌頂記 觀音玄義記四卷 宋知禮述記 觀音義疏二卷 隋智顗說 灌頂記 觀音義疏記四卷 宋知禮記 觀音經玄義記會本科一卷 觀音經玄義記會本四卷 隋智顗說宋知禮述 日本實乘分會 觀音經義疏記會本科文一卷 觀音經義疏記會本四卷隋智顗說宋知禮述日本實乘分會 釋普門品重頌一卷 宋遵式述 觀世音菩薩普門品膺說一卷 靈耀說 觀世音經箋注 丁福保註觀音經持驗記二卷 周克復集.

관음경언해(觀音經諺解) 佛經諺解의 한가지. 朝鮮 成宗 때 간행하고,

仁祖 때 重刊함.

관음관(觀音觀) 觀經 十六觀의 하나. 極樂淨土 彼生을 기원하기 위하여 열심히 觀音菩薩의 身相을 想念하는 수행법.

관음납(觀音衲) 黃衲의 異稱.

관음당(觀音堂) 觀世音菩薩像을 安置한 堂.

관음동(觀音洞) 普陀山志一에 『洞口는 높고 험준하며 岩石의 빛깔은 검푸르다 높이는 三四十丈이나 되고 가파르게 갈라진두절벽은 마치 門과 같다. 洞口의 깊이는 百餘丈이나 되고 부처님에게 예배하여 現身을 구하는 자가 끊이지 않는다. 康熙 38(1699)年에 「梵音洞」이라 御書한 액자가 걸려 있다』고 하였음.

관음력(觀音力) 觀世音菩薩의 功德의 힘과 衆生을 구제하는 힘.

관음만다라팔대보살(觀音曼茶羅八大菩薩) ①金剛觀自在菩薩 ②與願觀自在菩薩 ③數珠觀自在菩薩 ④鉤召觀自在菩薩 ⑤除障觀自在菩薩 (또는 施無畏) ⑥寶劍觀自在菩薩 ⑦寶印觀自在菩薩 ⑧不退轉金輪觀自在菩薩 圖像.(千光眼觀自在菩薩秘密法經)

관음무외(觀音無畏) 觀音에 施無畏의 別號가 있으므로 觀音無畏라고 약칭함.

관음문지법(觀音聞持法) 如意輪觀音을 本尊으로 삼고 智慧를 구하기 위하여 닦는 秘法. 또는 如意輪聞持法이라함.

관음보살(觀音菩薩) 觀世音菩薩의 약칭.

관음본지(觀音本地) 觀音의 本地는 이미 正覺을 깨친 正法明佛로 衆生을 濟度하기 爲하여 이제 菩薩身을 示現하고 또는 미래에 成佛의 相을 나타내는 것.
※伽梵達摩譯之 千手千眼大悲心陀羅尼經에「觀世音菩薩 不可思議威神之力 已於過去無量劫中 已作佛竟 號正法明如來 大慈願力 安樂衆生故 現作菩薩」

관음삼매(觀音三昧) 觀音菩薩을 念하는 三昧.

관음삼매야형(觀音三昧耶形) 八葉의 蓮華를 말함.
※大日經疏十一에「蓮華者 以金作八葉蓮華等 此中持誦 若成卽同觀音也」

관음상(觀音像) 觀世音菩薩의 像.

관음세지수기경(觀音勢至授記經) 觀世音菩薩授記經의 다른 이름.

관음수기경(觀音授記經) 觀世音菩薩授記經의 약칭.

관음원(觀音院) 胎藏界曼茶羅十三大院의 하나. 또는 蓮華部院이라 함. 曼茶羅 오른편 第一重에 있으며 大悲의 觀音部類集合을 맡은 院이므로 이같이 이름.

관음원삼십칠존(觀音院三十七尊) 胎藏界曼茶羅의 第三院을 觀音院이라 하며, 그 가운데 三十七尊이 奉安되어 있음.

관음원통삼진실(觀音圓通三眞實) 文

殊가 觀音의 耳根圓通에 나아가 三眞實을 들어 칭찬하는 것.
※一眼下見障外 乃至意亂而不定 是通眞實 二十處打鼓 同時聞之 是圓眞實 三聲有息時亦不失聞性 有時聞爲有 無時聞爲無 是常眞實.

관음응현일천자(觀音應現日天子) 嘉祥法華疏二에「經에 이르기를 觀世音의 名은 寶意요, 日天子라 하며, 大勢至의 名은 寶吉祥이며 月天子라 하고, 虛空藏의 名은 寶光이요, 星天子라」하였음.
※安樂集下에「須彌四域經云 阿彌陀佛道二菩薩 一名寶應聲 二名寶吉祥 卽伏犧女媧 是此二菩薩 共相籌議 向第七梵天上 取其七寶 來至此界 造日月星辰二十八宿 以照天下」

관음의소(觀音義疏) 二卷, 隋의 智顗가 說하고, 灌頂이 기술함. 또는 別行疏라함. 天台五小部의 하나. 法華經第七觀世音菩薩普門品을 問答式으로 隨文解釋한 것. 大分하여 二問答으로 나누며 前問答은 觀音樹王의 冥益을 밝히고 後問答은 普門珠王의 顯益을 밝힌 것.

관음인(觀音印) 大日經四에「定慧兩手를 합하고 五輪(五指)를 펴서 마치 방울과 같이하며, 虛空地輪을 和合하고 서로 의지하여 蓮華形을 만든 것을 觀自在印이라」고 하였음.

관음전(觀音殿) 觀世音菩薩을 모신 佛殿.

관음정대미타(觀音頂戴彌陀) 圖像의 한가지. 龍樹十二禮에「觀音頂戴冠 가운데 머물러 갖가지 妙相室로 장엄하고 外道魔의 교만한 태도를 항복하므로 내가 彌陀尊에게 頂禮한다」고 하였음.

관음정상십일면(觀音頂上十一面) 千光眼秘法經에「頂上에 十一面이 있는데 前三面에는 菩薩相, 우편 三面에는 白牙出上相, 좌현 三面에는 忿怒相, 後一面에는 暴笑相 頂上一面에는 如來相이라」고 하였음. 一十一面觀音.

관음정토(觀音淨土) 印度의 南海岸에 있는. 補陀落山(potalaka)을 말함.
※千手經에「一時 釋迦牟尼佛 在補陀落山觀世音宮殿寶莊嚴道場中」十一面觀自在菩薩儀軌經上에「一時 薄伽梵 住補陀洛山大聖觀自在宮殿中」八十華嚴經六十八에「於此南方有山 名補怛洛迦 彼有菩薩 名觀自在」西域記十(秣羅矩吒國南印度境)에「秣刺耶山東 有布呾洛迦山 山徑危險 巖谷欹傾 山頂有池 其水澄 鏡流出大河 周流遶山二十匝 入南海 池側有石天宮 觀自在菩薩 往來遊舍」

관음찬(觀音讚) 觀世音菩薩을 찬양하여 부르는 노래 글귀.

관음참법(觀音懺法) 또는 圓通懺法 觀世音菩薩의 名號를 唱하며, 懺悔供養하는 法. 죽은 이를 위하여 罪業을 참회하고 冥福을 비는 法式.
※宋咸平年中天台遵式治定請觀音經消伏

毒害之懺儀 現今所流布之觀音懺法是也 所述正意 爲勸請觀世音及一切三寶 懺悔三業 以成就現當之二利也 其文或取經疏止觀等全文本意 或取其意而略其辭 或文意皆自作.

관음첨(觀音籤) 觀音의 앞에서 점대를 가지고 吉凶을 점치는 것.
 ※釋門正統三에 「又有菩薩一百籤 及越之圓通一百三十籤 以決群迷吉凶禍福 禱之誠者 纖毫不差 叙其事者 謂是菩薩化身所撰 理或然也」 依此說則有一百籤與一百三十籤之兩種 一百籤者從天竺寺之觀音院起 一百三十籤者從越之圓通寺起.

관음총명주(觀音聰明呪) 陀羅尼呪經에 「觀世音說呪 藥服得一聞持陀羅尼 또 觀音聞持不忘陀羅尼가 있고 또 續觀音感應集에 觀音智慧呪가 있는데, 이것을 聰明呪라 함.

관음품(觀音品) 觀世音菩薩普門品의 약칭.

관음현(觀音玄) 觀音玄義의 약칭.

관음현의(觀音玄義) 二卷. 隋의 智顗가 說하고. 灌頂이 記述함. 또는 別行玄義라 함. 天台五小部의 하나. 法華經第七觀世音菩薩普門品을 解釋한 것. 法華經 玄義에 準例하여 釋名·出體·明宗·辯用·敎相의 五重玄義를 세우고 觀音普門의 五字를 精細하게 解釋한 것.

관인연(觀因緣) →四種觀行.

관일체법공(觀一切法空) 法華經 安樂行品에 「菩薩摩訶薩이 一切法이 空하여 如實한 相은 轉倒하지 않고, 움직이지도 않으며 退轉하지도 않아 마치 虛空과 같아서 所有한 性이 없는 것을 觀한다」고 하였음. 이것은 一切法의 眞如實相의 모습을 說한 것.

관자신(觀自身)→四種觀行.

관자재(觀自在) 觀世音의 異稱. →觀音.
 ※法藏之心經略疏에 「於事理無礙之境 觀達自在 故立此名 又機往救 自在無關 故以爲名 前釋就智 後釋就悲」

관자재다라유가염송법(觀自在多羅瑜伽念誦法) 金剛頂經多羅菩薩念誦法의 다른 이름.

관자재대보살삼매야(觀自在大菩薩三昧耶) 大日如來가 西方金剛法菩薩을 出生하는 三昧耶. (金剛頂經)

관자재묘향인법(觀自在妙香印法) 觀自在菩薩大悲智印周遍法界利益衆生薰眞如法의 다른 이름, 一卷. 唐 不空의 번역. 내용은 두가지의 香印을 說한 것.

관자재보살(觀自在菩薩)→觀在菩薩.

관자재보살달바다리수심다라니경(觀自在菩薩怛嚩多利隨心陀羅尼經) 一卷. 唐 智通의 번역. 내용은 부처님이 極樂世界에 住하였을 때 觀世音菩薩이 이 陀羅尼와 四十八의 印法 그리고 諸病을 치료하는 壇法을 說한 것.

관자재보살대비지인주변법계이익중생훈진여법(觀自在菩薩大悲智印周遍法界利益衆生薰眞如法) 一卷, 唐

不空의 번역. 내용은 二種의 香印을 說한 것. →香印.

관자재보살모다라니경 (觀自在菩薩母陀羅尼經) 一卷, 宋 法賢의 번역. 부처님이 廣嚴城에 계실 때 普賢菩薩이 이 呪를 說함.

관자재보살설보현다라니경 (觀自在菩薩說普賢陀羅尼經) 一卷, 唐 不空의 번역. 내용은 부처님이 靈鷲山에 계실때 觀音菩薩이 根本呪·結界呪·奉請呪를 說한 것.

관자재보살수심경(觀自在菩薩隨心經) 觀自在菩薩怛嚩多利隨心陀羅尼經의 別本.

관자재보살심진언일인염송법 (觀自在菩薩心眞言一印念誦法) 一卷, 唐, 不空의 번역. 내용은 한개의 印으로 갖가지 作法을 成辦하는 念誦法.

관자재보살여의륜송과법 (觀自在菩薩如意輪誦課法) 一卷, 宋 仁岳의 著書. 내용은 法式·觀想·禮讚등을 기술한 것.

관자재보살여의륜염송의궤 (觀自在菩薩如意輪念誦儀軌)⑭ 如意輪菩薩念誦法의 다른 이름.

관자재보살여의륜유가 (觀自在菩薩如意輪瑜伽) ⑭ 一卷, 唐 不空의 번역.
※閱藏知津謂之觀自在菩薩如意輪瑜伽念誦法 先有偈頌 次說種種之印呪 終說如意輪之根本與心及隨心之三印呪.

관자재보살여의심다라니주경 (觀自在菩薩如意心陀羅尼呪經) 一卷, 唐 義淨의 번역. 如意輪陀羅尼經序品 第一을 別譯한 것으로 이 가운데 呪는 十小呪 가운데 流通하는 第一首.

관자재보살화신양우리예동녀소복독해다라니경 (觀自在菩薩化身襄虞哩曳童女消伏毒害陀羅尼經) 一卷, 唐 不空의 번역. 襄虞哩童(Nakuli) 童女가 說한 神呪.

관자재여의륜보살유가법요 (觀自在如意輪菩薩瑜伽法要) ⑭ 一卷. 唐 金剛智의 번역. 唐의 不空이 번역한 如意輪瑜伽와 같음.

관자재왕여래(觀自在王如來) 阿彌陀佛을 密教에서 일컫는 말. 阿彌陀의 德稱. →觀音.

관자재육자대명주(觀自在六字大明呪) 大乘莊嚴寶王經四에 「이때에 觀自在菩薩摩訶薩이 蓮華上如來應正等覺과 함께 이 六字大明陀羅尼를 說하다」 하였음.
※曰ॐ(歸命)지(寶)다(蓮華)ॐ(三身三降)此中ॐ爲金剛部 지爲寶部 다爲蓮華部 ॐ爲羯磨部此四部之全體卽佛部也.

관작(觀作) 曼茶羅에 畫作과 觀作 두가지가 있는데 觀作은 內心으로 觀想하는 所作이므로 이것을 內壇 또는 心壇이라 하고, 畫作은 外壇이라고 이름..

관장(管長) 日本에서 一宗一派를 管轄하는 主長을 말함.

관재(關帝) 關雲長이 일찌기 玉泉山

에 現靈하여 天台의 智者에게 受戒하였고 (佛祖統紀六 智者傳)神秀禪師에게 禪을 물었기 때문에 (三國英雄志傳 十三) 僧伽藍에서 伽藍을 護持하는 神이라 생각하여 제사지냄.

관재살타(觀在薩埵) 觀自在菩提薩埵의 약칭. 곧 觀音菩薩.
※心經秘鍵에「觀在薩埵 則擧諸乘之行人」

관정(貫頂) 貫首와 같음.

관정(灌頂) ① 梵(Abhiṣecani) 원래 印度에서 王이 即位하였을 때 四海의 물을 정수리에 부어 祝意를 表하던 일. 轉하여 傳法·受戒할 때 또는 修道者가 일정한 계위에 오를 때 받는 자의 정수리에 향수를 붓는 일. 이에 摩頂灌頂·授記灌頂·放光灌頂의 세가지가 있고 이외에 二種·四種·五種灌頂 등이 있음. ②〔561—632〕天台宗의 第四祖, 姓은 吳氏. 字는 法雲. 中國 臨海縣 章安 사람. 어려서 父親을 여의고 7세에 攝靜寺의 慧極에게 出家하여 20세에 比丘戒를 받고, 23세때 天台山의 智者大師를 13년 동안 모시며 師의 說法을 듣고 法華玄義·法華文句·摩訶止觀 三大部를 편찬하였다. 智者가 죽은 뒤에는 그의 유언으로 國淸寺·稱心精舍 등에서 강설에 힘쓰고, 唐 貞觀 6(632)年 8月 7日 나이 72세로 國淸寺에서 入寂하였다. 세상에서 章安大師·章安尊者라고 불렀으며 吳越王은 摠持尊者라고 賜諡하였음. 著書에 涅槃玄義(二卷)·涅槃經疏(二十卷)·觀心論疏(五卷)·國淸百錄(四卷) 등. (續高僧傳十九)
※大日經疏八에「如西方世人 受灌頂法時 取四大海水及境內一切河水 具置寶瓶 藥穀等 作境內地圖令此童子踞師子座 以種種珍寶莊嚴 所統眷屬 隨其大小 列次陪婦 韋陀梵志師 坐於象寶 以臨其奉 持此寶水 以注象牙 令墮其頂上 而後唱令 以告衆人 又歎說古先哲王治人濟代之法 如是隨順行者 當得壽命長遠 本枝繁盛 克紹轉輪之業 若不作如是事者 則當自退其位 殞身絕嗣 如是一一而敎誨之 今此法王子 灌頂 則不如是」

관정가행(灌頂加行) 灌頂 의식을 行하기전에 豫修를 미리 준비하는 修行.

관정경(灌頂經) 十二卷. 梵〈mahā-bhisekama-stra〉. 東晉 帛尸梨密多羅의 번역. 또는 大灌頂神呪經·大灌頂經이라 함. 十二部의 小經을 合編한 것.
※自三歸五戒經至生死得度經集十二部之經者 十二經一一 有佛說灌頂之四字 故名灌頂經 此就其功德而言 非灑水灌頂之義

관정국사(灌頂國師) 唐의 金剛智 三藏을 이름, 師는 이르는 곳마다 반드시 壇을 설치하여 灌頂을 行하였음. 入寂後 諡號를 灌頂國師라고 함. (釋門正統紀八)

관정단(灌頂壇) 또는 密壇, 密敎에서 灌頂의 의식을 行하는 壇場. 梵語로 曼陀羅라 함.
※壇者非唯築土之謂, 且謂隨於其法布列諸尊以作圓滿之都會也. 因此曼陀羅亦譯爲輪圓具足. 此法由金剛智始.

관정단만다라(灌頂壇曼茶羅) 弟子가 灌頂을 받은 후 자기자신을 中臺大日로 하고, 十二尊을 勸請하여 圍續하게 하고 護摩를 닦아 스스로의 新佛을 供養하는 것. (大疏八)

관정단수제자도구(灌頂壇授弟子道具) 灌頂前에 楊枝·金剛線의 二種과 灌頂後에 金錍·明鏡·寶輪·法螺의 四種이 있음. (大疏八·演奧鈔三十)

관정번(灌頂幡) 幡은 灌頂의 功德을 갖춘 것으로서 그 幡을 높이 달아 그 끝이 사람의 이마에 닿게 하는 것이 灌頂과 비슷하므로 이같이 이름.
※秘藏記末에 「世人皆以幡號灌頂 是以幡功德 先爲輪王 後終成佛 以致佛果名爲灌頂 是故知以果名因也」

관정번(灌頂旛) 眞言宗의 說. 無量한 佛德을 갖추어 旛을 이마에 닿게 함을 이름. 먼저 輪王의 灌頂을 받고 마지막에 佛位의 灌頂을 받게 되므로 因中에서 果를 說한 것임. 이름하여 灌頂이라 하고 이것을 菩薩形旛이라 함. 一灌頂.
※秘藏記末에 「世人皆以旛號灌頂 是以旛功德先爲輪王 終成佛以致佛 果名爲灌頂 是故知以果名因也」

관정보관(灌頂寶冠) 灌頂位에 到達한 智慧를 表示하는 寶冠. 廣大한 眞理의 世界를 보는 智慧의 寶冠.

관정부(灌頂部) 密敎의 經典을 말함. 灌頂의 의식을 行하여 그 奧義를 傳授하기 때문임.

관정삼마야(灌頂三摩耶) 三昧耶는 맹세의 뜻. 즉 灌頂을 行할 때 마땅히 堅固한 맹세를 발하는 것. 因하여 作法에서 灌頂, 受者의 마음에서 三昧耶라고 하나 그 體는 하나임. (大日經疏十五)
※大日經秘密曼陀羅品說三種之灌頂與五種之三昧耶 三種之灌頂者示作法之差別 五種之三昧耶者辨灌頂之淺深.

관정삼매(灌頂三昧) 百八三昧의 하나. 智度論四十七에 「觀頂三昧가운데 들어가 모든 三昧를 두루보면 마치 山頂에 머물러서 여러가지 물건을 다 보는것 같다」고 하였음.

관정왕유경(灌頂王喩經) 佛說灌頂王喩經의 약칭. 一卷, 宋施護의 번역.

관정인명(灌頂印明) 密敎에서 傳法觀頂을 行할 때 阿闍梨가 受者에게 주어서 結誦하는 秘密의 印契와 眞言을 말함.

관정주(灌頂住) 十住의 하나, 十住位의 가장 頂上이 되므로 이같이 이름.

관정호마(灌頂護摩) 灌頂中에 災障을 消滅하기 위하여 香花. 乳木 등의 供物을 태워서 닦는 法.

※其法於初夜已了金剛界灌頂將移於胎藏
界之中間 大阿闍梨 自登護摩壇 以金
剛界大日爲本尊 使受者坐於阿闍梨左
側 西面而修之 或有阿闍梨不自爲此而
使親教師爲此者 有於四座或二座三座
修之者 其修法 於火天壇請火天 於部
主壇 觀理智冥合之寶生如來 於本尊壇
觀金剛大日 於諸尊壇觀五佛而攝兩
部之諸尊 於世天壇 觀金剛界外金剛部
之二十天 於各壇修護摩 以祈受者之息
災.

관조(觀照) 智觀로 事理를 비추어봄.

관조궤(觀照軌) 三慧의 하나, 眞性을 觀照하여 달성한 智慧.

관조반야(觀照般若). 三種般若의 하나, 實相의 理를 觀照하는 智慧. 곧 般若의 身體.
※般若譯曰智慧肇論에 「觀照般若 照事照理故」 法藏心經疏에 「觀照能觀妙慧」

관종누련(貫綜縷練) ①理를 貫徹하고 薰習하며 熟練한다는 뜻. ②充分히 熟練한다는 뜻. ③높은 境地 곧 修行의 極地에 到達하는 것. ④衆生을 救濟하는 法을 자세히 배우고 鍛練하는 일.

관죄성공(觀罪性空) →七種懺悔心.

관주(貫主) 또는 貫首·管主. 一宗一派의 우두머리라는 뜻. 天台座主를 비롯하여 各宗의 本山이나 기타른 寺刹의 住持를 일컬음.

관주(貫珠) 念珠.

관주팔(管主八) 元代의 승려 松江府 (江蘇省松江縣)의 僧錄에 任命되고 廣福大師의 號를 받다. 正教의 流通에 뜻을 두고 漢本大藏經五十餘藏, 四大部經三十餘部, 華嚴大經一千餘部, 經律論疏鈔五百餘部, 華嚴道場懺儀百餘部, 熖口施食儀軌三千餘部와 그밖에 梁皇寶懺·藏經目錄·諸雜經典을 無數히 印施하다. 金銀字 大華嚴·法華經計百卷을 書寫하고 佛像에 金彩를 供하였으며 佛像圖本을 刊施하여 十萬僧侶에 齋供함.

관중(關中) 지금 中國 陝西省 지방.
※東自函關西至隴關二關之間謂之關中.

관중사성(關中四聖) 또는 什門四聖. 중국 陝西省 關中에 있던 四聖, 鳩摩羅什의 弟子인 道生·僧肇·道融·僧叡를 말함. →四聖.

관중생삼십상(觀衆生三十相) 維摩居士가 文殊菩薩의 물음에 대하여 三十種의 衆生觀을 說한 것.
※①如見幻師所現人 菩薩觀衆生爲若此 ②如智者見水中月 ③如於鏡中見其面像 ④如熱時炎 ⑤如呼聲響 ⑥如空中雲 ⑦如水聚沫 ⑧如水上泡 ⑨如芭蕉堅 ⑩如電久住 ⑪如第五大 ⑫如第六陰 ⑬如第七情 ⑭如十三入 ⑮如十九界 ⑯如無色界色 ⑰如~穀芽 ⑱如須陁洹身見 ⑲如阿那含入胎 ⑳如阿羅漢三毒 ㉑如得忍菩薩以貪恚毀禁 ㉒如佛煩惱習 ㉓盲者見色 ㉔如入滅盡定出入息 ㉕如空中鳥跡 ㉖如石女兒 ㉗如化人煩惱 ㉘如夢所見已寤 ㉙如滅度者受身 ㉚如無煙火.

관지(觀支) 法을 觀하는 部分.

관지~관행

※止觀五上에「禪有觀支 因生邪慧 逸觀
於法 僻起諸倒」同十上에 「如是見慧
從何處出 由禪中有觀支」

관지(觀知) ①觀하여 明白하게 아
는 것. ②觀하는 智慧. →觀智.

관지(觀智) 法을 觀하는 正智.
※遊心法界記에「觀者觀智」

관찰(觀察) 觀想·觀念등과 같음.

관찰문(觀察門) 五念門의 하나. 極
樂淨土莊嚴相을 觀想하는 法門.
(淨土論·三藏法數二十三)

관찰법인(觀察法忍) 二忍의 하나.
諸法의 體性이 不生 不滅함을 觀察
하고 安然忍可하여 마음이 움직이
지 않는 것. (地持經五·三藏法數
五)

관찰의선(觀察義禪) 人法의 無我와
諸法의 無性을 親하고 漸進으로
그 밖의 義理를 관하는 것.

관찰정행(觀察正行) 淨土門에서 세
운 五正行의 하나. →五正行.

관찰제방행경(觀察諸方行經) 四卷.
隋 闍那崛多의 번역. 내용은 喜王
菩薩을 위하여 모든 法行을 觀察하
는 三摩地를 說한 것.

관취(管取) 맡아 둔다는 뜻. 支配와
같음.

관하(觀河) 釋迦牟尼佛이 波斯匿王
에게 본래 生滅이 없다는 것을 들
어 보인 비유.

※首楞嚴經에「波斯匿王言 我生三歲 慈
母携我謁耆婆天 經過此流 爾時卽知是
恒河水 佛言 汝今自傷髮白面皺 其面

必定皺於童年則汝今時觀此恒河 與昔
童持觀河之見有童皺否 王言不也 佛言
皺者爲變 不皺非變 變者受滅 彼不變
者 元無生滅」

관해(觀解) ①眞理를 觀念하여 了
解함. ②天台四釋 가운데 大心釋.
※大乘義章十二에 「始習觀解. 能伏煩
惱」 唐僧傳(道傑傳)에「兩夕專想. 觀
解大明」

관행(觀行) ①觀心修行의 약칭 마음
으로 眞理를 觀하여 眞理와 같이
몸소 실행함. 또는 마음을 觀照하
는 行法. ②觀은 三觀, 行은 二十
五行. (ㄱ) 三觀:靜. (奢摩陀)幻.
(三摩鉢提)叔(禪那). (ㄴ) 二十五
行:二十五種清淨定論이니 一切菩
薩이 圓覺을 證得코자 禪定을 닦는
데 二十五種의 差別이 있다. 곧 三
行(靜. 幼. 寂)을 單으로 一行만
닦는 이가 세사람이 있고 三行을
復修하는 이가 스물한 사람이 있
고 三行을 圓修하는 이가 한 사람
이 있다. 이 스물다섯 사람이 닦는
行을 二十五行이라 한다.
이를 列擧하면 아래와 같음.

①靜 ②幻 ③寂 ④寂靜 ⑤寂幻
⑥寂靜 ⑦寂幻 ⑧寂幻靜 ⑨靜寂 ⑩幻寂靜
⑪幻寂靜 ⑫寂幻靜 ⑬幻寂靜 ⑭寂靜幻 ⑮幻靜寂
⑯靜幻寂 ⑰寂幻靜 ⑱靜寂幻 ⑲寂靜幻 ⑳靜幻寂

㉑靜寂幻　㉒靜寂幻　㉓幻靜寂　㉔寂靜幻　㉕圓修觀

관행교(觀行敎) 波頗蜜多羅三藏五敎의 하나. 곧 華嚴經.

관행불(觀行佛) →六卽佛.

관행오품위(觀行五品位) 觀行卽(天台六卽位의 하나)의 다음 자리에서 五品의 功德을 成就하므로 觀行五品의 位라 함. 五品이란 法華分別功德品에서 說한 隨喜品・讀誦品・說法品・兼行六度・正行六度를 말함.
※天台大師居於此位云 四敎儀에「依敎修行 爲觀行卽 五品位」

관행의궤(觀行儀軌) 一字頂輪瑜伽經의 다른 이름.

관행즉(觀行卽) 天台六卽位의 하나, 圓頓의 가르침을 받고 가르친대로 바르게 行을 닦는 階位. →六卽位.
※於此位修五品之行, 當於通相五十位中之十信位.

관허공장보살경(觀虛空藏菩薩經) ⓢ〈Akasagarbha-bodisattva-dhyana-sutra〉宋의 曇摩密多가 번역. 또는 虛空藏觀經이라 함. 佛이 一時住陀羅山 正覺仙人의 住處에서 優波離 등을 위하여 虛空藏菩薩을 觀想하고 그 名號를 唱하여 一切의 不善業과 惡律儀를 除하고 戒法을 受持할 것을 說한것.

관현강(管絃講) 管絃樂을 연주하는 講會. 佛前에서 讀經하고 管絃樂을 연주하여 공양하는 것. 대개 管絃樂과 歌舞로 佛德을 찬탄하여 공양함은 印度에서 行하여진 풍속임.
※長阿含經第十叙帝釋天執樂神般遮翼 至摩揭陀帝釋窟彈疏璃琴 中世盛行之.

관형(觀衡) 中國 明末의 學僧. 姓은 趙氏. 字는 顓愚. 覇州(阿南省覇縣)에서 出生. 性品이 端正하여 嬉戲를 좋아하지 않고 12歲에 蔬食하며 恒常 觀世音의 名號를 念佛 함. 出家하여 惠仁에게 道를 求했으며 沙村(阿北省冀縣)에 住함. 隆武元(1645)年 天界寺에서 弘戒하여 新學 百七十七人을 가르침. 著書는「心經小談・集律常軌・律學知要・圓通懺法・戒壇規則・中庸說白・天主說辯・述志詩・禮觀音儀・金剛四依解・禮佛發願儀・首楞嚴經懸談・金剛般若略談」등이 傳함.

관혜(觀慧) 禪의 三學(戒・定・慧) 과 六度(布施・持戒・忍辱・精進・禪定・智慧)中의 定의 基本이 되는 智慧. 眞理를 觀하는 智慧.
※華嚴疏三十六에「觀卽是慧」

관화(貫花) 經의 散文을 비유하여 敬花라 하고, 그 偈頌을 貫花라고 함.

관화(貫華) 貫花와 같음.

관휴(貫休) (832〜912) 중국 婺州蘭谿登高 사람. 속성은 姜씨. 字는 德隱. 7세에 安和寺 圓直에게 중이 되어 날마다 法華經 一千字를 誦함 또 한번 들으면 잊지 않았다. 受具後에는 詩名이 일시에 聳動함. 또 書畫에도 능하였다. 蜀主 王建이 禪

月大師의 號를 내렸다. 평생 歌吟으로 諷刺하고 敎化에 뜻을 두었다. 著書에 禪月集 (시집) 三十卷이 傳하고 羅漢畵의 妙手로 유명하다. 梁 乾化 2(912)年 81세로 卒하니 塔號를 白蓮이라 함. (宋僧傳三十)

괄뇌(括惱) 괴롭게 함.

괄우촉려(括羽鏃礪) 括(筈)은 화살의 오늬. 화살의 머리를 시위에 끼도록 에어 낸 부분, 광대싸리로 짧은 동강을 만들어 화살 머리에 붙임. 羽는 화살의 깃, 화살의 깃 간 桃皮(화살의 오늬 아래로부터 깃 위까지를 싼 복숭아 나무의 껍질) 아래에 세 갈래로 붙인 새날개의 털, 꿩털로 만듦. 鏃은 화살 끝에 박은 쇠, 礪는 화살이 잘 들어가도록 끝을 숫돌에 가는 것.

광(誑) 二十隨煩惱의 하나, 갖가지 手段으로 남을 顚倒하게 하는 것.

광간(狂簡) 뜻만 크고 일에 疎略한 것. 곧 理想은 무한히 높지만 실천이 없는 사람을 말함.

광강(光降) 光臨과 같음. 尊宿의 來臨을 뜻함.

광거(光據) 光臨・光來와 같음. 와서 의거한다는 뜻.

광겁(曠劫) 曠은 오래라는 뜻. 劫은 梵語劫波의 약칭. 過去의 오랜 시간을 曠劫, 未來의 오랜 시간을 永劫이라 함. 一久劫과 같음.
※止觀五下에 「彌生曠劫 不視界內一隅 況復界外邊表」 觀經玄義分에 「我等愚痴身 曠劫來流轉」

광겁다생(曠劫多生) 한 없는 세상에 죽고 남이 많은 일.

광경(光境) 光은 能緣의 마음, 곧 認識하는 마음의 자체, 境은 所緣의 對境 곧 마음으로 인식하는 대상.

광경구망(光境俱忘) 光은 能緣의 마음, 境은 所緣의 對境. 物을 緣하는 마음이나 緣이 되어지는 境을 모두 잊고 一切 何物이라도 存在하지 않는 解脫의 境界를 말함.

광과천(廣果天) 梵 〈Vrhatphala〉 色界第四禪天. 八天가운데 第三天의 이름. 第四禪天 가운데 凡夫가 사는 하늘중에서 가장 좋은곳.
※俱舍頌疏八에 「於色界中 異生生中 此最殊勝故 名廣果天」

광광(光光) 殷盛한 모양. 환히 빛나는 모양.
※無量壽經上에 「威神光光」 同憬興疏에 「光光者卽顯曜之狀也」

광교(廣敎) 律宗에서 쓰는 말. 부처님이 成道한 후 12年間은 오직 諸惡莫作 등의 敎를 說하여 弟子의 行法을 禁制하는 것을 略敎라 하고, 12年後에는 弟子 가운데 非法이 점점 늘어 널리 戒律을 說하여 일일히 持犯을 보인 것을 廣敎라 함.
※南山戒疏一上에 「言廣敎者 由略名含 未曉前相 雖造諸非 不謂有犯 故須廣 張綱目 收攝罪聚 鈍根之流 聞便得解 因廣說故 名爲廣敎」

광교총관부(廣敎總管府) 元 文宗 至順

2(1330)년에 이 官府를 설치하여 僧尼를 관장하던 기관. (續文獻通考)

광구(狂狗) 행동이 경망하고 사리에 어두운 사람을 비유한 말.
※止觀五에「渴寔逐炎. 狂狗齧雷. 何有得理」

광구축괴(狂狗逐塊) 개에게 흙덩이를 던지면 개가 그 흙덩이를 쫓아 달리다가 轉하여 헛되이 事物의 形迹이나 他人의 言語에만 따르고 그 眞義를 알지 못하는데 비유한 말.

광기(光記) 三十卷. 唐 普光法師가 지음. 俱舍論記를 말함. 性相學者들이 光記라고 일컬음.

광대(光臺) 光明으로 이루어진 金臺. 觀無量壽經에「世尊이 眉間에서 빛을 발하여 그 금빛이 十方無量世界에 두루 비추고 다시 化하여 金臺가 되니 마치 須彌山 같다」고 하였음.

광대(廣大) 德이 크고 넓음을 讚美하여 일컫는 말.

광대궤(廣大軌) 大毘盧遮那經廣大儀軌의 약칭.

광대무애일심(廣大無碍一心) 廣大無邊한 障碍없는 一心. 如來가 智海에 廻向하는 一心이므로 廣大無碍의 一心이라 함.

광대발원송(廣大發願頌) 一卷, 龍樹菩薩이 짓고, 宋의 施護 등이 번역함.

광대보루각선주비밀다라니경(廣大寶樓閣善住秘密陀羅尼經) 三卷, 唐 菩提流志의 번역. 寶樓閣經 三譯의 하나. 廣大寶樓閣善住는 陀羅尼의 이름. 내용은 緣起와 功德을 설하여 그 修法을 示現한 것.

광대승해자(廣大勝解者) 阿彌陀佛의 명호를 받아 지니는 이를 칭찬하는 말. 부처님의 명호는 넓고 크므로 이를 받아 지니는 것은 殊勝한 知解者라는 말.

광대연화장엄만나라멸일체죄다라니경(廣大蓮花莊嚴曼拏羅滅一切罪陀羅尼經) 一卷, 宋 施護의 번역.
※佛在鹿野苑中 梵壽國王 偶至一寺 寺僧以佛頂華鬘迎之 王受戴頭上 忽然頭痛 醫不能療 使其妹勤見佛 佛三請觀自在菩薩使說救濟之呪幷盡傾念誦之儀軌.

광대의(廣大義) 虛空十義 하나.

광대의궤(廣大儀軌) 大毘盧舍那經廣大儀軌의 약칭.

광대전(廣大轉) 六轉依의 하나. 一轉依.

광대지(廣大智) 부처님의 智慧는 광대하여 헤아릴 수 없으므로 佛智를 廣大智라고 일컬음.
※大日經三에「奇哉眞言行 能具廣大智」同義釋八에「此廣大梵音曰毘富攞 Vipula眞言聲 普徧一切法界 與虛空等 無所不至 當知佛心亦爾 故曰廣大智」

광대지혜관(廣大智慧觀) 觀世音菩薩 五觀智의 하나. 中道實相의 이치를

觀하는 지혜.
※法華經普門品에「眞觀淸淨觀 廣大智慧觀 悲觀及慈觀 常願常瞻仰」

광대행(廣大行) 㘴〈Rgya-chen spyod-pa〉西藏佛敎에서 瑜伽行(yogacara)의 호칭. 廣大行의 名稱은 一般大乘佛敎論書에 자주 나오는 深甚廣大(gambhirodara) 또는(gambhiryaudarya)가 뒤에 觀과 行으로 나누어 甚深觀·廣大行의 名稱이 생겼다. 이 두가지를 가지고 中觀과 瑜伽行을 호칭한데서 由來함.

광대회(廣大會) 阿彌陀佛을 말함. 阿彌陀佛은 集會를 廣大히 하는 德을 갖추어 있으므로 이같이 이름. 極樂에 왕생한 十方衆生이 모여서 그 法會가 성대함은 오로지 阿彌陀佛의 덕이기 때문임.

광덕(廣德) 新羅 文武王 때의 승려. 芬皇寺 西쪽에서 아내와 함께 살면서 평생을 동침하지 않고 端身正坐하여 阿彌陀佛을 외우며 修道에 정진하였다. 僧 嚴莊과 가까이 지내면서 먼저 西方極樂에 가는 사람은 알리기로 약속하고 어느날 창밖에서 "나는 서쪽으로 가니 속히 나를 따르라"는 廣德의 소리를 듣고 다음날 嚴莊이 찾아가 보니 광덕은 이미 죽어 있었다고 한다. 광덕의 아내와 같이 장사를 치르고 나서 두 사람은 같이 살기로 합의, 그날 밤에 엄장이 동침을 요구해 오자 아내는 이를 거절하면서 말하기를 "스님이 西方淨土를 구하는 것은 나무에서 물고기를 구하는 것과 같다"고 하였다. 엄장이 말하기를 "광덕이 이미 그랬거늘 나도 안될 것이 있느냐" 하니 대답하기를 "그이는 나와 10年동안 동거했지만 한번도 동침한 일이 없고 오직 밤마다 端身正坐하고 불도를 닦았던 까닭에 西方淨土에 갈수 있었다" 하니 엄장은 부끄러워 물러나서 그길로 元曉大師에게 가서 律要를 구하니 원효는 錚觀法을 가지고 이를 가르쳤다 한다. 광덕의 처는 願往生歌의 作者라고도 하지만 원왕생가는 광덕의 作品이란 설도 있음.

광등록(廣燈錄) 三十卷, 禪宗廣燈錄의 약칭. 宋 天聖年中(1022~1031)에 駙馬都尉 變遵勗이 짓고 仁宗이 序文을 씀. (稽古略四)

광란왕생(狂亂往生) 四種往生의 하나. 罪業이 깊은 사람이 臨終할 때 地獄의 猛火를 보고 마음이 어지러워 손으로 허공을 더듬고 몸에서 땀을 흘리면서 七顚八倒하다가 善友의 가르침을 받고 열번 혹은 한번 念佛소리를 내어 淨土에 往生하는 것.

광략(廣略) 널리 展開된 것과 簡略하게 收縮된 것. 廣은 方便法身을 말하고 略은 法性法身을 뜻함. (圓乘)

광략상입(廣略相入) 廣과 略이 相即相入하는 것.

— 268 —

광략요(廣略要) 經論의 解釋 등에 대하여 廣·略·要의 三科로 分類하여 차례로 一部의 眼目을 자세히 나타냄을 이름. 法華經의 一部 八卷 二十八品에 受持讀誦과 隨喜護持品은 廣. 受持方便品과 壽量品 등은 略, 다만 一四句偈와 題目을 護持함은 要라고 함과 같음. 이밖에 懺悔도 또한 要·略·廣의 分別을 세움.

광륜(光輪) 光明을 수레바퀴에 비유한 말. 광명을 수레바퀴에 비유한 것은 轉輪聖王의 輪寶가 一切를 쳐부수는 것과 같이 佛의 광명은 無明煩惱를 暗黑 照破한다는 뜻에서 나온 것.

※ 黃阿彌陀佛曷에「解脫光輪無限齊」

광률(廣律) 일의 微細한 部分까지 詳細하게 記錄한 戒律書.

광망동자(光網童子) 光網은 梵〈制

(No.1) 光網童子

(No.2) 光網童子

利㧾波羅婆 = jālmi-prabha〉의 역어. 西〈hod-zer-gyidra-ba〉또는 波羅婆闍羅(pra bha-jala)라 하며 혹은 光網菩薩·光網童子菩薩이라 함. 胎藏界 曼茶羅 文殊院 二十五尊의 한분. 文殊八大童子의 한분으로 中尊의 右側 제一位에 奉安된 菩薩密號는 色相金剛이라 하며 妙慧莊嚴한 相을 가지고 있음.

※大日經疏五에「(中略)坐寶蓮華中 文殊持無相之妙慧而光網持萬德莊嚴 如智度論所說 以鹽調和諸食 倍增其味 而不可空噉 故行人失般若方便 單修空慧則墮斷滅中 純修福德則墮有所得中 所以■佛長子者意在此也」

광망동자인명(光網童子印明) 왼손으로 주먹을 쥐어 집게손가락을 펴고 세째 마디를 조금 구부려 갈고리 모양같이 하고 엄지손가락을 세워서 누르는 鉤印.

※眞言曰 歸命係係俱摩囉摩耶揭多.

광망보살종자(光網菩薩種子) 숭(繒) 혹은 숀(穗)얻을 수 없다는 뜻. 이 光網은 살아서 얻을 수 없기 때문에 常寂光이라 일컬음. 이 빛은 色도 아니요 心도 아니며 가지가지 不可思議한 빛으로 하나하나 法界에 두루하여 大空과 같다고 함. (義釋七)

광명(光明) 스스로를 비추는 것을 光이라 하고 事物을 비추는 것을 明이라고 함.
※有二用 一者破闇 二者現法 佛之光明者 智慧之相也 探玄記三에「光明亦二義 一是照闇義 二是現法義」往生論註下에「佛光明 是智慧相也」

광명경(光明經) 金光明經의 약칭.

광명공(光明供) 光明眞言을 염송하는 법회의 이름. 傳供(佛壇에 供物을 傳送하는 의식)의 의식을 행하므로 供이라고 함. (密門雜抄)
※如彌陀供 地藏法等 皆於追薦回向之時修之.

광명단(光明壇) 護摩하는 火爐.
※大日經二에「如其自胕量 陷作光明壇」

광명대사(光明大師) 善導(唐 光明寺 승려)가 죽은 뒤에「光明」이라는 寺額을 下賜하니 이로부터 師를 존경하여 光明大師 光明和尙이라 하였음.

광명동자경(光明童子經) 光明童子因緣經의 약칭.

광명동자인연경(光明童子因緣經) 佛說光明童子因緣經의 약칭. 四卷. 宋 施護의 번역. 王舍城 善賢長者의 아들. 光明童子가 부처님의 證言에 依하여 불 속에서도 죽지 않고 成長한 뒤에 出家하여 果를 證得한 것을 說한 것.

광명명호인연(光明名號因緣) 衆生을 淨土에 가서 나게 하기 위하여 阿彌陀佛의 名號는 因이 되고 光明은 緣이 됨을 말함. 衆生이 阿彌陀佛의 淨土에 가서 나는 것은 名號의 因이 있기 때문이고 그 名號의 因을 얻는 것은 光明의 緣에 비춤이라 한다. 名號는 能生하는 因이 되므로 아버지와 같고 光明은 所生의 緣이 되므로 어머니와 같아서 光明과 名號는 衆生을 淨土에 往生케 하는 他力의 因緣이다. 또 信心은 內因이 되므로 光明과 名號는 外緣이라 함. 內因과 外緣이 和合하므로 淨土에 날 수 있다 함.
※又信心爲衆生心內所發之涅槃眞因 而光明名號 乃自如來使外計量而起信心之因緣也.

광명무량원(光明無量願) 光明의 無量을 맹세하는 本願 또는 得勝光明願・自身光無限願・佛光無限量願・光色願이라 하며 阿彌陀佛 四十八願의 第十二.
※無量壽經上에「設我得佛 光明有能限量 下至不照百千億那由他諸佛國者 不取正覺」

광명문구(光明文句) 金剛明經文句의

약칭. 智者大師의 說.

광명변조(光明遍照) 無量壽佛의 功德光明이 十方世界 念佛衆生에 두루 비추는 것. 觀無量壽經에 이르기를 무량수불은 八萬四千相이 있고 또한 相에 각각 八萬四千의 좋은 형상이 따르며 그 형상에 또 八萬四千의 光明이 있어 낱낱의 光明이 十方世界 念佛중생을 모두 攝受하여 두루 비친다고 함.

광명본존(光明本尊) 光明 가운데 彌陀의 名號와 아울러 佛・菩薩高祖先德 등의 像을 그린 일종의 曼茶羅式 그림. 또는 光明本尊 繪系圖 라고도 함.

광명봉저(光明峯杵) 金剛杵는 大日智慧의 幟가 되므로 광명이라 하고 그 머리가 뾰족하므로 峯이라 함.
※金剛頂瑜祇經에「計智光明峯杵」

광명불(光明佛) 身心에 지혜의 光明이 빛나는 것을 부처님에 비기어 光明佛이라 함.

광명산(光明山) 觀音菩薩이 住하는 곳으로 補多羅山(Potalaka)의 별칭. 이 山의 본 이름은 逋多羅로 南印度의 南쪽에 있으며 義譯하여 小樹蔓莊嚴이라 함.
※六十華嚴經五十一記善財童子之南詢에「漸漸遊行 至光明山 登彼山上 周偏推求 見觀世音住山西阿」探玄記十九에『光明山者 彼山樹華 常有光明 普門示現』

광명삼매(光明三昧) 法會의 명칭. 光明眞言法에 顯・密의 두 가지 作法이 있는데 密行의 法을 光明三昧라 하고 顯行의 法을 光明眞言講이라고 함.

광명소(光明疏) 四卷. 光明大師 善導의 觀經疏를 이름.

광명신통(光明神通) 梵〈mahāprā-tihārya-avabhāsam〉迷妄의 어두움을 破하고 眞理를 表하는 光明과 不可思議한 偉大한 神通力.

광명심전(光明心殿) 金剛界大日如來가 住하는 곳. 胎藏界를 理門이라 하고 그 住處를 廣大金剛法界宮(大日經)이라 하며 金剛界를 智門이라 하고 不壞金剛光明心殿(金剛頂經)이라 하는데 그 依處는 모두 色空意天에 있음. 二敎論下에「光明心은 心覺德을 讚嘆한 것이며 殿은 身心이 서로 能住所住하는 것을 밝힘이라」고 하였음.

광명염송(光明念誦) 五種念誦의 하나. 수행하는 자가 입에서 광명이 발할 것을 念想하여 佛名 혹은 眞言을 唱하는 것.
※秘藏記末에「光明念誦者 念想口出光明 持誦而已 其出聲不出 常作是念耳」

광명왕(光明王) 二十五菩薩의 하나. 念佛行者가 臨終할 때에 阿彌陀佛과 함께 와서 맞이하는 菩薩의 명호. 광명은 지혜를 表하고 王은 尊長을 뜻함. 그 광명은 日月諸佛의 광명보다 勝하므로 이같이 일컬음.

※形像熙怡和雅 相好端嚴 著天冠 纏天衣 鐶釧瓔珞 莊嚴其身 抱琵琶而彈之 見十生生阿彌陀佛亟經等.

광명왕불(光明王佛) 最上方 세계에 계시는 부처님의 名號.

※ 觀無量壽經에 「七寶國土 一時動搖 從下方金光佛刹 乃至上方光明王佛刹」 八十華嚴經六에 「此華藏世界海上方 次有世界海 名摩尼寶照耀莊嚴 彼世界 種中有國土 名無相妙光明 佛號無礙功德光明王」

광명자운(光明紫雲) 光明과 紫雲. 모두 極樂淨土의 端相을 말함.

광명작불사(光明作佛事) 이 國土에서는 소리로 法을 說하고 他方에서는 광명으로 法을 밝히는 것.

※維摩經香積佛品에 「或有佛土 以佛光明而作佛事」 天台疏에 「光明作佛事者 放光明觸身 具詮法 隨觸得解」

광명장(光明藏) 光明의 곳집. 思益經에 「如來의 몸은 限量없는 光明의 곳집이라」고 하였음.

※千手陀羅尼經에 「當知其人卽是光明藏 一切如來光明所照故」

광명지상(光明智相) 부처님의 光明. 光明은 부처님의 體에서 나는 모양이므로 이같이 말함.

광명진언(光明眞言) 陀羅尼의 명칭. 또는 不空灌頂眞言·一切諸佛菩薩의 摠呪라 함. 이 陀羅尼를 誦하면 부처님의 光明을 얻어 모든 罪報가 消滅되므로 光明眞言이라 함, 不空羂索毘盧遮那佛大灌頂眞言經에 「眞言을 受持한 자는 光明을 얻어 모든 重罪가 消滅되고 智慧·辯才·長壽·福樂을 얻는다 하며 이 眞言을 加持하여 土砂를 死者에게 뿌리면 離苦得樂한다」 하였음.

※光明眞言儀軌에 「若摩訶迦羅神作病惱者 亦能治遣」摩訶迦羅者大黑也 此眞言者光明也 爲相違之法 故能除遣之

광명진언강(光明眞言講) 法會의 명칭으로 顯行의 光明供에 속함.

광명진언만다라(光明眞言曼茶羅) 光明眞言破地獄曼茶羅의 약칭. 光明眞言二十三字를 오른쪽에서부터 돌려 써서 圓形을 만들고 혹은 그림의 中央에 [범자] 五字와 [범자](大日)·[범자](隨求)·[범자](滅惡趣)·[범자](金輪)의 種子를 써서 이 眞言의 한자한자에 발하는 光明을 취하여 衆生界에 두루 비추어 無明煩惱黑暗을 깨뜨린다는 뜻.

광명진언법(光明眞言法) 光明眞言을 念誦하면서 滅罪·息災·敬愛·亡靈을 위해 닦는 秘法 略稱하여 光言法·光明法이라 함.

광명진언본존(光明眞言本尊) 혹은 大日, 혹은 阿彌陀이다. 또 어떤 一派의 極秘經은 日天子를 本尊으로 삼고, 日輪은 光藏界 大日의 示現에 따라 어두움을 除하고 밝음이 두루한 自體이기 때문임.

광명진언비인(光明眞言秘印) 金剛合掌으로 두 中指를 세워서 합하고 두 頭指를 두 中指의 등背에 대고 두 大指를 두 指의 中節에 붙이고

두 大指사이에 보리 한 알쯤 벌려 놓음. (印田七)

광명진언일명칠인구결(光明眞言一明七印口決) ㊎ 日本 승려. 栂尾가 傳한 秘法.
※①智拳印 ②外縛五股印 ③與願施無畏印 爲法報應三身之印明以 ④寶生如來印 ⑤無量壽如來印 ⑥智拳印 ⑦八葉蓮華印 解之 載於心舟七刀印田一 其第四以下之印 最宜秘之 以除三毒者 是滅罪生善之根本故也.

광명참(光明懺) 金光明經에 의하여 행하는 懺悔法. 宋나라 智禮의 金光明最勝懺儀(一권)와 遵式의 金光明懺法補助儀(一권)에 그 의식이 자세히 밝혀 있음.

광명토(光明土) 無量光明土의 약칭으로 서방극락국의 德名.
※平等覺經에「速疾超便可到安樂國之世界 至無量光明土 供養無數佛」

광명현(光明玄) ㊎ 金光明玄義의 약칭. 智者大師의 說.

광목녀(光目女) 地藏菩薩 前身女의 이름. 久遠의 옛적에 光目女가 그 어머니 사망일에 한 羅漢에게 供養하는데 그 어머니가 惡趣에 떨어졌음을 알고 큰 誓願을 발하여 말하기를「내가 지금부터 一切衆生을 구제하고자 일체중생이 모두 成佛한 뒤에 내가 正覺을 이루겠다 하고 이 큰 서원에 따라 어머니의 罪報를 구원한 까닭에 이 菩薩은 아직 成佛하지 못했다고 함. (地藏本願經上)

광목천(廣目天) ㊥ 〈Virupakcha〉 四天王의 하나. 十二天의 하나. 十六善神의 하나. 西方에서 龍·富單那 (귀신의 이름)를 지배하며 惡人에게 罰을 주고 苦痛을 주어 菩提心을 發하게 한다 함. 몸은 赤色, 항상 甲冑를 입고 須彌山 중턱 西方 周羅城에 住하기 때문에 西方天이라 함. (起世經 등)
※住須彌山西面半腹 常以淨天眼觀察閻浮提之衆生 爲西方守護神.

廣目天

광박(廣博) 받아들인 것이 많고 거두어 들인 것이 빠짐없이 두루함.

광박선인(廣博仙人) 廣博은 ㊥ 毘耶娑(vyāsa) 또는 婆耶婆. 吠檀多 (vedanta)派의 開祖·바다라나야 (badarayana)의 別號. 毘耶娑란 말은 원래 編者 또는 整頓者의 뜻으로 널리 印度 태고의 述作者나

編纂者의 호칭으로 통하였으나 지금은 특히 吠陀의 編者를 말함.

광박신여래(廣博身如來) 大日如來의 다른 이름. 佛身이 廣大하고 法界의 事物을 완전히 구비한 까닭에 이같이 이름.
※焰口餓鬼經에「由稱廣博身如來名號加持故 能令諸鬼咽喉寬大 所施之食 恣意充飽」秘藏記本에「廣博身如來 中央毘盧遮那佛也」

광박엄정경(廣博嚴淨經) 廣博嚴淨不退轉輪經의 약칭.

광박엄정불퇴전륜경(廣博嚴淨不退轉輪經) 四卷. 劉宋의 智嚴과 普雲의 共譯.
※文殊師利以神通力 與舍利弗同到十方世界 供養佛 集一切菩薩還祇園 請轉不退之法輪 佛因說羅漢成就五逆滿足五欲遠離王見等之密語.

광반(光伴) 供養 등에 즈음하여 尊宿 등의 列에 끼어 서로 짝을 일컫는 말. 이에 諸說이 區區하나 一說에 光은 先人의 恩光, 또는 光榮의 뜻이라 함. 다른 一說에는 先人의 恩光을 내가 相伴하게 되었다는 뜻이라 하며 또는 내가 이 사람의 배열에 끼게 되어 光榮이 된다는 뜻이라 함. 光은 光臨·光來의 뜻으로 相伴의 敬稱.
※勅修淸規告香에「請茶各僉名 請首座光伴」

광반위(光伴位) 住持 혹은 尊師의 자리 바른편에 특별히 光伴으로 請待할 사람의 位를 設한 것을 일컬음. 곧 住持나 尊師의 分手位. (二人이 幷存할 때 甲에서는 乙, 乙에서는 甲, 즉 相對方의 位置)

광반향(光伴香) 光伴된 사람에게 謝意로 香을 피우는 일.

광배(光背) 또는 後光·御光. 佛像의 背面에 光明을 표현한 것. 머리 위의 원형의 것은 頭光 등 뒤의 타원형의 것은 身光이라 함. 頭光과 身光을 倂稱하여 擧身光이라 함.

광백론본(廣百論本) 一卷. 聖天菩薩이 짓고 唐의 玄奘이 번역함. 내용은 모두 五言으로 된 偈頌으로서 我見 등의 一切法을 깨뜨리는 것.

광백론석론(廣百論釋論) 十卷. 護法菩薩이 짓고 唐玄奘의 번역.
※是釋廣百論本者與成唯識之破我法二執相表裏.

광법사적비(廣法寺事蹟碑) 平南大同郡 송암리 大成山에 있는 廣法寺 創設의 事蹟碑. 英祖 3(1727)年에 세우다. 李時恒이 글을 짓고 黃敏厚가 쓰고 洪鉉輔가 篆을 씀.

광보(光寶) 唐나라 大慈恩寺에 주한 普光과 法寶의 병칭. 모두 玄奘의 高弟로서 각각 俱舍論을 해석하였음.
※宋僧傳四(法寶傳)에「時光寶二師 若什門融叡焉」

광보살진언(光菩薩眞言) 光明眞言을 일컬음.

광보이기(光寶二記) 普光이 먼저 俱

舍論 三十卷을 짓고 法寶가 후에 俱舍論疏 三十卷을 저술함. 각각 그 見解를 달리하여 俱舍를 探索하니 學者들이 光寶二記라 일컬음.

광부(光趺) 光은 後光, 趺는 臺座 또는 光座라고 함.

광부(廣敷) 俗姓은 鄭氏, 南燕 사람 어려서 恩浩의 門下에서 法을 배우고 受戒 후 嵩山에서 神會禪師를 뵙고 크게 玄旨를 깨닫다. 그후 道化를 펴다가 貞元1(785)年 3月 4日 91세로 入滅함.

광사(光嗣) 姓은 李氏, 太原文水 사람. 眞容院 浩威의 高足, 天福1(936)年 9月 5日에 遷化하니 門人들이 그 靈骨을 거두어 塔에 안치함.

광사(鑛師) 師는 海壇戍卒의 子. 7·8세부터 魚肉을 좋아하지 않고 野菜를 즐겼다. 출가하여 法服을 입고 있는데 이마에 香氣가 있어 마치 沈壇을 사른 것과 같아 그때 사람들이 聖僧이라고 불렀음.

광산(匡山) 光山의 本名. →匡廬.

광삼마야론(光三摩耶論) ㊅ 衆賢이 지음. 顯宗論의 다른 이름. 光은 光顯, 三摩耶는 梵語로 義類의 뜻. 곧 自宗의 義類를 밝힌 것.
※婆藪槃豆法師傳에 「光三摩耶論 有一萬偈 止述毘婆娑義 三摩耶 譯爲義類」
梵 Samayapradipikā(宗顯之義)

광상(光像) 광채를 발하는 佛像.

※寄歸傳四에 「大竿可爲贍部光像處懸幡之竿」

광상(狂象) 망녕된 마음이 狂妄하고 昏迷한 것을 미친 코끼리에 비유한 말.
※涅槃經三十一에 「心輕躁動轉 難捉難調 馳騁奔逸 如大惡象」 同二十五에 「譬如醉象狂駿 暴惡多欲殺害 有調象師 以大鐵鉤 鉤斷其頂 即時訓順 惡心都盡 一切衆生 亦復如是」

광생불정(廣生佛頂) 胎藏界釋迦院 釋尊의 오른편 第四位에 자리한 보살. 密號는 難都金剛, 德의 增益을 맡고 있으므로 黃色佛頂·辨事佛頂 또는 極廣大·極廣生·最廣大·光勝 등의 이름이 있음.
※黃色 右手屈無名小指 餘指立而當胸 左手持蓮 上有寶形 坐於赤蓮.

광서(光瑞) 부처님 妙法을 說하고자 갖가지 祥瑞를 나타내되 그중에 흔히 光明을 발하여 衆機를 비추는 瑞瑞를 光瑞라고 이름.
※法華經序品에 「我見燈明佛本光瑞如此」 無量壽如來會에 「世尊 我見如來 光瑞希有」

광서(光嶼) 俗姓은 韓氏. 慶州 金城 사람. 어려서 儒書를 읽으며 經國濟民에 뜻을 두었는데 神人이 자주 꿈에 나타나 경책하기를 "네가 佛法에 큰 인연이 있다"고 하였다. 마침내 眞容院의 法威에게 귀의하여 戒를 받고 淨名經을 誦하였다. 그후 그 名聲이 궁중에까지 알려져 紫衣를 下賜받고 다음해에 通悟라고 號를 내렸다. 顯德 7(960)年 世壽 66, 僧臘 46세로 入寂함.

광석보리심론(廣釋菩提心論) 書 四卷. 宋 施護의 번역. 내용은 諸經을 끌어다가 大悲를 밝히고 또 聞·思·修의 三慧를 밝힌 것.

광선기(光善忌) 또는 酒力忌·孝力忌. 死後 37日忌를 말함.

광설(廣說) 四種廣說과 같음. →四種墨印.

광세음(光世音) 觀世音의 別稱. 즉 觀世音菩薩. →觀音.

광소기(廣疏記) 荊溪湛然의 著書. 維摩疏記 六卷을 同著 維摩略疏 十卷에 對하여 廣疏記라 일컬음. (諸宗章疏錄一)

광쇠 念佛할 때 북과 함께 치는 쇠. 방바닥에 엎어 놓고 치기도 하고, 손에 들고 치기도 함.

광수(廣脩) 中國 東陽下崑 사람. 姓은 留氏. 일찌기 중이 되어 道邃의 문하에 들어가 天台의 敎觀을 배우고 禪林寺에 住하면서 法華·維摩·金光明·梵網 등의 諸經과 四分戒本을 독송하고 六時行道를 게을리 하지 아니하였다. 만년에 해마다 77日동안 隨自意三昧를 行하며 이를 폐하지 아니하더니 法臘 53, 世壽 73세로 會昌3(843)年 2月 16日에 禪林寺에서 入寂함.

광수공양(廣修供養) 三寶에 歸依하여 널리 供養하는 것. 十種行願의 하나. 華嚴經 普賢行願品에 나옴.

광수공양가(廣修供養歌) 普賢十願歌의 하나. 高麗 均如大師가 지은 鄕歌.

광수이무량(光壽二無量) 阿彌陀佛은 光明이 無量하여 橫으로 十方衆生을 敎化하고 또 壽命이 無量하여 縱으로 三世衆生을 救濟하는 德性을 말함.

광습인(誆習因) →十因十果.

광신(廣神) 廣大神王의 약칭. 두가지 神王이 있는데 ①은 鳩那耶神王으로 金剛山에 住하여 한결같이 吉祥神主를 출생하고, ②는 遮毘佉羅神王으로 大海中에 住하여 갖가지 吉祥神主와 過患神主를 출생한다 함. 그래서 衆生이 갖추고 있는 一心에 비유한 것. 鳩那耶神王은 心眞如門이며 遮毘佉羅神王은 心生滅門. (釋摩訶衍論)

광안(光顔) 부처님의 얼굴에 광채가 있으므로 이같이 이름.
※無量壽經上에「光顔巍巍如明淨鏡」

광액도아(廣額屠兒) 이마가 넓은 白丁이란 말. 屠兒는 屠人·屠者·屠漢과 같음.

광야성(曠野城) 根本律에 이르기를 「摩竭陀國과 憍薩羅國 중간의 큰 曠野에 五百群賊들이 商旅를 살해하므로 이로부터 兩界에 行人이 끊어졌다. 그때 影勝王이 그말을 듣고 大將에 命하여 그곳에 가서 群賊들을 물리치도록 하니 그 大將이 그곳에 이르러 方便으로 降伏받다.

群賊들이 살려달라고 哀乞하니 大將이 그들을 憐愍히 여겨 悲心으로 그들을 向하여 곧 兩界의 중간에 새로 한 城을 축조하여 그들을 모두 그곳에 住하게 하였다. 이후로부터 이름을 曠野城이라 함.

광야신(曠野神) ㉑〈阿吒嚩迦=atavika; atavaka〉또는 阿吒薄俱·阿吒婆拘·遏吒薄俱·遏吒薄. 번역하여 林人·林住라 함. 十六藥叉神의 하나. 또 曠野鬼神·曠野夜叉·曠野鬼神大將이라 함.

광언(光彥)(1868~1936) 朝鮮 말기 승려. 號는 南泉. 姓은 金氏. 陝川 출신. 18세에 海印寺 信海에게 중이 되고 翫虛伏涉의 法을 잇다. 禪宗의 중앙기관으로 서울 安國洞에 禪學院을 창건했고, 글씨를 잘 썼다. 世壽 69세 法臘 52세로 禪學院에서 入寂함. (泉은「전」으로 읽음)

광엄성(廣嚴城) ㉑〈毘舍離=vaiśali〉中印度에 있는 地名. 부처님이 이곳에서 藥師經·維摩經 등을 說하였다 함.
　※行宗記二上에「廣嚴城者 廣謂土境之大 嚴卽風物之美 昔波羅奈國王夫人 生一肉團 羞愧不已 封之金函 棄於江內 有一道人 見而取之 後生一兒一女 有大人相 乃立爲王 子孫漸多 三展其國 故曰廣嚴」

광연언교(廣演言敎) 詳細한 語句의 說明과 深奧한 語源의 解釋과 難解

한 古典의 註解 등으로 眞理를 廣說하는 것.

광열(廣悅) 朝鮮 승려. 號는 燕海, 海南 사람. 頭崙山에서 중이 되어 喚醒·虎岩의 門下에 출입, 妙理를 깨치고 講主가 되어 學者들이 많이 모였다. 講說하는 여가에는 念佛로 淨業을 닦다. 虎庵의 法을 잇고 慈庵의 心印을 傳함.

광염(光燄) 불꽃·旺盛한 氣勢. 轉하여 佛의 威神力을 光明이 빛나는데 비유한 말.
　※讚阿彌陀佛偈에「一蒙光焰罪垢除」無量壽經上에「無量光燄照耀無極」

광염왕불(光燄王佛) 阿彌陀佛의 德名. 阿彌陀佛의 光明이 가장 殊勝한 것을 찬탄한 말. 光明이 自在하여 이보다 뛰어난 것이 없다는 뜻에서 光燄王이라 부름.
　※讚阿彌陀佛偈에「佛光照耀最第一 故佛又號光燄王 三塗黑蒙光啓」無量壽經上에「燄王光佛」

광영(光影) 光影과 같음. 빛 또는 세월을 말함.

광오온론(廣五蘊論) 大乘廣五蘊論의 약칭.

광요(光瑤) 俗姓은 周氏, 北京 사람. 출가할 뜻을 품고, 禪林에 들어가 宗師를 따라 法을 구하였다. 후에 沂水 蒙山에 들어가 草庵을 짓고 怡然히 宴坐하니 鄰費 사람들이 기꺼이 그의 敎化에 따랐다. 元和 2 (807)年 亨年 92세로 入滅함.

광운(光雲) 부처님의 光明이 一切 衆生에게 두루 미침을 하늘에 뻗친 구름에 비유한 말.
※讚阿彌陀佛偈에 「光雲無礙」

광육도행(廣六度行) 廣施·廣戒·廣忍·廣精進·廣一心·廣智慧를 일컬음.

광융(光融) 法을 빛내고 널리 폄.
※無量壽經上에 「光融佛法 宣流正化」

광음(光陰) 세월 또는 시간. 光은 日光, 陰은 月影임. 一說에 光은 晝, 陰은 夜라고 함. 시간이라는 뜻.

광음궁(光音宮) 梵〈Abhasvara-Vimana〉光音天의 宮殿.

광음삼천(光音三天) 第二禪에 三天이 있으니 ①少光天·②無量光天·③光音天. 혹은 三天 통칭하여 光音이라고도 함.
※經律異相一에 「二禪通名光音」

광음천(光音天) 梵〈Ābhāsvara〉色界第二禪의 第三天. 이 하늘에는 音聲이 없고 말할 때에는 입에서 淸淨한 빛이 發하여 그 빛이 말의 작용을 하기 때문에 光音이라 함. 八大劫의 壽를 누리고 身長이 八由旬이라 함. 極光淨天. 光曜天.
※大火炎破壞至色界之初禪天時 下界之 衆生盡集此天處 待世界再成後至成劫之初 自此天起金色之雲而注大洪雨以造初禪天以下至地獄之世界 待世界已成 此天衆之福薄者漸漸下生 乃至至地獄界盡見衆生 (此就大火炎言耳 若大水炎大風災時 此天處亦破壞 故獨於其上之天處爲此事) 爲胎藏界曼陀羅外金剛院之一衆 出此天之衆生.

광음천하생인간(光音天下生人間) 增一阿含經에 「劫初에 光音天人이 우리들은 閻浮提에 가고 싶다고 서로 말하고는 바로 염부제로 내려와 이 땅의 살찐 고기를 먹었기 때문에 神足通을 잃고 모두 울부짖어 저주하며 서로 말하기를 우리들이 窮厄을 만나 다시 天上에 오르지 못한다」는 傳說이 있음.
※經得相一에 「天地更始 盪盪空虛 了無所有 亦無日月 地涌甘泉 味如蘇蜜 時光音諸天 或有福盡來生 或樂觀新地 性多輕躁 以指嘗之 如是再三 轉得其味 食之不已 漸生麤肌 失天妙色神足光明」

광의(光儀) 俗姓은 李氏, 본래 唐의 宗室로 父는 瑯琊王이다. 그는 어려서부터 용모가 뛰어나고 영리했다. 일찍 한 老僧을 따라서 삭발하고 十餘年이 된 후에는 經律에 밝고 禪觀을 잘하였다. 후에 여러 절을 세우고 開元 23(735)年 6月 23日에 入寂함.

광인(光仁) 師는 어느 곳 사람인지 알 수 없으며 키가 작았으나 어려서부터 氣槪가 보통 사람보다 뛰어났다. 일찍 洞山을 참방하여 玄理를 깨치다. 著書에 四大等頌略華嚴長者論이 傳함.

광자대사(廣慈大師) 新羅末 高麗初의 高僧 允靈(864~946)의 諡號.

광자대사탑(廣慈大師塔) 大安寺廣慈大師碑・全南 谷城郡 竹谷面 元達里 大安寺에 있다. 國寶 第422號.

광장륜상(廣長輪相) 大日如來가 眞言을 說하고자 法界에 두루한 廣長舌을 발하여 그 眞言을 깨닫게 하는 것이 誠實하다 하여 이를 如來廣長輪相이라 이름.
※大日經二에「如來有如來中廣長輪相」

광장설(廣長舌) 梵〈prahūtatanujihva〉三十二相의 하나. 혀가 넓고 길고 부드럽고 연하며 붉고 엷어서 능히 얼굴을 덮고 머리카락 끝까지 이르는 부처님의 혀. 大舌相.
※智度論八에「問曰 如佛世尊 大德尊重 何以故 出廣長舌 似如輕相 答曰 舌相如是 語必眞實 如昔佛出廣長舌 覆面至髮際 語婆羅門言 汝見經書 頗有如此舌人而作妄語不 婆羅門言 若人舌能覆鼻無虛妄 何況至髮際 我心信佛必不妄語」法華經神力品에「現大神力 出廣長舌 上至梵世」

광장설상(廣長舌相) →廣長舌.

광재(曠載) 長久한 세월. (出三四一四)

광전절후(光前絕後) 앞에도 뒤에도 比할만한 類가 없다는 말. 後生도 이같은 賢者는 없을 것이므로 絕後라 하고 그 賢德이 前世를 빛냈으므로 光前이라 함.

광정(匡正) 匡救・正定의 뜻. 바르게 고침.

광제(光帝) 後唐의 莊宗으로 年號를 同光이라 한 까닭에 光帝라고 함.
※祖庭事苑一에「同光帝卽五代莊宗 同光卽莊宗時年號也」

광제복두(光帝幞頭) 語 同光帝(後唐莊宗 923~925)가 興化存奬禪師에게 말하기를 "寡人이 中原의 한 보배를 얻었는데 다만 값을 주고 살 사람이 없다"고 하니 興化가 "陛下의 보배를 빌려 보고자 합니다" 帝가 두 손으로 幞頭(頭巾의 한 가지)의 끝을 당기니 化가 "임금의 보배를 뉘 감히 값을 말하겠읍니까" 하였다는 것. (從容錄六)

광제심(曠濟心) 널리 衆生을 濟度하는 마음. 慈悲心과 같음.

광제중생신주(廣濟衆生神呪) 七佛八菩薩所說大陀羅尼神呪經의 다른 이름.

광조(光祚) 中國. 浙東 사람. 蜀의 西川에서 香林澄遠의 法을 이어받음. 뒷날 隋州 智門山에 住하면서 敎化를 크게 폈다. 雲門下의 俊傑로서 宋代 屈指의 名匠.

광조(廣照) 名은 慧覺, 號는 琅琊 汾陽善昭(947~1024)의 弟子. 雪寶山顯禪師와 같이 佛法을 唱導하여 그때 사람들이 二甘露門이라 일컬음. (稽古四)

광좌(光座) 또는 光趺. 부처님의 後光과 臺座를 말함.
※陀羅尼集經十一에「功德天像 身長一肘一尺三寸五分 除其光座」

광지(廣智) 宋 延慶寺에 住하던 尙賢의 賜號. 師는 四明尊者 法智를

따라 敎觀을 배워서 性宗의 旨歸를 깨달음. 宋 天聖 6(1028)年에 法智의 뒤를 이어 延慶寺에 住하면서 크게 敎化를 폄. (佛祖統紀十二)
※雪竇山顯禪師山來訪申賀禮 人傳以爲盛事 與靈芝淨覺論性具之旨 輔四明之賴說學者賴之.

광찬경(光讚經) 光讚般若波羅蜜經의 약칭.

광찬반야(光讚般若) 光讚般若波羅蜜經의 약칭.

광찬반야바라밀경(光讚般若波羅蜜經) 十卷. 西晉 竺法護의 번역. 또는 光讚摩訶般若經·光讚經이라 함. 부처님이 혀에서 光明을 發하여 三千世界를 비추니 빛속에서 연꽃이 生하고 꽃 위에 모든 부처가 出現하여 이 般若를 稱讚하였기 때문에 光讚般若라 함. 大般若經 第二會의 別譯.

광참(廣參) 禪宗에서 大衆一同이 參堂 또는 參禪하는 일. (象器箋十一)

광촉(光觸) 光明이 照觸한다는 뜻. 즉 부처님의 光明이 비추어 修行者의 몸에 닿는 것을 말함.

광취(光聚) 南方의 摩尼部를 일컬음.
※瑜祇經에「此人如金剛 諸惡不能壞 此身如光聚 能破三界冥」

광취불정(光聚佛頂) Ⓢ〈帝儒囉施鄔瑟抳灑 ＝ tejorāsyusnisa〉 또는 火聚佛頂·放光佛頂·光聚佛頂輪王이

라 함. 五佛頂 또는 八佛頂의 하나. 胎藏界曼荼羅 釋迦院中의 中尊. 釋迦牟尼佛의 右側下段第四位에 奉祝된 尊位. 密號는 神通金剛.

光聚佛頂

광택(光宅)(467~529) 중국 梁나라 승려. 名은 法雲. 楊都 光宅寺에 住하였으므로 光宅이라 일컬음. 그의 著書 法華疏를 光宅疏라 함. (唐僧傳 五)

광택(光澤) 光은 빛, 澤은 潤澤. 潤氣가 있다는 말. 부처님의 光明이 비추어 濟度됨을 말함.

광택사교(光宅四敎) 梁나라 光宅寺의 法雲이 法華經譬喩品을 빌어 부처님의 일대 敎說을 네가지로 나누어 설명한 것. 즉 羊車는 聲聞乘, 鹿車는 緣覺乘, 牛車는 菩薩乘, 大白牛車는 一佛乘에 비유하여 說한 敎法. (五敎章上二·華嚴玄談四)
※一聲聞乘敎 說四諦之法者 二緣覺乘敎

說十二因緣之法者 三菩薩乘敎 說六度萬行之法者 四一佛乘敎 說一切皆成佛之法者 此中前三者是權敎 後一者是實敎.

광택사승(光宅四乘) 光宅法師가 법화경 비유품의 뜻에 따라 四乘敎를 세우다 ①羊車는 聲聞乘·②鹿車는 緣覺乘·③牛車는 소승의 보살. ④大白牛車는 대승의 보살에 비유한 것. (華嚴大疏一·三藏法數十五)

광통(光統) (1139~1208) 北齊 鄴城의 大覺寺 승려인 慧光律師를 말함. 地論의 宗匠으로 鄴城에서 國統에 任命되어 「光統」이라 부름. (唐僧傳二十一·探玄記一)

광통삼교(光統三敎) 後魏의 光統이 세웠다. ①은 漸敎로서 미숙한 자를 위하여 먼저 無常을 뒤에는 常을 說하고 먼저 空을 뒤에는 不空을 차례로 說함. ②는 頓敎로 이미 익숙한 자를 위하여 一法門에서 常·無常. 空을 한꺼번에 說함. ③은 圓敎로 上達을 위하여 究竟의 果海가 圓極하고 自在한 法門을 說한 것으로 곧 화엄경을 말함.

광학보(廣學寶) 高麗 때 佛法을 배우는 사람들을 위하여 설치한 일종의 獎學機關. 定宗1(946)年에 王이 곡식 7만섬을 여러 절에 施納하여 佛名經寶·廣學寶 등을 만들고 불교공부를 권장하였음.

광학수의(廣學竪義) 널리 배워서 뜻을 세움. 天台宗에서 宗徒를 策進하는 討論會의 명칭.

광한궁전(廣寒宮殿) 달의 異名. 唐의 玄宗皇帝가 月宮에 노닐면서 廣寒淸虛之府라고 하였다. 이로부터 月宮殿을 廣寒宮殿이라 함.

광현(光顯) 光耀의 뜻. 밝게 빛남.
※止觀五下에 「法不自顯 弘之在人 人能行行 法門光顯 使無生敎縱橫無礙觸處皆通」

광현정의경(廣顯定意經) 弘道廣顯三昧經의 다른 이름.

광협자재무애문(廣狹自在無碍門) 十玄門의 하나. 一法으로 一切法을 緣起하여 一法의 用力이 際限이 없음을 廣이라 하고 一法의 分限을 지켜서 本位를 무너뜨리지 않으므로 狹이라고 함. 이것으로 보아 分은 곧 無分이며 無分은 곧 分임. 무릇 緣起의 法은 이같이 一法에 分과 無分의 두가지 뜻을 갖추어 서로 妨害하지 않음을 廣狹自在無碍門이라 함. →十玄門.

광혜(狂慧) 散亂한 지혜를 가리킴. 觀音玄義에 「定을 닦으면서 慧가 없는 장님인 것을 痴定이라 하는데 이것은 마치 애꾸말을 타고 달니는 것과 같아서 웅덩이에 떨어짐은 의심할 것이 없으며 慧만 닦고 定을 닦지 아니함을 狂慧라 하는데 비유하면 바람이 부는데 등불을 켜는 것과 같아서 마침내 바람에 나부끼어 물건을 비출 수가 없다」고 하는 것.

광혜력(廣慧力) 如來의 깊고 넓은 智慧의 힘, 곧 널리 衆生을 攝化하는 광명의 힘.

광호(光毫) 부처님 三十二相의 하나. 부처님의 眉間에서 빛을 發하는 흰털.
 ※法華經序品에「爾時佛放眉間白毫相光 照東方萬八千世界 靡不周徧」 觀佛三昧經에「時佛眉間 卽放白毫大人相光 其光分爲八萬四千支」

광홍명집(廣弘明集) 三十卷, 唐 釋道宣의 著書. 이책은 梁 僧祐가 쓴 弘明集의 續篇이나 체계가 조금 다르다. 모두 十篇으로 나누어 每篇 마다 小序를 실었음. (四庫撮要)
 ※一에 歸正 二에 講惑 三에 佛德 四에 法義 五에 僧行 六에 慈濟 七에 戒功 八에 啓福 九에 悔罪 十에 統歸.

광화(狂華) 空華가 난무함. 눈병에 걸린 눈으로 허공을 바라보면 공중에 꽃이 있는듯이 보이는 것.
 ※楞嚴經二에「其人無故不動目睛 瞪以勞目 則於虛空別見狂華」

광화(光靴) 빛이 번쩍이는 靴(신). 參禪으로 成就한 完全無缺한 깨우침에 比喩한 말.

광효(光曉) 光明과 같음. 曉는 明의 뜻. 부처님이 智慧의 光明을 發하여 一切衆生의 昏暗을 깨뜨림이 마치 새벽하늘의 햇빛과 같음에 비유한 말.
 ※讚阿彌陀佛偈에「有量諸相蒙光曉」

괘단(掛單) 掛搭과 같음. 大衆과 起居를 함께 하는 것을 말함. 叢林에 安居하여 單位에 앉는 것.

괘답(掛搭) 掛는 錫杖을 거는 것. 搭은 바리때를 걸어 두는 것. 곧 僧堂에 安居하는 것을 말함. 掛錫·掛搭·掛褡·掛鉢.
 ※禪僧止住云掛搭 懸衣鉢袋於僧堂之鉤也 因之住持許行脚人依住 謂爲許掛搭.

괘답(掛褡) 승려가 다른 절에서 寄寓함을 掛褡이라 함. 褡은 해진 옷을 말함. →掛錫.
 ※葛長庚詩에「未相識前來掛 褡知堂嫌我身襤褸」

괘답단(掛搭單) 掛單과 같음.

괘대불(掛大佛) 西藏新志에「3月 初 1日에 亮寶布達拉山 위에 大佛을 걸고(中略), 男女 6·7萬名이 모여 山을 메웠으며 명주에 그린 大佛像을 山上의 第五層樓에 걸어 山麓에까지 드리우니 길이가 약 30餘丈이라」하였음.

괘락(掛絡) 安陀會와 같음. 五條袈裟의 한가지. 唐 則天武后가 이것을 줄여서 禪僧의 옷 위에 걸치게 한 것. 두 어깨를 통하여 가슴에 걸치는 작고 네모진 袈裟. 또는 掛落·掛羅·掛子·絡子.
 ※釋氏要覽上에「絡子或呼掛子 蓋此先輩僧創之 後僧效之 又亡衣名 見掛絡在身 故因之稱也 今南方禪僧一切作務 皆服 以相不如法 諸得無名 幾爲講流非之」象器箋十七에「眛者 字作掛羅 謂以羅牙造 又作掛落 謂掛而落胸前 皆裟說也」

괘발(掛鉢) 또는 掛搭·掛錫. 바리

때를 僧堂 單位(禪堂의 坐床)의 鉤에 걸어 둠. 따라서 禪僧이 다른 절에 住錫하는 것을 말함.

괘불(掛佛) 그려서 걸게 된 佛像 또는 부처를 그린 그림을 거는 일. 掛佛幀. (幀은 「탱」이라 읽음)

괘불탱(掛佛幀)→掛佛.

괘석(掛錫) 錫杖을 걸어둔다는 뜻. 叢林에 安居하여 僧堂의 單位에 앉는 것. 즉 다른 大衆과 起居를 함께 하는 것. 掛搭(搭).
※祖庭事苑八에「西域比丘 行必持錫 有二十五威儀 凡至室中 不得著地 掛必於壁牙上 今僧所止住處」

괘시(罣罳) 의자의 背面을 가리는 板屏. 一種의 가리개.

괘애(罣礙) 前後·左右·上下가 막혀서 進退할 수 없음을 말함. 罣는 四面에 障礙가 되는 것. (俗에 「괘애」라 읽음은 誤讀「가애」라 읽음)
※般若心經에「依般若波羅蜜多故 心無罣礙無罣礙故無有恐怖」

괘자(掛子) 禪僧이 걸치는 袈裟의 이름 掛絡·掛子.
※傳燈錄(慧日章)에「不披袈裟 不受具戒 唯以雜彩爲掛子」

괘진(掛眞) 眞은 眞儀. 尊宿의 肖像. 肖像을 거는 것을 掛眞이라 함.

괘패(掛牌) 搭掛와 같음.

괴(愧) ⓢ〈Apatrāpaya〉大善地法의 하나. 十一善種의 하나. 허물이 있어 남에 대하여 부끄럽게 여김.

괴각(乖角) 어그러짐. 즉 禮儀作法에 맞지 아니함을 이름.

괴겁(壞劫) 四劫의 하나. 三千大千世界가 破壞되는 기간. 즉 住劫에서 空劫에 이르는 二十中劫의 사이를 말함. 이에 有情壞와 外器壞의 두가지가 있으니 有情壞란 地獄의 有情으로부터 傍生·鬼趣·人天을 壞滅하는 것이며 外器壞란 色界 第三禪 이하의 器世界를 壞滅하는 것.
※其初十九小劫壞有情世間 第二十小劫 之一劫壞器世間.

괴견(壞見) 提婆는 비록 五逆을 범하였으나 天王如來의 記別이 있었으니 이는 行이 무너지고 見이 무너진 사람이 아니다. 善星比丘는 惡行이 없으나 撥無의 邪見에 의하여 地獄에 떨어져 빠져나올 가약이 없으니 이는 見이 무너진 사람이며 行이 무너진 사람이 아니다. 大集地藏十輪經五에「戒가 무너지고 見이 무너지지 않음이 있고 見이 무너지고 戒가 무너지지 않음이 있으며 戒와 見이 함께 무너짐이 있다」하였음.

괴고(壞苦) 三苦의 하나. 몸 가운데 四大가 相侵하여 壞滅될 때에 느끼는 苦惱 또는 樂이 무너질때 苦想이 일어나는 것을 말함.
※大乘義章三本에 「從彼順緣離壞生惱 名爲壞苦」

괴납(壞衲) 壞色으로 만든 衲衣. 壞는 木蘭 등 不正色으로 僧衣를 염

색한 것. 衲은 갖가지 헝겊 조각을 이어 만든 것. 인하여 比丘의 袈裟 혹은 比丘를 壞衲이라 함.
※祖英集上에「壞衲之外皆淸墮」(此指 迦葉尊者 尊者爲頭陀第一常著壞衲)

괴도사문(壞道沙門) 四沙門의 하나. 또는 汚道沙門. 戒律을 지키지 않고도 부끄럽게 여기지 않고 佛道를 破壞하는 沙門.

괴려거(壞驢車) 파괴된 수레에 병든 나귀를 멍에했다는 것은 法華의 大白牛車에 대하여 일컫는 말. 涅槃經 二十에 「壞驢車를 타고 正南에서 노닌다」하였고 章安疏에「南方은 離로 離火이니 곧 邪見乘을 타고 三途火로 向하므로 南方에서 노닌다」하였음. 止觀七에「만약 그러한 자가 邪見乘을 타고 險惡道에 들어가면 이것이 壞驢車라」하였고 止觀大意에「正觀은 무엇이냐 이른 바 十法이다. 만약 이 十名이 없으면 壞驢車라」하였음. 止觀義例에「十乘十境을 正修라 하는데 무슨 까닭이냐 만약 十境乘이 없으면 體가 없고 十法이 없으면 壞驢車라 이름한다」하였음.

괴뢰자(傀儡子) 木偶人 즉 허수아비를 말함. 傀儡 또는 䰟礧라고 함. 人形을 만들어 사용하는 사람을 傀儡師, 傀儡女라고 부름.
※四分律行事鈔에 「諸師不曾見此衣. 謂如傀儡子悠圍之類」同資持記에「傀儡子云者 木悠人也」又臨濟語錄에「如何是第三句 師云 看棚頭弄傀儡」

괴법(壞法) 巴〈pabhaṅgu〉① 壞滅하는 것. ② 邪法에 繫縛됨. ③ 燒骨人을 말함.
※成就白骨觀之人有二類 一類之人但好離煩惱 更恐於白骨生着 爲燒骨人作灰之想.

괴산(壞山) 別譯阿含經四에「人生의 老·病·死·衰耗는 마치 四山이 壓迫하는 것과 같다」하였음. 壞山은 즉 衰耗山.

괴상(壞相) 六相의 하나.

괴상금강다라니경(壞相金剛陀羅尼經) 一卷. 元 沙囉巴의 번역. 이 陀羅尼는 金剛과 같이 견고하고 예리하여 一切煩惱와 魔障을 깨뜨리므로 壞相金剛이라 함.

괴색(壞色) 梵〈Kasaya〉靑·黃·赤·白·黑의 다섯가지 正色을 피한 色. 이에 靑壞色·黑壞色·木蘭壞色의 세가지가 있다. 四分律에「만일 比丘가 새옷을 얻으면 靑·黑 또는 木蘭으로 壞色할 것이며 괴색하지 않고 새옷을 입으면 波逸提(六聚罪의 하나)가 된다」고 하였음.
※遺敎經에「汝等比丘 當自摩頭以捨飾好 著壞色衣 執持應器 以乞自活」梵網經下에「應敎身所著袈裟 皆位壞色與道相應」行事鈔中之三에「四分云壞色者 若靑黑木蘭也 彼得衣不作三種壞著者墮」六物士에「律에 上色染衣不得服 當壞作袈裟色 卽戒本中三種染壞 皆如法也」

괴색의(壞色衣) 僧衣. →壞色.

괴안국(槐安國) 唐나라 때 淳于棼이 자기집 남쪽에 있는 홰나무 밑에서 술에 취하여 자고 있는데 꿈에 大槐安國 南柯郡의 太守가 되어 영화를 누린지 20年이 되어서 꿈을 깨었다는 故事. 轉하여 한 때의 헛된 富貴의 비유로 쓰임. 唐나라 李公佐의 小說 南柯記에 나옴. 槐下夢·南槐夢.

괴존비차서계(乖尊卑次序戒) 尊卑·次第의 序列에 어그러짐을 制止하는 戒. 四十八輕戒의 第三十八. 佛法에 자리의 次第는 老少와 貴賤을 不問하고 먼저 戒를 받은 자가 앞자리에 앉고 뒤에 戒를 받은 자가 뒷자리에 앉음. 이 戒는 곧 이런 次序에 의하지 않고 자리에 前後가 없는 것을 경계한 것임. 이는 大小二乘과 道俗七衆에 모두 통함. 法藏은 이를 衆坐儀戒, 太賢은 坐無次第戒라 하였으나 지금은 天台의 이름에 따름.(梵網經·菩薩戒義疏)

괴한(愧汗) 부끄러워하여 땀을 흘림.

괵렬(摑裂) 깨어져 갈라짐. 破裂.
※無量壽經上에 「摑裂邪網」同述文讚에 「摑古惡反 亦裂也」

괵렬사망(摑裂邪網) 邪網은 四諦의 理에 迷한 障害. 摑裂은 打裂의 뜻. 四諦의 理에 迷障된 見解를 論破하는 것.

굉오(宏悟) 中國近代의 僧侶. 字는 圓暎. 淸나라 光緒 4(1878)年 福建省 古內에서 出生. 19歲에 鼓山에 出家하여 天台學을 배우고 뒤에 天寧寺에서 禪業을 닦다. 26歲에 福建·浙江 등지와 南洋 華僑에게 布教하였고 永豐寺에서 太虛와 함께 「以心印心·白首如新·以善勸勉·疾病相扶·安危與共·事必相商·各自立志」등의 義規를 定하여 結義하고 中國佛教의 中興을 爲하여 活躍하였다. 또 上海 玉佛寺 圓明講堂 등에 住하면서 布教·社會福祉事業·各地 寺利의 復興·佛書 刊行 등을 行하였다. 民國 42(1953)年 中國佛教協會會長이 되어 共産主義社會에서 佛教會의 新發足에 成功하였으나 同年 9月 享年 75세로 上海에서 卒함.

굉지(宏智) 明州 天童山의 正覺禪師로 宏智는 諡號이다. 鄧州 丹霞子淳의 法을 받았으며 眞歇淸了와 함께 二大弟子라 일컫다. 宋 紹興 27(1157)年에 글을 써서 育王山 大慧果禪師에게 後事를 부탁하고 입적함. (傳燈錄十七·稽古略四)

굉지광록(宏智廣錄) 書 九卷. 宏智의 侍者 晉崇·法爲·師巖 등이 엮음. 宏智正覺禪師의 法要를 蒐錄한 책. 宏智는 臨濟宗의 大慧宗杲와 함께 그 당시 二大甘露門이라고 일컫던 曹洞宗의 巨匠으로서 學德이 卓越하였음.

굉지전사어록(宏智禪師語錄) 四卷. 宏智禪師의 語錄을 문인들이 편집한 책.

굉활(宏濶)(1680〜1741) 朝鮮 승려. 號는 幻夢. 姓은 安氏, 본관은 密城. 13歲에 出家, 여러 宗匠들에게 修道하고 萬年에는 道安에게 배웠다. 후에 休靜의 心法을 전수 西方의 大禪寺라는 칭호를 받고 黃州 道觀寺에서 나이 62歲로 入寂함.

교(敎) ㉦〈Āgama〉聖人의 말씀을 가르치는 것. 마음에 있는 것을 法이라 하고 法이 말에서 發하는 것을 敎라 함.
※玄義一上에 「敎者. 聖人被下之言也」 止觀一上에 「敎是上聖被下之言」

교(憍) ㉦〈Mada〉七十五法의 하나. 스스로를 존대하고 남을 경멸하는 것. 自己의 財産·地位·才能學·力 등을 믿고 傲慢한 것.
※唯識論六에 「云何爲憍 於自盛事 深生染著 醉傲爲性」

교(橋) 梵語 細覩(Setu)의 譯語. (梵語雜名)

교가(敎家) 經論에 依據하는 佛敎家 經論에 依據하여 敎義를 세우고 文字와 語句에 依하여 敎를 說하는 宗派. 禪家가 敎外別傳·不立文字라 하여 所依의 經典을 세우지 않는데 對하여 特定한 經論에 依據하여 修行하는 宗派. 또는 그 사람. →禪家·律家.

교갱(憍坑) 憍慢心이 깊은 것을 구 렁에 비유한 말.
※智度論十八에 「勝者墮憍坑 負者墜憂獄」

교결취회(交結聚會) 同德者가 한 곳에 모여 굳게 뭉치는 일. 同道者가 모여친 교를 맺는 일.

교경(敎鏡) 經敎를 明鏡에 비유한 말 觀經疏序分義에 「經敎는 비유하면 거울과 같으니 자주 읽고 자주 궁구하면 智慧가 개발된다」 하였음.
※戒疏一上에 「以行觀說 如人照鏡 鏡即敎也」

교계(敎系) 스승과 제자가 서로 傳하는 敎法의 系統.

교계(敎誡) 가르치고 훈계함.
※無量壽經下에 「佛語敎誡」

교계륜(敎誡輪) 三輪의 하나. 口輪과 같음. 衆生을 敎化하기 위한 부처님의 口業을 말함. →三輪.
※義林章에 「敎謂敎示 令彼善生 誡謂誡盟 令其罪滅」

교계시도(敎誡示導) 三種示導의 하나. 또는 敎誡變化·敎戒通·敎戒新足이라 함. 菩薩이 衆生을 가엾이 여겨 慈悲喜捨의 마음으로 法을 說하여 示導하는 것. (大般若經四百六十九·三藏法數十一)

교계신변(敎誡神變) 三種神變의 하나. 如來가 모든 衆生을 가르치는 妙用과 變化는 헤아릴 수 없다는 것. (寶積經八十六·三藏法數八)

교계신학비구행호율의(敎誡新學比丘

行護律儀) ㊩ 一卷. 唐 道宣의 撰. 新學 沙彌가 준수해야 할 律儀를 條目別로 기록한 것. 줄여서 敎誡律儀라 함.

敎觀(敎觀) 敎相과 觀心을 말함. 敎相을 釋迦一代의 敎法을 自己의 宗義에 따라 分別判斷한 것이요 觀心은 自己宗義에서 내세운 眞理를 觀念하는 것.
※如天台宗以五時八敎爲敎相 以一心三觀爲觀心 乃至如眞言宗以顯密二敎十住心爲敎相門 以阿字不生爲觀必 此二門雖通諸宗 而天台一家之發揮 冠於諸宗玄義十下에「今釋此三敎 各作二解 一約門解 二約觀門解 敎門爲信行人 又成聞義 觀門爲法行人 又成慧義聞慧具足 如人有目 日光明照見種種色」

敎觀綱宗(敎觀綱宗) 一卷. 明 智旭의 著書. 내용은 台家敎觀의 大綱을 서술한 것.

敎觀二門(敎觀二門) 敎門과 觀門의 倂稱. →敎觀.

矯矯(矯矯) ①센 모양, 날랜 모양. ②높이 올라가는 모양, 뜻이 超然한 모양. ③능란함.

敎區(敎區) 그리스도敎에서 牧師·司祭를 管轄하는 區域을 敎區라고 한다. 敎會統制上의 任意區劃으로 一宗派 自治行政의 地域區劃上設定되었던 名稱. 그러나 敎區는 國家行政區域과는 一致하지 아니함. 敎區는 지역적인 小區를 분할, 그 밑에「組」를 組밑에 다시「部」등을 둔

두어 寺院을 統括하였음.

敎矩胝(憍矩胝) 小乘二十部의 하나. 번역하여 雞胤. →雞胤部.

敎矩胝部(憍矩胝部) →雞胤部.

敎卷(敎卷) 敎行信證六卷 가운데 第一卷. 내용은 大無量壽經이 淨土眞實의 敎가 된다는 것을 밝힌 것.

敎權證實(敎權證實) 天台宗에서 四敎中 別敎를 말함. 敎說은 方便(權)이지만 方便에 의하여 證得할 結果는 眞實하다는 말.

敎起(敎起) 法起의 緣由를 가르침.
※經初必有叙此之一段 名曰序分.

巧技兒(巧技兒) 또는 演技者. 巧妙한 技藝를 갖춘 者. 第七識에 比喩한 말. 第七識이 含有한 種子에 依하여 六識 以下를 나타내어 갖가지 活動을 演出하는데 比喩한 것.

敎內(敎內) 禪宗에서 以心傳心의 宗旨를 敎外라고 함에 대하여 言語나 文字로써 說한 敎法을 말함. →敎外.

憍曇彌(憍曇彌) ㊩〈Gautami〉 또는 喬答彌·俱曇彌 음역하며 明女라고 함. 印度 刹帝利 種族 가운데 한 姓. 곧 喬答摩의 여성. 명사로 釋迦종족의 일반 여자에 통하는 명칭. 특히 釋尊의 이모인 摩訶波闍波提를 일컬음.
※慧琳音義二十五에「彌者是女聲 爲是佛姨母 故以女呼之也」法華玄贊九에「梵云喬答摩 此云日炙種 亦甘蔗種 男聲中呼佛 是釋迦姓之本望也」

교담미경(教曇彌經) 曇彌尊者가 不法者를 教誡한 經. 中阿含經三十에 수록되어 있음.

교담미수기(憍曇彌授記) 法華經勸持品에 「憍曇彌가 未來에 成佛하여 號를 一切衆生喜見如來라는 記別을 받았다」는 故事.

교담미육불(憍曇彌育佛) 釋迦牟尼의 어머니 摩耶夫人이 釋迦를 낳은지 7日만에 죽으니 그 이모 摩訶波闍波提가 대신 길렀다는 故事. (因果經·佛本行集經)

교답마(喬答摩) →瞿曇.

교답미(喬答彌) →憍曇彌.

교당(交堂) 僧堂에서 堂直을 交代하는 것을 交堂이라 함. 直堂은 開靜한 뒤에 衆僧의 被鉢을 看守하는 것을 一日의 所任으로 하고 밤이 되도록 諷經하지 아니하고 外出을 하거나 寮舍에 들지 않으며 하루를 완전히 放參하는 것을 交堂이라 함. →直堂. (大鑑清規)

교도(巧度) 小乘의 觀法을 拙度라함에 대하여 菩薩의 觀法을 巧度라고 말함. 度는 梵語 波羅蜜의 譯語로 生死를 건너는 一切의 行法.

교도(教道) 地論에서 說한 二道. 如來의 教法에 의하여 方便修行하는 것을 教道라 하고 妄惑을 끊고 眞實한 이치를 證悟하는 것을 證道라 함. →二道.

교도(教導) 가르쳐 인도함.

교도갈라(憍都褐羅) ㉛〈autuhara〉 菩薩의 이름. 번역하여 除疑·除垢 항상 一切衆生의 의혹을 斷盡하므로 이같이 말함.

교돈기점(教頓機漸) 教法은 頓極頓速한 것이나 이를 실제로 수행하는 근기는 점차로 功德을 쌓아 理想에 도달하려고 自力心을 가지는 것.

교라(交羅) 交雜羅列의 약칭. 여기저기 보기 좋게 羅列하는 것. (碧岩錄六四)

교랍바(憍拉婆) ㉛〈Kaurava〉 八中洲의 하나. 번역하여 有勝邊. (俱舍光記十一)

교량(校量) 또는 較量. 校·較는 通用되지만 校가 바르다. 물건의 많고 적음을 比較하여 推量하는 것을 校量이라 함.

교량(橋梁) 자기를 謙下하여 남에게 받은 凌辱을 참고 견디는 것을 橋梁에 비유한 것.
※註維摩經七에 「示行憍慢 而於衆生 猶如橋梁」注에 「什曰 言其謙下 爲物所凌踐 忍受無慢猶如橋梁也」

교량공덕경(校量功德經) 希有校量功德經의 약칭.

교량수명경(較量壽命經) 佛說較量壽命經의 약칭. 一卷. 宋 天息災의 번역. 내용은 娑婆世界 一切衆生의 壽命長短을 較量한 것.

교량수주공덕경(校量數珠功德經) 이 經에 두가지가 있으니 ①은 曼殊室利呪藏中校量數珠功德經의 약칭. ②는 佛說校量數珠功德經(一卷)으

로 唐 寶思惟의 번역. 이 두가지는 同本으로 數珠의 바탕을 校量하여 菩提子로 지극한 것을 삼는 것.

교량일체불찰공덕경(較量一切佛刹功德經) 佛說較量一切佛刹功德經의 약칭. 一卷. 宋 法賢의 번역. 내용은 諸佛國土와 時分의 長短을 較量한 것.

교량탄(校量歎) 또는 格量歎. 어떠한 功德을 讚歎하기 爲하여 먼저 假立된 하나의 큰 功德을 들어서 그 量을 알리게 하고, 그것에 비교하여 功德이 더욱 크다는 것을 알리는 일. 天台嘉祥은 이것을 格量歎이라 하고, 悲恩은 校量歎이라 하였음. (法華經隨喜功德品)

교령(敎令) 衆生을 利益케 하려는 大日如來의 敎勅. 密敎에서 大日如來의 敎勅이 嚴하여 모든 怨敵을 쳐부수는 것이 轉輪王의 輪寶와 같으므로 이에 비유하여 敎令輪이라 말함. 輪은 古代 印度의 武器의 一種. →敎令輪身.

※金剛頂經一에「一切如來不空作敎令, 又時普賢大菩提薩埵身, 從世尊心下, 一切如來前. 依月輪而住. 復請敎令」

교령륜(敎令輪) 大日如來의 敎令이 견고하여 모든 怨敵을 쳐부수는 것이 轉輪王의 輪寶를 굴리는 것 같으므로 敎令輪이라 함.

※理趣釋下에「毘盧遮那佛轉法輪 輪有四種 所謂金剛輪 寶輪 法輪 羯磨輪

其四輪皆攝在二輪中 所謂正法輪 敎令輪」

교령륜신(敎令輪身) 三輪身의 하나. 敎令輪을 行하는 몸. 密敎에서 모든 明王이 忿怒相을 나타낸 것을 말함. 성질이 剛强하여 敎化하기 어려운 衆生을 위하여 모든 부처님이 方便으로 나타낸 몸. ↔自性輪身·正法輪身.

※例如大日如來爲自性輪身 般若菩薩爲正法輪身 不動明王爲敎令論身 又金剛薩埵爲正法輪身 降三世明王爲敎令輪身也.

교로(交露) 구슬로 만든 휘장. 그 모양이 마치 이슬이 맺혀 있는 것 같으므로 交露라 함.

※無量壽經上에「以眞珠明月摩尼衆寶 以爲交露, 覆蓋其上」

교로(交蘆) 또는 束蘆. 서로 因果가 되는 法을 비유한 말. 세개의 갈대를 交叉하여서 묶어 세운 것.

※楞嚴經五에「由塵發根 因根有相 相見無性」

교룡산성(蛟龍山城) 全北 南原郡 南原邑의 북쪽 약 4km 지점 蛟龍山에 있음. 道詵大師가 여기에 住하였다 함.

교리(敎理) 부처님이 說한 敎法의 道理. 즉 敎는 言語·文字로서 말하는 敎說, 理는 敎의 내용인 道理를 말함.

※於世尊之說法與實行之訓誡 同時有四諦十二因緣八正道等組織之敎 是屬於敎理者也 後於論藏之形式 尤明白作製

教理之面目.

교리행과(敎理行果) 自力으로 聖道門을 修證하여 果를 얻는 차제를 말함. 敎는 佛陀의 言敎요 理는 言敎中에서 說法한 道理며 行은 그 道理를 좇아 修行하는 것이요 果는 그 修行의 因을 따라 체득한 證果.

교만(憍慢) 五上分結의 하나. 煩惱의 이름. 잘난체하고 뽐내며 남을 輕蔑하는 마음.

※俱舍論四에 「慢對他心擧 憍由染自法 心高無所顧」 大集經二十에 「摧憍慢山 拔生死樹」

교만벽설계(憍慢僻說戒) 四十八輕戒의 第二十三. 自己의 智解와 勢力을 믿고 經律의 深旨를 물으면 輕慢心으로 잘 대답하지 않고 義理를 숨기고 法相을 倒說하는 것. 菩薩戒義疏下・梵網經本疏 三 등에 나옴.

※是爲制乖於敎訓之道之戒 通於大小二乘 道俗七衆 法藏謂爲輕新求學戒 太賢謂爲輕蔑新學戒 今依天台.

교만불청법계(憍慢不請法戒) 四十八輕戒의 第二十二. 아는 것이 없으면서 憍慢不遜하여 自己의 智力과 혹은 地位・權勢・財力 등을 믿고 一切經律에 밝고 學德이 겸비한 師家를 도리어 輕侮하여 法을 묻지 않는 것.

※是爲制乖於傳化之益之戒 通於大小二乘 道俗七衆 但小乘不請於五夏之內 卽爲得罪 大乘則不問其時限 此雖與第六不供給請法相似 然彼制懈怠不請 此在誡憍慢不請 制意不同也 法藏太賢皆謂爲慢人輕法戒 今依天台.

교망(敎網) 부처님의 敎法. 중생을 고기에, 부처님의 法을 그물에 비유한 말. 또는 敎相에 얽매여 자유를 얻지 못함을 마치 고기가 그물에 걸리어 빠져 나오지 못하는 것에 비유한 말이라고도 함.

※華嚴經에 「張佛敎網 亘法界海 漉人天魚 置涅槃岸」

교명(交名) 또는 夾名. 여러 사람의 이름을 連書한 文書. 眞宗에는 宗祖와 弟子의 이름을 列記한 「親鸞聖人門弟交名牒」이 있다. 交名에는 또한 法令을 違返한 者의 이름을 連書하여 위에 올리는 文書도 包含됨.

교명(敎命) 敎誡와 命令.

※長阿含經十五에 「侍者卽承敎命, 往語諸人」 大日經義釋二에 「隨聞善友等如法敎命, 便卽不生疑惑」

교묘지(巧妙智) 一切智智를 일컬음. 巧智慧.

※大日經六에 「一切悠論息 能生巧智慧」

교문(敎門) 敎法은 佛道에 들어가는 門戶가 되므로 門이라 하며 또는 敎法은 천차만별하여 문호가 각각 다르므로 門이라 함.

※四敎儀一에 「衆生機緣不一 是以敎門不同」 또 「於無言理 緣起敎 赴以敎爲門 是以稟敎之徒 因門契理」

교방편(巧方便) 善巧方便의 약칭. 衆生을 제도하기 위하여 중생의 根機에 따라 말하는 여러가지 巧妙한 수단.

교범(憍梵) 憍梵波提의 약칭. 比丘의 이름.

교범바제(憍梵波提) 梵〈Gavāmpati〉 憍梵鉢提. 迦梵波提. 笈房鉢底. 번역하여 牛呞·牛王·牛相·牛跡·牛相이라 함. 부처님의 弟子. 解律第一.
※法華玄贊一에 「梵云笈房鉢底 此云牛相 憍梵波提 訛也 過去因摘一莖禾數顆墜地 五百生中作償他 今雖人身尙作牛蹄牛呞之相 因號爲牛相比丘」

교범바제상제천상(憍梵波提常在天上) 憍梵波提가 過去世에 기러기가 되었을 때 雁王을 供養한 功德으로 今生에 羅漢의 後身이 되어 天上에 항상 住한다는 傳說.
※文句二上에 「昔五百雁 一雁常得花果 供於雁王 佛一夏受阿耆達王請 五百比丘皆食馬麥 而憍梵波提 獨在天上尸利沙園 受天王供養 增一云 樂在天上 不樂人間者 牛跡比丘第一」

교범바제입수정열반(憍梵波提入水定涅槃) 智度論二에 「부처님이 入滅하고 摩訶迦葉이 三藏을 結集하고자 말하되 毘尼法藏을 결집하는데 누가 능하냐 하니 長老 阿泥 廬豆가 말하기를 舍利弗의 弟子 憍梵波提가 毘尼法藏을 잘 안다 하였다. 지금 그는 天上의 尼利沙樹園에 居하고 있으니 使者를 보내어 請해 오라 했다. 迦葉이 下座比丘를 보내어 憍梵波提를 초청했다(下略)」는 傳說.
※比丘至天上 傳迦葉意 憍梵波提 語比丘言召我佛日滅度耶 比丘言實如所言 大師佛已滅度 憍梵波提言佛滅度大疾 世間眼滅 能逐佛轉法輪 將我和上舍利弗 今在何所 答曰 先入涅槃 憍梵波提言大師法將 各自別離 當奈何 摩訶目犍連今在何處 比丘言是亦滅度 憍梵波提言佛法欲散 大人過去 衆生可憐. (中略)

교법(敎法) 四法의 하나. 부처님이 說한 大小乘의 三藏 十二部의 敎說을 말함.

교분(敎分) 華嚴經에 依據하여 佛敎 全體를 批判的으로 보는 分別. 密敎에서 말하는 修行으로 到達하는 深奧한 境地의 部門과 顯敎에서 말하는 言語와 文字로 明白히 表顯한 敎理의 部門과의 區分. 華嚴宗의 立場에서 본 簡單한 佛敎槪論과 같은 것.

교분기석(敎分記釋) 七卷. 高麗 때 승려 均如大師가 지음, 또는 釋華嚴敎分記圓通抄라 하며 均如傳과 합하여 모두 十卷. 海印寺에 그 刻板이 있음.

교분자(膠盆子) 아교를 담은 단지. 즉 文字의 葛藤에 비유한 말.
※臨濟錄에 「眞正學人便喝先拈出一箇膠盆子 善知識不辨是境 便上他境上作模作樣」

교사(敎寺) 眞言宗・天台宗 등에서 敎宗의 사찰을 이름. ↔禪寺・律院.

교사사(較些些) 조금 비슷하다는 말.

교사야(憍奢耶) 梵〈Kauśeya〉또는 憍舍耶・憍尸・高世耶. 번역하여 蟲衣・蠶衣라 함. 명주옷. →高世耶.

교사자(較些子) 조금 낫다. 아직 충분하지 못하다의 뜻.

교살라(憍薩羅) ①梵〈Kosala〉또는 拘薩羅・拘娑羅・居薩羅 번역하여 工巧・無鬪戰이라 한다. 南印度 옛 王國의 이름(西域記에는 中印度라고 하였음). 北憍薩羅에 대하여 南憍薩羅라고 함. (西域記十・玄應音義二十二) ②中印度 옛 王國의 이름. 十六大國의 하나. 首府는 舍衛城. 南憍薩羅에 대하여 北憍薩羅라고 함.
※龍樹菩薩嘗住此國, 爲娑多婆訶王所歸敬, 於跋邏末羅山, 營造五層大伽藍. 首府之位置不明.

교상(敎相) 敎觀二門의 하나. ①釋尊一代에 여러가지로 가르친 說相. ②天台大師의 가르침을 組織을 세워 說한 것. ③密敎에서 敎義를 組織的으로 해석 연구하는 부문을 말함. →敎觀.
※謂分別敎義也 如天台之五時八敎 法相之三時敎乃至眞言之顯密二敎十住心是也 玄義一上에 「敎者聖人被下之言也 相者分別同異也」

교상문(敎相門) 佛敎의 理論的 연구 부문으로 釋尊 一代의 교설을 자기 宗派의 입장에서 분류 判別하여 지혜를 닦고 의리를 구명함을 말한다. →敎觀. ↔觀心門.

교상미(憍賞彌) →俱睒彌.

교상삼의(敎相三意) 法華經의 說敎는 다른 經에 비하여 세가지의 다른 뜻이 있음을 말함. ①根性融不融相. 중생의 根性은 法華經을 說할 때만은 차별 없이 한결 같으나 다른 經典에서는 二乘・三乘의 차별이 있는 것. ②化道始終不始終相. 석존이 교화를 시작하면서부터 그 서원한 본뜻의 처음과 끝을 충분히 말한 것은 오직 法華經뿐이라는 것. ③師弟遠近不遠近相. 석존은 그 弟子와 비단 一時的인 관계가 아니라 먼 옛적부터 사제의 관계가 있음을 말한 것.

교상판석(敎相判釋) →敎判.

교선(敎禪) 敎와 禪의 뜻. 또는 敎內의 法과 敎外의 法. 禪門에서는 佛敎를 禪家와 敎家의 둘로 나누어 經論을 最後에 의지하는 敎家에 대해 禪家에서는 佛敎의 眞髓를 가르치는 이외에 坐禪을 主로 실천하면 佛의 경지에 이르게 된다고 說하였음.

교섬미(憍睒彌) 憍賞彌와 같음. 나라 이름. →俱睒彌.

교수(敎授) 法을 가르치고 道를 傳授하는 것.
※輔行四之三에 「宣傳聖言 名之爲敎 訓誨於義 名之爲授」

교수사(敎授師) 敎授阿闍梨와 같음.

교수선지식(敎授善知識) 三善知識의 하나. →善知識.

교수아사리(敎授阿闍梨) 五種阿闍梨의 하나. 受戒時 三師의 하나. 또는 敎授師. 受戒하는 弟子의 威儀 作法 등을 敎授하는 比丘를 일컬음. 受戒할 때는 반드시 敎授師를 定하고 受者가 敎授阿闍梨의 作法을 請함. (行事鈔上) →阿闍梨.

교수화상(敎授和上) 唐의 淸凉國師가 德宗에게 받은 칭호. 佛祖統紀 十五에 「德宗(在位 780~804)이 澄觀淸凉法師敎授和上이라 賜號하였다」하였음.

교승(交承) 新舊人이 서로 交代하는 것. 承은 相承한다는 뜻.

교승(敎乘) ①敎法과 같음. 乘은 운 반한다는 뜻. 敎法으로 중생을 실어 涅槃의 彼岸에 이르게 한다는 뜻. ②三乘과 十二分敎를 말함.

교승법수(敎乘法數) 書 四十卷. 明 圓瀞이 편집한 것.

교시(憍尸) 僧衣의 한가지. →憍奢耶.

교시가(憍尸迦) 梵〈Kauśika〉 또는 憍支迦. 帝釋天의 姓.
※法華玄贊二에 「過去字憍尸迦 此云靈兒 名阿摩揭陀 此云無害毒 卽摩揭陀國 過去帝釋修因之處 用爲國名」

교식(校飾) 宋書의 禮志에 第六品이하는 금비녀와 금으로 장식한 기물을 사용하지 못한다고 하였음. →絞飾.
※佛國記 昔天帝釋試菩薩 化作鷹鴿 割肉貿鴿處 佛卽成道 與諸弟子遊行 語云 此本是吾割肉貿鴿處 國人由是得知 於此處起塔 金銀發飾.

교식(絞飾) 梵〈aiamkvta〉 보석을 섞어서 裝飾하는 것. 靑과 黃의 빛을 調和시켜 裝飾하는 것.
※禮玉裝註 絞 蒼黃之色也 說文從系交 聲 飾 裝飾也

교안지관(巧安止觀) 善巧安心止觀의 약칭. 十乘觀의 第三.

교어(敎於) 三論宗에서 말하는 二諦三於의 하나. →三於.

교어(敎語) 부처님이 衆生을 가르치는 말씀.
※無量壽經下에 「敎語開導 信之者少」

교언영색(巧言令色) 교묘하게 꾸며 대는 말과 아첨하는 얼굴빛.
※巧言徒悅人耳而無實際之言 令色善其 顏色务以悅人.

교연(皎然) ①唐나라 승려. 詩人. 姓은 謝씨, 名은 淸晝, 長城 사람. 生卒年代 未詳. 杼山集(十卷)이 傳함. ②달빛이 희고 밝은 모양.

교열(校閱) 문서의 잘못된 곳을 校正하고 檢閱하는 것.

교왕경(敎王經) 三部가 있음. ①唐의 不空이 번역한 金剛頂一切如來眞實攝大乘現證大敎王經 三卷. ②不空이 번역한 金剛頂一切如來眞實攝大乘現證大敎王經 二卷. ③趙宋의 施護가 번역한 佛說一切如來眞實攝大乘現證三昧大敎王經 三十卷

이 있다. 이 가운데 보통 敎王經이라 함은 不空이 번역한 三卷을 가리킴.

교외(敎外) 敎內에 대하여 일컫는 말. 禪宗에서 言語와 文字를 여의고 바로 마음에서 마음으로 전하는 것과 같은 法을 敎外의 法이라함.

※據禪宗之說 謂諸宗中 惟禪宗爲敎外之法 其他諸宗皆敎內之法也 說法明眼論에「南天祖師 分佛法爲二 謂敎內敎外是也 卽如來正法望口爲敎 望心名禪」

교외별전(敎外別傳) ①부처님이 言說과 文字로써 가르친 것을 敎라 하고, 言語文字를 버리고 따로 특별한 敎法으로써 바로 마음을 가르쳐 즉시 부처가 되게 하는 것을 이같이 이름 ②書 十六卷. 明의 黎眉 등이 엮음.

※無門關에「世尊云 吾有正法眼藏 涅槃妙心 實相無相 微妙法門 不立文字敎外別傳」

교웅(敎雄) ①(1064~1138) 高麗 승려, 姓은 康氏, 字는 守雌, 章山 사람. 12세에 歸法寺의 戒明에게 중이 되어 僧統 理琦에게 배웠다. 高麗 肅宗 8(1103)年에 僧選에 뽑혔으나 名利에 뜻이 없어 無碍智國師와 함께 太白山에 들어가 一性의 宗旨를 닦다. 뒤에 僧統이 되어 洪園寺에 住하다가 興王寺에서 나이 75세로 入寂함. ②(1076~1142) 高麗 승려, 俗姓은 朴氏. 字는 應物. 法號는 妙應. 平壤 사람. 9세에 長慶寺 釋賛에게 중이 되고, 1089年 佛日寺에서 比丘戒를 받다. 釋賛이 죽은 뒤에는 쌍봉사의 翼宗을 스승으로 섬겼다. 大覺國師가 天台宗을 세우고, 達摩九山門에서 行이 높은 승려를 모집하여 敎觀을 넓히려 할 때에 翼宗을 따라 天台宗의 三時八敎와 三體三觀을 연구하다, 1109年에 天台宗의 大選에 뽑히어 大德이 되고, 다시 大師가 됨. 翼宗이 죽은 뒤에 어떤 이의 시기를 받아 홍주의 백암사에서 귀양살이를 하고 1135年에 國淸寺에서 大禪師의 칭호를 받다. 世壽 67세에 入寂함.

교원(敎院) 또는 敎寺. 天台・華嚴・法相・淨土宗 등에서 寺院을 일컫는 말. ↔禪院・律院.

교위불생(巧僞不生) 禪家에서 欺瞞・狡滑의 마음을 끊고 禪定을 얻으려는 것을 말함. 安心・心不起의 方法中 하나.

교유식(敎唯識) 五種唯識의 하나. 萬有는 오로지 識의 變現에 지나지 않는다고 말하는 敎說.

교의(敎衣) 禪僧과 律僧을 除한 其他 天台・法相宗 등에서 착용하는 法衣.

교의(敎義) ①敎法의 義理. ②敎와 義란 뜻. 言語. 文字로써 말하는 敎와 그 안에 포함된 義理.

교익(敎益) 敎法의 利益. 부처님이 說한 敎法에 의하여 받는 功德과

利益.

교인신(敎人信) 자기의 信念을 披瀝하여 믿지 않는 사람을 가르쳐 그로 하여금 함께 믿게 하는 것.

교일(敎一) 法華四一의 하나. 法華經에서 說한 敎法은 二乘·三乘이 아니고 다만 成佛의 一道만 說함으로 敎一이라고 함. →四一.

교적(敎迹) 부처님이 說하신 敎의 자취. 마치 足迹과 같이 今日의 言敎는 佛心이 아니며 오직 그 敎의 발자국에 지나지 않는 까닭에 言敎를 이같이 이름.
※資持記上一之二에「聖人出現 爲物垂範 謂之敎跡」玄義十下에「達磨多羅釋敎跡義云 敎者謂佛被下之言 跡謂蹤跡 亦應跡化跡 言聖人布敎各有歸從」

교적의(敎跡義) 敎相을 判釋하는 것. 大乘義章一에「모든 經은 敎跡義라」하였음.

교전(敎典) 宗敎의 典籍. 곧 經典.

교점(交點) 彼此 서로 交接하면서 點檢하는 것. (象器箋十二)

교정교점(鉸釘膠粘) 鉸는 금장식. 膠는 阿膠. 금장식에 못을 박고 阿膠를 바른 것과 같이 堅固하여 떨어지지 않는 것. (碧巖錄)

교제(敎弟) 敎友간에 자기를 가리키는 自稱 代名詞.

교제(敎諦) 三論宗의 名目. 부처님이 說한 眞·俗 二諦. →於諦.

교조(敎祖) 한 宗敎나 한 宗派를 처음으로 세운 사람. 宗祖·敎主.

교종(敎宗) 佛敎의 한 宗派. 世宗 6(1434)年 종래의 宗派를 禪敎兩宗으로 통합하였는데 敎宗은 華嚴·慈恩·中神·始興의 四宗派를 합한 것이다. 또한 各地의 本山 三十六개사에만 寺格을 인정하여 이를 각각 兩宗에 절반씩 나누고 田地를 배당, 敎宗에는 3천7백結이 분배되었다. 興天寺·興德寺를 각각 禪宗·敎宗의 都會所로 정하였다. 그 후 예종 때 禪敎兩宗은 3年마다 一회씩 選試를 실시하여 敎宗은 華嚴經·十地論에 의하여 三十명씩 뽑게 하였다. 宣祖 때 淸虛休靜이 禪敎兩宗 판사를 지냈으며 禪家龜鑑을 지어서 佛敎界를 풍미하게 되자 兩宗의 구별이 없어지고 말았음. ↔ 禪宗.

교종본산(敎宗本山) 敎宗의 가장 으뜸 가는 寺刹. 各 末寺를 통할함.

교종선(敎宗選) 高麗 때 시행한 僧科의 하나. 光宗 4(953)年부터 시행하였고 장소는 敎宗의 都會所인 王輪寺였다. 이 僧科로 敎宗의 승려를 선발하였는데 이에 합격하면 大選이라는 法階를 주었음.

교종판사(敎宗判事) 朝鮮朝 때 僧職의 하나. 高麗 때부터 있던 불교의 각 종파를 세종 6(1424)年에 고려 이래의 禪·敎 兩宗으로 통합하여 敎宗의 中心을 興德寺로 하고 그곳에 교종판사를 두어 전국의 敎宗을 관장하게 하였다. 僧科시험 때에는

敎宗에서 시험위원장이 되었음.

교주(敎主) 開敎의 本主, 곧 釋尊・敎祖.
※行願品疏鈔三에「十佛齊融 爲斯敎主」

교증(敎證) ①敎文上의 증거. ↔理證. ②日本 眞宗에서 세운 敎行信證의 약칭.

교증구권(敎證俱權) 天台四敎 중에서 藏敎와 通敎를 말함. 敎道와 證道는 모두 方便(權)으로 眞實이 아니라는 말.
※二敎爲隨界內機精之權敎 其證果爲單空理 故以名之.

교증구실(敎證俱實) 天台四敎 중에서 圓敎를 말함. 원교의 敎道와 證道는 모두 眞實하다는 것.

교증이도(敎證二道) 敎道와 證道의 言敎에 의한 것을 敎라 말하고 理의 實相을 깨닫는 것을 證이라 함.

교지(敎旨) 敎法의 旨趣.

교지가(喬底迦) 羅漢의 이름. 俱舍光記 二十五에「소(牛)를 먹여 기른 사람이다」하였고 眞諦는「喬底伽는 瓦器라 하며 본래 外道로서 항상 瓦器를 가지고 따라 다니므로 이같이 이름하였다」하였음.

교지혜(巧智慧) →巧妙智.

교진나(憍陳那) 梵〈Kāuṇḍinya〉阿若憍陳那의 약칭. 또는 憍陳如・陳如. 교진여는 姓. 阿若는 이름. 釋尊이 成道한 후 최초의 弟子로 五比丘의 한 사람.
※五比丘之筆頭人 初釋尊出家求道 淨王命供奉共爲苦行 後釋尊觀破苦行於成道無効而棄之 彼以此爲釋尊破戒墮落 與他四比丘共去 後於波羅捺國鹿野園受釋尊敎化 爲弟子.

교진여(憍陳如) →憍陳那.

교착작착(咬著嚼著) 著은 뜻을 强調하는 助字. 咬嚼은 咀嚼과 같음. 佛道의 奧義와 妙旨를 窮究하여 究極에 達한다는 뜻.

교체(體) 부처님 一代敎法의 體性. 또는 經本이라 한다. 부처님이 說한 七十五法・百法 중에서 어느 것을 體로 삼을 것인가를 定한 것. 즉 소리로 體를 삼을 것인가 名句로 體를 삼을 것인지 또는 마음으로 體를 삼을 것인지 眞如로 體를 삼을 것인지 그밖에 體로 삼을 것이 있는지 없는지에 대하여 諸師의 의견이 각각 다르다. 慈恩은 義林章・唯識述記에서 四重의 敎體를 賢首는 起信論義記에서 四門의 敎體를 淸凉은 華嚴經疏에서 十種의 敎題를 말하였음.

교칙(敎勅) 師父의 戒勅.
※涅槃經二에「今當眞實敎勅汝等」輔行一之一에「受佛敎勅 口誦法言」參同契에「嚴父下令 敎勅子拯」

교칠(膠漆) 膠漆之交의 약칭. 交分이 두터워서 아교나 칠과 같이 서로 떨어질 수 없음을 비유하는 말. 誼同膠漆의 뜻.

교토삼혈(狡兎三穴) 또는 狡兎三窟. 교활한 토끼는 굴 셋을 파놓는다는 뜻. 轉하여 自由로이 隱顯出沒함을 말함. 교활한 지혜.

교판(敎判) 敎相判釋의 약칭. 釋迦 一代의 說法을 각 宗派의 견지에서 분류 해석한 것. 天台宗의 五時八敎, 法相宗의 三時敎, 華嚴宗의 五敎 따위. →五時敎·三時敎.

교할(交割) 서로 立會하여 물건을 分割한다는 뜻. 禪林·僧堂에서 집무하는 자가 교대될 때 함께 참석하여 公器와 私物을 點檢하여 分割하는 것.
※百丈清規入院條所謂「詢問契書什物, 逐一點對交割」是也.

교해(敎海) 부처님의 敎法이 깊고 넓음을 바다에 비유한 말.

교행(敎行) 敎法과 修行의 뜻. 즉 敎法을 좇아 修行함.
※元照彌陀經疏에 「大覺世尊一代名敎 大小雖殊不出敎理行果 因敎顯理 依理起行 由行剋果」

교행리(敎行理) 敎는 緣을 좇아 敎說을 베푸는 것. 行은 得果의 因行. 理는 名을 좇아 理致를 밝히는 것.
※法華玄義一下約之於通別에 「從緣故敎別 從說故敎通 從能契故行別 從所契故行通 理從名故別 名從理故通」

교행신증(敎行信證) ㉠ 六권. 敎行證文의 外題. 이는 日本眞宗에서 세운 四法의 이름. 敎·行·證 三法 外에 다시 信을 더 세워 眞宗의 法門에서 특별히 信心이 가장 要重함을 示現한 것. 敎는 無量壽經을 가르키며 行은 南無阿彌陀佛을 가리키고 信은 南無阿彌陀佛을 믿는 信心. 證은 極樂에 往生하여 涅槃의 證果를 얻는 것.
※初四卷明敎行信證之四法 因之外題置 敎行信證之四字.

교행인리(敎行人理) 敎·行·人·理의 별칭. 敎는 부처님이 說한 敎法. 行은 敎에서 보인 行道, 人은 敎를 믿고 行을 닦는 者, 理는 證得해야 할 法의 諦理를 말함.

교행증(敎行證) 敎·行·證의 병칭. 敎는 如來가 說한 敎法. 行은 敎에 의하여 修行하는 것. 證은 行으로 因하여 이룬 果德을 말함.
※與敎理行果之四法 惟開合不同耳 一切佛法盡攝在此三者 十地論에 「第二大願 有三種 一切諸佛法輪皆悉磨受持者 謂敎法(中略) 攝受一切佛菩薩者 所謂證法(中略) 一切諸佛所敎化法皆悉守護者 謂修行法」

교형(敎亨) 中國 濟州 任城 사람. 姓은 王氏, 字는 虛明 7세에 本州의 嵩覺院 圓和尙에게 歸依하여 具足戒를 받고, 15세에 諸方을 遊歷하였다. 어느날 雲堂에 정좌하여 판자소리를 듣고 확연히 깨쳤다. 이로부터 諸山의 請에 응하여 嵩山의 戒壇, 韶山의 雲門, 嵩山의 法王등에 住錫하였다. 얼마 후 朝勅를 받들어 燕京의 慶壽寺에 住하다가 2年 후에 물러나 少林寺에서 敎法을 講하여 크게 이름을 떨쳤다. 그뒤 金

교화~구

興定 3(1219)年 7月 10日에 世壽 70. 法臘 58세로 入寂함. (佛祖通載・大明高僧傳 등)

교화(敎化) ①또는 勸化, 衆生을 교화하여 善하게 하는 것. ②乞人施物을 敎化 또는 勸化라고 함.
※法華經方便品에「諸佛如來 但敎化菩薩」②俗稱乞食曰叫化子 敎叫同音也.

교화사(敎化師) 교도소 등에 收監된 죄수들에게 진리를 가르쳐 善으로 인도하는 사람을 일컬음. 敎誨師.

교화지(敎化地) 중생을 敎化할 수 있는 地位란 뜻으로 第八地 이상의 位階를 말한다. 第八地 以上의 菩薩은 이미 分段生死를 여의고 오로지 無漏相續하여 定慧自在한 까닭에 그 運用에 맡겨 능히 중생을 교화할 수 있음을 말함.
※同論註下에「修行成就已 當至敎化地 敎化地卽是薩菩自娛樂地」

교화지옥경(敎化地獄經) 罪業應報敎化地獄經의 다른 이름.

교화지익(敎化地益) 五功德門의 第五. 園林遊戲地門. 神通을 드러내어 敎化의 地에 遊至하여 生死煩惱의 園林으로부터 苦惱의 衆生을 구제할 수 있는 還相廻向의 果德.

교회(敎會) 同一한 敎義를 받드는 단체. 또는 說敎集會.

교회사(敎誨師) →敎化師.

교흥(敎興) 敎起와 같음. 佛敎를 일으키는 緣由를 말함.

구(句) 여러 낱말이 모여서 事物의 義理를 밝히는 것을 句라 함.
※唯識論二에「名詮自性 句詮差別」俱舍論五에「句者謂章 詮義究竟 如說諸行無常等章」瑜伽論倫記五上에「詮法自性名名 詮法差別名句」

구(白) 大門이 걸려 있는 門. 下部의 받침. 암톨쩌귀와 같은 것.

구(垢) 梵〈摩羅=Mala〉煩惱의 다른 이름. 迷惑이 心性을 더럽히므로 垢라 함.
※大乘義章五本에「流注不絕 其猶瘡漏 故名爲漏 染汚淨心 說以爲垢 能惑所緣 故稱爲惑」

구(鉤) 梵〈盎句奢=aṅkuśa〉또는 鐵鉤・俱尸鐵具라 함. 錐(송곳)와 함께 코끼리를 길들이는데 쓰는 쇠로 만든 기구. 諸尊의 三昧耶 모형 가운데는 金剛鉤・五鈷鉤・獨鈷鉤・雙鉤 등이 있는데 金剛鉤는 鐵鉤 위에 三鈷金剛杵의 뾰족한 끝을 부치고 五鈷鉤는 五鈷, 獨鈷鉤는 獨鈷를 부치며 또 雙鉤는 金剛鉤 두 개를 똑같이 세운 것으로 보통 蓮華 위에 安置. 함

鐵鉤手

구(衢) 또는 瞿. 衢의 소리에는 十

名이 含有되어 있음. 十名은 곧
羊·眼·地·天·水·說·方·金剛·
光·箭을 말함.
※俱舍論五에「且如古者 於九義中 共立
一瞿聲 爲能詮定量 故有頌言 方獸地
光言 金剛眼天水 於斯九種義 智者立
瞿聲」

구가니(瞿伽尼) 또는 句力伽尼. 번
역하여 牛. 西大洲의 이름. →瞿陀
尼.

구가리(瞿伽離) ㉾〈Kokālika〉㉿
〈Kokāliya〉또는 俱迦離·仇伽離·
瞿迦離·俱迦利 번역하여 惡時者·
牛守. 比丘의 이름. 提婆達多의 弟
子.

구가리(瞿迦離) 또는 俱迦利·俱迦
離라고도 함. 比丘의 이름. →瞿毘
耶.

구가리무신타악도(俱迦離無信墮惡道)
提婆達多의 제자 俱迦離가 法을 믿
지 아니하므로 惡道에 떨어졌다는
傳說.

구가리방이성타지옥(瞿伽離謗二聖墮
地獄) 智度論 十三에「舍利弗·目
連이 비를 피하여 陶家에서 유숙하
는데 밤에 女人이 夢精을 하고 이
른 아침에 목욕하는데 瞿伽離가 그
것을 보고 不淨한 行이라 하여 세
번 부처님의 꾸지람을 받았으나 고
치지 않고 마침내 종기가 生하여 죽
어서 大蓮華地獄에 떨어졌다」는 傳
說.
※雜寶藏經三 雜阿含經四十八 十誦律三

十七亦見之 涅槃經二十에「瞿伽離比
丘 生身入地 至阿鼻獄」

구거(九居) 九有情居의 약칭.
※寄歸傳一에「住持八紀弘 濟九居」行
事鈔四之二에「三界九居旣是衆生居
處」

구거(求車) 法華經의 火宅 비유 가
운데 집안의 여러 아이들이 집밖으
로 나와서 長子를 向하여 수레를
구하는 것. 즉 生死가 싫어서 佛道
를 求하는 것에 비유한 말.

구겁(九劫) 釋尊과 彌勒이 같이 發
心하였으나 釋尊은 勇猛한 精進力
으로 말미암아 곧 九劫을 뛰어넘어
먼저 成佛함. (寶積經一百一)

구게(句偈) 文句와 偈頌.

구견(拘牽) 어떤 일에 關與하여 그
일에 끌려 다니는 것. 곧 事物에
매여서 떠날 수 없다는 뜻.

구결(九結) 衆生을 結縛하여 生死의
煩惱에서 벗어나지 못하게 하므로
結이라 함. 이에 九種이 있으니
즉 愛·恚·慢·無明·見·取·疑·
嫉·慳의 九惑을 말함. →結.

구결(口訣) 文字로 記載하지 않고
바로 입으로 傳授하는 奧義를 말함.
※止觀大意에「咸須口訣 方成一家行相」

구결(垢結) 惑染이 淨心을 더럽히므
로 垢라 하고 이것이 生死의 苦果
를 맺는 까닭에 結이라 함. 모두
煩惱의 다른 이름.
※釋名歸敬儀中에「痴慢爲本 故增垢結」

구경(九經) 十二部經 가운데 九部經을 말함. 大·小乘의 區別이 있는데 小乘에서는 授記·無問自說과 方廣經을 除한 것이고 大乘의 九經은 因緣·譬喩·論議를 除한 것을 말함. →九部·九部經.

구경(究竟) 㿌〈uttara〉無上·最上·究極·畢竟의 뜻. ①事理의 至極, 究極의 境地, 相待(相對)를 초월한 境地. ②見性成佛한 자리. ③天台宗에서 세운 六即位의 最高位. ④華嚴宗에서 세운 究竟位.

구경각(究竟覺) 起信論四覺의 하나. 菩薩의 大行이 圓滿하여 究竟至極의 깨달음을 말함. 곧 成佛한 地位.
※三藏法數九에「究竟即決定終極之義也 謂能覺了染心之源 究竟終窮 同於本覺 故名究竟覺」

구경도(究竟道) 이치의 至極한 것. 智度論 七十二에「究竟은 이른바 諸法의 實相이다」하였음.

구경락(究竟樂) 涅槃의 妙樂. 起信論에「一切의 苦를 여의면 究竟의 樂을 얻는다」하였음.

구경멸(究竟滅) 一切의 心相을 남김 없이 滅却함.

구경법(究竟法) 㿌〈nisthāinirvane〉涅槃을 成就하는 法.

구경법신(究竟法身) 위 없는 佛果. 부처님이 증득한 法性은 橫으로 十方에 두루하고 縱으로 三世에 뻗치었으므로 究竟法身이라고 함.

구경불(究竟佛) 六種佛의 第六. 究竟即의 계위에 이르러 事理가 모두 원만한 부처.
※觀經天臺疏에「究竟佛者 道窮妙覺 位極於茶 故唯佛與佛乃能究盡諸法實相 邊際智滿 稱覺頓圓 (中略) 如十五日月 圓滿具足衆星中王 最上最勝 威德特尊 是爲究竟佛義」

구경열반(究竟涅槃) 大般涅槃과 같음.

구경원(究竟願) 誓願한 마음이 물러서지 않고 마침내 성취되는 것.

구경위(究竟位) 또는 究竟地·究竟道. 五位의 하나. 無上至極의 位, 佛果의 位, 妙覺의 佛果, 究竟果位를 뜻함. 즉 修習位에서 얻은 二轉依의 妙果로서 無間道·金剛喩定에 든 후 다시 解脫道에 들어가 未來際를 다한 位를 말함.
※三藏法數二十一에「究竟位 謂妙覺 佛證此果位 最極淸淨 更無有上 故名究竟位」

구경일상(究竟一相) 究極에 있어서는 絕對平等하다는 뜻. (往生要集 八四)

구경일승보성론(究竟一乘寶性論) 㿌 四卷. 印度의 堅慧論師가 짓고 元魏의 勒羅摩提가 번역함.

구경일체지지(究竟一切智地) 眞言宗에서 初地의 淨菩提心이상부터 等覺에 이르기까지는 모두 信解地 가운데 攝受되고 다만 妙覺의 地位를 究竟一切智地라고 함.

※大疏二에「此經宗 從淨菩提心以上十住地 皆是信解中行 唯名究竟一切智地」

구경즉(究竟卽) 天台宗 六卽位의 하나. 佛果는 究竟의 覺悟가 되므로 究竟이라 하며 이 覺智와 初地의 凡心은 理와 體가 둘이 아니므로 卽이라 함.
※四敎儀에「智斷面滿 爲究竟卽」觀經妙宗鈔上에「六種卽名 皆是事理 體不二義」涅槃經에「發心究竟二不別」

구경지(究竟地) →究竟位.

구경참철(究竟參徹) 究竟은 究極의 境地. 參徹은 參究가 徹底하다는 뜻. 곧 至極한 境地를 參究하여 通徹하였다는 뜻.

구경최승(究竟最勝) 菩薩의 十種修行(十波羅蜜)이 가장 殊勝하다는 것. 第十地에서 菩薩의 修行이 究極의 境地에 達하여 圓滿하고 또 如來地에서는 世尊이 가장 殊勝함을 말함.

구경출리(究竟出離) 究極의 境地에 到達하는 修行으로 世上의 모든 迷惑을 徹底히 離脫한 것.

구경현관(究竟現觀) 六現觀의 하나. 究竟位 가운데 一切의 모든 지혜를 말함.
※謂究竟位卽無學道中一切之諸智.

구계(九界) 十界 가운데서 佛界를 除한 菩薩界로부터 地獄界까지를 말함. 이 界는 無明과 迷執을 벗어나지 못한 경계.

※玄義二上에「己身他身 微妙寂絶 皆非權非實 而能應於九界之權一界之實」

구계(具戒) 具足戒의 약칭. 比丘가 受持할 二百五十戒, 比丘尼가 受持할 三百四十六戒를 말함. →具足戒.

구계(拘戒) 印度의 外道 가운데 개가 죽어서 天上에 태어나는 것을 보고 개가 하는 짓이 天上에 태어나는 因이 된다고 잘못 생각하여 개처럼 문밖에서 자고, 똥을 먹는 外道를 拘戒外道라 함.
※俱舍論十九에「本論說 有諸外道 起如是見 立如是論 若有士夫補特伽羅 受持牛戒鹿戒狗戒 便得淸淨解脫出離 永超衆苦樂 至超苦樂處」

구계방편(具戒方便) 具足戒 중에서 먼저 五戒・八戒만 뽑아서 資質에 따라 지키게 하고 점차로 지도하여 具足戒를 다 지키게 하는 方便.

구계정집(九界情執) 九界의 衆生이 비록 深淺의 分別이 있으나 다 無明의 情執을 免할 수 없다. 다만 情執을 여의고 知見을 온전이 하는것은 다만 佛界 하나 뿐임.

구계즉불계불계즉구계(九界卽佛界佛界卽九界) 九界는 十界中에서 佛界를 除한 것. 九界에는 비록 地獄・餓鬼・畜生・修羅・人間 등이 居하는 世界이나 마음가운데는 누구나 부처가 될 수 있는 種子가 있으므로 그대로 佛心의 世界가 된다는 것이며 佛心의 世界도 九界와 같이 마음에 있어서는 平等하다는 것. 一十界.

구계지(具戒地) 十地 가운데 第二地. 제二地는 三聚戒가 구족하므로 이 같이 일컬음.

구고관음경(救苦觀音經) 高王觀音經 의 약칭. 續高僧傳 第三十九와 法苑珠林 第二十五에 실려 있음. 또는 高王觀音經이라 함.

구고심감(口苦心甘) 입으로는 싫은 듯이 말하지만 그 마음속으로는 참으로 달갑게 여김.

구고재(救苦齋) 法會의 이름. 梁武帝가 베품. 佛祖統記 三十七에 「中大通 元(529)年에 京城에 大疫이 퍼지니 帝가 重雲殿에 百姓을 爲하여 救苦齋를 베풀고 몸소 祈禱하였다」고 함.

구고저(九股杵) 金剛杵 위아래의 머리가 아홉가닥으로 갈라진 것.

구곡(龜谷) 高麗 末期期 승려, 恭愍王 때 覺雲의 法號. 一覺雲.

구공(九孔) 또는 九入・九漏・九瘡. 두 눈・두 코・두 귀와 입・肛門・尿道의 아홉 구멍을 말함.

구공(俱空) 三空의 하나. 我執과 法執 두가지를 여의고 두가지를 여읜 無執着까지도 여읜 空의 眞義에 到達한 것을 말함. (三藏法數十)

구과(九果) 乾陀羅國의 有部宗에서 主張하는 것이라고 함. 因에 따라서 얻는 果를 九種으로 分別한 것. 곧 等流果・異熟果・離繋果・増上果・土用果・安立果・加行果・和合果・修習果의 아홉가지.

구과(舊窠) 窠는 窠窟과 같음. 또는 舊見. 오랫동안 固執해 온 그릇된 見解.

구관격절(扣關擊節) 또는 打關節. 扣와 擊은 쳐서 깨뜨린다는 뜻. 關과 節은 要緊한 곳. 속박을 벗어나 자유로이 大道에 왕래함을 말함.
※扣擊也扣本作敂亦作叩.

구괘벽상(口掛壁上) 입을 壁上에 걸어 두고 쓰지 않는 다는 뜻으로 곧 沈默을 뜻함.

구구(句句) 一句一句의 뜻.

구구(區區) ①작은 모양, 잔단 모양, ②변변하지 못함.

구구다(矩矩吒) 또는 鳩鳩吒. 닭(鷄)을 말함. (求法高僧傳)

구구다(鳩鳩吒) 梵〈Kukkuṭa〉또는 矩矩吒 번역하여 鷄.

구구다부(鳩鳩吒部) 小乘十八部 가운데 雛胤部의 梵名. 一究究羅部.

구구다예실라(矩矩吒翳說羅) 梵〈Kukkuteśvara〉번역하여 鷄貴. 高麗國의 異名. 鷄神을 섬기고 머리에 닭의 깃을 꽂으므로 鷄貴라 함.

구구라(求求羅) 梵〈Guggulā〉또는 寠貝攞. 번역하여 安息香. 香의 이름.

구구라(俱俱羅) 梵〈Kukkuṭa〉또는 究究羅・拘拘羅 번역하여 鷄聲이라 함. 鳩鳩吒는 닭을 말하고 究究羅는 닭소리. (羅는 혹 囉도로씀)

구구라부(究究羅部) ⓢ〈Kaukkuṭi-ka〉 또는 拘拘羅部 번역하여 鷄胤部라고 함. 小乘十八部宗의 하나.

구구사(舊俱舍) 陳나라 眞諦三藏이 번역한 俱舍釋論. 唐나라 玄奘三藏이 번역한 俱舍論에 대하여 舊俱舍라 일컬음.

구구인(九句因) 因明에서 三支作法 中 第二가 되는 因이 正·不正을 判斷하기 위한 九句로 因이 同喩·異喩에 對한 九種의 關係가 됨을 말함. ①同品有·異品有 ②同品有·異品非有 ③同品有·異品有非有 ④同品非有·異品有 ⑤同品非有·異品非有 ⑥同品非有·異品有非 ⑦同品有非有·異品有 ⑧同品非有·異品非有 ⑨同品有非有·異品有非有, 여기에서 有란 因이 同喩 또는 異喩의 全部에 通하고 有非有란 一部分에는 關係되고 一部分에는 관계되지 않는 것을 뜻함.

구권장(九卷章) 日本 眞言宗의 開祖 空海의 九卷著述로서 곧 顯密二敎論 二卷, 秘藏寶鑰 三卷, 心經秘鍵 一卷, 卽身成佛義 一卷, 聲字實相義 一卷, 吽字義 一卷을 말함.

구귀(九鬼) 鬼를 無財·少財·多財의 三種으로 나누는데 그 가운데 各各 三鬼가 있다는 것. 곧 無財鬼의 炬口·鍼口·臭口와 少財鬼의 鍼毛·臭毛·癭 多財鬼의 希祠·希棄·大勢 등의 鬼를 말함. →餓鬼.

구기(拘耆) 拘耆那의 약칭. 새의 이름. 好聲鳥라 번역함. →鳩夷那.

구기(俱起) 둘 以上이 同時에 함께 일어나는 것.

구기나라(拘耆那羅) 새의 이름. →拘耆羅.

구기라(拘耆羅) 새의 이름. →鳩夷羅.

구기라(瞿枳羅) ⓢ〈Kokila〉 또는 俱枳羅·鴝鳴羅·拘枳羅 새 이름. →鳩夷羅.

구기라경(俱枳羅經) 俱枳羅陀羅尼經의 다른 이름.

구기라다라니경(俱枳羅陀羅尼經) 佛說俱枳羅陀羅尼經의 약칭. 一卷. 宋 法賢의 번역. 부처님께서 阿難을 대하여 說하신 經. 俱枳羅는 陀羅尼의 명칭.

구나(求那) ⓢ〈Guṇa〉 德·屬性의 뜻. ①산갸哲學에서는 原質의 構成要素를 말하며 純質·激質·翳質(喜·夏·闇) 등의 三種의 構成要素가 있다. 原質은 반드시 活動하고 짓는다는 뜻이 있음. ②바이세시카學派에서는 六句義(六種의 原理)의 第二로 德이라 번역하며 地·水·風·火 등의 實體에 和合하는 色. 香·味·觸 등의 十七種 또는 二十四種의 靜止的인 屬性을 말함.

구나라(拘那羅) ① ⓢ〈Kunāla〉 또는 鳩那羅·俱那羅·駒那羅·拘浪拏·拘拏羅 번역하여 好眼鳥라 함.

구나라~구나발마

새 이름. ②惡人・不好人. ③阿育王 太子 達磨波陀那의 別名. 太子의 눈이 맑기가 拘那羅鳥와 같으므로 이같이 이름. 王의 妾 微沙落起多는 太子의 눈에 반하여 남몰래 정을 통하려다가 배반을 당하고 이로 인하여 두 눈을 뽑혔다 함. →鳩那羅太子.

구나라(鳩那羅) 人名. →拘那羅.

구나라타(拘那羅陀) 梵〈Guṇarata〉또는 拘那羅他. 번역하여 親依・家依라고 함. 眞諦三藏의 別名, 西印度의 優禪尼國 사람. 梁 太淸年間(547~549)에 中國에 건너와 攝大乘論・廣義法門經・唯識論 등을 번역함. →眞諦.

구나라태자(鳩那羅太子) 阿育王의 아들. 눈이 예쁘기가 鳩那羅鳥와 같으므로 이같이 이름.

※西域記三에「拘浪拏」阿育王息壞目因緣經「作法益」太子爲正后所生 容貌甚美 正后旣沒 繼室憍淫 私逼太子 太子泣謝罪 繼母恨之 說阿育王出太子 令鎭呾叉始羅國 繼母後矯王命責太子 抉其兩目 放之於野 太子旣失明 流離至父之都城 夜鼓箜篌悲篌 王聞其聲 疑是太子 引見盲人問之 太子悲泣告以實 王知係繼室所爲 加以嚴刑 導太子詣菩提樹伽藍 瞿沙阿羅漢下 請其法力醫盲.

구나마제수상론(求那魔帝隨相論) 隨想論의 異名. 一卷. 德海의 著書. 俱舍論의 註釋書.

구나말지(瞿拏末底) 梵〈Guṇamati〉또는 求那寧帝・窶拏寧提・瞿那末底. 번역하여 德慧라고 함. 印度十六論師의 한 사람. 安慧의 스승. 著書에 隨相論이 있음.

구나무니(拘那牟尼) 부처의 이름. →拘那舍牟尼.

구나발다라(求那跋陀羅) (393~468) 梵〈Guṇabhaddra〉功德賢이라 번역함. 中印度 사람. 바라문 종족으로 天文・數學・醫術・呪術・五明論 등을 통달함. 阿毘曇雜心論을 읽고 佛敎에 歸依하다. 宋 元嘉 12(435)年에 海路로 중국 廣州에 들어오니 文帝가 使臣을 보내어 建康으로 맞아들여 祇洹寺에 있게 하고 譯經事業을 시작, 雜阿含經・大法鼓經・勝鬘經・無憂王經・小無量壽經・楞伽阿跋多羅經・八吉祥經・華嚴經 등 52部 134卷을 번역하고 뒤에 秫陵에 白塔寺를 짓다. 468年 1월에 世壽 75세로 入寂하다. 세상에서 摩訶衍이라 일컬음. (梁僧傳 三)

구나발라바(瞿那鉢刺婆) 梵〈Guṇapnabra〉또는 瞿拏鉢羅婆・瞿拏鉢賴婆. 번역하여 德光이라 함. 印度의 鉢伐多國 사람, 처음에 大乘을 배웠으나 통달치 못하고 小乘의 婆沙論을 읽고서 많은 저술을 냈다. 뒤에 天軍의 인도로 도솔천에 올라가 미륵보살의 가르침을 받고 다시 大乘에 歸依함.

구나발마(求那跋摩) 梵〈Gunavarman〉 功德鎧라 번역함. 比丘의 이름. 罽賓國에 王族. 나이 20에 出家하여 戒를 받고 三藏에 깊이 통달하였다. 30世에 國王이 죽자 후 계자가 없으므로 還俗하여 王位에 오를 것을 간청했으나 듣지 않았다. 뒤에 師子國에 가서 널리 佛法을 펴고 宋 元嘉 8(431)年 중국(建業)에 들어와 經律部 등 十部 十八卷을 번역하고 그후 祇洹寺에서 9月 18日 世壽 65세로 入寂함. 梁僧傳三・神僧傳三)

구나비지(求那毘地) 梵〈Guṇaviddhi〉 번역하여 德進・安進이라함. 中印度 사람. 20세에 출가, 僧伽斯那에게 大・小乘을 배우고 陰陽學・占術에도 밝다. 齊나라 建元 1 (479)年에 中國에 들어와 百喩經・十二因緣經・須達長者經 등을 번역하고 뒤에 建康에 正觀寺를 짓고 學人을 養成하다. 中興 2(502)年 겨울에 入寂함.

구나함(拘那含) 또는 俱那含. 拘那含牟尼의 약칭. 過去七佛 가운데 第五佛의 名號.

구나함무니(拘那含牟尼) 梵〈Kanakamuni〉또는 那含・狗那含・迦那伽・迦那伽牟尼・迦那迦牟尼・羯諾迦牟尼・迦諾迦牟尼・迦那含牟尼・俱那含牟尼. 번역하여 金仙人・金色仙・金儒・金寂・金寂靜이라 함. 過去七佛 第五. 賢劫千佛의 第二. 拘那는 金, 牟尼는 仙의 뜻.┓

은 大仙으로서 몸이 眞金色인 까닭에 이 佛을 金色仙이라고 부름. →迦那伽牟尼.

구난(九難) 부처님의 아홉가지 橫難→九惱.

구낭(懼囊) 梵〈Guṇa〉또는 虞囊. 번역하여 功德.

구년면벽(九年面壁) 達磨大師가 崇山(河南省 鄭州의 西南)의 少林寺에서 벽을 마주 대하고 9年동안 坐禪하여 悟道하였다는 故事. (反故集)

구념(具念) 또는 正念. 念은 一心으로 念하여 잊어버리지 아니함. 佛을 念하고 法을 念하여 잠시도 쉬지 않는 念力을 갖춤. 바른 記憶. (集異門論)

구뇌(九惱) 佛이 現生에서 받는 九種의 災難. 또는 九厄・九難・九橫・九罪報라함. ①婬女 孫陀利에게 비방을 받음. ②旃遮婆羅門女에게 비방을 받음. ③提婆達多에게 엄지발가락에 상처를 입음. ④나무에 다리를 찔림. ⑤毘樓璃王 때문에 두통을 앓음. ⑥阿耆達多婆羅門 때문에 馬麥을 먹음. ⑦찬 바람으로 인하여 등(背)을 앓음. ⑧成道前 六年間 苦行. ⑨바라문 마을에 들어가 밥을 빌었으나 얻지 못한 일.

구뉴(鈎紐) 또는 囟紐・靴紐・袈裟를 걸고 두가닥을 잡아매는 것. 輪形을 䵶, 비단줄을 드리운 것을 紐라 함.

※毘奈耶雜事七에 「佛言 爲護衣 應安紐
帉 可於肩上安帉 胸前綴紐 紐有三種
一如蘡萸子 二如葵子 三如棠梨子 應
於緣後四指安帉 應重作帖以錐穿穴 帉
出其內 繫作雙 其紐可在胸前緣邊綴之
疊衣三攝 是安帉紐處」

구니(矩捉) 번역하여 澡鑵. →君遲.

구다니(瞿陀尼) 梵〈Godāniya〉또
는 瞿陀尼夜・瞿陀尼耶・瞿耶尼・
瞿伽尼. 번역하여 牛貨・牛施라고
함. 瞿는 牛, 陀尼는 貨의 뜻. 須
彌 四洲의 하나. 그 위치가 須彌山
의 西方이 되므로 阿鉢唎瞿陀尼・
西瞿耶尼 혹은 西牛貨洲・西洲라고
하며, 이 洲中에 樹下에 一石牛가
있어 瞿陀尼洲라고 이름하였다 함.

구다다(句多吒) 呪의 이름. 번역하
여 慈悲忍辱. (七佛所說呪經二)

구담(句潭) 또는 俱譚. 釋氏 五姓가
운데 하나. →瞿曇.

구담(具譚) 瞿曇과 같음. 釋迦의 이
름.

구담(瞿曇) ① 梵〈Gautama〉또는
俱譚・具譚・喬答摩 번역하여 地最
勝이라 함. 釋迦種의 姓, 특히 釋
尊을 가리키는 말. ②옛 仙人의 이
름.

※佛本行集經謂淨飯六代之祖被射殺 從
血塊生二莖之甘蔗 次生一男一女 姓爲
甘蔗 別稱爲日種 四子移於北 倡翟迦姓
其別稱曰舍夷 佛爲甘蔗王 ikṣvkāu之
末 瞿曇乃姓.

구담미(瞿曇彌) 梵〈Gautami〉憍答
彌・憍曇彌 瞿夷라 함. 印度 또는
利帝利 종족 가운데 一姓. →憍曇
彌.

구담미경(瞿曇彌經) 阿難의 請에 依
하여 八法을 制定하고 瞿曇彌의 出
家를 許諾한 經中阿含經二十八에 수
록되어 있음. 八法은 比丘尼가 지키
는 것인데 律中에 모두 실려 있다.

구담미기과경(瞿曇彌記果經) 一卷.
佛說瞿曇彌記果經의 약칭. 宋 慧簡
의 번역. 곧 中阿含의 瞿曇彌經.

구담반야유지(瞿曇般若流支) 梵〈G-
autamaprajñā-ruci〉 瞿曇은 姓.
般若流支는 이름. 번역하여 智希라
함. 中印度의 婆羅門으로 北魏 熙
平 1(516)年에 浴陽에 와서 여러
經論을 번역함. (續高僧傳一・開元
釋教錄六)

구담백점적(瞿曇白拈賊) 瞿曇은 釋
尊을 말하고 白拈賊은 대낮의 盜賊
이라는 뜻으로 대낮에 남의 物件을
强制로 掠奪하는 强盜를 가리키는
말. 釋尊이 誕生하여 天地를 가리
키며 「天上天下・唯我獨尊」을 唱하
며 周行七步를 하였다고 하니 本分
에서 말하면 太平世에 出沒하는 白
晝亂賊과 恰似하므로 釋尊을 가리켜
白拈賊이라 함. (拈은 俗音에 「점」
이라 함)

구담법지(瞿曇法智) 梵〈Gautama
Dharmajñāna〉 瞿曇은姓, 法智는
梵語 達磨闍那의 譯語. 北魏般若流
支의 長子. (續高僧傳二・開元釋教
錄七)

구담선(瞿曇仙) 梵 〈Gautama·Gautam〉 또는 瞿曇仙人·瞿曇大仙·喬答摩仙이라 함. 七大仙人 가운데 한 사람. 十鉢羅闍鉢底의 한 사람. 즉 太古의 仙人. 密敎에서는 火天의 眷屬이라 함. 六火天의 하나.

瞿 曇 仙

구담승가(瞿曇僧伽) 比丘의 이름. 瞿曇僧伽提婆의 약칭.

구담승가제바(瞿曇僧伽提婆) 梵 〈Gautama Saṅghadeva〉 瞿曇은 姓, 僧伽提婆는 이름. 번역하여 衆天이라고 함. 罽賓國 사람. 慧遠·竺佛念 등과 더불어 여러 論藏을 번역함. (歷代三寶記七·梁僧傳一·開元錄三)

구담유지(瞿曇留支) 人名. 瞿曇般若流支의 약칭.

구담마(瞿答摩) 梵 〈Gautama〉 釋氏 五姓의 하나. →瞿曇.

구당(句當) 일을 맡아 처리함. 寺中의 法務를 맡은 직임.
※猶言處理 乃幹事之謂 今直以事爲句當.

구대선(九帶禪) 浮山遠錄公이 創始한 說로 修行者를 試驗하거나 또는 引導하는데 쓰이는 標準方法의 하나. ①佛正法眼藏帶. ②佛法藏帶. ③理貫帶. ④事貫帶. ⑤理事縱橫帶. ⑥屈曲垂帶. ⑦妙叶兼帶. ⑧金鍼雙鎖帶. ⑨平懷常實帶를 말함. 佛敎의 要領을 九項目으로 나누어 說한 것. 또 다른 解釋에 依하면 法遠禪師가 晩年에 佛祖의 奧義를 述한 佛禪宗義九帶集을 말한다. 곧 ①佛法正帶. ②佛法藏帶. ③理貫帶. ④事貫帶. ⑤理事縱橫帶. ⑥金針雙鎖帶. ⑦平懷常實帶. ⑧屈曲垂帶. ⑨妙叶兼帶. (碧嚴集)→浮山九帶禪.

구덕(丘德) 高句麗 승려. 三國史記에는 新羅 興德王 2(827)年에 고구려 중 丘德이 唐나라에 들어가 經을 가지고 돌아오니 王이 여러 승려와 함께 맞아 들였다 하였고 三國遺史에는 興德王 太和 1(827)年에 入唐한 高麗의 중 丘德이 佛經 若干을 가지고 돌아오니 王이 여러 중과 함께 興輪寺에 나가 맞이하였다고 하였으나 興德王 때는 고구려가 망한지 190年이고 고려는 건국하기 90年 전이므로 알 수 없다.

구덕(具德) 具足한 功德. 德을 갖춤.

구도(九道) 또는 九有情居·九衆生居·九地·九居라고 함. 三界五趣의 衆生이 기꺼이 住하는 곳. 즉 欲

界의 人間, 色界의 梵衆・極光淨・遍淨・無想의 四天, 無色界의 空無邊處・識無邊處・無所有處・非想非非想處를 말함. (大部補注五)

구도(求道) 佛法의 正道를 求함.

구두삼매(口頭三昧) 다만 文句・言語만 희롱하고 眞實로 禪을 닦지 않음.

구두선(口頭禪) 또는 口頭辦. 禪理를 領會하지 못하고 다만 僧家의 淺薄한 말만 取하여 이야기로 삼는 것.

구두판(口頭辦) 口頭禪과 같음. 실행함이 없이 입으로만 늘 지껄여 대는 빈말.
※不明禪理 襲取禪家套語以資談助者 謂之口頭禪.

구득(構得) 契當 또는 了解의 뜻. 購得. (碧岩錄)

구득철(究得徹) 究徹・究盡과 같음. 事物을 궁구하여 至極한데까지 남김없이 꿰뚫어 봄.

구라(求羅) 迦羅求羅의 약칭. 벌레의 이름.
※止觀五上에 「如豬㯹金山 衆流入海 薪熾於火 風盆求羅耳」

구라(俱攞) 梵〈Kūla〉凡人의 작은 塔 모양이 小塔과 같으나 덮개가 없음.
※寄歸傳二에 「或有收其設利羅爲亡人作塔」

구라(鳩羅) 부처의 名號. →拘留孫佛.

구라구(拘羅瞿) 나라 이름. →俱睒彌.

구라단두(究羅檀頭) 巴〈Kūṭadanta〉婆羅門의 이름.

구라단두경(究羅檀頭經) 부처님이 究羅檀頭를 위하여 大祀法을 연설. 출가의 공덕을 示現한 것. 바라문이 곧 소와 양 등을 놓아 버리고 출가하여 戒를 받은 것. 長阿含 十五에 수록되어 있음.

구라단제(鳩羅檀提) 梵〈Kulodanta〉또는 究羅檀度 번역하여 戰無敵이라 함. 鬼王의 이름. (金光明文句七)

구라라게리사(鳩邏邏揭刺闍) 梵〈Kulālarāja〉번역하여 鵾鶿. (大威德陀羅尼經七)

구라라다정사(拘羅羅咤精舍) 梵〈Kuraraghara-papata-parvata〉巴〈Kurar-agara-pabbata〉번역하여 精舍라고 하나. 巴利語經典에는 山의 이름으로 구라가라파파타山이라고 하였다. 律藏大品에 依하면 아반티(Avanti)의 구라가라市 附近에 있는 山으로 마하갓차나(Mahakaccana) 摩訶迦旃延이 이 山에 住하며 아반티國 長者의 아들 소나코티칸나(Sonakotikanna) 億耳를 出家시켰다고 함.

구라발지(俱攞鉢底) 梵〈Kulapati〉번역하여 家主. →居士.
※求法高僧傳上에 「若一人稱豪 獨用僧物 處斷綱務 不白大衆者 名爲俱攞鉢

— 308 —

底 譯爲家主 斯乃佛法之大擢 人神所共怨 雖復於寺有益 而獲罪彌深 智者必不爲也」

구라야초(鳩羅耶草) 풀의 이름. 바탕이 柔軟하여 綿(솜)의 代用으로 씀. (四分律)

구라한(九羅漢) →羅漢.

구란난타(拘蘭難陀) 眞諦三藏의 別名. →拘那羅陀.

구란다(拘蘭茶) 또는 俱蘭吒. 번역하여 紅色華.

구란다(俱蘭吒) 번역하여 色. 質疑의 뜻. (茶義集三)

구란다화(俱蘭吒華) →拘蘭茶.

구랍바(矩拉婆) 梵〈Kurava〉 洲의 이름. 번역하여 勝邊. (瑜伽倫記一)

구랍파(瞿拉坡) 梵〈Gulpha〉 번역하여 踝(발뒤꿈치). (玄應音義)

구랑나(拘浪拏) 梵〈Kuṇāla〉 阿輸迦王의 太子 이름. →拘那羅太子.
※案餘處多作拘那羅 以鳥名題太子也 然則拘浪拏者 殆拘拏浪之誤歟.

구력론사(口力論師) 虛空을 萬物의 眞因이라고 하는 印度의 外道. 혹은 因力論師라고 하나, 이것은 잘못 쓴것 같다. 이들의 說은 처음에 虛空이 생하고 虛空이 바람을 생하고 바람이 불을 生하고 불이 煖을 生하고 煖이 물을 生하고 물은 곧 얼어 굳어서 땅이 되며 땅은 갖가지 藥草를 生하고 藥草가 五穀과 生命을 生한다. 그러므로 다시 生命이 이것을 먹고 뒤에 다시 虛空으로 돌아가니 이것을 涅槃이라 한다」 하였음. (華嚴玄談八)
※至於口力之義 古來不見其說 或謂虛空生風 比諸口內發呼氣 故立此稱 此說似尙遠 恐以此外道計生命卽爲食 藉所謂口之力而活 故得其名耳.

구력외도(口力外道) 外道十一宗의 하나. 입을 太虛에 비유한 것. 萬物이 본래 太虛에서 생겼다는 말. 中論疏에 의하면「口力外道에서는 太虛가 四大(地水火風)를 生하고 四大는 藥草를 生하며 藥草는 또한 衆生을 生한다고 생각하며 이로부터는 生함이 없었다」는 것. →口力論師.

구련(九蓮) 九品의 蓮臺. 阿彌陀佛의 淨土를 말함. 淨土敎에서 分別한 九等의 位階. 곧 上·中·下의 品位에 각각 上生·中生·下生이 있다. 上上品·上中品·上下品·中上品·中中品·中下品·下上品·下中品·下下品으로 上上品에서 下下品까지의 九種類로 極樂淨土에 往生하기 爲한 敎善行의 九種類. →九品.
※釋門正統八에「修三福業 想像九蓮」

구례(九例) 聲明論의 七轉九例를 말함. →七轉九例.

구로(拘盧) 梵〈Uttaraluru〉 또는 俱盧·拘樓·究留·拘留·究溜·句嚧라 하며 鬱多羅究留의 약칭. 北大洲의 이름. →鬱多羅究留.

구로사(拘盧舍) 毘曇論에 四肘를 一弓, 五百弓을 一拘盧舍라 하며 지금의 二里이다. 八拘盧舍는 一由旬이며 지금의 十六里이다.

구로사(俱盧舍) 梵〈Krośa〉또는 拘盧舍・句盧舍・拘婁舍・拘婁奢・拘樓賖. 거리의 단위. 牛聲 혹은 鼓聲이 들릴만한 最大의 거리. 五百弓・五里라고 함.

구료소아질병경(救療小兒疾病經) 囉嚩拏說救療小兒疾病經의 약칭.

구로자나(瞿嚧者那) 梵〈Gorocanā〉 번역하여 牛黃. 藥 이름.

구로전나(鴝路戰那) 梵〈Khurocchada〉香藥 三十二味의 하나. 번역하여 竹黃. 竹黃이란 대나무의 속에서 나는 것이라 함.

구로절나(瞿盧折娜) 약 이름. →瞿薩旦那.

구론(舊論) 眞諦가 번역한 俱舍論. 또는 舊俱舍라 함. 性相學者들을 일컬음.

구룡(驅龍) 戒律을 지키는 羅漢이 戒律의 功力에 의하여 毒龍을 쫓아 버린 故事.
※婆沙論四十四에「昔此迦濕彌羅國中有一毒龍 名無怯懼(梵云阿利那) 稟性暴惡 多爲損害 去彼不遠 有毘訶彌(譯曰寺)數數爲彼龍所燒惱 寺有五百大阿羅漢 共議入定 欲逐彼龍 盡其神力 不能遣.

구루(九漏) 또는 九孔・九瘡・九入・九流라고도 함. 두눈・두귀・두코・입・항문・요도의 아홉 구멍에서 항상 더러운 것이 새어 나오므로 九漏라고 함.

구루(拘婁) 梵〈Krośa〉또는 拘盧. 拘婁舍의 약칭. 里程의 명칭. →俱盧舍.

구루달마(瞿婁達磨) 梵〈Gumdharma〉또는 窶嚕達磨, 번역하여 敬法尊法이라 함. 比丘尼가 受持하는 八敬法. →八敬戒.
※百一羯磨二(細註)에「窶嚕達磨 是尊爲義 師義 所恭敬義 此字旣含多義 此比來譯者 科隨其一 於理皆得也」

구루사(拘流沙) 梵〈Knru〉나라 이름. 부처님이 拘流沙에서 長阿含의 大緣方便經을 說함.

구루손(俱留孫) 過去 七佛 가운데 네번째 또는 賢劫의 千佛가운데 첫번째 부처 이름. →拘留孫佛.

구루손불(拘留孫佛) 梵〈Krakucchanda〉또는 俱留孫佛・鳩樓孫佛・拘留秦・迦羅鳩飡陀・迦羅鳩村駄・羯洛迦孫駄・羯羅迦寸地・羯句忖那 번역하여 所應斷己斷・滅累・成就美妙라 함. 過去七佛中의 第四佛. 現在 賢劫千佛 가운데 第一佛. 波羅門種族. 姓은 迦葉. 父는 禮得 母는 善枝. 人壽 四萬세 때 安和城의 尸利樹下에서 成佛하고 第1回 說法에 四萬比丘를 敎化함.

구루수(拘樓瘦) 巴〈Kurusu〉比丘의 이름.

구루수무쟁경(拘樓瘦無諍經) 부처님

이 拘樓瘦比丘를 위하여 諍法과 無
諍法을 分別한 것. 中阿含經四十三
에 수록되어 있음.

구루진불(拘留秦佛) 梵〈Krakucch-
anda〉 또는 拘留秦佛. 過去 七佛가
운데 第四佛의 名號. →拘留孫佛.

구류(九流) ①→九漏. ②중국 漢代의
아홉 學派, 불교이외의 諸流를 말
함. 즉 儒家・道家・陰陽家・法家・
名家・墨家・縱橫家・雜家・農家의
九家流를 총괄하여 일컫는 말.

구류생(九類生) 三界의 衆生이 生을
받는 아홉가지의 차별. 즉 胎生・卵
生・濕生・化生・有色・無色・有想
・無想・非有想非無想을 말함.
※天與地獄唯化生鬼兼胎化人畜具四 五
有色 謂色界天 六無色 謂無色界天 七
有想 無色界之中除無想天一而其他一
切天處也 以彼總有心想故也 八無想
屬色界第四禪之無想天也 此爲五百大
劫之間 感無心無想之果 外道所迷執爲
眞涅槃處者也 九非有想非無想 無色界
之第四處非想非非想天也 此天處非如
無想天之無心 亦非如有想天有粗漫之
心想 故名爲非想(無粗想)非非想(有細
心)天.

구륜(九輪) 塔上의 中央 기둥에 九
重의 金輪을 연결하여 만든 테 장
식. 이것이 아홉겹으로 되어 있으
므로 九輪, 空中에 있으므로 空輪
이라 하나 모두 俗稱이며, 본 이름
은 相輪・輪相・金利・金利・露盤
이라 함.
※法苑珠林三十七에 「十二因緣經云 有

八人得起塔 一如來 二菩薩 三緣覺 四
羅漢 五阿那舍 六斯陀含 七須陀洹 八
輪王 若輪王已下起塔 安露盤 見之不
得禮 以非聖塔故 初果二露盤 乃至如
來安八露盤 八盤已上 並是佛塔」九輪
塔上突出之九層輪蓋也.

구륜(口輪) 三輪의 하나. 教誡輪・
說法輪・正教輪. 부처님이 法을 說
하여 衆生으로 하여금 바른 道로
나아가게 하는 것. 또는 능히 衆生
의 煩惱를 깨뜨리므로 輪이라고 함.
(金光明文句二・三藏法數八)

구륜(句輪) 一字의 眞言에 대하여
多字의 眞言을 句輪이라 일컬음.
※義釋十一에 「凡行者持誦時 當觀字輪
或爲句輪 所謂句輪者觀本尊心 心上有
圓明而布眞言之字 輪轉相接 令明了現
前 持誦時觀此字 猶如白乳 次第流注
入行者口 或注其頂 相續不絶 遍滿其
身 乃至遍於支分 其圓明中 字常明了
如常流水而無有盡 如是持誦疲極已 卽
但住於寂心 謂觀種子字也」

구룬사(拘崙闍) 梵〈Kruñca〉 또는
拘嚧安遮. 새 이름 鸘鳥의 一種으
로 帝釋鴻이라고 부름. 혹은 鶴 또
는 靑莊의 一種이라 함.

구룬웨델 〈Grünwedel Albert〉 獨逸
의 中央아시아 探險家. 1856年 獨
逸의 뮨헨(Munchen)에서 出生.
일찍 人類學과 佛教美術에 造詣가
깊어 베르링王立 人類學博物館長이
됨. 1902年에 中亞遠東・歷史地理
考古學地・人類學硏究・國際學會를
成立함. 五次에 걸쳐 中東地方을 探

險하였고, 1904年 문헨民俗博物舘長을 歷任함.

구리(拘利) 梵〈Koṭi〉또는 俱利·俱知. 數의 名稱. 번역하여 百萬. (慧琳音義十九)

꾸리(垢離) 神佛에게 祈願할 때 冷水나 海水에 身心의 塵垢를 깨끗이 씻어내는 것을 水垢離·鹽垢離라 함.

구리가(俱利迦) 또는 古力迦. 龍의 이름. →俱利迦羅.

구리가라(俱利伽羅) 梵〈Kṛkāla〉또는 俱力迦羅·俱哩迦·古力迦·俱哩劍·律迦·加梨加·迦羅迦. 번역하여 作黑이라 함. 龍王의 이름. 不動明王의 變化身으로 그 형상은 칼을 물고 盤石 위에 서 있음.

俱利迦羅

※迦羅 譯曰黑 卽黑色之龍 以此龍纏劍之形 爲不動明王之三昧耶形 俱利迦羅龍王經에「時不動明王智火大劍 變成俱利迦羅大龍有四支」

구리가라대룡승외도복다라니경(俱利伽羅大龍勝外道伏陀羅尼經) 一권. 譯者未詳.

구리가라부동명왕(俱利伽羅不動明王) 칼에 검은 龍이 둘러 있는 形像을 한 本尊. 이것이 不動明王의 三昧耶形이므로 그 本體를 標하여 不動明王이라 일컬음.
※俱利伽羅王經에「俱利伽羅大龍 呑飮利劍 及以四足被繞」

구리갸라부동진언(俱哩迦羅不動眞言) 四十八使者儀軌에 있는 眞言.

구리검(俱利劍) 龍의 이름. →俱利伽羅.

구리굴(俱利窟) 舍衛國祇樹給孤獨園에 있는 窟.

구리성(拘利城) 梵〈Koli〉또는 天臂城. 摩耶夫人의 아버지인 善覺長者의 都城. 가비라城의 북쪽, 拘利族이 살던 곳.

구리정기(句裏呈機) 一句一言 가운데 充分히 自己의 禪機를 드러내는 것. (碧巖錄)

구리족(拘利族) 梵〈Koliyas〉석가족과 같은 조상에서 내려온 종족. 가비라城의 북쪽 天臂城에 살았음. 석존의 어머니 摩耶夫人은 이 종족의 출신임.

구리좌간(究理坐看) 究理는 이치를 궁구하고 心性을 바르게 하는 것. 坐看은 坐禪하여 理를 看한다는 뜻. 行·住·坐·臥 四威儀 가운데서 坐를 最勝한 것으로 여기어 坐禪하는

구리태자(拘利太子) 梵〈Kolita〉五比丘의 한 사람. 斛飯王의 長子. 또는 摩南拘利・摩訶男・摩訶那摩라 함.
※十二遊經에「釋摩納」文句一上에「拘利太子」同五上에「摩訶男拘利」涅槃經疏七에「摩男拘利」嘉祥法華義疏四에「摩男拘利」玄贊四에「摩訶男拘利」

구린(拘隣) 五比丘의 한 사람. 阿若憍陳如의 別名. 또는 居倫・俱輪・俱隣・居隣. 번역하여 本際라 함. →居倫.

구림정폐(狗臨井吠) 幻과 같은 愛欲에 빠져 몸을 망치는 것을 개가 우물 가운데 그림자를 보고 짓는 것에 比喩한 말.
※智度輪八十九에「如惡狗臨井 自吠其影 水中無狗 但有其相 而生惡心 投井而死 衆生亦如是」

구립진중(久立珍重) 珍重은 서로 寒暄을 살피는 것. 스승이 上堂하여 說法하면 聽衆은 直立하여 說法을 듣고 說法이 끝난 뒤에 師家(說法者)가 聽衆에게 使用하는 感謝의 말. 萬一 聽衆이 앉아서 說法을 들었다면 坐久成勞라고 人事함.

구마(鳩摩) 梵〈究摩羅浮多=Kumārabhūta〉의 略稱. 번역하여 童眞・童相이라 함. 八地以上의 菩薩.
※玄應音義三에「鳩摩 正言究摩羅浮多 究摩羅者 八歲已上 乃至未娶者之總名也 舊名童子 浮多者 舊譯云眞 言童眞地也 或云實」

구마(瞿摩) 번역하여 牛糞. →瞿摩夷.

구마라(拘摩羅) 梵〈Kumāra〉또는 矩麽羅・鳩摩羅. 번역하여 童子라 함. (西域記十)

구마라(鳩摩羅) →鳩摩羅伽.

鳩摩羅(圖像抄)

鳩摩羅(金剛界曼茶羅)

구마라가(鳩摩羅伽) 梵〈Kumāraka〉또는 鳩摩羅迦・拘摩羅・俱摩羅・矩磨羅. 번역하여 童子라 함. 護世二十天의 하나. 즉 初禪天 梵王의

이름. 그 얼굴이 童子와 같으므로 이같이 이름. 항상 닭을 받들고 방울과 붉은 幡을 지니고 孔雀을 타고 있다. 密敎에서는 大自在天의 아들이라고 하여 胎藏界外金剛部에 그린다.

구마라가섭(拘摩羅迦葉) 梵 〈Kumara-Kāśyapa〉 比丘의 이름. 拘摩羅는 번역하여 童子, 迦葉은 姓으로 번역하여 飮光이라 하며, 보통 童子迦葉이라 일컬음.

구마라가지(鳩摩羅伽地) 梵 〈Kumāra-bheta〉 또는 鳩摩羅浮地·鳩摩羅浮多地. 번역하여 童子地·童眞地·童相地. 모두 菩薩地의 總稱. 初地 혹은 八地 이상 菩薩의 別稱. →鳩摩.
※智度論二十九에「如文殊師利 十力四無所畏等 悉具佛事故 住鳩摩羅伽地 廣度衆生 復次又如童子過四歲已上未滿二十 名爲鳩摩羅伽地 若菩薩初生菩薩家者 如嬰兒 得無生法忍 乃至十住地 離諸惡事 名爲鳩摩羅伽地」此爲一切菩薩地之通稱 玄應音義三에「鳩摩羅伽 正言究摩羅浮多」

구마라가천(鳩摩羅伽天) 번역하여 童子天. →拘摩羅天.

구마라궤(俱摩羅軌) 密 金剛童子의 儀軌. 佛說無量壽佛化身大忿迅俱摩羅金剛念誦瑜伽儀鳩(一卷)는 이를 가리킴.

구마라기바(鳩摩羅耆婆) 梵 〈Kumāraliva〉 또는 鳩摩羅時婆·鳩摩羅什婆. 羅什三藏의 具名. 번역하여 童壽라 함. 아버지의 이름「童」과 어머니의 이름「壽」를 取合한 것. →鳩摩羅什.
※出三藏記十四(羅什傳)에「什一名鳩摩羅耆婆 外國製名 多以父母爲本 什父鳩摩羅炎 母字耆婆 故兼取爲名云」

구마라다(鳩摩羅陀) 또는 鳩摩羅馱. 論師의 이름. →鳩摩邏多.

구마라다(鳩摩邏多) 梵 〈Kumāralabdha〉 또는 鳩摩邏多·拘摩羅邏多·鳩摩羅陀·鳩摩羅馱. 번역하여 童受·童首·豪童·童子라 함. 그는 呾叉始羅國에서 출생, 어려서부터 총명하였다. 뒤에 出家, 僧迦耶舍에서 道를 배워 才學이 세상에 뛰어났다. 일찍 某國에 이르러 敎를 說하였으나 이를 믿지 않아서 鍱馬萬騎에 사람들을 타게 하고서 師가 한번 보고 그 人名·馬色·衣服·相貌 등을 말하는데 하나도 그르침이 없었다. 그로 인하여 그 나라 사람들이 깊이 信服하고 드디어 佛敎에 歸依했다고 함. 釋尊의 十九代 弟子.
※成實論僧叡序에「成實論者 佛滅度後八百九十年 罽賓小乘學者之匠 鳩摩羅陀上足弟子 訶梨跋摩之所造也」三論玄義에「佛滅度後 九百年內有訶梨跋摩 其人本是薩多部鳩摩羅陀弟子」付法傳六에「僧伽耶舍 未滅度時 以法付屬鳩摩羅馱(中略) 鳩摩羅馱晉言童壽 少有美名」佛祖通載五에「第十九祖鳩摩羅多者 大月氏國婆羅門之子也」

구마라라다(拘摩羅邏多) 論師의 이름. →鳩摩邏多.

구마라불제(鳩摩羅佛提) 梵〈Kumarabuddhi〉번역하여 童覺. 西域 사람, 晉 武帝 때 중국에 들어와 鄴寺에서 四阿鋡暮抄解 二卷을 著述함.

구마라설마(鳩摩羅設摩) 梵〈Kumāraśarman〉詩人의 이름. 번역하여 童寂.

구마라습(鳩摩羅什) 梵〈Kumarajīva〉 또는 究摩羅什・鳩摩羅時婆・拘摩羅耆婆 줄여서 羅什. 번역하여 童壽라고 함. 羅什의 父는 天竺 사람인데 출가하여 龜玆國에 이르러 國王의 妹와 결혼, 什을 낳았다. 뒤에 그 어머니가 出家하여 道果를 얻다. 什은 나이 7歲에 어머니를 따라서 出家하여 西域을 遊歷하며 群籍을 총람하고 더욱 大乘에 밝았다. 龜玆에 있을 때 秦王 苻堅이 建元 19(383 혹은 18)年에 呂光에게 구자국을 치게하여 什을 데리고 凉州로 돌아왔으나 苻堅이 패했다는 말을 듣고 자기가 王位에 올랐다. 그뒤 後秦 姚興이 凉을 정벌하여 什이 비로소 長安에 들어오니 國師의 禮로 대우하고 西明閣과 逍遙園에서 諸經을 번역케 했다. 무릇 380餘卷을 번역하고 어느날 병이 들어 大衆에게 말하기를 나의 所傳에 誤謬가 없다면 焚身 후에 혀가 타 문드러지지 않을 것이다 하였다. 後秦 弘始 15(413)年 4月 13日에 드디어 長安大寺에서 나이 70歲로 入寂, 逍遙園에서 茶毘하는데 오직 혀만 타지 않았다고 한다. 高僧傳에 師의 寂年을 弘始 11(409)年 8月 20日이라고 하였으나 혹은 8年・11年 등 구구하다. 그의 弟子 三千餘人 가운데 道融・僧叡・僧肇・道生・曇影・慧觀・道恒・曇濟를 什門의 八俊이라고 하고 특히 앞의 四人을 關中의 四傑, 뒤의 四人을 四英이라 부른다. (梁高僧傳二)

구마라시바(鳩摩羅時婆) 또는 鳩摩羅耆婆・鳩摩羅什婆, 同名에 三人이 있는데 ①부처님 在世時의 大醫인 耆婆 (또는 耆域. 譯名 活命童子) ②부처님에게 活育記別을 받은 童子. ③羅什三藏(譯名 童壽).

구마라염(鳩摩羅炎) 梵〈Kumārāyana〉印度 사람. 집안이 대대로 相國을 지내다. 그러나 炎은 相國의 자리를 계승하지 않고 出家하여 東으로 葱嶺을 넘어서 龜玆國에 이르니 國王이 그를 敬慕하며 맞아들여 國師로 삼다. 그리고 王의 妹 耆婆(Jiva)와 결혼하여 一子를 두니 그가 곧 鳩羅什이다. (梁傳二)

구마라염부단상전진단(鳩摩羅炎負檀像傳震旦) 처음 優塡王이 栴檀에 佛像을 조각하여 拘睒彌國에 安置하였는데 鳩摩羅炎이 이 佛像을 지고 이 나라에 오고자 途中에 四個國을 경유하는데 諸國이 그 佛像을 애호하고 出國을 不許하였다. 그리하여 本圖의 寫本을 하나 두고 龜玆國에 이르니 王이 抑留하고 妹를 炎의 아내로 삼아 羅什을 낳았다. 그 후 그 불상을 가지고 姚秦에 이르렀다. 후에 南宋의 孝武가 秦을 破하고 그 불상을 맞아들여 江左로 돌아와 龍光寺에 奉安하니 世人들이 龍光의 瑞像이라 하였다는 故事. (資持記下三)

구마라존자(鳩摩羅尊者) 번역하여 童子·童首·豪童. 付法藏의 第十九祖. →鳩摩羅多.

구마라천(俱摩羅天) 번역하여 童子. 胎藏界曼茶羅는 西方 辨才天 곁에서 三戟을 가지고 있으며 金剛界曼茶羅는 東方에서 방울을 가지고 있음. 大日經疏에서 말하는 俱摩羅는 鑠底印을 짓고 있음.

구마리(俱摩利) 梵〈Kumari〉또는 鳩摩利·憍摩利·俱寧羅·嬌末離이

俱摩利

라 함. 大自在天의 권속으로 胎藏界曼茶羅 外金剛部院 西方 梵天女의 왼쪽에 봉안됨.

구마리(鳩摩利) 梵〈Kumari〉또는 憍摩利·俱摩羅. 鬼女衆의 하나. 胎藏界 外金剛部 가운데 一尊. 형상은 살색으로 왼손에는 창을 쥐고, 오른손은 주먹을 쥐고 있음. 혹은 왼손에 金剛杵를 쥐고, 오른손에는 칼을 쥐고 있음.

구마이(瞿摩夷) 梵〈Gomaya〉번역하여 牛糞(쇠똥). 密敎에서 修法할 때 壇을 만들고 가에 칠을 바르는 것. 또는 護摩하는 供物의 一種으로 화로에 던지는 것을 말함.
※蓋印度吠陀以來 神聖視牛之結果 以其糞爲淸淨者 於祭壇塗之使爲淸淨 其風習入於密敎 至於造壇法亦塗牛糞也

구마제(瞿摩帝) 梵〈Gomati〉瞿寧夷와 같음.

구마제가람(瞿摩帝伽藍) 僧伽藍을 瞿摩帝라 함. (法顯傳)

구마제하(瞿摩帝河) 江河의 이름. 이 河水의 넓이는 半由旬, 길이는 三百由旬. 江河에 소가 많으므로 牛河라고 함.

구만(九慢) 자신을 믿고 전체하는데 九種의 煩惱가 있으니 ①我勝慢類. ②我等慢類. ③我劣慢類. ④有勝我慢類. ⑤有等我慢類. ⑥有劣我慢類. ⑦無勝我慢類. ⑧無等我慢類 ⑨無劣我慢類를 말함.

구만나(鳩滿拏) 귀신 이름. →鳩槃

茶.

구면관음(九面觀音) 아홉개의 머리를 가지고 있는 觀世音菩薩의 形像.
※大佛頂首楞嚴經說觀音之圓通 而現衆多之妙容 有一首二首三首五首七首九首十一首(中略)八萬四千爍迦羅首云.

구면연아귀다라니신주경(救面然餓鬼陀羅尼神呪經) 一卷. 佛說救面然餓鬼陀羅尼神呪經의 약칭. 唐 實叉難陀의 번역. 佛說救拔焰口餓鬼陀羅尼經과 同本이나 다만 四佛의 名號가 없음.

구명보살(求名菩薩) 彌勒菩薩 過世時의 名號. (法華經序品)

구명시식(救命施食) →救病施食.

구모다(拘某陀) 또는 究牟陀. 꽃의 이름. →拘物頭.

구모다라(瞿摸怛羅) ㊃〈Gomūtra〉 번역하여 牛屎·牛溺. →瞿摩夷.

구무(拘贅) ㊃〈Kumuda〉 또는 拘物頭·拘物陀. 번역하여 地喜花라 함. 연꽃의 一種. →拘物頭.

구무간도(九無間道) 또는 九無間道·九無礙道. 三界를 九地로 나누고 一地의 修惑을 또 九品으로 나누어 그것을 끊는데 각기 九無間·九解脫의 二道가 있다. 惑을 끊는 智를 無間道, 이미 끊고 惑을 解脫한 智를 解脫道라 함. →九解脫道·九品惑.
※新譯에 無間道 舊譯에 無礙道 間卽礙之義 觀眞智理 不爲惑所間礙也.

구무나(拘牟那) 植物. →拘物頭.

구무다(拘母陀) 꽃의 이름. →拘物頭.

구무두(拘牟頭) 또는 物寶頭. 꽃의 이름. →拘物頭.

구무실(口無失) 十八不共法의 하나. 부처님은 입의 行爲에 있어서 과실이 없다는 것. 또는 부처님이 無量한 智慧와 辯才를 갖추고 중생의 근기에 따라서 法을 說하여 모두 깨닫게 함을 말함.

구무애도(九無礙道) →九無間道.

구무위(九無爲) 九種의 無爲法을 말함. 곧 生·住·異·滅·四相의 변천을 받지 않은 不生不滅의 實在法 (1) ①擇滅法(pratisṃkhyā-nirodba). ②非擇滅(apartisaṃkhyānirodba). ③虛空(akasa). ④空無邊處(ākāsânantyâyatana), ⑤識無邊處(vijñānān=tyayatana). ⑥無所有處(ākiñcnayatana). ⑦非想非非想處(naivasaṃjñā-nasaṇjñāyatana). ⑧緣起支性(pratitya-samutpādângikatva). ⑨聖道支性(mārgngikatya). 이것은 小乘의 大衆部·一說部·說出世部·雞胤部의 說이다. 그 가운데 前三은 薩婆多部의 三과 같은데 오직 薩婆多部는 擇滅과 非擇滅이 多體라고 생각하는데 大衆部 등에서는 각기 一體라고 하니 비록 같은 듯 실로 相反된다. 다음 四種은 四無色所依의 定體이니 그 能依의 五蘊은 본디 有爲인데 이제

그 所依處에 나아가서 無爲라고 함이다. 뒤의 二는 十二緣起와 八聖道支의 理法自體를 말함이니 緣起支와 聖道支의 差別相은 生滅이 있으나 그 理法은 寂然不動하여 改易이 없기 때문에 無爲라고 함이다. (2) ①擇滅. ②非擇滅. ③虛空. ④不動(akala). ⑤善法眞如(kuśala-tatpatā). ⑥不善法眞如(akuśala-dh-ta) ⑦無記法眞如(avyakṛta-dh-ta). ⑧緣起眞如. ⑨聖道眞如이니 化地部의 說임.

구무학(九無學) 九種의 無學. 九種羅漢과 같음. 阿羅漢에 九種의 구별이 있음을 말함. 俱舍論에서는 退去·思法·護法·安住法·堪達法·不動法·不退法·慧解脫·俱解脫을 말하고, 成實論에서는 退相·守相·死相·住相·可進相·不壞相·不退相·慧解脫相·俱解脫相을 말함. →羅漢.

구묵(瞿默) 또는 瞿墨. 瞿默目犍連의 약칭. 농사짓던 사람의 이름. →瞿默目犍連.

구묵목건련(瞿默目犍連) 㗩〈Gopakamoggaaina〉농사짓던 사람의 이름. 阿難과 더불어 法相에 관하여 問答함. (瞿默目犍連經)

구묵목건련경(瞿默目犍連經) 부처님이 涅槃한 後에 阿難이 農夫 瞿默의 집에 가니 그가 묻기를, "比丘에 부처님과 같은 者가 있느냐"고 했다. 阿難이 그런 사람은 없다고 하고 또 갖가지 法相을 說한 것. 阿含經三十六에 수록되어 있음.

구문(九門) 九有情居를 이름. →九居.
※寄歸傳二에「棄九門之虛僞 希十地之圓堅」

구문(句門) 文句의 뜻에 통한 다음 깨달음의 門에 들어간다는 뜻.

구문라(句文羅) 꽃이름. →拘物頭.

구문불서(歐文佛書) 歐美 各國에서 佛敎를 硏究한 것이 百年이 넘는다. 그들의 著書를 紹介하면. 졉尼波羅加의 독일 大使舘에 근무하던 Brian Houghton Hodgson이 그곳에서 처음으로 發見한 梵語 佛典이 1837年의 일이요, 그후로 各地 圖書館에 寄贈하였으며 프랑스의 Eugeue Burnouf는 열심히 硏究에 從事하였고 그 弟子英國人 F. Māx Müller와 프랑스의 émile Senart와 네델란드의 Wasailj Pawlowitsoh Wassilijow와 그 弟子 Miuayeff 등 제씨가 동시에 硏鑽하였고 同時에 南方 巴利語 佛典의 硏究가 盛行하였다. 英國의 T. W. Rhys Davids와 독일의 Hermann Oldenberg 등이 우두머리이며 또한 항가리의 soma와 독일의 Anton Schiedner가 西藏佛敎 硏究의 端緒가 되었으며 英國의 Samuel Beal과 Joseph Edkins 등이 中國 佛典의 本文을 涉獵하였다. 이들 學者는 原本을 出版 또는 번역하기도 하

였으며 或은 著述과 論說로 그 意見을 發表하였다. 그외에 많은 旅行家들이 佛敎國의 風俗과 習慣 등을 記述하고 刊行하여 現今까지 歐文으로 이룩된 佛敎典籍의 數가 幾百種에 達한다. 至今 重要한 것을 들어보면 다음과 같음.

The Dhamma of Gotama the Buddha and the Gospel of Jesus the Christ. (Aiker, Oh. F. 著, 1900) A Brief Account of Shin-shiu(赤松連城著, 1893), The Wheei of the Law(Alabaster, H. 著, 1871), The Modern Buddhist(同人著, 1870), Ce que l' Inde dvit á la Gréce(Alviella, G. 著, 1897), Buddhist Nirvāṇa(Alwis J. 著, 1871), Attanagaluvansa(同人著, 1866) Buddhism(同人著, 1862), Iistoire du Bouddhisme(Ampére J.J. 著, 1837), Religious History of Japan(姉崎正治著, 1907), Light of Asia(Arnold, E. 著, 1883), prince Siddartha(Atkinson 著, 1893), Visit to Ladakh(Aynslay 著), Cycopaedia of India(Balfour著 1885), le Bouddha et sa Religion (Barthelemy, St. Hilaire著, 1860), Du Bouddhisme(同人著, 1855), The Religion of India(Barth, A. 著, 1882), Religionsphilosophische Probleme au f dem forschungsfelde buddhistlscher Psychologie und der vergleichenden Mythologie(Bastian, A. 著, 1884), Die Weltauffasung der Buddhisten(同人著, 1870), Der Buddhismus in seiner Psychologie(同人著, 1882),

Über die Psychologie des Buddhismus (同人著, 1881), The Buddhist Tripiṭaka(Beal, S. 著, 1876), On Buddhist Literature in China(同人著, 1882), Buddhism in China(同人著, 1884), Catena of Buddhist Scriptures frem the Chinese(同人著, 1871), Romantic Legend of Sakya Baddha(同人著, 1875), A Peep into the Early History of India(Bhandarkar著), the Lite or Legend of Gautama, the Buddha of the Burmese(Bigandet, P. 著, 1880), Memoires sur les Phonics(同人著, 1865), Historical Researches on the Origin and Principle of the Buddha and Jaina Religion(Bird, J. 著, 1847) Wandering iu Burma(Bird, W. 著, 1897), Materiaux pur servir á l' histoire de la déessl bouddhique Tārā (Bloney, G. 著, 1895), Lavie contempiative, ascétique et monastique chez des Indous etchez les peuples bouddhistes(Bochinger著, 1831), De Bhddnaismi origine et actate definiendes (Bohlen, P. A. 著, 1837), Indian Studies(Büller著, 1898), Three New Edicts of Aśoka(同人著), Archaeological Survey of Western India(Burgess, J. 著, 1847—78), The Buddhist Stūpas of Amaravati and Jaggayyapeta(同人著), Introduction á l, histoire du Bouddhisme Indien(Burnonf, E. 著, 1876), Considerations sur l' origine du Bouddhisme(同人著, 1843) Buddhistical Atheism, and how to

구 문 불 서

meet it(Cartar, O. 著, 1861), The Gospel of Buddha(Carus, P.著, 1896) Buddhism and its chtistian Critics (同人著), Karma(同人著, 1897), Nirvāṇa, a story of Buddhist Psychology(同人著, 1897), The Ruined Cities of Ceylion(Cave, H. W.著, 1897) Esai sur la philosophie bouddhique (Chaboseau, A. 著, 1891), On Buddhism(Chine, G. W. 著, 1868), Buddhism(Claughton, P. C. 著, 1874), The Ritual of Buddhist pristhood(Clough 著, 1834), Religion in Japanese(Cobbold, C. A.著, 1894), Analysise du Kandour et Tandiour(Csoma de Körös 著, 1881). Corpus Inscriptiocnum Indicarum(Cunningham,A. 著, 1879), The Ancient Geography of India(同人著, 1871), The Bhilsa Topes(同人著, 1854), The Stupa of Bharhut(同人著, 1879), Mahābodhi(同人著, 1892), Inscriptions of Aśoka(同人著, 1877), Buddha(Dahlmann, J. 著, 1898), Nirvāna(同人著, 1896), Buddhism(Davids, T. W. R. 著, 1878), Buddhism, its history aud literature(同人著, 1896). Buddhist India(同人著, 1903), Buddhist Birth Stories(同人著, 1880), Lectures on the Origin and Growth of Religion, illustrated by Buddhism (同人著, 1881), A Buddhist Manual of Psychological Ethics of the fourth Century B. C(Davids, C. R.著, 1900), Ancient Coins and Measures of Ceylon(同人著), La Discipline Bouddhique(Dechamps, A. 著, 1861), Les Origines du Bouddhisme(同人著, 1861), Le Tibet(Deagodins 著), Christus oder Buddha, wem wollen wir folgen?((Dyayas 著, 1894), The Life and Works of Alexander Csoma de Körös(Duka著), Das Leben des Buddhas(Dutoit 著, 1906), The Civilization of India(Dutt, O. 著, 1900), History of Civilization in Ancient India(同人著, 1889—90), Ancient India 200 B. C.(同人著, 1893), Report on a Visit to Sikhim and Tibetan Frontier (Edgar 著), Pāli-Englisn Dictioary with Sanskrit Equivalant(Chiders 著, 1875), Notice of the Chinese Buddhism(Edkins, T. 著, 1885), Chinese Buddhism(同人著, 1880), The Religious Condition of the Chinese (同人著, 1859), Religions in China (同人著 1884), The Nirvāṇa of the Northern Buddhism(Edger 著, 1881), Buddhist and Christian Gospels(Edmunds, A. J.著, 1902), Hymns of the Faith(同人著1902), Buddha, a Dialogue on former Existence and on the marvellous Birth and Career of the Buddhas(同人著, 1899), Lecture on Buddhism(Eitel. E. J. 著, 1871), Hand-Book of Chinese Buddhism(同人著, 1870), Buddhism(同人著, 1873), Nirvāṇa (Eklund, J. A. 著, 1899), Memories on the History, Folklore, and Distribution of the Races on the N. W. Provinces of India(E-

구문불서

lliot, H.M. 著, 1869), History of in dia(Elphinston, 著 1874), Article on Buddhism(Davids, C.R.著), Two articles: Bouddha and Boudhdisme (Léon Feer 著), Etudes sur es Jataka (Feer, L. 著, 1875), Fragments extracts du Kandjour(同人著, 1883), Le Bhikkuni Sanyuttam(同人著, 1877), Le Légende du roi Aśoka. Texte Tibétain. avec traduction(同人著, 1865), Les Jātaka dans les mémoires de Hiouen Thsang(同人著, 1898), Professions interdites par le Bouddhisme(同人著, 1890), Tree and Serpent Worship(Fergusson, J.著, 1873), Description of the Amaravati Tope(同人著, 1867), Die Sociale Gliederung in Nordöst Indien zu Buddha' e Zeit(Fick, R.著, 1897), Short chapters on Buddhism pastand present(Fitcoms, J.H. 著, 1838), Descriptions of the Early Gupta Kings(Fleet,J.F.著, 1889), Etude sur le Lalita Vistara; du spécimen dum glossaire des mots particuliers au Sanskrit Bouddhique(Fcouaux,P. E. 著, 1870), Le Réligieux ehassé de la communanté Conte Bouddhique, traduit du Tibétan(同人著), Etudes, l'iconographic bouddhique de l' Inded' aprés des documents nouveaux (Foucher著, 1900), Catalcgue des peintures népalaises et tibétes, de la collectu. Hodgson(同人著, 1897), l'Art gréco-bouddhique du Gandhāra (同人著, 1905), Doctrine des Bouddhist sur le Nirvāṇa(同人著, 1864), Le Bouddhisme au Tibét(同人著, 1864), Le Bouddhisme Japonais(1898), The Bubdhist Cave Temples of Ajanta, Khandesh, India(Cuiffths, J.著, 1856 7), The Religious System of China(De Groot J.M.著, 1892), The Story of We-than-da-ya. A Buddhist Legend, sketched from the Burmese Version(Gross,A.著, 1895), Mythologie d. Buddhismus in Tibet und Mongole(Grünwedel 著, 1900), Buddhistische Kunst in Indien(同人著, 1893), Buddhistische Studien(同人著, 1897), Der Buddhismus nach älteren Pāli-Werken(Haroy, Edmond 著, 1890), Eastern Monachism(Hardy, Spence.著, 1850), Manual of Buddhism(同人著, 1853), The Legends and Theories of the Buddhists(同人著, 1881), Christianity and Buddhism compared(同人著, 1874), König Aśoka. 阿育王(Hardy, E.著, 1902), Gleanings in Buddha-field(Hearn,R.著, 1897), Alt Indien und die Kurtur des Ostens(Hillebrandt, A.著, 1901), Illustrations of the Literature and Religion of the Buddhists(Hodgson, B.H.著, 1841), Essays on the Language, Literature and Religion of Nepal and Tibet(同人著, 1874), Traces de Bouddhisme en Norve' ge avaut' l'ntroduction du Christianisme (Holmbol. 著). The Religion of India(Hopkins著), The Chinese Empire(Huc. E. R. 著, 1855), Historischer, kritischer Versuch über die Lamaische Religion(Hullmauü, K. D.著, 1796), The Indian Empire(Hunter, W. W.著 1886), Imperial Gazotteer of India(同人著, 1885), Geschicate d. Buddhismus in d. Mongolei(Hoth, G. 著, 1892), Religions, or Results of the mysterious Buddhism(印度傳道會報告, 1858), Der Buddhismus und seine. Geschichte in Indien(Kern. H.著, 1882-84), Manual of Indian Buddhism(同人著, 1896), Over de Jaartellung der Zuidelijke Buddhisten en de Gedenkstukken van A coka den Buddhist(同人著, 1873), Buddha and his Doctrine(Kistner,O. 著, 1869), Description du Tibet. traduite du Chinois(同人著), Fragments Bouddhiques(Klaproth, M. 著, 1831), Die Religion des Buddha und ihre Entstehung(Köppen, C. F. 著, 1857—59), Einige Wörte über den Buddhismus(同人著, 1851), Account of the Pandets Journey in Great Tibet from Leh in Ladākh to Lh sa, and of his return to India via Assam(Krishna著), Outlinesof Mahāyana(黑田眞洞著, 1893), Le Bouddhisme Précé-déd' un Eessai sur le Védisme et le Brahmanisme(Lafont, G. D. 著, 1895), Indische Altertumskunde(Lassen, Ch. 著, 1847—57), Geschichte von Bnddha bis auf die Gupta Königet(同人著, 1849), Selection form the e vernacular Boodist Literature of Burmah(Latter, T. 著, 1850), Le Bouddhisme au Cambodge (Leclére 著, 1899), The Popular lige of Boddha(Lillie,A. 著, 1883), Buddha and Buddhism(同人著, 1900), Buddhism in Christendom(同人著, 1887), Relort on a missoin to Sikhim(Macaulay 著), Sanchi and its Remains (Maisay, F.C. 著, 1873), Narratives of the Mission of George Bogle to Tibet, of the Journey, of Thomas Mauning to Lhāsa(Markham 著), India in the fifte enth Century(Major, R. H.著, 1857), Moines et ascetes indiens(Mazeliere 著, 1898), Buddhisme. 佛教(Minayeff 著), Buddhaygaā- (Mitra, R. 著, 1878), Nepalese Buddhist Literatlre(同人著, 1882), Notices of Sanskrit Mss. belonging to the Bengal Asiatic Society(同人著, 1871—86), Buddhism(Nonier Williams 著, 1890), Original Sanskrit Texts on the Orgin and History of the People of India (Muir, T. 著,1887—71), Orientali(e)che Bibliographie(Müller, August 著, 1887—1901), Buddhism and Buddhist Pilgrims(Muller, Max. 著, 1857), India: What can it teach us?(同人著 1885), Chips from a German Workshop(同人著, 1880), Selectcd Essays on Langnage, Mythology, and Religion(同人著, 1881), De Tand van Boeddha: ecn Indisch Mirakel(Muller, S. 著, 1845), Catalogue of the Chirese Translation of the Buddhist Tripiṭaka

(南條文雄著, 1883), Die Reden Gotamo Buddho's(Neumann, K.E. 著, 1896—92), Bddhistische Anthologie(同人著, 1892), Le Bouddhime, son fondateur et ses ecritures(Neve, F.著), De l'etat Présent das Etudes surle Bouddhisme et de leur application (同人著), Buddhism iu Siberia(Nil 著 1858), Du Nirvāṇa Indien(Obry, T. B.F.著, 1856), Du Nirvāṇa Bouddhisque, enréponse á M. Barthélemy Saint-Hilaire(同人著, 1863), A Buddhist Catechism, according to the Sinhalese Canon(Olcott, H.S.著, 1886) A Buddhist Catechism, according to the Canon of the Southern Church (同人著, 1885), Buddha(Oldenberg,H. 著, 1881), Sketches from Nepal(Oldfield, H.A. 著, 1880), Kaṣmir et Tibet(Ollivier 著), Recherches sur Buddou on Bouddhou(Ozeray, J. 著, 1817), Das Pantheon-des Tschangtscha Kutukutu, ein Beitrae zur Iconographie des Buddhismus(Pander 著) The Piprahwa Stūpa, containing Relics of Buddha(Peppé, W.C.著, 1898) The Sacred Tree; or the Tree in Religion and Myth(Philpot, J.H.著, 1891), Die Buddha Legende in den Skulpturen des Temples van Bōrō Budur (Pleyte, C.M. 著), Tangut Conntry, and the Solitude of Northern Tibet (Prejevalski 著) Reisen in Tibet(同人著), Tibet Tartıry and Mongolia, their social and Political conditions and religion of Bondh(Prinsep, H.T. 著, 1851), Tibetan Tales(Ralston著), Western Tibet(Ramsay著), Japan: its history, traditions and religions; With the narative of a visit in 1879(Reed, E.Z.著, 1880), Primitive Buddhism, its Origin and Teachings(Reed. A.E.著, 1896), Die S tūpas(Ritter, K. 著, 1838), Historical Relation of the Island Ceylon in the East India(Rebert, Knox.著, 1881), The Life of Buddha, and the Early History of his Order, from Tibetan Works; with Notices on the Early History of Tibet and Khoten(Rockhill, W.W.著), Prātimoksha Sutra, or le Treité d' Emancipation selon la Version Tibétame, aveo Notes et Extracts du Dulva(同人著, 1884), The Land of the lamas(同人著), Buddha and his Religion(Sargant, W.L.著, 1864), Catalogue of Palm Leaf, and selected Paper Mss. belonging to the Durber Library, Nepal(Sastri 著, 1905), A lberuni's India(Sachau, K.E. 著, 1888), Tibe tan Studien(Schiener 著), Tibesche Lebensbeschribung Cakyamuni's(同人著, 1849), Buddhistische Triglolte(同人著, 1859), Tibetan Tales derived from Indian Source (同人著, 1882), Buddhism in Tibet (Schlagintweit, E. 著, 1863), On the Bodily proportion of Buddhist Idols in Tibet(同人著, 1863), Über die Verwantschaft der gnotischtheosophichen

구 문 불 서

Lehren mit der Religins-systemen des Orients, vory. dem Buddhismus(Schmidt, I.J.著, 1828), Le Bouddha et le Bouddhisme(Schoebel, C.著, 1857) Zur Literatur des chinesischen Buddhismus(Schott, W. 著, 1873), Über den Buddhismus in Hochasien und in China(同人著, 1846), Der Buddhismus sls Religion der Zukunft(Schultze, Th.著, 1898), Über einige Grundlehren des Buddhismus 23(Schmidt, S.J. 著, 1829—30), Buddhism and Christianity(Scott, A.著, 1890), Notes sur quelques Termes buddhiques(Senart,- E.著, 1876), Les Inscriptions de Piyadasi(同人著, 1881—86), Essai sur la légende du Buddha(同人著, 1882), Das Evangelium von Jesu in seinen Verhältnissen zu Buddha Sage und Buddha-Lehre(Seydel, R.著, 1882) Die Buddha Legende und das Leben Jesu nach dem Evänglium(同人著, 1897), Der Buddhismus nach seiner Entstehung, Fortbildung und Verbreitung(Sibernagl 著, 1891), The Buddhist Praying Wheel(Simpson, W. 著, 1896), Ruler of India:Aśoka, the Buddhist Emperor of India(Smith,V. A.著, 1901), Early History of India (同人著, 1904), De religione Lamaice cum Christiana cognatione(Staudlin, C.F.著, 1808), Ancient Khotan, or Detailes Report of Archaeological Explorations on Chinese Turkestan (Stein 著, 1907), Notes on the Monetary system of ancient Kaṣmir(Stein, M.A.著), The Doctrine of the Perfect One, or the Law of Piety (Strong, D.M.著, 1902), The Dathāvansa; or the History of the Tooth-Relic of Gotama Buddha(Swamy, M.C. 著, 1874), Die Legende vom Kisāgotaml(Thiessen, J.H.著, 1880), Christianisme et Buddhisme(Thomas, A. 著, 1900), Pāli Buddhism(Tilb, H.H. 著, 1990), Theorie des Wissens und der Logik in der Lehre der spateren Buddhisten(Tscherbatskoi, Th.J.著, 1903), Inquiry into the Origine and Principles of Budaie Sabesin(Tyler 著, 1817), The History and Doctrine of Buddhism Popularly illustrated(Upham, E. 著, 1829), Bouddhisme(Valée Poussin 著, 1900), The Buddhism of Tibet(Wadlell, L.A.著, 1895), Lamaism in Sikhim(同人著), Lhassa and its Mysteries(同人著, 1905), Buddhism in Translations(Warren, H.C.著, 1895), Two Bas-Reliefs of the Stūpa of Bharhūt(Warren, S.J.著, 1890), Buddhism(Wassilief 著, 1860), De Buddhaistarum Discipline(Wattka,A. 著, 1848), On Yuang chwang(Watters, T. 著, 1905), Buddhas Dödsaarognongle andre Tidspunkter Indiens. aeldre Histoire(Westergaard, N.L.著, 1860), Indische Studien(Weder 著), Indische Streifen(同人著), Indische Skizzen(同人著), Vorlesungen über Indische Literaturgeschichte(同人著, 1882), Über den Altesten Zeitraum der Indischen Geschichte(Westergasd 著, 1862), History of India from the Earliest Ages(Whoeler, J.T.著, 1867—87), Indian Wisdom(Williams, M.著, 1875), Sanskrit--English Dictionary(同人著, 1902), English-Sanskrit Dictionary(同人著), Māra und Buddha(Windisch, E.著, 1895), Geschichte der indischen Religion(Wurm, P.著, 1874), Der Buddhismus(同人著, 1868), The Burman(Yoc. S.著, 1882), The Kingdom of the Yellow Rode(Young, E.著, 1893), The Book of Sir Mārco Polo the Venetian(Yule, C.H.著, 1871) 등이며 번역되 것은 Le Lotus de la bonne Loi(Burnonf, E. 梵文法譯, 1852), The Legend of Dipankara Buddha(Beal, S. 漢文英譯, 1873), Makā-Vamsa(Turnour, G. 巴利文英譯, 1837) Dipa-Vamsa(Oldenberg, H. 巴利文譯), Foé-Koué-ki(Rémusat, A. 漢文法譯, 1836), Record of Buddhist Kiugdoms(Legge 漢文英譯), Memoires sur les contées occidentals(Julien, S. 漢文法譯, 1857), Histoire de la vie de Hiouen Thsang et a ses voyages dans l'Inde entre les aunées 629 et 645 de Notreére(同人, 漢文法譯, 1853), Si-yu-ki(Beal, S. 漢文英譯, 1884), The Life of Hieuen-Tsang(同上, 1888), Record of Buddhist Kingdom(同上, 1886), Travels of Fahien and Sunyun (同上, 1886), Text form he Buddhist Canon(同上, 1878), Le Religieux émineuts quialléret chercher la Loidans les pays d'occident(Chavannes, E. 1894) L'Itineralir d'Oukong(同上, 1895) Dialogues of the Buddha(Davids, T.W.R. 巴利文英譯, 1899), Lalita-vistara(Mitra, R. 梵文英譯, 1886), Udānavarga(Rockhill, W.W. 西藏文英譯, 1833), Jātakamālā(Speyer, T.S. 梵文英譯, 1895), Avadana-śataka(Feer. L. 梵文佛譯, 1891), Sutra eu quarante deux articles(同人, 漢文英譯, 1878), Legende du roi Acoka.(同人, 西藏文法譯, 1865), Histoire du Bouddha Sakyamuni(Foucaux, P.E. 西藏文法譯, 1868), Parabole de l'enfant égaré(同人, 梵文法華信解品法譯, 1854), Esquise des huit Sectes bouddhistes du Japon(漢文法譯, 1892), Vocabulaire bouddhique Sanscrit-Chinois(Harley, C. 漢文法譯, 1891), The Udāna(Strong D. M. 巴利文法譯, 1902), Das Buddha Pantheon Nippon: Buto-zo-dsu-i(Hoffmann, J. 漢文法譯, 1851), Geschichte de Buddhismus in Indien(Shiefner, A. 出版及西藏文法譯, 1858), The Dhammapada(Müllex, Max, F. 巴利文英譯, 東方聖書第十), The Sutta Nipāta(Fausböll, V. 巴利文英譯, 同上), The Mahāparinibbāṇa Suttanta(Rhys Davids, W. T. 巴利文英譯, 同第十一), The Dhamma-cakka ppavattana Sutta(同上), The Tevijjā-suttana(同上), The Ākankheyya Sutta(同上), The Cetokhila Sutta(同上), The Mahāsudassana Suttanta (同上), The Sabbāsava Sutta(同上),

Vinaya Texts. 律藏(Rhys Davids, W. T. 及 Oldenberg, H. 巴利文英譯, 同第13 第17, 第20), The Fo-sho-hing--tsan-king(Beal, S. 漢文英譯, 同第19), The Saddharma-puṇḍarika(Kern, H. 梵文英譯, 同第21), The Questions of King Milinda(Rhys Davids, W. T. 巴利文英譯, 同第35, 第36), Buddha-carita. (Cowell, B. E. 梵文英譯, 同第49), Larger Sukhāvati-vyuha(Müller Max, F. 梵文英譯, 同上), Smaller Sukhāvat-vyuha(同上), Vajrc-chedikā(同上) Prajna-Pāramita-hṛidaya(同上), Amitāyur-Dhyāna-Sutra(高楠順次郎, 漢文英譯, 同上), À Record of the Buddhis Region(同人, 漢文英譯, 1896), Aśvaghoṣa's Discourse on the Awaking of Faith in the Mahā-yāna (鈴木大拙, 漢文英譯), Praises of Amita(Roid, A. 1906), Legend and Miracles of Buddha Sakya Sinha(Chandra. 梵文英譯, 1895), Budd-haghosuppatti, or the Historical Romance of the rise and career of Buddhaghosha(Gray, J. 巴利原文並其英譯, 1892), Short History, of Twelve Japanese Buddhist Sects(南條文雄英譯, 1886), The Jātaka(Cowell 出版, Chalmers, Francis, Neil, Rouse 巴利文英譯, 1895—), Buddhaghosha's Parables(Rogers, T. 緬甸文英譯, 1870). 등임.

구문지(求聞持) 虛空藏求聞持法의 略稱. 虛空藏菩薩을 本尊으로 삼고 닦는 行法. 頭腦를 明快하게 하고 記憶力을 增大한다고 함. 그 修法은 둥근 달 가운데 虛空藏菩薩을 그려서 방안에 安置한 후 여러가지 供物을 갖추어 놓고 虛空藏菩薩의 呪文을 一百萬번 외우면 一切敎法의 文義를 암기할 수 있다고 함.

구문지법(求聞持法) 🕮 一卷. 虛空藏菩薩能滿所願最勝心陀羅尼求聞持法의 약칭. 唐 善無畏의 번역.

구문지허공장(求聞持虛空藏) 求聞持法을 닦을 때에 本尊으로 모시는 虛空藏菩薩.

구물다(拘物陀) 또는 拘勿陀. 꽃의 이름. →拘物頭.

구물도(拘物度) 또는 拘勿投. 꽃의 이름. →拘勿投.

구물두(拘勿投) 꽃이름. →拘物頭.

구물두(拘勿頭) 🕮 〈Kumuda〉 또는 拘勿頭・俱勿頭・句文羅・拘勿陀・拘母陀・拘牟頭・拘貿頭・拘某頭・拘牟那・屈摩羅・究牟陀・拘物度・拘勿投. 번역하여 地喜花・赤蓮花・白蓮花・青蓮花・黃色花라고 함. 또는 아직 피지 아니한 연꽃을 말함.

※玄應音義三에「句文羅 又曰拘物陀 又作拘牟頭 (牟或作貿)或作拘物頭 此譯云 拘者地 物陀者喜 名地喜花」慧琳音義三에「拘某陀花 古作拘勿頭 正音拘牟那 此卽赤蓮花 深朱色」法華玄義七에「叙師序云 未敷名屈摩羅 將落名迦摩羅 處中盛時名分陀利」

구물해(舊物解) 🕮 〈Pratyabhijnana〉

再認識한다는 말. (莊嚴經論三一)

구미불교(歐美佛敎) 古代와 中世 유럽의 佛敎. 유럽人이 印度에 關한 知識을 가지게 된 것은 古代부터 있어온 그리스文獻에서 西紀前 6世紀에 이드레스人 헤카타이오스(Hekataios)가 印度를 紹介하고, 紀元前 506年에는 페르샤王 다리오스의 命에 依하여 그리스人 스키락스 (Skylax)가 印度의 인더스江을 여행하였고 크티시아스는 傳聞에 依한 印度誌를 著述한 바 있으며 그 후 紀元前 2世紀에는 그리스系의 彌蘭王(Mihinda)이 佛敎僧 那先(Nagasena)과 佛敎敎義에 대하여 問答한 記錄이 現存하며 이러한 것이 유럽에 傳播되어 유럽佛敎를 形成하였음.

구미재(九味齋) 또는 鳩美榮·供備榮라 함. 法會 宿忌(忌日의 전날밤)의 供物. 아홉가지의 좋은 맛을 담았으므로 九味라 함.

구밀(口密) 三密의 하나. 또는 語密이라 함. 眞言을 念誦하는 口業이 妙用·速疾·隱秘한 것을 이름.
※卽成佛義에 「法佛三密 甚深微細 等覺十地 亦不能見聞 故曰密」又據異本 卽身義 謂「六大中 風空二大 配於語密眞言行者 以三業爲明 卽身三密萬行 卽身三密菩提 行者自知 餘人不知 故名密」

구밀(俱密) 眞存과 實想 등의 圓理를 理密, 印契·禁呪 등의 三密을 事密이라 하고, 法華를 理密의 秘密敎, 大日·金剛 등의 諸經 등을 事理俱密의 秘密敎라 함.
※證眞之天台眞言二宗同異章解此意에 「敎有二種 一顯示敎 謂阿含深密等諸三乘敎也 二秘密敎 謂華嚴維摩般若法華涅槃等也 秘密敎亦有二 一唯理私密敎 謂華嚴等 唯說圓融 不說三密行故 二事理俱密敎 謂大日金剛頂等 說圓融不二 亦說三密行故」

구바(瞿婆) 人名. 一瞿夷.

구바라(瞿波羅) ① 梵〈Gopala〉또는 鳩波羅. 번역하여 守地라 함. 夜叉의 이름. ②長者의 아들 이름.

구바락가(瞿波洛迦) 梵〈Gopālaka〉 번역하여 牧牛經. (玄應音義二十五)

구바리가(瞿波理迦) 人名. 梵〈Gopāli〉또는 俱迦利. 번역하여 牛主. 一瞿伽離.

구바바지(口吧吧地) 吧는 大口. 地는 助字. 입을 크게 벌리고 말하는 것. 쓸때 없는 말을 함부로 할 때 쓰는 말.

구박(具縛) 煩惱를 갖추어 있어 生死에 속박됨. 즉 見·修 二惑을 아직 끊지 못한 것을 말함. 縛은 煩惱의 異名으로 사람을 속박하여 열반을 얻지 못하게 하므로 具縛이라 함. 즉 一切의 凡夫를 말함.
※注十疑에 「縛謂煩惱能纏縛人 凡夫具有 故名具縛凡夫」

구박바라문(具縛婆羅門) 大隨求陀羅

尼의 威力에 依하여 地獄의 苦痛을 免한 婆羅門의 이름. 또는 俱博·救婆俱라 함. 金剛頂瑜伽最勝祕密成佛隨求即得神變加持成就陀羅尼儀軌에 依하면 摩竭陀國에 살면서 殺生을 業으로 하고 한가지 善도 行치 아니하여 죽어서 阿鼻地獄에 떨어졌으나 地獄이 忽然 蓮花池로 變하고 罪人은 蓮花上에 앉아서 모든 苦를 받지 아니하니 閻羅王이 이를 異常히 여겼다. 帝釋은 佛의 말씀에 依하여 婆羅門의 葬地를 검검하니 그 西쪽 十里에 卒覩波가 있고 그 안에 있던 隨求即得成佛眞言의 一字가 바람에 날리어 俱縛의 骸骨에 떨어졌기 때문에 眞言의 滅罪功能에 依하여 獄苦를 免하였다고 함.

구박범부(具縛凡夫) 煩惱妄想의 繫縛을 갖추어 있는 凡夫라는 뜻. 즉 生死輪廻에서 괴로와하는 凡夫를 말함.

구박일탈(九縛一脫) 內外十道의 發心을 밝힌 것. ①火途道. ②血途天. ⑥道. ③刀途道. ④阿修羅道. ⑤道人道. ⑦魔羅道. ⑧尼犍道. ⑨色無色道. ⑩二乘道 이 가운데 前九를 縛이라 하고, 後一을 脫이라 함. 縛脫이 비록 다르나 다같이 邪非의 發心이다. (摩訶止觀一上)
※九種是生死如蠶自縛 後一是涅槃 如麞獨跳 雖得自脫 未具佛法 俱非 故雙簡」又「以明了四諦故 非九縛 起四弘誓故 非一脫」

구반다(鳩槃茶) 梵〈Kumbhānda〉또는 弓槃茶·究槃茶·恭畔茶·拘槃茶·倶槃茶·吉槃茶·拘辨茶·鳩滿拏. 번역하여 甕形鬼·冬瓜鬼라고 함. 귀신 이름, 사람의 精氣를 빨아 먹는 귀신. 말의 머리에 사람의 몸을 한 南方 增長天王의 부하. 胎藏界曼陀羅 外金剛部院에 있음.

鳩槃茶

※慧苑音義上에 「鳩槃茶 此云陰囊亦曰形印 謂此之類陰囊 狀如冬瓜 行時擎置肩上 坐時即便據之 由斯弊狀 特異諸類 故從之爲名 舊云冬瓜者 以其事猥而不顯敬 俗人謬解耳」

구발다라(拘鉢多羅) 梵〈Kupāra〉小鉢로 齋粥 때에 補助로 使用하는 것.

구발염구아귀다라니경(救拔焰口餓鬼陀羅尼經) 一卷. 梵〈jvara-prasa-mani-aharani〉西〈yi-dags-Kha-nas me-hbar-baa-Sky-abs-mdsad〉pa Shes-bya-bahi gc-uns〉唐 不空의 번역. 또는 救焰口餓鬼陀羅尼經·施焰口餓鬼陀羅尼經·焰口餓鬼陀羅尼經·焰口餓鬼經·焰口經이라

함. 그 內容은 焰口餓鬼를 쫓아내는 陀羅尼와 그 施食法을 說한 것.
※阿難逢燄口餓鬼怖而白佛 佛爲說陀羅尼救拔燄口 施餓鬼之法自此始.

구발의전륜보살(俱發意轉輪菩薩) 胎藏界曼茶羅虛空藏院에 있으며 虛空藏菩薩의 오른쪽에 앉아 있는 보살. 密號는 法輪金剛이라 하며 總發心轉法輪菩薩과 本誓가 같음.
※肉色 左手持蓮 上安輪 右手仰掌 立獨股 坐於赤蓮.

구방편(九方便) 九種方便의 뜻. 원래 大日經 第七增益守護淸淨行品에서 나온 말. 즉 胎藏次第修法中에서 외우는 九種의 頌과 印契眞言을 말함. 이 九種印明의 方便力에 依하여 眞實을 이루고 혹은 修法의 前後方便이 되므로 九方便이라고 말함. ①作禮方便·出罪方便·歸依方便·施身方便·發菩提方便·隨喜方便·勸請方便·奉請法身方便·廻向方便을 말하며. ②密敎에서 密法行을 하기 전에 行하는 아홉가지 修方便 즉 虔誠禮拜·懺悔法·歸依法·分身供養·發勝菩提心·隨喜功德·勸請德雲·請佛住世·廻向菩薩을 말함.
※頌有四句에「南無十方三世佛 三種當身正法藏 勝頴菩是大心衆 我今皆悉正歸依」施身方便者 以三業爲己有 恐煩惱因惡業得便 故獻身於如來 如敎而行.

구방편십바라밀보살(九方便十波羅蜜菩薩) 九方便 곧 作禮·出罪·歸依·施才·發菩提·隨喜·勸請·奉請法身 廻向을 일일이 檀·戒·忍辱·精進·禪·般若·方便·願·力의 波羅蜜菩薩에 配對하고 第十의 智波羅蜜菩薩은 隨喜以下 四方便에 共通으로 配對함. 이 十波羅蜜菩薩은 胎藏界의 虛空藏院에 있음.

구배(九拜) ①坐具를 펴고 三拜를 세번 거듭하는 것을 九拜라 함. 尊宿을 恭敬할 때에 하는 禮임. 이것을 禪門九拜라 함. ②禮拜의 아홉가지. 즉 稽首·頓首·空首·振動·吉拜·凶拜·奇拜·褒拜·肅拜를 말함. (周禮)
※百丈淸規第一達磨忌條에「住持上香三拜 不收坐具 上湯 退身三拜 再進前問訊揖湯 復立三拜 收坐具」此其例也.

구범(九梵) 色界 第四禪天의 九天. 즉 無雲天·福生天·廣果天·無想天·無煩天·無熱天·善現天·善見天·色究竟天.

구법(求法) 佛法을 求함.

구법(狗法) 末世의 比丘가 원망하고 시기하는 것을 개에게 비유한 말. 衣食을 위해 如來의 智慧功德을 찬탄, 다른 衆生으로 하여금 信心을 내게하면서 안으로 스스로 戒를 범하는 것.
※大寶積經八十八에「當來末世後五百歲 自稱菩薩而行狗法 彌勒 譬如有狗 前至他家 見後狗來 心生瞋嫉 唯荣吠之 內心起想謂是我家(中略) 旣起此想便生貪著 前至他家 見後比丘 瞋目視之

心生嫉恚 老起鬪諍 互相誹謗 言某甲比丘如是過 某甲比丘有如是過(中略)

구법고승전(求法高僧傳) 大唐西域求法高僧傳의 약칭. 二권. 唐 義淨이 室利佛逝國에서 지음. 西域에 가서 法을 구한 高僧 五十六인의 傳記.

구법무장지(具法無障智) 모든 法에 無礙의 지혜를 갖춘 者.

구베라(俱吠羅) 梵〈Kuvera〉 또는 宮毘羅. 天神의 이름. →俱毘羅.

구베람(俱吠濫) 梵〈Kubera〉 또는 毘沙門天. 印度 神話속에 나오는 財富의 神. →毘沙門天.

구변(九辯) 菩薩이 갖춘 九種의 辯說. 즉 無差辯・無盡辯・相續辯・不斷辯・不怯弱辯・不驚布辯・不共餘辯・無邊際辯・一切天人所受重辯

구변다(拘辨茶) 鬼神의 이름. 鳩槃茶.

구변생백복(口邊生白醭) 白醭은 거품 같이 피어나는 흰 곰팡이를 말함. 口邊에 白醭이 生한다는 것은 말없이 오래도록 앉아 있어서 곰팡이가 生길 程度로 兀兀不動하게 端坐하는 모습을 말함. 곧 坐禪의 當體를 뜻함. (虛堂錄 第二)

구변지(九徧知) 見道・修道・無學의 三道 가운데 특히 見・修道에서 끊는 번뇌에 九種의 구별이 있으니 徧知라 함은 四諦境을 두루 안다는 뜻이다. 智라 하지 않고 徧知라 함은 번뇌를 끊은 因位이며 果位가 아닌 때문이다. 九는 三界・見諦에서 끊는 번뇌의 斷에 六이 있고 나머지는 三界・修道에서 끊는 번뇌의 斷에 三이 있다. 見諦에서 끊는 번뇌의 六種斷은 欲界見苦集斷結盡徧知・上二界 見苦集斷結盡徧知欲界見滅斷盡徧知 上二界의 見滅斷結盡徧知・欲界의 見道斷結盡徧知. 上二界의 見道斷結盡徧知의 六과 다음 欲界의 修道에서 끊는 三徧知로서 五順下分結盡徧知와 色界修道의 色受盡徧知와 無色界修道의 一切結永盡徧知와의 三이 그것이다. 합하여 九徧知라 한다. (俱舍論光記二十一, 大毘婆論 百八十六・俱舍論二十一・順正論五十八・瑜伽師地論五十六 등)

구병(九病) 人壽 八萬歲의 上代에 있었다는 아홉가지의 病. ①寒病. ②熱病. ③餓病. ④渴病. ⑤大便病. ⑥小便病. ⑦欲病. ⑧饕餮病. ⑨老病의 아홉가지 病. (長阿含經 六・三藏法數三十四)

구병시식(救病施食) 또는 救命施食. 병자를 위하여 귀신에게 음식을 施與하고 法門을 일러 줌.

구보살(九菩薩) 覺首・財首・寶首・德首・目首・勤首・法首・智首・賢首菩薩을 말하며 文殊菩薩까지 合하여 十首라고 함.

구보살(鉤菩薩) 金剛界 四攝菩薩의 한분. 金剛鉤菩薩의 약칭.
※黑色左爲拳 右取三股之鉤 示大日如來 以大悲之鉤 召攝一切衆生之德.

구보시(救報施) 八種施의 하나. 받은 이가 도로 갚아주기를 바라고 하는 布施.

구본(求本) 新羅 승려 阿離耶跋摩의 뒤를 이어 法을 求하려고 印度에 들어갔으나 돌아오지 못함. 廣函求法高僧傳에 그 이름이 실려 있음.

구본지(具本智) 三無漏根의 하나. 無學道(阿羅漢)의 無漏智. 닦을 것도 이미 닦고, 끊을 煩惱도 이미 끊어 다시 닦을 것이 없다고 하는 阿羅漢位에서 일어나는 智慧.
※俱舍論二에 「在無學道知已 知故名爲知 有此知者 名爲具知 或習此知已 成性者 名爲具知」

구부(九部) 九部經의 약칭. 十二部經 가운데에서 方廣·授記·無問自說의 三部를 除한 小乘敎의 九部. 또 大乘敎의 十二部 가운데에서 因緣·譬喩·論義의 三部를 除한 것. 그러나 보통 九部라 하면 小乘敎를 가리킴. →九經·九部經.
※法華經方便品에 「我此九部法 隨順衆生說 入大乘爲本 以故說是經」 梁僧傳三(求那跋摩)에 「洞明九部 博曉四含」 皆言小乘敎也.

구부경(九部經) 또는 九分敎·九部法. 佛經의 內容을 九種으로 分類한 것. 즉 修多羅(契經)·祇夜(重頌)·和伽羅那(授記)·伽陀(偈頌)·優陀那(感興語)·伊帝目多伽(如是語)·闍陀伽(本生譚)·毘佛略(未曾有法)·阿浮陀達磨(方廣)의 아홉가지.
※涅槃經第三에 「能師子吼廣說妙法 謂修多羅 祇夜 受記 伽陀 優陀那 伊帝目多伽 闍陀伽 毘佛略 阿浮陀 達磨 以如是等九部經典 爲他廣說」 又第五에 「半字者謂九部經」 又第七에 「如來先說九部法印」 또 「過九部經有方等典」 是卽小乘經中唯有九部之意 乃以九部經爲小乘經之分類者也 然大乘義章第一 法苑義林章第二本等 謂以九部 爲大乘經中之內容分類 十二部經中 菩薩大乘之人 無犯戒等 故無尼陀那(卽緣起) 機根勝 故無阿波陀那(卽譬喩) 無徵詰問答之要 故無優波提舍(卽論議)云.

구부득고(求不得苦) 八苦의 하나. 어떤 것을 얻으려고 求하여도 얻지 못하는 괴로움. 이에 두가지 있음. ①바라는 것을 구하여도 얻지 못하는 것. ②많은 功力을 드리고도 果報를 얻지 못하는 것.

구부법(九部法) 九部分으로 나누어 가르치는 法. 九分敎와 같음. 印度 初期의 佛敎에서 傳承되는 敎化의 形態를 그 形式·內容을 九種으로 分類한 것. 法華經 九部法은 契經·伽陀·本事·本生·未曾有法·因緣·譬喩·祇夜·論義이나 이 順序는 九分敎說중에서도 매우 異例的인 것이어서 어느 部派의 影響을 받았는지 分明치 않다.

구분경(九分經) →九部經.

구분교(九分敎) →九部經.

구분부정과(俱分不定過) 俱品一分轉不定過의 약칭.

구분비담(九分毘曇) 小乘의 九分敎에 기초를 두고 說한 毘曇說을 말함. (玄義一二六)

구불견(俱不遣) 因明 三十三過의 하나. 異喩 五過의 하나. 異喩에 宗과 因에 관계되는 것을 써서 어느 것도 부인할 수 없는 허물. 예를 들면 「甲은 韓國 사람이다(宗), 서울 사람임으로(因), 乙과 같다(同喩), 京畿 사람과 같다(異喩)」고 할 때에 京畿 사람은 韓國 사람인 同時에 서울 사람인 것도 포함된다 그래서 이 異喩는 宗・因과 함께 관계가 있으므로 異喩라고 할 수 없는 것과 같은 허물을 말함. (瑞源記七)

구불극성과(俱不極成過) 因明 三十三過의 하나. 宗 九過의 하나. 宗의 前名辭나 後名辭가 모두 相對者가 承認하지 않는 것을 쓰는 허물. 例를 들면 불교도가 기독교도에 대하여 「아미타불(前名辭)은 여러 부처님 중 本佛(後名辭)이다(宗)라」고 하는 것과 같은 것.

구불본업경(求佛本業經) 諸菩薩求佛本業經의 약칭.

구불사(九佛事) 尊宿의 葬儀에 九佛事를 행함. 곧 入龕・移龕・鎖龕・掛眞・對靈小參・起龕・奠茶・奠湯・秉炬.

구불성(俱不成) 因明三十三過 가운데 同喩에 屬한 過. 因同品과 同宗品을 결한 것을 쓰는 허물, 因을 조성할 수 없으며 또 因과 협력하여 宗을 성립할 수도 없는 것을 말한다. 이를테면 「甲은 한국 사람이다(宗). 서울 사람이므로(因)・서양 사람과 같다(喩)」함과 같은 것. (因明大疏三下・瑞源記下)

구불신원(求佛身願) 또는 攝法身願. 阿彌陀佛 四十八願 가운데 第十二・十三・十七의 願을 말함.

구불토원(求佛土願) 또는 攝淨土願. 阿彌陀佛 四十八願 가운데 第三十一・三十二願을 말함.

구비다라(拘鞞陀羅) 梵〈Kovidāra〉 또는 俱毘陀羅・拘毘陀羅・拘毘羅・拘比羅 번역하여 地破라 함. 黑檀의 一種, 學名 Bauninjavariegata.

구비다라(俱毘陀羅) 梵〈Kovipār〉 또는 拘鞞陀羅. 나무의 이름.
※翻梵語에 「婆利耶多羅者 遊戱 拘毘陀羅者, 地破」立世經及起世經以爲波利質多羅樹之別名 法華經法師功德品에 「亦聞天上諸天之香 波利質多羅拘鞞陀羅樹香」

구비라(俱毘羅) ① 梵〈Kumbir·a〉 또는 金毘羅. 번역하여 蛟, 즉 蛟龍을 말함. ② 梵〈Kubera〉 北方 毘沙門天王의 別名. ③比丘의 이름.
※玄應音義五에 「蛟龍 梵云宮毘羅 有鱗曰蛟龍」西域記七에 「有人慢心濯此池者 金毘羅獸多爲之害 若深恭敬 汲用無懼」 ②阿育王經六에 「復語鳩羅(翻不好身)言 汝於北方 當護佛法」毘沙門天王經에 「若見毘沙門俱尾羅財施

獲得大智慧」

구비람(俱毘藍) 釋迦牟尼가 誕生한 城名. →迦毘羅.

구비루바차(俱毘留波叉) 또는 毘留博叉·鼻溜波阿叉. 번역하여 雜語·醜眼·廣目이라 함. 四天王 가운데 西方天王의 이름.

구비상나(瞿毘霜那) 梵〈Govisana〉印度 秩底補羅國의 東南쪽에 있는 나라. (西域記四)

구비상나국(瞿毘霜那國) 梵〈Govisana; govisanna〉中印度 옛 王國의 이름. 大唐西域記에「이 나라는 주위가 二千餘里, 大都城의 주위는 十四·五里」라 하였음.

구비야(瞿毘耶) 梵〈Gopā〉悉達太子의 夫人 耶輸陀羅의 칭호. →瞿夷.

구빈(劫賓) 劫賓陀의 약칭. 大臣의 이름.

구빈다(劫賓陀) 梵〈Kappina〉釋迦牟尼가 菩薩로서 因位에 있을 때, 劫賓陀라는 大臣이 되어서 閻浮提의 땅을 七로 等分하여 다툼이 없게 한 일이 있었는데 이것은 菩薩이 般若波羅蜜多를 成滿한 相.

구빙조광고불(扣氷澡光古佛) 師가 처음 雪峰을 참알하니 雪峰이 말하기를 "그대는 후일 반드시 王師가 될 것이다" 하였다. 뒤에 鵝湖에서 溫嶺으로 돌아와 菴子를 짓고 將軍臺에 住하는데 두 호랑이가 곁에서 모셨다. 神人이 터를 바쳐 瑞巖院이라 하였으며 學者가 雲集하였다. 일찍 대중에게 말하기를 "古聖은 修行함에 모름지기 苦節을 지켰으니 내 여름에는 楮衣를 입고 겨울에는 얼음을 깨고 목욕하리라" 世人들이 扣氷古佛이라고 함. 후에 靈曜에 住하고 天成 3(928)年에 應閩王이 불러 內堂에 居한지 10日에 병으로 물러나 목욕한 후 堂에 올라 대중에게 告하고 長逝하였다. 王과 道俗이 香을 갖추어 茶毘하니 상서로운 빛이 온 산에 가득하였다. 그 舍利를 거두어 瑞巖正寢에 塔을 쌓고 諡號를 妙應法藏慈濟禪師라고 하였다. 그때부터 지금까지 遠近에서 師에게 祈禱를 드리어 영험한 異跡이 한두가지가 아니라 함.

구사(口四) 十惡 가운데 口業에 속한 네가지의 惡業. 즉 妄語·兩舌·惡口·綺語.

구사(拘沙) 또는 貴霜. 種族의 名稱. 즉 月氏族의 一分派. 大莊嚴論經에「拘沙種에 이름을 眞檀迦膩吒라 하는 王이 東印度를 討平하여 威勢를 떨쳤으며 福利가 具足하다」하였음.

구사(俱舍) ① 梵〈Kośa〉또는 句捨. 번역하여 藏·鞘·繭이라 함. 包含·攝持의 뜻. ②俱舍論 또는 俱舍宗의 약칭.
※大日經疏十四에「法界藏者 此藏梵音俱舍 是鞘義也 猶如世間之刀在鞘中

此藏亦爾 故以義翻也」 梵語雜名에 「藏 句捨 又比吒迦 Pitaka」

구사(瞿沙) ① 梵〈Ghosa〉比丘의 이름. 번역하여 妙音·美音이라고 함. 師는 阿育王 때 菩提樹伽藍에 住하며 王太子 拘浪拏의 盲目을 치료한 比丘. ②婆沙四評家의 한 사람. ③甘露味阿毘曇論(二卷)의 著者.

구사(瞿師) 또는 瞿支, 瞿師羅의 약칭.

구사게라보라(矩奢揭羅補羅) 梵〈Kuśāgārapura〉城의 이름. 摩揭陀國의 中央에 있으며 頻婆沙羅王이 이곳에 都邑함. 번역하여 上茅宮城이라 함.

구사경(瞿沙經) 瞿沙는 번역하여 妙音이라 하며 人名이다. 瞿沙라는 사람의 이름을 따라서 이같이 이름.

구사다(瞿私多) ① 梵〈Ghosita〉동산 이름. 번역하여 白牛라고 함. ② 사람 이름. →瞿師羅.

구사라(具史羅) 또는 瞿史羅. 好聲鳥의 이름.

구사라(瞿師羅) 梵〈Ghosila〉또는 具史羅·瞿私羅·劬史羅·瞿私多. 번역하여 美音·妙音聲이라 함. 中印度 憍賞彌國 長者의 이름. 瞿師羅園을 부처님에게 바치었다 함.

구사라원(俱師羅園) 梵〈Ghsila〉번역하여 美音이라 함. 園은 梵語「arama」의 譯語. 中印度 憍賞彌國에 있는 동산 이름. 구사라 長者가 釋尊에게 바치었다는 園林.

구사라원(瞿師羅園) 瞿師羅는 長者의 이름. 번역하여 美音이라 함. 過去世에 개(狗)가 되었을 때 짖는 소리로 辟支佛을 집에 請하여 供養한 까닭에 世世生生에 好音을 얻었다 함. 이 長者의 身長은 三尺, 부처님도 三尺의 몸으로 化現하여 그를 敎化, 正法에 歸依케 하였다 함.

구사라장자(具史羅長者) 이 長者의 좋은 목소리가 具史羅(새 이름)와 같으므로 具史羅를 子로 삼음. 키는 겨우 三尺에 불과하나 初果(聲聞乘 四果 가운데 第一預流果)에 오름. (中本起經下)

구사론(俱舍論) 三十卷. 阿毘達磨俱舍論의 약칭. 世親이 짓고 唐 玄奘이 번역함. 本論의 註釋에는 唐 普光의 俱舍論法宗原(一卷)·唐 法盈의 俱舍論頌疏序記(一卷)·唐 慧暉의 俱舍論頌疏義鈔(六卷)·唐 普光의 俱舍論記(三十卷)·唐 法寶의 俱舍論疏(三十卷)·唐 圓暉의 俱舍論頌釋疏(二十九卷)·唐 遁麟의 俱舍論頌疏記(二十九卷)·作者未詳의 俱舍論疏疏(三十卷)가 있음.

※阿毘爲對 達磨爲法 俱舍爲藏 六足發智婆沙等薩婆多部之諸論 名爲對法論藏 有攝持與所依之二義 第一義爲此論攝持包含彼對法論中之勝義 故名此論曰對法藏 卽對法之二字屬 於彼本論藏之一字 屬於此論 第二義爲彼本論乃此論之所依 故名爲藏 卽三字共爲彼本

論之名也　然則此論乃全以彼論爲所依而造者　故亦全取彼之名爲此論之名　在六釋中　全取他名之有財釋也.

구사론기(俱舍論記)　三十卷. 唐나라 普光이 짓고, 玄奘이 번역한 阿毘達磨俱舍論을 註解한 것. 頌光은 玄奘門下의 俊才로서 俱舍의 要訣을 傳해 받고 이에 의해 疏記를 지어서 그 宗旨를 顯揚함. 또는 俱舍論光記·光記라 함.

구사론소(俱舍論疏)　三十卷. 唐나라 法寶가 짓고 玄奘이 번역한 阿毘達磨俱舍論을 註釋한 것. 俱舍論寶疏·寶疏라고도 함.

구사론송석소(俱舍論頌釋疏)　二十九권. 唐나라 圓暉가 지음. 또는 俱舍論頌疏·頌疏라 함. 俱舍論 六百行의 頌에 대해서 註釋한 것으로 내용이 簡易明了함.

구사론주소(俱舍論註疏)　玄奘의 門人인 慈恩寺 普光이 大師의 說을 받아서 俱舍論記 三十권을 짓다. 同門인 慈恩寺 法寶가 俱舍論疏 三十권을 지었는데 간간이 普光의 글을 논박하여 光記寶疏라 한다. 學者들이 흔히 光記를 正義로 삼고 神泰의 疏를 더하여 俱舍三大部라 일컫다. 그러나 神泰의 疏는 至今 缺本이 되어 五·六卷만이 傳함.

※其後　唐中大雲寺圓暉　著頌疏十五卷　釋俱舍之本頌遁麟惠舘二師　各著記釋頌疏 梵本唯有稱友 Yaśomitra 之釋論.

구사리(拘舍離)　⑳〈gojari〉또는 瞿舍梨·劬奢離. 十外道의 第三. 牛舍라 飜譯함. 이는 그의 어머니 이름이다. 그 어머니가 牛舍에서 태어났으므로 牛舍라 하고 아들의 이름을 牛舍子라 함.

구사만다라(俱舍曼茶羅)　俱舍宗에 關係되는 諸尊者가 建立한 曼茶羅의 중앙에 釋迦·文殊·普賢의 三尊을, 그리고 中尊 후방의 左로부터 迦葉尊者·迦多演尼子·舍利弗尊者·世友尊者·世親尊者를, 후방 右로부터 阿難尊者·迦多演那·目犍尊者·提婆設摩·衆賢論師가 侍立하고 그 外側의 左右에 梵天·帝釋과 四隅에 增長·廣目·多聞·持國天을 配置함.

구사미법(俱舍彌法)　→俱睒彌.

구사바제(拘舍婆提)　⑳〈Kusavati〉⑭〈Kusavati〉또는 拘舍婆帝·拘奢跋提·拘舍跋提·鳩尸婆帝·拘奢伐底·和舍和提·拘舍和提·矩舍嚩帝·拘舍越·鳩夷越. 번역하여 香茅城·藏論·藏說·有小茅라 한다. 大善見轉輪王의 傳說上의 都城으로 釋尊이 入滅한 곳. 구시나라(Kusinara)가 이곳이라 함.

구사박론(俱舍雹論)　→阿毘達磨順正理論.

구사변담(口似匾擔)　匾擔은 擔子(짐)를 어깨에 메고 있을 때 두 끝이 아래로 처져 「凸」字의 모양을 이루고 있는 것이 마치 입을 다물고 있는 것과 같아서 말을 하려고 하면서도 말하지 않는 것을 뜻함.

구사사(俱舍師) 俱舍를 宗으로 삼는 論師. 正理論을 宗으로 삼는 正理論師에 對한 말.

구사사선근(俱舍四善根) ①煖法. 總相念이 住한 뒤에 念이 生하는 善根을 煖法이라 함. 이에 下·中·上의 三品이 있으며 모두 苦·集등 四聖諦를 觀하여 苦·空 등 十六行相을 닦는 자리. 煖은 聖火의 前相이며 聖火는 見道의 無漏智에 比喩한 것. 그 聖火가 장차 生하는 前相으로 대략 煖意를 徵候하는 자리이다. 이 位에 들면 비록 所得한 煖法에 떨어지거나 或은 善을 끊고 無間의 業을 지어서 惡道에 떨어졌다 할지라도 流轉이 오래지 아니하여 반드시 涅槃에 이르는 것. ②頂法. 煖法의 上品 뒤에 念이 生하는 善根을 頂法이라 함. 또한 上·中·下 三品이 있으며 모두 四諦를 觀하고 十六行相을 닦는 것. 頂은 山頂에 譬喩하며 山頂은 進退의 두 分際로서 이 頂位는 進退의 中間에 있으며 或은 나아가서 忍位에 오르고 忍에 오르면 끝내 退墮함이 없이 더욱 나아가서 見道에 들며 或은 물러나 煖位에 떨어지고 혹은 業을 지어 地獄에 떨어지는 者가 無間에 있다. 이같이 進退의 中間에 있으므로 山頂에 比喩하여 頂法이라 함. ③忍法. 頂의 後念에 生하는 善根을 忍法이라 함. 또한 上·中·下의 三品이 있으니 四聖諦를 忍可·決定하는 가장 殊勝한 자리이므로 忍이라 하며 그 下忍은 四諦를 觀하고 十六行相을 닦는 것은 前과 같음. 이 자리에 이르면 끝내 三惡趣에 떨어지지 아니함. 中忍은 이로부터 점점 所緣의 諦가 滅하고 能緣의 行相이 滅하여 그 極에 이르러서는 欲界의 苦諦下 苦의 一行相에 留屬하는 것을 滅緣滅行이라 한다. 그 上忍의 位는 앞에 남은 苦諦下의 苦를 觀하는 一行相이므로 上忍의 자리는 겨우 一刹那의 사이가 된다. 이 忍位에 이르면 忍法에 退墮함이 없고 또한 惡趣에 떨어짐도 없다. ④世第一法. 上忍의 後念에 生하는 善根이니 이는 一刹那가 되므로 下·中·上의 三品이 없이 上忍과 같음. 苦諦를 觀하는 苦의 一行相이며 世는 有漏法으로써 이름한 것. 有漏法 가운데는 이 觀智를 超越하는 것이 없어서 最勝의 法이 되므로 世第一法이라 함. 이 位는 또한 一刹那가 되므로 이 位는 間斷이 없이 반드시 無漏智를 生하며 見道에 들면 참으로 勝諦를 證悟하고 聖者가 되어 凡夫의 生을 여의는 것.

구사상반(口似磉盤) 磉은 주춧돌. 입이 무겁기가 盤石과 같다는 뜻으로 輕하게 입을 열지 않음을 形容한

구사상승(九師相承) 中國 南北朝時代에 禪法에 關하여 九師가 서로 계승한 차례를 말함. 九師는 明・最・嵩・就・監・慧・文・思・顗를 말함.

구사석론(俱舍釋論) 二十二卷. 阿毘達磨俱舍釋論의 약칭. 陳 眞諦의 번역.

구사송(俱舍頌) 🕮 阿毘達磨俱舍論 本頌의 약칭. 一卷. 唐 玄奘의 번역. 俱舍論의 本頌으로서 六百頌이 있음. 世親이 最初에 이 頌을 지음. 文義가 깊어서 지혜 얕은 者는 알지 못하므로 뒤에 論文을 지어서 풀었다. 곧 俱舍論임. 論 가운데 本頌이 包含되어 있음.

구사일언(九思一言) 아홉번 思惟하여 一言을 發한다는 뜻으로 말을 삼가하라는 것. 一言千金과 같은 뜻.

구사정법(舊事淨法) 跋闍子十事非法의 하나. →跋闍子比丘十事非法.

구사종(俱舍宗) 八宗의 하나. 俱舍論을 根本宗旨로 하여 세운 宗派. 小乘敎에 屬하는 說一切有部宗의 一派. 처음 世親이 毘婆沙論을 연구하고 經量部를 참작하여 阿毘達磨俱舍論을 지었다. 뒤에 德慧・世友・安慧・陳那・稱友・增滿・寂天 등 諸師가 各疏를 지어 說一切有部의 敎義에 획기적 新紀元을 이루었다. 陳 天嘉 4(563)年에 眞諦가 俱舍論을 번역하고 그 門下 元瑜・神泰・普光・法寶 등이 光記・寶疏 등을 지어 俱舍論 연구에 좋은 길잡이가 되었다.

구삭쇄령(鉤索鏁鈴) 金剛界의 四攝菩薩. 大日如來가 攝取한 大悲를 表示한 것.
※鉤者召衆生 索者縛衆 鏁者結衆生 鈴者歡衆也.

구산(漚散) 漚는 물거품. 물거품이 흩어지듯 사람의 四大가 分散하여 죽는 것에 비유한 말. (傳燈錄 卷七)

구산문(九山門) 또는 九山. 新羅가 三國을 統一한 뒤 불교가 한창 흥할 때에 승려들이 중국에 들어가 達磨의 禪法을 받아 가지고 와서 宗風을 크게 일으킨 九個의 山門. ①實相山門, 洪陟國師가 南原 實相寺에서 開山. ②迦智山門, 普照體澄國師가 長興 寶林寺에서 道義國師를 宗祖로 삼고 開山. ③闍崛山門. 梵日國師가 溟州 崛山寺에서 開山. (九山門 가운데에서 가장 번창하였음) ④桐裡山門, 惠哲國師가 谷城 泰安寺에서 開山. ⑤聖住山門, 無染國師가 保寧 聖住寺에서 開山. ⑥師子山門, 道允國師가 和順 雙峰寺에서 宗風을 드날리고 弟子 澄曉가 寧越 訕興寧寺에서 開山. ⑦曦陽山門, 智詵國師가 聞慶 鳳岩寺에서 開山. ⑧鳳林山門, 玄昱國師가 昌原 鳳林

寺에서 開山. ⑨須彌山門, 利嚴尊者가 海州 廣照寺에서 開山하는 등 各各 宗風을 傳하니 이것이 禪宗의 九山門이며 이 九山을 총칭하여 禪宗·禪寂宗 또는 達磨가 禪宗의 初祖이므로 或은 達磨宗이라 한다. 達磨의 第六代 曹溪山 寶林寺 慧能大師에 와서 禪宗이 大盛하였으므로 曹溪宗이라 한다. 이 九山의 分立이 憲德王(806~825)때에 始作, 高麗 太祖(918~943)때에 完成하였으므로 그 時代의 約 130年間을 禪宗傳來의 分立時代라고 하며

름. 九山은 中央에 우뚝 솟아 있는 須彌山을 中心으로 하여 周圍에 있는 九個의 山을 總稱한 것으로 世界라는 뜻.

구산조사(九山祖師) 新羅 統一時代에 唐에 留學, 達磨의 禪法을 습득하여 九山을 각기 開創한 九祖師. ①實相山(現在 全北南原郡 山內面 立石里의 實相寺)의 洪陟. ②迦智山 (現 全南 長興郡 有治面 鳳德里 寶林寺)의 道義. ③桐裡山(現 全南 谷城郡 竹谷面 元達里 泰安寺)의 惠哲. ④闍崛山(現 江原道 溟州郡 邱

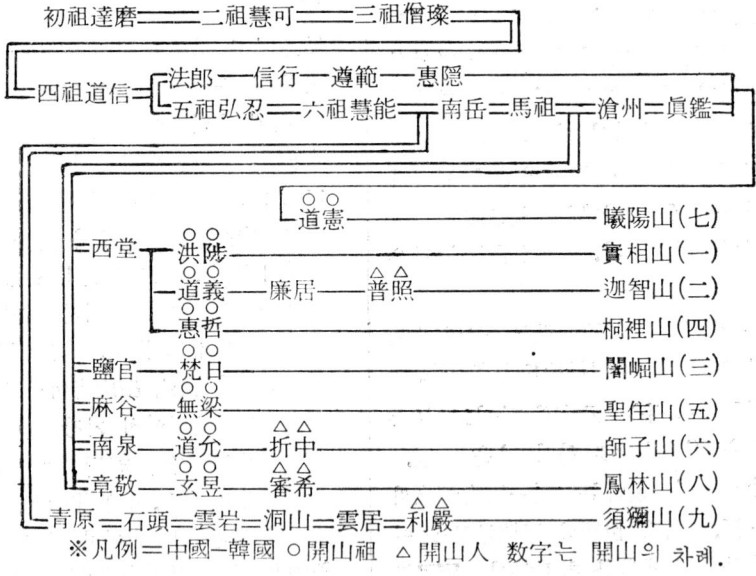

※ 凡例=中國-韓國 ○開山祖 △開山人 數字는 開山의 차례.

이 九山門 開山祖의 法系를 圖示하면 위 圖表와 같음.

구산미려등(九山迷廬等) 迷廬는 梵語〈Meru〉音譯으로 須彌山의 이

井面. 鶴山里 崛山寺의 遺址)의 梵日. 聖住山(現 忠南 保寧郡 嵋山面 ⑤聖住山 聖住寺의 遺址)의 無染. ⑥師子山(現 江原道 寧越郡 水周面

興寧寺의 遺址)의 道允. ⑦曦陽山(現 慶北 聞慶郡 加恩面 院北里 鳳岩寺)의 智詵. ⑧鳳林山(現 慶南 昌原邑 上南面 鳳林里 鳳林寺)의 玄昱. ⑨須彌山(現 黃海道 海州郡 錦山面 冷井里 廣照寺)의 利嚴 등을 말함.

구산팔해(九山八海) 須彌山을 中央으로 하여 그 주위에 있는 山海를 말함. 須彌山은 높이가 八萬由旬. 須彌山의 外海를 須彌海, 그 外周를 雙持山, 雙持山의 外海를 雙持海, 그 外周를 持軸山, 持軸山의 外海를 持軸海 그 外圍를 檐木山, 檐木山의 外海를 檐木海, 그 外周를 善見山, 善見山의 外海를 善見海, 그 外圍를 馬耳山, 馬耳山의 外海를 馬耳海, 그 外圍를 障礙山, 障礙山의 外海를 障礙海, 그 外圍를 持地山이라고 하며 持地山의 外海를 持地海라고 함. 이 持地山과 다음 鐵圍山과의 사이가 三十六萬三千二百八十由旬의 醎海가 된다고 하며 이를 九山八海라고 함.

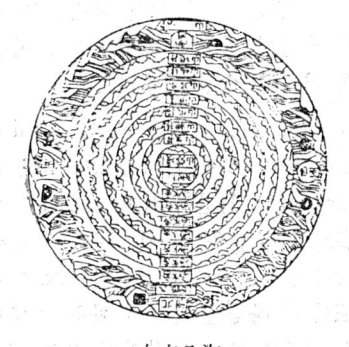

九山八海

※是蓋印度世界建立說所表之山海總數 以須彌山爲中心 其周圍有遊乾陀羅等 八大山 成列廻繞 而山與山之間 各有 一海水 故總爲九山八海 據起世經一長 阿含經十八等 所謂九山者 ①須彌(Sumera) ②佉提羅(Khadiraka) ③伊陀沙羅(Isadhara) ④遊乾陀羅(Yugaṁdhara) ⑤蘇達梨耶(Sudarsana) ⑥安濕縛竭拏(Aśvakarṇa) ⑦尼民陀羅(Nimimdhara) ⑧毘那多迦(Vinutaka) ⑨斫迦羅 (Oakaaavda) 是也 須彌又作蘇迷盧 須彌樓 修迷樓 須彌盧 或作彌樓 譯爲妙高或好光 屹立世界之中央 高八萬四千由旬 頂上闊亦八萬四千由旬 中有帝釋之宮殿.

구살단나(瞿薩旦那) 梵〈Kustana〉 또는 渙那·于遁·谿旦·屈丹 번역하여 地乳라 함. 지금의 Khota. →于闐.

구살라(拘薩羅) 梵〈Kośala〉 또는 憍薩羅. 舍衛國의 본 이름.

구상(九相) ①起信論에서 三細와 六麤를 이름. 絶對平等하여 恒常不變하는 眞如로부터 迷界의 事物을 形成함에 九相으로 展開된다고 하는 것. 이것을 九相次第라 함. 九相이

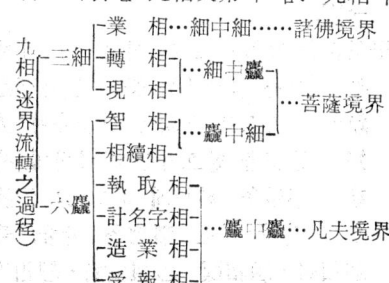

란 ①業相. ②轉相. ③現相(以上 三細). ④智相. ⑤相續相. ⑥執取相. ⑦計名字相. ⑧造業相. ⑨受報相(以上 六麤)이라 하며 圖示하면 以上과 같음.
②사람이 죽은 뒤에 九種의 相이 있음을 말함. →九想.

구상(九想) 또는 九相·九想觀. 貪欲을 버리고 惑業을 여의기 위해 사람의 屍相에 관해 닦는 九種의 觀想. ①屍身이 팽창하는 것을 觀하는 脹想. ②屍身의 빛깔이 바람에 날리고 햇빛에 바래어 변하는 것을 觀하는 靑瘀想. ③屍身이 壞滅 되는 것을 觀하는 壞想. ④屍身이 문드러져 피와 살덩이가 땅에 젖는 것을 觀하는 血塗想. ⑤屍身이 문드러져 부패하는 것을 觀하는 膿爛想. ⑥鳥獸가 屍身을 파먹는 것을 觀하는 噉想. ⑦조수에 파먹혀 뼈·머리·손 등이 갈라지고 흩어지는 것을 觀하는 散想. ⑧육신이 이미 흩어지고 白骨만이 狼藉한 것을 觀하는 骨想. ⑨白骨이 불에 타서 灰土로 돌아가는 것을 觀하는 燒想을 말함. →禪.

구상관(九想觀) 또는 아홉 九想가지의 생각을 觀한다는 뜻. 觀禪不淨觀의 一種으로 五欲에 貪着하여 美好한 迷想을 일으키는 사람에게 사람의 不淨을 깨닫게 하고 그 情欲을 除하여 주는 觀想을 말함. 즉 想相壞·想相爛·想相虫啖·想相靑勃·想相紅腐·想相虫食·想相解散(敗壞相)·想相火燒(燒相)·想相生(骨相)을 말함.

구상문(九想門) →九想.

구상어뇌음(具象語雷音) 八十種好의 하나. 코끼리의 吼聲과 우뢰 소리를 구비한 사람. 곧 코끼리의 吼聲은 부드러워서 仁慈스럽고 우뢰소리는 커서 두려움을 주는 것으로 剛柔를 兼備하였다는 뜻.

구상연혹(九上緣惑) 十一遍行 가운데서 身·邊 二見을 除한 邪見·見取見·戒禁取見·疑·無明(이 다섯가지는 苦를 보고 끊는 것)과 邪見·見取見·疑·無明(이 네가지는 集을 보고 끊는 것)의 아홉가지. 이 아홉가지는 上界·上地를 伴緣하는 惑.

※大乘阿毘達磨雜集論六에 「欲界煩惱 除無明見疑 餘不能緣上地爲境 此無明等雖亦有能緣上地者 然彼不能親緣上地如緣自地 由依彼門起分別故 立彼爲所緣」

구쌍지(句雙紙) 師匠의 교훈. 그 밖에 수행에 필요한 어귀·偈頌 따위를 기록한 수첩 같은 것.

구색록(九色鹿) 옛날 어떤 사람이 물에 빠져 떴다 가라앉았다 하는데 그때 뿔이 눈같이 희고, 그 털은 아홉가지 빛깔을 가진 사슴이 물에 들어가 人命을 求하였다. 그 뒤에 王이 이 사슴을 찾는데 아는 자에게는 重賞하고 그 사람이 보는 곳에서 사슴을 죽이려 하니 그때 그사람이 나병에 걸려 王이 그 까닭을 물어서 알고 사슴을 죽이지 아니하니 그 사람이 이에 發心하였다는 傳說.

구색록경(九色鹿經) 一권. 佛說九色鹿經의 열칭. 吳 支謙의 번역. 내용은 世尊이 옛적에 九色의 鹿王이 되어 辱說한 것을 說한 經.

구생(求生) 中有가 다음에 날 곳을 항상 구하므로 이같이 이름. ↔已生.

구생(俱生) 俱生起의 약칭. 날 때부터 先天的으로 갖추어 있는 煩惱. 사람의 惑心이 일어나는 것은 分別起・俱生起의 두가지가 있으니 邪師・邪敎・邪思惟에 의하여 일어나는 것을 分別起라 하고, 이 세가지를 假借하지 않고 境에 대하여 자연히 일어나는 것을 俱生起라 함. 이 가운데 分別起는 그 惑이 強하여 도리어 끊기가 쉽고 俱生起는 弱하여 도리어 끊기가 어려웁다. 인하여 見道에서 먼저 分別起의 惑을 단박에 끊고, 修道에서 점점 俱生起의 惑을 끊음.
※唯識論一에「無始妄時來 虛妄熏習內因力故 恒與身俱 不待邪敎及邪分別任運而轉 故名俱生」

구생견혹(俱生見惑) 三種見惑의 하나. 나면서부터 자연히 일어나는 先天的 煩惱.

구생기(俱生起) 俱生과 같음. 나면서부터 갖추어 있는 선천적인 煩惱. ↔分別起.

구생길상(具生吉祥) 梵〈薩曷拶室里 ＝Sahajasri〉 班的答(pandita＝學匠의 뜻) 또는 版的達이라 尊稱함. 明 初에 中國에 들어온 禪僧. 印度의 迦維羅衛國 利帝利家에서 출생했다. 迦濕彌羅國의 蘇囉薩寺에 出家, 五明三藏을 배우고 다시 雪山에서 12年동안 修定, 迦羅室利尊者의 印可를 받다. 후에 明나라에 들어와 明太祖로부터 善世禪師의 號를 받고 洪武 14(1381)年 5月에 入寂, 五色舍利가 무수히 나왔다. 著書에 法語 三卷, 七枝戒本과 金陵梵利志一卷이 있음.

구생법(俱生法) 또는 俱生. 동시에 함께 生起하여 서로 떨어지지 않는 法.

구생신(俱生神) 梵〈Soha-deva〉 또는 同生神. 一切衆生의 出生과 함께 사람의 善惡을 기록하여 閻魔王에게 보고한다는 神. 法華經에는 同生・同名의 두 神을 말하였고,

俱生神

吉藏의 疏에는 「同生은 女神으로서 사람의 右肩에, 同名은 男神으로서 左肩에 있다」고 하였다. 後日 信仰에 依하면 男女 二神으로 함께 출생하여 항상 그 사람의 두 어깨에서 善惡의 行爲를 기록하여 그 사람 死後에 閻魔王에게 보고한다고 함.

구생혹(俱生惑) 二惑의 하나. 生得한 煩惱라는 뜻으로 곧 先天的으로 俱有되어 있는 煩惱를 말함.

구선객선(舊善客善) 釋尊이 出世이전에 世人에게 가르친 忠・孝・仁・義 등 道를 舊善根이라 하므로 舊善이라 이르고 釋尊의 敎法으로 사람을 가르치는 三歸戒律 등 善根을 客善이라 함.

구섬(拘暹) 또는 鳩睒・俱睒. 나라의 이름. →俱睒彌.

구섬건도(俱睒彌犍度) 四分律에서 說한 二十犍度의 하나. →拘睒彌犍度.

구섬미(拘睒彌) →俱睒彌.

구섬미(俱睒彌) 梵〈Kauśāmbi〉또는 拘睒彌・憍賞彌・憍閃彌・俱舍彌・中印度 옛 王國의 이름. (西域記五)
※可洪音義三에「拘暹 國名也 或云鳩睒 或云憍尙彌」大乘日子王所問經에「一時佛在憍閃彌瞿尸羅林」

구섬미건도(拘睒彌犍度) 巴〈Kosmbi-Khandhāka〉十誦律에는「俱舍彌法」이라 하였음. 犍度는 번역하여 品 혹은 聚라 함. 拘睒彌國의 比丘가 서로 다툴 때 法으로 制止하는 것.

구섬미건도(俱睒彌犍度) →拘睒彌犍度.

구섬미주(拘睒彌主) 優塡王을 말함.

구성(久成) 오랜 시일을 두고 닦아야만 佛道를 깨달을 수 있다는 말.

구성유경(舊城喩經) 一卷. 佛說舊城喩經의 약칭. 宋法賢의 번역. 佛說緣起聖道經과 佛說貝多樹下思惟十二因緣經과 同本이며 내용은 十二因緣의 觀法을 說한 것.
※或逆或順 觀十二緣 如行舊道達舊城 因以爲經名.

구성정각(久成正覺) 먼 옛적에 이미 正覺을 이룬 부처님을 말함.
※依法華經壽量品之意 則始於釋迦如來 而文殊觀音等大菩薩 皆由久成古佛之垂迹也.

구세(九世) 과거・현재・미래의 三世에 또 각기 三世가 갖추어 있으므로 합하여 九世라고 함.

구세(救世) 佛菩薩의 통칭. 또는 救世尊・救世者・救世大悲者라 함. 특히 觀音菩薩을 말함. 이 보살은 娑婆世界와 인연이 깊고 信仰하는 이가 가장 많으므로 救世라고 일컬음.
※起信論에「最勝業徧知 色無礙自在 救世大悲者」此等皆以名佛者 法華經普

門品에 「衆生被困厄 無量苦逼身 觀音妙智力 能救世間苦」

구세간(九世間) 또는 九界・九種世間. 十界 가운데서 佛界를 除한 나머지 九界 즉 地獄界에서 菩薩界까지를 말함. 이 九界는 佛界에 對하여 모두 迷한 境界이므로 世間이라고 함. 九地와 같음. →十界.

구세관세음(救世觀世音) 觀世音菩薩을 말함. 또는 觀音・觀世音・觀自在라고 함. →觀音.

구세금륜법수인(救世金輪法手印) 양손 엄지 손가락을 각기 無名指의 末節에 붙이고 두 손을 합한 후 左右 손가락 끝을 낱낱이 붙인 印相.

구세륜(救世輪) 모든 부처님을 救世者라고 일컫는 것과 같이 法輪을 救世輪이라고 말함.

구세보살(救世菩薩) 觀音菩薩의 稱號.

구세서(救世誓) 觀世音菩薩이 衆生을 濟度하려는 誓願.

구세원통(救世圓通) 觀世音菩薩의 다른 이름.

구세정성(救世淨聖) 觀音菩薩을 일컬음.

구세천제(救世闡提) 闡提는 往生할 수 없는 機根. 菩薩은 한량없는 慈悲로 一切衆生을 구제할 大業을 발하고 自身의 成佛은 생각지 않기 때문에 救世闡提라고 함.

구소(九霄) 九天과 같음. 九重天의 약칭. ①하늘을 아홉 方位로 나눈 일컬음. 즉 鈞天(中央)・蒼天(東)・變(또는 爕) 天(東北)・幽天(西北) 昊(또는 皥)天(西)・炎天(南)・朱天(西南)・玄天(北)・陽天(東南) ② 佛敎에서 지구를 中心으로 회전하는 아홉개의 별을 말함. 즉 日輪天・月天・水星天・金星天・火星天・木星天・土星天・恒星天・宗動天 ③ 하늘의 가장 높은 곳.

구소(口疏) 大日經疏 二十권 가운데 眞言門 住心品에 들어가는 疏를 口疏라 하고, 曼茶羅 具緣品이하에 들어가는 疏를 奧疏라 한다. 이 住心品은 眞言의 敎相門이 되므로 一般이 授受하고 이하는 事相門이 되므로 灌頂을 받지 아니한 사람은 授受를 허락하지 않는다. 그러므로 差別이 있다 함.

구소락(俱蘇洛) 옷의 명칭. →俱蘇洛迦.

구소락가(俱蘇洛迦) 梵 〈Kusulaka〉 또는 祇修羅・瞿修羅・厥修羅・厥修洛迦. 번역하여 衣라 한다. 양쪽 선단이 없이 竹筒같이 꿰매어서 比丘尼가 입는 치마.

※寄歸傳二에 「梵云俱蘇洛迦 譯爲筒衣 以其兩頭縫合 形如小肘也 長四肘 寬二肘 上可蓋臍 下至踝上四指」

구소마(俱蘇摩) 梵 〈Kuhma〉 또는 拘蘇摩. 번역하여 花라 함. 꽃의 통칭이나 혹은 蘇摩那華(Sumanas)

구소마마라~구시나

구소마마라(俱蘇摩摩羅) 梵〈Kusu-mamalā〉 번역하여 華鬘. 꽃을 꿰어서 輪을 만든 것.

구소마발지(俱蘇摩跋低) 梵〈Kusumavati〉 佛國土의 이름. 번역하여 多華. (四童子三昧經)

구소마보라(拘蘇摩補羅) 梵〈Kusumapura〉 또는 瞿蘇摩補羅. 번역하여 花宮이라 함. 城의 이름. 二개소가 있는데 ①은 羯若鞠闍國의 曲女城이며 ②는 摩羯陀國의 波吒釐子城.

구소법(鉤召法) 鉤召는 梵〈阿羯沙尼=ākarṣaṇa〉 西〈hgugs-pa〉 번역하여 攝召・請召・招召라고 함. 四種修法 또는 五種修法의 하나. 人心을 모으기 위하여 닦는 諸種秘法을 말함.

구손바(俱遜婆) 梵〈Kusumbha〉 西〈le-brgan〉 번역하여 紅藍華. 이것은 紅黃色의 꽃으로 花冠의 液汁을 가지고 紅指를 만들고 또는 藥用으로도 사용함. 학명 Carthamus tinct arius.

구수(久修) 오랫동안 修行하는 일.

구수(具壽) 梵〈Ayuṣmāt〉번역하여 慧命이라 함. 比丘의 통칭. 師匠이 弟子를 부르는 칭호. 또는 長老가 少年을 具壽라 부른다. 世間의 壽命과 法身慧命을 모두 갖추고 있다는 뜻.

구수라(瞿修羅) 比丘尼의 치마. 번역하여 副衣. →俱蘇洛迦.

구수련행(久修練行) 오랫동안 修行하여 心身을 練磨한다는 뜻.

구순(九旬) 十日을 一旬이라고 하니 九十日間을 말함.

구슬치라(拘瑟恥羅) 梵〈Kausthila〉 또는 俱瑟祉羅・俱絺羅・慧絺羅. 번역하여 膝이라 함. 舍利弗의 외삼촌. 나면서부터 손톱이 길므로 長爪梵志라고 함. 뒤에 부처님에게 歸依하여 辯才가 있으므로 부처님 弟子 가운데서 問答第一이라 부름.
※慧琳音義五十六에「拘瑟祉羅 梵語 羅漢名也 古曰俱稀羅 經作祉非也」

구습(垢習) 煩惱의 習氣. 垢는 煩惱의 때, 習은 習性.

구승(九僧) 大法會에서 衆僧을 거느리는 九人의 職任. ①導師. ②呪願師. ③唄師. ④散花師. ⑤梵音師. ⑥錫杖師. ⑦引頭. ⑧堂達. ⑨衲衆.

구시(究施) 拘尸那에 있는 城의 이름.

구시(俱尸) 俱尸那의 약칭. 城의 이름. →拘尸那.

구시나(拘尸那) 梵〈Kuśinagara〉 또는 俱尸那・拘夷那竭・究施・拘尸那竭・拘尸那羅. 번역하여 角城・茅城이라 함. 城의 이름. 世尊이 入滅한 곳.
※西域記六에「拘尸那揭羅國」拘尸那揭羅 譯曰上茅 或不與矩奢揭羅補羅Kuś-

agārapura 毘同 上茅城爲摩揭陀舊
之名.

구시나게라(拘尸那揭羅) 梵〈Kuśn-agara〉 번역하여 香茅城. 毘舍利城의 東北方. 如來가 이곳에 가까이 있는 沙羅林에서 示寂함.

구시나말라왕림(俱尸那末羅王林) 園林의 이름. 俱尸那는 茅城이라 번역하며, 末羅(Malla)는 王의 姓.

구시나성열반(拘尸那城涅槃) 부처님이 拘尸那城에서 涅槃한 因緣. 涅槃經十九에 「옛날 이곳에서 轉輪聖王이 말하기를 "부처님 말씀에 의하면 一切諸法이 모두 無常한데 만약 능히 十善法을 닦으면 이같은 無常大苦를 끊는다"고 하였다. 내가 이때 비로소 부처님의 名號를 듣고 菩提心을 發했는데 그 後부터 이 法으로써 無量衆生을 轉敎했으므로 내가 또한 이곳에서 역시 諸法은 無常變壞하는데 오직 佛身만이 常住하는 것을 說하고 옛날에 行한 因緣을 생각하면서 이제 짐짓 여기에 와서 이 涅槃에 드느니라」고 했다.

구시라(俱尸羅) 또는 拘翅羅·瞿翅羅·鴝鵅羅·瞿師羅·劬師羅. 번역하여 好聲鳥·鵝鷗. 새의 이름. →鳩夷羅

구시라(瞿翅羅) →瞿枳羅.

구식(九識) 性宗의 學說. ①眼識, 빛을 分別하는 것. ②耳識, 소리를 分別하는 것. ③鼻識, 냄새를 分別하는 것. ④舌識, 맛을 分別하는 것. ⑤身識, 감촉을 分別하는 것. ⑥意識, 모든 法塵을 分別하여 아는 것. ⑦末那識, 阿賴耶識을 分別하여 實我로 삼는 것. ⑧阿賴耶識, 種子와 五根과 器界의 三境을 分別하여 이를 생기게 하는 것. ⑨菴摩羅識, 無垢識이라고도 하며, 眞如(본체)를 識으로 인정하여 萬有의 根源이라고 하는 것.

구식(垢識) 凡夫의 心識. 惑으로 말미암아 더러워지는 것.
※良賁疏에「言垢識者 無始塵垢 妄分別 故 名爲垢識」

구식십명(九識十名) 第九 菴摩羅識의 열가지 이름. 즉 眞識·無相識·法性識·佛性眞識·實際識·法身識·自性淸淨識·阿摩羅識(無垢識)·眞如識·不可名目識.

구식존(九識尊) 八葉院의 九尊을 九識에 配對한 것.

	高尾口訣	檜尾口訣
眼識	觀音	普賢
耳識	彌勒	文殊
鼻識	文殊	觀音
舌識	普賢	彌勒
身識	阿閦	鼓音(釋迦)
意識	寶生	彌陀
末那識	彌陀	華開敷(寶生)
阿賴耶識	不空成就(釋迦)	寶幢(阿閦)
菴摩羅識	大日	大日

구신(句身) 梵〈Pada : Padakāya〉

또는 鉢陀・鉢陀迦耶・跋陀迦耶. 「諸行은 無常하다」「諸法은 無我다」고 하는 것과 같이 句가 둘 이상 모인 것을 말함. 自性의 차별인 義理를 나타내는 것을 句라 함, 身은 무더기란 뜻.

구실(口實) ①이야기 거리. ②말 뿐으로 실지가 없는 것. ③핑계 삼을 밑천, 辯明할 材料.

구실릉가(瞿室餕伽) ㉞〈Gośṛnga〉 山名. 번역하여 牛角. (釋迦誌上)

구심(狗心) 조금 얻고도 滿足하게 여기는 凡夫의 마음에 비유한 말.
※大日經一에「云何狗心 謂得少分以爲喜足」

구심륜(九心輪) 九心이 차례로 轉하여 輪을 이룬다는 뜻. 小乘의 上座部에서 세운 것으로 곧 마음이 境界를 따라 轉變하는데 九種의 분별이 있음을 말함. ①有分. ②能引發. ③見. ④等尋求. ⑤等貫徹. ⑥安立. ⑦勢用. ⑧返緣. ⑨有分(成唯識論樞要卷下本)

구십단타(九十單墮) 또는 九十波逸提・單墮. 小乘律에서 가벼운 罪를 말함. 他人에게 참회하는 것으로 용서 받는 罪. 小妄語・兩舌 등 이를 犯한 자는 三人의 僧侶 앞에서 참회해야 한다. 이 罪에 해당하는 것은 가벼운 거짓말을 하든가 故意로 벌레를 죽이거나 女人과 동침하는 등 比丘에게는 九十가지가 있고, 比丘尼에게는 一百七十八種이 있다. 그 數는 律에 따라서 一定하지 않음. →但荼.

구십바일제(九十波逸提) 波逸提는 번역하여 墮라 하며 九十單墮를 말함. 單墮는 捨墮의 對. 오직 大衆을 向하여 참회해야 될 罪이므로 單墮라고 함.

구십사종아승지의보장엄(九十四種阿僧祇依報莊嚴) 金剛幢菩薩의 十回向 가운데 第十等法界에 無量回向하는 菩薩이 그 法施에 廻向하여 닦는 善根을 說하고 九十四種阿僧祇의 莊嚴具로써 十方佛刹을 莊嚴했다고 하는 것.

구십오종외도(九十五種外道) 外道의 총칭. →外道.

구십육도(九十六道) 九十六種外道의 약칭.

구십육술(九十六術) 九十六種外道를 말함. →外道.

구십육종외도(九十六種外道) 印度外道의 九十六種을 말함. 또는 九十六術・九十六徑・九十六道・九十六種異道라 함. 釋尊時代 印度에서 盛行한 佛敎以外의 諸外道를 말함. 즉 六師外道의 各師와 그 師의 各弟子 十五人을 合한 九十人에 다시 六師를 더하여 九十六種 外道라 말함. →外道.

구십일반전(九十日飯錢) ㊅ 雲門이 僧에게 묻기를 "秋初夏末에 前程을

어떤 사가 묻는다면 무어라 하겠읍니까" 師 "大衆退後" 僧 "過가 어디에 있읍니까" 師 "나에게 九十日의 飯錢을 돌려다오" 하였음. 4月 15日부터 7月 15日까지 九十日間을 一夏라 함, 結制安居의 期間임. (五燈會元雲門章)

구십팔사(九十八使) 또는 九十八隨眠. 모두 煩惱의 다른 이름. 三界의 見惑에 八十八使, 思惑의 十使를 합하여 九十八使라 함. →見思·九十八隨眠.

구십팔수면(九十八隨眠) 또는 九十八使·九十八結. 煩惱의 다른 이름. 이 번뇌가 항상 사람을 따라다니므로 隨라 하고, 그 作用이 微細하여 알기 어려우므로 眠이라 한다. 九十八이라 함은 갖가지 煩惱의 근본인 貪·瞋·癡·慢·疑·身·邊·邪·取·戒의 十隨眠을 三界五部에 配屬한 것. 즉 欲界의 苦諦에서 끊을 十種과 集諦·滅諦에서 끊을 七種(十隨眠에서 身見·邊見·戒禁取見은 除함)과 道諦에서 끊을 八種(身見·邊見은 除함)과 欲界의 修道에서 끊을 四種(貪·瞋·慢·疑)을 합하면 欲界에 三十六種이 있고 色界·無色界에는 瞋이 없으므로 五部에서 이를 減하면 각각 三十六種이 있으므로 九十八種이 된다. 즉 見惑 八十八使에 修惑 十隨眠을 더한 것. 五部는 苦·集·

滅·道 四諦와 修道를 말함.

구악설(口惡說) 二吉羅罪의 하나. 입으로 짓는 妄語·兩舌·惡口·綺語 등 惡說을 이름. (三藏法數七)

구안락행(口安樂行) 四安樂行의 하나. ①남의 허물과 經典의 허물을 말하지 않는 것. ②남을 업신여기지 않는 것. ③남을 칭찬하거나 훼방하지 않는 것. ④원망하는 마음이 없이 安樂하게 修養하는 것을 말함.

구안자(具眼者) 宇宙의 眞理와 諸法의 實相을 洞徹해 보는 안목을 갖춘 사람. →具眼衲僧.

구액(九厄) →九難·九橫.

구야니(瞿耶尼) 또는 俱耶尼, 西大洲의 이름. →瞿陀尼.

구야라(俱夜羅) 번역하여 隨鉢器·隨盜器·匙筯나 鎔鉢을 담아 두는 그릇.

구어삼매(句語三昧) 語句에 妙悟를 發하여 막힘 없이 환히 통함.
※三昧爲梵語 一心專注之結果 得妙悟之稱.

구업(九業) 九種의 業을 말함. 欲界와 色界에 각각 있는 作業·無作業·非作非無作業과 無色界에 있는 無作業·非作非無作業·無漏의 三種을 합하여 九種이라 함.

구업(口業) 또는 語業. 三業의 하나. 즉 몸·입 뜻으로 짓는 세가지 惡業 가운데 입으로 짓는 惡業.

— 347 —

※大乘義章七에「起說之門 名之爲口」
又業與聲通 口業 謂兩舌 惡口 妄言
綺語也 淨住子曰次懺口業 此是患苦
之門 禍累之始 唐宋人常取以言文學之
事 白居易詩 些些口業尙誇詩 蘇軾詩
口業不停詩有債 皆以詩爲綺 語也.

구업(舊業) 또는 先業. 前世에 지은 惡業을 말함. (臨濟錄)

구업공양(口業供養) 三業供養의 하나. 입으로 모든 佛菩薩의 功德을 嘆美하는 것. (文句二下)

구여변담(口如匾擔) 竹篦口와 같음. 匾擔은 멜대의 뜻. 멜대의 양쪽 끝에 물건을 달아 어깨에 멜 때에 양쪽 끝이 아래로 처져 가운데가 휘는 것. 轉하여 말을 하려고 하면서도 말하지 못하는 모양을 형용하는 말. →匾擔. 口似匾擔.

구역(九域) 九地 또는 九界.

구역(舊譯) 또는 舊翻・古翻・古譯. 經은 後漢때부터 元나라에 이르는 천여년 동안 번역되었는데 그 번역 사상 한 시기를 이룬 玄奘(600~664) 이후를 新譯이라 함에 대하여 그 이전의 번역을 舊譯이라 함. ↔新譯.

구역자(驅役者) ㊩〈Preraka〉사람을 부리는 사람. 驅使者. 또는 煽動者. (瑜伽論)

구연과(俱緣果) ㊩〈Bijapūraka〉准提觀音手가 지닌 과일의 이름. 이 과일의 모양은 木瓜와 같음.
※金剛智譯之准提陀羅尼經之准提畫像之法에「第五十把儗怘布羅迦果」(漢言子滿果 此間無 西國有)

구염(垢染) 몸을 더럽히는 때(垢)를 煩惱의 마음에 비유한 말.
※無量壽經下에「猶如淨水 洗除塵芳垢染故」

구오(垢汙) 몸의 때를 心性의 妄惑에 비유한 말.
※無量壽經上에「洗濯垢汙 顯明淸白」同經嘉祥疏에「垢汙者執相之惑 皆沾汙慧身」

구오(驅烏) 7歲부터 13歲까지의 沙彌. 음식을 보고 날아드는 가마귀를 쫓아 버린다는 뜻.

구오사미(驅烏沙彌) 三沙彌의 하나. 7세부터 13세까지의 沙彌. →驅烏.
※僧祇律에「阿難有親里二小兒孤露 阿難養畜之 佛問是二小兒能作此驅烏未 能答 佛言聽作驅烏沙彌」

구요(九曜) ㊩〈Navagraha〉또는 九執. 印度에 있는 一種의 曆法. ①日曜는 太陽이 되고, 丑寅方에 配對하며 本地는 觀音(혹 虛空藏). ②月曜는 太陰이 되고, 戌亥方에 配對하며 本地는 勢至(혹 千手觀音). ③火曜는 惑星이 되고, 南方에 배대하며 本地는 寶生佛(혹 阿嚕迦觀音). ④水曜는 辰星이 되고, 北方에 배대하며 本地는 德 妙莊嚴身佛(혹 水面觀音). ⑤木曜는 歲星이 되고, 東方에 배대하며 本地는 藥師佛(혹 馬頭觀音). ⑥金曜는 太白星이 되고, 西方에 배대하며 本地는 阿彌陀

日　曜　　　水　曜

月　曜　　　木　曜

火　曜　　　金　曜

土　曜

(혹 不空羂索). ⑦土曜는 鎭星이 되고, 中央에 배대하며, 本地는 毘盧遮那佛(혹 十一面觀音). ⑧羅睺는 黃旛星이 되고, 丑寅方에 배대하며 本地는 毘婆尸佛. ⑨計都는 豹尾星이 되고, 未申方에 배대하며 本地는 不空羂索이다. 이 九星은 사람의 나이에 배대하여 吉凶을 판단한다고 함.

구요만다라(九曜曼陀羅) 圖畫九曜와 그 所屬된 神像.

※大日經疏四에「如是執曜 卽是漫荼羅中一種善知識門 彼諸本尊卽能順世間事業 而作加持方便 以阿闍梨善擇吉祥時故 與彼眞言本誓 法爾相關 爲作加持 得離諸障也」

구욕경(求欲經) 佛說求欲經의 약칭. 一권. 西晉 法炬의 번역. 中阿含 가운데 穢經의 別譯.

구원(久遠) 아득하게 먼 옛적을 말함.

구원(鳩垣) ㉚〈Kupana〉 또는 鳩洹·仇桓. 번역하여 大身. 귀신 이름.

구원겁(久遠劫) 劫은 梵語 劫波(Kalpa)의 약칭. 久遠劫이란 長時間을 가르키는 말. 一劫.

구원고성(久遠古成) 아주 오랜 옛적에 부처님이 되었다는 말.

구원미타(久遠彌陀) 無量壽經·阿彌陀經 등에 阿彌陀佛은 十劫前에 成佛했다고 하나, 그것은 중생을 제도하기 위한 方便이며, 실은 그보다 훨씬 오랜 옛날에 이미 成道한 부처님을 久遠彌陀라 함.

구원본불(久遠本佛) 永遠한 부처님이라는 뜻으로 釋尊을 가르킴. 釋尊은 永遠한 人格인 生命을 지녔으므로 久遠本佛이라 함.

구원실성(久遠實成) 또는 久遠古成·久遠成·久成. 아득한 옛적에 깨달은 부처님이란 뜻. 釋尊이 菩提樹 아래서 正覺을 이룬 것은 중생을 교화하기 위한 方便이고, 實은 이미 아득한 옛적에 깨달은 부처님이라 말함과 같은 것. 또 阿彌陀佛은 十劫前에 正覺을 이루었지만, 실은 그보다 먼 옛적에 成佛한 것을 久遠實成이라 함.

※法華經無量壽品에「我實成佛已來, 無量無邊百千萬億那由他劫」

구위(具位) 自己의 姓名·位階·職業 등을 상세히 기록하는 것.

구유(九有) 九情有居·九衆生居의 약

칭. 또는 九居. 三界의 有情이 住處하는 九所. ①欲界의 人間과 六天. ②初禪天. ③二禪天. ④三禪天. ⑤四禪天 가운데 無想天. ⑥空處. ⑦識處. ⑧無所有處. ⑨非想非非想處.

구유근(俱有根) 心·心所가 작용하는 동시에 그 所依가 되는 眼·耳·鼻 등의 六根을 말함. →俱有依.

구유범종(九乳梵鍾) 佛事를 행할 때 치므로 梵鍾이라 함. 九乳는 鍾의 上部 주위에 乳狀을 돌출하게 새긴 것. 보통 一行에 다섯개의 乳狀이 있음.

구유법(俱有法) 同時에 幷存하면서 한 組織이 되어 서로 떨어지지 않는 것이 마치 地·水·火·風의 四大와 같고 또는 本法과 本相, 心王과 心所와 같은 것. →俱有因.

구유소의(俱有所依) 또는 俱有依·俱有根. 八識과 동시에 있으면서 의지가 되어 힘을 주어 생기게 하는 것을 말함. 즉 眼·耳·鼻·舌·身의 五識에는 五根과 第六識·第七識. 第八識의 俱有所依가 있고 六識에는 第七識과 第八識의 俱有所依가 있고, 第八識에는 第七識의 俱有所依가 있다. 俱有根이라 함은 의지가 되어 다른 것을 생장시키고 도와주는 것을 뜻함.

구유의(俱有依) 心·心所法에 所依한 三種의 하나. 能依하는 마음이 心所法과 同時에 있으면서 그 所依가 되는 法을 말함.

구유인(俱有因) 梵〈Sahabhu-hetu〉 또는 共有因·共生因. 六因의 하나. 時間的으로나 空間的으로 함께 있어, 自他가 서로 因果 관계를 이루어 도와 주는 것을 말함. 俱有因에는 互爲果俱有因과 同一果俱有因 두 가지가 있음.

구유정거(九有情居) 三界五趣 가운데 衆生이 住하기를 좋아하는 곳에 九種이 있음을 말함. 또는 九衆生居·九地·九居라고도 함. 즉 欲界의 人天, 色界의 梵衆·極光淨·遍淨·無想의 四天, 無色界의 空無邊處·識無邊處·無所有處·非想非非想處를 말함.

구유좌(氍毹座) 또는 氍氀座. 氍毹(毛織物·毛氈의 類)의 臺座라는 뜻.

구율가(舊律家) 譯家에 新舊의 別이 있듯, 律家에도 新舊가 있다. 律書 가운데 四分·五分 등은 舊에 屬하고, 有部律은 新에 屬함. 그러나 古來로 흔히 律의 註釋에서 新舊를 論함. 唐 南山의 行事鈔. 宋 元照의 資持記 등은 舊律家, 唐 義淨의 南海寄歸傳, 懷素의 開宗記, 定賓의 飾宗記 등은 新律宗에 屬함.

구의(九儀) 아홉가지의 儀禮. 이것은 印度에서 古來에 敬意를 표하던 의식. ①말로 慰問하는 것. ②머리

구의~구이본생

를 조아리고 敬意를 表하는 것. ③ 손을 들어 높이 揖하는 것. ④合掌端拱함. ⑤무릎을 꿇음. ⑥몸을 펴고 무릎을 꿇음. ⑦손과 무릎을 땅에 댐. ⑧五輪(五指)를 모두 굽힘. ⑨五體를 땅에 붙임. (西域記·釋氏要覽)

구의(句義) 一句一句로 그 義理를 해석함을 말함. 眞言을 해석함에 있어서 처음에는 글자의 뜻을 풀이하고, 다음에 글귀의 뜻을 해석하는 것은 그 一例가 됨. →四釋.
※大日經疏四에「眞言中有字義句義」

구의(救蟻) 沙彌를 救蟻라 함. 雜寶藏經四에「옛날 한 羅漢이 한 沙彌를 기르는데 이 沙彌가 七日後에 죽을 것을 알고 말미를 주어 집에 가서 7日後에 돌아오도록 하였다. 沙彌가 스승에게 인사를 하고 떠나다가 途中에 개미떼가 물에 漂流하여 죽어가는 것을 보고 慈悲心을 내어 袈裟를 벗어 흙을 담아서 물을 막고 개미떼를 건져내어 살려주었다. 7日後에 스승이 있는 곳에 돌아가니 그 스승이 괴이하게 여겨 한참 後에 定에 들어서 天眼으로 觀하여 알아보니 다른 福은 없고 개미떼를 구해준 인연으로 7日이 지나도록 죽지 않고 生命을 연장했다는 故事.

구의(舊醫) 佛敎 이전에 婆羅門敎의 가르침을 말함.

구의복약(求醫服藥) 善知識을 찾아 法門을 듣는다는 말.

구이(瞿夷) 梵〈Gopikā〉 또는 瞿毘耶·瞿比迦·瞿波·瞿婆. 번역하여 明女守護大地·覆障·牛護라 함. 舍夷長者의 딸. 悉達太子의 第一夫人. 또는 耶輸陀羅의 別名이라 함.

구이나갈(拘夷那羯) 또는 俱夷那竭·拘尸那라 함. 世尊이 入滅한 나라의 이름. 中印度의 東北方에 있음.
※譯言上茅者 多有好茅故也 又爲拘尸城 Kuśinagara 之轉訛.

구이라(鳩夷羅) 梵〈Kokila〉 또는 鳩那羅·坵耆那羅·拘耆羅·拘翅羅·坵枳羅·俱枳羅·俱繫羅·瞿師羅·具史羅·鴝鳴羅·瞿枳羅. 번역하여 好眼鳥·好聲鳥·美音鳥·鵙鷗라고 함. 이 새의 목소리는 고우나 모양이 추하다고 함.
※慧琳音義十四에「俱繫羅 云俱枳羅 梵語 西國鳥名 此國無」

구이라의(鳩夷羅衣) 衣服. 四分開宗記에「鳩夷羅衣는 붉은 羊皮로 지은 옷이라」하였음.

구이본생(瞿夷本生) 本起經上談本生에「옛적 定光佛이 出世時에 儒童이라 하는 자가 있었는데 부처님의 出世를 듣고 기뻐서 城中으로 가서 꽃을 供養하고자 하였으나 얻지 못하였다. 그때 瞿夷라고 하는 한 女人이 靑蓮花七莖을 가진 것을 보고 儒童이 瞿夷에게 꽃을 얻고자 하니 瞿夷가 儒童에게 주면서 약속하기를 後生에 妻가 되겠다고 하였다. 儒童은 지금의 世尊이요, 瞿夷는 太子妃라」함. 이것이 有名한 錠光佛授記이다. (寶積經百七·智度論三十五)

구익(拘翼) 帝釋天의 이름. 姓은 橋尸迦. 즉 提釋桓因·帝釋과 同一한 等位의 명칭.

구인(口印) 不動尊 十四印의 하나. →不動尊.

구인(口忍) 身口意 三忍의 하나. 남에게 욕설을 듣더라도 참고 나쁜말을 하지 않는 것. (三藏法數十二)

구인일과(九因一果) 十界 가운데 前九界는 因이 되고, 後一界는 果가 된다는 뜻.

구입(九入) 또는 九漏·九瘡·九孔. 사람의 몸에 있는 눈·귀·코 各 두개와 입. 大便·小便의 九孔을 말한다. 안에서 밖으로 流漏하므로 九漏, 밖에서 안으로 통하였으므로 九入이라 함.

구자(九字) 九字의 印明으로 이루어진 呪術. 또는 九字法·六甲秘呪 혹은 九字의 大事라고 한다. 臨·兵·鬪·者·皆·陳·列·在·前의 九字를 唱한 뒤에 四縱 五橫의 直線을 공중에 그리는 것을 말하며, 또 縱橫法의 稱이 있다. 이것은 災害를 물리치고 勝利를 制하기 위하여 닦는 일종의 呪法.

구자(丘慈) 또는 龜茲·屈支, 나라 이름. →龜茲.

구자(狗子) 개 또는 개새끼.

구자(龜茲) 梵〈Kuche〉또는 丘玆·俱支曩·屈支. 옛날 西域에 있던 나라 이름. 지금의 新疆省 庫車縣. 옛부터 佛敎가 성한 나라. 三藏法師 羅什이 이 나라에서 태어났음.
※玄應音義四에「丘慈或言龜茲 正言屈支也 屈音居勿反 多出龍馬 左傳云 屈產之乘」

구자만다라(九字曼茶羅) ①悉曇 文字 訖哩 ぁ字 九개를 배열하여 만든 曼茶羅란 뜻. 또 이것을 형상으로 표시한 것도 있다. ②阿彌陀佛을 主佛로 모시고 建立한 曼茶羅.

구자명호(九字名號) 또는 不思議光. 즉 「南無不可思議光如來」의 九字로서 阿彌陀佛의 광명이 不可思議함을 讚嘆하는 名號. 六字名號·十字名號에 對하여 일컫는 말.
※大寶積經第十七無量壽如來會 謂之不思議光 曇鸞讚阿彌陀佛偈有에「南無不可思議光 一心歸命稽首禮」九字名號 卽由此出.

구자불성(狗子佛性) 話 또는 趙州狗子·趙州無字. 趙州從諗이 狗子의 佛性에 의탁하여 有·無의 執見을 打破한 것.
※五燈會元第四에「僧問狗子還有佛性也無 師曰無 僧曰上自諸佛下至螻蟻 皆有佛性 狗子爲甚麽却無 師曰 爲伊有業識性在 又有僧問狗子還有佛性也否

師曰有 僧曰 既是佛性 爲什麽墮入這個皮袋裏 師曰爲他知故犯」此爲古來初入門之難關.

구자임태법(求子姙胎法) 중생으로 하여금 三寶에 귀의하게 하는 방편으로 구하는 것에 응하여 행하는 것. 즉 자녀를 구하는 자에게는 자녀를 가질 수 있도록 기도함.

※東方 佛眼 藥師 觀音 訶梨帝母 行者 如
　　　金輪 釋迦 文殊

右ило壇 若依大法之儀法 則以佛眼金輪爲本尊 或以藥師釋迦爲本尊 然常以文殊觀音爲本尊而修之 或以訶梨帝母法爲最要 或指有功之本尊悉地成就.

구잠(拘蠶) 梵〈Kutsa〉꽃의 이름. 優曇花.

구잡비유경(舊雜譬喩經) 二卷. 吳康僧會의 번역. 내용은 갖가지의 비유를 모은 것. 後漢譯에 對하여「舊」라 함.

구재(鈎在) 鈎는 고기를 낚는 낚시. 鈎在는 그 낚시에 걸려 있는 것을 말함. 이는 疑心할 것이 없는데 스스로 疑心하는 것을 낚시에 걸린데 比喩한 말.

구재일(九齋日) 九種의 齋日. 매월 8일·14일·15일·23일·29일·30일의 六齋日과 1月·5月·9月의 三齋月의 총칭. 특히 이날과 이달에는 忉利天의 帝釋과 四天王 등이 人間의 행위를 살피는 날이므로 戒를 지켜 素食을 하고 殺虫 등을 삼가며 善根을 쌓아야 한다 함.

구저라(具折囉) 번역하여 所行.(華嚴疏鈔十四)(折는 田黎切로「저」라 읽음)

구저라(瞿折羅) 梵〈Gurjjara〉西印度에 있던 나라 이름. 그 首都는 毘羅摩羅城.(西域記十一)

구적(求寂) 梵〈室羅末尼羅＝śramaṇera〉涅槃圓寂을 구한다는 뜻. 十戒를 받은 沙彌.

구적(寇賊) 사람을 위협하는 것을 寇, 죽이는 것을 賊이라 함. 떼를 지어 다니며 백성을 해치고 물건을 강탈하는 도둑.

구전(口傳) 입으로 傳授함. 또는 口授·口訣 혹은 面授라 함. 筆錄할 수 없는 秘法을 입으로 師資相傳하는 것.

구전법문(口傳法門) 스승이 弟子에게 直接 敎義를 傳하는 것. 스승이 弟子에게 口傳하는 秘密法門.

구전차별(句詮差別) 名은 諸法의 自體를 바로 밝힌 것이므로 名詮自性이라 하고 句는 그 自性上 義理의 差別을 밝힌 것이므로 句詮差別이라 함.

구절죽장(九節竹杖) 마디가 아홉 있는 대지팡이.

구절처(九絕處) 止·觀·不貪·不慮·不癡·非常·苦·非身·不淨을 말함.

구정(九定) 戒定慧 三學의 하나인 定을 나눈 것으로서 즉 初禪定·二

禪定·三禪定·四禪定·空無邊處定·識無邊處定·無所有處定·非想非非想處定·滅盡定을 말함.

구정(丘井) 몸이 늙어 쓸 수 없음을 언덕에 있는 마른 우물에 비유한 말.

※淨影疏에「高丘必頹 深井必滿 有身必老 故取爲喩」

구정육(九淨肉) 修行僧이 병을 치료하거나 부득이한 경우에 허가를 받고 먹을 수 있는 아홉가지 淨肉. ①죽이는 것을 보지 않은 고기. ②나를 위하여 죽였다는 말을 듣지 않은 고기. ③나를 위하여 죽였다는 의심이 없는 고기. ④나를 위하여 죽이지 않은 고기. ⑤목숨이 다하여 스스로 죽은 고기. ⑥새가 먹다 남긴 고기. ⑦죽은지 오래되어 저절로 마른 고기. ⑧약속하지 않고 우연히 먹게 된 고기. ⑨이미 죽은 고기를 말함. (涅槃經四)

구제(九諦) 無常 등 九種의 이치가 審實不虛한 것을 말함. 즉 無常諦·苦諦·空諦·無我諦·有愛諦·無有愛諦·彼斷方便諦·有餘依涅槃諦·無餘依涅槃諦를 이름. (法苑義林章第二)

※前四者爲苦諦 次二者爲集諦 次一者爲道諦 後二者爲滅諦 此與四諦不過開合不同耳.

구제보시자(具諸布施者) 스스로 大衆에게 法을 布施하여 濟度할 수 있는 德性을 具備한 者. 菩薩의 特質을 表示하는 十八種 가운데 하나.

구제정려자(具諸靜慮者) 靜慮는 禪定. 스스로 모든 禪定을 닦아 그 德性을 具備한 者. 菩薩의 特質을 表示하는 十八種 가운데 하나.

구조(九祖) 天台宗에서 받드는 아홉 祖師. 一祖 龍樹菩薩. 二祖 北齊의 慧文. 三祖 南岳의 慧思. 四祖 天台의 智顗. 五祖 章安의 灌頂. 六祖 法華의 智威. 七祖 天台의 慧威. 八祖 左溪의 玄朗. 九祖 荊溪의 湛然. (佛祖統紀七)

구조(九條) →九條衣.

구조상승(九祖相承) 天台宗의 法脉을 이는 三種相承의 하나, 곧 龍樹·惠文·南岳·天台·章安·智威·惠威·玄朗·湛然의 九祖가 次第로 天台宗을 계승한 것을 말함.

※盖天台宗雖爲智顗所創 而顗承慧思 思承慧文 文由龍樹大智度論三智一心中得之文 並三論四諦品之偈 而了悟三觀相卽之旨 故以龍樹爲同宗之高祖 又智顗以下 次第相承 及於湛然 大敷衍祖書 啓中興之運 故尊之爲九祖.

구조석장(九條錫杖) →錫杖.

구조의(九條衣) 三種袈裟의 하나. 또는 九條·九條袈裟라 함. 베 아홉 폭을 가로 꿰매어서 만든 袈裟. 즉 僧伽梨의 一種으로 九品大衣의 아래 下品을 말함. 외출할 때나 엄숙한 의식을 행할 때 입음.

※蓋九條衣 原唯僧伽梨之一種 以條數而立名 與五條七條同 本律非別有九條衣之名稱 故四分律行事鈔下 謂就條數便云十九十七乃至九條七條五條等 律中無五七九之名 但云安陀會乃至僧伽梨 人名爲七九條也.

구족(九族) ①高祖・曾祖・祖父・父母・自己・子・孫子・曾孫・玄孫 ② 父族 넷(곧 姑母의 자녀, 姉妹의 자녀, 딸의 자녀 및 자기의 동족). 母族 셋(곧 外祖父・外祖母・姨母의 자녀). 妻族 둘(곧 장인・장모)의 일컬음.

구족(具足) 모든 것이 구비되어 만족하다는 뜻.
※金剛經에「如來具足五眼」無量壽經上에「具足五劫思惟」

구족계(具足戒) ⓢ〈Upasaṃpanna; Upasampadā〉略하여 具戒라 하고 또는 大戒・比丘戒・比丘尼戒라 함. 比丘・比丘尼가 받아 지킬 戒法으로 비구의 二百五十戒, 비구니의 三百四十八戒를 이름. 이 戒를 받으려는 이는 젊은 이로서 일을 감당할만 하고, 몸이 튼튼하여 병이 없고, 이미 沙彌戒를 받은 이에 한하며 나이는 20세 이상 70세 미만으로 하는 것이 본 제도임.
※比丘之二百五十戒 爲四波羅夷 十三僧殘 二不定 三十捨墮 九十波逸提 四提舍尼 百衆學 七滅諍 比丘尼之三百四十八戒 爲八波羅夷 十七僧殘 三十捨墮 一百七十八波逸提 八提舍尼 百衆

學 七滅諍 戒之總數 諸律不同 宜視後世之作爲 然要嚴守佛陀制戒之意 專心保持比丘之面目 今對比四分 五分 南傳 則波逸提以下之細目 有如左之相違.

	四分	五分	南傳
波逸提	九〇	九一	六〇
提舍尼	四	四	四
衆學	一〇〇	二〇	七五
滅諍	七	七	七

觀此可知戒之數目 指大數也 八宗綱要에「受具戒時 並得如此無量無邊等戒量等虛空 境遍法界 莫不圓足故名具足戒」

구족덕본원(具足德本願) 阿彌陀佛의 四十八願 가운데 第四十四願.
※無量壽經上에「設我得佛 他方國土 諸菩薩衆 聞我名字 歡喜踊躍 修菩薩行 具足德本 若不爾者 不取正覺」

구족무원위(具足無願位) 모든 戒를 다 지키고 수행을 닦아서 온갖 소원이 이루어진 자리.

구족육신통(具足六神通) 佛・菩薩이 具足한 여섯가지 神通. 즉 神足通・天眼通・天耳通・他心通・宿命通・漏盡通.

구족제상원(具足諸相願) 阿彌陀佛의 四十八願 가운데 第二十一願을 가리킴.

구존(九尊) 胎藏界曼荼羅의 中臺八葉院에 住하는 中尊의 大日如來와 八葉蓮華 가운데 四佛・四菩薩을 말함. 또는 五佛四菩薩・中胎九尊이라 稱함. 東方에 寶幢如來, 南方에

開敷華王如來, 北方에 鼓音如來, 西方에 無量壽如來, 東南方에 普賢菩薩, 東北方에 觀自在菩薩, 西南方에 妙吉祥童子, 西北方에 慈氏菩薩, 中央에 大日如來의 九尊을 말함. 一心蓮.

※有開敷之八瓣蓮華 其中心與八瓣各現一尊 中心爲大日如來 四方者四如來 四隅者四菩薩也 是胎藏界曼陀羅十三大院中之第一而表示凡夫肉心之具德者 吾人之肉心 如合蓮華 一旦三密相應則開敷爲八葉之蓮 現此九尊也.

구종(九宗) 佛敎의 九宗派. 華嚴·律·法相·三論·成實·俱舍·天台·眞言의 八宗에 禪宗 혹은 淨土宗을 더하여 九宗이라 함.

구종대선(九種大禪) 약하여 九禪. 外道·二乘 이외의 菩薩이 닦는 九種의 禪. ①自性禪. ②一切禪. ③難禪. ④一切門禪. ⑤善人禪. ⑥一切行禪. ⑦除煩惱禪. ⑧此世他世樂禪 ⑨淸淨禪. →九禪.

구종라한(九種羅漢) 또는 九無學·九種阿羅漢이라 함. 모든 經·論에서 說한 그 位次와 명칭은 다르나 그 근본은 같다. ①俱舍論에서는 退法·思法·護法·安住·堪達·不動·不退·慧解脫·俱解脫. ②成實論에서는 退相·守相·死相·住相·可進相·不壞相·不退相·慧脫相·俱解脫. ③中阿含經에서는 思法·昇進法·不動法·退法·不退法·護法·住法·慧解脫·俱解脫을 말함.

구종불환(九種不還) 欲界에서 色界로 올라가 般涅槃(入滅)하는 不還果의 聖者를 九種으로 나눈 것, 즉 中有에서 般涅槃하는 三種(速般·非速般·經久般)과 色界에 나서 般涅槃하는 三種般生·有行般·無行般)과 色界에 태어나 다시 上天에 轉生하여 般涅槃하는 三種(全超·半超·遍沒)과의 九種을 말함. (俱舍論二十四)

구종세간(九種世間) →九世間.

구종식(九種食) 아홉가지의 食. ①段食. ②觸食. ③思食. ④識食(이상 四種을 世間食이라 함) ⑤禪悅食. ⑥法喜食. ⑦願食. ⑧念食. ⑨解脫食. (增一阿含經四十一)

구종아라한(九種阿羅漢) 또는 九無學·九種羅漢. 阿羅漢을 九種으로 나눈 것. 모든 經·論에는 그 차례와 명칭이 다르나 그 근본은 같다. ①俱舍論에는 退法·思法·護法·安住法·堪達法·不動·不退·慧解脫·俱解脫. ②成實論에는 退相·守的·死相·住相·可進相·不壞相·不退相·慧解脫·俱解脫 ③中阿含福田經에는 思法·昇進法·不動法·退法·不退法·護法·住法·慧解脫·俱解脫.

구종정육(九種淨肉) 九淨肉.

구종횡사(九種橫死) →九橫.

구주(九州) 또는 九有. 中國 全土를 아홉으로 나눈 명칭. 冀州·兗州·靑州·徐州·揚州·荊州·豫州·梁

州·雍州.

구주(久住) 舊住와 같음.

구주(求珠) 法華經 五百授記品에서 說한 옷속의 구슬을 구하라는 뜻. 衣珠는 자기의 佛性에 비유한 말. →衣珠.

구주(舊住) 久住와 같음. 오랫동안 한 장소에 住하는 것을 이름. 또는 옛적에 住하였다는 뜻.
※法華經神力品所謂「舊住娑婆世界之菩薩摩訶薩」是也 禪家多用此語 如石溪報恩錄云「首座謝舊住上堂」等.

구주보살(舊住菩薩) 새로 淨土에 往生하는 菩薩에 대하여 예전부터 淨土에 住하고 있는 菩薩을 일컬음.

구주사바(久住娑婆) 衆生의 敎化를 위하여 이 世界에 오랫동안 住한다는 뜻. (沙石集)

구주심(九住心) 行者가 禪定을 닦을 때에 마음을 散亂치 않게 一境에 住케 하는 아홉가지 心 즉 安住心·攝住心·解住心·轉住心·伏住心·息住心·滅住心·性住心·持住心을 말함.

구주자(久住者) 山寺에 오랫동안 住하면서 修行하는 자를 일컬음.

구중(九衆) 또는 道俗九衆. 佛弟子를 九種으로 나눈 것. ①比丘(具足戒를 守持하는 男衆). ②比丘尼(具足戒를 守持하는 女衆). ③六法尼(六法을 守持하는 女衆). ④沙彌(十戒를 守持하는 男衆). ⑤沙彌尼(十戒를 守持하는 女衆). ⑥出家(八戒齋를 守持하는 男衆). ⑦出家尼(八戒齋를 守持하는 女衆). ⑧優婆塞(五戒를 受持하는 男衆). ⑨優婆夷(五戒를 受持하는 女衆).

구중탑(九重塔) →塔.

구지(九止) 九地와 같음. 곧 欲界五趣地·離生喜樂地(色界 初禪)·定生喜樂地(色界 第二禪)·離喜妙樂地(色界 第三禪)·捨念淸淨地(色界 第四禪)·空無邊處地(無色界 第一定)·識無邊處地(無色界 第二定)·無所有處地(無色界第三定)·非想非非想處地.(無色界 第四定)

구지(九地) 또는 九有. 三界를 九種으로 나눈 것. 즉 欲界 一地와 色界·無色界의 각 四地를 말함. ①欲界五趣地(혹 五趣雜居地) 즉 地獄·餓鬼·畜生·人·天의 五趣. ②離生喜樂地, 色界 初禪天으로 欲界의 苦를 여의고 기쁨과 즐거움을 내는 곳. ③定生喜樂地(色界 第二禪定)에서 기쁨과 즐거움을 내는 곳. ④離喜妙樂地 (色界 第三禪天) 二禪의 喜樂을 여의고 마음이 安靜하여 勝妙한 즐거움이 있는 곳. ⑤捨念淸淨地 (色界 第四禪天) 三禪의 즐거움을 여의고 淸淨平等하여 捨受의 正念에 住하는 곳. ⑥空無邊處地, 無色界에서 色의 속박을 싫어하는 마음에 色想을 버리고 한없는 허공을 반연, 선정을 닦는 곳. ⑦識

無邊處地, 다시 空한 생각을 버리고 心識이 끝없이 확대되는 觀想에 머물러 선정을 닦는 곳. ⑧無所有處地, 다시 한걸음 나아가 識想을 버리고 心無所有라고 선정을 닦는 곳. ⑨非想非非想處地, 앞의 識無邊處地는 識이 한없이 확대됨을 관하므로 有想이고 다음 無所有處地는 識의 비존재를 관하므로 無想인데, 그 유상을 버리므로 非想이라 하고 그 무상을 여의므로 非非想이라 함. (大毘婆娑論三十一·俱舍論二十八)

구지(俱胝) ① 梵〈Koti〉 또는 俱致 拘致. 번역하여 億이라 함. 印度에서 쓰는 數量의 단위. 千萬 혹은 億이라 함. ②唐 婺州 金華山 金華寺에 머물던 俱胝和尙을 이름. 師는 평소에 「俱胝佛母陀羅尼」를 항상 외우므로 사람들이 이같이 부름. ③俱胝觀音의 약칭. 또는 七俱胝佛母尊의 약칭.

구지관정(具支灌頂) 大日經에서 說한 三灌頂의 하나. 衆緣과 支分을 具足시키는 灌頂. 또는 事業灌頂·法事灌頂·受明灌頂·傳法灌頂 등과 通하며 以心灌頂 등과 같은 心想灌頂에 對한 것으로 實際로 灌頂의 事業을 行함으로 이같이 이름.

※具支灌頂者 是事業灌頂也 先令弟子七日以來誠心禮悔之類 及令辦諸供物 香華之類 緣壇所灌頂之衆事 ――令具作 以之名具支灌頂也 聞 言具支 受明灌頂歟 傳法灌頂歟 答 若於受明 若於傳法 具足支分 所修灌頂 名曰支具也」

구지관정십지(具支灌頂十支) 大日經 具緣眞言品에 처음 具緣을 밝히고 뒤에 眞言을 밝히는데 具緣가운데 모두 열가지의 支分이 있음. ①阿闍梨支分. ②擇地支分. ③擇時支分. ④造壇支分. ⑤護持弟子支分. ⑥圖尊支分. ⑦三昧支分. ⑧眞言支分. ⑨供養支分. ⑩灌頂支分.

구지구품사혹(九地九品思惑) 三界九地에 各各 九品의 惑이 있어서 合하면 八十一品의 惑이 된다는 것.

구지낭(俱支囊) 龜玆의 옛 칭호. 나라의 이름. (梵語雜名)

구지일지(俱胝一指) 禪 또는 俱胝指頭禪. 俱胝堅指. 杭州 天龍和尙의 法嗣인 婺州 金華山 俱胝和尙이 처음 菴子에 있을 때 實際라는 比丘尼가 와서 삿갓을 쓰고 錫杖을 짚고 俱師를 세번 圍遶하고 "말씀해 보시요. 바르게 말하면 삿갓을 벗겠오." 이같이 세번 물었으나 師는 아무런 대대이 없었다. 比丘尼가 그대로 가려고 하니 師가 "날이 저물었는데 어찌 머물지 않으려 하는가?" 比丘尼 "한 말씀하신다면 머물겠읍니다" 師가 亦是 아무 對答이 없으니 比丘尼는 가버렸다. 그 뒤에 탄식하기를 "내비록 丈夫의 탈을 썼으나 丈夫의 氣象이 없으니 이곳을 떠나서 諸方의 善知識을 찾아야겠다" 하였다. 그날밤 山神이 "이곳을 떠나지 마시오. 將次 肉身 菩薩이 와서 和尙을 위하여 說法할 것이요" 열흘이 지나서 과연 天龍 和尙이 왔다. 俱胝가 절하고 前에 있었던 일을 말하니 天龍이 한 손가락을 세워 보이니 俱胝가 卽席에서 大悟하였다. 그 뒤로는 學人이 參問하면 오직 一指를 들뿐 다른 말을 하지 않았음. (五燈會元 四)

구진나(俱珍那) 또는 俱陳那. 城의 이름. 俱陳은 大盆, 那는 法律이라 함. 옛날 이 城을 쌓기 전에 一五通仙이 살고 있었는데 이름이 俱陳이었다. 그리하여 城의 이름을 이같이 불렀다 함.

구집(九執) 梵〈鈦栗何=Graha〉 執은 執持의 뜻. 諸曜의 日時를 좇아 서로 여의지 않는 것.

구차제정(九次第定) 小乘 坐禪의 方法으로 四禪과 四空處와 滅盡定을 合한 九種의 禪定. 小乘에서는 初禪에서 二禪·三禪 등의 次第를 세우고, 最後로 滅盡定에 이르는 것을 九次第定이라 함.

구착사자피(狗著師子皮) 어리석은 사람이 智者인체하는 것은 마치 개가 獅子의 가죽을 걸친 것과 같다는 말. 智度論에「개가 師子의 가죽을 걸치고 있으면 모든 짐승이 두려워하나 그 소리를 들으면 개인줄 아는 것」이라 함.

구참상당(九參上堂) 參은 進參의 뜻. 禪家에서 한달에 3日마다 아홉번 上堂하여 참선하는 일. (象器箋十一)

구창(九瘡) 또는 九竅·九孔·두눈·두코·두귀와 입·대소변의 九處를 말함. 항상 不淨한 물이 흐르고 있기 때문에 瘡이라 함.

구창(究暢) 남김없이 究極의 경지까지 통달함.

구철(九徹) 不動明王의 本誓. 三界와 十地의 情的인 障害를 斷切하고 十地의 佛果를 完成하려는 것. 不動의 利劍 둘레에 있는 火焰 九個는 九徹의 뜻을 表示한 것이므로 九徹劍이라 함.

구철(九轍) 아홉가지 수레바퀴의 궤도라는 뜻. 後秦時代에 道融法師가 처음으로 鳩摩羅什이 번역한 法華經을 강의할 때에 法華經을 九轍로 구분하여 九科를 삼았기 때문에 그 때 사람들이 九轍法師라 함.
※一者昏聖相轍 卽序品是 次有七轍 卽是正宗 一者涉敎歸眞轍 爲上根人(方便品) 二者興類潛彰轍 爲中根人(譬喩品) 三者述窮通昔轍 中根領解(信解品) 四者彰因進悟轍 爲下根人 卽化城授記 五者讚揚行李轍 卽法師品 爲如來使 六者本迹無生轍 卽多寶品 多寶不滅 釋迦不生 多寶爲本 釋迦爲迹本旣不滅 迹豈有生本迹雖殊 不思議一 七者擧因徵果轍 卽踊出壽量品 彌

勒擧因徵果 佛擧壽量因果所由 八者稱
揚遠濟轍卽隨喜去訖經 流屬通也.
구철인명(九徹印明) 三界와 九地에
通徹하여 일체중생의 業煩惱를 모
두 끊는다는 뜻. 또는 不動九徹이
라 함.
※以不動羽王爲中央 兩部大日爲兩側士
建立三尊帳者 觀無所不至印爲三尊帳
三誦阿㸌鑁之明.
구첩(九帖) 唐 善導大師의 著述. 즉
觀經玄義分 一卷・觀經序分義 一卷・
觀經定善義 一卷・觀經散善義 一卷
(이상을 四帖疏라 함) 淨土法事讚
二卷・觀念法門 一卷・往生禮讚 一
卷・般舟讚 一卷・또는 五部九卷이
라 함. (四帖의 疏와 함께 觀經一
部의 疏에 屬함)
구체(具體) 形體를 온전하게 具備함
을 이름.
구체아미타(九體阿彌陀) 極樂에 往
生하는데 九品의 善別이 있으므로
佛體를 나누어 九品이라 함. (觀無
量壽經九品)
구추(鉤錐) 鉤는 쇠갈고리, 錐는 송
곳. 하나는 끌어당기는 것이고 하
나는 내미는 것으로 찌르고 할퀴며
自由自在하다는 뜻으로 씀.
구추재수(鉤錐在手) 鉤는 갈고리, 錐
는 송곳. 코끼리나 말등을 기르는
데 使用하는 기구. 鉤는 당기고 錐
는 미는데 씀. 鉤錐在手는 당기고
미는 것이 自由롭다는 뜻. 師家의
與奪自在한 수단에 비유한 말.

구출갈마(驅出羯磨) 僧을 그 住持에
서 追放하는 것. 比丘가 다른 信者
들과 特別한 關係를 가지고 갖은
惡行을 했을 때에 課하는 罰로 그
곳을 떠나서 다른 곳에 住하도록
하는 것.
구취(九聚) 八聚 위에 다시 偸蘭遮
(大罪) 一聚를 더하여 九聚라 함.
구치(俱致) ① 图〈Koti〉또는 俱胝・
拘致. 數의 名稱. 億이라 번역함.
이에 세가지의 解釋이 있으니 1.은
萬, 2.는 百萬, 3.은 千萬으로 쓰
며 혹은 百萬・千萬・百千으로 구
구하던 것을 唐 玄奘이 千萬으로 번
역하였다. ②毘俱胝觀音의 약칭.
七俱胝佛母尊의 약칭.
구치라(俱絺羅) 또는 俱祉羅・拘絺
羅・慧耻羅라 함. 羅漢의 이름. →
拘瑟恥羅.
구치라지(拘絺羅池) 번역하여 膝.
地名.
구칠사(具七事) 弓・矢・刀・劍・甲
・冑・戈 등의 七武事를 모방하여,
禪僧이 大機大用・機辯迅速・語句
靈妙・殺活機鋒・博學廣覽・鑑覺不
昧・隱顯自在 등의 역량을 몸에 具
備하고 있음을 말함. (碧岩錄一五)
구칭(口稱) 입으로 부처님의 名號를
唱하는 것. 곧 念佛을 말함.
구칭삼매(口稱三昧) 散亂함이 없는
한 마음으로 부처님의 名號를 唱하
는 것. 또한 名號를 칭찬하는 功에

의하여 三昧가 發하므로 口稱三昧라 함. 三昧는 心性이 明鏡같이 淸澄하여서 능히 萬像을 비춤.
※觀念法門에「若得定心三昧及口稱三昧者 心眼卽開 見彼淨土一切莊嚴 說無窮盡」

구쾌사자(口快些子) 또는 口辯快利. 입(言)을 조심하는 修行을 하라는 뜻. 말을 조심하지 않고 함부로 하면 다른 사람이 가볍게 본다는 것. 些子는 가벼이 봄.

구타사마리(拘吒賖摩利) 梵⟨Kutasalmali; Kutasalmaika⟩ 또는 居吒奢摩利·拘吒賖摩利和·究羅睒摩羅. 번역하여 鹿聚라 함. 絹綿樹의 일종인 喬木. Mahabharata의 閻羅王은 이 나무로 罪人을 찔러 괴롭힌다고 함.
※是諸金翅鳥所棲薄處 於此採取龍食 隨自己類 居住此樹四面也 起世經五에「居吒奢摩離 隋言鹿聚 彼之大樹 其木周圍有七由旬」

구탈(救脫) →救脫菩薩.

구탈보살(救脫菩薩) 사람의 병고를

救脫菩薩

구원하고 厄難을 벗어나게 하는 菩薩.

구파(瞿波) 또는 瞿夷. 悉達太子 第一夫人의 이름. →瞿夷.

구파라용왕(瞿波羅龍王) 梵⟨gopala⟩ 또는 瞿波梨·瞿波囉·번역하여 소(牛)·地護. 북인도 那揭羅曷國의 龍窟에 있었던 용왕굴은 지금 가불河 남쪽기슭 아라아바드(alaabad) 서남쪽 산록에 해당됨.

구품(九品) 極樂世界에 往生하는 九種의 品類란 뜻. 즉 上上·上中·上下·中上·中中·中下·下上·下中·下下를 말함. 저마다 왕생하는 淨土. 그 淨土의 阿彌陀佛 등에 대해서 九種의 差別이 있는데, 이를 九品惑·九品往生·九品淨土·九品彌陀라 함.

구품각왕(九品覺王) 阿彌陀佛을 이름. 이 부처님은 九品淨土의 敎主.

구품교주(九品敎主) 阿彌陀佛을 말함.

구품대의(九品大衣) 大衣 곧 僧伽梨에 三位九品의 分別이 있다는 것.
※薩婆多毘尼毘婆沙四에「又僧伽梨 下九條 中十一條 上十三條 中僧伽梨 下十五條 中十七條 上十九條 上僧伽梨 下二十一條 中二十三條 上二十五條 下僧伽梨二長一短 中僧伽梨 三長一短 上僧伽梨四長一短」

구품내영(九品來迎) 九品의 淨土에 往生하는 念佛者를 阿彌陀佛이 맞으러 온다는 뜻.

구품미타(九品彌陀) 九品의 淨土에 있는 九種의 阿彌陀佛. →九品阿彌陀.

구품사류(九品寺流) 日本 淨土四流의 하나. 九品寺 覺明房長西가 세운 一派. 또는 九品寺義·九品義 혹은 諸行本願義라고도 한다. 長西는 法然上人을 좇아 淨土의 법을 듣고 上人이 入滅한 후에 止觀 등을 배우고 榮西의 禪旨를 받아 起信釋論에 통달, 洛北 九品寺에 있으면서 自義를 널리 폈음.

구품상(九品上) 九品往生 가운데 上品上生을 말함. →九品.

구품성중(九品聖衆) 九種의 差別이 있는 極樂世界에 往生하는 四雙八輩(聖衆)의 比丘들.

구품아미타(九品阿彌陀) 阿彌陀佛의 尊像에 九品의 분별이 있다는 것. 九品往生하는 機類가 感見하므로 阿彌陀佛의 形像도 九品의 다른 점

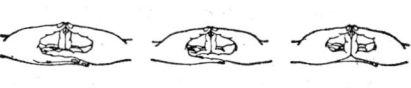

生上品下 生上品中 生上品上

 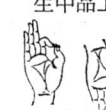
生中品下 生中品中 生中品上

生下品下 生下品中 生下品上
九品阿彌陀

이 있음. (觀無量壽經)

※經言九品往生之人 感彌陀來迎之相 有差別也 後世遂於印契等 說九品之別 隋唐之世 似旣有其說 觀夫往生禮讚所謂五山毫獨朗寶手印恒分者 其爲述彌陀寶手印契從於各品而不同 可知也其手印古今不同 古圖來迎阿彌陀尊之手 皆作安慰攝取之一印 是合於授手迎接之經文 新圖則上上上中下上之三品作轉法輪之印 上下中上之二品 作安慰攝取之印 作攝取之印則可如輪印 密家雖有其說 然不如安慰攝取之爲親切也.

구품안양(九品安養) 極樂에 往生하는 자에 九品의 差別이 있으므로 九品淨土·九品安養이라 함. →九品.

구품안양지화생(九品安養之化生) 安養은 極樂의 다른 이름. 化生은 極樂의 往生에 胎生과 化生의 두가지가 있는데 九品의 往生하는 사람이 모두 蓮華 가운데 化生하며 이는 邊地疑城(極樂中)에 나는 자가 宮殿 가운데서 胎生하는 것. →胎宮.

구품연대(九品蓮臺) 九種蓮花의 臺座. 또는 九蓮. 行業의 優劣에 따라 淨土에 往生하는 자가 앉는 九種의 蓮華臺. 그 往生하는 자의 品位에 따라 上品上生부터 下品下生까지 九品이 있으므로 蓮臺에도 또한 九品이 있다. 즉 上上品은 金剛臺, 上中品은 紫金臺, 上下品은 金蓮臺, 中上品은 蓮華臺, 中中品은 七寶蓮華, 中下品은 經에 밝혀 있지 않고 下上品은 寶蓮華, 下中品

은 蓮華, 下下品은 金蓮華에 앉아 往生한다 함.

구품염불(九品念佛) (一)念佛修行의 깊고 얕은데 따라서 九品으로 나눈 것. ①上品上生. ②上品中生. ③上品下生. ④中品上生. ⑤中品中生. ⑥中品下生. ⑦下品上生. ⑧下品中生. ⑨下品下生 (二)念佛의 박자를 바꾸어 아홉가지로 부르는 것.

구품왕생(九品往生) 上品上生내지 下品下生의 九品人이 각각 그 行을 닦아 彌陀의 淨土에 往生함을 말함. 즉 上品上生·上品中生·上品下生·中品上生·中品中生·中品下生·下品上生·下品中生·下品下生으로. 그 닦은 行業과 日時·來迎의 儀相, 生後의 利益 등이 각각 다름.

구품왕생경(九品往生經) 九品往生阿彌陀經과 같음.

구품왕생아미타경(九品往生阿彌陀經) 또는 九品往生經. 九品往生阿彌陀三摩地集陀羅經의 약칭.

구품왕생아미타삼마지집다라니경(九品往生阿彌陀三摩地集陀羅尼經) 一卷. 唐 不空의 번역. 내용은 九品往生의 差別과 陀羅尼를 說한 것.

구품윤생(九品潤生) 三界·九地의 俱生煩惱. 곧 修惑에 각기 九品이 있다. 貪·嗔·痴·無明의 四種修惑을 輕重으로 나누어 上·中·下 三品에 각기 上·中·下의 三品이 있으므로 九品이라 함. 그 가운데 欲界의 九品修惑을 七生을 닦아 第二 一來果와 第三不還果를 證得한다고 함. 그것을 圖示하면 다음과 같음.

欲惑
- 上品 { 上上品—二生을 닦아서 끊음. / 上中品—一生 〃 / 上下品—一生 〃
- 中品 { 中上品—一生 〃 / 中中品—半生 ⎫ 一生 〃 / 中下品—半生 ⎭

위의 것을 끊고 一來果를 얻는다.

- 下品 { 下上品—半生 ⎫ 一生 〃 / 下中品—半生 ⎭ / 下下品

이 下三品을 끊고 第三 不還果를 證得한다. 九品과 七生을 相對하면 上三品은 四生이 걸리고 中三은 二生, 下三은 一生이 된다. 이것은 上上品은 가장 끊기 어려우므로 二生이 걸리고, 下中品·下下品은 함께 一生이 되는 것은 惑의 强弱에 따라서 潤生하는 勢力의 增減을 알게 된다. 一生은 人天의 各一生이고, 半生은 人間 또는 天上의 一生만을 말한다. 그러한 七生은 실로 十四生이 된다. 다시 生有(現生)와 中有(死後에 아직 生을 받지 않은 것)로 나누어 보면 二十八生이 되나 七數를 重視하므로 七生이라 하였다. (이것은 小乘에서 預流位. 곧 見道하고 聖位에 들어간 뒤의 行相). 大乘禪宗에서는 煩惱가 본디 空했다거나 一念에 煩惱를 단박 끊는다고 하여 이러한 斷惑說을 無視

함. (了義證一・俱舍光記八)

구품일분전부정(俱品一分轉不定) 또는 俱分不定. 因明 三十三過의 하나. 宗・因・喩 三支中에서 因이 喩中의 同品・異品의 一部分에 관계되는 것을 말함. 이를테면 A는 남자다(宗), 교사로 근무하므로(因)와 같이 이 경우에 모든 남자는 同品이고, 모든 여자는 異品이다. 그러나 교사로 근무하는 것은 남자도 있고 여자도 있으므로 이 因은 同品과 異品에 통한다. 이러한 허물을 俱品一分轉不定이라 함. (因明入正理論・瑞源記五)

구품정토(九品淨土) 또는 九品淨刹・九品安養・九品蓮臺라 함. 淨土에 往生하는데 九品의 差別이 있음을 이름. 즉 往生을 바라는 사람에게 九品의 차별이 있으므로 極樂淨土에 往生하는 것도 또한 九品의 차별이 있음을 말함.

※無量壽國 在九品淨識三摩地 是卽諸佛 境界 如來所居 三世諸佛 從是成正覺 具足三明 增長福慧 其九品境界 上品 上生眞色地 上品中生無垢地 上品下生 離垢地 中品上生善覺地 中品中生明力 地 中品下生無漏地 下品上生眞覺地 下品中生賢覺地 下品下生樂門地 是名 曰九品淨證眞如境.

구품행업(九品行業) 阿彌陀佛의 淨土에 往生하기 위하여 닦는 아홉가지의 行.

구품혹(九品惑) 또는 九品煩惱. 惑을 九等으로 구별한 것 즉 貪・瞋・慢・無明의 四種修惑을 麤細에 따라서 上・中・下 등 九品으로 分類한 것. →九無間道.

구하(九河) 朝鮮末期의 승려 天輔(1812〜1905)의 號. →天輔.

구하(句下) 句는 取合된 文章. 下는 意義. 文章과 語句를 쉽게 解釋하는 것. 또는 文章의 뜻을 말함.

구하공불(九河供佛) 또는 九河發心. 大乘를 信解한 사람이 過去世에 熙連河沙와 八恒河沙邊의 諸佛 舊跡에 供養한 果報를 이름. (涅槃經六)

구하발심(九河發心) 九河供佛과 같음.

구학(久學) 久參과 같음. 오래 參學한 이를 일컬음.

구함사서(狗銜赦書) 後漢書에 있는 故事. 옛날 金나라에서 개를 獻上하였는데 그 개의 身丈이 五尺이나 되고 비록 말은 못하나 마음은 人間보다 뛰어났다 함. 그때 天子로부터 赦書를 받아 입에 물고 中國 國內를 돌아 다니니 諸侯도 그 赦書때문에 개에게 길을 피해 주었다 한다. 轉하여 師家의 한 말씀은 實로 學人을 畏服시킬만한 힘이 있음을 비유한 말.

구해탈(俱解脫) 九無學의 하나. ① 慧와 定에 對하는 二個의 障礙, 곧 煩惱障과 解脫障을 斷切하고 滅盡定에 이르는 것. 滅盡定에 들기 爲

한 障礙를 解脫한 것. 二十七賢聖과 九無學의 하나. ↔慧解脫. ②慧解脫과 함께 定障(不染汚·無知·所知障의 一部分)을 斷切하는 것. 心解脫이라 함. 心은 定의 뜻.

구해탈도(九解脫道) →九無間道.

구행인(久行人) 오랫동안 修行한 사람. ↔始行人.

구현일밀(九顯一密) 眞言宗에서 十住心 가운데 앞의 九住心 ①異生羝羊心. ②愚童持齋心. ③嬰童無畏心 ④唯蘊無我心. ⑤拔業因種心. ⑥他緣大乘心. ⑦覺心不生心. ⑧一道無爲心. ⑨極無自性心을 顯敎라 하고, 뒤의 一住心(秘密莊嚴心)을 密敎라 하므로 九顯一密이라 함.

구혜(瞿醯) 🅑 번역하여 心誦. 心誦儀를 가리킴.

구혜경(瞿醯經) 🅢 〈Guhyatantra〉 三卷. 同本異名으로 蕤呬經(三卷)·玉呬怛羅經(三卷·不空의 번역)이 있음. →蕤呬耶經.

구혜단치라경(瞿醯檀哆羅經) 🅢 〈Guhyatantra〉 또는 掬呬耶宣怛囉經 蕤呬耶經·玉呬耶經의 다른 이름. →蕤呬耶經.

구호보살(救護菩薩) 또는 救護惠. 胎藏界 除蓋障院 九尊의 하나. 如來가 지혜로써 衆生을 救護하고 九界의 衆生을 佛界에 나아가게 하므로 이같이 이름.
※曼荼羅鈔四에「以掌向身掩心 如來之

救護菩薩

慈在心之義 大指稍堅向上者 大指爲智 故九界衆生 進於佛界 是覆護哀愍之義 左手爲拳安於腰側 是哀愍惠之義」

구호혜(救護惠) →救護菩薩.

구호혜보살(救護慧菩薩) 🅢 〈波里怛羅拏舍野麽他·波里怛羅拏舍野麽他 =Paritranasyamati〉 또는 救意慧·救護라 함. 胎藏界除蓋障院의 九尊 가운데 한분. 如來의 智慧로서 중생을 구호, 九界의 중생으로 하여금 佛界에 나가도록 하므로 이같이 이름. 또는 如來의 大悲智를 가지고 중생을 어여삐여기는 까닭에 悲愍菩薩, 衆生을 哀愍하는 까닭에 哀愍菩薩이라 하며 密號는 救護金剛. 如來의 智慧로써 衆生을 구호하고 九界의 衆生을 佛界로 나아가게 하는 까닭에 이같이 이름.

구화(口和) 異口同音을 이름. 異口同聲·如出一口와 같음.

구화(救火) 🈯 趙州가 黃蘗에게 났

더니 黃蘗은 趙州가 오는 것을 보고 방에 들어가 문을 걸었다. 趙州가 法堂에 들어가 불을 붙여 들고 "불이야! 불이야!" 고함을 치니 黃蘗이 달려와 趙州를 거머잡고 "말하라!" 趙州 "도적이 달아난 뒤에 활에 살을 매우는 군"하였음. →趙州救火.

구화산(九華山) 四大名山의 하나. 中國安徽省靑陽縣의 西南쪽 四十里 許에 있는 山名. 文殊의 五臺山, 普賢의 峨嵋山, 觀音의 菩陀山에 對하여 地藏菩薩의 靈場으로 알려져 있음. 山上에 九峯이 있는데 千 길의 벼랑에 周圍가 二百里. 高가 一千丈이라고 한다. 옛이름은 九子山인데 唐 李白이 九峰이 마치 蓮花를 깎아서 만든 것 같다고 하여 九華山이라 改名하였다 함. →地藏.

구학엄(舊華嚴) 東晉의 佛駄跋陀羅가 번역한 六十卷의 華嚴經과 唐의 實叉難陀가 번역한 八十卷의 華嚴經에 對하여 舊華嚴 또는 卷數에 의하여 六十華嚴이라 일컬음.

구회(九會) 九番의 法會. 華嚴經의 法會說과 金剛界의 九會曼陀羅 등을 이름.

구회만다라(九會曼陀羅) 金剛界의 現圖曼茶羅를 말함. 東方을 正面으로 하여 第一會를 中央에 두고 東쪽으로부터 右旋하여 八會를 두어 合하여 九會라 함. →金剛界曼茶羅. (十八會指歸 · 秘藏記本)

※第一會乃說大日如來以五相現成等正覺 成佛後 自金剛三摩地現出三十七尊乃至外部諸衆攝化衆生之狀者 故名成身會 爲曼茶羅之根本 故或名爲根本會. 或就其諸尊之活動作業 名爲羯磨會 是四曼中之大曼也 第二會者 爲成身會諸尊 示其本誓 非塔杵寶珠等之三昧耶身 故名三昧耶 又取其作業 名爲羯磨會 是四曼中之三昧耶曼也 第三會爲諸尊各各標五智等微細之德者 故名微細會 諸尊深入禪定故又名三昧耶 四曼中之法曼也 第四會爲述諸尊各各以寶冠華鬘等 供養大日尊之作業者 故名大供養會 四曼中之羯磨曼也 如已上次第爲大三法羯之四曼 第五會者 因前四會分離四曼 於別會各置一曼 今爲破四曼不離 以四曼合集於一會者 故名四印會 是爲大日之五智 故又名五智會 第六會者 爲示大日如來之獨一法界 更合前四曼 而示大日獨一法界之智拳印者 故名一印會 已上六會爲自麤至細之次第 爲大日如來之自性輪身 又爲自證門 是四曼之法三曼也 第七會以金剛薩埵爲中臺 (至第五會大日爲中臺第六會大日一尊也) 轉欲觸愛慢之四煩惱而爲欲觸愛慢之四菩薩 示深密之理趣者 故名理趣會 金剛薩埵與普賢菩薩同體 故又名普賢會 是前六之大日如來此會現金剛埵相而說正法者 故此爲大日如來化他之正法輪身(菩薩之稱)是四曼中法曼也 第八會爲大日如來 爲折伏强剛難化之衆生 從金剛薩埵更現降三世明王之忿怒身者故名降三世羯磨會 是四曼中大曼也 第九會爲同列降三世明王之三昧耶

形者 故名降三世三昧耶會 是四曼中三
曼也 此二會爲大日化他之敎令輪身(明
王之稱)要之九會之曼茶羅者 大日如
來之三輪身也 以上十會之次第 爲從果
向因 大日尊自證門出於降伏之門之相
也 對於此而有從因至果之次第 爲自凡
夫上於佛果之相 此時降三世三昧耶爲
第一 中央之成身爲第九也.

구회만다라여래(九會曼陀羅如來) 九
會曼陀羅는 本經 別會別品의 說을
合集한 것. 本經은 九會에 次第로
說한 바가 없으며 金剛頂經에 모두
十萬頌 十八會가 있음.

※初會中有四品 ①金剛界品 ②降三世品
③徧調伏品 ④一切義成就品也 其初品
說六曼陀羅 第二品說十曼陀羅 第三品
第四品亦各說六曼陀羅 今九會曼陀羅
者 取彼初品之六曼陀羅爲前六會 第七
之一會雖有異說 而據其一義 則爲十八
會中第六之曼陀羅也 第八之降三世
羯磨會與第九之降三世三昧耶會 爲十
八會中初會第二品十曼陀羅中之第一第
二曼陀羅 如是選拔本經十八會中處處
之曼陀羅 取麤細(前六) 自證(前六)化
他(後三) 自性輪(前六) 正法輪(後二)
之次第而組織今之九會也.

구회만다라창기(九會曼陀羅創起) 九
會의 次第는 本經을 보지 못하여
누구의 圖示인지 알 수 없다. 혹은
龍猛菩薩이 南天의 鐵塔을 세울 때
空中에 九會의 尊位가 나타났다고
도 하고, 혹은 金剛知三藏이 龍智
에게 받았다 하고 혹은 不空이 만
들었다 하고 혹은 善無畏와 胎曼

이 모두 空中에서 感得했다 하여
定說이 없음. (金剛界曼陀羅大鈔
一·秘藏記鈔二)

구회설(九會說) 佛說華嚴經은 舊譯
(六十卷)에 依하면 七處·八會라
하였고 新譯(八十卷)에 의하면 七
處·九會라 하였음. (華嚴經)

구회일인(九會一印) 金剛界 九會曼
茶羅 가운데 一印會가 있다는 것.
九會는 衆尊을 모두 大日如來의 一
智拳印에 歸納시키는 法門. 다른
八會는 大日如來의 德을 열어서 一
印會와 合한 것. 곧 開와 合의 二
門.

구회일처(俱會一處) 信心을 같이 한
사람이 함께 極樂世界에 往生하여
한 곳에서 만나는 것.
※阿彌陀經에「衆生聞者 應當發願 願生
彼國 所以者何 得與如是諸上善人俱會
一處」

구회존수약송(九會尊數略頌) 成身千
六十一尊·三微供各七十三·四十三
一理十七·降降七十七三尊·分別九
會諸尊位·佛體一千三十六·菩薩二
百九十七·忿怒四尊執金四·外金剛
部百二十·總千四百六十一·是名金
剛現圖尊·圓融相即一法界.

구횡(九橫) 九種橫死의 약칭. (一)
橫死에 아홉가지 因이 있음.
①不應飯而飯, 먹을 수 없는 밥을
먹음. ②不量食, 먹는 量을 조절치
못함 ③不習食, 먹어 보지 못한 것
을 먹음. ④不出食, 소화되기 전에

또 먹음. ⑤止熟, 억지로 大小便을 참음. ⑥不持戒, 戒行을 지키지 아니함. ⑦近惡知識, 나쁜 벗을 가까이 함. ⑧入里不時, 때 아닌 때 마을에 들어 감. ⑨可避不避, 惡性의 유행병·미친 개 등 피할 것을 피하지 아니함을 말함. (二) 非命의 죽음에 九種이 있음. ①得病無醫. 병에 걸렸을 때 名醫나 良藥이 없음. ②王法誅戮, 국법에 저촉되어 주륙을 당함. ③非人奪精氣, 주색에 빠져 사람답지 아니한 사람에게 精氣를 빼앗김. ④火焚, 불에 타 죽음. ⑤水溺, 물에 빠져 익사함. ⑥惡獸啖, 사나운 짐승에게 먹힘. ⑦墮崖, 절벽에 떨어져 生命을 잃음. ⑧毒藥呪咀, 毒藥에 중독되고 呪咀에 걸리어 죽음. ⑨饑渴所困, 기갈로 죽음. (三) 부처님의 九橫을 이름. →九橫.

구횡경(九橫經) 佛說九橫經의 약칭. 一卷. 後漢 安世高의 번역.

구횡사(九橫死) 九種橫死를 말함. 九種의 原因에 依한 非業의 죽음. (一) ①먹을 수 없는 것을 먹는 것. ②節食하지 않음. ③먹지 못할 것을 먹는 것. ④먹은 것이 消化되지 않았는데 먹는 것. ⑤大小便을 無理하게 참는 것. ⑥戒를 지키지 않고 世法에 抵觸되는 것. ⑦惡友를 가까이 하는 것. ⑧들어 갈 때가 아닌데 村里에 들어 감. ⑨疫病이나 狂犬을 避하지 않음. (橫死經의 說) (二) ①病이 들어도 治療 받지 않음. ②不法을 저질러 刑을 받음. ③快樂에 미쳐서 몸을 삼가하지 않음. ④불에 타는 것. ⑤溺死. ⑥猛獸에게 잡아 먹힘. ⑦언덕에서 떨어짐. ⑧藥物에 中毒됨. ⑨飢渴에 괴로움을 당하여 죽음. (藥師經) →九橫.

국교(國敎) 一國에서 그 公權에 依하여 完全한 支持와 支配下에 있는 宗敎를 말함. 例를 들면 이집트·유태·로마·사라센·日本 등은 모두 祭政一致의 制度를 取하였으나 宗敎가 國家의 政權과 結托하여 種種 被害가 생기는 일이 많았다. 그러므로 近代國家는 政敎分離. 信仰의 自由를 표방하고 있으나 아직도 國敎制度를 두는 나라가 많음.

국기(國忌) 國忌日의 약칭. 一國이 忌諱하는 날. 즉 국왕이나 왕비가 薨逝한 날에 法會를 열어 讀經하는 것.

국기재(國忌齋) 先帝의 忌日에 베푸는 齋會.

국다(鞠多) 優婆鞠多의 약칭. 또는 毱多. 比丘의 이름. →優婆毱多.

국도(國道) 師는 어느 곳 사람인지 알 수 없으나 器宇가 淳粹하고 行이 高邁하였다. 그는 廬山의 빼어난 경치를 좋아하여 거기에 은거하면서 뜻을 기르고자 몇집을 짓고 채소를 재배하면서 살았다. 어떤 이가 그 이유를 물으면 "貧道는 무심히 심고 무심히 버린다"고 하였다. 뒤에 입적하여 雙溪山 언덕에 장사지냄. 작은 浮圖가 있다. 師를 國字로 부르나 그것이 이름인지 姓인지는 자세하지 않음.

국등(菊燈) 佛前에 供養하는 燈臺의 一種. 菊花를 본떠 제작하였기 때문에 菊燈이라 함.

국보(國寶) 行과 解가 구비하여 남의 스승이 될만한 이의 尊稱.
※止觀五上에「自匠匠他 兼利具足 人師國寶 非此是誰」

국사(局司) 局司壇의 약칭.

국사(國師) ①국가나 임금의 師表가 되는 高僧에게 임금이 내려준 칭호. 중국에서는 北齊 文宣帝 天保 1(550)年에 法常이 帝王의 國師가 된 것이 그 처음이고 우리나라는 고려 光宗이 968(光宗 19)年 惠居를 국사로 삼은 것이 그 시초이다. 王師가 王室의 顧問이자 스승인데 비해, 國師는 국가의 師表라는 뜻으로 王師보다 높은 최고의 僧職이다. 光宗 25(974)年 惠居가 죽자 王師이던 坦文을 다시 국사로 삼았다. 이 제도는 고려와 朝鮮朝 初期까지 행하여졌음. ②六祖慧能大師의 嗣法弟子로 西京光宅寺의 慧忠國師를 말함. (傳燈錄五)

국사단(局司壇) 한 절의 境內를 맡아 본다는 귀신을 奉安한 곳. 局司·

국사삼환(國師三喚) 㗊 南陽의 慧忠國師가 하루는 侍者를 세번 부르니 侍者가 세번 대답하였다. 국사가 말하기를 "내가 너를 저버린다 하였더니 도리어 네가 나를 저버리는구나" 하였음. (傳燈錄五·五燈會元·無門關十七)

국사수완(國師水椀) 㗊 忠國師가 紫璘供奉에게 묻기를 "들으니 供奉이 思益經을 註한다는데 事實인가" 供奉 "그렇습니다" 國師 "무릇 經文을 註解한다는 것은 마땅히 佛意를 理解한 뒤에 할 수 있는데……" 供奉 "만약 佛意를 理解 못했다면 어찌 감히 經文을 註解한다 하겠는가" 國師 侍者를 보내어 一椀의 물을 떠오게 하여 水中에 七粒의 쌀을 담그고 椀面에 한개의 젓 가락을 놓은 뒤 奉에게 보이면서 國師 "이 무슨 뜻인가" 供奉 "알지 못합니다" 國師 "나(老師)의 뜻도 알지 못하면서 다시 어찌 佛意를 說하겠나" 하였음. (禪林類聚八·碧巖四十八則評唱)

국승정(國僧正) 僧官의 이름. 佛祖統紀五十一에「秦主가 僧䂮을 國僧正에 法欽을 僧錄으로 삼았다」하였음.

국왕(國王) 前世에 十善戒를 守持하여 今生에 그 果報를 얻은 者. 諸天의 保護를 받으므로 天子라 이름.

국왕불리선니십몽경(國王不梨先泥十夢經) 佛說國王不梨先泥十夢經의

약칭. 一卷. 東晉 竺曇無蘭의 번역. 不梨先泥는 梵語 Prasenajit 의 音譯. 舍衛國王 夢見十事經의 異譯.

국왕십종몽(國王十種夢) 舍衛國王 波斯匿이 꿈에 十事를 봤다는 傳說. →十夢.

국왕은(國王恩) 四恩의 하나. →四恩.

국일(國一) 唐의 高僧 徑山道欽禪師를 말함. 唐 代宗(在位 763~779)이 下賜한 號. 唐 貞元 8(792)年에 示寂함. 諡號는 大覺禪師. (宋高僧傳)→徑山.

국조성택(國朝聖澤) 朝廷과 天子의 은택.

국청백록(國淸百錄) 四卷. 隋나라 灌頂이 지음. 天台智顗가 天台山 國淸寺에서 說法한 것을 적은 것, 立制法·敬禮法 등과 碑文에 이르기까지 총망라하여 一百四條로 편찬한 것. 책머리에는 灌頂과 有嚴의 序가 있고 책 끝에는 智顗의 年譜와 事蹟이 실려 있다. 이 책은 原來 廣·略 二本이 있었으나 廣本은 傳하지 않고 지금 傳하는 것은 그 略本임.

국토(國土) 一切의 有情이 住하는 곳. 淨土와 穢土의 區別이 있음.

국토삼재(國土三災) 水災·火災·兵災.

국토세간(國土世間) 三世間의 하나. 國土는 衆生이 所依하는 境界, 能依하는 몸이 있으면 반드시 所依하는 國土가 있음. 十界의 所依에는 각각 차별이 있으니 이것을 國土世間이라 함. (智度論四十七·三藏法數十三)

국토신(國土身) 華嚴經에서 說한 十身의 하나. 毘盧舍那如來가 衆生의 機에 應하여 草木·國土를 示現하므로 草木國土를 舍那의 身이라 함. (探玄十四)

국토엄식원(國土嚴飾願) 阿彌陀佛四十八願 가운데 第三十二願. 國土를 장엄하게 꾸미는 것을 願하는 것.

국토청정원(國土淸淨願) 阿彌陀佛 四十八願 가운데 제三十一願. 極樂國土의 淸淨을 誓願하는 것.
※無量壽經上에「設我得佛 國土淸淨皆悉照見十方一切無量無數不可思議諸佛世界 猶如明鏡覩其面像 若不爾者 不取正覺」

국토해(國土海) 不可思議한 佛刹로 즉 十佛이 住하는 依報를 말함. ↔世界海.
※五敎章卷下所謂彼十佛境界所依 有二 一國土海 圓融自在 當不可說 若寄法顯示 如第二會初所說 是也.

국통(國統) ①新羅 때 제일 높은 僧職. 眞興王 12(551)年에 고구려에서 온 惠亮法師를 이에 임명한 데서 비롯함. ②中國 後魏의 僧官. 全僧侶를 통어하는 官名.

국풍(國風) ①나라의 풍습. ②詩經의 詩의 한 體. 內容은 여러 지방의 間里巷間의 노래나 男女間의 情歌로 되어 있음.

군(裙) 梵〈泥縛些那〉僧侶가 허리에 두르는 옷. 內衣·裙子라고도 하며 이에 單裙과 複裙이 있음.

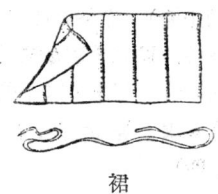
裙

군기(群機) 많은 機類라는 뜻. 곧 衆生. 群類와 같음.
※最勝王經十에「八種微妙 應群機」 歸敬儀上에「統群機大小」

군나(軍那) 梵〈Kunda〉 西域에서 나는 꽃으로 심히 희고 곱다 함.

군다(君陀) 梵〈Kunda〉꽃의 이름. 西方에서만 볼 수 있는 꽃으로 그 곱고 하얀 빛은 比할 것이 없음. (大日經疏十二)

군다(君茶) ① 梵〈Kunda〉 또는 軍茶. 번역하여 火爐. 즉 護摩壇을 말함. ② 明王의 명칭. 군다는 鷲俱尸라고 하며 甘露軍茶利明王을 말함.

군다(軍茶) ① 梵〈Kunda〉 火爐의

火爐

뜻. 즉 密家에서 護摩에 사용하는 火爐. ②軍茶利의 약칭.

군다(捃多) 梵〈Kunta〉巴〈Kuntha〉西〈srin-bu phre-hu〉작은 동물, 벌레라는 뜻. 옛부터 捃多蟻라고 불렀다. 또는 折脚蟻 혹은 卵蟻의 뜻.

군다리(軍茶利) 梵〈Kundali〉또는 軍遲. 번역하여 瓶. →軍持.

군다리금강만다라(軍茶利金剛曼茶羅) 軍茶利法을 受持하려면 먼저 그 像을 그린다. 온몸은 靑色, 두눈은 赤色. 머리를 쥐고 상투를 쪼는데 머리털의 빛갈은 黑과 赤이 交錯한 것이 三昧火災과 같고 눈을부릅뜨고 크게 성낸모양으로 웃 이(上齒)는 다 드러내어 아랫입술을 깨물고 크게 화낸 얼굴을 지은 圖像. (陀羅尼集經八)

군다리명왕(軍茶利明王) 五大明王의 한분. 阿密哩多軍茶利의 약칭. 번

(No.1) 軍茶利明王

(No.2) 軍茶利明王

역하여 甘露甁. 또는 甘露軍茶利明王이라 함. 이 明王은 甘露의 寶甁으로써 三昧耶形을 취하고 있으므로 이같이 이름. →甘露軍茶利明王.

군다리명왕갈마인(軍茶利明王羯磨印) 먼저 左手의 五指를 펴고 智로써 慧의 甲을 누르며 願力의 三指를 三鈷의 形과 같이 한다. 바른손도 같이 이 印을 만들어서 바른손으로 왼손을 누르면서 交臂하는 印相 (圖印集三)

군다리명왕경궤(軍茶利明王經軌) ㉘ 軍茶利儀軌・陀羅尼集經第九金剛阿密哩多軍茶利菩薩自在神力呪印品.

군다리명왕법(軍茶利明王法) 甘露軍茶利明王을 本尊으로 삼아 災難을 消滅하고 혹은 降伏하기 위하여 닦는 秘法. 또는 甘露軍茶利明王法・軍茶利法이라 함. 甘露軍茶利菩薩供養念誦成就儀軌 등에 나옴.

군다리법(軍茶利法) →軍茶利明王法.

군다리야차(軍茶利夜叉) 軍茶利明王을 말함. 모두 포악한 忿怒의 相을 하고 있으므로 夜叉라 한다. 夜叉는 暴惡하다는 뜻.

군다리의궤(軍茶利儀軌) ㉘ 甘露軍茶利菩薩供養念誦成就儀軌의 약칭.

군다의(捃多蟻) 또는 折脚蟻. 개미의 알.
※瑜伽纂三에 「捃多蟻者 此有二義 一 蟻卵 二折脚蟻 故存梵音」

군류(群類) 가지가지 機類의 衆生을 이름. 群機・群生 등과 같음.
※圓覺大疏上之二에 「大士親愛. 展轉流布. 則群頻普霑」

군맹(群萌) 群生과 같음. 萌은 草木의 싹이 비로소 돋아났으나 아직 어린 모양. 따라서 衆生이 어리석음에 비유한 말.
※法華經化城喩品에 「普智天人尊 哀愍羣萌類」

군맹무상(群盲撫象) 많은 소경이 코끼리의 몸뚱이를 만져 보고 자기가 만진 부분에 따라서 각각 코끼리가 어떻게 생겼다고 말하는 것. 즉 코끼리의 배를 만져 본 장님은 바람벽 같다 하고, 다리를 만져 본 장님은 기둥 같다 하고, 등을 만져 본 장님은 키(箕) 같다고 말하는 것. 轉하여 어리석은 사람은 자기 주관과 좁은 편견으로 모든 사물을 그릇 판단한다는 뜻. 群盲摸象.

군미(群迷) 迷惑에 빠진 많은 衆生.
※大日經疏二에 「十方三世諸佛唯有此一

門 誘進羣迷出於火宅」

군생(群生) 含類·含靈·群類·群品 등과 같은 말. 많은 衆生.
※法華經方便品에「又諸大聖主 知一切 世間天人羣生類深心之所欲」

군생해(群生海) 教行證文類二에「一切智의 배를 타고 모든 群生海에 띄운다고」하였음.

군습교(捃拾教) ①大嶺宗願이 武江天眞의 院事를 사임하고 玉河邊의 草庵에서 널리 群籍을 涉獵하고 古人의 工夫·行業 등을 모아 後人의 龜鑑이 되도록 한데서 由來한 것. 落穗를 줍는 것같이 지난것 行業을 捃拾하여 付囑한다는 뜻. ②天台宗에서는 如來의 涅槃經의 教說을 말함. 五時의 教判에 依하면 法華經 다음에 涅槃經을 說法하였다. 이는 法華經의 說法에 明示되지 아니한 남은 말을 주어서 說한 것이라 함. 涅槃經은 法華經에 漏落된 言說을 주어서 四教를 追說하고 圓教에 歸入시키는 것이라 함.

군신오위(君臣五位) 曹山本寂禪師가 提唱한 說. ①君. ②臣. ③臣向君. ④君視臣. ⑤君臣道合으로 佛教思想의 要領을 五個의 項目에 依하여 體系的으로 說明한 것. 後에 日本 曹洞宗의 代表的인 思想體系의 하나가 되었음.

군양승(群羊僧) 無爲無能한 僧을 말함. 僧을 꾸짖는 말. 羊같은 중놈이란 辱說.

군우비경(群牛譬經) 佛說群牛譬經의 약칭. 一卷. 西晉 法炬의 번역. 群牛를 好比丘에 비하고 나귀를 惡比丘에 비유함.

군유(群有) 三有·九有·二十五有 등 衆生의 果報를 有라고 함.
※濟緣記一上에「下濟羣有 六道福田故 言羣有者 正報卽四生 依報則三界 開爲九有二十五有」

군의론(群疑論) 書 七卷. 釋淨土群疑論의 약칭. 唐 千福寺 懷感이 撰함. 그 註解에 探要記 十四卷·鈔 二十卷이 있음.

군자(君子) 君은 君主, 子는 男子의 美稱. ①學識과 德行이 높은 사람. ②卿大夫 또는 賢者의 일컬음. ③先人에 대한 존칭.
※上敬尊長 如臣事君 下恤萬民 如父育子故曰君子 ①有才德者之稱 ②有位者之稱 ③對先人之尊稱.

군자(裙子) 裙(치마)과 같음. 子는 助字.

군자가팔(君子可八) 영리한 사람. 또는 悟得한 사람을 말함. 仁義禮智孝悌忠信의 八德을 具備한 사람.

군자천리동풍(君子千里同風) 뜻이 같은 同志는 千里를 隔하였다 할지라도 서로 對面하는 것과같이 相對의 意中을 充分히 理解하여 하는 일이 같다는 뜻.

군적(群賊) ①무리를 이룬 많은 盜賊. 즉 六根(色·聲·香·味·觸·法)과 六識(眼·耳·鼻·舌·身·

意)에 比喩한 말. ②別解別行者(見解와 行法을 달리하는 자)에 比喩한 말.

군지(君持) 번역하여 澡瓶. →君遲.

군지(君遲) ㊢〈Kuṇḍikā〉 또는 君持·軍持·捃稚迦·捃稚迦· 번역하여 瓶·水瓶이라 함. 比丘 十八物의 하나.
※寄歸傳一에 「凡水分淨觸 淨者咸用瓦瓶 觸者任乗銅鐵 淨擬非時飲用 觸乃便利所用 淨則淨手方持 必須安着淨處 觸乃觸手随執 可於觸處置之 唯斯淨瓶 及新淨器所盛之水 非時合飲 餘器盛者 名爲時水 中前受飲卽是無愆 若於午後飲便有過」

군지(軍持) ㊢〈Kuṇḍi; Kuṇḍikā〉 또는 軍鋕·君持·鐔鋕·運撝·捃稚迦·君稚迦 번역하여 瓶·水瓶이라 함. 千手觀音 四十手에 가지는 瓶. 그 손을 軍持手라 함. →君遲.

軍持手

※大悲心陀羅尼에 「若爲求生諸梵天上者 當於軍持手 眞言唵(引)喇曰囉(二合)勢佐囉嚕叱拾」

군치가(捃稚迦) 또는 捃稚迦, 번역하여 澡瓶. →君遲.

군통(郡統) 新羅 때 두었던 僧職. 국가정책에 따라 각 郡의 敎團을 指導 감독하던 僧官으로서 十八名으로 구성, 一州에 二名씩을 배치하여 자기가 맡은 군내의 교단을 통할케 하였음.

군품(群品) 品은 群의 뜻. 많은 衆生을 말함. 또 衆生의 機類가 많으므로 群品이라 함.

굴거부(窟居部) →鷄胤部.

굴곡교(屈曲敎) 釋尊의 說로써 衆生의 根機가 같지 않음을 念慮하여 그 근기에 따라 쉬운 것부터 漸次的으로 執着을 破하도록 方便을 써서 깨우치는 가르침. 印師(印法師 敏法師)二敎의 하나. ↔平等敎.

굴곡수대(屈曲垂帶) 浮山九帶의 하나.

굴관(窟觀) 石窟에서 닦는 觀法. 곧 坐禪.

굴구라(掘具羅) 또는 局崛羅·窶具羅·求求羅. 번역하여 安息香. →求求羅.

굴굴타파다(屈屈吒播陀) ㊢〈Kukkuṭapdagiri〉 또는 窶盧播陀. 번역하여 雞足. 中印度 摩揭陀國에 있는 山 이름. 迦葉尊者가 입적한 곳. 그 산봉우리가 마치 닭의 발과 같이 솟아 있으므로 雞足이라 부름.

굴내(窟內) 摩揭陀國 迦蘭陀竹園 西南쪽으로 五·六里를 가면 南山의 北쪽에 큰 石窟이 있다. 如來가 入滅한 뒤에 迦葉이 이곳에서 三藏을 結集하였고 同時에 二十餘里 떨어진 곳에서 그 以外 大衆들이 五藏을 結集하였으므로 窟內·窟外의 명칭

굴내결집(窟內結集) 부처님이 入滅한 후 大迦葉이 上座가 되어 행한 結集. 王舍城 七葉窟에서 結集하였음으로 屈內結集이라 함.

굴내상좌부(窟內上座部) 迦葉이 衆僧 가운데 第一上座가 되어 窟內에서 結集한 것을 上座部라 하고, 窟外에서 結集한 것은 人員이 많으므로 大衆部라 함.

굴다(崛多) 優婆崛多의 약칭. 부처님이 入滅한 百年 후에 나온 羅漢의 이름. →優婆崛多.

굴다가아함(屈陀迦阿含) 巴〈Khuddakāgama〉五阿含의 하나. 四阿含이외 一切의 雜經을 말함. 善見律 毘婆沙에서 말하는 法句(Dhammapada)·喩(Apadāna)·嫗陀那(Udāna)·伊諦佛多伽(Itivuttaka)·尼波多(Sutta-uipāta)·毘摩那(Viuānavatthu)·卑多(Peta-vatthu)·涕羅伽陀(Thera-gāthā)·涕利伽陀(Thrigā-thā)·本生(Jātaka)·尼涕婆(Niddesa)·波致參毘陀(Patisambhidā)·佛種姓經(Buddh-avamsa)·若用藏(Cariya-pitaka)등 十四에 現存하는 巴里佛典의 屈陀迦部를 더하여 十五小部라 함.

굴다왕조(崛多王朝) 梵〈Gupta〉四世紀초 짠드라답구타(Danpra-Gupta)를 시조로 하여 마가다의 案達羅王朝를 대신, 中印度와 西北印度에서 覇道를 唱한 왕조의 이름. 쨘드라답구타는 마가다국 華氏城 부근의 일개 小王이었으나 四세기초에 離車毘族과 혼인한 후 점차 세력을 뻗쳐 恒河와 야나(jamna)河의 合流地인 波羅那伽를 점령하여 西紀 320年 즉위한 해를 紀元으로 삼다.

굴랑나(屈浪拏) 梵〈Kurana〉또는 屈浪那·俱蘭弩·俱蘭. 西域 옛 王國의 이름. 이 나라는 睹貨邏國의 옛 땅으로 주위가 二千餘里라 함.

굴로다(屈露多) 梵〈Knlūta〉北印度 옛 王國의 이름. 大唐西域記에 이 나라는 주위가 三千餘里로 四方이 山으로 둘러 있으며 大都城은 주위가 十四·五里이다. 기후는 추운편이나 토지가 비옥하여 경작에 알맞고 또한 金銀·火珠 등이 생산됨. 국내에 伽藍이 二十여곳, 僧徒가 천여인이나 되며 또 如來의 說法한 유적이 있다.

굴롱(窟籠) 籠은 새장. 窟이나 새장은 한번 들어가면 自由롭지 못하다는 뜻으로 煩惱나 妄想으로 晝夜로 苦痛을 받아 自由롭지 못함에 比喩한 말.

굴륜(掘倫) 安南의 東南海中에 있는 小島의 이름. 또는 崑崙島라 함. 지금의 Pulo Condore.

굴마라(屈摩羅) 또는 屈滿囉. 아직 피지 아니한 연꽃. 피어서 떨어진 것을 迦摩羅라 하고, 활짝 피었을 때를 分陀利라 함.
※此說明與 Utpala, Kamala, Pun

darīka 相當 而屈摩羅之原語 則不明 或爲 Kuvala 乎.

굴만라합장(屈滿囉合掌) 또는 屈摩羅. 十二合掌의 第三. →屈摩羅.
※大日經疏十三에「以十指頭相合 指又齊等 然掌內空令稍穹窿 名屈摩囉合掌 此云如未開蓮也」

굴법당(窟法堂) 天然的으로 되어 있는 굴속에 지은 法堂.

굴산(崛山) 耆闍崛山의 약칭. 번역하여 鷲峰山.

굴상이가(屈霜儞迦) 나라 이름. 번역하여 何國. (西遊記一)

굴순(屈眴) ㉾⟨Karpasaka⟩ 번역하여 第一布・第一好布 혹은 大細布라고 하며, 木綿으로 짠 베를 말한다. 達磨가 傳한 七條袈裟로서 안은 푸르다고 하며, 師子尊者로부터 傳受한 것이라 함.
※宋僧傳八(慧能傳)에「其塔下葆藏屈眴布鬱多羅僧 其色靑黑 碧縑複袷 非人間所有物也」

굴순의(屈眴衣) →眴.

굴외결집(窟外結集) 釋尊이 入滅한 後에 大迦葉 등 五百比丘가 王舍城 七葉窟에 모여 經・律 二藏을 結集한 것을 窟內結集이라 함에 대하여 그 때 굴내의 結集에 참가하지 못한 이들이 따로 굴 밖에 모여 婆師迦를 上首로, 부처님의 法을 結集한것을 窟外結集이라고 함. 大衆部는 이 계통에 속한다 함.

굴지(屈支) ㉾⟨Kutche⟩ 나라 이름.

혹은 龜妓・丘妓라 함. (名義集三)

굴청(屈請) 손윗 사람을 請하여 맞이 함.
※雜阿含經四十八에「屈請入其舍」有部毘奈耶律九에「便於後時 同前屈請」

굴택(窟宅) 석굴이나 토굴에 들인 방. 大慧書에「思量과 計較로써 窟宅을 만든다」고 하였음.

궁(弓) ㉾⟨馱怒沙=dhanus⟩ ㉠⟨dhana⟩ ㉾⟨dan⟩印度 尺度의 이름.

궁강(宮講) 宮中에서 經典을 講하는 것. 東晉의 竺潛이 元帝 太興 1(318)年에 內殿에서 經을 講하였다 함.

궁공덕해(窮功德海) ㉾⟨guna-arna-para⟩ 功德의 넓음을 바다에 비유하여 그 끝에 到達함과 같다는 뜻. 極盡功德.

궁귀자(窮鬼子) 鬼子는 鬼神. 貧窮한 鬼神.

궁랍(窮臘) 臘은 歲. 한해의 마지막. 또는 臘月이라는 뜻. 窮臘은 十二月의 마지막을 이름.

궁로(窮露) 貧窮하고 父母의 覆育이 없는 것. 露는 露出의 뜻.
※楞嚴經一에「惟願如來哀愍窮露」

궁미극묘(窮微極妙) 細微한 事實을 窮盡함. 또는 微妙中의 最上이란 뜻. 微妙精巧.

궁반지가(躬半支迦) 夜叉의 이름. →散支.

궁비니(窮鼻尼) 天女의 이름. 번역하여 極端正. (增一阿含經四十七)

궁비라대장(宮毘羅大將) 또는 金毘

羅大將. 藥師如來 十二神將의 하나
궁생(窮生) 三界를 流轉하며 궁하게 살아 가는 衆生. 窮子.
궁생사온(窮生死蘊) 生死를 다하는 蘊이란 뜻. 生死의 窮極인 金剛喩定에 이르기까지 상속하여 隨轉하는 根本蘊으로 六識보다 더 微細한 意識을 말함.
궁생사제(窮生死際) 梵〈a-Lokagata〉生死의 世界가 끝날 때 까지를 이름.
궁시전아시초(窮厮煎餓厮吵) 吵는 炒의 뜻. 煎炒는 달이고 볶는다는 뜻으로 事態가 急迫함을 形容한 말. 困窮이 極甚하여 飢餓를 免할 수 없는 窮迫한 처지를 表現한 말.
궁양(穹壤) 하늘과 땅. 天地.
궁자(窮子) 法華經 七喩의 하나. 빈궁한 자식이란 뜻. 長者의 아들이 집을 나가 여기저기 流浪하다가 제 집 앞에 이르니 長者가 제 아들인 줄 알고 맞아 들이어 전재산을 물려 주었다는 이야기인데, 如來가 佛性을 잃어버린 衆生이 三界를 流轉하고 있음을 부처님이 慈悲方便으로 인도하여 法華의 妙法을 깨닫게 함에 비유한 것.
궁전(宮殿) 梵〈Vimana〉佛像 등을 安置하는 小寶殿.
궁절전진(弓折箭盡) 활이 부러지고 화살이 다 됨. 術計가 다하여 어찌할 도리가 없는 것. (傳燈錄)
궁태(宮胎) 疑城胎宮과 같음. 胎生한 자의 宮殿이 되므로 胎宮이라 하고 七寶宮에서 胎生하였으므로 宮胎라 함. →疑城胎宮.
※觀經定善義에「雖得往生 含華未出 或生邊地 或墮宮胎」
궁힐(窮詰) 생각으로 궁구하여 마지는 것.
권(權) 方便의 다른 이름. 곧 수단을 말함. ↔實.
권가(權假) 眞實에 이르는 계단으로 베푸는 方便. 手段을 假藉하는 것. ↔眞實.
권계(勸誡) 勸과 誡의 倂稱. 勸은 勸誘하여 나아가게 하는 뜻으로 善에 나아감을 말하고, 誡는 警戒하여 獎勵하는 뜻으로 惡을 경계함을 말함. 혹은 眞實心을 勸門에, 虛假心을 誡門에 配對하고 혹은 勸信誡疑라 하여 他力의 信心을 권함을 勸信이라 하고 自力의 疑心을 경계함을 誡疑라 함. 또는 魔法을 항복 받음을 誡라 하고 正法을 攝修함을 權이라 하는 등 宗義에 따라서 해석이 다름.
권계왕송(勸誡王頌) 龍樹菩薩勸誡王頌의 약칭.
권관(權管) 禪寺에서 住持를 대신하여 그 절의 온갖 일을 감독하는 소임. 또는 監院·院主·院宰·監寺·主首라 함.
권관(權關) 權智로 설한 關門. 즉 佛이 衆生을 敎化하기 위하여 임시로 方便을 設한 諸敎.

※二敎論上에 「壅權開以稅駕」

권교(權巧) 如來의 權巧法便. 衆生의 根機에 따라 行하는 巧妙한 方便. 또는 敎化를 爲한 巧妙한 手段. 眞實한 道에 引導하기 爲한 假設의 手段. →善巧方便.
※靈芝彌陀經疏上에 「權巧赴幾 行法非一」

권교(權敎) 如來가 衆生으로 하여금 眞實한 理致를 깨닫게 하기 위하여 먼저 그 手段으로 말한 方便의 敎. 즉 阿含·方等·般若經 등. ↔實敎
※華嚴天台等一乘家所判 以法相三論之三乘敎爲權敎 以自宗之一乘敎爲實敎 又就天台所立之四敎而判之 則以藏通別之三敎爲權敎 以圓敎爲實敎.

권교대승(權敎大乘) →權大乘敎.

권권(拳拳) 정성스럽게 지키는 태도. 話頭를 간단 없이 잘 가진다는 말.

권귀(勸歸) 佛法에 歸依할 것을 勸하는 것.

권기(權機) 부처님이 法을 說할 때에 그 法을 바로 알아 들을만한 對機가 나타나지 않았을 때에는 그 가르침을 바로 받을 根機가 아닌 사람에 대하여 說法한다. 이것은 權假의 機根이므로 權機라 함. ↔實機.

권다(勸茶) 禪苑에서 食後에 大衆에게 茶를 勸하는 禮. (象器箋十)

권대승(權大乘) 大乘을 權·實 둘로 나누는데 一切가 모두 成佛하는 宗이라고 세우는 것을 實大乘이라 하고. 그렇지 아니한 것을 權大乘이라 함. 대개 華嚴과 天台 등을 實大乘이라 하고, 法相과 三論을 權大乘이라 함.
※但此判爲華嚴天台自己所說 而法相三論無首肯者.

권대승교(權大乘敎) 또는 權敎大乘·大乘權敎·權大乘·權大라고 함. 불교교법의 하나. 부처님께서 아직 근성이 향상하지 못하여 如來의 眞實한 교법을 그대로 받아 들일 수 없는 중생을 위하여 진실교에 끌어 들이려는 방편. 수단으로 實이 아닌 權으로 아직 진실한 뜻을 나타내지 않는 大乘敎法. 法相·三論 등의 敎義를 말함. ↔實大乘敎.

권도제일(勸導第一) 佛弟子 가운데 衆生을 勸發化導하는데는 優陀夷比丘가 第一이라고 한. 故事.
※增一阿含三에 「善能勸導 福度人民 所謂優陀夷比丘是」

권두(拳頭) 거머쥔 주먹. 곧 面目과 같음.

권란(圈攣) ①圈은 나무를 굽혀서 만든 圓盤으로 一圓相을 말함. ②圈은 짐승을 가두어 기르는 우리, 攣은 얽매는 것 곧 끈으로 물건을 얽는것.

권리(權理) 한쪽에 치우친 이치. 權假의 이치.

권모(權謀) 方便의 다른 이름. 臨機의 策略.

※文句記二下에「應物施設 故名爲權 順宜制立 故名爲謀 有權之謀 故云權謀」輔行三之四에「謀謂謀变 此是不謀而謀 故曰權謀」

권무이(權無二) 唐나라 때 詩人. 한 때 太子文學을 지낸 적이 있으나 傳記가 未詳.

권문(勸門) 勸誠二門의 하나. 善行을 勸하는 敎門.
※百論疏上中에「佛法大宗唯誡與勸 惡止明諸惡莫作 謂誡門也 善行則衆善奉行 明勸門也」

권문(權門) 方便門. 진실한 道로 이끌기 위한 수단으로 말한 假說의 敎法.

권발(勸發) 衆人에게 勸하여 佛道의 마음을 發하게 하는 것.

권발제왕요게(勸發諸王要偈) 書 一卷. 龍樹가 짓고, 劉宋의 僧 伽跋摩가 번역함.
※與龍樹菩薩爲禪陀迦王說法要偈及龍樹菩薩勸誡王頌司本 說種種之勸誡.

권발품(勸發品) 普賢菩薩勸發品의 약칭. 法華經 第八卷 第二十八品의 이름.
※說普賢菩薩自東方來 以種種勝事獎發持經人之心.

권방편(權方便) 眞實에 이르는 계단으로 假設한 手段.
※佛菩薩一時濟度衆生之權謀爲權 其方法 能適於便宜 爲方便 淨影大經疏에「隨物所宜 種種異現 名權方便」

권비(權悲) 부처님의 權智를 좇아 일으키는 大悲.

권사실사(權社實社) 佛과 菩薩을 奉祀하는 寺刹外의 社屋을 權社, 生靈이나 死靈 등 邪神을 奉仕하는 祀堂(巫祠) 등을 實社라 함.

권상로(權相老) 號는 退耕 1879年 慶北 聞慶에서 出生. 13세 때 雲達山 金龍寺에서 俗塵을 씻고 瑞眞禪師를 恩師로 佛敎에 歸依하여 世壽 87세로 入寂하기까지 一生을 오로지 韓國佛敎學 定立과 佛敎思想 發掘宣揚에 專念하면서 敎育界·言論界 등 諸分野에 至大한 업적을 남겼다. 약력과 著書 등은 다음과 같음.

　　　　略歷
1879年 2月 23日 慶尙北道 聞慶郡 山北面 石鳳里에서 權贊泳氏 長男으로 受生.
1885年 2月부터 1894年까지 十年間 鄕里에서 漢文을 修學.
1896年 4月 慶尙北道 聞慶郡 雲達山 金龍寺에서 月溟 瑞眞禪師를 恩師로 佛敎에 歸依 得度.
1965年 4月부터 1905年 2月까지 十年間 金龍寺 佛敎專門講院에서 佛敎學을 硏究하여 四集科·四敎科·大敎科를 卒業.
1903年 5月 1日 聞慶郡 金龍寺에서 豊谷 永安禪師 下에 入室 建幢.
1906年 4月부터 1909年 11月까지 金龍寺 慶興學校와 聖義學校 講師 歷任.
1909年 12月부터 1911年 12月까지 佛敎圓宗 宗務 編輯部長 歷任.

권상로

退耕權相老博士遺像

自敍

余所居之虛每有三兩蟄雄之從焉一日將新䌫方冊而進曰
問或有疑訪諸虛請質焉余聞之則乃余之所以對景而題達人
而尊啓焉先進通情於知僧者逐一收業對偏成若千萬余
曰己乎己乎夫聖人而後删定天下之詩書文章而後製述何
下之不與而有删述者不也使余之書而後可以傳於世何
書不若而不可停也且讀之者譚聖人之書而後可以立身讀
文章之史而己乎己乎子欲以此瞽余
可使後人讀也己乎己乎子欲以此瞽余
足以損音樂也其付丙裁曰屬誰不知不

退耕權相老

1911年 12月부터 1912年 12月까지 慶尙
北道 四佛山 大乘寺 住持 歷任.
1912年 1月부터 1917年 12月까지 朝鮮

佛教月報社 社長 歷任.
1918年 2月부터 1922年 10月까지 金龍
寺 地方學林과 尙州 普光學校 講師
歷任.
1923年 4月부터 1931年 4月까지 佛教社
社長 歷任.
1931年 4月부터 1944年 4月까지 中央佛
教專門學校 敎授 歷任.
1944年 4月부터 1946年 8月까지 佛教總
本山 太古寺 敎學編修委員 歷任.
1946年 4月 東國大學 敎授 就任.
1956年 6月 東國大學 學長 就任.
1953年 2月 東國大學校 初代總長 就任.
同年 7月 停年으로 退任과 同時에 名
譽敎授 被任.
1962年 4月 東國大學校에서 名譽哲學博
士 學位 受領.
1962年 8月 大統領으로부터 文化勳章
受領.
1965年 4月 19日 서울特別市 東大門區
淸凉 2洞 205番地 149號에서 87歲를
一期로 法臘 69歲에 涅槃.
(安居 20夏를 成滿, 大宗師 法階를
稟受)

名譽職
韓國博士學位論文審査委員
國語審議委員
國史編纂委員
佛敎布敎師試驗 檢定委員
佛敎法階考試委員會 委員長
佛敎法規委員
供敎聖典 編纂委員
文敎部國定敎科書校査委員
大韓古書刊行會 國譯委員
大韓宗敎信徒聯盟 顧問

권상로

新羅伽倻文化研究所 委員
우리말 八萬大藏經 編修委員會 委員長
中央佛教研究院 院長
東國譯經院 譯經委員
佛教曹溪宗元老院 院長
現代佛教社 社長
佛教思想社 社長

編著 및 撰譯

李朝實錄 佛教鈔存 既刊(油印本)	19冊	編
朝鮮佛教略史　　　　油印本	1冊	著
朝鮮文學史　　　　　〃	1冊	著
朝鮮宗教史　　　　　〃	1冊	著
朝鮮佛教史　　　　　〃	1冊	著
新纂 朝鮮佛教史　　〃	1冊	著
中國文學史(王夢增 著)〃	1冊	譯
韓國佛教禪學史　　　〃	1冊	著
國文學史　　　　　　〃	1冊	著
太極國旗論　　論文集 別刷	1冊	著
韓國佛教史料 200字用 原稿本	17冊	編
韓國寺刹全書　　　　〃	17冊	編
樂府集成　　　　　　〃	6冊	編
高麗史 佛教鈔存　　〃	3冊	編
觀音禮文講義　　　　〃	2冊	講
普門品靈驗　　　　　〃	3冊	著
大經通意　　　　　　〃	2冊	著
韓國地名沿革考 菊板洋裝 東國文化社刊 (1961年)	1冊	編著
東國簡易年表	1冊	編
蓁藜蘭藁 240字用 原稿本	5冊	著
永言謾譯(時調 漢譯) 200字用 原稿本	1冊	漢譯
異苔同岑集(唐詩 時調譯) 〃	1冊	國譯
三國遺事 譯講(一潮閣에서 印刷) 200字用 原稿本	5冊	譯講
艸稿 未濟　　　　　〃	1冊	著
善生經講義　　　　　〃	2冊	講
淨土歸元鏡　　　　　〃	2冊	著
史滙　　　　　　　　〃	2冊	編
教科　　　　　　　　〃	6冊	著
法抄　　　　　　　　〃	1冊	著
竹頭木屑　　　　　　〃	12冊	著
普門品　　　　　　　〃	3冊	著

論文鈔

楞嚴要鈔　200字用 原稿本	1冊	編
史田昔粒　　　　　　〃	1冊	著
八關齋 參考　　　　〃	1冊	著
字學管窺(中國 '大陸雜誌' 21卷 1.2期 (1960.6)에 鈔載) '說文解字 十二支義戔釋'　〃	1冊	著
睡餘謾輯　　　　　　〃	2冊	著
紫柏先人集 200字用 原稿本	1冊	著
감응편(5)　　　　　〃	1冊	編
元亨釋書鈔　　　　　〃	1冊	編
大乘莊嚴寶玉經　　　〃	1冊	編
毅觫義　　　　　　　〃	1冊	著
金剛經解義　　　　　〃	1冊	著
諧乘　　　　　　　　〃	1冊	著
壺山外史　　　　　　〃	1冊	著
出世人名　　　　　　〃	1冊	著
阿彌陀經講義 草稿　〃	1冊	講
觀音 信仰　　　　　〃	1冊	著
未整稿　　　　　　　〃	5冊	著

其他

自由文章　200字用 原稿	1封	著
私稿　　　　　　　　〃	1封	著
佛教史料　　　　　　〃	1封	著
信仰書類　　　　　　〃	1封	著
白俗俗　　　　　　　〃	1封	著
石窟庵 書類　　　　〃	1封	著

권서(卷舒) 말고 폄. 把住・放行과 같음. 修行者의 근기에 따라 簡・詳・權・實을 任意로 하는 宗師의 自在한 手段을 말함.

권선(勸善) 佛家에서 善緣을 맺게 하기 위하여 俗家 사람들에게 布施를 청함.

권선대(勸善袋) →權善紙.

권선문(勸善文) 佛家에서 勸善하는 글발. 募緣文.

권선시주(勸善施主) 施主에게 권선하여 절의 양식을 구하는 일.

권선지(勸善紙) 또는 勸善袋・勸紙. 절에서 俗家에 布施를 請하는 종이 주머니. 절을 짓거나 佛事가 있을 때, 또는 추수기 등에 俗家 사람들에게 善心을 쌓도록 돌려 줌.

권선징악(勸善懲惡) 善을 권장하고 惡을 징계함. 또는 勸善禁惡.

권선책(勸善册) 布施하는 사람의 이름과 금액을 적은 책.

권설대세(權設大勢) 臨濟宗 八大勢의 第七. 權의 갖가지 方便 비유를 設하여, 學人을 接化함.

권속(眷屬) ㉿〈跛儞嚩羅=Parivāra〉眷顧하는 隸屬이란 뜻. 妻子・徒弟・奴僕 또는 佛・菩薩을 모시고 隨從하는 諸尊 등을 말함.

권속묘(眷屬妙) 天台宗에서 세운 法. 華迹門十妙 가운데 제九. 如來의 法을 받을 者와 如來의 敎를 돕는 者가 모두 如來의 권속이다. 이에 五種의 分別이 있으니 理性眷屬・業生眷屬・願生眷屬・神通眷屬・應生眷屬.

권속반야(眷屬般若) 五種般若의 하나. 煖・頂・忍・世第一法 등의 모든 지혜나 戒・定・慧・解脫・解脫知見 등을 말함. 이들은 모두 온갖 法을 解照하는 智慧의 권속이므로 眷屬般處라 함. (金剛經纂要刊定記 二)

※無相之眞智爲觀照般若 是般若之自性也 助發此般若 又自此般若流出之戒定慧等諸法 總云眷屬般若.

권속장수원(眷屬長壽願) 阿彌陀佛 四十八願 가운데 제 十五.

※無量壽經上에「設我得佛 國中人天 壽命無限量 除其本願脩短自在 若不爾者 不取正覺」

권수(卷數) 祈禱와 追薦을 위하여 陀羅尼를 誦하며 經文을 읽을 때에 그 읽은 陀羅尼經文의 名稱과 그 遍數의 目錄을 쓴 것.

권승실과(權乘實果) 眞言宗에서 그 十住心의 敎判 중에 앞의 九住心을 權乘이라 하고 제十住心을 實果라 함. 唯識・三論・華嚴・天台 등의 敎는 權乘이며 부처님도 모두 因位의 權佛이라 하고 眞實한 佛果는 第十住心의 法身密佛뿐이라 함.

권신계의(勸信誡疑) 信心을 勸하고. 疑心을 경계함. 佛法은 오로지 信心으로써 道에 들어가는 요긴한 문호를 삼으므로 믿음을 勸하고, 疑心을 경계함.

권실(權實) 權敎와 實敎. 權은 衆生의 根機에 알맞도록 假說한 方便을 말하며 實은 手段이 아니고 假說이 아닌 究竟 불변하는 眞實을 뜻한다. 이 두가지는 서로 相對되는 槪念으로서 權敎와 實敎, 權智와 實智, 權境과 實境 등이라 하나 權實이라 함은 보통 權敎와 實敎를 뜻함.
※止觀三下에「權謂權謀 暫用還廢 實謂實錄 究竟旨歸」

권실불이(權實不二) 實敎는 부처님의 自內證의 實理를 말한 眞實한 敎이고 權敎는 實敎에 들게 하려는 수단으로 말한 假說의 敎로 그 形式은 다르나 그 歸着點은 하나라는 말.

권실불이문(權實不二門) 十不二門의 하나. 三乘權敎가 一乘實敎의 不二에 卽한다는 이치를 밝힌 것. (十不二門指要鈔六)
※法華文句三下에「若雙照則權卽是實實 卽是權 雖二而不二」

권실이교(權實二敎) 임시 方便으로 說하는 權敎와 諸法의 實相을 說한 實敎. 權敎는 衆生을 眞實한 敎로 引導하기 爲한 方便으로 設하는 敎로서 佛의 眞理에 到達하게 되면 廢함. ①法相宗에서는 一乘敎를 權, 三乘敎를 實이라 함. ②三論宗에서는 二乘敎를 權, 一乘敎를 實이라 함. ③天台宗에서는 五時가운데 처음의 四時. 四敎中에 三敎의 說을 權, 圓敎를 實이라 하며 法華經의 敎를 實이라 하고 다른 것을 全部 權이라 함. ④華嚴宗에서는 三乘敎를 權, 一乘敎를 實이라 함. ⑤眞宗에서는 聖道門 가운데 法相·三論을 權, 華嚴·天台·密敎·禪을 實이라 하며 淨土門에서는 要門·眞門의 敎를 權假, 第十八願의 弘願을 眞實의 敎라 함.

권실이지(權實二智) 權智와 實智의 倂稱. 또는 權實二慧. 權智를 方便智, 實智를 眞實智·如實智라고 일컬음. 實智는 諸法을 實답게 바로 아는 것. 實便智는 衆生의 根機에 맞는 差別相을 통달하여 方便으로 베푸는 智慧.

권연(勸緣) 緣이 있는 사람에게 勸하여 淨財를 寄附하게 하는 것.

권응신(權應身) →眞實身.

권자(權者) 佛·菩薩이 衆生을 제도하기 위해 神通力으로 化現한 假身. 또는 化者·權化·大權.

권적(權迹) 절대적 본체인 本地佛이 衆生을 敎化하기 위하여 權으로 자취를 보인 것, 衆生을 구제하는 方便으로 일부러 여러가지 다른 모양으로 化現하는 것을 말함. ↔實本.
※謂久自遠實成之本地所現之權化垂迹身 八相成道之釋迦來是也.

권전(勸轉) 三轉法輪의 하나. 苦集滅道 四諦에 대하여 迷의 原因인 集을 없애라, 迷의 結果인 苦를 알아라, 悟의 경계인 滅을 證하라,

悟에 도달하는 道를 行하라고 勸하는 것. (三藏法數九)

권지(勸紙) 勸善紙의 약칭.

권지(權智) 諸法의 實相을 체달함을 如來의 實智라 하고, 諸種의 差別을 체달함을 如來의 權智라고 함. 즉 實智는 體요, 權智는 用이다. 如來가 부처를 이룬 本體는 實智에 있고, 一代를 敎化한 妙用은 權智에 있음. →權實.
※密敎以胎藏曼荼羅之心蓮華臺爲實智 八葉之開敷爲權智 大日經二에「諸佛 甚希有 權智不思議」

권지실지지일심삼관(權智實智之一心三觀) 如來가 證得한 一心三觀을 實智의 一心三觀이라 하고 如來가 說한 一心三觀을 權智의 一心三觀이라고 함.

권지품(勸持品) ㉾ 法華經 第五卷 第十三品의 이름. 品의 前半은 菩薩과 比丘 등이 佛命을 받아 法華를 受持하여 널리 流通시키는 것이고 品의 後半은 佛이 다시 諸菩薩을 勸하여 사람들에게 受持弘通시킬 것을 說하였으므로 勸持品이라 함. 前半은 持가 되고 後半은 勸持가 됨.

권진(勸進) ①남의 善根功德을 勸誘하여 策進한다는 뜻. 곧 남에게 善行을 勸하여 佛道를 믿게 함. ②절을 짓거나 佛事가 있을 때 기부를 勸하는 일.
※觀無量壽經에「讚嘆行者 勸進其心」法華經信解品에「初不勸進說有實利」

권진성(勸進聖) 寺利·堂塔의 建立을 위하여, 사람들에게 권하여 募金하는 佛者.

권진학도경(勸進學道經) 進學經의 다른 이름.

권청(勸請) ①권하여 청한다는 뜻. 정성으로 부처님께 설법해 주기를 원하는 것. ②涅槃에 들려는 부처님께 오래도록 이 세상에 계시기를 원하는 것. ③佛·菩薩의 威靈 등像을 초청하여 절에 봉안함을 말함.
※密敎之勸請有二種 ①法會之初 勸請梵天夜叉等 以拂魔障者 ②正勸請所祈禱之尊也 其勸請分四方爲四種 ③各隨其修法之方角 而勸請其方面之衆來也.

권청신분(勸請申分) 五種神分의 하나.

권탕(勸湯) 禪家에서 食後에 湯을 권하는 禮.

권학문(勸學文) 學問을 부지런히 하라고 勸하는 글.

권현(權現) 權化와 같음. 衆生을 濟度하기 위하여 일부러 神으로 變現하는 것.
※最勝王經七에「世尊金剛體 權現於化身」

권형재수(權衡在手) 權은 저울 추, 衡은 저울대, 權衡이 手中에 있으면 輕重을 헤아림이 自在함과 같이 宗師의 抑揚·褒貶이 自由自在함을 이름.

권화(勸化) ①佛敎를 믿지 않는 사람을 說得시켜 佛道를 믿게 함. ②중이 佛寺의 建立을 위하여 信者에게 淨財의 喜捨로써 善行을 쌓을 것을 권유하는 것.
※天台戒疏上에「勸化人受戒功德 勝造八萬四千寶塔」

권화(權化) 佛·菩薩이 衆生을 濟度하기 위하여 모양을 변하여 다른 모양으로 나타나는 것. 또는 그 化身.
※敎行信證文類序에「權化仁齊救濟苦惱群萌」

권화실화(權化實化) 부처님의 敎化에 權과 實을 말함. 釋尊의 一化를 七門으로 나누어 第四를 實化不得門, 第五를 權化得門, 第六을 實化得門이라 함.

권화장(勸化帳) 淨財를 募集한 帳簿.

궐과(闕過) 佛敎의 論理學에서 어떤 것은 말하지 아니하고 어떤 것은 말을 했으나 그 義理가 부족하여 理解할 수 없는 過失. ↔支過.

궐소락가(厥蘇洛迦) 번역하여 圈衣. 比丘尼의 치마를 이름. →俱蘇洛迦.

궐수라(厥修羅) →俱蘇洛迦.

궐여(闕如) 如는 然의 뜻. 闕如는 제쳐 놓는 것, 모르는 일에는 대개 가만히 있고 말하지 않는 것을 말함.

궐하(闕下) 大闕 아래. 轉하여 天子 또는 朝廷의 존칭.

궤두(櫃頭) 六知事의 하나. 副寺의 다른 이름.

궤로(跪爐) 꿇어앉아서 향로에 향을 피우는 것. 聖節·國忌日·祖師忌日 등에 行하는 儀式.
※百丈淸規一에「兩序分班對立 住持就跪 知客跪進手爐 侍者跪進香合 維那白佛宣疏畢 知客跪接爐 住持收坐具」

궤문(軌文) 授戒의 軌則을 表示한 글. (大戒訣 上卷)

궤배(跪拜) 무릎 꿇고 절함. 부처님이 在世時에 國人이 婆羅門을 만나면 跪拜하고, 沙門을 만나면 敬禮하였다고 함.
※毘奈耶雜事一에 「大衆報曰 汝等愚人 不閑禮式 誰合跪拜 誰當敬禮 彼人答曰 我等但知見老婆羅門卽云跪拜 若見苾芻便云敬禮」

궤범(軌範) 事物의 法軌와 模範.
※同述記一本에「軌謂軌範 可生物解」

궤범사(軌範師) 梵〈阿遮利耶〉弟子에게 法式을 가르치는 스승.

궤생물해(軌生物解) 法이란 글자를 解釋한 말. 法은 사람의 軌範이 되어 물건에 대한 了解心을 내게 하는 뜻이 있다는 말.

궤의(軌儀) 軌範과 儀則.
※玄義三下에「戒定慧 此三是出世 梯磴佛法軌儀」

궤지(軌持) 法이란 글자의 뜻을 해석한 것. 法에 두가지의 뜻이 있으니 ①은 軌의 뜻으로 그 體가 軌範이 되어 領解하는 마음이 일어나도록 하는 것. ②는 持의 뜻이니 그 體를 維持하여 他體에 混亂되지 아니함을 이름.
※同述記一本에「軌謂軌範 可生物解 持謂任持 不捨自相」

궤철(軌轍) 수레바퀴 자국. 차가 지나간 자국. 轉하여 法則, 과거의 事跡. 옛 사람이 남긴 본보기 등.

궤칙(軌則) 一定한 方式. 規則. 行爲의 準則. 法則.

궤홍(軌泓) (1714~1770) 朝鮮 승려. 俗姓은 韓氏. 號는 虪月. 淸州 사람. 12세에 平康 寶月寺에서 중이 됨. 涵月海源에게 佛法을 배워 그 宗旨를 傳하고 항상 涵月을 따라 安邊 釋王寺에 住하였음.

귀(鬼) 梵〈薛荔多=Preta〉 또는 餓鬼. ①夜叉. 羅利과 같이 不思議한 힘을 가지고 사람을 害하는 鬼神. ②항상 飢渴에 시달리는 餓鬼. ③영혼 ④地獄의 옥졸. (薛荔는 「페리」라 읽음) →餓鬼.
※文句四下에「鬼者 胡言闍梨多(闍閉之寫誤) 秦言祖父 衆生最初彼道 故名祖父 後生者亦名祖父 又慳貪墮此趣 此趣多饑渴 故名鵝鬼 亦被諸天驅使 亦希望飮食 故名餓鬼」

귀(龜) 四靈의 하나. 거북.

귀가온좌(歸家穩坐) 집에 돌아가 安穩하게 앉았다는 뜻. 이는 우리의 마음이 晝夜로 五境·六塵에 迷惑되어 하루도 安穩하지 못하나. 一但 修行이 圓熟하면 外境에 迷惑됨이 없이 平穩하게 安坐할 수 있다는 것으로 他鄕에서 苦痛을 받다가도 집에 돌아오면 安穩하게 起臥할 수 있는 것에 比喩한 말.

귀가활계(鬼家活計) 鬼家는 幽鬼가 사는 집. 暗黑의 世界라는 뜻. 헛된 경영이나 努力을 일컬음. 鬼窟裡活計와 같은 말.

귀감(龜鑑) 龜鏡·模範·본보기의 뜻. 事物의 거울. 行爲의 基準. 龜(본뜰귀·점칠귀)는 未來의 禍福을 알고 鑑(본뜰감·거울감)은 現在의 姸媸(아름다운 것과 더러운 것)를 아는 것. →龜鏡.

귀감독송(龜鑑讀誦) 하루의 行持 가운데 初夜의 坐禪時에 潙山警策·永明垂誡·百丈坐禪儀·龍門三自省·大慧願文 中峯座右銘 등을 讀誦함을 말함. 곧 後人의 龜鑑이 될만한 것을 誦讀하는 것.

귀견(鬼見) 귀신을 邪見에 비유한 말.
※止觀十下에「若前世 外有鬼緣 鬼則加之 發鬼禪鬼見」

귀경(歸敬) 賢善에게 歸依하여 敬禮함.
※義林章四本有歸敬章.

귀경(龜鏡) 龜鑑과 같음. 거북은 中國에서 점치는데 使用하는 것으로 龜甲을 태워서 그 갈라지는 方向에 따라 吉凶을 判斷하는 것. 거울은 물건의 美醜와 正邪를 分辨하는데 便用함. 그러므로 龜鏡은 의문을

判定하고 사물을 辨別하는 것으로 世上의 模範이라는 뜻. →龜鑑.

귀경서(歸敬序) 經·論이나 그 註解書의 처음에 佛·菩薩에게 歸敬하는 뜻을 나타내는 글. 歸敬文.
※謂經論釋之初 歸命大智海毘盧遮那佛 南無釋迦牟尼佛 南無阿彌陀佛記.

귀계(鬼界) 鬼類의 世界. 十界의 하나. →鬼.

귀계(歸戒) 三歸戒. 佛·法·僧 三寶에 歸依하는 戒法. →三歸.

귀관(鬼關) 저승으로 들어가는 문. 鬼門.

귀굴리(鬼窟裏) 幽鬼가 사는 곳. 闇黑한 處所로 모두 어리석어 所見이 없는 學人의 境界를 비유한 말.
※坐禪儀에「法雲圓通禪師. 亦可人閉目坐禪 以謂黑山鬼窟」

귀기등불(貴己等佛) 교만한 마음을 가지고 자기를 貴하게 여겨 부처님과 비등하다고 생각하는 것.
※約理言之 雖爲生之一如 然迷悟因果懸隔 起與佛同等之見 必至慢寧而疏實修焉.

귀남(歸南) 歸宗智常禪師와 南泉普願(748~884) 禪師를 말함. (泉은 「전」으로 읽음)
※宗論三之三에「寒拾之訶律主 歸南之斬貓蛇 醫良醫砒霜治病 大將奇計除賊」

귀도(鬼道) ①六朝의 하나. 또는 鬼趣라 함. 夜叉·羅刹·餓鬼 諸神 등의 世界 ②邪術과 같음.

※據佛經云 凡舍宅街衢 市肆丘塚 皆有鬼神 無有空者 乃至江河木 亦有鬼神 依止 其最劣者爲餓鬼 ②後漢書劉傳 張魯母有姿色 兼挾鬼道 往來焉家 三國志張魯傳 魯祖父世傳邪術 後魯據漢中 以鬼道敎民 自號師君.

귀록(鬼錄) 閻魔廳에서 죄를 기록하는 鐵札.

귀룡제천중(鬼龍諸天衆) 梵〈Loka〉 鬼와 龍과 天人 등 三界에 生하는 全部를 말함. 곧 全宇宙의 모든 生命體를 가리키는 말.

귀매(鬼魅) 사람을 害하는 鬼靈.
※華嚴經六十五에「風癲消瘦 鬼魅所著 如是諸有一切諸病」

귀명(歸命) 梵〈Namas〉南無·南謨·번역하여 敬禮·歸禮·救我·度我·屈膝이라 함. ①歸投身命의 뜻. 나의 身命을 던져 훌륭한 이에게 돌아가 의탁함. ②歸順敎命의 뜻. 부처님의 敎命에 따름. ③還歸本命의 뜻. 命根을 그 根本에 돌려 보내는 것.
※起信論淨影疏上에「內正報中 命根爲要 故擧要命 屬彼三寶 名之爲歸」

귀명무량수각(歸命無量壽覺) 梵〈南無阿彌陀佛〉南無는 歸命, 阿彌陀는 無量壽, 佛은 覺. 合하면 歸命無量壽覺이 됨.

귀명상(歸命想) 구원하여 주기를 바라는 생각.

귀명정례(歸命頂禮) 歸命하여 頂禮하는 것. 歸命은 意業의 禮로 마음으로 三寶에 歸順하는 것. 頂禮는

身業의 禮로 머리를 땅에 대고 三寶에 敬禮함을 말함.
※大日經疏十二에「重言歸命頂禮者 此義大同小異 重言者 恭敬深至故爾也」

귀명합장(歸命合掌) 〈梵 鉢囉拏摩＝Prauama〉十二合掌의 하나. 예배할 때 左右의 두 손바닥을 합하여 열 손가락을 엇갈리게 마주 잡는 것. 즉 金剛合掌.
※大日經疏十三에「合十指頭相叉 皆以右手指加於左手指上」

귀모(龜毛) 이름만 있고 實像이 없는 物件에 比喩한 말. →龜毛兎角.
※智度論十二에「如兎角龜毛 亦但有名而無實」成實論二에「世間事中 兎角龜毛 蛇足鹽香風色等 是爲無」

귀모토각(龜毛兎角) 龜毛와 兎角은 本來 없는 것인데 있다고 믿는 것을 龜毛兎角의 知見이라 말함. 本來 諸法은 無自性·不可得인 것을 모르고 執着하는데 비유한 말.

귀문(鬼門) ①집과 城郭의 東北쪽을 가리켜 鬼門이라 함. (중국의 俗說) ②죽어서 저승으로 들어가는 門. 鬼關.
※山海經에 東海度朔山 有大桃樹 蟠屈三千里 其卑枝向東北 萬鬼出入 謂之鬼門.

귀문목련경(鬼問目連經) 佛說鬼問目連經의 약칭. 一卷. 後漢 安世高의 번역. 내용은 온갖 餓鬼들이 目連에게 惡報業因을 물으니 그가 일일이 對答한 것.

귀법계(鬼法界) 十法界의 하나. 鬼類의 世界.

귀변바라문(鬼辯婆羅門) 馬鳴菩薩이 鬼辯婆羅門(人名)을 降伏시켰다 함. →搴帷.

귀병(鬼病) 鬼魅가 사람에게 붙어서 病이 된 것.
※千手經에「誦持此神呪者 世間八萬四千種鬼病 悉皆治之 無不差者」

귀복(歸復) 本性에 復歸함. 修行의 功德으로 一切의 煩惱를 斷盡하고 本性을 回復하는 것. (信心銘)

귀본(歸本) 僧侶의 죽음. 곧 眞寂의 本元으로 돌아감.

귀불신언(龜不愼言) 前世에 어느 寺院의 연못가에 두 기러기가 있었는데 한 거북이와 親友가 되었다. 뒤에 못물이 마르자 두 기러기가 서로 의논하기를 "이제 이 못물이 마른다면 우리 친우가 반드시 큰 고통을 받을 것이다"고 한 후 거북이에게 말하되 "이 못물이 마르면 그대가 살 수 없을 것이니 한 나무막대를 입에 물고 있으면 우리가 각기 그 한 끝을 물고 그대를 큰 물가에 옮겨 줄 것이니 나무를 물고 있을 때 말하면 아니 된다"하고 곧 그 나무막대 끝을 물고 어느 부락을 지나는데 여러 아이들이 그것을 보고 모두 말하기를 "기러기가 거북이를 물고 간다"고 하니 거북이가 성을 내며 말하기를 "무엇 때문에 우리 일에 대하여 간여하느냐"

하다가 바로 나무막대를 놓쳐 땅에 떨어져 죽었다는 비유. (法苑珠林八十二)

귀산(歸山) 僧侶가 자기가 있던 절로 돌아감.

귀선(鬼禪) 鬼神의 通力을 發하는 禪定.
※止觀十下에「若前世 外有鬼緣 鬼則加之 發鬼禪鬼見」

귀성(鬼城) 八部衆의 하나. 乾闥婆城의 異名. 蜃氣樓. →乾闥婆城.

귀성(歸性) 有爲의 事相을 攝受하여 眞如의 實性에 歸一시키는 것.
※述記一本에「攝相歸性 皆如爲體 故經說言 一切法亦如也 至於彌勒亦如也」

귀성문(歸性門) 華嚴宗 四門出體의 하나.

귀속(歸俗) 승려가 수도생활을 그만두고 다시 세속생활로 돌아감. 還俗·退俗.
※象器箋十二에「居家必用吏學指南篇云 還俗 謂僧道犯罪歸家者 歸俗謂僧道無罪 自願歸家也」

귀신(鬼神) 눈에 보이지 않으면서 사람에게 禍福을 내려 준다고 하는 精靈. 鬼는 六趣의 하나. 神은 八部의 通稱임. 위엄이 있는 것을 鬼, 능력이 있는 것을 神이라 함.
※長阿含經二十에「佛告比丘 一切人民 所居舍宅 皆有鬼神 無有空者 (中略) 凡諸鬼神 皆隨所依 卽以爲名 依人名人 依村名村 (中略) 依河名河 佛告比丘 一切樹木極小如車軸者 皆有鬼神依止 無有空者 一切男子女人 初始生時 皆有逐神 隨逐擁護 若其死時 彼守護鬼 攝其精氣 人則死」

귀신식시(鬼神食時) 四食時의 하나. 어두운 밤 곧 鬼神이 먹는 때. (三藏法數十九)

귀신팔부(鬼神八部) 夜叉(yaksa)·羅刹(rāksasa)·鳩槃荼(kumbhānda)·毘舍闍(pisaca)·富單那(putana)·薜荔多(preta鳩鬼)·乾達婆(gandharva)·龍(nāga)을 말함.

귀심(歸心) ①眞心으로 사모하여 공경함. ②고향을 그리워하고 돌아가고 싶어하는 마음. 歸寧.

귀안정(鬼眼睛) 鬼神의 눈동자. 곧 邪見에 비유한 말.
※碧嚴第五則著語에 「山僧從來不弄鬼眼」

귀앙(歸仰) 歸依하여 仰慕함.
※義林章四本에「起殷淨心 策殊勝業 申誠歸仰 故名敬禮」

귀연(鬼緣) 邪鬼의 因緣.
※止觀十下에「若前世 外有鬼緣 鬼則加之 發鬼禪鬼見」

귀열(歸說) 說은 悅과 같은 뜻으로 기꺼이 服從한다는 말. 阿彌陀佛의 本願力에 몸을 맡기는 것.

귀원(歸元) 또는 歸眞·歸寂·歸本·圓寂. 生滅變化의 世界를 벗어나 眞寂의 本元으로 돌아간다는 뜻. 보통 승려의 死亡을 이름.
※禪家於亡者之位牌題新歸元或新歸眞 其下有具法名者.

귀의(歸依) ㉢〈sarana〉돌아가 의

지하여 구원을 청함. 歸入 : 歸投. 부처님이 佛에 귀의하고, 法에 귀의하고, 僧에 귀의하는 것을 三歸依라 하였음. 몸과 마음으로 歸向하는 것을 말함.
※大乘義章十에「歸投依伏故曰歸依 歸投之相 如子歸父依伏之義 如民依王 如怯依勇」法界次第上之上에「歸以反還爲義 依者憑也」義林章四本에「歸依者 歸敬依投之義」

귀의법(歸依法) 邪生을 버리고 正法을 닦음.
※大乘義章十에「憑法爲藥 故名歸法」

귀의법이욕존(歸依法離欲尊) 또는 歸依法離塵尊. 佛法은 一切의 妄塵을 떠난 淸淨한 法이므로 歸依함. →歸依三寶.

귀의불(歸依佛) ①三歸依의 하나. 부처님에 돌아가 의지함. 邪師를 버리고 正師를 섬김. ②歸依할 부처님.

귀의불무상존(歸依佛無上尊) →歸依佛兩足尊.

귀의불양족존(歸依佛兩足尊) 또는 歸依佛無上尊. 부처님은 이 세상에서 最上無爲의 尊貴한 분으로 衆生이 모두 歸依함. →歸依三寶.

귀의삼보(歸依三寶) 佛·法·僧 三寶에 歸依함. 부처님은 凡夫의 迷妄을 除去하고 寂靜安樂을 얻게 하므로 歸依하며, 法은 부처님이 說한 法으로 一切行動의 規範이 되므로 歸依하며, 僧은 부처님이 說한 法을 傳承하여 衆生에게 傳達하고 부처님을 대신하여 凡夫를 引導하여 涅槃에 들게 하므로 歸依한다. 그 方法은 淸淨한 마음으로 밤낮 南無歸依佛·南無歸依法·南無歸依僧을 唱한다. 그 功德을 三寶에 歸依하므로 一切의 功德을 圓成하고 佛果를 證得할 수 있게 됨.

귀의승(歸依僧) ①三歸依의 하나. 僧伽에 돌아가 의지함. 邪友를 버리고 正友를 사귐. ②귀의할 승가.
※大乘義章十에「依僧爲友 故稱歸僧」

귀의승경(歸依僧竟) 僧竟은 學·無學의 德을 具有한 大衆가운데 가장 尊貴한 地位. 一心으로 南無歸依僧을 唱하게 되면 僧竟에 歸依하는 功德을 成就할 수 있다는 것. 歸依僧. →歸依三寶.

귀의승중중존(歸依僧衆中尊) 또는 歸依僧和合尊. 僧은 一切의 大衆가운데에서 가장 존귀한 身分이므로 僧에게 歸依한다는 것. →歸依三寶.

귀의심(歸依心) 佛道에 돌아가 의지하는 마음.

귀일(歸一) 高麗 승려. 그림을 잘 그린 畵員.

귀입(歸入) 妄을 버리고, 참(眞)에 들어가는 것.

귀자모(鬼子母) 本名은 訶梨帝. 번역하여 歡喜. 五百鬼子의 母가 되기때문에 鬼母子라 함. →訶梨帝.

귀자모경(鬼子母經) 佛說鬼子母經의 약칭. 一卷. 譯者未詳. 내용은 鬼

子母가 남의 자식을 먹으려 하니 부처님이 그 愛子를 숨겨주고 그를 濟度하여 三寶를 옹호하게 하였다 는 것.

귀자모신(鬼子母神) 梵〈訶梨帝母〉 번역하여 食鬼·惡女·母神·愛子母·歡喜·天母·靑色·黃色이라 하며 施食鬼를 말함. 부처님께 歸依하기 前에는 많은 사람들의 精氣를 빨아 먹었으나 한번 부처님의 가르침을 받고 僧侶가 나누어 주는 것을 먹고 지냄. 그리하여 一切國土의 衆生으로 하여금 다른 鬼神의 害를 입지 않도록 스스로 이를 保護하여 安樂을 얻게 함. 그러므로 지금 寺院의 門戶 혹은 廚房의 周邊에 祭祀를 드리고 食時에 比丘 一分을 나누어 施與함을 例로 하고 있음.

鬼子母神

귀자모천(鬼子母天) 二十天의 하나. 訶利底라 音譯. 靑色·靑衣라는 뜻으로 愛子母·天母·功德天이라 번역함. 訶利帝母는 暴惡하여 어린아이를 잡아 먹는 夜叉女였으나 뒤에 부처님의 敎化를 받아 佛法과 幼兒 養育의 神이 되었다. 처음 鬼神의 妻로 五百子息을 生產함. 前身이 邪惡하여 王舍城에 와서 幼兒를 잡아 먹었다. 佛은 이것을 警戒하기 爲하여 한 아들을 숨기니 悲嘆痛傷함이 끝이 없었다. 그래서 부처님은 말하기를 "너는 五百子 가운데 한 子息을 잃어도 그렇게 슬퍼하는데 너에게 잡아 먹히는 어린아이 父母의 心情은 어떠하겠는가"하고 깨우쳐 佛敎에 歸依토록 하여 安產과 幼兒保護의 神이 되었다. →鬼子母神.

귀장륙(龜藏六) 사람의 六識을 거북이가 머리·꼬리 네발의 여섯 부분을 龜甲속에 감추는데 비유한 말. (涅槃經一)
※雜阿含經四十三에「過去世時 有河中草 有龜於中住止 時有野干 飢行覓食 遙見龜蟲 疾來捉取 龜蟲見來卽便藏六」

귀재득오(貴在得悟) 三論一家의 綱要로서 貴한 바는 그 敎主의 義理를 깨닫는데 있다는 말.
※法華遊意上에「一之與異 隨時用之 貴在得悟 義無定也」

귀재득의(貴在得意) 貴한 바는 그 뜻을 체득함에 있다는 말.

귀적(歸寂) 승려의 죽음. 入寂·入滅·圓寂·遷化·歸元·歸眞·滅度

順世·涅槃·示寂.
※歸於寂滅入於寂滅之義 示證果人死之
詞 寂滅爲涅槃之譯語 原爲生死共滅之
義 惟今偏於生之一邊而曰歸寂 後遂尊
僧侶之死而用之.

귀점오처(鬼黏悟處) 精進相은 身心이 쉬지 아니하므로 釋迦文佛에 비유함. 先世에 일찍 도부군의 主가 되어 뭇 商人들을 거느리고 험한 곳을 들어가니 그 속에서 어떤 羅刹鬼가 손으로 막으며 말하기를 "너희들은 움직이지 마라 너희들이 지나가도록 허락하지 않겠다"하자 도부군의 主가 오른 주먹으로 치니 손이 鬼에게 달러붙고 다시 왼 주먹으로 쳐도 달러붙어 떨어지지 않았다. 오른발로 차도 또한 달러붙고 왼발로 차도 달러붙어 머리로 받으니 머리도 달러 붙었다. 鬼가 말하기를 네가 지금 이러하니 어떻게 하겠느냐. 마음을 쉬겠는가 대답하되 "비록 두손·두발 머리가 모두 계박되었으나 내 마음은 끝내 너에게 항복하지 않겠다. 마땅히 精進力으로 너와 싸우며 懈退하지 않겠다"하니 鬼가 기뻐하며 생각하기를 "이 사람은 膽力이 크다고 사람들에게 말하고 너는 精進力이 커서 놓아주니 반드시 쉬지 마라"하였다는 本生譚. (智度論十六)

귀종(歸宗) ①慧超(法眼宗). 中國曹州 魏氏의 아들. 慧超는 兒名으로 出家하여 策眞法施라 함. 淸凉에서 文益을 參謁하고 뒤에 廬山歸宗寺에 住함. 傳記未詳. ②澹權(曹洞宗). 어려서 出家하여 雲居山 道膺(?~682) 禪師를 따라 參學한지 여러해만에 師의 印可를 받고 뒤에 廬山의 歸宗寺에 住하면서 크게 宗風을 擧揚하여 四方의 雲衲을 接하고 人天을 化導하다. 卒年은 未詳.

귀진(歸眞) 眞如에 돌아감, 곧 涅槃을 말함. 또는 釋尊의 入滅을 歸眞이라 함. →歸寂.
※四敎儀一에 「夫道絕二途 畢竟者常樂 法唯一味 寂滅者歸眞」

귀촌(鬼村) 또는 鬼神村. 生命이 있는 草木을 말함. 草木에는 靈이 깃들어 있다고 하여 草木을 鬼村이라 부름. →鬼神村.

귀축수라(鬼畜修羅) 餓鬼·畜生·阿修羅의 뜻. 天의 怨敵을 阿修羅라 하며 대략 두가지 種類로 나눈다. ①은 鬼에 所攝되며, ②는 畜生에 所攝된다는 것.

귀취(鬼趣) 五趣의 하나. 또는 鬼道. 귀신이 가는 세계.

귀투(歸投) 投는 投降의 뜻으로 모든 것을 버리고 服從함. 自己의 身心을 버리고 佛·祖·君·父·師에게 誠意를 다하여 섬긴다는 뜻. 또는 歸命. 身心을 버리고 佛·菩薩에 歸依하는 것.

귀파(鬼婆) 唐 則天武后를 희롱하는 이름.
※說郛三十四諧名錄에 「鬼婆者武后也

地藏菩薩李光弼也」

귀편고시(鬼鞭故屍)　經律異相四十六에 「옛날 外國에서 어떤 사람이 죽었는데 魂이 돌아와 스스로 그 屍身을 매질하거늘 옆 사람이 보고 묻기를 "이 사람은 이미 죽었는데 어째서 매질하느냐" 하니 대답하기를 이는 나의 옛 몸인데 나를 위하여 나쁜 짓을 하고 經戒를 보고도 찬양하지 않으며 도둑질하고 사기하였으며 남의 婦女를 犯하고 부모형제에게 不孝하며 재물을 아껴 布施하지 않고 지금 죽어서 나를 惡道에 떨어지게 하여 勤苦와 毒痛이 말할 수 없으므로 매질하는 것이다" 라고 한 傳說. (譬喩經)

귀포목(鬼怖木)　버드나무. 禪提比丘가 柳枝를 가지고 龍을 咀呪하였으므로 뒤에 버드나무를 鬼怖木이라 함. (灌頂經)

귀해(鬼解)　理致에 맞지 않는 엉뚱하고 粗雜한 見解. 怪異한 見解(四行論).

귀화(鬼火)　鬼神이 일으키는 陰火.

규궁(鬼宮)　龍宮과 같음. 龍樹菩薩이 龍宮에 들어가서 華嚴經을 誦出하였다고 함.
※三論大義鈔一에 「印域探三藏之蹟致虬宮硏方等之幽趣」

규기(窺基)(632~682) 法相宗의 開祖. 중국 京兆 長安(現 陝西省 西安府 長安縣)사람. 姓은 尉遲, 字는 洪道, 號는 慈恩, 近衛將軍 尉遲敬宗의 아들, 17세에 출가하여 玄奘의 弟子가 되어 廣福寺에 住하였다. 23세에 勅選에 뽑혀 大僧이 되고, 大慈恩寺에서 玄奘에게 五天竺의 말을 배웠다. 25세에 經論을 번역하는데 참여하여 成唯識論 등을 번역하고 뒤에 玄奘에게 唯識·因明學을 배우고, 五台山·泰山恒山 등에 住錫하다가 唐 永淳 元(682)年 11月 13日에 慈恩寺의 譯經院에서 나이 51세로 入寂함. 세상에서 慈恩大師·大乘基·靈基라 부르고 그의 敎를 慈恩敎라 한다. 著書는 成唯識論記述·大乘法苑義林章·攝大乘論鈔 등 五十部가 있다. 그때 사람들이 그를 百本疏主·百本論師·三車法師라 부름. (高僧傳)
※嘗書彌勒上生經之疏 感舍利二七粒 又造彌勒象 於像前日誦菩薩戒一徧 以願兜率之往生.

규문진정(閨門眞正)　閨門은 婦人이 居處하는 곳. 閨門을 眞實正當하게 한다는 뜻으로 女子의 行動을 淨淑하게 함. 男女間의 道理를 바르게 함.

규봉(圭峰)　중국 陝西省 남부에 있는 終南山의 別峰. 唐 華嚴宗의 第五祖 宗密(780~814)禪師가 이곳에 住하였기때문에 師를 圭峰이라 부름. →宗密.

규봉비(圭峰碑)　定慧禪師의 碑 唐 大中 9(855)年에 세운 것으로 지금 陝西 鄠縣에 있음. 碑文은 裴休가

짓고 쓰다. 師는 唐나라의 고승으로 호는 宗密, 속성은 何氏이며 果州西充縣 사람이다. 일찌기 進士에 올랐으나 遂州에서 道圓禪師를 만나 法을 묻고 마음에 계합하여 마침내 圓敎를 전수받고 會昌 元(841)年에 興福塔院에서 坐亡하여 圭峰에 장사지내다. 宣宗이 定慧라고 追諡하고 門人이 碑를 세워 圭峰定慧禪師傳法碑라 칭함.

규승(規繩) 規矩準繩의 약칭. 規는 콤파스. 繩은 먹줄. 즉 事物의 準則 또는 생활에서 지켜야 할 法度를 이름.

규환(叫喚) ㊛〈樓猿=Raurava〉또는 啼哭號叫. 八熱地獄의 第四. 괴로움을 받는 사람이 苦痛을 견디지 못하여 울부짖기때문에 이같이 이름. →八熱地獄.

규환대규환(叫喚大叫喚) 八熱地獄의 네번째를 叫喚地獄, 다섯번째를 大叫喚地獄이라고 함.

규흥사종(竅興寺鍾) 쓰시마도(對馬島)의 와다쓰 미신사(海神神社)에 있던 鍾. 현재 행방불명이나 鍾에 있는 銘으로 보아 新羅 竅興寺의 鍾으로 추정되며 文聖王 18(856)年에 만든 것 같다. 그러나 규흥사란 절에 대하여는 아무 것도 알려져 있지 않으며, 鍾이 日本으로 간 경위도 불명하다. 鍾銘은 吏讀를 섞은 한문으로 되어 있음.

균여(均如)(923~973) 高麗 승려. 俗姓은 邊氏, 黃州 사람. 용모가 비할데 없이 추하여 父母의 귀여움을 받지 못했다. 15세 때에 復興寺 識賢和尙에게 배우고, 뒤에 靈通寺 義順에게 受學하였다. 大師는 學이 大成하여 華嚴宗義를 定立하고, 또 中國 華嚴宗, 法藏의 諸著에 대한 註釋書를 썼으며 鄕歌를 지어서 세상을 敎化하는 등 기타 많은 奇跡을 남겼다. 大師의 佛敎思想은 禪宗이 아닌 敎宗思想이다. 敎宗 중에서도 특히 華嚴宗學에 조예가 깊고, 派爭和解에 努力했고 門內에서 權威가 있었다. 光宗 24년 나이 51세로 入滅함. 著書 搜玄玄軌記(十卷)・孔目章(八卷)・五十要問答記(四卷)・探玄記記釋(二十八卷)・敎分記釋(七卷)・旨歸章記(二卷)・三寶章記(二卷)・法界圖記(二卷)・十句章記(一卷)・入法界品抄記(一卷)・등. 1075年 進士 赫連挺이〔大華嚴首座圓通兩重大師均如傳〕을 著述. 해인사 장경각에 所藏.

균여전(均如傳) 고려 승려. 均如의 전기. 赫連挺의 著書. 文宗 29(1075)年 간행. 大華嚴首座圓通兩重大師均如傳이다. 이 책 가운데 균여가 지은 普賢十願歌 十一수가 있어 鄕歌 연구에 좋은 자료를 제공하고 있다.

균제(均提) 人名. →均提沙彌.

균제동자(均提童子) 文殊菩薩의 侍

者. 杭州의 無着文喜禪師가 五臺山에 가서 균제동자를 만났다 함. (五燈會元九)

균제사미(均提沙彌) ⓢ〈Kunti〉婆羅門의 아들. 字는 均提. 7세에 舍利弗에게 出家, 뒤에 阿羅漢果를 證得함. 스승의 은혜를 생각하여 終身토록 沙彌로서 侍奉함. (經律異相二十二)

균축(釣軸) 釣은 轆轤를 돌려서 陶器를 만드는 것. 軸은 수레바퀴의 굴대. 轉하여 매우 요긴 한 것을 뜻함.

균형(釣衡) 釣은 오지그릇을 만드는데 쓰이는 바퀴모양의 연장. 이 바퀴를 回轉시켜 갖가지 오지그릇을 자유로이 만들 수 있으므로 轉하여 萬物의 造化의 뜻으로 쓰이며 造物主를 大鈞, 또는 洪鈞이라 함. 또 事物의 樞機란 뜻으로도 쓰임. 衡은 저울의 추를 단 대를 말함. 따라서 鈞衡은 國政을 잡아 공평히 해나간다는 뜻으로 宰相을 이름.

그리아슨(Grierson, Sir George Abraham) 英國의 印度言語學者(1851~1873) 文官이 되어 印度에 건너가서 印度言語調査會長(1898~1902)으로서 179種의 言語 544種의 方言을 精密히 蒐輯整理하여 印度言語研究에 基礎를 構築하다. 1903年 退職하고 歸國함.

극각(極覺) 妙覺.

극과(剋果) 佛果를 證得함. 剋은 遂得의 뜻.
※無量壽經上에 「求道不止 會當剋果」又曰 「斯願若剋果 大千應感動」

극과(極果) 究極의 證果란 뜻. 大乘의 佛果. 小乘의 無學果와 같이 至極究竟의 果를 가리킴. 곧 因位修行의 결과를 말함.
※大乘義章八에 「無漏極果 所謂盡智及無生智」 法華文句四上에 「妙因斯滿極果頓圓」

극광정천(極光淨天) 또는 光音天(舊譯). 色界第二禪天의 最上天. →光音天.

극근(克勤) 臨濟宗 楊岐派. 字는 無著. 彭州 사람. 俗姓은 駱氏. 어려서 祝髮, 諸尊宿을 歷參한 후에 五祖法寅을 參謁하다. 뒤에 五祖를 떠나 金山으로 갔으나 金山에서 病에 걸려 다시 五祖에게 돌아와서 硏精契悟하여 그 法嗣가 되다. 뒤에 翰林 郭知章의 請에 依하여 六祖寺와 昭覺寺에서 開法하고 致和年中(1111~1114)에 南遊하여 張無盡을 만나 華嚴의 玄旨를 說하여 無盡의 歸依를 받아 碧岩에 居하다 雪竇頌古를 提唱하고 垂示·著法·評唱을 加하여 碧巖集을 著述하였다. 佛果禪師의 號를 받은 뒤 金陵 蔣山으로 옮기고 다시 汴京의 天寧萬壽寺를 거쳐 高宗 建炎初(1117~1120)에 金山에 들어가다. 圓悟禪師의 號를 받고 뒤에 雲居에 住하였으며 昭覺으로 옮겼다가 南宋 紹

興五(1135)年 8月에 入寂하다. 世壽未詳・眞覺禪師라 謚號하였다. (五燈會元十九・續傳燈錄二十五・佛祖統載三十 등)

극기(克己) 克己復禮의 준말. 自己의 私欲을 억누르고 禮儀凡節을 좇음.

극기복례(克己復禮) 自己의 私欲을 이겨 바른 行爲規定(禮)에 돌아감. 復은 歸의 뜻. 또는 履라 하여 履行・實行의 뜻으로도 해석함.
※論語注曰 程子「須是克盡 皆歸於禮 方始爲仁」 方言에「勝己之私謂之克」 又克勝也 己身之私欲也 禮天理之節文也.

극기섭심(剋期攝心) 剋은・刻과 같은 뜻으로 定하는 것. 攝은 收와 같음. 一定한 期間을 定하여 攝心卽坐禪함을 말함.

극난승지(極難勝地) 菩薩十地의 第五. 또는 難勝地. 難은 困難의 뜻. 勝은 前地보다 殊勝하다는 말.
※唯識論九에「極難勝地 眞俗兩智行相 互違合令相應 極難勝故」

극락(極樂) ㉕〈Suknāvati〉 阿彌陀佛의 國土. 또는 安養・安樂・無量淸淨土・無量光明土・無量壽佛土・蓮華藏世界・密嚴國・淸泰國 梵名 須摩提 번역하여 妙樂이라 함. 이 娑婆世界에서 西쪽으로 十萬億佛土를 지나서 있다는 阿彌陀佛의 淨土. 모든 일이 원만구족하여 즐거움만 있고 괴로움이 없는 자유롭고 안락한 理想鄕.
※無量壽經上에「法藏菩薩 今已成佛 現在西方 去此十萬億利 其佛世界名曰安樂」

극락대(極樂臺) 極樂淨土에 있다고 하는 蓮花臺.

극락동문(極樂東門) 이 娑婆世界에서 서쪽으로 가면 동쪽을 향하여 있다는 極樂淨土의 입구.

극락만다라(極樂曼陀羅) 또는 淨土曼陀羅・觀經曼陀羅・極樂莊嚴을 圖記한 曼陀羅.

극락보화(極樂報化) 彌陀의 極樂國土를 報土・化土라고 하나 宗派마다 각각 異論이 있음. 天台淨影은 化土라 하고, 道綽善導는 報土라고 함.
※敎行信證五에「旣以眞假是酬報大悲願海 故知報淨土也 良假佛土 業因千差 土復應千差 是名方便化身化土」

극락세계(極樂世界) 阿彌陀佛이 있다는 安樂한 理想世界.
※界爲界別之義 明其爲極樂之淨土 非在穢土之限界者也.

극락안양정토(極樂安養淨土) →極樂淨土.

극락영(極樂迎) 極樂往生하려고 念佛한 사람이 臨終 때에 極樂淨土로부터 阿彌陀佛이 와서 맞이하는 일.

극락왕생(極樂往生) 죽어서 極樂淨土에 가서 다시 태어나는 일. 淨土往生.

극락원(極樂願) 極樂淨土에 往生하

려는 祈願.

극락전(極樂殿) ①阿彌陀佛을 本尊으로 모시어둔 法堂. ②절 이름. (附錄篇)

극락정토(極樂淨土) 阿彌陀佛의 淨土. 또는 極樂世界·極樂國土·安樂淨土·安樂世界·安樂國·安養淨土·安養世界·安養國·西方淨土·西方極樂·다만 西方이라고도 한다. 이 娑婆世界에서 西方十萬億의 佛土를 지나서 존재하는 阿彌陀佛의 정토.

극락해회(極樂海會) 極樂의 聖衆이 서로 의지하고, 法會하는데 그 廣大함이 바다와 같다하여 이같이 이름.

극락화생(極樂化生) 極樂에 往生하는 사람으로 胎生과 化生 두가지가 있다. 부처님의 智慧를 의심하고 갖가지 善業을 닦은 사람이 邊地의 宮殿에 태어나 五百歲동안 三寶를 聞見하지 못하는 것을 胎生이라 하고, 부처님 지혜를 믿는 사람이 九品의 行業을 따라 行業 가운데 化生하여 身相光明이 具足한 것을 化生이라 함.

※無量壽經下에「若有衆生 明信佛智乃至勝智 作諸功德 信心廻向 此諸衆生 於七寶華中 自然化生 跏趺而坐 須之頃 身相光明 智慧功德 如諸菩薩 具足成就」

극랍(極臘) 臘은 승려의 나이로 戒를 받은 해로부터 起算함. 法臘의 次第가 가장 높은 이.

극략(極略) 또는 極微. 가장 微細한 것으로 原子를 意味함. 物質을 가장 細微한 極限點까지 分析한 物體. 即 最小의 實體를 말함.

극략색(極略色) 法處攝色 五種의 하나. 五根·五境 등의 實色을 세밀하게 나누어 다시 더 나눌 수 없는 것. 곧 極微를 말한다. 小乘有部宗에서는 이를 實物이라 하여 眼識으로 반연하는 色處에 소속시키나 대승 唯識宗에서는 이를 假想의 분석이라 하여 의식으로 반연하는 法處에 소속시킴.

※義林章五末에「極略色 極者至也 窮也 邊也 略有二義 一者總義 總略衆色析至極微 名極略色 二者小義 析諸根境至極小處 名極略色 故稱極略不名極微」

극리(極理) 至極한 道理.

극묘(極妙) 善美의 至極. 또는 玄理의 至極함을 말함.

※碧巖第一則評에「聖諦第一義是敎家極妙窮玄處」

극무자성심(極無自性心) 眞言宗에서 말하는 十住心의 第九, 華嚴經에서 說한 圓融法界의 이치. 萬有는 理體인 眞如의 활동적 차별 형태로서 각기 고유한 實性을 가지지 않았으므로 宇宙의 萬相은 하나도 孤立獨存한 것이 아니고, 서로 相即相入하여 圓融無碍하다. 이와 같이 華嚴法界의 이치는 無自性의 이치를 궁극한 것이므로 極無自性이라

— 398 —

함.

※大日經疏三에「如說極無自性心十緣句生 卽攝華嚴般若種種不思議境界 皆入其中」

극문(克文)〔1025~1102〕臨濟宗 黃龍派. 姓은 鄭氏 號는 泐潭, 陝府 사람, 宋 天聖 3(1025)年에 출생하였다. 어려서 出家하여 大潙山에서 辨道한 후 黃龍을 參訪하고 그후 香城으로 가서 順和尙을 參謁하고 順의 激勵로 다시 黃龍에게 가서 印可를 받았다. 黃龍이 入滅한 후 洞山에 住錫한지 12年에 다시 東遊하여 金陵에 이르렀다. 그때에 王荊公이 자기의 집을 희사하여 절을 삼고 報寧이라는 賜額과 眞淨禪師라는 號를 下賜받았다. 뒤에 泐潭에 住하다가 陸興寶峰의 雲菴으로 물러가 있다가 宋崇寧 1(1102)年 世壽 78세로 入寂함. 嗣法弟子는 38人이다. 寶峰克文禪師·泐潭克文禪師라고 함.

극미(極味) 牛乳를 精製하여 만든 醍醐味.

극미(極微) ㊅〈波羅摩拏=Paramāṇu〉 또는 隣虛塵. 곧 物質을 가장 작게 분석한 것으로 지금 科學에서 말하는 分子와 같음. 隙遊塵의 823,543분의 1에 해당한다. 堅·濕·煖·動의 네가지 성질을 가짐. 俱舍宗에서는 모든 色法은 이 극미가 모여서 이루어진 것이라 함.

※依有部宗之意 極微有三位 一極微之微 二色聚之微 三微塵也 極微之微者 色聲香味觸五境與眼耳鼻舌身五根等十色之最極微分也 是實色極少 不可更分 故光記名之爲極微之微 對於色聚之微 而謂之爲實之極微.

극미가실(極微假實) 極微는 가장 微細한 것으로 原子와 같이 더 以上 分析할 수 없는 것을 뜻하며 假實은 假立한 存在이지만 實在한다고 할 수 있는 것. 極微한 事物을 最小單位까지 分析하면 그것은 하나의 假立的인 存在가 될지는 모르지만 눈에 보이지 않으나 實在한다고 認定하는 것.

※唯識論二에「識變時隨量大小頓現一相 非別變作衆多極微合成一物」

극미분불분(極微分不分) 三位極微가운데 第二位色聚의 微, 大·小乘이 각기 그 說이 다르다. 小乘은 分析의 極으로 다시 분석할 수 없는데 이른 것을 極微라고 한다. 이에 이르러서는 오직 意識의 觀慧로써 알 뿐이다. 一極微中에 能造의 四大와 所造의 色·香등이다. 그러나 분석할 色·香등 二十은 다만 想像이요 실지의 極微라고 할 수도 없는 것이다. 大乘에서는 본래 實體의 極微를 내세우지 않는다. 그 極微는 觀慧로 분석한 麁色의 意識想像이므로 분석하려면 끝이 없다. 虛空과 같아서 物質이라고 생각할 수 없으므로 色想의 끝장이라 하여 極微의 이름을 세워서 **분석의 極限을**

삼은 것이다. 正理論 三十二에 「極
微가 二種이 있으니 一은 實·二는
假니 實은 色등을 이루는 自相이니
그것이 和合集聚하면 現量으로 얻
을 수 있고 假는 분석하여 極微에
이르는 것이니 比量으로 알 바이다.
하나의 色相을 慧로 차츰 분석하여
가장 極限位에 이른 然後에 色·聲
등의 極微의 差別相을 분별하게 된
다. 이것을 假極微라고 한다」하였
음.
※唯識論二에 「諸瑜伽師以假想慧於麤色
相漸次除析至不可析 假說說極微 此極
微猶有方分而不可析 若更析之 便以空
現 不名爲色 故說極微是色邊際」

극부(克符) 臨濟義玄의 弟子. 號는
涿州. 別號는 紙衣道者.

극비삼매(極秘三昧) 大日如來가 스
스로 증득한 法界體性의 三昧.
※又有百字輪十二字等之眞言觀法三摩地
門及金剛界三十七尊四智印之三摩地
卽是大日如來極秘之三昧.

극설(極說) 지극한 說法.

극성(尅聖) 또는 克證, 반드시 聖果
를 얻는 것.
※歸敬儀에 「在凡不學 何有尅聖之期」

극성(極成) 世人이 一般的으로 承認
하는 것. 一般的으로 自他가 公認
하는 말. 因明에서는 繫辭·連語·
宗體 등을 表示한 것.

극성(極聖) 最高의 聖者. 부처님을
말함.
※金錍論에 「阿鼻依正 全處極聖之自心
毘盧身土 不逾下凡之一念」

극성위(極聖位) 六種聖位의 하나.
究竟妙覺의 位. 無明을 깨뜨려 없
애고 證得한 佛果의 位.

극성진실(極成眞實) 一般的으로 認
定받은 眞實을 말하며 世間에서는
一般的으로 認定된 眞實과 道理에
依하여 一般的으로 認定된 眞의 二
種이 있음.

극수면(極睡眠) 梵 〈aci=ttaka〉 至
極한 睡眠. 또는 極重睡眠. 極重
睡. 五位無心의 하나. 또는 六位無
心地의 하나. 疲勞 등을 緣하여 睡
眠에 끌려서 前六識이 現行하지 않
는 身分의 位를 말함. 極睡眠이란
睡眠의 域을 超過하여 六識이 전혀
現行되지 않고 다만 睡眠의 所因에
연유하므로 그 相이 睡眠과 비슷하
여 極睡眠이라 함.

극식(尅識) 尅은 必, 識은 記의 뜻.
天神이 사람의 善惡을 받드시 기억
하고 있음을 말함.
※無量壽經下에 「自然尅識不得相雜」又
曰「天神尅識. 列其名籍」

극실(尅實) 또는 克實. 眞實한 이치
를 얻음, 實體를 取함, 일의 실제
를 정미롭게 의논함.

극실통론(尅實通論) 두가지 이상의
물건을 비교하여 말할 때에 각기
그 특징을 들어 따로따로 의논하지
않고 온갖 점을 다 들어서 공통으
로 論하는 것. 곧 장점만을 들지
않고 전체적으로 그 실제를 논구하

여 판단하는 것. 據勝爲論.

극십세(極十歲) 減劫은 사람의 壽命이 점점 減하여 그 窮極에는 十歲에 이른다 함. 이때 小三災가 나타난다 함.
※俱舍論十二에 「此洲人壽量漸減 乃至極十. 小三災現」

극악(極惡) 四重罪와 五逆罪를 犯하는 것.
※涅槃經九에 「犯四重禁及五無間 名極重惡 譬如斷截多羅樹頭更不復生」

극악시(極惡時) ㉗〈kalr-yuga〉末世와 같음.

극애일자지(極愛一子地) 약하여 一子地라 함. 菩薩이 化他의 果를 證得하여 至極히 衆生을 연민하게 여기는 地位를 말함.
※涅槃經十六梵行品所謂 「菩薩摩訶薩 修慈悲喜己 得住極愛一子地 善男子云何是地名曰極愛 復名一子 善男子譬如父母見子安隱 心大歡喜 菩薩摩訶薩 住是地中亦復如是」

극열의(極悅意) ㉗〈adhimatra-manapatua〉至極히 기쁜 마음. 至極히 마음이 끌리는 것.

극열지옥(極熱地獄) 八大地獄의 第七. 가장 뜨거운 地大・無間地獄・大極地獄.

극위(極位) 證悟를 極한 地位. 佛果를 이름.

극유진(隙遊塵) ㉗〈Valajanacchidrarajas〉 또는 日光塵. 空中에 飛散하여 肉眼으로 겨우 識別할 수 있는 微塵. 極微의 823,543倍에 相當함. →極微.

극의(剋意) 애를 씀. 정성을 들임.

극적간당(剋的簡當) 剋的은 分明確實. 簡當은 簡略正當하다는 뜻. 迂回하거나 要領不得한 多義를 늘어놓는 것이 아니고 分明하고 確實한 內容을 簡略하고 正當하게 表示하는 것.

극정(極靜) 至極한 靜慮, 즉 禪定.
※圓覺經에 「諸菩薩唯取極靜 由靜力故 永斷煩惱」

극존(極尊) 至極한 尊者. 부처님을 가리킴.

극종(剋終) 剋은 必・期의 뜻. 因으로 말미암아 반드시 果를 얻으므로 剋이라 하고 果는 事의 修極이 되므로 終이라 함.

극증(剋證) 또는 克證. 반드시 果를 證得하는 것.
※菩薩心論에 「勤修本法 剋證其果」剋 又作克 華嚴經音義上에 「克證 爾雅曰 克 能也」

극증(極證) 至極한 깨달음.

극지(極地) 지극한 地位, 부처님을 말함.
※行事鈔下四에 「佛爲極地之人」

극창(極唱) 究竟의 言說.

극치(極致) 至極한 宗旨를 말함.

극칙(極則) 究極의 眞理, 究極의 眞理를 隨件하는 法則. 極位.

극칙무로처(極則無路處) 極則과 無路處는 같은 뜻. 人間의 相對的인

思考로는 體得할 方法이 絕對的으로 없는 究極의 眞理를 말함.

극칙사(極則事) 究極의 眞理를 隨伴하는 根本的인 問題.

극칠반(極七返) 또는 極七有・極七生・預流果의 聖者로 修感을 끊지 않은 자가 欲界의 人間과 天上에 일곱번 往來하며 生을 받는 가운데 반드시 聖道를 이루어 羅漢果를 證得하므로 極七返이라 함.
※此七往來中 於人中有七度之中有 七度之生有 於天中有七度之中有 七度之生有 合有二十八生 而七之數同 故略云 極七生 猶言七返善 七葉樹 但云二十八生者 除最初得道之身 蓋若於人趣得預流果者 七生天上 有七之中有與生有 又七生人中 有七中有 七生有 於其最後之人中生有入於涅槃 又於天趣得預流果者 下生於人 有七中有 七生有 上生於天 有七中有 七生有 於其最後之天上入於涅槃 故知除最初得道之身也.

극칠반유(極七返有) 預流果의 聖者는 이제부터 아무리 많더라도 欲界의 人間・天上 사이에서 일곱번만 갔다왔다 하면서 生을 받으면 阿羅漢의 깨달음을 얻어 第八生을 받는 일은 결코 없음을 말함. 極七返生.

극칠유(極七有) 極七返과 같음.

극하(極下) 淺薄하고 愚鈍한 知見을 가진 凡夫 가운데서도 가장 低位에 屬하는 者. 敎化와 濟度가 不可能한 者.

극형색(極逈色) 法處에 攝受된 五種 色의 하나. 一切有形의 物質밖에서 空漠한 明闇을 보는 것을 空界의 色이라 하는데 이 色이 至遠하므로 逈色이라 하고 이 至遠한 空界色을 分析하여 極微에 까지 이르는 것을 極逈色이라 함. 이 極逈色은 眼識의 所對가 되지 않고, 다만 意識의 所緣이 되기 때문에 十二處 가운데 色處에 攝受되지 않고, 法處에 攝受됨. (義林章五末法處色章)

극호음(極好音) 如來八音의 하나. 三藏法數에「一切諸天과 二乘菩薩도 각각 好音이 있으나 아직 극진하지는 못하며 오직 부처님의 音聲만이 듣는자가 싫증을 내지 않고, 妙道에 들게되며 好音 가운데 가장 極盡하므로 極好音이라」하였음.

극희(極喜) 菩薩十地 가운데 初地를 極喜라 함. 一極喜地.

극희삼매야(極喜三昧耶) 또는 悅喜三昧耶・歡喜王摩訶薩埵三摩耶・大三昧耶眞實印・素囉多大誓眞實印・곧 行者가 菩提心을 發하여 諸障을 滅除하고 이미 金剛薩埵가 되어 自他無別을 觀하여 同體大悲가 될 때 스스로 無上歡悅의 想念에 住하는 것. (蓮華部心念誦儀軌・普賢修行念誦儀軌)

극희지(極喜地) 또는 歡喜地 菩薩修道位十地 가운데 第一地.
※菩薩旣竣第一阿曾祇劫之行 無始以來 初發眞無漏 而達於一分二空所顯之曲 斷分別起之煩惱 因而得離凡夫之性或 爲法身之菩薩 爲極生歡喜之位 故曰極

喜地.

근(根) ① 梵 〈Mula〉 根本이란 뜻. 善根 등의 根. ② 梵 〈Indriya〉 五官 등의 기관이란 뜻으로 增上하고 能生하는 作用이 있는 것을 말함. 이에 三根·五根·二十二根이 있음.
※草木之根 有增上之力 能生幹枚 因而眼之眼根 有强力 能生眼識 則名爲眼根 信有生他善法之力 則名爲信根 又人性有生善惡作業之力 則名爲根性.

근(勤) 梵 精進과 같음. 〈毘梨耶=Virya〉 七十五法의 하나. 百法의 하나. 心所의 이름. 惡을 끊고 善을 닦는 데 마음을 용맹케 하는 精神作用.
※俱舍論攝之於大善地法 唯識論亦以爲善心所之一 皆爲有別體.

근가수습(勤加修法) 梵 〈anuyukta〉 修習에 더욱 부지런함. 모든 일을 잊어버리고 修習에만 專念하는 것.

근견(根見) 根을 主로 하는 見解. 例를 들면 「본다(見)」고 하는 認識은 感覺機官(根)이 行하는 것이고 識이 行하는 것이 아니라는 見解.

근견가(根見家) 또는 眼見家. 즉 眼根을 세워 能히 色境을 본다는 說. (大毘婆沙論 등)
※蓋古來說五識依五根各緣自境時 眼識能見色乃至身識能覺觸 或眼根能見色乃至身根能覺觸者 凡有四種 一根見二識見 三根識相應之慧見 四根識和合見也.

근결(根缺) 五根 가운데 하나. 혹은 둘이나 셋이 결한 不具者. (往生論)

근경(根境) 또는 根塵. 즉 色이 의지하여 능히 境을 取하는 것을 根이라 하고 根이 取하는 것을 境이라 한다. 根에는 五根·六根의 분별이 있고 境에는 五境·六境의 분별이 있으니 六根·六境. 또는 十二處 혹은 十二入이라 함. (俱舍論 등)

근경식(根境識) 根·境·識의 倂稱. 또는 根塵識이라 한다. 發識取境의 用이 있는 것을 根이라 하며 所緣을 境이라 하고 能緣을 識이라 한다. 五根·五境·五識을 前十五界, 六根·六境·六識을 十八界라 한다. 眼識은 眼根을 의지하여 色境에 인연하며 意識은 意根을 의지하여 法境을 인연한다는 것. (俱舍論·成實論)

근고(勤苦) 애를 써가며 부지런히 일함. 無量壽經下에 「愛念이 相隨하여 이같이 勤苦한다」 하였음.

근구(勤求) 佛法의 敎理를 부지런히 구하는 일.
※法華經序品에 「經行林中 勤求佛道」

근구(勤舊) 禪院에서 知事·侍者·茶角 등의 退職者를 이름. 일찌기 事務에 勤苦한 故로 勤, 이미 退職 하였으므로 舊라 함. (象器箋五)

근궐(根闕) 根不具者, 根缺과 같음. 곧 귀머거리·소경·벙어리 따위.
※淨土論에 「大乘善根界 等無譏嫌名 女

人及根闕 二乘種不生」

근근(勤根) 精進根과 같은 말.

근기(根器) 根은 根性. 중생은 그 根性에 따라 제각기 法을 받아들이므로 器라 함. 곧 機類.
※人之性譬諸木而曰根 根能堪物曰器.

근기(根機) 또는 機根. 根은 물건의 근본이 되는 힘, 機는 발동한다는 뜻. 교법을 듣고 닦아 얻는 能力. 교법을 받는 중생의 性能을 말함.
※人之性譬諸木而曰根 根之發動處曰機 修行之興廢 敎法之進止 一由此根機之如何.

근념(勤念) →坐禪. (三敎指歸)

근대(勤大) 七種大義의 하나. 努力과 精進이 殊勝함. 大乘은 오랜 時間(三阿僧祇劫)에 걸쳐 努力해야 된다는 것.

근동(近童) 梵〈優婆塞〉近은 近事男, 童은 行童으로 佛典을 배우는 俗沙彌.
※性靈集九에「縝林欝茂 近童騈羅」

근두(斤斗) 또는 筋斗·巾斗 唐의 俗語로 몸을 뒤집어서 거꾸로 박이는 곤두박질을 함.
※祖庭事苑七에「斤斫木具也 頭重而柄輕 用之則斗轉 爲此技者似之」斗者柄也.

근력(根力) 五根과 五力.

근력각도(根力覺道) 五根·五力·七覺支·八正道를 말함.

근력각분(根力覺分) 根力覺道와 같음.

근률의(根律儀) 梵〈indriya-samvara〉사람의 感覺機官을 統制하고 지키는 것. 感官의 制御. 例를 들면 마음속에 있는 五欲을 여의는데 必要한 行動.

근리습마처(近離什麽處) 여기서 얼마나 멀어진 곳이냐. 또는 요사이 어느 곳으로 떠났느냐. 어디서 왔느냐는 뜻.

근리유차무차(根利有遮無遮) 根性이 銳利하여 煩惱의 막는 바가 되지 않는 것은 佛이 在世時에 舍利弗의 根性이 銳利함과 같고, 煩惱의 막는 바가 되는 것은 佛이 在世時에 闍王央幅과 같음. (止觀二下)

근리제유정(勤利諸有情) 모든 有情에게 利益이 되도록 부지런히 努力하는 사람. 菩薩의 功德名號.

근맥무결(筋脈無結) 八十種好의 하나. 筋과 脈에 結節된 곳이 없이 美麗하다는 뜻.

근문(近門) 五功德門의 第一. ①極樂에 往生하여 正定聚(반드시 解脫할 수 있는 者)의 位에 들어간 것. ②阿彌陀佛의 本願을 信하는 者가 現世에서 正定聚의 位에 들어 간 것을 말함. 다시 迷惑에 빠지지 아니하는 몸이 되어서 부처님의 깨우침에 가까이 가는 것.

근문(根門) 眼 등 六根이 갖가지 煩惱를 漏出하여 온갖 妄塵의 門戶에 들어가므로 根門이라 함.

근바라밀(近波羅蜜) 六波羅蜜에 가

까운 波羅蜜・菩薩이 初地로부터 第七地에 이르는 동안 漏・無漏가 間雜한 位에서 煩惱로 因하여 故意로 修行하는 六波羅蜜.

근백(近白) ㉕ ⟨anapuccha⟩ 離別을 告하는 것. ↔不近白. (五分戒本).

근본법화(根本法華) 또는 果分法華. 最澄(日本 天台宗의 高祖767~822)은 法華經을 가장 殊勝한 一乘이라 보았으므로 이같이 부름.

근변온(根邊蘊) 極微한 意識으로 말미암아 일어나는 間斷이 있는 五蘊 小乘經量部에서 세운 것. (異部宗輪述記 등). ↔一味蘊.

근본다라니(根本陀羅尼) 無量壽如來根本陀羅尼의 약칭. 또는 阿彌陀大陀羅尼・阿彌陀大呪・十甘露眞言이라 일컬음. →阿彌陀眞言.

근본대락경(根本大樂經) 最上根本大樂金剛不空三昧大敎王經의 약칭.

근본등지(根本等至) 根本定.

근본무명(根本無明) ㉕ ⟨Mūlāvidyā⟩ 無始無明의 異名. 또는 根本不覺・元品無明. 모든 煩惱의 근본인 不覺迷妄의 마음을 말함.

근본무사자연지(根本無師自然智) 阿字本不生의 本覺智를 말함.

근본번뇌(根本煩惱) 또는 本煩惱・根本惑・本惑이라 함. 大乘百法 가운데 貪・瞋・痴・慢・疑・惡見의 六大煩惱를 이름. 惡見 이외의 貪・瞋・痴・慢・疑를 五鈍使라 하고, 身・邊・邪・見取・戒禁取 五見을 五利使라 하며, 五鈍使・五利使를 합하여 十使 혹은 十隨眠이라 함. 이것을 모두 根本煩惱라 하며, 그외를 隨煩惱라 함. 또는 五住地 가운데 第五의 無明住地를 根本煩惱라 하고, 그외의 四住地를 枝末이라 함.

근본법륜(根本法輪) 三論宗에서 세운 三轉法輪의 하나. 華嚴經의 說法을 말함. 華嚴經은 釋尊이 成道한 뒤 맨 처음 설법으로 순전히 菩薩을 爲하여 자신의 깨달은 바를 그대로 말한 法門이다. 이 經은 부처님이 一代에 설법 敎化하는 根本이며, 모든 經이 유출한 근본 法輪이므로 이같이 말함.

※法華遊意上에 「根本法輪者 謂佛初成道 華嚴之會純爲菩薩 開一因一果法門 謂根本之敎也」

근본불각(根本不覺) 無始無明이니 眞如의 實性을 알지 못하는 不覺.

근본살바다부율섭(根本薩婆多部律攝) ⓢ 十四卷. 尊者 勝友의 集錄으로 唐 義淨의 번역. 내용은 薩婆多部의 戒律藏을 모은 것.

근본선(根本禪) 또는 根本定. 下地煩惱를 調伏받아 上地禪定을 얻는 것을 近分이라 하고, 下地煩惱를 斷盡하고 上地禪定을 얻는 것을 根本이라 한다. 곧 定地에 色界와 無色界의 八地가 있는 까닭에 八根本禪・八近分禪이 있음.

근본설일체유부(根本說一切有部) ⓢ

〈薩婆多部=Sarvāstirāds〉 佛滅後 三百년 경에 上座部에서 한 分派를 이룬 說一切有部를 말함. 뒤에 犢 子部 등 여러 派가 여기에서 나왔 으므로 그들 末派에 대하여 根本이 라 함.

근본설일체유부계경(根本說一切有部 戒經) 一권. 唐 義淨의 번역. 薩婆 多部의 戒本. 二百五十戒의 戒相을 說한 것. 說戒할 때에 이것을 외우 게 하므로 戒本이라 함.

근본설일체유부니다나(根本說一切有 部尼陀那) 書名.

근본설일체유부니다나목득가(根本說 一切有部尼陀那目得迦) 梵〈Mul-asarvāstivādaniāanamātrka〉 十 권. 唐 義淨의 번역 尼陀那는 十二 部 가운데 因緣經을 前五권에 說하 고. 目得迦는 十二部敎 가운데 本事 經을 後五권에 說하였다. 이는 律 의 緣起 本生에 관한 것.

근본설일체유부백일갈마(根本說一切 有部百一羯磨) 梵〈Ekaśata-Kar-man〉十권. 唐 義淨의 번역. 受 戒·說戒·懺悔 등 諸種에 關하는 개개의 羯磨法을 揭載하였음. 그에 관한 일이 많으므로 百이라 하고, 그 일을 하는데 하나하나의 羯磨로 分別하였으므로 一이라 함.

근본설일체유부비나야(根本說一切有 部毘奈耶) 梵〈Mūla-sarvāstivā-da-vinaya〉五十卷. 唐 義淨의 번 역. 小乘比丘의 수양과 일상 행동 하는 威儀에 대하여 밝힌 律法.

근본설일체유부비나야갈치나의사(根 本說一切有部毘奈耶羯耻那衣事) 一 권. 唐 義淨의 번역. 내용은 功德 衣에 대하여 밝힌 것.

근본설일체유부비나야니다나목득가섭 송(根本說一切有部毘奈耶尼陀那目 得迦葉頌) 梵 一권. 唐 義淨의 번 역. 十卷尼陀那目得迦 가운데 本頌 의 別行.

근본설일체유부비나야산가사(根本說 一切有部毘那耶山家事) 梵 一권. 唐 義淨의 번역. 내용은 受戒에 대 하여 밝힌 것.

근본설일체유부비나야송(根本說一切 有部毘奈耶頌) 梵 四卷. 毘舍佉尊 者가 짓고 唐 義淨이 번역함. 有部 毘奈耶의 偈頌을 攝略한 것.

근본설일체유부비나야수의사(根本說 一切有部毘那耶隨意事) 梵 一권. 唐 義淨의 번역. 내용은 自恣에 대 하여 밝힌 것.

근본설일체유부비나야안거사(根本說 一切有部毘那耶安居事) 梵 一권. 唐 義淨의 번역. 내용은 安居에 대 하여 밝힌 것.

근본설일체유부비나야약사(根本說一 切有部毘奈耶藥事) 梵 十八권. 唐 義淨의 번역. 내용은 食物에 대하 여 밝힌 것. 律에서는 일체의 食物 을 藥이라 함.

근본설일체유부비나야잡사(根本說一 切有部毘奈耶雜事) 梵 四十권. 唐

義淨의 번역. 내용은 受戒와 安居에 중요한 것을 쓰고 기타 些細한 雜事를 說한 것.

근본설일체유부비나야잡사섭송(根本說一切有部毘那耶雜事攝頌) 書 一권. 唐 義淨의 번역. 내용은 毘奈耶 雜事의 偈頌을 攝略한 것.

근본설일체유부비나야출가사(根本說一切有部毘奈耶出家事) 書 一卷. 唐 義淨의 번역. 特히 受戒에 對한 것을 밝힌 것.

근본설일체유부비나야파승사(根本說一切有部毘那耶破僧事) 書 二권. 唐 義淨의 번역. 내용은 提婆達多의 破僧(五逆罪의 하나)에 대하여 밝힌 것.

근본설일체유부비나야피혁사(根本說一切有部毘那耶皮革事) 書 二권. 唐 義淨의 번역. 내용은 皮革犍度(二十犍度의 하나)에 대하여 說한 것.

근본설일체유부필추니계경(根本說一切有部苾芻尼戒經) 書 一권. 唐 義淨의 번역. 내용은 薩婆多部 比丘尼의 戒本. 比丘尼의 希薩에 誦함.

근본설일체유부필추니비나야(根本說一切有部苾芻尼毘那耶) 梵〈Bhiksuni-vinaya〉二十권. 唐 義淨의 번역. 내용은 薩婆多部 比丘尼의 根本大律藏.

근본설일체유부필추니비내야(根本說一切有部苾芻尼毘奈耶) 梵〈Bhikṣuṇi-vinaya〉二十卷. 唐義淨의 번역. 내용은 小乘 比丘尼의 수양과 일상에 행동하는 威儀에 대해서 밝힌 律法.

근본설일체유부필추습학약법(根本說一切有部苾芻習學略法) 書 一권. 元 拔合思巴의 集錄.

근본식(根本識) 阿賴耶識의 다른 이름. 眼識 耳識 등 모든 識이 의지할 곳이 되는 근본 心識. 根識.

근본심(根本心) 三心의 하나. 第八識을 말함. 第八識은 萬法이 生起하는 根本이 되므로 이같이 이름.

근본업도(根本業道) 善惡의 일을 막 지어 마친 때를 말함. 어떤 業을 지을 때에 三時期가 있으니 한창 짓는 것을 加行이라 하고 막 지어 마친 것을 根本이라 하며 마친 뒤에 뒷일을 하는 것을 後起라 함. 그 業을 막 지어 마친 때의 表業과 無表業을 根本業道라 함. 이를테면 殺生할 적에 죽여버린 刹那의 所作과 그 소작에 따라 몸 가운데서 熏習하여 생긴 無表業을 根本業道라 함. 業道는 思業에 의해서 行하는 장소라는 뜻.

근본의(根本依) 諸識四種依의 하나. 또는 種子依. 心·心所가 생기는데 所依로 되는 것을 셋으로 나눈 중에서 因緣依를 말함.

근본정(根本定) 또는 根本禪·根本等至·八等至. 略하여 根本이라 함. 下地의 修惑을 끊고 얻은 初禪내지 非想非非想의 根本地에서 攝收한

定. ↔近分定. (俱舍論・毘婆沙論 등).

근본죄(根本罪) ①修行僧에게 根本的인 罪惡이 되는 것으로 殺生・偸盜・婬事・妄語를 말함. 四個의 重罪. 四波羅夷. ②根本이 되는 重罪.

근본주(根本呪) 觀音의 大慈呪.

근본지(根本智) 또는 如理智・無分別智・正智・眞智라 함. 바로 眞理에 契合하여 能緣과 所緣의 차별이 없는 一念의 眞智. 이 智는 一切의 法樂과 一切의 功德大悲를 내는 根本이 되므로 根本智라 함. ↔後得智.

※三藏法數五에「根本智亦名無分別智 謂此智不依於心 不緣外境 了一切境 皆卽眞如 境智無異 如人閉目外無分別 由此無分別智能生種種分別 是名根本智」

근본지말이무명(根本枝末二無明) 起信論에서 無明을 根本・枝末, 두가지로 分別하니 法界의 이치에 迷惑되는 原始一念을 根本無明(또는 無始無明)이라 하고 根本無明으로 因하여 三細・六麁의 惑業을 일으키는 일을 枝末無明이라 함. →無始無明.

※根本無明一名無始無明 眞言稱之爲無始間隔 台家號之爲微細無明與障中無明 勝鬘所說五住地中之無明住地 卽謂此也 而此障中微細無明之品數雖爲無量 姑分爲四十二品 於初住己上至佛果之四十二位斷之 其中第四十二之無明

爲始覺之智最後所斷者 謂之最後品無明 迷於眞如之原始無明 謂之元品無明 是台家圓敎之判也.

근본혹(根本惑) 根本煩惱와 같음. ↔枝末惑.

근본회(根本會) 金剛界九會曼陀羅의 央央會를 根本會라 함. 또는 成身會・羯磨會.

근분정(近分定) 下地의 修惑을 제압하여 근본정에 들어가려고 준비하는 定. 근본정에 八種이 있으므로 여기에도 四禪・四無色의 八近分이 있음. 近分은 根本定에 가까운 分이란 뜻으로 下地의 修惑을 제압하여 近分定을 얻고, 다음에 그 修惑을 완전히 끊어서 근본정을 얻으므로 이같이 일컬음.

근사(近事) 三寶를 가까이 하여 받들어 섬기는 일. 또는 그 사람. 남자를 近事男, 여자를 近事女라 함.

근사계(近事戒) 在家의 信者가 지켜야 할 五戒. →五戒.

근사남(近事男) ㉕〈鄔波索迦＝upasaka〉舊稱優婆塞・伊蒲塞. 三寶를 가까이하여 받들어 섬기는 男子. 在家의 信者로 五戒를 받는 男子. ↔近事女.

근사남(勤仕男) 俗家에 있는 男子. 또는 死者의 法名아래 붙이는 名號. ↔勤仕女.

근사녀(近事女) ㉕〈鄔波斯迦＝upāsikā〉舊稱 優波夷・優婆斯. 在家의 信者로 五戒를 받는 女子. 三寶

를 가까이 하여 받들어 모시는 女子. ↔近事男.

근사율의(近事律儀) 在家의 佛弟子인 優婆塞・優婆夷가 받아 가지는 五戒.

근상하지력(根上下智力) 十力의 하나. 중생의 근기와 性情의 上下가 같지 않고, 得果가 크고 작은 것을 분명히 아는 부처님의 智力.

근선교(根善巧) 根은 支配하는 힘을 뜻하며 갖가지의 機能. 이에 二十二種이 있다. 眼・耳・鼻・舌・身・意의 六根과 男・女・命의 三根. 喜・苦・樂・憂・捨의 五受根・信・勤・念・定・慧의 五善根. 未知當知・已知・具知의 三無漏根을 말하는 것. 善巧는 熟練知. 二十二根을 觀하는 智慧.

근성(根性) 氣力의 근원을 根, 善惡의 습관을 性이라 함.

근성융불융상(根性融不融相) 機根이 서로 같지 아니한 狀態를 말함. 法華經을 들을 때에 限하여 衆生의 機根이 同一하여 差別이 없으나 그 以前에는 衆生에게 二乘과 三乘의 差別이 있다는 것.

근수(根隨) 根本煩惱와 隨煩惱를 말함. ①根本煩惱: 또는 本煩惱・根本惑・本惑. 모든 煩惱가운데 그 근본이 되는 六種의 煩惱. 즉 貪・嗔・痴・慢・疑・惡見을 말함. 이 가운데서 惡見을 身見・邊見・邪見・見取見・戒禁取見의 五見으로 나누어 모두 十煩惱를 十使라 하며, 처음 五煩惱를 五鈍使. 뒤의 五煩惱인 五見을 五利使라 함. ②隨煩惱: 또는 隨惑 一切煩惱는 모두 몸과 마음을 따라 뇌란하므로 隨煩惱. 根本煩惱에 隨伴하여 일어나는 煩惱. 俱舍宗에서는 이를 放逸・懈怠・不信・惛沈・掉擧・無慚・無愧・念・覆(부)・慳・痴・惱・害・恨・誑・諂・憍・睡眠・悔의 십구종이라 하고, 唯識宗에서는 念・恨・覆・惱・嫉・慳・誑・諂・害・憍(以上은 小隨惑). 無慚・無愧(以上은 中隨惑) 掉擧・惛沈・不信・懈怠・放逸・失念・散亂・不正知(以上은 大隨惑)의 二十種을 말함.

근숙(根熟) 梵〈paripakvaindriya〉 機根의 成熟. 機根이 깊은 教理를 理解할 수 있을 程度로 成熟됨.

근식(根識) 阿賴耶識 十八名의 하나. 了義燈四本에「十六名 根識은 大衆部에서 根本識이라 한다」하였음.

근식(勤息) 梵〈沙門〉부지런히 衆善을 닦고, 諸惡을 止息한다는 뜻으로 出家하여 佛道를 修行하는 자를 말함. →沙門.

근신경(根身經) 阿賴耶識의 三種境의 하나. 眼 등 五根身을 阿賴耶識의 相分이라 함.

근심(勤心) 부지런한 마음. 친절한 마음.

근연(近緣) 三緣의 하나. 念佛하는 衆生이 부처님 보기를 願하면 부처님이 곧 생각내로 눈앞에 나다나는 것. →三緣.

근연(根緣) 衆生의 根性과 境過의 緣務를 말함. 緣務는 世俗에서 말하는 障害로서 衆生의 몸에 關係되는 努力을 말함. 衆生의 機根的인 性質과 果報的인 事緣을 말함.
※玄義分記三에「根據不同 就戒授五八十具等戒 就定敎於觀練薰修等定」

근왕(勤王) 王事에 힘씀. 임금에게 충성을 다함.

근욕성(根欲性) 根은 能力. 欲은 希望, 性은 性質.

근원(近圓) 具足戒의 다른 이름. 圓은 涅槃을 일컫는 말이니 具足戒는 涅槃의 法에 가깝다는 뜻.
※自註에「鄔婆是近 三鉢那是圓 謂涅槃也 今受大戒 卽是親近涅槃 舊云具足者 言其汎意」

근유(根由) 根本의 理由, 根本緣由.

근은불식(根銀不識) 金根을 金銀의 잘못이라 하여 고쳤다는 故事로서 文字의 誤用 또는 誤讀을 말함. 金根은 金根車의 뜻으로 秦始皇이 殷나라의 大輅制를 본받아 금으로 장식한 수레.
※尙書故實에 韓退之子昶闍劣 爲集賢殿校理 史傳有金根車 韓昶以爲誤 改根爲銀爲時人所譏云云

근전래(近前來) 앞으로 더 가깝게 오라는 뜻. 禪門에서 師家가 學人의 脚下點檢(日常生活에서 修行의 進度를 시험하는 것)때에 쓰는 말.

근정(根淨) 六根이 淸淨한 功德. →六根淸淨.
※法華經法師功德品所說 於圓敎相似卽之位得此功德

근주(近住) ㉕〈鄔波婆沙=upavasā〉 三寶를 가까이 하여 宿住한다는 뜻. 在家의 男女로 八戒를 受持한 자.

근주계(近住戒) 近住는 在家男女(近住者). 곧 在家男女가 一晝夜동안 지켜야 할 八種의 戒律. →八齋戒.

근주남(近住男) 집에 있으면서 八戒를 受持하는 男子.

근주녀(近住女) 집에 있으면서 八戒를 受持하는 女子.

근주율의(近住律儀) 在家의 男女가 受持하는 八戒.
※俱舍論十四에「若受離八所應遠離 安立第二近住律儀」

근지(謹識) 삼가 쓰다. 삼가 기록하다의 뜻. 識은 안다, 본다의 뜻으로 쓰일 때는 音을「식」이라 하고 標識·記錄한다의 뜻으로 쓰일 때는 音을「지」라고 함. (識는「志」와 통하고「誌」와 같음)

근진(根塵) 또는 根境. 眼·耳·鼻·舌·身의 五根과 色·聲·香·味·觸의 五塵을 말함.
※根爲眼等之六根 眼等所對之色等六境曰塵.

근진식(根塵識) 根과 塵과 識의 倂稱. 根은 眼·耳·鼻·舌·身·意의 六根. 塵은 六根에 對하는 色·聲·香·味·觸·法의 六塵. 識은

보고·듣고·맡고·맛보고·닿고·알고하는 六識으로 根·境·識을 합한 十八界를 말함.

근책(勤策) ⑫〈沙彌〉比丘가 되려는 希望을 가지고 부지런히 스스로 驚策篤勵하므로 이같이 이름.

근책남(勤策男) ⑫〈沙彌〉比丘가 될 希望을 가지고 부지런히 策勵하는 男子란 뜻. ↔勤策女.

근책녀(勤策女) ⑫〈沙彌尼〉比丘尼가 될 希望을 가지고 부지런히 策勵하는 女子란 뜻. ↔勤策男.

근책녀율의(勤策女律儀) →沙彌尼戒

근책율의(勤策律儀) ⑫〈室羅摩拏洛迦三跋羅=Sramaneraka-samvara〉 또는 勤策擁護. 別解脫律儀의 하나. 室羅摩拏洛迦(舊沙彌)는 勤策. 三跋羅는 擁護의 뜻. 律儀는 意譯. 苾芻가 부지런히 策勵를 加하므로 勤策이라 하고, 能히 身語를 막기 때문에 律儀라 함.

근친(覲親) 중이 俗家에 있는 어버이를 뵈옴.

근패(根敗) 眼·耳·鼻·舌·身의 五根이 敗壞하여 쓰지 못하는 것.
※慧遠疏에 「眼等名根 根壞名敗 壞之人名根敗士 於色聲等不能照矚」

근패괴종(根敗壞種) 聲聞·緣覺의 二乘을 깎는 말. 二乘은 佛道의 뿌리와 싹이 이미 썩어서 成佛할 種子를 가지지 못하였으므로 이같이 말함. 진실로 佛道를 求하려는 이는 먼저 남을 이롭게 하고 뒤에 자신을 이롭게 하여야 하는데 二乘은 한날 空理만 고집하여 利他를 알지 못하고 자기만이 生死를 벗어나 寂滅에 돌아가고, 佛果를 어기므로 이를 깎아서 이같이 이름. 根敗二乘. 敗種二乘.

근행(根行) 根은 五官의 機能으로 이루어지는 能力. 行은 根의 活動으로 이루어지는 實踐力. 곧 五官의 機能과 活動으로 이루어지는 修行能力을 말함.

근행(勤行) ①부지런히 善法을 行함. 六波羅蜜 가운데 精進波羅蜜. ②僧家에서 時間을 定하고 佛前에서 讀經禮拜하는 것. 勤行하는 時間은 一切時·六時·四時·三時·二時등의 구별이 있음.
※一切時者 不擇行住坐臥 是菩薩之精進波羅蜜也 六時者 晝三夜三也 晨朝日中黃昏爲晝三 初夜中夜後夜爲夜三.

글안(契丹) 十世紀初 滿洲興安嶺의 東 시라무렌江流域에서 일어나 蒙古中南部 滿洲·北中國의 一部를 連結하여 遼帝國을 세웠던 部族. 또한 이 部族이 세운 國家의 名稱. 607年 耶律阿保機(太祖)가 建國하여 九代 天祚帝에 이르기까지 219年間 지속되었다. 國都는 上京臨潢府(東部蒙古)外에 東京遼陽府(遼陽) 中京大定府(熱河大名城) 南京折津府(北京) 西京大同府(大同)의 五京을 두고 地域의 中心을 삼았다. 그리고 佛敎는 建國當初부터 獎勵하

였다.

금가(今家) 自己의 宗派. 止觀大意에 「今家의 敎門은 龍樹로써 始祖를 삼는다」하였음.

금강(金剛) ① 梵〈縛曰(日或作日羅)=vajra〉또는 納折羅. 金 가운데 가장 견고한 金剛石을 말함. ②金剛으로 만든 杵를 金剛이라 함. 金剛杵의 약칭. ③金剛杵를 가진 力士 執金剛의 약칭.

※智度論五十九 說摩尼寶珠爲帝釋所執金剛之碎片에「有人言 是帝釋所執金剛 用與阿修羅鬪時 碎落閻浮提」可以證其爲實石矣 ②大日疏一에「梵云 伐折羅陀羅 伐折羅卽是金剛杵 陀羅是執持義故曰 譯云執金剛今謂持金剛」

금강가보살(金剛歌菩薩) 梵〈嚩日囉霓帝=vaira-gita〉西〈rdorjcglu〉또는 金剛歌詠大天女라 함. 金剛界三十七尊중 內四供養의 한분으로 中央 大月輪중에 西南隅에 자리한 보살 密號는 無畏金剛 혹은 妙音金剛.

金剛歌菩薩

금강결(金剛結) 金剛線을 맺는 法. 三摩耶戒壇에서 주고 받는 五色線을 金剛線이라 하는데, 이것을 세 번 맺아서 金剛結을 지음.

※蘇悉地供養法下에「其茅環者 稱無名指量 以茅三纏作金剛結」大日經疏五에「其金剛結法者 不可縷說 當從阿闍梨而面受之」

금강결가(金剛結跏) 半跏坐를 말함. 오른발을 왼편 넓적다리 위에 올려놓고 몸을 단정히 하고 앉는 자세.

금강경(金剛經) 一卷. 梵〈Vajra-Praj-ñāpāramitā-Sntra〉또는 金剛般若經·金剛般若波羅蜜經. 姚秦 鳩摩羅什의 번역.

※佛在舍衛퀁 爲須菩提等 初說境空 次示慧空 後明菩薩空者 蓋此經以空慧爲體 說一切法無我之理爲詮也 此經不如大般若經之浩瀚 又不如般若心經之簡 而能說般若之空慧 無有餘蘊 故古來傳持 弘通甚盛 安編第一(日本高貴寺所藏之梵本出版) 譯爲英語 收於東方聖書第四十九卷 一八九一年 達爾篤氏由馬克斯摩拉氏出版之梵本 並對照支那滿洲之譯本 譯之爲法語 近時燉煌地方發掘之寫經中 亦有此經 跋語有景龍四年六月二十日寫了之附記云.

금강경언해(金剛經諺解) 一卷. 朝鮮朝 世祖의 命으로 韓繼禧(1423~1482)·盧思愼(1427~1498) 등이 金剛經을 한글로 번역하여 世祖 8(1462)年에 刊經都監에서 간행한 책. 金剛般若波羅蜜經諺解·金剛經六祖

諺解.

금강경오가해설의(金剛經五家解說宜) 二卷. 涵虛堂 得通(1376～1433)이 지음. 朝鮮朝 世祖 3(1457)年에 王이 弘濬·信眉 등에게 命하여 校正會編한 것.

금강경육비유(金剛經六譬喩) 金剛經에서 一切의 有爲法은 夢·幻·泡·影·露·電과 같다는 여섯 가지 비유.

금강경직즉이자(金剛經則卽二字) 宋 趙彦衛雲麓漫鈔에 「金剛經 가운데 「卽」·「則」二字가 있는데 高麗 大安 6(1090)年에 義天(1055～1101)의 祖父. 이름이 「稷」이기때문에 「卽」을 「則」으로 고쳤다 하며, 壽昌 元(1095)年에 大興王寺(京畿道 開豊郡 進鳳面 興王里 소재)에서 刊行한 뒤에 沙門 德詵則喩의 請에 따라 「卽」으로 還元하고 「則」으로 읽었다 함. (高郵王氏經傳釋詞)
※愚按則卽二字 聲近義通 在儒書亦有互用者.

금강계(金剛界) 梵 〈vajrādhatu〉密敎의 根本 兩部의 하나로 大日如來 의 智德을 표시한 部門. 如來가 內證한 智德은 그 體가 견고하여 生死中에 빠져도 괴멸되지 않고 능히 모든 번뇌를 깨뜨리는 힘이 銳利하기가 金剛과 같다는 데서 유래 함. ↔胎藏界.
※大日經疏十二에 「金剛喩如來秘密慧也 金剛無有法能破壞之者 而破壞萬物 此智慧亦爾」

금강계구회만다라(金剛界九會曼荼羅) 金剛界의 現圖曼荼羅에 九會를 安排하여 九會曼荼羅라 함.

금강계대만다라(金剛界大曼陀羅) 金剛界에서 세운 曼陀羅에 九會가 있는데 이것을 金剛界大曼陀羅라 함. →九會曼荼羅.

금강계대일여래(金剛界大日如來) 金剛界曼荼羅 五大月輪의 中央輪에 봉안된 五尊의 中尊.
※爲於色界頂摩醯首羅宮(卽大自在宮與胎藏大日依處同)不壞金剛光明心殿中 五相圓滿 始成正覺之相 顯示生智德之智法身也 其相似菩薩 作天人之狀 頭垂髮 戴五智之寶冠 手結智拳印 其色淸白 以云字爲種子 以五鈷爲三昧耶形 密號謂之遍照金剛.

금강계만다라(金剛界曼荼羅) 兩部曼荼羅의 하나. 現圖曼荼羅에는 九會로 조직되었으므로 九會曼荼羅 또는 九種曼荼羅라고 함. 法身如來의 깊은 智慧의 세계를 金剛에 비유하여 상징화한 것. →九會曼荼羅.

금강계삼십칠존(金剛界三十七尊) 金剛界曼荼羅 成身會에 安置된 三十七尊. 또는 塔중 三十七尊이라 함. 五佛 四波羅蜜 十六大菩薩 八供과 四攝.

금강계성신회만다라(金剛界成身會曼荼羅) 金剛界九會曼荼羅 가운데 第一成身會의 曼陀羅를 말함. →九會曼荼羅.

금강계여래(金剛界如來) 大日如來의 異稱. 大日如來는 金剛과 같은 堅固不壞한 智를 그 本體로 삼으므로 이렇게 일컬음.

금강계오부(金剛界五部) 金剛界는 始覺轉의 法門이 되어 迷에 있는 九識을 轉化하여 五種의 果智를 이루기때문에 五部(蓮華部·金剛部·佛部·寶部·羯磨部)로 分類함.
※今配之於五方五智五佛則如下.

中	法界體性智	大日	佛部
東	大圓鏡智	阿閦	金剛部
南	平等性智	寶生	寶部
西	妙觀察智	阿彌陀	蓮華部
北	成所作智	不空成就(擇迦)	羯磨部

금강계의궤(金剛界儀軌) 經 金剛頂蓮華部 心念誦儀軌를 말함.

금강계주보살수행분경(金剛髻珠菩薩修行分經) 大乘金剛髻珠菩薩修行分經의 약칭. 一권. 唐 菩提流志의 번역.
※佛爲普思義菩薩說金剛髻珠王化生悉陀太子修行金剛如來心品三摩地 及說外道苦行之惡報 并不師受三摩耶法 自作法呪之惡果.

금강계현도만다라(金剛界現圖曼陀羅) 金剛界의 現圖曼茶羅를 말함. 東方을 正面으로 하여 第一會를 中央에 두고 東쪽으로부터 바른쪽으로 돌아서 八會를 두어 合하여 九會라 한다. →九會曼陀羅.

금강계혈맥(金剛界血脉) 金剛界法에 師資가 相承하는 血脉을 말함.

※據日本密家之說 其所傳不一準 華嚴寺海雲阿闍梨之所傳者 其次第爲大日 金剛薩埵 龍猛 龍智 金剛智 不空 惠果 義操 海雲 慈恩寺造玄阿闍梨之所傳者 其次第爲大日 普賢金剛薩埵 曼殊室利 龍猛 龍智 金剛智 不空 惠果 義操 法全.

금강관(金剛觀) 觀法을 成就하여 堅固하고 銳利하기가 마치 金剛과 같다는 것.
※止觀五上에「此金剛觀 割煩惱陣 此牢强足 越生死野」

금강광보살(金剛光菩薩) 金剛光은 梵〈囀日羅帝惹=vājrā-tejās〉西〈rdo-rje-szi-brjid〉또는 金剛日·金剛光明·金剛威德·最勝光·摩訶光焰·金剛輝·摩訶威德 등으로 불리운다. 金剛界 三十七尊의 한 분으로 南方寶生如來 四近親의 한 분 金剛界曼茶羅南方月輪中 寶生如來의 右側에 居하는 菩薩. 密號는 威德金剛 혹은 威先金剛.
※司寶生如來威光之德 秘藏記末에「金

金剛光菩薩

剛光菩薩 肉色 左手拳 右手持光日形」

금강광염지품우다라니경(金剛光焰止風雨陀羅尼經) 一권. 唐 菩提流志의 번역.

금강구(金剛口) 如來의 변설이 매우 뛰어나서 金剛과 같다는 말.
※瓔珞本業經上에「爾時釋迦牟尼佛 以金剛口告敬首菩薩言」

금강구(金剛句) 부처님의 十頌을 찬탄한 글귀. 또는 金剛句偈・金剛讚・金剛諷詠이라 함.
※大日經七에「又以持金剛殊勝之諷詠供養佛菩薩當得速成就 卽說執金剛阿利沙偈曰 無等無所動 平等堅固法 悲愍流轉者 攘奪衆苦患(中略)」

금강구녀보살(金剛鉤女菩薩) 梵〈嚩日羅句尸=vajrāṅkśi〉西〈rdo-rje lcags-kyu-ma〉現圖 胎藏界 曼茶羅 金剛手院중 第一行 윗쪽에서 둘째번에 居하는 菩薩. 密號는 召集金剛.

金剛鉤女菩薩

※胎藏界金剛手院三十三尊之一 爲女形之菩薩 以三胎鉤幖鉤召之德 秘藏記末에「白肉色左手取四胎杵」

금강구법(金剛鉤法) 陀羅尼集經 八에 金剛央俱施法이 있는데 金剛鉤의 修法을 밝힌 것. 央俱施는 번역하여 鉤라 함.

금강구보살(金剛鉤菩薩) 梵〈嚩日攞矩賒=vajrāṅkcśa〉西〈rdo-rjc-lcagskyu〉金剛界 三十七尊중 四攝薩의 한분. 金剛界 曼茶羅 外院方菩壇의 동쪽에 居하는 보살. 密號剛. 集金剛 혹은 召集金剛・鉤引金는 普一鉤菩薩.

金剛鉤菩薩

※秘藏記末에「金剛鉤菩薩黑色左手拳右手取鉤」略出經에「由結金剛鉤契故能爲鉤召」

금강구회만다라(金剛九會曼陀羅) 金剛界에서 세운 曼陀羅가 九會가 있으므로 九會曼陀羅라 함. →九會曼茶羅.

금강군(金剛軍) 印度 사람. 事蹟未詳.
※據華嚴探玄記一 謂金剛軍菩薩 堅慧菩

薩 各造十地之釋 並不傳云 蓋在世親
以後之出世者.

금강군다리(金剛軍茶利) 梵 (vajra-kuṇḍali) 胎藏界의 三部에 각각 軍茶利明王이 있는데 金剛部의 軍茶利를 金剛軍茶利라 하며, 金剛手院에 있다. 또 佛部의 軍茶利를 甘露軍茶利 혹은 金剛軍茶利라 하며 蘇悉地院에 있음. →甘露軍茶利明王.

금강권(金剛拳) ①四種作拳의 하나. 印度의 이름. 엄지손가락을 손바닥에 넣고, 다른 네손가락으로 싸 쥐는것. 金剛界 大日如來의 오른손 印. 兩部 중에는 金剛界에 속하고, 理智 중에는 智를 表하여 金剛같이 견고함을 가리킨 것이므로 이렇게 이름. ②金剛拳菩薩의 약칭.
※空指者 拇指也. 演密鈔九에「金剛拳 以大指入掌中作拳 是也」

금강권(金剛圈) 金剛은 堅固하다는 뜻. 圈은 區域을 그리는 것. 他人이 쉽게 엿볼 수 없는 곳으로 或은 一圓相에 또는 佛心에 比喩하여 그 때에 따라 使用方法이 가지가지로 다름.

금강권보살(金剛拳菩薩) ① 梵 〈Vajra-sandhi〉 金剛界曼陀羅 三十七尊 가운데 북방에 있는 不空成就如來 四親近의 한분. 결합하는 덕을 지니고 일체의 印契를 성취하여 주먹의 三摩耶形을 표시함. ②胎藏界 金剛手院의 州三尊 가운데 한분.
※秘藏記末에「金剛拳菩薩 青色 二手作拳 揚當心［宛稍屈垂］略出經에「由結金剛拳契故 能得一切諸契 獲得悉地」②秘藏記末에「白肉色 左手拳右手取十字一股」

금강권인(金剛拳印) 왼손과 바른손으로 주먹을 쥐어 가슴 위에 올려 놓는 印相. (大日經密印品)

금강궐(金剛橛) ① 梵 〈Vajrakilaka〉 또는 四方橛・四橛・修法할 때에 壇위의 네 구석에 세우는 기둥, 그 모양은 獨股杵와 같고 길이는 六寸・八寸四分・九寸이며 그 머리는 연꽃 모양, 보배 모양으로 만드나 그 修法에 따라 같지 않다. ②印契의 명칭.
※於壇上等結界設之 意使道場之地分 堅固如金剛 諸障不能惱害也 法見蘇悉地羯羅經中 大日經疏六等 ②修法道場結界時所結之印明 主結護地下 故一名地結 其法先以右中指入於左頭中指間 右名指入於左名小指間 皆出頭於外 以左中指繳右中指背 入於右頭中指間 以左名指繳右名指背 入於右名小指間 二小指二頭指 各頭相拄 二大指下相捻 卽成結此印已 想印如金剛杵之形以二指向地觸之.

금강기(金剛起) 印明驚覺法界의 모든 부처를 金剛起라 함.

금강기인(金剛起印) 印契의 명칭. 또는 覺起印・驚覺印・驚覺金剛起印 혹은 普請驚覺一切聖衆印이라 한다. 金剛定에 들어가는 一切의 聖衆을 驚覺시키는 印相. →覺起印.
※驚覺入定諸佛令護念行者之契印也.

금강나라연신(金剛那羅延身) 那羅延(Nārayaṇa)은 梵語로 勝力·堅牢라 번역함. 天上力士의 이름. 그 體가 견고하기가 金剛과 같고, 그 힘이 강하기가 那羅延神의 몸과 같음을 이름.
※無量壽經上에「國中菩薩 不得金剛那羅延身者 不取正覺」

금강노목(金剛怒目) 薛道衡(隋 汾陰 사람. 字는 玄卿, 內史舍人·內史侍郎을 역임)이 鐘山 開善寺에 갔을 때에 小僧에게 말하기를 "金剛은 왜 눈을 부릅뜨고 있으며 菩薩은 왜! 머리를 숙이고 있느냐" 小僧 "金剛이 눈을 부릅뜨고 있는 것은 四魔를 降伏받기 爲함이며, 菩薩이 고개를 숙인 것은 六道衆生을 불쌍히 여기기 때문입니다." 하였음.

금강뇌지보살(金剛牢地菩薩) 金剛界 金剛手院 中行의 芽二位에 奉安된 菩薩. 密號는 守護金剛. 衆生의 眞實한 理體를 守護하기때문에 이같이 이름한 것. 형상은 肉色이며 左手에 隅股를 쥐고 右手로 與願印을 맺어 赤蓮華위에 앉아 있음.

금강뇌후정(金剛腦後釘) 머리 뒤에 박힌 金剛으로 된 못이니 가장 除去하기 어려운 俱生細惑인 無明根을 말함. 俱生은 선천적으로 갖추어 있는 것.

금강능단경(金剛能斷經) 金剛能斷般若波羅蜜經의 약칭.

금강능단단야바라밀경(金剛能斷般若波羅蜜經) 一卷. 隋 達磨笈多의 번역. 金剛經의 異譯. (⑲vai-racchedika)

금강당(金剛幢) →金剛幢菩薩.

금강당보살(金剛幢菩薩) ⑲〈嚩日囉計都=vajra-ketu〉 ㊄〈rdo-rje rin-po-chehi rgyal-mtshan〉 計都는 計度·係都·計視·鷄視라고도 하며 旗의 뜻. 또는 虛空旗菩薩 善利衆生·金剛幡·金剛光·善歡喜寶幢 大金剛 金剛寶杖 등으로 불리운다. 金剛界 三十七尊중 十六大菩薩의 한분. 南方寶生如來 四親近중의 일인 금강계만다라 南方月輪중 寶生如來의 左側에 居하는 菩薩. 密號는 圓滿金剛 혹은 滿願金剛 種種金剛이라 함.

金剛幢菩薩

※聖 經에「毘盧遮那佛 於內心證得金剛寶幢三摩地智 自受用故 (中略)成金剛幢菩薩形 住寶生如來左邊月輪」出生義에「由一切如來大滿願義而生金剛幢」

금강대(金剛臺) 金剛으로 만든 臺座.

※觀無量壽經에「觀世音菩薩執金剛臺. 與大勢至菩薩至行者前」

금강도량(金剛道場) 高麗 때 열렸던 法會의 하나. 金剛明經을 읽으며 나라의 災厄 방지와 풍족한 생활을 기원하던 도량이다. 靖宗 7(1041)年에 金剛道場을 열어 비오기를 빌었다는 기록이 있음.

금강도향보살(金剛塗香菩薩) ㊃〈嚩日囉巘馱=vajra-gandhā〉㊄〈rdo-rje-dri〉金剛界 三十七尊중 外四供養의 한분. 金剛界 曼茶羅 外院方壇 東北隅에 居하는 보살. 密號는 清凉金剛 혹은 勝淨金剛.

金剛塗香菩薩

※爲天女之菩薩形以塗香奉中臺之尊者聖位經에「毘盧遮那佛 於內心證得金剛塗香雲海三摩地智 自受用故 (中略) 成金剛塗香侍女菩薩形 住東北角金剛寶樓閣」

금강동자(金剛童子) ㊃〈嚩日羅俱摩羅=Vajrakumāra〉眞言宗에서 모시는 護法의 神, 성낸 얼굴을 하고 왼손에 三鈷를 가지고 발을 드는 모양을 하고 있는 童子의 모습.

金剛童子

금강동자법(金剛童子法) 金剛童子의 修法으로 二部의 儀軌를 說한 것.

금강동자호마(金剛童子護摩) 密教에서 金剛童子를 本尊으로 하여 닦는 法으로 災難이나 恐怖를 免하기 爲하여 行하는 것.

금강등보살(金剛燈菩薩) ㊃〈嚩日囉路計=vajrālokā〉㊄〈rdo-rje-snan-ma〉또는 金剛燈明・金剛光明・金剛智燈이라 하며 金剛界 三十七尊중 外四供養의 한분. 金剛界 曼茶羅 外院方壇 西北隅에 住하는 보살. 密號는 普賢金剛 혹은 除暗金剛.

金剛燈菩薩

※爲天女之菩薩形 以燈明奉中臺之尊者 聖位經에「毘盧遮那佛 於內心證得金剛雲海三摩地智 自受用故 (中略)成金剛燈明侍女菩薩形 住西北角金剛寶樓閣」

금강력(金剛力) 금강처럼 굳센 힘. 또는 金剛力士의 힘.

금강령(金剛鈴) ①法器의 한가지. 密家에서 사용하는 樂器. 또는 金鈴이라 함. 諸尊을 驚覺시키고 또는 기쁘게 하기 위하여 修法중에 흔드는 방울. ②→金剛鈴菩薩.

※爲驚覺諸尊 驚悟有情而振之 其體堅固 稱爲金剛 其柄爲五鈷形故稱爲五鈷鈴

금강령보살(金剛鈴菩薩) 金剛界 三十七尊중 四攝菩薩의 한분. 金剛界曼茶羅 外院方壇 북쪽에 住하는 보살. 또는 偏入·攝入·召入 등의 이름이 있음. 密號는 解脫金剛·歡喜金剛.

金剛鈴菩薩

※手執鈴以幖大日如來驚醒迷有情之德 又幖歡喜 聖位經에「毘盧遮那佛 於內心證得般若波羅蜜金剛鈴三摩地智 自受用故 (中略)成金剛鈴菩薩形 守精進戶 住北門月輪」

금강륜(金剛輪) ①金剛의 法輪이란 뜻. 密敎를 말함. 密敎를 金剛乘이라 한데서 이같이 이름. ②地層 最底의 金輪을 金剛輪이라 함. ③釋尊이 成道할 때에 앉았던 金剛座. 이는 金剛輪이 땅 위에 드러난 까닭에 이같이 말함. →金剛座.

※俱舍論十一에「安立器世間 風輪最居下 其量廣無數 厚十六洛叉 次上水輪 深十億二萬 下八洛叉水 餘凝結爲金 (中略)於金輪上有九大山 妙高山 王處中而住」金輪際者 謂此金剛輪之極際也」

금강륜삼매(金剛輪三昧) 三種金剛三昧의 하나. 禪定에 들어 모든 煩惱를 끊어 없앤 뒤 無學果를 證하는 禪定. 이 선정은 무엇으로도 움직이지 못하고 온갖 번뇌를 끊어 없애는 것이 마치 金剛과 같으므로 이같이 말함. →金剛三昧.

금강륜인명(金剛輪印明) 諸尊의 金剛壇(곧 曼茶羅)를 안치하여 맺는 印明. 이에 大小二種이 있음.

※結安置諸尊之金剛輪壇, (卽曼茶羅)之印明也. 有大小二種.

금강륜제(金剛輪際) 또는 金輪際. 無限히 넓은 곳을 일컬음. 俱舍本頌에 世間을 安立하기 爲하여 風輪이 가장 아래 있는데 그 넓이는 無數하다. 그 두께는 十六洛叉. 그위에 水輪이 있어 깊이는 十億二萬이나 되며 아래 八洛叉의 물이 充滿하고 나머지는 凝結하여 金이 되었으며 이 金과 물의 輪의 넓이는 直徑이 十二洛叉 三千四百과 半이며 周圍는 이의 三倍가 된다고 하였음.

금강리보살(金剛利菩薩) 梵 〈嚩日囉底乞灑拏＝vajra-tiksna〉 西 〈rdo-rje-ral-gri〉 金剛利劍의 뜻. 또는 金剛受持·摩訶衍·摩訶器杖·文殊師利·金剛藏·金剛甚深·金剛覺등으로 부른다. 金剛界 三十七尊중 十六大菩薩中의 한분. 西方 無量壽如來四親近의 한분. 金剛界 曼茶羅 西方月輪중 無量壽如來의 우측에 住하는 보살. 密號는 般若金剛 혹은 除罪金剛.

金剛利菩薩

※秘藏記末에「金色 左手華上有篋 右手持利劍 由結金剛藏劍故 彼能斷一切苦」聖位經에「毘盧遮那佛 於內心證得金剛劍般若波羅蜜三摩地智 自受用故 (中略)成金剛劍菩薩形 住觀自在王如來右邊月輪」出生義에「就一切如來永斷習氣智 而生金剛利」此菩薩與文殊菩薩異名同體 其教令輪身爲六頭六手六足之大威德明王 卽無量壽如來之忿怒身也」

금강만보살(金剛鬘菩薩) 梵 〈嚩日囉摩犁＝vajra-mala〉 西 〈rdo-rje-hphreṅ-ba〉 金剛界 三十七尊중 內四供養의 한분. 金剛界 曼茶羅 中央大月輪중 西南隅에 住하는 菩薩. 密號는 妙嚴金剛.

金剛鬘菩薩

※是爲由中央大日如來供養南方寶生如來心中流出之華鬘三摩地女菩薩也 聖位經에「毘盧遮那佛於內心證得金剛華鬘菩提分法三摩地智 自受用故 (中略)成金剛華鬘天女形菩薩 住毘盧遮那佛西南隅月輪」

금강만인(金剛慢印) 큰 大慢相의 印契를 頓幟함. 주먹을 허리 옆에 붙이는 형상.

※理趣釋上記金剛薩埵像에「左手作金剛慢印 右手抽擲本初大金剛」

금강망(金剛網) 梵 嚩日羅呬惹羅. 印度의 명칭 十八契印의 하나. 法을 닦는 도량의 結界所에 맺는 印明. 특히 上方 허공계를 수호키 위하여 맺는 것이므로 일명 虛空網이라 함 (無量壽供養儀軌)

※網界之眞言에「唵尾娑普囉捺囉乞灑嚩

曰囉半惹囉吽發吒 由結此印及誦眞言
之加持力故 即於上方覆以金剛堅固之
網 乃至他化自在諸天亦不能障難」

금강면천(金剛面天) 金剛界 外部 二
十天의 하나. 金剛界 曼茶羅 外金
剛部 북쪽의 위에서부터 第一位에
居하는 天部. 또는 金剛猪面天·猪
頭天이라 함. (胎藏曼陀羅鈔二)

大面天

※猪頭人身 持劍謂人出胎至盛年生長皆
此尊之德.

금강멸정(金剛滅定) 金剛喩定·金剛
三昧와 같음. 보살이 닦은 최후의
禪定으로 그 굳고 날카롭기가 마치
금강과 같아서 아주 微細한 번뇌도
쳐부신다고 함.

※天台疏上에 「金剛滅定者 十地上忍定
如金剛砕煩惱山 自不傾動 亦名首楞嚴
定」

금강명(金剛名) 巴〈rdo-rjemin〉金
剛果德의 名號. 또는 金剛名號·金
剛號. 密號 또는 灌頂名. 身의 秘
密인 金剛體를 이룬 佛·菩薩의 名
號. →金剛名號.

금강명경(金剛明經) 四卷. 北涼 曇
無讖의 번역. 法性申道의 이치를 說
한 經. 이 경을 읽고, 그대로 수행
하면 諸菩薩과 天神의 加護를 받는
다고 함. 百濟가 日本에 처음으로
佛敎를 전할 때 이 경을 가지고 갔
다고 하며 新羅 文武王(在位 661~
681) 때 지은 四天王寺는 이 經의
사상에 의하여 지은 것이라 함.

금강명경현의(金剛明經玄義) 二卷.
隋 智顗의 說을 灌頂이 記錄한 것.
또는 金剛明玄義·光明玄義 혹은
光明玄. 天台小部의 하나. 曇無讖
의 譯 金光明經의 玄義를 叙說한
것으로 法華經玄義와 같이 譯名·出
體·明宗·論用·敎相의 五重玄義를
세운 것.

금강명경현의습유기(金剛明經玄義拾
遺記) 六卷. 宋 知禮의 편술. 또는
金光明玄義拾遺記·光明玄義拾遺記·
光明玄拾遺記. 智顗의 金剛明經玄
義를 解釋한 것.

금강명왕보살(金剛明王菩薩) 梵〈尾

金剛明王菩薩

儞也多摩＝vidyo ttama〉胎藏界 曼茶羅 蘇悉地院 가운데 最右端에 居하는 菩薩. 密號는 持明金剛.

금강명참법(金剛明懺法) 或은 金光明懺. 金剛明經에 依하여 닦는 懺悔法을 말함. 그 儀則에 依하여 道場을 莊嚴하게 하고 따로 唱經하는 座席을 마련하여 幡華燈을 늘어놓고 佛座의 左側에 功德天, 右側에 四天王座를 設하여 諸座에 各各 燒香散華함. 行者는 날마다 沐浴한후 새옷으로 갈아입고 香爐를 잡고앉아 한 마음으로 十方常住, 一切三寶에게 頂禮를 드리고 다음에 諸佛菩薩·聖僧·諸天諸神을 三請하여 마음속으로 懺悔하는 뜻을 述하며, 寶華瑠璃世尊·金光明經·功德天을 三唱하여 如法修行하고 坐食後에 儀式을 마침.

금광명최승왕경(金光明最勝王經) 十卷. 略하여 最勝王經. 唐 義淨의 번역. 金光明. 三譯 가운데 最後에 나온 것으로 가장 내용이 완벽함. 唐 慧沼의 疏 十卷이 있음.

금광명최승참의(金光明最勝懺儀) ① ㊗ 一卷. 宋 知禮의 편집. 내용은 金光明懺法의 修法儀式을 밝힌 것. ②請觀世音菩薩消伏毒害陀羅尼三昧儀의 다른 이름.

금강명호(金剛名號) 密門에 들어가는 登壇灌頂 즉 金剛乘(眞言敎의 異名)을 받은 名號.

※秘藏記鈔五謂諸敎皆談假人實法 故於隨他門報化二身現人體 若於法身自體之境界廢色相 絕言語 非僅談法之本旨 人亦本有 故於支部諸尊各立金剛號(台宗所謂俱體俱用三身是也)

금강무간도(金剛無間道) 菩薩 第十地의 滿心, 곧 마지막 한 刹那에 佛果의 장애를 斷盡하고 바로 妙覺의 자리에 들어가는 地位. →金剛心.

금강무간지(金剛無間智) 金剛無間道에서 佛果의 장애를 斷盡하는 智慧.

금강무보살(金剛舞菩薩) ㉙〈嚩日囉儞哩帝曳＝vajra-nrta〉㊄〈rdo-rje-gar〉金剛界 三十七尊중 內四供養의 한분. 金剛界 曼茶羅 中央 大月輪중의 東北隅에 住하는 菩薩. 密號는 神通金剛 혹은 妙通金剛.

金剛舞菩薩

※是爲由中央大日如來供養 北方不空成就 如來心中流出之旋舞三摩地女菩薩也 聖位經에「毘盧遮那佛 於內心證得金剛法舞神通遊戲三摩地智 自受用故 (中略)成金剛法舞天女形菩薩 住毘盧遮那東北隅月輪」

금강무승결호자(金剛無勝結護者) 胎藏界 南門의 守護神을 말함. 그 形

狀은 黑色玄衣를 입고, 毘俱胝形으로 眉間에 浪文이 있으며 머리에는 髮冠을 쓰고 몸에 威光이 있어 衆生界를 비추며 손에 檀茶를 가지고 있음.

금강문(金剛門) 양쪽에 金剛神을 세워 놓은 절의 門. 胎藏界의 壇門. →四門.

금강밀경(金剛密經) 金部의 密經을 말함. 즉 敎王經·理趣經 등과 같음.

금강밀적(金剛密迹) 또는 密迹金剛·密迹力士·金剛力士·金剛手·執金剛. 모두 金剛杵를 쥐고 大威力을 나타내어 佛法을 擁護하는 天神의 통칭. →密迹.
※大日如來以此金剛衆爲內眷屬 以普賢文殊等諸菩薩爲大眷屬 猶之釋迦以舍利弗等聲聞衆爲內眷屬 其他諸菩薩爲大眷屬也 密迹者 常侍佛而憶持佛秘密事之義.

금강바라밀(金剛波羅蜜) 金剛界 四波羅蜜의 한분. 金剛波羅蜜菩薩의 약칭.

금강바라밀다보살(金剛波羅蜜多菩薩) ㉦ 〈Vajra-paramita〉 또한 嚩日囉波羅蜜. 金剛界 三十七尊 가운데의 한분. 大日如來 四新見菩薩의 上首. 이는 轉法輪菩薩과는 異名同體이다. 金剛은 金剛의 寶輪이라는 뜻이며 波羅蜜은 到彼岸의 뜻이다. 손에 金剛輪을 가지고 不退의 法輪을 衆生으로 하여금 彼岸에 이르게 할 것을 나타내고 있으며 이 菩薩의 忿怒身을 不動明王이라 함.
※同儀軌上에「言金剛波羅蜜多者 此云到彼岸也 如彼經云轉法輪菩薩也 (中略) 手持金剛輪者 毘盧遮那始成正覺 請轉法輪以表示也 (中略) 依敎令輪現 作威光不動金剛 · 摧伏一切鬼魅惑亂」

금강바라밀보살(金剛波羅蜜菩薩) 金剛波羅蜜多菩薩의 약칭. →金剛波羅蜜多菩薩.

金剛波羅蜜菩薩

금강반(金剛盤) 金剛鈴과 三種의 金剛杵를 올려 놓는 臺. 金屬으로 만든 三角心의 모양으로 세발이 있음.

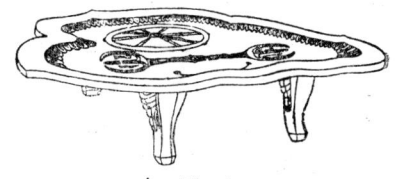

金剛盤

금강반식천(金剛飯食天) 또는 金剛食·金剛食天. 金剛界 外金剛部 南方 中央에 있는 天名. 지니고 있는 물건에 따라서 華鬘毘那耶迦·嚴贄大將이라 일컬으며 四方毘那耶迦

중에 南方을 수호하는 尊位.
※白肉色 象頭人身 左拳腰 右持華鬘 坐荷葉.

금강반야경(金剛般若經) 또는 金剛經·金剛般若波羅蜜經의 약칭. →金剛經.

금강반야론(金剛般若論) 金剛般若波羅蜜經論의 약칭.

금강반야바라밀경(金剛般若波羅蜜經) 一卷. 姚秦 鳩摩羅什의 번역. 약하여 金剛般若經·金剛經. 부처님이 舍衛國에서 須菩提 등을 위하여 처음에 境界가 공함을 말하고 다음에 慧가 공함을 보이고 뒤에 菩薩空을 밝혔다. 이 經은 空慧로써 體를 삼고 一切法 無我의 이치를 說한 것. 異譯本에 北魏 菩提流支의 번역. 陳 眞諦의 번역. 隋 達磨笈多의 번역. 唐 玄奘의 번역(能斷金剛分) 唐 義淨의 번역(能斷金剛般若波羅蜜經) 五本이 있음. →金剛經.

금강반야바라밀경론(金剛般若波羅蜜經論) 二部가 있는데 ①은 二권으로 無着菩薩이 짓고 隋의 達磨崛多가 번역함. ②는 三권으로 天親菩薩이 짓고 元魏의 菩提流支가 번역하다. 모두 本經의 彌勒菩薩의 偈頌을 해석한 것.

금강반야바라밀경파취착불괴가명론(金剛般若波羅蜜經破取着不壞假名論) 二권. 功德施菩薩이 짓고 唐의 地婆訶羅가 번역함. 經文을 直釋한 것. 名을 論한 것은 本經 所詮의 義理를 取한 것.

금강번(金剛幡) 장대 끝에 龍頭를 장식하고 龍頭에 단 旗를 말함.

금강법계궁(金剛法界宮) 大日如來가 大日經·金剛頂經 등을 說한 곳. 深秘釋에 依하면 金剛은 如來의 實相智를 말하고, 法界는 實相의 智體를 말한 것으로 大日法身이 實相의 智體에 住함을 宮이라 함. 淺略釋에 의하면 色界의 頂上인 摩醯首羅天의 自在天宮을 가르킨다.
※依深秘釋則金剛爲如來之實相智 法界爲實相之智體 大日法身住於實相之智體 謂之宮 若依淺略釋 則指色界之頂 摩醯首羅天之自在天宮.

금강법보살(金剛法菩薩) 梵〈嚩日囉達摩=vajra-dharma〉 西〈rdo-rje-spyan〉또는 善利薩埵·金剛蓮華·善淸淨·觀世自在·金剛妙眼이라 함. ①金剛界 三十七尊중 十六大菩薩의 한분. 西方無量壽如來 四親近의 한분. 西方月輪중 無量壽如來의 前方에 住하는 보살. 密號는 淸淨金剛·正法金剛·蓮華金剛이라 함. ②大日如來의 四親近의 한분. 金剛界 曼茶羅 四印會중 西方月輪 內에 住하는 菩薩로 四種智印의 하나인 法智印을 표시함.
※聖位經에「毘盧遮那佛 於內心證得金剛法淸淨無染三摩地智 自受用故(中略)成金剛法菩薩形 住觀自在如來前月輪」

(No.1) 金剛法菩薩

(No.2) 金剛法菩薩

금강보(金剛寶) ①金剛石. →金剛. ②金剛寶菩薩.

금강보검(金剛寶劍) 金剛은 그 質이 堅固하므로 自體는 부서지지 아니하나 能히 他를 破壞하는 힘이 마치 칼로 物件을 베는 것과 같으므로 金剛寶劍이라 함. 般若의 智慧는 一切의 煩惱를 破碎할 수 있으므로 金剛寶劍에 비유한 것.

금강보계(金剛寶戒) 梵網經에서 說한 大乘戒. 곧 圓頓戒를 말함. 圓頓戒는 마음에 갖추어 있는 性戒로 서 한번 얻으면 오래 잃지 않는 것이 마치 金剛寶를 깨뜨릴 수 없는 것과 같으므로 이같이 말함. 또는 一心金剛寶戒.

금강보리삼장(金剛菩提三藏) 金剛智三藏(人名)을 말함.

금강보보살(金剛寶菩薩) 梵〈嚩日囉怛那=vajra-ratna〉 西〈rde-rje-rin-chen〉 또는 金剛胎・妙金剛・虛空藏・義金剛・金剛虛空・摩訶摩尼・金剛富饒金剛藏이라 함. ①金剛界 三十七尊중 十六大菩薩의 한분. 南方 寶生如來 四親近의 한분, 南方月輪중 寶生如來의 前方에 住하는 菩薩. 密號는 大寶金剛 혹은 如意金剛 庫藏金剛이라 함. ②大日如來의 四親近의 한분. 金剛界 曼荼羅 四印會중 南方月輪內에 住하는 菩薩로 四種智印의 하나인 三昧耶智印을 표시함.

※仁王經像軌上에「言金剛寶者 如彼經云虛空藏菩薩也 依前法輪現勝妙身 修

(No.1) 金剛寶菩薩

(No.2) 金剛寶菩薩

施等行 三輪淸淨 手持金剛摩尼者 梵云摩尼 此翻爲寶 體淨堅密猶如金剛 卽是金剛如來意寶也 隨諸有情所求皆得 依敎令輪現作威怒甘露軍荼梨金剛 示現八臂」

금강보장(金剛寶藏) 金剛寶의 藏이라는 뜻, 大涅槃과 衆生心地의 淨菩提心을 모두 金剛堅固한 寶藏에 비유한 말. (大涅槃經後分上·大日經疏一二)

금강봉누각일체유가유기경(金剛峯樓閣一切瑜伽瑜祇經) 一卷. 梵〈Vnjrasckhara-vimana-sarva-yogayogi-sutra〉唐 金剛智의 번역. 또는 瑜伽瑜祇經·瑜祇經이라 함. 五部秘經의 하나. 이 경은 理智不二. 不二한 性佛이 金剛一切의 秘宮에 住하며 兩部不二의 最極秘를 밝힌 것으로 古來理趣經과 함께 秘經중의 秘經이라 일컬음.

금강봉일(金剛峯日) 七曜와 二十八宿가 배합하여 生하는 吉日의 명칭. 예컨대 달과 尾宿가 합할 때, 日曜日에 당함과 흡사하므로 이를 金剛峯日이라 함. 이날은 일체 항복받는 법을 닦는데 알맞음.

※宿曜經下에 「太陽直日(日曜日也)月與尾合 太陰直日(月曜日也)月與心合 火曜直日 月與壁合 水曜直日 月與昂合 木曜直日 月與井合 金曜直日 月與張合 土曜直日 月與亢合己上名金剛峯日 宜作一切降伏 誦日天子呪 及作護摩 並諸猛利事」

금강부(金剛部) 金剛界 五部의 하나. 또는 胎藏界 三部의 하나. 금강에 속한 부문이란 뜻으로 衆生의 마음 가운데 갖추어 있는 견고한 지혜는 生死 가운데 永劫을 지나도 썩지 않고 무너지지 않으며 능히 번뇌를 깨뜨림이 金剛과 같다는데서 유래함.

※大日經疏五에 「右方是如來大悲三昧 能滋榮萬善 故名蓮華部 左方是如來大慧力用 能摧破三障 故名金剛部也」蘇悉地經一에 「諸佛形像卽是佛部 諸菩薩形卽蓮華部 諸世天等爲金剛部」

금강부모(金剛部母) 三部와 五部에 각각 生部主의 部母가 있다. 金剛部에는 忙莽雞(mamaki)로써 部母를 삼음.

※諸要目에 「蓮華部白衣觀自在 以爲部母金剛部忙莽鷄菩薩以爲部母」

금강부삼매야(金剛部三昧耶) 十八契印의 하나. 一十八道.

금강부주(金剛部主) 三部·三部에 각각 部主가 있는데 金剛部는 阿閦如來 혹은 金剛薩唾로써 部主를 삼

는다.
※攝大儀軌二에 「觀音蓮華部上首　金剛手菩薩金剛部上首」

금강불괴(金剛不壞) 金剛과 같이 굳어서 파괴되지 아니함을 가리키는 말. 法身을 일컬음.

금강불괴승지(金剛不壞勝地) 절을 지을 땅. 그 功德이 견고하여 破壞할 수 없음이 金剛처럼 最勝한 땅이란 뜻.

금강불괴신(金剛不壞身) 佛身을 말함. 不壞身이란 如來의 몸이 金剛과 같이 굳어서 무너지지 아니함을 가리키는 말.
※心地觀經上에 「不如代父母及衆生修菩薩行　當得金剛不壞之身　還來三界救度父母」 理趣釋에 「常以大慈甲冑而自莊嚴　獲得如金剛不壞法身」

금강불자(金剛佛子) 密敎에서 灌頂을 받는 자의 통칭. 또는 金剛弟子
※二敎論에 「纔見曼荼羅則種金剛界種子　具受灌頂受職金剛名號」

금강불찰(金光佛刹) 最下層의 佛國土 이름.

금강비(金剛錍) ⓒ 金錍論의 본 이름.

금강비론(金剛錍論) 一卷. 唐 湛然의 著書. 내용은 無性有情論을 부정하고 涅槃秘藏의 佛性을 宣揚한 것.

금강비밀선문다라니주경(金剛秘密善門陀羅尼呪經) 一卷. 譯者未詳. 佛說延壽妙門陀羅尼經의 異譯.

금강사자(金剛使者) 金剛童子와 같음. 금강부 諸尊을 받들어 모시는 동자·不動의 大童子와 같은 것.

금강사자녀(金剛使者女) 金剛部 菩薩을 奉侍하는 女像의 一尊. 胎藏界 金剛手院 金剛手持菩薩의 곁에 이 女尊은 男使者와 나란이 있음.

금강삭(金剛索) ①不動明王 등이 가지고 있는 鐵索. ②菩薩의 名號. →金剛索菩薩.

금강삭보살(金剛索菩薩) ㉦〈嚩日羅幡鎈〈vajra-pāśa〉 ㉠〈rdo-rie-shags-pa〉또는 金剛羅索. 金剛界三十七尊중 四攝菩薩의 한분. 金剛界 曼陀羅外院方壇의 남쪽에 住하는 보살. 密號는 等引金剛 혹은 慈引金剛.

金剛索菩薩

※聖位經에 「毘盧遮那佛　於內心證得引入方便羂索三摩地智　自受用故　(中略)　得成衛護功德戶金剛索菩薩形　住南門月輪」

금강산(金剛山) 또는 金剛圍山·金剛輪山 ①세계를 둘러 싼 鐵圍山. ②

天帝釋이 住하는 須彌山. 光明山. ③法起菩薩이 있는 곳. 바다 가운데 있다고 함. 華嚴經 五十四菩薩·住處品에 나옴. ④江原道 准陽·高城·通川 三郡에 걸쳐 있는 山, 높이 1,638m 黑雲岩과 화강암으로 형성되어 있는데 奇岩怪石이 많으며 서쪽을 內金剛, 동쪽을 外金剛, 海岸을 海金剛, 外金剛 남쪽 계곡을 新金剛이라 한다. 毘盧峰을 위시하여 國師峰, 虎龍峰, 遮日峰, 日出峰등 모두 一萬二千峰이라 한다. 곳곳에 폭포·못·절이 있어 그 경치가 세계적으로 유명함, 山內의 古刹로는 楡岾寺·長安寺·表訓寺·正陽寺·神溪寺·摩訶衍·松林寺·圓通庵·三佛庵·妙吉祥 등 수 많은 절이 있으며, 철을 따라 金剛山(봄) 蓮華山(여름) 楓嶽山(가을) 皆骨山(겨울)이라고 일컫기도 함. ⑤慶北 慶州市의 동북쪽에 있음. 이 산에 栢栗寺가 있음.

금강살타(金剛薩埵) 梵〈Vajrasattva〉 또는 金剛手·秘密主·普賢. 眞言宗 八祖 가운데 第二祖.

※大日如來爲第一 此薩埵爲第二 梵名嚩에 囉薩怛嚩摩訶薩怛嚩 譯名執金剛 持金剛 金剛手 金剛手秘密王, 金剛薩埵 金剛手菩薩摩訶薩 金剛手薩埵摩訶薩埵等 薩埵者有情之義 勇猛之義 總言勇猛之大士 此薩埵與普賢菩薩同體異名 普賢從大日如來受灌頂 於二手與五智之金剛杵 故云金剛手 但金剛

(No.1) 金剛薩埵

(No.2) 金剛薩埵

薩埵有通別之二名 通名者 以名一切之執金剛神 以此皆爲開東方金剛薩埵之一德者也.

금강살타갈마인(金剛薩埵羯磨印) 왼손으로 金剛拳(四種拳의 하나)을 만들어 왼쪽다리에 놓고, 오른손은 金剛杵를 던지려는 자세를 취하는 印相, (圖印集二)

금강살타보살(金剛埵薩菩薩) 金剛菩

薩을 말함. 菩薩은 大士의 通稱.
금강살타보살마하살(金剛薩埵菩薩摩訶薩) 金剛菩薩을 말함. 菩薩摩訶薩은 大士의 통칭.
금강살타설빈나야가천성취의궤(金剛薩埵說頻那夜迦天成就儀軌) ㉘ 四권. 宋 法賢의 번역. 頻那夜迦天을 念하여 갖가지 悉地의 法을 얻음을 說한 것 頻那夜迦(Vinayaka)는 猪頭와 象頭의 二使者로 歡喜天임.
금강살타소주처(金剛薩埵所住處) 金剛薩埵는 菩薩이름인데 金剛手·秘密主·普賢등의 異名이 있다. 所住處는 머무는 곳. 蘇悉地經疏一에 「金剛薩埵菩薩의 住處를 밝힌다면 普賢宮을 가리키며 곧 須彌山頂을 가리키며 金剛手가 머무는 곳은 普賢宮 아님이 없다」고 하였음.
금강살타형상(金剛薩埵形像) 理趣釋 金剛薩埵初集會品에「머리에 五佛寶冠을 쓰고 怡然히 微笑를 지으며 左手로는 金剛慢印을 짓고 右手로는 本初의 大金剛을 뽑아던지는 勇猛精進의 형상을 짓는다」하였음. 本初는 本來淸淨한 法界를 뜻함.
  ※左手作金剛慢印者 爲降伏左道左行有情 令歸順道也 右手抽擲五智金剛杵作勇進勢者 令自他甚深三摩地 順佛道念 念昇進 獲得普賢菩薩之地」
금강삼매(金剛三昧) ①日本僧의 이름. 처음으로 印度에 들어간 求法僧. ②金剛과 같이 一切 걸림이 없이 능히 一切諸法의 三昧를 통달한

것을 말함. ③三乘이 최후에 一切의 煩惱를 斷盡하고 각각 究竟의 果를 證得한 三昧, 또는 金剛三昧·金剛喩定·金剛定과 같음.
  ※①智度論四十七에「金剛三昧者 譬如金剛無物不陷 此三昧亦復如是 於諸法無不通達 令諸三昧各得其用 如硨磲碼碯瑠璃唯金剛能穿」②智度論四十七에 「如金剛三昧者 能破一切諸煩惱結使 無有遺餘 譬如釋提恒因手執金剛破阿修羅軍 卽是學人末後心 從是心次第三種菩提 聲聞菩提 辟支佛菩提 佛無上菩提」
금강삼매경(金剛三昧經) ①二卷. 譯者未詳. 내용은 부처님이 靈山에서 金剛三昧에 들어 一乘의 眞實한 法을 說한 것. 法華部中에 실려있음. 註. 述 二種이 있으니 金剛三昧經解(四卷)는 明의 圓澄이 注하고 金剛三昧經通宗記(十二卷)는 誹震이 찬술함. (誹은 「적」이라 읽음) ② 佛說金剛三昧本性淸淨不壞不滅經의 약칭.
금강삼매경론(金剛三昧經論) 三卷. 新羅 元曉의 著書. 金剛三昧經을 해석한 것.
금강삼매본성청정불괴불멸경(金剛三昧本性淸淨不壞不滅經) 一卷. 佛說金剛三昧本性淸淨不壞不滅經의 약칭. 내용은 처음에 百三昧를 닦고 끝으로 金剛三昧에 들어 成佛한 者를 說한 것.
금강삼업경(金剛三業經) 一切如來金

剛三業最勝秘密大敎王經의 약칭.

금강삼의(金剛三義) 金剛經疏一에 世間金剛에 三種의 뜻이 있으니 ① 不可破壞(깨뜨릴 수 없는 것) ②寶中之寶(보배 가운데 보배) ③戰具中勝(戰具 가운데 殊勝한 것)」이라 하였음.

금강상(金剛床) 金剛坐와 같음. 增一阿含經十四에 「이제 이 나무 아래에서 金剛牀에 앉아 一切智를 얻는다」고 하였음.

금강상미(金剛上味) 金剛을 最勝의 上味에 비유한 말.

금강상미경(金剛上味經) 金剛上味陀羅尼經의 약칭.

금강상미다라니경(金剛上味陀羅尼經) 一권. 元魏 佛陀扇多의 번역. 金剛場陀羅尼經과 同本.

금강생기(金剛生起) 眞言行者가 잠잘 때 金剛三昧에 드는 것을 想念하고, 일어날 때 金剛三昧로 부터 일어나는 것을 想念하는 것. 일어날 때의 眞言을 「唵拔折羅底悉吒」라 함.

※金剛頂義訣에 「修習瑜伽者 常想自身 常爲普賢金剛身 若寢息時想入金剛三昧 謂心寂靜如入涅槃 當想自身爲五智印相 而有光焰圍繞 然後隨意寢息也 是名身三昧相應 若起時想從金剛三昧起故.

금강선(金剛線) 三摩耶戒壇에서 주고 받는 五色線 三結로 金剛結을 지으므로 이같이 일컬음. (大日經疏五)

금강선론(金剛仙論) 十卷. 後魏 菩提流支의 번역. 天親菩薩의 弟子 金剛仙菩薩의 著書. 天親의 金剛般若論을 주석한 것.

※於藏外行之 玄義私記五本에 「諸師不用此論 慈恩云 非眞聖敎」

금강소보살(金剛咲菩薩) 〈梵〉〈嚩日囉賀娑=vajra-hasa〉 〈西〉〈rdo-rje hdsum〉 또는 金剛微笑・摩訶笑・摩訶希有・樂生歡喜・金剛愛・金剛歡喜 등이라 한다. 金剛界 三十七尊중 十六大菩薩의 한분. 南方寶生如來. 四藏近의 한분. 金剛界曼茶羅南方月輪중 寶生如來의 뒤에 住하는 菩薩. 密號는 歡喜金剛・喜悅金剛.

金剛咲菩薩

※住喜悅之三昧耶 而爲笑顏 略出經에 「由結金剛微笑契故 速得與諸佛同笑」

금강쇄(金剛鏁) 菩薩의 名號. →金剛鏁菩薩.

금강쇄법(金剛鏁法) 金剛鏁菩薩의 修法. 鏁는 梵語 商迦羅의 譯語. (陀羅尼經八)

금강쇄보살(金剛鏁菩薩) ①㉆〈嚩日囉薩普吒＝vajra-sphota〉㉚〈rdo-rje-lcags-sgrog〉 또는 金剛連鏁라 함. 金剛界 三十七尊중 四攝菩薩의 한분. 金剛界 曼茶羅 外院方壇의 西方에 住하는 菩薩. 密號는 堅持金剛 혹은 妙住金剛. ②胎藏界金剛手院 三十三尊의 한분.

金剛鏁菩薩

※聖位經에「毘盧遮那佛 於內心證得堅固金剛鏁械三摩地智 自受用故 (中略) 成金剛鏁菩薩形 守智慧戶 住西門月輪」 秘藏記末에「白肉色 右持金剛鏁二端著三股跋折羅」

금강수(金剛水) 灌頂式 때에 서약을 세우기 위하여 灌頂을 받는 이가 마시는 香水. 誓水.
※大日經疏五에「又於別器調和香水 以欝金龍腦旃檀等種種妙香 和以眞言加持 授與令飮少許 此名金剛水 以秘密加持故 乃至地獄重障皆悉除滅 內外俱淨 堪爲法器也.

금강수(金剛手) 손에 金剛杖 혹은 金剛杵를 쥐고 있는 것. 또는 執金剛・持金剛이라 함. 이에 總・別 두가지가 있는데 總名은 一切의 金剛衆을 통칭하는 말이며, 別名은 金剛薩埵를 말함. →金剛薩埵.
※大日經疏一에「執金剛杵 常侍衛佛 故曰金剛手」

금강수(金剛樹) 金剛子實을 맺는 나무. →金剛子.

금강수명경(金剛壽命經) 이에 二部가 있으니 ①佛說一切金剛壽命陀羅尼經(唐 金剛智의 번역)으로서 부처님께서 死伽河 변에서 四天王을 대하여 延壽의 陀羅尼를 說한 것. ②金剛壽命陀羅尼念誦法(唐 金剛智의 번역)으로서 報身佛이 色界頂에서 須彌山에 내려와 一切如來의 請에 의하여 延壽의 陀羅尼를 說한 것. 이 經에 또 二本이 있으니 金剛壽命陀羅尼經法과 金剛壽命陀羅尼經이라 한다. 앞의 經에 비하면 조금 간략하나 보통 壽命經이라 하면 앞의 經을 가르킴.

금강수명다라니(金剛壽命陀羅尼) 佛說一切如來金剛壽命陀羅尼經에서 說한 神呪를 가르킴. 이를 念誦하면 金剛의 壽命을 얻는다고 함.

금강수명다라니경(金剛壽命陀羅尼經) →金剛壽命經.

금강수명다라니경법(金剛壽命陀羅尼經法) ㉆ →金剛壽命經.

금강수명다라니염송법(金剛壽命陀羅尼念誦法) ㉆ →金剛壽命經.

금강수명염송법(金剛壽命念誦法) ㉆ 金剛壽命陀羅尼念誦法의 약칭.

금강수보살(金剛手菩薩) 梵〈伐折羅播尼〈vajra-pāṇi〉 혹은 (伐折羅陀羅〈vajra-dhara〉 西〈lag-na rdo-rje〉 또는 執金剛·執金剛主·持金剛手·秘密主 혹은 金剛手藥叉將이라 함. 원래 金剛杵를 가지므로 특히 密迹金剛力士라 함. 胎藏界曼茶羅金剛手院의 諸尊과 통하여 金剛手라 함.
※新譯仁王經下에「東方金剛手菩薩摩訶薩 手持金剛杵 放靑色光 與四俱胝菩薩往護其國」同念誦儀軌上에「手持金剛杵者 表起正智猶如金剛 能斷我法微細障故」

금강수보살항복일체부다대교왕경(金剛手菩薩降伏一切部多大敎王經) 三권. 宋 法天의 번역. 降伏成就하는 법을 說한 것. 部多는 번역하여 鬼.

금강수비밀주(金剛手秘密主) 如來의 身·語·意는 다만 부처님과 부처님만이 알고 있을 뿐 他에게는 秘密로 되어 있으므로 이 秘密의 表示(印)를 가지고 있는 菩薩을 金剛手秘密主라 함.

금강수심법(金剛隨心法) 密敎에서 行하는 修法의 이름. (陀羅集經七)

금강수원(金剛手院) 胎藏界曼陀羅十三大院 가운데 第四院. 中臺大日의 左方(大日의 西쪽) 즉 第一重의 南方에 있음. 또는 薩埵院. 金剛薩埵는 金剛部의 上首가 되기 때문이다.
※列金剛部諸尊三 十三 其中主尊二十

一 使者十二 疏五에「次於大日如來左方安置金剛部明王 所謂執金剛能滿一切願者」又曰「左方是如來大慧力用 能摧破三障 故名金剛部也」

금강수지금강(金剛手持金剛) 梵〈嚩日羅訶窣堵嚩日囉馱洛＝vajra-hastavajra-dhara〉現圖胎藏界曼陀羅金剛手院중 제一행의 위에서부터 세번째에 住하는 菩薩. 密號는 堅固金剛. 혹은 秘密金剛.

金剛手持金剛菩薩

※三摩耶形爲三胋杵 (一說五胋金剛杵) 形像身黃白色 冠有珠 右手作施願 開肘當膝 而不著 左手向內 執三胋杵當乳 面少向右 坐赤蓮華 印相是持地印 卽蘇悉地三部三昧耶中之金剛部印也 眞言曰念怒歸命吽吽吽吽發吒髯髯娑嚩賀」

금강승(金剛乘) 梵〈vajra-yāna〉眞言敎의 다른 이름. 敎法이 견고하고 예리하기가 金剛과 같다는 말.
※瑜祇經에「以金剛自性 光明遍照 淸淨不壞 種種業用 方便加持 救度有情演金剛乘 唯一金剛斷煩惱」

금강식(金剛食) →金剛飯食天.

금강식천(金剛食天) 또는 金剛飮食天・金剛食持鬘. 鬘毘羅夜迦・嚴髻大將이라 함. 金剛界 外金剛部 二十天의 한분. 五類天중 虛空天의 한분. 外金剛部院의 南方中央에 住居하는 天部. (胎藏界曼陀羅大鈔二)

※手持華鬘 稱曰華鬘毘那耶伽 毘那耶伽 爲歡喜天之梵名.

금강신(金剛身) 金剛不壞의 法身. 즉 佛身을 말함.

※涅槃經三金剛身品에 「如來身者 是常住身 不可壞身 金剛之身」

금강신(金剛神) ㉔〈跋闍羅波膩= Vajrapai; Vajradhara〉 또는 代折羅陀羅라 번역하여 執金剛神・金剛手・金剛力士・金剛密跡天・仁王이라 함. 佛敎의 수호신으로 寺門의 양쪽에 安置해 놓은 한쌍의 華嚴神將 여래의 비밀 事蹟을 알아서 五百 夜叉神을 부림. 왼편 「密跡金剛」은 입을 벌리고 오른편 「那羅延金剛」은 다문상을 하고 있음.

※法華經普門品에 「應以執金剛神得度者 卽現執金剛神而爲說法」

금강심(金剛心) ①菩薩의 大心이 金剛같이 견고하여 破壞할 수 없는데 비유한 말. ②菩薩의 最後心인 等覺의 位를 말함. 마음을 觀하는 것이 가장 明利하기 때문임.

※智度論四十五에 「一切結使煩惱所不能動 譬如金剛山 不爲風所傾動 諸惡衆生魔人來 不隨意行 不信受其語 瞋罵誘毁 打擊閉繫 斫刺割截 心不變異(中略)人來鑾斷毁壞 諸蟲來齧 無所虧損 是名金剛心」四敎儀四에 「卽是邊際智滿入重玄門 若望法雲 名之爲佛 望妙覺 名金剛心菩薩 亦名無垢地菩薩」四敎儀에 「更斷一品無明入等覺位 亦名金剛心」

금강심전(金剛心殿) 不壞金剛光明心殿의 약칭. 金剛界 大日如來가 住하는 곳의 명칭.

※瑜祇經에 「一時 薄伽梵遍照金剛如來 以五智所成四種法身 於本有金剛界壞 自在天三昧耶 自覺本初 大菩提心普賢滿月 不壞金剛光明心殿中 與自性所成眷屬金剛手等十六大菩薩 及四攝行 天女使 金剛內外八供養 金剛天女使」

금강아보살(金剛牙菩薩) ㉔〈嚩日囉能瑟吒羅=vajra-damṣtra〉㉕〈r-do-rjc-mche-ba〉金剛界 三十七尊의 한분. 十六大菩薩의 한분. 北方 不空成就如來의 四近親의 한분. 金剛界 曼陀羅 北方月輪중 不空成就如來의 左方에 居하는 菩薩. 또는 金剛藥叉・金剛摧伏・摩訶方便・甚

金剛牙菩薩

可怖畏・金剛上・催伏魔・金剛暴怒 등이라 함. 密號는 猛利金剛 護法金剛. 胎藏界 金剛部院 二十一尊중 제 三행 윗쪽에서부터 다섯번째에 住하는 보살. 密號는 調伏金剛.

※聖位經에「毘盧遮那佛 於內心證得金剛藥叉方便恐怖三摩地智 自受用故(中略)成金剛藥叉菩薩形 住不空成就如來左邊月輪」出生義에「自一切如來無畏調伏門而生金剛牙」②胎藏曼陀羅大鈔 二에「此尊金十六大菩薩中牙菩薩也 名金剛食 或云金剛夜叉 此以定慧牙食生死海羣機」

금강아사리(金剛阿闍梨) 梵〈Vair-acarya〉金剛은 金石가운데 가장 堅固한 것. 阿闍梨는 번역하여 軌範師. 또는 正行이라 함. 弟子나 僧俗의 學解를 糾正指導하여 그 師範이 되는 大德을 말함. 學德이 金剛寶와 같이 貴重한 密敎의 스승.

금강애보살(金剛愛菩薩) 梵〈嚩日囉羅誐=vajra-raga〉西〈rdo-rjchi-gshu〉또는 金剛弓・金剛妻・金剛愛染・能調伏者・欲羅諸魔・摩訶安樂・金剛箭・摩訶金剛이라 함. 金剛界 三十七尊중 東方阿閦 四親近의 한분. 東方月輪중 阿閦如來의 左에 住하는 菩薩. 密號는 大悲金剛, 혹은 離樂金剛・離愛金剛.

※出生義에「於一切如來菩提無染淨體而生金剛愛」大敎王經에「金剛薩埵三摩地極堅牢故 聚爲一體生摩羅大菩薩身住世尊毘盧遮那佛心說此吽陀嚕 奇哉

金剛愛菩薩

自性淨 隨染欲自然 離欲淸淨故以染而調伏」

금강야차(金剛夜叉) 梵〈Vajra-ya-

金剛夜叉明王

金剛夜叉明王

kṣa〉또는 金剛藥叉. 五大明王의 하나. 북방을 수호하고 악마를 항복시킴. 머리가 셋, 팔이 여섯에 활 화살·칼·고리·방울·방망이를 쥐고 있음. 金剛夜叉明王.

금강약차(金剛藥叉) 金剛夜叉의 옛 稱號.

금강약차진노왕식재대위신험염송의궤(金剛藥叉瞋怒王息災大威神驗念誦儀軌) 一권. 唐 金剛智의 번역. 내용은 金剛藥叉의 念誦法을 說한 것.

금강어(金剛語) ①金剛念誦과 같음. 소리를 내지 않고 다만 마음속으로 묵묵히 念하는 것(守護國經三) ② 金曼의 一尊. 秘藏記에「형상은 살색에 如來의 혀를 가지고 있다」하였고 왼주먹을 허리에 대고 있음.

금강어보살(金剛語菩薩) 梵〈嚩日囉婆沙=vajra-bhāṣa〉西〈irdo-brjod-pa〉또는 金剛語言의 金剛言 혹은 無言·金剛念誦·能授悉地·無言說 金剛上悉地 金剛言說이라 함. 金剛界 三十七尊중 十六大菩薩의 한분. 西方無量壽如來 四親近의 한분. 金剛界 曼茶羅 西方月輪중 無量壽如來의 후방에 住하는 보살. 密號는 性空金剛 혹은 妙語金剛.

금강어언(金剛語言) 소리를 내지 아니하고 經文을 默誦하는 것.
※眞經下에「持眞言時 住心凝寂 口習眞言 唯自耳聞勿令他解 心中觀想一一梵字 了了分別 無令錯謬 持習之時不遲不速 是卽名爲金剛語言」

금강업보살(金剛業菩薩) 梵〈嚩日囉羯磨=vajra-karman〉西〈las-thams-cad-kyirdo-rje〉①金剛界 三十七尊중 十六大菩薩의 한분. 北方不空成就如來四親近의 한분. 金剛界 曼茶羅 北方月輪중 不空成就如來의 전방에 住하는 보살. 또는 尾首羯磨 혹은 虛空軍이라 함. 密號는 善巧金剛 혹은 辦事金剛 ②大日如來의 四近親의 한분. 金剛界 曼茶羅 四印會중 北方月輪內에 住하는 보살로 四種智印의 하나인 羯磨

金剛業菩薩

金剛業菩薩

금강역사(金剛力士) 또는 金剛神執金剛·持金剛·金剛夜叉·密迹金剛과 같음. 金剛杵를 쥐고 佛法을 護持하는 天神.
※楞伽經四에「金剛力士 常隨侍衛」立於寺門兩脅之二王是也.

금강염(金剛炎) 印契의 명칭. 또는 火院·火炎·大院界印 혹은 火院密縫印이라 함. 四方結界밖을 둘러싸게하고 불로 魔가 침입하지 못하게 맞는 印明. 왼손바닥으로 바른 손등을 덮어 마주 대고 두 엄지손가락을 똑바로 세워 만듬. (無量壽供養儀軌)
※想從印流出無量之火燄 以印右旋三市 則於金剛墻外便有火燄圍繞 卽成堅固清淨大界火院 眞言에 唵阿三莽儗寧吽發.

금강염송(金剛念誦) 四種念誦의 하나. 즉 입을 다물고 묵묵히 경문을 염송하는 것. (略出經四)

금강예보살(金剛銳菩薩) 梵〈Vajra

金剛銳菩薩

khyati〉胎藏界 金剛手院 三十三尊의 한분. 如來의 勇猛精進하는 德을 맡아봄. 密號는 叉迅金剛 또는 金剛悅이라 함.
※秘藏記末에「白肉色 左手持蓮華臺 有三股跋折羅」銳或作悅 非是 由梵名推之 則銳似爲說之誤字.

금강왕(金剛王) 金剛가운데 가장 殊勝한 것을 金剛王이라 함. 많은 소 (牛) 가운데 가장 나은 것을 牛王이라 함과 같음.
※楞嚴經四에「清淨圓滿 體性堅凝 如金剛王 常住不壞」

금강왕동자경(金剛王童子經) 佛說金光王童子經의 약칭. 一卷. 宋法賢의 번역. 金光童子의 과거의 因緣을 說한 것.

금강왕보각(金剛王寶覺) 如來正覺의 德稱.
※楞嚴經五에「自心取自心非幻成幻法 不取無非幻 非幻尙不生 幻法云何生 是名妙蓮華金剛寶覺」

금강왕보검(金剛王寶劍) 臨濟 四喝의 하나. 臨濟가 때로 一喝하여 一切情解를 切斷하는 것을 葛藤의 利劍에 비유한 말.
※臨濟錄에「師問僧 有時一喝如金剛王寶劍 有時一喝如踞地金毛獅子 有時一喝如探竿影草 有時一喝不作一喝用 汝作麼生會 僧擬議師便喝」

금강왕보살(金剛王菩薩) 梵〈嚩日囉邏惹=vajra-rāja〉西〈gdon-mi-za-bahirgyal-po〉①金剛界 三十七

尊중 東方 阿閦 四親近의 한분. 東方月輪중 阿閦如來의 우측에 居하는 菩薩. 또는 金剛藏·金剛鉤王·不空王·妙覺·最上·金剛請引이라 함. ②胎藏界金剛手院중 제三행 持妙金剛菩薩의 左脇에 住하는 菩薩의 名號. 密號는 自在金剛 또는 執鉤金剛

金剛王菩薩

※聖位經에「毘盧遮那佛 於內心證得金剛鉤四攝三摩地智 自受用故 (中略) 成金剛王菩薩形 住阿閦如來右邊月輪」出生義에「於一切如來 菩提四攝體 而生金剛王」

금강왕보살비밀염송의궤(金剛王菩薩秘密念誦儀軌) 經 一권. 唐 不空의 번역. 金剛菩薩의 念誦法을 說한 것.

금강왕염송의궤(金剛王念誦儀軌) 經 金剛王菩薩秘密念誦儀軌의 약칭.

금강원(金剛垣) 주로 門설주 사이에 설치하여 함부로 그 안에 들어 가려는 것을 防止하려는 담.

금강위산(金剛圍山) 鐵圍山을 말함. 쇠의 질이 견고하므로 金剛이라 함.

금강유가교(金剛瑜伽敎) 金剛이란 金剛界를 가르키는 말로 곧 金剛頂經. 瑜伽란 胎藏界를 가르키는 말로 곧 大日經을 뜻하며 금강·태장 양부의 비밀교를 총칭한 것. 金剛頂瑜伽와 같음.

금강유가비밀교주(金剛瑜伽秘密敎主) 金剛界와 胎藏界의 兩部秘密敎의 大日如來를 말함.

금강유삼매(金剛喩三昧) 眞言을 외우며 五相(通達菩提心·修菩提心·成金剛心·證金剛身·佛身圓滿)을 수행하는 것을 金剛喩三昧라 함.

※金剛界儀軌에「空中諸如來 彈指而警覺 告言善男子 汝之所證處 是一道淸淨 金剛喩三昧 及薩婆若智 尙未能證知 勿以是爲足 應滿足普賢 方成最正覺」

금강유정(金剛喩定) ①金剛이 堅固하여 다른 것을 깨뜨리는 것과 같이 모든 煩惱를 끊는 禪定을 말한다. 이 定은 聲聞·菩薩이 修行을 마치고 마지막 번뇌를 끊을 때에 드는 것. 小乘은 阿羅漢果를 얻기 전에 有頂地의 第九品惑을 끊은 定을 말하고 大乘은 第十地菩薩이 마지막으로 조금 남은 俱生所知障과 저절로 일어나는 번뇌장 종자를 단번에 끊고 佛地에 들어 가기 위하여 드는 禪定을 말한다. 天台宗에서는 等覺菩薩이 元品無明을 끊고 妙覺을 證하기 위하여 드는 禪定을 말한다. 金剛定, 金剛三昧. 金剛心.

②佛智를 일컬음.
※俱舍論二十四에「金剛喩定者 阿羅漢 向中斷有頂惑第九無間道 亦說名爲金剛喩定 一切隨眠皆能破故」唯識論十에「由三大劫阿僧企耶修集無邊難行勝行 金剛喩定現在前時 永斷本來一切麤重 頓證佛果圓滿轉依 窮未來際利樂無盡」②寶窟下本에「佛智是常 不爲生滅所壞 類同金剛堅固不爲物壞 故云金剛喩」

금강의(金剛衣) →金剛衣服天.

금강의복천(金剛衣服天) 또는 金剛衣・金剛衣天. 金剛界 外金剛部 西方의 中央에 있다. 그 지닌 物件에 따라 弓箭毘那夜迦, 또는 順行이라 칭함. 형상은 코끼리 머리에 사람의 몸으로 左手에 활을 잡고 右手에 화살을 지니고 활쏘는 姿勢로 荷葉에 앉아 있다.

금강의천(金剛衣天) 梵〈嚩日羅縛始=vjra-vāsin〉또는 弓箭毘那夜迦天・金剛衣服天・順行大將이라 함. 金剛界 外金剛部 二十天의 한분. 五類天中 虛空天의 한분. 外金剛部

金剛衣天

院 西方位의 中央에 住하는 天尊. 種子는 व字로 諸法離縛著의 뜻. 三摩耶形은 弓箭임.

금강이의(金剛二義) 探玄記三에「金剛에 두가지 뜻이 있으니 ①은 견고하고 ②는 날카롭다는 뜻이다」하였음.

금강이인(金剛利双) 金剛王寶釼의 약칭. 臨濟四喝의 하나. 金剛같이 견고하고 예리한 칼로 곧 慧劒을 뜻함.

금강인보살(金剛因菩薩) 梵〈嚩日羅係都〈vajra-hetu〉西〈rdo-rje-hkhor-lo〉또는 金剛輪・金剛轉輪・轉法輪・摩訶理趣・大堅實・妙轉輪・金剛起・金剛道場이라 함. 金剛界 三十七尊中 西方 無量壽四親近의 한분. 西方月輪중 無量壽如來의 左側에 住하는 菩薩. 密號는 不退金剛・菩提金剛.

金剛因菩薩

※聖位經에「毘盧遮那佛 於內心證得金剛因轉法輪三摩地智 自受用故 (中略) 成金剛因菩薩形 住觀自在王如來左邊月輪」出生義에「就一切如來 轉大法輪智而生金剛因」

금강인자(金剛因字) 金剛因菩薩種子 「치」滿字를 일컬음. (瑜祇經)

금강일계(金剛一界) 金剛界를 말함. 一界는 眞曼陀羅金剛界胎藏界兩界에 대한 일컬음. →金剛界.

금강일승심심교(金剛一乘甚深敎) 眞言을 讚嘆하는 敎法. 敎法이 堅固하므로 金剛. 一切成佛의 法이 되므로 一乘. 秘密이 深奧하므로 深甚이라 함.
※金剛頂經瑜伽修習毘盧遮那三摩地法에 「演說如來三密門金剛一乘甚深敎」

금강자(金剛子) ①金剛樹(一名 天目橫)의 열매로 數珠를 만듦. 不動尊 등 金剛部尊을 念誦하는데 씀 ②金剛의 佛子 曼陀羅에서 灌頂에드는 자를 통칭함.
※慧琳音義三十五에 「嗚嚕捺囉叉 Rudra-akṣa 西方樹木子 核文似桃核 大如小櫻桃顆 或如小彈子 有顆紫色.

금강자염주(金剛子念珠) 金剛子 나무의 열매로 만든 念珠.

금강장(金剛杖) 執金剛神이 가지고 있는 金剛杵. 俱舍光記十一에 「손에 金剛杖을 쥐고 있으므로 金剛手라」고 하였음.

금강장(金剛藏) ①胎藏經에서 說한 八藏의 하나. 等覺菩薩이 金剛心位에서 극히 微細한 無明을 斷盡하고 佛果의 法門을 證得한 것을 結集한 것. ②金剛藏菩薩.
※三藏法數三十一에 「金剛藏者 謂佛所說等覺菩薩修因感果法 以其破惑之智 最爲堅利 能斷極後微細無明之惑 故名等覺菩薩 爲金剛心是也」

금강장(金剛墻) 密敎 結界法 五種의 하나. 또는 四方結이라 함. 第一結界의 뒤에 제二는 그 地界를 따라 사방의 周遍을 헤아리는 金剛墻의 작법. 印契로써 행함.
※無量壽儀軌에 「次結金剛墻印. (中略) 卽成金剛堅固之城」

금강장경(金剛場經) 金剛場陀羅尼經의 약칭.

금강장관정(金剛藏灌頂) 金剛같이 堅固하여 不變하는 虛空藏菩薩의 智慧水로 灌頂하는 것. 金剛寶의 智慧로 灌頂하여 三界의 主人이 될 수 있는 資質을 얻는 것.

금강장다라니경(金剛場陀羅尼經) 一卷. 請闍那崛多의 번역. 내용은 一切善惡의 法을 說한 陀羅尼.

금강장법(金剛藏法) 陀羅尼集經七에서 說한 金剛藏菩薩의 修法을 밝힌 것 金剛藏大威神力三昧法印呪唱을 가르킴.

금강장보살(金剛將菩薩) 梵 〈隨日囉

金剛將菩薩

制那=vajra-sena〉 胎藏界 曼陀羅 蘇悉地院중 우측에서 제二位. 곧 金剛軍茶利菩薩의 우측에 住하는 菩薩. 密號는 首領金剛.

金剛藏菩薩

금강장보살(金剛藏菩薩) 梵 〈Vajragarbha〉 金剛界 賢劫十六尊 가운데 한분. 이 菩薩明王은 忿怒身을 드러내고 혹은 金剛杵를 가지고 惡魔를 調伏하므로 金剛藏王이라 함. →金剛藏.

金剛藏王菩薩

금강장왕(金剛藏王) 梵 〈Vajragarbha〉 金剛藏은 執金剛의 총칭. 金剛薩埵와는 異名同體로 즉 金剛薩埵의 變化身이다. 胎藏界虛空藏院 二十八尊 가운데 一百八臂를 가진 菩薩.
※又釋迦爲金剛薩埵之變化身(金剛薩埵部釋之) 故釋迦與金剛藏王 其能變之 體 可謂同一

금강장장엄반야바라밀다교중일분(金剛場莊嚴般若波羅密多敎中一分) 一권. 佛說金剛場莊嚴般若波羅密多敎中一分의 약칭. 宋 施護의 번역. 내용은 大日如來가 一切如來의 自性 가운데 安住하여 四念處 내지 十八不共法 등의 諸法句를 說한 것.

금강저(金剛杵) 梵 〈伏折羅=vajra〉 僧侶들이 修法할 때에 쓰는 法具의 하나. 본래 印度의 병기로 煩惱를 끊고 악마를 항복 받는 菩提心을 상징한 쇠붙이. 쇠나 돌로 만들고,

塔杵

五鈷金剛杵

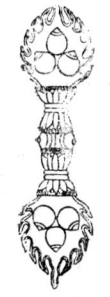

金剛杵手　　　寶杵

그 양 끝을 한가닥으로 만든 것을 「獨鈷」, 세 가닥으로 만든 것을 「三鈷」 다섯 가닥으로 만든 것을 「五鈷」라 함.

금강정(金剛定) 또는 金剛喩定・金剛三昧・보살이 최후의 계율에서 아주 微細한 번뇌를 끊는 禪定. 그 智用의 굳고 날카로움을 금강에 비유한 것.

금강정(金剛頂) 金剛界의 諸經과 諸會의 通稱. 금강계의 법에 十만偈頌과 十八會를 모두 金剛頂이라 한다. 金剛에는 堅固와 利用의 두 가지의 뜻이 있는데 실상의 不可思議한 理體가 견고하여 상주하며 여래의 智用이 銳利하여 惑障을 깨뜨리는데 비유한 것. 頂은 最上尊勝의 뜻으로 이 법이 모든 대승 가운데서 가장 우수하여 위가 없는 것이 마치 사람의 이마와같다는 말.
※又曰「頂者 是最勝義 尊上義 謂此金剛敎 於諸大乘法中最勝無過上故 以頂名之」

금강정경(金剛頂經) 眞言敎 三部經의 하나. 이 經에는 廣本과 略本이 있다. 廣本은 十萬偈・十八會로 되었다 하나 현행하는 것은 略本뿐이다. 金剛頂經이란 이름은 十八會의 총칭이므로 金剛界의 여러 經에도 통하거니와 특히 다음 三本을 가르킨다. ①不空이 번역한 金剛頂一切如來眞實攝大乘現證大敎王經 三卷. 十八會中 처음 四品에서 그 一品을 번역한 것. ②施護가 번역한 佛說一切如來眞實攝大乘現證三昧敎王經 三十卷. 一會 四品을 전부 번역한 것. ③金剛智가 번역한 金剛頂瑜伽中略出念誦經 四卷. 廣本중에서 긴요한 것을 略出한 것. 이상 三本 중에서 보통 不空의 번역을 가르켜 金剛頂經이라 함.

금강정경관자재왕여래수행법(金剛頂經觀自在王如來修行法) 一권. 唐 不空의 번역. 내용은 西方阿彌陀의 修法을 說한 것. 金剛智가 번역한 金剛頂經瑜伽觀自在王如來修行經 一권과 同本.

금강정경다라보살염송법(金剛頂經多羅菩薩念誦法) 一권. 唐 不空의 번역. 多羅觀音의 修法을 說한 것.

금강정경만수실리보살오자심다라니품(金剛頂經曼殊室利菩薩五字心陀羅尼品) 一권. 唐 金剛智의 번역 내용은 五字文殊의 修法을 說한 것.

금강정경비로사나일백팔존법신계인

(金剛頂經毘盧沙那一百八尊法身契印) ㉚ 一권. 唐 善無畏의 번역. 내용은 金剛界 一百八尊의 密印을 說한 것.

금강정경석자모품(金剛頂經釋字母品) 瑜伽金剛頂經釋字母品의 약칭.

금강정경유가관자재왕여래수행법(金剛頂經瑜伽觀自在王如來修行法) ㉚ 一권. 唐 金剛智의 번역. 不空이 번역한 金剛頂經觀自在王如來修行法과 同本.

금강정경유가문수사리보살법(金剛頂經瑜伽文殊師利菩薩法) ㉚ 五字呪法의 다른 이름. 一권. 唐 不空의 번역. 내용은 五字文殊의 修法을 說한 것.

금강정경유가수습비로자나삼마지법(金剛頂經瑜伽修習毘盧遮那三摩地法) ㉚ 一권. 唐 金剛智의 번역. 내용은 禮佛·五悔·修供·觀心 등의 法을 說한 것.

금강정경의결(金剛頂經義訣) ㉛ 一권. 唐 智藏이 지음. 智藏은 不空三藏의 譯.

금강정경의궤(金剛頂經儀軌) 不空이 번역한 二권의 金剛頂一切如來眞實攝大乘現證大敎王經을 가리키며 만일 金剛界儀軌라고 하면 金剛頂蓮華部心念誦儀軌를 말함.

금강정경일자정륜왕유가일체시처염송성불의궤(金剛頂經一字頂輪王瑜伽一切時處念誦成佛儀軌) 一권. 唐 不空의 번역. 내용은 一字頂輪王의 修法을 說한 것.

금강정발보리심론(金剛頂發菩提心論) ㉛ 金剛頂瑜伽中發阿耨多羅三藐三菩提心論의 약칭.

금강정경승초유가경중약출대락금강살타염송의궤(金剛頂勝初瑜伽經中略出大樂金剛薩埵念誦儀軌) ㉚ 一권. 唐 不空의 번역. 내용은 金剛埵薩을 念誦하는 法을 說한 것. 大樂金剛은 金剛薩埵의 다른 이름.

금강정승초유가보현보살염송법경(金剛頂勝初瑜伽普賢菩薩念誦法經) 一권. 唐 不空의 번역. 내용은 普賢菩薩을 念誦하는 法을 說한 것.

금강정약출염송경(金剛頂略出念誦經) 金剛頂瑜伽中略出念誦經의 약칭.

금강정연화부심염송의궤(金剛頂蓮華部心念誦儀軌) 一권. 唐 不空의 번역. 金剛界 曼茶羅 諸尊의 念誦供養法을 說한 것으로 順次로 成身會 羯磨會·三寂耶會·供養會 諸尊의 印契眞言 등을 밝힌 것.

※是爲金剛頂經之儀軌 稱爲金剛界之儀軌 此經與不空所譯二卷之金剛頂一切如來眞實攝大乘現證大敎王經異名同本 惟字句稍異.

금강정유가(金剛頂瑜伽) ①金剛頂과 瑜伽를 말함. 金剛頂은 敎王經 등 金剛界의 經을, 瑜伽는 大日經 등 胎藏界의 經을 가리킴. ②金剛頂은 곧 瑜伽를 말함. 金剛頂經中에 瑜伽法을 밝혔으므로 金剛頂瑜伽라고 하나. 別部는 아니다. 不空이

번역한 三卷의 敎王經의 末題에는 金剛頂瑜伽經이라 하였음.

※菩薩心論初心鈔上에「金剛頂金剛頂宗通名 謂敎王經等也 此經題金剛頂故 瑜伽大日經宗通名也 謂大日經等也 此經疏中指大日經云瑜伽宗故」

금강정유가경(金剛頂瑜伽經) 혹은 金剛頂經이라 함. 梵本 十萬偈와 十八會의 총칭.

금강정유가경문수사리보살의궤공양법(金剛頂瑜伽經文殊師利菩薩儀軌供養法) ⓟ 一권. 唐 不空의 번역. 文殊菩薩을 念誦하는 法을 說한 것.

금강정유가경십팔회지귀(金剛頂瑜伽經十八會指歸) ⓟ 一권. 唐 不空의 번역. 梵本十萬偈와 十八會의 大要를 說한 것. 보통 十八會指歸라 일컬음.

금강정유가금강살타오비밀수행염송의궤(金剛頂瑜伽金剛薩埵五秘密修行念誦儀軌) ⓟ 一권. 唐 不空의 번역. 五秘密의 法을 說한 것.

금강정유가삼십칠존례(金剛頂瑜伽三十七尊禮) ⓟ 金剛頂經金剛界大道場毘盧遮那如來自受用身內證眷屬法身異名佛最上乘秘密三摩地禮懺文의 異名. 약하여 三十七尊禮懺文.

금강정유가삼십칠존출생의(金剛頂瑜伽三十七尊出生義) ⓟ 一卷. 唐 不空의 번역. 金剛界의 根本成身會 三十七尊과 大日如來의 出生의 次第를 說한 것. 약하여 出生義라 함.

금강정유가약술삼십칠존심요(金剛頂瑜伽略述三十七尊心要) ⓟ 一권. 唐 不空의 번역. 金剛界三十七尊의 心要를 說한 것.

금강정유가염주경(金剛頂瑜伽念珠經) ⓟ 一권. 唐 不空의 번역. 내용은 부처님이 金剛薩埵에게 命하여 珠數의 功德을 說하게 한 것.

금강정유가이취반야경(金剛頂瑜伽理趣般若經) ⓟ 一권. 唐 金剛智의 번역. 不空이 번역한 理趣經外에 따로 번역한 理趣經.

금강정유가중발아뇩다라삼약삼보리심론(金剛頂瑜伽中發阿耨多羅三藐三菩提心論) ⓟ 一권. 龍樹菩薩이 짓고, 唐 不空이 번역함. 보통 略하여 菩提心論이라 함. 즉 眞言宗 十卷書의 하나.

금강정유가중약출염송경(金剛頂瑜伽中略出念誦經) 四권. 唐 金剛智의 번역. 내용은 金剛界 九會曼陀羅中에서 成身會·羯磨會·三昧耶會·供養會의 會를 說한 것. 보통 약하여 略出經이라 함.

금강정유가천수천안관자재보살수행의궤경(金剛頂瑜伽千手千眼觀自在菩薩修行儀軌經) 一권. 唐 不空의 번역. 千手觀音의 念誦法을 說한 것.

금강정유가청경대비왕관자재염송의궤(金剛頂瑜伽靑頸大悲王觀自在念誦儀軌) ⓟ 一권. 唐 金剛智의 번역 靑頸觀音의 修法을 說한 것.

금강정유가타화자재천이취회보현수행

염송의궤(金剛頂瑜伽他化自在天理趣會普賢修行念誦儀軌) 經 一권. 唐 不空의 번역. 普賢菩薩의 念誦法을 說한 것.

금강정유가항삼세성취극심법문(金剛頂瑜伽降三世成就極深法門) 經 一卷. 唐 不空의 번역. 三世害毒을 처부수는 降三世明王深法을 說한 것.

금강정유가호마의궤(金剛頂瑜伽護摩儀軌) 經 一卷. 唐 不空의 번역. 五種護摩(息災·增益·降伏·鉤召·敬愛)의 儀軌가 같지 아니함을 說한 것.

금강정의결(金剛頂義訣) 書 一卷. 내용은 金剛智三藏(六卷)과 略出經의 要註를 說한 것. 智藏이 筆寫함 (日本續藏經)

금강정이취경(金剛頂理趣經) 金剛頂瑜伽理趣般若經의 약칭. 一권. 唐 金剛智의 번역.

금강정일체여래진실섭대승현증대교왕경(金剛頂一切如來眞實攝大乘現證大敎王經) 同名異譯의 二本이 있다. ①三卷, 金剛界大曼茶羅廣儀品의 一品으로서 金剛界曼茶羅를 說한 本經. ②二卷四品, 修習供養의 法을 說한 것으로 儀軌를 말함. 모두 唐 不空의 번역.

※金剛頂之全本 有十萬偈十八會 其第一會名一切如來眞實攝敎王 有四大品 一名金剛界 二名降三世 三名遍調伏 四名一切義成就 此中不空所譯三卷之 金剛頂經 止初之一品 後趙宋施護 全譯四大品 稱曰佛說一切如來眞實攝大乘現證三昧大敎王經 有三十卷.

금강정종(金剛頂宗) 密敎 二宗의 하나. 金剛頂經에서 說한 金剛界의 法에 의한 一宗. 大日經 혹은 胎藏界의 法에 의한 大日宗의 對金胎.

금강정지경(金剛正智經) 三寶感應錄에 이 경을 인용하여 馬鳴·龍樹菩薩의 本地는 거론되었으나 다만 藏經에는 이 경이 없음.

금강정찰(金剛淨刹) 伽藍의 德을 일컬음. 功德이 견고하고 예리함을 金剛에 비유한 것. 淸淨한 땅을 淨利이라 함.
※同資持記下三之四에 「金剛 堅利之寶 伽藍 福業之地 故以喩焉」

금강정초승삼계경설문수사리보살비길심진언(金剛頂超勝三界經說文殊師利菩薩秘密心眞言) 經 一권. 唐 不空의 번역. 五字文殊의 法을 설한 것.

금강정항삼세대의궤법왕교중관자재보살심진언일체여래연화대만다라품 (金剛頂降三世大儀軌法王敎中觀在菩薩心眞言一切如來蓮華大曼茶羅品) 經 一권. 唐 不空의 번역.
※由梵本之金剛頂經抄譯第二大品降三世觀音之曼茶羅者.

금강정호마의궤(金剛頂護摩儀軌) 經 金剛頂瑜伽護摩儀軌의 약칭.

금강조복천(金剛調伏天) 梵 〈嚩日囉惹野=vajra-jaya〉 西 〈rdo-rje rn-am-par rgyal-ba〉 金剛勝이라는

뜻. 또는 調伏天·象頭天 抱刀毘羅夜迦·象頭大將이라 함. 金剛界 外金剛部 二十天의 하나. 五類天중 虛空天의 한분. 外金剛部院 北方 中央에 住하는 天部.

金剛調伏天

금강좌(金剛座) 金剛으로 된 寶座. 부처님이 보리수 밑에서 成道할 때에 앉은 자리. 摩竭陀國 佛陀伽耶菩提樹下에 있음.

금강중(金剛衆) 金剛杵를 가지고 있는 衆類의 神祇. 즉 金剛神의 眷屬. →金剛鍾.

금강지(金剛持) 梵 嚩日羅陀羅(Vajra-dhara) 西 〈rdo-rjehsin-pa〉 金剛持菩薩의 약칭. 現圖胎藏界曼茶羅金剛手院中 第二行上方에서 第六位에 住한 菩薩.

金剛持菩薩

금강지(金剛指) 風指 즉 人指. 둘째 손가락. (略出經三)

금강지(金剛智) ① 智慧가 堅固하고 銳利하기가 마치 金剛과 같음을 말함. 즉 부처님의 智慧. ② 人名. →金剛智三藏.

금강지삼장(金剛智三藏) (671~741) 梵 〈跋日羅菩提=Vajrabodhi〉 中印度(혹은 南印度) 摩賴耶國 사람. 金剛智는 이름. 三藏은 尊稱. 姓은 刹帝利(婆羅門種) 伊舍那摩의 第三子. 나이 10세에 那爛陀寺의 寂靜智에게 出家, 密乘을 널리 通하고, 31세에 南印度에 가서 당시 나이 7百세가 된 龍智(龍樹菩薩의 弟子)를 7年동안 供養하면서 一切의 密敎를 受學하였다. 뒤에 師子國을 遊歷하다가 中國의 佛法이 盛하다는 말을 듣고 唐 開元 7(719)年에 廣州를 거쳐 이듬해 東都에 이르다 勅令으로 慈恩寺에 住하다가 얼마 후에 薦福寺로 옮겼다. 그곳에서 大曼茶羅壇을 베풀고 四衆을 濟度함. 一行禪師·不空三藏이 다 그 弟子이다. 同 20(732)年 8月 15日 世壽 71세로 洛陽 薦福寺에서 入寂하니 諡號를 灌頂國師라 함. 師는 眞言宗 八祖가운데 第五祖이며 東夏에서는 始祖라 함. 譯書에 七俱

胝佛母准泥大明陀羅尼等 四部七卷·金剛頂經瑜伽修習毘盧遮那三摩地法 등 四部四卷이 있음. (貞元釋敎錄·宋高僧傳一)

금강찰(金剛刹) 절의 異稱. 金剛은 寺處의 功德에 비유한 말. 刹은 梵語 Ksetra의 譯語. 번역하여 土라고 함.

금강처(金剛妻) 金剛愛菩薩의 다른 이름.

금강천광왕좌(金剛千光王座) 金剛座는 견고한 七寶로 裝飾한 寶座. 金剛의 빛은 다른 많은 寶光이 모인 가운데서도 最勝한 것이므로 光王이라 함. →金剛座.

금강청정경(金剛淸淨經) 金剛三昧本性淸淨不壞不滅經의 약칭.

금강체(金剛體) 금강과 같이 견고한 신체. 곧 佛身의 공덕을 가리키는 말.
※新譯仁王經中에「世尊導師金剛體 心行寂滅轉法輪」良賁疏中一에「金剛體者 堅固具足 體者身也 佛身堅固 猶如金剛」

금강최쇄다라니(金剛摧碎陀羅尼) ⑳ 一卷. 宋나라 慈賢의 번역. 내용은 呪語를 記錄한 것.

금강최쇄천(金剛摧碎天) 또는 金剛摧天·傘盖毘羅夜迦라고 함. 金剛界外金剛部 二十天의 한분. 五類天 중 虛空天의 한분. 外金剛部院 東方의 中央에 住하는 天部. 一切法無行의 뜻.

金剛摧碎天

금강최천(金剛摧天) ⑳ 〈Vajrauikirua〉金剛界 外金剛部 二十天의 하나. 일산으로서 三摩耶形을 만듦. (金剛界曼陀羅大鈔二)

금강추녀(金剛醜女) 如來가 在世時에 波斯匿王의 부인 廐利가 딸을 하나 낳았는데 字를 波闍羅(Vajra)라고 함. 이는 金剛을 말함. 몹시 추악하여 거치른 살갗이 마치 낙타의 가죽과 같고 조악한 머리털은 말꼬리와 같았다. 婚期에 이르자 王이 豪族의 가난한 선비에게 시집보내어 사위를 大臣으로 삼았다. 그러나 남편은 그 부인을 항상 深宮에 문을 닫고 살게 하였으며 그 門은 자기만이 여닫도록하여 出入할 때에 사람들이 볼 수 없도록 하였다. 그 아내가 깊이 뉘우치고 자책하여 부처님에게 지성으로 참회하니 부처님이 홀연히 앞에 나타나 빛을 그 몸에 비추니 추녀의 얼굴이 化하여 天上仙女와 같았다 함. (賢

금강침(金剛針) ①獨鈷의 異名 ②菩薩의 名號. →金剛針菩薩.

금강침론(金剛針論) 梵〈vajra-sūci〉一卷. 法稱菩薩이 짓고 宋 法天이 번역함. 내용은 婆羅門의 四章陀論을 論駁註解한 것.

금강침보살(金剛針菩薩) 梵 嚩日囉蘇脂(vajra-sūci) 西 〈rdo-khab〉 또는 大力金剛針. 現圖 胎藏界 曼荼羅 虛空藏院의 아랫줄 바른 쪽에서부터 세번째에 住하는 보살. 密號精進金剛.

金剛針菩薩

※大日經疏五에「素支譯云金剛針 持一股拔折羅以爲標幟 此拔折羅是一相一緣堅利之慧 用此貫徹諸法無所不通 故名金剛針也」

금강평등(金剛平等) 密敎의 究極의 眞理에서 보면 우리들 自身의 마음이나 모든 物體가 堅固不動하여 連結된 쇠고리와 같이 完全無缺하게 이루어졌으므로 그 活動이 平等하다는 것.

금강하목(金剛鰕目) 書 一卷. 朝鮮 승려. 蓮潭有一이 지음, 涵虛堂 得通의 著書 金剛經五家解說義를 주석한 것.

금강합장(金剛合掌) 梵 鉢囉拏摩(Praṇāma) 十二合掌의 제七. 열손가락을 합하여 그 첫마디를 交叉하여 세운 것. 이것은 行者가 本尊에 대하여 공경·공양하며 견고한 信心을 나타내는 結印. 歸命合掌·合掌叉手.

※大日經疏十三에「令十指頭相叉 皆以右手指 加於左手指上 如金剛合掌也」

금강향보살(金剛香菩薩) 梵 〈嚩日羅杜閉=vajra-dhūpā〉 西 〈rdo-rje-bdug-pa〉 또는 金剛燒香. 혹은 金剛焚香. 金剛界 三十七尊의 한분. 外四供養의 한분. 金剛界曼荼羅外院方壇 東南隅에 住하는 보살. 密號는 無金剛 혹은 速疾金剛.

金剛香菩薩

※聖位經에「毘盧遮那佛 於內心證得金剛焚香雲供養三摩地 自受用故 從金剛雲海三摩智流出金剛焚香 光明遍照十方世界 供養一切如來 及破一切衆生臭穢煩惱 獲得遍悅無礙香 還來收一聚

爲令一切菩薩受用三摩地智故 成金剛
焚香侍女菩薩形 住東南角寶樓閣」

금강향보살대명성취의궤경(金剛香菩
薩大明成就儀軌經) 三권. 宋 施護
의 번역. 부처님이 覩史多天에서 金
剛手菩薩의 請에 의하여 설한 것.

금강향의궤경(金剛香儀軌經) 金剛香
菩薩大明成就儀軌經의 약칭.

금강혜(金剛慧) 實相의 이치에 통달
하여 모든 相을 깨뜨리는 지혜.
※維摩經不二品에「達罪性則與福無異
以金剛慧決了此相」同註「肇曰 金剛
慧實相慧也 什에 金剛置地下至地際然
後乃止 實相慧要盡法性 然後乃止也」

금강호보살(金剛護菩薩) 梵〈嚩日羅
路乞沙=vajra-raksa〉西〈rdo-rje-
go-cha-chen-po〉또는 金剛精進 혹
은 摩訶無畏. 金剛守護・金剛甲冑
大堅固・難可敵對・上首精進이라
함. 金剛界 三十七尊중 十六大菩薩
의 한분. 不空成就如來 四親近의
한분. 金剛界 曼茶羅 北方月輪중
不空成就如來의 右方에 住하는 보
살.
※聖位經에「毘盧遮那佛 於內心證得金
剛護大慈莊嚴三摩地智 自受用故（中
略)成金剛護菩薩形 住不空成就如來右
邊月輪」出生義에「自一切如來大慈鎧
冑門而生金剛護」

금강화보살(金剛華菩薩) 梵〈嚩日羅
補澁閉=vajra-puspā〉西〈rdo-rje-
me-tog〉또는 金剛散華・金剛妙華・
金剛覺花侍女菩薩이라 함. 金剛界
三十七尊중의 한분. 外四공양의 한

분. 金剛界 曼茶羅外院 方壇 西南
隅에 住하는 보살. 密號는 妙色金
剛. 혹은 淸淨金剛.
※聖位經에「毘盧遮那佛 於內心證得金
剛覺華雲海三摩地智 自受用故（中略）
成金剛覺侍女菩薩形 住西南角金剛寶

金剛華菩薩

樓閣」

금강환(金剛幻) 또는 不可思議幻.
十生의 緣句 가운데 幻과 같이 密
敎에서 밝힌 幻法門 같은 것.
※大日經疏一에「譬如幻師 以呪術力加
持藥草 能示現種種未曾有事 五情所對
悅可衆心 若捨加持 然後隱沒 如來金
剛之幻 亦復如是」

금강희보살(金剛喜菩薩) 梵〈Vajra-
sadhu〉金剛界 曼陀羅第一成身會

金剛喜菩薩

가운데 東方五月輪의 五尊 가운데 阿閦如來의 후방에 자리한 菩薩의 名號. 歡喜의 德을 맡아봄.
※秘藏記末에 「金剛喜菩薩 肉色 二手當胸拳」 聖位經에 「毘盧遮那佛於內心證得金剛善哉自受用故(中略)成金剛善哉菩薩形 住阿閦如來後邊月輪」

금강희보살(金剛嬉菩薩) 梵〈嚩日囉西=vajrā-lāsī(vajra-lāsye)〉西〈rdo-rie-hdsin-ma〉또는 金剛喜戱菩薩·金剛喜戱大天女. 金剛界 三十七尊 가운데 內四供養의 한분. 中央大月輪 가운데 東南隅에 자리한 菩薩, 密號는 普敎金剛.

金剛嬉菩薩

금강희희보살(金剛嬉戱菩薩) 梵〈vajralasi〉金剛界 三十七尊 가운데 內四供養菩薩의 第一. 이는 中央大日如來를 供養하는 東方阿閦如來 心中에서 流出하는 嬉戱三摩地女菩薩.
※聖立經에 「毘盧遮那佛於內心證得金剛嬉戱法樂幖幟三摩地智 自受用故(中略)成金剛嬉戱天女菩薩形 住毘盧遮那如來東南隅月輪」

금경(金磬) 金屬으로 만든 경쇠.
금계(金界) 金剛界의 약칭.
금계(金鷄) 天上의 金鷄星에 산다고 傳하는 想像의 닭. 이 닭이 天上에서 새벽을 알리면 地上의 群鷄도 이에 應하여 운다고 함.
금계(禁戒) 부처님이 制定한 戒律로 나쁜일을 禁止하는 일. 三藏가운데 律藏에서 밝힌 것. 이에 五戒·八戒·沙彌戒·具足戒 등의 구별이 있음.
금계(錦溪) 朝鮮 승려. 元字(1675—1740)의 法號. →元字.
금계경(禁戒經) 迦葉禁戒經의 약칭.
금고(金鼓) 꿈에 金鼓가 懺悔의 偈頌을 說했다는 故事 金光明經懺悔品에 「이 때에 信相菩薩이 그날밤 꿈에 金鼓를 보았는데 그 모양이 아주 크고 그 光明이 널리 비치어 日光에 비유하였다. 다시 光明 가운데서 十方無量無邊 諸佛世尊을 보니 衆寶樹下의 瑠璃座에 앉아서 無量百千眷屬과 더불어 圍繞하고 法을 說하는데 婆羅門과 같은 어떤 사람이 나타나 枹木(북채)으로 북을 치니 큰 소리가 발하여 懺悔偈頌을 演說하다」 하였음.
금고참회몽(金鼓懺悔夢) →金鼓.
금골(金骨) 金剛의 身骨, 곧 부처님의 舍利.
※宋仁宗之佛牙舍利贊에 「惟有吾師金骨在 曾經百鍊色長新」
금관(金棺) 金으로 장식한 棺.

금관출현도(金棺出現圖) 釋尊이 涅槃에 드신 뒤 다시 金棺으로부터 나와서 어머니 摩訶摩耶와 작별하는 像을 그린 그림.

금광(金光) 金色의 빛. 觀無量壽經에 「瑠璃色 가운데서 金빛을 發한다」 하였고 또 「如意寶珠가 金빛의 微妙한 光明을 漏出한다」 하였음.

금광동자(金光童子) 迦毘羅城의 釋族가운데 한 童子가 있었는데 이름을 金光王이라 하였음. 色相이 端嚴하고 光明이 晃曜하여 부처님이 出家成道했다는 말을 듣고, 부처님 처소에 나아가니 부처님이 그 옛적의 因緣을 說하매 童子가 淨信이 생하여 出家하였다 함. (金光王童子經)

금강명경(金光明經) 이에 三譯이 있으니 ①北凉의 曇無讖이 번역한 金光明經(四卷) ②隋 寶貴 등이 前譯을 취하여 그 缺品 八卷을 合入한 合部金光明經. ③唐 義淨이 번역한 金光明最勝王經(十卷)이다. 三譯가운데 이 經의 文義가 周密하고 豊足함. 단 金光明經은 天台智者가 玄義와 文句를 說한 후에 세상에 널리 流通함. 本經의 注釋書에는 隋 吉藏의 撰 金光明經疏(一卷) 金光明經玄義(二卷) 隋 智者大師가 說하고 門人 灌頂이 기록함). 慧遠의 著 金光明義疏 一卷. 宋 知禮의 述 金光明經文句記 十二卷과 金光明經玄義拾遺記 六卷. 宋 從義의 撰 金光明經玄義順正記 二卷과 金光明經文句新記 七卷. 宋 宗曉의 述 金光明經照解 二卷. 金光明經玄義科 一卷. 金光明經玄義拾遺記會本 六卷. 金光明經文句科 一卷. 金光明經文句文句記 八卷. 金光明經科註 四卷. 金光明經感應記 一卷. 金光明經註釋 五卷 등이 있음.

금광명경문구(金光明經文句) ⑤ 六卷. 隋智頭가 說하고 灌頂이 記錄함. 또는 金剛明文句·光明文句라 하며 天台五小部의 하나. 曇無讖이 번역한 金剛明經을 解釋한 것.

금광명경문구기(金光明經文句記) 十二卷. 宋 知禮의 著述. 또는 金光明文句記·光明文句記라 하며 智頭顗金剛明經文句를 解釋한 것.

금광명경술찬(金光明經述贊) 七卷. 新羅 승려 憬興이 지음.

금광명고(金光明鼓) 金光明鼓에서 發하는 妙한 소리가 三千大千世界에 두루하며 능히 三塗 極塗罪와 人中의 모든 苦厄을 滅하였다는 故事.

금광명녀(金光明女) 金天童子의 아내. →金天童子.

금광명사천왕호국(金光明四天王護國) 金光明最勝王經四天王護國品에「이때에 四天王이 곧 자리에서 일어나 오른쪽 어깨의 소매를 벗어 드리내고 오른쪽 무릎을 땅에 붙이고 合掌恭敬하며 부처님께 아뢰니 世尊께서 말씀하시되 이 金光明最勝王經을 未來世에 만약 國土·城邑·

聚落·山林·曠野의 이르는 곳에 따라 流布할 때 그 國王이 이 經典을 至心으로 聽受하고 稱嘆供養(中略)하면 이 因緣으로 내가 그 王과 모든 人衆을 보호하여 모두 안온하게 멀리 憂苦를 여의게 될 것이며 壽命을 增益하고 威德이 具足할 것이라 하였음.

금광명삼매참(金光明三昧懺) 金光明經에서 說한 懺悔法. 金光明懺과 같음. 一心으로 그 法을 닦기 때문에 三昧라 이름.

금광명삼자(金光明三字) ㊵〈修跋拏=Suvarna〉번역하여 金이라 하는데 尊貴하다는 뜻으로 法身의 德을 이름. 梵語婆頗娑(Prbhasa)를 번역하여 光이라 하며 照了의 뜻으로 般若의 德을 이름. 梵語鬱多魔(uttama)는 번역하여 明이라 하며 利益의 뜻으로 解脫의 德을 이름. 이 三字는 如來의 法身·般若·解脫 三德의 當體를 이름하며 一經 所詮의 本體를 示現한 것.

※此義爲天台智者所發揮 古師皆假世間之金與光明 此況法性之甚深 譬喩之題號.

금광명참법보조의(金光明懺法補助義) 一卷. 宋遵式의 著書. 내용은 金光明懺法의 修法을 記錄한 것.

금광명최승왕경(金光明最勝王經) 金光明經의 다른 이름.

금광최승(金光最勝) ㊷ 金光明最勝王經을 이름.

금구(金口) 如來의 말씀. 如來의 몸은 황금빛이므로 그 말씀을 金口라 한다. 또한 如來의 말씀은 金剛과 같이 견고하여 무너지지 아니하므로 金口라 함.

※輔行一之一에「金口者 此是如來黃金色身口業所記」瓔珞本業經上에「爾時釋迦牟尼佛 以金剛口告敬菩薩言」

금구(金軀) 金色의 몸. 즉 佛身.

금구목설한(金口木舌漢) 金口에 木舌을 가진 사람. 世上의 指導者로 大丈夫의 心地를 가진 사람. 金口木舌은 木鐸. 木鐸은 木舌이 있는 鐃鈴. 이 鐃鈴을 흔들며 가르침을 說하여 世人을 착한 길로 引導하는 것.

금구상승(金口相承) 天台宗 三相承의 하나. 또는 金口祖承. 부처님 金口의 說을 받아 付法藏의 二十三祖가 次第로 그 法門을 相承함을 말함.

※佛祖統紀序所謂「大迦葉下至獅子尊者 皆能仰承佛記 傳弘大法 謂之金口祖承」是也.

금구설(金口說) 부처님의 說敎. 부처님의 입을 金口라 하고 그 입으로 말한 교설을 金口說이라 함.

금구성언(金口聖言) 부처님의 입으로 說한 言語라는 뜻으로 부처님이 說한 가르침.

금귀(金龜) 이 世界에서 가장 낮은 虛空을 空輪이라 하고 空輪 위에 風輪이 있고 風輪 위에 水輪이 있고 水輪 위에 金輪이 있고 金輪 위에 須彌山과 海陸이 있음. 密敎에서 金輪의 형상이 方角으로 되어 金龜와 같이 보인다 하였음.
※按秘藏記末 謂密敎之道場觀 於水輪之上觀波羅지字爲金龜 觀此金龜 周遍法界 背生大蓮華 其上有八峯之須彌山 而此金龜卽佛性 何則 因佛性能遊生死涅槃 如龜之能遊水(生死)與陸(涅槃) 故曰佛性.

금금지(噤噤地) 噤은 입을 다물고 말하지 않는 것. 地는 助詞. 一言도 發하지 않음. 또는 冷噤噤地.

금남회등록(黔南會燈錄) 八卷. 淸 善一如純이 편집함. 明. 淸時代에 貴州 등의 禪家語要를 集成한 것. 黔은 貴州省의 別稱.

금니구(金泥駒) 또는 金蹄駒·犍陟駒·悉達太子가 出家할 때에 탔던 말.

금단(金丹) 天上의 太上老君이 不老長生하기 위하여 달여 만든 藥.

금단방(禁斷榜) 또는 禁亂榜. 절에 佛事가 있을 때에 잡인의 출입을 금하기 위하여 붙이는 榜文.

금담(錦潭) 朝鮮 승려 證俊(1842~1914)의 號. →證俊.

금당(金堂) 本尊佛을 安置하는 堂. 佛을 金人이라 말하므로 佛殿을 金堂이라 함.

금당(金幢) ①金寶의 幢. 幢은 幢竿을 이름. ②塔ㅁ의 九輪을 金幢이라 함.

금대왕(金大王) 二十八部衆의 하나. 千手觀音의 眷屬으로 行者를 擁護하는 善神. (賢愚經金天品·苑珠林五十六)

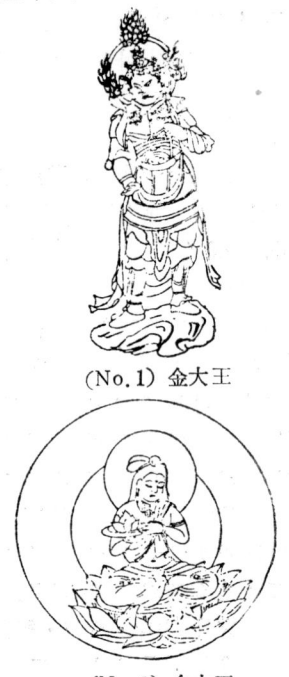

(No.1) 金大王

(No.2) 金大王

금도심(今道心) 지난날에는 俗人이었으나 이제 道心을 發하였다는 뜻. 道心을 發하여 出家한지 얼마 되지 않는 者의 代名詞. 靑道心 또는 禮道心.

금동불(金鍍佛) 金鍍金한 鑄鍮의 佛像.

금동상(金鍍像) 鍮에 鍍金하여 만든 像. 母型에 依하여 銅像을 鑄造하고 그 위에 金箔을 올린 像. 대개

金像의 造立은 元來 부처님의 本身이 黃金色이라는 뜻에서 起因된 것.

금란가사(金襴袈裟) 金襴衣.

금란방(禁亂榜) →禁斷榜.

금란의(金襴衣) 또는 金色衣・金氎衣・黃氎衣・金縷袈裟・金襴袈裟. 금실로 지은 袈裟.
※佛祖統紀第四十四 記宋眞宗景德四年 詔使送金襴袈裟於惠州羅浮山中閣寺奉釋迦瑞 像爲國建祈福道場 當時金襴衣 似甚貴重 未弘行於世 佛祖歷代通載第三等 亦云金皇統六年 賜淸慧金襴僧伽梨大衣 又廬山蓮宗寶鑑序 元元貞二年 正月 以金襴袈裟賜大德 則僧侶被著金襴衣 當自此時始.

금련(金蓮) ①金剛部와 蓮華部, (胎藏界 三部 가운데 二部) ②金色의 蓮華.

금련화(金蓮花) 佛前에 供養하는 黃金色으로 만든 연꽃.
※觀無量壽經에 「行者命欲終時 阿彌陀佛與諸眷屬持金蓮華 化作五百化佛 來迎此人」

금룡존(金龍尊) 過去世 王의 이름. 金光明經讚歎品).
※以微妙章句 讚嘆三世諸佛 且夜夢金鼓 聞深妙之聲 依此因緣 當來値釋迦佛與二子金龍金光皆發願受記別 依此發願 於今世爲信相菩薩 是金光明經之發起家也.

금룡타(金龍陀) 舍利弗 本地佛의 이름.
※法華文句本會十三에 「身子久成佛 號金龍陀 迹卽釋迦 爲右面慧弟子」

금루가사(金縷袈裟) →金襴衣.

금류(金流) 連河의 別名. 곧 尼連河 (無量壽經)

금륜(金輪) ①世界의 最下層을 風輪 (두께는 16억 由旬)이라 하며 金剛과 같이 견고하다 함. 風輪 위에 水輪(깊이 8억 由旬), 水輪 위에 金輪(두께 3억 2만 由旬, 직경 12억 3450由旬), 金輪 위에 九山八海가 있으니 이를 地輪이라 함. (俱舍論十) ②轉輪聖王이 感得하는 七寶의 하나 ③金輪聖王의 약칭. 帝王을 尊稱하는 말.

금륜당(金輪幢) 金輪聖王의 幢旗.

금륜만다라(金輪曼荼羅) 一字金輪佛頂曼荼羅의 약칭. 一字金輪佛頂尊으로 本尊을 삼고 그 周圍에 輪王의 七寶 및 佛眼尊의 曼荼羅를 安置하였음. (金剛頂經 一字頂輪王瑜加一切時處念誦成佛儀軌)

금륜보(金輪寶) 轉輪王이 感得하는 七寶의 하나. →金輪.

금륜성왕(金輪聖王) 金輪聖帝와 같음.

금륜성제(金輪聖帝) 또는 金輪王・金輪聖王. 金輪寶를 지닌 聖帝. →金輪.
※三論玄義에 「悉達處宮 方紹金輪聖帝 能仁出俗 遂爲三界法王」

금륜왕(金輪王) 四種 轉輪王의 한분. 須彌山에 四洲를 통치한다는 帝王. 轉輪王 중에서 가장 수승한 輪王. ←金輪.

금륜왕불정요략염송법(金輪王佛頂要略念誦法) ㉾ 一卷. 唐 不空의 번역. 金輪佛頂의 修法을 說한 것.

금륜제(金輪際) 須彌世界를 실은 金輪의 맨 밑바닥 즉 水面에서 八萬由旬의 아래에 이르면 金輪(두께 3억, 2만 由旬)이 있다. 이 金輪이 있는 곳을 金輪際라 함. →金輪.

금륜찰리(金輪刹利) 金輪王은 四輪王의 하나로 轉輪王 가운데서 金의 輪寶를 感得하고 온 世界를 支配하는 聖王刹帝利의 略語로 古代印度 四姓의 하나로 王族과 武士階級. 金輪聖王이 될 수 있는 候補族을 金輪刹帝라 함.

금릉(金陵) 또는 江寧·秣陵·建業·建康·應天府·南京이라 일컬음. 中國 江南省 揚子江 右岸에 있음. 吳東晋·宋·齊·梁·陳·明이 모두 이곳에 도읍하였음. 金陵에는 옛부터 佛敎가 隆盛하여 大刹이 많기로 有名하다. 鐘山 靈谷寺를 爲始하여 嶧山 棲霞寺등 大刹 五, 中刹 三十二, 小刹 百二十이나 된다. (金陵梵刹志)

금릉강경처(金陵刻經處) 中國 江蘇省 南京市 延齡巷에 있는 佛典의 印刻 流通을 目的으로 한 施設. 創始者 楊文會는 淸末 兵亂등에 依하여 佛經이 많이 亡失되어 求하기 어려움을 慨歎하여 同志 十餘人과 勸募를 分擔, 佛典의 開版과 流通에 看手하였다. 同志 中 江都의 鄭學川(妙空)은 揚州東鄕에서 江北刻經處를 創始하고 文會는 南京에서 刻經에 沒頭함.

금릉범찰지(金陵梵刹志) ㉾ 五十三卷. 明 錢唐 葛寅의 撰. 내용은 金陵의 一百六十個 大小梵刹과 그 寺歷·制度·史實·詩頌 등을 기록한 것.

금만(䤽滿) 溫器의 이름.

금명(錦溟) 韓國 末期 승려 寶鼎(1861~1930)의 法號. →寶鼎.

금모사자(金毛獅子) ①文殊菩薩이 타고 다니던 獅子. ②世尊이 因位時에 金毛獅子가 되어 獵師를 위해 몸을 버림. →堅聖獅子.

※李長者華嚴經論四에 「文殊乘獅子者 爲明創證法身佛 性根本智斷惑之駿故 普賢乘香象王者 表行庠序爲威德故」

금모연(禁母緣) 唐 善導가 觀經序分義(經名)의 序를 證信과 發起의 두 가지로 나누고 그 發起序를 다시 七科로 分類한 가운데 阿闍世王이 그 母 韋提希夫人을 幽閉한 事實을 記錄한 第 三科를 禁母緣이라 함.

금문(金文) 金과 같이 귀중한 글. 부처님의 말씀인 경전, 곧 內典을 말함.

금물녀(今勿女) 新羅 사람. 觀機와 함께 包山 九聖의 한분.

금바라(金婆羅) 神의 이름. 金毘羅의 異音.

금바라밀(金婆羅蜜) 金剛婆羅蜜의 약칭. 金剛界曼陀羅 가운데 菩薩의

이름.

금바라화(金婆羅拂) 金色의 婆羅華.
또는 金婆羅華
※佛祖統紀五에 「梅溪集 荊公謂佛慧泉
禪師曰 世尊拈華 出何典 泉云 藏經所
不載 公曰 頃在翰苑 偶見大梵王問佛
決疑經三卷 云梵王在靈山會上 以金色
波羅華獻佛 請佛說法 世尊登座拈花示
衆 人天百萬悉皆罔措 獨迦葉破顏微笑
世尊曰 吾有正法眼藏涅槃妙心 分付迦
葉」

금박법(金縛法) 또는 不動明王金縛
法. 不動明王이 金鎖(금 쇠사슬)로
結縛하여 사람의 신체를 움직이지
못하게 하는 法.
※底哩三昧耶不動尊威怒王使者念誦法에
「又法欲禁他軍陣象令不動者 於目旌上
畵不動尊 四面四臂 身作黃色 上下出
牙 作大忿怒瞋怖畏狀 徧身火光作天兵
勢 行者以旌示彼軍象 復想聖者以羂索
縛彼兵象 即軍象盡不能動」

금보(金步) ㊾〈Kamb〉번역하여 頂
이라 하며 印度의 姓氏.

금봉(錦峰) 朝鮮 末期 승려 秉演(18
69〜1916)의 法號. →秉演.

금불(金佛) 황금으로 만든 佛像. 또는
겉에 금빛 칠을 한 부처. 금부처.

금비(金篦) 또는 金錍・金箆・灌頂
때 阿闍梨가 受者의 눈을 加持하는
데 쓰는 道具. 원래 印度의 醫師가
맹인의 眼膜을 수술하는데 쓰는 金
籌. →金籌.
※老杜詩에 「金篦定刮眼 鏡象未離銓」
涅槃經八云 「如目盲人爲治目 故造詣

良醫 是時良醫即以金篦決其眼膜」

금비(金錍) 또는 金籌. 錍는 金가운
데 精錬한 銅・錚・箆라고 씀은 錍
의 假借. →錍籌.

금비(金箆) 또는 金錍・金箆・金籌.
金으로 만든 箸. 眼膜을 긁어내는
데 쓰는 의료 기구. 大日經疏 第九
에 「길이가 四, 五寸가량 된다」하
였음.

금비라(金毘羅) ㊾〈Kumbhira〉또
는 禁毘羅・宮毘羅・金娑羅. 번역하

(No. 1) 金毘羅

(No. 2) 金毘羅陀迦毘羅

금비라다~금비론

여 威如王이라 함. 藥師十二神將의 하나. 곧 夜叉를 거느리고 佛法의 守護를 誓願한 夜叉神王의 上首. ②번역하여 蛟龍·鰐魚. 뱀모양의 魚身에 꼬리에는 寶玉을 가졌다 함. →俱毘羅.

금비라다(金毘羅陀) 梵 〈Kumbhiraba〉 神將의 이름. (金毘羅神·金毘羅陀迦毘羅)

금비라다가비라(金毘羅陀迦毘羅) 二十八部의 하나. 또는 金毘羅陀·金毘羅王·千手觀音의 眷屬으로 行者를 옹호하는 善神.
※千手千眼觀世音陀羅尼經所謂「我遣摩醯那羅延 金毘羅陀迦毘羅 常當擁護受持者」是也 其形像爲白紅色 左手把寶弓 右手把寶箭 眞言曰 唵嚩悉儞阿利夜三曼他娑婆訶.

금비라대장(金毘羅大將) 十二神將의 하나. →二毘羅神.

금비라동자(金毘羅童子) 이에 두가지가 있으니 ①寶類의 神王으로 大寶積經에서 說한 것. ②는 釋迦의 化現인 千頭千臂의 童子로 金毘羅童子 威德經에서 說한 것. →金毘羅神.

금비라동자위덕경(金毘羅童子威德經) 一卷. 佛說金毘羅童子威德經의 약칭. 唐 不空의 번역. 내용은 釋迦가 化現하여 千頭千臂金毘羅童子의 念誦法을 說한 것.

금비라비구(金毘羅比丘) 梵 〈Kamplhilla'(Kapphiua) 比丘의 이름.

금비라신(金毘羅神) 金毘羅는 梵 〈Kumbhira〉 또는 金毘羅·禁毘羅·宮毘羅·俱吠嚕·軍毘羅. 藥師十二神將의 하나. 般若守護十六善神의 하나. 즉 佛法을 守護하는 夜叉神王의 上首.
※雜阿含經四十八에「佛在王舍城金婆羅山 金婆羅鬼神室中 以金槍刺足身起苦痛 佛住捨念 不動時 時有八金婆羅天子 各以偈讚佛」寶積經金毘羅天受記品에「佛在王舍城途 王舍城有護神金毘羅王 領六萬八千藥叉象供養佛 佛爲授未來成道記」

금비라죽림(金毘羅竹林) 梵 〈Kimbila-venuvana〉(巴) 〈Kimbila-veluana〉所在不明. 一說에는 夜叉의 石窟. 또는 佛의 住處라는 說이 있음.

금비론(金錍論) 一卷. 본 이름은 金剛錍. 荊溪湛然의 著書. 내용은 非情한 草木도 모두 成佛할 수 있다는 뜻을 밝힌 것. 本論에 대한 諸家의 撰述에는 金剛錍論私記 二卷 (唐 明曠의 기록), 金剛錍科 一卷 (宋 仁岳의 撰), 金剛錍科 一卷(宋 智圓의 集錄), 金剛錍顯性錄 四卷 (同), 金剛錍論義 一卷(宋 可觀述), 金剛錍論義解 中卷(宋 善月述), 金剛錍論釋文 三卷(宋 時擧釋), 評金剛錍 一卷(宋 善熹의 述), 註金錍論 一卷(傳敎 著), 金錍論逆流批 三卷(鳳澤 著), 金剛錍科解 一卷 (慧證 著)

금사(金師) ①新羅의 僧侶. 師가 睢陽(지금 河南省 商丘縣)에 居할 때 錄事參軍 房琬에게 말하기를 「太守 裵寬이 갈릴 것입니다.」 琬「어느 때 입니까?」 師「내일 午時에 刺書가 到着하며 郡의 西南方에서 公과 만나게 될 것입니다.」 琬이 기다리니 午前에 驛使가 두 封書를 가지고 왔으나 아닌지라 琬이 師의 말이 틀린다고 하였다. 午時가 되어서 또 한 驛使가 牒書를 傳하며 말하기를 「裵寬을 체임하여 安陸別駕로 삼는다.」 하였다. 琬이 급히 軍馬를 채비하여 師를 맞게 하고 몸소 나아갔더니 果然 郡의 西南方에서 裵寬을 만났다 함. (高僧傳) ② 鍛冶(쇠를 달구어 기물을 만듬)를 業으로 하는 者.

금사륜삼매(金沙輪三昧) 五輪三昧의 하나. 金沙는 眞實無垢의 뜻. 禪定을 닦아 見感과 思感을 끊고 無漏智를 일으켜 染着하지 않고 一切 煩惱를 斷盡하여 道果를 얻는 禪定이므로 이같이 말함.

금사상승(今師相承) 天台宗에서 말하는 三相承의 하나. 龍樹菩薩・北齊慧文・南岳慧思・天台智顗의 順으로 四祖相承을 말함.

금사자장(金師子章) 書 一卷. 華嚴金師子章의 약칭. 賢首法藏이 唐의 則天武后에게 뜰 앞에 놓인 金師子를 가지고 比喩하여 十門으로써 華嚴의 敎觀을 나타낸 것. 처음에 法界緣起를 밝히고 다음에 色空과 五敎를 論하고 최후에 涅槃을 말한다.

금사자좌(金獅子座) 黃金의 獅子座를 말함.
※高僧傳二(羅什傳)에 「龜玆王爲造金獅子座 以大秦錦褥鋪之 令什昇而說法」

금사정(錦麔幀) 수놓은 부처. 繡佛. 幀은 幀과 같은 字로 혹은 「탱」이라 읽음.

금사조승(今師祖承) 天台 三相承의 하나. 天台智者에서 거슬려 올라가 南嶽慧思를 父師로 北齊慧文을 祖師로 龍樹菩薩을 曾祖師로 삼는 三承說을 말함. 今師相承.

금사하(金沙河) 梵 〈娑婆耶〉 拘耶尼洲에 있는 河水.
※涅槃經十에 「於是三千大千世界 有洲名拘耶尼 其洲有河 端直不曲 名娑婆耶 猶如直繩 入於西海」

금산(金山) 佛身에 비유한 말.

금산왕(金山王) 金山 가운데 勝妙한 것을 如來에 비유한 말.
※往生要集上本에 「遙以瞻望彌陀如來如金山王」

금살(金薩) 金剛薩埵의 약칭.

금상패(今上牌) 今上皇帝의 壽牌. 禪宗 등 寺院에서 佛殿의 正面에 安置하는 것으로 「皇帝萬歲萬歲萬萬歲」라는 글귀를 써 붙임.
※案唐開元十八年勅天下寺觀建天長節祝壽道場 今上牌之由來 殆以此時爲始乎

**금색가나발지다라니경(金色迦那鉢底

陀羅尼經) 一권. 唐나라 金剛智의 번역. 부처님께서 舍衛國 迦蘭竹林園에서 舍利佛에게 歡喜天의 法이 偉大함을 說하신 것. 迦那鉢底는 歡喜天을 말함.

금색가섭(金色迦葉) 三迦葉 가운데 摩訶迦葉・付法藏의 제一祖이며 그 몸에 金色光明이 있으므로 飮光 또는 金色迦葉・金色頭陀라 함.

금색공작왕(金色孔雀王) 千手觀音의 권속으로 行者를 옹호하는 善神. 二十八部衆의 하나.

金色孔雀王

※據千手觀音造次第儀軌 其形像 身爲黃金色 左手執寶幢 上有孔雀鳥 爲細妙色 說無量之妙言 眞言曰 唵具光吽吒沙羅迦羅放光吽吒沙羅迦羅周遍叫羅迦唵吽吒娑婆訶

금색녀(金色女) 人名. 婆羅奈國王 부인이 딸 하나를 낳았는데 몸은 황금색이요, 머리는 紺靑色이었다. 나이 十六에 부모가 사위를 구하고 자하니 딸이 말하기를 "사위를 구하려거든 身相이 나와 같은 사람을 구하라"고 하므로 國中에서 구했으나 얻지 못하였다. 부처님이 舍衛國에 계실 때에 사위국의 商人이 婆羅奈에게 와서 말하기를 "國中에 그러한 사람이 있다"고 하므로 왕이 이 말을 듣고 기뻐하여 장사군을 시켜 글을 지어 그 사람을 맞이하도록 하니 장사군이 글을 부처님께 드리면서 말하기를 "이 女子가 端正無比하니 부처님께서 장가드시기를 바랍니다" 하였다. 부처님이 祇洹에서 比丘 數千人을 위하여 說法하실 때이라 글을 가진 사람이 곧 바로 부처님께 드리니 佛은 글 뜻을 預知하시고 받아 찢으시며 金色女에게 답하여 무상한 生死의 苦痛을 說하였다. 그녀가 글을 받고 깊이 생각하여 곧 五神通을 얻고 바로 부처님께 와서 禮敬하였다. (經律異相三十四)

금색동자인연경(金色童子因緣經) 十二권. 趙宋 惟淨의 번역. 불멸 후에 大商主의 아들이 있었는데 몸에 金色光明이 있었으므로 이름을 金色童子라고 함. 내용은 阿難이 敎化한 인연을 說한 것.

금색두타(金色頭陀) 摩訶迦葉의 별칭. 그의 身相에 金色이 있고, 頭陀行이 第一이므로 이같이 이름.

금색세계(金色世界) 文殊菩薩의 淨土를 말함. 朝野群載十六(戒牒)에

「金色世界의 文殊師利菩薩을 奉請하여 羯磨阿闍梨를 삼았다」고 하였음.

금색신(金色身) 겉에 금빛 칠을 하여 만든 부처님의 몸. 金身.

금색왕(金色王) 부처님이 옛적 金色王 12年 동안 大旱을 만나 겨우 하루 한끼씩을 먹으며 辟支佛에게 供養하였는데 하늘에서 곧 飮食衆寶를 내려 閻浮提를 濟度했다는 本生說. (佛說色王經)

금색왕경(金色王經) 一卷. 佛說金色王經의 약칭. 元魏 瞿曇般若流支의 번역. 내용은 金色王에 관한 일을 說한 것. 菩薩本行集經 第二品과 같음.

금색존자(金色尊者) 또는 金色迦葉·金色頭陀. 摩訶迦葉의 별칭.

금서(金鼠) 金色의 쥐를 말함. (宋僧傳一)

금석(今昔) 天台宗에서 釋尊 四十九年의 說法 중에서 法華經을 說하기 이전의 敎化를 爾前 또는 昔이라 하고 그 이후를 今이라 함.

금석(金錫) 錫杖.

금석문(金石文) 金屬製인 器物·石碑·瓦礡 등에 새긴 銘文을 말함. 印度에는 阿輸迦王의 石柱. 岩石에 새긴 詔勅·佛陀迦耶의 石碑가 有名하고 西藏에는 石面에 觀音六十神呪를 刻한 것이 到處에 있으며 中國에는 北魏이후에 石佛의 刻銘·石碑·石經·瓦礡 등이 있음.

금선(金仙) ①부처님을 말함. 稽古略四에 「宋徽宗 宣和 元(1119)年에 詔書를 내려 부처님을 大覺金仙이라」하였음. ②神仙의 별칭. 佛家에서 外道仙人으로 修行이 堅固한 자를 金仙이라 일컬음.

금설(金屑) 屑은 屑과 같음. 金屑. 또는 金口. 道를 깨우쳐 言說에 막힘이 없는 것을 比喩한 말. 殊勝한 境地에 到達한 자를 말하기도 함.

금설안중예(金屑眼中翳) 金屑은 金가루. 金屑이 비록 貴하지만 눈에 들어가면 눈이 멀어진다는 것. 菩提·涅槃·眞如·法性 등에 轉하여 너무 執着하면 法執의 病이 된다는 것에 比喩한 말. 一雲門兩病.

금성(金城) 金城湯池·金城鐵壁의 뜻. 아주 견고한 城壁. 아주 견고한 방어.

금세(今世) 이승, 지금의 세상.

금속(金粟) ①조(粟)의 누런빛이 마치 금빛과 같음을 말함. ②維摩의 異稱.

금속사(金粟沙) 금빛 나는 조알같은 모래. 中阿含經三三에 「못물이 맑고 또한 시원하며 밑바닥에 金粟沙가 있다」고 하였음.

금속여래(金粟如來) 維摩居士의 前身을 金粟如來라 하나. 經文에 根據가 없음.

금속영(金粟影) 維摩居士의 像을 말함.

※老杜詩云 虎頭金粟影 神妙獨難忘 佛

經有金粟如來 謂顧愷之所畵維摩 虎頭
謂顧愷之也」

금속왕탑(金粟王塔) 金粟王이 造成한 塔. 金剛界 曼陀羅大鈔一에「北印度에 있는 慕嚕陀國王의 이름을 金粟王이라 하며 王은 善無畏三藏에게 歸依하여 塔을 세워 그 절에 안치하였다」고 하였음.

금쇄(金鎖) 黃金 쇠사슬은 아름다우나 繫縛되면 도리어 怨讎가 된다. 煩惱・生死에 매이게 되면 鐵鎖에 몸이 繫縛되는 것과 같고 菩提・涅槃에 마음이 매이게 되면 도리어 그 몸이 괴로움을 받으므로 金鎖에 比喩한 것.

금쇄난(金鎖難) 戒에 執着하는 것을 금쇠사슬에 매여 있음에 比喩한 말. 즉 戒의 執着을 벗어나기 어려움은 마치 황금의 사슬을 풀지 못하는 것과 같다는 말.

금쇄현관(金鎖玄關) 迷에 繫縛되는 것을 鐵鎖에 비유하고 깨우침에 執着하는 것을 金鎖에 比喩한 말. 玄關은 玄妙한 關門. 黃金의 자물쇠는 아름다우나 執着하면 牢獄이 되어 自在를 束縛하니 鐵鎖와 다름이 없다. 鎖의 關門은 사람마다 쉽게 通過할 수 없는 곳으로 玄妙한 깨우침에 到達한 뒤 往往 이에 滯하여 더 나가지 못하는데 比喩한 말.

금쇄현로(金鎖玄路) 洞山三種綱要의 하나. 洞山良价禪師가 宗旨의 大綱을 表하여 三種으로 分別한 것. ①鼓唱俱行 ②金鎖玄路 ③不墮凡聖. 金鎖는 佛法의 繫縛에 비유함. 菩提涅槃은 黃金의 美와 같지만 그것에 繫縛되면 苦를 받으므로 金鎖라 하며 玄路는 玄玄微妙한 길로 向上一路를 말하는 것. 佛에 얽매이고 法에 얽매이고 向上의 一路에 滯하는 것은 도리어 그 몸을 束縛하는 決果가 된다는 뜻. 洞山三種綱要.

금수(金水) 金剛界에서 智를 물에 비유하여 金水라 함.

금시(金翅) 새(鳥) 이름. →迦樓羅.

금시왕(金翅王) 金翅鳥王의 약칭.

금시조(金翅鳥) ⓢ〈Garuda〉 또는 迦樓羅・蘗嚕拏・揭路茶. 八部衆의 하나. 새깃이 金色이므로 金翅鳥라 한다. 양쪽 날개의 넓이는 三百六萬里나 되고 須彌山에 서식하며 龍을 잡아 먹는다 함. →迦樓羅.

금시조왕(金翅鳥王) 金翅鳥 가운데 가장 勝한 것. 이를 부처님에 比喩함.

※舊華經三十六에「佛子 譬如金翅鳥王 飛行虛空 以淸淨眼觀察大海龍王宮殿 奮勇猛力 以左右力搏開海水 悉令兩闢 知龍男女有命盡者而撮取之 如來應供養 應等正覺 金翅鳥王亦復如是」

금신(金身) 黃金色의 몸. 佛身을 말함.

금신(金神) 陰陽家에서 위하는 神으로 가장 무서운 方位神. 金氣와 毒殺을 맡은 神으로 時間에 依하여 方向을 定하며 그것을 犯하면 빌미가 나타난다고 믿었음.

금신경(金身經) 金身陀羅尼經의 약칭.

금신다라니경(金身陀羅尼經) 一卷. 佛說金身陀羅尼經의 약칭. 趙宋 施護의 번역. 내용은 부처님이 衆生을 위하여 陀羅尼를 說하여 그것을 念誦하면 金剛身의 利益을 얻을 수 있다 하였음.

금안(今案) 자기의 생각. 또는 當世의 흐름.
※法華文句三上에「今案彼經釋 無量義者從一法生」

금안(金顏) 金色의 얼굴. 如來의 光顏을 말함.
※金光明經一에「其齒鮮白 猶如珂雪 顯發金顏 分齊分明」

금암(錦巖) 韓末 승려 天如(1794~1879)의 號. →天如.

금어(金魚) ①魚形에 塗金한 兵符 또는 官吏의 服飾. 文官의 四品이상과 특사를 받은 이만이 차던 붕어 모양으로 만든 금빛 주머니. ②佛像을 그리는 사람.

금어선원(金魚禪院) 坐禪하는 禪房.

금언(金言) 世尊의 말씀을 金言이라 함.
※梁僧傳(經師論)에「金言有譯 梵響無授」

금오(金烏) ①해의 별칭, 해속에 세 발 달린 까마귀가 있다는 전설에 나온 말. ②韓國 승려. 俗姓은 鄭氏 이름은 太光·法名은 太田, 法號는 金烏. 1895年 2月 9日 忠南 禮山郡 德山面 斜川里에서 탄생. 1912年 3月 15日 月精寺에 入山하여 道岩和尙을 恩師 및 戒師로 得度하다. 그후 1936年 3月 3日 直指寺 祖室을 거쳐 釋王寺·望月寺·雙溪寺·七佛禪院·桐華寺의 祖室을 역임하고 1955年 副宗正에 추대됨. 法住寺의 祖室로 계시다가 1968年 10月 8日 入寂함.

금오로인(禁五路印) 禁은 閉塞의 뜻. 五路는 곧 六道 가운데 五道로 사람이 죽어서 他界로 가는 것을 말함. 죽음에 臨한 病者의 혼백을 그 몸에 머물러 두어 延命케 하기 위하여 맺는 印. 즉 無名指를 굽혀서 손바닥에 넣고 小指를 세운 것.
※以不思議之加持力 禁閉五道之門 蘇而還於前身 故爾言也 或曰 魂魄經五路而去 今令此防遏之 五路者 一臍下 二胸 三腹 四首 五頂上也 出於穢跡金剛說神通大滿陀羅尼法術靈要門.

금오옥섬(金烏玉蟾) 金烏는 太陽. 곧 日輪 또는 金鴉. 玉蟾은 달 또는 銀蟾. 金烏玉蟾은 해와 달. 즉 日月을 말하며, 때로는 歲月의 뜻으로 쓰임.

금요동자경(金耀童子經) 佛說金耀童子經의 약칭. 一卷. 趙宋 天息灾의 번역. 내용은 婆羅門의 一子로 몸에 光明이 있고, 젊어서 淸淨한 믿음이 있더니 뒤에 부처님을 따라 出家하였는데 부처님이 그 因緣을

금요성(金曜星) 太白星을 말함. 九耀의 하나. 胎藏界外金剛部院의 北方에 있음.

금용(金容) 金色의 容貌 즉 佛身을 말함.
※慈恩寺傳五에 「耳承妙說 目擊金容」

금용타(金龍陀) 舍利佛 本地佛의 이름.
※法華文句本會十三에 「身子久成佛 號 金龍陀 迹卽釋迦 爲右面智慧弟子」

금원(今圓) 第五時 法華經에서 說한 圓敎를 今圓이라 하고 以前大乘經에서 說한 圓敎를 昔圓이라 함. 台宗에서 쓰는 말.

금원석원(今圓昔圓) 天台宗에서 法華・涅槃 때에 說한 圓敎를 今圓이라 하고, 그 이전에 說한 圓敎를 昔圓이라 함.

금인(金人) 부처 또는 佛像을 일컫는 말. 부처님의 몸이 금빛인데서 이름한 것. 一金神.

금일수입금일(今日須入今日) 오늘의 일은 오늘에 處理한다는 뜻. 往事의 是非에 拘礙되지 않고 恒常 그날 그날의 課工에 邁進하는 것을 말함.

금일실리(今日失利) 오늘은 問答에서 실수하였다는 뜻. 原來는 商人들이 하는 말로 오늘 재수 없다는 말을 學人들이 引用한 것.

금자(金姿) 金色의 姿態, 곧 佛身을 말함.

금자경(金字經) 金泥로써 筆寫한 經文.

금자장경(金字藏經) 또는 金字經. 금박을 풀어서 쓴 불교경전. 특히 고려 때 널리 유행하였는데, 1101 (고려肅宗 6)年에는 法華經을 毅宗(在位 1146~1170)때에는 王이 王妃와 함께 부처님께 기도하여 왕자를 낳았다 하여 그 報德의 뜻으로 華嚴經을 금박으로 썼다. 王室 뿐만 아니라 일반에서도 널리 유행되어 폐단이 많아서 금지까지 하였다. 高麗 末期에는 元나라 황실의 요청에 의하여 가끔 만들었는데, 忠烈王 때에는 元 황제의 요청으로 寫經僧 三十五명이 蒙古에 들어가 金字經을 만들기도 하였음.

금장(金杖) 黃金으로 만든 지팡이.
※俱舍頌疏一에 「大聖喩折金杖 況以爭衣」同註 「頻毘娑羅王 夢見一氎裂爲十八片 一金杖斬爲十八段 怖而問佛 言 我滅度後 一百餘年 有阿輸迦王 威加贍部 時諸苾芻敎分十八 趣解脫門 其致一也 此卽先兆 王勿旦憂耳」

금장(金場) 金剛場의 약칭. 金剛座. 如來가 正覺한 곳.
※秘藏寶鑰上에 「幾郵到本床 如來明說 此 十種入金場」

금장(金藏) ①中國 金代에 開板한 大藏經. 이 板의 大藏經은 그 完本과 總目錄이 現存하지 않으나 山西省 廣勝寺本에 依하면 天字에서 幾字까지 682帙로 되어 있음. ②眞金의 庫藏, 즉 衆生의 佛性에 비유한

금장경(金藏經) 大部補註五에「金藏經은 옛날 宇文邕(北周 武帝泰의 第四子. 字禰羅突)이 釋氏에게 殘酷하게 할 때 어떤 論師가 衆經의 要義를 采集하여 世上에 流布하고 金藏이라」고 하였다. 그러나 현재 傳하지 않음.

금장운(金藏雲) 世界가 처음 이루어질 때에 金色의 구름이 光音天에서 일어나 大空에 두루 퍼져 비를 내리었다. 因하여 그 빛깔을 金藏雲이라 함.

금장토(金藏土) 梵〈kancana-garbha mrttika〉 西〈Sa khon-na gser-yod-pa〉金을 속에 간직한 土塊 또는 金土藏・土中有金. 依他起性에 分別性과 眞實性이 있는 것을 비유하는 말.

금재비구(金財比丘) →金錢比丘.

금전(金田) 金地와 같음. 절의 별칭.

금전비구(金錢比丘) 또는 金財比丘. 過去 九十一劫에 毘婆尸佛이 出世時에 한 貧者가 나무를 팔아 돈 두 냥을 벌어서 부처님께 供養하였다. 이로부터 九十一劫 동안 항상 손에 돈 두 냥을 가지고 태어나 가는 곳마다 다시 窮盡함이 없었다. 釋迦가 出世時에 舍衛國城의 長子로 태어나 뒤에 出家하여 羅漢道를 얻었다 함. (賢愚經金財因緣品)

금정(金精) 如來의 머리털을 가리킴. ※大集經六에「不以惡事加衆生 故得髮色金精相」

금정업(金頂業) 金剛頂業의 약칭.

금제(金蹄) 悉達太子가 乘馬한 犍陟一金泥駒.

금종보(金鍾寶) 高麗 顯宗 때 玄化寺(開豊郡嶺南面玄化里所在) 金鍾의 維持費로 설치한 寶. 顯宗은 양친의 願堂으로 玄化寺를 짓고, 梵鍾을 새로 만들었는데, 이 金鍾의 保存에 필요한 유지비를 위하여 자신이 穀 二천여섬을 내고, 群臣들로 하여금 衣物, 疋緞 등을 기부하게 하여 金鍾寶를 설치하였음.

금주(金籌) 金箆・金鎞・金笄와 같음. 금으로 만든 젓가락. 그것으로 眼膜을 決開함.

금주(擒住) 擒은 사로잡음. 住는 머무는 것. 한곳에 꼭 잡아두고 놓지 아니함.

금주(錦洲) 朝鮮 승려. 福慧의 法號. →福慧.

금지(金地) ①또는 金田, 절의 별칭. 須達長者가 황금을 주고 땅을 買入하여 祇園精舍를 지었다는 故事에서 이같이 이름. ②金地國의 약칭. 그곳 海岸에서 황금이 산출되므로 이같이 일컬음.
※即舍衛國給孤長者側 布黃金買祇太子園 建精舍請之居之.

금지(金脂) 梵〈śaśin〉달(月)의 別名. 隋言에 兎라 함.

금지(金智) 金剛智三藏(人名)의 약칭.

금지국(金地國) ㉕ 〈Svaruabhūmi〉 紀元前 3世紀 경 阿育王이 華子城에서 第三結集을 마친 뒤 傳道師를 各地에 파견할 때 鬱多羅(Uttara)·須那迦(Sonaka) 이 두 사람이 佛敎를 傳하던 곳으로 有名함.

금지국부인순사(金地國夫人殉死) 智度論十一에「舍利弗은 재주와 名望을 貴하게 보고, 目犍連은 豪俠하고 쾌활한 것을 重히 여겼는데, 이들은 才智가 서로 비슷하고 德行이 같았다. 뒤에 모두 世俗이 싫어서 出家하여 道를 배우는데, 梵志의 弟子가 되어 道門을 精究한지 오래 되었으나 아무 徵驗이 없었다. 그래서 刪闍耶라는 스승에게 물었다. "우리가 道를 求한지 여러 해인데 왜 道果가 없는지요. 우리는 道를 닦을 사람이 아닌지도 모르겠읍니다" 그 뒤 스승이 누워서 앓는데, 舍利弗은 그의 머리맡에 있었고 目犍連은 발끝에 있었더니, 곧 운명 직전인데도 스승은 가엾다는 듯이 웃는 것이었다. 두 사람이 같은 마음으로 그 웃는 뜻을 물으니, 스승이 대답하기를, "세속엔 눈이 없어 恩愛에 侵犯된다. 내가 보니 金地國王이 죽었는데, 그 大夫人이 한 곳으로 가겠다고 스스로 몸을 불속에 던지는구나. 그러나 이 두 사람은 行과 報가 각각 다르므로 태어나는 곳도 다른 것이다"고 했다. 두 사람이 스승의 이 말을 기록하고, 그 虛實을 證驗하려 했다. 그런데 뒤에 金地의 商人이 摩伽陀國에 왔다. 두 사람이 이 일을 물어보니 果然 스승의 말 그대로였다는 것이다. 이에 憮然이 탄식하여 말하기를 "우리들이 그 사람이 아닌가 스승이 우리를 숨기는 것인가" 하였다」는 傳說.

금진(金塵) 印度에서 쓰는 數量의 단위. 金의 가장 작은 가루로 자유롭게 몸속을 지날만큼의 크기를 말함. 微의 七倍, 極微의 四十九배가 됨.

금찰(金刹) 塔의 별칭. 또는 금으로 만든 刹竿으로 즉 탑위의 九輪을 말함. 刹은 범어 掣多羅·差多立羅·紇差恒羅 등의 訛略으로, 본 뜻은 土田·國 등으로 곧 梵刹·佛刹 등과 같다. 서역의 풍속에 높은 곳에 장대를 세우고 그 위에 佛骨을 안치하는 것이 土田과 같으므로 竿 혹은 塔을 가리켜 刹이라고 하며, 지금은 金刹이라고 함.
※法華經授記品에「起七寶塔 高表金刹」金刹元來之意 指佛之國土 中頃奪寺塔 比於佛國 因得此名 高標其刹 以九輪之名也.

금천동자(金天童子) 舍衛國의 長者가 한 아들을 낳았는데 身體가 金色이었으며 字를 金天이라 하였다. 이 아이의 福德으로 태어나던 날 집안에 한 우물이 솟아났는데 그 우물속에서 갖가지 진귀한 보배가 솟아났다. 이 아이가 長大하여 容

貌가 비할데 없고 才藝가 博通하였다. 그때 閻波國長者가 한 딸을 낳았는데 이름을 金光明女라 하였다. 신체는 金色이며 端正하기가 비할데 없었다. 태어나던 날 또한 우물속에서 자연히 갖가지 珍貴한 보배가 솟아났다. 두 長者가 서로 혼인하기로 약속하였는데 그때 金天의 집에서 供養을 베풀고 부처님을 청하였다. 부처님이 와서 法을 說하여 그 마음을 열어주었다. 金天의 夫妻와 父母는 모두 信解를 發하여 道果를 證得하고 부처님은 祇洹精舍로 돌아가 그 往昔의 因緣을 說하였다 함. (賢愚經金天品·法苑珠林五十六)

금철이쇄(金鐵二鎖) 迷惑에 繫縛되는 것을 鐵鎖에 비유하고 涅槃·菩提에 束縛되는 것을 金鎖에 比喩한 것. 黃金의 鎖는 高貴한 것이지만 이에 執着되면 괴로움이 되어 鐵鎖와 같이 束縛한다는 것에 比喩한 것.

금첩(金牒) 經文이 尊貴함을 金玉에 비유한 말.

금취(金趣) 高句麗 寶藏王 때 승려. 普德의 弟子. 無上과 함께 金洞寺를 創建함.

금칠십론(金七十論) ⓢ 〈Hiranyas-aptati〉 數論師 自在黑의 著書. 七十行의 偈頌이 실려 있음. 그때의 國王이 金을 施賞하였으므로 그는 이것을 名譽롭게 여겨 金七十論 혹은 論之長行이라 함.
※爲天親所作者非是述彼宗二十五諦之義 三卷 陳眞諦譯 唯識述記一末에 「有外道 入金耳國 以鐵鍱腹 頂戴火盆 擊王論鼓 求僧論議 因諍世界初有後無 謗僧不如外道 遂造七十行頌 申數論宗 王意朋彼 以金賜之 外道欲彰己令譽 遂以所造 名金七十論 彼論長行 天親菩薩之所造也」

금침(金針) 金剛針의 약칭. 曼陀羅 가운데 菩薩의 이름. →金剛針菩薩

금침쌍쇄(金針雙鎖) 曼荼羅 가운데 金剛針과 金剛鎖의 두 菩薩. 鎖는 鑠와 같음.
※大日經中以此二菩薩爲一對 大日經疏五에 「次於部母右置大力金剛針(中略) 是一相一緣堅利之慧 用之貫徹諸法無所不通 故名金剛針也(中略)次於執金剛左置金剛商竭羅 譯云金剛鏁 其印持連鏁 兩頭皆作拔折羅形(中略)以此智印攝持一切金剛難化衆生 使不退於無上菩提 故以爲名也」

금침쌍쇄대(金鍼雙鎖帶) 浮山九帶의 하나. 浮山遠錄公이 恒常 學人을 爲하여 두루 宗門의 語句를 示現함에 뒤에 學人이 이를 모아 師에게 命名을 求하니 師 이를 「佛禪宗敎九帶集」이라 하였음. ①佛正法眼藏帶 ②佛法藏帶 ③理貫帶 ④事貫帶 ⑤理事縱橫帶 ⑥屈曲垂帶 ⑦妙集兼帶 ⑧金針離鎖帶 ⑨平懷常實帶이며 그 가운데 第八에 該當됨. →佛禪宗敎九帶(浮山九帶)

금침옥선(金針玉線) 金針은 바늘. 玉線은 실의 美稱. 바늘로 옷을 꿰매면 실은 바늘을 따르게 되므로 事理圓融・正偏回互・行解相應・師資道交 등 首尾와 表裏 또는 手足의 先後合致를 比喩한 말.

금태(金胎) 眞言敎에서 成佛하기 위한 作法으로 金剛界와 胎藏界를 金胎兩部라고 일컫는다. 金剛界라고 하는 것은 大日如來가 智德의 曼陀羅를 示顯하여 번뇌를 처부수는 맹렬하고 날카로운 지혜가 마치 金剛과 같으므로 金剛界라 하고, 胎藏界라고 하는 것은 大日如來가 理德의 曼陀羅를 示顯하여 理가 諸法을 攝持하는 것이 腹中의 胎에 그 애를 품고 있는 것과 같으므로 胎藏界라고 함.

※槪言之 金胎兩部爲幖幟大日如來理智二德之一雙大法門 配之於事理因果 則金剛界爲事爲果 胎藏界爲理爲因 日本東密次第爲金胎 是事理之次第也 日本台密次第爲胎金 是因果之次第也.

금태양부(金胎兩部) 金剛界와 胎藏界.

금파(金波) ①달빛, 달 그림자, 月光, 月影 ②달빛에 비쳐서 금빛으로 빛나는 물결 ③곡식이 누렇게 익은 들.

금파(琴巴) 韓末 승려. 竟胡(1818~1915)의 號. →竟胡.

금패(金唄) 金口와 같음. 唄는 梵音으로 頌聲을 말함.

금포특석(金包特石) 金에 싸인 特別한 돌이라는 뜻으로 表面은 柔和하고 內面은 剛强한 사람에게 比喩한 말. 宗師가 學人을 提接하는데 있어 外剛內柔한 이도 있고 겉은 極히 柔和하나 속으로는 甚히 辛辣한 사람도 있다. 그 內外・表裏를 測量할 수 없는 것을 比喩한 말.

금하(金河) 梵〈尸賴拏伐底=Hiranyavati〉中印度 拘尸那國 跋提河의 譯語. 이 江에서 砂金을 산출하므로 이같이 이름.

※西域記六에「阿恃多伐底河 唐言無勝 此世共稱耳 舊云阿利羅跋提河 訛也.

금해(錦海) 朝鮮 승려. 瓘英(1856~1926)의 號. →瓘英.

금허(錦虛) 韓末 승려 世元(1824~1894)의 號. →世元.

금현재(今見在) 過去도 未來도 아닌 現今에 實在로 六根이 感覺할 수 있는 現實.

금화(金華) 金波羅華의 약칭. 金色의 蓮華.

금화상(金和尙) 俗姓은 王氏, 西河平遙 사람. 師는 어려서부터 체격이 장대하고 풍채가 훌륭하였으며 하는 일이 詭異하여 보통 사람과는 같지 않았다. 후에 嵩巖山에 출가하였는데 鄕人들이 그에게 공양을 드리고 願을 빌면 모두 뜻과 같이 이루어졌다고 함.

금회(襟懷) 胸懷와 같음. 마음속 깊이 품은 생각, 또는 마음속, 가슴속 襟抱.

금효(禁効) 呪術로써 相對者를 屈伏시키는 것.

급(及) 上下의 語句를 이어주는 接續詞의 구실과 動詞의 구실을 하는 것과의 二義가 있음. 例①接續詞의 경우：予及汝偕亡(나와 너는 함께 망한다). ②動詞의 경우：惟酒無量 不及亂(술을 마시는데 정량은 없으되 亂에 까지는 미치지 않는다)

급(笈) 또는 書笈. 旅行할 때에 등에 지고 다닐 수 있는 책 箱子로 다리가 달려 있음.

급고(給孤) 부처님 在世時 長者의 이름. 本名은 蘇達多. 번역하여 善施라 함. 別號는 阿那陀擯茶陀 번역하여 給孤獨이라 하며 略하여 給孤라 함. 祇洹精舍를 세운 사람.
※西域記六에 善施長者 仁而聽敏 積而能散 拯乏濟貧 哀孤恤老 時美其德 號給孤獨焉」

급고독(給孤獨) 梵〈阿那陀擯茶陀＝Anāthapiṇḍada〉 번역하여 須達·善施라 함. 祇陀太子에게 그 園林을 사들여 祇洹精舍를 지어서 부처님께 바친 사람.

급고독원(給孤獨園) 祇樹給孤獨園의 약칭. 給孤獨長者가 祇陀太子의 園林을 사들여 僧衆에게 施與하였기 때문에 給孤獨園이라 함. →祇園.

급고독장자(給孤獨長者) 中印度의 憍薩羅國 舍衛城의 豪商. 성품이 인자하고 착하여 孤獨한 이에 施惠하기를 좋아하였으므로 이같이 이름. →給孤.
※在王舍城聽釋迦說法 深歸依之 請至其國 購太子祇多之園林 以贈釋迦 使之說法 由是佛敎大行於其地.

급고독장자녀득도인연경(給孤獨長者女得度因緣經) 一卷. 佛說給孤獨長者女得度因緣經의 약칭. 宋 施護의 번역. 내용은 長者의 딸 須摩提가 滿財長者의 아들에게 出嫁하여 그 가족에게 佛僧에게 供養하여 함께 悟道하는 것을 說한 것. 增一阿含經須陀品第三十에 나옴.

급급(汲汲) 무슨 일에 마음을 쏟아 쉴 사이가 없음. 조급히 하려고 서두르는 모양.

급급여율령(急急如律令) 무당이 雜鬼를 몰아낼 때에 呪文 끝에 부르는 말로 빨리 가고 머물지 말라는 뜻. 원래는 중국 漢나라 시대에 공문에 써서 至急·火急의 뜻을 나타내는 말.
※演密鈔二에「且如此方言言 亦有顯言 有呪語如急急如律令等 呪火不燒 呪瘡 令停 蓋作呪用 不同顯言」

급다(笈多) 優波笈多의 약칭. 羅漢의 이름. →優波笈多.

급방발지(笈房鉢底) 梵〈Canampati〉 또는 憍梵波提·笈房鉢底·笈防鉢底. 번역하여 牛相이라 함. →憍梵波提.
※過去因摘一莖禾數顆墮地 五百生中 作牛償他 今雖人身 尚作牛蹄牛呞之相

因號爲牛相比丘

급수공덕(汲水功德) 목마른 사람에게 물을 길어 주는 功德.

급시의(急施衣) 安居竟日에 施與하던 三衣로 施主가 事故가 있어서 竟日을 기다리지 못할 때는 그 이전에 安居僧에게 施與하던 것. 安居竟十日 이전에 받는 것을 許諾함. (行事鈔中二)
※捨墮罪中有過前受施衣過後畜戒

급원장자(給園長者) →給孤獨長者 (人名).

급정륜(汲井輪) 生死輪廻가 끝이 없는 것을 물을 깃는 두레박 줄에 비유한 말.

급합(岌峇) 산이 높은 모양. (峇은 峆과 같음).

긍가(殑伽) 梵〈Ganga〉 印度 三大河의 하나. 또는 强伽・弶伽・恒伽 恒架. 번역하여 天堂에서 내려옴. 그 發源은 高處 神堂으로부터 흘러 나옴. 印度 東北쪽의 大河 이름.
※發源於雪山之南部 合大小無數之支流 而東南奔流五百里 與蒲拉普篤羅河 共流入印度洋 其流域一帶之地 卽所謂恒河之平原 四境開闊 交通八達 且地味極爲豊饒 故古來起於印度之幾多君主 其都城皆以此川流而定 數千年來印度文明之中心也 佛敎勿論 卽其他之宗敎與哲學 亦起於此流域 因此印度人視此河極爲神聖 遂至以河名直爲神名」

긍가녀(殑伽女) →殑河女.

긍가사(殑伽沙) 舊譯은 恒河沙. 新譯은 殑伽沙.

긍가신(殑伽神) 또는 恒伽天. 印度 恒河의 水神. →殑伽
※祖庭事苑七에 「主河之名是女 非鼻聞香 未見其緣」

긍가신녀(殑伽神女) →殑伽神.

긍가하사(殑伽河沙) →恒河沙.

긍갈라(矜羯羅) ① 梵〈Kimkara〉또는 金伽羅, 堅羯羅. 번역하여 能作者・卑下・隨順이라 함. 不動明王 八大童子의 第七. 不動明王의 권속으로 그에게 脇侍하며, 行人을 驅使함. ② 數量의 단위. →甄迦羅.

矜羯羅童子

※聖無動尊一字出生八大童子秘要法品에 「法波羅蜜慈悲心行 所以出現使者名矜羯羅 此云隨順 業波羅蜜卽方便心行 所以出生使者名制多迦 此云息災也 菩薩方便現瞋形故也」 ②俱舍論十二에 「十大鉢羅度多爲矜羯羅 十矜羯羅爲大矜羯羅」

긍갈라근본인언(矜羯羅根本印言) 印은 不動刀印. 唵地哩矜娑婆의 契를

긍긍~기

밝힌 것.

긍긍(兢兢) 두려워하고 삼가 는 모양. 話頭의 疑團을 놓칠까 조심하는 태도.

긍기(殑耆) 殑伽河 女神의 이름. →殑迦神.

긍기라(殑耆羅) 梵〈Gaugilaya〉 比丘의 이름.
※俱舍寶疏五에「殑耆是河神名 羅名攝受 父母憐子與女 立名殑耆攝受 女聲呼名耆 男聲呼爲伽」

긍만고(亙萬古) 만고에 뻗침.

긍선(亙璇)(1767~1852) 朝鮮 승려. 號는 白坡. 姓은 李氏. 茂長 출신. 12세에 禪雲寺에서 중이 되어 楚山의 龍門菴에 있다가 方丈山의 靈源菴으로 가서 尙彦에게 배우고, 靈龜山 龜巖寺에서 懷淨의 법을 이어받아 白羊山 雲門菴에서 開堂하다. 1830(純祖 30)年 귀암사를 중건하여 禪講法會를 열었는데 禪門 중흥의 종주로 추앙받다. 1852(哲宗 3)年 世壽 86, 法臘 75세로 入寂하다 禪雲寺에 秋史 金正喜가 撰한 碑가 있다.

긍애(矜哀) 矜은 憐이니 즉 衆生을 憐愍한다는 뜻.

긍양(兢讓)(878~956) 新羅末 高麗 初의 승려. 일명 伯巖和尙. 俗姓은 王氏. 본관은 公州. 亮吉의 아들. 어려서 출가하여 본주 南穴院 如解를 의지하고, 또 西穴院 陽孚에게 수학하였다. 899(孝恭王 3)年 唐나라에 가서 法을 구할 때에 谷山에 가서 道緣에게 배우고, 924(景哀王 1)年 귀국하여 廣州 伯巖寺의 住持로 있었으며, 경애왕으로부터 奉宗大師의 호를 받다. 그후 高麗 太祖와 光宗을 가르치고 광종으로부터 證空大師라는 호를 받다. 956(光宗 7)年 나이 79, 법랍 60세로 伯巖寺에서 입적하자 왕은 시호(靜眞大師)와 탑호(圓悟)를 추증하고, 李夢遊로 하여금 비문을 찬하게 했다.

긍하녀(殑河女) 자식을 사랑하는 나머지 殑河에 몸을 던져, 그 慈念의 善根力에 의하여 死後에 梵天에 태어난 女子의 故事.

기(忌) 喪中 혹은 忌日에 그 마음과 몸을 謹愼하는 것을 忌라함. →忌中.

기(記) ①記別과 같음. ②經論의 注釋書. 俱舍의 光記와 같음.

기(器) ①根器·器量 등과 같이 사람의 根性을 物에 비유하여 器라 함. ②山河·大地 등 器世間을 뜻함.

기(機) ①보통 根機·機緣이라 함. 發動하는 原動體, 心機·理機의 뜻. 즉 一機未發·兆朕以前의 뜻. ②眞理에 契合하는 機關.
※本來自己之心性有之 爲敎法所激發而活動之心働也 玄義六上에「機有三義 一者機是微義 故易云 機者動之微 吉之先現 又阿含云 衆生有善法機 聖人來應也 衆生有將生之善 此善微微將動

而得爲機(中略)如爲有可發之機 故射者發之 發之箭動 不發則不箭 衆生有可生之善 大明錄에 「文義俱明者謂之理忘言獨契者謂之機」

기갈(寄褐) 어린애를 護持하기 위하여 僧衣를 입히는 것을 말함.

기감(起龕) 집에서 棺이 나갈 때에 행하는 佛事를 起龕이라 함.
※敕修淸規送亡에 「維那出燒香 請起龕 佛事 擧畢 行者鳴鈸 擡龕出山門首」

기감(機感) 機는 衆生의 善根의 機, 感은 부처님의 感應. 衆生에게 있는 善根機에 부처님이 感應하는 것

기감불사(起龕佛事) 葬祭의 當日에 이르러 모든 所任과 行列의 順序를 調整하고 大鍾百八聲을 울려 大衆을 모은다. 大衆은 所任의 引導에 따라 兩列로 선다. 이때에 維那가 起龕의 念佛을 唱하고 다음에 喪司가 起龕의 導師를 請하여 燒香·法語·獻茶·湯한다. 이때에 首座는 諸行無常의 偈를 唱하는데 大衆은 이에 和答한다. 維那는 十佛名을 唱하고 鼓鈸에 따라 出送하는 것.

기감사(起龕師) 起龕尊師·法堂에 安置한 亡僧의 龕을 茶毘하기 爲하여 奉送할 때에 導師의 소임을 맡은 중.

기강료(紀綱寮) 또는 維那寮 禪寺에서 維那가 거처하는 집. (象器箋二)

기경(機境) 機는 心機. 마음의 作用으로 揚眉瞬目, 境은 손발의 動作으로 拈槌竪拂. 마음의 作用으로 일어나는 手足의 活動. 表裏相應을 뜻함.

기계(己界) 佛界·衆生界에 對하여 나의 몸을 己界라고 함.

기계(器界) 衆生을 수용하여 살게 하는 국토. 器世界·器世間과 같음.

기계설(器界說) 五類說法의 하나. 如來가 不思議한 神力으로 能히 草木·國土로 하여금 法을 說하게 함 華嚴經의 菩提樹 등이 能히 佛事를 짓고, 極樂의 樹林이 妙法을 說하는 것과 같은 것. (三藏法數二十)

기고(寄庫) 遼나라의 風俗으로 10月에 종이·의복·器具 등을 만들어서 國王과 押番臣이 木葉山에 제사 지내며 술을 올리고 番字의 書狀과 함께 불태워 山神에게 아뢰는 것. 今人이 寓錢(흙과 종이로 만든 돈)을 生前에 태워 冥司에게 기탁하였다가 사후에 쓰기를 바라는 것도 遼俗임.

기고전(寄庫錢) 또는 瘞錢. 대개 漢魏 이후 속세의 풍습으로 葬送 때 땅속에 묻는 돈. 돈을 冥界의 府庫에 寄託하여 亡者의 罪가 면하기를 請하는 것을 말함. 日本에서는 六道錢이라 함.
※佛祖統紀에 「世有用紙鏹寄庫者」龍舒之淨土文에 「予遍覽藏經 卽無陰府寄庫之說 奉勸世人 以寄庫所費 請僧爲西方之供 一心西方 則必得往生 若不爲此而爲陰府寄庫 則是志在陰府 死必入陰府矣」

기골(起骨) 遺骨을 거두어서 寢殿에 安置할 때의 佛事를 安骨이라 하고 그 뒤 塔에 넣을 때 행하는 佛事를 起骨이라 함.
※敎修淸規尊宿靈骨入塔서 「鳴鐘衆集 都寺上香畢 請起骨佛事 送至塔所 請入塔佛事」

기과(器果) ㉛〈bhajanatva〉過去에 지은 業障이 結果로 나타나는 自然世界. 器는 人間의 能力이나 性格. 果는 結果.

기관(機關) 禪門의 宗匠이 古則·公案·一喝·一棒으로 學人을 接化하는 것을 이름.
※七帖見聞一末에「神智云 宗門立理致 機關二門 敎化機緣」

기관목인(機關木人) 機關은 發動, 木人은 傀儡의 뜻. 人形은 사람이 조종하는데 따라서 갖가지로 動作하지만 일단 조종하는 사람이 손을 멈추면 움직이지 않는다. 轉하여 사람의 몸뚱이는 地·水·火·風 四大가 結合하여 이루어진 것으로 自性이 없어 마치 괴뢰와 같기 때문에 우리의 肉體에 비유한 말.

기관선(機關禪) 機關을 설치하여 見性으로 인도하는 禪風.

기광여래(奇光如來) 또는 光明王如來. 釋尊이외에 유일한 現在佛로서 東方 七恒河沙의 佛土를 지나 出現한 부처.

기교(機敎) 衆生의 根機와 부처님의 敎法.

기교상응(機敎相應) 도는 機法相應. 時敎相應. 衆生의 機根과 부처님의 敎法이 서로 感應한다는 뜻.

기구(耆舊) 耆宿舊德의 약칭. 德望이 높은 老人. 禪門에서는 나이 많은 사람보다 法臘이 많은 사람을 말하는데 法臘 五十歲 이상을 耆舊라 함. 尊宿·長老와 같은 뜻. 一耆年宿老·耆宿舊德.

기구아(幾句兒) 몇 글귀란 뜻. 兒는 助字.

기권(機權) 機는 巧, 權은 謀計. 곧 남이 쉽사리 이룰 수 없는 巧妙한 謀計를 뜻함.

기귀(騎歸) 騎牛歸家의 약칭. 請居禪師十牛의 하나. 소를 타고 歸家한다는 것은 悠悠自適하여 하등의 繫縛도 없는 沒蹤跡의 往來에 比喩한 말.

기근(機根) 衆生의 根性과 性質, 즉 敎法을 받을 根機와 敎法을 듣고 수행할 능력.
※二敎論上에「文隨執見隱 義逐機根現」

기근재(饑饉災) 中劫來에 일어나는 小三災의 하나. 住劫에 二十增減劫이 있는 가운데서 각 減劫의 끝, 곧 人壽 84,000歲에서 100年마다 1歲씩 줄어 10歲(小乘 10歲, 大乘 13歲)에 이를 때에 일어나는 흉년.
※俱舍論十一에「小三災中劫末起 三災者 一刀兵 二疾疫 三飢饉(中略)中劫末十歲時人 亦具如前諸過失故 天龍念責 不降甘雨 由是世間久遭飢饉 旣無

支濟 多分命終」

기기상부(機機相副) 또는 機機相應. 機機投合. 두 사람의 마음이 符節을 合한 것같이 어떠한 일에나 意見이 合致한다는 뜻.

기나(耆那) 梵 〈Jina〉 또는 規那·嗜那 번역하여 勝. 佛의 尊稱.

기나교(耆那敎) 敎派의 名稱. 釋迦牟尼와 동시에 印度에서 일어났음. 혹은 佛敎의 支派라고 함. 耆那는 勝者라는 뜻이며 능히 一切 世間의 苦를 超脫하였음을 말함. 敎祖 大勇은 中印度의 利帝利族이며 八歲에 出家하여 四十歲에 勝者가 되었다. 그 敎派가 印度에서는 勢力이 대단함.

기나야사(嗜那耶舍) 梵 〈Jinayasas〉 比丘의 이름. 번역하여 勝名. (續高僧傳二)

기년숙로(耆年宿老) 耆年이나 宿老는 다같이 나이 많은 사람. 곧 老僧. 修行의 經歷이 길고, 德望이 높은 力量 있는 老僧. 一耆舊.

기념(祈念) 祈禱와 같음.

기누(耆兜) 梵 〈Jinu〉 仙人의 이름. 번역하여 勝仙. (兜는 奴鉤切로「누」라 읽음) (慧琳音義二十六)

기다(枳吒) 海島의 이름. 번역하여 踊出處. 一枳怛那.

기다밀(祇多蜜) 梵 〈Gitamira〉 또는 祇密多·吉多密 번역하여 歌友라 함. 西域 사람. 識性이 通敏하고 聰達宏遠하여 뜻을 弘化에 두고 諸方을 遊歷하다. 東晋때 중국에 와서 菩薩十住 등 經 二十三部를 번역함.

기다반림(祇哆槃林) 誓多林이라는 뜻. 一祇樹.

기단(起單) 禪僧이 그 절을 떠나는 것. 작은 종이 쪽지에 衆僧의 이름을 써서 자리의 壁上에 붙여 두는 것을 單이라 하고, 그 자리를 單位라 한다. 또 말미를 청하여 15日내에 돌아 오는 것을 請暇라 하고, 15日을 지나면 起單이라 함. 즉 單位에서 일어난다는 뜻.

기달(枳怛) 海島의 이름. 一枳怛那.

기달나(枳怛那) 또는 昵枳多·枳吒. 海島의 이름. 번역하여 踊出.

기도(祈禱) 祈願·祈請·祈念과 같음. 心願을 세워 神佛에게 빌고 구하는 것. 원래 道家의 말이나 佛敎에 들어와서 다시 의식을 갖추어 이를 行함.

※小乘敎中無祈禱之法 大乘顯敎中如金光明經仁王經雖有其意 而修法之儀軌不全備 獨於大乘密敎則全 其法隨事千差萬別 而要不過於四法 四法者 一息災法 二增益法 三敬愛法 四調伏法

기도법사(祈禱法師) 남의 기도를 맡아서 대리로 하는 중.

기득(記得) 기억한다는 뜻. 得은 語勢를 强하게 해주는 助字.

기라소(枳羅蘇) 梵 〈Kilasa〉 또는 枳羅婆는 娑의 誤字)

기랍(伎臘) 나이가 많은 승려를 이름. 僧家에서는 나이로 次序를 定하지 않고, 僧臘으로 定하며, 俗世를 버리고 승려가 된 해를 始라 함. 僧臘이 얼마 또는 중이 된지 몇 해라고 하는 것과 같음.

기량(伎倆) 能力 또는 手腕. 祖庭事苑에「伎倆은 藝·巧」라 했으며 書言故事에「人의 智計를 伎倆이라 하고 善謀巧智로 百藝에 通達한것」이라 했으며 宗門에서는「學人을 提接하는 솜씨(手腕)」라 했음.

기량(器量) 局量·器局. 재간과 도량.
※最勝王經一에「佛世尊無有分別 隨其器量 應其機緣 爲彼說法」

기려멱려(騎驢覓驢) 寶法大王의 말로서 마음이 부처임을 알지 못함은 나귀를 타고 나귀를 찾는 것과 같다는 비유. 즉 자기 마음속에 있는 佛性을 보지 못하고 迷惑함을 말함.
※通玄鈔에「德公云 若欲有情覓佛 將網山上羅魚 不解卽心卽佛 眞似騎驢覓驢」言不見己心之佛性而迷也.

기로국(棄老國) 부처님 말씀에 "오랜 옛적에 棄老라는 나라가 있었는데 그 나라에서는 모두 老人을 멀리 쫓아 버린다"고 하였음.
※記一大臣置老父於密室 由老父之智救國難之說話.

기론외도(記論外道) 毘伽羅論(聲名記論)을 弘布하는 外道를 이름.
※玄應音義二十三에「記論外道 卽毘伽論是也」

기류(機類) 根機의 種類. 즉 衆法이 佛道를 닦을만한 群類의 根機란 뜻.

기륜(機輪) 師家가 修行者를 接化하는 手段이 奔放自在한 것을 輪에다 比喩한 말.

기리(己利) 自己의 利益.

기리가(耆利柯) 人名 梵〈Girika〉번역하여 山. (阿育王經一)

기리기리존(枳哩枳哩尊) 梵〈Kelikila〉降三世明王의 다른 이름. (眞言修行勤五)

기린두각(麒麟頭角) 麒麟은 古代 想像上의 動物로 仁獸라 하며, 一角과 五彩毛가 있다. 聖人이 出世하면 世上에 나온다는 珍獸. 世上에 稀貴하여 求할 수 없는 것을 比喩한 말.

기림(祇林) 祇陀林의 약칭. 祇園精舍의 숲이란 뜻으로 절(寺)을 말함. 祇樹林.

기멸(起滅) 事物이 生하고 滅하는 것. 즉 因緣이 和合하면 生하고 因緣이 다하면 滅한다는 뜻.
※維摩經問疾品에「應作是念 但以衆法合成此身 起但法起 滅但法滅」

기묘(奇妙) 비길데 없이 珍奇하고 微妙함.

기바(耆婆) ① 梵〈Jivaka:jiva〉또는 耆域·時縛迦, 번역하여 固活·能活이라 함. 王舍城에 살던 良醫의 이름. ②耆婆鳥의 약칭. 極樂에 있다는 共鳴鳥의 다른 이름.

기바간지아사세역해(耆婆諫止阿闍世逆害)→阿闍世.

기바고초루지생처(耆婆叩髑體知生處) 耆婆가 音聲과 本來의 相을 잘 알아 다섯개의 해골을 두드려 보고 地獄·餓鬼·畜生·人間·天上에 날 것을 알았으나 한 해골은 나는 곳을 알지 못하였는데 이것은 羅漢의 해골이였다는 傳說. (五分律二十記)

기바기바(耆婆耆婆) 梵〈Jivajivaka Jivamjivaka〉또는 闍婆耆婆迦, 鷓鴣의 종류. 耆婆는 命 혹은 生의 뜻으로 共命鳥라 하며, 모양은 二身二頭라 함.

기바도아사세예불소(耆婆導阿闍世詣佛所) 佛說寂志果經叙文에 王이 부모를 害하고 憂惱를 堪當하지 못하는데 六師外道도 어찌할 수 없었다. 그리하여 부처님 처소에 나아가 懺悔하였다는 故事. (涅槃經十九)

기바림(耆婆林) 또는 嗜婆林 번역하여 命. 園林의 명칭.

기바위의왕인연(耆婆爲醫王因緣) 耆婆의 本生을 叙述한 것. (善見律毘婆沙十七)

기바조(耆婆鳥) 또는 鳴鳴鳥·生生鳥·共鳴鳥. 한 몸에 머리 두 개가 달린 새. →共鳴鳥·耆婆耆婆.

기바천(耆婆天) 번역하여 命天. 長壽하는 하늘. 이 하늘은 帝釋天을 위하여 左右에서 侍衛한다 함.
※長阿含經에「釋提桓因左右. 常有十大天子 隨從侍衛 何等爲十 一名因陀羅 二名瞿夷 三名毘樓 四名毘樓婆提 五名陀羅 六名婆羅 七名耆婆 八名靈醯兎 九名物羅 十名難頭」

기바초(耆婆草) 이에 세가지가 있으니 ①梵 jiva ②梵 jivak 印度에 傳來하는 여덟가지 중요한 藥가운데 하나. ③西 Ruta 즉 藝香으로서 瘡疥(부스럼과 옴)를 고치고 악한 벌레를 물리치기 때문에 耆婆草라 함.

기바치병(耆婆治病) 耆婆가 갖가지 妙術로 病을 고쳤다는 故事. (佛說捺女耆域因緣經·佛說奈女耆婆經·四分律第四十·毘奈耶雜事第二十一)
※詳於佛說捺女耆域因緣經 佛說奈女耆婆經 四分律第四十 毘奈耶雜事第二十一.

기바편작(耆婆扁鵲) 印度의 名醫 耆婆와 中國春秋時代의 名醫 扁鵲. 다 古今名醫의 代表者임으로 名醫하면 耆婆와 扁鵲을 뜻함.

기박론(器朴論) 三卷. 日本 託阿의 저술. 내용은 時宗(日本 二十宗의 하나)에 관한 뜻을 서술한 것.

기법(機法) 機와 法의 병칭. 衆生의 信心과 佛陀의 구원하는 法.

기법불이(機法不二) 衆生의 信心과 佛陀의 구원하는 법이 서로 다른 것이 아니요, 하나라는 뜻.

기법주경(記法住經) 佛臨涅槃記法住經의 약칭.

기별(記別) 또는 記莂. 부처님이 弟

子의 成佛을 記錄한 것. 즉 劫數·國土·佛名·壽命 등을 낱낱이 예언한 글. 이 記別을 弟子에게 주는 것을 授記라 함.
※玄贊七에 「記者決也 別也 爲決了當果 爲分別其當來果相」玄應音義에 「別分別也 經文從草作莂 非也」演密鈔四에 「記別者 謂世尊記諸弟子未來生事 記因果也」

기별(記莂) 記別과 같음.
※梁簡文帝文에 「己於恒河佛所 經受記莂」

기별경(記別經) 🅢〈和伽羅那=vyakarana〉十二部經의 하나. 번역하여 授記·記別.
※俱舍光記十八에 「正理四十四云 言記別者 謂隨餘問 酬答辨析 如波羅衍拏 等中辨 或諸所辨曾當現眞實義言 皆名記別」

기보(祈保) 佛·菩薩의 冥祐를 우러러 보며 國家 또는 一身上의 保安을 發願祈禱하는 것.

기복도량(祈福道場) 임금의 탄신일에 萬壽無疆과 국가의 발전을 부처님에게 비는 高麗 때의 法會. 靖宗의 생일을 成平節이라 하여 처음으로 이 法會를 연 후 年例行事가 되었음.

기봉(機鋒) 機는 修行에 따라 얻은 心機, 鋒은 心機의 活用이 날카로운 모양. 禪客이 다른 이를 대할 때의 예민한 활용을 말함.

기부(寄附) 집안의 번창과 祖先의 명복을 기원하며 佛前에 재물을 바치고 또 諸佛事에 재물을 布施하는 일. 施與와는 같지 않음.

기사(忌事) 戒律을 말함. →戒

기사(耆闍) ①번역하여 鷲(수리). ②耆闍崛의 약칭 山名. →耆闍崛.

기사굴(耆闍崛) 🅢〈Grdhrakūta〉또는 伊沙崛·揭梨駄羅鳩坻·姞栗陀羅鳩脂, 번역하여 鷲頭·鷲峰·靈鷲이라 함. 산봉우리가 수리(鷲)와 같고, 또는 山에 수리가 많다하여 이같이 부름. 釋尊이 說法하던 곳으로 王舍城의 동북쪽에 위치함.

기사굴다(耆闍崛多) 山名. →耆闍崛

기사선객(伎死禪客) 自由自在를 얻지 못한 사람. 또는 伎倆이 없는 禪客을 말함.

기사선화(伎死禪和) 또는 沒伎倆, 伎倆이 없는 禪客.

기사심(起事心) ①三心의 하나. 唯識에서 說하는 三心으로 ②根本心(阿賴耶識) ②依本心(第七摩那識) ③起事心(六識). ②事物인 對象에 對하여 마음의 作用을 일으켜 六識을 感知하는 因이 되는 마음.

기사인주(起死人呪) 呪文으로 죽은 屍身을 일어나게 하여 怨恨이 있는 사람을 殺害하도록 하는 魔呪. (毘陀羅)
※五分律二十六에 「諸比丘 學起死人呪 佛言 不聽 犯者偸蘭遮」

기산(耆山) 耆闍崛山의 약칭.

기서(奇瑞) 옛날 印度에서는 宗敎的

으로 높은 境地에 達한 修行者는 때때로 超自然的인 能力을 發揮한 일이 있는데 佛敎에서는 이것을 六通・三明이라 하며 精神統一의 副作用에서 얻어지는 것이라 하였다. 그러나 이 能力은 대개 魔法의 呪術에 墮落할 危險이 많으므로 釋尊은 몇 가지의 神變외에 다른 것은 認定하지 않았다.

기서(祈誓) 마음에 어떤 誓願을 세우고 佛・菩薩의 加被를 비는 것.
※或徵我祈誓之有驗與否 後世人亦謂之 詛

기선구후(機先口後) 機先은 一機未發以前, 句後는 文字言句의 밖이라는 뜻. 즉 모든 동작이 일어나는 처음과 모든 동작이 끝난 뒤라는 뜻.

기설시도(記說示導) 三種示導의 하나. 菩薩이 地獄에서 괴로움을 받는 중생을 항상 잊지 않고 法을 說하여 그 고통을 구제하는 것.

기성(機性) 衆生의 機根과 性質.
※最勝王經一에「此諸衆生 有上中下 隨彼根性 而爲說法」

기세간(器世間) 三種世間의 하나. 一切 衆生이 住하고 있는 國土世界 또는 器世界・器界라고 한다. ↔衆生世間・有情世間.
※楞嚴經四에「無始衆生世界 生纏縛故 於器世間 不能超越」

기세경(起世經) 十卷. 隋 闍那崛多의 번역. 同本異譯에 起世因本經이 있음.

기세계(器世界) 器世間.

기세인본경(起世因本經) 十卷 隋 達磨笈多 등의 번역. 長阿含經 가운데 起世經・佛說樓炭經・起世經과는 同本이나 品次가 조금 다르며 내용은 世界의 形狀을 說한 것.

기수(祇樹) 祇陀太子의 樹林. 太子가 부처님에게 供養한 것. 또는 祇陀林・祇洹林・祇洹飯那・祇哆槃那・誓多林이라고 함.
※玄應音義三에「誓多 此譯云勝氏 卽憍薩羅國波斯匿王之子也 槃那此云林 正言飯那 以樹代之耳」

기수(機水) 衆生의 機根을 물에 비유한 말.
※性靈集二에「臺鏡瑩磨 俯應機水」

기수급고독원(祇樹給孤獨園) 㲲〈J-etavānānā thapiṇḍadāsyarama〉또는 祇多樹給孤獨園・給孤獨園・祇樹園・祇園이라 함. 祇園精舍가 있는 곳으로, 부처님이 說法한 유적지. 이곳은 본래 波斯匿王의 太子 祇陀가 소유한 園林이었으나 給孤獨長者가 그 땅을 사서 석존께 바치고 太子는 또 그 園林을 부처님께 바치었으므로 두 사람의 이름을 따서 이같이 이름.

기수원(祇樹園) 祇陀太子가 供養한 樹林의 園庭. 즉 祇園精舍가 있는 곳.

기수위(機守位) 機轉位의 反對로 一色인 偏見에 滯하여 自由스러운 作

用이 缺如된 것을 말함.

기수정사파리종(祇樹精舍頗梨鍾) 祇園寺의 無常堂 四角에 頗梨鍾이 있음. →祇園精舍鍾.

기수천(器手天) 또는 器酒天, 胎藏界 外金剛部衆의 一天. 손에 酒器를 쥐고 있음. (胎曼大鈔六)

기수천후(器手天后) 胎藏界外金剛部衆의 一天. 伊舍那의 眷屬. 器手天과 함께 손에 酒器를 쥐고 있으므로 이같이 말함.

기수화림굴(祇樹花林窟) 祇樹給孤獨園.

기숙(耆宿) 나이가 많고 德望과 경험이 많은 사람. 老宿한 사람.

기술(紀述) 記述과 같음. 紀는 紀錄述은 傳述의 뜻.

기시귀(起尸鬼) 毘陀羅天에서 부르는 귀신 이름. 菩薩戒疏咸註中에「毘陀羅는 印度에서 행하는 呪法인데 呪文으로 죽은 屍身을 일으켜서 그 귀신으로 하여금 사람을 죽이도록 하였다」함. →毘陀羅・吉遮.

기신(器身) 器는 器世間 즉 依報인 無情, 身은 衆生世間 즉 正報인 有情을 뜻함.

기신론(起信論) 大乘起信論의 약칭. 馬鳴菩薩의 著書. 梁 眞諦의 번역본(一卷)과 唐 實叉難陀의 번역본(二卷)이 있음.
※爲使起正信 說大乘之極理者.

기신론과주(起信論科注) 淸 桂念祖의 註釋書. 내용은 義記 가운데 科와 疏記를 취하여 만든 것.

기신론내의약탐기(起信論內義略探記) 一卷. 新羅 승려 大賢의 著書.

기신론문답(起信論問答) 一卷. 新羅 승려 憬興이 지음.

기신론삼소(起信論三疏) 書 慧遠義疏 二卷. 元曉疏 二卷. 法藏義記 二卷을 일컬어 起信論三疏라 함.

기신론소필삭기(起信論疏筆削記) 書 二十卷. 宋나라 子璿이 宗密의 註疏를 풀이한 것.

기신론소회열(起信論疏會閱) 十권. 淸나라 釋續法이 엮음. 義記가 中國에 들어 오기 前에는 이 책이 가장 잘 되었다고 하였음.
※案此書卷首列名 唐西京沙門法藏述疏 終南草堂沙門宗密錄註 宋秀州長水沙門子璿診記 淸錢塘慈雲沙門續法會編 順天府府丞戴京曾閱定.

기신론열망소(起信論裂網疏) 六卷. 明나라 釋智旭의 著述.

기신론의기(起信論義記) 七卷. 附別記 一卷. 唐 釋法藏의 撰.
※據淸楊文會言 藏內賢首疏五卷 圭峯刪削頗多 人皆病其割裂 近年求得古逸內典於日本 內有起信論義記 仍不免爲日本僧徒割裂之病.

기신론주소(起信論註疏) 大乘起信論疏의 다른 이름. 四卷.
※唐宗密 取義記注本論者 稍有撮略.

기신론직해(起信論直解) 二卷. 明나라 釋德淸의 直解.

기신미타(己身彌陀) 己心彌陀가 變

轉한 말. 阿彌陀佛을 西方 十萬億土의 먼곳에서 求하지 아니하고 自己의 몸속에서 求한다는 뜻. 阿彌陀佛은 恒常 大衆속에 있으므로 自己自身이 곧 阿彌陀佛이라는 뜻.

기신미타유심정토(己身彌陀唯心淨土) 萬法은 오직 一心이므로 生 밖에 佛이 없고 또한 淨土도 없으며, 彌陀는 곧 자기 몸 가운데 彌陀요, 淨土는 곧 내 마음속이 淨土라는 것을 말함.

기신사족(起信蛇足) 一卷. 朝鮮 승려 蓮潭有一의 著書 起信論疏記를 해석한 것.

기신이문(起信二門) 起信論에서 衆生心을 說明할 때 心眞如門과 心生滅門으로 나눈 것.
※心眞如門爲衆生心本體的方面之說明 心生滅門爲衆生心現象的方面之說明也

기신재(忌辰齋) 忌日에 올리는 齋. 忌日을 當하여 特別히 戒法을 엄수하여 惡業을 짓지 않고 善事를 行하는 것. 따라서 讀經追善하여 死者를 供養하는 것.

기실(記室) 禪寺에서 山門에 관한 書類등을 맡아 보던 職任. 곧 書記.

기심(己心) 自己의 一心.

기심륜(記心輪) 三輪의 하나. 또는 憶念輪. 부처님이 法을 說하기 전에 먼저 聽法者의 利・鈍을 살피는 것.

기심미타(己心彌陀) 또는 唯心彌陀. 自性彌陀. 自身의 마음속에 있는 彌陀란 뜻. 곧 即心即佛로서 彌陀는 중생의 마음 가운데 있고 마음이 곧 부처란 뜻.

기심법문(己心法門) 自己心中에서 發明한 法門.
※止觀一上에「此之止觀 天台智者說己心中所行法門」

기심시도(記心示導) 知他心隨意說法・觀察他心神足이라 함. 記는 識別을 뜻함. 부처님이 敎를 說할 때에 듣는 이의 能力・素質을 觀察하여 그에게 適應한 가르침을 開示하는 것. 學人의 마음을 알아서 알맞게 引導하는 것.

기심중소행법문(己身中所行法門) 自己心中에 修得한 法門. 즉 自己心中에 實感實證한 法門을 이름.

기아지옥(饑餓地獄) 十六遊增地獄의 하나. (三藏法數四十五)

기악(伎樂) ⓢ〈vadya〉또는 妓樂・娛樂人들이 演奏하는 音樂. 몸놀림을 同伴한 舞曲. 雅樂의 一種. 伎는 女樂, 伎는 巧를 말함.

기암(奇巖) 朝鮮 승려. 法堅(1552~1634)의 號. →法堅

기야(祇夜) ⓢ〈Geya〉 번역하여 應頌・重頌・重誦偈라 함. 十二部經의 하나, 노래의 뜻을 가진 梵語〈Gai〉에서 온 中性명사로 散文의 끝에 다시 그 뜻을 거듭 말하는 韻文.

기야가다(祇夜伽陀) 번역하여 諷誦

기야다(祇夜多) 梵 〈Jeyata〉北印度 罽賓國의 阿羅漢. 佛滅後 七百년에 罽賓國에 출생 令名을 떨쳤으며 月氏國王 栴檀罽尼吒가 相見하고자 신하와 함께 찾아 갔지만 靜默端坐하고 맞아들이지 아니하니 왕이 그의 威德을 보고 敬慕하는 마음이 더욱 生하였음.

기야나발라이폐(枳攘娜鉢囉儞閉) 梵 〈Jnanapradipa〉번역하여 智燈. 仁王護經道場念誦儀軌에「枳攘那는 智, 鉢囉儞閉는 燈이라 하니 이 智燈으로서 모든 어둠을 깨뜨리기 때문이다」하였음.

기어(綺語) 十惡의 하나. 또는 雜穢語 공교롭게 꾸미어 겉과 속이 다른 말.
※後世騷人積習 多喜以美人香草寓言 凡涉於閨閤者 皆謂之綺語 雲笈七籤에「三者無色界天 其中人壽命億劫歲 若人一生之中 不惡口兩舌妄言綺語 當來過往得居此天」

기어(機語) 神機한 語句.
※大明錄에「文義俱明者 謂之理 忘言獨契者 謂之機」

기언묘구(奇言妙句) 奇異한 말과 妙한 句節.

기언탄(寄言歎) 갖가지 좋은 말로 法을 讚歎하는 것. →絕言歎.
※天台以法華方便品諸佛智慧甚深無量等之言爲寄言歎 以止止不須說爲絕言歎.

기업상(起業相) 또는 造業相. 六麤

相의 하나. 번뇌로 말미암아 갖가지 業을 짓는 것. (起信論)

기여(其餘) 其他·其外·그 나머지, 그 이외.

기역(耆域) 梵 〈Jiva Jivaka〉 또는 耆婆·時縛迦 번역하여 固活·能活 良醫의 이름. →耆婆.

기역인연경(耆域因緣經) 柰女耆域因緣經의 약칭.

기연(起緣) →緣起.

기연(寄緣) 衆生의 機緣에 應하여 敎導의 方法을 달리하는 것.

기연(機緣) ①機는 根機, 緣은 因緣을 말함. 衆生의 善機가 敎法을 받을만한 緣이 있음을 말함. ②禪家의 宗匠이 臨機應緣하는 行藏作略을 機緣이라 함. (六祖壇經有機緣篇)

기연지선사어록(奇然智禪師語錄) 二卷. 臨濟宗. 明林·明爩 등의 편찬. 香岩宕山遠和尙의 嫡嗣인 奇然超智 禪師가 黃龍·雙池·白水·靈慧 등을 歷住하면서 大衆을 敎化한 一代의 語錄을 모은 것. 小參·普說·示衆·法語·頌古·眞贊·機緣·佛事·聯芳 등을 수록하고 책머리에 韓世琦, 雲翺의 序. 卷末에 師의 塔銘을 붙였음. 康熙 23(1684)年에 刊行한 것.

기예천녀(伎藝天女) 摩醯首羅天의 頂上에서 化生한 天女. 福德과 伎藝를 수호한다 함.
※其念誦之作法出伎藝天女念誦法.

伎藝天

기예천녀염송법(伎藝天女念誦法) 書
摩醯首羅大自在天王神通化生伎藝天
女念誦法의 약칭.

기오사(機悟士) 梵 〈Sthira-satta〉 佛
法을 받아 들여 깨달음에 到達한
能力을 가진 사람.

기요(機要) 機密緊要의 뜻.
※唐高僧傳(玄奘)에「極空有之精微 體
生滅之機要」

기용(機用) 禪家의 宗匠이 言語로써
는 미치지 못할 機微를 證悟하여
學人에게 베푸는 것을 機用이라 함
※谷響集九에 大機在宗師 施之學者 謂
之大用也

기우(奇遇) 大鑑下 第十一世인 北禪
智賢의 弟子. 姓은 杜氏, 潭州 사
람, 號는 法昌, 幻時에 崇福寺에서
得度하고 世壽 77세로 入寂함.

기우(祈雨) 請雨法을 닦는 것.

기우구우(騎牛求牛) 傳燈錄에「大安
禪師가 百丈禪師에게 나아가 예를
드리고 묻기를 "學人이 부처를 알고
자 하는데 어떤 것이 부처입니까"
百丈이 말하기를 "마치 소를 타고
소를 찾는 것과 같다"하니 師가 말
하기를 "안 뒤에는 어떻게 합니까"
하니 百丈이 말하기를 "마치 사람이
소를 타고 집에 이르는 것 같다"고
한 비유.
※碧巖七則評에 「有者道大似騎牛覓牛
有者道問處卽是」

기우귀가(騎牛歸家) 十牛의 하나.

기우도량(祈雨道場) 또는 龍王道場.
비 오기를 비는 일종의 法會. 날이
가물 때에 龍王雲雨經을 읽으면서
비 오기를 비는 것이며 法會가 성
행하던 高麗시대에는 날이 가물면
수시로 기우도량을 열었고, (忠穆
王 2)(1346)年에는 王이 친히 內殿
에 祈雨道場을 베풀었다는 기록이
보임.

기우법(祈雨法) 請雨法과 같음.

기원(祈園) 또는 祇洹·祇桓·祇園
이라 하며 祇樹園·祇陀園·祇樹
給孤獨園의 약칭. 곧 祇陀太子林
→祇樹給孤獨園.

기원(祈願) 神佛 앞에서 福利를 祈
願하는 것.

기원도경(祇園圖經) 一권. 南山道宣
의 著書. 一名 舍衛國祇園圖經 또
는 祇園寺圖經. 舍衛國祇園精舍의
內容과 그곳에서 있던 事實을 圖示
한 것.

기원사의(祇園寺儀) 精舍를 建立하

였을 때 過去 世世로 땅속에서 개미를 보았다는 傳說.

※淨心誡觀發眞鈔中本에「靈感傳云 須達共舍利弗 往圖精舍(卽祇洹也) 須達自捉繩一頭 舍利弗自捉一頭 共經精舍 (中略)舍利弗慘然憂色 卽問尊者何故憂色 答曰 汝今見此地中蟻子不 答曰見 時舍利弗語須達言 汝於過去毗婆尸佛 亦於此地 爲彼世尊 起立精舍 而此蟻子 在此中生 乃至七佛以來 汝皆佛起立精舍 而此蟻子亦在此中 至今九十一劫受一種身 不得解脫」

기원정사(祇洹精舍) 祇園精舍. →祇園. 祇樹. 給孤獨園.

기원정사무상원(祇園精舍無常院) 西域傳에 祇園西北쪽 해지는 곳에 無常院이 있는데 만일 病者가 그 집에 들어가면 平安하다」고 하였음. (釋氏要覽下)

※意爲凡人內心貪著房舍衣鉢道具 生戀著心 無厭背故 制此堂 令聞名見題悟一切法無彼常故」

기원정사종(祇園精舍鐘) 祇園圖經에「無常院에 一堂이 있는데 白銀으로 장식했다. 院에 八鐘이 있으니 四는 白銀이요, 四는 頗梨로 되었다. 銀鐘은 院의 四角에 있고 頗梨鐘은 형상이 腰鼓와 같으며 코에 한 金毘崙이 金獅子를 타고 손에 白拂을 잡은 病僧으로서 病이 위독한 모양을 나타내고 있는데 그 金毘崙의 입에서 無常·苦·空·無我를 說한다. 손으로 白拂을 들면 鐘이 저절

로 울리면서 그 소리 가운데「諸行無常 是生滅法 生滅滅已 寂滅爲樂」을 說하자 病僧이 그 소리를 듣고 고통이 스스로 제거되며 淸淨樂을 얻은 듯, 三昧에 들어서 淨土에 往生한다. 銀鐘은 帝釋이 지은 것이고 頗梨鐘은 月天子가 지은 것이니 그 소리가 百億世界에 이른다고 하였다.

기원정사파리종(祇園精舍頗梨鐘) 祇園圖經에 나옴. 往生要集上本에「祇園寺 無常堂의 四角에 頗梨鐘이 있는데 그 鐘소리가 또한 이 偈頌을 說한다」고 하였음. →祇園精舍鐘

기원정사흥폐(祇園精舍興廢) 經律大明祇洹寺基趾에「흔히 이르기를 八十頃地에 一百二十院이라 함. 東西는 約 十里이고 南北은 七百餘步나 되며 祇陀와 須達 두 사람이 함께 지었으나 二百年이 지난 뒤에 모두 燒盡되었다. 그뒤 五百年에 腑育迦王이 그 터에 새로 지었으나 規模가 前만 같지 못하였다. 百年 뒤에 賊에게 燒盡되고 十三年이 지난 뒤에 王 六師迦가 前대로 重建하니 屋宇가 壯麗하여 모두 寶莊嚴이라 하였다. 百年 뒤에 惡王이 破壞하여 殺人場을 만들었다」고 한다(法苑珠林)

기월(忌月) 正月·五月·九月의 3개월을 말함. →三長齋月.

기위(寄位) 또는 寄顯·寄在 行位의 차별에 붙여 敎門의 深淺을 드러내

보이는 것. (五教章卷上)
기위다단(機僞多端) 이렇게도 말하고 저렇게도 말하여 갖가지 虛構와 手段을 써서 속임수를 쓰는 것.
기유(覬覦) 바라서는 안될 일을 넘겨다 봄.
기유라(枳由羅) 또는 羇由羅・吉由羅 번역하여 瓔珞. →翅由邏・瓔珞.
기은(棄恩) 世俗의 恩愛를 버리고 僧侶가 되는 것. 出家하는 者는 本來의 俗服을 입고 父母와 尊親에게 辭拜를 하고 또「流轉三界中・恩愛不能斷・棄恩入無爲・眞實報恩者」라는 偈를 說한 뒤 俗服을 벗음. (淸信士度人經)
기은입무위(棄恩入無爲) 머리 깎고 出家할 때 부르는 偈文의 한 句節.「流轉三界中・恩愛不能斷・棄恩入無爲・眞實報恩者」三界流轉의 恩愛를 버리고 無爲眞理의 道에 들어가 참다운 報恩을 한다는 뜻.
기응(機應) 衆生의 機根과 如來의 應感.
※文句一上에「信則論機 見則是應」또「機應相稱 故曰道交」
기의(機宜) 機는 마음의 活動. 宜는 그 마땅한 것을 따른다는 뜻. 衆生의 機緣에 依持하여 適宜한 敎導를 하는 것.
※義六上에「機是宜義 如欲拔無明之苦 正宜於悲 欲與法性之樂 正宜於慈 故機是宜義」
기일(忌日) 또는 諱日, 死亡日에 그 亡人을 追慕하여 즐거운 놀이를 禁忌하므로 忌日이라 함. 元素往來에「三十五日을 小練忌, 四十九日을 大練忌, 一周忌를 小祥忌, 三周忌를 大祥忌라」고 하였음.
※釋氏要覽下에「二月十五日 佛涅槃日 天下僧俗 有營會供養 卽忌日之事也 俗禮君子有終身之孝 忌日之謂也 又謂不樂之日 不飮樂故 或云諱日 或遠日(遠日猶溫曲禮 喪事先遠日)釋子死亡 可稱歸寂之日 蓋釋氏無忌諱故」
기일설재(忌日設齋) 죽은 사람의 忌日에 중을 초대하여 經을 읽게하고 齋를 올려 명복을 비는 것.
※梵網經下에「父母兄弟 和上阿闍梨 亡滅之日 及三七日 乃至七七日 亦應讀誦講說大乘經律 齋會求福」
기자(記子) 珠數 一百八顆 가운데 다른 珠 보다는 조금 크고 母珠 보다는 若干 적은 구슬을 가리키는 것.
기자(起者) 我見이 있는 사람이 自己의 能力을 計度하고 罪와 福을 일으키므로 起者라고 함. 十六神我의 하나. (大乘義章六)
기장(器仗) 器는 武器, 仗은 杖(古代의 兵器) 器仗은 武器를 總稱함. 惡知와 惡覺을 退治하는 器具.
기장인(器仗印) 獨鈷 등과 같은 三昧耶形의 印相.
기적마축적(騎賊馬逐賊) 賊馬를 타고 賊을 쫓는다는 뜻으로 相對의 言語를 利用하여 도리어 對論者를

攻擊하는데 比喩한 것. (李廣의 故事)

기좌(箕坐) 또는 箕踞. 坐法의 하나. 두다리를 뻗고 앉음. 두 다리의 사이가 키모양 같으므로 이같이 이름.

기주(記主) 疏記의 主公이라는 뜻. 모범적인 著述을 많이 하여 그 宗派의 祖典을 註釋한 자에게 붙이는 美稱. 荊溪湛然이 數十部의 疏記를 지어 天台의 三大部 등을 註解한데서 天台記主라 하였다.

기준(機俊) 高麗 승려. 智異山 斷俗寺 大鑑國師塔碑와 順天의 수성사 비를 쓴 名筆.

기중(忌中) 사람이 죽은 뒤 四十九 日동안을 말함. 이 동안은 죽은이가 中有에 迷하여 아직 어떤 곳에도 태어나지 않는다 하며 이런 의미에서 말과 행동을 삼가고 조용히 죽은 이의 冥福을 빈다고 함. →四十九日.

기증(己證) 또는 自證, 남에게 의지하지 않고 스스로 깨닫는 것.
※文句記五之一에「大師自說已證也 稟承南岳證不由也」

기지(祇支) 衣服. →僧祇支.

기지(記持) 記憶護持의 약칭. 마음 속에 지니고 잊지 않는 것. 마음에 執着하여 떠나지 않는 것.

기지처(起止處) 뒷간 즉 便所.

기진(起盡) 始末과 같음.
※文句一上에「古講師 但敷弘義理 不分章段 若純用此意 後生殆不識起盡」

기차반나(祇哆槃那) 梵 〈jetavana〉 또는 逝多槃那・誓多槃那라 번역하여 勝林이라 함. 祇洹精舍가 있는 곳. →祇樹.

기차반림(祇哆槃林) 誓多林과 같은 말. →祇樹.

기청(祈請) 求請. 기원하여 바람.

기청(起請) 또는 起誓. 誓願을 세워 佛・菩薩의 加被를 청하는 것.
※甚宗耶雜事十九에「是時大衆 有緣事時 卽便引佛法僧寶 而爲呪誓 或引鄔波駄耶 阿遮利耶 而爲呪誓 俗生譏恥 時合其宜 然出家本求實語 不應盟誓 若作者得越法罪」

기청문(起請文) 또는 告文・誓狀, 佛・菩薩이 보살펴 주기를 청하는 취지를 종이에 쓴 것.

기취(記取) 생각하다, 헤아리다의 뜻. 取는 助字.

기취아귀(奇臭餓鬼) 梵語 迦吒富單那의 譯語. (玄應音義). →迦吒富單那.

기침(起寢) 밤중에 일어나 부처님에게 배례하는 일.

기침종(起寢鐘) 절에서 起寢할 때 치는 鐘.

기타(吃吒) 梵 〈Kheta〉 餓鬼의 이름. 번역하여 食唾 (正法念經十六)

기타(祇陀) 梵 〈Jeta;Jetr〉 또는 誓多・逝多・制多 번역하여 勝・戰勝이라 함. 舍衛國 波斯匿王 太子로 起陀林의 地主.

기타림(祇陀林) 梵 〈Jetavana〉 또는

祇洹飯那・祇多槃那・祇多槃林・逝多林. 번역하여 勝林이라 함. 中印度 舍衛城 남쪽에 있던 祇陀太子의 園林. 須達長者가 이 땅을 太子에게 사서 절을 지어 부처님께 바치니 이것이 바로 祇園精舍이다. →祇樹

기타산(枳吒山) 梵〈Kitagiri〉巴〈Kitagiri〉 또는 鷄吒山. 번역하여 黑山이라 함. 迦尸(Kasi)國에 있던 聚落의 이름.

기타원(祇陀園) →祇樹.

기타음주(祇陀飮酒) 祇陀太子가 부처님께 아뢰기를 "옛적에 五戒를 받았으나 술을 禁制하기 어려우니 五戒를 버리고 十善을 가지고자 합니다." 부처님이 말씀하시되 "마실 때에 무슨 허물이 있겠느냐." 대답하되 "國中에 豪賢들이 때때로 재를 올리고 나서 함께 마셨읍니다." 부처님이 말씀하시되 "이같이 하면 終身토록 허물이 없으리라"고 한 傳說. (未曾有經下)

기탑공양(起塔供養) 또는 建塔供養. 塔을 세우고 供養하는 것.

기특(奇特) 梵〈阿闍理貳 = Āścarya〉 또는 遏部多(Adbhuti)의 譯語. 홀로 우뚝한 것.
  ※獨一不偶也 西域記一에 「何奢理貳伽藍 唐言奇特」佛所行讚四에 「知得未曾法 而起奇特想」賢愚經八에 「如來出世 實復奇特」

기특경(奇特經) 一字奇特佛頂經의 약칭.

기하(旣下) 이미 내리다의 뜻.

기행(起行) 極樂世界의 往生을 목적으로 닦는 五念門의 行과 五種正行을 말함.
  ※善導觀經疏三所謂「衆生起行 口常念佛 佛卽聞之」

기허(幾許) 幾何・얼마쯤・얼마・若干, 許는 정도를 뜻함.

기허(騎虛) 朝鮮 승려 靈圭(?~1592)의 法號. →靈圭.

기현(寄顯) 그 事物의 뜻을 바로 해석하여 나타내지 않고 딴 사물에 假托하여 은연 중에 나타내 보임. ↔直顯.

기현(機見) 衆生의 機根에 依하여 부처님이 感見 하는 것.
  ※宗鏡錄二十一에 「他受用及變化二土 正證於前 相似名同 而隨機見異」

기현경(起顯竟) 일어나고 나타나고 마친다는 뜻. 釋尊의 化導가 끝났음을 告하고 다시 滅後를 위하여 本化上行 등의 大士에게 末法의 要旨를 따로 付屬하는 始末.

기혐(譏嫌) 또는 機嫌. 남을 헐뜯고 싫어함.
  ※不爲他人譏嫌之事 謂之護譏嫌 起信論에 「當護譏嫌 不令衆生妄起過罪故」

기혐계(譏嫌戒) 息世譏嫌戒의 약칭. 世間의 비방을 막기 위하여 制定한 戒. 그 성품은 本來 罪가 아니나 세상 사람들의 비방을 막기 위하여 마련한 戒. 이를테면 돈을 모은다든가 五辛菜를 금하는 따위.

기화(己和)(1376~1433) 朝鮮 승려. 法號는 得通·堂號는 涵虛, 舊名은 守伊·無準·俗姓은 劉氏, 忠州 사람. 21歲에 冠岳山 義湘庵에 출가. 이듬해 檜巖寺에 가서 舞鶴王師를 뵙고, 法要를 들은 뒤 諸方을 遊歷하다가 다시 檜巖寺에 住하면서 크게 깨치다. 그 뒤에 공덕산 大乘寺·天摩山 觀音窟·佛禧寺에 住하면서 學人을 교도하였다. 자모산 연봉사에서 작은 방을 차지하고 涵虛堂이라 이름하고, 3年을 부지런히 닦다. 世宗 2(1420)年에 五臺山에 가서 여러 성인에게 공양하고, 영감암에서 이상한 꿈을 꾸고 大慈御刹에 4年 동안 머물다. 1431年 희양산 봉암사를 중수하고 세종 15(1433) 年에 나이 59, 법랍 39세로 入寂하다. 碑는 봉암사에 있고 부도는 가평군 현등사에 있다. 著書는 圓覺疏 三卷·般若經五家解說誼 二卷·顯正論 般若懺文 二卷·綸貫一卷 등.

기화(飢火) 몹시 배고픔이 불붙는 것처럼 급함에 비유한 말.

기화오정(寄花五淨) 꽃을 色界의 第四禪 五淨天에 寄托하면 항상 시들지 않음. 世界의 大風災가 이 하늘에는 이르지 않기 때문이다.
※安樂集에「譬如寄花五淨 風日不萎 附水靈河 世旱不竭」

기휘(忌諱) 忌避와 같음. 꺼리어 싫어함.

긱교(喫交) 두발을 교차하고 跏趺坐한 모양.

긱기라(喫棄羅) 梵〈Khakkhara〉 錫杖의 梵名.

긱다거(喫茶去) 世俗에서 차(茶)를 먹으라는 뜻. 이는 尋常茶飯하는 곳에 佛法이 있다는 것을 알리기 위해 쓰는 말. →趙州喫茶去.

긱다양생기(喫茶養生記) 二卷. 榮西의 集錄. 내용은 喫茶와 그외 養生法을 說明한 것.

긱소(喫素) 素菜를 먹고 肉食하지 않는다는 뜻. 鄭康成禮注에「素食은 平常食」이라 하였고, 漢書霍光傳에「昌邑王이 喪을 당하여도 素食치 않았다」고 한바「素食은 菜食으로 肉이 없다고 하였다. 佛敎가 들어온 뒤에는 그 信行에 있어서 正·五·九月을 三長月이라 하여 死刑과 屠殺을 금하였다. 그 風俗이 唐에 비롯하여 宋에 盛行하였음.

긱죽래(喫粥來) 또는 喫飯來·食事 때를 알리는 말. 佛法은 恒常 大衆과 같이 있어서 손발의 놀림에도 作用함을 알리는 말. 곧 마음 밖에서 佛法을 求하려는 者를 警戒한 말.

긱토(喫土) 땅에 손수 곡식을 심어 그것으로 生活한다는 말. 左傳에도 食土란 말이 있는데 땅을 갈아 生活하는 것이라 하였음.

긱휴(喫虧) 또는 喫虛, 손해를 입음.

긴나(緊捺) 緊捺羅의 약칭.

긴나라(緊那羅) 梵〈Kimnara〉또는 緊拏羅·緊陀羅·緊捺洛·甄陀羅·眞陀羅. 번역하여 疑人·疑神·人非人·歌神·歌樂神·音樂神이라 함. 八部衆의 하나. 사람인지, 짐승인지 또는 새인지 일정하지 않고 노래하고 춤추는 괴물. 혹은 사람 머리에 새의 몸을 하고, 또는 말머리(馬首)에 사람의 몸을 하는 등 그 형상도 일정하지 않음.

(No. 1) 緊那羅

(No. 2) 緊那羅

긴다라(緊陀羅) 八部衆의 하나. 歌神의 이름. →緊那羅.

긴신위초(緊迅危峭) 機鋒이 매우 날카로움을 形容한 말. (碧巖錄七一)

긴지(緊池) 독 있는 과실의 이름.
※慧琳音義四十一에「此果端正 人見生愛 愚夫執之 觸著卽死 故喩慘毒也」

긴축(緊祝) 나무 이름. 또는 보배이름. →緊祝迦.

긴축가(緊祝迦) 梵〈Kimśuka〉또는 叔迦·緊叔迦 나무 이름. 또는 보배 이름. →甄叔迦.

길가야(吉迦夜) 梵〈Kekaya〉沙門 이름. 번역하여 何事, 西域 사람. 北魏 때 中國에 와서 延興 2(472)年 北臺에서 曇曜와 함께 雜寶藏經(八卷)·付法藏因緣經(六卷) 등 五部 十九卷을 번역함.

길경(吉慶) 慶賀하는 것.
※寶篋印陀羅尼經에 「若是塔所在之處 有大功勳 具大威德 能滿一切吉慶」

길경아리사게(吉慶阿利沙偈) 또는 吉祥伽陀, 密敎에서 傳法灌頂을 행할 때에 法을 받는 자를 축하하여 노래를 唱하는 伽陀의 이름. →阿利沙.
※大日經疏八에「經云吉祥伽陀等廣多美妙言者 此頌凡有三種 一名曰吉慶 二名曰吉祥 三名曰極吉祥 皆是阿利沙偈 用之慶慰其心 仍有加持用 阿闍梨當自說之次於次文 且出吉慶一種」

길경찬(吉慶讚) 또는 八相成道讚. 吉慶阿利沙偈를 말함.

길라(吉羅) 突吉羅의 약칭. 범죄의 이름.

길률다라구다(姞栗陀羅矩吒) 靈鷲山

의 梵名. 耆闍崛.

길리(吉利) 梵 〈Gṛdhra〉새의 이름. 姞栗陀와 같음.

길리라(吉利羅) 髻離吉羅(佛名)의 약칭. 金剛界의 一尊. →髻離吉羅.

길반다(吉槃茶) 또는 鳩槃茶. 큰 힘이 있는 鬼神. 圓覺經略疏에 사람의 정기를 빨아 먹으며 바람과 같이 빠르다 하였음. →鳩槃茶.

길상(吉祥) 梵 〈落吃澁=Lakṣmī〉吉事의 兆瑞. 또는 善兆・吉兆・具德好事의 뜻.
※大日經疏八에「梵云落吃澁弭 Lakṣmī 翻爲吉祥相 或名具相 亦是嘉慶義 吉慶義」

길상가타(吉祥伽陀) ①文殊舍利菩薩吉祥伽陀의 약칭. ②吉慶阿利沙偈를 이름.

길상과(吉祥果) 鬼子母가 바른 손에 지니고 있는 과실 이름. 石榴를 말함.
※鷹峯群談五에「問曰 鬼子母所掌吉祥果 或謂之石榴 是乎不也 答曰 有云 吉祥果西方有之 此間無矣」

길상다라니경(吉祥陀羅尼經) 佛說大吉祥陀羅尼經의 약칭.

길상동자(吉祥童子) 부처님이 成道할 때에 吉祥草를 받들고 있던 동자.
※佛所行讚에「釋帝桓因 化爲凡人 執淨軟草 菩薩問言 汝名何等 答名吉祥 菩薩聞之 心大歡喜 我破不吉 以成吉祥 菩薩又言 汝手中草 此可得不 於是吉祥 卽便授草 以與菩薩 因發願言 菩薩道成 願先度我 菩薩受已 敷以爲座 而於草上 結跏趺坐」

길상모(吉祥茅) 修禪할 때 자리에 까는 풀, 濕地 혹은 水田에서 자라는 것으로 길이가 두자남짓한 것이 보통임. 釋尊이 成道할 때 菩提樹下에서 이 풀을 깔고 앉았다고하며 그때 吉祥童子가 釋尊에게 바친 풀이라고 전함.
※大日經疏十九에「西方持誦者 多用吉祥茅爲藉也 此有多利益 一者以如來成道時所坐故 一切世間以爲吉祥故 持誦者藉之 障不生也」

길상모국(吉祥茅國) 또는 上茅城・王舍城의 별칭. 摩竭陀國의 중심지. 吉祥香草가 많이 나므로 이같이 이름.

길상병(吉祥瓶) 善福을 生하게 하며 뜻과 같이 所願을 滿足시킨다는 瓶. 赤銅으로 만들어 一切의 모든 妙香. 藥・末尼・眞珠・金・銀 등 보배를 담고 雜華 끈으로 그 병목을 맨다. (不空羂索陀羅尼自在王呪經上)
※大疏八에「吉祥瓶法 當用金銀等寶 乃至無者應以瓷或淨瓦爲之 極令圓滿端正」

길상일(吉祥日) →吉日良辰.

길상좌(吉祥坐) 坐相의 한가지. 왼발을 오른쪽 넓적다리 위에 얹어놓은 다음에 오른발을 왼쪽 넓적다리 위에 놓는 것을 말함. →結跏趺坐.

길상주(吉祥柱) 不空羂索陀羅尼自在王呪經에 「壇의 方面에 一門을 각각 열고 門밖에 각각 두 吉祥柱가 있다」 하였음.

길상지세경(吉祥持世經) 持世陀羅尼經의 다른 이름.

길상참법(吉祥懺法) 金光明懺法의 별칭. 吉祥天을 本尊으로 삼고, 죄악을 참회하며 福德을 기원하는 修法.
※因金光明懺法以吉祥天爲道場之法門主故也.

길상천(吉祥天) 梵〈室哩〉또는 室利・尸里. 女天의 명호. →吉祥天女.

길상천녀(吉祥天女) 또는 功德天・吉祥天 본래 婆羅門神으로 佛敎에 歸依하였음. 父는 德叉迦・母는 鬼子母로 毘沙門天의 누이동생, 혹은 毘沙門天의 后妃라고 하나, 확실한 經軌의 說은 없음.
※陀羅尼集經十(功德天品)에 「其功德天像 身端正 赤白色 二臂畵作種種瓔珞環釧耳璫天衣寶冠 天女左手持如意珠 右手施呪無畏 宣臺上坐 左邊畫梵摩天 右邊畵帝釋天 如散華供養天女 背後各畫一七寶山 於天像上 作五色雲 雲上安六牙白象 象鼻絞馬腦瓶 瓶中傾出種種寶物 灌功德天頂上 天神背後 畫百寶華林 頭上畫作千葉寶蓋 著上作諸天伎樂 散華供養」

길상천녀법(吉祥天女法) 密敎에서 吉祥天女를 本尊으로 삼고 福德을 비는 修行法.

길상천녀십이계일백팔명경(吉祥天女十二契一百八名經) 大吉祥天女十二契一百八名 無垢大乘經의 약칭.

길상천녀십이명호경(吉祥天女十二名號經) 佛說 大吉祥天女十二名號經의 약칭.

길상초(吉祥草) 梵〈Kuśa〉또는 姑奢・矩尸・俱舒. 번역하여 上茅, 茆草. 犧牲草라 함. 습기가 있는 땅이나 논에서 자라며, 띠・박하와 비슷한 풀. 吉祥이란 이름은 釋尊

吉祥女天女

吉祥草

이 이 풀을 깔고 보리수하에 앉아 서 成道한데서 연유했다 하며, 또 는 이 풀을 석존에게 바친 이가 吉 祥童子라는 데서 연유했다고도 함.

길상해운(吉祥海雲) 梵〈室利靺瑳= śrī-vatsa〉卍字의 別稱. 印度에 傳하는 吉祥의 표상. →萬字.

길상회과〈吉祥悔過〉 最勝王經을 誦하며 죄과를 懺悔하는 법.
※最勝王經二(夢見金口懺悔品)說懺悔之 法及功德.

길유라(吉由羅) 梵〈Keyura〉 또는 枳由邏, 鞘由羅. 번역하여 瓔珞.

길일양신(吉日良辰) 星宿의 법에 의하여 吉日良辰을 정하는 印度의 古法. 宿曜經・摩登伽經・舍頭諫太子二十八宿經 등에 실려 있음.
※大日經疏四에「良日辰者 謂作法當用 白分月 就中一日三日五日七日十三日 皆爲吉祥 堪作漫茶羅 又月八日十四日 十五日最勝 至此日常念誦 亦應加功 也」宿曜經上以偈說「一三五九十一・與 十三 於二白黑分 所作皆成就 黑三夜 七晝 十夜十四晝 白四夜八晝 一夜十 五晝 於此黑白分 晝夜不成就 日中及 中夜 己後皆通吉」

길장(吉藏) 唐나라 승려. 師는 본래 安息國 사람. 그 祖가 원수를 피해 南海로 移居, 交應의 중간에서 살다가 뒤에 金陵으로 이사하여 吉藏을 낳았다. 나이 일곱살에 道郎法師에게 出家, 穎悟하다는 칭예가 있었고 具戒를 받은 후에는 명성이 더욱 높아 陳나라 桂陽王이 깊이 흠모하였다. 隋나라가 南方에 도읍을 정하자 東으로 옮겨 嘉祥寺에 머물렀다. 開皇 末(600)年 隋煬帝가 晉藩에 네 도량을 설치하고 師를 불러 慧心道場에 머물게 하니 그 恩遇가 優渥하였다. 藩王이 또 京師에 日嚴寺를 설치하고 특별히 師를 그곳에 맞이하여 中原에 道를 떨치게 하였다. 唐 高祖는 師의 명성을 듣고 그를 優禮하였고 齊王元吉은 그의 풍도를 흠앙하여 師範으로 삼았다. 唐 武德 6(623)年 5月에 世壽 74세로 入寂함. 師는 龍樹提婆의 宗旨를 현양하고 三論宗의 祖師가 되었으며 그 先祖가 安息國에서 태어나 胡吉藏, 嘉祥寺에 住하였으므로 嘉祥大師라 칭함. 著書에 經論疏 數十種이 傳함.

길차(吉遮) 梵〈Kṛtyag〉 巴〈Kicca〉 또는 吉蔗. 번역하여 所作・起尸鬼 귀신의 이름. →起尸鬼.

길펠(Kirfel Willibald) 獨逸의 印度 學者 1885年 出生 母校 본大學의 敎授로서 言語學的 見地에서 印度宗敎思想과 世界觀의 解明研究에 盡力함. 主著에 Das Purāṇa Pañca-lakṣaṇa, 1927; Die Religion des Jainas, 1928; Bhāratavarṣa (Indien), Textgeschichtliche Darstellung zweiter geographischen P-urāṇa Texte nebst Übersetzung, 1931; Der Hinduismus, 1934;

Vāgbhata's As-tāṅgahṛdayasaṃ-hita, 1941; Die dreiköpfige Gottheit, 1948 등.

길하(吉河) 外道에서 恒河를 가리키는 말.

※百論疏上中에「外道謂恒河是吉河 入中洗者 便得罪滅 彼見上古聖人入中洗浴 便成聖道故 就朝瞑及日中三時洗也」

김대비(金大悲) 新羅 승려. 傳에 聖德王 21(722)年 唐나라 홍주 開元寺에서 力士 張淨滿에게 돈 二千兩을 주고 曹溪의 六祖塔에서 六祖大師의 머리를 훔쳐내어 海東으로 돌아와서 供養하였다고 함. 지금 慶南 河東郡 花開面 雲水里 智異山 雙溪寺 塔殿에 봉안한 六祖頂相塔이 그것이라 함.

김대성(金大城)(701~774) 新羅 景德王 때의 宰相, 金文亮의 아들, 景德王 10(751)年 자기 부모의 長壽와 국가의 평안을 위하여 慶州 佛國寺・石佛寺・長壽寺 등을 중창하고 이어서 石窟庵을 설계 완성하여 沙門 神林과 表訓을 청하여 住하게 하였음.

김동화(金東華)(1902~1980) 號는 雷虛. 일찌기 東國大學을 비롯하여 서울文理大・高麗大・成均館大 등에서 佛教學研究에 一生을 바친 佛教學界의 巨擘. 그의 略歷과 著書는 다음과 같음.

略 歷

1902年 8月 30日(음) 慶尙北道 尙州郡 尙州面 書谷里에서 父 金學洙, 母 全州李氏의 長男으로 出生하다.

1913年 月 日 慶北 尙州郡 尙州面 東海寺에서 出家하다.

1914年 月 日 慶北 尙州郡 內西面 南長寺에서 沙彌戒를 受하다.

1916年 月 日 僧侶의 度牒을 받고 같은 해에 尙州普通學校를 卒業하다.

1917年 3月 日 南長寺에서 1913年부터 4安居를 마치다.

1919年 月 日 尙州의 南明學院에서 初等科(4集科)를 修了하다.

1920年 月 日 聞慶 金龍寺에서 1917年부터 4安居를 마치다.

1923年 3月 日 聞慶郡 金龍寺 地方學校를 卒業하다.

1928年 3月 日 日本東京立正大學專門部의 宗教科를 卒業하다.

1930年 6月 日 京城實業專修學校教員에 就任하다.

1930年 7月 15日 尙州 南長寺에서 慧峰禪師를 法師로 建堂하여 雷虛의 法號를 받다.

1932年 3月 日 立正大學의 學部 宗教科를 卒業, 이때 成績優等賞을 받다.

1932年 4月 日 立正大學 國內留學生에 選拔되어 3年間 佛教教理發達史를 研究하다.

1936年 4月 日 立正大學專門部의 宗教科專任講師로 就任하다.

1940年 3月 日 同校의 講師를 辭任하다.

1940年 4月 日 大邱市 慶北佛教協會總

務에 就任하다.
1940年 月 日 金龍寺에서 大德法階를 稟受하다.
1941年 2月 日 慶北 五山佛敎學校 校長에 就任하다.
1941年 10月 日 京城惠化專門學校 講師兼 生徒主事에 就任하다.
1942年 4月 日 同校의 生徒課長에 就任하다.
1943年 月 7日 同校의 敎授로 被命되다.
1944年 5月 日 朝鮮佛敎中央布敎師 및 朝鮮佛敎敎學委員으로 就任하다.
1945年 9月 日 東國大學의 敎授로 被命되다.
1946年 9月 日 서울大學校 文理科大學의 講師로 就任하다.
1946年 月 日 朝鮮佛敎法規委員 및 賞罰委員으로 就任하다.
1947年 月 日 朝鮮佛敎法階考試委員이 되다.
1948年 8月 13日 東國大學 副學長으로 被命되어 1年동안 奉職하다.
1950年 5月 13日 東國大學의 學長으로 被命되어 6年半동안 奉職하다.
1952年 月 日 高等考試委員으로 委囑되다.
1953年 3月 日 成均館大學講師로 就任하다.
1953年 8月 日 東國大學校의 大學院長에 就任하다.
1954年 10月 日 同校의 敎授를 辭任하다.
1955年 3月 日 高麗大學校講師로 就任하여 1959年에 同校의 待遇敎授로 就任하다.
1962年 3月 日 다시 東國大學校敎授로 復職하다.
1962年 9月 日 高麗大學校에서 停年으로 인하여 講師로 留任되다.
1962年 12月 日 서울大學校 文理大講師를 辭任하다.
1962年 12月 2日 東國大學校 大學院에서 名譽哲學博士學位를 받다.
1964年 8月 20日 東國大學校 佛敎文化硏究所 所長으로 就任하다.
1965年 8月 1日 同校의 佛敎大學 學長으로 就任하다.
1966年 5月 8日 同校 10年勤務表彰狀 및 金메달을 받다.
1966年 12月 19日 同校 大學院長에 就任 再任하다.
1969年 5月 15日 大邱能仁高等學校 創立 30周年紀念日에 初代校長 紀念牌 및 金메달을 받다.
1969年 12月 日 東國大學校 大學院長에 3任되다.
1970年 12月 5日 大韓民國政府에서 敎育功勞者로 國民勳章 栢章을 받다.
1971年 月 日 大學院長 및 佛敎文化硏究所所長으로 계심.
1972年 5月 日 大韓民國 學術院에서 學術院功勞賞을 받으며 學術院의 終身會員으로 就任하다.
1980年 4月 5日 午後 8時 入寂.

主要論著(六・二五 以後)

著述(單行本)

佛敎讀本 上卷(權相老共著) 1952.12.
佛敎學槪論 1958.11.30

김동화~김동화

佛敎大意	1958. 11. 30
佛敎讀本 下卷(權相老 共著)	1958. 4. 25
三國時代의 佛敎思想	1964. 3.
韓國哲學思想史	1964. 5.
原始佛敎思想論	1967. 3.
唯識學槪論	1968. 4.
俱舍學槪論	1968. 3.
釋迦의 思想과 敎育	1968. 10. 1
禪學思想史	1968. 6. 11
佛敎敎理發達史	1969. 12. 30
佛敎唯心思想의 發達史	1970. 5. 10
佛敎倫理學	1971. 4. 25
護國大聖四溟大師의 硏究	1971. 8.
新編佛敎聖典(權相老 共編譯)	

硏究論文

緣起說에 對한 管見	1954. 3. 20
(서울大論文集 第1號)	
印度哲學에 對하여	1956. 6. 1
(서울大發行: 敎養과 哲學)	
佛敎의 護國思想	1956. 10. 6
(李丙燾 回甲記念論文集)	
原始佛敎와 哲學思想	1958. 4. 5
(서울大發行: 哲學敎養)	
彌陀思想의 諸問題	1959. 11.
(淨土文化 6回)	
新羅佛敎의 特性(韓國思想)	1959. 8. 12
佛敎信仰의 本質	1960. 2. 1
(三段轉入의 論理 3回, 現代佛敎)	
佛敎學上의 智와 知	1961. 6.
(成大發行: 東洋哲學)	
佛敎의 智慧論(새길)	1962. 3. 10
佛敎와 敎育思想	1671. 6. 15
(敎育의 哲學的理解)	
宗敎는 不可缺의 것인가	1963. 5. 15

(現代思想講座)	
佛敎의 永生 및 來世觀	1963. 6. 20
(二十世紀講座)	
禪宗所依經에 對하여	1955. 11. 5
(東大論文集)	
成實論의 諸問題	1970. 5. 30
(東大論本集)	

論 說

印度思想으로 본 佛敎의	1949. 7. 12
思想的地位(鹿苑)	
佛敎의 思想的 理解	1953. 3. 7
(서울新聞)	
佛敎思想의 現代的 理解	1954. 6. 16
(서울大學新聞)	
學生과 佛敎(東國月報)	1954. 10. 2
文化受入의 態度(無自覺한	1955. 10. 24
文化受入은 民族文化를 亡	
친다)(高大新聞)	
與者와 受者(高大新聞)	1956. 5. 28
宗敎와 理性(〃)	1958. 9. 27
佛敎의 政治觀(〃)	1962. 5. 12
佛敎와 民主主義(〃)	1960. 7. 2
東洋精神과 그 世界觀	1959. 6. 5
(東亞日報 2回)	
亞細亞의 佛敎思想	1959. 4. 25
(高大新聞)	
佛敎思想의 現代的意義	1961. 6. 17
(〃)	
佛敎文化의 精華(鹿苑)	1657. 7. 1
佛敎文化의 過去와 將來	1958. 10. 1
(思想界)	
空의 槪念에 對하여	1958. 11. 21
(高大哲學硏究)	
現代思想과 佛敎	1959. 12. 1

(現代佛敎 創刊號)

우리民族과 佛敎(佛敎思想)	1960.	7. 1
坐禪의 眞髓(해군)	1961.	1.10
現代宗敎家의 生活體制	1962.	9.30
(佛敎思想)		
佛敎의 國家觀(새길)	1962.	7.30
東洋의思考의 長短(思想界)	1962.	5.
佛敎의 時代性(佛敎思想)	1962	7.30
佛　敎(東亞春秋)	1963.	1. 1
佛敎의 大慈悲思想(새길)	1963.	2.15
佛敎二千五百年(思想界)	1965.	5. 1
佛敎의 護國理念(佛敎界)	1967.12.30	
佛陀以前의 印度思想界	1968.	3.30
(佛敎界)		

其他 說・隨筆・雜文多有

김범부(金凡父)(1897~1966) 東洋哲學者. 본명은 鼎卨. 慶州 출신. 漢學을 배우고 1915年 渡日, 東洋大學에서 東洋哲學을 전공. 東京外國語學校에서 영어・독어를 수학한 후 東京大學・京都大學 등의 청강생으로 공부를 하고 귀국후 8.15까지 山寺를 역방하며, 佛敎哲學 연구에 몰입하였다. 1950年 제2대 국회의원선거에 東萊에서 당선. 그후 鷄林大學・東方思想硏究所를 세워 동양철학・漢學 등을 강의했으며, 5.16혁명 후 한때 五月同志會 회장을 지냈다. 漢詩와 동양철학에 조예가 깊음.

김법린(金法麟) 항일독립투사, 정치가, 學者, 號는 梵山. 필명은 鐵啞. 경북 永川 출신. 14세에 부산 梵魚寺에서 중이 되어 1915年에 比丘戒를 받고 3・1운동 때 嶺南의 불교계 만세 독립시위운동에 참가, 1920年에 佛敎中央學林을 졸업, 이듬해 프랑스에 건너가 1926年 파리대학 철학과를 졸업, 1930年 일본 駒澤大學에서 불교를 연구했다. 1931年 東京에서 조선청년 동맹을 조직했고, 1933年부터 10年간 多率寺・海印寺・梵魚寺 등에서 불교에 관한 강의를 하면서 독립정신을 고취하다가 1938年 卍黨사건으로 진주에서, 1942年 조선어학회사건으로 함흥에서 수차 투옥됐다. 8・15해방 후 불교중앙총무원장으로 불교혁신운동을 벌리고, 東國學院 이사장을 지냈다. 1952年 문교부장관, 1953年 유네스코 한국위원회위원장, 제3대 민의원, 1959年 원자력원장 등을 역임. 1962年 동국대학교에서 명예철학박사 학위를 받고, 이듬해 동 대학 총장이 되었다.

김상호(金尙昊)(1889~1965) 本貫은 金寧. 父 金永吉 母 礪山宋氏의 2男으로 慶南東萊郡沙上面德浦里에서 태어났다. 1897年부터 1905年까지 漢文修學, 1905年 梵魚寺에서 朴性海禪師를 師로 入山 1905年부터 1912年까지 佛敎를 전공, 1915. 3 梵魚寺明正學校 졸업, 1918. 3 梵魚寺佛敎專門講院에서 大敎科를 졸업, 1919. 3. 7 梵魚寺靑年 安敬煥・車相明 등 同志와 密議하고 梵魚寺靑

年 50餘名을 인솔하고 동래시장에서 獨立萬歲高唱·宣言書配付·警察署 습격 등 東萊萬歲事件을 지도하였고, 서울에서 在京佛敎靑年을 규합 全國佛敎徒의 獨立運動本部를 조직 전국 各寺刹과 연락, 승려들을 동원 萬歲運動을 발기케 하였으며, 1919. 4 申尙玩·白性郁 양인을 上海로 파견하여 임시정부에 佛敎界의 독립운동을 보고케 하고, 1919. 6. 大同團에 加入하여 佛敎界의 책임자로 활동함. 1919. 10 梵魚寺의 元老 李湛海·吳惺月·金擎山 三師와 밀의한 후 거액의 독립운동자금을 寺財에서 辦出 上海의 임시정부에 헌납하고 1920. 2 구속되어 고초를 당함. 1920. 7 都鎭鎬와 朝鮮佛敎靑年會를 발기하고 同年 8 金永祜·成浩·同志와 決死同盟하고 倭城臺폭파를 밀의하였으며 1921. 3 全國朝鮮佛敎維新會를 조직하고 倭政의 寺刹令 철폐운동을 제기하였다. 同年 佛敎維新會를 창설. 친일 승려를 규탄하고 1929. 8. 美國 하와이에서 개최되는 汎太平洋佛敎靑年大會에 朝鮮佛敎界 代表를 파견하고 1930. 7. 金法麟 李龍祚 등과 卍字黨을 結社, 불교혁신운동을 전개하고 1937. 10年 總本山太古寺의 건립을 의결하였으며 1942. 10. 朝鮮語學會사건에 연루되어 고초를 당하였다. 1960. 2. 李剛·申肅 등과 光復同志會를 창설하는 등 佛敎界의 代表로서 많은 功을 쌓았음.

김시습(金時習)(1435~1493) 朝鮮 초기 生六臣의 한 사람. 字는 悅卿. 號는 梅月堂·東峰, 본관은 江陵. 고려의 侍中 台鉉의 후손. 日省의 아들. 5세 때 이미 中庸·大學에 통하여 神童이라는 이름을 들었고, 集賢殿 學士 崔致雲(江陵人 1390~1440)이 그의 재주를 보고 경탄하여 이름을 時習이라 지어 주었다. 1455(端宗 3)年 21세 때 首陽大君이 端宗을 쫓아내고 왕위에 올랐다는 소식을 듣고, 문을 닫고 3일이나 통곡하였으며, 세상을 비관하여 책을 불사르고 중이 되어 號를 雪岑 또는 淸寒子·碧山·東峰·贅世翁이라 하였다. 楊州의 水落. 壽春의 史呑. 海上의 雪岳. 月城의 金鰲 등지를 두루 방랑하면서 글을 지어 세상의 허무함을 읊었다. 成宗 때 머리를 길러 47세에 安氏의 딸을 맞아들여 아내로 삼고, 유학자를 만났을 때는 불도를 말하지 않았다. 世祖 때 變節하여 六臣을 告한 영의정 鄭昌孫을 길에서 면박을 준일이 있었다. 세상 사람들은 모두 그와 사귀기를 두려워하였으나 宗室인 李貞恩과 南孝溫·安應世·洪裕孫 四名만은 시종 변치 않았다. 상처한 후 재취하지 않고 鴻山의 無量寺에서 죽었으며, 그의 유언대로 절 옆에 묻었다가 3년 후에 파보니 얼굴이 산 사람과 같았다 한다. 뒤에 浮屠를 세웠다. 宣祖는 李栗谷을 시켜 時習의 전기를 쓰게 하였고, 숙종 때에는 海東의 伯夷라 하였으며 執義의 벼슬을 追贈. 뒤에 중종은 이조판서를 추증하고 시호를 내렸으며 孝溫과 함께 六臣祠에 배향했다. 著書는 金鰲新話. 梅月堂集.

김잉석(金芿石)(1900~1965) 불교학자. 호는 玄石. 전남 昇州 출신. 順天 松廣寺에서 大敎科를 수료. 후에 中央中學을 거쳐, 日本에 건너가 1928년 東京駒澤大學豫科를 수료하고, 1931년 京都龍谷大學 문학부를 졸업했다. 歸國 後 普成中學·惠化專門學校 교수를 거쳐 1946년 東國大學校 교수가 되어 庶務處長 도서관장 등을 역임. 1958년 東國大學校 佛敎大學長이 되고 1963년 철학박사 學位를 받다. 華嚴·三論의 敎理에 밝다. 論著는 賢首敎學에 있어서 緣性二起論·華嚴學槪論 三論學의 眞理性과 그 歷史性, 佛陀와 佛敎文學. 佛敎學汎論이 있음.

ㄴ

나(那) 梵⟨ 𑖡 Na⟩ 또는 娜·拏·曩 悉曇 五十字門의 하나. 體文 三十五字의 하나. 喉聲의 第五에 屬함. 一切法名不可得의 뜻. 徧知名色의 소리라 함. 梵語 Nāman(名)의 해석.

나(拏) ① 梵⟨ 𑖟 Ḍa⟩ 또는 書疤. 悉曇 五十字門의 하나. 拏字門은 一切法 怨對不可得의 뜻. 攝伏魔靜의 소리라 함. 이것은 梵語 Ḍamara(魔障)를 해석한 것. ② 梵⟨ 𑖡 Na⟩悉曇 五十字門의 하나. 一切法靜論不可得의 뜻 除諸煩惱의 소리라 함.

나(娜) 梵⟨ 𑖟 Da⟩ 또는 陀·捺. 悉曇 五十字門의 하나. 那字門은 一切法施 不可得의 뜻. 調伏律儀寂靜安穩의 소리라 함. 이것은 梵語 Dāna(布施) Dama(調伏)을 해석한 것.

나(懶) 게으름. 孏와 같음.

나(騾) 노새(숫나귀와 암말과의 사이에서 난 變種).

나가(那伽) 梵⟨Naga⟩번역하여 龍·象·無罪·不來라 함. 佛 혹은 阿羅漢을 일컬어 摩訶那伽라 하며 大力이 있음에 비유한 말.
※大日經疏五에「摩訶那伽 是如來別號 以況不可思議無方大用也」俱舍論 十三에「契經說 那伽行在定 那伽住在定 那伽坐在定 那伽臥在定」

— 495 —

나가(娜伽) 㒲《Naga》不動의 뜻. 번역하여 山.

나가기살(那伽枳薩) 㒲《Nāgakesara》번역하여 龍華. 陀羅尼集經 十에 「那伽枳薩은 龍華라 일컬으며 崐崙山에서 난다」하였음.

나가대정(那伽大定) 那伽는 㒲《Nāga》大定은 㒲《Samadhi》그러므로 那伽大定은 梵漢의 複合語임. 大龍王의 大定이라는 뜻. 佛의 禪定을 말함.

나가라(那迦羅) 人名. 혹은 那伽波羅. 번역하여 龍護·象護라 함. 이 比丘는 現生에 淨法을 증득하였다 함.
※增一阿含經에 「我聲聞中 第一比丘曉了星宿 預知吉凶 所謂那伽波羅比丘是也」

나가바라(那伽波羅) 人名. →那迦羅

나가서나(那伽犀那)① 㒲《Nāgasena》번역하여 龍軍. 印度論師의 이름. →那先. ②十六羅漢의 第十二. 도는 羅迦那·納阿噶塞納.

那伽犀那

※法經記에 「那羅犀那尊者 與千二百阿羅漢多分住半度波山」

나가신(那伽身) 龍身.

나가실리(那伽室利) 㒲《Nāgaśrī》菩薩의 이름. 번역하여 龍吉祥.

나가알라수나(那伽閼刺樹那) 㒲《Nāgarjuna》菩薩의 이름. 번역하여 龍樹 龍猛. →龍樹.

나가정(那伽定) 龍으로 變身하여 깊은 연못에 定止하는 것을 那伽定이라 함. 長壽를 누리기 위하여 彌勒이 출세할 때까지 願力으로 那伽定에 들어가는 것.

나가질다(那伽質多) 㒲《Nagacitta》那伽는 龍, 質多는 마음이란 뜻. 龍의 心部에 침을 놓아서 항복받아 비를 멎게 하는 法.

나간자간(那竿這竿) 那는 彼. 這는 此 竿은 竹. 곧 彼竹此竹이라는 뜻으로 彼方과 此方을 가리킬 때 쓰는 말.

나개(那箇) ①저곳에 있는 사물을 가리키는 指示代名詞. 거기·저기·저것·그것 따위. ↔這箇. ②두개 이상의 사물에 대해서 어느 하나를 선택하는 경우에 쓰는 疑問代名詞. 어디·어떤 것·어떤 일 따위. 何箇와 같은 말. ③어찌·무엇의 뜻.

나개시비두타(那箇是備頭陀) 어느 것이 참 備頭陀냐라는 뜻. 那箇는 즉 那一物과 같이 眞實을 積極的으로 指示하는 獨特한 禪語. 여기서도 實地는 疑問이 아니고 備頭陀 그

自體를 表示한 것. 備頭陀는 戒行이 圓滿한 頭陀를 뜻함.

나개시정안(那箇是正眼) 語 廠谷寶徹이 臨濟에게 묻기를 "大悲千手千眼 중에 어느 것이 正眼입니까" 臨濟 "大悲千手千眼 중에 어느 것이 正眼인가 어서 말하라!" 이에 廠谷이 臨濟를 禪床에서 끌어 내려 놓고 올라 앉았다. 臨濟가 일어나서「不審」하니 廠谷이 생각하려 하거늘 臨濟가 廠谷을 禪床에서 끌어 내려놓고 올라 앉자, 廠谷이 나가 버렸다.

나걸차(羅乞叉) 梵 〈raksa〉 번역하여 保護.

나게라갈국(那揭羅曷國) 梵 〈nagarahara〉 那伽羅曷・那迦羅訶・那竭. 北印度에 있는 나라 이름.

나계(螺溪) 宋나라 螺溪尊者. 字는 常照. 傳敎定慧院의 淨光法師 義寂의 號. 天台荊溪尊者六世의 法嗣임. (佛祖統紀八). →義寂.

나계(螺髻) ①부처님의 머리털 ②梵天王의 머리털이 螺狀과 같이 꼬불꼬불하므로 이같이 이름. ③西天의 梵志를 일컫는 말.

나계범(螺髻梵) 螺髻梵志. 또는 螺髻梵王.

나계범왕(螺髻梵王) 梵天王의 머리털이 소라껍질같이 꼬불꼬불하므로 螺髻梵王이라 함.

나계범지(螺髻梵志) 螺髻仙人을 말함. →螺髻.

나계선인(螺髻仙人) 부처님이 옛날에 螺髻仙人이 되어 이름을 尙闍梨라 하고, 禪定을 닦는데 새가 와서 頂上에 집을 지었다고 함. →頂巢.

나곡(羅縠) ①엷고 가벼운 비단. 天人의 옷을 만드는 材料. 至極히 微細한 無明 등에 비유한 말. ②菩薩이 佛性을 보는 것은 마치 비단으로 눈을 가리고 물건을 보는 것과 같다는 것.

나기니(拏枳儞) 夜叉의 하나. →茶吉尼.

나길니법(拏吉尼法) 梵 〈dakini〉 또는 荼枳尼・荼吉尼・吒枳尼. 다기니(dakini)天에 大願成就를 비는 祈禱.

나다(那他) 梵 〈Nada; Nadi〉 또는 那地・那提. 번역하여 江・海. →那提.

나다가슬타(娜多家瑟吒) 梵 〈Dantakāṣtha〉 번역하여 齒木. 이를 닦을 때 쓰는 버드나무로 만든 칫솔. (梵語雜名)

나다절육(那吒折肉) 語 五燈會元二에「那吒太子가 살을 베어서 어머니에게, 뼈를 깎아서 아버지에게 돌려 준 후에 本身으로 大神通을 示現하여 父母를 위해서 法을 說했다」함.

나두(那頭) 저것, 彼方. 저쪽이라는 뜻. ↔這頭.

나라(那羅) 梵 〈Nata〉 번역하여 力

伎戲. 즉 捔力戲(씨름).

나라구바(那羅鳩婆) ㉛〈Nalakubra〉 四天王의 隨行員으로 夜叉·羅刹의 무리를 統率하고 北方을 守護하는 神.

나라나리(那羅那里) ㉛〈Nara-nari〉 那羅는 男性, 那里는 女性으로서 男女가 모여서 노는 것을 那羅那里 娛樂이라 함. →二根.

※理趣釋上에「妙適者 卽梵語蘇羅多也 蘇羅哆者 如世間那羅那里娛樂 金剛薩埵亦是蘇羅哆 以無緣大悲徧緣無盡衆生界 願得安樂利益心曾無休也 自他平等無二 故名蘇羅哆耳」

나라다(那羅陀) ㉛〈Narachara〉 번역하여 人持華. 慧苑音義上에「那羅(捺羅)는 사람, 陀(陀羅)는 「持」를 말함. 그 꽃의 향기가 묘하여 사람들이 모두 佩用하므로 人持華라 함.

나라마나(那羅摩那) 摩納과 같음.

나라마납(那羅摩納) ㉛〈nara-mān-ava〉 略稱하여 摩納. →摩納.

나라연(那羅延) ㉛〈Nārāyaṇa〉 또

那羅延

는 那羅延那·那羅野拏 번역하여 堅固·鉤鎖力士라 함. 天上에 있는 力士의 이름. 또는 十九執金剛의 하나. 혹은 梵天王의 異名이라 함. 帝釋天의 眷屬으로 佛法을 수호하는 神인데 密跡金剛과 함께 二天이라 함.

나라연금강(那羅延金剛) 仁王尊의 다른 이름. 仁王尊의 힘이 那羅延처럼 强하므로 이같이 이름.

나라연논사(那羅延論師) 世界萬有의 支配者는 偉大한 神인 那羅延 곧 바이슈누神이라고 主張하는 힌두교의 論師를 가리킴.

나라연력경(那羅延力經) 大華嚴長者問佛那羅延力經의 약칭.

나라연력집금강(那羅延力執金剛) 那羅延은 金剛力士. 堅固力士라고 하여 큰 힘을 가진 神을 뜻함. 那羅延같이 强한 힘을 가진 菩薩이라는 뜻.

나라연신(那羅延身) 那羅延(天上의 力士) 같이 힘이 强한 몸.

나라연신원(那羅延身願) 阿彌陀佛 四十八願 가운데 제二十六. 極樂에 往生하는 사람으로 하여금 모두 那羅延의 金剛堅固身을 얻게 하는 誓願.

※無量壽經上에「設我得佛國中菩薩不得金剛那羅延身者 不取正覺」

나라연천(那羅延天) 那羅延과 같음.

那羅延天(胎藏界曼茶羅)

나라연천후(那羅延天後) 天神의 하나. 胎藏界曼茶羅 外金剛部院의 西方那羅天의 곁에 있는 天名. 모양은 肉色이며 左手에 무성한 荷葉을 들고, 右手에는 그 荷葉의 곁에 붙이고 자리에 앉아 있음.

나라지(猓猓地) 赤裸裸하여 조금도 거짓이나 숨김이 없는 것을 말함. 解脫境地에 分別心이 떨어지고 煩惱가 滅盡함이 마치 발가벗음과 같아서 아무런 障礙가 없는데 비유한 것.

나락(那落) 梵 〈那落迦=Naraka〉의 略稱, 또는 奈落.

나락(奈落) 梵 〈Naraka〉 捺落迦의 약칭. 또는 捺落·那落. →捺落迦

나락가(那落迦) 地獄의 이름. 惡을 지은 사람이 태어나는 곳. (翻譯名義集)

나락가(捺落迦) 梵 〈Naraka; Naraka〉 또는 那落迦·泥黎耶·泥囉夜·泥犁迦·那羅訶 즉 地獄과 地獄의 罪人을 일컫는 梵語. 번역하여 不可樂·非行·無可樂·苦器라 함. →地獄.

나란다(那爛陀) 梵 〈Nalanda〉 中印度摩竭陀國에 있는 寺園의 이름. 菩提道場의 大覺寺에서 東으로 七驛되는 地點에 있다. 부처님이 入滅한 뒤에 鑠迦羅阿逸多王이 創建한 것으로 代代로 繼續 增建하여 五天竺 第一의 精舍가 되었다. 번역하여 施無厭. 世俗에서 傳하는 바에 依하면 이 절 가에 있는 연못의 龍王의 이름을 딴 것이라 하나, 實義는 釋迦如來가 옛날 이 땅에서 國王이 되었을 때의 德號라 함.

나랄자(那辣遮) 번역하여 錐(송곳) 또는 金剛錐·鐵柄錐.

나련제리야사(那連提黎耶舍) 梵 〈narendrayasas〉 또는 那連提耶舍·耶舍·번역하여 尊稱이라 함. 北印度烏場國 사람. 성은 釋迦 刹帝利種. 十七세에 중이 되어 受戒하고 부처님 聖地를 순례하며 멀리 제국을 섭렵함. 北은 雪山. 남으로 師子國까지 갔으나 뒤에 竹園寺에 住하기 10년, 한 尊者의 論을 받아 고국에 돌아가서 雪山北에서 교화하고 觀音神呪를 외어 賊害를 면하였다. 虞芮國까지 왔으나 突厥의 亂을 만나 귀국의 희망을 버리고 北齊 天保 7(556)年에 鄴城에 도착하니 世壽 40세였다. 文宣帝의 厚遇를 받아 天平寺에 住하면서 翻經에 종사하고 月燈三昧 등 五部 四十九卷을 번역하였음.

나로(裸露) 벌거벗은 것. 裸體와 같음.

나로파(Na-ro-pa) 印度의 學僧. 또한 密敎의 大成就師. 印度名은 나다파다(Nadapada)이며, 나로파는 티베트에서의 呼稱. 라마敎 칸귯파(Bkah-rgy)의 창시자 말파(Mar-pa)의 스승이며, 同派에서는 티로파(Ti-lohpa) 또는 (Tilli-pa, Telo-pa)에 대하여 同派의 印度에서 傳承의 제二祖로 尊崇함. 나로파는 10세기 말, 카슈밀의 婆羅門家에서 出生, 出家하여 나아란다에 修學 學匠으로서 명성이 높았고, 夜叉女의 啓示로 東方의 金剛乘의 成就師(siddha)를 찾아 遊歷苦行 후 디로바를 만나 成就師가 되고, 金剛持(Vajradhāra)傳來의 秘義를 嗣法하였다 함. 1039年 사망. 著書에 티베트大藏經탄줄部중 十四部가 있는데, 중요한 것은 時輪, 灌頂略說註釋 등이 있음.

나롱(羅籠) 羅는 새를 잡는 그물. 籠은 새를 가두어 기르는 장. 轉하여 그릇된 知識이나 思想에 얽매어 眞理에 투철한 自在의 境地에 이르지 못하는 것을 말함. 또는 煩惱·忘想을 말함. (碧岩錄)

나룰(那律) 阿那律의 약칭. 比丘의 이름. →阿那律.

나릉왕(羅陵王) 舞樂의 명칭. 또는 蘭陵王. 蘭陵王入陣曲이라 하며 혹은 陵王이라 함. 一越調의 曲.

나리(那裏) 또는 那邊. ①장소를 가리키는 指示代名詞, 그곳·저기·저쪽·저편 따위. ②장소에 대한 疑問代名詞. 어디·어느곳·따위. ↔這裏.

나리(奈利) 泥梨와 같음. 地獄.

나리(奈梨) 梵 〈naraka〉 奈落과 泥梨의 連語인듯 함. 地獄을 뜻함. →地獄.

나리가취락(那利迦聚落) 梵 〈Ñādakantha〉 巴 〈Ñādika Ñātika〉 또는 那提犍·那提迦·那摩提·那地迦·那黎迦·那梨·那羅·那陀. 번역하여 嘉豫·皈葦라 함. 中印度 北部로 밧지(連邦)를 형성한 一種族 毘捏迦(iVdeha)族의 마을. 이 마을에 유명한 벽돌제조장이 있고, 釋尊이 居住하였다. 또 이 마을 근처에 牛角娑羅林(Gosingasāla Vanadāya)이 있고, D. N. 18. Janavasabha-suttantaa)에는 석존이 이곳 벽돌집에서 摩竭國(Magadha)의 餠沙王(Bimbisāra) 등이 죽어서 後天界에 태어났다는 것을 說하였다고 전함.

나리라(那利羅) 梵 〈Nārikela〉 樹名. 探玄記 二十에 「那利羅는 捺啉羅吉唎 또는 莖葉有用樹」라고 하였음.

나마(那摩) 梵 〈Nāman〉 또는 娜麿

曇麼 번역하여 名.

나마(捺麻) 梵〈nama〉 이름. 또는 經典의 이름.

나마왕(羅摩王) 梵〈rmayan〉 또는 羅摩・囉摩. 번역하여 能善・作善・虛・戱. 印度 옛 聖王으로 叙事詩에 나오는 羅摩衍拏(ramayan). 中印度 阿踰陀國 十車王의 長子로 일찌기 諸藝에 통달하였으며 毘提阿國 자나가(janaka)왕의 딸 私多와 결혼하였으나 왕위계승에 관해 참소를 입어 14年 謫居의 刑을 받다. 후에 南進하여 고다바리(godavari) 하변에 이르러 숲속의 惡那利을 토벌함에 鬼王 邏伐拏는 원한을 품고 그 妃 私多를 빼앗아 楞伽 即 錫蘭으로 돌아가다. 羅摩는 猿王 등의 원조를 받아 長橋를 놓고 楞伽에 들어가 邏伐拏를 誅하고 妃를 구하다. 때에 刑期를 마치고 본국에 돌아와서 王位를 계승하였음.

나마취락(羅摩聚落) 梵〈rama-grama〉巴〈rama-gama〉 또는 羅摩村 羅摩伽國・阿羅摩國・藍摩國・藍莫國. 번역하여 可樂 또는 戱라 하며 中印度에 있는 마을의 명칭.

나망(羅網) ①寶珠를 길게 연결하여 그물을 만들어서 佛堂을 莊嚴하게 하는 기구. 帝釋殿의 羅網을 帝網이라 함. ②물고기나 새를 잡는 기구.

나모(南摸) 梵〈nano〉南無와 같음.
나모(螺毛) 또는 螺髻・螺髮. 부처님 三十二相好의 하나. 머리털이 소라껍질 모양으로 꼬불꼬불 함을 말함.

나모라달나달라야야(那謨囉怛那怛囉夜耶) →南無喝囉怛那哆羅夜耶.

나모아리야(那謨阿哩也) 梵〈Namo-ārya〉 또는 南謨阿梨耶. 번역하여 歸命聖者라 함. 仁王經道場儀軌에 「那謨는 歸命 阿哩也는 惡不善法을 멀리 여윔을 이름한다」 하였음.

나모아리야바로기제삭발라야보리살타바야마하살타바야(南謨阿梨耶婆盧枳帝爍鉢羅耶菩提薩埵婆耶摩訶薩埵婆耶) 梵〈Namaā-ryāvalokitevārāya bodhisattavaya-inha mahasatti vāya〉 大悲呪의 첫 머리로 觀自在菩薩에게 歸命하는 말. 모두 蓮華部의 歸命句가 됨. 南謨는 歸命, 阿梨耶는 聖, 婆盧枳帝는 觀, 爍鉢羅耶는 自在, 菩提薩埵婆耶는 菩薩, 摩訶薩埵婆耶는 摩訶薩, 即 觀自在菩薩의 摩訶薩에 歸命하는 것.

나무(南無) 梵〈Namas;Namo〉 또는 南謨・納莫・曩謨. 번역하여 歸命・歸敬・歸依・敬禮・救我・度我라 함. 돌아가 의지한다는 뜻. 곧 衆生이 佛・法・僧의 三寶에 眞心으로 歸依, 敬順한다는 말. →歸命.

나무묘법연화경(南無妙法蓮華經) 法華經을 尊稱하는 말. 日蓮宗에서는 法華經을 經의 題名으로만 使用하는 것이 아니고 法華經에 說한 字

宙究極의 眞理를 意味하며 南無妙法蓮華經을 唱함에 따라 容易하게 宇宙의 眞理에 歸入하여 佛의 境地에 달할 수 있다고 主張함. 이는 南無阿彌陀佛의 稱名念佛에 對한 것.

나무불(南無佛) 梵⟨Namo buddhāya⟩ 三歸依의 하나. 부처님께 歸依하는 것.

나무불가사의광불(南無不可思議光佛) 不可思議光佛을 言語로는 表現할 수 없는 불가사의한 부처를 일컫는 것으로서 阿彌陀佛의 別名. 南無阿彌陀佛과 같음.

나무불타(南无佛陀) 南无는 梵語(namas)의 音譯. 敬禮・歸依의 뜻. 南無佛과 같음.

나무불가사의광여래(南無不可思議光如來) 九字名號를 일컬음. 阿彌陀佛의 光德을 표현한 名號. 南無不可思議光이란 말은 曇鸞(淨土眞宗 七祖의 第三祖)의 讚阿彌佛偈에 나옴.

※總由無量壽經所說之十二光 別由難思無稱之二光 而立不可思議光之名 謂歸命於有思慮言說到底不可之光明(智慧)之如來也.

나무삼(南無三) 南無三寶의 약칭.

나무삼보(南無三寶) 佛・法・僧 三寶에 歸依함. 또는 三寶의 이름을 외우며 구제해 주기를 비는 말.

나무아미타불(南無阿彌陀佛) 梵⟨namòmitāyurbuddhaya⟩ 번역하여 歸命無量壽覺・阿彌陀佛에 歸依한다는 뜻. 또는 六字名號・名號라 함. 願行이 具足한 六字이므로 이를 부르고 생각하면 往生을 얻는다 함.

※聖財集下謂眞言口傳六字名字爲陀羅尼 五佛種子也 ज्ञो(namo)二字 歸命之義 命者常住之壽命大日也 ऴलिरज्ञ四字 如次第爲阿閦 寶生 彌陀 不空成就之四法也.

나무할라달나치라야야(南無喝囉怛那哆羅夜耶) 梵⟨Namo ratnatrayaya⟩ 또는 那謨囉怛那怛囉夜耶 南無는 歸命, 喝囉怛那는 寶, 哆羅夜耶는 三으로 곧 歸命三寶를 뜻함.

나문(蘿門) 蔓草가 蔓延되어 있는 門. 轉하여 隱者의 閑居를 나타내는 말. (從容錄).

나밀(羅密) 그물 코가 촘촘한 새 그물.

나바(那婆) 梵⟨nava⟩ ①새롭다는 뜻. ②아홉(九). 數를 表示하는 것.

나바마리(那婆摩利) 梵⟨navama lika, ⟨navamallika, navam⟩ 西⟨na-ba-ma-hka⟩ 또는 那縛忙里迦 번역하여 次第華라 함. 那婆는 新의 뜻. 新摩利迦라고도 함. 이는 우리 나라 藤나무와 비슷하다. 잎이 많고 희며 향기로운 꽃이 핌. 그 꽃에서 향유나 향수를 채취함.

나반존자(那畔尊者) 옛날 尊者 天台山에서 혼자 도를 닦아 緣覺을 성취하였으므로 세상에서 獨聖이라 일컬음. 獨聖閣에 모심.

나발(螺髮) 부처님의 頭髮, 소라 껍질같이 꼬불꼬불한 머리털.

나벌나(羅伐拏) 梵〈Pāvanā〉印度의 大叙事詩 '라마야나'에 나오는 羅刹의 王. 라마의 妃를 강탈하여 라마에 征伐당한 란카島의 國王. 란카島는 後에 스리랑카의 國名이 됨.

나변(那邊) 那箇. 저쪽이라는 뜻. 何處의 뜻으로도 使用됨. ↑這邊.

나복(蘿蔔) 무. (瑠璃王經)

나복두선(蘿蔔頭禪) 蘿蔔은 무를 말함. 약간 단맛은 있으나 삶으면 맛이 사라지므로, 얼마 안되는 禪味를 맛보고 自慢하는 小成한 若干의 境地에 비유한 것. 禪者의 修行으로 만족하는 安易한 깨달음. (碧巖錄九八則)

나부(羅覆) 덮어 씌움. (無量壽經).

나부산(羅浮山) 중국 廣東省 廣州市의 동방 博羅縣의 서북 20키로에 있는 名山.

나비만다라(那轉曼陀羅) 梵〈Nābhiman-dala〉번역하여 臍輪. 臍間. (華嚴疏鈔六十三)

나사기(那斯祁) 분명하지 않는 일. 또는 言語로 表現할 수 없는 알지 못하는 일.

나산선(羅散禪) 梵〈rāsāñjana〉(十誦律) 白礬. 綠礬 등 礬類로 만든 바르는 藥을 말함.

나선(那先) 梵〈Nāaasena〉比丘의 이름. 那는 那伽의 약칭으로 코끼리의 梵語, 先은 先時의 뜻. 那先比丘가 태어날 때 큰 코끼리가 같은 날 태어났으므로 그 부모가 那先이라 함. 前生의 宿願에 따라 출가하여 阿羅漢果를 얻음.
※那先前世有故舊 是亦應宿願而爲邊小之國王 名彌蘭陀 國王善問難 那先一一解答之 那先比丘經上에「其一人前世欲剃頭作沙門求羅漢泥洹者 生於天竺 字陀獵 與肉褧娑俱生其家」

나선경(那先經) 那先比丘經의 약칭.

나선비구경(那先比丘經) 巴〈Milinda-pañha〉二卷. 譯者未詳, 內容은 那先比丘의 生緣과 彌蘭陀王의 문답한 要旨를 기록한 것.

나술(那述) 那由他(Nayuta)와 같음. 또는 那庚多·那術. 數量의 이름으로 一億에 해당함. →那由他.

나술(那術) 梵〈nayuta〉一億. 또는 無限의 量. 那由他와 같음. →那由他. (要集二六三)

나습(羅什) →鳩摩羅什(343~413)의 약칭.

나시(那時) 언제·저때·어느 때.

나식크 梵〈nasik〉印度孟買(Bombay)주의 동북쪽 약 120마일지점인 고다바리(Giodavari) 河의 水源地에 있는 神都의 이름. 그 西南 4마일반의 작은 언덕에 다수의 石窟이 유명함. 窟은 언덕 中腹에 一字형으로 있으나 그중 17窟이 현금까지 있다. 西曆前 一세기 반경부터 數世紀에 걸쳐 만들어졌다고 함.

나아견반(癩兒牽伴) 癩病患者가 같은 處地의 同類를 끌어 들여서 같이 行動한다는 뜻. 끼리끼리 모이는 것이 보기 凶하다는 것을 꾸짖는 말. 特別히 뛰어난 놈이 없이 그저 그렇고 그렇다는 뜻으로 쓰이기도 함.

나아나크(Nānak) 中世末의 印度 宗敎家. 힌두敎의 改革을 도모한 시크敎의 開祖. 1469년 반자브州 라홀近郊에서 출생. 힌두敎 聖者의 讚歌와 이스람敎系統의 스피(Sufi)敎에 관한 文獻을 涉獵하고 北印度 각지를 遍歷하면서 그 가르침을 힌두語와 반자브語의 混合語로 說하여 많은 信者를 얻음. 그의 신조는 神은 유일영원한 것이며 인간은 神을 默想으로 尊崇해야 하며, 偶像으로 禮拜해서는 안된다고 함. 信者는 苦行을 禁하고 普通職業에 從事해야 한다고 하였다. 1538년에 사망함.

나아뢰야만다라(那阿賴耶曼茶羅) 梵 〈Nālay-a-mandala〉 那는 無, 阿賴耶는 依處. 曼茶羅는 道場이란 뜻이니 곧 依處할 道場이 없다는 것. (華嚴大疏七十六)
※阿賴耶無染分之依處 而有淨分之圓淨 出生勝德而無盡 故名無依處道場 是善財童子南詢第四十四參賢勝優婆夷所得之解脫門也.

나암(懶庵) ①중국 南宋 때 승려 道樞(?~1176)의 法號. ②조선 승려 雙鳳寺 勝濟의 法號.

나야(那耶) 梵 〈Naya〉 번역하여 正理·乘·道라 함. 乘義·道義의 뜻.

나야(娜耶) 梵 〈Naya〉 번역하여 乘. →那耶.

나야수마(那耶修摩) 尼犍子의 별칭. 百論疏上中에 尼犍子(Nirgrantha)는 無垢. 經에 따라 수행하여 煩惱垢를 여의므로 이같이 이름.

나예사(那翳舍) 梵 〈Naesah〉 不如此의 뜻.

나옹(懶翁) 고려 공민왕 때 승려 惠勤(1320~1376)의 法號. →惠勤.

나운인욕경(羅云忍辱經) 一卷. 西晋 法炬의 번역. 내용은 羅云이 사람에게 구타당하니 부처님이 忍辱하는 道를 廣說한 것.

나운확무(拏雲攫霧) 구름을 잡고 안개를 낚는다는 뜻. 龍이 空中을 날으는 造化無窮한 狀態를 形容한 말· 本分을 지키는 衲僧의 大機大用에 比喩한 것.

나유다(那庾多) 梵 〈niyuta〉 數의 單位. 十의 十一乘. 那由他와 같음.

나유타(那由他) 梵 〈Nayuta〉 또는 那庾多·那由多·那術·那述 印度에서 아주 많은 數를 표시하는 數量을 이름. 阿由多의 百倍, 수천만 혹은 천억·만억이라고도 하여 한결같지 않음.

나융(懶融) 건방진 法融이라는 뜻.

法融은 牛頭法融을 말하며 牛頭禪의 一派를 創立하여 初祖가 된 사람. 懶融은 法融에게 부친 別名임.

나의(蘿衣) 薛蘿로 만든 衣服. 山林에서 苦行하는 者의 衣服.
※性靈集三에 「五綴持錫觀妙法 六年蘿衣啜疏食」

나인(那人) 禪宗에서 大悟徹底하여 大覺의 境地에 든 사람. 無位의 眞人으로 本來面目이라는 말과 같음.

나일구(那一句) 또는 那一曲, 那一寶, 一句子. 저 一句라는 뜻. 佛祖相傳하는 向上의 一句라는 뜻. 相對적인 言語文字의 一句를 말하는 것이 아님.

나일보(那一寶) 모든 人間이 나면서부터 지니고 있는 佛性을 말함. (正法眼藏那一寶)

나일수(那一手) 저 한수. 바둑이 高手가 되면 下手가 理解할 수 없는 巧妙한 한 수로 勝機를 잡는 것과 같이 佛祖가 單傳한 한 句는 修行이 未熟하면 理解하지 못하므로 端的向上의 一句를 那一手에 比喩한 것.

나잔(懶殘) 唐나라 衡嚴寺의 승려. 明瓚禪師의 號. 師는 성질이 게으르고 衆僧들이 먹다남은 턱찌기만을 먹는다 하여 懶殘이라 號하였음. 道行이 있었고 示寂후에 大明禪師의 諡號를 받음.
※李泌異之 往見 正撥火煨芋啖 取其

牛授泌曰 勿多言 領取十年宰相」

나제(那提) ① 梵〈nadii〉 또는 布馬伐耶(Funyopāya) 번역하여 福生이라 함. 北印度 사람. 어려서 出家. 名師에게 배워 開悟하여 聲名을 떨치고 訓詁에 通하다. 南海諸國을 遊化하고 中國에 불법이 융성하다는 말을 듣고 大小乘經律論 千五百餘部를 수집 하여 唐高宗永徽6(655)年에 長安에 到着, 勅命으로 大慈恩寺에 住하다. 顯宗 元(656)年에 勅命에 依하여 崐崙諸國에서 異藥을 求하여 南海에 住하니 諸王이 歸敬하여 절을 세워 度人授法하게 하다. 生卒未詳. ② 梵〈Nadii〉 번역하여 江 또는 河. 河水의 이름.

나제(羅齋) 羅는 邏와 같음. 巡邏의 뜻. 四方을 돌아다니면서 乞食하여 供養을 받는 것.

나제가섭(那提迦葉) 梵〈Nadikaāśapa〉三迦葉의 한 사람. 또는 捺提迦葉簸・捺地迦葉波 迦葉은 姓, 那提는 河의 이름. 이 사람이 那提河가에서 道를 증득하였기 때문에 이같이 이름. 처음에 불(火)을 섬기는 外道이었으나 나중에 佛門에 귀의함.
※昔此外道 其人事外神領五百徒衆住 在那堤河邊 値仙受道 得羅漢道猶以昔河爲名也」

나제건(那提乾) 梵〈Nadika〉河川의 女神. (道行般若經二)

나조의(羅皂衣) 黑色 비단으로 지은

禪衣.

나종인(邏蹤人) 우리나라의 捕卒. 지금 巡警과 같음. 邏(邏)는 巡邏. 蹤은 足跡의 뜻. 盜賊의 足跡을 더듬어 逮捕하는 사람이라는 뜻.

나지(那胝) 梵〈nadi〉舞女. 密敎에서는 曼茶羅 各 部의 主에 配하는 女尊. 卽 明妃의 한 사람을 말함.

나지(捺地) 또는 那智·難地·那提와 같음.

나지가섭파(捺地迦葉波) 人名. 那提迦葉과 같음.

나치(那哆) 梵〈Nata〉人名. 번역하여 無. (阿育王經七)

나치라하라(奈耻羅訶羅) 梵〈Rudhirāhara〉夜叉의 이름. 번역하여 飮血. 奈는 「留」의 誤字, (孔雀王呪經上)

나타(那吒) 梵〈Nata〉北方 毘沙門 天王의 太子로 얼굴이 셋, 팔이 여덟이고, 큰 힘을 가진 鬼王이라 함. ※按夷堅志載程法師事云 値黑物如錘 從林間直出 知爲石精 遂持那吒火毬呪 俄而見火毬自身出 與黑塊相擊 據是道家亦奉那吒也.

나타(懶惰) 梵〈āaasya·Kāusidyā〉게으름. 怠慢.

나타불아(那吒佛牙) 道宣律師가 西明寺에서 밤에 道行할 때 앞 階段에 넘어졌는데 누가 붙들어서 다치지 않았다. 자세히 보니 少年이 붙들어 주었던 것이다. 宣律師 "웬사람이 밤중에 여기에 있는가?" 하고 물으니 少年 "나는 보통 사람이 아니고 毘沙門 天王의 아들 那吒로 法을 두호하기 때문에 和尙을 擁護한지가 오래입니다." 하니 宣律師 "나의 修行이 太子를 번거롭게 할 수 없소이다. 太子의 威神이 自在하니 西域에서 佛事를 짓는 자의 願을 이루어 주도록 하시오." 太子 "나에게 佛牙가 있는데 寶藏한지가 오래되었다. 머리와 눈을 버릴지라도 敢히 바치지 아니하리오." 하고 조금 있다가 宣에게 주니 宣律師가 이것을 간직하여 두었다가 供養하였다는 故事. (宋高僧傳)

나타천왕(那吒天王) 那吒는 梵語 那羅鳩婆(nalakūvara)의 약칭. 또는 那羅鳩鉢羅·那吒俱伐羅·那吒俱鉢羅. 那吒太子·那拏天이라 함. 毘沙門天王의 五太子 가운데 한분으로 佛法을 護持하며 國界와 國王을 守護하는 善神의 이름. 손에는 恒常 金剛杖을 들고 惡人의 무리를 찾아 다닌다고 함.

나패(螺貝) 梵〈商佉＝Saṅkhā〉또는 蠃貝. 소라고동.

나하(那下) 那邊·那裏.

나함(那含) 梵〈Anāgāmin〉阿那含의 약칭. 또는 那鋡. 小乘第三果의 이름. 번역하여 不還·不來라 함. 色界에 태어나서 人間界에 돌아오지 않는다는 뜻.

나형범지경(裸形梵志經) 부처님께서 裸形外道를 爲하여 苦行에 善과 惡

의 二趣가 있다고 說한 것. 外道는 곧 出家하여 道果를 證得하였다고 함. 長阿含十六에 수록되어 있음.

나형상(裸形像) 裸形의 佛像. 또는 裸佛.

나형외도(裸形外道) 梵〈Nirgrantha〉天竺. 二十種外道의 하나. 大空을 옷으로 삼는다고 하면서 옷을 벗고 알몸으로 생활함.
※表遠離一切之縛 以裸形爲正行也 寒天 裸形 趣拜佛神 爲裸形外道之遺風佛門 無之.

나호야록(羅湖野錄) 三卷. 中國 宋代의 禪僧, 中溫曉瑩의 편찬. 大慧 宗杲의 法嗣로 알려진 感山 雲臥庵의 曉瑩이 壯年時代에 각 처의 叢林을 遍歷하며 禪門의 大事를 깨달음. 晩年에 羅湖가에 桐陰堂을 짓고 見聞과 體驗을 集錄한 것.

나후사(那睺沙) 梵〈Nahuṣa〉王의 이름. 번역하여 不事火. (慧琳音義 二十六)

낙(酪) 梵〈Dadhi〉牛乳를 精製한 것.
※涅槃經十에「聲聞如乳 緣覺如酪」

낙(樂) 梵〈素佉=Sukha〉 또는 蘇吉施羅. 좋은 인연 좋은 경계를 만나 身心이 기쁜 것.

낙가(樂家) 巴〈agāram āvasati〉집에서 머무는 일.

낙거라(諾距羅) 梵〈nākāla〉西〈sn-san-can〉또는 諾距羅・諾距羅. 十六羅漢의 제五, 그 眷屬. 八百阿羅漢과 같이 南贍部州에 住하면서 正法을 守護하는 聖者・阿羅漢具德經에 나오는 諾酤羅長者를 말함.

낙건나(諾健那) 梵〈nagna〉巴〈n-agga〉摩訶諾健那(maba-nagna)西〈tshan-po-che〉. 또는 荼健那. 번역하여 露形身・露形神・露身이라 함. 큰 힘이 있는 神의 이름.

낙경(酪經) 台家의 敎判으로 五時(華嚴・阿含(또는 鹿苑)・方等・般若・法華(涅槃時)를 五味(乳・酪・生酥・熟酥・醍醐味)에 配對하여 第二時 鹿苑時의 諸經을 酪經이라 稱함. 곧 一切의 小乘經.

낙경(落慶) 佛寺 또는 神殿의 新改築工事가 落成된 즐거움. 또는 그 祝賀를 말함. →落慶供養

낙경공양(落慶供養) 佛堂을 新築 혹은 修繕하고 落成할 때 行하는 法會.

낙과(樂果) 涅槃의 妙體로 一切의 生滅을 여읜 것을 樂이라 하고 이 妙樂은 菩薩이 체득하는 것이므로 果라 함.
※觀經玄義分에「開示長劫之苦因 悟入 永生之樂果」

낙구(樂具) 梵 (Pariskāra) 日常生活에 필요한 道具로 生活必需品을 말함.

낙구다(諾瞿陀) 梵〈Nyagrodha〉또는 尼拘陀・尼俱盧陀・尼俱律. 번역하여 無節・縱橫이라 함. 나무 이름. →尼拘陀.

낙구라(諾矩羅) ㉫〈nakula〉또는 諾距羅·諾詎羅·諾詎那. 十六羅漢의 第五. 그 眷屬. 阿羅漢과 함께 南贍部洲에 住하며 正法을 護持하고 有情을 饒益시킨다는 聖者.

諾矩羅

낙근(樂根) 二十二根의 하나. 樂受(三受의 하나)의 所依를 樂根이라 함. 快感이 의지하는 곳. 六識中에 眼·耳·鼻·舌·身의 五識을 말함.

낙낙(諾諾) 남의 말을 잘 좇는 모양. 아무 異議없이 다 승낙함.
※應聲曰諾 重言之亦云諾諾 有順從之意.

낙낭(絡囊) 諸方을 遍歷할 때에 목에 걸기 위하여 끈을 단 鉢囊으로 그 속에 바리때를 담도록 되어 있음.

낙덕(樂德) 四德의 하나. →四德.

낙도(樂道) 道를 行하는 것을 즐거워 함. 七事學(七覺智)의 하나.

낙락(落落) ①사람의 성품이 卓越한 모양 ②寂寂한 모양 ③우뚝 솟은 모양 ④드문드문한 모양.

낙뢰(落賴) 절개와 의리를 저버리고 人倫을 무시하는 사람. 無賴漢 破落戶. 우리나라 俗語에 건달·부랑자.

낙명천(樂明天) 光音天과 같음.

낙문한(諾們罕) 大喇嘛의 名號 즉 法王의 뜻.

낙미(酪味) 五味의 하나. 젖을 끓여 만든 것을 酪이라 함. 天台宗에서 釋尊의 說法을 華嚴·阿含·方等·般若·法華涅槃의 五時로 나눈 第二의 阿含時를 비유한 말.

낙바라밀(樂波羅蜜) 四德波羅蜜의 하나. 樂은 安樂하다는 뜻. 常樂我淨인 涅槃四德의 하나. 波羅蜜은 번역하여 到彼岸이라 함. 菩薩의 修行은 樂德을 얻는 요긴한 길이므로 樂波羅蜜이라 함.

낙발(落髮) 머리를 깎고 중이 됨.
※南王傳에「初和聘乙氏公主女爲妃 生子顧 薄之 以公主故 不得遣出 因念遂自落髮爲沙門」劉長卿詩에「龍宮落髮披袈裟」

낙발게(落髮偈) 出家하여 剃髮할 때에 唄師가 唱하는 偈文. 出家唄·毀形唄라 함. 「毀形守志節·割愛辭所親·出家弘聖道·誓度一切人」

낙발염의(落髮染衣) 수염과 머리를 깎고 물들인 黑衣를 입고 出家하는 것을 말함.

낙발위승(落髮爲僧) 머리를 깎고 중이 됨. 削髮爲僧

낙방(樂邦) 몸과 마음이 즐거운 국

토 곧 西方의 極樂世界를 일컬음.

낙방문류(樂邦文類) 五卷. 南宋의 慶元 6(1200)年에 沙門 宗曉가 편찬함. 內容은 極樂往生에 관한 一切의 法文을 수록한 것.

낙법(樂法) 즐거이 妙法을 구하는 것. →愛法

낙변화천(樂變化天) →요변화천(樂變化天).

낙보(樂報) 온갖 苦楚를 堪耐하며 이룩한 善行에 對하여 淨土에서의 樂의 報應을 말함.

낙사(落謝) 眞理를 깨우친 瞬間. 마음의 작용은 過去의 領域을 잊어버리는 것. →謝滅・謝.

낙사시(樂捨施) 梵〈Pāna-samvibā-zgarata〉施物을 分配하는 일을 즐거워 한다는 뜻.

낙사완연(樂事宛然) 사랑의 즐거움에 젖어 있는 상태를 말함.

낙사진(落謝塵) 또는 法塵・內塵. 現在의 五塵이 그 作用을 쉬고, 過去로 사라진 것을 제 六意識으로 반연하는 影像.

낙삭(落索) 쓸쓸한 모양. 冷落蕭索의 뜻.

낙상(樂想) 梵〈Snkhasāmjāin〉 修法을 하는데 苦를 樂으로 생각하는 것.

낙생(樂生) 梵〈sukha-upapatti〉色界의, 四禪의 가운데 三禪에 태어나는 즐거움을 享受하는 것.

낙속통행(樂速通行) 四靜慮에 의하여 利根이 뛰어난 자가 佛法理解에 빠른 것을 말함. 四通行의 하나.

낙수(樂受) 三受의 하나. 外界와의 접촉에 의하여 마음과 몸으로 받는 즐거운 감각.

낙수(樂修) 三修의 하나. 菩薩이 諸法 가운데 스스로 涅槃寂滅의 樂이 있음을 알고 聲聞의 苦執을 깨뜨리는 것. →三修.

낙시(樂施) 舍衛國의 長者.「須達」의 譯語. 施與를 좋아한다는 뜻, →須達

낙식(落飾) 머리털과 수염을 깎는 것. 세속 사람들은 머리털과 수염을 길러 몸을 단장하지만 出家한 승려는 그것을 깎아버리고 세속의 欲樂을 버리는 것. 落采. 落紺.

낙심(樂心) 禪定을 즐거워하는 것. 즐거운 마음.

낙안(樂安) 朝鮮 승려. 朗白(?~1717)의 法號. →朗白.

낙양(洛陽) 중국 河南省에 있음. 後漢 明帝 永平間(58~75)에 迦葉摩騰・竺法蘭이 經典・佛像을 가지고 들어온 뒤부터 佛敎와 인연이 깊다. 明帝(57-75)는 雍門밖에 白馬寺를 짓고 葉摩騰・竺法蘭을 住하게 하고 北魏의 孝文帝는 서울을 洛陽에 정하고 佛敎・儒敎의 진흥에 힘쓰다. 城 남쪽에 少室山이 솟아 있고, 達摩가 住하던 少林寺가 있다.

낙양가람기(洛陽伽藍記) 五卷. 後魏 楊衒之의 著書. 내용은 洛陽城 주

변에 있는 一千餘寺刹 가운데 大伽藍만을 골라 收錄한 것.
※其自序에「周室京城表裏 凡有一千餘寺 今日寥廓 鐘聲罕聞 恐後世無傳 故撰斯記 然寺數最多 不可遍寫 今之所錄 止大羅藍」

낙여루진원(樂如漏盡願) 阿彌陀佛 四十八願 가운데 第三十九. →受樂無染願.

낙염(落染) 落髮染衣의 약칭.

낙자(絡子) 絡은 掛絡의 약칭. 子는 助字, 袈裟의 한 가지.

낙잠(落賺) 또는 脫落賺은 사람을 속인다는 뜻.

낙전도(樂顚倒) 四顚倒의 하나.

낙절(落節) 장사에 損害를 입는 것. 失敗. 또는 利益을 喪失함. →拔本落節.

낙주(絡主) 두 어깨를 通해서 가슴까지 거는 小型의 袈裟.

낙주(樂住) ㉚〈Sukha-vihara〉安樂하게 生活하는 것.

낙지통행(樂遲通行) 四通行의 하나.

낙진(樂眞)〔1045~1114〕 고려 승려. 字는 子正. 姓은 申氏. 號는 悟空通慧. 1056(高麗 文宗 10)年 比丘戒를 받고, 1063(文宗 17)年 僧科에 급제 大德(法階)이 되었다. 후에 義天을 따라 宋에 건너가서 淨源에게 佛法을 배우고, 1086(宣宗 3)年에 귀국. 肅宗 때 首座를 거쳐 僧統이 되었는데, 義天이 興王寺에 敎藏都監을 두어 續藏經을 판각할 때 교정을 맡아 보았다. 1114(睿宗 9)年 王師가 되고, 歸法寺에서 世壽 70세 법랍 62세로 入寂하였다. 지금 陝川海印寺에 있는 元景王師碑(국보 제203호)는 원래 般若寺에 있던 그의 碑이다. 諡號는 元景.

낙차(落叉) ㉚〈lakṣa〉또는 洛叉・洛沙. 印度에서 쓰는 數量의 단위. 俱胝의 百分의 一. 곧 十萬. →三落叉.
※梵語雜名에「十萬 梵名攞乞達」密敎 設淺深二敎 淺略釋以爲十萬之數量 深釋以爲見照或成就之義.

낙착(樂著) 娛樂에 執著하는 것.
※大悲經三에「若有衆生 樂著生死三有愛果」

낙처(落處) 떨어져 닿는 곳. 歸着地. 要旨를 말함.

낙청정심(樂淸淨心) 衆生을 깨우쳐 淨土에 태어나도록 願하는 마음. 또는 淸淨한 마음을 즐기는 것.

낙초(落草) ①卑賤한 사람이 되었다는 뜻. ②初心者가 理解하기 쉽게 文章을 부드럽게 하는 것.
※碧巖三十四則에「雲門云 此語皆爲慈悲之故 有落草之談」

낙초담(落草談) 修行者나 一般大衆을 救濟하기 위하여 程度를 낮추어서 第二義門의 法을 說하는 일. 日常會話. 世間話. ↔出草談.

낙타(落墮) 僧侶가 俗家로 돌아가는 것. 墮落.

낙타산(駱陀山) 산의 이름. →肉山.

낙타좌(駱駝坐) 두 무릎을 나란히 세우고 앉는 것.
※通眞記에「兩膝並坐者 謂竪兩膝以尻蹲居 經中斥爲駱駝坐也」.

낙탕방해(落湯螃蟹) 🈩 五燈會元에「雲門文偃이 말하기를 忽然히 하루는 眼光이 落地해서 끓는 물에 떨어진 방게(螃蟹)처럼, 손발을 허위적거리지 말라」고 하였음.

낙토(樂土) 安樂한 國土.

낙통행(樂通行) 四根本定에 의해서 일어나는 無漏聖道를 말함.

낙파(洛波) 朝鮮末期 승려. 印性의 號. →印性.

낙편의(落便宜) 便宜는 便利. 落은 失의 뜻. 落便利는 便利와 自由를 喪失한 것. 그러나 落이 脫落의 뜻으로 使用되며 得便宜와 같은 뜻으로도 쓰임.

낙행(樂行) 悉達太子가 6年 동안 苦行한 후에 한갖 애만 쓴 것을 알고 尼連禪河에서 목욕하고 乳糜를 받아먹은 후 菩提樹의 아래 金剛座의 위에서 結跏趺坐를 하고 觀念하는 것을 樂行이라 함.
※或謂苦行六年 此樂行亦六年 卽十九出家 三十成道 八十入滅 是常途之說也 此說依本起經因果經智度論 總之釋尊之出家成道有三說.

낙현(樂玹)〔1084~1890〕 朝鮮 승려. 號는 離峰. 羅州 사람, 雙溪寺에서 중이 되고, 禪과 敎를 닦아서 宗通과 說通을 두루 갖추다. 迦智山 松臺와 大原·曹溪 등으로 옮겨 다니다가 松廣寺에서 世壽 77세, 法臘 62세로 入寂함.

낙혜(樂慧) →요혜(樂慧).

난(煖) 煖과 통함. ①불에서 볼 수 있는 熱의 性質, 곧 元素로서 불이 가지는 特性을 말함. ②🈑 Pāvaki. 眞言密敎에서 말하는 三十二種 脈貫의 하나.

난(亂) 🅟〈asanta〉①不安한 상태. ②散亂한 마음. ↔禪定.

난(難) 🈑〈codya〉①論難. 非難. 詰難. 異議. 異論 등의 뜻. ②討論 또는 論議하는 것. ③그릇된 非難. ④難點. ⑤困難한 것 ⑥難解 함 ⑦難處 ⑧雜染 ⑨遲鈍 우물쭈물하는 것.

난가절항(攔街截巷) 街巷은 原來 往來가 自由로운 곳이나 한번 關門을 設置하면 아무도 通過할 수 없다는 뜻. 곧 宗師의 大機用에 比喩한 것.

난경(難經) 越難經의 약칭.

난계(蘭溪)(1213~1278) 臨濟宗. 이름은 道隆 中國西蜀 사람. 姓은 冉氏 南宋 嘉定(1213)年에 태어남. 13세에 出家하여 成都의 大慈寺에 住함. 뒤에 無明性禪師의 門下에서 開悟. 33세에 渡日하다. 1278年 7月 世壽 66세로 示寂하니 龜山上皇 大覺禪師의 號를 받다. 嗣法弟子가 24人이며 遺著에 大覺錄(一名蘭溪語錄) 三卷이 있음.

난공암(鸞公嵓) 鸞公은 魏나라 曇鸞

난괴~난료

난괴(赧愧) 梵〈mānku, bhāva〉부끄러워하여 얼굴을 붉히는 것.

난국(蘭菊) 春蘭·秋菊이 제각기 철을 따라 아름다운 것을 物의 두가지 아름다움에 비유한 말.
※法華文句一에「分節經文 悉是人情 蘭菊各擅其美 後生不應是非」續高僧傳 十五(神素傳)에「晉川稱爲素傑二公 秋菊春蘭 各擅其美」

난나(難拏) 梵〈Danda〉檀拏와 같음. 閻摩王의 印. →檀拏.

난니(爛泥) 불에 탄 진흙. 使用할 價値는 적으나 부드럽고 연하여 버리기 아쉬운 것을 뜻함.

난니리유자(爛泥裏有刺) 爛尼는 흙탕이 된 진흙. 그 가운데도 다리를 찌르는 가시가 있다는 것. 겉으로 부드러운 말속에 犯치 못할 機智가 있는 것을 比喩한 말. 남의 말에 參見말고 自己 일이나 注意하라는 뜻으로 使用됨.

난다(難陀) →난타(難陀).

난다바달나(難陀婆怛那) 梵〈Nanba-vardhana〉地名. →婆怛那.

난다발난다(難陀跋難陀) ① 梵〈Nanda-upananda〉摩竭陀國에 있던 兄弟 두 龍王의 이름. 法華文句에 難陀는 歡喜. 跋難陀는 善歡喜. 兄弟가 恒常 摩竭陀國을 守護한다 하였음. (法華文句). ② 梵〈Nanda-upananda〉六群. 比丘 가운데 比丘의 이름. 薩婆多論에서는 難陀跋難陀라 하고, 毘奈倻雜事에서는 難陀鄔婆難陀라고 함.
※大疏五에「第二重廂曲之中置二龍王 右曰難陀 左曰跋難陀 首上皆有七龍頭 右手持刀 左手持羂索 乘雲而住」同疏十에「難陀跋難陀守門二龍王眞言 難徒 以初難字爲體 是觀(似歡字之誤)義也 卽觀離觀而住於中 自通達已 以利衆生也 拔難陀庚」

난단환(難檀桓) 梵〈Nandana-Vana〉切利天에 있다는 帝釋의 後園.

난도(鬧倒) 梵〈Viparyasa〉顚倒. 倒錯된 상태를 말함.

난도(難度) 難化와 같음. 剛强한 衆生은 濟度하기 어렵다는 말.

난도해(難度海) 生死의 바다를 말함. 生死의 바다가 깊고 넓어 건너기 어려움에 비유한 말.

난동(暖洞) 暖寮의 다른 이름.

난득행(難得行) 또는 尊重行. 菩薩 十行의 第八位. 얻기 어려운 善根을 成就하는 地位. →十行.

난렴(暖簾) 바람막이 珠簾. 珠簾에 綿布나 종이 등을 붙여서 바람을 막아 室內의 溫氣를 保護하는 것.
※勅修淸規月分須知에「四月候天氣 僧堂內 下暖簾 上凉簾」

난료(暖寮) 또는 暖寺·暖席. 僧寮에 새로 들어온 사람이 茶菓를 갖추어 자기보다 먼저 들어와 있는 이들에게 饗應을 베푸는 것. 또는

他人이 僧寮에 들어오는 것을 축하하는 말.

난룡왕경(難龍王經) 龍王兄弟經의 다른 이름.

난마(亂麻) 이리저리 어지럽게 얽히어 풀기 어려운 삼의 가닥. 어지럽게 얽히어 정돈되지 아니한 事物에 비유한 말.

난만(爛漫) ①꽃이 만발하여 한창 무르녹는 모양 ②화려한 광채가 흐르는 모양 ③빛나서 번쩍이는 모양 ④어지럽게 흩어짐 ⑤똑똑히 나타나 보이는 모양 ⑥事物이 亂雜한 것.

난문(難問) ㉆〈vyākavāna〉비난함. 詰問함. 의문.

난법(煖法) 煖은 煗·暖과 같음. 見道에 對한 四加行位의 第一位. 總別의 念處를 거쳐 오로지 四諦十六行相을 觀하는 地位. 이는 見道의 無漏智가 發하려면 먼저 相似한 知解가 生하는 것은 마치 불이 일어나는데 먼저 따뜻한 기운이 있는 것과 같음.
※俱舍頌疏二十三에「此法如煖 立煖法 名 聖道如火 能燒惑薪 聖火前相 故名 爲煖」

난변(難辨) 일을 분별하기 어려움. 손을 대기 困難함.

난보경(難報經) 父母恩難報經의 약칭.

난복지(難伏地) 佛地의 異名. 아무리 强한 힘이 있다 하더라도 부처님은 降伏받을 수 없다 하여 難伏地라 일컬음.

난봉색정(欄縫塞定) 欄은 遮欄. 막고 꿰매어 들어오지 못하게 굳게 막는 것.

난분(蘭盆) 盂蘭會·盂蘭盆會. →盂蘭盆.
※歲華紀麗에「道門寶蓋 獻在中元 釋氏 蘭盆 盛於此日」今俗 中六節 尙盛行之.

난분회(蘭盆會) ㉆〈Ullambana〉盂蘭盆會의 약칭. 또는 烏藍盆會. 번역하여 救到懸이라 함. 地獄·餓鬼途에 떨어진 衆生을 濟度한다는 뜻. 부처님 十大弟子 가운데 神通第一인 目犍連이 神通力으로 죽은 어머니를 찾아보니 餓鬼途에서 신음하고 있는지라 부처님께 구제책을 물으니 7月 15日에 여러가지 음식을 大衆에게 供養하고 大衆과 함께 讀經하도록 하였다. 目犍連이 이같이 하여 어머니를 구제한 데서 이날은 先亡父母와 先代祖上 그밖의 여러 有緣靈駕들을 위하여 薦度하는 行事日이 되었음.

난사(暖寺) 暖寮와 같음.

난사(難思) 難思議의 약칭. 法을 讚嘆하는 말. 그 法이 廣大·深遠하여 思量하고 의론하기 어렵다는 말.
※資持記上一之一에「難思乃能數之詞所 以不云難議者 以念切近 口議疎遠思 之旣難 必非可議 或可句局理必彙之.

난사광(難思光) 阿彌陀佛이 갖고 있

는 十二光明德의 하나. 그 光明이 小乘(聲聞·緣覺)으로서는 생각이 미치지 못한다는 뜻.

난사광불(難思光佛) 思惟를 超越한 光明佛. 十二光明佛의 第十. 阿彌陀佛이 갖는 빛의 德相을 心光·色光 등의 십이로 열거하나 그 중 小乘(聲聞·緣覺)이 思議하기 어려운 光德을 가진 佛. 곧 阿彌陀佛을 말함.

난사왕생(難思往生) ①難思議往生과 같음. ②日本眞宗에서 말하는 三往生의 하나. 眞門自力의 往生을 말함. 自力으로 念佛하는 因에 따라 疑城胎宮에 往生하는 것. 그 일컫는 名號와 難思議往生의 生因은 何等에 다른 것이 없으나 그 行하는 마음이 自力이 되므로 弘願他力의 難思議往生과는 같지 않다.

난사의(難思議) ①마음이나 말로는 미치지 못하는 不思議한 것. ②佛의 尊稱. ③阿彌陀佛의 名號의 하나. →難思.

난사의왕생(難思議往生) ①阿彌陀佛의 淨土에 往生하여 누리는 즐거움은 無量하여 思議할 수 없으므로 難思議往生樂이라 함. ②日本 眞宗에서 說하는 三往生의 하나.
※從他力廻向之信心 得往生於彌陀之眞實報土者 非凡夫言說思慮所及故謂之 難思議往生 是第十八願之誓而大無量壽經所說之往生也.

난사홍서(難思弘誓) 思量할 수 없는

廣大한 阿彌陀佛의 本願을 말함. 그 德이 廣大하여 思量하기 어려우므로 일컫는 말. 不可思議한 弘誓.

난상(亂想) 散亂 放逸한 心想. 즉 一切의 煩惱를 이름.

난생(卵生) 梵〈Andaja〉四生의 하나. 알에서 나는 것, 새가 알에서 나는 것과 같은 따위.

난석(暖席) 暖寮와 같음.

난석석렬(難石石裂) 돌이 難을 만나 부서진다는 뜻. 難은 風·水·火災와 天災地變 등 災難.
※金光明文句五에「如長爪鑠腹 難石石裂 難樹樹折」智度論三十六에 「薩遮祇尼犍子 銅鑠鑠腹 自誓言 無有人得我難而不流汗破壞者 大衆乃至樹木瓦石 聞我難聲亦流汗」

난석전(暖席錢) 남의 절이나 房舍 등을 빌려서 法會나 佛事를 하는 이가 그 절에 드리는 謝禮金.

난선(亂善) 欲界의 衆生이 散亂한 마음으로 짓는 禮佛·誦經 등의 善根.
※釋門歸敬儀中에「且如欲有亂善 體封下界」

난선(難禪) 九種大禪의 하나. 修行하기 어려우므로 難禪이라 함. 이에 세가지가 있다. ①第一難禪, 菩薩이 오랫동안 禪定을 닦아 마음은 自在로우나 衆生을 구제하기 위하여 禪定의 즐거움을 버리고 欲界에 태어나는 것. ②第二難禪. 菩薩이 限量없는 禪定三昧를 修得하여 一

切聲聞과 辟支佛의 위에 뛰어나는 것. ③第三難禪 菩薩이 禪定에 의하여 無上의 覺道에 達하는 것.

난성(煖性) 熱의 性質. 뜨거운 기운.

난세(難勢) 異義를 詰問하는 氣勢.

난수(難修) ㉱ duḥsādhyā〉 成就하기 어려움.

난수왕생기(難遂往生機) 極樂往生을 成就하기 어려운 機類. 略하여 難遂의 機라 함.

난순(欄楯) 欄干의 橫木(가로 질러 놓은 나무)을 똑바로 세워놓은 나무.
※阿彌陀經에「七重欄楯 七重羅網」

난승(亂僧) 亂暴放逸한 행동을 자행하는 중.

난승지(難勝地) 菩薩行位 十地의 제 五. 菩薩이 이 地位에 이르러서 一切의 情見을 打破하고 一切의 法을 通達하여 諸佛의 境界에 卽하여서 능히 이길 者가 없으므로 難勝地라 함.
※仁王經下에「如實知諸諦 世間諸技藝 種種利羣生 名爲難勝地」唯識論九에「五極難勝地 眞俗兩智行相互違合令相應 極難勝故」

난시(難時) ㉠〈Accayika Kanmiya〉긴급한 用件이 있을 때.

난시벽면권(欄腮劈面拳) 턱이 빠지고 얼굴이 쪼개질 정도로 치는 强烈한 주먹. 禪家에서 學人을 敎化하는 剛强한 힘에 比喩한 말.

난식(亂識) 虛妄分別과 같음. 阿賴耶識의 依他起性의 局面을 말함. 錯亂된 意識.

난신(難信) ①부처님의 깊고 微妙한 가르침은 凡夫의 지혜로는 믿기 어려운 것. ②凡夫도 信心만 있으면 곧 成佛한다고 說한 他力念佛의 法門을 가리킴.

난신금강신락(難信金剛信樂) 彌陀의 救濟는 믿어 의심이 없고 堅固하기 金剛과 같다는 말.

난신지법(難信之法) 世間의 常識으로는 믿기 어려운 微妙한 法門이라는 뜻. 善因善果·惡因惡果는 쉽게 믿어지나 凡夫가 阿彌陀佛의 他力念佛만으로 成佛한다는 것은 믿기 어렵다는 뜻.

난실(蘭室) 佛寺의 異名. 蘭은 蘭若의 약칭으로 난초의 향기를 取한 뜻이라 함.
※西域記張說序에「業光上首 擢秀檀林 德契中庸 騰芬蘭室」

난심(亂心) 心念이 散亂하여 한 곳에 住하지 못하는 마음.

난야수식(蘭若受食) 健康한 比丘가 절에서 安生하며 托鉢하여 먹을 것을 얻지 않는 罪를 말함.

난알(攔遏) 가로 막음. 遮遏.

난양(難養) ㉱〈dusposata〉奉養하기 어렵다는 뜻. 粗食이 입에 맞지 아니하여 몸을 保護할 수 없다는 뜻.

난역(亂逆) 集團的으로 國家의 主權을 顚覆하려는 行爲. 또는 사람에

난원(爛圓) 高麗 文宗 때의 승려. 靈通寺에 있다가 1058(文宗 12)年 王師가 되었으며, 1065(文宗 19)年 王命으로 文宗의 네째 왕자(煦). 大覺國師 義天에 華嚴敎觀을 가르치고, 뒤에 國師가 되다. 시호는 景德.

난위(煖位) 煖은 燸과 같음. 四加行位의 하나. 따스한 것이 불의 前兆인 것같이. 煩惱를 燒盡하는 見道의 無漏慧에 接近하여 그 前兆로 有漏의 喜根을 生하는 位. →煖法.

난위(難爲) 行하기 어렵다. 또는 할 수 없다는 뜻.

난유(難有) 希有와 같음.

난의(亂意) 一切의 存在를 完全히 否定하는 그릇된 생각에 의하여 마음이 흐트러지는 것.

난이(煖爾) 뚜렷한 모양. 똑똑한 모양. 분명한 모양.

난이(難易) 어려운 것과 쉬운 것. 難行과 易行. 難은 聖道門, 易는 淨土門.

난이이도(難易二道) 難行道와 易行道를 말함. 自力으로 修行한 후 佛位에 도달하는 것은 마치 陸路를 步行하는 것과 같이 어려우므로 難行道라 하고, 他力의 念佛에 의하여 佛位에 이르는 것은 水路에 배를 타고 가는 것과 같이 아무런 苦痛도 없이 즐거우므로 易行道라 함. ※淨土十疑論에「論曰於五濁惡世無量佛所 求阿鞞跋致 甚難可得 蓋言娑婆世 塵境麤彊 五欲障蔽 難入於道 故名難行道謂憑信佛語 修行念佛三昧 求生淨土復乘阿彌陀佛願力攝持 決定往生故名易行土」

난인(亂因) 梵〈bhranternimittam〉亂識을 일으키는 根本原因.

난입(難入) 修行의 길은 險하고 멀어 깨우침의 門에 들어가기가 至極히 困難하다는 것.

난자(難者) 論議의 좌석에서 質問을 하는 사람. 問者와 같음. 質問이란 對答하기 어려운 것이므로 質問을 難問이라 함과 같음.

난작(爛嚼) 음식을 잘 씹는다는 말.

난장자경(難長者經) 越難經의 다른 이름.

난제(難提) ①塔婆의 별칭. 또는 方墳・支提 ② 梵〈Nandi〉比丘의 이름. 번역하여 喜. 이 比丘는 乞食하고 忍辱하면서 차고 더운 것을 싫어하지 아니했다 함.

난제가(難提迦) 梵〈Nandika〉長者의 이름.

난제가물다(難提迦物多) 梵〈Nandikavz-rta〉번역하여 右旋. 부처님의 德相을 말함. →右繞.

난제석경(難提釋經) 一卷. 西晋 法炬의 번역. 내용은 부처님이 難提比丘를 위하여 五法과 六念을 해석한 것. (雜阿含三十卷)

난조(難調) 梵〈duṣṭa〉조정하기 어려운 것.

난조지상(難遭之想) 梵 〈durla bha-samjna〉 如來를 만나기가 대단히 어렵다는 생각. 如來는 만날 수 없다는 생각.

난주(亂走) 또는 亂想. 그릇된 것을 어지럽게 생각하는 것.

난주(蘭舟) 木蘭으로 만든 배. 아름다운 작은 배.

난중지난(難中之難) 진실로 無上의 妙法을 受持하기란 지극히 어렵다는 말.
※無量壽經下에「若聞斯經 信樂受持 難中之難 無過此難」

난증리(難證理) 梵 〈anidarsana〉 實例에 依하여 立證할 수 없는 眞理.

난처(難處) ①比丘가 舍屋을 세우는 데 障礙가 되는 곳. 蟻塚·獅子窟·姪女가 居하는 곳. 酒店등으로 修道에 妨害가 되는 곳. ②佛道修行에 障害가 되는 곳. →八難處.

난치기(難治機) 濟度하기 어려운 者를 말함. 즉 謗大乘·五逆罪·一闡提 등을 일컬음. →難治三病.

난치난견(難値難見) 生身의 如來를 만나보기 어렵다는 말.

난치삼병(難治三病) 또는 難化三機. 謗大乘(大乘을 誹謗하는 것)·五逆罪·一闡提를 治癒하기 어려운 三病(患盲·患聾·患啞)에 比喩한 것.

난타(難陀) ①梵 〈Nanda〉 比丘의 이름. 번역하여 善歡喜·牧牛. 孫陀羅難陀와 구별하기 위하여 牧牛難陀라 하며 出家하여 阿羅漢果를 證得함. ②孫陀羅難陀의 약칭. 부처님의 칙동생 牧牛難陀와는 다름. 그의 아내 孫陀羅의 아름다움에 빠져 出家를 싫어하므로 부처님이 方便으로 說化하여 阿羅漢果를 얻게 한. →孫陀羅難陀. ③貧女의 이름. 그는 波斯匿王이 기름 千斛으로 佛燈을 켜는 것을 보고 欽慕하여 그는 一錢으로 기름을 사서 한 燈을 켰다. 이것을 長者萬燈. 貧女一燈이라 함.(賢愚經) ④唯識十大論師의 하나. ⑤龍王의 이름. →難跋跋難陀.
※薩婆多論云「往昔惟衛佛出現於世 爲衆生說法 彼佛滅後 有王起牛頭○檀○種種莊嚴 此王有五百夫人 供養此○各發願言 願我等將來從此王邊而得解脫 爾時王者 今難陀是 爾時五百夫人者 今五百比丘尼是 以是本願因緣 放應從難陀而得解脫」

난타발난타(難陀跋難陀) →난다발난다(難陀跋難陀)
※法華經光宅疏一에 「難陀者譯言歡喜 跋難陀者爲善歡喜也 變爲人形 佛邊聽法 於人有染潤之恩 見人皆歡喜也」愚案跋爲優波或鄔波或優婆之約音 有小或亞或近之義 難陀爲大龍 跋難陀爲小龍 或又名兄弟 又名主從也 瑿設尼烏波瑿設尼世羅 烏波世羅等 其例甚多 大疏五에「第二重廂曲之中置二龍王右曰難陀左曰跋難陀 首上皆有七龍頭右手持刀左手持羂索 乘雲而住」同疏十에「難陀跋難陀守門二龍王眞言 難徒以初難字爲體 是觀(似歡字之誤)義也

即觀離觀而住於中 自通達已 以利象生
也 拔難陀庚 拔子聲勢有鄔波音」增一
阿含經二十八에「難陀優槃難陀龍王之
所造」智度論三十二에「如難陀婆難陀
龍王兄弟欲破舍婆提城雨諸兵杖毒蛇之
屬」華嚴經六十四에「難陀優婆難陀」
慧苑音義下에「難陀此云歡喜也優婆此
云近也」

난타오바난타(難陀鄔波難陀) 難陀와
優槃難陀. 두 龍. 혹은 比丘의 이
름이라 함. →難陀跋難陀.

난타용왕(難陀龍王) 梵 〈nanda〉 西
〈dgah-bo〉 또는 難途·難頭. 번역
하여 歡喜·喜라 함. 八大龍王의
하나. 優波難陀龍王의 兄弟로 難陀
婆難陀·難途跋難陀·難頭和難陀라
通稱함.

難陀龍王

난타우바난타(難陀優婆難陀) 두 龍
王의 이름. →難陀鄔波難陀.

난타제자(難陀弟子) 이 難陀는 跋難
陀의 兄으로 부처님의 아우 難陀가
아님.

※根本律曰 難陀有一共住弟子 名達磨
常懷慚恥追悔爲心 於諸學處 愛樂尊重

彼未曾知難陀惡行 與之共住 旣知行跡
即便捨之 與善苾芻而爲同住 除三時禮
除三時禮者 律制弟子日三時中 若不禮
拜和尙者 得越法罪.

난탈(爛脫) 一行(大慧禪師의 이름)
의 大日經疏에 글귀의 앞뒤의 義理
가 죽 이어지지 아니함을 爛脫이라
함. 이것은 스승의 지도를 받지 않
고는 解讀하기 어려우므로 스승을
쫓아 破法의 因緣을 면케하는 善巧
方便임.

※大日經疏十八에「前說眞言品即令說之
何放不說 至此方說耶 爲迷彼尋經文人
也佛具大悲 何不顯說而迷惑象生耶 答
曰非有悋也 但謂世間有諸論師 自以利
根分別者 智力說諸法相 通達文字 以
慢心故 不依於師 輒爾尋經即欲自行
然此法微妙 若不依於明導師 終不能成
又恐妄行自損損也 若隱互其文 令彼自
以智力不得達解 即捨高慢而依於師 以
此因緣不生破法因緣 故須如此也」有
大疏爛脫聞書三卷.

난탑(卵塔) 基壇 위에 원형의 塔身
을 세운 塔. 無縫塔·蘭塔.

난탑(蘭塔) →卵塔.

난탑장(卵塔場) 卵塔은 無縫塔이라
함. 한 개의 돌로 만들어 鳥卵과
같은 楕圓形의 塔을 말하며 僧侶의
墓碑를 가리킴. 卵塔을 세운 場所.
곧 墓所를 말함.

난파(難破) 異議를 詰問하여 의심을
깨프리는 것.
中論疏四本에「即難破之」慈恩傳四에
「若有難破一條者 我則斬首相謝」

난피육(煖皮肉) 따뜻한 肉身이란 뜻. 先人의 참 精神. 煖皮肉은 佛祖의 肉身을 뜻하며 佛祖의 敎法이 비록 그 法身이라 하나 法身은 곧 肉身이라는 뜻으로 쓰임.

난해(煖解) 煖位를 理解하는 것. →煖位.

난해난입(難解難入) 了解하기도 어렵고 깨우쳐 들어가기도 어렵다는 말.

난해법(難解法) 難解한 法. 그 意義가 深遠하여 衆生이 理解하기 어려운 敎法.

난행(亂行) 亂暴放逸한 행동.

난행(難行) 닦기 어려운 行法. 보통 苦行이라 함. ↔易行.
※法華經提婆品에 「智積菩薩言 我見釋迦牟尼如來 於無量劫難行苦行 積功累德 求菩薩道 未曾止息」

난행고행(難行苦行) 難行과 苦行. 깨우침을 얻기 爲한 괴로운 修行.

난행고행은(難行苦行恩) →十恩.

난행도(難行道) 二道의 하나. 여기에서 修行을 쌓은 功으로 佛道를 증득하는 것을 難行道라 함. ↔易行道.
※念佛往生淨土 於彼土成佛得道 謂爲易行道.

난향소(蘭香蒣) 蒣는 梢로도 씀. 蘭草는 꽃이 필 때가지 끝에 꽃이 일곱가닥으로 나누어지므로 鬼神이 罪人의 머리를 깨뜨려 七分이라 한 데 비유한 말.

난화(難化) 衆生의 根性이 剛强하여 敎化하기 어렵다는 것. (維摩經下)
※維摩經下에「此土衆生剛强難化」

난화삼기(難化三機) 혹은 難治三病. 敎化하여 濟度할 可望이 없는 三種의 惡한 機類. 즉 謗大乘·五逆罪·闡提를 말함.

난흉일답(欄胸一踏) 멱살을 잡고 한 번 밟는 것.

난힐(難詰) 詰難함. 詰問하여 非難함.

날(捏) 公案. 곧 話題를 究理하는 것.

날괴(捏怪) 奇異한 것을 좋아하고 怪常한 것을 희롱하는 것. 여러가지 기특하고 이상한 일을 만들어 내어 다른 이의 호기심을 자아내는 것.

날착(捺着) 손으로 누름. 着은 助詞.

남(南) ㉿ ⟨Nām⟩ 梵語의 名詞 末尾에 붙어서 「南」소리를 내는 것. 이는 第六轉屬聲이며 名言의 소리. 三이상을 표현하는 數.
演密鈔二에「南者多聲 即是等義家義 如云佛馱南 Budhānām 達磨南 Dharmānām 僧伽南 Samghānām」

남(濫) ①因明에서 因이 그 限定된 範圍를 逸脫하는 것. ②氾濫.

남곡(藍谷) 唐나라 때의 승려. 懷信의 法號. (生沒年代 未詳)

남근(男根) 男子의 陰部. 身根의 一部分. 男性의 形類·音聲·作業·志樂 등이 女性과 다른 것은 그 根의 作用이다. ↔女根.

남남(喃喃) ①재잘거리는 것. ②굴입

는 소리를 형용한 말. 寒山詩에 仙書一兩卷·樹下讀喃喃.

남남지(喃喃地) 地는 形容詞에 붙어서 語勢를 强하게 하는 助詞. ①지부하게 지껄이는 모양. ②새가 지저귀는 소리의 형용. (碧岩錄)

남녀(男女) 梵〈upastha〉男性과 女性. 密敎에서는 男女로써 智慧와 禪定의 幖幟로 삼는다. 男子는 智慧·女子는 禪定을 뜻함.
※大日經疏同十五에「諸尊色類種種不同 大而言之略有二種 謂男及女 男是智慧 故爲首 女是三昧爲次之也」.

남녀궁(男女宮) 梵〈mithuna〉 十二宮의 하나. 夫婦宮. 黃道(太陽이 운행하는 軌道)에서 말하면 太陽이 五月에 地球를 回轉하는 位置를 男女宮이라 부름.

남능북수(南能北秀) 南宗의 慧能과 北宗의 神秀. →南宗.

남돈북점(南頓北漸) 中國에서 南宗과 北宗의 宗風이 서로 다른 것을 표현하는 말. 南禪北禪·南宗北宗·南能北秀라고도 함. 初祖 達磨로부터 五祖弘忍까지 내려온 禪風이 弘忍의 門下에서 慧能과 神秀 두 弟子가 南宗과 北宗의 二派로 나누어 慧能은 江南에서 宗風을 크게 宣揚하였고, 神秀는 洛陽에서 宗風을 떨쳤다. 그 宗風에 頓悟와 漸修의 구별이 있으므로 南頓北漸이라 함. 곧 神秀는 修行과 證悟의 단계를 인정하면서 점차로 수행하는 공덕을 쌓아서 마침내 깨닫는다고 하는 敎學的인 경향을 가졌고. 慧能은 迷와 悟가 필경 하나로 修證不二의 관점에서 禪의 본뜻을 얻는다고 했다. 이 慧能의 門下에는 후세에 五家七宗이 생겼고. 神秀의 門下는 數代를 지낸 뒤에 그 法脉이 끊어졌다.

남람삼삼(毿毿髿髿) 털이 긴 모양. 鬚髮이 어지럽게 흩어진 모양. 道人의 眞髓는 알아보기 어렵다는 뜻으로 使用됨.

남면(南面) 남쪽을 向하여 位置한다는 뜻으로 君王의 자리를 말함. (人登道隨)

남경집언해(南明集諺解) 永嘉證道歌 南明繼頌諺解의 약칭.

남무구(南無垢) 南方無垢世界를 말함.

남방무구세계(南方無垢世界) 龍女가 成佛한 淨土의 이름.

남방보생부(南方寶生部) 金剛界曼陀羅의 五方 가운데 南方의 月輪으로 그 中尊을 寶生如來라 하며. 一切 衆生의 財寶와 福德을 맡아보기 때문에 寶生部라 함.

남방불교(南方佛敎) 아쇼카王이후에 印度의 南部·錫崙(실론)·暹羅(타이)·緬甸(버어마) 등지에 전파된 佛敎. 이 지방 등에 현존한 經典은 모두 巴利語로 된 小乘敎이다. ↔北方佛敎.
※其由北印度存於西藏支那等之經典殆

爲原文 大乘敎也 如斯南北異其趣故 以地理區分稱爲南方佛敎.

남방월륜(南方月輪) 金剛界의 曼陀羅에 五大月輪이 있고, 南方의 月輪에 五尊이 있으며 中央을 寶生如來, 寶光幢笑의 四菩薩을 四親近이라고 함.

남본열반경(南本涅槃經) 처음 北凉의 曇無讖이 大般涅槃經을 번역한 四十卷이 있는데, 뒤에 南宋의 沙門 慧觀이 謝靈運등과 함께 만든 三十六卷本을 南本涅槃經이라 함.
※部文精練天台章安尊者依此本作疏 但流通於世者甚少 舊本則久行於世也.

남부(南浮) 梵〈ambu-dvipa〉 南閻浮洲의 약칭. 須彌山 南쪽에 있는 四大洲의 하나.

남부(南部) 南瞻部洲의 약칭.

남북(南北) ①南과 北. ②南宗과 北宗. 五祖弘忍의 門下에서 神秀와 慧能에 依하여 二個의 다른 系統이 發達하였는데 神秀는 長安을 中心으로 北方에서 敎化를 行하였으므로 北宗禪이라 하고 慧能은 南方에서 敎化를 行하였으므로 南宗禪이라 함. 또는 南敎를 頓敎, 北敎를 漸敎라 함.

남북률(南北律) 지금 南方의 巴利語로 된 律을 南律이라 하고, 漢文으로 번역된 모든 律을 北律이라 함.

남북분류(南北分流) 西天의 第二十四祖 師子尊者가 王難을 만나 禪은 南天竺으로 傳하고 敎는 北天竺으로 傳하였음.

남북종(南北宗) 中國 禪宗의 二大宗派인 南宗과 北宗을 일컬음. 南宗은 慧能을 開祖로 하여 주로 敎外別傳·不立文字·以心傳心의 法을 세워서 禪定만을 닦아 佛法에 이르는 頓悟主義를 부르짖고. 北宗은 神秀를 宗祖로 하여 점차로 修行하면 모두 成佛한다는 禪修主義를 부르짖음.

남산(南山) ①終南山의 약칭. 周나라의 都邑 豐鎬의 南쪽에 있으므로 南山이라 함. 지금의 陝西省 西安府 地區에 있다. ②중국 南山律宗의 시조 道宣律師(596~667)를 말함. 終南山의 紵麻蘭若에 住하였으므로 南山律師라 부름. →道宣.

남산가(南山家) 南山大師 四分律宗의 한 流派를 말함.

남산규문(南山虬文) 虬는 용의 새끼로서 뿔이 돋쳤다 함. 매우 잘된 문장을 가리켜서 南山虬文이라함.
※虬文盤屈之文理也(李犬德陽殿賦)連璧組之潤漫 雜虬文之蜿蜒.

남산기운북산하우(南山起雲北山下雨) 話 雲門禪師가 乖語를 하여 "古佛과 露柱가 相交한다. 이것이 몇번째 機냐?" 大衆이 答하지 못하니 스스로 答하기를 "南山에서 구름이 일어나 北山에는 비가 온다." 하였다. (從容錄) 이는 張翁이 술을 마시면 李翁이 취한다는 뜻과 같이 萬物自然의 交參과 無爲의 妙契를

남산삼관(南山三觀) 四分律宗의 開祖 南山道宣이 세운 三觀으로 性空觀·相空觀·唯識觀을 말함.

남산삼교(南山三敎) 中國 道宣律師가 四分律宗에서 세운 三敎. ①性空敎; 小乘敎 諸法의 性分을 分析하여 오직 그 自性의 空無함을 觀하여 因緣生의 假相을 認定한 것. ②相空敎; 大乘淺敎에서 諸法의 自性이 本末이 되어 幻과 같이 空에 卽함을 觀하고, 그 假相을 認定하지 않는 것. ③唯識圓敎; 大乘의 深敎에서 萬法은 唯識의 圓理임을 見하는 것. (行事鈔中四)

남산염불문선종(南山念佛門禪宗) 중국 禪宗의 五祖 弘忍門下의 宣什등이 제창한 引聲念佛의 一派.

남산율사(南山律師) 또는 南山律主. 南山의 道宣律師를 말함.

남산율주(南山律主) 南山의 道宣律師를 말함.

남산의(南山衣) 四分律宗의 法服.

남산종(南山宗) 또는 戒律宗. 五敎의 하나. 唐의 太宗(在位 627~649)때 道宣律師가 開創함. 新羅 善德女王(在位 632~947) 때 慈藏律師가 개종하였다. 梁山 通度寺가 南山宗에 속함.

남삼(襤襂) 헌누더기. 남은 옷.

남삼북칠(南三北七) 중국 南北朝時代에 江南의 三家와 江北地方 七家의 敎判을 말함. (一) 南山은 ①虎丘山 岌師의 五敎. ②宗愛師의 四時敎. ③定林·柔次·道場·慧觀의 五時敎를 말하며 (二) 北七은 ①北地師의 五時敎. ②菩提流支 三藏의 二敎. ③佛馱光統의 四宗. ④有師의 五宗. ⑤有人의 六宗. ⑥北地禪師의 二大乘敎. ⑦北地禪師의 一音敎를 말함. (法華經玄義十)

남상(濫觴) 大河도 그 源流를 찾아보면 잔(觴)에 넘칠 程度의 적은 물줄기였다는 뜻. 轉하여 일의 始初·起源을 말함. 一說에는 잔을 띄운다는 뜻으로 使用됨.

남섬부주(南贍部洲) →閻浮提.

남송원명승보전(南宋元明僧寶傳) 十五卷. 淸나라 自融撰 性磊가 補輯. 南宋에서 明末까지의 禪宗史. 現行本은 卷首에 林友王과 崔秉鏡의 序 및 自融의 自序, 卷尾에 康熙 3(1664)年 性磊의 後叙와 同 24(1685)年의 重刻記가 있다. 著者 自融의 字는 巨靈. 또는 幻輅, 新安縣에서 出生하였다. 俗性은 程氏. 弘覺을 師事. 廣潤寺 주지. 康熙 30(1691)년에 世壽 77세로 入寂함. 性磊는 自融의 弟子. 本書는 性磊의 跋에 의해 康熙 3(1664)年에 完成 되었음.

남순(南詢) 善財童子가 印度에 旅行하여 五十三(或은 四十四)善知識을 尋訪하여 가르침을 請한 일.

남승(男僧) 남자 중 ↔女僧.

남실성권(攬實成權) 眞實敎(一乘)를

가지고 方便權化를 짓는 가르침.

남악(南嶽) ①중국 湖南省 衡山의 남쪽에 있으므로 南嶽이라 함. 天台宗의 二祖 慧思(515~577)를 비롯하여 禪宗의 南嶽懷讓(677~744) 馬祖道一(709~788)등이 住하면서 크게 禪風을 떨치자 南嶽의 이름이 드러났다. 禪宗에서 이 系統을 南嶽下라 하고, 靑原下와 맞서서 禪定의 二大分派가 되다. 지금의 臨濟宗은 이 南嶽下에서 나왔다. ②慧思를 말함. 南嶽에 住하였으므로 南嶽大師라 함. →慧思. ③南嶽 般若寺에 있던 懷讓을 말함. →懷讓.

남악마전(南嶽磨磚) 圖 沙門 道一이 傳法院에서 날마다 坐禪하고 있을 때 南嶽懷讓이 그가 法器인 줄 알고 하루는 묻기를 "大德은 坐禪하여 무엇하려는가?" 道一이 말하기를 "부처가 되려합니다" 하니 南嶽이 벽돌 한개를 가지고 그의 庵子 앞에 가서 돌에다 갈고 있었다. 道一이 "스님 무엇하려 하십니까?" 하니 南嶽이 "갈아서 거울을 만들려고 하네" 하니 道一이 "벽돌을 갈아서 어떻게 거울을 만들 수 있읍니까?" 하니 南嶽이 "벽돌을 갈아서 거울을 만들 수 없다면 坐禪하여 어떻게 부처가 될 수 있겠는가?" 하니 道一이 "어떻게 하여야 옳습니까?" 南嶽이 「사람이 수레를 모는 것과 같아서 수레가 가지 않으면 수레를 쳐야 옳은가 소를

쳐야 옳은가?" 하니 이 말에 道一은 대답을 못했다. 南嶽이 다시 말하기를 "너는 앉아서 禪을 배우는 것인가 부처를 배우는 것인가? 만일 앉아서 禪을 배운다면 禪은 앉고 눕는데 있는 것이 아니요, 만알 앉아서 부처를 배운다면 부처는 일정한 모양이 없으니 無住法에는 取하고 버릴 것이 없는 것이다, 네가 만약 앉아서 부처를 이룬다면 이것은 부처를 죽이는 것이요, 만일 앉아서 相에 執着한다면 그 理致를 達成치 못할 것이다" 하니 가르침을 듣고 마치 醍醐를 마시는 듯하였다. (傳燈錄五南嶽章) →磨磚.

남양(南陽) 중국 唐나라 때 승려 慧忠(?~775)의 法號. (傳燈錄五) → 慧忠.

남양정병(南陽淨瓶) 圖 肅宗이 師에게, 묻기를 "어떠한 것을 九十身調御라 하오." 師가 이에 일어나서 "아직 아십니까" 하니. 肅宗 "알지 못하겠오." 師 "老僧이 淨瓶을 가지고 왔읍니다!" 하였다. (傳燈錄五·會元二·從客錄第四十三則)

남여(藍輿) 앞뒤에서 각각 두 사람이 어깨에 메게 되어 있는 뚜껑이 없는 작은 乘轎.

남염부(南閻浮) 南閻浮提의 약칭.

남염부제(南閻浮提) 圉 〈Jambudxipa〉 閻浮提 六洲의 이름. 須彌山의 南方 醎海 가운데 있으므로 南이라

함. →閻浮提.

남염부제양곡(南閻浮提陽谷) 日本國을 가리킴. (三教指歸三四六)

남염부주지(南炎浮洲志) 金時習이 지은 한문 단편소설. 부처를 믿지 않던 朴生이 炎浮洲에 다녀와서 宇宙를 達觀한다는 內容이다. 그의 단편 소설집 金鰲新話에 실려 있음.

남예(濫穢) 濫雜하고 더러움.

남우(藍宇) 伽藍堂宇의 약칭. 즉 佛寺.

남원(南院) 汝州 寶應院(南院)에서 크게 宗風을 떨친 慧顒(또는 寶應)禪師를 말함. 興化存奬의 法을 잇다.

남원(南源)(1631~1692) 中國 福淸 사람. 俗姓은 林氏. 이름은 性派. 明 崇禎 4(1631)年에 出生하여 15세에 黃檗山 無淨璋을 따라 出家하고 뒤에 오랫동안 隱元을 섬기다가 順治 11(1654)年 隱元을 따라 日本에 건너 갔다. 華藏院을 建立하고 玆光堂을 세움. 1692년에 世壽 62歲 法臘 48세로 示寂함. 著書, 鑑古錄(三十卷)·芝林錄(二十四卷)·藏林集(一卷).

남원일방(南院一棒) 㘞 風穴이 南院의 會下에서 園頭가 되었는데 어느 날 南院이 果園에 와서 묻기를 "南方一棒을 어떻게 생각하오?" 穴 "奇異하다고 생각합니다" 穴이 되묻기를 "和尙은 여기서 어떤 생각을 합니까?" 院이 방망이를 들고 일어나면서 "棒下에는 生忍이 없으니 機에 臨해서는 스승에게도 讓步하지 아니하리라." 穴이 이에 豁然大悟하였다고 함. (會元十一風穴章)

남전(南泉) ①(748~834) 馬祖道一의 弟子로서 姓은 王氏, 諱는 普願. 號는 南泉. 鄭州 新鄭 사람, 姓이 王氏이기 때문에 王老라 하며 항상 王老師라 自稱함. 唐 至德 2(757)年 大隈山의 大慧禪師에게 受業하고 30歲에 南嶽에게 受具하고 法相部와 五篇七聚의 律部등을 精通하고 또 講肆에 出入하여 言義에 釋通하였으며 그후 馬祖의 門下에서 頓忘筌蹄하고 西來密旨를 悟得하였다. 唐 貞元 11(795)年 池陽의 南泉에 禪院을 짓고 30年동안 山에서 내려가지 않았고, 學徒가 항상 雲集하였다. 學人을 다루는 솜씨가 준엄하여 師의 法門中에 南泉斬猫·南泉水牯牛·南泉白牯·南泉牧丹·南泉鎌子·南泉圓相등의 公案은 너무나 有名하다. 唐나라 文宗 太和 8(834)年 12月 25日 새벽에 門人을 불러 놓고 "星翳燈幻亦久矣니 勿謂吾有去來也"하라 하고 世壽 87. 法臘 58세를 1期로 入寂. ②〔1868~1936〕朝鮮高宗 때 승려 光彥의 法號. 姓은 金氏, 陜川 出身, 18세에 海印寺 信海에게 중이 되고 伏沙의 法을 잇다. 禪宗의 中央機關인 禪學院을 서울 安國洞에 創建하고, 글씨를 잘 썼다. →南泉.

남전겸자(南泉鎌子) 南泉普願이 하루는 山에 가서 일을 하고 있는데 어떤 스님이 묻기를 "南泉의 길이 어디로 가는 것입니까?" 남전이 풀 베는 낫을 들고 말하기를 "이 낫을 三十푼 주고 샀노라" 僧이 "낫을 물은 것이 아니고 南泉의 길이 어디로 가는 가를 물었읍니다" 하니 南泉이 "내가 쓰기에는 매우 잘 들어!" 하였다. →鎌子.

남전대장경(南傳大藏經) 六十五卷 七十册. 日本 高楠博士功績紀念會에서 翻譯編集하여 1935年에서 1941年 2月까지 東京本卿大藏出板株式會社에서 刊行한 巴利文쎄이론 分別上座部所傳의 大藏經.

남전모란(南泉牧丹) 陸亘大夫가 南泉普願禪師와 이야기하던 차에 陸 "肇法師의 말에 天地가 나와 함께 同根이며 萬物이 나와 함께 一體라 하니 甚히 奇恠하오." 南泉이 庭前의 牧丹을 가리키면서 "지금 사람이 이 한그루의 꽃을 보는 것이 꿈과 같소." 하였다는 것. (傳燈錄南泉章·碧岩第四十則·從容錄第九十二則).

남전백고(南泉白牯) 南泉普願이 大衆에게 이르기를 "三世諸佛은 有를 알지 못하나 狸奴白牯가 有를 안다" 하였음.

남전불설저법(南泉不說底法) 또는 南泉不是心佛. 涅槃不說底法. 涅槃和尙諸聖不說底法. 不是心佛이라 함.

涅槃和尙百丈唯政이 南泉普願에게 不說底法의 有無를 물으니 답하여 說不說底의 妙處를 啓示한 것.

남전삼구(南泉三句) 南泉普願禪師가 力說한 敎法. 不是心·不是佛·不是物의 三句를 말함. 即心是佛의 思想을 否定的으로 表現한 것.

남전수고우(南泉水牯牛) 趙州가 南泉에게 묻기를 "저 사람이 죽은 뒤에 어느 곳으로 갈지 알겠느냐" 하니 南泉이 "山아래 檀越의 물소가 되겠다" 하였다. 趙州가 "師의 가르침을 고맙다고" 하니 南泉이 "어젯밤 三更에 달이 창앞에 이르다" 하였음. 南泉은 馬祖의 法을 잇고 趙州는 南泉의 法을 이음.

남전원상(南泉圓相) 慧忠國師가 六祖를 嗣法하고 長安을 道化하여 名譽가 높을 때다. 當時 사람들이 모두 그의 門下에 들어가기를 願했는데 그때 南泉·歸宗·麻谷의 三師도 慧忠國師를 뵙기 위해 同行하였다. 中路에서 南泉이 땅위에 一圓相을 그리고는 "이 뜻을 알아야 갈 것이다." 歸宗은 圓相 가운데 앉고 麻谷은 女人에게 절을 했다. 南泉 "이래서는 갈 수 없네." 歸宗 "이것이 어떠한 마음의 行인가?" 라 했다는 것. (碧巖錄第六十九則)

남전참묘(南泉斬猫) 南泉이 어느 날 고양이가 다투는 것을 보고 提起하여 말하기를 "말할 수 있으면 곧 베지 않을 것이다." 모두 대답하지 못하였다. 南泉이 고양이를 베어 두 토막을 내었다. 趙州가 들어오자 南泉이 다시 그 이야기를 하여 趙州에게 물으니 趙州는 문득 신을 벗어 머리에 이고 나가버렸다 南泉이 "그때 만일 그대가 있었더라면 고양이를 구했을 것이다" 하였음. (從容錄第九則) 南泉은 普願禪師로 馬祖道一의 法嗣. 趙州는 從諗禪師로 南泉의 法嗣임.

남전획일원상(南泉畫一圓相) ㉞ 또는 南泉一圓相, 南泉拜忠國師. 혹은 中路圓相. 南뽁뽁原이 길에 圓相을 그리고 심성본래의 面目을 商量한 것.

남조목록(南條目錄) 英〈A Catalogue of the Chinese Tripitzka〉日本의 南條文雄이 지음. 大明三藏聖敎目錄에 經題目의 原語를 적고 漢譯의 年代를 참고하여 그것을 英譯하고 注解한 것. 1883年에 英國 옥스포드 大學에서 刊行함.

남조불사지(南朝佛寺志) 二卷. 이 寺誌는 淸 孫文川의 遺稿로 陳作霖이 編纂한 것. 모두 二百二十六個의 寺刹이 收錄되었는데 대체로 六朝以後에 創建된 것은 실지 않았음.

남종(南宗) 初祖 達磨가 禪을 首唱한 후 五祖弘忍에 이르러 그 眞味를 체득하고 弘忍의 弟子 慧能·神秀가 南北으로 갈리어 慧能은 江南에서 敎化하였으므로 南宗이라 하고, 神秀는 洛陽에서 그 道를 펼치였으므로 北宗이라 함. 이 가운데 후세에까지 융성한 것은 南宗이며 五家七宗의 分派도 모두 여기에 屬한다. 이 때문에 後世에 南宗을 禪의 正宗이라 하고 慧能을 六代祖師라 일컬음.

남종선(南宗禪) 北宗禪에 대한 중국 禪宗의 一系統. 또는 南禪·南宗이라 함. 菩提達磨의 法脈은 五祖弘忍에 이르러 慧能과 神秀로 兩分되었는데 慧能은 남방에서 行化하고 神秀는 북방에서 接化하였으므로 慧能系를 南宗·神秀系를 北宗이라 함. 南宗禪은 通常 南頓北漸이라 하여 頓悟를 그 特色으로 함.

남주(南洲) 閻浮提. 즉 須彌山 南方 鹹海 가운데 있는 大洲로 우리 人間이 住하는 곳.

남중삼교(南中三敎) 중국 齊나라 이후에 江南의 여러 僧侶가 頓敎·漸敎·不定敎의 三敎로서 佛敎를 分類 判釋하는 것을 말함. ①頓敎는 華嚴經의 頓說을 말한 것. ②漸敎는 阿含經에서 涅槃經까지 차례를 따라 說한 것. ③不定敎는 勝鬘經·金光明經 등과 같이 頓漸에 해당할 수는 없으나 佛性이 常住함을 밝힌 것. (華嚴經玄談四)

남천(南天) 南天竺. 즉 南印度를 말함.

남천(南泉) →남전(南泉).

남천상승(南天相承) 悉曇의 相承에

四種이 있는데 그중의 하나. 梵王으로부터 相承하였다 하여 南天相承이라 함.

남천철탑(南天鐵塔) 옛적 南印度에 있었다고 하는 鐵塔, 傳에 依하면 大日如來가 말한 法門을 그 上首弟子인 金剛薩埵가 經文을 輯錄하여 塔속에 넣어 두었는데 龍樹菩薩이 이 塔을 열고 金剛薩埵에게서 그 經典 金剛頂經·大日經을 전해 받았다고 한다. 이 塔에 대해서는 두가지의 傳說이 있다. 그 가운데 隨緣說은 역사상 실제로 있었던 것이라 하고 法爾說은 龍樹의 마음을 가리킨 것으로 이를 광범하게 말하면 우리들 각자의 마음에 본래부터 있는 菩提心이라고 함.

남천축(南天竺) 五天竺의 하나 天竺을 다섯으로 區劃한 南方을 南天竺이라 함.

남측(濫側) 외람되게 座中에 끼다. (側之賓客之中) (史記)

남한치영(南漢緇營) 南漢山에 있는 僧軍의 營門, 朝鮮 仁朝때에 覺性을 시켜 南漢山에 城을 쌓고 각 道에서 義僧을 불러 番을 서게 하고 城안의 九寺 僧軍으로 하여금 城을 지키게 하고 摠攝·中軍 등을 두었다. 그뒤 1756(英祖 32)年 義僧이 당번서는 것을 없애고 番錢을 받다가 高宗 甲午更張(1894) 때에 僧軍을 폐지함.

남해기귀내법전(南海寄歸內法傳) 四卷. 또는 南海寄歸傳·寄歸傳. 唐의 義淨이 지음. 印度와 東南亞細亞를 여행한 見聞錄이다. 南海寄歸란 東南아시아인 南海에서 唐으로 돌아온 大津禪師에게 寄託한 것을 뜻하고 內法이란 佛法을 말한다. 義淨은 671年부터 694年 사이 海路를 따라 印度에 유학했다가 歸路에 南海의 수마트라(sumatra)섬에서 이 책을 쓴 다음 大唐西域求法高僧傳·新譯雜經論과 같이 자기보다 먼저 歸國하는 인편에 長安으로 보냈다. 이 책의 내용은 印度·東南아시아 각지의 佛教教團에 관한 見聞記로 그가 실제로 방문해서 견문한 각지의 佛教의 現狀. 특히 佛教徒가 지켜야 할 威儀·戒行·僧院生活의 規律 등에 대해 四十章으로 나누어 기술하였다. 義淨은 根本說一切有部의 律典을 全譯소개한 것으로도 알 수 있는 바와 같이 有部의 教團規律을 正統으로 보고 그 宣揚에 노력했다. 따라서 이 책에도 방문한 諸國의 戒律生活을 충실히 적어 唐의 복잡난해한 戒律을 비판하고 佛國界의 반성을 促求했다. 한편 7世紀의 南海諸國에 있어서 僧侶의 生活狀態와 여러가지 風土·習俗 등의 실정이 적혀 있음.

남해기귀전(南海寄歸傳) 四卷. 唐나라 義淨이 南海의 室利弗逝(Sribuja)國에 체재하면서 印度의 僧規를 기록하여 唐나라 여러 大德에게 증정한 책.
남협(南頰) 南側과 같음. 堂 또는 門의 左側을 말함.
납(衲) 比丘의 糞掃衣를 納衣라 함. 衲衣를 착용한자는 十二頭陀行의 하나가 되므로 僧衣를 총칭한 말. 또 禪僧이 흔히 衲衣를 착용하므로 衲僧・衲子라 함. 衲의 本字는 納.
납(臈) 臘과 같음. →臘.
납(臘) 또는 臈으로도 씀. 歲末에 神에게 祭祀지내는 것을 漢나라에서 臘이라 하였음. 따라서 比丘가 戒를 받은 후 여름 석달동안의 安居를 마치는 것을 臘이라 함.
※玄應音義十四에 案風俗通曰 夏曰嘉平 殷曰清祀 周曰大蜡 漢曰臘 臘獵也 獵取禽獸祭先祖也 此歲終祭神之名也 經中言臘佛者卽是義也 或曰 臘者接也.

납가리(納加梨) →衲加梨.
납가리(衲伽梨) 또는 衲加梨. 衲衣 가운데 僧伽梨(三衣의 하나)를 말함. 九條내지 二十五條를 僧伽梨라 함.
납가사(衲袈裟) 七條이상의 袈裟에 두가지가 있다. ①平袈裟(또는 色袈裟) 한가지의 색체로 지은것. ② 衲袈裟: 여러가지의 색체를 섞어 만든 것. 또는 衲衣・糞掃衣라 함.
※此乃補納朽故破弊之布帛以爲法衣者 其實爲最賤之糞掃衣 然爲修頭陀行之高德比丘法衣 故以之爲最貴之物而重之 法會或上膌比丘之所服也.

납경(納經) 現世의 安穩과 來世의 福을 구하기 위하여 經卷을 佛寺에 捐納하는 것.
납계(納戒) 戒를 받음. 즉 몸에 戒體를 받는다는 뜻.
납고(臘高) 戒臘이 높음.
납골(納骨) 시체를 火葬하여 그 遺骨을 그릇에 모심. 또는 유골을 納骨堂에 모심.
납골당(納骨堂) 遺骨을 모셔 두는 곳.
납구(納具) 具足戒를 내 몸에 받아 들이는 것.
납금도승(納金度僧) 唐 肅宗, 至德 (756~757) 初에 宰相 裵冕이 度牒을 팔도록 청하여 香水錢이라 하였으며 이것이 納金度僧의 嚆矢가 됨. (佛祖統紀五十一・困學紀聞十四)
납두소(納頭䯻) 眞珠등 여러가지 구슬을 利用하여 裝飾한 머리.
납득(納得) 戒體를 받아들이는 것. 戒體는 受戒者의 몸속에 發現하는 防非止惡의 功能으로 無作 혹은 無表라고도 함.
납모(納莫) 梵 〈Namah〉南無와 같음 →南無.
납모(納帽) 가는 베조각을 이어서 만든帽子.
납모(納慕) 또는 那謨・南謨・納莫・娜謨・曩莫・南摩라 함. →南無.
납바발사미(納婆鉢奢彌) 梵 〈Nakllapasyami〉比丘사냥꾼에게 對答한 말.

납바비하라~납의

※有部毘奈耶二十八에 「若獵者云 我不疲倦 我問走鹿 卽應先可自觀指甲 報彼人云 諾佉鉢奢弭 若更問者 應自觀太虛 報彼人云 納婆鉢奢弭」

납바비하라(納婆毘訶羅) 梵〈Nava-vihśra〉번역하여 新寺. (求法高僧傳上)

납병(臘餠) 7月 15日 부처님에게 供養하는 떡.
※玄譯音義十六에 「臘餠謂今七月十五日 夏罷 獻供之餠也」

납불(臘佛) 7月 15日 부처님에게 공양을 올리는 것. 즉 盂蘭盆을 말함.

납비(納妃) ①王家의 結婚으로 王妃나 太子妃를 맞아 들이는 것. ②釋尊이 太子 때에 太子妃 耶輸陀羅와 結婚한 것.

납사어통(納蛇於筒) 禪定에서 사람의 邪曲한 것을 바로잡는데 비유한 말.
※智度論에 「是心從無始來常曲不正 得是正心行處 心則端直 譬如蛇行常曲入竹筒則直」

납소(納所) ①事務를 취급하는 곳. ②寺院에 딸린 갖가지 물품·기구·곡식 등을 넣어 두는 곳.

납수(納受) 다른 사람이 보내주는 物品을 받음. 他人의 供養을 받음.

납승(衲僧) 衲子와 같음. 衲衣를 입은 중이란 뜻.

납승가본분사(衲僧家本分事) 僧侶가 꼭 지켜야 할 根本的인 가장 重要한 問題라는 뜻.

납승비공(衲僧鼻孔) 鼻孔은 人間의 中心이 되는 重要한 곳. 中國에서 中國佛敎의 鼻祖인 達磨와 그 中心의 源流가 되는 門下의 禪僧을 가리키는 말.

납식(納息) 舊婆沙論에서는 跋渠(varga), 新婆沙論에서는 納息이라고 함. 納息은 同一한 義類를 한 곳에 納受·止息한다는 뜻.

납월련(臘月蓮) 希有하다는 뜻. 十二月에 연꽃이 피는 것은 希有한 일이므로 이같이 이름.

납월삼십일(臘月三十日) 臘은 騰과 같음. 臘月은 음력 섣달의 별칭. 이에 세가지의 뜻이 있다. ①年末인 除夕(섣달 그믐날 밤) ②臨終할 때 ③見性悟道하여 一大生死를 판단하는 때.

납월선자(臘月扇子) 臘月은 음력 十二月로 極寒之時. 겨울에 부채는 쓸모없는 物件이라는 뜻.

납월파일(臘月八日) 음력 12월 8일 釋迦牟尼가 35세 되던 B.C 648年 12월 8일 샛별이 뜰 무렵 中印度 摩竭陀國 尼連禪河가에 있는 菩提樹下서 佛道를 이루던 날. 臘八. 成道齋日.

납의(衲衣) 法衣의 한가지. 또는 衲袈裟·糞掃衣. 衲은 집다의 뜻으로 세상 사람들이 버린 여러가지 낡은 헝겊을 모아서 누덕누덕 꿰매어 만든 옷. 승려는 이런 것으로 몸을 가리우므로 衲子·衲襁이라 하고 또 자기를 낮추어 **野衲·布衲·迷 衲·老衲·病衲** 등으로 쓴다. 一說에는 衲은 納과 같이 받아 들인다는 뜻으로 남들이 버린 것이나 하찮게 여기는 낡은 헝겊을 주어서 옷을 만들었다는 뜻이라 함.

납의십리(納衣十利) 納衣는 衲衣로 헌베조각을 모아서 만든 것. 衲袈裟·糞袈裟와 같음. 이 옷을 입으면 十種의 利益이 있으니 ①麤衣數에 들어감. ②求하고 찾는 사람이 적음 ③마음대로 앉을 수 있음 ④마음대로 누울 수 있음. ⑤洗濯하기 쉬움 ⑥좀 먹는 일이 적음 ⑦染色이 容易함. ⑧떨어지지 아니함. ⑨다시 다른 옷을 만들지 못함. ⑩道를 求하여 잃지 아니함 등을 말함.

납의하사(衲衣下事) 衲衣아래서 일어나는 일들. 곧 衲僧이 晝夜로 해야하는 本分인 修行. 衲僧을 中心으로 하여 發生하는 一大因緣事를 말함.

납인(蠟印) 蠟印을 진흙에 찍어 蠟印이 溶解하면 동시에 진흙속에 字形이 생긴다. 이로써 현재의 五陰이 滅함과 동시에 中有의 五陰이 생하는데 비유한 것.

납자(衲子) 또는 衲僧·禪僧의 別稱. 禪僧은 흔히 衲衣를 걸치고 諸方을 遊歷하므로 이같이 이름. 단 衲衣는 頭陀比丘의 法衣로서 禪僧에게만 局限된 것은 아님.

납종(納種) 佛家에 태어날 種子. 또는 佛弟子가 될 因. 納은 衲과 通하며 僧衣의 뜻. 轉하여 僧侶를 말함.

납중(衲衆) 衲袈裟를 착용한 僧衆.

납차(臘次) 또는 薦次. 法臘次第의 약칭. 佛家에서 戒를 받은 年數(法臘)에 따라 席次를 定하는 것.

납파(納播) 講僧이 걸치는 것으로 모양은 覆肩衣 같음. 播는 그 끝을 펴는 것. 納은 俗에 衲으로도 씀.

납팔(臘八) 臘月 八日의 약칭. 十二月 八日을 말함.

납팔상당(臘八上堂) 十二月 八日 釋尊의 成道를 紀念하여 上堂 祝讚하는 것.

납팔접심(臘八接心) 十二月 八日 釋尊의 成道를 紀念하여 十二月 一日부터 八日 아침 까지 晝夜로 잠자지 않고 坐禪하는 일.

납팔죽(臘八粥) 臘八에 먹는 일종의 죽. 宋나라 때에 東京에서는 十二月 初 八日 都城의 모든 大刹에서 七寶五味粥을 보내 오는데 이것을 臘八粥이라 함. 또는 佛粥. (天中記)

납패궐(納敗闕) 또는 納敗缺. 失意·失敗에 빠짐.

납피몽두(衲被蒙頭) 比丘들이 추위에 머리에 이불을 뒤집어 쓰고 坐禪하므로 坐禪하는 것을 衲被蒙頭라 말함. 또 지금 世俗에서 일컫는 蒲團을 말하며 臥具라고도 함.

낭(囊)〔梵字〕㉾ ᄀ Na 悉曇 五十字門 가운데 하나. 四十二字門의 하나. 또는 那라고도 함. 모든 법의 현상은 그 실체로 볼 때는 이름·성질·모양을 떠난 것으로 얻을 것도 잃을 것도 없다는 뜻을 가진 문자. 瑜伽金剛頂經釋字母品에 실려있음.

낭겁(囊劫) 오랜 옛날. 人間의 能力으로는 到底히 헤아릴 수 없는 오랜 시간.

낭공대사(朗空大師)〔832~916〕 신라 孝恭王 神德王때의 國師. 姓은 崔氏 이름은 行寂. 諡號는 朗空. 일찌기 佛經에 뜻을 두고 伽倻山 海印寺에서 佛道를 닦음. 871(景文王 11)年 唐나라에 건너가 15년동안 名山을 돌아다니며 修道함. 本國에 돌아와서 孝恭王의 존숭을 받고 石南山寺 住持로 있다가 入寂. 그 후 高麗때에 와서 995(광종 6)年에 奉化郡 明湖面에 있는 太子寺에 "白月栖雲"이라는 塔을 세웠으며 또 碑를 세워 僧 端目과 金生의 글씨를 모아서 碑文을 만들다. 지금 碑는 景福宮 안에 옮겨져 있음.

낭괄(囊括) 주머니에 물건을 담음. 주머니에 물건을 담고 주머니 끈을 동여 맴.

낭구타(娘矩吒) 벌레 이름. 또는 糞屎蟲·針口蟲 입부리에 바늘같은 것이 있으므로 이같이 이름. 뼈를 뚫고 들어가 골수를 파먹는다 함.

낭당(郞當) 頹放. 推靡의 뜻. 老妄·昏迷의 뜻으로도 쓰임. 또는 陳腐하여 쓸모가 없음. 疲困에 지친 모습. 주착이 없음.
※謂頹唐落魄也. 爲潦倒之轉音.

낭막(廊幕) 廊은 外屋, 幕은 帷幕. 屋外에 있는 幕을 말함. 또는 幕僚. 帷幕에서 計策에 從事하는 臣下를 가리킴.

낭망(郞忙) 倉卒間. 갑자기 일어난 일로 唐慌하는 것. 또는 精神이 빠진듯 멍함.

낭모(囊莫) ㉾ 〈namaḥ〉納莫. 南無와 같음.

낭모삼만다몰다남(囊莫三曼多沒馱南) ㉾ 〈Namaḥ Samanta-Buddhānāṁ〉 佛部의 歸命句. 曩莫는 歸命, 三曼多는 平等. 沒馱는 佛. 南은 諸. 곧 歸命平等諸佛의 뜻. (囊은 曩의 誤字임)

낭백(朗白)(?~1717) 朝鮮 승려. 號는 樂安, 梵魚寺에 住하면서 行人과 가난한 이를 위하여 慈善事業을 많이 하였다 함. 梵魚寺에 師의 浮圖가 있음.

낭범(浪範) 총림의 規則을 지키지 않고, 行動이 어설프고 게으른 것.

낭사(朗師) 중국 승려. 玄朗(673~754)을 이름. →玄朗.

낭생(娘生) 또는 孃生. 어머니의 胎內에서 갓태어난 아기. 때문지 않은 淸淨에 比喩한 것. (臨濟錄)

낭생면목(娘生面目) 娘은 어머니의

通稱. 胎內에서 갓 태어났을 때와 같이 아무 雜念도 없는 本來 그대로의 面目을 말함.

낭생피(娘生皮) 또는 孃生皮. 어머니가 아기를 낳은 뒤에 낳는 태라는 뜻. 아무 쓸모 없고 보잘 것 없는 사람에 比喩한 말. (臨濟錄)

낭심낭려(狼心狼戾) 마음이 이리와 같이 잔인무도함.

낭암(朗巖) 朝鮮 승려 示演의 法號. 示演.

낭야(瑯琊) 慧覺禪師의 別稱. 中國 西洛 사람. 臨濟의 宗風을 크게 떨침.

낭야산(瑯琊山) 中國 安徽省 滁州에 있는 山의 이름. 宋나라 初期 慧覺 禪師가 住하여 크게 敎化를 편 곳으로 有名함.

낭야산하(瑯琊山河) ⓢ 長水子璿 講師가 瑯琊의 道가 當時에 重히 여김을 듣고 곧 그 자리에 나갔다가 上堂次에 나가 묻기를 "淸淨本然커늘 어찌하여 忽然히 山河大地가 생겼는가?" 瑯琊가 소리를 지르며 말하되, "淸淨本然커늘 어찌하여 忽然히 山河大地가 생겼다고 하는가?" 師가 言下에 깨우치다. (五燈會元十二)

낭연(朗然) 밝고 明朗한 모양.

낭연(狼煙) 옛날 戰爭할 때에 烽火를 들어서 迅速하게 멀리 알리는 일이 있었으므로 戰爭을 狼煙이라 함. 이리의 똥을 장작에 섞어 태우면 연기가 곧게 올라간다 함.

낭오(朗旿) [1780~1841] 朝鮮 승려. 俗姓은 裵氏, 號는 大隱. 朗州 사람. 靈巖 月出山에 出家하여 14세에 金潭에게 중이 되어 그의 法을 잇다. 律行이 嚴하고, 蓮潭・白蓮・義庵・朗巖등을 찾아 經敎를 연구 통달하다. 글씨가 名筆이었음. 뒤에 敎를 버리고 禪에 들어가 海南 大興寺・萬日庵에서 說法을 마치고 그대로 앉아서 入寂함. 나이 62세, 法臘이 47세였음.

낭원대사(朗圓大師) 新羅 승려. 開淸(854~930)의 諡號.

낭원대사오진탑(朗圓大師悟眞塔) 국보 제316호. 江源道 溟州郡 普顯寺에 있음.

낭원대사오진탑비(朗圓大師悟眞塔碑) 국보 제317호. 江源道 溟州郡 普顯寺에 있음.

낭자(浪子) 浪人・浪士・放浪兒, 또는 孤兒, 일정한 직업이 없이 방랑하는 사람.

낭자(狼藉) 여기저기 흩어져 어지러움. 이 말은 원래 이리(狼)가 풀을 깔고 자고난 뒤 어지럽게 흩어진 모양이란 뜻에서 온 말.

낭적산(狼跡山) 鷄足山의 다른 이름. 또는 尊足山. 摩訶迦葉이 入寂한 山.

낭조(曩祖) 祖師와 같음. 曩은 先의 뜻. ①먼저 出世한 祖師를 말함.

②達磨祖師.

낭지(朗智) 新羅 승려. 文武王때의 異僧. 歃良州(지금 梁山) 靈鷲山에 있으면서 이름을 말하지 않고 항상 法華經을 講하며, 神通力이 있었다. 文武王 1(661)年 경 錐洞記를 지은 智通은 그의 門弟子가 되고, 元曉도 磻高寺에 있으면서 그에게 가르침을 받다. 그가 元曉로 하여금 初章觀文과 安身事心論을 짓게 함. 그는 일찍 구름을 타고 중국 淸凉山에 가서 講說을 듣고 잠깐동안에 돌아오곤 하였다 함. 元聖王 때에 緣會가 영축산에서 그의 傳記를 지음.

낭탕(莨碭) 毒草의 한가지. 山野에 自生하며 毒이 있어서 잘못 먹으면 미치광이가 된다고 함. 뿌리 및 잎은 藥材로 씀. →食莨碭.

낭혜화상백월보광탑비(朗慧和尙白月葆光塔碑) 국보 제30호. 忠南保寧郡 聖住寺 터에 있음.

낭호(狼虎) 이리와 호랑이. 轉하여 無道하고 욕심이 많아 남을 해치는 자의 비유.

낭호약(狼虎藥) 劇藥을 뜻함. 이리와 범같이 사나운 짐승도 죽일 수 있는 藥. 宗師의 惡辣한 手段에 비유한 말.

내(乃) 卽의 뜻. 그러면.

내(內) 梵〈ādhyātmām〉 ①안에, 內部에, 內心으로, 스스로, 혼자. ②몸안에 있는. (中阿含經). ③佛

敎聖典. (三敎指歸).

내(奈) ①奈何의 뜻. 如何와 같음. ②莫奈何·無奈何는 어찌할 수 없다는 뜻. ③奈何也는 無力하여 嘆息하는 것.

내(耐) 梵〈ādhivāsanā·sāhana·sa-sāhiṣnutā〉견딤. 참음. (莊嚴經論)

내각외각(內覺外覺) 內面에 依한 깨우침과 外面에 依한 깨우침. 內外面에 具足한 覺性.

내감냉연(內鑑冷然) 모든 佛·菩薩의 內證은 마치 두개의 거울을 마주 대하고 肝膽을 서로 비추듯 秋毫의 어그러짐도 없는 것과 같다는 말.

止觀五에「天龍龍樹 內鑑冷然 外適時宜 各權所據 而人師偏解 學者苟報 遂興矢石 各保一邊 大乖聖道也」

내감명료(內鑑明了) 마음속을 分明히 아는 것. 佛·菩薩의 內的인 깨우침은 거울처럼 깨끗하고 명백하여 그 어느 것이나 對立할 수 없다는 뜻.

내거(來去) ①이미 얻은 것과 아직 얻지 못한 것. ②오고 가는 일. 또는 왔다가 가는 것.

내겁(內劫) 中劫과 같음. 二十小劫을 말함. 一小劫은 一增一減이 있으므로 一中劫은 二十增減이 있음.

내겁(來劫) 未來劫의 약칭. 劫은 오랜 時間을 뜻하며 앞으로 다가올 永遠한 未來를 말함.

내견외견(內見外見) 主觀과 客觀.

內見은 我見을. 外見은 他見을 말함. (維摩經)

내경청(內經廳) 朝鮮 世祖때 佛經을 筆寫하던 곳. 王世子의 명복을 빌기 위해 설치하였다. 內經廳에 釋老・儒士를 모아 諸經을 印寫, 편찬케 하고 王이 친히 金剛經을 베끼기도 하였음.

내계(內界) 衆生의 身心을 內外二界로 나누어 身體를 外界, 心竟을 內界라 함. 또는 六界가운데 地水火風空의 五界를 外界, 第六 識界를 內界라 함.

내고(內庫) 灌頂式을 행하는 內道場을 말함. 또는 小壇所・內堂. (金剛界式幸聞記)

내고(耐苦) ⑳ 〈duhkā・ādhivāsā〉 괴로움을 참음.

내공(內空) 十八空의 하나. 內의 六根이 空함을 말함. 六根은 因緣에 따라 생긴 것이므로 畢竟에 空한 것이요, 實在의 自性이 없기 때문에 內空이라 함.

내공(內供) 內供奉의 약칭.

내공봉(內供奉) 약칭하여 內供・供奉. 大內의 道場에서 供奉하는 僧職의 이름. 처음 唐 肅宗 至德1(751)年에 僧 元皎를 內供奉으로 삼았음.

내과(來果) 來世의 果報.

내관(內觀) 마음을 寂靜하게 하여 內心을 관찰함.

내광(內光) 또는 智光. 佛・菩薩의 몸에서 發하는 身光・色光 등 光明 外에 身의 內部로부터 發하는 智慧의 光明을 말함. ↔外光.

내교(內敎) 佛家에서 自家의 敎法을 가리켜 內敎라 하고, 他敎를 外敎라 함.

내구(內具) ⑳ 〈antahkarana〉 內部에서 事物을 感知하는 心・心所를 뜻함.

내궁(內宮) 宮殿의 內部에 位置한 殿閣으로, 주로 宮女 등 內官이 거처하는 後宮.

내권속(內眷屬) 他人의 眷屬이 아닌 自己의 眷屬. 迦葉・阿難 등을 부처님의 內眷屬이라 함.

내근(內根) 또는 內處. 自己 存在內의 領域. 主體에 屬한 認識의 據點 →內處.

내금강묘길상상(內金剛妙吉祥像) 內金剛 摩訶衍에 있는 높이 약 四十五尺이나 되는 高麗시대의 큰 石佛. 천연의 암석에 浮刻되어 있음.

내기(內記) 또는 內史. 禪家에서 方丈의 書狀侍者를 內記라 함.

내기(來機) 機는 機根. 師家밑에서 參學하는 學人을 말함. 修行者. 널리 對機하는 相對를 말함.

내녀(奈女) 奈는 ⑳ 〈菴羅=Amra〉 이 여인은 奈樹위에서 化生하였다 하여 奈女라 하며 摩竭國萍莎王의 王妃가 되어 耆婆를 낳음. →奈氏.

내녀경(奈女經) 두가지 번역본이 있음. 모두 後漢安世高가 번역한 것

내녀기바경(柰女耆婆經) 一卷. 後漢 安世高의 번역. 捺女耆域因緣經과 同本이나 그 내용이 조금 간략함.

내녀기역경(柰女祇域經) 柰女祇域因緣經의 약칭.

내녀기역인연경(柰女祇域因緣經) 一卷. 後漢安世高의 번역. 柰女가 柰樹上에서 태어나, 후에 萍沙王과 通하여 耆域(耆婆)을 낳았는데 그는 세상의 名醫가 되어 갖가지 奇病을 치료하였다함.

내단(來端) 端은 端緖. 學人이 와서 質問하는 內容을 말함. 問端과 같음.

내당(內堂) ①僧堂의 內部를 말함. ↔外堂. ②內庫와 같음.

내덕(內德) 표면에 나타나지 않는 몸안에 쌓은 德. 內面의 인 德.

내도(內道) 다른 外道에 對하여 佛敎를 말함. 邪道아닌 正道. ↔外道

내도량(內道場) 大內의 道場을 말함. 梁武帝 天監 16(517)年에 詔勅으로 沙門 慧超를 불러들여 壽光殿의 學士로 삼고 宮中에서 衆僧을 모아 講說하게 한 것이 內道場의 처음이다. 唐 則天武后가 大內에 內道場을 설치하고 그후 睿宗·代宗에 이르기까지 항상 僧百餘人으로 하여금 宮中에 佛像·經敎를 베풀고 念誦하던 것을 內道場이라 이름. ※西蕃入寇 必使群僧講誦仁王經 以禳寇

虜.

내도장(內道場) →내도량(內道場)

내동(內動) 梵 巴 ⟨vitakka⟩ 安定. 혹은 省察.

내량대불(奈良大佛) 日本 奈良市 東大寺에 安置한 盧舍那大佛像을 말함. 또는 東大寺大佛이라 하며, 本尊 盧舍那 佛像은 結跏趺坐.

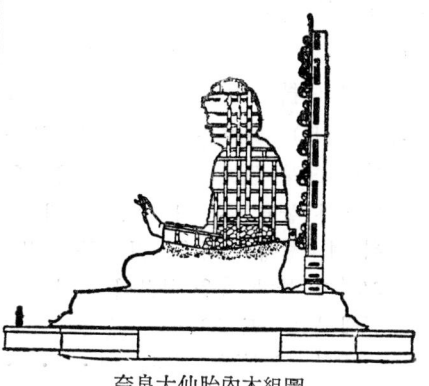

奈良大仙胎內木組圖

내명(內明) 五明의 하나. 內는 佛法의 內敎를 말함. 부처님이 說한 五乘의 妙理를 밝힌 것을 內明이라 함.

내무위(內無爲) 六妙門을 말함. ↔外無爲.

내문(內門) 梵 ⟨antarmukhatva⟩ 心識이 內面을 向하는 것. 心識이 自己 心內의 學과 理性을 攀緣하여 곧 內面을 向하는 것.

내문전(內門轉) 心識이 자기 마음속의 法과 理性 등을 攀緣하는 것을 이름. 즉 內面을 向하여 움직인다는 뜻. 八識에 나아가 말하면 前五

識은 오직 外門轉이 되고, 第六識은 內外 兩轉에 통하며, 七識八識은 오직 內門轉이 됨. ↔外門轉.

내박권(內縛拳) 손가락 끝을 안으로 감추고 두 손을 합쳐서 주먹을 만드는 印相. 六種拳의 하나. →六種拳.

내방(內方) 日本眞宗에 속한 승려의 妻. 坊守와 같음.

내방장(內方丈) 寢堂. 禪宗의 寺院에서 住持가 使用하는 房. →寢堂.

내범(內凡) 眞證을 체득하지 못한 것을 모두 凡夫라 칭하며 이것을 內・外 둘로 나누어 그 가운데 眞의 깨우침에 가까운 凡夫를 內凡, 그렇지 못한 것을 外凡이라 함. 小乘에서는 五停心・別相念處・總相念處의 三賢位를 外凡, 煖・頂・忍・世第一法의 四善根을 內凡이라 하고, 大乘에서는 十信位를 外凡, 十住・十行・十回向의 三賢位를 內凡이라 함. 天台의 六卽에서는 觀行卽 이전을 外凡, 相似卽을 內凡이라 함.

※四敎儀集註中에 「相似見理名內 未得似解名外」又曰「漸見法性 心遊理內 身居有漏 聖道未生 故名內凡」大乘義章十七末에 「種性以上漸息緣故 內求眞性 故名爲內」

내범위(內凡位) 小乘의 七方便位(七加行位) 가운데 煖位・頂位・忍位・世第一法位의 四善根을 말함. ↔外凡位.

내법(內法) 佛法을 다른 宗敎에 하여 일컫는 말. ↔外法.

내변(來變) 죽음을 뜻함.

내복(來復) 중국 明나라 僧侶. 字는 見心. 號는 蒲菴. 豊城 사람. 어려서 출가하여 內典에 밝게 통하였음. 또 儒術에도 통하고 詩文에도 能하였음. 元나라때는 虞集・歐陽玄諸人과 交遊함. 著書 蒲菴集.

내불(內佛) 持佛堂과 같음. ①절의 본당이외의 방안에 안치한 佛像. ②자기의 居室에 안치하여 신앙하는 佛像.

내불당(內佛堂) 1448(世宗 30)年 世宗이 景福宮 안에 세운 佛堂. 朝鮮王朝는 太祖이래 佛敎를 배척하였는데 世宗도 처음에는 抑佛政策을 쓰다가 晩年에는 불교를 보호하게 되어 寺刹의 중창, 수리를 허락하게 되었고 昭憲王后가 죽은 뒤로는 더욱 불교에 기울어져 景福宮 동쪽에 이 佛堂을 짓고 그 안에 黃金佛 三軀를 안치하였다. 이로 말미암아 臺諫의 반대가 일어나고 成均舘 학생들의 동맹휴학을 빚었으며 集賢殿 學士들의 辭職 사태가 일어났으나 끝까지 굽히지 않았음.

내비(內秘) 안으로 菩薩의 大行을 감추고 밖으로 小乘 聲聞의 相을 示現하는 것.

내사(內史) 또는 內記. 禪林에서 일컫는 書狀侍者의 다른 이름.

내사(內寺) 大內의 道場을 말함.

※內道場起於後魏 而得名在乎隋朝 煬帝
以我爲古 變革事多 改僧寺爲道場 改
道觀爲方壇 若內中僧事 則謂之內道場
也.

내사공양(內四供養) →四供養·八供.

내산란(內散亂) 三昧에 執着하는 것.
또는 三昧中에 마음이 들뜨거나 가
라앉거나하여 심한 변동을 일으켜
安定되지 못한 상태를 말함.

내색(內色) 자기 몸에 있는 色性을
말함.

내생(來生) 來世·未來의 生報(三報
또는 四報의 하나)를 말함.

내세(來世) 三世의 하나. 장차 올
未來의 世上. 後世.
※法華經에 佛告舍利弗 汝於來世當得作
佛 號曰華光王.

내소증법(內所證法) 부처님이 內心
으로 깨달은 眞言과 智慧.

내숙(內宿) 飮食物을 바로 먹지 않
고 하룻밤을 지새움. 飮食物을 묵
히어 못 먹게되면 突吉羅罪를 犯함.

내숙식(內宿食) 음식물이 比丘와 같
우 곳에서 하루 저녁이 경과된 것
을 內宿食이라 함. 이것은 不淨食
의 일종으로서 比丘는 이것을 먹지
않음.

내습육바라밀경(內習六波羅蜜經) 菩
薩內習六波羅蜜經의 약칭.

내식(內識) 心識과 같음. ↔外境.

내신(內身) 梵⟨ajjhatmam⟩ 巴⟨a-
dhyāttam⟩內面的인 것. 또는 肉身
의 內部를 말함. ②自己 自身을 가

리킴.

내신(內信) 梵⟨adhyātmaṃpra-
sāda⟩ 마음속에서 우러나오는 信仰
心을 말함.

내신(來訊) 來訪. 찾아 와서 訊問함.

내신관장구경(內身觀章句經) 一卷.
譯者未詳. 내용은 偈頌으로써 內身
의 不淨觀을 說한 것.

내신증법(內身證法) 梵⟨pratyatma-
Vedaniya⟩ 혼자서 修行하여 眞理
를 體得하는 일.

내심(內心) 外形에 대하여 마음을
內心이라 함.
※行事鈔下四에 「內心無道外儀無法」

내심대연화(內心大蓮華) 行者의 肉
團心을 일컬음.
※大日經二에 「內心大蓮華 八華及鬚蘂」

내심만다라(內心曼茶羅) 스스로 灌
頂曼茶羅에 即함. 또는 秘密曼茶羅.
大日經入秘密曼茶位品에서 說한 것
으로 그 曼茶羅는 須彌 등을 觀하
지 않고 다만 大海를 觀하며 大海
의 大蓮華가운데 金剛蓮華臺가 있
는 曼茶羅를 觀하는 것.

내심비밀연화장(內心秘密蓮華藏) 胎
藏界曼茶羅의 中胎八葉. 大疏 六에
「무릇 圖畫法은 마땅히 먼저 內心
秘密蓮華藏竟을 建立해야 한다」 하
였음.

내심여야차(內心如夜叉) 外面은 菩
薩같으나 內心은 夜叉와 같다는 뜻.
女性은 그 얼굴은 아름답지만 精神
은 邪惡하여 修行에 妨害가 됨을

비유한 말.

내씨(奈氏) 羅什이 번역한 維摩經에는 菴羅(Āmra) 樹園, 支論이 번역한 維摩經에는 奈氏樹園이라 하였는데 菴羅는 과실 이름으로 번역하여 奈라 함. 奈氏는 菴羅女를 말함. 이 동산은 菴羅女의 所有이기 때문에 奈氏樹園이라 함.→菴羅女·奈苑.

내아(內我) 자기의 身心을 고집하여 常一主宰한다고 생각하는 것을 內我라 하고 자기 밖의 自在天 등이 常一主宰한다고 생각하는 것을 外我라 함.
※大日經疏七에「若行人不解正因緣義而 修證諸禪 必當計著自心以爲內義 彼見 萬法因心而有 則謂由神我生 設令不依 內我必依外我 卽是自在梵天等也」

내아견(內我見) 自己의 身心안에 있다고 생각하는 自我의 執着에 치우치는 見解.

내아외도(內我外道) 三十種外道의 하나. 身心의 內部에 마음과는 別途로 靈魂이라는 實體가 있다고 說하는 外道.

내안(睞眼) 睞는 곁눈으로 보는 것. 곧 한쪽 눈의 視力을 喪失한 애꾸를 말함.

내연(內緣) 眼등 五識이 色등 外境을 반연하는 것을 外緣이라 하고 意識이 마음속에서 모든 法을 分別하는 것을 內緣이라 함. 또는 疏遠한 緣由를 外緣이라 하고 親近한 緣由를 內緣이라 함.

내연(來緣) 來世의 因緣.

내영(來迎) 念佛하는 사람이 죽을 때에 佛·菩薩이 와서 極樂淨土로 맞아들임.→來迎不來迎.
※是彌陀佛四十八願中第十九之誓願也 然淨土門中淨土眞宗之一流不敢期此來迎.

내영도(來迎圖) 淨土敎가 盛함에 따라 淨土變相에서 한걸음 나아가 阿彌陀佛이 來迎引接한다는 動的인 圖像을 그린 것.

내영미타(來迎彌陀) 來迎相을 나타낸 阿彌陀佛의 像을 말함.

내영불래영(來迎不來迎) 阿彌陀佛 四十八願가운데 第十九願에 來迎引接하는 願이 있기때문에 淨土門의 念佛하는 者가 흔히 臨終의 正念으로 부처님의 來迎을 바란다. 그러나 淨土眞宗에서는 來迎을 바라는 것은 諸行의 雜修·雜行을 닦아 바라는 것이며 오로지 念佛의 行을 닦는 者는 듣고 믿는 一念에서 往生의 行事가 成辦하므로 臨終의 正念으로 佛의 來迎을 바라지 않는다. 이 것이 念佛門 가운데 獨特한 宗旨이다.
※末燈鈔에 來迎者 爲諸行往生自力之行者故 臨終者 謂諸行往生之人 未得眞實之信心故(中略)眞實信心之行人 以攝取不捨故 住於正定聚之位 是故無臨終 無來迎 信心定 則往生定也.

내영삼존(來迎三尊) 彌陀·觀音·勢

至의 三尊이, 來迎狀을 지은 形像.

내영인(來迎印) 彌陀佛이 衆生을 來迎할 때의 印相.
※擧右手比之於佛 垂左手比之於衆生是也 尋常之立像印相也.

내영인접(來迎引接) 西方淨土에 往生을 願하는 사람의 臨終에 阿彌陀佛이 聖衆과 함께 와서 淨土에 迎接하는 것.

내영인접원(來迎引接願) 阿彌陀佛 四十八願 가운데 第十九. 念佛行者가 臨終할 때 來接하는 願. 또는 來迎願・臨終迎接願・臨終現前願・聖衆生迎願・攝取修德欲生願・行者命終現前導生願.
※無量壽經上에「設我得佛 十方衆生 發菩提心修諸功德至心發願 欲生我國 臨壽終時 假令不與大衆圍繞 現其人前者 不取正覺」

내예허가부진실행(內穢虛假不眞實行) 內心이 더럽혀져 있어서 거짓되고 眞實하지 못한 行動.

내오고인(內五股印) 印契名. 또는 內縛五股印・金剛印. 먼저 약손가락을 掌中에 相交하고 다음에 두 엄지손가락과 두 새끼손가락을 合하여 세우고 두 집게 손가락을 열고 두 집게 손가락의 上節을 약간 굽혀서 두 가운데 손가락을 붙이는 것.

내오명(內五明) →五明.

내왕(乃往) 現在에서 過去에로 向하여 간다는 뜻.

내왕과거(乃往過去) 이미 지나간 먼 옛날. 過去라는 뜻.

내왕군(來往群) 절에서 심부름하는 俗人. 또는 냉군.

내외(內外) 梵〈adhyatma・bāya〉・〈adhyāt-mika-bāhya〉 ①안과 밖. ②마음과 몸. ③안은 內德, 밖은 外相을 말함.

내외겸명(內外兼明) 五明가운데 聲明・工巧明・醫方明・因明을 外明, 第五를 內明이라 하며, 五明을 갖춘 것을 兼明이라 함.

내외공(內外空) 十八空의 하나. 안으로 六根과 밖으로 六塵을 觀하면 모두 空하여 마침내 我도 없고, 我所도 없다는 말.
※天台仁王經疏中에「內外空者 根塵合觀 無我我所」

내외도(內外道) ①內道와 外道. 內敎・外敎와 같은 말. ②內의 外道, 外의 外道에 對하여 일컫는 말. 小乘의 犢子部. 大乘의 方廣道人. 佛法中의 外道를 內의 外道라 일컬음.
※大日經疏二에「此宗中說 有兩種外道 外外道猶如觀見淸潭逆生怖畏不敢習近 內外道雖能游泳其中適熱除垢得淸凉樂 然不覺是中有無量寶玉」

내외도사집(內外道四執) 또는 四宗. 三論宗에서 排斥하는 內外道의 四執. ①人法의 二空에 達하지 못하고 人과 法이 存在한다고 主張하는 一切의 外道. ②人空을 說하면서도 法空을 說하지 않는 小乘阿毘達磨

의 學派(說一切有部). ③人法의 二空을 說하면서도 오히려 그 說이 不完全한 成實宗. ④大乘中에서 完全히 空의 境地에 達했다고 일컫는 大衆의 見解. (論玄義)

내외마장(內外魔障) 內障은 煩惱 등 內部的인 障礙, 外障은 怨敵·寒暑 등 外部的인 障礙. 魔障은 惡魔의 障礙를 말함. 修行에 있어서 모든 障礙를 總稱함.

내외만다라(內外曼茶羅) 觀作·畫作의 二種 曼茶羅. →觀作.

내외불상응(內外不相應) 마음속으로 생각하는 것과 態度로 表現되는 것이 同一하지 아니한 것.

내외불이문(內外不二門) 十不二門의 하나. 衆生諸佛과 依報를 外境, 自己의 心法을 內境이라 하며, 二境을 觀하여 서로 融和하게 하여 不二의 妙境에 들어 감을 內外不二門이라 함.

내외삼교(內外三教) ①儒教·道教·佛教의 三教. ②日本에서는 神教·儒教·佛教의 三教를 말함.

내외전(內外典) ①佛教의 經典을 內典이라 하고, 佛典이외의 典籍을 外典이라 함.

내외제교(內外諸教) 內는 佛教, 外는 그밖에 儒教·道教 등을 가리킴.

내외타성(內外打成) 內面인 認識의 主觀과 外部의 客觀과의 對立을 打破하고 萬法이 한덩어리같이 이루어지는 것.

내외타성일편(內外打成一片) 禪宗에서 內의 世界와 外界가 唯一하다고 觀하여 主觀과 客觀의 偏跛的 對立을 打破하고 萬有의 眞實相에 直接 到達하는 것.

내외팔공양(內外八供養) →八供.

내원(內院) 兜率天에 內院과 外院이 있는데 內院을 善法堂이라 하며 彌勒菩薩이 이곳에 常住하면서 法을 說한다 함. →兜率.

내원(柰苑) (梵)〈菴羅=Amra〉또는 柰, 즉 菴羅樹㊥을 말함. 지금은 佛寺를 柰苑이라 일컬음. 雍跡集에 「옛날 西域國의 柰樹에 과일이 열리고 그 과일에서 한 女子가 나왔는데 王이 거두어 妃를 삼았다. 그 여자가 苑地를 부처님에게 施與하여 伽藍으로 삼았기 때문에 柰苑이라 한다」하였음.

※釋法秀植柰樹於其禪居 以爲寺閣之別 稱 釋氏要覽上에 「大唐內典錄云 屬賓 禪師法秀初至燉煌 立禪閣於閑曠地 植 柰千株 趁者如雲」

내원(柰園) 柰苑·柰林과 같음. 佛寺를 이름.

내원궁(內院宮) 兜率天의 내부. 곧 彌勒菩薩의 處所.

내원당(內願堂) 서울 昌德宮안 文昭殿 곁에 있던 절. 일명 內道場. 朝鮮王朝 때 궁궐 안에서 개인적으로 불도를 닦던 집. 1409(太宗 9)年에 창건, 世宗初에 폐하였다가 1449 (世宗 31)年 文昭殿에 새로 짓다,

존폐에 관한 시비가 많아 燕山君 10 (1504)年 興天寺로 옮김.

내원해인(耐怨害忍) 三忍의 하나. →忍.

내응(來應) 다른 이의 請에 應하여 온다는 뜻.

내의(內衣) 梵〈安咀婆娑=Antaryāsaka〉또는 安陀會. 三衣의 하나. 속에 입는 옷이므로 內衣라 함. 唐의 則天武后가 이를 줄여 禪僧에게 준 뒤부터 法衣위에 입게 됨.

내의(內意) 梵〈adhyat〉內的인 마음. ①內面的인 마음의 活動. ②趣意.

내의(來儀) 훌륭한 모습을 하고 오는 것. 널리 오는 뜻으로도 쓰임.

내의체(內依體) 梵〈prat-yātmān〉身體의 內部에 依存하는 것. 內面的인 것.

내인(內因) 自內의 因. 果로 하여 生하게 되는 自內의 因. ↔外緣.

내인외연(內因外緣) 結果가 되는 內的인 直接의 原因과 이를 助長하는 外的인 間接의 原因.

내입(內入) 五官에서 感得하여 마음에 傳達되는 것. 五官과 마음. 內處와 같음.

내자(內煮) 比丘尼의 房안에서 익힌 음식물. 이는 不淨食의 하나로 比丘는 이 음식을 먹지 아니함.

내작업관정(內作業灌頂) 瑜祗經金剛薩埵菩提心內作業灌頂悉地品에서 밝힌 第五三昧耶 五種灌頂 가운데 以心傳心의 灌頂. →灌頂.

내장(內障) 마음속에 있는 煩惱 등 障礙. ↔外障.

내장백보경(內藏百寶經) 一卷. 後漢 支婁迦讖의 번역.
※文殊師利問佛毆和俱舍羅(譯言善巧方便)所入之事 佛答以隨世間之習俗而示現種種之事 其實佛無種種之事也.

내재(內災) 梵〈adhyatmika·apaksala〉自己 身體의 內部에서 일어나는 災患.

내재(內財) 梵〈Sva-mamsni〉自己 身體의 皮肉. ↔外財.

내재(內齊) 皇帝의 誕日에 詔勅을 내려서 高德을 초대하여 飮食을 下賜하고 후하게 布施하는 것. 唐의 代宗(在位 763~779)이 內道場을 설치하고 每年 降聖節에 高僧을 초대, 음식을 베푸는 것을 內齊라 이름.

내전(內典) 부처님의 敎典을 內典, 佛經이 아닌 다른 典籍을 外典이라 함.
※姚合過不疑上人院詩에 「九經通大義 內典自應精」此皆內典二字之出處也.

내전록(內典錄) 大唐內典錄의 약칭.

내전외전(內典外典) 佛典과 佛敎이외의 典籍. 佛經을 內典이라 하고, 이밖엣 것을 外典이라 함.

내접(來接) 와서 迎接함. →來迎引接.

내정(內情) 身體의 內部機官에 感知되는 思惟. 곧 眼·耳·鼻·舌·身

意의 六根으로 感得되는 것.
내제(內題) 책의 안겉장이나 본문 첫머리 등에 쓴 제목 ↔外題.
내조(內照) 內證과 같음.
내종(內種) 第八識 안에 포함된 種子. 物心萬象의 本源이 되는 眞種子 →種子. ↔外種.
내중(內衆) 外部의 俗人에 대하여 승려를 內衆이라 함.
※僧史略上에「佛制毘尼糾繩內衆」
내중(耐重) 무게를 견디고 있는 物件을 말함. 지붕·석가래 밑이나 또는 기둥위 등에 웅크리고 앉아서 위를 떠 받치고 있는 夜叉·金剛神의 형상을 한 것.
내증(內證) 또는 自內證. 남의 지도를 받지 않고 자기 마음속으로 眞理를 證得함.
※唯識論十에「唯眞證者自內所證 其性本寂 故名涅槃」
내증불법상승혈맥보(內證佛法相承血脈譜) 一卷. 最證의 편찬·最證이 入唐相承한 圓密禪戒의 四種法門의 脈譜를 記述한 것을 略하여 內證佛法血脈 또는 內證血脈이라 함.
내증성행(內證聖行) ㉘〈pratyatma-arg-agati〉 ①內面的인 眞理를 體得하는 것. ②大日如來의 自受法樂의 가르침.
내증외용(內證外用) 마음 가운데서 證得하는 깨우침과 外部에 나타나는 相好 등의 作用.
내증지(內證智) 부처님이 內心으로 眞理를 證悟한 智慧.
※十卷楞伽經九에「我乘內證智 妄覺非境界」
내지(乃至) ㉩〈antamaso〉 甲에서 乙까지의 사이. 甲과 乙의 中間을 要略한 말.
내지(內知) ㉘〈sespa〉 三十種外道의 하나. 나(我)의 몸속에 별도로 內證의 主體가 있어 그것이 참다운 나라고 생각하는 異端的인 學派.
내지(內智) ㉘〈jnana〉 ①內部에서 證得한 뛰어난 智慧. ②內面的인 哲學的 知識.
내지광설(乃至廣說) 文章을 引用한 뒤에 結語辭로 쓰임. 곧 云云의 뜻.
내지소연(內持所緣) ㉘〈pradharana-alambana〉 大乘境地의 하나. 修行을 緣으로 하여 證得되는 智慧의 境地.
내지십념(乃至十念) 十念을 받들어 위로 多念을, 아래로 一念을 攝受하는 것.
※無量壽經上에「十方衆生 至心信樂 欲生我國 乃至十念 若不生者 不取正覺」
내지일념(乃至一念) 時刻·心念·觀念·稱名 등에 있어서 아주 적은 것을 나타내는 말.
※無量壽經下에「諸有衆生 聞其名號 信心歡喜 乃至一念 至心廻向 願生彼國 卽得往生」
내지일칭불명(乃至一稱佛名) 혹은(또는) 한번만이라도 부처님의 名號를

念하는 것.
※一讀經乃至一稱佛名 滅罪獲福云.

내진(內陣) 佛殿안에 승려가 앉는 곳. 內外로 區劃하여 內部를 內陣, 外面을 外陣이라 함.

내진(內塵) 色·聲·香·味·觸·法의 六塵을 內와 外로 나누어 五識이 반연하는 名聲등 다섯 가지를 外塵이라 하고 意識이 반연하는 法을 內塵이라 함. 意識은 안에 반연하므로 內라 함.

내착번뇌(內著煩惱) 二煩惱의 하나. 마음이 어두워 자신에게 집착하는 데서 일어나는 煩惱. 곧 五見·疑·慢 등.

내처(內處) 梵〈ādhyātmika·āyatana〉 안쪽에 있는 곳. 自己個人이 存在하는 內部의인 領域. 主體에 屬하는 認識이 자리잡은 곳.

내태(內胎) 胎藏界曼茶羅의 中台八葉位를 가리킴. 義釋十一에 머리를 內胎 라함.

내풍(來風) 來問하는 氣風이라는 뜻. 곧 와서 問答하는 태도를 말함.

내핍(來逼) 찾아 와서 逼迫한다는 뜻.

내하(奈河) 地獄三途의 내(川)에 세 여울이 있는데 罪人이 여기에 이르러서 "어느 곳으로 건너갈고" 하였다 하여 奈河라고 이름.

내하교(奈河橋) 第十殿幽冥의 沃燋石밖 正東쪽에 있음. 바로 世界五濁을 對한 곳. 貧賤·夭死者 등이 이 다리를 지나다가 生을 버린다고 함.

내학(內學) 佛敎에 관한 學問. ↔外學.

내학원(內學院) 중국 江蘇省 南京市에 있던 불교학 硏究機關. 淸末 불교신도 楊仁山을 師事한 歐陽漸이 스승의 遺業인 金陵刻經處에 附設한 불교학교의 中斷을 遺憾스럽게 여겨 刻經處에 硏究院을 두고 內學院을 設立함. 事業의 內容은 佛學硏究와 人材養成.

내합(內合) 內面的인 趣味와 뜻이 서로 合致함.

내해(內海) 須彌山을 中心으로 九山이 있고 九山 사이에 八海가 있는데 그 안쪽에 있는 七海를 內海라 함.

내호마(內護摩) 密敎에서 닦는 護摩에 內外 二法이 있는데 六種護摩法과 같이 火壇에서 乳木 등으로 불태우는 것은 心外의 法이 되기 때문에 外護摩라 하고, 火壇을 향하지 않고 다만 心月輪에 住하여 內心의 煩惱를 불태우는 것을 內護摩 또는 理護摩라 함.

내호마외호마(內護摩外護摩) 佛法의 護摩에 두가지가 있는데 ①땅을 가려서 壇을 만들고 世火로써 供物乳木을 불사르는 것을 外護摩, ②自身을 壇으로 삼고 如來의 智火로써 煩惱의 薪을 불사르는 것을 內護摩

내훈~노

※是云出世護摩 世諦護摩 事護摩理護摩 而作世諦之事護摩 亦添理性之內觀也 大日經疏八에「若眞言行者 但作世諦護摩 不解此中密意 則與韋陀火祀用蓮華部尊 五鈎召用羯磨部尊」

내훈(內薰) 衆生의 마음속에 本覺의 眞如가 無明에 薰習되어 妄心으로 하여금 生死의 苦를 싫어하고, 涅槃의 樂을 求하는 것을 內薰이라 하고, 佛·菩薩의 敎法과 자신의 修行을 外薰이라 함.
※輔行四에「自非內薰何能生悟 故知生悟力在眞 故以冥薰爲外護也」

내훈외호(內薰外護) 衆生의 마음속에 있는 眞如가 無明에 薰習되어 깨우침을 求하게 되면 점점 外部의 障害가 消滅된다는 뜻.

냉(冷) ㉾⟨uṣṇābhilaṣa·kṛt⟩ 찬 것. 따스한 것을 欲求하는 感覺을 말함. (俱舍論)

냉금금지(冷噤噤地) 너무 추워서 입조차 벌릴 수 없는 것. 地는 助字.

냉난자지(冷煖自知) 또는 冷熱自知. 차고 더운 것을 자기 스스로 안다는 뜻. 轉하여 悟道의 消息은 오직 자신만이 感知한다는 말.
※傳燈錄四 蒙山道明章에「今蒙指示 如人飮水冷暖自知」

냉도회(冷淘會) 大衆을 모아 冷淘를 베풀음. 因하여 上堂과 小參 등의 佛事에서 行한다. 冷淘는 冷麪을 말함. (南屛燕語)

냉안(冷眼) 冷徹한 눈, 冷淡한 눈. 즉 慧眼을 말함.

냉언냉어(冷言冷語) 俗된 말로 오고 가는 辱說을 말함.

냉좌(冷坐) 兀坐와 같은 말로 곧 坐禪하는 것. 一切煩惱妄想의 熱氣가 없이 正念端坐함.

냉추추지(冷湫湫地) 湫湫는 습기가 많은 늪과 같은 곳. 冷地의 뜻을 보다 강하게 표현하는 말. 조금도 따스한 기운이 없는 淸寥寥 白的的한 자리. 向上의 一位를 가리킴.

노(奴) 奴隷·奴僕·奴婢 등의 약칭.

노(老) ①老衰. 苦의 하나. ㉾·㉠⟨jarā⟩義足經·般若心經·俱舍論·灌頂經 ②늙음. 나이를 먹음. ③늙은. 나이를 먹은. ④尊稱으로 쓰임. ⑤老子를 가리킴. (三論玄義)

노(怒) ㉠⟨doṣā⟩성냄. 瞋과 같음. →瞋. (善生子經)

노(勞) 惱. 衆勞·모든 煩惱. (維摩經)

노(撈) 물속에 들어가서 물건을 채취함. 撈草(풀을 베는 것). (那先經)

노(爐) ①香爐의 약칭. ②火爐의 약칭. 密敎에서 護摩를 行할 때 壇上에 놓고 護摩木을 불태우는 화로를 말함. 修行法에 따라 圓(息災)·方(增益)·弓形(敬愛)·三角(降伏)등의 구별이 있음. (金剛峰樓閣一切瑜祇經)

노(露) ㉾⟨波嚕沙拏⟩物의 無常에

비유한 말. 金剛經에 「이슬같고 번개 같다」고 하였음.
※涅槃經三十八에 「如朝露勢不久停」

노견비은근(奴見婢慇懃) 奴婢는 奴隷. 奴는 男, 婢는 女. 慇懃은 서로 情을 通한다는 뜻. 男奴는 自己와 동등한 女婢를 보고 慇懃히 사랑한다는 뜻으로 下賤한 奴隷 등의 交翳는 上典들이 돌아보지 않는다는 뜻. 俗家에서는 다른 사람을 侮蔑하는데 쓰임.

노결(勞結) 塵勞와 結使의 병칭. 모두 煩惱의 다른 이름.

노겸(勞謙) 힘을 들여 애쓰고도 자기의 功을 자랑하지 아니함.
※維摩經香積佛品에 「斯諸菩薩 亦能勞謙」

노고(老苦) 四苦의 하나. 늙어서 받는 괴로움.
※大乘義章三本에 「衰變名老 老時有苦 就時爲目 名爲老苦」

노고추(老古錐) 송곳의 끝이 뾰족하므로 機鋒이 銳利한 사람을 존칭하여 老古錐라 함. 또는 老耆를 경멸할 때 쓰는 말.

노골과(老骨檛) 또는 老搰撾·老枯椿. 檛는 말의 채찍. 남의 뒤를 追從한다는 뜻. 鈍한 사람을 꾸짓는 말.
※偈諸人被 諸方老搰檛教壞了也「續燈錄九 棲賢智遷章」

노교(老敎) 老子의 가르침.

노구(勞垢) 享樂에 의한 더러움.

노굴(勞屈) 일부러 은혜를 베푼다는 뜻.

노궁(勞窮) 疲勞와 困窮. 分段生死의 苦果를 말함.

노권(勞倦) ㊛〈ānuparodhena〉 疲困함.

노납(老衲) ①僧服을 衲衣라 하므로 老僧을 老衲이라 함. ②老僧의 自稱.

노녀경(老女經) 老女人經의 약칭.

노녀인경(老女人經) 一卷. 吳나라 支謙의 번역. 내용은 어떤 貧窮한 老女가 부처님에게 生老病死·五陰·六根·六大 등은 어디서 오는 것이냐고 請問한 것. 老母經·老母女六英經은 모두 그 異譯임.
※佛答來無所從 去無所至 兼說緣生之衆 喩 老女開解 佛說其往因 并往生極樂 後成佛道.

노니치유발시우바국다(老尼置油鉢試優婆毱多) →覆油鉢.

노단(爐壇) 또는 護摩壇. 護摩法을 닦는데 火爐를 올려 놓는 木壇.

노달라쇄(弩達囉灑) ㊛〈Durdharṣa〉 犯하기 어렵다는 뜻. 번역하여 難執持·難降伏·不可越·不可觀視·無能見者라고 함. 法身佛의 가르침을 받드는 者로서 항상 曼茶羅의 內門을 守護하며 오른쪽에 住함.
※以常奉宣如來之三昧耶敎 故威勢尊嚴 無敢過越者 又彼之光明 晅赫猛盛 如集百千之日輪 一切嬰童不能視日輪也

欲具如是衆義 故存其梵名.

노당당(露堂堂) 露는 드러남. 堂堂은 우뚝한 모양, 전체가 드러나서 용모가 훌륭함. (貞和集一) ↔黑漫漫.

노대종사(老大宗師) 宗師는 法師와 같음. 宗門의 스승이 될만한 사람. 老大는 尊稱의 뜻.

노덕(老德) 老僧의 尊稱.

노도(老倒) 老耄와 같음. 또는 郞當과 같은 뜻으로 쓰임. →郞當.
※古詩에「老倒疎慵無事日 安眠高臥對青山」

노독노(老禿奴) 僧을 욕하는 말. 이 늙은 놈의 뜻. (臨濟錄)

노동농(老凍膿) 類書纂要의 注에「凍膿은 氷結이라」하였음. 年老하여 윤택이 없는 것. 또는 凍은 腖의 뜻으로 腖膿은 살이 썩는 것. 어느 說이나 사람을 罵倒하는 말.

노두(爐頭) 禪寺에서 每年 陰 10月 1日부터 화로에 불을 피우다가 이듬해 2月 1日에 그치는데 이 화로를 관리하는 직임. 그리고 숯을 맡아보는 이를 炭頭라 함.

노득(露得) 드러냄. 밝힘. (碧岩錄)

노라라(露倮倮) ①또는 赤裸裸. 있는 그대로 드러냄 ②露堂堂과 같음.

노랑불변(奴郞不辨) 主人인지 郞君인지 그를 侍從하는 종인지를 분별하지 못한다는 뜻으로 너무 愚鈍하여 사물을 분별하지 못하는 사람을 비유하는 말.

노려(勞侶) 勞는 勞力. 侶는 同僚·무리의 뜻. 勞役에 從事하는 奴僕의 類를 말함. 塵勞는 煩惱의 다른 이름.
※大日經疏에「若離如是寶相印 餘皆愛見所生 與天魔外道作諸勞侶」

노로대대(老老大大) 老大의 뜻을 强하게 表現한 말. 老는 年臘이 많다는 뜻. 大는 態度가 鷹揚한 것. 즉 修行은 圓熟함이 없으나 堂堂한 態度를 取하는 것. 점잖은 척 하는 것.

노로법사(老老法師) 曾祖行 뻘이 되는 法師.

노록(撈摝) 물속에 잠겨 있는 것을 들어냄. 몹시 힘들여 일하는 것. (正法眼藏)

노뢰추(老檑槌) 檑는 礧와 같음. 木檑의 類. 중을 욕하는 말. 중의 머리가 雷槌(북채)와 같으므로 老擂槌라 이름. 즉 늙은 중이라는 뜻. 老擂槌. (槌는 「퇴」로도 읽음)
※羣談採餘四에「于謙幼時 僧人蘭古春 過學堂 見于梳三角髻 戲曰 三角如鼓架于對曰 一禿似檑槌」桃隱頌偈趙州臥雪頌曰「苦哉古佛老雷椎」

노만(露幔) 堂塔 밖에 露出된 휘장.
※法華經序品에「球交露幔」

노명(露命) 壽命이 無常하여 마치 이슬과 같음에 비유한 말.
※成實論十七에「智者知命無常如條上露」鹿母經偈에「無常難得久 命如露著草」

노모(老耄) 老는 70歲, 耄 는 80·90

歲의 老人. 늙은이.

노모(撈摸) 물속에 손을 넣어 물건을 더듬어 찾는 것.

노모경(老母經) 一卷. 譯者未詳. 老女人經의 異譯.

노모녀육영경(老母女六英經) 一卷. 宋나라 求那跋陀羅의 번역. 老女人經의 異譯.

노무(鹵莽) 또는 魯莽. 粗雜한 것. 소홀함. 거침.

노미니명비(弩弭尼明妃) 梵〈Dombīni〉明妃가운데 一人. (大悲空智經)

노반(露盤) ①塔의 九輪의 最下部에 있는 方形의 銅盤. 一相輪塔. ②承露盤의 약칭. 漢武帝(B·C 142~87)가 甘露를 받기 위하여 建章宮에 만들어 두었던 銅盤.

노반중수(露槃重數) 十二因緣經에 「八種塔엔 모두 露槃이 있으니 佛塔은 八重, 菩薩은 七重, 辟支佛은 六重, 四果는 五重, 三果는 四重, 二果는 三重, 初果는 二重이며 凡僧은 다만 蕉葉·火珠(塔上의 寶珠)뿐이다」하였음.

노방(老龐) →龐居士.

노법(怒法) 西〈Sdaṅ bās chos〉 성냄. (大日經 住心品)

노법사(老法師) 法師의 法師. 곧 祖行되는 法師, 法翁師.

노벽제(老蘗帝) 梵〈Anvāgati〉 따라감. 두루 이름. 또는 나아가 머무르지 않는다는 뜻. (大疏九)

※演密鈔七에「是隨至義者 謂一切衆生 有發起始覺菩提心 無處不隨至 卽是邏 字菩提心爲因 亦是遍至義者 謂大悲心 於衆生界悉遍至故 卽是馱字大悲爲根 亦是逝義者 十地行滿妙往菩提之彼岸 故 卽是曇字方便爲究竟 言進不住義者 謂得果不捨因門 而起化用 亦屬方便爲 究竟 但攝利他爲異 爾卽是籌字門也」

노복삼매(奴僕三昧) 奴僕이 되어 부처님을 받들고 모든 일을 遂行하는 三昧.

노불(老佛) ①老僧의 尊稱. ②老子의 道敎와 佛陀의 敎法.
※朱熹中庸章句序 異端之說日新月盛 以至於老佛之徒出 則彌近理而大孔眞矣.

노불(露佛) 佛堂이 아닌 露天에 安置한 佛像. 濡佛.

노비(奴婢) 男女의 奴隷. 印度의 土着未開人으로서, 征服者에게 使役된 者. 一種의 재산으로 봄.

노비(爐韛) 冶工이 銅鐵을 녹이는데 쓰는 火爐. 바람을 내는 풀무. 轉하여 師家가 學人을 陶冶하는 수단에 비유한 것. (韛는 혹「복」·「보」로도 읽음)

노사(老死) 梵〈Jarāmaraṇa〉十二因緣의 하나. 늙어서 목숨이 다함.

노사(老師) 老大宗師의 약칭. ①나이 많은 스승의 존칭. ②師僧의 스승이 되는 이.

노사고(老死苦) 梵〈jarā·maraṇā kṛtām〉老와 死에서 생기는 苦.

노사지(老死支) 十二緣起支의 하나

衰變하여 목숨이 다함을 람함.

노서교생강(老鼠咬生薑) 늙은 쥐가 새앙을 섭었을 때 뱉지도 삼키지도 못하는 까닭에 어쩔 수 없는 것을 말함.

노서굴(生鼠窟) 分別意識에 사로잡혀 自由로운 분별이 모자란 사람. (景德傳燈錄二二)

노소(路疏) 한 절의 住持를 招待하는 朝廷에서 보낸 초대장.

노소부정(老少不定) 老人이나 少年이 수명이 일정하지 않음을 말함.
※慧心之觀心略要集에「世人之愚也 於老少不定之境 成千秋萬歲之執」

노숙(老宿) 나이가 많고 德이 높은 宗師의 존칭. 耆宿・耆老・宿德・名義集一에「體毘履는 老宿, 他毘利는 宿德이라」하였음.

노스님(老~) 老師.

노승(老僧) ①나이가 많은 승려. ②나이 많은 승려가 스스로 자신을 일컫는 말.

노심(老心) 三心(喜心・老心・大心)의 하나. 俗에 어버이 마음을 말함. 마치 父母가 그 자식을 생각하는 것과 같이 지극히 慈愛한는 마음. 永平淸規 典座敎訓에「老心은 父母의 마음을 말하며 비유하면 父母가 자식을 생각하는 것과 같이 三寶를 念하는 것도 자식을 생각하는 것과 같이 하라」고 하였음.

노아벽치(努牙劈齒) 개가 싸우면서 물고 뜯는 모양. 심하게 싸우는 것을 말함.

노양(勞壤) 辛苦와 같음. 壤은 紛番. 紛雜의 뜻.

노엽달마(蘆葉達磨) 達摩大師가 大通 1(529)年에 中國에 와서 梁武帝(在位 502~549)를 위하여 法을 說하다가 그가 法器가 아님을 알고 梁나라를 떠나 揚子江을 거슬러 魏나라의 洛陽으로 갈때에 갈댓잎을 꺾어서 배를 만들어 타고 江을 건너갔다는 故事.

노옥(老屋) 낡은 집. 오래 된 집.

노와(露臥) 도는 露坐・露地坐. 十二頭陀의 하나. →十二頭陀.

노외증(爐煨增) →遊增地獄.

노우(露牛) 露地의 大白牛車. 一乘의 妙法에 비유한 말.
※法華經譬喩品에「諸子等車礫得出皆於四衢道中露地而坐(中略)爾時長著各賜諸子等一大車 其車高廣 衆寶莊校(中略)駕以白牛」

노원(老猿) 늙은 원숭이. 부처님이 難陀의 婦人을 老猿에 比喩하여 難陀를 制度한 것. 부처님께서 그 異母弟인 難陀가 그 婦人 孫陀利를 思慕하여 佛果를 이루지 못하고 집으로 돌아가려는 것을 막기 위하여 孫陀利의 容貌가 老猿과 恰似한 것을 들어 淫欲에 빠지지 않도록 制度한 故事에서 나온 말. →難陀.

노원(勞怨) 魔鬼가 나를 괴롭혀 내가 원수같이 여기므로 勞怨이라 함.

노원독사지관(老猿毒蛇之觀) 젊은 女

人도 늙고 醜한 원숭이와 다를 것이 없다는 것으로 女人에게 빠지는 것은 毒蛇보다 무섭다는 敎訓. (三敎指歸三二八)

노이만 〈Neumann, Karl Eugen〉 독일의 불교학자. 이는 원래 기독교 신자였는데 불교사상 특히 巴利聖典의 남방불교에 관심을 두고 열렬한 불교신도가 됨. 原始佛敎聖典연구에 종사, 많은 저서를 출간함. 일찌기 法句經을 獨譯하였는데 平易·流麗한 문체로 일약 유명하여 짐. 이 밖에 數篇의 論文이 있음.

노자(奴子) 종, 奴僕, 上典을 따라 다니면서 갖가지 일을 보살피는 종. 男子衆을 뜻하기도 함.

노자(老子) ①中國에서 아버지를 이름 ②상대방을 존경하는 말 ③老漢과 같음.

노자나(盧遮那) →流舍那.

노자화호(老子化胡) 李老聃(老子)이 죽은 뒤에 印度에 태어나서 부처님이 되었다는 傳說.
 ※後漢書襄楷傳에 「或言老子入夷狄爲浮屠 浮屠不三宿桑下 不欲久生恩愛 精之至也 天神遺以好女 浮屠曰 此但革囊盛血 遂不眄之 其守一如此 乃能成道」 齊書顧歡傳云 「歡著論曰 道經云 老子入關 之天竺維衛國 國王夫人 名曰淨妙 老子因其晝寢 乘日精 入淨妙口中 後年四月八日夜半時 剖左腋而生 墮地 卽行七步 於是佛道興焉」

노자화호경(老子化胡經) 二卷. 老子西昇化胡經 一卷. 老子化胡玄義 一卷. 그 中에 老子西昇化胡經에는 總叙를 싣고. 다음에 老子西昇化胡經 序說 第一이라 題하고 太上老君(老子)의 寄胎. 誕生十號 등을 叙하고 周召王때에 函谷關을 지났으며 尹喜에게 道德經五千章句를 授하고 于闐國 毘摩城에 이르러 八十餘 國王을 위하여 夜叉經을 說하고 다시 葱嶺·烏蒜을 지나 摩渴國에 들어가 浮屠敎를 세우고 穆王時에 中夏에 돌아왔으며 뒤에 尹喜는 中天竺에 나서 佛이 되게 하였고. 襄王때에 스스로 孔子에게 仁義의 法을 授하고 後四百五十年에 다시 西那王界의 蘇鄰國太子로 태어나서 末摩尼라 號하고 經·戒·律·定등의 法을 說한 것을 叙述하였음. 老子化胡玄義는 老君의 西游事를 記錄한 것으로 二本이 燉煌城에서 發見되었음.

노장(老長) 나이가 많고 덕행이 높은 중. 僧의 존칭. 노장 중.

노적건(笯赤建) 梵〈Nujkend〉 印度 西北方에 위치한 中央亞細亞의 地名. 唐 玄奘이 印度에 들어갈 때 이곳을 지났다 함. (西域記一)

노전(爐殿) 大雄殿과 그밖의 法堂을 맡아보는 중의 宿所. 香閣.

노조(嘮嘈) 饒舌. 잘 지껄임.

노조호(老臊胡) 胡는 中國에서 印度를 말함. 達磨를 老胡·胡僧이라 이름. 臊는 누린내가 난다는 말로 늙고 더러운 중이란 뜻으로 경멸하는 말.
노좌(露座) ① 梵〈ābhyāvākāsika〉·藏〈bla gāb med pā〉·巴〈abbhokasika〉屋外·露天에 住함. ②佛像을 屋外에 安置함. →露佛.
노주(露柱) 佛堂 밖의 正面에 세운 두 기둥. 轉하여 無情. 또는 非情의 뜻으로 쓰임.
노주등롱(露柱燈籠) 露柱는 佛殿의 둥근 기둥. 燈籠은 竹·木·石·金 등으로 만든 데 속에 불을 켜는 기구. 生命이 없는 것을 상징한 말. (碧岩錄)
노주회태(露柱懷胎) 露柱는 法堂·佛殿 등의 圓柱를 말함. 圓柱가 애를 잉태했다는 말. 곧 語不成說. 그러나 究極의 境地는 生命이 없는 露柱가 懷胎함과 같이 생각으로는 到底히 把握할 수 없다는 것.
노지(露地) 法華經에서 煩惱를 초탈한 경지를 비유한 말. 넓은 평지의 뜻으로 屋外의 땅을 말함.
※法華經譬喩品에 「諸子等安穩得出 皆於四衢道中露地而坐」
노지(鷺池) 白鷺池의 약칭.
노지백우(露地白牛) 法華經 譬喩品에서 說한 것으로 門밖의 露地에 세워둔 大白牛車. 大乘法에 비유한 말. →露牛.
노지수경(露地手磬) 지붕 없는 露地에서 치는 平磬. 僧衆이 出殿할 때에 維那가 마지막에 나와서 堂衆이

모두 나왔음을 알리는 信號로 手磬을 두번 치는 것을 露地手磬이라 함.
노지수하지풍(露地樹下之風) 露天이나 樹下에서 坐禪하는 것. 十三頭陀行의 하나. (正法眼藏)
노지염불(路地念佛) 葬禮式 때, 喪主의 집에서 葬地로 가는 길에서 念佛하는 것.
노지위(露地位) 寺院에서 步行하는 곳. 露地에 차지한 各自의 장소.
노지좌(露地坐) 十三頭陀行의 하나. 露地에서 坐禪하는 것.
※大乘義章十五에 「露地坐者 樹下蔭濕 久居致患 故至露地」
노지좌법(露地座法) 修行僧이 문밖에 住하는 것.
노처부정(露處不定) 뚜렷이 남이 보고 소리를 들을 수 있는 곳에서 아무런 거리낌 없이 女人과 마주 앉아 있는 것.
노천모지(撈天摸地) 하늘을 잡고 땅을 친다는 뜻으로 不可能한 일을 하려고 하면 한갖 心身만 疲勞하다는 말.
노체(露體) 이슬과 같은 사람의 몸뚱이.
노태(駑駘) 어리석고 둔한 말. 느리고 쓸모없는 말.
노파(老婆) 제 아내를 일컫는 말. 親切하다는 뜻.
노파선(老婆禪) 老婆는 親切하여 그 兒孫을 기르는데 慈悲가 너무 지나치므로 轉하여 禪機가 孤危險峻하

지 않고 親切叮嚀하게 사람을 대하는 것은 도리어 良器가 될 수 없으므로 老婆의 傷慈에 비유한 말.

노파심절(老婆心切) 老婆가 兒孫을 대하는 마음. 즉 남의 일을 지나치게 걱정하는 마음. 老婆心.

노파자(撈波子) 물 속에서 고기나 조개 따위를 건져내는 대그릇. 子는 助字.

노포(老怖) 梵·巴 〈jārābhāyā〉늙는 것을 보고 일어나는 두려움.

노포(路布) 또는 露布, 文體의 이름. 戰勝을 널리 알리기 위하여 布帛에 써서 장대 위에 걸어 누구나 볼 수 있게 하는 것.

노포전신(露布纏身) 露布는 路布로 言語를 뜻함. 言語는 身心을 얽어매는 因이 되므로 말을 잘못하면 身心의 自由를 잃어버리는 結果를 가져 오게 된다는 뜻.

노한(老漢) ①自己를 卑下해서 하는 말. 늙은이. ②老師. 禪僧에 대한 존칭. (碧岩錄)

노행자(盧行者) 六祖 慧能은 姓이 盧氏로서 처음 五祖弘忍의 門下에서 道를 닦았는데 그때 盧行者 혹은 盧君士라 稱하였다. 行者라 함은 머리를 기르고 修行하는 이를 말함.
※傳燈錄三五祖章에「問衣法誰得耶 師曰能者得 於是衆議盧行者名能 尋訪旣失」

노형(露形) 아무 것도 몸에 걸치지 않고 발가벗음. (四分律)

노형외도(露形外道) 梵〈尼犍子=Nirgraranha〉또는 離繫外道. 옷을 벗고 알몸을 드러내는 것을 正行이라고 하는 外道. 離繫는 繫縛에서 벗어나므로 이같이 이름.

노형형(露逈逈) 逈逈은 멀리 빛남. 露는 들어나다의 뜻. 즉 밝게 들어 나는 것을 뜻함.

노호(老胡) 胡는 중국에서 印度를 가리키는 말로 印度의 佛敎徒를 胡種族·胡僧이라 하며 老胡는 釋尊 또는 達磨를 일컫는 말.

노호(魯扈) 나면서부터 愚鈍한 것. 어리석게 마침. (無量壽經)

노혼(老昏) 늙어서 정신이 흐림.

노회회(靈回回) 回回는 아득한 상태. 無限絕對, 露는 모든 것이 숨김없이 드러남. (正法眼藏)

노힐부득(努肹夫得) 新羅 승려. 怛怛朴朴과 함께 昌原郡 白月山에서 수도하다가 709(聖德王 8)年 懷眞庵에서 관음보살의 化身을 만나 그의 法力으로 彌勒佛이 되었다 함. 이 사연으로 景德王때 백월산에 南寺가 지어졌고 미륵보살과 아미타불의 塑像을 安置하게 되었음. (三國遺事)

녹(鹿) 梵〈疑嘌=Mrga, śambara〉또는 捨麼擢. 부처님이 鹿苑에서 처음 四諦法輪을 굴릴적에 사슴으로 轉法輪의 三昧耶形을 삼았음.
※毘奈耶雜事에「佛言 凡印有二種 一是大衆 二是私物 若大衆印可刻轉法輪像

兩邊安鹿 伏跪而住 其下應書元本造寺 施主名字」梵語雜名에 「鹿疑喋 又捨 麼擢

녹각대선(鹿角大仙) 梵〈Ṛṣyaśṛṅgo mahāmuniḥ·Ekaśṛṅga〉一角仙人. 印度의 神話에 나오는 사람. 부처님이 過去世에 一角을 가진 仙人으로 태어나서 十八大經을 통달하고 坐禪으로 神通力을 얻다. 비오는 어느 날 가졌던 병을 깨뜨리고 하늘에 기도하여 12年間 비가 내리지 않게 했다. 國王이 扇陀라는 美女와 五百侍女를 보내어 유혹, 神通力을 잃게 하여 비를 내리게 했다는 기록이 있음.

녹갈(鹿渴) 梵〈mṛga·tṛṣṇā〉陽焰과 같음. 海邊 또는 沙漠의 상공에 나타나는 蜃氣樓. 사슴이나 野獸가 그것을 물로 여기고 渴望한다 함.

녹거(鹿車) 三車의 하나. 三乘가운데 獨覺(緣覺)乘에 비유한 말.
※獨覺者樂獨善寂 不近人衆 似鹿之處山村然也 法華經譬喩品에「樂獨善寂深知諸法因緣 是名辟支佛乘 如彼諸子爲求鹿車出於火宅」

녹계(鹿戒) 外道의 邪計로서 사슴의 動作을 배우고 사슴의 먹이를 먹으면 天上에 태어나는 因이 된다고 생각하여 受持하는 戒를 이름. 즉 五見 가운데 戒禁取見.

녹난제(鹿難提) 人名. 一勿力伽難提.

녹낭(漉囊) 比丘六物의 하나. 물을 거르는 주머니. →漉水囊.

녹녀부인(鹿女夫人) 蓮華夫人. 雜寶藏經一에「蓮華夫人과 鹿女夫人은 따로 기록되었으나 事由와 因緣이 모두 같고 다만 나라 이름이 다르다」하였음. →蓮華女.

녹두범지(鹿頭梵志) 人名. 增一阿含經二十에 師는 여러 해골을 두드려 보고 각기 그 태어날 곳을 알았으나 다만 羅漢의 해골을 두드려 보고는 그 태어날 곳을 몰랐다고 함. 耆域(옛 印度의 醫師)의 事例와 서로 같음.

녹두비구(鹿頭比丘) 부처님 在世時의 弟子.
※增一阿含經三에「分別智等恒不忘失 鹿頭比丘是」

녹록지(轆轆地) 轉轆轆地의 약칭. 轆轆은 수레가 달리는 소리. 수레바퀴가 軌道에서 구르는 것. 地는 助字. 轉轆轆地는 수레바퀴가 회전하는 것과 같이 自在하여 걸림이 없음을 형용한 말.

녹모(鹿母) 鹿母夫人의 약칭.

녹모강당(鹿母講堂) 또는 鹿母堂·舍衛國에 있는 堂塔, 中阿含에「鹿母가 부처님을 위하여 大講堂을 짓고 鹿母堂이라 이름하였다」고 하였음. (義楚帖二十一)
※長阿含經六에「一時佛在舍衛國淸信園林鹿母講堂」雜阿含經二에「一時佛在舍衛國東園鹿母講堂」

녹모경(鹿母經) 一卷. 西晉 竺法護의 번역.

※說佛因地爲鹿母 誤墮强中 求出見子全 信趣死.

녹모당(鹿母堂) 鹿母講堂과 같음.

녹모부인(鹿母夫人) 옛적 한 夫人에게 이름을 鹿(사슴)이라고 하는 아들이 있었는데 이 사슴의 어미가 되므로 鹿母라고 이름함. 三十二개의 알을 生하였는데 한 알 속에서 한 어린애가 나왔다 함.
※俱舍光記八에「鹿母者 是毘舍佉夫人 毘舍佉是二月星名 從星爲名 云長養 卽功德生長也 是彌伽羅長者兒婦 有子名鹿 故云鹿母」

녹백수낭(漉白水囊) 쌀을 씻을 때 쌀이 흘리지 않도록 流水口에 대어 놓는 白色의 綿布袋.

녹보살(鹿菩薩) 이 菩薩의 뿔은 마치 눈(雪)같이 하얗고 털은 아홉가지 빛깔이었음. 물에 빠진 사람을 구했다 함. →九色鹿經.
※昔有一人漂溺水中 鹿入河救之 王問此鹿 知者重賞 其人示處 將殺鹿 其人發癩 王問知 不殺鹿 因發心.

녹선(鹿仙) 옛날 釋迦如來가 提婆達多와 함께 鹿王을 위하여 斷事하고 他人의 生命을 구제하니 이것이 鹿野園의 緣起가 됨. →鹿野園.

녹소(錄所) 僧錄司를 설치한 寺院. →僧錄.

녹수낭(漉水囊) 梵〈鉢里薩哩伐拏 Parisravana〉比丘六物의 하나. 또는 漉水袋・濾水囊・漏水囊・漉囊・漉袋・水羅. 물을 걸러 벌레를 제거하는 도구.
※行事鈔下一之二에「漉水袋法 物雖輕小所爲極大」

漉水囊

녹수대(漉水袋) 漉水囊과 같음.

녹야(鹿野) 부처님이 처음 法을 說하여 五比丘를 제도한 곳. →鹿野園.

녹야원(鹿野苑) →鹿野園.

녹야원(鹿野園) 梵〈Mrgadāva〉또는 鹿野苑・仙人論處・仙人住處・仙人墮處・仙人鹿園・仙人園・仙園・鹿園・施鹿園・鹿林 등으로 부름. 中天竺 波羅奈國에서 부처님이 成道한 후 처음 이곳에 와서 四諦의 法을 說하여 憍陳如등 五比丘를 제도하였다. 또 예로부터 仙人이 처음 法을 說한 곳이라 하여 仙人論處, 仙人이 住한 곳이라 하여 仙人住處라 하며 옛적에 五百仙人이 王의 姪女들을 보고 欲情이 발하여 神通을 잃고 이곳에 떨어졌다 하여 仙人墮處라 하며 뭇 사슴이 서식하였다 하여 鹿林이라 하고 또 梵達多王이 이 숲을 사슴에게 施與하였었다 하여 施鹿林이라 함. (大毘婆

녹암~논

沙論一百八十二・智度論十六)

녹왕(鹿王) 三十二相의 하나. 또는 臑如鹿王相・小腿如獸相. →三十二相.

녹원(鹿苑) 鹿野苑의 약칭.

녹원시(鹿苑時) 天台宗에서 세운 五時의 하나. 三藏敎를 說한 때. 부처님이 菩提樹 아래서 華嚴經을 說한 뒤 波羅奈國의 鹿野苑에서 五比丘에게 阿含經을 說함.

녹자모(鹿子母) 梵〈Mrgāramāta〉印度 鴦伽國 長者의 딸. 이름은 毘舍佉, 자라서 舍衛城의 장자인 鹿子의 아내가 됨. 남편 鹿子가 어머니와 같다고 하여 世上에서 別名을 지어 鹿子母라 부름. 釋尊의 敎化를 도와 舍衛城에 東園精舍를 지어 부처님께 바침.

녹자모강당(鹿子母講堂) 中印度 舍衛國 祇園精舍의 동쪽에 있던 東園精舍・鴦伽國 長者의 집에서 태어나 舍衛城의 長者 鹿子에게 시집간 毘舍佉가 一百八十萬金을 내어 目連의 감독으로 지어서 부처님께 바친 講堂.

녹자모당(鹿子母堂) 舍衛國에 있는 堂塔.
※玄應音義十八에「鹿子母 梵言蜜利伽羅 此云鹿 磨多 此云母 跂羅娑駄 此云堂 亦言殿也 舊言磨伽羅母堂者 訛略也」

녹장(鹿杖) 사슴뿔로 만든 지팡이. 혹은 鹿角을 붙인 지팡이.

녹장범지(鹿杖梵志) 梵〈勿力伽難提=mrgalalandika〉 巴〈migalandika〉 또는 彌鄰旃陀羅. 佛弟子를 阻害하는 外道의 이름.
※止觀九에「如律云 佛爲比丘說不淨觀 皆生厭患不能與臭身住 衣鉢雇鹿杖害」

녹족왕(鹿足王) 梵〈迦摩沙波陀=Kalmāṣapāda〉 智度論에는 劫磨沙波陀라 함. 또는 斑足. 須陀須摩王을 殺害한 惡王, 즉 普明王의 이름. →須陀須摩.

녹천(綠天) 중국 湖南省 零陵縣 東門 밖에 있는 地名. 唐나라 중 懷素(玄奘의 弟子)가 이곳에 住하면서 芭蕉와 그밖에 綠葉樹를 많이 심어 이같이 이름.

녹풍(鹿風) 新羅 승려. 憲德王 때에 大統이 됨. 817年 8月 5日 國統 惠隆, 法主 孝園 등과 함께 순교자 異次頓의 산소를 중수하고 비를 세움.

녹피의(鹿皮衣) 사슴 가죽으로 만든 옷. 釋尊이 入山하여 苦行할 때 이 옷을 입었음. 皮皮는 비로도 읽음.
※瑞應經上에「行十數里 逢兩獵客 太子 自念 我已棄家 在此山澤 不宜如凡人 被服寶衣有欲態也 乃脫身寶裘與獵者 寶鹿皮衣」

녹희(鹿喜) 人名. →勿力伽難提.

논(論) 梵〈Upadesa〉 十二部經 가운데 優婆提舍. 三藏 가운데 阿毘達磨藏. 馬鳴・龍樹・天親 등의 여러 論師가 經의 뜻을 해석하고 法

相을 변론한 글. 論藏.
※阿毘達磨藏有四名 優婆提舍爲其一 亦譯爲論 然則論之名 通於師資 但爲立師資之別 故十二部經中之論稱爲經 特以三藏中之優婆提舍謂之論 大乘義章一에「優婆提舍 此正名論 論諸法故」

논가(論家) 論을 지어 佛經의 深奧한 뜻을 해석한 龍樹·天親 등과 같은 菩薩.
※光明文句四에「論家呼爲當有」一教行信證에「信順諸師如來眞說 披閱論家釋家宗義」

논게(論偈) 願生偈(또는 往生論)의 다른 이름. 이것은 往生論의 本偈가 되므로 이같이 이름.

논고(論鼓) 法華最勝 등을 論議하는 장소에서 치는 큰 북. 論議를 하고자 하는 자가 북을 울리어 大衆을 모이도록 하는 것.
※三論玄義에「提婆菩薩 震論鼓於王庭 九十六師一時雲集」

논다소작법(論多所作法) 討論의 效用이 많은 것.

논단(論端) 새로운 論議를 提示하는 계기. (正理門論)

논력외도(論力外道) 印度 毘耶離에서 論議하는 힘이 가장 세다고 自負하는 外道.
※止觀輔行十에「大論云 有外道名論力 自謂論議無與等者 其力最大 故云論力」

논모(論母) 梵 〈mātṛkā〉 번역하여 本母. 一摩怛理迦.

논본모(論本母) 巴 〈abhidhamma〉

세이론大寺派에서는 特히 法集(Dhamma-Sangani) 巴利七論의 하나의 卷四에 揭揚된 百二十二門을 量視하고 이것을 論本母 또는 本母(matika)라 稱하여 境法을 分別觀察하는 基準으로 삼음. 百二十二門을 大別하면 三聚二十二門과 二聚百門의 二類가 있음.

논부(論部) 經·律·論 三藏 가운데 論藏.

논사(論事) 巴 〈迦他跋偸=Kathavatthu〉 또는 論事說(Kathavatthu-ppakarana) 세이론大寺派의 立場에서 諸部派의 異執을 詳破한 것. 巴利七論의 하나. 總二十三品 二百十七論으로 編成되었음.

논사(論師) 三藏 가운데서 特히 論藏에 通曉한 사람. 또는 論을 지어 佛法을 宣揚하는 사람. 論家.

논상(論床) 論議하는 床.
※智度論十一에「便昇論床結跏趺坐」

논소(論疏) 賢人과 聖人의 述作을 論, 人師의 解釋을 疏라 함.

논소의(論所依) 梵 〈vāda·adhiṣṭhanā〉 討論의 근거.

논식(論式) 梵 〈Vāda·vidānā〉 世親의 著書. (正理門論)

논용(論用) 五重玄義의 하나.

논의(論議) 經文의 要義를 問答·議論하는 것.
※涅槃經三十六에「樂論義者處五淨居」 宋楞伽經一에「藏識滅者 不異外道斷見論議」

논의결택(論議決擇) 論議하여 바른 것을 確定함. 이 確定에 의해서 他人을 믿게끔 함.

논의경(論議經) 梵〈優婆提舍=upadeśa〉十二部經의 第十二. 經文 가운데 問答을 說하여 法相을 辯明하는 것을 論議經이라 함.
※智度論三十三에「論議經者 答諸問者 釋其所以 又復廣說諸義 如佛說四諦 何等是四 所謂四聖諦何等是四 所謂苦集滅道聖諦 是爲論議」.

논의당(論議堂) 議論을 하는 堂舍. (阿含經)

논의책자(論議册子) 論議를 할 때에 참고가 되는 것을 기록한 것. 論草.

논장(論匠) 論議에 교묘한 師匠.

논장(論場) 法華最勝 등을 論議하는 장소.

논장(論藏) 梵〈Abhidharmapiṭaka〉三藏의 하나. 佛敎의 法相을 논한 책. 부처님이 스스로 法相을 문답·결택한 것과 부처님의 弟子와 佛滅後 諸菩薩 등이 이에 준하여 經의 뜻을 해석하여 法相을 論辨한 것을 모아 論藏을 만들었음.

논제(論題) 論議나 會讀의 主題를 말함. 天台二百題·眞宗百論題·華嚴手鏡 등에 제시된 제목과 같은 것.

논종(論宗) 三藏 가운데서 論部에 따라 세운 宗旨, 곧 三論宗·法相宗·成實宗 등과 같음. 또는 論家·論師의 다른 이름.

논주(論主) 論의 作者를 가르키는 말. 天親菩薩을 千部의 論主라 하는 것과 같음.
※淨土門持專稱天親菩薩 一爲千部之論主 一爲淨土論之作者.

논주(論註) 無量壽經優婆提舍願生偈註의 다른 이름. 天親의 著書. 無量壽經優婆提舍願生偈(一名 淨土往生論·淨土論·往生論)를 曇鸞이 註解하여 往生論註·淨土論註·論註·註論이라 함.

논처소(論處所) 討論을 하는 장소. (瑜伽論)

논체(論體) 梵〈śāstrā·śārīrā〉論의 綱格. 例를 들면, 中邊分別論은 七種의 테에마를 綱格으로 삼음.

논체성(論體性) 梵〈Vada〉巴〈smrā bā〉討論. (瑜伽論)

논출리(論出離) 梵〈Vādā·miḥsārāṇā〉討論을 하려고 決定하는 것.

농(弄) 가지고 놀음. 만듦. (碧巖錄)

농(鏧) 또는 磬. 혹은 鏧子·磬子·銅鉢이라 함. 樂器의 이름. 銅으로

鏧

만든 것으로 半鍾을 젖혀 놓은 것과 같음. 枹木(북채)으로 쳐서 勤行을 알리는 것. 大·小 등 갖가지 모양이 있으며 그 모양에 따라서 이름도 각각 다름.

농거(籠居) 세상을 피하여 숨어서 삶. 틀어박혀 있음.

농견관음(瀧見觀音) 三十三觀音의 하나. 岩上에 앉아서 瀑布를 觀하고 있으므로 이렇게 이름. 또는 觀瀑觀音. 法華經第七 觀世音菩薩 普門品에 「가령 어떤 사람이 害할 뜻을 가지고 불구덩이에 밀어 넣더라도 이 觀音을 念하면 불구덩이가 變하여 연못이 된다」고 하였음.

瀧見觀音(佛像圖彙)

농담(濃淡) 濃은 짙음, 淡은 엷음. 優와 劣에 비유한 말.

농당(籠堂) 하룻 밤사이에 佛閣 옆에 세운 堂舍.

농동(儱侗) 아직 그릇이 되지 못함. 知能이 發達하지 못한 모양. 人格의 陶冶가 부족한 사람을 이름.

농두(籠頭) 마소의 머리에 씌우는 굴레. 轉하여 無明業識·妄想分別에 비유한 말.

농두각대(籠頭角駄) 籠은 轆과 通하는 字로 말머리에 씌우는 굴레, 角駄는 말에 실은 무거운 짐. 轉하여 身心이 속박되어 自由롭지 못한 煩惱妄想에 비유한 말.

농란상(膿爛想) 九想의 하나.

농래농거(弄來弄去) 희롱해 오고 희롱해 가는 것. 마치 손바닥에 놓인 구슬이 이리저리 딩구는 것과 같음.

농롱동동(儱儱侗侗) 儱侗과 같음. 농동을 强하게 나타내는 말.

농부심(農夫心) 농민이 처음 여러가지를 듣고 實行하는 것처럼 이 마음도 먼저 智者에게 널리 道를 들은 후에 이를 行함. 六十心의 하나. (大日經 住心品)

농불(籠佛) 싸리·버들가지 등으로 엮어서 만든 부처, 채롱부처.

농산(籠山) 山에 隱居하여 修行하는 것. 그 사람을 籠山比丘라 함.

농산결(籠山結界) 僧侶가 淸淨한 산에 들어앉아 結界하는 것.

농속(聾俗) 어리석고 속됨. 俗人.

농승(籠僧) 日本의 풍속으로 初喪中에 喪家에 머물러 佛事를 修行하는 僧侶.

농신(弄臣) 농락당하는 臣下. 臣下 가운데 재주가 없어 君主에게 농락

당하는 者.

농언(哢言) 농담으로 하는 말. 비웃음.

농오(弄悟) 깨달은 境地를 言行으로 나타내는 것. (正法眼藏)

농적적지(膿滴滴地) 고름이 터져 나와 땅에 뚝뚝 떨어질 정도로 많이 흐름. 매우 더러운 것을 表現한 말.

농정혼(弄精魂) 또는 勞精魂. 精塊은 心力의 뜻. 헛되이 鬼量分別하여 心力을 허비하는 것. 妄想分別을 뜻함.

농조(籠罩) 籠은 새장, 罩는 물고기를 잡는 가리. 새장이나 가리에 잡아 넣는 것과 같이 身心을 속박하여 自由를 얻을 수 없는 것에 비유한 말.

농준(聾駿) 어리석은 것을 말함.

농타(弄他) 남을 조롱하는 것. 남을 놀림감으로 대하는 것을 말함.

농하(膿河) 고름같이 더러운 物質로 가득찬 河水. 古代 印度에서는 地獄에 이러한 河水가 있다고 생각하였음.

농혈(膿血) ①피와 고름. ②精과 血을 婉曲히 表現한 것.

농혈지옥(膿血地獄) 十六遊增地獄의 하나.

농화발(弄花鈸) 台劍錄에 「出殯(葬事 지내기 전에 밖에 빈소를 만들고 시체를 내모심)하는 저녁에 少年僧이 弄花鈸·花鼓槌를 들고 婦人

을 기쁘게 하여 돈과 물건을 掠取하는 계략을 쓴다」하였고 古柱雜記에는 「佛事에 花鼓槌를 가진 자가 매양 法樂을 들면 한중이 3·4棒을 손에 굴리며 弄한다」고 하였음.

농활두(弄滑頭) 弄은 用, 滑은 宛轉自在의 뜻. 頭는 助字, 巧言 또는 多辯으로 얼버무리는 것.

뇌(惱) 梵〈pradasa〉心祈의 이름. ①小煩惱地法의 하나. 自身이 나쁜 일인 줄 알면서도 고치지 아니하고 그것을 고집하여 他人의 諫言을 받아들이지 않고 스스로 苦惱煩悶하는 것. ②二十隨煩惱의 하나. 지나간 일을 追想하거나 혹은 現在의 일이 내 마음에 만족스럽지 못하여 스스로 피로와하는 精神作用.

뇌(雷) 梵〈誐羅惹哆=arjita〉空中의 四大가 서로 부딪치면 소리가 나는 것.
※三界義에「長阿含云 有時地大與水大相觸 有時地大與火大相觸 有時地大與風大相觸 有時水大與火大相觸 有時水大與風大相觸 以是緣故 虛空中有雷聲起」

뇌(誄) 死者 生前의 業蹟을 叙述한 文體. 誄는 累의 뜻으로 그 德行을 累列하여 稱讚하는 것. 周禮大祝에 六辭라고 하는데 그 여섯가지를 誄하여 말한 것. 그러나 賤은 貴를 誄치 못하며 幼는 長을 誄치 못한다. 그 體는 먼저 世系行業을 述하

고 또 哀傷의 뜻을 表示한다. 傳의 體이나 始榮終哀가 다름. (文體明辯)

뇌관(牢關) 迷悟의 경계가 堅牢한 關門과 같음을 이름.
※傳燈十六樂普章에 「末後一句始到牢關 鎖斷要津不通凡聖」

뇌란(惱亂) ㉻〈ubbigā〉 마음이 어지러웁고 괴로움. (雜阿含經)

뇌란심(惱亂心) 마음이 괴롭고 어지러움.

뇌롱(牢籠) 짐승이 우리에 갇혀 있고 새가 籠 속에 갇혀 있는 것과 같이 自由롭지 못함을 이름.
※法苑珠林二十에 「牢籠眞俗 囊括古今」

뇌마(惱魔) 四魔·五魔의 하나.

뇌묵(雷默) 朝鮮 승려. 1592(宣祖25)年 임진왜란때에 義僧兵을 일으킨 處英의 法號. →處英.

뇌문착지(惱門著地) 惱門은 머리. 머리를 땅에 댐. 머리가 땅에 닿도록 恭敬한다는 말.

뇌신(雷神) →風神.

뇌심(惱心) ㉻〈upatapana〉 괴로운 마음. (百五十讚)

뇌옥(牢獄) 죄인을 가두어 두는 곳. 監獄. 牢獄.

뇌음위왕불(雷音威王佛) 그 音聲이 雷聲과 같다고 하여 부르는 부처님의 異稱.

뇌전벽력(雷電霹靂) ㉻〈devegala-galāyante〉 激烈하게 번개가 치고 천둥소리가 요란한 모양.

뇌해(惱害) ㉻〈aghata〉 협박. (瑜伽論)

뇌환(惱患) ㉻〈apaksala〉 괴로움. (灌頂經)

뇌후견시(腦後見腮) 腮는 아래턱 뼈. 꼭뒤에서 볼이 보인다는 말. 성질이 누그럽지 못한 놈. 또는 소홀히 볼 수 없는 놈이란 뜻. 骨相學에서 꼭뒤에서 볼이 보이도록 下腮骨이 불쑥 나온 사람은 반드시 賊心이 있다는 데서 생긴 말.

뇌후발전(腦後拔箭) 五代 때에 王殷(五代周의 名人)이 杜重威의 화살에 뒤통수를 맞자 곧 그 화살을 뽑아 버리고 敵에게 도리어 화살을 쏘았다는 故事. 轉하여 禪家에서 宗匠이 學人에게 한마디 말로 起死回生케 하는 뛰어난 수단을 가리킴.

뇌후소일추(腦後少一錐) 學人이 愚鈍하여 師家의 가르침을 理解하지 못할 때 腦後에 一錐를 加하고 싶지만 스스로 깨우침을 기다려서 참는다는 뜻.

누(累) 災難. 束縛. (上宮維摩疏)

누(漏) ㉾〈Āsrava〉 煩惱의 다른 이름. 漏는 흐른다. 샌다의 뜻. 煩惱가 눈·귀 등의 六根으로 밤낮 새어 나와 그치지 아니하므로 漏라 함.

누(樓) ㉻〈Kūtāgārā〉 누각. 저택.

누(縷) ㉾〈sūtrā〉·㉻〈suttā〉 실의 가닥. (俱舍論, 灌頂經)

누각(漏刻) 물時計.

누각정법감로고경(樓閣正法甘露鼓經) 一卷. 趙宋 天息災의 번역. 내용은 부처님이 阿難의 물음에 대하여 曼拏羅와 乃至 作像의 功德이 廣大함을 說한 것.

누갈(縷褐) 縷(또는 褛)는 헌누더기 褐은 굵은 베로 만든 옷. 縷褐은 남루한 베옷으로 곧 袈裟를 뜻함.

누거(縷擧) 자세히 列擧함. (大戒訣)

누겁(累劫) 한없이 길고 긴 時間. 世界가 한번 이루어졌다. 무너지는 기간을 劫이라 함.
※無量壽經上에「世世累劫無有出期」法華經譬喩品에「汝等累劫衆苦所燒」

누결인연법(漏結因緣法) 漏結이란 有漏結縛 즉 煩惱. 煩惱에 바탕을 둔 因緣法을 이름. 이는 外道를 非難하는 말.

누계(漏戒) 戒律을 버리고 守持하지 않는 것. 곧 破戒를 이름.
※大集經九에「若無淨持戒 漏戒比丘以爲無上 若無漏戒 剃除鬚髮 身著袈裟 名字比丘無上寶」

누관(樓觀) 望樓. 觀望臺. (無量壽經)

누대임원(樓臺林苑) 樓와 臺와 숲과 동산을 이름. 즉 樓臺가 있는 동산.

누두(樓逗) ①過失과 같음. ②老衰 또는 亂雜의 뜻.

누루(縷縷) ①여러번, 자꾸, 자세히. ②실처럼 길게 계속되는 모양. ③어지러히.

누만외도(髏鬘外道) 사람의 해골로 華鬘을 만들어 머리에 꽂는 外道.
※慈恩傳四에「離繁外道 髏鬘外道(中略)髏鬘之類 以髏骨爲鬘 裝頭掛頭 陷枯魄磊 若塚側之藥叉」

누무루(漏無漏) 有漏法과 無漏法. 漏는 煩惱의 다른 이름. 三界의 諸法을 有漏法, 三乘의 聖道와 涅槃界을 無漏法이라 함.

누박(漏縛) 漏는 漏泄, 縛은 繫縛의 뜻. 모두 煩惱의 다른 이름. 중생은 눈·귀 등 六根으로 煩惱를 漏泄하고 이 煩惱때문에 몸과 마음이 繫縛되므로 漏縛이라 함.
※安樂集上에「若願生淨土便是取相 轉增漏縛何用求之」

누분포경(漏分布經) 一卷. 後漢 安世高의 번역. 내용은 五陰의 苦集과 八正道에 대하여 說한 것. 곧 中阿含의 梵達經.
※漏分布者 五陰之苦集 爲有漏之分布也.

누생신(累生身) 累는 많다는 뜻. 多生身. 몇 백번이나 다시 태어나는 몸이라는 뜻.

누생자(屢生子) 또는 婁生子. 婁는 愚昧의 뜻. 철없고 分別없는 바보를 屢生子라 함.

누설(漏泄) ⓢ〈ānusrāveyus〉煩惱가 마음의 상태에 따라 흘러나오는 것. (瑜伽論)

누세(累世) 迷妄의 生存을 거듭하는 것. 生을 몇번이고 되풀이 하는 것. (無量壽經)

누수한(嶁搜漢) 嶁藪漢과 같음. 搜는 亂의 뜻. 우둔하고 시끄러운 사람이라는 말.

누수한(嶁藪漢) 嶁는 愚의 뜻. 藪는 魚類·鳥獸 등이 모이는 수풀이 우거진 곳. 愚鈍한 사람을 일컫는 말.

누업(漏業) →三業.

누영진무소외(漏永盡無所畏) 佛心無所畏의 하나. 漏盡을 證得하여 萬人의 難論에 對해서도 또한 두려움이 없는 것.

누월(累月) 數個月. 여러 달.

누장(累障) 煩累와 障礙.

누족(累足) 累는 포갠다는 뜻. 앉아서 두다리를 포개는 것. 또는 포갠 다리.

누지(累紙) 여러장의 종이.

누진(漏盡) 梵〈Āsravakṣaya Kṣi-nāśrav〉凡人의 六根門에서 煩惱를 漏泄하므로 煩惱를 漏라 하고 三聖의 極果에 이르러 聖智로써 이 煩惱를 斷盡하므로 漏盡이라 함.
※法華經序品에 「諸漏已盡逮得已利」智度論三에 「三界中三種漏已盡無餘 故言漏盡也」

누진결해(漏盡結解) 모든 煩惱를 끊어 버리고 解脫한 상태.

누진도(漏盡道) 無學道를 일컬음. 三界의 모든 煩惱를 끊어버린 자. 이 階位에 도달한 사람을 阿羅漢이라고 함. (十誦律)

누진력(漏盡力) 菩薩十力의 하나. 一切의 煩惱를 斷盡하는 힘.

누진명(漏盡明) 三明의 하나. 漏盡智證明의 약칭. →三明.

누진무소외(漏盡無所畏) 四無所畏의 하나. 大衆가운데서 "나는 一切의 煩惱를 斷盡하여 두려움이 없다"고 말하는 것.

누진무외(漏盡無畏) 漏盡無所畏와 같음.

누진비구(漏盡比丘) 煩惱를 斷盡한 比丘. 즉 阿羅漢을 이름.

누진아라한(漏盡阿羅漢) 一切의 煩惱를 斷盡하고 阿羅漢의 階位에 머문 자.
※法華經序品에 「皆是阿羅漢 諸漏已盡」 同方便品에 「漏盡阿羅漢阿若憍陳如 等」

누진의(漏盡意) 煩惱의 더러움을 滅盡하고 智慧를 얻음. (無量壽經)

누진의해(漏盡意解) 一切의 煩惱를 斷盡하여 마음이 解脫한 것. 이것은 小乘阿羅漢이 證得한 道果.
※無量壽經下에 「八十萬比丘漏盡意解」 維摩經佛國品에 「八千比丘不受諸法 漏盡意解」 同注에 「肇曰 漏盡者九十八結旣盡故 意得解脫成阿羅漢也」

누진지(漏盡智) 一切의 煩惱를 斷盡한 阿羅漢의 智慧.

누진지력(漏盡智力) 十力의 하나.

누진지증명(漏盡智證明) 三明의 하나. 또는 漏盡智證明. 漏盡智·漏盡明, 涅槃의 이치를 증득하여 分明하게 드러냄. →三明.

누진지증통(漏盡智證通) 六通의 하

나. 또는 漏盡智通·漏盡通. 漏盡
즉 涅槃을 증득한 경지로서 無礙自
在한 智慧. →六通.
※俱舍頌疏智品二에「漏盡智證通 漏盡
者擇滅也 智證漏盡無擁名通」

누진지통원(漏盡智通願) 阿彌陀佛四
十八願 가운데 第十速得漏盡願의
다른 이름.

누진통(漏盡通) 六通의 하나. 漏盡
智證通의 약칭. 六通 가운데서 五
通까지는 凡夫라도 얻을 수 있으나
이 第六通은 佛이 아니면 얻을 수
없는 것. →六通.

누질(漏質) 有漏의 體質에 煩惱와
垢染이 있는 몸. 漏는 煩惱의 다른
이름.
※臨濟錄에「此無依道人 雖是五蘊漏質
便是地行神通」

누칠재(累七齋) 또는 累七·齋七.
사람이 죽은 후 49일간 7일마다 行
하는 齋.

누타존자(淚墮尊者) 부처님이 入滅
한 뒤에 大阿羅漢이 大悲心을 가지
고 항상 三途의 衆生을 가엾게 여
겨 소리내어 울므로 淚墮尊者라 이
름.
※觀經玄義分傳通記一에「淚墮尊者 悲
三途衆生苦」同釋鈔七에「淚墮尊者
滅後大羅漢也 得宿命智 見自身過去墮
獄而 想像一切衆生三途苦 悲淚流血淚
以之洗染袈裟 本證未明」

누토(累土) 災難이 있는 國土. 淨土
도 포함됨. (上官維摩疏)

누폐(樓陛) 巴〈Kuṭāgārā〉높은 殿
閣. (那先經)

누형(累形) 凡夫가 自己의 形體에
갖가지의 煩累를 받고 있음을 累形
이라 이름.
※寄歸傳二에「有待累形 假衣食而始濟」

누혹(累惑) 心身을 더럽히는 妄惑煩
惱. (禪戒篇)

눌암(訥庵)(1752~1830) 鮮鮮 승려.
俗姓은 全氏 이름은 식활. 順天 사
람. 17세에 仙巖寺(昇州郡 소재)
에서 중이 됨. 묘향산 법왕봉에 住
하면서 平安監事 尹師國(漆原人)의
귀의를 받다. 1796(正祖 20)年에
「國一都大禪師大覺登階弘濟尊者」의
號를 받음. 글씨(王羲之의 體에 能
함)

늑담(泐潭) 중국 臨濟宗 승려. 克文
(1025~1102)의 法號. →克文

늠(凜) 몹시 추움.

늠식(凜食) 祿俸으로 주는 쌀. 祿米

늠연(凜然) ①威風이 있어 어엿한
모양. ②남보다 아주 뛰어난 모양.

능(能) 能動. 主觀·積極·治動·힘
세다의 뜻. 例를 들면 能緣의 心,
能見의 眼, 能說의 人. 能照의 光
따위. ↔所.

능각인(能覺人) 부처님을 말함.

능감(能感) 마침내 果報를 가져오는
것.

능견(能見) 梵〈draṣṭṛ〉보는 主體.

능견난사(能見難思) 쇠로 만든 그릇.
順天松廣寺에 있음. 中國 元나라에

서 普照國師에게 내려주었다는 傳說이 있음.

능견상(能見相) 三細의 하나. 또는 九相의 하나. →三細·九相.

능견심불상응염(能見心不相應染) 六染心의 하나. 能見相의 뜻. 心相이 染에 相應되지 아니함을 能見함.

능공(能空) 空이 되게 함. 비우게 함.

능과(能果) ㉛〈phola〉結果. 잘 마무리된 結果. 훌륭한 結果.

능관(能觀) ㉛〈pariksaka〉①能히 觀察함. 主觀. ②止觀하는 自己를 뜻함.

능관소관(能觀所觀) 보는 사람(主體)과 보여지는 對象(客體)을 말함. 또는 認識作用으로서의 主觀과 客觀을 말함.

능광(能光) 梵語 abhasa의 번역. →光(莊嚴經論).

능구(能救) 남을 救濟하는 同情心. (百五十讚)

능귀(能歸) 의뢰되는 客體에 대하여 能히 의뢰하는 主體를 말함. ↔所歸.

능귀소귀일체(能歸所歸一體) 歸依하려는 凡夫와 歸依를 받아들이는 阿彌陀佛은 原來 둘이 아닌 體라는 뜻.

능귀심(能歸心) 부처를 믿는 마음. 부처를 의지하는 마음.

능단금강경(能斷金剛經) ㉛〈Vajra-cchedikā〉能斷金剛般若波羅蜜多經의 약칭.

능단금강반야바라밀다경(能斷金剛般若波羅蜜經) 一卷. 唐 玄奘의 번역. 羅什의 번역. 金剛般若波羅蜜經, 菩提疏支의 번역 金剛般若波羅蜜經, 眞諦의 번역 金剛般若波羅蜜經, 達摩笈多의 번역 金剛能斷般若波羅蜜經, 義淨의 번역 能斷金剛般若波羅蜜經과는 同本異譯.
※慈恩傳七에「據梵本具云能斷金剛般若 舊經直云金剛般若 欲明菩薩以分別爲煩惱 而分別之惑堅類金剛 唯此經所詮無分別慧乃能除斷 故曰金剛般若」

능대사(能大師) 禪宗의 六祖慧能大師.

능대치(能對治) 能히 깨우친 智慧로서 煩惱의 迷障을 깨뜨리는 것.

능덕(能德) 才能과 德行. 卓越한 才能과 濃厚한 德行이 具足한 사람.

능도(能度) 능히 衆生을 救濟함. 衆生을 救濟할 수 있는 智慧를 具有한 사람.

능득(能得) ㉛〈upālabdhy·āyogā〉知覺하는 것. 實體가 있다고 인정하는 것.

능득인다라니(能得忍陀羅尼) →忍陀羅尼.

능라금수(綾羅錦繡) 명주실로 짠 비단의 총칭. 轉하여 화려한 의복.

능량(能量) 量은 量度한다는 뜻. 對境을 추측하고 헤아리는 마음.

능례(能禮) 能히 禮를 지키는 사람. 尊貴한 對象을 崇拜하고 어린 大衆

을 잘 지도할 줄 아는 사람.

능례소례(能禮所禮) 禮拜를 하는 사람과 禮拜를 받아야 할 사람. 衆生과 佛을 비유한 말.

능립(能立) 因明의 法에 正因과 正喩을 갖추어 宗法을 成立함을 能立이라 함.
※因明大疏上에「因喩具正 宗義圓成 顯以悟他 故名能立」古因明 宗因喩三支 共爲能立 陳那之新因明 宗爲所立 因喩之二爲能立.

능립과(能立過) 能立에 對한 過誤. 能立의 三支(宗·因·喩)가운데 어느 하나에 缺陷이 생기어 過誤가 된다는 것. 또는 缺減過.

능립법불성(能立法不成) 因明喩法.十過의 하나. 三支 가운데 喩에서 同喩는 因을 助成하여 宗의 뜻을 명료하게 단정하여야 하는데 이제 宗과는 관계가 있으나 因(能立)과는 관계가 없는 경우를 말함. 이를테면 甲은 "韓國이다(宗)" "서울 사람이므로(因)" "시골 사람과 같다(同喩)"고 하는 것과 같이 同喩로서의 시골 사람이 宗에는 관계가 있으나 因에는 관계가 없으므로 能立法不成이라 함.
※因喩不成就因義之過也 如謂聲爲常(宗法) 所作故(因法) 如虛空(同喩) 虛空之因喩 無所作之義 故不能就成因之所作義 因而名爲能立法不成.

능립불견(能立不遣) 喩法十過 가운데 하나. 三支가운데 喩에서 異喩는 宗과 因에 대하여 異類이어야 하는데 그것이 因(能立)과 관계가 있으므로 異喩로서의 자격을 잃어버리는 경우를 말함. 이를테면 그녀는 "石女다(宗)" "아이를 낳지못함으로(因)" "남자와 같다(異喩)"고 할 때 남자는 宗의 石女와는 관계가 없어 異喩로서의 자격이 있지만 因의 아이를 낳지 못한다는 것과는 서로 통하므로 因에 대하여 能立不遣이라 함.
※能立者指因 凡所以設異喩者 爲所立之宗 與能立之因立於反對而欲遣去彼也 然聲論師立宗 謂聲爲常 無質礙故 如虛空(同喩) 如業(異喩) 此時異喩所用之業 爲善惡所作 則是無常 無質礙勿論 依之無所立之常義 而有能立之無質礙義 故於能立之反對 不能遣去彼無質礙之義 故名能立不遣之過.

능립소립(能立所立) 能立과 所立의 倂稱. 因明의 論法에서 成立될 수 있는 所詮의 義理를 所立이라 하고 成立될 수 있는 能詮의 言辭를 能立이라 함.

능립소연(能立所緣) 大乘境界의 하나. 法界 또는 眞如의 뜻. 法界를 通達함에 따라 波羅蜜多 등의 法을 證得하므로 그 證得한 波羅蜜多 등의 法에 對하여 法界를 能立所緣이라 함.

능문(能門) 能入하는 門. 理는 所入의 法이 되고 敎는 能入의 門戶가 됨.
※法華經文句五에「執所入之一理 疑於

三敎之能門」

능미(能迷) 갈피를 잡지 못함. 길을 잃고 헤맴. 깨닫지 못함. 迷惑.

능변(能變) 唯識論에서 萬法을 識의 所變이라 하고 八識을 能變이라 하는데 이에 異熟識·思量識·了別識의 세가지가 있음. →三能變.

능변계(能遍計) 第六·第七 二識이 모든 法을 두루 計度하여 實法이라고 고집하는 것을 能遍計라 함↔所遍計.

능변무기(能變無記) 四無記의 하나. →四無記.

능변형(能變形) 龍 등이 사람의 모양으로 化現하는 것.

능별(能別) 梵〈visesana〉因明에서 宗을 세우는 말로 소리가 無常하다고 하면 소리는 所別, 無常은 能別이 된다. 소리는 自體가 되고 無常은 自體上의 義理가 된다. 이제 소리가 무상하다고 하면 無常은 分別하는 소리의 體이므로 無常은 能別이 되고 소리는 所別이 된다. 限定된 말. 限定된 성질.

능별불극성(能別不極成) 宗法九過의 하나. 宗에서 所別(聲)과 能別(無常)의 말을 세울 때 반드시 立論者와 對論者가 함께 認定하는 것. 그러므로 能別과 所別은 宗이 所依하는 것이지 宗體는 아니며 立論者와 對論者의 相諍은 宗體에 있고 宗에 所依하는데 있지 아니하다. 그러나 宗이 所依하는 것이 이미 立論者와 對論者를 認定하는 것이 아니면 여기서 立論者와 對論者 사이에 論諍이 있게 되므로 能別不極成이 되고 所別不極成의 過誤가 된다. 例를 들면 사람(所別)은 永眠(能別)한다. 耶蘇敎의 말. 여기서 사람이라는 말은 立論者와 對論者가 다 認定하지만 永眠은 對論者인 佛은 認定하지 않는다. 이것이 能別不極成이 되며 所別(사람)에 대한 過誤가 된다. 어떤 學說이 他人의 共感을 얻지 못할 때에 成立됨.

능복(能伏) 論爭을 하여 相對를 敗北·屈伏시키는 것.

능봉지법장(能奉持法藏) 能히 法을 守持하고 戒律을 嚴守함.

능분별(能分別) 梵〈pāricc-hedā〉·〈vikālpākātvā〉分別하는 者.

능사(陵寺) 陵을 지키기 위하여 세웠거나 지정된 절. 이 제도는 高麗 때부터 있었으며 朝鮮王朝에도 계승되었다. 開慶寺는 李太祖 健元陵의 陵寺. 奉先寺는 世祖의 陵인 光陵의 陵寺이며 神勒寺는 世宗의 英陵의 陵寺이다. 太宗은 遺言에 따라 陵寺가 없음.

능살(能殺) 佛道를 파괴하거나 有情을 죽이는 惡한 마음을 滅하는 것. 惡心을 없애는 것. (理趣經)

능상자(能相者) 梵〈hetu〉因明에서 因을 말함. (正理門論)

능생(能生) 梵〈utpādakā〉·〈Jānākā〉 ①生하는 性質이 있는 것. 結果를

낳게 함. ②能產者. 낳는 主體. (眞言內證)

능생지(能生支) 十二支 가운데서 愛・取・有의 三支. 이 三支는 미래의 果인 生・老死를 내는 것이므로 能生支라 함.

능설사(能說師) ㊛〈Kathikatra〉敎를 說하는 사람.

능설인(能說人) 所說의 法에 대하여 說法하는 사람.

능성(能成) ①佛道에 安住하는 修行者로 깨우침을 얻게 하는 일. ②因明에서 세운 三支 가운데 證明力이 있는 因(理由命題)과 喩(實例命題)를 말함.

능성립(能成立) 因明에서 宗・因・喩 三支 가운데 主命題인 宗을 所成立이라 하고 因・喩의 二支를 能成立이라 함.

능성입법(能成立法) ㊛〈Sādhanā〉・㊟〈bsgrub pā〉論證法.

능소(能所) 二法이 對待할 때 能動으로서 動作하는 것을 能, 所動으로서 동작을 받는 것을 所라 함. 마치 能緣・所緣 또는 能見・所見 등과 같음. 俗에 原告를 能告, 被告를 所告라 함.
※金剛經方註一에「般若妙理亡能所 絕待對」

능소일체법(能所一體法) 歸依하는 衆生과 歸依되는 阿彌陀佛 곧 南無와 阿彌陀佛이 南無阿彌陀佛에서 一體가 된다는 法. (一遍語錄)

능소회(能所會) 비역. 절에서 쓰는 변말.

능수(能受) ㊛〈Vedanā〉感受하는 것.

능수(能數) 倍數. 갑절이 되는 倍數. (五敎章下)

능수수용문(能受受用門) ㊛〈Veditopābhogā・āyādvārā〉感受한 것을 享受하기 위한 門.

능수용(能受用) ㊛〈upābhogā〉享受하는 것.

능시(能施) 베푸는 사람. 三輪의 하나. (要集)

능시태자(能施太子) 釋迦牟尼佛이 因位를 닦을 때 大醫王이 되어 一切의 질병을 치료하는데 병자가 너무 많아 힘이 부족함을 느끼고 번민하다가 죽어서 忉利天에 태어났다. 내가 지금 忉利天에 태어나 福을 누리고 있으나 他人에게 아무 도움이 없음을 생각하고 스스로 方便으로 天壽를 버리고 娑伽陀龍王宮에 태어나 龍王의 太子가 되었다. 이미 자라서 方便으로 죽어서 閻浮提에 태어나 大國太子가 되어 이름을 能施라고 하였다. 나서부터 보시를 좋아하여 長年이 되어서는 자신이 소유한 것은 아무 것도 없었다 함.
※乃告父母言 龍王頭上有如意寶珠 能雨一切財物 我欲得之 以賑一切貧窮 父母許之 太子乃入大海 至龍王所 龍王有神通力 知爲其子 太子亦知宿命 識

其父母 龍王大喜 與其所欲 太子請於 龍王 得其頭上如意珠 還閻浮提 如意 出一切財物 隨人所須 見智度論十二 止觀輔行一.

능식(能食) 梵 〈bhoktṛ〉 享受하는 主體.

능식(能識) 梵 〈Vijanati〉 六種의 感覺器官과 思考力을 媒介로 하는 六種의 認識機能. 認識의 特質을 定義한 말.

능식공(能食空) 梵 〈Bhoktṛ-sunyata〉 享受하는 主體가 空하다는 뜻. 能食은 享受의 主體를 뜻함.

능신(能申) 申은 伸의 뜻. 陳述하는 것. 말하는 것. (玄義)

능신(能信) 믿을 바에 대하여 능히 믿는 것. ↔所信.

능안인(能安忍) 十乘觀의 하나. 마음이 안정되어 안팎의 장애에 흔들리지 않고 더욱 참고 나아가는 것.

능언(能言) 입으로 말하는 것.

능업(能業) 活動의 主體가 되는 業.

능여(能如) 新羅 末期 승려. 直指寺 서쪽에 能如庵을 짓고 거기에 住하였음.

능연(能緣) 緣은 攀緣한다는 뜻. 眼·耳·鼻 등의 心識이 色·聲·香 등의 外境을 반연하는 것을 能緣, 外境을 所緣이라 함. 攀緣이란 心識이 홀로 일어나지 않고 반드시 外境을 반연하여 生한다. 마치 老人이 지팡이를, 원숭이가 나무를 반연하는 것과 같음. ↔所緣.

※俱舍論光記二에 「緣謂攀緣 心心所法 名能緣 境是所緣(中略)心心所法 其性羸劣 執境方起 猶如羸人非杖不行」

능연단(能緣斷) 斷惑四因의 하나. 能緣의 惑을 滅하면 所緣의 惑이 自然히 끓어지는 것.
※見惑內苦集二諦下他界緣之惑 依之而 被斷 卽他界緣之惑 爲自界緣之惑所緣者 故斷其能緣之自界緣惑 則他界緣之惑 自然斷滅也.

능연심(能緣心) 凡夫가 事物을 認識하는 마음.

능위(能違) 梵 〈Vairodhika〉 矛盾된 것.

능의(能依) 의지할 바에 對하여 능히 의지하는 당체, 이를테면 땅과 초목의 관계로 볼 때에 땅은 所依가 되고 草木은 能依가 됨. ↔所依.

능인(能人) 能히 一切衆生을 化導하는 사람. 즉 佛祖聖賢 등.
※觀經玄義分에 「安樂能人 顯彰別意弘願」

능인(能仁) ① 梵 〈釋迦牟尼=Sakyamu〉 또는 能寂·能滿. ②新羅 승려. 文武王 때 義湘의 十大弟子 가운데 한 사람. 文武王 10(670)年 同門인 表訓과 함께 金剛山 表訓寺를 創建함.
※金剛頂出生義에 「能仁如來 收迹都史天宮 下生中印土」

능인(能忍) 釋迦의 譯名. 또는 能儒·能仁·直林. 능히 참고 五濁惡世에

出現하였다는 뜻.

능인사(能引師) 十二支가운데 無明·行의 二支를 말함. 이것으로 識·名色·六處·觸을 引發하여 五果의 種子를 받기 때문임.

능인적묵(能仁寂默) 梵 〈Sakya muni〉 釋迦牟尼의 譯名. →釋迦牟尼.

능인지(能仁支) 十二支 중에서 無明·行을 말함. 이 二支는 識·名色·六入·觸·受 등 果의 종자를 能히 이끌어내는 것이므로 能仁支라 함.

능자(能資) 돕는 것. (玄義)

능작(能作) 梵 〈Kartṛ〉 ①모든 事物에 作用하는 活動의 主體. 事物이 發生할 때 連關된 모든 作用을 말함.

능작인(能作因) 梵 〈Kāraṇahctu〉 六因의 하나. 혹은 隨造因. 모든 것이 생길 때 障碍됨이 없이 그것을 생기게 하는 因을 말함. 入阿毘達摩論下卷에 「諸法이 生할 때 그 自體의 性을 除한 一切法을 能作因이라 하며 障碍됨이 없고 能히 그것을 生하게 하기 때문이다」고 하였음.

능장(能藏) 梵 〈Ālaya vijñāna〉 藏識三藏의 하나. 이 藏識에 能藏과 所藏과 執藏의 三義가 있다. 阿賴耶識은 萬法을 發生시키는 種子를 含藏하고 있는데 種子는 所藏이요, 阿賴耶識은 能藏임. →藏識.

능적(能寂) ①修行에 依하여 煩惱가 斷盡된 靜寂한 心地. ②釋迦牟尼를 뜻함. 즉 能仁寂默의 약칭. 能仁은 釋迦, 寂默은 牟尼의 譯語. →釋迦牟尼.

능전(能詮) 詮은 經典의 文句를 詮顯하여 능히 義理를 밝히는 것을 能詮이라 하고 밝혀진 義理를 所詮이라 함. 四敎儀一에 「대저 敎는 能詮이요, 理는 所詮이라」고 하였음. ↔所詮.
※玄應音義二十三에 「能詮 詮顯了義 說文 詮 具也 案具說事理曰詮」

능전(能轉) 梵 〈Pravṛtti〉 ①勝論哲學의 性質(德)의 第二十二의 하나. (十句義論). ②轉은 法輪을 굴리는 것도는 經卷을 轉讀하는 뜻으로서 法輪을 轉하는 사람을 能轉이라 함. ↔所轉.

능정관음(能靜觀音) 三十三觀音의 하나. 遭難者를 能히 安靜케 하는 觀音. 그 형상은 水邊岩上에 趺座하여 두손을 岩上에 편안히 얹은 靜寂의 相.

能靜觀音(佛象圖彙)

능정일체안질병다라니경(能淨一切眼疾病陀羅尼經) 一卷. 唐 不空의 번역. 내용은 부처님이 迦毘羅城에 계실 때 長者를 위하여 이 大神呪를 說하여서 그의 눈병을 치료했다는 것.

능조(能造) 因이 되어 만들어내는 것. 地·水·火·風 四大는 모든 物體를 形成하므로 能造라고 일컬음. ↔所造.

능조소조(能造所造) 能造와 所造의 병칭. 무엇을 창조하고 만드는 因. 곧 주체를 能造라 하고 만들어진 被造物을 所造라 함. 俱舍論 등에 나옴.
※俱舍論第一. 第二. 成實論第三四大實有品. 顯揚聖教論第五. 大乘阿毘達磨雜集論第一. 法苑義鏡第五本. 百法問答抄第一 등에 나옴.

능준(能俊) 新羅 승려. 景德王때 月明의 스승.

능증성미타(能證誠彌陀) 所證誠의 南無阿彌陀佛의 對. 西方阿彌陀佛은 이미 無量壽佛에 歸命하여 깨달음을 成就하여 현재 그 利益을 보기 때문에 이는 念佛을 증명한다는 뜻. (一遍語錄)

능지(能止) 梵 〈Prahana; Samana〉 모든 煩惱를 斷盡하고 마음을 한 곳에 安住시키는 것.

능지(能持) 梵網經에서 戒法을 내려주는 戒和尙이 受戒者를 향하여 十重禁에 대한 戒相을 낱낱이 說하면서 묻기를 "네가 능히 受持할 수 있느냐"하면 受戒者가 대답하기를 "受持할 수 있읍니다"하며 戒를 言下에 받은 것.
※梵網經義疏上에「直說十重相 問能持 不 次第答能」

능지(凌遲) ①陵遲와 같음. 陵遲處斬의 약칭 四肢와 머리 등을 토막치는 極刑. ②陵夷와 같으며 언덕이 점점 평형하여진다는 뜻으로 사물이 차차 쇠퇴해짐을 이름.

능지무소외(能持無所畏) 菩薩四無所畏의 하나. →四無所畏.

능지방편(能止方便) 四種方便의 하나. 부끄럽게 여기고 자신의 허물을 뉘우쳐 一切의 나쁜짓을 멈추고 더 增長하지 못하게 하여 法性의 모든 허물을 여읜 것을 能止方便이라 함.

능지식(能止息) 能히 煩惱로 말미암아 일어나는 苦를 斷盡. 靜寂한 境地를 말함. 如來와 同意語.

능지자성궤생물해(能持自性軌生物解) 法의 定義. 法은 能히 제 本質을 지니고 있어서 사물을 인식하는 軌範이 되어 사람으로 하여금 이에 대한 了解心을 生하게 한다는 뜻. →法.

능집(能執) 梵 〈grāhaka〉享受하는 主體. 認識의 主體. ② 西 〈hdsin ba〉身體가운데 識心을 떠나 따로 能執者가 있어 이것이 身·口·意를 움직여서 갖가지 事業을 한다고

說하는 外道. ③關心. 興味. 性向.
취미. (大日經 佳心品)
능집소집(能執所執) ㉙ ⟨grāhaṃ g-rāhākañcā;grāhya;grāhaka⟩ 認識의 主體와 客體.
능친불(能讚佛) 讚歎을 하는 부처.
능첩(綾牒) 또는 度牒. 僧尼의 出家를 公認하는 文書. 出家得度의 認許證. →度牒.
능체(陵替) 아랫 사람이 윗사람을 능가하여 正統의 권위가 무너지는 것. (四行觀)
능출만억겁(能出萬億劫) 菩薩의 功德名號 가운데 하나. 萬億劫 곧 無量億劫을 뛰어넘는데 能하다는 것.
능출삼유(能出三有) 能히 三界의 輪廻로부터 벗어났다는 뜻. 輪廻의 괴로움을 斷盡한 者. 如來와 同義語.
능취(能取) ㉙ ⟨grāhāk⟩ ①아는 것. 主觀. 認識主觀. 對象을 파악하는 것. (成唯識論) ②執着하는 主體. ③認識內容에 形相을 부여하는 것. 能行과 같음. (俱舍論)
능취소취(能取所取) ㉙ ⟨grāhya-grāhaka⟩ ㉓ ⟨gzuṅ-ba daṅ ḥdsin-pa⟩ 能取(grāhaka)는 把握하는 것 所取(grāhya)는 把握되는 것을 말하는데 대상의 能取者인 認識의 主體와 그 所取인 對象을 말함. 즉 能識者인 心·意·識과 所識者인 色 등의 外境을 말함. 또는 能執所執·能取可取.

능치(能治) 修行에 依하여 貪·瞋·痴 등을 다스려 바르게 고치는 것. 能待治와 같음. ↔所治.
능치잡념(能治雜念) 修行에 依하여 貪欲을 能히 다스려 고치는 것.
능치잡염(能治雜染) ㉙ ⟨saṃkleśa-anta⟩ 不淨을 고치는 것. (瑜伽論)
능통(能通) 佛·菩薩 등이 具有하고 있는 自由自在한 能力을 얻음. 超人的인 能力에 到達함.
능통방편(能通方便) 權方便. 手段. 方法.
능파(能破) 因明八門의 하나. 眞能破의 약칭. 對論者의 주장에 옳지 않는 것이 있을 때 立論者가 정의로써 공격하여 論破하는 非難法, 이에 立量破·顯過破의 二種이 있다. 立量破는 상대방의 말에 허물이 있는 것을 알았을 경우 그 허물을 상대방에게 깨닫게 하기 위하여 자신이 비난하는 論法을 내세우는 것. 顯過破는 내가 따로 규칙있는 논법을 내세우지 않고 다만 상대방의 허물을 들어 그 말이 성립되지 못하도록 하는 것.
※敵論者立過非之量時 指斥其過非或難詰其所立也 因明大疏上에 「敵申過量 善斥其非 或妙徵宗故名能破」
능파자(能破者) ㉙ ⟨bhetti⟩ 敎團을 破壞하는 사람. 因明에서 對論者의 主張으로 立論者가 세운 論題에 誤謬를 指摘하는 사람.
능피법(能被法) 衆生의 根機에 따라

서 이롭게 하려고 說하는 敎法. ↔所被機.

능행(能行) 行할 바에 대하여 능히 行하는 것. 예를 들면 부처님의 名號는 所行, 衆生이 그 名號를 부르는 것은 能行이다. ↔所行.

능행자(能行者) 六祖大師 慧能이 처음 五祖 弘忍大師의 門下에서 行者 노릇을 하였음. 因하여 能行者라고 일컬음.

능허(陵虛) 하늘의 냇물. 즉 銀河水

능현(能現) 梵 〈prakā-śanā〉 顯現하는 것.

능현(能顯) 나타내는 것. 映出하는 것.

능화(能化) 능히 衆生을 敎化할 수 있는 師匠・敎化者, 佛・菩薩은 能化요, 衆生은 所化이다. ↔所化.
※華嚴玄談九에「衆生世間卽所化機 智正覺世間卽能化主」

능환(能還) 勝論派哲學에서 말하는 性質(德)의 第二十二의 하나. 消滅.

능활(能活) 梵 〈耆婆=Jivaka〉 大醫의 이름. →耆婆.

능훈(能薰) 能히 薰習하는 것을 이름. 예를 들면 第八識이 種子를 薰習하는 七轉識과 같은 것을 能薰이라 함. ↔所薰.

능훈사의(能薰四義) 法相宗에서 種子를 薰習하는데 갖추어야 할 四義를 이름. ①有生滅, 生滅하는 法. 生滅이 있으므로 轉變이 있고 비로소 作用이 있음. ②有勝用, 能緣하는 作用이 善・染汚와 더불어 强盛한 勝用이 있는 것. ③有增減, 반드시 增減하는 것. 完全・圓滿한 것은 能薰하는 作用이 없음. ④所薰과 더불어 和合性이 있을 것. 所薰의 第八識과 더불어 同時・同身이 되어야 함. 이 四義를 갖춘 것은 다만 因位自身의 七轉識뿐이다.

니(尼) 比丘尼의 약칭. 出家한 女子 尼는 印度에서 女人을 통칭하는 말. 善見論에「尼는 女라」고 하였음.
※僧史略에「漢明帝旣聽劉峻等出家 又聽洛陽婦女阿潘等出家」案此爲中國有尼之始也.

니(泥) 梵 〈pāṅka〉 진흙. (瑜伽論)

니(聻) 물건을 가리킬 때 語調를 돕는 말. 俗에「그것 보라」・「그것이다」라고 가르키는 말(聻는 혹「천」「접」으로도 읽음). →천(聻)

니가라(尼迦羅) 梵 〈Niṣkāla〉 번역하여 不黑・不時. 나무 이름. (慧琳音義)

니강(尼講) 女信徒들의 結社. (事物紀原七)
※僧史略에「東晉廢帝太和三年 洛陽東寺尼道馨 通法華維摩 硏窮理味 一方宗師 此則尼講說之始也」

니건(尼犍) 梵 〈Nirgrantha〉 尼犍陀의 약칭. 또는 尼虔・尼乾・尼健 六大外道의 하나. 번역하여 離繫・不繫・無結. 三界의 繫縛을 벗어났다는 뜻. 이는 出家한 外道의 총칭이나 다만 이 外道는 특히 裸形・

塗灰 등 離繫의 苦行을 닦으면서도 부끄러워 할 줄 모르므로 無慚外道라 함. 또는 苦行外道・裸形外道・露形外道라 함.
※自佛法毁之 名曰無慚 以彼母之名名爲若提 Jñāti譯曰親友 彼爲其子 故曰尼乾陀若提子 Nirgranthajñatiputra又師之門徒曰 尼乾陀弗呾羅 Nirgranthaputra 尼乾子 尼乾陀子 弗呾羅譯爲子 指稱門徒 玄應音義六에「尼乾或作尼乾陀 應言泥健連他 譯云不繫也」同十에「其外道 拔髮露形 無所貯蓄 以手乞食 隨得卽噉也」俱舍光記十五에「離繫 梵云尼乾陀 彼謂內離煩惱繫縛 外離衣服繫縛 卽露形外道也」

니건다(尼犍陀) 梵〈Nirantha〉束縛을 벗어난 者를 이름. 一般的으로 자이나敎徒를 가리킴.

니건다가(尼犍他迦) 梵〈Nirka-ṇthaka〉또는 尼延他柯. 번역하여 無咽夜叉의 이름.

니건다불달라(尼犍陀弗呾羅) 번역하여 離繫子. 外道의 이름. →尼犍.

니건도(尼犍度) 梵〈Bhikṣuṇi-khaṇḍa〉四分律二十犍度의 하나. 比丘尼의 戒律을 밝힌 篇章의 이름. 犍度는 有聚・蘊의 뜻.

니건자(尼犍子) →尼犍.

니건자문무아의경(尼乾子問無我義經) 一卷. 馬鳴菩薩이 편집하고 宋 日稱 등이 번역함. 내용은 尼犍外道가 大乘學者에게 나아가 無我의 뜻을 물으니 大乘學者가 無我의 뜻을 說한 것. 그 가운데 偈頌이 있다.

니건타(尼犍陀) 또는 尼犍陀. 略하여 尼乾. →尼犍.

니건타가(尼建他迦) 梵〈Nirka-ṇthākā〉또는 尼延他柯. 夜叉의 이름. 번역하여 無咽. (大孔雀經上)

니건타야제자(尼犍陀若提子) →尼犍.

니건타자(尼乾陀子) 尼乾子와 같음.

니계(尼戒) 比丘尼가 受持하는 戒律. 본래 三百四十一戒인데 南山律師가 다시 七滅諍을 더하여 三百四十八戒가 되었다. 흔히 比丘尼戒를 五百戒라 함. 大數를 들어 말한 것.

니고(尼姑) 女僧, 比丘尼 또는 약칭하여 尼라 함.

니구니다(尼拘尼陀) 나무이름. →尼拘陀.

니구다(尼拘陀) 梵〈Vyagrodha〉또는 尼瞿陀・尼俱陀・尼狗律・尼拘尼陀・尼拘盧陀・尼俱類・尼拘類陀・尼拘婁陀・諾瞿陀 번역하여 無節・縱橫樹・縱廣이라 함. 長大한 喬木으로 가지와 잎이 무성하다 함.
※原語有生長於下之樹之意味 卽榕樹(Ficus Indica)也 以下諸釋中以縱廣樹爲最當 玄應音義三에「尼拘尼陀 應云尼拘盧陀 此譯云無節 亦云縱廣樹也」慧琳音義十五에「尼拘陀 此樹端直無節 圓滿可愛 去地三丈餘 方有枝葉 其子微細如柳花子 唐國無此樹 言是柳樹者訛也」

니구다(泥瞿陀) 梵〈Nyagrodha〉沙

彌의 이름. 일찍 阿育王殿 앞에서 嚴正한 威儀를 드러내보여 王이 婆羅門을 버리고 이 沙門에게 귀의하여 공경하였다고 함.

니구다범지경(尼拘陀梵志經) 一卷. 宋 施護의 번역. 長阿含散陀那經과 同本. 부처님이 尼拘陀梵志에게 이르러 그에게 詰問하였는데 그는 默然히 대답을 못하였음.

니구류다(尼俱類陀) →尼拘陀.

니구률(尼拘律) 나무 이름. →尼拘陀.

니구률다(尼拘律陀) 나무 이름. →尼拘陀.

니근지(尼近底) 㶂 〈Ninti〉 번역하여 深入. 貪의 다른 이름. →尼延底.
※言窮極無厭故以名之 近爲延之誤.

니다나(尼陀那) 㶂 〈Nidāna〉 번역하여 因緣·緣起. 십이부경의 하나. 내용은 부처님의 說法·緣起·由序를 說한 것. 모든 經에는 흔히 通·別 二序가 있는데 別序가 이 尼陀那에 해당함.
※智度論三十二에「尼陀那者 說諸佛法本起因緣 佛何因緣說此事 有人問 故說是事 毘尼中有人犯是事 故結是戒 一切佛語緣起事 皆名尼陀那」

니다나목득가(尼陀那目得迦) 㶂 〈Nidānamātṛkā〉 根本說一切有部尼陀那目得迦의 약칭. 尼陀那는 번역하여 因緣, 目得迦는 번역하여 本事라 함.
十二分經 가운데 因緣經과 本事經

을 이름.

니단(尼壇) 比丘尼가 戒를 받는 戒壇.
※僧史略에「受戒初本僧尼同壇 本朝(北宋)太祖不許尼住僧中 自是始別爲壇」 宋朝會要에「開寶五年二月 詔自今尼有合度者 只許於本寺起壇受戒」 按自此始別立尼受戒壇也.

니대사(尼大師) 比丘尼를 존칭하여 일컫는 말.

니득(泥得) 번역하여 常別施主. 항상 僧侶에게 別食을 베풀어 주는 施主.
※由壇越出錢物於僧家 每日次第令於一比丘作好食謂之別施 百一羯磨一에「梵云泥得 譯爲常施 有別施主施僧錢物作無盡食 每日次第令僧家作好食以供一人 乃至有日月來不許斷絶 西方在寺多有 此地人不知聞 若不能作食 供乳亦好」

니라바다라(尼羅婆陀羅) 㶂 〈Nilavajra〉 번역하여 靑金剛.

니라부(尼羅浮) 㶂 〈Nirarbuta〉 地獄의 하나. 번역하여 肉胞地獄. →八寒地獄.

니라부다(尼剌部陀) 㶂 〈Nirarbuda〉 또는 尼賴浮陀. 번역하여 皰裂·不卒起라 함. 八寒地獄의 第二. 엄한 추위가 몸을 핍박하여 피부가 갈라진다 함.

니라야(泥囉耶) 㶂 〈泥梨=Niraya〉 번역하여 地獄·不幸處. →地獄.

니라오발라(尼羅烏鉢羅) 㶂 〈Nilotpala) 번역하여 靑蓮華. →烏鉢羅.

니라폐다(尼羅蔽茶) 梵 〈nila-pita〉 나라의 歷史와 詔勅 등의 文書.

니람바(尼藍婆) 梵 〈Nilavajra〉 번역하여 靑金剛. 菩薩의 이름.

니련빈(尼連濱) 梵 〈Nairañjanā-tina〉 나이란쟈나江의 기슭(岸).

니련선(尼連禪) 또는 尼連禪那〈Nairañjana〉熙連禪. 河水의 이름. 부처님이 成道하려고 이 河水에서 목욕한 후 菩提樹下에 앉음.
※連禪那者樂着也 名不樂着河也.

니련선하(尼連禪河) →尼連河.

니련하(尼連河) 尼連禪河. →尼連禪

니로발라(泥盧鉢羅) 梵 〈Nila-utpala〉 四種蓮華의 하나.
※大日經疏十五에「泥盧鉢羅 此華從牛糞種生 極香 是文殊所執者 目如靑蓮 亦是此色」

니록다론(尼綠多論) 梵 〈nirukta〉 語源學. 베다의 六補助學 가운데 하나.

니리(泥犁) 地獄의 梵名. 또는 泥黎·泥梨迦.
※其義爲無有 謂喜樂之類一切皆無 爲十界中最劣境界 捫虱新話曰 黃魯直初作艶歌小詞 道人法秀謂其以筆墨誨淫 於我法中 當墜泥犁之獄 魯直自是不作佛書泥梨耶 無喜樂也 泥梨迦 無去處也二者皆地獄名 或省耶迦字 只作泥梨一作犁 又阿鼻 無間也 亦地獄名 法華經無間地獄 有頂天堂.

니리(泥梨) 梵 〈Niraya〉 또는 泥犁·泥梨耶. 번역하여 地獄. →地獄.

니리가(泥梨迦) 泥犁와 같음.

니리경(泥梨經) 一卷. 東晉 竺曇無蘭의 번역. 내용은 惡人이 泥梨(地獄)에 떨어져 받는 苦痛과 또 五天使者의 詰問을 說한 것. 곧 中阿含의 痴慧地經.

니리주(泥梨呪) 地獄에 떨어지게 하는 呪. (十誦律)

니리지(泥哩底) 梵 〈Nirrti〉 羅刹王의 이름.
※大日經疏五에「次於西南隅畫泥哩底鬼王 執刀作可怖畏形」

니리화(泥犁火) 巴 〈nerayika〉 地獄의 불. (那先經)

니마라(尼摩羅) 梵 〈Nirmāparati〉 六欲天의 第五天. 또는 須蜜陀. 번역하여 化樂天·樂變化天.

니마라제(尼摩羅提) 梵 〈Nirmanarati〉 번역하여 化樂天. (道行般若經)

니미유다(尼彌留陀) 梵 〈Vinirudha〉 번역하여 滅. 四諦 가운데 滅諦를 이름.
※大乘義章一에「言毘尼者 是外國語 此翻爲滅 外國說滅凡有三種 一者涅槃 二尼彌留陀 謂四諦中滅諦名也 三曰毘尼」

니민다(尼民陀) 尼民陀羅의 약칭.

니민다라(尼民陀羅) 梵 〈Nemiṅ; dhara〉 尼民達羅山의 이름. 번역하여 持邊. 七重金山 가운데서 가장 변두리에 위치하고 있기 때문이다.
※玄應音義二十四에「尼民達羅 舊言尼

民陀羅 此云地持山 又魚名 言海中有魚名尼民達羅 此由峯形似彼魚頭 復名也」

니민달라(尼民達羅) 梵〈Nimindhara〉 妙高山의 외각에 있는 八大山의 하나. 一九山八海.

니바라(尼波羅) 梵〈Nepal〉 나라 이름. 雪山 가운데 있음. (西域記七)

니바라국(尼波羅國) 梵〈nepāla〉 西〈bal-yul〉 또는 泥婆羅·儞波羅·捏尼辣. 혹은 尼八刺. 印度와 西藏 사이에 있는 王國의 이름.

니바라불교(尼波羅佛敎) 梵〈nepal〉 오늘의 네팔은 印度와 티베트의 中間. 히말라야 山岳地帶에 位置하며 東西 約千키로 南北 二百키로 정도의 帶狀地形임. 人口는 全體 六·七百萬程度. 티베트系와 네팔族을 包含한 몽고族. 低地帶의 土民. 十七世紀이후에 勢力을 떨친 굴가(gurkha)族 등이다. 네팔과 佛敎 등의 關係는 釋尊時代부터 시작됨. 釋尊의 出生地 釋迦國은 네팔 西方의 一部分과 그 南端인 印度의 國境地帶가 包含되었다고 생각되며 近世 古考學的 發掘에 依하여 當時의 釋迦國의 首都 카비라城이나 釋迦가 誕生한 룸비니園 釋迦族의 東憐이었던 고려族의 首都 天臂城은 네팔에서 그 자취를 볼 수 있기 때문임. 西紀 三世紀頃의 阿育王은 스스로 佛跡을 巡拜하고 룸비니園에 塔과 石柱를 세우고 그 北西에 있는 니그리바(Nigliva)에서 過去佛인 拘那含牟尼의 塔을 增修하고 石柱를 세웠다. 이들 石柱는 王의 刻文과 함께 現存한다. 前世紀末 가비라城의 東南 비브라바(pipra-va)에서 發見된 佛舍利塔과 그 가운데서 나온 舍利壺는 그 덮게에 彫刻된 記事에 依하여 釋迦族이 納祀한 것으로 阿育王以前의 것임을 알 수 있다. 이 땅은 現在는 네팔의 國境을 지나 印度에 屬하고 있음. 이와 같이 네팔은 大乘佛敎의 中心地로 佛敎寺院은 信者들의 寄進에 依하여 莫大한 財産을 所有하고 크게 繁盛하였다. 그러나 (1768)에 굴가族인 나라야나(prithwi Nārayāna)王이 이 나라를 征服하여 王朝를 세워서 오늘에 이른다. 그 王朝는 主로 印度敎의 外道를 信奉하고 佛敎를 壓迫하였다. 그들은 印度敎를 네팔의 國敎로 하여 佛敎를 壓迫하는 法律을 만들었다. 그것이 佛敎의 僧侶를 墮落시키는 原因이 되기도 했다. 大部分의 僧侶는 戒律을 지키지 않고 帶妻하여 知識이나 學問에 뜻을 두지 않았고 寺院은 娛樂場·集會所·宿泊所 등이 되었다. 純粹한 佛敎의 信仰도 티베트에서 逆輸入되어 라마僧에 依하여 信仰의 指導 堂塔과 伽藍의 修復 등이 이루어졌다. 二次世界大戰後에 王家에서 佛敎에 好意를 가지고 援助하여 改革의 轉機가 되었음.
니바사(泥婆娑) 泥縛些那와 같음. (縛는 「바」라 읽음)
니바사나(泥縛些那) 또는 泥伐散娜·泥婆娑(Nivāsana). 번역하여 裙. 승려의 허리에 두르는 짧고 주름이 많은 옷.
  ※西域記二에 「泥縛些那 唐曰裙 曰涅槃僧 訛」 百一羯磨十에 「泥伐散娜 裙也」 寄歸傳二에 「泥婆娑」
니바산(泥婆珊) 🅟 ⟨nivāsaña⟩ 涅槃僧·泥洹僧과 같음. (有部律)
니반(泥畔) → 涅槃.
니방(尼房) 女僧의 방.
니법사(尼法師) 佛經을 가르치는 女僧. 法師.
니비구(尼比丘) 俗에 尼僧이라 함.
니사(尼寺) 比丘尼들이 거처하는 절. 우리 나라에서는 승방이라 함. 釋尊의 이모인 摩訶波闍波提가 출가한 뒤에 남승 가운데 있는 것을 피하게 하고 남승으로 하여금 번갈아가며 설법하게 한 것이 그 시초임. 중국에서는 西晉 建興年中(313~316) 比丘尼인 彭城의 淨檢이 동지 二十四人과 함께 洛陽城 서쪽에 竹林寺를 創建한 것이 그 시초이다. 또는 신중절·여승당·尼院.
  ※世親傳에 「於阿輸闍國起三寺 一比丘尼寺 二薩婆多部寺 三大乘寺」
니사(尼師) ①比丘尼. ②尼師壇邪의 약칭.
니사다(尼沙陀) 優波尼沙陀의 약칭.

니사단(尼師壇) 🅢 ⟨Niṣidna⟩ 또는 尼師但那·顙史娜曩. 번역하여 坐具·隨坐衣·臥具. 六物의 하나. 앉고 누울 때 까는 방석. 또는 臥具 위에 펴 臥具를 보호하는 것.

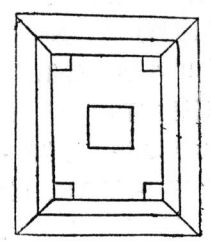

尼 師 壇

  ※名義集謂佛初度五人 及迦葉兄弟 並製袈裟 坐具在袈裟下 後寢諸衆 徒侶漸多 年少比丘 儀容端美 入城乞食 多爲女愛 由是製衣角在左肩 後爲風飄 聽以尼師壇鎭 後外道達摩多問比丘 肩上片布 持將何用 答曰 擬將坐之 達摩多曰 此衣旣爲可貴 有大威靈 豈得以所坐之布而居其上 比丘白佛 中此佛製還以衣角居於左肩 坐具還在衣下 張希復詩云 共覆三衣中夜寒 披時不鎭尼師壇 卽謂此也.
니사단나(尼師但那) 🅟🅢 ⟨nisidana⟩ 또 尼師壇那·尼師壇. 번역하여 坐具. 六物의 하나. 앉고 누울 때 까는 方形의 蒲團. 地上의 植物이나 벌레로부터 몸을 保護하고 三衣의 汚損을 막기 위하여 制定한 것. 이것은 佛陀가 成道할 때 깔았던 吉祥草를 모방하여 만든 것.
니살기(尼薩耆) 尼薩耆波逸提의 약

니살기바일제(尼薩耆波逸提) 巴〈N-aihs-argikapra-cittiya(Naihsarg-ik-prayaścittika)〉 尼薩耆는 번역하여 盡捨, 波逸提는 번역하여 隨라 함. 五篇罪의 하나, 이 罪는 모두 衣鉢 등에 관계된 財物로서 그 취득한 財物을 大衆 앞에 내놓고 懺悔하는 것을 盡捨라 하며 만약 참회하지 아니하면 地獄에 떨어지기 때문에 隨라 함. 모두 三十種이므로 三十捨隨라 함.

※四分戒本定賓疏下에「尼薩耆者 此翻爲盡捨 波逸提者 此翻爲墮 謂犯此罪 牽墮三惡 若犯此墮 要先捨財 後懺墮罪 故云捨墮」比丘尼鈔一에 「捨財捨罪捨心 其此三捨 故云盡捨」

니살기바일제법(尼薩耆波逸提法) 尼薩耆波逸提와 같음.

니살담(尼薩曇) 梵〈Upaniṣada〉 혹은 優波尼酒陀. 번역하여 微細分이라 함. 數의 아주 적은 것을 말함.

※慧苑法師音義引瑜伽大論譯爲微細分 如折一毛以爲百分 又析彼一分爲百千萬分 又析分中如前析之乃至隣虛 至不可析處 名爲優波尼薩曇分也.

니승(尼僧) 女僧.

니승정(尼僧正) 南宋 文帝 元嘉 12(435)年에 比丘尼 寶賢에게 勅令을 내려 尼僧正을 삼다. (釋書二十七)

니야마(尼夜摩) 梵〈Niyama〉 번역하여 決定.

※慧琳音義十九에「尼夜摩位是菩薩不退轉位也」

니야야(尼夜耶) 梵〈Niyāya〉 印度 六大學派의 하나. 그 開祖는 喬多摩. 그 年代는 釋尊이 세상에 나기전 B.C 5세기경이라고 하나 學派로 성립된지는 六派中에서 가장 늦어 150年頃이다. 이 學派의 學說은 勝論派가 주장한 자연철학에 옛날부터 발달된 論理學(因明)을 集大成하고, 이 논리에 따라 진리를 연구하여 解脫에 이르고자 한 것으로 그 당시 佛敎의 영향도 현저하였다. 論理學의 연구가 이 學派의 주요한 부문으로 佛敎의 因明家들이 古因明이라 한다. 學說을 十六諦로 定하고, 十六諦의 眞智로부터 해탈에 이른다고 하는 것인데 다시 苦·生·動作·過失·邪의 다섯을 세워 이 學派의 眞說을 알아서 邪知를 없애면 차례로 과실·동작·생에 이른다고 한다. 이 다섯을 세운 것은 분명히 佛敎의 영향이라고 생각된다. 十六諦는 量·所量·疑惑·動機·喩·定說·支分·思擇·決定·論議·論諍·論詰·似因·曲解·詭辯·負處를 말하며, 이 十六諦에서는 決定이전과 論議이후를 크게 나누어 앞의 것은 주로 論證을 진행하는 기초과정을 설명하고 뒤의 것은 논증의 전체와 과오의 조건 경우를 설명한 것으로서 전체로 보면 論議諦는 온갖 것을 포함한 것이다.

니연지(尼延底) ⑰ ⟨Nyanti⟩ 번역하여 深入・執取・趣入・執滯. 貪의 다른 이름.

니왈(尼曰) 泥洹・涅槃과 같음. →涅槃
※僧肇無名論에「泥曰 泥洹 涅槃 此三名前後異出 蓋是楚夏不同耳 云涅槃音正也 秦言無爲 亦名滅度」

니원(尼院) 여승들이 있는 절. 尼寺.

니원(泥洹) 또는 泥曰 涅槃과 같음.

니원경(泥洹經) 이에 三本이 있으니 ①般泥洹經의 약칭. ②佛般泥洹經의 약칭. ③大般泥洹經의 약칭.

니원도(泥洹道) ①涅槃에 이르는 길. 또는 入滅. (那先經) ②涅槃의 境地. 入滅. (那先經)

니원쌍수(泥洹雙樹) 泥洹은 涅槃. 부처님이 涅槃한 婆羅雙樹林.

니원성(泥洹城) 涅槃을 城市에 비유한 말. (長阿含經)

니원승(泥洹僧) 巴 ⟨nivāsānā⟩ 四分律에서는 涅槃僧, 五分律・祇律에서는 번역하여 內衣.

니유다(尼由多) →那由多.

니의(尼衣) 比丘尼가 입는 옷.

니인(泥人) 地獄에 떨어진 사람을 이름.
※釋門正統四에「問博弈毁佛事答 已配越州作泥人」

니입도(尼入道) 여자 신도들이 머리를 깎고 입산하여 도에 들어가는 일.

니제(尼提) 또는 尼陀. 糞을 수거하는 사람의 이름. 부처님이 그를 제도하여 大阿羅漢이 됨. (賢愚經尼提度緣品)

니지(尼抵) ⑰ ⟨Nidhi(Pranidhāna)⟩ 또는 尼低. 尼提, 번역하여 願.

니지(尼底) 泥梨와 같음.

니총지(尼總持) 梁武帝의 말로 菩提達磨의 弟子. 傳記 未詳. 達磨 付法時에 道副・道育・尼總持・慧可의 四人을 불러 各各 所解를 傳한 바 있다. 그러나 一說에는 道副・道育・尼總持는 達磨의 弟子가 아니라고 함.

니환(泥丸) 泥桓과 같음. →涅槃

니환(泥) ⑰ ⟨Nirvāṇā⟩ 泥洹과 같음.

닌마파(Rnin-ma-pa) 舊派 또는 古舊派의 뜻. 西藏佛敎의 한 宗派. 流傳前期에 起源하여 주로 舊譯에 依存하는 宗派. 이 名稱은 流傳後

蓮華生(Padmasambhava)

期에 나왔고 新派에 對한 말. 이 派는 本初佛로 普賢을 세우고 그 代身인 蓮華生(padmasambhava)을 開祖로 함. 教義는 舊譯인 탄트라聖典에 두고 戒律을 존중하지 않으며 극히 呪術的이다. 空行母(Mkhah. h. gro-ma)에 의해 開創되었다고 함.

님발카(Nimbārka) 印度의 宗教家. 1062년생, 비슈누派의 一派. 님바카派의 開祖. 一名 님바디티야(Nimbaditya) 비슈누의 神妃 라다(Rādhā)를 崇拜하여 스스로 宗派를 열었다. 그는 베단타 스토라의 註釋. 베단타·파리쟈타·사우라바(Vedantaparijatasaurabha) 및 다사·슬로키(Dasaśloki)를 저술하여 그 학설을 정리하였다. 그는 實在로 치트(cit) 個人我·物質(acit) 神(Iśvara)의 相互關係를 不一不二라 말하고 또 라마누자를 이어 받아 요가를 강조하였다. 1162년 사망.

님발카派(Nimbārka派) 印度教 비슈누(Viṣṇu)파의 일파. 이 파는 란다(Rādha)에 대한 열광적이며 絕對的인 歸依가 强調되나 란다를 크리슈나(Kṛṣṇa) 神의 配偶神으로 보며 다른 세계를 凌駕한 고로카(Go-Loka)에서 永遠히 共往하는 것으로 생각된다. 또한 크리슈나는 單純한 비슈누의 權化가 아니라 永遠한 부라만(Brahmán)이고 神으로부터 라다 및 無數한 牧童과 牧女가 出生하였다고 생각한다. 이 派는 16세기경에 在家와 出家의 二個教團으로 分派되어 오늘에 이르고 있음.

ㄷ

다(吒) ⊙ ta의 音譯. 悉曇五十字門. 또는 四十二字門의 하나. 經典이나 釋論에 있어서는 吒가 慢·怒·帶·紐의 뜻으로 解釋된다.

다(多) ㅈTa 悉曇五十字門의 하나. 一切法如如不可得의 뜻. 眞如 無間斷의 소리라 함. 이는 眞如 Tathatā의 해석.
※大日經에「一切法如如 不可得故」從 Tathata 眞如釋之 文殊問經에「稱多字時 是眞如無間斷聲」

다(拕) 悉曇四十二字門의 하나. 여러 經에서는 ㉛ 〈artha〉 義의 뜻에 의해서 이字를 해석함.

다(陀) 悉曇五十字門의 하나. 經典에서는 이字를 ㉛ 〈dāna(施)〉, ㉛ 〈darna〉〈調伏〉의 뜻에 의해서 해석함.

다(吒) ᴏ tha 悉曇四十二字門의 하나. 〔大智度論〕에서는 吒婆(梵 ⟨stambha⟩). 障礙의 뜻에 의해서 해석함.

다(茶) ॠ 梵 Dha 般若經에 說한 四十二字門의 最後의 梵字. 이 글자가 字母의 究竟이어서 이 字를 지내서는 다시 글자가 없으므로 南嶽은 이 42字를 빌어서 大乘의 42位를 表示, 阿字로 初住를, 茶字로 妙覺을 表하였음.
※般若經所說四十二字門之最後梵字 以此字爲字母之究竟越此字更無字也 故南岳假四十二字表大乘之四十二位 以阿字表初住 以茶字表妙覺 智度論四十八에「茶字門 入諸法邊竟處故不終不生 過茶無字可說 何以故 更無字故」又曰「波茶 秦言必 茶外更無字 若有者 是四十二字枝派」

다(馱) 梵 ⟨Dha⟩ 또는 達. 悉曇 五十字門의 하나.
※大日經所謂「馱字門一切法界不可得故」者 自 Dharmadhātu(法界) 釋之 文殊問經所謂「稱馱字時是七聖財聲」者 自 Dhana(財) 釋之.

다가(茶加) 梵 ⟨Dāka⟩ 鬼의 一種.

다가(馱迦) 動物. →迦蘭陀.

다가녀(茶加女) 梵 ⟨ḍākiṇī⟩ 다기니天.

다가류(多伽留) 香名. →多揭羅.

다각(茶角) 우리 나라 절에서 차 다리는 일을 맡은 소임.

다각탑(多角塔) 지붕이 여러모로 된 탑. 보통 6각 또는 8각의 탑을 말한다. 탑은 본래 佛舍利의 봉안소로 승려의 예배 대상이었다. 그런데 뒤에 불교신앙이 탑파 중심에서 가람 중심 즉 불상 중심으로 옮겨지자 탑은 사원의 장식물화하였다. 平昌 月精寺의 八角 九層塔은 이름 있는 다각 다층탑의 하나임.

다겁(多劫) 한없이 길고긴 시간. 劫은 梵語로 가장 오랜 시간을 이름.

다게라(多揭羅) 梵 ⟨Tagaraka⟩ 또는 多伽羅・多伽婁. 번역하여 木香相・不沒香. 夾竹桃科에 딸린 향나무의 一種. 학명: Tabernaemontana coronaria Br. 인도의 전지역에 널리 재배되고 특히 히마라야의 북서쪽에 많다. 줄기는 높이 六〜七척, 잎은 4〜5촌쯤 되고 긴 둥근꼴. 꽃은 순백색으로 향기가 짙다. 이 나무에서 짠 향수를 多揭羅香이라 함.

多揭羅香

다게라향(多揭羅香) 梵 ⟨tagara⟩ 根・不沒・木香・零陵香이라 번역. 多揭羅樹에서 取한 香料를 말하는 것.

— 580 —

다계경(多界經) 十八界・六十二界의 法을 說한 것. 中阿含四十七에 실려 있다.

다고(茶鼓) 行茶 或은 祝茶를 大衆에게 알리기 위하여 僧堂이나 法堂의 큰북을 치는 것. 옛날에는 法堂에 북 두개를 設하여 東北角에 있는 것을 法鼓라 하고 西北角에 있는 것을 茶鼓라고 하였다.

다구(多口) 多言과 같음. 말이 많음. 수다스러움.

다구마(茶矩磨) ⓢ〈Kunkuma〉鬱金香이라 번역함. 茶는 誤字이다. (最勝王經七)

다구아사(多口阿師) 阿는 助字. 수다스러운 사람을 이름.

다기(茶器) 부처님 앞에 맑은 물을 떠 놓는 그릇.

다기니(茶枳尼) ⓢ(dākiṇī) 胎藏界 曼茶羅 外金剛部院에 住하는 三天과 偃臥鬼의 총칭으로 大黑天에 屬하는 夜叉神을 말함. 印度에서는 通力으로 六個月前에 사람이 죽을 것을 알고 그 心臟을 먹으며 그 法을 修하는 者에게 通力을 얻음을 說하여 瑜伽行者로 信仰되었다.

다기니형상(茶枳尼形像) ⓢ〈Dākinī〉 印相과 種子에 대한 것은 大日經疏에 나오고 形像과 功德은 吒枳尼摠陀利經에 말하기를『그때 세존께서 寶座 위에 跏趺坐로 앉으셨다. (中畧) 이때 땅에서 白辰狐王이 솟아 나왔으니 그 形色이 흰 기러기처럼 밝고 깨끗하였고, 정수리에는 孔雀새가 나타났으며 목에는 宇頭孔珠를 달았다. (中畧) 부처님께서 말씀하셨다.「이제 이 모임에 한 보살이 나타났으니 이름은 辰狐王菩薩이다. 이는 貧(이 貧字는 觀字의 誤가 아닌지?) 自在菩薩의 生身인데 虛空天下三昧形에 六臂가 있어 六道의 衆生을 利롭게 한다」고 했음.

다길니(茶吉尼) ⓢ〈Dakini〉 또는 茶枳尼・拏吉儞・吒枳尼. 夜叉鬼의 한가지. 自在한 通力이 있어 六個月前에 사람이 죽을 것을 알고 그 사람의 心臟을 取하여 먹는다 함.
※使修其法者得通力云 是外道邪法之一種 囚門神供之一神也 慧琳音義三十五에「茶枳尼 梵語 則鬼之總名 能魅人與人通者也」大日經疏四에「茶吉儞 世間小術 亦於此門攝受之」大日經四에「伸三昧手以覆面門爾賀嚩觸之 是諸茶吉尼印 眞言曰 頡履訶」大疏十에「茶吉尼眞言 此是世間有造此法術者亦自在呪術 能知人欲命終者 六月即知之 知已 即作法取其心食之 所以爾者 人身中有黃 所謂人黃猶牛有黃也 若得食者 能得極大成就 一日周遊四域隨意所爲 皆得 亦能種種治之 有嫌者以術治之極令病苦 然彼法不得殺人 必依自計方術 人欲死者去六月即知之 知已 以術取其心 雖取其心然有法術 要以餘物代之 此人命亦不終 至合死時方壞也 毘盧遮那以降三世法門化作大黑神 具大威力 以灰塗身 於曠野中作法悉召茶吉尼輩

而阿責之 以汝常殺人故今當食汝 以方便示彼衆呑之 彼等怖畏咸歸命佛 然後放之制令斷肉 我白佛言 我若不食肉者如何自濟 佛言聽汝食死人心 彼言 人欲死時諸大藥叉等知彼命終爭來欲食 我云何得之 佛言聽於六月內以呪法加持之 至命終時聽汝取食 爲調彼衆令入佛慧故 說此眞言也 眞言曰訶利訶」 義釋七에 「賀是因義以一切法皆因心有故今以羅字門食之名爲唅食人心 更加傍點故永滅心垢 住大涅槃也」 大疏十四에 「舒左手覆掩口 以舌觸掌 卽茶吉尼印也」 演密鈔九에 「茶吉尼 是夜叉趣攝 能以自呪術盜取人心食之」 摩訶迦羅天之法爲調伏此茶吉尼也.

다길니법(茶吉尼法) 茶吉尼는 원래 通力이 있는 一種鬼神. 이 法을 成就하면 그 사람도 또한 神通力을 얻는다 하여 印度의 外道가 흔히 이 法을 닦음.

※而眞言密敎爲攝受彼外道謂佛亦說此 然支那傳譯之經軌中未有此 日本盛行此法 且出種種之經軌 而以狐精爲其體其經軌如阿羅婆沙曩吒枳尼經 相歡陀羅尼經 刀自女經 神驗呪王經 辰狐本因緣經 吒枳尼旃陀利王經等 無一在大藏中也.

다나(陀那) ① 梵 〈Dana〉 또는 檀檀那, 번역하여 布施. 六波羅蜜의 하나. ①量目의 이름. 一銖라 번역함.(大乘法數二) ②阿陀那(Adàna)의 약칭. 阿賴耶識의 다른 이름.

다나(馱南) 梵 〈Dhyāna〉 定名七種의 하나. 또는 馱演那·馱那·演那·禪那 번역하여 靜慮·思惟修라 함.

※俱舍寶疏二十八에 「馱南 此云靜慮 馱那舊云禪那訛也」 了義燈五本에 「四云馱那演那 此云靜慮」 瑜伽倫記四上에 「四云馱衍那 此云靜慮 舊云禪義不正也 或云持阿那訛也」 俱舍光記二十八에 「印度造字聲明論中有字界字緣 審慮梵云振多 是字緣 於振多義中置地界故 地是梵音 復以餘聲明法助此振多義地界變成馱南 馱南此云靜慮 舊云禪或云禪那 或云持阿那 皆訛也」

다나가타(陀那伽他) 梵 〈Dānagāthā; Dakṣiṇāgāthā〉 舊稱 噠嚫伽陀. 施主에게 報答하는 說法. 또는 特欹拏伽陀·陀那·特欹拏라 하며 모두 施與한다는 뜻. 伽陀는 頌. →噠嚫.

다나급다(陀那笈多) 梵 〈Dhanagupta〉 兒童의 이름. 번역하여 寶護.(阿育王經八)

다나라(陀那羅) 梵 〈dinara〉 로마의 貨幣 denarius에 相當하는 金貨를 말함.

다나바(陀那婆) 梵 〈Dānavat〉 神名 有施라 번역함.

※慧琳音義二十五에 「陀那婆神 陀那此云施 婆言有 此神得有施名」

다나발지(陀那鉢底) 梵 〈Dānapati〉 번역하여 施主.

※寄歸傳一에 「梵云陀那鉢底 譯爲施主 陀那是施 鉢底是主 而云檀越者 本非正譯」

다나연나(馱那演那) 梵 〈Dhyana〉 번역하여 靜慮. →馱南.

다년인사(多年人事) 多人事와 年人事의 일로 叢林의 四節中 冬至와

年朝에 있는 行禮를 말함.

다념(多念) 念은 念佛의 뜻. 南無阿彌陀佛을 많이 念誦하는 것. ↔一念.

다다(多多) 梵〈tata〉아버지. 日本 등지에서 많이 使用되며 親愛한다는 뉴앙스가 포함되어 있음.

다다갈다(陀多竭多) 梵〈tathagata〉 번역하여 如來.

다다바화(多跢婆和) 多跢와 婆和의 倂稱. 多跢는 小兒가 步行을 익히는 것. 婆和는 말을 배우는 것을 말함. 즉 小乘의 三藏敎는 원래 大를 爲한 것이 아니며 大의 座에 있다 할지라도, 그 說法은 小兒가 걸음마를 익히고 말을 배우는 것에 지나지 않음에 비유한 말.

다다지(拖拖地) 拖拖는 가는(行) 모양, 地는 形容詞에 붙어서 語勢를 强하게 하는 助字. (碧巖錄)

다다파(多茶簸) 遠離라 번역함. 四諦 가운데 滅諦를 말함. (可洪音義 十五下)

다당(茶堂) 禪林에서 法堂의 뒤 寢堂 앞에 위치하여 住持가 行禮하는 곳. 즉 方丈을 말함. (象器箋二)

다도(馱都) 梵〈Dhāta〉번역하여 界·體·性·事物의 固有한 自體를 말함. 事物에는 각각 界畔이 있어 自性을 지니고 있다는 뜻. 또는 如來의 舍利를 말함. 이는 金剛不壞의 身界가 그 實體가 되기 때문이다.

또는 達嚃馱都. 번역하여 法界法體 라 하며 다만 뜻은 같음.
※玄應音義二十五에 「馱都謂堅實也 此亦如來體骨 舍利之異名」 慧琳音義八에 「馱都此云法界 界體也」 俱舍光記八에 「身界梵曰馱都 卽佛身體也 亦名室利羅(Sarira) 唐言體 佛身體也 舊云舍利訛也」

다두(茶頭) 禪林에서 차(茶)를 다리는 소임.

다두행자(茶頭行者) 茶頭를 따라서 用務를 다하는 역할의 사람.

다라(多羅) ① 梵〈Tārā〉또는 咀囉 번역하여 眼·眼瞳·妙目精·瞳子 라 함. 觀音의 눈에서 나온 女身의 菩薩名. 胎藏界 曼多羅觀音院의 一尊. 형상은 청백색으로 中年의 女人像. 두손을 합장하고 羯磨衣를 입은 菩薩. 이 菩薩을 本尊으로 하고 修法하면 出産에 효험이 있다고 한다. ② 梵〈Tāla〉多羅樹의 약칭. 번역하여 岸樹·高竦樹라 함. 이 나무의 모양은 棕櫚와 같고 가장 큰 것은 七·八十尺이나 됨. 과일은 붉고 큰 것은 石榴와 같다.

다라(陀羅) 山名. 陀羅는 持의 뜻. 中國말로 雙持山이라 함.

다라경피(陀羅經被) 淸나라의 制度에 大臣이 죽으면 王이 陀羅經被를 下賜한다. 被는 흰 비단으로 만들며 위에 藏文佛經을 印書하되 글자는 金色으로 씀.

다라과(多羅果) 그 과일은 石榴와

같으며 먹을 수 있다.
※玄應音義二十四에「華白而大 若捧兩手 果熟卽赤 狀如石榴 生經百年方有華果 舊言貝多訛也」

다라나(陀羅那) 梵 〈Dharana〉 夜叉의 이름. 持라 번역함. (孔雀王呪經上)

다라니(多羅尼) →塔多羅尼.

다라니(陀羅尼) 梵 〈Dhārani〉 陀羅那·陀鄰尼로도 表音. 作持·總持·能持·能遮 등으로 意譯. 善法을 모두 지녀서 散失되지 않게 하므로 總持 能持. 惡法을 막아서 일어나지 않게 하므로 能遮다. 陀羅尼의 힘의 作用을 四種으로 나눠서 말하니 ①法陀羅尼 또는 聞陀羅尼(佛의 說法을 듣고 지녀서 잊지 않으므로) ②義陀羅尼(諸法의 義를 모두 지녀서 잊지 않으므로) ③呪陀羅尼(禪定에 依하여 發한 秘密語로서 不思議한 神驗이 있으므로) ④忍陀羅尼(法의 實相에 安住함을 忍이라 하는데, 陀羅尼가 能히 이를 成就시키므로)라 함. 흔히 梵文의 짧은 것을 眞言 또는 呪라 하고, 긴 것을 陀羅尼 또는 大呪라 함.

다라니경피(陀羅尼經被) 이는 密宗의 聖品이다. 淸나라 때 王公과 大臣들이 임금의 뜻을 받들어 賞으로 使用하던 것으로 특별한 禮遇로 여겼다. 이 이불에는 두루 梵文의 密呪를 印書하고 該宗의 高僧이 法대로 加持하여 死者에게 덮어 씌워주면 不可思議한 功德이 있다고 하였다. 이 이불은 흰 비단으로 만듦.

다라니구경(陀羅尼句經) 持句神呪經의 다른 이름.

다라니문(陀羅尼門) 印度佛敎史의 後期인 密敎時代(800~900)에 結集한 經典 등을 말함. 또는 陀羅尼를 讀誦하고 實踐하는 것.

다라니문제부요목(陀羅尼門諸部要目) 一卷. 唐 不空의 번역. 諸部要目이라 약칭함. 眞言諸部에서 그 要義를 列記한 것.

다라니삼매(陀羅尼三昧) 梵 〈Dhāranisamadhi〉 無量한 陀羅尼를 發하는 禪定의 이름.
※智度論四十七에「得是三昧力故 聞持等諸陀羅尼皆自然得」

다라니삼중배석(陀羅尼三重配釋) 守護經 一에 廻向陀羅尼가 있으니 密敎의 深義에 근거하였다. 이 陀羅尼 三字를 三世의 佛·三世의 父母와 地·空·天의 三神에 配對하여 廻句供養하는 것.

다라니인(陀羅尼印) 四種陀羅尼 가운데 忍陀羅尼法의 印. 忍은 實相의 理에 安住한다는 것.
※大乘之深經皆以此陀羅尼印印之 維摩經法供養品에「陀羅尼印印之」註「什曰總持有無量 實相卽總持之一 若經中說實相 實相卽是印 以實相印封此經則爲深經」

다라니잡집(陀羅尼雜集) 十卷. 撰者未詳. 또는 陀羅尼集·雜呪集·陀羅

尼品集. 諸經中에서 陀羅尼와 그 功德에 關하여 說한 것을 編集한 것.

다라니장(陀羅尼藏) 六波羅蜜經에서 說한 五藏의 하나. 眞言陀羅尼의 法藏으로 五藏 가운데서 이것이 가장 殊勝한 敎法이 되며 이것에 의거하여 眞言宗을 세움.

다라니조(陀羅尼助) 本來 僧侶가 陀羅尼를 誦할 때에 睡眠을 막기 爲하여 입에 물고 있던 물건.

다라니주(陀羅尼呪) 梵文 그대로의 간단한 문구. 모든 佛·菩薩의 禪定으로부터 생겨난 眞言.

다라니집경(陀羅尼集經) 梵 〈dharani Samuccaya〉 十二卷. 唐 阿地瞿多의 번역. 또는 集經. 諸尊의 陀羅尼印法 등을 類聚한 것. 佛部·菩薩部·金剛部·天部·普集會壇法 五種類로 나뉘어 있음.

다라니품(陀羅尼品) 法華經의 品名. 第八卷에 있다. 그 내용은 藥王菩薩과 四天王·十羅利女 등이 각각 經을 護持하는 것을 說한 神呪.

다라니형(陀羅尼形) 如來의 萬德이 輪肉具足한 摠持身을 말함.

※義釋十三에「陀羅尼形者 謂總成向來 眞言輪 而以爲身 卽總普門身也 由住此總持身故 於一切衆生前 示所喜見身 說所稱機之法 無有差謬 同入佛智也」

다라라(多羅羅) 仙人의 이름. 慧琳音義二十六에「陀羅羅仙은 何羅羅라고도 하며 古音에 無翳仙이라」하

였음.

다라보살(多羅菩薩) 多羅는 梵〈tārā〉 또는 多利 번역하여 眼·妙目精·救度라 함. 혹은 多羅尊·多利尊·多羅觀世音. 胎藏界曼茶羅觀音院의 內列 觀自在菩薩의 西쪽에 안치한 菩薩.

多羅菩薩

다라보살만다라(多羅菩薩曼茶羅) 大方廣曼殊室利經에「多羅菩薩曼茶羅는 四方三院이라 하였음. 먼저 中胎에 釋迦牟尼佛이 寶師子座에 앉아서 說法하는 相을 그리고 右邊에는 觀自在菩薩이 蓮華上에 앉아서 合掌하고 위를 우러러보며 白蓮華를 지니고 몸은 白紅色의 瓔珞으로 꾸미고 머리에는 寶冠을 쓰고 왼쪽은 흰 神索을 둘렀으며 左邊에는 金剛藏菩薩을 그리고 左手에 金剛杵를 가졌으며 몸은 엷은 綠色의 빛깔을 띔.

※於釋迦如來帥 子座下畫蓮華池 於其池中 有妙寶蓮華 作赤光色 如紅玻璃放

大光明 其蓮華中坐多羅菩薩 左手持靑
蓮華 右手仰安臍上 如坐禪勢 眼亦如
是 嚴飾瓔珞 披紗縠朝霞衣 怡然而住
(云云)

다라불발(多羅佛鉢) 四天王이 釋迦
牟尼佛에게 供養하는 鉢.
※長水金剛纂要刋定記에 「梵語鉢多羅
此云應量器 是過去維衛佛鉢 龍王將在
宮中供養 釋迦戍道 龍王送至海水上
四天王欲取 化爲四鉢 各得一鉢 以奉
如來 如來受已 重疊四鉢在左手 以右
手按之 合成一鉢」

다라수(多羅樹) →多羅.

多羅樹

다라야등릉사(多羅夜登陵舍) 三十三
이라 번역함. 天名.

다라엽(多羅葉) 貝多羅葉의 약칭.
印度에서 經文을 새기는 樹葉.

다라장(多羅掌) 葉末을 끊어버리고
그 밑동으로 부채를 만든 것.
※瑜伽倫記七上에「多羅掌者 西方有一
樹 葉狀似棕櫚 截去葉頭 但留其掌 亦
得扇凉」

다라존관음(多羅尊觀音) 三十三觀音
의 하나. 구름 위에 서있는 관음.

多羅尊觀音

다라표(陀羅驃) ① 梵 〈Dravya〉 번
역하여 主諦・所依諦・六句義・實
句義라 함. 勝論(印度六派哲學의
하나)에서 세운 六諦의 하나. 地・
水・火・風・空・時・方・神(또는
義)・意 九種의 實法, 이 九法은
一切物의 主가 되므로 主諦라 함.
② 人名. 巴 〈dabha〉 또는 蹈蕩驃・
達羅弊・陀驃・陀婆. 번역하여 茅
草・物・實이라 한다. 達囉弊夜摩
羅弗多囉・陀蕩毘夜備邏婆分弗多羅・
陀蕩毘耶摩羅・陀羅婆摩羅・陀羅驃
摩羅子・捺羅摩余末羅子・陀驃摩羅
子・沓婆摩羅子・闍婆摩羅子의 약
칭. 또는 羅驃力士子・陀婆力士子・
實力士라 일컬음. 佛弟子의 한분.

다라한관(多羅閑管) 多羅는 修多羅
의 약칭. 十二分敎 가운데 契經을
말함. 閑管은 等閑한 管見으로 經
文을 等閑히 보는 것. 즉 經文의

본 뜻은 모르고 經의 文字言句만 보는 것을 꾸짓는 말.

다령(多齡) 梵〈Trailokyavijaya〉 多齡路迦吠闍也의 약칭. 降三世明王의 梵名.
※秘藏寶鑰上에「多齡三竭無明之波洞」

다령로가(多齡路迦) 明王. 降三世明王의 범어 약칭.

다령로가야(多齡路迦也) 明王. 降三世明王의 범어 약칭.

다령로가야폐사야(多齡路迦也吠闍也) 또는 帝隷路迦也. 吠闍也 帝隷는 三, 路迦也는 世, 吠闍也는 降의 뜻이니 즉 降三世明王을 이름.
※大日經疏十에「帝(入聲)隷(二合)路迦 (二合此是三世也) 吠闍也 (此是降勝之義也)」

다례(茶禮) 禪林에서 행하는 點茶의 예식. 點茶하여 相見의 禮를 행함을 말한다. 所謂方丈特爲新首座茶·新首座特爲後堂大衆茶·住持垂訪頭首點茶·兩序交代茶·入寮出寮茶·頭首就僧堂點茶·方丈特爲新掛搭茶·新掛搭人點入寮茶·方丈四節特爲首座大衆茶·庫司四節特爲首座大衆茶·前堂四節特爲後堂大衆茶·且望巡堂茶·方丈點行堂茶·庫司頭首點行堂茶 등임.

다론(多論) 또는 薩婆多論. 薩婆多毘尼毘婆娑의 다른 이름.

다륜낙이(多倫諾爾) 梵〈Dolonnor〉 蒙古名「七湖」의 뜻. 內蒙古의 自治區. 察哈爾盟의 東南部에 있는 都市의 이름. 또는 多倫泊이라 하며 여기에 喇嘛寺가 있어 俗語로 喇嘛廟(Lamamiao)라고도 한다. 河北省北京市의 北方 260Km 地點 熱河省 承德市의 西北 150Km 河北省張家口市의 南北 220Km에 位置하며 上都河의 一支流에 沿한 東西 1,000Km 南北 2,5km의 商業都市.

다리(多利) 中年의 女人. 梵語로 現圖의 多羅尊을 말함.

다리니(陀隣尼) 陀羅尼와 같음.

다리니발(陀隣尼鉢) 梵〈dhāraṇi-pada〉 陀隣尼는 陀羅尼. 鉢은 鉢吒의 줄인 말. 陀羅尼의 語句를 말하는 것.

다리니발경(陀隣尼鉢經) 一卷. 東晋 曇無蘭의 번역. 陀羅尼經과 聖最上燈明如來陀羅尼經과는 同本임.

다마(多摩) 梵〈tamas〉 산갸―哲學에서 말하는 翳質.

다마(陀摩) 陀摩는 秦나라 말로 善이라 함. (智度論四十八)

다마(䭾摩) 達磨와 같음. 法이라 번역함.
※智度論四十八에「䭾摩秦言法」

다마라발(多摩羅跋) 梵〈Tamāla-pattra〉 香草의 이름.
※玄應音義一에「多摩羅跋香 此云藿葉香」慧琳音義三에「多摩羅跋 香名也 唐云藿香 古云根香 訛也」嘉祥法華義疏八에「多摩羅跋者 藿葉香名 此云芬香也」

다마라발전단향불(多摩羅跋栴檀香佛)
㉦ 〈Tamāla-bhadra〉 佛名. 多摩羅跋은 性無垢賢이라 번역함. 性無垢賢은 栴檀香佛로 즉 栴檀을 形容한 말.
※法華玄贊七에「多是性義 阿摩羅是無垢義 聲勢合故 遂略去阿字 跋陀羅是賢義 略但云跋」

다마라발향(多摩羅跋香) 多摩羅跋은 ㉦ 〈tamala·pattra〉 번역하여 藿葉香·藿香·芬香. 香의 이름.

다마라발향수(多摩羅跋香樹) 多摩羅跋은 ㉦ 〈tamālapatra tamālapattra, tamāla, tamālaka, tama〉 또는 多摩羅라고도 함. 樟科의 一種. Cinnamomum niti-dum

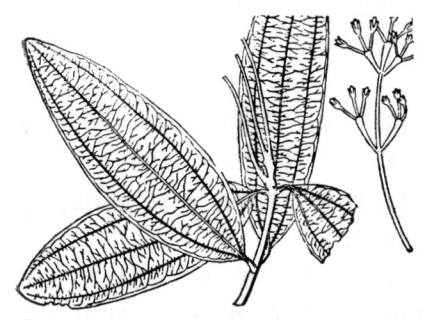

多摩羅跋香樹

다마라향벽지불(多摩羅香辟支佛) ㉦ 〈Tamālapātrā-prātyekā-buddhā〉 또는 多摩羅跋怛囉鉢囉底曳計母駄 曼茶羅釋迦院 中尊의 北方外列 第三位에 奉安한 一尊.

多摩羅辟支拂

다말(茶末) 禪林에서 쓰는 말로 茶를 가루로 만든 것. 즉 末茶. (象器箋十七)

다멱비니(多覓毘尼) 敎團의 裁判에서 公開·半公開·秘密의 세가지 投票에 依한 多數決.

다명구(多名句) 顯敎가 槪念的으로 唯一의 眞理를 表明하려고 名字와 文句를 使用함을 말함. 또 密敎에서는 一存在에 無量한 뜻을 包含하고 있으므로 한 字의 單語 안에 모든 뜻이 壓縮되어 있다 함.

다문(多聞) ㉦ 〈baha-srata〉 法文을 많이 듣고 受持하는 것.
※維摩經菩薩品에「多聞是道場 如聞是行故」圓覺經에「末世衆生 希望成道 無令求悟唯益多聞 增長我見」

다문강식(多聞强識) 가르침을 많이 들어서 學識이 풍부하다는 뜻.

다문견고(多聞堅固) 五堅固의 하나. 佛滅後 第三 五百年을 多聞堅固의

時期라 함.
다문경(多聞慶) 妙法을 많이 듣고 마음에 歡喜가 生함.
 ※大疏八에「由多聞此法 行與法契 是大慶 故曰多聞慶」
다문광학(多聞廣學) 多聞은 부처님의 가르침을 많이 듣고 깨달은 사람. 廣學은 博學한 者.
다문부(多聞部) 小乘 二十部의 하나 佛滅후 200年頃 大衆部에서 갈라진 한 派. 部主의 德을 쫓아 일컫는 말.
 ※宗輪論述記에「廣學三藏 深悟佛言 從德爲名 名多聞部 當時律主具多聞德也」
다문분별부(多聞分別部) 說假部의 다른 이름.
다문실(多聞室) 多聞天의 宮殿.
다문장(多聞藏) 多聞한 庫藏.
 ※經四十四에「是故我稱阿難爲多聞藏」
다문제일(多聞第一) 阿難을 十大弟子 가운데서 多聞第一이라 함.
 ※增一阿含經三에「知時明物 所至無疑 所憶不忘 多聞曠遠 堪任奉上 所謂阿難比丘是」楞嚴經一에「阿難見佛頂禮 悲泣 恨無始來一向多聞 未得道力」
다문천(多聞天) 梵〈鞞舍羅摩拏＝vaisya-mana〉 또는 毘沙門天・北方天・北方의 守護神으로 聖天에 다음가는 最高神이며 恒常 如來의 道場을 守護하며 說法을 들으므로 多聞天이라 함. 몸에는 七寶의 甲冑를 著用하고 右手는 허리를 잡고

左手에는 창을 들었으며 恒常 須彌山 중턱에 있는 第四層 水晶宮에 住하여 많은 夜叉를 거느리고 있다함. 四天王中의 한분.
다바(馱婆) 번역하여 奴. →無備馱婆.
다바야(馱縛若) 梵〈Dhvaja〉 번역하여 幢・縛은 흔히「바」라 읽음.
 ※大日經疏九에「梵云馱縛若 此翻爲幢 梵云計都 Kertu此翻爲旗」
다반(多般) 般은 事物을 헤아릴 때 쓰는 말. 多般은 多種과 같음.
다발(多髮) 梵〈kesini〉 羅刹女의 一種. 머리털을 가지고 있다는 뜻.
다방(茶牓) 點茶가 行하여지는 취지를 대중에게 알리기 위해 게시하는 걸어놓는 패(札). (禪苑淸規)
다백유선나(多百踰繕那) 梵〈yojana〉 踰繕那는 距離의 單位. 數千里.
다보불(多寶佛) 多寶라 이름하는 佛.
다보여래(多寶如來) 梵〈Prabūtaratna〉 東方寶淨世界의 敎主. 보살로 있을 때에 내가 成佛하여 滅度한 뒤에 十方世界에서 法華經을 說하는 곳에는 나의 寶塔이 솟아나와 그 說法을 증명하리라고 서원한 부처님. 과연 釋尊이 靈山에서 法華經을 說할 때에 땅속에서 多寶塔이 솟아나고 그 탑 가운데에서 소리를 지르며 釋尊의 설법이 참이라고 증명하였다 함.
 ※見多寶塔條 智度論七에「有諸佛無人請者 便入涅槃而不說法 如法華經中多

多寶如來

寶世尊 無人請故 便入涅槃 後化佛身
及七寶塔證說法華經故一時出現」

다보탑(多寶塔) ①多寶如來의 舍利塔. 釋尊이 靈鷲山에서 法華經을 說할 때에 多寶如來의 眞身舍利를 모셔 둔 탑이 땅밑에서 솟아 나오고 그 탑속에서 소리를 내어 석존의 설법을 찬탄하고 증명하였다고 한다. ②屋蓋아래 상층을 붙인 단층의 탑. 옛날에는 3층으로 되어 아래 층에는 釋迦·多寶 두 부처님을 모시었으나 후세에는 단층으로 둥근 보탑 위에 옥개를 얹은 것을 말한다. 중국에서는 開元 20 (732)年에 縣의 동남쪽에 처음으로 세웠다. 우리 나라에서는 景德王10 (751)年에 金大成이 佛國寺에 세웠다. 신라시대 탑의 대표작으로 국보 제 20호로 지정되다. 日本에서는 空海가 高野山에 세운 것이 그 처음임.

다보탑비(多寶塔碑) 唐나라 西京에 있는 千福寺의 僧 楚金의 舍利塔.
※天寶間敕建 碑文爲顔眞卿書 爲其中年筆法之最整齊而圓健者 世稱董香光書實得力於此碑 蓋顔書師褚登善 董由顔以學褚 此碑最有蹊徑可窺也 淸嘉道間館閣書體 習此者甚多 當時有處處顔多寶之謠 則但取其結構之嚴整而已 賞鑒家以鏊井之鏊字未泐損者爲最初拓本.

다비(茶毘) ㉕〈jhapita〉또는 闍毘·闍維·闍鼻·闍鼻多·耶維耶旬. 번역하여 焚燒라 한다. 火葬이란 말과 같음. 僧侶가 죽어 그 尸身을 불사르는 것.
※西域記六에 「涅曇毅那(Nirdhāpana) 唐言焚燒 舊云闍維 訛也」

다비라(陀毘羅) ㉕〈Davila; Damils; Dravila〉또는 陀毘茶·達羅毘茶·達羅弭茶·南印度에 있는 나라 이름. 그 나라 말은 呪語로서 심히 理解하기 어려움.
※西域記十에 「達羅毘茶國 南印度境」 瑜伽論九에 「達羅弭茶種種明呪」 同伦記九下에 「景云 南天竺東南海渚有一師子國 名達羅弭茶(中略)測云 舊論云陀彌國書 舊釋云 是鬼國所發語言 不可解了」本行集經十一 列六十四書 中有「陀毘茶國書」大部補註十一에 「婆沙云 一天王作是念 若佛爲我作陀毘羅語 說四諦者我則能解.

다비법(茶毘法) ㉕〈Thāpita〉 시체를 火葬하는 佛敎式 葬法. 闍毘法 闍維法. 闍鼻多法 焚燒法이라 함.

다비소(茶毘所) 火葬터.

다비장(茶毘葬) 火葬. →茶毘.

다삭가(駄索迦) ㉛〈Dasaka〉 번역하여 奴. (玄應音義二十三)

다산(多散) 散亂한 妄念이 많다는 뜻.
※天台四教儀集註中에「多散衆生數息觀」

다상(多常) 百濟의 승려. 일본에 歸化 僧醫가 되고 불도를 닦으며 많은 환자를 치료하여 이름을 떨쳤다. 일본의 本朝高僧傳을 보면 僧多常은 백제 사람으로 神功皇后 때에 和州 高市에 있는 法器寺에 와서 大藏經 神呪를 의위 중생을 제도하는데 전념하였다는 기록이 있음.

다생(多生) 여러 생을 말한다. 六道를 윤회하면서 수많은 생을 받은 것.
※教行信證序에「强誓弘緣 多生回値」

다생광겁(多生曠劫) 여러 生을 받으며 오랜 시간을 지남.

다생방계(多生芳契) 여러번 生을 받은 過去世의 꽃다운 情緣.

다년(茶筅) 茶 다릴 때 所用하는 器具의 하나. 茶末(가루차)을 끓는 물에 탈때 잘 溶解되도록 저어주는 箒形으로 된 竹製品.

다설어(多舌魚) 毘留離王의 惡使를 도와 釋種의 梵志를 滅하는 것을 苦母 또는 姑苦라 한다. 이 梵志를 前世에 多舌魚라 하며 항상 同類에게 害를 가했다 함. (毘琉璃)

다성(多性) ㉛〈bahutva〉 數가 많은 것. 많은 數.

다소(多少) ①多少間의 약칭. 多는 많다. 少는 적다의 뜻으로 量을 나타낸다. ②많다는 뜻. 少는 助詞.

다스(Das, Babu Sarat Chandra) (？～1917) 印度의 佛教學者. 벵갈(Bengal)의 사람. 1882年 英國政府의 命에 依하여 北京을 經由하고 西藏拉薩에 들어가서 사꺄(Sa-Skya) 미라랫파(Mi-la-ras-pa) 宗略巴(Tson-Kha-pa) 등 諸師의 傳記 등을 研鑽하고 歸國하여 1888年부터 1894年까지 비댜푸산(Harimo)과 協力하여 迦濕彌羅의 詩人 크슈맨드라(Ksen-ndra) 譬喩集(Ava-dana-kal)의 梵藏原文을 校正出版(Bibliotheca-Indice)함. 그외 多量의 著書가 있음.

다시(多時) 몇번이나. 몇차례나. 佛法을 많이 듣는다는 뜻.

다심경(多心經) 즉 心經. 般若波羅蜜多心經의 약칭. 唐 玄奘의 번역. 一卷. 살피건대 心經을 多心經이라 함은 世俗의 그릇된 일컬음이다.

다아(多我) ㉛〈atman〉 많이 있다는 뜻.

다아라(多誐羅) ㉛〈tagara〉 향나무의 一種.

다아마라발다라(多阿摩羅跋陀羅) ㉛〈Tamra patta〉 藿葉香. 赤銅葉으로 번역됨. 풀의 一種.
※名義集三에「多此云性 阿摩羅此云無垢 跋陀羅此云賢 或云藿葉香 或云赤銅葉」

다야난다사라스바티(1824～1883)

〈Dayananda Sarasvati〉 近代 印度敎의 改革者. 1824년 그 자라트의 파라몬族 부호가에서 출생 20세에 出家, 1875년 革新的宗敎結社 아아리야·사마지 Ārya Samāj를 創設, 당시의 인도교의 形式化와 因習을 痛感하고 無批判的인 西歐化 傾向과 기독교 受容을 배척하고 베다聖典을 존중하여 一神敎를 說하여 民族回歸의 復古精神을 제창하였다. 正統 파라몬思想에 입각한 部分的 改革으로 시작하여, 男女人權의 平等·離婚·寡婦의 再婚承認·幼兒結婚 嚴禁·敎育의 普及 등 社會改革으로 印度의 民族的 反省과 自覺에 크게 기여하였다. 그의 死後 進步的인 大學派와 保守的인 榮食派의 二派로 분리되었음.

다약(茶藥) 行茶할 때에 곁들이는 點心을 말하는 것. 行茶할 때에 餠과 菓子 등 點心에 필요한 食物이 따르는 것이 一般化 되어 있다 함.

다어비니(多語毘尼) 七滅諍法의 하나. 僧團內에 諍論이 오래도록 그치지 않을 때에 講을 하여 是非를 多數에 依하여 決定하는 規定. 多人語毘尼·多人覓罪相毘尼·多覓毘尼.

다언(多言) 複數로 된 말. 반드시 三個以上의 말로 된 것을 말함.

다연(多緣) 많은 宿緣. 緣이 많음.

다연나(駄衍那) ㉱〈Dhyana〉 또는 駄那演那. 駄南. 번역하여 靜慮라 함. →靜慮.

다예삼할(多隷三喝) 多隷는 ㉱〈多隷路迦吠闍=Trailokya-vijaya〉 즉 降三世明王의 약칭. 이 明王은 세 번 吽字를 부르고 衆生三毒의 煩惱를 降伏하므로 이를 중히 여긴다.

다옥(多屋) 宿房. 宿所와 같은 뜻으로 寺院의 境內에 세운 參詣者의 宿泊所, 이것을 관리하는 중을 多屋坊主라 한다. 獨立된 家屋이므로 他屋이라 하며 뒤에 長屋과 같이 連하여 지었으므로 多屋이라 함.

다왕(吒王) 罽膩吒王의 略稱. 月支國王으로 栴檀罽膩吒王을 말함. →罽膩吒王.

다위(多爲) ㉠〈Kamma〉 일이 많다는 뜻. 많은 일.

다유병(多乳餠) 牛乳와 雪糖을 넣어서 만든 떡을 말함.

다유족성가(多遊族姓家) 聖者의 地位에 이르는 階位의 하나로 預流와 一來의 中間의 자리. 天界와 人界에 태어나기를 二·三回 返復하는 사이에 涅槃의 地位에 達하는 것.

다인멱죄(多人覓罪) 여러 사람의 判斷에 依하여 罪를 定하는 法.

다인어(多人語) 多數決. 七滅諍法의 하나. 敎團에서 多數決에 依하여 判決하는 것.

다일식(多一識) 또는 一切一心識. 十識의 第九. →十識.

다자(多子) 「無多子」는 大端한 일이

없다는 뜻.
다자(多字) ㉦ 〈ta-kara〉 많은 글자.
다자탑(多子塔) ㉦ 〈Pahuputraka〉 中印度 毘舍離城 西北쪽에 있던 塔 이름. 이 塔에 대해서는 여러가지 傳說이 있다. ①옛적에 어떤 나라 임금의 부인이 卵胎를 낳자, 상서 롭지 못하다고 하여 恒河에 던져버 렸다. 그 卵胎를 下流의 어떤 국왕 이 주워서 마침내 아들을 삼았다. 아들이 자라서 上流로 쳐들어가다 가 이 塔에서 그 어머니를 만나게 되어 그 땅이 부모의 나라임을 알 고 무기를 버리고 싸움을 중지하 였다고 한다. (佛國記) ②부처님이 석달 뒤에 入滅하겠다는 예언을 이 탑 근처에서 하였다고 傳한다. (西域記 7) ③부처님이 일찌기 이 탑 앞에서 설법하실 때에 迦葉尊子가 누더기를 걸치고 뒤늦게 참석하자 부처님은 앉았던 자리를 나누어 그 를 앉게 하였다고 한다. 三處傳心 가운데 하나. (六祖壇經) ④王舍城 의 어떤 長者의 아들 딸 각 三十명 이 辟支佛을 證得하였을 때에 그 권속이 그들을 위하여 세운 탑이므로 多子塔이라 한다. →祖庭事苑八.
다자탑전분반자(多子塔前分半座) 多子塔.
다장(多障) 과거에 지은 악업의 障 碍가 많은 것.
※天台四敎儀集註中에「多障衆生念佛觀」
다장(茶狀) 點茶에 초청하는 書狀.

다재귀(多財鬼) 많은 飮食을 먹는 餓鬼. 이에는 希祠鬼·希棄鬼·大 勢鬼의 三種이 있음.
다조탑사견고(多造塔寺堅固) 부처님 의 이익을 얻는 道로서 많은 塔과 절을 짓는 것.
다족(多足) 지네(蜈蚣) 등과 같이 발이 많은 有情.
※心地觀經二에「無足二足及以多足衆生 中尊」 瑜伽論八十三에 「無足有情者 如蛇等 二足有情者人等 四足有情者如 牛等 多足有情 如百足等」
다족중생(多足衆生) 지네 따위와 같 이 여러 발을 가진 중생. ↔兩足衆 生.
다증도장경(多增道章經) 長阿含十報 法經의 다른 이름.
다진(多瞋) 瞋恚가 많은 마음.
※天合四敎儀集註中에「多瞋衆生慈悲觀」
다채(茶菜) 쓴 나물을 구비한 食事.
다천(陀天) 茶吉尼天.
다체(多體) 多數의 實體.
※楞嚴經一에「汝覺了能知之心若必有體 爲復一體 爲有多體」
다층탑(多層塔) 佛塔의 한 양식. 탑 을 쌓을 때 여러 층계를 이루어 쌓 은 탑. 한국에서는 3·5·7·9·13층의 다섯 가지의 양식이 있었다. 3층탑 으로는 경주 불국사의 釋迦塔이 가 장 훌륭하여 세계적 자랑거리이며, 五層塔으로는 扶餘 定林寺 五층석 탑과 法住寺 목조 五층탑이 유명하 다. 七層塔으로는 安東의 塼塔과

芬皇寺의 模塼石塔(현재 3층만 남아 있음)이 유명하며, 九층탑으로는 皇龍寺의 목조탑이 가장 아름다와 신라 三寶의 하나 였다고 하는데 몽고 침입때 불타버렸다. 十三층탑으로는 서울 파고다 공원 圓覺寺趾에 있는 대리석 석탑이 있다.

다타(多他) 범〈Jathā〉 또는 多陀, 번역하여 如滅이라 함.
※智度論四十八에「多他 秦言如」可洪音義十五下에「多哑也 此云滅諦 或作多簸 或作蹰部」

다타가다(多陀伽度) 범〈tathagata〉如來.

다타갈(多陀竭) 如來라 번역함. → 多陀阿伽度.

다타아가도(多陀阿伽度) 범〈Tathāgata〉 또는 怛闥阿竭・多陀阿伽陀・多陀阿伽駄・怛他蘖多・怛他蘖多夜・多陀竭・怛薩阿竭. 번역하여 如來. 또는 如去라 함.
※其來去相通者 由「達於如實之人」(Tathāgata)「如實來格之人」(Tathā-āgata) 兩讀法而來 智度論二에「多陀阿伽陀 如法相解 如法相說 如諸佛安穩道來 佛亦如是來 更不去至後有中 是故名多陀阿伽陀」玄應音義三에「怛薩阿竭 天品經作多他伽度 此云如來」慧琳音義子六에「多陀竭 正音云怛他蘖多 唐云如來也」仁王經儀軌에「阿佗蘖多夜 此云如來」註維摩經九에「什曰 多陀怛伽度 秦言如來 亦云如去 如法知 如法說 故名如 諸佛以安穩道來 此佛亦如是來 彼佛安穩去 此佛亦如是去也」

名如去 釋論具含四義 然古譯多云如來 有部戒本云如去 阿闍梨意存如去如說 今且順古題也」

다타아가도아라하삼먁삼붇타(多陀阿伽度阿羅訶三藐三佛陀) 범〈Tathagata arhot;Sangak Sam boddha〉如來, 應供・正遍知라 번역함. 어느 것이나 부처님을 尊稱하는 말. 부처님의 十개의 名號 가운데 처음의 셋을 든 것. →十號.

다타아가타(多陀阿伽陀) 또는 多陀阿伽駄. 번역하여 如來라 함. →多陀阿伽陀耶.

다타아가타야(多陀阿伽陀耶) 범〈Tathāgāta〉如來라 번역함. 耶는 八轉聲의 第四로 공경함을 표시하는 것.

다탐(多貪) 貪欲心이 많은 것.
※天合四敎儀集註中에「多貪衆生不淨觀」

다탕(茶湯) ①禪寺에서 每日 佛・祖・靈前에 茶湯을 供養하는 것이 恒例로 되어 있다. 또 새 住持가 晋山할 때에 茶湯의 禮가 있음. 點茶(차를 다리는 것)를 먼저하고 點湯을 뒤에 한다. ②觀音 등 諸佛이 茶湯을 供養하는 날이 있다고 하는데 緣日과 같은 類이다. 그 날 參詣하는 사람은 특별한 利益이 있다고 함.

다탕문신도(茶湯問訊圖) 衆寮에서 一切의 茶湯問訊時에 飛僧의 席次를 定하는 圖式, 象器箋에 記錄된 圖示는 아래와 같음.

— 594 —

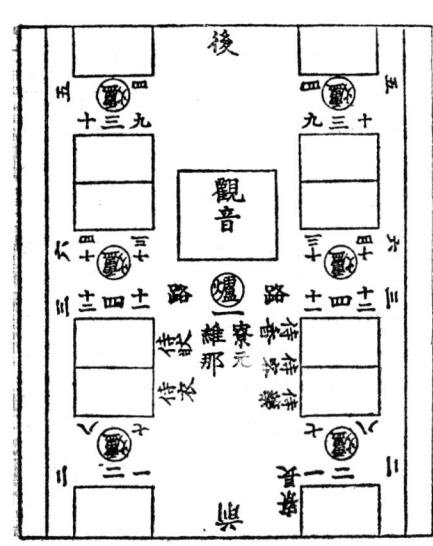

茶湯問訊圖

다탕회(茶湯會) 茶湯으로써 開筵(자리를 베품)하는 것. 俗에서 茶會(차를 마시는 모임)를 茶湯이라 함.
※松源岳禪師錄有茶湯會之頌.

다행(多行) ㉠〈Bahulam viharati〉邪한 일을 많이 行함. 많은 行動.

다호(茶糊) 일을 糊塗한다는 뜻. 잘못을 숨기고 남을 속인다는 뜻으로 使用됨.

다화(茶話) 略式으로 베푼 자리로 師家에서 때와 장소에 따라 修行僧에 주는 法話.

단(單) ①單의 種類가 많다. 즉 名單. 單板. 單位. 眠單. 經單. 差單. 簿單. 單張. 單數 등 ②紙片에 姓名을 記錄하여 坐位를 表示하는 것(修行者나 寄付者의 名單) ③百單入(數單)

단(壇) ㉨〈曼茶羅=Mandala〉壇을 쌓아 曼茶羅의 諸尊을 안치한 것이며 壇의 모양은 여러가지가 있다. 즉 四角은 地輪壇, 둥근 것은 水輪壇. 三角은 火輪壇, 半月은 風輪壇이라 함.
※「又士壇爲地壇作小木壇 無論何處 自在持行 如流水者 爲水壇 護摩壇爲火壇 隨處爲本尊者爲風壇」

단(檀) ㉨〈Dāna〉 또는 檀那・陀那 번역하여 布施・施與라 함. 남에게 거저 물건을 줌.
※大乘義章十二에「言檀者是外國語 此名布施 以己財事分布與他 名之爲布 悏己惠人目之爲施」 慧琳音義十二에「陀那 正云駄曩 唐云施 古曰檀那 一也」

단(斷) ㉠〈Pahana〉①惡을 끊는 것. 斷惑. ②滅한다는 뜻.

단가(單假) 하나의 假有. 또는 하나의 假無.

단가(檀家) 檀은 檀那・檀越의 약칭으로 施與의 뜻. 一定한 寺院에 施主하는 檀越의 집.

단가제도(檀家制度) 日本의 風俗. 禪家에서 特定한 寺院에 一家의 法事・葬禮 등의 모든 佛事와 墓地管理 등을 依賴하고 이에 對하여 寺院에서는 堂의 建築改修 그외에 寺院經費를 檀家에서 負擔하던 制度. 中世末에 이 制度가 생겼으나 德川

幕府에서는 이것을 制度化하였음.

단감서방정토(檀龕西方淨土) 日本의 慈覺大師 圓仁이 中國에서 가지고 온 佛龕의 이름. 中國에서는 檀木으로 靈龕을 만드는 風習이 있는데 그 實相中에는 彌陀淨土變·涅槃變 등이 있으며 僧房이나 持佛堂 등에 安置하기 위하여 만듬.

단격(壇隔) 幅의 사이가 멀리 떨어진 것을 말함.

단견(斷見) ㊽〈Uccheda-dṛṣṭi〉萬類는 무상한 것이어서 실재하지 않는 것과 같이 사람도 죽으면 몸과 마음이 모두 없어져서 空無에 돌아간다고 고집하는 그릇된 소견. ↔常見.

※反之而見身心皆常住不滅 謂之常見 此二者名邊見 爲五惡見之第二 涅槃經二十七曰「衆生起見凡有二種 一者常見 二者斷見 如是二見不名中道 無常無斷 乃名中道」智度論七曰「斷見者見五衆滅」(五衆者五蘊也)

단견론(斷見論) 十六外論의 하나.

단견외도(斷見外道) 外道六宗의 하나. 사람이 죽으면 재나 흙이 되어 마음과 몸이 모두 斷滅하고 다시 뒷세상이 없다고 주장하는 외도. (涅槃經十九)

※富蘭那迦葉也 此人起邪見 謂無善 無善之報 無惡 無惡之報.

단결(斷結) 結은 결박의 뜻, 번뇌의 다른 이름. 곧 번뇌를 끊어 없애는 것을 말함.

※四敎儀四에「三藏佛三十四心發眞斷三界結盡」

단경(壇經) 一卷. 元의 宗寶가 엮음. 六祖大師法寶壇經·法寶壇經·六祖壇經의 약칭. 六祖大師 慧能이 韶州의 大梵寺에서 說한 法을 元至德 27(1290)年 門人이 편찬한 것. 經이라 함은 後人들이 그 法을 존칭하여 일컫는 말.

단계(弘繼) 新羅의 승려. 興輪寺에서 景明王 5(921)年 靖和와 함께 燒失된 興輪寺의 南門과 좌우행랑채를 수리하기 위해 寄附를 얻으려 할 때 홀연히 帝釋神이 절의 經樓에 降臨하여 열흘 동안이나 머물자 이 異蹟에 백성들은 경탄하며 보물·비단·곡식 등을 산더미같이 희사했고, 工匠들이 모여들어 공사는 하루가 못되어 완성되었다. 帝釋神이 다시 하늘로 올라가려 하자 두 중은 제석신에게 그 畵像을 그리도록 허락해 주면 정성껏 공양하여 天恩을 갚겠노라고 했다. 이에 제석신은 "나의 願力보다 저 普賢菩薩의 신묘한 造化力을 두루 펴는 것이 나을 것이니 그 화상을 그려서 공양하도록 하라"고 가르쳤다. 두 僧侶는 가르침대로 보현보살의 화상을 벽에 그려 성심껏 공양했다고 함. (三國遺事)→靖和.

단계(壇戒) 登壇하여 戒를 받는 것.

단계(壇界) 密敎에서 金剛에 比喩한 究極의 境地.

단계~단나

단계(檀契) 師에 對하여 檀家로서의 契를 가지는 것.

단계(斷戒) 四戒의 하나. 貪·瞋·癡 등의 煩惱를 끊고 깨우침을 얻으면 過失이나 惡을 犯하지 않고 스스로 戒에 相應되는 것을 말함.

단계(斷界) 㑬 〈Sims-bandha〉 區劃을 設하여 區劃內의 出入을 制限하고 外部와의 接觸을 斷絕하는 것. 結界와 같음.

단고법(斷苦法) 苦際를 끊는 法. 小乘教로 말미암아 涅槃을 얻는 것. ※法華經方便品에「大勢佛及與斷苦法」

단공(但空) 大小乘에서 보는 空理에 두가지가 있는데 小乘에서는 諸法이 다만 空한 것만 보고 不空의 이치는 보지 못하므로 但空이라 함. ↔不但空.
※大乘之菩薩 分析諸法 不使歸空 諸法如幻如夢 其當體見 空空之中自有不空之理 故謂之不但空 天台分配之於二敎 以但空爲藏敎 以不但空爲通敎 法華玄義一에「三藏二乘 明但空爲極 譬頗梨珠 一往似眞 再硏便僞」

단공삼매(但空三昧) 但空을 고집하여 不但空을 알지 못하는 것.

단과(旦過) 旦過寮의 약칭. 禪宗에서 여행하는 승려들이 숙박하는 곳. 저녁에 와서 자고는 아침이 되면 간다는 뜻. →旦過寮.

단과료(旦過寮) 禪宗에 있는 客室. 行脚僧이 宿泊하는 곳. 저녁에 와서 자고는 아침이 되면 간다는 뜻으로 旦過寮라 함.

단과승(旦過僧) 旦過寮에서 숙박하는 승려. 行脚하는 禪僧을 이름.

단과지순(丹果之脣) 붉은 果實과 같이 아름다운 입술을 말하는 것.

단관삭(斷貫索) 斷은 斷絕의 뜻. 貫索은 엽전을 꿰는 꿰미, 썩어서 끊어진 노끈. 轉하여 無用之物을 뜻함.

단광(檀光) 布施에 依하여 얻은 功德.

단괴(担怪) 奇異함을 좋아하는 것. 怪를 弄하는 것이니 즉 種種의 奇特殊勝한 일을 担弄하여 他의 好奇心을 끌려는 것.

단군(單裙) 僧의 허리를 두르는 짧고 검은 옷.

단금(斷金) 쇠붙이도 끊을 만큼 友情이 지극히 두터움을 이름.

단나(旦那) →檀那.

단나(單拏) 但茶와 같음.

단나(檀那) 㑬 〈Dāna〉 陀那鉢底(D-ānapati)의 약칭. 또는 陀那·檀越. 번역하여 施·施主라 함.

단나(檀拏) ① 㑬 〈Dauḍa〉 또는 檀

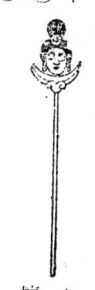

檀拏

陀・但茶. 번역하여 棒・杖・策杖. 혹은 檀拏幢・檀拏印・人頭幢・人頭棒이라 함. 焰摩天 등이 지니는 물건으로 三摩耶形에 쓰이며 上端에 사람의 머리 모양을 한 일종의 몽둥이. ②山名. 檀特山과 같음.

단나달라다(檀那達羅多) ㊩ 〈Dhandatta〉 婆羅門의 이름. 財與라 번역.

단나사(檀那寺) 檀家에서 歸屬된 절. 檀那는 施與의 뜻. 俗家에서 僧寺에 資祿을 施與하면 僧이 俗을 檀那 또는 檀家라 칭함. 그리고 僧이 俗家에 法利를 施與하면 俗家에서는 僧寺를 檀那寺라고 부름.

단나바라밀(檀那波羅蜜) ㊩ 〈Dana paramita〉 檀那는 布施・波羅蜜은 度라 번역함. 布施를 行하는 것으로 他人에게 物品을 施與하는 것. 布施는 財施・法施・無畏施로 區分되며 財施는 金錢과 物品을 施與하는 것. 法施는 大衆에게 法을 說하여 주는 것. 無畏施는 危難을 當했을 때 畏怖心을 없의고 安穩토록 하는 것.

단나염향(檀那帖香) 寺院을 創建하려고 開基할 때 基金을 布施한 大檀越 등이 所願成就를 祈願하면서 拈香供養하는 것.

단나인(檀拏印) 또는 但茶印. 棒頭에 사람의 머리를 꽂는 것. 閻摩王의 標幟. 罪人을 다스린다는 뜻. 標幟, 혹은 印契를 印이라 함.

※大日經蔬五에 「琰摩法王 手執檀拏印 此相猶如棒形 上有人首 作極忿怒之狀」 大日經密印品에 「以定慧手相合 風輪地輪入於掌中 餘皆上向 是焰摩但茶印」

단념(短念) →短珠.

단념불(但念佛) 本願念佛만으로 三品往生을 期하는 것.

단니가(檀尼迦) 或은 檀貳迦. 但尼迦. 陀尼迦. 檀尼迦比丘는 기와쟁이의 아들로 진흙을 개어서 집짓는 것을 보기 좋아 하였다. 창과 문틀도 다 진흙으로 하고 오직 문과 삽작만을 나무로 하고 가시나무와 牛屎와 풀을 베어서 붉은 흙을 발라 태우고, 익으면 赤色이 불빛 같은데, 때려서 울리면 形狀이 방울소리 같다. 바람이 창에 불면 音樂소리 같이 들린다는 것. (善見律)

단다(但茶) ㊩ 〈Danda〉 또는 單拏. 棒이라 번역함. 방망이.

단다(檀陀) ㊩ 〈Panda〉 棒 또는 방망이.

단다가(檀陀柯) ㊩ 〈Dan daka〉 또는 彈宅迦 숲의 이름. 번역하여 治罰.

※二十唯識述記下에 「彈宅迦者 眞諦云 檀陀訶 此云治罰 治罰罪人處也」

단다당(檀茶幢) 또는 人頭幢. 大日經에서는 檀茶印이라 하였음.

단다인(檀陀印) ㊩ 〈danda〉 ①左右兩手를 合하여 엄지 손가락과 새끼 손가락을 손바닥에 넣고 나머지를 위로 向하는 印契. ②人頭幢. 棒 끝에 사람의 머리를 달아 놓은 것. 閻魔王이 이 棒을 가지고 있음.

단단(斷斷) 四正斷의 하나. 일어나는 惡法을 끊고 또 일어나면 다시 精進하여 일어나지 못하게 하여 끊고 다시 끊는 것을 斷斷이라고 함.

단대치(斷對治) →對治.

단덕(斷德) 諸佛三德의 하나. 一切의 煩惱를 斷盡한 德. 涅槃三德의 解脫德이 이에 해당됨.

단도(檀度) 六度의 하나. 檀波羅蜜과 같음. 檀은 施與, 波羅蜜은 度의 뜻. 生死를 거는 行法을 이름. 施與하여 生死를 건너서 涅槃에 이르는 行法.

단도(檀徒) 檀家의 무리. 檀家의 사람.

단도(斷屠) 牛馬의 屠殺을 금하는 것.
※高承事物紀原에 「唐會要曰 武德二年 正月 詔自今以後 每正月五月九月及每月十齋日 並斷屠 此斷屠之治」通俗編 二十에 「隋書禮志 祈雨不應乃徙市禁屠 百官斷傘扇 許觀東齋記事 隋高祖 仁壽二年 詔六月十三日 是朕生日 宜令海內斷屠 則此事隋已有之 不始於唐」

단도(斷道) 妄惑을 끊는 道位. 見道에서 見惑을 끊고, 修道에서 修惑을 끊는 것과 같음.

단도직입(單刀直入) 單刀를 들고 곧바로 적진으로 뛰어 든다는 뜻. 禪家에서 宗匠이 學人을 제접하는데 지모와 책략을 쓰지 아니하고 赤手로 그 심부를 찔러 心眼을 열어주는 것을 말함.

단두(檀頭) 檀越 가운데 우두머리.

단두법(斷頭法) 邪淫·偸盜·殺生·妄語의 四波羅夷罪를 말한다. 이 罪를 犯하면 比丘의 資格을 喪失하는 것인데 마치 사람의 목을 자르면 再生할 수 없는 것과 같으므로 斷頭法이라 함.

단두자(斷頭者) 斷頭罪를 犯한 자.
※梵網古迹上에 「雖失淨戒 經說卽悔 亦得重受 不同聲聞 如斷頭者 現身不能復入僧數」

단두죄(斷頭罪) 律에 邪婬·偸盜·殺生·妄語를 波羅夷罪라 칭하며 번역하여 斷頭罪라 한다. 比丘가 이 罪를 범하면 比丘의 資格을 상실하는데 마치 사람의 목을 자르면 다시 살아날 수 없는 것과 같다는 뜻.
※行事鈔中一에 「四分云 波羅夷者 譬如斷人頭不可復起 若犯此法 不復成比丘故.

단란(團圞) 서로 모여서 둥글게 앉음. 一家가 和睦하게 지냄.

단란두(團欒頭) ①친밀하게 한곳에서 즐김. 또 그 모임. ②둥근모양. 頭는 助字.

단랑성(檀郎聲) 檀郎은 情다운 사람. 사람으로 하여금 言外의 뜻을 깨우치게 하려는데 비유한 말. 小艶의 詩에 「一段風光畵不成 洞房深處說

愁情 煩呼小玉元無事 祗要認得檀郞
聲」라고 하였음.

단료(單寮) 또는 獨寮·獨房. 한 사람이 한 寮舍를 혼자서 차지하고 함께 거처하는 이가 없는 것을 말한다. 이것은 叢林에서 베푸는 특별한 대우로 西堂·首座·퇴직한 知事. 퇴직한 頭首들은 모두 이러한 대우를 받는다. 우리 나라에서는 "딴방"이라 한다.

단률의(斷律儀) 九無間道와 共生하는 靜慮律儀(定共戒)와 無漏律儀를 일컬음. 이것은 모든 煩惱를 끊는 作用이 있으므로 이같이 이름.

단리수연(但理隨緣) →別理隨緣.

단림(檀林) 栴檀林의 약칭. 栴檀樹의 숲이라는 뜻. 또는 談林·譚林이라 한다. 즉 僧徒들이 敎養하는 學林을 栴檀樹의 叢林에 비유하여 이같이 일컬음. 寺院을 높이 일컫는 말.

단립종교법인(單立宗敎法人) 寺院, 敎會 등에서 어떤 종파·교파. 敎團에 예속되지 않고, 단독적인 종교법인으로 인증된 것을 단립종교법인이라 함.

단마(單麻) 한개의 麻實. 佛陀가 六年苦行을 할 적에 하루 한 끼에 삼씨 한 알과 보리쌀 한 알씩 만을 먹음.

단말마(斷末摩) ㊝〈Marmacchid〉末魔는 死穴·支節이라 번역한다. 몸 속에 특이한 支節이 다른 물건에 부딪치면 심하게 아파서 그 목숨이 반드시 끊어진다. 사람이 죽을 때는 水·風·火 三大 가운데서 그중 하나가 유달리 많아 그 末摩를 부딪쳐 목숨을 끊어지게 하는 것을 斷末摩라 한다.

단강(旦望) 매월 初1日을 旦, 15日을 望이라 함.

단망상당(旦望上堂) 또는 朔望上堂. 음력으로 每月 초하루를 旦이라 하고, 보름을 望이라 한다. 선종에서 초하루·보름에 上堂하여 上祝하는 법식.

단멸(斷滅) ㊝〈uccheda〉諸法의 因果가 각각 다르므로 常이라 하지 않고, 因果가 相續하므로 斷이라 하지 않는다. 이 因果는 相續하는 이치가 없다고 물리치는 것을 斷滅의 見. 즉 斷見이라 하는데 邪見 가운데 極惡에 속한다.

단멸견(斷滅見) 斷見과 같음. 사람의 色身과 一切의 萬象은 반드시 斷滅되어 空으로 돌아간다는 見解로서, 因果의 이치를 무시하는 邪見.

단멸론(斷滅論) 因果應報의 이치를 無視하는 그릇된 見解. →斷見.

단명(斷命) ㊝〈māraṇa〉죽임. 죽이는 것.

단명일색변(單明一色邊) 비록 一切 差別相을 잊고 平等 無差別의 境에 達했다 할지라도 다만 單空·偏空·頑空에 住着하게 되는 것을 單明一色邊이라 함.

단목(單目) 帳簿에 記入한 品目.

단목(檀木) 段木. 護摩를 할 때의 燃料로 乾燥된 나무를 토막토막 끊은 것. 段木에 乳木이라고 하는 生木을 섞어서 火力을 强하게 함.

단물(段物) 布帛을 一定한 치수로 끊고 남은 것. 자투리.

단미라(檀彌羅) 王名. 王이 惡逆하여 塔과 절을 무너뜨리고 칼로 西天 第二十四祖師 子尊을 殺害하였다. 그리하여 西天의 付法이 끊어졌음. (付法藏傳六)

단미리(檀彌離) 西〈Danbyi-la〉 長者의 이름. 옛날 五比丘가 함께 산에 들어가 修道하였는데 그때에 서로 말하기를 "이중에 한 사람만 乞食해 오고 네 사람은 오로지 道만 닦자"하니, 한 比丘가 乞食을 自請하여 世間에 가서 모든 施主에게 권하여 날마다 飮食을 보내게 하였다. 四人은 오로지 道를 닦아 一夏에 道果를 證得하였다. 모두 그 比丘에게 이르기를 "우리들이 너의 緣으로 所期를 達成하였다. 너는 所願이 무엇이냐."하니 比丘가 말하기를 "나를 天上에 태어나 富貴를 누리게 한 然後에 發心하여 道를 얻게 해달라."하였다. 果然 이 比丘가 죽은 뒤 九十一劫 동안 항상 天上에 태어나 부귀를 누리다가 이제 다시 拘薩羅國의 長者집에 태어나서 檀彌離長者가 되고, 釋迦出世를 만나 出家하여 道果를 證得하였다. 《賢愚經十二》

단바라밀(檀波羅蜜) 梵〈Dānapāramita〉 六波羅蜜의 하나. 十波羅蜜의 하나. 檀은 檀那의 약칭. 번역하여 布施·施主라 함. 재물 혹은 法을 남에게 施與하는 것. 波羅蜜은 번역하여 度·到彼岸이라 함. 生死의 苦海를 건너 涅槃의 彼岸에 이르는 行法이란 말. 布施는 즉 涅槃에 이르는 行法의 하나. ②胎藏界 虛空藏院 中央의 외쪽 第一位에 奉安된 一尊, 密號는 普施金剛.

단바라밀보살(檀波羅蜜菩薩) 梵〈阿利也檀那波羅蜜多=arya-dana-paramita〉 十波羅蜜菩薩의 한분. 現圖胎藏界曼荼羅虛空藏院의 中尊. 虛空藏菩薩의 北方 上列 第一位에 安置된 菩薩. 密號는 普施金剛, 種子 ᄎ(da), 三摩耶形은 甘露이다.

檀波羅蜜菩薩

단반(摶飯) 손으로 밥을 쥐어서 둥글게 빚는 것. 주먹 밥.

단반나(檀槃那) 梵〈Dānavaaray〉 園名. 번역하여 施林이라 함.

단발~단상례

단발(燒髮) 得度한 사람의 깎은 머리털을 燒却하는 儀式을 말함.

단방(檀方) →檀家.

단배(團拜) 여러 사람이 한 곳에 모여서 절하는 것. (象器箋十)

단배(壇排) 佛事에 임시로 壇을 만드는 데에 드는 제구.

단백(單白) ㉒⟨Ñattikammavākā⟩ 三種羯磨의 하나. 白一羯磨라고도 함. 가장 가볍고 작은 일. 또는 平常의 儀式에 當하는 일 等을 大衆에게 한번 告함으로써 일을 成立시킴을 말함.

단법(檀法) 金剛界와 胎藏界 曼荼羅의 法. 曼荼羅를 壇 또는 護摩法이라 번역. 설단하여 護摩供養法을 修行하기 때문임. 護摩法에는 四種, 五種, 六種의 區別이 있는데 四種壇法 내지 六種壇法이라 함.

단변(斷邊) 兩極의 端을 끊은 것.

단복(斷伏) 煩惱의 種子를 滅하는 것을 斷이라 하고, 煩惱의 現行을 禁制하는 것을 伏이라 함.

단본(單本) 譯經가운데 別本이 없는 唯一本.

단비(斷臂) 慧可大師(481~593)가 스스로 왼쪽팔을 끊어서 達磨 祖師에게 바쳐 求道의 赤心을 보인 故事. (傳燈錄四 達磨章)

단사(鍛師) ㉒⟨Kammara⟩ 鍛冶工.

단사(檀捨) 檀은 梵語로 施라 번역하며 捨(베품)의 뜻이 있으므로 檀捨라 함.

단사(斷事) ㉒⟨Vinicchaya-Katha⟩ ①決議하기 위한 相談. ②事件을 裁決하는 것. 裁判. ③閻魔王.

단사비구(斷事比丘) 斷事沙門과 같음. →斷事沙門.

단사사문(斷事沙門) 僧侶 중에서 犯罪를 判決하는 者.
※僧史略中에「周隋之際有法導 專精律範 北齊主旣敬法門 五衆斯盛 有犯律者令逆理之 勅爲斷事沙門」

단사인(斷事人) 일을 決斷하는 사람. 裁判官을 말하는 것.

단삼루(斷滲漏) 滲漏는 煩惱를 말함. 斷滅見을 낳게 하는 煩惱.

단삼의(但三衣) 十二頭陀行의 하나. 比丘는 다만 僧伽梨・鬱多羅・安陀會. 三衣만 所持하고 그밖에 다른 옷은 쌓아두지 않는다.
※資持記下三之一에「但三衣 但猶獨也 三法服外無別衣故」

단삼의(單三衣) 오직 한벌의 三衣뿐이고 그밖에 다른 옷은 가지고 있지 않다는 말. 十二頭陀行의 하나.
※大乘義章十五에「言三衣者 謂五條衣 七條衣大衣 上行之流唯受此三不蓄餘衣」

단상(檀像) 栴檀으로 만든 像.

단상(斷常) ㉘⟨dnos dan dnos med pa⟩ 實在 있다고 解釋하는 것과 實在 없다고 解釋하는 것. 斷見과 常見.

단상(斷想) 煩惱를 끊는 觀想.

단상례(壇上禮) 授戒 때 戒師와 戒

를 받는 弟子가 戒壇 위에 安置된 三牌(三種의 壽牌)에 記錄한 佛祖의 名號를 唱하면서 禮拜하는 것.

단상속심(斷相續心) 逆流十心의 第五. →十心.
※謂修行之人所作惡行旣懺悔已卽更決定不作惡事以是翻破惡念相續之心也.

단상이견(斷常二見) 만유는 無常하여 실재하지 않는 것과 같이 사람도 죽으면 몸과 마음이 모두 없어져 버린다고 주장하는 斷見(Ucchedadṛṣṭi)과 모든 것이 영원히 변치 않는 것과 같이 이 몸도 죽었다가는 다시 태어나서 끝없이 지금의 상태를 계속한다고 주장하는 常見(Śāśvatadṛṣṭi)을 말함. →斷見.
※五惡見中第二謂之邊見 邊見有二 一爲斷見 二爲常見也.

단상지견(斷常之見) 斷常二見과 같은 말. 즉 斷見과 常見의 二見. ① 斷見: 梵 〈Ucchedadṛṣṭi〉 萬有는 無常한 것이어서 實在하지 않는 것과 같이 사람도 죽으면 몸과 마음이 모두 없어져서 空無로 돌아간다고 고집하는 그릇된 소견(無에 執着하는 所見). ②常見: 梵 〈Sasvata-dṛṣṭi〉 사람이 죽으나 自我는 없어지지 않으며, 五蘊은 과거나 미래에 常住不變하여 間斷하는 일이 없다고 고집하는 그릇된 소견. (有에 執着하는 所見).

단생명(斷生命) 梵 〈Prana-atipata〉 殺生.

단선근(斷善根) 人身에 固有한 善根을 끊어 없앰을 말함. 이를 闡提(Icchantika)라고 함.「因果따위는 없는 것」이라는 邪見을 일으킬 때 이러한 斷善根이 되어, 畜生의 무리만도 못한 極惡之人이 된다 함.
※俱舍論十七에「惡業道中唯有上品圓滿邪見 能斷善根」

단선천제(斷善闡提) 영원히 成佛할 수 없는 機根을 闡提라 한다. 이에 二類가 있으니, 衆生을 구제하는 大悲로도 영원히 成佛하지 못하는 것을 大悲闡提라 하고 極惡하여 善根을 끊고 영원히 成佛하지 못하는 것을 斷善闡提라 함.

단설재(斷舌才) 他人에게 혀를 놀리지 못하게 하는 才能. 즉 辯才가 지극히 뛰어난 것을 말함. 古鑑圖에「옛날 隋의 辯士 李知章이 辯論할 때에는 여러 사람이 모두 입을 다물고 말을 하지 못하므로 그 때 사람들이 斷舌才라 불렀다」함.

단소식(斷消息) 또는 沒蹤跡. 沒과 斷은 無의 뜻. 아무런 消息도 蹤跡도 없는 空無의 實相을 말함.

단시(檀施) 檀은 梵語. 번역하여 施라 함. 梵·漢을 兼稱한 熟語.

단식(段食) 梵 〈Piṇḍa〉 四食의 하나. 또는 搏食, 團食, 밥·국수·나물·기름 등과 같이 형체가 있는 음식.

단식(搏食) 段食과 같음.

단식(團食) 또는 搏食. 一段食.
단식(斷食) 祈禱이나 修行을 爲하여 一定한 日數를 定하고 食事를 끊는 일. 처음에는 자이나敎나 요가派 行法이었으나 後에 佛敎에도 流入되었다. 密敎에서는 秘法을 닦을 때에 至誠을 表하기 爲하여 또는 穢物의 不淨을 씻기 爲하여 斷食을 行한다. 治病을 爲하여 斷食하는 수도 있음.
단식욕(段食欲) 段食은 分段하여 攝取한다는 뜻으로 欲界에만 있는 香味觸의 三種食物. 곧 普通 食物을 뜻하며 一般的으로 飮食을 먹고 싶은 欲望을 段食欲이라 함.
단신(端身) 調身. 몸을 단정히 함.
단신(檀信) 施主의 信仰. 檀越의 信施. 檀은 施與의 뜻.
단신(斷身) ㉛ amama 내것이라는 생각을 버리는 것. 身體가 自己의 뜻에 따라 움직이므로 自己의 것이기는 하지마는 悟性의 境地에 들어가면 自己의 所有라는 생각을 버리게 됨을 말함.
단신정념(端身正念) 몸의 行動을 바르게 하고 마음의 생각을 바르게 하는 것.
단신정행(端身正行) 몸을 바로하고 行動을 바르게 하는 것.
단심(但心) →唯心.
단심정의(端心正意) 貪・瞋・痴의 三毒을 制止하고 모든 惡業을 짓지않는 것.

※無量壽經下에 「端心正意 不作衆惡 甚爲至極」
단악수선(斷惡修善) 惡을 끊고 善을 닦음. →十心.
단악실단(斷惡悉檀) 四悉檀의 하나. 對治悉檀이라 함. 衆生의 煩惱나 惡業을 警戒하여 그것을 滅하도록 가르치는 것.
단양(端陽) 端午의 딴 이름. 端은 처음(始)이라는 뜻. 午는 五, 즉 陰曆 5月 초닷샛날. 우리나라 四大 名節의 하나, 또는 重五節, 天中節이라 함. 晉書樂志 五月之辰謂爲午 午者長也大也 言物皆長大也.
단엄(端嚴) 莊飾正嚴의 뜻. 法華經 序品에 「身色은 金山과 같고 端嚴하며 甚히 微妙하다」하였음.
단업장근(斷業障根) 業果의 障害와 根塵을 斷盡하는 것. 菩薩의 功德 名號의 하나.
단역(單譯) 또는 單翻・單本. 경전에 여러가지 번역이 있는 것을 重譯・重翻・重本이라는데 대하여 한가지의 번역만을 단역이라 함.
단염(斷鹽) 神呪의 法에 소금을 먹지 않는 것.
※五部律二十六에 「有諸比丘 誦呪時 不噉鹽 不眠床上 稱言南無伽神婆 生疑 我將無鹽異見受餘師法耶 以是白佛 佛言神呪法爾 但莫鹽其見」 攘塵利童女經에 「修行者欲成就此法者 先斷五辛 亦不食鹽 不食油 斷語 於一靜處 三時澡浴 三時澡衣 結印誦 隨心眞言滿一萬

偏 則行法成就」 蓋斷鹽者滅食欲之意也.

단예(端倪) 端은 끝. 倪는 처음. 始終과 같음. 또는 端은 山頂. 倪는 물이 담기는 곳이란 뜻으로 物件의 全體를 말하는 것.

단옥(斷獄) 罪人을 다스림. 裁判官이 됨.

단원정등(團圓正等) 바르게 원을 그리고 모여 있는 것.

단월(旦越) ㉛ 〈Dānapati〉 施主. 檀那와 같음. →檀那.

단월(端月) 正月의 다른 이름.

단월(檀越) ㉛ 〈Dānapati〉 또는 檀家. 檀은 檀那의 약칭. 施主라 번역한다. 六度가운데 布施를 行하는 사람.

단위(單位) 禪堂에서 자기의 名單을 붙여 정한 座位(좌석의 차례).
※勅修淸規日用軌範에「昏鐘鳴 須先歸單位坐禪」

단육(斷肉) 부처님이 小乘律에서 比丘에게 三淨肉은 먹도록 허락하였으나 大乘의 經律에서는 菩薩에게 嚴禁하였음.
※以大乘之敎理 大悲心爲主故也 而於涅槃經更制比丘之食肉 廢前小乘律之說 故依大乘家之說 則小乘之比丘 大乘之菩薩 皆不得食肉 梵網經下에「一切肉不得食 斷大慈悲性種子 一切衆生見而捨去 是故一切菩薩不得食一切衆生肉」 涅槃經四에「善男子 從今日始不聽聲聞弟子食肉 若受檀越信施之時 應觀是食如子肉想」

단육경(斷肉經) 師子素馱婆王經의 약칭.

단육법(斷肉法) 修行僧이 고기를 먹지 않는 것.

단음식(斷飮食) 修行의 苦를 참가 위하여 或은 病苦를 여의고저 飮食을 斷絶하는 것.

단의(篅衣) 또는 圓衣. 比丘尼들이 입는 옷의 一種임.

단의생신(斷疑生信) 實相의 妙理에서 의심을 끊고 信心을 發함. 天台에서는 이를 法華經 一部의 功用이라 하였다.
※法華玄義九에「用是如來之妙能 此經之勝用 如來以權實二智爲妙能 此經以斷疑生信爲勝用 祇二智能斷疑生信 生信斷疑由於二智 約人約法左右互論耳」

단의인계(壇儀印契) 壇은 갖가지의 道場. 儀는 儀式作法. 印契는 契印・印相. 갖가지의 道場에서 印契를 맺는 儀式을 말함.

단이(檀耳) ㉛ 〈mardaya〉 旃檀耳・栴檀樹耳의 약칭. 耳는 茸(버섯)의 뜻. 즉 栴檀樹에서 나는 버섯. 長阿含第三遊行經에「周那가 佛・僧에게 供養을 올릴 때에 부처님에게만 특별히 이 栴檀樹에서 나는 버섯을 드리니 부처님은 이것을 드시고 등(背)을 앓다가 涅槃에 드셨다」고 하였음. →旃檀耳.

단이야타(呾儞也他) ㉛ 〈Tadyatha〉 또는 呾經他. 번역하여 所謂.

단인(斷因) 業의 原因이 되는 束縛을 斷하는 것.

단자(鍛子) 巴〈Kammaraputta〉鍛冶工의 아들.

단작처(煅作處) 대장간. 쇠를 달구어 물건을 만드는 곳.

단장(單帳) 禪宗에서 중이 죽은 뒤 唱衣를 行하기 以前에 미리 그 중의 所有物과 經費를 모아서 記錄한 것.

단장무상(斷障無上) 부처님은 煩惱障과 所知障을 끊는 것이 最上이란 말. 七無上의 하나.

단장취의(斷章取義) 原來의 文脈과 먼 一部의 語句를 取하여 멋대로 解釋하는 것.

단적(端的) 端은 正, 的은 實이니 眞實·眞正 등의 뜻과 같음.

단전(丹田) 배꼽 아래 두치 반쯤 되는 곳. 좌선할 때에 기운을 이곳에 모으면, 정신이 어지럽지 않고 또 병을 고치는 데도 효험이 있다. 또는 배꼽 아래를 下丹田, 양미간을 上丹田이라고도 한다.
※止觀六에 「右十二病皆止丹田 丹田去臍下二寸半」

단전(單前) 禪堂에서 自己 이름을 써 붙인 坐床을 單位라 하며 또는 그 床前의 板을 單이라 한다.
※闊八寸 據周尺故爲一尺 謂之單板一尺 而床闊六尺 加以單板一尺則爲七尺 謂之七尺單前 若除單板則爲六尺 謂之六尺單前 碧巖錄에 「三條椽下 七尺單前 試去參詳看」續傳燈錄(繼圓禪師章)에 「旦向三條椽下 六尺單前 須容取」

단전(單傳) 正傳과 같은 말. 單은 單一로 純一無雜의 뜻. 傳은 密傳으로 相續不斷의 뜻. 말이나 글자에 의지하지 않고 다만 마음으로써 마음에 傳하는 法을 말한다. 또는 佛祖單傳·達磨單傳·單傳.
※祖庭事苑에 「傳法諸祖 初以三乘敎乘兼行 後達磨祖師單傳心 印破執顯宗 所謂敎外別傳不立文字 直指人心見性成佛 然不立文字失意者多矣 往往謂屛去文字以默坐爲禪 斯實吾門之啞羊爾 且萬法紛然 何止文字不立者哉 殊不知道猶通也 豈拘執於一隅哉 故卽文字文字不可得 文字旣爾餘法亦然 所以爲見性成佛也 豈待遣而後已」

단전정인(單傳正印) 佛祖에서 佛祖로 傳해지는 佛의 印.

단절(斷絕) 梵〈nas ta〉①聖典의 傳統이 끊어진다는 뜻. ②愛慾을 끊는 것.

단정(單丁) 孤單零丁의 약칭. 孤單은 獨身者, 零丁은 二十세 이상의 男子를 말함. 孤獨하여 家族이나 돌봐 줄 사람이 없는 것.

단정(端正) 梵〈Ujum Kayam Panidhaya〉①坐禪할 때에 몸을 올바르게 가지는 일. 姿勢를 바로하는 것. ②容姿가 美麗한 것. ③健壯한 것.

단정삭자(斷井索子) 子는 助字, 물

단제~단찰나

을 긷는 두레박 줄이 썩어 끊어진 것. 轉하여 無用之物이라는 뜻.

단제(單提) ①單傳과 같음. 佛의 가르침을 完全히 相續하는 것. ②具足戒 五篇中에 尼薩耆波逸提와 怛波逸提의 두편이 있다. 尼薩耆는 捨의 뜻이고 波逸提는 墮의 뜻. 捨는 犯한 贓物을 버리는 것이며 墮는 그 罪報로 地獄에 떨어진다는 것임.
※捨墮罪有三十戒 墮罪有九十戒 因而九十之墮罪 對於三十之捨墮罪 謂之單墮 今以提之一字擧墮之梵語波逸提 Pācittika也.

단제(斷除) 梵 〈chin dati〉 煩惱를 除去함.

단제독롱(單提獨弄) 單刀를 휘두르며 홀로 敵陣에 뛰어든다는 뜻으로 宗師가 方便을 쓰지 않고, 곧바로 本分의 宗旨를 提示함에 비유한 말.

단제번뇌염처(斷諸煩惱念處) 十念處의 하나. →十念處.

단좌(端坐) 威儀를 갖추고 바르게 앉는 것, 곧 正坐.
※普賢觀經에 「一切業障海 智從妄想生 若欲懺悔者 端坐念實相」

단좌불와(但坐不臥) 十二頭陀行의 하나. 밤에 다만 앉아만 있고 자리에 눕지 않는 것.

단좌사유(端坐思惟) 端正한 姿勢로 앉아서 생각에 잠기는 것.

단좌정수(端坐正受) 威儀를 바르게 하여 坐端하는 것. 威禪三昧.

단주(短珠) 짧은 念珠. 五十四개 이하의 구슬을 꿰어 만든 念珠. 短念.

단주(檀主) 梵 巴 〈danapati〉 또는 檀家. 施主. 절이나 僧侶에게 物件을 布施하는 信徒 또는 恩惠를 베푸는 사람이라는 뜻.

단주이(丹珠爾) 西 〈dstaṅ-hgy〉 敎語의 譯意. 즉 諸論師의 敎語를 번역한 部門으로서 祖師部 혹은 論疏部라 일컬음. 西藏大藏經 二藏 가운데 論部·律·經의 註釋, 史傳 및 西藏의 撰述 등을 포함한 部門의 총칭.

단중(但中) 空假를 觀하는 밖에 不二의 中이 있음을 但中이라 함. 別敎의 中觀을 이름.

단중(檀中) 檀越 檀家와 같으며 檀家가 그 절에 소속된 數를 表示하는 것.

단증(斷證) 妄惑을 斷盡하고 勝果를 證得함.
※唯識論一에 「斷障爲得二勝果故 由斷續生煩惱障 故證眞解脫 由斷礙解所知障 故得大菩提」

단지(斷智) 煩惱를 끊는 智慧.
※大乘義章十三에 「煩惱盡處 名之爲斷 斷是智果」

단집(斷集) 梵 〈Prahana〉 苦의 因을 끊음.

단착(斷鑿) 器量이 殊勝하여 惡을 斷하고 惑을 鑿함이 뛰어나서 他의 追從을 不許한다는 뜻.

단찰나(但刹那) 梵 〈taṭ-kṣaṇa〉 時

間의 單位로 百 二十刹那를 말함.
단처(壇處) 修法을 行하는 壇場을 말하는 것.
단체(短體) 짧은 몸. 바이세시카哲學에서 모든 性質(德) 가운데의 第六인 量 中에서 第三의 物件을 말하는 것. 二個의 微果를 和合因緣으로 하여 二體에서 生한 한개의 果實을 短이라 詮量하는 因이 됨.
단초(團焦) 조그마한 庵子. 草庵·團瓢.
단축생명(斷畜生命) →六法戒.
단치리(單致利) ㊂〈Nidrā-tandri〉 번역하여 睡眼病.
※大乘義章二에 「喜睡五病 名單致利」
단친(檀嚫) ㊂〈Daksinā〉 噠嚫과 같음. (嚫의 原音은 「츤」이다)
단칠(斷七) 사람이 죽은 뒤 49日에 僧道를 불러들여 經을 誦하는 것을 俗家에서 斷七이라 함. →七七.
단타(單墮) 또는 單提. 墮는 梵語 波逸提의 譯語, 捨墮에 대하여 일컫는 말로 戒律을 범한 罪의 이름. 다만 衆人을 향해서 참회해야 할 罪라 하여 單墮라 함. →九十單墮(九十波逸提).
단타가아란야(檀陀伽阿蘭若) ㊂〈Dāntakā-āranyaka〉 三處阿蘭若의 하나. 한가하고 조용한 곳으로 모래와 자갈이 쌓인 곳을 이름. →三處阿蘭若.
단탕(壇宕) 壇은 마음이 自由스러운 것. 宕은 마음이 편안하여 조금도 虛僞나 秘密이 없는 것. 곧 마음이 平安하여 恒常 一點의 虛僞가 없는 것을 말함.
단특(檀特) ㊂〈單多羅迦·彈多落迦 =Dantaloka〉 또는 檀德·檀陀. 번역하여 陰山이라 함. 北印度 健駄羅國에 있는 山 이름. 옛적에 須大拏太子가 菩薩行을 닦던 곳.
※西域記二에 「昔蘇達拏太子擯在彈多落迦山 舊曰檀特山 訛也(中略)跋虜城東北二十餘里至彈多落迦山 嶺上有窣堵波 無憂王所建 蘇達拏太子於此棲隱」 然禪門記錄中多以之爲悉達太子之苦行處 但未見經說 祖庭事苑三에 「普曜經云 世尊踰城出家至檀特山 始於阿藍迦藍處五年學不用處定」明敎之正宗記一에 「太子年十九歲二月八日夜 乘馬出自北門 至檀特山」檢普曜經無此文.
단특라화(檀特羅和) ㊂〈Daṇḍavara〉 또는 檀茶波羅. 壇茶는 번역하여 罰. 波羅는 번역하여 勝이라 함. 樹林의 이름.
단파산게(Dam-pa saṅs-rgyas)(?~1117) 티베트 츳율파(Gcod-yul-pa 斷境派)와 시체파(Shi-byed-pa 寂成派)를 전한 南印度의 遊行僧. 南印度의 쿠파드비바에서 출생, 그가 전한 시체파는 티베트각지와 멀리 中國에까지 전하여졌는데, 이 派는 담파(Dam-pa-ba)라고도 하며, 창시자로 숭앙됨. 印度 각지를 돌아다니며 利他行을 하였고, 티베트를 五回 방문하고, 中國에도 12년간 있었으며, 1097년 제자들과 함께 티베트의 짠(藏 Gtsaṅ)州 딘리의 僧院에서 많은 사람을 교화함.

단표(單票) 禪宗에서 僧堂의 單位를 票한 것.

단표(團瓢) →團焦.

단하(丹霞) ①鄧州 丹霞山 天然의 法號. 石頭의 法을 잇다. 長慶 4(824)年 世壽 86세로 入寂함. ②中國 曹洞宗 劍州賈氏의 아들. 弱冠에 芙蓉道楷禪師에게 귀의. 法을 증득하고 曹洞에서 크게 禪風을 떨치다. 宋 宣和 1(1119)年 봄에 示寂함. 法嗣에는 眞歇請了 · 宏智正覺 등이 있음.

※初至江西 見馬祖時 以兩手拓幞頭脚 馬祖視之曰 南岳之石頭是汝師也 據抵石頭 亦以手拓幞頭脚 石頭曰 着槽廠去 霞禮謝而入行者房 隨執爨役凡三年忽一日石頭告衆曰 來日欲剷佛殿前草及朝 大衆童行各構鍬钁剷草 霞獨以盆水洗頭 而脆於石頭前 石頭笑而爲之剃落說戒 霞遂掩耳趣去 再謁馬祖 入僧堂 坐於聖僧之頸 馬祖曰 我子天然也 卽拜馬祖 謝師之賜法號 因名天然 長慶四年寂 壽八十六 勅諡智神禪師 見傳燈錄十四.

단하소불(丹霞燒佛) 중국 鄧州의 丹霞天然이 어느날 洛東의 慧林寺에 이르니, 때는 겨울이라 매우 추웠다. 법당에 들어가서 부처님을 보니 木佛이므로 도끼로 쪼개어 불을 놓고 있었다. 그 절 원주가 이것을 보고 깜짝 놀라며 힐문하였다. 丹霞는 막대기로 재를 뒤적이면서 "석가여래의 몸은 화장하여 많은 사리가 나왔다기에 나도 이 부처님에게서 사리를 받으려 하오" 원주 "여보, 목불에서 무슨 사리가 나온단 말이오!" 丹霞 "사리가 안 나올 바에야 나무토막이지 무슨 부처님이오, 나머지 두 목불마저 태워버릴까보다" 원주의 눈썹이 저절로 빠졌다는 故事. (五燈會元)

단할(斷割) 區別하는 것.

단행(檀行) ㉮〈Karma〉布施. 施主하는 일.

단행(斷行) ㉮〈Prahana-Samskara〉斷하기 위하여 行하는 것. 斷惡 · 斷惑 등을 하기 爲하여 守戒 · 苦行 등을 하는 것.

단행사(壇行事) 灌頂. 또는 修法할 때의 修法壇을 整備하는 所任僧을 말함.

단혹(斷惑) 眞智로 妄惑을 끊는 것. 妄惑을 끊으면 眞理가 들어나는데 이를 證理라 한다. 證理는 斷惑의 果임.

※三乘之見道已上 始斷一分之惑 自是已後爲聖者 已前爲凡夫.

단혹멸고교(斷惑滅苦教) 小乘敎에서 斷惑滅苦는 곧 四諦를 뜻한다. 斷은 道諦, 惑은 集諦, 滅은 滅諦, 苦는 苦諦이니 斷과 滅은 出世間의 因果이며 惑과 苦는 世間의 因果이니 圖示하면 다음과 같음.

```
苦聖諦――一切若
            世間의 果=諸行無常印―┐
集聖諦――十二緣起의 順境           │
            世間의 因=諸法無我印―┤三法印
滅聖諦――十二緣起의 逆境           │
            出世間의 果―――――――┤
道聖諦――八正道     涅槃寂靜印―┘
            出世間의 因―

苦諦―迷의 結果=
            所 知―┐
集諦―迷의 原因―理想的 世界―┐佛教의
            所 斷―┘        │宇宙人生觀
滅諦―悟의 結果                │
            所 證―┐        │
道諦―悟의 原因―現象的 世界―┘
            所 修―┘
```

단혹사인(斷惑四因) 見惑과 修惑을 끊는 四種의 因. 즉 遍知所緣斷・能緣斷・所緣斷・對治斷. 견혹은 앞의 三因으로, 수혹은 제 四因으로 끊는다.

단혹수도(斷惑修道) 煩惱를 斷盡하고 佛道를 닦는 것.

단혹수선(斷惑修善) 煩惱를 斷盡하고 善을 닦음.

단혹수입(斷惑修入) 煩惱를 끊고 修行하여 깨우침에 들어 가는 것.

단혹증과(斷惑證果) 斷惑을 斷盡하고 道果를 證得함.

단혹증리(斷惑證理) 모든 惑을 끊고 진리를 증득함.

단혹행인(斷惑行因) 大乘에서는 菩薩이 이미 惑을 끊고 佛이 되는 因을 行함을 말한다. 菩薩은 願力에 依하여 이 世上에 出生하였으므로 業力에 依하는 것은 아님.

단화(斷和) 斷은 裁斷. 和는 和解의 뜻. 是非를 斷切하고 彼此和解하는 것. 옛날 印度에서는 國內에 斷和人을 두고 是非가 있을 때에 兩者를 和解시키는 制度가 있었다고 함.

단화구(斷和句) 絕交하려고 할 때에 한쪽에서 仲裁調停하기 위해서 하는 말.

단흥(檀興) 檀은 布施行, 興은 興福이니 布施를 行하여 福果를 일으키는 것.

달(達) 梵〈Prati Vedha〉①眞相에 通達하는 일. 洞察. 通曉. 理解. ②知를 다한 사람.

달개(薘芥) 털이나 芥子처럼 작은 것. 微細한 물건.

달공(達空) 高麗 末期의 중. 號는 本寂. 처음 指空에게 師事한 후 각처를 다니며 修行하기 10여년에 龍門의 藏公에게 의심나는 점을 묻고 다시 惠勤에게 一轉語를 말하여 印可를 받다. 問答한 法語 약간이 있다. 李穡이 跋文을 쓰고 權近이 序를 쓰다.

달다(怛茶) 또는 但茶・檀茶. →檀拏.

달다(達多) 梵〈tapta〉불(火)에 依하여 行하는 苦行이라는 뜻. 東大寺에서 行하는 取水行法의 一部儀式으로 큰 솔가지에 불을 붙여서 行함.

달다(達陀) 梵〈tapta〉불에 依하여

苦行한다는 뜻. 東大寺에서 行해지는 水取行法 가운데 一部의 儀式을 말함.

달다갈다(怛陀竭多) 王의 이름. 번역하여 如來라 함.

닫다얼다(怛陀蘖多) 如來라 번역. 一多陀阿伽度.

달달(怛達) 梵 〈danda〉 悉曇에서 梵字에 使用하는 記號. 梵字에서 母音을 除한 것으로 文字아래 붙이면 半音이 됨.

달달라(怛怛羅) 번역하여 鷄聲이라 함.
※玄應音義二에「呾呾羅 是雞聲也」慧琳音義二十六에「呾呾羅 由聲得名」

달달박박(怛怛朴朴) 신라 승려. 聖德王 때에 도반 努肹夫得과 함께 仇史郡의 백월산 깊은 골짝에 들어가 師子岩에 板房을 짓고 있으면서 아미타불을 염하였다. 聖德王 8(709)年 4월 8일 해질무렵 용모가 매우 아름다운 젊은 여인이 하나 찾아와서, 자고 가기를 간청하였으나 그는 거절하였다. 그러자 여인은 노힐부득이 있는 南庵으로 갔다. 이튿날 아침 그가 남암에 갔을 때, 왠일인지 노힐부득은 연화대에 앉은 채 彌勒尊佛이 되어 광명을 놓고 있었다. 달달박박은 절을 하고 그 까닭을 물었다. 노힐은 관세음보살이 화현한 여인을 만나 이렇게 되었다 하며 금빛 상으로 변하는 방법을 가르쳐 주었다. 이에 달달박박도 무량수불이 되었다고 한다.

달달아갈(怛闥阿竭) 梵 〈tathagata〉 번역하여 如來라 함. 一多陀阿伽度.

달도(達道) 道의 奧義에 達한 사람. 뛰어난 禪者.

달도인(達道人) 그 道의 奧義에 깊이 達通한 사람을 말함. 一達道.

달라가(呾羅迦) 번역하여 堅固. (大日經疏十)

달라마세(怛囉麽洗) 梵 〈Oaitra-māsa〉 麽洗는 달(月)의 뜻. 怛囉麽洗는 正月.
※十二緣生祥瑞經에「怛羅麽洗」西域記二에「制怛羅月」

달라비다(達羅毘茶) 梵 〈drāviḍa d-ramila〉 巴 〈damila〉 陀眉羅. 옛 國名. 또는 達羅比吒・達利鼻茶・達里鼻茶・達刺陀・陀彌 번역하여 消融・持富饒라 함. 南印度의 경계에 있음. 지금의 麻打拉薩 西南一帶.
※西域記에「達羅毘茶國 周六千餘里 都城號逮志補羅 周三十餘里 土地沃壤 稼穡豊盛 多華果 出寶物 氣序溫暑 風俗勇烈 深篤信義 高尙博識 而語言文字 少異印度 伽藍百餘所 僧徒萬餘人」

달라야야(怛羅夜耶) 梵 〈Trayāya〉 번역하여 三이라 함.
※囉怛那怛羅夜耶Ratnatrayāya 者三寶也興格 仁王良賁疏下에「怛羅夜耶 此云三」

달라타(怛囉吒) 梵 〈Traṭa〉 또는 怛囉磔. 번역하여 叱呵라 함. 大日經

疏九에 「怛曪吒는 叱呵攝伏의 뜻」마치 獅子가 奮怒하여 뭇짐승이 두려워서 복종한다」하였음.

달로갈제총관(達嚕噶齊總管) 僧官의 이름. →廣敎總管府.

달뢰라마(達賴喇嘛) 梵 ⟨daloi rama⟩ 蒙古와 西藏에서 使用되는 稱號. 達賴는 蒙古語. 喇嘛는 西藏語의 訛略으로 上人의 뜻. 즉 西藏國을 統治하는 法王을 말하는 것. 黃衣派에 屬하며 禪定菩薩의 化身으로 主都인 라사(剌薩)에 居한다. 相承하는 사람은 喇嘛가 죽을 때 國內派사람에게 奇瑞로, 表徵으로 죽은 喇嘛의 轉生한 사람을 求한다. 嬰兒로 嗣를 잇는 수가 있음.

달리사나(達梨舍那) 또는 達梨瑟致. 번역하여 見이라 함. 見에는 五種이 있으니, ①身見. ②邊見. ③見取. ④戒取. ⑤邪見이다. 이 五種을 갖춘 것을 見惑이라 함. (翻譯名義集)

달리슬치(達利瑟致) 梵 ⟨Drsti⟩ 또는 達梨舍那(Darśana). 번역하여 見이라 함. 邪見・正見의 見과 같음.

달리슬치안다(達利瑟致案多) 梵 ⟨Drstyauta⟩ 번역하여 見邊이라 함. 所見의 邊際. 즉 因明의 비유. 譬喩는 所見의 邊으로써 未所見의 宗을 成立하므로 見邊이라 한다. (因明大疏中本)

달리야달라사(怛利耶怛喇舍) 三十三이라 번역함. 天名.

달리지벌리가(怛哩支伐離迦) 梵 ⟨T-licivara⟩ 번역하여 但三衣. 十二頭陀行의 하나. (飾宗記五本)

달마(怛麽) 梵 ⟨Atman⟩ 번역하여 我. 我에 二種이 있으니, ①人我, ②法我.

달마(達磨) 梵 ⟨Dharm⟩ 또는 達摩・達麽・馱摩. 번역하여 法이라 함. 軌則・軌持의 뜻. ② 梵 ⟨菩提達磨=Bodhidharma⟩의 약칭. 번역하여 道法이라 함. 南印度 利帝種 香至王의 第三子. 本名은 菩提多羅. 뒤에 二十七祖 般若多羅의 法을 잇고 多羅를 達磨라 고침. 梁 普通 元(520)年 중국 廣州에 건너와 중국 禪宗의 始祖가 됨. 嵩山少林寺에서 終日토록 壁觀하여 壁觀婆羅門이라 하였으며 魏明帝가 師를 세번이나 불렀으나 나가지 않았다. 그 뒤에 慧可에게 法을 傳하고 梁大通 2(528)年에 入寂하여 熊耳山에 장사지내고 梁武帝가 碑를 세워 그 德을 찬탄하였다. 唐代宗이 圓覺大師라 諡號를 내렸음.

달마갈라(達磨羯羅) 梵 ⟨Dharmakara⟩ 比丘의 이름. 번역하여 法性. (慈恩傳二)

달마계도(達磨計都) 梵 ⟨Dharmaketu⟩ 번역하여 法幢. ①불법을 말한다. 불법은 중생의 괴로움을 항복받고 개선가를 부른다는 뜻으로 싸워 개선한 깃발의 幢에 비유하여 법당이라 한다. ②法幢佛의 梵名.

달마계도불(達磨計都佛) 梵〈Dharmaketā〉번역하여 法幢佛. (文殊師利寶藏經)

달마급다(達磨笈多) 梵〈Dharmagupta〉(?~619) 法密·法藏·法護라 번역. 남인도 羅囉國 사람. 隋 開皇 10(590)年 중국 장안에 와서 添品妙法蓮華經 七卷, 攝大乘釋論 十卷 藥師經 등 경론 七部 三十二卷을 번역.

달마기(達磨忌) 菩提達磨가 입적한 날. 달마가 528. 10. 5. 입적했으므로 후세에 10월 5일을 달마기라 한다. 禪宗의 각파에서는 이날 法會를 행한다.

달마다도(達磨駄都) 梵〈Dharmadlrātu〉번역하여 法界. 혹은 諸佛의 身體라 하고 혹은 佛舍利라 함.

달마다라(達磨多羅) 梵〈Dhasmatrāta〉阿羅漢의 이름. 번역하여 法救라 함. 同名異人의 네 사람이 있으니 ①佛滅後 三百年 경에 出世하여 無常品等 鄔南那頌을 지은 이 ②四百年 경에 出世하여 婆娑論 四評家를 지은 이 ③六百年 경에 出世하여 漏隨增義를 세운 이 ④千年 후에 出世하여 雜心論을 지은 이가 있다.

달마다라선경(達摩多羅禪經) 二卷. 東晋의 佛陀跋羅라 번역. 罽賓國沙門 達摩多羅가 佛祖가 서로 전한 佛心印을 우리의 수양으로 얻을 수 있는 口訣을 보인 것.

달마린켄 西〈darma rin-chen〉(13 64~1432) 法寶의 뜻. 宗喀巴의 高弟로 간덴寺의 第一代 坐牀者. 13 64년 티베트에서 출생. 宗喀巴를 만나, 1419년 56세로 首弟子가 되고 그의 臨終時 黃敎의 祖가 되기를 囑하였다. 그리하여 第一代 간덴寺의 坐牀者가 되었다. 69세로 病死하였다. 그의 著書로는 現觀莊嚴論의 註釋을 비롯하여 四百觀論·究竟一乘寶性論 등 다수가 있음.

달마마제(達磨摩提) 梵〈Dharmamati〉沙門의 이름. 번역하여 法意. 齊永明年中(483~493)에 提婆達多品을 번역함. (歷代三寶記十一)

달마면벽석(達摩面壁石) 淸 姚元의 竹葉亭雜記에 河南少林寺의 後殿, 西壁앞에 供桌을 設하고 一石을 갖추었는데 높이가 거의 二尺 남짓하고 上下의 넓이가 五, 七寸으로 같지 않다 하였음.

※卽之一矗石 了無異處 向之後退至五六尺外 漸有人形 至丈餘 則儼然一活達摩坐鏡中矣 腮邊短髭 若有動意 寺僧言乾隆三十六年 駕幸嵩山 欲觀祖師面壁石 石在少室山洞中 故浮置之者 因請以呈覽焉.

달마바다나(達磨婆陀那) 梵〈Dharmava-rdhana〉또는 達磨跋檀那 阿育王 王子의 이름. 번역하여 法益이라 함. (阿育王經四·釋迦譜十)

달마바라(達磨波羅) 梵〈Dharmapāla〉菩薩의 이름. 번역하여 護法이라 함. 十大論師의 한분. →護法

달마반야~달마야사

※西域記十에 「南印度境達羅毘荼國 周六千餘里 國大都城 號逮志補羅(中略) 逮志補羅城者 卽達磨波羅菩薩(唐言護法)本生之城」

달마반야(達磨般若) 梵〈Dharmaprajna〉優婆塞의 이름. 번역하여 法智라 함. (續高僧傳二)

달마보리(達磨菩提) 梵〈Dharmabodhi〉沙門의 이름. 번역하여 法覺이라 함. (開元錄六)

달마불다(達磨弗多) 梵〈Dharmaputra〉太子의 이름. 번역하여 法子라 함. (歷代三寶記八)

달마불래동토(達磨不來東土) 達磨가 東土(中國)에 오지 않았고 二祖가 西天(印度)에 가지 않았다의 뜻. 達磨가 東土에 온 것은 그 法을 傳하기 爲함이었고 二祖가 印度에 간 것은 그 法을 求하기 爲함이었으나 이 두가지의 否定은 眞實한 佛法에서는 傳할 法도 없으며 求할 法도 없다는 말. 法脈에 執着된 修行者를 警戒한 말.

달마불식(達磨不識) 話 梁武帝의 물음에 對하여 達磨가 「不識」이라 對答한 것.

달마사나(達磨闍那) 梵〈Dharmajñāna〉比丘의 이름. 번역하여 法智라 함. (開元錄六)

달마사라(達磨舍羅) 梵〈Dharmaśālā〉義譯하여 福舍라 함.
※慈恩傳二에 「達磨舍羅 唐言福舍 王敎所立 使招延旅客 給贍貧乏者也」

달마상(達磨像) 禪宗의 祖師인 達磨의 肖像畵. 達磨像이 宋 元以後 禪宗 美術의 一環으로 流行하였음.

달마상승(達磨相承) 日本 天台의 相承인 四種의 하나. 達磨禪師로부터 相承되었음을 强調한 것. 最澄이 翛然으로부터 牛頭北宗禪을 受함을 말함.

달마시라(達磨尸羅) 梵〈Dharmaśiras〉沙門의 이름. 번역하여 法首라 함. (開元錄二)

달마아란야(達磨阿蘭若) 梵〈Dharama-āraṇyaka〉번역하여 法寂靜處라 함. 三處 아란야의 하나. 菩提道場을 말한다. 모든 법은 본래 空寂하다는 이치를 말한 곳이므로 이같이 말함.

달마안심(達磨安心) 話 또는 二祖安心 慧可 "諸佛의 法印을 얻어 傳해야 합니까" 達磨 "諸佛의 法人은 사람에게서 얻는 것이 아니야" 慧可 "제마음이 편치 아니합니다. 원하옵건데 스승께서는 저에게 편안함을 주십시오" 達磨 "마음을 가지고 오너라. 너에게 편안하게 해주마." 慧可 한참 있다가 "마음을 찾아 보았으나 끝내 얻지 못하였읍니다." 達磨 "내 너와 더불어 安心하였다."고 하였음. (五燈會元)

달마야사(達磨耶舍) 梵〈Dharmayasas〉沙門의 이름. 번역하여 法稱이라 함(開元錄四). 또는 法明이라 번역함. (出三藏記十一)

— 614 —

달마울다라(達磨鬱多羅) ㉛ 〈Dharmotta-ra〉阿羅漢의 이름. →達磨多羅.

달마유지(達摩流支) ①㉛ 〈Dharmaruci〉沙門의 이름. 번역하여 法希라 함. (續高僧傳一) ②國王의 이름. 번역하여 法愛라 함. (彌勒上生經疏上) →曇摩流支

달마일종(達磨一宗) ①達磨가 傳한 佛法. 祖師의 宗旨라는 뜻. ②達磨의 敎를 받은 宗派. 禪敎.

달마제바(達磨提婆) ㉛ 〈Dharmadeva〉沙門의 이름. 번역하여 法天이라 함. (求法高僧傳下)

달마종(達磨宗) 禪宗의 다른 이름.

달마필리(達磨畢利) ㉛ 〈Dharmapriya〉比丘의 이름. 번역하여 法愛라 함. (慈恩傳二)

달미라(達彌羅) ㉛ 〈Dharmila〉童子의 이름.
※俱舍寶疏五에「達弭 此云有法 羅此云取 於有法神邊乞取 從所乞神爲名 故云有法取」玄應音義二十四에「達弭羅 彌爾切 此云攝受法」

달바(闥婆) 乾闥婆의 약칭. →乾闥婆.

달바라마(達婆羅摩) ㉛ 〈Gandharvarāma〉達婆는 乾達婆의 약칭. 羅摩는 그 이름.
※報恩經三에「達婆羅摩 彈七寶琴 出微妙音」

달박(怛縛) ㉛ 〈Tvam〉또는 悉怛縛. 번역하여 汝. (梵語雜名)

달박다리(怛縛多利) 觀音陀羅尼의 이름.

달발나(怛鉢那) ㉛ 〈tanpana〉또는 歎波那. 번역하여 떡(餠)·乳粥이라 함. 음식의 일종, 절에서 巳時(오전 11時)의 식사시간 전이나 그 뒤에 먹는 죽을 일컬음. →歎波那.

달삭가(怛索迦) ㉛ 〈Taksaka〉龍王의 이름.
※玄應音義二十三에「怛索加 都達反 龍王名也 昔有仙人 曾呪此龍令其入火 龍王憂怖 遂投帝釋邊座而住 仙人知已 更以呪 帝釋與龍一時俱墮 帝釋求哀 得免所患 龍遂死焉」

달살아갈(怛薩阿竭) ㉛ 〈tathagata〉如來와 같음. →如來.

달살아갈아라하삼야삼불(怛薩阿竭阿羅訶三耶三佛) ㉛ 〈Tathāgata Arhan Samyaksaṁbuddha〉怛薩阿竭은 如來, 阿羅訶는 應供, 三耶三佛은 正徧知이니 부처님 十號 가운데 三號. →十號.
※玄應音義三에「怛薩阿竭阿羅訶三耶三佛 大品經作多陀阿伽度阿羅訶三藐三佛陀 同一名也 此則十號中三號也 但猶梵音輕重耳 多陀阿伽度 此云如來 阿羅訶 此云應供 三藐三佛陀 此云正徧知也」

달살아로(達薩阿勞) →揭薩阿勞.

달서(達絮) ㉛ 〈Dasyu〉또는 達須 邊方의 下賤한 者를 일컬음. →達須.

달선(達善)(1831~1891) 朝鮮 승려.

俗姓은 金氏 號는 愚隱, 本貫은 全州, 江原道 高城 출생, 13세에 金剛山 楡岾寺의 綠庵에게 중이 되고 月峰에게 比丘戒를 받다. 그후 蓮月에게 禪法을 묻고 大雲의 法을 잇다. 30세에 楡岾寺의 僧統을 거쳐 37세에 妙香山 普顯寺의 守護摠攝을 지냄. 1882年 燒失된 楡岾寺를 3年만에 복구하고 高宗 28(1891)年 世壽 61, 法臘 49세로 入寂함.

달수(達水) 地名. ↑阿耨達池.

달수(達須) ㉘〈Dasyu〉 또는 達首, 蠻俗의 이름. 慧琳音義四十八에「達須. 이들은 佛法을 알지 못하여 능히 堅固하게 行을 修持하지 못한다」고 하였음.

달야(達夜) 밤을 새움. 徹夜, 達曙, 達宵.

달온(達蘊) 高麗 승려. 姓은 曹氏, 號는 松月軒, 本貫은 昌寧, 忠肅王 때 指空에게 중이 되다. 1323年 경 指空을 따라 中國에 들어감. 師는 그림·글씨에 뛰어났음.

달이야타(呾儞也他) ㉘〈tad-yathas〉 번역하여 譬如·即·所謂. 比喩하면 곧의 뜻.

달자(達孜) 高麗 승려. 恭愍王 때에 辛旽에게 말하기를 "圖讖說에 의하면 演福寺의 九井에 九龍이 있다"고 하여 그로 하여금 이를 파게 했음.

달지(達池) 地名. 阿耨達池의 약칭.

달찰나(怛利那) ㉘〈Taksana〉百二十刹那를 말함.

달친(達嚫) ㉘〈Dakṣiṇā〉 또는 噠嚫·達嚫·達親·達櫬·大嚫·檀嚫 번역하여 재물을 布施한다는 뜻. 또는 오른손의 뜻. 오른 손으로 施物을 받기 때문이다. 僧이 施物에 대한 보답을 하기 위하여 法을 說하는 것을 達嚫이라 함. 이는 재물을 보시하는 뜻이 轉하여 法을 布施하는 뜻이 됨.

달케(Dahlke, Paul Wilhelm)(1865~1928) 獨逸의 불교학자. 1865년 동프로시아에서 출생. 베를린대학에서 의학을 수학, 일찍부터 佛教에 흥미를 가졌고 獨逸의 新佛教 전도의 중심적 지도자였다. 涅槃論에 관하여 그것을 虛無로 간주하는 그림에 대립하여, 그는 최고실재라 하였다. 長阿含·中阿含·法句經 등을 번역하였고, 佛教에 관한 저술을 많이 하였다. 1928년 베를린에서 사망함.

달타(怛他) ㉘〈Tādyathā〉 또는 呾經他. 怛儞也他. 번역하여 所謂라 함.
　　※可洪音義一에「上多達反 下借音亭夜反 梵云呾經他 此云所謂 入呪之初也」仁王經良賁疏下三에「怛儞也他 此云所爲 古云卽說」

달타갈다(怛陀竭多) 王의 이름. 번역하여 如來라 함.

달타게다(怛他揭多) 번역하여 如來라 함. →多陀阿伽度.

달타게다국다(怛他揭多麴多) ㉘〈Tathāga-tagupta) 比丘의 이름. 번역하여 如來蜜이라 함. (慈恩傳二)

달타게다룰지(怛他揭多嘌旨) 如來光이라 번역함. (演密鈔八)

달타벽다(怛他蘗多) 梵 〈tathāgata〉 번역하여 如來라 함. →多陀阿伽度

달타삼제사(怛埵三第鑠) 論의 이름. 번역하여 辨眞이라 함. 德光論師가 지음. 二萬五千頌이 있다. (慈恩傳二)

달활(達滑) 了義燈二本에「淫女家·沽酒家」라 하였음.

담(曇) 梵〈曇摩=Dharma〉 巴〈Dhadlnla〉의 약칭. 번역하여 法이라 함. 唐僧의 이름. 曇鸞·曇曜 등과 같이 흔히 머리에 曇字를 씀.
※ 甄正論上에「竊尋曇梵二字 此土先無 玉篇說文字林字統 竟無此字 曇梵二字 本出佛經(中略)翻譯人造 用詮天竺之音 演述釋迦之旨 在於此方 先無此字 後葛洪於佛經上錄梵字 訓以爲淨 陸法言因而撰入切韻」

담가가라(曇柯迦羅) 梵〈Dharmakāla〉 또는 曇摩迦羅·曇摩訶羅·柯羅. 번역하여 法時라 함. 印度의 沙門, 魏嘉平(249~253)中에 중국 洛陽에 건너와 僧祇戒心을 번역해 냄.

담가과상(擔枷過狀) 枷는 罪人의 목에 씌우는 칼로 이것을 목에 씌워 자유롭게 움직이지 못하게 하는 것. 過狀은 자기의 죄를 告白하는 것. 손발에 항쇄·족쇄를 차고 자기의 죄를 告白하며 걸어가는 것을 말함.

담가쇄한(擔枷鎖漢) 項鎖와 足鎖를 차서 자유로이 움직이지 못하는 者.

담각(擔閣) 잦혀 놓다. 閣은 擱(놓을 각)의 뜻.

담간계(擔干計) 擔은 물건의 數, 干은 未定의 數를 말함. 計는 計算하는 것. 물건의 輕重과 利益을 計算하는 것.

담경(談經) 經典을 平易하게 談話의 形式으로 들려주는 說法. 中國 唐代에 一般民衆을 對象으로 하여 唱導한 것의 하나. 이는 一定한 作法이 있으며 節을 붙여서 唱하므로 이를 唱經, 또는 講唱이라 함.

담공설유(談空說有) 佛敎에서 空과 有 二宗이 있는데 說法者가 각각 그 하나에 執着하여 서로 다투는 것을 말함.
※ 蘇軾詩에「誰似龍丘居士賢 談空說有夜不眠」

담광(曇曠) 中國 建康 사람. 어려서 출가하여 唯識 俱舍 등을 배우고 長安 西明寺에 들어가 金剛般若와 起信 등의 奧旨를 探究하였다. 뒤에 河西에 돌아와 法을 宣揚했다. 著書에 金剛般若經旨贊 二卷. 大乘起信論·廣釋 등이 있음.

담구교(曇瞿敎) 佛陀의 가르침. 瞿曇敎의 傳訛인 듯 함. (義足經)

담당(湛堂) →잠당(湛堂)

담란(曇鸞)(476~542) 中國 雁門 사람. 曇巒이라고도 함. 어려서 고향

근처인 오대산에 출가. 널리 內外 서적을 연구. 四論의 佛性義에 조예가 깊었다. 우연히 大集經을 읽고, 그 註釋을 짓다가 병에 걸리게 되어 長生法을 연구. 洛陽에서 菩提流支를 만나, 無量壽經 一卷을 받은 뒤부터 淨業을 닦아 정토에 왕생하기를 원하다. 魏王이 그를 존중히 여겨 神鸞이라 존칭하고 大巖寺에 있게 하다. 興和 4년 平遙山寺에서 죽다. 世壽 67. 후세에 淨土敎의 발전은 그의 공이 크다. 저서 : 大集經疏 往生論註 讚阿彌陀佛偈 略論安樂淨土義 등.

담론(談論) 梵 〈ākhyāikā〉 談話. 談笑. 이야기 등을 말하는 것.

담림(談林) 談論하는 叢林, 또는 승려가 공부하는 곳. 檀林·學林.

담마(曇摩) ① 梵 〈Dharma〉 또는 達磨. 번역하여 法이라 함. ②比丘의 이름. 法이라 번역함. ③부처이름.
※法苑珠林에 「昔舍衛國中有二鸚鵡解人言語 時阿難見鳥聰黠爲說四諦 苦寂滅道 二鳥聞法 飛向樹上 歡喜誦持 夜宿爲野狸所食 緣此善根 來生人中 出家修道 得辟支佛 一名曇摩 二名修曇摩」

담마가(曇摩迦) 梵 〈Dharmākara〉 또는 曇摩迦留 法藏比丘의 梵名. 번역하여 法寶藏·作法·法處·法積이라 함.
※支謙譯之大阿彌陀經上에 「爾時世有大國王 王聞佛經道 心卽歡喜開解 便棄國捐王 行作沙門 字曇寧迦」 平等覺經一에 「便棄國位 行作比丘 名曇摩迦留」

담마가라(曇摩迦羅) 梵 〈Dharmakāla〉 또는 曇摩迦·曇摩迦留. 번역하여 法時. 인도 사람. 처음에 4吠陀를 배우다가 뒤에 불교에 귀의. 魏의 嘉平(249~254) 때 중국 洛陽에 와서 僧祗戒本 一卷을 번역. 羯磨授戒하는 법을 행하다. 이가 중국에 계법을 전한 시초. →曇柯迦羅.

담마가타야사(曇摩伽陀耶舍) 梵 〈Dharma-gatayaśas〉 比丘의 이름. 歷代三寶記 十一에 「天竺沙門 曇摩迦陀耶舍는 齊나라 말로 法生이라 칭한다」고 하였음.

담마국(曇摩毱) 曇摩德多의 약칭. →曇摩德多.

담마국다(曇摩毱多) 梵 〈Dharmagupta〉 또는 曇無毱多·曇摩屈多迦·曇無德·達磨及多. 번역하여 覆法·法鏡·法護. B.C 4세기경의 論師라고 전하는 優婆毱多의 제자. 律藏의 한 학파인 曇無德部를 세우다. 이를 曇無德律이라 한다. 내용이 四種으로 나누어 있으므로 四分律이라고도 함.

담마국다가(曇摩屈多迦) 梵 〈Dhār-maguptaka〉 →曇摩毱多.

담마난제(曇摩難提) 梵 〈Dharmanandi〉 法喜라 번역. 兜佉勒 사람.

담마덕(曇摩德) →曇無德.

담마라(曇摩羅) 洛陽伽藍記에「法雲寺는 西域 烏場國 沙門 曇摩羅가 세웠다」고 하였음. 摩羅는 聰慧利根하여 釋氏를 硏窮한 다음, 中國에 들어와 바로 魏言과 隸書를 깨쳤으며 무릇 듣고 본 것은 通神하지 않음이 없었음.

담마라찰(曇摩羅察) ㉞〈Dharmaraksa〉 또는 曇摩羅刹, 比丘의 이름.

담마라참(曇摩羅讖) 比丘의 이름. 曇無讖과 같음.

담마류지(曇摩流支) ㉞〈Dharmaruci〉 ①法樂이라 번역. 서역 사람. 405 가을 중국에 오다. 계율을 잘 알았으므로 廬山慧遠의 청으로 구마라습과 함께 十誦律을 번역. 일찍 장안의 大寺에 있다가 서울로 오라는 慧觀의 청을 받았을 때 "그 곳에는 사람도 있고 법도 있어 세상을 이롭게 할 수 있으리니, 내 마땅히 律敎 없는 곳으로 가리라" 하고, 그 청을 허락지 않았다 한다. ②法希라 번역. 683 중국에 와서 大寶積經 등 五十三部 百十一卷을 번역. 남인도의 菩提流支가 則天武后의 명에 의하여 菩提流支라 고치기 전의 이름.

384 符秦 建元 20年 중국 長安에 와서 道安·竺佛念과 함께 中阿含 增一阿含 毘曇心 등 一百六卷을 번역. 뒤에 姚萇이 關內에 쳐들어 올 때에 西城으로 돌아감.

담마밀다(曇摩蜜多) ㉞〈Dharmamitra〉(356~442) 法秀라 번역. 계빈국 사람. 어려서 출가하여 많은 경전을 배우고 특히 禪法에 조예가 깊었다. 성품이 여러 곳으로 다니기를 좋아하고 교화를 위하여 여러 나라로 다녔다. 龜玆國에 이르러 왕의 환대를 받고 戒儀를 주다. 뒤에 燉煌으로 가서 절을 짓고 涼州에 가서 公府의 옛 절을 고쳐 공부하는 도장을 만들다. 학도가 운집하여 禪風이 매우 성하였다. 424년 蜀에 갔다가 荊州에 이르러 長沙寺에 禪館을 짓다. 만년에는 祇洹寺에서 禪經 禪法要 普賢觀 虛空藏觀 등의 여러 部를 번역. 434년 鍾山의 定林下寺에 들어 가다. 87세에 入寂.

담마발라(曇摩跋羅) 鬼神의 이름. 번역하여 學帝王이라 함. (金光明文句七)

담마비(曇摩蜱) ㉞〈Dharma-priyā〉 또는 曇摩卑. 번역하여 法受라 함. 罽賓國 사람. 器宇가 明敏하여 항상 弘敎에 뜻을 두었고 前秦建元中(365~385)에 中國에 와서 鳩摩羅伐提가 준 梵本 大品般若經을 誦出하였다 함. 生卒未詳.

담마시(曇摩侍) 또는 曇摩持. 번역하여 法慧·法海라 함. 西域 사람. 阿毘曇을 諷誦하고 律部를 善持하였다. 前秦 建元(365~385) 長安에 와서 建元 十五年 夏에 스스로 十

誦比丘戒本을 외우니 竺佛念이 梵文 그대로 書寫하였다. 이 比丘大戒를 二百六十이라고 하는 것이며 現存戒本과는 어느 것이나 합치되지 않음.

담마야사(曇摩耶舍) 梵 〈Dha-rma-yaśas〉 번역하여 法稱. 法明이라 함. 罽賓國 사람. 어려서부터 學을 좋아하여 나이 14세에 弗若多羅를 아는 바가 되었다. 성장하여 經律을 博覽하여 깨달음이 뭇사람에 뛰어났다. 나이 30세에 果를 얻지 못하고 연일 飮食을 먹지 아니하며 專精刻苦하여 전과를 뉘우치다. 博叉天王을 꿈속에 보고 遊方을 결심, 제국을 涉歷하며 東晋의 隆安中에 廣州에 이르러 白沙寺에서 住하였음.

담마참(曇摩讖) 比丘의 이름. → 曇無讖.

담마파라(Dhammapala) 巴 A.D 5 世紀末頃의 注釋家. 阿遮利耶(Acariya)라고 尊稱함. 南印度 建志補羅(Kancipura) 사람. 쎄이론大寺(Maha-Vihara)에서 배워 南印度의 다미라(Damila)國 파다라틸타(pada-raittha-vihara) 등에 住하며 著作에 從事하였다. 佛音의 未完成으로 마친 巴利三藏의 注釋을 完成하고 佛音의 注釋書의 末注에 努力하였음.

담마파라(Dhammapala. Sri Devamitta)(1864~?) 近代 스리랑카의 護法家. 1864年에 코롬보(Colombo)의 指導階級 헤와비탈네(Hewavitarne)家에서 出生하였다. 當時 쎄이론의 佛敎는 자못 浸滯하여 一般 幼兒들이 그리스도敎의 洗禮를 받는 風習이 있었으나 이를 받지 아니하였고 佛敎彈壓으로 聖토마스高等學校에서 逐出되어 빼타(Pettah)의 圖書館에서 倫理・哲學・傳記・心理・歷史 등을 涉獵하였음.

담목산(擔木山) 梵 〈朅地洛迦=Khadiraka〉 九山이라 번역함. 七金山의 하나.

담무(曇無) 또는 達磨・曇摩. 번역하여 法이라 함.
※戒疏一上에「所言法者 此方士言 大夏梵音卽云達磨 或云曇無 曇摩之異傳耳 未解聲明 故言多僻」

담무갈(曇無竭) ① 梵 〈Dharmodgata〉 達摩鬱伽陀의 약칭. 번역하여 法盛・法勇・法上・法起라 함. 衆香城의 王이 되어 항상 般若波羅蜜多를 說하니 常啼菩薩이 여기에 와서 般若를 들었다 함. ②比丘의 이름. 中國 幽州 黃龍 사람. 俗姓은 李氏. 法勇이라 함. 어려서 出家하여 420年 僧猛・曇朗 등 二十五人과 함께 印度에 가서 聖地를 순례하고 廣州에 돌아와 觀世音授記經 등을 번역함.
※華嚴疏鈔四十五에「曇無竭 此云法生 亦云法勇 亦云法尙 今言法起 與勇義同」般若經三十卷行璎音義에「曇無

竭 此云法上」

담무국다(曇無毱多) 曇無德과 같음. →曇摩毱多.

담무덕(曇無德) 律主의 이름. →曇摩毱多.

담무덕계본(曇無德戒本) 四分比丘戒本의 다른 이름.

담무덕부(曇無德部) 梵 〈Dharmaguptāh〉 律宗五部의 하나. 曇無德比丘가 세운 部宗. 佛滅후 百年경 優婆毱多羅漢 五弟子의 한분. 戒律藏에서 세운 一部로 律名을 四分律이라 함. →曇摩毱多.

담무덕율(曇無德律) 四分律의 異名.

담무덕진(曇無德律) 四分律의 다른 이름.

담무란(曇無蘭) 梵 〈Dharmarkṣa〉 比丘의 이름. 번역하여 法正이라 함. (歷代三寶記七·開元錄三·貞元錄五)

담무제(曇無諦) 梵 〈Dharmasatya〉 比丘의 이름. 開元錄一에「沙門 曇無諦. 또는 曇諦. 魏나라에서는 法實이라 하며 安息國 사람이라」하였음.
※按曇無爲梵語 譯爲法 諦者漢言也.

담무참(曇無讖) 梵 〈Dharmarakṣana〉(385~433) 또는 曇摩讖·曇摩羅懺·曇謨懺. 번역하여 法豊. 중인도 사람. 6세에 아버지를 여의고 達摩耶舍의 제자가 되어 소승교를 배우다. 뒤에 白頭禪師에게 나무껍질로 된 涅槃經을 얻고 대승에 들어가다. 罽賓의 구자국을 거쳐 姑藏에 들어가 蒙遜의 우대를 받으며 그곳 말을 배워서 涅槃經의 初分 十卷을 비롯하여 大集經·大雲經·悲華經·地持經 優婆塞戒 金光明經 등 경들을 번역. 421년 于闐國에서 얻은 涅槃經의 中分을 번역. 433년 涅槃經의 後分을 얻어 오려고 서역으로 가다가 蒙遜의 노여움을 사서 도중에서 살해됨. 世壽: 49세.
※高僧傳二에「曇無讖 或云曇摩讖 或云曇無懺 蓋取梵音不同也」歷代三寶記 八에「凉言法豊」法華傳一에「曇摩羅懺 此云法豊 中印度人 婆羅門種 亦稱 伊波勒菩薩」

담바(譚婆) 개와 돼지고기를 먹는 사람.

담박(淡薄) 淡泊·澹泊 또는 惔怕으로도 씀. ①恬靜無爲의 뜻. 욕심이 없고 마음이 깨끗한 것. ②淡은 싱거운 것. 薄은 엷은 것이니 사랑과 미움에 분별없이 덤덤해진다는 뜻.

담박(憺怕) 說文에 憺은 安으로 憺然安樂한 것을 말하고 怕도 또한 恬靜으로 靜하며 無爲하다는 뜻. 廣雅에 憺怕은 寂寞한 것. 또는 恬靜한 것이라 하여 寂寥하여 사람이 없는 것을 뜻하는 것이라 함.
※經文憺有時誤作惔 說文 惔憂也 非此義 怕又作泊 說文 泊無爲也 廣雅 泊靜也.

담보라(擔步羅) 梵 〈Tāmbūla〉 또는

耽餔羅. 藥果의 이름.

담설전정(擔雪塡井) 눈을 져다가 우물을 메우는 것.

담성(曇晟) 中國 鍾陵建昌·江西省 南康府建昌縣 사람. 姓은 王氏. 어려서 출가하여 百丈懷海를 모신지 二十년 후에 潭州攸縣 雲巖山에 住하면서 衆僧을 提接하고 無常大師의 시호를 받음.

담시(曇始) 東晉의 승려. 關中 사람. 중이 되어 기적적인 신기한 행적이 많았고, 발이 얼굴보다 희어 白足이라 불렀다. (高句麗 廣開土王 395 5)年 晉나라에서 經·律 數十卷을 가지고 高句麗 遼東에 와서 교화하여 高句麗에 불교가 들어온 시초가 되었다는 說이 있음.

담시한(擔屎漢) 똥통을 멘 사람. 쓸모 없는 사람.

담연(湛然) 台州 國淸寺에 있던 湛然. 姓은 戚氏. 唐나라 晉陵 荊溪 사람. 당시에 사람들이 그 道를 尊重하여 荊溪라고 號하였다. 天寶(742~755)년간에 削髮하여 중이 되고 律法을 森嚴하도록 잘 지키어 止觀의 奧旨를 究極하였다. 法華釋籤·文句記·止觀輔行과 其外 淨名廣略疏涅槃後分疏·金剛錍 등 著書가 많다. 天台의 道를 中興하였으니 智者의 뒤로 第六代가 된다. 建中 3(782)年 2月에 入寂. 世壽 72 歲.

담연(曇延) 中國 蒲州桑泉·山西省 蒲州府臨晉縣 사람. 俗姓은 王氏. 世家豪族으로 16세에 出家하다. 進具한 뒤에는 華嚴, 大論, 十地, 寶性 등의 諸論을 배웠으며 涅槃經義疏를 撰하고 卷軸放光의 瑞를 感하였다. 北周太祖를 欽敬하여 西嶺에 雲居寺를 세우고 이곳에 거하며 國俸을 받았다. 4년 延衆을 고쳐 延興寺라 하였음.

담연(擔然) 高麗 승려. 姓은 孫氏. 諡號는 大鑑國師. 睿宗(十六代 王)의 사랑을 받았으며, 仁宗의 고문이 되었다. 말년에는 毅宗(十八대 왕) 때 眞州 斷俗寺에 있었다. 현재 이곳에는 師의 비석이 남아 있음.

담영(曇穎) 臨濟宗. 號는 金山. 어려서 出家하여 처음 大陽晉玄을 따라 曹洞의 宗風을 배우고, 얼마 후에 谷隱蘊聰을 배알하고 오래 參究한 끝에 드디어 그 印可를 받다. 뒤에 潤州의 金山에 住하면서 臨濟의 宗風을 크게 宣揚하였음. 生卒年代는 未詳.

담요(曇曜) 중국 사람. 어려서 출가. 덕행이 견고하기로 유명. 北魏 太武帝 (446) 7년 불교를 없애려고 할 때에 沙門들이 환속하는 이가 많았으나 그는 법복과 기물을 가지고 법을 護持하다가 太武帝가 죽고 文成帝가 즉위하여 다시 불교를 일으키며 절과 탑을 세우게 되자, 453年 平城에 가서 文成帝의 귀의를 받다. 460年 昭玄曹에 들어가 승려들을 통솔, 道人統이라 하던 것을 沙門統이라 고치다. 평성의 서북 武周山谷에 靈巖寺를 짓고 여러 스님과 西域에서 온 三藏과 함께 付法藏傳 淨度三昧經 大吉義神呪經 등을 번역함.

담월(曒月) 十方諸菩薩이 부처님께 와서 諸罒을 다스리지 못하는 餘暇를 利用해서 羅睺阿修羅王이 달을 삼키고자 하니 月天子가 겁이 나서 부처님에게 달려갔다. 부처님께서 偈를 說하시어 羅睺羅가 곧 달을 놓아주게 하였다는 故事. (大智論)

담육(曇育) 新羅 승려. 596年 隋나라에 가서 10년 동안 법을 구하고 돌아오다. 智明과 함께 그 때의 큰 스님으로 이름남.

담의(談義) 法義를 講談한다는 뜻. 또는 談議·法談·法門·文談이라 함. 서로 佛法을 論하고 經疏의 義理를 說하여 밝히는 것.

담의(談議) 談은 商議를 말하는 것. 道理를 說하여 밝힌다는 뜻으로 佛經을 說하고 佛經의 眞理를 說하는 것.

담익(曇翼) ①(?~394) 東晉의 荊州 長沙寺의 승려. 冀州 사람. 姓은 姚氏. 16세에 출가하여 道安의 제자가 되다. 東晉 孝武帝 太元 19(394)年 2月 8日에 世壽 82세로 入寂함. ②(?~450) 南朝 宋나라의 山陰 法華山의 승려. 廬山 慧遠의 弟子. 吳興 餘杭 사람. 宋나라 文帝 元嘉 27(450)年에 世壽 70세로 入寂함.

담제(曇諦) 高麗 승려. 瑜伽의 법사 태조 5(922)年 太祖의 옛집을 廣明寺로 만들고, 그를 住持케 함.

담제(曇濟) 中國 河東 山西省解州河縣 사람. 13세에 出家하여 僧導의 門下에서 수업하고 壽春東山寺에 住하다. 成實論과 涅槃經을 읽으며 밤낮으로 廢함이 없었다. 正法을 綱維하여 未開를 開示하였다. 30세에 道譽가 자못 높았다. 莊嚴寺를 짓고 曇斌 등과 함께 住하였다.

담진(曇眞) 고려 승려. 姓은 申氏. 爛圓의 제자. 義天이 續藏經을 板刻할 때 그 교정을 맡아 보았다. 1107(睿宗 2)年 王師가 되고, 1114년 王이 奉恩寺에 행차했을 때 國師가 되었다. 1116년 普濟寺에 행차한 王에게 講說하고 賞을 받음.

담징(曇徵) (579~631) 고구려 승려. 畵家. 五經과 彩畵에 능숙하였다. (영양왕 21)610年 百濟를 거쳐 日本으로 건너가 苦行과 전도에 정진. 日本 중 호오조오(法定)와 기거를 같이 하며 佛法을 강론하고 彩畵·공예 및 종이·먹·칠·碾磑(연애;맷돌)등을 만드는 법을 가르쳤다. 曇徵이 그린 일본 法隆寺의 金堂壁畵는 중국의 雲岡石佛, 경주의 石窟庵과 함께 동양 三大 미술품의 하나였으나 1948年 불타버렸음.

담참(曇讖) 曇無讖의 약칭. 師는 半.

담참이교(曇讖二敎) 西秦의 曇無讖이 세운 二敎의 判敎. 즉 半字敎와 滿字敎를 말함.

담천(曇遷) 中國 博陵饒陽·河北省 深州饒陽縣 사람. 俗姓은 王氏. 13세에 舅氏齊中散大夫國子祭酒博士 權會에게 나아가 五經을 배우는데 一覽에 통하였다. 21세때 賈和寺 曇靜을 따라 중이 되었다. 黃花谷 淨國寺에서 道를 닦다. 달을 먹는 꿈을 꾸고 月德이라 개명하였음.

담탁(啗啄) 주둥이로 쫏는다는 뜻. 암닭이 병아리를 까기 爲하여 달걀의 껍질을 쪼아서 깨는 일을 말함.

담판한(擔板漢) 禪語로 物體의 一面밖에 보지 못하는 사람을 말한다. 板을 어깨에 메면 板子에 가려서 한쪽을 볼 수 없다는 뜻.

담하(擔荷) 짐을 지다. 남을 위하여 일하는 것.

담혜(曇惠) 백제 승려. 554年 百濟 威德王은 담혜 등 九人을 일본에 보내어 道琛 등 七인과 교체하다.

담화(曇花) 優曇華의 약칭. → 曇華.

담화(曇華) ①優曇華의 略稱. ②중국 蘄州(湖北省黃州府)사람 俗姓은 江氏 字는 應庵 宋 崇寧 2(1103)年에 출생. 17세에 東禪寺에서 중이 되고 18세에 具戒를 받다. 그후 彰敎寺에 들어가 虎丘紹隆의 제자가 되어 師의 法을 잇고 連雲寺에서 分座說法하고 얼마후에 妙嚴寺에서 開堂하였다. 뒤에 明州 天童山에서 크게 法化를 펼치다. 당시 사람들이 大慧宗杲와 함께 그 甘露門이라 일컫다. 隆興 元(1163)年 6月 13日 世壽 61세로 入寂함. 嗣法弟子에 密庵咸傑이 있음.

담화일현(曇花一現) 서로 마주 보고 곧 떠나감을 말함. → 優曇華.

담화집(曇華集) 一卷. 編者未詳. 圜悟. 希叟·無準·癡絕에서부터 그 이하 諸尊宿의 法語와 入龕·道號·送別 등의 名句를 抄錄한 것.

답대(搭對) 서로 맞서서 겨룸. 對抗함.
※五燈會元 金山穎曰 山僧意好相撲 祗是無人搭對 今日且共首座搭對.

답득(踏得) 밟는다는 뜻. 得은 語勢를 强하게 하여 주는 助字.

답마(答摩) 梵〈Tamas〉또는 多磨 번역하여 闇癡라 함. 數論에서 세운 自性冥諦(數論 二十五諦의 하나) 三德의 하나. 어리석고 둔한 성품을 말함. (唯識述記 一末)

답말소벌나(答秣蘇伐那) 梵〈Tamasāvana〉 번역하여 闇林이라 함. 伽藍의 이름. (西域記四)

답바(杳婆) 杳婆摩羅의 略語. 羅漢의 이름. 隋나라에서는 物力士子라 함.

답바마라(杳婆摩羅) 具足한 이름은 杳婆摩羅弗多羅. 經論의 中·末後의 一語. 杳婆摩羅子라 하고 舍利

弗多羅를 舍利子라 하는 것과 같음. →奢婆.

답바마라자(奢婆摩羅子) 人名. 奢婆는 혹은 達婆·陀婆·陀驃. 陀驃는 主摩羅라 번역하며 力士·壯士라 함.

※根本律에 波波國中有一壯士大臣 名勝軍 大富多財 受用豐足 所有貲產 如毘沙門王 雖非王種 時諸壯士作灌頂法 扶以爲王 後生一兒 色相端美 天然淨潔 彼國之法 若天然淨潔者 名實 此兒亦爾 淨潔過人 復是壯士大王之子 應與立字名實力子」 善見律에「奢婆是比丘名 摩羅是王名 此王子出家 故名奢婆寧羅子 此大德 年七歲出家 鬚髮落地 卽成羅漢 得三達智 具六神通 以本願故 爲僧差使.

답바회심(奢婆廻心) 奢婆羅漢이 小乘心을 돌려서 大乘의 菩提心을 發한 것. 이는 四分律의 大乘을 通한 것이며 五證의 하나. →五義分通.

답보무소외(答報無所畏) 菩薩 四無所畏의 하나. 보살이 대중 앞에서 설법할 때에 중생들의 모든 물음에 대하여 이치에 맞도록 해답할 수 있으므로 마음에 아무런 두려움도 없는 것.

답비라서(奢毘羅書) ㉑〈Dravida〉 드라비다 사람의 文字를 말함.

답상(踏床) 또는 脚凳. 발이 달린 작은 椅子. 毘奈耶雜事에는「承足牀」. 僧祇律에는「承足机」라 하였음.

답순종심요법문(答順宗心要法門) 一卷. 唐의 宗密이 註釋함.

답연(沓然) 물이 흘러 가는 形態를 말함.

답착비공(踏着鼻孔) 鼻孔은 코구멍. 즉 本分事를 의미하는 말. 踏着은 밟는다는 뜻. 즉 깨친다는 말. 着은 語勢를 强하게 하여 주는 助字.

답파(奢婆) →답바(奢婆).

답향(答香) 禪林의 규칙에 대저 손이 와서 나를 위해 火爐에 瓣香을 꽂으면 나도 그 손님을 위해 瓣香을 꽂는 것을 答香 또는 還香이라 함. (象器箋九)

답화(答話) 禪林에서 물음에 對하여 答하는 일. 주고 받는 말.

당(堂) ①大廳. ②큰절의 문앞에 그 절의 이름난 중을 세상에 알리기 위하여 세우는 깃대. ③神·佛 앞에 세우는 旗의 일종. ④당집. ⑤書堂. ⑥都市의 公會堂. →講堂.

당(當) ①마땅하다는 뜻. ②未來形을 가리킴. ③未來의 일. ④……하지 않으면 안된다. 그렇다면. 그럴 때에는. ……처럼 (如).

당(幢) ㉑〈駄縛若=Dhvaja; 計都=Ketu〉 절의 門앞에 꽂는 旗의 일종. 불 보살의 위신과 공덕을 표하는 장엄구. 그 面에 佛畵가 그려져 있는데 이것을 竿柱(장대) 끝에 龍頭의 모양을 만들고 깃발을 달아 드리운 것. 그러나 항상 달아 두는 것은 아니고 기도나 法會 등 의식이 있을 때에만 사용하였다. 또 이와 별개의 것으로 石幢이 있다. 흔히 幢身을 八면, 혹은 六면의 기둥 모양으로 만들어 여기에 佛號나 불경을 새겼는데 우리나라에는 신라 때부터의 석당이 남아 있으며 불경을 새긴 六面의 經幢이 대부분임.

당(讜) 바른말.

당가(唐家) 法堂의 佛座 위에 만들었다는 집의 模形. 닫집.

당가(當家) ①자기가 屬한 宗旨. ② 한집의 책임을 맡은 어른.

당간(幢竿) 幢을 달아 두는 기구. 이를 세우기 위하여 二箇의 받침대(幢竿支柱)를 세우고, 그 가운데에 세우는 기둥인데 돌·쇠·나무 등으로 만든다. 당간은 신라시대부터 성행, 절 입구에 세웠는데 현재 남은 것으로는 전남 羅州 東門밖 石幢竿. 忠北 淸州市 龍頭寺의 鐵幢竿. 公州 甲寺의 철당간 등이 유명함.

당간지주(幢竿支柱) 幢竿(깃대)를 지탱하는 기둥. 二個의 기둥을 세워서 그 가운데에 깃대를 세우게 만든 것인데 당간을 받치기 위하여 上下에 二個의 구멍을 뚫었다. 이것은 신라시대부터 유래한 것임.

당결집(唐決集) 二卷. 編者未詳. 일본의 最澄이하 諸師의 質疑와 이에 대한 中國 道遠 등의 決答을 集錄한 것. 모두 七편이 있는데 ①在唐決 ②光唐決 ③慧唐決 ④德唐決 ⑤圓唐決 ⑥澄唐決 ⑦答修禪院問.

당과(當果) 當來의 果. 未來의 果報

당국자미(當局者迷) 바둑을 두는 사람은 조그마한 일에 混迷하여 失敗하기 쉬우나 傍觀者는 도리어 勝敗의 機를 보기 쉽다는 뜻. 무슨 일이든 當事者는 迷惑되기 쉽다는데 비유한 말.

당기(當機) ①原意는 佛의 說法이 衆生의 根機에 따라 利益을 주는 일 또는 그 對象이 되는 衆生을 말함. 佛의 說法에 適合한 根機. ② 修行者를 接한다는 뜻으로 쓰임.

당기고점(當機敲點) 問答에 있어서 禪僧이 相對의 機根에 따라서 自由自在로 어떤 때는 問(敲)하고 어떤 때는 相對를 說服(點)하는 것을 말함.

당기익물(當機益物) 諸經의 說法이 같지 않은 것은 學人의 機根에 따라 利益이 되는 善巧方便을 쓰기 때문임.
※法華玄義一에「餘經當機益物 不說如來施化之意 此經明佛設教元始」

당기적면(當機覿面) 機는 機根으로 學人을 말함. 覿面은 얼굴을 마주치는 일. 곧 相對의 얼굴을 對함과 同時에 어떤 指示나 말을 하는 것.

당기중(當機衆) 四衆의 하나. 宿世에 심은 德本에 따라 지금 부처님이 설법하는 자리에 있으면서 법을 듣고 도를 깨닫는 중생.
※法華文句一에「不起於座 聞卽得道 此名當機衆」

당기직절(當機直截) 直은 곧·바로, 截은 끊는다는 뜻. 禪僧이 相對(機에 對하여(當) 곧 바로 싸움을 걸어서 相對의 立場을 하나하나 허물어 가는 것.

당내삼판두(堂內三板頭) 僧堂內의 前堂板·後堂板·分手板을 이름.

당달(堂達) 職位. 七僧의 하나. 法會때 道場에 願文 등을 傳達하는 僧.

당당(當當) 堂堂과 같은 말. 的的 또는 우뚝·出衆의 뜻.

당당내세(當當來世) 當來의 當來이니 一生에 그치지 않고 永遠한 世世生生이란 말.

당도왕경(當途王經) 法華經 普門品, 즉 觀音經의 다른 이름. 當世 流通하는 것 중에 最尊의 經이라 이름.

당동자(堂童子) 法會의 式場에서 꽃을 配分하는 職任. 天童의 形態를 하고 있으므로 童子라 부름.

당두(堂頭) 禪林을 일컬음. 方丈의 다른 이름. 住持가 거처하는 곳. 因하여 住持를 堂頭和尙이라 함.

당두방할(堂頭棒喝) 一棒喝.

당두화상(堂頭和尙) 一堂頭와 같음.

당랑재후(蟷螂在後) 蟷螂窺蟬·蟷螂搏蟬과 같은 말. 蟷螂은 버마재비인데 이슬을 먹으려는 매미는 뒤에 버마재비가 노리는 줄을 모르고, 버마재비는 또한 자기를 노리는 黃雀《참새》이 있음을 모른다는 故事에서 온 말. 轉하여 눈앞에 이익에만 눈이 어두워 장차 그 뒤에 올 災禍를 알지 못한다는 비유.

당랑지부(蟷螂之斧) 당랑(버마재비)의 도끼. 미약한 힘. 곧 당랑이 두 발을 들면 도끼를 든 것 같으므로 이름. 또는 蟷斧.

당래(當來) 마땅히. 올 때라는 것. 곧 장래·미래·내세와 같다.

당래고(當來苦) 巴〈anagatam〉 來世의 苦痛.

당래도사(當來導師) 彌勒菩薩을 이름. 彌勒菩薩은 지금부터 56억 7천萬年을 지난 뒤에 이 세상에 출현하여 佛道를 이루고 衆生을 敎化한다고 하였음.

당래변경(當來變經) 二部가 있음. 一은 佛說當來變經(一卷). 西晉 竺法護의 번역. 一은 迦丁比丘說當來變經(一卷), 譯者未詳, 모두 다 當來에 惡法이 强盛하여 佛法이 變壞하는 것을 記한 것.

당래사(當來事) 巴〈anagata-addha〉 未來의 時間. 未來에 닥쳐올 일. 結果를 想像할 수 없는 果報로 이루어지는 未來의 일.

당래세(當來世) 未來. 또는 來世를 말하는 것.

당래승리(當來勝利) 다음 世上에 殊勝한 利益을 얻는 것.

당래지세(當來之世) 梵〈ānāgātā-ādhvān〉 後世. 將來.

당류(當流) 自己가 崇信하는 敎의

流派.

당마만다라(當麻曼茶羅) 當麻寺에 傳하는 一種의 淨土曼茶羅.

당만소참(當晚小參) 開堂한 날 黃昏에 鐘을 울린 다음 問答提綱하는 것. 곧 晚參.

당망(幢網) 帝釋天의 網羅幢. 무수한 寶珠가 달려 있으며 各 珠가 서로 비치어서 光影이 重重無盡하다고 함. (大乘喩伽金剛性海曼珠寶利千臂鉢大敎王經)

당면거(瞠眠去) 자장자장. 자거라 자거라. (碧岩錄)

당문(當門) 當面과 같음. 普通·通途라는 말과 같음.

당미당안(瞠眉瞠眼) 눈섭을 세우고 눈을 휘둥그렇게 뜨고 봄.

당미수목(瞠眉竪目) 또는 瞠眉竪眉. 눈을 똑바로 뜨고 눈섭을 세우며 精進하느라고 애쓰는 모양.

당발(撞發) 打破와 같음.

당방(堂方) 禪徒衆. 夏衆. 三昧衆. 行人·律宗方 등을 말한다. 日本 寺刹에서 行한 階級制度.

당번(幢幡) 또는 繪幡. 佛殿을 장엄하는데 쓰는 幢과 幡을 말한다. 당은 竿頭에 용머리 모양을 만들고 비단 폭을 단 것. 번은 定慧의 손. 혹은 四婆羅蜜의 발을 본떠서 만든 깃발. 堂안에 다는 것. 지금은 당과 번을 하나로 만들어서 장엄으로 달아 놓는다. 우리 나라 시속에서 "보상개"라고 하는 것. →照幢.

당범죄(當犯罪) 未來에 犯할 罪. 곧 將來에 犯하지 않으면 안될 것이라고 想像하는 罪.

당분(當分) 天台宗에서 세운 것으로 當分과 跨節의 目次가 있다. 當分이란 藏·通·別·圓의 四敎에 各各 當分의 敎行理가 있다고 하고, 跨節은 前에 말한 三敎上에 곧 圓意를 超越하여 說한 것. 大槪 當分의 義門은 法華經에 있으므로 法華經을 보는 것이 一代의 經文을 다 보는 것과 같다. 千差無量한 法門을 施權의 方便을 따라 말하면 다 當分에 係屬되고 開會한 佛意에서 말하면 다 跨節에 係屬되니 當分으로 相待妙를 成就하고 跨節로서 絶待妙를 成就시킨다는 것.

당사(堂司) 禪林에서 維那寮를 말함. 維那는 僧堂에 관한 일을 맡아 보므로 그가 거처하는 곳을 堂司라 하며 또는 그 사람을 일컬어 堂司라고 함.

당사수지부(堂司須知簿) 堂司는 維那로 堂의 管理를 맡은 소임. 維那가 寺院에 住하는 一切大衆의 名單 또는 僧堂內에 關係되는 모든 일을 記錄한 明細帳을 말함.

당산(堂山) 토지나 부락의 守護神이 있다고 이르는 곳. 대개 부락에서 가까이 있는 산이나 언덕이 됨.

당산(當山) 이 절. 또는 當寺.

당삼장(唐三藏) ①唐僧 玄奘을 이름 ②唐僧 玄奘의 回回國의 遊歷談을

戲曲으로 쓴 책. 元代 吳昌齡이 지음.

당상(堂上) 堂頭의 다른 이름. 禪林에서 方丈이 住持하는 곳.

당상(當相) 있는 그대로의 모양. 宇宙萬象의 森森羅列한 當體.

당상(幢相) 解脫幢相의 약칭. 袈裟의 다른 이름. 袈裟를 꿰매어 합친 條의 모양이 마치 幢과 같으므로 이렇게 이름.

당상즉도(當相即道) 世間의 淺近한 事相도 모두 深妙한 道理가 있음을 말함.
※猶言卽事而眞 密家之事相門 麤談此旨

당생(唐生) 印度剳記上에 「唐·宋시대에 中土에서 經을 請하고 法을 求하는 學僧이 연달았으며 지금까지도 계속하여 華人을 唐生이라 일컬음.

당생애(當生愛) 臨終時에 일어나는 三愛의 하나. →愛.

당성(當成) 未來에 成佛할 사람을 말함. 彌勒菩薩을 가리킴. ↔已成.

당성불(當成佛) 未來에 成佛하기로 決定된 사람. 곧 彌勒菩薩. ↔已成佛.

당세(當世) ①當時. 現在의 世間이라는 뜻.

당세기근(當世機根) 今世의 사람이 가르침을 받아서 修行할 수 있는 能力. 또는 當今의 사람.

당소조복(當所調伏) ㉛〈ayati vineya〉來世에 調伏해야 할 者.

당승(堂僧) 堂을 지키는 番僧. →堂衆.

당승취경(唐僧取經) 俗에 玄奘이 天竺에 건너가 經을 求한 것을 가리켜 말함.
※獨異志에 「沙門玄奘 姓陳氏 唐武德初 往西域取經 行至罽賓國 道險 虎豹 不可過 奘不知所爲 鎖門而坐 至夕 開門 見一老僧 莫知所由來 奘禮拜勤求 僧 口授心經一卷 令奘誦之 遂得道路開闢 虎豹潛形 魔鬼藏跡 至佛國 取經六百餘部而歸 其心經至今誦之」

당양(當陽) 分明·明白하다는 뜻. 또는 當面·當體로 쓰이기도 함.

당양일로(當陽一路) 當面한 一路. 當面한 일을 分明히 處理하여 조금도 屈曲이 없는 바르고 곧은 길로 가는 것을 말함.

당양직면(當陽直面) 햇볕에 얼굴을 바로 쬔다는 뜻. 物體의 實相을 조금도 變化시키지 않고 그대로 나타내는 것.

당언(讜言) 바른 가르침. 佛陀의 敎를 말함.

당연(唐捐) 虛棄의 뜻. 玄應音義에 「唐은 徒. 徒는 空이라」하였고 說文에 捐은 棄라 하였음.
※莊子에 「是求馬於唐肆也」法華經普門品에 「福不唐捐」

당오(堂奧) 法의 眞髓. 奧義. 極意.

당옥리판양주(堂屋裏販揚州) 揚州는 中國에서 가장 繁華하고 貨物이 豊饒한 곳. 室內에 앉아 있으면서 먼

당외(煻煨) ①파묻혀 있는 불. 뜨거운 재. ②地獄의 하나. →煻煨增.

당외증(煻煨增) 八大地獄에 屬한 地獄의 하나. 煻煨(뜨거운 재)가 무릎까지 쌓여 있다고 함.

당우(唐虞) 唐堯와 虞舜의 줄인 말. 太古時代의 理想的인 帝王을 말하는 것.

당위즉묘(當位卽妙) 宇宙의 萬象이 各自 그 자리에 安定된 다음 自由롭게 妙用을 示顯하는 것. 世俗에서 말하는 當位卽妙는 그때그때의 形便에 따라 適切한 用途에 쓰임을 말함.

당유(當有) 未來世에 生存을 뜻함. 來世에 받게 되는 몸뚱이를 말함. 後有. →三有.

당유인(當有因) 六種因의 하나. 現在 가지고 있는 妄想의 識이 因이 되어 未來에 果報를 招來하는 것.

당의반월(堂儀半月) 말미를 請하여 外出하는 境遇 15日 以內에 歸院해야 한다는 僧堂의 儀則. 萬若 15日을 經過한 때는 다시 掛塔의 儀를 行하지 않으면 안됨.

당익(當益) 내세에 얻을 이익. ↔現益.

당자(幢子) 幢竿과 같은 말. 子는 助字.

당작인(當作人) 人夫의 우두머리. (有部律)

당정(當情) 世上사람들의 常識的인 생각을 말하는 것.

당정현(當情現) 凡夫가 妄想에 依하여 實體가 없는데도 눈에 띄는 相狀의 中間存境을 말함. 例를 들면 새끼를 보고 뱀이라고 생각하는 것 등. →遍計所執.
※唯識三性中遍計所執性是也 蓋凡夫之迷心 本來具實我實法之執情 苟於非我非法之事物上 現出實我實法之相貌 遂認之爲實我實法也.

당정현상(當情現相) 또는 中門存境. 迷情과 妄想으로 말미암아 無體의 實我·實法을 나타내는 相分. 이를 테면 새끼를 잘못보고 뱀이라고 생각할 때에 눈 앞에 나타나는 뱀의 모양. →當情現.

당종(當宗) 各各의 說.

당좌(當坐) 卽坐. 卽時에.

당좌(當座) 지금의 경우라면. (四敎儀註)

당주(堂主) 禪林에서 延壽堂의 主를 말함. 水陸堂主·羅漢堂主 등 각기 一堂을 지키는 자도 또한 堂主라고 하나 특히 延壽堂主를 가리킴.

당주조한(噇酒糟漢) 다만 남의 턱찌꺼기만 먹는 鈍한 사람. 唐代에 사람을 꾸짖는 말. (噇은 饐의 뜻)
※碧巖十一則에「黃檗示衆云 汝等諸人 盡是噇酒糟漢」同評唱에「唐時愛罵人 作噇酒糟漢」

당중(堂衆) ①學僧의 侍童僧. 師匠이 부리던 중이 出家得度한 것을 말함. ②堂僧. 天台宗의 下級僧侶. 寺院·諸堂에 分屬한 雜役僧으로 그 生活은 俗人과 같은 것.

당지역이(當知亦爾) 倂 ⟨Peyalam⟩ 以下同文. 以下同樣 등 序頭의 部分만 다르고 뒷 部分이 같음을 나타낼 때 쓰는 말.

당착(撞着) ①우연히 만나는 것. ②앞뒤가 서로 맞지 않음. 모순. ③부딪치다의 뜻.

당착개착(撞著磕著) 맞 부닥침. 學人을 激發시킨다는 뜻으로 使用됨.

당처(當處) 일을 當한 곳. 現在 生存하고 있음을 뜻함.

당체(當體) 바로 그 本體를 가리키는 말. 當人·當面의 當과 같음. ※大乘義章二에 「言虛空者 當體立目」 行事鈔中一에 「無作當體是戒」

당체성불(當體成佛) 即身成佛과 같음. →即身成佛.

당체여시(當體如是) 波의 當體는 곧 물, 煩惱는 곧 菩薩, 生死는 곧 涅槃과 같다는 것. 即 이에는 相合·相翻·當體의 三種이 있음. →即.

당체전시(當體全是) 善과 惡의 두 가지로 되어 있는 當體는 그대로 表裏가 되어 떨어지지 않고 하나가 된다는 뜻.

당체즉공(當體即空) 一切의 作爲가 있는 것 (現象事物)이 반드시 分析 또는 破壞의 과정을 거칠 것이 없이 그냥 그대로 空無한 것이라는 것. 대체로 因緣에 依하여 생긴 것은 꿈이요, 헛것이어서 實性이 없기 때문이라는 것.

당체즉시(當體即是) 파도의 當體가 곧 물인 것과 같이 煩惱가 菩提, 生死가 곧 涅槃이란 뜻. →即.

당친(當嚫) 僧堂의 僧侶에게 베푸는 施物. 嚫은 嚫·儭·襯과 같으며 梵語 達嚫의 약칭.

당탑(當塔) 殿堂과 塔廟의 명칭.

당토이삼(唐土二三) 唐土는 옛날에 중국을 일컫는 말. 二三은 唐土 六祖를 뜻한다. 즉 一祖菩提達磨, 二祖大祖慧可, 三祖鑑智僧璨, 四祖大醫道信, 五祖大滿弘忍, 六祖大鑑慧能.

당통기(當通機) 天台宗에서 쓰는 말로서 通敎의 鈍根機를 이름.

당하(當下) 어떤 일을 만난 그때 그 자리에서, 지금, 目下, 그 당시, 即時, 당장.

당행(當行) 倂 ⟨gamiyat⟩ 마땅히 經過해야 할 未來라는 뜻.

당헌대좌(當軒大坐) 當軒은 當門의 뜻. 大坐는 結跏趺坐의 뜻. 방안에서 正身端坐하고 있다는 말.

당헌포고(當軒布鼓) 布鼓는 베로 바른 太鼓로서 마루에 걸려 있는 太鼓는 어떻게 치더라도 울리지 않는다는 뜻. 이는 言詮으로 능히 說할 수 없고 思慮로 능히 헤아릴 수 없

딴방 또는 別堂, 住持나 講主가 거처하는 곳. 堆雪堂.

대(大) ① 梵〈Mahā〉摩訶·摩賀라 音譯한다. 自體寬廣·周遍包含. 또는 多·勝·妙·不可思議의 뜻. 三大·四大·五大·六大. ②數論派의 술어로 覺의 딴 이름. 이 大는 M-ahat; Mahān의 번역된 말로 自性에서 처음으로 생긴 까닭. 또 大는 大種, Mahābhūta의 준말. 또는 元素, Bhūta의 일명으로 쓴다. 이 경우는 地·水·火·風·空의 원소를 가리키는 것이므로 大라 한다.

대(對) ①物質의 對立. ②面을 向함. ③配當함. ④맞추다.

대가(大家) ①대중을 높여서 일컫는 말. ②學問이나 예술이 뛰어난 사람. 大方家. ③여러 사람. ④天子를 가르키는 말. ⑤주인을 가르키는 말.

대가(大價) 大端히 貴重한 것.

대가다연나(大迦多衍那) 人名. 梵〈Mahākātyāyana〉옛 칭호는 大迦旃延.

대가람(大伽藍) 伽藍은 寺刹의 梵語. 大는 小伽藍에 대하여 일컫는 말.

대가섭(大迦葉) 人名. 摩訶迦葉. →迦葉.

대가섭문대보적정법경(大迦葉問大寶積正法經) 五卷. 趙宋施護의 번역. 大寶積經普明菩薩會第四十三의 別譯.

대가섭본경(大迦葉本經) 一卷. 西晋의 竺法護가 번역함. 부처님이 大迦葉을 위하여 制心法을 說한 것.

대가전연(大迦旃延) 摩訶迦旃延. 새 칭호는 迦多衍那. 부처님 十大弟子의 한분. →迦旃延.

대가지(大揭底) 梵〈mahagati〉數의 單位. 十의 三十八乘. (揭音은 게)

대각(大覺) ①부처님의 다른 이름. 스스로 깨닫고 남을 깨닫게 하므로 大覺이라고 한다. ②聲聞·菩薩이 깨달은 지혜에 대하여 부처님이 깨달은 지혜를 말한다. ③臨濟宗 승려. 중국 西蜀 사람(名은 道隆) ④高麗에서 天台宗을 中興시킨 義天의 諡號. ⑤중국 승려. 徑山道欽의 諡號. ⑥중국 宋나라 승려 懷璉의 號. →義天.

대각국사(大覺國師) 고려 승려. 우리나라 天台宗의 中興祖 義天(1055~1101)의 諡號.

대각국사문집(大覺國師文集) 三十三卷 二册. 高麗 文宗의 아들 大覺國師 煦의 詩文集. 고려 때의 刻板이 경남 합천 海印寺에 있다. 原集 二十卷에는 序·記·表·辭·狀·書·疏文·祭文·眞讚·示詩·詩 등을 外集 十三卷에는 국사에 關한 書·記·眞讚·詩·碑名 등을 실었음.

대각국사비(大覺國師碑) ①京畿道 開豊郡 靈通寺 터에 있다. 國寶:제159호. ②慶尙北道 漆谷郡 북삼면 숭도동 仙鳳寺에 있음. 國寶:제

390호.
대각금선(大覺金仙) 중국 北宋의 제8代 임금 徽宗(在位 1100~1125)이 부처님을 일컫던 말.
※宋史徽宗紀에「宣和元年 春正月乙卯 詔佛改號大覺金仙 餘爲仙人大士 僧爲德士 女冠爲女道 尼爲女德」
대각료(大覺寮) 中國 徑山의 衆寮를 大覺寮라 하였다고 함. 古人의 말에「千僧閣에 올라 被位를 지키고 大覺寮에 올라 飛雲을 본다」고 하였음.
대각모(大覺母) 覺母는 文殊의 다른 이름. 大는 尊稱. →覺母.
대각묘과(大覺妙果) 佛의 境地를 말함. 부처님의 깨우침은 勝妙한 果報의 境地이므로 이렇게 말함.
대각세존(大覺世尊) 또는 大覺尊. 곧 自覺·覺他·覺行窮滿하여 大覺이라 하며 世間에서 가장 높고 귀하여 世尊이라고 이름. →大覺.
대각승(大覺乘) 梵〈Buddha-yana〉 부처가 되는 實踐法.
대각위(大覺位) 크나큰 깨달음의 境地, 곧 佛位.
대각존(大覺尊) ①大覺世尊. 釋尊을 말함. 釋尊은 크나큰 깨우침을 연 사람으로 尊崇해야 할 사람이므로 이 같이 이름. ②大日如來.
대간(對揀) 對하여 區別하는 것. 모아놓고 가려냄.
대갈랍바(大羯臘婆) 數의 單位로 十의 三十二乘.

대갈마륜(大羯磨輪) 十字金剛을 연결하여 大圓輪을 지은 것.
대갈마인(大羯磨印) 또는 五股印.
대감(大鑑) ①(638~713) 六祖 慧能의 시호. 중국 南海 新興(광동성 조경부 신흥현) 사람. 姓盧. 五祖 弘忍을 스승으로 섬기어 衣鉢을 전해 받고, 남쪽에서 포교, 曹溪山에 들어가 禪風을 크게 떨치다. 先天 2년에 죽다. 나이 76. 그의 기록을 적은 六祖法寶壇經이 있다. →慧能. ②고려 때 坦然(1070~1159)의 시호.
대강(大綱) 法門의 大義는 그물의 벼릿줄에, 詳細한 敎義는 目에 비유함.
※法華玄義十에「唯論如來說敎大綱不委細網目」同釋籤에「說法華唯在大綱不事網目」
대개정(大開靜) 開靜에는 大小의 二種이 있음. →開靜.
대갱(大坑) 梵〈maha-prapata〉 巨大한 深坑. 無間地獄을 가르킴.
대거(大車) 大白牛車로써 佛乘에 비유함. 法華經 譬喩品에「長者께서 諸子 등에 各各 一大車를 주었다」고 하였음.
대겁(大劫) ①成·住·壞·空의 四期를 한번 지내는 기간. 이것을 四中劫 또는 八十中劫이라 한다. ② 가로·세로·높이가 百二十里 되는 城 가운데 芥子씨를 가득히 쌓고, 長壽天 사람이 3년마다 한 차례씩 와서 한알씩을 가져가서 그 겨자가 다 없어지는 동안을 말한다. ③가로·세로·높이 百二十里 되는 큰 돌을 장수천 사람이 3년마다 한차례씩 와서 三銖 무게의 天衣로 스쳐 그 큰돌이 닳아져 없어질 때까지의 기간을 말함. 一劫.

대겁빈령(大劫賓寧) 梵 〈Mahākapphina〉 阿彌陀經에는「摩訶劫賓那」라 함. 比丘名.

대견고바라문(大堅固婆羅門) 釋迦如來가 옛적에 大國 黎努王의 宰相이 되었을 때 大堅固婆羅門이라 이름하고, 나라를 잘 다스렸음. 뒤에 禪觀을 닦는데 梵天王이 來現함에 感動하여 그의 勸誘를 받고 出家하여 佛道를 닦음.

대견고바라문연기경(大堅固婆羅門緣起經) 二卷. 趙宋의 施護가 번역함. 大堅固婆羅門의 事歷을 說한 것.

대결제(大結制) 佛敎의 修行制度인 安居에 들어가는 일. 集中的으로 절에 들어 앉아서 行하는 定例的인 修行外에 널리 一般 僧俗을 위하여 臨時로 集會를 結制하는 것을 말함.

대경(大經) 淨土三部 가운데 佛說無量壽經을 大經(天台宗에서는 大本)이라고 하고, 天台宗에서는 涅槃經을 大經이라 함.

대경권(大經卷) 큰 經卷. 즉 마음을 가리킴.

대경권재일미진내(大經卷在一微塵內) 唐의 沙門 慧海의 말에「大經卷은 量이 三千大千界와 대등하며 微塵中에도 內在한다」고 하였다. 一塵이 바로 一念心塵이므로 一念塵中에 恒河沙만큼이나 많은 演出을 한다.」라고 偈頌을 했으나 그때 사람들이 알지 못하였음.

대경대사(大鏡大師) 新羅의 승려. 麗嚴(862~930)의 諡號. →麗嚴.

대경자지법화위극(大經自指法華爲極) 大涅槃經은 法華經을 가리켜 至極한 經典이라 함.

대경희심(大慶喜心) 眞宗에서는 安心의 뜻. 彌陀佛의 攝取를 입어 大歡喜하는 마음을 일컬음. 敎行信證 三末에「大慶喜心은 곧 眞實한 信心이다」라고 하였음.

대계(大戒) ①大乘戒(보살이 지켜야 할 계율). ②具足戒(비구·비구니가 가지는 계법)를 말함. 五戒·十戒 등에 대하여 大라고 함.

대계(大界) 大僧伽衆을 收容 修行하는 큰 道場. 一定한 僧伽衆이 함께 있으면서 함께 布薩하는 結界를 말하는 것이며, 한 山中 한 寺院의 境內에 出入을 制限하고 衣食住를 統制하여 음식을 남겨두거나, 옷을 벗거나 하는 일 따위가 없도록 하고 每月 보름과 그믐에 戒經을 說하며 반달 동안의 잘못이 있으면 發露懺悔하게 하는 規模가 큰 精進道場.

대계(代戒) 戒를 받을 때 戒를 받는 사람이 病이 나거나 또는 다른 事

故로 因하여 戒를 받지 못할 때 받는 사람을 代身하여 戒體를 받는 것을 말함.

대계외상(大界外相) 結界의 外面을 말함. 界結의 境界에 세운 標石에 이 四字를 써 붙임. 이 表示의 안쪽을 僧界라고 함.

대고중(對告衆) 또는 對告人. 부처님이 설법할 때에 청중 가운데서 그 설법의 상대자로 뽑힌 사람. 이를테면 '佛告阿難'이라고 할 때는 阿難이 그 經의 對告衆이 됨.

※阿彌陀經 般若經之舍利弗 亦爲對告衆.

대고해(大苦海) 六道生死의 苦를 말함.

※智度論五에「沒大苦海不自覺知」

대공(大空) 小乘의 偏空에 對가 되는 말로, 大乘의 究竟인 空寂을 大空이라 함. 空은 空이 된다는 뜻으로 究竟의 大空을 말하며 이는 곧 大乘의 涅槃이 됨. 密敎에서는 阿字로 大空이라 하고 證하는 것을 大空智라 함. 廣大空寂한 것을 虛空이라 하며 涅槃空寂도 이와 같아 大空寂이 된다. 主宰할 곳도 없고 또한 我所도 없으며 一切衆生이 그 가운데 沒入하여도 一毛端만한 量도 攝取할 수 없어 廣大空寂・廣大無量을 大涅槃이라 말함. (寶積經) 第一義의 聖智大空이 무엇인가 自身內의 聖智法空을 證하고 諸邪見이 薰習한 過誤를 여의는 것이다. (楞伽經) 내가 거듭 般若法門을 說하였으나 二乘과 三藏이 上下가 混雜하여 空法을 淘汰하였다. 小空을 因用하여 大空에 돌아가며 偏空을 因하여 聞空에 들어가고 假空을 破하여 眞空에 達한다. (無盡燈論) 또는 十八空가운데는 東西南北 등 方位의 實體가 없는 것을 大空이라 함.

대공만다라(大空曼荼羅) 虛空이 無相寂滅이나 능히 一切의 相을 나타내듯, 曼陀羅의 體도 또한 無相寂滅이나 능히 一切事를 이룩하므로 虛空에 비유하여 大空曼陀羅라고 함.

※義釋十三에「喩如虛空非衆生數而衆生所依(中略)一切衆生依正作業皆由此成 滋盆衆生成種種事 不可以虛空能成一切事故便謂虛空有爲有相 今此大空曼荼羅亦如是 畢竟淸淨而無所有 寂住寂然而不空成就」

대공부재(大功不宰) 참다운 大功은 누가 主宰하더라도 세울 수 없다는 뜻. 天地萬物이 生育하는 것들이 大功이지만 그 主宰者는 없는 것과 같다. 悟道見性의 大功은 스스로 그 功을 마음에 두지않고 무심한 상태에서 이뤄지므로 참다운 大功이라 할 수 있음.

대공삼매(大空三昧) ①三重三昧의 다른 이름. 즉 空空三昧・無相無相三昧・無願無願三昧를 말함. 大日經疏六에 空과 不空은 결국 無相이면서 一切相을 갖추어 있기 때문에 大空三昧라 함. 三三昧. ②百光徧照眞言의 「𑖀暗」字를 일컬음. ③正

覺三昧를 이름. 「𑖀𑖾」로써 種子를 삼는 大日如來의 三摩地.
※大疏四에「𑖀者大空三昧 如來住此大空三昧 無行無到 亦無去來 而能如其心量隨緣應現 故云等隨也」

대공성(大空聲) 大空의 소리. 곧 空點을 말하는 것. 梵字上에 加하는 圓點으로 콧소리 m의 音을 發하는 것. 이 點은 모든 것을 모두 空하다는 表示로 쓰인다는 것. →大空點.

대공일색(大功一色) →天童三一色.

대공작명왕화상단장의궤(大孔雀明王畵像壇場儀軌) ㉖ 一卷. 唐 不空의 번역. 내용은 修法의 儀軌를 說한 것.

대공작왕(大孔雀王) 明王部의 一尊. 구족하게는 佛母大金曜孔雀明王이라 한다. 한 머리에 네 팔을 가진 보살 모양을 하고 공작새를 타고 있는 명왕(明王). →孔雀明王.

대공작주왕경(大孔雀呪王經) 三卷. 唐 義淨의 번역. 梁 僧伽婆羅가 번역한 孔雀王呪經(二卷)과 같으나 내용 가운데 華·梵의 音聲이 약간 다름.

대공점(大空點) 大日經에 依하면 𑖀 𑖂 𑖊 𑖌 𑖔 五字는 大空의 뜻을 나타내는 것. 만일 이들 글자가 윗글자에 連結되면 윗 글字는 大空의 뜻을 이루어 字形이 圓點으로 表示된다. 例를 들면 𑖀𑖾 등은 因이 되어 前字를 要約하는 闇者輪이라 함. 𑖀는 仰. 𑖂는 若. 𑖊는 拏. 𑖌는 那.

리는 麽로 一切三昧에 自在하여 速히 諸事를 成辨한다. (大日經二) 大日經疏에「이제 毘盧遮那宗은 이 五字에 寄하여 大空을 밝히고 大空은 證處가 될 뿐. 法으로 說할 수가 없으므로 다만 圓點으로 表示한다」라고 했고 呼字義顯宗記에「무릇 空點에는 七種이 있으니 仰·攘·拏·那·麽·佉·也이다.」라 함. →空點.

대공지전구(大空之戰具) 金剛杵와 羯磨 등의 武器. 絶對 상대가 없는 戰具이므로 大空. 또는 大空智로 만든 것이므로 大空이라 일컬음.
※大日經疏一에「譬如帝釋手持金剛破修羅軍 今此諸執金剛亦復如是 各從一門持大空戰具 能破衆生無相之煩惱故 以相況也」演密鈔二에「大空 卽智也 今此諸執金剛 各從一門內自證智遍一切處破諸衆生無明障染義名戰具 大空智卽戰具名大空戰具 作持業釋」

대공행삼매(大空行三昧) 不動尊의 三昧.

대과(大果) ㊩ ⟨maha-phala⟩ 偉大한 果報. 大果報.

대관(大觀) 觀은 높은 建物을 말함. 크고 높은 建物을 뜻하는 것.

대관(對觀) 法을 對하여 觀하다. 接頭辭 梵語 akhi를 解釋한 것.

대관정(大灌頂) 정수리에 다섯 瓶의 誓水를 붓는 의식, 佛緣을 맺기 위하여, 혹은 密法을 傳하기 위하여 행한다. 이는 죄악을 씻어버리고 功德을 부어 넣는다는 뜻. →灌頂.

대관정경(大灌頂經) 灌頂經의 다른 이름.

대관정광진언(大灌頂光眞言) ㊂ 不空羂索毘盧遮那佛大灌頂光眞言經의 약칭.

대관정신주경(大灌頂神呪經) 灌頂經의 다른 이름.

대광명(大光明) 智慧의 光明을 太陽의 赫赫한 光明에 비유하여 大光明이라 함. 太陽의 光明이 널리 十方世界를 비추는 것과 같이 佛智의 光明은 능히 三世十方을 두루 비추는 까닭에 이렇게 이름.

대광명불(大光明佛) 馬鳴菩薩의 本地.
※釋摩訶衍論一에「馬鳴菩薩若尅其本大光明佛 若論其因第八地內住位菩薩 西天誕生 盧伽爲父 瞿那爲母」

대광명왕(大光明王) 釋迦如來가 過去 閻浮提의 國王이 되었을 때 大光明이라고 일컬었음.

大光明王(Alt-Kutscha)

대광명왕발심인연(大光明王發心因緣) 賢愚經大光明始發無上心緣品說에「大光明王이 外國에서 白象을 얻어, 象師에게 부탁하여 길들이도록 하였다. 오래지 않아 코끼리가 길들여져서 王이 타고 出遊하니 코끼리의 기상이 猛壯하여 암코끼리를 보고 달려 深林에 이르렀다. 이로 因하여 王은 거의 죽게 되어 象師를 責하니 象師 말이 "나는 오직 調身만 할 줄 알고 調心은 못하오. 오직 부처님만이 능히 調心한다"하니, 王이 듣고 기뻐하여 大菩提心을 발하였다」함.

대광명왕사두시바라문(大光明王捨頭施婆羅門) 大方便佛報恩經四에「如來가 過去에 波羅奈國王이 되어 大光明이라 칭하고 一切를 惠施하고 사람들의 뜻을 받아 주었다. 敵國의 王이 듣고 婆羅門을 시켜 王의 머리를 구걸토록 하니 王이 이를 허락하였다. 群臣이 말렸으나 듣지 않고 波羅門으로 하여금 自己의 머리를 베게 하였다. 그 慈心을 실현하였다」고 함.

대광명장(大光明藏) ①光明藏과 같음. 大智慧. 또는 自己의 本心. 自己의 本心은 無明을 깨고, 眞如의 빛을 발하는 大智慧光明을 收藏하는 것이므로 光明藏, 大光明藏이라 함. ②中國 天童山의 方丈을 일컬음.

대광명전(大光明殿) 우리 나라 寺院에서 毘盧舍那佛의 像을 安置한 堂舍를 일컬음.

대광보조(大光普照) 法華經序品에 「眉間의 白毫에서 大光明을 發하여 두루 비춘다」고 하였음.

대광보조관음(大光普照觀音) 七佛八菩薩所說神呪經에서 說한 六觀音의 하나. →六觀音.
※天台以之爲修羅道之能化 道邃六字經驗記 配之於十一面觀音.

대광음천(大光音天) 色界 第二禪天.
※在胎藏界曼茶羅 位於外金剛部院之北方 肉色 右手持甁 左手堅中二指屈餘指 仰而當胸 坐於筵 左右有侍者右持未敷蓮 左堅頭指小指 屈餘指 向胸 右手作捥勢 置於膝.

대교(大敎) 如來의 敎法, 특히 華嚴經을 일컫는 말.

대교경(大敎經) 十二部經의 하나.

대교량(大橋梁) 커다란 다리의 뜻. 佛을 말함.

대교망(大敎網) 如來의 敎法, 生死의 苦海에 빠진 사람을 救濟함을 魚網에 비유하여 이같이 이름.
※晉華嚴經五十九에 「張大敎網絙死生海」五敎章上에 「是故經云 張大敎網絙生死海 度天人龍置涅槃岸」(五敎章之文上二句依晉經五十九 下二句依同經四十四菩薩金翅王 生死大海 中搏撮天人龍 安置涅槃岸之文)

대교사(大敎師) 一代佛敎의 敎理를 전공하며, 法臘이 二十夏 이상되는 僧에게 주는 最高의 法階.

대교약졸(大巧若拙) 俗眼에 아름답게 보이는 것은 참다운 巧妙가 아니라, 참으로 巧妙한 것은 俗眼에는 오히려 拙한 것처럼 보인다는 뜻. 老子 第四十五章에 「大巧如拙, 大辯如訥」이라고 하였음.

대교왕경(大敎王經) 金剛頂經의 別名. →敎王經.

대교학인(大敎學人) 大方廣佛華嚴經을 공부하는 사람.

대구(大矩) 新羅때의 승려. 眞聖女王 2(888)년 왕명에 의하여 角干 魏弘과 함께 鄕歌를 모은 三代目을 편찬함. →大矩和尙.

대구소인(大鉤召印) 內縛拳을 짓고, 右手의 頭指를 세워서 조금 굽혀 鉤形을 지음.

대구치나(大拘絺那) 梵 〈mahakausthilla〉 比丘名. 阿彌陀經에 摩訶俱絺羅라고 하였음. →俱絺.

대구치나경(大拘絺那經) 舍利子가 正見·正法을 물은 데에 對하여 拘絺那가 답한 內容. 中阿含七에 수록되어 있음.

대구화상(大矩和尙) 신라 승려. 眞聖女王 2(888)年 왕명에 의하여 角干 魏弘과 함께 鄕歌集 三代目을 엮었다 하나 전하지 않는다. 鄕歌의 대가로 景文王때 邀元郞 등이 보내온 새 노래를 玄琴抱曲·大道曲 등으로 作譜, 왕에게 연주하여 稱賞을 받았다 함. →大矩.

대국사(大國師) →國師.

대국통(大國統) 신라 僧官의 非常職. 전국의 佛敎를 지도 총괄하기 위하여 國統위에 두었는데, 최초로 眞

興王 12(551)年에 1명을 두었다. 善德女王때는 삼국 통일을 앞둔 위기였으므로 慈藏律師를 大國統에 임명하였음.

대권(大卷) 책자. 諸老宿의 言說을 記錄한 草稿를 말함.

대권(大權) 佛·菩薩의 大聖權을 말함. 異形으로 化現하는 것. 法華玄義六에「摩耶는 千佛의 어머니요, 淨飯은 千佛의 아버지며, 羅睺羅는 千佛의 아들이다. 모든 聲聞들이 모두 內秘外現으로 衆生에게 三毒이 있다고 示現함은 實은 佛土를 自淨한 것. 모든 親族들이 모두 이 大權法身의 上地에 있는데 어찌 凡夫들이 那羅延菩薩을 생각할 수 있을까」라고 함.

대권(帶權) 사람을 敎化하기 위하여 假로 設置한 手段을 띠고 있는 것.

대권보살(大權菩薩) 大權修理菩薩의 줄인 말. →大權修理菩薩.

대권살타(大權薩埵) 佛·菩薩이 臨時로 化現하는 影像.

대권선경(大權善經) 慧上菩薩問大權善經의 약칭.

대권속(大眷屬) 數많이 붓쫓는 者를 말한다. 大日如來는 普賢·慈氏·妙吉祥·除盖章을 上首로 無數히 많은 菩薩衆을 大眷屬으로 함.

대권속내권속(大眷屬內眷屬) 諸佛을 따르는 眷屬中에서 안에서 恒常 시중하는 것을 內眷屬. 밖에서 引導하는 것을 돕는 사람을 大眷屬이라 함.

대권수리보살(大權修利菩薩) 伽藍을 守護하는 神의 하나. 右手를 이마에 대고 멀리 바라보는 형세를 취하고 있는 菩薩. 原來는 唐나라 阿育王山의 鎭守神으로 修利. 或은 修理者라 하나 아니다. 育王山이 東海를 臨하여 바다를 건너는 사람은 항상 山을 바라보고 船中의 安全을 빌었으므로 그 손을 이마에 댄 것은 멀리 배를 바라보면서 保護한다는 뜻. 月江印禪師의 育王錄에「僧이 묻기를 "大權菩薩은 무슨 일로 손을 이마에 얹습니까" 하니 師 말하기를 "行船의 安全이 이 사람에게 있기 때문이다"」라고 함.

大權修理菩薩

대권신왕경게송(大權神王經偈頌) 密迹力 大權神王經偈頌의 약칭.

대궤칙(大軌則) 學人에게 必要한 絶對的인 眞理를 말함.

대귀(大歸) 이제까지의 모든 것을 버리고 크게 歸着하는 것.

대귀도(大鬼道) 큰 威力이 있는 鬼神이 住하는 길(道). 道는 五道・六道의 道를 말함.

대규(戴逵) 中國東晉時代의 處士. 字는 安道. 譙國(安徽省亳縣) 사람. 豫章의 術士 范宣을 師事하고 宣의 兄의 딸과 婚姻하였다. 孝武帝가 散騎常侍・國子博士로 여러번 불렀으나 나아가지 않았고 뒤에 會稽의 剡縣에 살면서 항상 禮度로 自處하고 '放達非道論'을 撰하였다. 博學多才하여 詩・文・琴・書・畫에 長하였음.

대규환지옥(大叫喚地獄) 八熱地獄의 다섯째. 규환지옥 중에서 가장 苦楚가 심하여 큰소리로 울부짖는다 함. 五戒를 犯한 자가 가게 된다는 지옥, 수명은 八千歲라 함. 人間의 八百倍가 化樂天의 一日一夜이며, 化樂天의 八千歲가 이 지옥의 一日一夜라 함.

대극렬지옥(大極熱地獄) 八熱地獄의 第七. →八熱地獄.

대근(大根) 大器와 같음. 大機根의 약칭. 곧 영리한 사람을 일컬음.

대근용(大勤勇) ①大日如來의 四魔를 降伏시킨 大精進力을 말함. ②佛의 다른 이름.

대금강(大金剛) 큰 金剛杵. 五股金剛杵.

대금강계(大金剛界) 大金剛身으로 金剛大日如來의 羯磨身임.

대금강륜인명(大金剛輪印明) 虛空藏菩薩을 加持하고 두루 一切의 大曼茶羅界의 印과 明을 맺는 것. 바꾸어 말하면 곧 護行을 이루는 것으로 身心을 輪壇에 結界함을 말하는 것.

대금강위(大金剛位) 眞言行者의 初地位를 지칭. 瑜祇經에「一時에 함께 成就하여 大金剛位를 速得하고 이어서 普賢菩薩位에 나아감」이라고 하였음.

대금색공작명왕주경(大金色孔雀明王呪經) 一卷. 譯者 未詳. 혹은 義淨이 번역한 孔雀經六本의 하나이라고 함.

대금색공작왕(大金色孔雀王) 金色의 孔雀明王. →孔雀明王.

대긍게라(大矜羯羅) 數의 單位로 十의 十六乘.

대기(大己) 自己보다 五夏以上의 先輩에 대하여 부르는 尊稱.

대기(大器) ↔小器. 偉大한 人物을 이름. 正法眼藏 行持卷에「문득 老母를 버리고 大法을 찾아 나섰구나 奇大의 大器는 拔群의 辨道로다」라고 하였음.

대기(大機) 大乘法을 受持하여 菩薩乘의 機類에 도달한다는 뜻.

대기(對機) 佛陀가 衆生의 根機에 대하여 그에 상응한 方便을 베품. 또는 禪家에서 宗匠이 學人의 물음에 답하는 것.

대기대용(大機大用) 機와 用은 함

움직인다는 뜻. 뛰어난 禪者의 크나 큰 活動을 말함.

대기설법(對機說法) 佛陀가 衆生의 根機에 따라 그에 相應한 教法을 說하여 주는 것.

대길상(大吉祥) 梵 〈Srimat〉 번역하여 사람을 尊敬하는 말. 印度 中世의 碑文에도 자주 使用되었고 오늘날도 印度에서 敬稱으로 使用됨.

대길상경(大吉祥經) 大吉祥陀羅尼經의 약칭.

대길상금강(大吉祥金剛) 金剛手의 異名. 義釋十二에 「大吉祥金剛은 歡喜菩薩・文殊菩薩 등」이라 하였음.

대길상다라니경(大吉祥陀羅尼經) 一卷. 趙 宋 法賢의 번역. 내용은 부처님이 蘇珂嚩帝佛刹에 계실 때 觀自在菩薩을 위하여 大吉祥菩薩所有의 陀羅尼를 說하여 衆生으로 하여금 大富貴를 얻게한 것.

대길상대명보살(大吉祥大明菩薩) 梵 〈摩訶室利摩訶微地=mahāśrī-ma-hāvidya〉 胎藏界 曼茶羅觀音院 第二 第五位에 자리한 菩薩, 密號는 靈瑞金光. 형상은 살빛에, 左手로는 연꽃을 쥐어 다리(脚)위에 올려 놓고 右手의 小指는 세우고 나머지 손은 굽혀서 가슴에 대고 있으며 붉은 연꽃에 앉아 있음.

대길상명보살(大吉祥明菩薩) 梵 〈摩訶室利微地=Srlmahāvidya〉 密號는 常樂金剛, 胎藏界曼茶羅觀音院 第二行 第六位에 자리한 菩薩. 형상은 살빛에 左手에는 半開한 연꽃을 쥐고 있으며 右手에는 無名指와 小指를 구부리고 나머지 손가락은 세워서 가슴 언저리에 대고 흰 연꽃에 앉아 있음.

大吉祥大明菩薩

大吉祥明菩薩

대길상변보살(大吉祥變菩薩) 梵 〈㘑乞叉摩訶微地=lak Sma-maha〉 密號는 動用金剛. 胎藏界曼茶羅觀音院 第三行 第六位에 자리한 菩薩, 형상은 흰살빛에 왼손에는 半開한

연꽃을 쥐고 오른손은 가슴에 대고 있으며 손바닥은 위로 펴서 물건을 받는 것 같이 하고 눈은 위를 보는 相을 하고 있음.

大吉祥變菩薩

대길상천(大吉祥天) 또는 功德天·大吉祥菩薩. 富貴를 맡은 天女. → 吉祥天.

대길상천녀십이계일백팔명무구대승경(大吉祥天女十二契一百八名無垢大乘經) 一卷. 唐의 不空이 번역함. 佛이 安樂世界에 가서 觀自在菩薩을 위하여 처음엔 三十八吉祥如來의 명호를, 다음에는 吉祥天女一百八名을 說한 것. 十二契諷이라 함은 十二段의 曲譜가 되었기 때문임.

대길상천녀십이명호경(大吉祥天女十二名號經) 一卷. 唐의 不空이 번역. 佛이 極樂世界에서 觀自在菩薩을 위하여, 吉祥天女의 十二名 및 陀羅尼를 說한 것.

대길의신주경(大吉義神呪經) 二卷. 元魏의 曇曜가 번역. 帝釋이 阿修羅와 싸워 敗하여 佛께 구원을 청하니 佛이 그를 위하여 大結界呪를 說하고 다음 一切 天龍·鬼神이 차례로 佛을 도와 呪를 說하였음.

대나(大拏) 須大拏의 약칭. 太子의 이름. →須大拏.

대나라연력집금강(大那羅延力執金剛) 那羅延은 梵語 narayana의 音譯으로 힘이 센 바이슈누(梵 Visnu) 神이라는 뜻. 諸佛은 사람들이 本來 佛性을 具備하고 있음을 알고 있으므로 사람들을 깨우치는데 있어 마음이 놀라거나 弱해지는 일이 없다. 그러한 諸佛들만이 가지는 힘을 具備한 菩薩의 뜻.

대나유다(大那庾多) 梵 (mahā-miyuta) 數의 單位, 十의 十二乘.

대납(大衲) 衲은 衲僧·雲衲, 僧侶를 말함. 大는 尊稱이며 뛰어난 僧侶라는 뜻.

대념(大念) 큰 소리로 念佛하는 것. 寂靜한 곳에서 道場을 莊嚴하며 正念으로 結跏하고 或은 行하며 或은 앉아서 念佛身相으로 亂心함이 없고 다시 他緣이나 그 밖의 일은 念하지 않으며 혹은 하룻밤, 혹은 七日밤을 다른 일을 하지 않고 至極한 마음으로 念佛하여 見佛에 이르는데 小念은 적은 것을 보고 大念은 큰 것을 본다고 하였음. (大集日藏經念佛三昧品)

대념불(大念佛) 많은 사람들이 모여서 念佛하는 佛事. →大念.

대다라니(大陀羅尼) 佛陀의 呪語를 陀羅尼라 한다. 그 가운데 呪語가 많은 것을 大, 또는 그 功德을 嘆美하여 大라 함.

대다라니문(大陀羅尼門) 大總持門과 같음. →陀羅尼.

대단(大壇) 灌頂壇과 護摩壇 등에 對比하여 本尊壇을 일컬음.

대단나(大檀那) 寺院에 많은 布施를 하는 信徒.

대단반식(大搏飯食) 커다란 주먹밥을 만드는 일.

대단장(大壇場) 大壇과 같음. 密敎 修法에 中心이 되는 本尊을 安置한 場所를 말하는 것.

대당(對當) 相對. 두 사람이 서로 마주 對하는 것.

대당개원석교광품력장(大唐開元釋敎廣品歷章) 三十卷. 唐 京北 華嚴寺의 沙門 釋玄逸이 지음. 또는 開元釋敎廣品歷章·釋敎廣品歷章·廣品歷章이라 함. 唐의 智昇의 開元釋敎錄入藏錄의 編次에 따라 大藏經에 收錄된 諸本의 槪要를 列記한 것.

대당남해기귀내법전(大唐南海寄歸內法傳) 四卷. 唐나라 義淨 지음. 또는 南海寄歸傳, 그가 25년(671~695) 동안, 인도의 여러 지방을 돌아다니며 보고 들은 인도 불교의 풍속을 기록한 책. 모두 四十편으로 되었음. 주석서 : 解纘鈔 8권.

대당내전록(大唐內典錄) 十卷. 唐 麟德 1(664)年에 道宣이 지은 佛典目錄.

대당대자은사삼장법사전(大唐大慈恩寺三藏法師傳) 十卷. 唐의 慧立本으로 彦悰이 箋註함. 또는 大唐慈恩寺三藏法師傳·大慈恩寺三藏法師傳·慈恩寺三藏法師傳·三藏法師傳·慈恩寺傳이라 함. 玄奘三藏一代의 行蹟을 기록한 것.

대당삼장현장법사표계(大唐三藏玄奘法師表啓) 一卷. 編者未詳. 唐나라 玄奘의 上表 및 太宗의 勅書를 集錄한 것.

대당서역구법고승전(大唐西域求法高僧傳) 二卷. 唐나라 義淨이 지음. 중국사람으로 인도에 가서 불교의 교법을 구하던 高僧 56인의 전기를 기록한 책.

대당서역기(大唐西域記) 十二卷. 唐의 玄奘이 지음. 또는 大唐西域傳·西域記로서 中國·西域·印度에 걸친 旅行記. 이 著述은 원래 玄奘이 口述한 것을 高弟 辨機의 협력으로 편수되었다. 玄奘이 627년 나이 26세 때 출발. 16년간 138개국에 걸쳐 見聞한 佛經의 蒐集·佛敎遺跡·풍속·생활 등을 太宗의 勅命으로 편찬했음. 大唐西域記는 각지의 地理나 歷史·傳說·風俗 등을 전함은 물론 그 지방의 위치나 里程을 記述하고, 原語를 정확하게 漢字로

音寫하는 등 佛敎史・地理歷史學・考古學・言語學 등의 귀중한 資料로서 高麗大藏經을 비롯한 각종 大藏經에도 收錄되어 있음.

대당중경음의(大唐衆經音義) 一切經音義의 異名.

대당타고신라무(大唐打鼓新羅舞) 大唐은 中國, 新羅는 韓國을 말함. 大唐과 新羅는 매우 遠隔한 땅이나 大唐에서 북을 치면 新羅가 그 가락에 맞추어 춤춘다는 말. 知音(知己)과 知音사이는 멀리 떨어져 있어도 서로 通함에 비유함. 自・他・遠・近의 相을 滅却하면 萬物과 同道唱和할 수 있음을 뜻함.

대대(待對) 彼此相待와 二法相對를 말함.

대덕(大德) ⓢ〈Bhadanta〉婆檀陀. 智慧와 德望이 높은 승려. 본래 부처님을 일컫던 말인데 뒤에 沙門의 존칭으로 되었다. 고려때 僧科에 급제하면 大選이 되고 이어 大德・大師・重大師・三重大師로 승진 되었음.

대덕천(大德天) →有德天.

대도(大都) 大略・大凡과 같음.

대도(大道) ⓢ〈mahā-patha〉①큰 通路. ②偉大한 깨달음. ③行, 修行의 뜻. ④菩提의 漢譯. ⑤偉大한 眞理. ⑥殊勝한 가르침. 佛敎. ⑦大乘의 가르침.

대도(代度) 還俗者를 代身하여 他人을 혹은 婦人을 代身하여 남자를 得度하게 하는 것.

대도무문(大道無門) 大道는 佛法. 佛法이 說하는 眞理에는 特定한 形體도 없고 그것을 배우기 위한 特定의 方法(門)도 없다. 佛法을 배우려는 뜻만 있으면 언제 어디서나 어떠한 方法으로라도 道에 들어갈 수가 있다는 뜻.

대도사(大度師) 大導師와 같음. 佛・菩薩이 衆生을 引導하여 生死海를 濟度하는 것을 말함.

대도사(大導師) 佛・菩薩의 존칭. 衆生을 善導하여 生死를 초월하게 한다는 뜻으로 일컫는 말.

대도수(帶刀睡) 또는 帶刀臥라 함. 칼을 차고 右脇으로 누워 자는 것을 말함. 칼을 차면 칼이 대개 左脇에 있으므로 왼쪽으로 눕지 못해서 右脇으로 눕는 것을 말함.

대도심(大道心) 梵語로 菩薩摩訶薩, 大道心이라 번역함. 大道를 求하는 마음. 具體的으로는 菩提薩埵・摩訶薩埵. 什師가 번거로움을 싫어하여 提와 埵를 줄인 것. 菩提는 道, 薩埵는 心, 摩訶는 大, 이는 모든 사람들이 다 廣博한 大道를 求하며 또는 衆生을 成就시키므로 道心・大道心의 氣類가 됨.

대도어록(大道語錄) 二卷. 侍者 了寧・祚旭 등이 편집. 本書는 大道和尙의 上堂・拈香・秉拂・眞贊・偈頌・疏・祭文 등을 수록한 것으로, 守選의 題字, 義剛의 跋文이

있음.
대도와(帶刀臥) →帶刀睡.
대도의(大道意) 大道(깨우침의 길)를 向하는 마음. 곧 大菩提心을 말하는 것.
대도통장안(大道通長安) 모든 길은 都城으로 通한다는 뜻. 눈에 보이고 귀에 들리는 모든 것이 修行者를 絕對의 境地(깨달음)에 引導한다는 것.
대동(大同) 舒州懷寧 사람. 俗姓은 劉氏(~914). 어려서 洛下의 保唐滿을 따라 出家. 華嚴經을 읽고 性海의 理를 크게 깨달았다. 다시 翠微無學을 참배하여, 문득 嫡傳의 宗風을 밝히고 뒤에 投子山에 隱居하였다. 30餘年 동안 四方에서 모여드는 雲衲들이 항상 房內에 가득하였다 함. 遺偈에 「四大動作 聚散常程 汝等勿慮 吾自保矣」라 하였음.
대동석굴(大同石窟) 中國 山西省 大同雲岡에 있는 石窟. 靈巖·大同雲岡石窟·雲岡石窟이라 함. 北魏 文成帝 和平初부터 太和 18年 洛陽遷都에 이르는 30餘年間 曇曜등에 의해 經營한 大窟龕.
대동자(大童子) →大中童子.
대라(大羅) 十界中의 人間界. 天上界의 가르침. 大羅는 天.
대라한(大羅漢) 大阿羅漢의 약칭.
대락(大樂) ⑳ 〈maha Sukha〉 커다란 安樂. 普遍 絕對의 大安樂. 眞

言密敎에서 指目하는 究極의 境地.
대락금강(大樂金剛) 金剛菩薩의 다른 이름. →大樂不空.
대락금강불공삼마야심(大樂金剛不空三摩耶心) 커다란 樂이 金剛과 같이 不壞하여 헛되지 아니하다는 境地를 나타내는 聖人의 소리. 永遠不滅인 金剛의 大安樂을 반드시 一切 賦與하려는 本誓를 示現하는 眞實語.
대락금강불공진실삼마야(大樂金剛不空眞實三摩耶) 金剛薩埵가 證한 三摩耶를 말하는 것. 三摩耶는 實在와 現象의 差別이 없는 境地.
대락금강불공진실삼마야경(大樂金剛不空眞實三摩耶經) ⑳ 〈prajñā-pāramitā-naya-śatapañcāśat ikā〉 一卷. 唐의 不空 번역. 또는 大樂金剛不空眞實三摩耶經般若波羅蜜理趣品·般若理趣經·理趣經이라 함. 智法身大日如來가 金剛薩埵를 위해 般若理趣淸淨을 十七段으로 나누어서 說한 것.
대락금강불공진실삼매야경반야바라밀다이취석(大樂金剛不空眞實三昧耶經般若波羅蜜多理趣釋) 二卷. 唐의 不空 번역. 또는 般若理趣釋·理趣釋·理趣經. 내용은 大樂金剛不空眞實三摩耶經을 十七品으로 나누어서 解釋한 것.
대락금강살타(大樂金剛薩埵) 大樂不空金剛薩埵의 약칭. 大樂不空은 金剛薩埵의 總稱 →大樂不空.

대락금강살타수행성취의궤(大樂金剛薩埵修行成就儀軌) 一卷. 不空이 번역함. 金剛薩埵修法의 儀軌를 說한 것.

대락불공(大樂不空) 金剛薩埵의 다른 이름. 大樂金剛은 金剛薩埵의 다른 이름. 妙樂 가운데 이 尊의 三摩地가 特히 殊勝하므로 大樂이라 함. 不空은 梵語로 阿目佉. 이를 無間이라 하며 大樂을 自證하여 化他하는 큰 기쁨이 間斷함이 없으므로 無間이라 함. 無間과 不空은 그 뜻이 같음. →金剛薩埵.

대락불공금강살타(大樂不空金剛薩埵) 密敎에서 說한 理想的인 人間像.

대량(大梁) 닭의 해. 酉年.

대력(大力) 偉大한 힘. 뛰어난 能力.

대력금강보살(大力金剛菩薩) 大力은 ㊌ 摩訶嚩攞 mahā-bala의 번역. 胎藏界曼茶羅金剛手院第一列 金剛薩埵菩薩의 左邊에 位置한 侍者. 密號는 大勤金剛. 입을 벌리고 怒한 눈에 火髮을 썼음. 大儀軌卷中, 胎藏界曼茶羅私鈔 등에 나옴.

대력대호명비(大力大護明妃) 또는 無堪忍大護明, 이 眞言을 외우면 如來와 같이 大力을 갖추어 그 몸을 護持하므로 大力大護라 한다. 또 이 眞言은 威光이 猛盛하여 어린애가 강렬하게 내리쬐는 햇빛을 보지 못하는 것과 같으므로 無堪忍이라 함.

대력마(大力魔) ㊌ 〈maha mara〉 强한 힘을 가진 惡魔를 말함.

대력명왕(大力明王) ㊌ 〈maha Bara〉 明王의 하나.

대력보살(大力菩薩) ㊌ 〈Vasitapraptah bodhi〉 自由自在한 힘이 있는 菩薩.

대력왕(大力王) 옛날 大力이라는 王이 布施를 좋아하여, 來乞者가 있으면 一切를 施與한다고 하였다. 帝釋이 婆羅門으로 變化하여 王에게 와서 그 身分을 求乞하니 王이 서슴치 않고 팔을 끊어 주며, 조금도 悔恨하는 마음이 없었다. 이때 大力王은 지금의 釋迦佛. 婆羅門은 提婆達磨임. (經律異相二十五)

대련(大蓮) 龍의 一種. 世間에서 尊崇하는 神.

대련기(大練忌) 또는 脫光忌・休薪忌. 死後 49日의 忌辰을 말함.

대련화지혜삼마지지(大蓮華智慧三摩

大力金剛菩薩

地智) 西方 阿彌陀佛의 妙觀察智를 말하는 것. 妙觀察智는 四智의 하나로 有漏의 第六意識을 轉하여 이 智慧를 얻으며, 바라는대로 自由自在하게 成就시키는 智慧.

대렬(帶劣) 劣應身을 띠고 있다는 뜻.

대령(岱嶺) 五嶽의 하나. 泰山의 다른 이름. 또는 岱山·岱嶽·東嶽이라고도 함. 山東省 泰安의 북쪽에 있음. 높이 1,450m 로 五嶽中에서 제일 높다하여 岱宗이라 함.

대례(代禮) 自己의 代理人을 시켜, 다른 이에게 禮拜할 때에는 먼저 代人으로 하여금 自己의 禮拜를 받게 하는 것. 곧 傳拜.
※釋氏要覽中에「代禮若此方俗之傳拜也 十誦律云 弟子遊方 和尙知彼有靈蹤聖像名德人 和尙令傳禮於彼 其弟子得側身受和尙禮」

대로(大老) 賢人으로서 年老한 사람. 世間에서 존경을 받는 어진 老人.

대로달라(大老達羅) 數의 單位로, 十의 四十二乘을 뜻함.

대론(大論) 百卷. 大智度論의 약칭.

대뢰(大檑) 住持가 上殿할 때 치는 大鼓의 打法, 북치는 方法.

대룡권현(大龍權現) 深位의 菩薩이 願力으로 大龍의 相을 權現하여 衆生을 守護하는 것.
※西域記一에「大地菩薩以願力故化爲龍王」

대루(帶累) 累를 다른 사람에게 連帶하는 것. 他人에게 被害를 주는 일. 다른 사람을 걸고 너머지는 것.

대루각보왕(大樓閣寶王) 如來의 智慧라고 할 수 있는 寶의 王이 모셔져 있는 큰 樓閣. 이 世上이 넘치도록 가득찬 如來身을 말함.

대루탄경(大樓炭經) 六卷. 西晋의 法立등이 번역. 樓炭은 梵語. 번역하여 成敗. 이 經은 世界의 成·壞를 說한 것. 異譯으로 起世經이 있음.

대류(大類) 大乘戒를 닦는 사람.

대류탄경(大樓炭經) 六卷. 西晋의 法立 등이 번역. 樓炭은 梵語이며 成敗라 번역. 이 經은 世界의 成·壞를 說함. 起世經이라고도 번역되었음.

대륜(大輪) ⓢ〈maha-cakra〉完全, 偉大하고 큰 輪과 같이 圓滿한 境地.

대륜금강(大輪金剛) 菩薩名. 胎藏界 金剛手院三十三尊의 하나. 미혹을 끊는 智德을 表示한 것이므로 大輪. 손에 세가닥의 跋折羅(金剛杵)를 쥐고 있음.

대륜금강보살(大輪金剛菩薩) ⓢ〈maha-Cakra-vajra〉現圖胎藏界 曼茶羅 金剛手院 第三行 第七位에 자리한 보살. 또는 持金剛利菩薩이라 함. 密號는 般若金剛, 種子는 ẖ (hūṃ), 三摩耶形은 三鈷임.

大輪金剛菩薩

대륜금강수행실지성취급공양법(大輪金剛修行悉地成就及供養法) 經 一卷. 譯者未詳.

대륜명왕(大輪明王) →大輪金剛.

大輪明王

대리(大利) 廣大한 利益.
대리(大理) 眞理. 佛道.
대마(大魔) 큰 惡魔.
대마니전(大摩尼殿) 커다란 寶石으로 된 宮殿.

대만(大曼) 大曼茶羅의 약칭.

대만(大慢) 매우 교만함. 我慢이 큰 것.

대만다라(大曼茶羅) 四種曼茶羅의 하나. 大日經 具緣品에 說한 內容을 根據로 하여 諸尊의 形像을 圖示한 것. 또는 佛의 깨달음의 境界를 圖示한 것.

대만다라왕(大曼茶羅王) 阿(귀)字를 말함. 眞言은 梵語 曼茶羅의 譯語, 阿字는 眞言가운데서 王이 되므로 大曼茶羅王이라 함.
※大疏十에「於大悲胎藏大曼茶羅王如所通達 淨淨法門各各樂欲自陳說之」同 六에「此阿字門爲一切眞言之王 猶如世尊爲諸法之王」

대만불교(臺灣佛敎) 대만불교는 三期로 나누어서 관찰하는 것이 便하다. 第一期는 明나라 사람이 대만에 들어오기 전이며, 第二期는 鄭成功이 入臺로부터 中華民國政府가 옮겨올 때까지이고, 第三期는 그 이후부터 현재에 이르기까지임. 鄭成功의 入臺以前에는 주민들이 대다수 高砂族으로 대부분 샤머니즘의 종교였다. 鄭氏 入臺 이후 관음신앙을 주축으로 明末淸初의 大陸佛敎의 원형이 보호되어 있고 第三期에는 일본의 점령하에 있었으므로 일본불교의 영향이 가미되어 있음.

대만원의(大滿願義) 大日如來가 南方金剛幢菩薩을 出生하는 義趣.

대망어(大妄語) 眞理를 깨치지 못하고서 깨쳤다고 스스로 말하는 것. →妄語.

대매(大梅) 馬祖大寂禪師의 法을 이은 弟子. 明州 大梅山의 法常이 처음 大寂禪師를 뵙고 "무엇이 부처님입니까" 大寂 "곧 마음이 부처입니다."하니 法常이 듣고 크게 깨달았다. 唐나라 貞元(785~805)년간에 天台山에 隱居하니 餘姚의 南쪽 七十里에 있는 梅子眞의 舊基이다. 大寂이 師가 山에 佳함을 듣고 한 중을 시켜서 묻기를 "和尙이 馬師를 보고 무엇을 얻었기에 이 山에 佳하는가" 師 "馬師가 나에게 마음이 곧 부처라고 가르쳤으므로 나는 즉 그 속을 向하여 佳합니다." 僧 "馬師가 近日에 佛法이 또한 別하다고 했는데……" 師 "어찌하여 別하다 하였읍니까" 僧 "近日에는 또한 마음도 아니고 부처도 아니라고 했는데" 師 "저 늙은이가 사람을 惑亂시켜 하루해를 보내려는구나. 마음도 아니고 부처도 아닌 것은 너에게 맡기고 나는 다만 即心 即佛만 보겠다."그 僧이 돌아와서 馬祖에게 事實대로 아뢰니 馬祖 "大衆아 梅子가 있었구나" 이로부터 배우는 者가 모여 와서 師의 道가 크게 나타났다. 入寂하니 壽가 88세이며 傳燈錄七에는 號하여 梅子라 하였음.

대매산(大梅山) 中國 浙江省 寧波府에서 東南 七十里 지점, 山上에 大梅樹가 있으므로 이름함. 이 山에 護聖寺가 있어 唐代 馬祖의 嗣法弟子인 法常禪師가 이곳에 숨어 苦行하여 뒷날 크게 宗風을 떨쳤음.

대멸제금강지(大滅諦金剛智) 大滅諦는 佛의 斷德. 金剛智는 佛의 智德. 이것이 三德중의 前二者.

대명(大名) 梵 〈maha-yasas〉 뛰어난 名譽를 가진 者, 菩薩에 通하는 稱號의 하나.

대명(大命) 死生은 運命에 있어서 가장 큰 것이므로 大命이라 함.

대명(大明) 智慧의 眼目을 크게 열어, 宇宙의 眞理를 徹底히 밝힌다는 뜻.

대명경(大明經) 大明度經의 약칭.

대명고승전(大明高僧傳) 八卷. 明나라 如惺(1573~1620) 지음. 南宋 初期부터 明 神宗萬歷 年中에 이르기까지 五百年間에 걸친 高僧의 事蹟을 集錄한 책.

대명도경(大明度經) 六卷. 吳 支謙이 번역함. 梵語로는 波羅密. 舊譯에 度. 혹은 度無極이라 함. 大明度는 大明波羅密行의 뜻. 道行般若經과 同本이나 번역은 다름.

대명도무극경(大明度無極經) 六卷. 또는 大明度經. 吳나라 支謙이 번역함. 大明은 摩訶般若. 度無極은 波羅蜜多의 역어. 이것은 대반야바라밀다경 제四분의 딴 번역. 行品·天帝釋問品·持品에셔 普慈闉土品·

囑累阿難品까지 三十一品으로 나누어졌음. 다른 번역으로 道行般若經 十卷(지루가참 번역)이 있다.

대명등(大明燈) 佛의 가르침을 말함. 燈이란 比喻한 말. 佛日이 涅槃한 山에 숨어버려 世界의 어둡기가 深夜와 같았다. 이때 佛法이 있어서 世上의 어둠을 비추는 까닭으로 大明燈이라 함.

대명록(大明錄) 二十卷. 臨濟宗 圭堂이 지음. 佛法大明錄의 약칭. 本書는 大慧宗杲가 지은 正法眼藏이 難解하여 初心者가 해득하기 어려우므로, 大法을 明了하기 위하여 저술한 것. 二十部門으로 나누어 널리 經文·祖語를 引證하고 評釋하였음. 卷顏에 圭堂의 序, 李居士의 序가 있고, 卷末에 圭堂 後序, 祖元·道琳·澄庵眞照의 書跋이 있음.

대명백신보살(大明白身菩薩) 胎藏界 曼荼羅의 觀音院 第一行의 第六位에 자리한 보살. 梵名은 gauri mahāvidya(毫利摩訶微地也)이니 번역하여 大明白身이라고 함. 密號는 放光金剛·常住金剛이라고 함. 大明白身이라는 것은 깨끗하여 때가 없다는 뜻이니 黃白色이 된다. 왼손을 위로 올려 꽃을 들고, 오른손은 가슴곁에서 與願印을 하고 赤蓮華 위에 앉음. 一玄法寺儀軌第一. 青龍寺儀軌卷中, 胎藏界七集卷上, 阿娑縛抄第二百七胎曼釋上, 大日經疏演奧鈔第十六本, 兩部曼荼羅私抄卷上, 大悲胎藏曼茶羅說現圖所傳決明鈔等에 나음.

大明白身菩薩

대명삼장법수(大明三藏法數) 五卷. 明나라 一如 등이 지음. 줄여서 三藏法數·大明法數 1419年 왕명으로 대장경 중에서 법수의 명목과 이에 따른 해석을 모아 종류별로 배열한 책.

대명삼장성교목록(大明三藏聖教目錄) 四권. 明 永樂(1403~24)年間에 成宗의 명으로 장경을 교정하여 쓰고 남경·북경에 각각 새기게 하다. 그 北藏의 목록이 곧 대명삼장성교목록임.

대명왕(大明王) 不動尊 등 諸明王. 또한 大眞言이라고 하며, 大明王大隨求陀羅尼經을 말함과 같음. (諸儀軌訣影四)

대명주(大明呪) 큰 光明을 놓아 衆

生의 어리석음을 깨뜨리는 陀羅尼.
※般若心經에 「般若波羅蜜多是大神呪 是大明呪」 法藏疏에 「鑑照不昧名爲明呪」 又明爲呪之別名 佛於光中說陀羅尼 故名呪爲明 大明卽大呪也.

대명주경(大明呪經) 摩訶般若波羅蜜大明呪經의 약칭.

대모니(大牟尼) 牟尼는 ㊩ ⟨muni⟩의 音譯. 佛의 다른 이름. 偉大한 聖者. 牟尼는 聖者라는 뜻. 佛의 身·語·心은 究極에 있어서는 寂滅한 것. 言語의 境地를 超越한 것. 그것은 聲聞과 緣覺과는 比較가 되지 아니하므로 大牟尼라 함.

대목건련(大目犍連) ㊩ ⟨Mahāmaudgayāyana⟩ 부처님의 十大제자 중의 하나. 또는 摩訶目犍連·摩訶沒特伽羅·大目犍羅夜那. 目犍連·目連. 번역하여 大讚誦·大胡豆·大採菽. 이름 拘律陀(Kolita) 처음에 舍利弗과 함께 外道를 배워 그 학문에 정통하여 백명의 제자를 두었다. 舍利弗이 석존의 설법을 듣고 法眼淨을 얻었다는 말을 듣고, 一百 제자와 함께 석존에게 귀의. 불제자 중 '신통 제일'이 됨. →摩訶目犍連.

대몽(大夢) 生死의 境界를 比喩한 말. 西山大師의 三夢詩에 '主人夢說客하고 客夢說主人하니 今說二夢客이 亦是夢中人이로다' 함.

대묘(待妙) 相待妙와 같음. →相待妙.

대묘경(大妙經) 大妙金剛大甘露軍挐利焰鬘熾盛佛頂經의 略名.

대묘법체(大妙法體) ㊩ ⟨prabhava⟩ 偉大한 威力.

대무(大廡) 문간채.

대무량수경(大無量壽經) 또는 大經이라 함. 無量壽經 二卷은 淨土三部經 가운데서 가장 큰 經이므로 이같이 이름.

대문(大門) 寺刹의 外門. 또한 三門과 같음.

대미성선(大眉性善) 黃檗宗. 이름은 性善(1616~1673) 中國 溫陵 馬江의 사람. 姓은 許氏, 父는 瑞宇. 17세에 獅子岩 隱元禪師에게 나아가 머리 깎고 得度함. 崇禎十年 隱元이 黃檗山에 나올 때에 따라다녔다. 뒤에 徑山의 費隱을 참배하고, 다시 四方을 遊歷하였다. 翌 11년 隱元을 따라 日本에 갔다. 隱元이 興福寺·崇福寺·福濟寺 등을 歷住하매 항상 따라다니며 維那를 맡았음.

대바라문(大婆羅門) 婆羅門은 四姓의 上首. 淨行種이라 번역함. 世染을 버리고 淨行을 專修하는 種族.
※佛非婆羅門種 而爲大淨行者 亦稱爲大波羅門 涅槃經十八에 「如來名大沙門大波羅門」

대바라밀(大波羅蜜) 菩薩이 第八地 이상에서 닦은 十波羅蜜을 말함. 運化에 맡기어 功用함이 없는 德이 크다고 일컬은 것.

※任運無功用之德稱爲大.
대바할나(大婆喝那) 梵 〈mahā-vahana〉 數의 單位. 十의 二十六乘.
대박맹(大拍盲) 色에 對하여 色을 보지 못하는 大無心의 境.
대반(擡槃) 運搬用의 飯臺.
대반니항경(大般泥洹經) 梵 〈摩訶巴哩尼哩瓦拏 = mahā-parinirvāna〉 西 〈yoṅs-su mya-ṅan-las hdas-pa chen-pohimdo〉 六卷. 東晋의 法顯이 번역함. 또는 六卷泥洹經이라 하며 如來常住 悉有佛性 등의 뜻을 설한 것. 총 十八品으로 되어있음.
※大般涅槃經之前分 唯有十八品 泥洹與涅槃同 般爲梵語 有入之義 爲佛入涅槃夕所說之經 故名.
대반야(大般若) 大般若波羅蜜多經의 약칭.
대반야경(大般若經) 大般若波羅蜜多經의 약칭.
대반야공양(大般若供養) 새로 大般若經 書寫를 끝낸 다음 齋會를 設하여 講讀하는 法事. 唐의 玄宗이 처음으로 行함.
※三寶感應錄中에「玉華寺 都維那沙門 寂照 慶賀翻譯功畢 以聞登帝 經旣譯畢 設齋會供養 皇帝歡喜莊嚴嘉壽殿設齋會 寶幢幡蓋 種種供具極妙盡美 卽龍朔三年冬三十日也 此日請經從肅成殿 往嘉壽殿齋會所講讀 當迎經時般若放光照能遠近 天雨妙華兼有非常香氣」
대반야바라밀다경(大般若波羅蜜多經) 梵 〈Mahāprajñāparamitā-sūtra〉 또는 大般若·大品般若經. 唐의 玄奘이 번역한 六百권. 內容은 四處·十六會로 나누고 八十餘科의 명수를 들어 모든 法은 다 空하다는 사상을 밝힌 經. 異譯本으로는 竺法護의 光讚般若經 十권. 摩訶般若波羅蜜經 二十七권. 鳩摩羅什등이 번역한 二十여부가 있음.
※開元目錄一에「唐太宗三藏聖敎序 唐高宗三藏聖敎記」(縮印揭於目錄之首 及十六會有各沙門玄別序) 大般若波羅蜜多經六百卷十六會說 一萬三百三十一紙 大唐三藏玄奘於玉華寺譯」Mahāprajñāpāramitā.
대반야전독(大般若轉讀) 大般若經六百卷의 題目과 品名만을 읽고 그 사이에 經文은 띠엄띠엄 뒤적이며 독송하는 것.
대반열반(大般涅槃) 梵 〈摩訶般涅槃那 = Mahāparinirvāna〉 번역하여 大入滅息·大滅度·大圓寂入. 大는 滅德을 아름답게 일컫는 말. 滅은 煩惱를 滅하고 心身을 滅했다는 뜻. 息은 安息의 뜻. 度는 生死를 뛰어 넘었다는 뜻. 圓寂은 功德이 圓滿하여 諸累가 寂滅되었다는 뜻. 入은 滅에 돌아간다는 말. 涅槃玄義 上에「摩訶般涅槃那摩訶는 크다는 뜻. 大에 六이 있고 槃은 이를 번역하여 들어 간다는 것. 涅槃은 번역하여 滅이 되며 煩惱를 滅하며 生死를 滅하므로 滅이라 하며 衆相을 여의고 크게 寂靜하므로 또한

滅이라 한다. 那는 息의 이름. 究竟解脫하여 永遠히 滅息하는 까닭이다. 어떠한 일을 息하느냐 하면 煩惱를 息하고 生死를 息하고 一切 모든 行事를 息한다.」(大乘義章十八)「槃那는 번역하여 度가 되므로 大滅度라 한다」하였다. 四教義集註에「大는 곧 法身. 滅은 곧 解脫. 度는 即 般若. 곧 三德의 秘藏이다.」華嚴經疏鈔五十二에「疏涅槃은 正名이 滅이며 그 뜻을 말하면 多方하다. 모두 뜻으로 飜譯하여 말하면 圓寂이 되며 뜻이 法界에 가득하고 德이 塵沙와 같음을 圓이라 하고 眞性을 體窮하고 妙絕이 相果하는 것을 寂이라 하며 鈔梵에는 摩訶般涅槃那를 具足하게 번역하면 大圓寂入이 되며 那는 곧 入이라는 말로 모두 廻入된다(中略) 모두 뜻으로 번역한 사람은 唐나라 三藏 등이며 뜻을 周圓함에 있다.」라 했음.

대반열반경(大般涅槃經) 약하여 涅槃經. 이에 大·小乘二經이 있는데 小乘의 大般涅槃經(三卷)은 晋法顯의 번역으로 이는 白法祖가 번역한 佛般泥洹經(二卷)과 譯者未詳의 方等泥洹經(二卷)과는 모두 長阿含遊行經과 同本이며 大乘의 大般涅槃經에는 二本이 있는데 北涼의 曇無懺이 번역한 것을 北本涅槃(四十卷·十三品으로 分類되었음)이라 하고, 劉宋 慧觀과 謝靈運과 함께 北本을 다시 다듬어서 이것을 南本涅槃(三十六卷)이라 함. 天台의 章安은 이 經에 의하여 疏를 지음.

대반열반경론(大般涅槃經論) 一卷. 또는 涅槃經論이라 함. 北印度의 婆藪槃頭보살이 짓고, 元魏의 達磨菩提가 번역함. 內容은 迦葉菩薩 所問의 偈를 해석한 것.

대반열반경소(大般涅槃經疏) 二卷一册. 중국 北涼의 大般涅槃經에 疏를 단 책. 고려 숙종 4(1099)年 唐의 大薦福寺 沙門 法寶의 經疏를 大覺國師 義天이 간행한 것의 일부로 第九, 十 두권을 합본한 것이 昇州郡 松廣寺에 소장되어 있음. (보물제90호)

대반열반경집해(大般涅槃經集解) 七十一卷. 梁의 寶亮 등이 지음. 또는 大般涅槃經義疏·大涅槃義疏·涅槃經集解라고 함. 南本涅槃經에 관한 諸家의 說을 모으고, 자기의 해석을 붙인 것. 高僧傳第八, 佛祖統紀第三十七, 正倉院聖語藏一切經目錄 등에 나옴.

대반열반경후분(大般涅槃經後分) 또는 後分涅槃. 二卷 唐 若那跋陀羅의 번역. 내용은 涅槃한 뒤에 부처님이 神變 化現한 것과 茶毘分舍利 등을 說한 것.

대반주삼매경(大般舟三昧經) 이에는 四種의 同本異譯이 있으며 그 중에 세 支婁迦讖이 번역한 般舟三昧經(三卷)을 말함.

대발라유다(大鉢羅庚多) 梵〈mahā-prayuta〉 數의 單位. 十의 十四乘.

대발라참(大跋邏攙) 梵〈mahā-dara-akas〉 數의 單位. 十의 五十乘.

대발람(大跋藍) 數의 單位. 十의 四十四乘.

대방(大方) 天下. 또는 世界.

대방(大房) 모든 중이 한 곳에 모여 밥을 먹는 큰 방.

대방광(大方廣) 梵〈Mahāvaipulya〉 또는 大方等이라 함. 方은 方正, 廣은 廣大의 뜻으로 모든 大乘經의 통칭. 方廣은 十二分敎의 하나. 大乘은 方廣部 가운데 最上이 되므로 大方廣이라 함.
 ※探玄記一에「對法論說一切有情利益安樂 所依處故 宣說廣大甚深法故名爲廣 又瑜伽說聲聞藏中無方廣故」

대방광문수의궤경(大方廣文殊儀軌經) 大方廣菩薩藏文殊師利菩薩根本儀軌經의 약칭.

대방광보살십지경(大方廣菩薩十地經) 一卷. 元魏의 吉迦夜가 번역함. 菩薩 十地法을 설함. 最勝王經 淨地陀羅尼品의 別譯.

대방광보살장(大方廣菩薩藏) 大乘十二部經中의 方廣部의 通用하는 이름.

대방광보살장문수사리근본의궤경(大方廣菩薩藏文殊師利根本儀軌經) 二十卷. 北宋의 天息災가 번역함. 문수사리에 관한 曼荼羅·圖像 등의 儀則·護摩·印相 등의 작법을 해설한 것.

대방광보현소설경(大方廣普賢所說經) 一卷. 唐의 實叉難陀가 번역함. 普賢菩薩이 見佛法을 說한 것.

대방광보협경(大方廣寶篋經) 二卷. 劉宋 求那跋陀羅의 번역. 佛이 祇園精舍에 게시면서 먼저 說法하신 것을 文殊가 뒤에 와서 須菩提로 더불어 應答하여 말이 없게 하니 舍利弗과 目連 등이 各各 文殊의 智慧와 辯才를 記述한 것.

대방광불(大方廣佛) 華嚴經의 本尊. 大方廣理를 證得한 佛을 大方廣佛이라 함.
 ※探玄記一에「大以包含爲義 方以軌範爲功 廣則體極用周 佛乃果圓覺滿」又「方廣之佛偈下乘佛」

대방광불관경(大方廣佛冠經) 佛說大乘大方廣佛冠經의 약칭. 二卷. 趙宋 施護의 번역. 내용은 十方淨土 諸佛의 名號를 示現하고 그 名號를 稱念하여 受持하는 功德을 說한 것.

대방광불신화엄경론(大方廣佛新華嚴經論) 四十卷. 唐의 李通玄長者가 지음.

대방광불화엄경(大方廣佛華嚴經) 또는 華嚴經이라 함. 크고, 方正하고 넓은 이치를 깨달은 부처님의 꽃같이 장엄한 經이라는 뜻. 東晉의 佛駄跋陀羅가 418年 번역한 六十卷 華嚴(舊華嚴)과 唐의 實叉難陀 699年에 번역한 八十卷 華嚴과 唐의 般若가 번역한 四十卷 華嚴(新華

髻)등 세가지 번역본이 있음. →華
嚴經.

대방광불화엄경부사의불경계분(大方
廣佛華嚴經不思議佛境界分) 圈 一
卷. 唐나라 提婆般若 번역. 大方廣
如來不思議境界經으로 同本異譯임.

대방광불화엄경소(大方廣佛華嚴經疏)
六十卷. 唐의 澄觀의 지음. 新譯
華嚴經의 綱要를 논술하고, 그 文
義를 해석한 책. 또는 華嚴經疏·
新華嚴疏·淸凉疏·華嚴大疏·大疏
라 함. 十門을 세워서 ①敎起因緣.
②藏敎所攝. ③義理分齊. ④敎所被
機. ⑤敎體淺深. ⑥宗趣通局. ⑦部
類品會. ⑧傳譯感通. ⑨總釋經題.
⑩別解文義로 되어 있음. 新編諸宗
敎藏總錄第一. 華嚴宗章疏幷因明錄.
東域傳燈目錄. 佛典疏鈔目錄卷上.
花嚴宗經論章疏目錄. 華嚴發達史.
華嚴大系에 나옴.

대방광불화엄경수소연의초(大方廣佛
華嚴經隨疏演義鈔) 九十卷. 唐 澄
觀이 지음. 自身이 저술한 大方廣
佛華嚴經疏를 해석한 것. 또는 華
嚴經隨疏演義鈔·隨疏鈔·華嚴大疏
鈔라 함.

대방광불화엄경수자분(大方廣佛華嚴
經修慈分) 一卷. 唐 提雲般若가 번
역. 부처님이 靈鷲山에 계시면서,
十方의 梵天에 對하여 慈心의 法門
을 說한 것.

대방광불화엄경수현분제통지방궤(大
方廣佛華嚴經搜玄分齊通智方軌) 五

卷. 唐의 智儼 지음. 또는 華嚴經
搜玄記라 함. 舊譯 華嚴經의 綱要
를 記述하고 그 文義를 해석한 것.
모두 五門으로 나누어 ①聖人德量
의 由致를 찬탄하고 ②藏攝의 分齊
를 밝히고 ③敎下所詮의 宗趣와 能
詮의 敎體를 분별하고 ④經의 題目
을 해석하고 ⑤經文을 따라 해석한
내용으로 되어 있음.

대방광불화엄경입법계품(大方廣佛華
嚴經入法界品) 또는 大方廣佛華嚴
經續入法界品 一卷. 唐 地婆訶羅
번역. 이 本經은 入法界品 가운데
一部分으로 天主光天에서 부터 有
德童女까지 記錄된 것임.

**대방광불화엄경입법계품돈증비로사나
법신자륜유가의계**(大方廣佛華嚴經
入法界品頓證毘盧舍那法身字輪瑜伽
儀軌) 一卷. 唐 不空이 번역함.
四十二字의 字輪觀을 說한 것.

대방광불화엄경입법계품사십이자관문
(大方廣佛華嚴經入法界品四十二字
觀門) 一卷. 唐 不空이 번역함.
經文 및 梵字 四十二字가 全部 나
옴.

**대방광불화엄경입부사의해탈경계보현
행원품**(大方廣佛華嚴經入不思議解
脫境界普賢行願品) 四十卷. 華嚴
經의 具名. 단 四十卷 가운데 맨
끝 一卷의 별칭.

대방광사자후경(大方廣師子吼經) 一
卷. 唐 地婆訶羅의 번역. 부처님께
서 日月宮中에 계시면서 勝積菩薩

을 시켜 北方 歡樂世界인 法起如來의 곳에 가서 法起如來의 師子吼를 뒤에 大衆에게 告한 것으로 釋迦牟尼는 곧 내가 法起라고 한 것.

대방광삼계경(大方廣三戒經) 三卷. 北凉 曇無讖의 번역. 大寶積經三律會第一과는 同本異譯.

대방광선교방편경(大方廣善巧方便經) 四卷. 趙宋 施護의 번역. 大寶積經 第三十八大乘方便會의 異譯.

대방광십륜경(大方廣十輪經) ㊗ 〈答沙扎紇囉㦲拏㦲 = daśa-cakra-kṣi-ti-garbha〉 ㊄ 〈hdus-pa chpn-po-las sahi-sñin-pohi hkhor-lo bcc pa〉 譯者 未詳. 또는 方廣十輪經·十輪經이라 함. 地藏菩薩의 功德을 말하고 十種의 佛輪과 三乘의 十種依止輪 등에 의해서 十惡業輪을 說한 것. 약 十五品 있음. ① 序品(第一卷), ②諸天女問四大品, ③發問本業斷結品(第二卷), ④灌頂喩品, ⑤相輪品(第三卷), ⑥刹利姤陀羅現智相品(第四卷), ⑦衆善相品(第五卷), ⑧刹利依止輪相品(第六卷), ⑨遠離譏嫌品, ⑩布施品, ⑪持戒相品, ⑫忍辱品(第七卷), ⑬精進相品, ⑭禪相品, ⑮智相品(第八卷)이 있음.

대방광여래부사의경계경(大方廣如來不思議境界經) 一卷. 唐 實义難陀의 번역. 부처님께서 菩提樹아래서 正覺을 成就하실 때에 十方의 諸佛이 菩薩의 形相을 나타내어 舍利弗이 되었다. 佛이 三昧에 들어가서 如來不思議境界라 하시고 諸相 중에서 十方의 佛刹을 나타내시며 諸好中에서 往昔의 行門을 나타내시니 이에 德藏菩薩이 普賢菩薩에게 이 三昧의 이름을 물음에 普賢이 그 名義와 이 三昧의 福德因緣을 證得함을 說한 것.

※佛於菩提樹下成正覺時 十方之諸佛 現菩薩之形 爲觀音普賢等 無量之菩薩 現聲聞之形 爲舍利弗等 佛入三昧 名如來不思議境界 於諸相中現十方之佛刹 於諸好中現往昔之行門 於是德藏菩薩問普賢菩薩此三昧之名 普賢說其名義及證得此三昧之福德因緣.

대방광여래비밀의경(大方廣如來秘密義經) 二卷. 譯者未詳. 東方 寶杖佛이 所有한 菩薩의 이름을 無量志莊嚴王菩薩이라 하며 부처님께 如來秘密藏의 法을 물으니 부처님께서 一切智心을 發하는 것이 으뜸이 된다고. 答하시고 여러가지 法을 說하였다. 迦葉이 다시 秘密藏의 法을 請한데 부처님께서 逼惱菩薩이 또한 菩薩의 願力으로 害가 없다는 뜻에 비유하여 땅에 엎어진 사람은 땅을 의지해서 일어나며 香나무를 때린 사람은 또한 香氣를 맡게 된다고 說하시고 다음으로 極重한 十惡의 큰 罪도 如來의 因緣說로 解消되어 卽時 除滅한다고 說한 것.

대방광여래장경(大方廣如來藏經) 一卷. 唐 不空 번역. 갖가지 譬喩를

들어 如來藏의 뜻을 說한 것. 如來藏은 衆生의 煩惱가운데 如來法身의 德이 具足하다는 뜻.

대방광원각경대소(大方廣圓覺經大疏) 三卷. 혹은 十二卷. 唐나라 宗密이 지음. 또는 圓覺經大疏라 함. 大方廣圓覺修多羅了義經을 解釋한 것.

대방광원각수다라요의경(大方廣圓覺修多羅了義經) 一卷. 唐의 佛陀多羅가 번역함. 또는 圓覺修多羅了義經·圓覺經이라 함. 文殊師利·普賢·普眼·金剛藏·彌勒·淸淨慧·威德自在·辯音·淨諸業障·普覺·圓覺·賢善首·十二菩薩을 위해 如來 大圓覺의 妙理를 說한 것. →圓覺經.

대방광입여래지덕부사의경(大方廣入如來智德不思議經) 一卷. 唐 實叉難陀의 번역. 大方廣佛華嚴經修慈分과 同本이나 먼저 出刊됨.

대방광총지보광명경(大方廣總持寶光明經) 五卷. 趙宋 法天의 번역. 寶光明 陀羅尼의 法門을 밝힌 것. 華嚴經十住品과 賢者品의 內容과 같은 것이 많음.

대방등(大方等) 또는 大方廣이라 함. 大乘經의 통칭. 大乘經에서 說한 義理가 方正·平等하므로 이같이 말함.

※於方等部中爲最上 是大方等也 閱藏知律二에 「方等亦名方廣 於十二分敎中十一並通大小 此唯在大」

대방등다라니경(大方等陀羅尼經) 四卷. 北凉 法衆의 번역. 또는 大方等檀持陀羅尼經·檀持陀羅尼經. 내용은 摩訶檀持陀羅尼의 因緣·功德·修懺·行法 등을 說한 경. 이에 初分·授記分·夢行分·護戒分·不思議蓮華分의 五分으로 되어 있음.

※說方等三昧之法規 南岳大師依此經行方等三昧 而證圓位 固之天台智者說方等三昧行法一卷.

대방등대집경(大方等大集經) →大集經.

대방등대집월장경(大方等大集月藏經) ㉸〈Candragarbha-vaipulya〉十卷. 隋의 那連提黎耶舍 번역. 대방등대집경의 月藏分을 말한다. 서방 세계에서 온 月藏菩薩을 위하여 마왕의 來逼·아수라의 歸佛·佛의 本事·마왕의 참회·일체 귀신의 歸敬·諸天의 護持 등을 說한 것으로 월당신주품 등 二十品으로 되어 있음.

대방등무상경(大方等無想經) 六卷. 또는 五卷, 四卷. 北凉의 曇無讖 번역. 또는 大方等無相大雲經·大方等大雲經·大雲無相經·大雲密藏經·大般涅槃經이라 함. 내용은 大雲密藏菩薩의 請問에 의해 三昧 등의 諸法門과 如來常住不滅의 뜻을 說함.

대방등수다라왕경(大方等修多羅王經) 一卷. 元魏 菩提流支의 번역. 大乘流轉所有經과 同本이나 먼저 刊行

대방등여래장경(大方等如來藏經) 一卷. 東晉의 佛陀跋陀羅의 번역. 內容은 아홉가지의 譬喩로 온갖 衆生에게 다 如來藏性이 있다고 說한 經. 大方廣如來藏經과 同本임.

대방등일장경(大方等日藏經) 梵〈Sūryagar-bha-sūtra〉十卷. 隋의 那連提黎耶舍가 번역함. 대방등대집경의 日藏分을 말한다. 부처님이 王舍城 竹園에서 부정한 인연·사마타의 일을 說한 것으로 護持正法品 등 십삼품으로 되어 있음.

대방보소(大方寶所) 크고 方正한 보배가 있는 곳이란 말이며 理想境인 彼岸의 涅槃에 비유한 것.

대방편(大方便) 佛·菩薩의 광대한 수단과 방법. 중생의 根機에 맞도록 여러가지 좋은 방법으로 지도하여 구제하는 것.

※善巧之敎化 謂之方便.

대방편불보은경(大方便佛報恩經) 七卷. 譯者 未詳. 내용은 '부처님이 羅鷲山에 계실 때 外道들이 부처는 不孝子라'고 희롱하는 말을 듣고 阿難이 부처님에게 아뢰니 부처님이 放光하여 十方의 菩薩을 모으고 일찍 須闍提太子가 되었을 때 몸으로 父母의 재난을 구하고 혹은 忉利天에 올라가 어머니를 위하여 說法한 것 등을 말한 것. 모두 九品으로 되어 있음.

대백광신(大白光神) 山城名·勝志九에 大白光神은 梵語로 鬱多羅迦神, 印度의 雪山神, 禪法을 옹호하는 誓願이 있으므로 雪山神으로 勸請하였음. 곧 십이신의 하나.

대백산개경(大白傘盖經) 이 經은 元朝에서 西藏 剌嘛敎의 經本에서 번역한 것. 二種이 있다. ①光祿大夫司徒 三藏法師 沙羅巴의 번역으로 佛頂大白傘盖陀羅尼經. ②俊辯大師 啊嘯銘得蓮得囉薺寧 등의 번역으로 佛說大白傘盖總持陀羅尼經으로 모두 一卷이다. 後譯한 책은 前記한 白傘盖佛母의 畵像念誦法과 뒤에 總讚嘆禱祝偈를 부친 것. 元本藏經은 前譯을 收記한 것이며 明本藏經은 後本을 記載한 것. 이 經은 白傘盖佛母의 陀羅尼와 그 功德을 說한 것.

대백산개불모(大白傘盖佛母) 이 佛母尊은 大威力이 있어 光明을 放射하여 一切衆生을 덮는 것이 大白傘의 三昧耶의 形狀이므로 大白傘盖佛母라 함. 佛母는 모든 부처의 어머니라는 뜻. 공중에서 月輪上의 빛은 白色으로 唵字唵字 放光을 생각하게하며 그 빛이 다시 돌아 온다. 字種이 變하여 白傘金柄이 되며 자루위에 莊嚴한 唵字가 되어 그 字의 放光이 다시 돌아와 字種이 變하여 白傘盖佛母가 되며 一面 二臂에 三目을 가졌다. 金剛跏趺로 앉아 右手로 無怖畏印을 짓고 左手로 白傘을 들어 가슴에 대며 여러가지 瓔

珞으로 嚴飾하고 身色은 潔白하여 雪山 위에 日光이 照明하는 것과 같고 喜悅相을 가지며 無自性을 나타내어 거울 가운데 像을 보는 것과 같다고 하였음. (大白傘盖總持陀羅尼經)

대백우거(大白牛車) 法華經 譬喩品 가운데 비유로서 羊·鹿·牛를 聲聞·緣覺·菩薩의 三乘 敎法에 비유하고 大白牛車를 佛乘에 비유함. 곧 最上無雙의 一佛法. 法華經에 「大白牛는 肥壯多力하고 行步가 方正하며 그 빠름이 바람과 같다」고 하였음.

※爾時長者 各賜諸子等一大車 其車高廣 衆寶莊校(中略)駕以白牛 膚色充潔 形體姝好 有大筋力 行步平正 其疾如風.

대백의(大白衣) 白衣觀音의 修法. →白衣.

대백의법(大白衣法) 大白衣觀音을 본존으로 하고 닦는 비밀한 법. 天災·괴변이나, 日蝕·月蝕이 있을 때에 行하면 효험이 있다고 함. →大白衣.

대백화(大白華) 또는 大白團華. 梵語 摩訶曼陀羅華의 하나. 法華光宅疏一에 「摩訶曼陀羅華는 大白團華라 번역함」이라고 하였음.

대번뇌지법(大煩惱地法) 㲊 〈Kleśa-mahābhumika〉譯語. 一切煩惱의 마음과 相伴하는 心所. 이에 여섯 가지가 있는데 ①痴 ②放逸 ③懈怠 ④不信 ⑤昏沈 ⑥掉擧. (俱舍論四)

※一痴 二放逸 三懈怠 四不信 五昏沈 六掉擧.

대범(大梵) ①天神 또는 觀音의 이름. 大梵深遠觀音을 이름. ②新羅 승려, 梵名 살바신야제바(一切智) 일찍 唐나라에 들어가서 佛法을 연구하다. 永徽(650~655)年間에 印度로 건너가 大覺寺에서 經論을 검열하고 中國에 돌아와서 敎法을 폈음.

대범심원(大梵深遠) 天台宗에서 세운 六觀音의 하나. →六觀音.

대범여의천(大梵如意天) 大梵天. 彼天은 威力이 있어 뜻대로 自由自在하므로 如意라 일컬음.

대범왕(大梵王) 大梵天王의 약칭.

대범왕궁(大梵王宮) 大梵天王의 宮殿, 色界初禪의 梵輔天 가운데 있음.

※俱舍論八에 「於梵輔天處有高大閣名大梵天一主所居非有別地 如世尊處座四衆圍繞」往生要集本에 「忉利天上億千歲樂大梵王宮 深禪定樂」

대범천(大梵天) 㲊 〈mahā brahman〉 ①色界 十七天의 一. 初禪天의 第三. 大梵天王의 住處. ②色界第一의 靜慮處에 있는 天. ③大梵天의 主. 娑婆世界의 主로 길이 佛法에 歸依하여 佛이 出世할 때에는 반드시 最初로 와서 說法을 듣고 또 白拂을 가지고 恒常 帝釋天과 함께 佛의 左右에 피신다고 함.

(No.1) 大梵天

(No.3) 大梵天

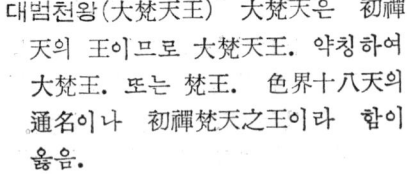
(No.2) 大梵天

(No.4) 大梵天

대범천왕(大梵天王) 大梵天은 初禪天의 王이므로 大梵天王. 약칭하여 大梵王. 또는 梵王. 色界十八天의 通名이나 初禪梵天之王이라 함이 옳음.

대범천왕문불결의경(大梵天王問佛決疑經) 二卷. 또는 問佛決疑經. 禪家에서 말하는 拈華微笑에 대하여 說한 것. 모두 二十四品으로 되었음. →拈花微笑.

대법(大法) 小乘의 敎法에 대하여 大乘의 深妙한 敎法을 말함. ↔小法.
※法華經序品에「今佛世尊欲說大法」

대법(對法) ㊌〈阿毘達磨=Abhidharma〉譯語. 對는 對觀・對向의 뜻. 法은 四諦・涅槃의 法이다. 즉 無漏聖道의 智慧로 四諦의 理를 對

觀하고 涅槃의 果를 對向하므로 對法이라 한다. 對法은 智慧의 名稱임. 그러나 三藏가운데 論藏이 諸法의 性相이 되니 問答으로 選擇하여 無漏智慧의 法文이 생기므로 그 論藏을 또한 對法이라 일컬음. 論은 無漏慧敎를 生하므로 이쪽의 모든 慧論이 저쪽의 바탕(資糧)이 되므로 또한 阿毘達磨라 함. (俱舍論)

대법거다라니경(大法炬陀羅尼經) 二十卷. 隋의 闍那崛多가 번역. 善威光天子가 陀羅尼門을 請問하니 부처님이 大力莊嚴三昧에 들어가 過去의 放光如來가 이經의 일을 說하였다는 말씀을 하고 一經 五十二品이 모두 昔時에 放光如來께서 說한 法임을 말하였음.

대법고(大法鼓) 大法은 능히 生死의 長夜를 일깨우므로 鼓에 비유함.
※法華經序品에「吹大法螺 擊大法鼓」

대법고경(大法鼓經) 二卷. 宋 求那跋陀의 번역. 부처님이 祇園精舍에서 有와 非有에 對하여 說한 法門. 波斯匿王이 북을 치고 貝를 불면서 오니 부처님께서 '내 大法鼓經을 說하리라' 하시고 迦葉에게 大法을 듣기를 감당할 수 없는 자를 다 자리에 돌아가게 하고 如來의 常樂我淨을 說하여 涅槃과 一切衆生이 佛性이 있다는 것과 一切空經이 모두 方便이 아니라고 함.

대법구사(對法俱舍) 俱舍는 ⓢ〈Kosa〉의 音譯. 法을 硏究하는 藏이라는 뜻.

대법긴나라(大法緊那羅) 天名. 法華經序品에 나오는 四人 緊那羅의 하나로 妙한 音樂을 演奏하는 者.

대법라(大法螺) 大法의 소리가 능히 사람을 깨우치므로 螺貝에 비유함.
※法華經序品에「吹大法螺 擊大法鼓」

대법론(對法論) 阿毘達磨雜集論의 다른 이름.

대법륜(大法輪) 偉大한 가르침. 佛敎.

대법만(大法慢) 法慢의 큰 것. 佛法을 안다고 하여 慢心이 생기는 것.

대법사(大法師) 一法師. 大는 높이는 말.

대법사위(大法師位) 僧階 五位의 最上位.

대법우(大法雨) 大乘의 깊고 微妙한 法이 能히 枯渴한 중생을 滋潤케 하므로 雨에 比喩하여 大法雨라 함.
※法華經序品에「雨大法雨 吹大法螺」 同化城喩品에「普雨大法雨 度無量衆生」

대법자(對法者) 對法(阿毘達磨) ⓢ〈abhi dharma〉를 信奉하는 사람들.

대법장(對法藏) ①三藏의 하나. 論部의 一切類集을 말함. 곧 論藏의 통칭. ②世親이 지은 俱舍論(阿毘達磨俱舍)의 譯語.
※對法指發智六足等之諸論 藏指俱舍論 此論含攝彼發智六足等之妙義 故名此論에「對法之藏」俱舍論一에「由彼對法論中勝義入此攝故 此得藏名」

대법장론(對法藏論) ①法(理法·가르침)의 硏究를 爲한 藏이라는 論書 모든 論書의 總稱. 三藏의 하나. ②俱舍論을 말함.

대법제사(對法諸師) 論藏(阿毘達磨)에 通해 있는 諸師.

대법종(對法宗) 阿毘達磨藏의 宗趣. 俱舍論三十에 「我多依彼釋對法宗」

대법피(大法被) 法堂의 背後를 가리는 屛風같은 것. 곧 罣礙를 거는 가리개와 같은 것.

대법회(大法會) 經典을 講說하는 큰 法會.

대법회구승(大法會九僧) 大法會時의 九人의 所任을 맡은 僧. 導師·呪願師·唄師·散華師·引頭·堂達·衲衆·梵音師·錫杖師.

대벽(大辟) 辟은 刑·死刑·死罪·極刑.

대벽견(大辟見) 크게 잘못된 見解.

대변공덕사달나(大辨功德娑怛那) 千手觀音의 권속으로 行者를 옹호하는 善神. 또는 大辨功德天·大德女라 함. 二十八部衆의 하나. 帝釋天의 여자로서 多聞天의 大妃이다. 그 形像은 左手에 紫紺色 如意珠를 갖고 右手는 金剛劍을 쥐고 있음.

대변공덕천(大辯功德天) 大辯才天의 다른 이름.

대변재공덕천(大辯才功德天) 大辯才天의 다른 이름.

대변재천(大辯才天) ㊸〈薩囉薩伐底 =Sarasvti〉譯語. 또는 大辯天·大辯功德天·辯才天·大辯才功德天·辯天·美音天·妙音天·妙天音樂 혹은 男天·女天이라고 함. 聰明하고 辯才가 있으므로 辯才天, 아름다운 音聲을 發하여 노래하고 읊으므로 美音天·妙音天이라 한다. 또한 智慧와 福德을 맡은 天神으로서 이 天神에 供養하면 福과 智慧를 얻는다 함. 形象은 머리에 흰 뱀으로 장식된 보배관을 쓰고 오른손에 칼을 왼손에는 보배구슬을 들었음.

※大日經疏十에 「美音天 是諸天顯詠美者 與乾闥婆稍異 彼是奏樂者也」大日經義釋七에 「美音天亦名辯才天 是諸天中歌詠美妙者 猶如毘首羯磨工於伎巧之類 非乾闥婆也」 最勝王經大辯才天女品에 「若有法師說是金光明最勝王經者 我當益其智慧具足莊嚴辯說之辯」又 「若人欲得最上智 應當一心持此法 增長福智諸功德必定成就 勿生疑 若求財者得多財 求名稱者得名稱 求出離者得解脫 必定成就 勿生疑」

대변중(對偏中) 四中의 하나. 斷見과 常見의 偏見에 對하여 說한 中道. 三論宗에서 說한 것.

대변천(大辯天) →大辯才天.

대보(大寶) ①法을 大寶라 함. 또는 菩薩을 大寶라 한다. ②護摩壇의 다른 이름.

※法華經信解品에 「法王大寶自然而至」 法華經譬喩品에 「何故名曰大寶莊嚴 其國中以菩薩爲大寶故」

대보광박루각선주비밀다라니경(大寶

廣博樓閣善住秘密陀羅尼經) 梵 〈名 麻訶麻儞尾哺囉尾麻拏蘇不囉地瑟低 怛孤乎牙八囉麻阿囉拏失牙迦囉八阿 囉扎拏麻陀羅尼＝mahā maṇi vipula vimāna-viśva suprat iṣṭhita guhya parama rahasya kalpa rāja dhātaṇi〉 西〈藏名＝nor bu chen porgyas paḥi gshal med khaṅ śin turab〉 三권. 唐의 不空이 번역함. 약하여 寶樓閣經이라 함. 大寶廣博樓閣善住秘密陀羅尼의 공덕을 說한 經. 九品으로 나누어 있음 →寶樓閣經.

대보궁전(大寶宮殿) 梵 〈mahā ratna vimāna〉 大寶珠로 되어 있는 宮殿.

대보련화(大寶蓮華) 寶物로 되어 있는 큰 蓮華.

대보리(大菩提) 佛의 菩提를 聲聞緣覺의 菩提에 對比하여 大菩提라 이름. 왜냐하면 二乘의 無漏智는 菩提이기는 하지마는 크지 아니하고 佛의 無漏慧는 菩提이면서도 크다고 하는 것. 礙를 끊고 知障을 解決하면 大菩提를 얻는다 함. (唯識論一) 菩提에는 三種이 있는데 ①聲聞菩提 ②緣覺菩提 ③無上菩提임 (唯識論一) 菩提에 三種이 있는데 ①聲聞菩提 ②緣覺菩提 ③無上菩提임. (法華喻)無上菩提란 곧 佛果菩提를 말하는 것. 지금은 佛菩提라 함.

대보리당(大菩提幢) 密印을 말함. 無上菩提의 標幟가 되므로 大菩提幢이라 함.
※大日經密印品에「菩薩由此嚴身故 處生死中巡歷諸趣 於一切如來大會 以此大菩提幢而標幟之」

대보리심(大菩提心) 大菩提心을 求하는 것. 佛의 깨우침을 얻으려고 願하는 마음. 곧 自利利他를 完成하려고 求하는 마음을 말하는 것.

대보리회(大菩提會) The Mahā Bodhi Society. 譯語 현재 印度에 있는 불교단체의 하나. 1891년, 세이론의 佛教徒 아나가리카·달마파라(Anagarika Dharmapāla)에 의해 창립되었다. 칼카타에 본부를 두고 印度 각지에 지부 및 비하라(寺院)를 두고 출판간행, 학교, 병원, 고아원의 경영, 기타 사회사업을 통하여 전도활동을 하고 있다. 그러나 印度人에 대한 교화면에서는 불충분하나 근대 불교 부흥을 위한 공적 특히 불교를 세계에 알린 점은 위대한 바가 있음.

대보마니(大寶摩尼) 大寶의 摩尼. 摩尼는 寶珠의 이름. 離垢라 번역함. 또는 好意.

대보방(大寶坊) 大集經의 說處. 欲·色 二界의 中間에 있음. 大集經一에「佛의 功德은 威神力이므로 色·欲 二界의 中間에 大坊庭이 나오며 三千大千世界와 같음. 이때에 世尊이 寶房中에 이르러 師子座에 오르시다」라 하였고 大集經五에「이때

에 世尊이 짐짓 欲·色二界의 中間에 있는 大寶坊中 師子座上에서 大衆이 圍繞한 가운데 說法하심」이라 하였음.

대보살(大菩薩) 自利利他의 대원을 발하여 불도를 수행하는 보살 중에서 이미 不退位에 이른 보살. 곧 初住·初地 이상의 보살. ↔小菩薩
※菩薩有大小 初心之菩薩爲小 深行之菩薩爲大 無量壽經下에 「彼有七百九十億大菩薩衆 諸小菩薩」

대보살륜(大菩薩輪) 梵〈mahā bodhattva cakra〉虛空과 같이 끝없는 寶物을 取할 수 있는 虛空藏菩薩과 같은 圓滿한 境地.

대보살승(大菩薩僧) 大乘菩薩僧의 약칭. 곧 大乘菩薩의 修行을 행하는 僧侶를 이름.

대보임저인(大保任底人) 佛法을 지키는 뛰어난 사람이라는 뜻으로 佛道의 究極에 達한 徹底한 사람.

대보장(大寶藏) 無量한 보배를 저장한 庫藏.
※勝鬘經에 「大寶藏者 攝受正法」

대보적경(大寶積經) 一百二十卷. 모두 四十九會七十七品으로 이루어졌음. 唐의 菩提流志가 二十六會 三十九卷을 번역하고 二十三會 八十一卷은 이미 번역된 것으로 四十九會 一百二十卷을 全本이라 함. 寶積은 法寶의 集積이란 뜻이며 이는 大乘의 深妙한 法이 되므로 寶라 하고 無量한 法門이 이 가운데 攝受되어 있으므로 積이라 함.

대보적경론(大寶積經論) 四卷. 著者 未詳. 後魏의 菩提流支가 번역함. 寶積經第一百十一卷, 釋普明菩薩會第四十三의 一卷.

대보해(大寶海) 無量한 珍寶가 나는 바다.
※淨土論에 「觀佛本願力 遇無空過者 能令速滿足功德大寶海」 敎行信證二에 「歸入功德大寶海 必獲入大會衆數」

대보현(大普賢) 普賢菩薩을 이름.

대보화(大寶華) 珠寶를 엮어서 만든 大蓮華.

대보화왕(大寶華王) 특별히 妙한 大寶華. 華中에 第一이므로 王이라 이름.

대보화왕좌(大寶華王座) 연꽃중에서 제일 絕妙한 것을 大寶華王이라 하며 大寶華王으로 만든 평상을 말함. 報身如來가 앉는 자리라 함.

대복전(大福田) 佛. 佛은 無量한 福을 生하는 根源이므로 大福田이라 함.

대본(大本) 天台宗에서 淨土를 칭하는 三經중에 無量壽經을 大本. 阿彌陀經을 小本이라 함.

대본산(大本山) ①같은 宗旨의 작은 末寺를 통할하는 큰 절. ②총본산 아래에 있어 그에 소속된 末寺를 통할하는 大本寺.

대분노금강동자염송유가법(大忿怒金剛童子念誦瑜伽法) 佛說無量壽佛化身大忿怒俱摩羅金剛念誦瑜伽儀軌法

의 異名. 金剛童子의 修法을 說한 것.

대분지초(戴盆之誚) 머리에 단지를 쓰고 하늘을 쳐다 보는 것. 같은 바 보스런 사람이라 꾸짖는 말.

대불(大佛) 佛像의 巨大한 것을 말한다. 대개 돌이나 쇠, 또는 나무로 만든다. 大佛의 크기는 丈六像의 十倍, 곧 十六丈을 正規로 하지마는 때로는 그 보다 작은 것도 大佛이라 함.

대불보전(大佛寶殿) 佛殿. 높여서 大佛寶殿이라 함. 곧 三寶가운데 佛寶를 모시는 殿堂이라는 뜻.

대불선지법(大不善地法) 一切의 不善心에 짝지어 생기는 二種의 心所法. 一은 無慚・無愧(俱舍論四).

대불정(大佛頂) ①佛名. 佛頂尊이 여러 種이 있으며 大佛頂은 그중의 하나. →佛頂尊. ②陀羅尼의 이름, 곧 大佛頂尊의 陀羅尼. →佛頂呪.

대불정경(大佛頂經) 大佛頂如來密因修證了義諸菩薩萬行首楞嚴經의 약칭.

※大佛頂經 首楞嚴經 楞嚴經等 見首楞嚴經條.

대불정능엄신주(大佛頂楞嚴神呪) 楞嚴經가운데의 佛說 大陀羅尼며, 禪門에서 아침 日課로 讀誦하는 呪文.

대불정다라니(大佛頂陀羅尼) 梵〈mahāpratyangira dharani〉이 번역함. 구체적으로는 娑哆他誐都烏瑟膩衫悉蟬䫌鉢㘑藍阿跋羅爾哆鉢囉底

孕祇覽陀羅尼(Sarva tathāgatosnisa sitāta pa trāparāji tā pratyaṅgira-dhāraṇi) 西〈de bshin gśegs pa thamscad kyi gtsug tor nas byuṅ ba gdugs dkar mo can gshan gyis mi thub ma phyir zlog paḥi rig sñags kyi rgyal mo chen mo)라고 하며 번역하여 大佛頂如來頂髻白蓋無有能及甚能調伏總持라 한다. 대불정여래가 內證한 공덕을 說하는 다라니.

대불정만다라(大佛頂曼荼羅) 大佛頂法의 道場. 楞嚴經七에「道場을 세울 때는 靈山 白牛의 微細한 糞末을 栴檀에 섞어서 땅에 바르며(中略) 方圓이 丈六으로 八角壇이 된다. 壇의 中間에는 金銀銅木의 蓮華 한송이를 設置하며 꽃속에는 八月의 이슬을 鉢에 담아 두며 다시 十六個의 蓮꽃과 香燈을 어긋나게 밖으로 둘러서 莊嚴하게 하고 白牛의 젖으로 煎餠을 만들어 砂糖(中略)과 꿀을 十六個의 蓮꽃 밖으로 둘러서 諸佛과 大菩薩을 奉養하게 한다(中略) 十方如來와 諸菩薩의 形像을 敷設하고 별을 向하여 盧遮那・釋迦・彌勒・阿閦・彌陀와 모든 크게 變化하는 觀音形像을 羅列하고 金剛藏을 그 左右에 彙安한다. 帝釋梵王(中略) 頻那夜迦를 門가에 벌려서 左右에 安置한다」고 말함. 大妙經에도 이와 비슷하게 말하였음. 中央의 蓮鉢은 곧 大佛頂이며 八圖

鏡은 八大佛頂이며 十六華爐는 八菩薩과 八金剛을 말하는 것.

大佛頂曼茶羅

대불정백산개심주(大佛頂白傘盖心呪) 大佛頂如來心呪와 같음. 白傘盖는 佛頂呪의 異名.

대불정법(大佛頂法) 또는 攝一切佛頂輪王法·金輪佛頂法이라 함. 大佛頂을 本尊으로 하고 天變·產出·息災·兵亂 등의 調伏을 위해 닦는 法.

대불정삼매(大佛頂三昧) 大佛頂經의 壇法에 의지하여 佛頂法를 誦하는 修行法.

대불정여래밀인수증료의제보살만행수능엄경(大佛頂如來密因修證了義諸菩薩萬行首楞嚴經) 十卷 ㊢ 〈Sarva-tathāgatasya guhya-siddhārthābhisamaya-hetu-sarva-bodhisatvasya carya-samudra-deśa-buddhoṣṇiṣa-śūraṅ gama〉 ㊅ 〈de-bshin-gśegs-paḥi gsaṅ-ba sgrub-paḥi-don mṅon-par thob-paḥi rgyu-byaṅ-chub-sems-dpaḥ tham-s-cad-kyi spyod-pa rgya-mtsho ston-pa saṅs-rgyas-kyi gtsug-tor dpaḥ-bar-ḥgro-ba〉 唐의 般刺蜜帝가 번역함. 또는 대불정수능엄경 대불정경 능엄경. 根塵同源 縛脫無二의 이치를 밝히고 삼마제의 법과 보살의 階次 등을 해설한 것.

대불정여래밀인수증요의제보살만행수능엄경회해(大佛頂如來密因修證了義諸菩薩萬行首楞嚴經會解) 二十卷 유칙(唯則) 뽑음. 약칭 대불정수능밀경회해, 혹은 수능경회해라고도 함. 諸宗의 注書를 이끌어 대불정수능엄경을 해석한 것. 興福法師惟慤, 資中法師弘沇, 眞際法師崇節, 檣李法師洪敏, 長水法師子璿, 孤山法師智圓, 吳興法師仁岳, 泐潭禪師曉月, 溫陵禪師戒環의 九七의 說을 인용하여 자세한 해설을 붙이고 자신의 설명을 덧붙인 것.

대불정여래방광실달다발달라다라니(大佛頂如來放光悉怛多鉢怛羅陀羅尼) 一卷. 唐의 不空이 번역함. 悉怛哆鉢怛羅는 白傘蓋라 번역하며 白傘蓋는 佛頂尊의 陀羅尼를 말함.

대불정여래심주(大佛頂如來心呪) 佛頂呪가 총 四百二十七句인데 그 中 初는 諸衆 賢聖의 이름이며 最後의 八句가 正呪이므로 이 後의 八句를 取하여 心呪를 삼는다.

대불정염송법(大佛頂念誦法) 大妙經에 "心中에「𑖨」字를 觀한다. 白色의 大月輪을 이루어 量法界에 두

루하여 上中下의 끝이 없고 大八輪의 金輪을 이루어 하나하나의 輪中에서 右旋하여 八色의 金剛輪을 布置하고 그 앞에서 몸을 관하여 大我로 하고 輪臍中에서 頂輪王의 形狀을 만들어 곧 成就一切事業佛頂諸佛心本三昧耶印을 맺는다. 두 손으로 열 손가락과 두 손바닥의 뿌리를 벌린다. 곧 이 印으로써 指上에 十字의 眞言을 긋고 하나하나의 글자 위에 無量百千의 雜色光明을 흩어서 十方諸佛의 국토를 비춘다. 光明이 熾盛하여 三世에 비등할 바가 없다. 곧 이 印手로서 右旋하여 羂索環의 자세와 같이 한다. (中略)이 印을 攝一切佛頂輪王本三昧耶發生無邊諸佛羯磨의 印이라고 말한다. 結護와 供養門을 빌지 않고 급속히 諸佛의 大三摩地를 성취하여 成佛한 몸으로 하여금 十地의 菩薩이 보지 못하고 듣지 못하고(中略) 내지 同類의 부처로 하여금 자기의 몸을 보지 못하게 한다. 어찌 나머지 菩薩들이겠는가"라 하였음.

대불정주(大佛頂呪) 經 佛頂呪. →佛頂呪.

대비(大悲) 梵〈Mahākaruṇā〉譯語. 남의 괴로움을 구하려는 마음을 悲라 한다. 佛·菩薩의 悲心은 넓고 크므로 大悲라 함.

대비개주문(大悲鎧冑門) 大日如來가 北方金剛護菩薩의 三摩地에서 出生하였음을 일컬음.

대비경(大悲經) 梵〈Mahākaru-sūtra〉五卷. 高齊의 那連提耶舍가 번역함. 모두 十三品으로 되어 있음. 부처님이 涅槃에 臨하여 梵天·帝釋과 迦葉·阿難에 法을 付囑하고 滅後에 弘法할 사람을 기록하였다. 또 舍利를 供養한 功德과 滅後에 結集하는 方法을 示現하였음.

대비공지금강대교왕의궤경(大悲空智金剛大敎義軌經) 五卷. 宋의 法護가 번역함. 내용은 茶吉尼의 修法을 說한 것.

대비관세음(大悲觀世音) 大悲觀音과 같음. ①千手觀音의 다른 이름. ②觀世音菩薩을 통틀어 말함.

대비관세음보살찬(大悲觀世音菩薩讚) 書. 大明太宗皇帝 御製.

대비관음(大悲觀音) 天台宗에서 세운 六觀音의 하나. 千手觀音의 다른 이름. 또는 觀音의 총칭. →千手觀音.

대비광혜(大悲廣慧) 阿彌陀佛의 大悲와 廣大한 智慧.

대비광혜력(大悲廣慧力) 阿彌陀佛이 衆生을 救하려는 힘을 말한다. 苦惱한 衆生에 걸린 佛의 大悲에 根源한 三大한 本願의 智慧力.

대비구(大比丘) 나이가 많고 덕이 높은 比丘. 또 沙彌에 대하여 比丘를 총칭하는 말.

대비구삼천위의(大比丘三千威儀) 二卷. 後漢의 安世高가 번역함. 또는

大比丘三千威儀經・大比丘威儀經・大僧威儀經・三千威儀라 함. 煩惱를 여의고 閑靜한 곳에서 比丘가 日常 지켜야 할 威儀와 行法을 說한 것.

대비궁(大悲弓) 悲・智는 한쌍의 法門이므로 左右手에 配當하니 大悲는 靜德으로써 左手, 大智는 動德으로써 右手에 해당됨. 따라서 大悲로써 弓에 配當 大智로써 箭에 配當함.

대비단(大悲壇) 胎藏界의 曼陀羅 전체를 말함. 이는 大悲胎藏으로부터 三重의 曼茶羅가 流出되기 때문이다. 또한 北方 羯摩部의 釋迦 曼茶羅는 濁世에 出現하여 六道의 四生을 提化한 것.「北方의 不空成就佛은 大悲壇의 三界와 六道를 化度한 釋迦를 말하는 것임. (聖財集)

대비대수고(大悲代受苦) 菩薩의 大悲心으로 衆生을 대신하여 地獄의 苦痛을 받는 것을 말함.
 ※請觀音經에「衆生若聞名 離苦得解脫 亦遊戲地獄 大悲代受苦」智度論四十九에「佛自說 本願大心爲衆生故 所謂爲一一人故於無量劫代受地獄苦 乃至令是人集行功德作佛入無餘涅槃」

대비도사(大悲導師) 偉大한 慈悲에 根本하여 사람들을 敎化하는 사람. 도는 佛.

대비도생(大悲度生) 大慈悲에 依한 衆生의 救濟.

대비로자나(大毘盧遮那) 密敎의 本尊인 大日如來를 말함. 毘盧遮那는 해(日)의 別名. →毘盧舍那.
 ※大之梵語爲摩訶 而毘盧遮那爲日之別名 故若具存梵語 則宜曰摩訶毘盧遮那 曰並取漢語 則宜曰大日 今梵漢雙取故曰大毘盧遮那 但以毘盧遮那譯爲日 局於密敎 若顯密共通之譯 則曰光明遍照.

대비로자나경(大毘盧遮那經) 七卷. 大毘盧遮那成佛變加持經의 약칭. 唐나라 輸波迦羅(善無畏)의 번역.

대비로자나경공양차제법소(大毘盧遮那經供養次第法疏) 二卷. 唐의 不可思議가 지음. 또는 供養次第法疏・不思議疏라 함. 大日經第七 供養念誦三昧耶法門(一卷)의 五品을 解釋한 것.

대비로자나성불경소(大毘盧遮那成佛經疏) 二十卷. 唐의 一行 지음. 또는 大日經疏・大疏라고도 함. 大日經 七卷中 처음의 六卷三十一品을 해석한 것. 注書는 宋萬僧傳第五, 大日經義釋演密鈔第一, 入唐新求聖敎目錄, 諸阿闍梨眞言密敎部類總錄卷上, 新編諸宗敎藏總錄第一, 諸宗章疏錄第三 等.

대비로자나성불신변가지경(大毘盧遮那成佛神變加持經) 七卷(經文 六卷. 供養次第一卷) 唐나라 善無畏 번역. 眞言 三部經의 하나. 胎藏界 秘密의 本經으로 大日經의 本名을 말함. 大日如來가 成佛하여 不可思議한 加持力으로 內證法의 經典

을 說한 것을 말함. 神力의 加持가 없으면 說할 수도 들을 수도 없다. 이 眞言一宗의 自證하는 說法은 加持說法의 大論이며 新義와 舊義 兩派로 區分된다. 法身. 本經에 對한 各家의 著述은 아래와 같음. 大毘盧遮那成佛經疏 二十卷(唐一行 記) 大毘盧遮那成佛神變加持經義釋 十四卷(唐一行 述記). 大毘盧遮那成佛神變加持經義釋演密鈔 十卷(遼覺苑 撰) 大毘盧遮那經 供養次第法疏 二卷(唐不可思議 撰) →大日經.

대비로자나성불신변가지경략시칠지념송수행법(大毘盧遮那成佛神變加持經略示七支念誦隨行法) 一卷. 不空이 번역함. 七段의 即眞言으로써 大日經을 念誦하는 法을 說한 것.

대비만다라(大悲曼茶羅) 胎藏界 曼茶羅의 다른 이름. 大悲胎藏에서 出生한 曼茶羅.

대비무권(大悲無倦) 大悲는 永遠히 繼續되고 暫時도 쉬지 아니한다는 뜻.

대비밀왕만나라(大秘密王曼拏羅) 一切如來大秘密王未曾有最上微妙大曼拏羅經의 약칭.

대비바사론(大毘婆沙論) 阿毘達磨大毘婆沙論의 약칭.

대비바하(大毘婆訶) 㘗〈mahā-vivaha〉數의 單位. 十의 二十二乘.

대비방편(大悲方便) 大慈悲에 根源한 衆生利益을 위한 手段·方法.

대비보다(大毘步多) 㘗〈mahā-vibhuua〉數의 單位. 十의 四十八乘.

대비보살(大悲菩薩) 觀音菩薩을 말함. 大悲는 모든 佛·菩薩에 통하나 觀音菩薩이 慈悲門의 主가 되기 때문임.
※請觀音經에 「亦聞大悲觀世音誦持此呪離諸惡」 觀經定善義에 「因大悲菩薩入開華三昧疑障乃除」

대비보현(大悲普現) 大悲의 觀音菩薩이 三十三身으로 變現하여 널리 衆機에 應한다는 말.

대비본원(大悲本願) 廣大하고 慈悲가 넘치는 誓願.

대비본회(大悲本懷) 釋尊이 이 世上에 나서 凡夫를 救濟하기 爲하여 大悲를 바탕으로 說하여 示見한 他力念佛을 말함.

대비분다리경(大悲分陀利經) 大乘大悲分陀利經의 약칭. 八卷 번역자 미상. 悲華經의 異譯·分陀利는 蓮花의 이름. →悲華經.

대비사팔지응(大悲四八之應) 觀音菩薩의 三十三身의 應現.

대비삼념주(大悲三念住) 부처님이 大悲로써 衆生을 引導하기 위하여 住하는 三種의 念. 衆生이 佛을 信하여도 佛은 喜心을 生하지 아니하고 衆生이 佛을 信하지 아니하여도 憂惱하지 아니하며 한쪽은 信하고 한쪽은 信하지 아니하여도 喜心과 憂惱가 生하지 아니하고 恒常 正念正智에 安住하고 있다는 말.

대비삼매(大悲三昧) 含藏 大悲功德

의 禪定. 佛·菩薩이 이 三昧에 住하면 大悲가 생긴다고 함.

대비생심삼매야(大悲生心三昧耶) 彌勒菩薩의 慈悲가 發生하는 三昧.

대비심(大悲心) 起信論에서 說한 三心의 하나. 一切衆生의 괴로움을 없애려는 마음. 곧 佛·菩薩의 마음.

대비심다라니(大悲心陀羅尼) ⑳ mahkāar-unikacitta-dhavani 千手千眼觀世音大悲心陀羅尼·千手千眼觀世音菩薩大身呪·千手千眼 陀羅尼大身呪·千手千眼觀自在菩薩廣大圓滿無礙大悲心陀羅尼·廣大圓滿無礙大悲心陀羅尼·大悲呪라 함. 즉 천수천안관세음보살이 內證한 공덕을 說한 根本呪.

대비심다라니경(大悲心陀羅尼經) 一卷. 또는 千手經. 唐의 伽梵達磨가 지음. 千手千眼觀世音菩薩廣大圓滿無碍大悲心大陀羅尼經의 약칭.

대비심다라니수행염송약의(大悲心陀羅尼修行念誦略儀) 一卷. 唐의 不空이 번역함. 千手陀羅尼의 念誦法을 說한 것.

대비운(大悲雲) ⑳ 〈mahā megha〉 大悲를 구름에 比喩한 것.

대비원(大悲願) 佛·菩薩이 모든 衆生을 구제하려는 大慈大悲한 誓願.

대비원력(大悲願力) 一切衆生을 救濟하려는 大慈悲의 阿彌陀佛의 本願力.

대비원선(大悲願船) 菩薩의 慈悲에 根本된 誓願을 衆生을 彼岸에 건너 주는 船隻에 比喩한 것.

대비은(大悲恩) 佛·菩薩의 衆生을 救濟하는 大慈悲의 恩惠.

대비음(大悲音) 慈愛가 뭉쳐진 말.

대비이물(大悲利物) 부처님이 大慈悲로 衆生을 利益되게 한다는 것.

대비자(大悲者) 大悲菩薩을 가리켜 이름. 곧 觀音菩薩.
※請觀音經에 「一切佛與世安樂衆生故 異口各各身端坐金剛座 口出五色光蓮華葉形舌 讚嘆大悲者調御師子法」

대비주(大悲住) ⑳ 〈Karuna-vihara〉 연민한 마음가운데 머무르는 것.

대비주(大悲呪) 千手陀羅尼의 다른 이름.
※千手經에 「若能稱誦大悲呪婬欲火滅邪心除」

대비참(大悲懺) 出像大悲懺法의 약칭. 千手千眼大悲心呪行法의 다른 이름. 四明大師 智禮의 著書. 伽梵達磨가 번역한 千手經에 의하여 千手觀音을 說한 懺法.

대비천수안(大悲千手眼) 千手觀音을 말함. 大慈大悲한 觀音菩薩의 千手와 眼.

대비천수옥(大悲千手獄) 六觀音 大道를 對配한 偈中의 第一句. 二中歷에 「大悲千手獄」

대비천제(大悲闡提) 闡提는 ⑳〈一闡提〉의 약칭. 成佛할 수 없다는 뜻. 一切의 衆生을 제도하겠다는 大悲를 발하여 自己는 필경 成佛할 수 없는 것을 말함. →一闡提.
※此爲第二種之通名 以大悲誓願 欲度盡 一切衆生而後成佛者 故已無成佛之期 何則 以衆生盡有成佛之期也 如觀音地藏之大悲菩薩是也.

대비천지옥(大悲千地獄) →大悲千手獄.

대비태장(大悲胎藏) 胎藏 또는 華藏. 衆生의 타고 난 菩提心과 肉團心에 갖추어진 菩提의 理性이 大悲의 萬行에 의하여 生長 發育하나 이것은 흡사 母胎內에서 자식이 발육함과 같으므로 大悲胎藏이라 함.
※又胎藏謂肉團心開敷之八葉中臺之大日 (此中臺之大日) 以大悲出生無之諸盡尊垂普門之化用 故曰大悲之胎藏.

대비태장만다라(大悲胎藏曼茶羅) 大日經에서 說하는 胎藏界의 曼茶羅를 말함. 大悲胎藏에서 出生한 曼茶羅이므로 이같이 이름.
※大日經一에「惟願世尊 次說修眞言行 大悲胎藏生大漫茶羅王 爲滿足彼諸未來世無量衆生 爲救護安樂故」 大疏五에「如上所說 菩提心爲因 大悲爲根 方便爲究竟者 卽是心實相華臺 大悲胎藏開敷 以大悲方便現作三重普門眷屬 以是義故名爲大悲胎藏曼茶羅也」此三句之分配有二樣 義釋抄記에「今就大悲曼茶羅說之 以爲中胎爲菩提心 次八葉爲大悲 外三院爲方便也」見現圖曼陀羅條.

대비태장삼매(大悲胎藏三昧) 胎藏 大日이 大悲胎藏 曼茶羅에서 出生한 三昧.

※大疏九에「如是三昧義 所謂大悲胎藏三昧 此三昧是一切佛子之母」

대비태장생만다라왕(大悲胎藏生曼茶羅王) 大悲의 胎藏에서 出生한 曼茶羅의 王. 곧 胎藏界 曼茶羅의 主尊. 諸尊.

대비태장팔자법(大悲胎藏八字法) 佛眼佛母尊의 所說. →佛眼佛母尊.

대비홍서(大悲弘誓) 偉大한 慈悲에 根源한 佛・菩薩의 誓願.

대빈발라(大頻跋羅) 梵〈mahā visvara〉數의 單位. 十의 十八乘.

대사(大士) 梵〈mahā sattva〉摩訶薩埵의 譯語. 菩薩의 通稱이며 또는 聲聞과 佛을 말하기도 함. 士는 凡夫를 通稱하는 것이며 凡夫와 簡別하여 大라 함. 士는 事, 自利와 利他의 大事를 大士라 함.「孔子가 子路・子貢・顔淵의 뜻을 말할때에. 子路는 勇士라 하고 子貢은 辨士라 하고 顔淵은 大士라 함.」(韓詩外傳) 物에 務하는 사람은 大士가 아니다. (管子 法禁) 大士의 本文은 儒傳에서 나온 것임. 大士는 크게 菩薩을 論稱하여 大士라 하고 또는 開士라 한다. (中略) (法華文句記二) 運心이 廣大하여 能히 佛士를 세우므로 大士・上士라 한다. (四敎儀集解上) 自利와 利他의 行이 없는 것을 下士. 自利는 있고 利他가 없는 것을 中士. 自利와 利他를 具有한 사람을 上士. 菩薩을 大論하여 大士・開士라 한다. 普賢

觀에는 聲聞과 菩薩을 大士라 하고 金光明은 佛을 大士라 하여 諸文의 內容이 같지 않다. (瑜伽論) 宋나라 徽宗 宣和 元(1119)年에 詔書로 釋氏를 고쳐서 金仙이라 하고 菩薩을 大士. 僧을 德士라 함. (釋門正統四)

대사(大寺) 梵語 摩訶毘訶羅(mahā-vihāra)의 譯語.
※玄應音義十六에「梵言毘訶羅 此云遊諸僧遊履處也 舊本以寺代之 寺之言司也」

대사(大似) 至極히 닮은 것 같은 것을 말함.

대사(大事) ①一大事因緣의 약칭. 가장 重要한 일. 一大事. 부처님이 이 世上에 出現한 意味. 修行의 眼目. 修行의 目的. 修行하여 께달음을 얻는 것. ② ㊇ maha tmya 雅量. ③一大事緣의 뜻에서 衆生을 利롭게 하는 것. ④重大한 일. ⑤十六記憶 形式의 第三.

대사(大師) ①부처님의 尊號. 大導師란 뜻. ②高僧의 존칭. ③朝廷에서 德이 높은 중에게 내리는 尊號. 中國에서는 唐 懿宗 咸通 11(890)年 11月에 左街雲顥에게 三慧大師의 號를 右街僧哲에게 淨光大師의 號를 내려 준 것이 처음이다. 우리 나라에서는 僧俗을 莫論하고 승려에 대하여 大師라 일컫는다. 특히 事判이나 강당에서는 大師라 하고 禪院에서는 首座라 함.

대사(大捨) 커다란 布施.

대사기(大士忌) 死後 二十五年의 忌日, 또는 二十五年忌.

대사당(大舍堂) 方丈을 말함. 中國 台州天台萬年山 報恩光 孝禪寺의 方丈 額이 大舍堂, 이로 因하여 方丈을 大舍堂이라 부르게 되었음.

대사라(大沙羅) ㊇〈mahāśāla〉 大娑羅樹를 말함. 印度에서 大官 大富의 집을 大娑羅라 부름.

대사문(大沙門) ①부처님의 존칭 ②比丘의 통칭.
※涅槃經十八에「佛世尊 常不變易 具足十力四無所畏 大師子吼 名大沙門大婆羅門」對於沙彌或外道而名爲大 沙門者出家之都名也.

대사문백일갈마법(大沙門百一羯磨法) 一卷. 譯者未詳 十誦律. 곧 薩婆多部의 百一羯磨.

대사문통(大沙門統) 僧官의 이름.
※佛祖統紀五十一에「隋文帝 詔曇遷爲昭玄大沙門統」昭玄者行僧務之昭玄寺也.

대사상(大四相) →四相.

대사요필(大事了畢) 一大事因緣을 完全히 깨달았다는 뜻. 곧 徹底히 大悟함을 이름.

대사인연(大事因緣) 一大事의 因緣이란 뜻. 佛이 世間에 出現하여 說法한 것은 一大事의 因緣에 因한 것이라 말한 것. 一大事란 줄여서 말하면 迷를 轉하여 開悟한다는 뜻이며 달리 말하면 法華는 佛의 知

見이 되고 涅槃은 佛性이 되며 無量壽經은 往生極樂이 된다고 말한 것. 法華經 方便品에「諸佛과 世尊은 오직 一大事의 因緣이므로 世間에 出現하였다」고 하고 仁王經上에「大事는 因緣이므로 곧 百億種色의 꽃을 흩다」하고 稱讚淨土經에「나는 이같은 安樂大事는 因緣說이 眞實한 諦語임을 볼 수 있다」天台仁王經疏上에「大事가 因緣이 되어 出世한 것은 衆生에게 佛知見에 悟入함을 開示한 것. 法華에는 佛의 知見을 大事라 하고 涅槃에는 佛性으로 大事라 하며 維摩에는 思念과 不可思議로 大事라 하고 華嚴에는 法界를 大事라 하며 般若에는 成佛因果를 大事라 하니 名字는 비록 다르지만 그 뜻은 같다」고 하였음.

대사일번(大死一番) 從來에 가지고 있던 思慮와 分別을 모두 버리고 마음을 비우게하여 修行에 達하는 것. 이로부터 새로운 生命을 불러 오는 것.

대사자후(大獅子吼) 梵〈simha·na-da·nadin〉①부처님의 한 번 說法에 뭇 악마가 굴복 귀의함의 비유. ②크게 부르짖어 열변을 토하는 연설의 비유.

대사저인(大死底人) 一切의 妄想을 모두 斷盡한 사람을 말함.
※碧巖四十一則에「趙州問投子 大死底人却活時如何」種電鈔에「大死底人者 心智俱滅盡不 見世出世順逆之法」

대사조(大師祖) 祖師의 스승을 말함. 祖師가 자기 스승의 스승을 일컫는 말. 俗家에서 曾祖父라 함과 같음.

대사주법경(大使呪法經) 一卷. 唐의 菩提流支가 번역. 大使者의 毘那夜迦呪法을 說한 것.

대사첨(大士籤) 別名으로 觀音籤. 觀音像 앞에서 점대를 빼어 吉凶을 점치는 것. →觀音.
※佛祖統紀三十三에「天竺百籤 越圓通 百三十籤 以決吉凶 其應如響 相傳是 大士化身所述」

대사타개(大事打開) 佛의 一大事因緣을 打開하였다. 곧 開悟.

대사호(大師號) 中國·우리나라에서 各宗의 高僧에게 朝廷에서 下賜된 諡號를 말하는 것. →大師.

대산야(大珊若) 梵〈mahā samjna〉 數의 單位로 十의 四十六乘.

대살(大殺) 太殺의 잘못된 表記인듯 甚히 激하고 燥急하다는 뜻.

대살생(大殺生) 사람을 죽이는 일.

대살자니건자(大薩遮尼犍子) 梵〈M-ahāsatya-nirgrantha〉 尼犍은 苦行外道의 通名, 離繫라 번역함. 薩遮는 이름으로 有, 혹은 諦라 번역 곧 大有離繫外道의 아들. 이 사람이 佛道에 들어와 大道를 깨닫고 鬱闍延城嚴熾王을 위하여 世間·出世間의 法을 說하고 드디어 그와 함께 佛에게 나아가 記別을 받았음.
※慧苑音義下에「薩遮 此云有也」翻梵

語九에 「薩遮者實 亦云諦」

대살자니건자소설경(大薩遮尼乾子所說經) 十卷. 梵 〈bodhisattva go-caropaya-visaya-vikurrana-nirdesa〉 元魏의 菩提留支가 번역함. 또는 大薩遮尼乾子受記經・大薩遮尼乾子經・菩薩境界奮迅法門經이라고도 함. 내용은 一乘의 宗旨와 國王의 法行과 如來所有의 공덕을 說한 經. 十二品으로 되어 있음.

대살자니건자수기경(大薩遮尼犍子受記經) 十卷. 元魏의 菩提留支가 번역함. 大薩遮尼犍子가 嚴熾王을 위하여 法을 說하고 佛에게서 記別을 받았다. 그 所說인 世間・出世間의 法이 그 妙를 다했을 뿐 아니라 文義가 또한 通暢하여 世上에 많이 流通하였음.

대살타(大薩埵) ①큰 사람. ② 梵 〈mahā-sattva〉 金剛薩埵의 다른 이름.

대삼마발탐(大三磨鉢耽) 梵 〈mahā-samapta〉 數의 單位로 十의 三十六乘.

대삼마야경(大三磨惹經) 一卷. 趙宋의 法天이 번역. 三磨惹는 梵語로 會의 뜻. 長阿含大會經과 同本.

대삼마야인(大三摩耶印) 金剛拳의 廣大한 境地를 象徵하는 印. 廣大한 本誓를 象徵하는 印.

대삼재(大三灾) 住劫을 지나면 壞劫이 되는데 壞劫에는 二十의 增減劫이 있다. 앞의 十九增減劫은 世間의 有情을 파괴하고 最後의 一增減劫은 器世間을 파괴한다고 함. 이 때에는 火灾・風灾・水灾의 三種이 있으므로 大三灾라 함. 이 三灾는 同時에 일어나지 않고 各各 돌아가면서 차례로 일어나서 世界를 파괴한다고 함. 第一인 火灾는 七個의 해가 同時에 나와서 아래 無間地獄에서 위의 色界의 初禪天까지를 태워버린다고 함. 第二의 水灾는 無間地獄에서 위의 色界의 第二禪天까지 물에 잠겨버린다는 것. 第三의 風灾는 아래 無間地獄에서 위의 色界의 第三禪天까지의 一切物質을 飄散시켜 버린다고 함. 그 차례는 먼저 火灾가 七번. 뒤에 한번 水灾가 있고 이같이 매번 七火灾에 한번의 水灾가 있어 七번을 지난 뒤에 다시 七度火灾를 지내며 한번의 風灾가 있어서 三灾一周는 八七火灾와 一七水灾와 一風灾를 말하므로 모두 六十四度의 火灾를 지나게 되며 六十四大劫이 된다. (이 大劫中에 成・住・壞・空의 四劫이 있고 壞劫의 끝에 大灾가 있다) 처음 火灾가 일어나는 것은 해가 七個가 나타남을 緣由하고 다음 水灾가 일어나는 것은 오랜 장마에 연유하고 뒤에 風灾가 일어나는 것은 바람이 서로 攻擊하는데 緣由하는데 이 三灾의 힘은 器世間을 破壞하여 至極히 微細해져서 남음이 없다. 第二

靜慮가 大災頂이 된 것은 이 아래가 모두 불에 타버리는 까닭이며 第三靜慮가 水災頂이 되는 것은 이 아래가 모두 물에 잠기는 까닭이며 第四靜慮가 風災頂이 되는 것은 이 아래가 모두 바람에 飄散되는 까닭이다. 먼저 無間에서 七火災가 일어나고 다음에 一水災가 일어나서 이에 相應하며 그 後 無間後에 七火災에 一水災가 있기를 七번이 거듭되면 다시 七火災 뒤에 風災가 일어난다. 이같이 모두 八七火災와 一七水災와 一風災가 일어난다고 하는 것. (俱舍論十二)

대상(大相) 큰 四相을 말함. →四本相.

대상(大想) 廣大한 그러나 無邊은 아닌 範圍의 禪想을 말함.

대상간(大相看) 禪家가 園山의 大衆을 接見함을 일컬음. 敕修淸規月分須知에「十月初一日에 方丈이 大相看한다」고 하였음.

대상기(大祥忌) 세번째 忌日·大祥은 儒敎에서 말하는 三年祭의 이름.

대상불유토경(大象不遊兎經) 大象은 토끼가 往來하는 따위의 작은 길은 通行하지 않는다. 大象은 大乘에 兎徑은 小乘人에 비유한 것. 大乘과 小乘은 그 根機가 크게 다르므로 그 境界도 完全히 틀린다는 말. 圓悟禪師頌古에「大象 不遊兎徑 燕雀安知鴻鵠志哉」라고 하였음.

대상장(大象藏) 龍宮에서 나는 香의 이름. 華嚴經入法界品에 말하기를 '인간들 속에 香이 있으니 大象藏이라고 한다. 龍鬪에서 나오기 때문이다. 만약에 그 한 알을 태우면 큰 빛의 그물구름이 일어나서 절묘한 경지를 이루고 七日七夜동안 香水의 비가 내린다'고 하였음.

대상호(大相好) 三十二相과 八十種好.

대색(大色) 正色(靑黃赤白黑)과 和合한 色. 正色과 正色以外의 色을 和合하면 間色이 되어 比丘의 옷 色으로 使用하나 正色 相互의 和合은 大色和合이라 하여 壞色이 되지 아니함.

대생(對生) 함께 出生하는 것. 相對하여 나섬. 對立하는 것.

대생의경(大生義經) 一卷. 趙宋의 施護가 번역. 阿難이 十二緣生의 깊은 뜻을 생각하여 이를 부처님에게 물음에 부처님께서 廣說하시니 곧 中阿舍大因緣經임.

대생주(大生主) 佛의 姨母 摩訶波闍婆提 (malraprajapati) 舊譯에서 大愛道. 新譯은 大生主.
※玄應音義二五에「大生主 舊言摩訶波闍婆提 翻爲大愛道者是也」

대서개(大誓鎧) 큰 誓願이라 할 鎧冑. 鎧는 甲옷 戰爭할 때 防護用으로 입는 것. 戰勝을 祈願하는 갑옷이라는 뜻.

대서원(大誓願) 커다란 誓願.

대석자(大釋子) 梵〈Sakya-punga

va〉釋尊을 말함.

대선(大仙) ㉿〈Mahārṣi〉譯語. 道를 닦아 長生을 구하는 사람을 仙이라 함. 佛子는 仙人가운데 가장 높으므로 大仙이라 일컫는다. 涅槃經에서는 부처님을 大仙·仁王經에서는 緣覺을 大仙이라 하였음.

대선(大船) 生死海를 건너는데 비유.
※安樂集下에「善知識者 是汝大船」敎行信證序에「難思 弘誓夏難度海大船」

대선(大善) ①좋다는 對答으로 쓰이는 말. ②殊勝한 功德을 말하는 것

대선(大選) 僧科試에 합격된 자로서 처음 받는 法階.

대선(大禪) 禪宗의 初級의 法階. 四敎를 受業한 중으로서 禪院安居 五夏 이상을 닦은 사람에게 줌.

대선견왕(大善見王) 大善見은 ㉿〈摩賀酥捈哩舍囊= maha-sudarsana〉의 譯語. 또는 大善見·大善賢·大快見이라 함. 印度 太古의 王으로서 즉 釋尊의 前身.

대선계(大仙戒) 大仙이 說하는 戒法. 大仙은 부처님의 칭호.
※毘婆尸佛經下에「釋梵一切天 俱聽大仙戒」

대선교법(大善巧法) 크게 좋고 훌륭한 法이라는 뜻으로 佛法을 일컫는 말.

대선근(大善根) 善의 報를 生하는 因이 되는 큰 善行.

대선리(大善利) 大善大利. 善은 반드시 利를 具有함. 法華經信解品에「深自慶幸獲大善利」

대선불(大禪佛) 大禪師의 德稱.
※祖庭事苑에「禪宗有二大禪佛 一名景通嗣仰山 名智通嗣歸宗常」

대선사(大船師) 佛의 德號. 衆生을 인도하여 生死海를 건느게 하므로 일컬음. 涅槃經二十一에「네 이제 生死의 大河를 건느고자 하면 내가 능히 네를 위하여 大船師가 되리라」고 하였음.

대선사(大禪師) 禪宗의 가장 높은 法階. 高麗 光宗 때부터 僧科에 합격하면 나라에서 大選이라는 법계를 주었고 차차 昇階하면 최고의 法階로서 大禪師라는 법계를 주었는데 이것은 禪을 수업하며 比丘戒·菩薩戒를 받고 法臘 二十夏 이상이 된 중에게 주었다. 중국에서는 陳宣帝가 처음으로 南岳慧思에게 大禪師의 號를 내렸음.

대선심(大仙心) 大仙은 佛의 異稱. 따라서 大仙心은 佛心을 말함.

대선적력(大善寂力) 크게 善한 寂滅의 힘. 禪定을 얻는 能力.

대선정(大禪定) 큰 禪定이란 뜻.

대선정니(大禪定尼) 在家한 女子가 죽은 뒤 그 法名의 아래에 붙여 쓰는 文字.

대선정문(大禪定門) 在家한 男子가 죽은 뒤, 그 法名 아래에 붙여 쓰는 文字.

대선지법(大善地法) 마음의 作用가운데 모든 善心을 相伴하는 것. 心

所안에 그 本體가 善하여 善心이 恒常 따라서 일어나는 것. 信·不放逸·輕安·捨·慚·愧·無貪·無瞋·不害·勤의 열 가지.

대선지식(大善知識) 偉大한 善知識. 善知識은 善友라 함과 같음. 知識은 내가 능히 저를 안다는 뜻.

대설(大說) ①큰 根據. 부처님과 같은 偉大한 사람을 證據로 하여 說한 것. 佛道의 正說. 善說.

대설산(大雪山) 히 말라야(Himalaya)山의 別稱.

대설악법(對說惡法) 可悔過法이라 한다 한 사람. 한 사람의 修行僧에 對하여 뉘우쳐야 할 나쁜 일.

대설잡지매산몰봉(大雪匝地埋山沒峯) 눈은 地面에 와서 쌓이고 山이나 봉우리나 눈에 묻히어 버리다.

대설수(大攝受) 佛의 德號. 佛이 大慈悲로써 一切 衆生을 攝受함을 이름. 阿彌陀를 讚頌하는 偈에 「稽首淸淨大攝受」

대성(大姓) ㊄〈ucca kuna〉高貴한 家門.

대성(大聖) ①부처님의 尊號 ②階位가 높은 菩薩의 일컬음.
 ※法華方便品에 「慧日大聖尊」 妙宗鈔上에 「佛是極聖故稱爲大」 法華弘傳序에 「非大聖無由開化」 無量壽經上에 「一切大聖神通已達」 淨影疏에 「大有兩義 一位高名大 二德勝名大 會正爲聖」

대성금강야차(大聖金剛夜叉) 五大明王의 하나. →金剛夜叉.

대성만수실리동자(大聖曼殊室利童子) 舊稱은 文殊師利, 新譯에는 曼殊室利. 兒童의 모양을 한 文殊菩薩.

대성만수실리동자오자유가법(大聖曼殊室利童子五字瑜伽法) 一卷. 唐의 不空이 번역함. 五字文殊의 修法을 기록한 것.

대성묘길보살설제재교령법륜(大聖妙吉祥菩薩說除災敎令法輪) ㊄ 一卷 譯者未詳.

대성묘길상(大聖妙吉祥) 梵語로 曼殊室利, 妙吉祥이라 번역. 文殊菩薩의 舊稱.

대성묘길상보살비밀팔자다라니수행만다라차제의궤법(大聖妙吉祥菩薩秘密八字陀羅尼修行曼茶羅次第儀軌法) 一卷. 唐의 菩提嚩使가 번역함. 八字文殊의 修法을 說한 것.

대성묘길상보살설제제교령법륜(大聖妙吉祥菩薩說除災敎會法輪) ㊄ 一卷. 譯者未詳.

대성문(大聲聞) 뛰어난 聖者. →聲聞.

대성문수사리보살(大聖文殊師利菩薩) 新稱은 曼殊室利, 妙吉祥이라 번역함.

대성법(大聖法) ㊝〈mahāyānadharma〉① 大乘의 가르침 ② ㊝〈mahāarya drsam-dharmah〉偉大한 聖者의 가르침.

대성법왕(大聖法王) 부처님을 가르킴.

대성불입리이(大聲不入里耳) 大聲은 뛰어난 사람. 里耳는 마을 사람들의 귀, 곧 愚人의 귀를 말함. 學者의 말씀을 愚人이 이해하지 못한다는 말.

대성세존(大聖世尊) 佛의 尊號. 부처님은 聖중의 聖, 지극한 聖, 세상의 尊중에 최고의 尊이란 뜻.
※法華經藥草喩品에「大聖世尊於諸天人一切中而宣此言」

대성자성(大性自性) 梵〈mahā bh-uta-svabhava〉元素의 本性.

대성주(大聖主) 佛의 尊號.
※法華經方便品에「諸大聖主 知一切世間天人羣生類深心之所欲」

대성천(大聖天) 大聖歡喜天·聖天·歡喜天이 다 같은 이름이고 具略이 다를 뿐이다. →歡喜天.

대성환희쌍신대자재천비나야가천형상품의궤(大聖歡喜雙身大自在天毘那夜迦天形像品儀軌) 一卷. 唐의 不空이 번역함.

대성환희쌍신비나야가천형상품의궤(大聖歡喜雙身毘那夜迦天形像品儀軌) 一卷. 唐의 善無畏가 번역함.

대성환희천(大聖歡喜天) 또는 聖天·歡喜天이라고 함. →歡喜天.

대성환희천쌍신비나야가법(大聖歡喜天雙身毘那耶迦法) 經 一卷. 唐나라 不空이 번역.

대세불(大勢佛) 如來의 德號. 佛이 大勢力으로 능히 衆生의 煩惱를 끊는다. 所謂大醫王.
※法華經方便品에「以貪欲自蔽 盲瞑無所見不求大勢佛及與斷苦法」

대세지(大勢至) 大勢至菩薩의 약칭.
※觀無量壽經에「以智慧光 普照一切 令離三塗 得無上力 是故號此菩薩名大勢至」亦略稱大勢 隋煬帝文에「踵武觀音 連衡大勢」又作勢至.

대세지보살(大勢至菩薩) 梵〈摩訶那鉢=Mahās thāmaprāpta〉의 譯語. 阿彌陀三尊의 한분. 또는 得大勢·大勢·勢至라 함. 阿彌陀佛의 右脇에 모신 補處로 智慧門을 맡고 있음. 이 菩薩은 지혜의 光明으로 一切衆生을 널리 비추어 三途苦를 여의고 無上의 힘을 얻게 하므로 大勢至라 함. →勢至.

大勢至菩薩

대소(大小) ①거룩한, 점잖은, 처려한의 뜻. ②얼마나의 뜻.

대소(大召) 大召는 拉薩안에 있으며 老木郞이라 함. 唐나라때에 세운 것으로 樓의 높이는 四層이며 위에 金殿五座가 있어 廣大壯麗하다. 中殿에 모신 大佛은 覺釋迦摩尼라 함. 唐나라 文成公主를 따라 中國에서 西藏으로 갔다. 나이 겨우 12歲에 西域에서 聖人이 되다. 或은 中國에 請鑄한 것이라 함. 左廊에 唐의 文成公主와 西藏王 贊普(特勒德蘇隆贊)와 巴布國王女像(贊普의 前女)이 있고 그 안에는 神佛의 數가 萬을 헤아린다. 모두 大鈺缸에 黃油를 담아 불을 켰으나 오직 文成公主앞에는 黃油燈을 켜지 않는다. 樓頂 東南隅에 있는 金殿 안에 百喇末殿이 있는데 神名이 百喇末이다. 文成公主 成聖에 關係되는 神으로 神靈이 顯赫하여 사람들이 敬畏한다. 殿門 밖 前廊 壁위에 唐나라 三藏의 師徒 四人의 像이 그려져 있다고 함.

대소(大素) 땅이 생긴 그대로 있는 것. 生地.

대소(大疏) 華嚴宗에서는 淸凉의 八十華嚴經疏를 말하고 眞言宗에서는 一行의 大日經疏를 말함.

대소권실(大小權實) 大乘과 小乘, 權敎와 實敎.

대소대(大小大) 저렇게·저렇듯 또는 접잖다의 뜻. →大小.

대소동거토(大小同居土) 三論宗에서 說한 五土의 하나. 大乘과 小乘을 깨우친 사람이 共住하는 國土. 佛土.

대소명왕(大笑明王) ㊗〈跋折羅吒訶婆=vairahasa〉明王部의 一尊.
※陀羅尼集經九跋折羅吒訶婆法說其修法

대소백조제삼중(大疏百條第三重) 十一卷. 中性院 聖憲이 지음. 또는 大疏第三重·疏第三重이라 함. 大日經疏 住心品 가운데서 의심나는 百條를 가려내어 眞言新義派의 見解에 따라 論難 答釋한 것. 第三重이란 各條에 難答 各 三重을 說하고 그 三重의 答釋에 의하여 疑義를 決擇하는 것. 百條란 六大法身·成佛二利 등의 백가지 구분을 말하는 것.

대소삼장(大小三藏) 大·小乘을 合論한 三藏. 一은 聲聞藏. 二는 緣覺藏. 三은 菩薩藏. 또는 一聲聞·二菩薩·三佛藏. (釋氏要覽)

대소성인(大小聖人) 대승성인과 소승성인. 성인은 見道 이상되는 사람을 가리킨다. 대승에서는 初地이상을 소승에서는 初果 이상을 성인이라 말함.

대소승경현도무별(大小乘經顯道無別) 三論宗에서 中途의 實義를 示現하는 것을 目的으로 한 것은 大小乘의 諸經이 差別이 없다고 한 것.

대소이교(大小二敎) →大小二乘.

대소이승(大小二乘) 대승과 소승을 말함. 大乘은 大人의 乘으로 이 가운데는 一乘과 三乘中의 菩薩乘과 不愚法의 二乘이 있다. (이는 곧 大乘의 三乘) 小乘은 小人의 乘으로 곧 愚法의 二乘을 말하는 것.

涅槃經가운데 說한 半字敎·滿字敎와 智度論에서 判別한 聲聞藏과 摩訶行藏을 말하는 것. 經論으로 區分하면 四阿舍經은 小乘이 되고 그 밖의 諸經은 大乘이 된다. 八宗으로 區分하면 俱舍宗과 成實宗은 小乘이고 律宗以上은 大乘이 되며 諸家의 敎判에 依하면 天台의 三藏經과 華嚴의 愚法은 小乘이며 法相의 初時敎와 天台의 通敎以上과 華嚴의 始敎以上과 法相의 第二時 空敎以上은 모두 大乘이다. 四阿舍經 가운데「六度萬行의 菩薩乘이 있고 俱舍 成實宗 가운데 또한 釋迦佛·彌勒菩薩이 있으니 어느 것이 聲聞·緣覺의 二乘이 됩니까」하고 물으니「小乘의 本位로 論하면 本來 三乘이 있다. 그러나 大乘上에서 論한다면 저 小乘敎 가운데 佛·菩薩의 大乘法을 說한 것이고 菩薩의 根機에 對하여 菩薩의 法을 說한 것은 아니며 二乘의 信者로 하여 佛로 化하도록 하여 佛의 自行 곧 菩薩의 大法을 說한 것 뿐이다. 그 뜻으로 推測하면 오직 二乘을 濟度함에 있으므로 그 說하는 佛果는 또한 二乘이 證한 것에 다름이 없다. 오직 저들과 같이 見思二惑을 끊고 三界의 生死에서 離脫하며 空觀을 解析하여 겨우 但空偏眞의 理를 證할 뿐이다. 서로 같지 않은 點은 長劫의 修行에 依하여도 染汚와 無知를 斷하지 못하고 一切 衆生을 濟度함이 自在하다가 八十이 되어 世上의 緣이 다하게 되면 저들과 함께 無餘涅槃에 돌아가서 法界中의 한 개의 有情을 減하게 된다. 이는 小乘가운데서 說한 大乘佛果이다. 假令 이같이 淺近한 佛果를 說하여도 畢竟에는 二乘을 化度하게 되므로 化度된 사람들이 모두 이 二乘(小乘)이 된다. 例를 들면 天台의 通敎와 華嚴의 始敎는 菩薩과 不愚法回心의 二乘을 化度하고자 하므로 비록 聲聞緣覺의 二乘을 說하나 그 本意는 菩薩을 化度하려는 데 있다. 또한 저 二乘으로 大乘에 向하므로 모두 大乘이라 稱한다」고 答하였다. 또 小乘 가운데 비록 菩薩乘이 있으나 二乘의 菩薩乘이 되면 곧 二乘을 따라 小乘敎가 되며 大乘敎 가운데도 비록 二乘이 있으나 菩薩乘의 二乘이 되면 곧 菩薩을 따라 大乘敎가 된다고 하니 그러면 大小乘의 區分이 化度하는 사람에 따라 差別되며 敎理上으로는 深淺이 없으니 왜 그런가요 하니 敎義에도 크게 深淺이 있다. 例를 들면 瑜伽의 雜集論 등에 聲聞 등의 敎·行·住·果와 斷惑의 分齊를 說한 것이 婆沙·俱舍論 등과 같지 않음을 들 수 있다. 또한 天台의 觀法으로 判別하면 大乘에는 獨菩薩法과 通三乘法이 있는데 通三乘法은 곧 天台의 通敎를 말하고 獨菩薩法은 곧 天台의 別·圓敎

를 말한다. 이 가운데 獨菩薩法은 中道로 觀法을 삼고 通三乘法은 空理로 觀法을 삼는다. 이 空理의 觀에는 析空과 體空의 二種이 있다. 諸法을 分析하여 空理가 析空이 됨을 깨닫고 諸法이 夢·幻과 같음을 알아서 體가 壞하지 않으면 그 空理가 體空이 됨을 깨닫는다. 이 析空·體空의 二空이 大小의 區別이 되며 小乘의 聲聞·緣覺·菩薩은 모두 體空이 된다. 이로써 可히 敎義의 深淺을 알 수 있다」고 答하였다.

대소일승(大小一乘) 大乘과 小乘을 말함. 一切의 經과 敎義上에서 이 두가지를 나눈 것. 부처가 되기를 원하는 것을 大乘. 阿羅漢의 道를 求하는 것을 小乘이라 하며 四部의 阿含經은 小乘이 되고 法華經 維摩經은 大乘이 됨. →大小二乘.

대소통설(大小通說) 大乘과 小乘에서 共通的으로 說한 것.

대송승사략(大宋僧史略) 三卷. 宋나라 贊寧이 지음. 또는 僧史略이라 함. 불교의 東傳, 譯經 講經의 初例로 시작하여 僧制紀綱 등에 관한 史實에 대하여 記述한 것. 총 五十九項으로 되어 있음.

대수(大水) ① ㉠ ⟨udaka⟩ ㉻ ⟨apas⟩ 大地의 밑에 있는 물. ②宇宙의 初에 있었던 물.

대수(大樹) 三草 二木중의 大樹·天台에서 別敎의 菩薩을 大樹, 法相宗에서는 地上의 菩薩을 大樹, 三論에서는 八地以後의 菩薩을 大樹라 함.

대수(對首) ㉻ ⟨波羅提提舍尼＝pratide saniy⟩의 音譯 略하여 提舍尼라 함. 또한 向彼悔·各對應說·對他說이라 한다. 다른 修行僧(一人 乃至 四人)에게 悔悟의 뜻을 表示하므로 滅하는 罪. 三種羯磨法의 하나.

대수겁화(大隋劫火) 公案의 한가지. 益州의 大隋法眞이 劫火가 일어나서 大地가 破壞된다고 하는 말에 따라 迷悟凡聖의 相對的 臭氣에서 벗어나 人人本來의 靈性을 商量해야 한다는 것을 표시한 말.

대수고(代受苦) 대신 苦를 받는 것. 또는 代悲代受苦·代悲受苦·代苦라 함. 즉 菩薩이 大悲心으로 衆生을 代身하여 惡趣 苦報를 甘受하는 것.

대수교(大收敎) 天台宗에서 法華經을 말한다. 봄에 씨를 뿌리고 여름에 김을 매고 가을에 곡식을 거두는 것과 같이 부처님이 처음 화엄경을 說한 뒤부터 敎化한 功으로 중생의 根機가 성숙하게 되었으므로 이에 法華經을 說하여 三乘을 평등하게 一佛乘에 들어 가게 하였으므로 대수교라 함. ↔捃拾敎.

대수구(大隨求) 大隨求陀羅尼의 약칭.

대수구다라니(大隨求陀羅尼) 大隨求

陀羅尼經에서 說한 大神呪.

대수구다라니경(大隨求陀羅尼經) 二권. 唐의 不空 번역. 普遍光明焰鬘淸淨熾盛如意寶印心無能勝大明王大隨求陀羅尼經의 약칭. 석존이 왕사성 기사굴산에 있을 때에 대범천왕의 請에 따라 說한 주문. 이 주문을 지니고 외우는 이는 온갖 야차·라찰·간질병·한병·열병들이 침범하지 못하며 싸우는 원수가 침해하지 못하고 대적을 깨뜨리며 厭蠱와 呪詛가 해치지 못하며 독이 해치지 못하고 불도 태우지 못하며 과거의 죄는 모두 소멸된다고 한다. 또 이 주문을 써 가지고 다니는 이는 모든 좋은 일을 성취하고 항상 하늘 사람들과 용왕에게 옹호되어 모든 佛·菩薩이 憶念한다고 말하다. 異譯本에 隨求即得大自在陀羅尼神呪經 一卷. (唐의 寶思惟 번역)

대수구무능승다라니(大隨求無能勝陀羅尼) 隨求即得眞言이며 大隨求陀羅尼라 약칭. 一切의 罪障을 消滅하고 惡趣를 破하여 求하는 곳에 따라 即時 福德을 얻는 陀羅尼라는 뜻.

대수구보살(大隨求菩薩) 大隨求는 ⑰ 〈摩訶鉢羅底薩落=mahā-pratisāra〉의 역어 또는 隨求菩薩. 現圖 胎藏界 曼茶羅 觀音院 중 第二行의 上方 第一位에 奉安된 보살. 大隨求陀羅尼의 功德을 表顯한 것으로 衆

大隨求菩薩

生이 求하는 것에 따라 그 苦厄을 除하고 惡趣를 滅하므로 이같이 이름. 密號는 與願金剛. →隨求菩薩.

대수구보살법(大隨求菩薩法) 隨求菩薩로써 本尊을 삼아 隨求陀羅尼를 念誦하는 法. 大隨求經에서 이를 說하였음.

대수긴나라(大樹緊那羅) 香山에 住하는 緊那羅王의 이름. 緊那羅는 八部衆의 하나. 帝釋天의 乘神. →緊那羅.

대수긴나라왕(大樹緊那羅王) ⑰ 〈Druma-kimnara-rāja〉의 음역. ㊄ 〈Mi-ham-cihi rgy-al-po sdoṅ-po ham ljon-pa〉 또는 童麞籠緊那羅王이라고 함. 히말라야산 중 마나사湖의 北岸에 솟아 있는 카이라사嶺(향취산·향산)에 연접한 쿠베라의 天界에 사는 音樂天긴나라의 王.

대수긴나라왕소문경(大樹緊那羅王所問經) 四卷. 秦의 羅什 번역. 佛

이 耆闍崛山에 住할 때 大樹緊那羅王이 그 眷屬들과 함께 부처님을 뵈옵고 거문고를 타니 大衆과 山川이 모두 흥겨워 춤을 추었다 함. 天冠菩薩이 묻기를 "大樹는 어찌하여 成佛하지 못합니까." 佛 "大樹에게는 菩薩이 지녀야할 十二가지 滿足의 法이 없다"고 하셨다. 大樹가 "寶住三昧가 무엇입니까" 請問하니 佛께서 "修習하여 八十種의 寶가 생기게 하는 것으로 世上에 出世한 寶珠를 自由롭게 얻는 것이다"라고 대답하였다. 天冠이 佛에게 묻기를 "大樹는 어찌하여 伎樂으로 衆生을 敎化합니까"하니 佛께서 詳細하게 대답하시고 大樹의 請에 따라 大衆을 거느리고 香山에 到着하여 그의 供養을 받고 妙法을 演說하신 後 다시 靈山에 돌아와서 阿闍世王 등을 위하여 三十二種菩薩의 法器를 說하였다는 것.

대수긴나라유리금(大樹緊那羅瑠璃琴) 大樹緊那羅王이 갖고 있는 유리로 된 거문고. 이 거문고 타는 소리를 듣고 모두 일어나 춤추었다 함.

※大樹緊那羅王所問經一에 「已所彈瑠璃之琴 閻浮檀金 花葉莊嚴 善淨業報之所造作 在如來前 善自調琴 及餘八萬四千伎樂(中略) 時諸一切聲聞大衆 聞琴樂音 不能堪任 各從座起 放捨威儀 誕貌逸樂 如小兒舞戱 不能自持」又見 智度論十一.

대수령(大瘦嶺) 中國 廣東省·湖南省 兩省을 잇는 山名. 옛날에는 大庾嶺 南쪽을 嶺南 北을 嶺北이라 하였다. 漢兵이 呂嘉를 이곳에서 격파할 때 裨將의 姓이 庾氏였기 때문에 이같이 일컫는다 함.

대수석(帶數釋) 六合釋의 하나. 숫자를 띠어 풀이하는 것. 三藏이라고 말하는 것과 같이 藏에 三의 숫자를 띠운 것을 帶數語라 하고 따라서 三藏을 풀이하여 三種의 藏이라 하는 것을 帶數釋이라 함.

대수선인(大樹仙人) 옛날 印度의 殑伽河(恒河)변에 어떤 仙人이 오랫동안 禪定에 들어 어깨에 큰 나무가 生하였다 하여 大樹仙人이라 함. →曲女城.

※一百美女動心 詣王求之 美女無應者 仙人大瞋 呪王女悉使曲腰.

대수심념법(對首心念法) →羯磨.

대수재(大水災) 大三災의 하나. 壞劫의 末年에 아래는 無間地獄으로부터 위로는 色界二禪天에 이르기까지 다 洪水에 파괴되는 大災. →三災.

대수종사(大手宗師) 偉大한 敎化의 手段을 가진 宗匠.

대수참회(對首懺悔) 戒를 犯한 修行僧이 다른 修行僧 앞에서 懺悔의 말을 하므로 容恕받는 것을 말함.

대수행(大修行) 大乘의 修行을 뜻함. 唯心의 밖에 萬法 없다. 따라서 生死去來 善惡因果도 대중의 견지에서 보면 필경 妄見에 不過하다. 이와 같이 修行함을 大修行.

대수행저인(大修行底人) 大乘의 修行人. 곧 生死去來, 善惡因果는 필경 自己의 妄見에 不過하다고 達觀에 부치는 사람을 이름.

대수혹(大隨惑) 唯識說에서 隨煩惱를 大·中·小로 나눈 가운데 하나.

대수화(大水火) 大三災中의 水災와 火災.

대승(大乘) ㊹ 〈摩訶衍那=Mahāyāna〉의 譯. 大는 小에 대하여 일컫는 말. 乘은 배나 수레같은 데에 실어서 운반한다는 뜻. 小乘이 개인적인 해탈을 위한 敎法인데 대하여 大乘은 널리 인간의 전반적 구제를 목표로 하여 그 목적이 크고 깊은 것이므로 大乘이라 함. 法華經譬喩品에 「이에는 一乘과 三乘의 區別이 있다. 만일 衆生들이 부처님이나 世尊을 따라서 法을 듣고 믿음으로 받으며 부지런히 닦고 精進하여 一切智·佛智·自然智·無師智·如來知見·力을 求하여 두려워 함이 없으며 安樂 無量하여 衆生의 利益과 天人의 度脫 一切를 憨念하는 것을 大乘이라 하며 菩薩이 이 乘을 求하므로 摩訶薩이라 한다」고 하였다. 摩訶衍은 二乘으로 上을 삼으므로 大乘이라 함. 諸佛의 最大 境地에 이 乘이라야만 到達할 수 있으므로 大라 하며 諸佛 大人이 이 乘을 타므로 大라 하고 衆生의 大苦를 滅除하여 大利益을 줌으로 大라 한다. 또한 觀世音·得大勢·文殊師利·彌勒菩薩 등 諸大士가 乘하므로 大라 하고 또는 이 乘이 能히 一切諸法의 邊底를 다하였으므로 大라 하며 또한 般若經 가운데 佛이 摩訶衍義의 無量無邊을 自說하였으므로 大라 한다. (十二門論). 諸佛如來의 正眞과 正覺으로 所行하는 道의 乘을 大乘·上乘·妙乘·勝乘·無上乘·無上上乘·無等乘·不惡乘·無等等乘이라 함. (寶積經二十八)

대승(大僧) 沙彌에 對하여 比丘를 말할 때 大僧이라 함.

대승결집(大乘結集) 이에는 여러가지 說이 있다. ①佛滅後 七日에 大迦葉이 五百 阿羅漢을 招集하여 그들로 하여 十方佛世界에 있는 阿羅漢들을 閻浮提 婆羅雙樹間에 모으게 하여 八億四千 阿羅漢衆을 얻었다. 阿難을 시켜서 먼저 菩薩藏·聲聞藏·戒律藏의 三部를 分類케 하고 그 菩薩藏을 八藏으로 結集하였다는 것. (菩薩藏胎經) ②文殊와 彌勒등의 大菩薩이 阿難을 시켜서 鐵圍山에서 大乘三藏을 結集하게 하니 그것을 菩薩藏이라 하며 或은 小乘三藏을 耆闍崛山에서 結集하게 하였다는 說. (智度論)

※菩薩藏胎經出經品에 「爾時佛取滅度已 經七日七夜 時大迦葉告五百阿羅漢 打揵稚集衆(中略)集諸羅漢得八億八千衆 來集到忍界 聽受法言(中略)使阿難昇

七寶高座 迦葉告阿難言 佛所說法一言一字 汝愼勿使有缺漏 菩薩藏者集著一處 聲聞藏者亦集著一處 戒律藏者亦集著一處(中略)最初出經 胎化藏爲第一 中陰藏第二 摩訶衍方等第三 戒律藏第四 十住菩薩藏第五 雜藏第六 金剛藏第七 佛藏第八 是爲釋迦文佛經法具足矣」

대승경(大乘經) 作佛道法을 밝힌 一切의 經典. 부처님이 大小의 根機를 헤아려 小機에 대해서는 聲聞·緣覺의 小乘法을 說하고 大機에 대해서는 六度의 大乘法을 說하였다. 佛滅後 弟子들이 大小二經으로 구분하여 結集하였음.

※智度論謂爲聲聞藏 菩薩藏 或謂爲三藏 摩訶衍藏者是也 就現流之經典言之 則四部之阿含經等爲小乘經 華嚴般若爲大乘經 問 阿含中有說菩薩之行法者 而般若等諸經亦非無小乘之道法 答曰 於阿含說大法 欲使弟子之小機 仰信師之勝因勝果也 於諸大乘經列小法 欲使知法之勝劣也 非爲欲各得其法 故互有無妨.

대승계(大乘戒) 또는 菩薩戒. 菩薩僧이 받는 戒. 梵網經에서 說한 十重禁戒와 四十八經戒, 義戒經에서 說한 三聚淨戒 등 그 명칭은 宗派에 따라 다르다. 天台宗에서는 圓頓戒眞言宗에서는 三昧耶戒, 禪宗에서는 無相心地戒라 함.

대승계경(大乘戒經) 一卷. 趙宋의 施護가 번역함. 佛이 祇園에 계시면서 大略의 略戒를 說하고 별로 戒相을 說하지 아니함.

대승계단(大乘戒壇) 大乘戒를 주고 받는 壇場, 壇場은 戒를 닦게 하려고 흙과 돌로 쌓은 壇.

대승계지범상(大乘戒持犯相) 大乘戒는 菩薩戒. 梵網經에서 說하는 十重禁戒, 四十八輕戒와 善戒經에서 說한 三聚淨戒를 말하며 天台宗의 圓頓戒, 眞言宗의 三昧耶戒, 禪宗의 無相心地戒를 말하는 것. 持犯相은 持戒와 犯戒라는 뜻. 大乘戒를 受持하는 것과 破戒하는 形態를 말함.

대승광지(大乘廣智) 모든 것을 아는 부처님의 지혜, 혹은 妙觀察智·平等性智라고 함.

대승교(大乘敎) 華嚴·法華 등 모든 大乘經에서 說한 大乘의 敎法. 六度萬行을 원만히 닦아 成佛하는 法門 →大乘.

※法相之三時敎 第二時空敎已上也 三論之二藏敎 菩薩藏也 天台之四敎 通敎已上也 華嚴之五敎 始敎已上也 眞言之十住心 他緣大乘心已上也 參照大乘條.

대승교구부(大乘敎九部) 小乘敎의 九部에 對한 大乘敎의 九部. →九部.

대승구(大乘句) 大乘의 사람이 安住하는 곳.

대승근(大乘根) 大乘敎에서 깨우침을 얻을 수 있는 素質.

대승금강(大乘金剛) 또는 大轉輪王

金剛手・大日如來가 變顯한 十二臂 金剛薩埵. 이는 大妙經에서 說한 一切를 總攝한 佛頂輪王으로 金輪佛頂을 말하는 것. 이 때에 偏照薄伽梵이 다시 갖가지 光明을 나타내어 頂上에서 金剛威怒光明을 放射하여 모든 菩薩을 비추므로 金剛手 등이 各各 默然하였음. (果界의 言語道斷을 表한 것) 다시 現身하여 十二臂를 갖추어 智拳印을 加持하며 다시 五峯・金剛・蓮華・摩尼・羯磨・鉤・索・鎖・鈴・智劍・法輪 등 十二大印을 加持하고 몸이 千葉白蓮華에 住하며 身色은 해와 같고 五髻에 光明이 있어 十方을 두루 비치며 面門에 微笑를 띠워 大勝金剛頂 最乘眞實 大三昧耶 眞言을 說하니 唵摩訶(大) 縛日羅(金剛) 惡抳灑(頂是大金剛頂) 吽怛羅紇里惡吽(五佛種子)이 明을 說하여 마치고 다시 頌을 說하기를 「十方의 淨妙한 나라가 三世와 三界에 미치었네. 가장 높아서 견줄 이 없으니 이가 큰 轉輪王이로다. 능히 諸佛頂을 다스리고 또한 諸等覺을 總攝하네. 親近이 眷屬이 되어 大悉地를 速成한다. 만약 末世法人이 오래도록 이 眞言을 외우면 刀兵이 능히 害하지 않을 것이요. 水火도 능히 侵害하지 못하리라. 蓮華金剛手야 나는 것같이 따라 다니며 侍衛하라 만약 百八번을 誦하면 능히 百劫罪를 滅하고 만약 千번을 외우게 되면 願하는 것을 成就할 것이며 만약 一洛叉를 외우면 大金剛身을 얻을 것이요, 만일 一俱胝를 誦하면 곧 遍照尊을 得成하리라. 千佛이 와서 守護하니 決定하여 決斷코 疑心치 말라」라고 하였음. (瑜祇經一切如來 大勝金剛 最勝眞實 三昧耶品)

大勝金剛

대승금강살타의궤(大乘金剛薩埵儀軌) 大乘金剛薩埵修行成就儀軌의 異名.

대승금강심진언(大乘金剛心眞言) 愛染明王 또는 金剛薩埵의 一字眞言.
※瑜祇經一切如來大勝金剛瑜伽成就品에 「爾時金剛手 復說成就金剛薩埵一字大乘心相眞言曰 吽悉地」 此中吽爲金剛薩埵之一字心 或爲愛染明王之一字心 悉地爲成就 以此一字心之明成就一切瑜伽之悉地 故曰 悉地 各之爲大勝金剛者 以上經文稱爲愛染王 而曰此名金剛王 頂中最勝名也.

대승금강이취경(大乘金剛理趣經) 大乘金剛不空眞實三摩耶般若波羅蜜多理趣經의 異名.

대승기(大乘基) 慈恩大師 窺基가 大乘家의 泰斗이므로 높여서 大乘基라 일컬음.
※宋高僧傳窺基傳에「慈恩寺傳中云 奘師龍朔三年 於玉華宮譯大般若經終筆 其年十二月二十二日令大乘基奉表奏聞(中略)彼曰大乘基蓋慧立彦琮不全斥故云大乘基」

대승기신론(大乘起信論) 一卷. 또는 起信論. 印度의 馬鳴菩薩이 짓고 眞諦三藏이 번역함. 內容은 ①因緣分, ②主義分, ③解釋分, ④修行信心分, ⑤勸修利益分의 五分으로 나누었음. 그중에 主義分, 解釋分은 敎理論으로 一心·二門·三大를 말하고 修行信心의 一分은 實踐論으로 四信·五行을 말하였다. 異譯本으론 實叉難陀의 번역. 大乘起信論 二卷. 新譯이라 함. 注釋書로는 淨影慧遠의 義疏 四卷. 海東元曉의 疏 二卷. 賢首法藏의 義記가 있다. 이것을 起信論의 三疏라 함.

대승기신론별기(大乘起信論別記) 一卷. 唐의 法藏 지음. 眞諦가 번역한 大乘起信論 가운데서 要目만을 뽑아 해석한 것.

대승기신론소(大乘起信論疏) 二卷. 新羅의 元曉 지음. 眞諦의 번역으로 된 大乘起信論을 해석한 것. 海東疏라고도 함. 起信論 三疏의 하나.

대승기신론의기(大乘起信論義記) 三卷(혹은 五卷). 唐의 法藏이 지음. 眞諦가 번역한 대승기신론을 해석한 것. 또는 대승기신론소·藏疏·賢首疏라고도 하며, 新羅 元曉의 海東疏와 함께 起信論 三疏의 하나.

대승기신론의소(大乘起信論義疏) 四卷. 隋의 慧遠이 지음. 眞諦가 번역한 대승기신론을 해석한 것. 淨影疏라 하며 元曉의 海東疏와 함께 起信論 三疏의 하나.

대승대경(大僧大經) 佛大僧大經의 약칭.

대승대의장(大乘大義章) 三卷. 東晋 大乘의 깊은 뜻을 十八과목으로 나누어 鳩摩羅什三藏이 盧山慧遠과 문답한 것. 鳩摩羅什法師大義·法門大義·大乘義章이라고도 함. 大唐內典錄第三 法苑珠林第百 三論宗章疏 東域傳燈目錄卷下 淨土敎起原及發達 등에 나옴.

대승도(大乘道) 道의 名. 因果에 通함을 뜻함. 大乘道는 곧 佛果를 말함.
※勝鬘經에「此究竟者入大乘道因」同寶窟下末에「此名佛果爲大乘道 與佛爲因名大乘因」

대승동성경(大乘同性經) ⓟ〈摩訶衍挐阿毘三痲牙蘇怛羅=mahāyānāb-hisamaya-sūtra〉二卷. 後周 闍那耶舍가 번역함. 또는 同性經·佛十地經·一切佛行入智毘盧遮那藏經. 如來의 十地大乘同性의 法門을 說한 것.

대승론(大乘論) 大乘에 관한 것을

論한 것. 또는 大乘阿毘曇·菩薩對法藏이라 함. 내용은 六度와 諸法皆空등을 말하고 大乘을 注解한 諸論. ↔小乘論.

대승률(大乘律) 大乘의 律.〈梵網經〉〈菩薩善戒經〉등에 說한 律을 말함.

대승리취육바라밀다경(大乘理趣六波羅蜜多經) 梵〈mahāyāna-naya-ṣṭparamita-sūtra〉十卷. 唐의 般若가 번역함. 護持國界와 아울러 菩薩이 修行해야 하는 六波羅蜜法을 說한 것. 또는 六波羅蜜經·六度經이라 하며 총 十品으로 되어 있음.

대승묘경(大乘妙經) 法華經을 말함. 모든 大乘經 가운데서 가장 미묘한 經典이라 하여 妙經이라 함.

대승묘전(大乘妙典) 法華經.

대승무량수장엄경(大乘無量壽莊嚴經) 三卷. 北宋의 法賢이 번역함. 또는 大乘無量壽莊嚴王經·無量壽莊嚴經·莊嚴經. 阿彌陀佛의 本願과 그 淨土相을 說한 것. 無量壽經의 異譯.

대승무량수종요경(大乘無量壽宗要經) 梵〈apari·mitāyur(-jñāna)-nāma dhāraṇi〉西〈tshe-daṅ ye-śes dpag-tu-med-pa〉一卷. 또는 大乘無量壽經·無量壽宗要經·無量智決定王如來의 陀羅尼와 그 功德을 說한 것.

대승무상법(大乘無上法) 大乘法중의 最上의 法門. 이 말은 楞伽經에 있으며 權大乘法에 對하여 實大乘法을 가리킴. 또 自力聖道의 大乘에 對하여 他力本願 一乘法을 가리킴. 正信偈에 이른바「宣說大乘無上法」은 後者(自力聖道)를 말함.

대승무생방편문(大乘無生方便門) 一卷. 撰者 未詳. 中國北宗禪의 立場에서 八道五門을 說한 것. 머리에 本書의 大綱을 이룩한 五門에 對하여 「第一總彰佛體 第二開智慧門 第三顯示不思議法 第四明諸法正性 第五自然無礙解脫道」라고 그 標目을 들고 다음으로 五門의 各說에 들어가는 方法을 차례로 說하였음.

대승무생법문(大乘無生法門) 一切는 因緣에 依하여 生한 것이므로 原來 그 物件의 實體는 空無하여 生한 것이 아니라고 하는 大乘의 가르침.

대승무작대계(大乘無作大戒) 天台宗에서 圓頓戒를 말함. 이것은 大乘이 받는 戒이므로 大乘이라 하고 無作은 戒體를 말함. 新譯에서 無表라 한다. 戒를 받을 때 受戒者의 몸안에 生하는 戒의 實體. 이는 舊譯 三業의 有作에 對하여 無作이라 하며 新譯 三業의 有表에 對하여 無表라 한다. 戒의 通稱.

대승문(大乘門) 大乘의 가르침을 말하는 것. →大義門.

대승밀엄경(大乘密嚴經) 梵〈迦拏尾喩訶=ghanavyūha〉西〈rgy;an-stug-po bkod-pa〉三卷. 唐의 地婆訶羅가 번역함. 또는 密嚴經·如來藏阿賴耶識의 뜻을 밝히고 密嚴淨土의 相을 說한 것. 총 八品으로

되어 있음. ①密嚴會品, ②妙身生品, ③胎生品, ④顯示自作品, ⑤分別觀行品, ⑥阿賴耶建立品, ⑦自識境界品 ⑧阿賴耶微密品.

대승방등경전(大乘方等經典) 華嚴經·法華經 등의 大乘經典의 總稱. 方等은 普遍平等한 實相의 理를 말하며 이것을 說한 經典을 大乘方等經典이라 함.

대승백법명문론(大乘百法明門論) 梵 〈mahāyāna-śatadharma-prakāśa-mukha-śāstra〉 西 〈theg-pa-chen-poḥi chos-brgya gsal-paḥi-sgoḥi bstan-bcos〉 一卷. 天親菩薩이 짓고 唐의 玄奘이 번역함. 大乘百法明門 論略錄·百法明門論·百法論·略陳名數論·瑜伽師地論本地分 가운데 나오는 諸法을 要約하여 五位百法이라 하고 그 名目을 列記한 것. 瑜伽十支論의 하나.

대승법계무차별론(大乘法界無差別論) 一권. 堅慧가 짓고 唐의 提雲般若가 번역함. 또는 法界無差別論 菩提心에 대한 뜻을 밝히고 法界는 無差別 平等하다는 것을 논술한 것.

대승법상교(大乘法相教) 圭峯이 세운 五教의 하나. →五教.

대승법상연신장(大乘法相研神章) 五권. 護命이 지음. 또는 硏神章·世界建立의 相을 述하고 三界·唯識의 뜻을 闡明한 것. 총 十四門이 있음.

대승법원의림장(大乘法苑義林章) 七卷. 沙門 가 지음. 法苑義林章·義林章 혹은 法苑·唯識宗에서 주요한 의문에 대하여 분별 해석한 것. 총 二十九章.

대승법사(大乘法師) 唐의 慈恩窺基大師의 尊稱.

대승별도오역(大乘別途五逆) 五種의 罪名에 根本이 되는 것은 ①塔과 寺를 破壞하고 經藏과 佛像을 焚燒하거나 또는 佛物과 法僧의 物品을 竊取하여 만약 사람에게 惡을 짓는 것을 가르치거나 다른 사람이 惡을 짓는 것을 보고 기뻐하는 것을 第一根本重罪라 함. ②聲聞辟支佛法과 大乘法을 誹謗하며 修行하는 사람을 욕하여 留難토록 하고 自己의 過誤를 隱蔽하거나 覆藏하는 것을 第二根本重罪라 함. ③沙門이 信心을 가지고 出家하여 머리를 깍고 染衣를 입으며 어떤 때는 持戒하고 어떤 때는 持戒하지 않으며 牢獄에 가두거나 枷鎖·打撲하며 피를 내어 모든 僧侶를 役事에 驅使하고 모든 사람을 꾸짖어 財物을 調發하며 혹은 袈裟를 벗고 還俗하거나 或은 그 生命을 斷絕하는 自殺行爲를 第三根本重罪라 함. ④五逆가운데서 한가지 業이라도 짓는 것을 第四根本重罪라 함. ⑤一切의 善惡 業報가 없다고 誹謗하며 밤이 오래도록 날마다 十不善業을 行하고 後世를 두려워하지 않으며 스스로 지은 罪를 사람에게 가르치며 惡에

堅住하여 버리지 않는 것을 第五根本重罪라 함. 小乘의 五逆은 이 가운데 第四인 一逆에 相當함. (大薩遮尼犍子所說經)

대승보살도교(大乘菩薩道敎) 大乘의 菩薩(修行者)이 實踐하는 敎라는 뜻.

대승보살십지(大乘菩薩十地) 華嚴 仁王 등의 大乘經에서 大乘菩薩의 十地를 말하는 것. ①歡喜地. 菩薩이 되어 이미 阿僧祇劫의 行이 圓滿하고 처음으로 聖性을 얻어 見惑을 破하며 二空의 理를 證하여 大歡喜를 生하므로 歡喜地라 하며 菩薩은 이 位에서 檀波羅蜜을 成就한다 함. ②離垢地. 戒波羅蜜을 成就하여 修惑을 끊고 毁犯하는 때를 씻어 마음을 淸淨하게 하므로 離垢地라 함. ③發光地. 忍辱波羅蜜을 成就하여 修惑을 斷하고 察·法·忍의 諦를 得하여 智慧를 發하는 것을 願하므로 發光地라 함. ④焰慧地. 精進波羅蜜을 成就하여 修惑을 斷하고 慧性을 熾盛하게 하므로 焰慧地라 함. ⑤極難勝地. 禪定波羅蜜을 成就하여 修惑을 斷하고 眞과 俗 二智의 行相이 서로 어긋나는 것을 合하게 하여 相應시키므로 極難勝地라 함. ⑥現前地. 慧波羅蜜을 成就하여 修惑을 斷하고 最勝智를 發하여 染淨이 없는 差別을 現前하므로 現前地라 함. ⑦遠行地. 方便波羅蜜을 成就하여 大悲心을 發하고 또한 修惑을 斷하여 二乘의 自度를 멀리 떠나 보내므로 遠行地라 함. ⑧不動地. 願波羅蜜을 成就하여 修惑을 斷하고 無相觀을 지어서 天運에 따라 功用없이 相續되므로 不動地라 함. ⑨善慧地. 十波羅蜜을 成就하여 修惑을 斷하고 十力이 具足하여 一切處에서 可度와 不可度를 알아서 說法하므로 善慧地라 함. ⑩法雲地. 智波羅蜜을 成就하여 修惑을 斷하고 無邊功德이 具足하여 無邊功德水를 出生하는 것이 大雲이 虛空을 덮어 淸淨한 물을 내는 것과 같으므로 法雲地라 함.

대승보요의론(大乘寶要義論) 梵 〈Sūtra-samuccaya〉 西 〈Mdo kun-las bdus-pa〉 經集. 十卷. 北宋 法護 등 번역함. 대승불도의 실천에 관한 經說을 집록한 것. 처음에 歸敬偈가 있고, 다음에 人身은 얻기 어렵고 勝行은 難成이므로 正敎에 發勤할 것을 약술하고, 이어서 그 의의를 비롯하여 보리심·대비·五종행·재가보살행·邪行正行·正法攝受·반야바라밀·방편·行願·信解 등에 관하여 七十種의 경전에서 百數十文을 선발 鈔錄하였다. 漢譯에는 저자명이 없고, 西藏譯에는 龍樹라고 하나, 中論 등의 저자와는 다른 사람으로 생각됨.

대승본생심지관경(大乘本生心地觀經) 八卷. 唐의 般若가 번역함. 또는 本生心地觀經·心地觀經·出家하여

阿蘭若處에 住하며, 心地를 觀하고 妄想을 滅하며 佛道를 성취할 것을 說한 것. 총 十三品으로 되어 있음.

대승불교(大乘佛敎) 佛敎의 한 종파. 1세기를 전후하여 일어난 佛敎의 개혁운동 결과 종래의 편협한 既成敎團을 小乘이라 부르고, 스스로 大乘이라 하였다. 주로 華嚴經과 法華經의 說法을 계승하였으며, 北方佛敎라고도 하여 중앙아시아·中國·韓國·日本·蒙古 등에 전파되었으며 韓國에서는 통일신라 이후 크게 발전, 涅槃·法性·戒律·華嚴·法相 등 五敎의 성립을 보고 그 후 계속하여 韓國 불교의 전통으로 발전되었다. 통일신라 이후에 발전, 分化된 불교의 모든 宗派도 모두 대승불교의 교리 밑에서 형성된 것임. ↔小乘佛敎.

대승사과(大乘四果) 通敎의 菩薩이 十地의 行을 닦아 그 證果에 있어서 같지 아니한 것을 小乘의 四果로 구별한 것. ①初地의 菩薩이 迷惑을 끊고 진리를 證得하여 如來의 집에 나는 것을 須陀洹果. ②八地의 보살이 부처님의 授記를 받고 부처를 짓는 것을 斯陀含果. ③十地의 보살이 如來의 職品을 받는 것을 別敎·圓敎·等覺의 位와 같으므로 阿那含果. ④佛地의 보살이 見惑·思惑을 끊고 習氣가 모두 없어져 成佛한 것을 阿羅漢果라 함.

(大乘莊嚴經論)

대승삼장(大乘三藏) 智度論에 依하면 三藏은 小乘을 特稱한 말이고 大乘에서는 爲一修多羅藏이라 함. 攝大乘論의 뜻에 따르면 大乘中에도 또한 三藏이 있는데 華嚴經 등이 經藏이 되며 梵網經 등이 律藏이 되고 阿毘達磨經 등이 論藏이 된다. (阿毘達磨經은 漢譯되지 않았고 唯識論中에서 往往 引用함)이는 爲一修多羅藏의 分類이므로 總部의 三藏이라 함. 이 가운데 三藏이란 1. 素怛纜藏. 2. 毘奈耶藏. 3. 阿毘達磨藏. 이와 같은 三藏에는 下乘과 上乘의 差別이 있으므로 二藏이 된다. ①聲聞藏. ②菩薩藏. (玄奘이 번역한 世親攝論釋)

대승선(大乘禪) 大乘佛敎의 禪. 唐나라 宗密은 禪을 外道禪·凡夫禪·小乘禪·大乘禪·最上乘禪(如來淸淨禪)의 五種으로 分類하였음.

대승선근계(大乘善根界) 西方淨土의 德을 일컫는 것임. 大乘의 善根功德을 成就하는 세계. 阿彌陀佛의 本願力에 의하여 이 국토에 生하는 자는 자연히 作佛의 善根功德을 成就함. 淨土論에「大乘善根界는 평등하여 譏嫌이라는 것이 없어, 女人과 根缺의 二乘種이 生하지 않는다」고 하였음.

대승성문(大乘聲聞) 台家에서 세운 五種 聲聞중의 第五. →聲聞.

대승성업론(大乘成業論) 梵 〈Karm_

asiddhi-prakaraṇa〉世親(Vasub-andhu)의 著書. 業說에 관하여 大乘唯識思想의 입장에서 部派佛教 諸派의 說을 비판한 論駁書. 善慧戒에 의하면 저자 世親은 一群의 經量部人이라고 하나 내용으로 봐서, 俱舍論과 같은 의견이 있어 경량부의 說을 중시하고 있지마는 명백히 唯識二十論과 함께 世親의 他派비판서로 중요한 문헌임.

대승수행보살행문제경요집(大乘修行菩薩行門諸經要集) 三卷. 唐의 智儼이 번역함. 略하여 菩薩行門諸經要集이라고도 함. 여러 경 가운데서 대승보살행에 관한 要門을 가려 뽑은 것. 총 四十二經 六十七條(혹은 六十六條)로 되어 있음. 續古今譯經圖紀・開元釋教錄第九・大藏聖教法寶標目第八・閱藏知津第四十一・緣山三大藏總目錄卷中 등에 나옴.

대승순계(大乘純界) 印度는 大乘과 小乘을 並行하고 또한 大小乘의 住處도 다르다. 中國・韓國・日本은 俱舍・成實 二宗을 小乘宗이라고 하나 다만 學習하는데 그치고 行하는 者가 없다. 行하는 것은 모두 大乘宗이므로 中國・韓國・日本을 大乘純一의 國土라 함.

대승시교(大乘始教) 賢首 五教의 하나. 始教라고도 한다. 스승으로서 처음으로 大乘에 들어온 이에게 說한 얕은 教法. 이에 相始教와 空始教 둘이 있음.

대승실교(大乘實教) 大乘의 참된 가르침. 大乘은 小乘에 對하고 實教는 權教에 對하는 말. 天台宗에서는 法華經・涅槃經을 大乘實教라 하고 그 外의 가르침을 爾前權教라 함.

대승심(大乘心) 大乘의 道에 의하여 佛道를 구하는 마음.
※維摩經佛國品에 「大乘心是菩薩淨土」 註에 「肇曰 乘八萬行彙載天下不遺一人 大乘心也」 慧遠疏에 「求佛之心爲大乘心 行能運通目之爲乘 乘中莫加謂之爲大」

대승십종청정금계(大乘十種清淨禁戒) →文殊千鉢經五.

대승십팔불공법(大乘十八不共法) 智度論 二十六에 ①身無失. ②口無失. ③念無失. ④無異想. 一切衆生이 平等하여 異想이 없는 것 ⑤無不定心 行・住・坐・臥가 禪定을 떠나지 않음. ⑥無不知己捨, 佛이 一切法을 비춘 다음 버리고 執着하지 않음. ⑦欲無減, 諸衆生을 濟度하여 마음에 厭과 足이 없고자 함. ⑧精進無減. ⑨念無減 ⑩慧無減 ⑪解脫無減 ⑫解脫智見無減 ⑬一切身業隨智慧行佛, 이 清淨한 勝相으로 智慧를 따라 行하여 一切衆生을 利益되게 함. ⑭一切口業 隨智慧行 ⑮一切意業 隨智慧行 ⑯智慧知過 去世無礙 ⑰智慧知未來世無礙 ⑱智慧知現在世無礙가 十八不共法이라 하였음. 이를 結文하여 말하기를 「누가 묻

기를 "만일 네가 迦旃延尼子라면 (小乘師) 어찌하여 十力과 四無所畏大悲와 三不共意를 말하여 十八不共法이라 하며 前說한 十八不共法의 참뜻을 迦旃延尼子는 어찌하여 이 같이 말하였는가" 答하기를 "이러하므로 迦旃延尼子라 한다. 만약 釋子라면 이런 말은 하지 않았을 것이니 釋尊이 說한 것이 참된 不共法이다" 하였음.

대승아비달마잡집론(大乘阿毘達摩雜集論) 梵〈mahāyānābhidherma-samuccaya-vyākhyā〉十六卷. 安慧 보살이 짓고 唐의 玄奘이 번역함. 약하여 아비달마잡집론·잡집론·對法論이라 함. 無着의 대승아비달마집론을 해석한 것.

대승아비달마집론(大乘阿毘達摩集論) 梵〈mahāyānābhid harma-samuccaya〉七卷. 無着菩薩이 짓고 唐의 玄奘이 번역함. 약해서 集論이라고도 함. 대승아비달마의 요항을 集解한 것. 本事分·決擇分의 二分으로 나누고 본사분을 다시 法品·攝品·相應品·成就品의 四品으로 결택분을 다시 諦品·法品·得品·論議品의 四品으로 나눔. 大唐內典錄第五·開元釋教錄第八·貞元釋教錄第十一·成唯識論述記序釋·大藏經綱目指要錄第五下 등에 나옴.

대승아비달마잡집논소(大乘阿毘達磨雜集論疏) 一卷. 續藏經의 일부. 宣宗 10(1094)年 大覺國師 義天이 간행. 「大安九年癸酉歲高麗國大興王寺奉宣雕造」라는 刊記가 있다. 보물 제205호로 全南 昇州郡 松廣寺에 소장되어 있음.

대승안심지법(大乘安心之法) 達磨大師가 說한 敎의 하나.

대승연생론(大乘緣生論) 一卷. 唐의 不空이 번역함. 實小乘의 論.

대승오부(大乘五部) 大乘經 다섯 가지. 즉 華嚴經·大集經·般若經·法華經·涅槃經을 일컫는 말.

대승오온론(大乘五蘊論) 梵〈盤扎悉干怛迦沙悉特囉＝pañcaskandha-prakaraṇa〉一卷. 世親菩薩이 짓고 唐의 玄奘이 번역함. 大乘瑜伽의 교리에 의해서 五蘊·十二處·十八界의 三과를 해설한 것. 瑜伽十支論의 제법을 해석하고 또 그 명목을 풀이한 것이므로 粗釋體義論·依名釋義論이라고도 함. 註釋書에 右迹記(太賢)가 있음. 疏(亡名), 手澤(基辨), 筆記(德成), 講錄(深明), 記(義肇), 各一卷, 纂釋六卷(了道) 등이 있으며 大唐內典錄第五, 古今譯經圖紀第四·開元釋敎錄第八·第九·成唯識論了義證第一本·法華經玄贊要集第五·大乘法相宗名目第五下 등에 나옴.

대승오위(大乘五位) →五位.

대승위의경(大僧威儀經) 大比丘三千威儀經의 다른 이름.

대승유가금강성해만수실리천비천발대교왕경(大乘瑜伽金剛性海曼殊實利

千臂千鉢大敎王經) 十卷. 唐의 不空이 번역함. 千臂千鉢曼殊實利經·千臂千鉢·曼殊實利보살의 秘密三摩地의 법을 설한 것. 총 無生·無動·平等·淨土·解脫의 五門으로 되어 있음.

대승율종(大乘律宗) 또는 梵網律宗. 菩薩藏의 율부에 의하여 세운 것이므로 大乘律이라 함.

대승의(大乘意) 最高의 完全無缺한 깨달음.

대승의장(大乘義章) 二十卷. 隋나라 淨影寺의 慧遠이 지음. 내용은 敎義를 敎聚·義聚·染聚·淨聚·雜聚로 나누어 大 小乘의 法相을 해석한 것.

대승이종성불(大乘二種成佛) 大乘의 法에 一切衆生이 모두 成佛하는데 生得成佛·修得成佛의 두가지 구별이 있다. ①生得成佛, 衆生의 心性은 淸淨하여 그대로가 成佛이라는 것. ②修得成佛, 敎化를 받고 佛道를 닦아 成佛하는 것.

대승인(大乘因) 혹 菩提心이라 하고 혹 諸法實相이라 함. 大疏九에 「所謂大乘因은 곧 菩提心이다」南岳止觀에 「大乘因은 諸法實相이다」고 하였음.

대승장엄경론(大乘莊嚴經論) ⑫ 〈蘇怛囉阿浪迦囉提迦=mahāyāna-sū-tralamkāra〉十三卷. 無着菩薩이 짓고 唐의 波羅頗蜜多羅가 번역함. 또는 대승장엄론·대장엄론·장엄

론이라고도 함. 보살이 닦아 익혀야 할 제종의 법문 등을 해설한 것. 瑜伽十支論의 하나. 총 二十四品으로 되어 있으며 ①緣起品 ②成宗品 ③歸依品 ④種性品 등의 순으로 되어 있음. 大唐內典錄第五·大藏經綱目指要錄第五下·至元法寶勘同總錄第九·閱藏知津第三十八·東域傳燈目錄卷下·印度哲學硏究第一 등에 나옴.

대승장엄론(大乘莊嚴論) ⑫ 〈Sūtrā-lam-kāra-śāstra〉十五卷. 印度의 馬鳴菩薩이 지음. 鳩摩羅什이 번역함. 또는 대장엄경론·대장엄론·대장엄경이라고도 한다. 내용은 불교 교리의 깊고 넓은 것을 장엄한 것으로 八十九의 이야기로 됨. 대개는 문답체로 적고, 주장으로 바라문으로서 佛敎에 돌아온 인연을 말함.

대승장엄보왕경(大乘莊嚴寶王經) ⑫ 〈迦蘭怛尾喩訶=aval okiteśvara-guṇa-kāraṇḍa-vyūha〉四卷. 宋의 天息災가 번역함. 觀自在菩薩의 威力化現과 六字大明陀羅尼인 옴마니반메훔의 功德을 說한 것.

대승장진론(大乘掌珍論) 二卷. 淸辯이 짓고 唐의 玄奘이 번역함. 약하여 掌珍論이라 함. 大乘空宗의 요의를 논술한 것. 古今譯經圖紀第四·大周刊定衆經目錄第六·大乘三論大義鈔第三·三論宗章疏·佛典疏鈔目錄卷上·注進法相宗章疏·三論

宗經論章疏目錄 등에 나옴.

대승적(大乘的) 대승의 정신에 맞는 것. ↔小乘的.

대승적(大乘賊) 中國 北魏末의 法慶을 頭目으로 한 流賊. 또는 大乘匪라 함. 北魏末에 冀州(河北·山西 二省과 河南省 黃河以北의 地方)는 戰亂과 凶年이 繼續되어 守令에 그 適材를 얻지 못하였으나 佛敎가 普及되어 佛敎匪의 發生에는 좋은 溫床이 되었음. 法慶은 渤海郡의 豪族으로 學識이 있었으나 亂을 일으켜 定漢王이라 稱하였다 함.

대승전통요록(大乘傳通要錄) 二卷. 良遍이 지음. 應理大乘傳通要錄·傳通要錄·法相宗의 勝德을 示現하여 他人의 誹謗과 誹難을 遮斷한 것. ①顯自勝德 ②遮他誹謗 ③伏自著執 ④顧他思擇 ⑤問答分別의 五篇으로 되어 있음.

대승정(大僧正) 僧侶의 제일 높은 벼슬. 佛祖統紀五十一에「梁武帝가 雲光法師를 大僧正에 任命하였다」고 하였음.

대승조상공덕경(大乘造像功德經) ㉫〈tathāgata-pratibimba- pratiṣṭhānuśaṁsā〉二卷. 唐의 提雲般若가 번역함. 優陀延王을 造像한 인연과 그 공덕을 설한 經. 부처님이 어느 때 忉利天에 계신 어머니를 위해 설법하실 때 優陀延王이 부처님의 형상을 조성해 모시고 대중의 渴仰을 충족시켰는데 이때에 조상된 불상은 높이 七尺 얼굴과 수족이 다 金色이었다. 부처님은 천상에서 그 소리를 듣고 왕의 공덕을 찬미하여 보리의 수기를 주셨으며 또 忉利天王을 위해 造像의 공덕을 說한 經. 續古今譯經圖紀·開元釋敎錄第九·大藏聖敎法寶標目第五·大藏經南條目錄補正索引 등에 나옴.

대승종(大乘宗) 佛滅後 여러 宗派가 일어났는데 그 중에서 阿羅漢의 證果를 얻으려는 것을 小乘宗이라 하고 부처가 되려는 것을 大乘宗이라 한다. 寄歸傳의 기록에 의하면 印度에서는 中觀宗과 瑜伽宗을 大乘이라 하고 나머지는 모두 小乘이라 한다. 中觀宗은 中國의 三論宗이고 瑜伽宗은 法相宗임.

대승종교(大乘終敎) 화엄종의 敎判 五敎의 하나. 楞伽經·起信論 등에서 眞如緣起의 도리를 說하여 일체 成佛을 제창한 것. ↔大乘始敎.

대승중관석론(大乘中觀釋論) ㉫〈mūla-madhyamaka-sandhi-nirmocana-vyākhyā〉十八卷. 安慧菩薩이 짓고 宋의 唯淨 등이 번역함. 또는 中觀釋論이라고도 함. 龍樹의 中論을 해석한 것.

대승지관(大乘止觀) 大乘止觀法門의 약칭. 四卷. 南嶽慧思의 著書. 내용은 止·觀二門의 深奧한 뜻을 說한 것. 明나라 智旭이 이를 注釋하여 止觀釋要라 함. →大乘止觀法門. (佛祖統紀二十五)

대승지관법문(大乘止觀法門) 四卷. 혹은 二卷. 陳의 慧思가 지음. 略하여 大乘止觀. 내용은 大乘止觀二門의 深奧한 法을 서술한 것. 序頭에 止・觀의 綱要를 서술하고 다음에 다섯가지로 나누어 說하였는데 ①止觀의 依止, ②止觀의 境界, ③止觀의 體狀, ④止觀의 斷得, ⑤止觀의 作用 등을 밝혔다. 主로 大乘起信論에 依해서 立論되어 있다. 明 智旭의 止觀釋要와 宋了然의 宗圓記 五卷의 注釋이 있음.

대승지극도리(大乘至極道理) 大乘의 究極한 道理.

대승집보살학론(大乘集菩薩學論) ㉚〈Sikṣamuccayā〉十八品. 法稱菩薩이 짓고 法護・日稱 등이 번역함. 널리 經文을 類聚하여 菩薩이 익힐 法을 밝힌 것.

대승찬게(大乘讚偈) 전부 十首로 되어 있으며 梁의 誌公和尙이 지음. 傳燈錄 第二十九卷에 실려 있음.

대승천(大乘天) ㉚〈摩訶耶那提婆＝Mahāyāna-deva, Mokṣā-deva〉의 譯語. 印度사람이 玄奘三藏을 讚美한 이름. 玄奘이 印度에서 大乘을 鼓吹하였기 때문이다. 印度의 풍속에 물건의 아름다운 것을 모두 일컬어 「天」이라 함.

대승초교(大乘初教) 華嚴宗의 教學에서는 中論 등에 說한 空의 敎를
※唐末經典流散海外 咸平三年日本國寂照持此本至四明 慈雲得之爲作序.

대승통(大僧統) 僧官의 이름.
※佛祖統紀三十一에「陳文帝 敎寶瓊爲京邑大僧統」

대승통신론(大乘通申論) 大乘의 여러가지 教理를 일관하여 말한 論이란 뜻.

대승파상교(大乘破相敎) 圭峯이 세운 五敎의 하나. →五敎.

대승현론(大乘玄論) 五卷. 隋나라 嘉祥寺의 吉祥이 지음. 내용은 三論宗의 奧義인 ①二諦義 ②八不義 ③佛性義 ④一乘義 ⑤涅槃義 ⑥二智義 ⑦敎迹義 ⑧論釋義의 八部門에 대한 論述.

대승현증삼매야(大乘現證三昧耶) 秘密乘을 닦아 法界體性智를 現證함을 大乘現證이라 이름. 三昧耶는 本誓平等과 같은 뜻.
※金剛頂經上에「一切如來大乘現證三昧耶名一切如來心」同疏에「修行秘密乘現證本界體故名大乘現證也」

대승회(大乘會) 五部 大乘經을 講說 讚嘆하는 法會. 承曆 3(1076)年 10月 山城의 法勝寺 仁和寺 延曆寺 園城寺의 高僧을 請하여 修한 것에 비롯되었으며 後에는 天台 眞言의 僧衆을 모아 修하였다. 三大會의 하나.

대시(大時) 三大阿僧祇劫에 依한 成佛. 大端히 오랜 時間이 걸려서 成佛하는 일.

대시(待時) ㉚〈Kāraṇantara-deś_

anā〉 適當한 時機를 기다리는 것.
대시문(大施門) 廣大한 法施의 法門.
대시보살(大施菩薩) 大施太子를 말함. →大施太子.
대시식(大施食) 곧 大施餓鬼. 굶주린 鬼神에게 施食하는 것. →施食.
대시주(大施主) 모든 사람들에게 크게 布施하는 者.
대시태자(大施太子) 大施는 ⑳〈摩訶闍迦樊〉의 譯語. 釋尊이 因位時에 菩薩行을 닦을 때의 이름. 또는 能時太子. 옛적에 釋迦佛이 大施太子로 있을 때 國人들을 賑恤하고자 바다에 들어가 如意珠를 求하는데 그것이 龍王의 정수리에 있는 것을 알고 바닷물을 모두 퍼내고 取하고자 하였다. 비록 뼈가 부러져도 끝내 물러나지 않으매 諸天이 그 至誠에 감동하여 내려와서 도와주니 龍王이 두려워서 如意珠를 내어 주었다 함.
  ※智度論十二에 謂爲「能施太子」是爲毘梨耶波羅蜜(精進度)之圓滿行相 智度論四에「毘梨耶波羅蜜云何滿 答曰 若有大心勤力如大施菩薩 爲一切故以此一身誓抒大海令其乾盡 宣心不懈」
대시행(大施行) 크게 布施를 行함. 孤獨하고 貧窮한 사람에게 물건을 施與하는 것을 施行이라 함.
대시회(大施會) 또는 無遮大會. 貴賤・上下를 가리지 않고 一切의 衆生을 위하여 물건을 施與하는 것. 대개 5년에 한번씩 施行함.

※維摩經菩薩品에「我昔自於父舍設大施會 供養一切 沙門波羅門及諸外道貧窮下賤孤獨乞人 期滿七日」注에「什曰 大施會有二種 一不用禮法但廣布施 二用外道經書種種禮法祭祀 兼行大施生日 婆羅門法 七日祀梵天行大施 期生彼也」
대신(大身) 來無相身. 혹은 內心이 廣大하여 虛空과 같아서 어떠한 장애도 없음을 이름. 大智度論에「大身은 두가지 뜻이 있으니, ①은 一切處에 두루 미치는 法身, ②는 功德이 큰 報身이다」라고 하였음.
대신(大信) 佛을 믿어 의심하지 않는 것을 信, 信心의 功德이 廣大하므로 大, 또는 이 信心은 곧 佛心이므로 大라고 일컬음.
  ※敎行信證二에「謹案往柜廻向有大行有大信」同三本에「大信心者則是長生不死之神方 忻淨厭穢之妙術(中略) 極速圓融之白首 眞如一實之信海也 斯心卽是出於念佛往生之願」
대신력(大神力) 不可思議한 큰 힘. 神은 不測의 뜻.
  ※法華經에「有大神力 及智慧力」
대신심(大信心) 大信과 같음. →大信.
대신심해(大信心海) 信心의 功德이 廣大하므로 바다에 비유한 말.
  ※敎行信證六本에「大信心海甚以巨入 從佛力發起故 眞實樂邦甚以易往 藉願力卽生故」
대신존천(大神尊天) ⑳〈devatā mahiddhikā māhānubhāvā〉 偉大한 威力이 있는 神.

대신주(大神呪) 大神力을 갖춘 陀羅尼.
※般若心經에 「般若波羅蜜多是大神呪」

대신통(大神通) ↔小神通. 凡夫外道의 五神通, 二乘의 六神通은 때와 장소의 제한이 있어서 自由롭지 못하므로 小神通, 佛祖의 神通이 無礙自在하므로 對比하여 大神通이라 함.

대신통력(大神通力) 㮐 〈prabhāva〉 偉大한 威力.

대실담장(大悉曇章) 二卷. 空海의 찬. 悉曇字 곧 범어. 산스크리트를 悉曇字母와 合字하여 단어와 문장을 이루는 예를 보인 문법책.

대심(大心) ①大菩提心의 약칭. 큰 菩提를 求하는 廣大한 願心. 또는 大心凡夫라고도 하며 즉 큰 菩提를 구하려고 마음을 發한 이. ②禪宗에서는 不偏 不黨한 마음을 大心이라 함.

대심(臺蕋) 㮐 〈Kiṅjalka〉 蓮華의 꽃술을 말한다. 密敎에서 重하게 여김.

대심력(大心力) 부처님의 大智大用을 말함.
※讚阿彌陀佛偈에 「皆是法藏願力爲 稽首頂禮大心力」

대심원생(大深遠生) 의미가 깊고 뜻이 먼 것을 말함. 生은 助字.

대심해(大心海) 佛智의 廣大함을 일컬음.
※讚阿彌陀佛偈에 「集佛法藏爲衆生 故我

頂禮大心海」

대아(大我) 我는 自在의 뜻. 凡夫가 「나」라고 인식하는 心身을 我라고 하나 身心은 自在함이 없으며 「나」라고 생각하는 것은 迷惑에 顚倒된 見解로 實我가 아니다. 부처님이 證得한 涅槃만이 眞我요 大我다. 부처님이 證得한 八自在는 一切의 속박을 벗어나 萬法에 自在하므로 이것을 涅槃의 大我라 함. 涅槃經에 「大我가 있으므로 이름을 大涅槃이라」한다고 함. 大日經一에 「너는 無等한 利益을 얻었다. 位가 大我와 같구나」 大日經疏五에 「大我는 諸如來가 成就한 八自在我를 말하며 法에서 自在를 얻은 것」 大日經疏十六에 「大我는 佛의 別名이다」 大日經疏十七에「大我는 곧 如來이다」 大日經疏一에 「이제 다시 明心과 實相을 要約하면 이 宗辨義가 곧 마음으로써 如來의 應正等覺이 되니 이른바 內心이 大我라는 말이다」 吽字義에 「오직 大日如來는 無我中에서 大我를 얻는다」라고 함.

대아궁(大我弓) 㮐 〈sāttvā-āyudhā〉 大我라는 활.

대아라한(大阿羅漢) 阿羅漢 가운데서 나이가 많고 德이 높은 이. 또는 승려 가운데 功德이 극히 많은 자를 이같이 일컬음.
※阿彌陀經에 「與大比丘衆 千二百五十人俱 皆是大阿羅漢」 慈恩疏에 「大者

名稱位高 善見律云」

대아라한난제밀다라소설법주기(大阿羅漢難提蜜多羅所說法住記) 梵〈nandimitrāvadāna〉一卷. 唐의 玄奘이 번역함. 또는 大阿羅漢難提蜜多羅所說法住偈・記法住傳이라 함. 正法을 護持하는 十六大阿羅漢을 말하고 석가의 正法이 이 세상에 머무는 時限을 說한 것. 大唐內典錄第五・大周刊定衆經目錄第十・至元法寶勘同總錄第十에 나옴.

대아미타경(大阿彌陀經) 梵〈Amitāyus-sūtra〉吳의 支謙이 번역. 아미타경 二卷의 다른 이름. 속 제목을 阿彌陀三耶三佛薩樓佛檀過度人道經이라 하고, 俗本의 제목을 「大阿彌陀經」이라 한다. 무량수경 二卷의 다른 번역.

대아사리(大阿闍梨) 眞言의 수법을 행할 때의 主導僧. 이를 助修하는 승을 小阿闍梨라 한다. 그런데 관직으로서의 아사리 위에 있는 사람을 존중하여 대아사리라 호칭하는 경우와 혼동해서는 안되며 또 具足戒를 受戒할 때 三師七證의 十師中 羯磨阿闍梨・敎授阿闍梨가 있다. 이 十師에 대하여 大十師・小十師라 하며 이때의 갈마 교수의 두 대아사리와도 구별된다. 東寶記에 의하면 각종 護摩法을 닦는 특정 아사리 두 사람을 선정하여 대아사리라 불렀다. 그 후에 수법승 전체에 쓰여지고 그 뒤에 더욱 널리 灌頂에도 대아사리가 임명되었으며 주로 出身門地에 따라 대아사리・소아사리를 구분하고 官符로써 임명하였음.

대아유다(大阿瘦多) 梵〈mahā ayuta〉數의 單位로 十의 十乘.

대아추바(大阿㲉婆) 梵〈mahā-aksobhyā〉數의 單位. 十의 二十乘.

대악상(大惡象) 惡心의 狂亂에 비유한 것. 涅槃經三十一에 「마음이 輕躁하여 動轉하게 되면 잡지도 調節하지도 못한다. 달리기를 마치 큰 惡象과 같이 한다.」고 하였음.
※涅槃經三十一에 「心輕躁動轉難捉難調 馳騁奔逸如大惡象.

대안(大安) ①삼가기를 깊게 하여 安着된 狀態. ②幸福. 梵〈sārāvāttā〉

대안대사(大安大師)(571~644) 신라의 승려. 元曉大師의 스승.

대안락경(大安樂經) 大樂金剛不空眞實三摩耶經의 약칭.

대안락불공(大安樂不空) 커다란 安樂으로 空虛하지 아니함.

대안락불공금강진실보살(大安樂不空金剛眞實菩薩) 大樂金剛薩埵와 같음. 胎藏界曼陀羅遍知院의 最南方에 坐定함.
※梵名摩訶縛曰羅母伽三昧耶薩怛縛 譯言金剛不空眞實菩薩 密號稱爲眞實金剛 卽普賢延命菩薩也.

대안락불공보살(大安樂不空菩薩) 梵〈vajrāmogha-samaya-sattva〉의

譯됨. 또는 大安樂不空金剛三昧耶眞實菩薩·大安樂眞實菩薩이라고도 함. 胎藏界曼茶羅遍智院七尊中 가장 오른쪽에 위치하는 菩薩의 이름. 형상은 몸은 살색에 寶冠을 쓰고 붉은 연꽃에 앉은 像.
諸說不同記第三·胎藏界七集卷上·大悲胎藏曼茶羅現圖所傳決明鈔第一·胎藏界曼茶羅鈔卷上·兩部曼茶羅義記第二·胎藏界曼茶羅尊位現圖鈔私第一에 나옴.

大安樂不空菩薩

대안락인(大安樂人) 世間的인 生滅의 營爲를 超越한 깨달음의 境地가 人間으로서 最上인 大安樂임을 깨친 사람.

대안목(大眼目) 大明한 眼이라는 뜻. 衆生을 引導하는 부처님의 일을 말하는 것.

대안반경(大安般經) 大安般守意經의 약칭.

대안반수의경(大安般守意經) 㤙 ⟨ānāpāna⟩ 三卷. 後漢 安世高의 번역. 安般은 數息觀의 梵語. 坐禪하면서 내쉬고 들이쉬는 숨을 세어 散亂을 防止하고 뜻(意)을 지키는 法.

대안사광자대사비(大安寺廣慈大師碑) 寶物 제275호. 全南 谷城郡 竹谷面 元達里 大安寺 所在 高麗 光宗 1(950)年에 建立, 龜趺 螭首가 塔 옆에 함께 保存되어 있는데 彫飾이 매우 精巧하고 아름다움.

대안사광자대사탑(大安寺廣慈大師塔) 寶物 제274호. 全南 谷城郡 竹谷面 元達里 大安寺(泰安寺) 所在. 高麗 光宗 1(950)年의 建立으로 추정함. 높이 2.54m, 규모는 大安寺 寂忍禪師塔보다 작으나 구조는 같은 八角 圓堂形의 塔으로 祖師浮屠의 대표적인 作品.

대안사적인선사조륜청정탑(大安寺寂忍禪師照輪淸淨塔) 寶物 제273호. 全南 谷城郡 竹谷面 元達里 大安寺 所在. 新羅 景文王 12(872)年에 建立함. 높이 2.52m, 八角 圓堂형식에 속하는 塔으로 惠哲禪師의 浮屠

대안위(大安慰) ①부처님의 다른 이름. 부처님은 一切衆生에게 安樂을 베풀어 法喜를 얻게 하기 때문임. ※讚阿彌陀佛偈에「慈光遐被施安樂 故佛又號歡喜光 光所至處得法喜 稽首頂禮大安慰」

대안진법(大安鎭法) 宮室을 營造할 때 不動明王으로써 本尊을 삼아

安鎭을 비는 修法. 天台·密敎에서는 大法으로 삼음.

대앙(戴仰) 期待하는 것. 熱心히 期待함.

대애(對礙) 對立하여 他의 物件이 오는 것을 妨害하는 것.

대애경(大哀經) 八卷. 西晋의 竺法護의 번역. 大集經의 序品과 陀羅尼自在王菩薩品의 二品. 開爲二十八品.

대애다라니경(大愛陀羅尼經) 一卷. 趙宋의 法賢이 번역함. 大愛는 海神의 이름. 大愛가 佛의 神力으로 陀羅尼를 說한 功德을 입어 所有한 大海의 危難을 免하였다는 것.

대애도(大愛道) 劒〈摩訶波闍波提= Mahāprajāpati〉의 譯語. 부처님의 姨母로 부처님을 양육하였음. 阿難의 請에 의하여 출가하여 맨처음 比丘尼가 되었다. 別號는 憍曇彌 (Gotami).
※如佛言爲瞿曇 法華文句二에 「波闍波提 此翻大愛道 亦云憍曇彌 此翻衆主」 此翻誤也. 衆主乃波闍波提也.

대애도반니원경(大愛道般尼洹經) 一卷. 西晉의 白法祖가 번역함. 大愛道를 위시하여 五百比丘尼가 佛의 涅槃을 참아 보지 못하여 佛에 앞서 열반에 드니 佛께서 阿難에게 命하여 장사를 후히 지내고 塔을 세워 기념케 하였음.

대애도비구니경(大愛道比丘尼經) 二卷. 譯者未詳 또는 大愛道受戒經·

大愛道經. 내용은 大愛道의 出家를 세번이나 請하였으나 허락을 받지 못하고 마침내 阿難의 强請에 의하여 비로소 허락을 받고 八敬法. 十戒·具尼戒와 기타 比丘尼가 受持할 갖가지 要法을 說한 經.

대애도시불금루가사(大愛道施佛金縷袈裟) 故事. 金縷袈裟.

대애도열반경(大愛道涅槃經) 大愛道般尼洹經의 다른 이름.

대애민자(大哀愍者) 劒〈Kāruṇika〉慈悲心이 있는 偉大한 사람. 대개는 佛을 말함.

대야(大夜) 또는 逼夜·宿夜·逮夜, 茶毘의 전날밤, 世俗에서 忌日의 전날 밤을 말함.
※如女之婚嫁無再反之理 謂爲大歸 惟此一夜 明日出不再歸 故曰大夜 謂爲逼夜者誤也.

대야염송(大夜念誦) 葬儀의 前夜에 涅槃堂 앞에 念誦牌를 걸어놓고 새벽에 대중스님을 모아 維那가 念誦하는 것.

대야차(大夜叉) 暴惡한 일을 하는 鬼類. 八部衆의 하나.

대야풍경(大夜諷經) 法要 또는 法事. 혹은 葬儀의 前夜에 誦經하는 것을 이름.

대양(對揚) ①부처님이 法을 說하는 會坐에서 부처님을 對하고 問答 등을 發起하여 佛意를 發揚하고 利益을 成辦하는 것을 對揚이라 하고 부처님이 또한 그 對揚者를 一會의

— 701 —

代表로 삼아 法을 說하는 것을 對告衆이라 함. ②法會에서 散華式을 行할 때 散華偈를 마친 뒤 모두 佛法과 世法이 常住하여 安穩하기를 바라는 偈文을 對揚이라 함.

대양수(對揚首) 說法하는데 첫번째의 相對.

대어(大魚) ㉛〈磨竭=makara〉 商人이 바다에 들어가 高聲으로 念佛하여 摩竭魚의 難을 免했다는 傳說. →摩竭.

대어(代語) ①禪宗에서 師가 다른 사람을 代身해서 下語하는 일. (下語란 簡潔한 말로 寸評을 行하는 것) ②古人을 代身하여 古則을 말하여 다른 古人이 말하지 아니한 것을 내가 그를 代身하여 下語한다는 뜻.

대어사경(大魚事經) 一卷. 東晋의 竺曇無蘭이 번역. 大魚·小魚의 誡를 빌어서 大比丘·小比丘에 비유함.

대언자(代言者) ㉛〈hastā-samvācika〉입 以外의 것으로 말을 하는 사람. 手代言者. (손으로 이야기 하는 사람.)

대여실수행(大如實修行) ㉛〈mahā yoga〉眞理를 따른 偉大한 修行. 偉大한 요가.

대역룡(大域龍) 因明正理門論의 著者인 陳那菩薩의 譯名. →陳那.

대연(大緣) 신라말 고려초 神印宗의 승려. 본관은 경주. 동생 廣學과 함께 해적을 막는데 功을 세워 고려 태조 왕건으로부터 三重이라는 僧位를 받았다. 후에 태조는 現聖寺를 지어 주어 神印宗의 중심으로 삼았음.

대연(待緣) 待衆緣의 뜻. 主로 增上緣을 말함.

대연가(對緣假) 四假의 하나. 常이란 편견을 대치하기 위하여 無常을 말하고, 無常이란 편견을 대치하기 위하여 常을 말함과 같이 다른 緣에 대하여 假를 說한 것. →假.

대연력(大衍曆) 中國曆의 하나. 唐僧 一行이 만듦. 唐 開元 9(721)年 一行에게 詔勅으로 新曆을 만들게 하였다. 이것은 從來 李淳風이 만든 麟德曆이 점점 踈濶해져서 日食을 推算함에 差誤가 甚하기 때문이었다. 一行은 南은 交州, 北으로 鐵勒까지 各地의 緯度를 測量하여 九服의 日晷를 測算하여 各地見食의 分數와 恒星의 移動을 測見, 周易의 大衍의 數에 의거하여 開元大衍曆 五十卷을 草稿하였음. 따라서 曆術七篇·略例一篇·曆議十篇을 編訂. 大日經疏 七卷을 지음. 開元 15(727)年 10月에 入寂함.

대연화법장계(大蓮華法藏界) 西方極樂을 이름.
※出生義에「西方大蓮華法藏世界 無量壽如來四親近菩薩也.

대연화지혜삼마지지(大蓮華智慧三摩地智) 西方阿彌陀의 妙觀察智를 이름.

대열반(大涅般) 大般涅槃의 약칭. →

大般涅槃.

대열반경(大涅槃經) 大般涅槃經의 약칭.

대열승응신(帶劣勝應身) 勝應身을 말함. 丈六의 劣應身을 가지고서도 낱낱 相好가 法界에 두루하므로 帶劣勝 身이라 한다. 天台宗에서 말하는 通敎의 佛身. →三身.

대열지옥(大熱地獄) 八大地獄의 第七.

대염(對染) 한쪽이 물이 들면 相對的으로 따라서 물드는 것.

대염법(大染法) 理智가 冥合하는 至極한 法. 男女 兩性의 染愛를 형용하여 大染法이라 함. 愛染은 明王의 悉地.
※瑜祇經에「左執金剛弓 右執金剛箭 如射衆星光 能成大染法」

대예참(大禮懺) 佛・菩薩의 이름을 부르면서 절을 많이 하는 禮.

대오(大悟) 迷妄을 여의고 眞理를 깨달음. 大悟徹底.
※觀無量壽經에「廓然大悟 得無生忍」

대오(待悟) 修行者가 自己의 깨우침을 마음에 기다리면서 그것에 執着되는 것.

대오각미(大悟却迷) 大悟하여 迷에 執着을 버리고 淡淡한 心境에 到達하는 것.

대오고(大五古) 큰 五股金剛杵. →金剛杵.

대오선(待悟禪) 坐禪하므로 證悟를 얻는 방법이라는 禪風.

대오철저(大悟徹底) 크게 깨달아 煩惱와 疑惑이 모두 없어짐.

대왕(大王) ㉎〈摩賀羅惹=Mahārāja〉임금의 존칭.

대욕(大欲) ㉎〈mahā-icchatā〉 ① 커다란 欲望. 漸次 修行을 成就하기 爲해서는 身心遠離. 喜足과 小欲을 要한다. ②欲心쟁이.

대욕부족(大欲不足) 大欲望을 가지고 일에 滿足하지 않는 것.

대용(大用) 큰 작용. 위대한 역량.

대용맹보살(大勇猛菩薩) 大勇猛은 ㉎〈摩訶尼羅=mahā-vira〉의 譯語. 胎藏界曼茶羅遍知院 三角智印의 왼편에 자리한 菩薩. 密號는 嚴迅金剛이라 함.

大勇猛菩薩

대용심(大勇心) 菩薩을 말함.

대용현(大用現) 眞實한 活動이 나타남.

대용현전(大用現前) 깨우침에 達한 禪僧이 自由自在로 커다란 活動을 나타내는 것.
대용현전부존궤칙(大用現前不存軌則) 큰 活用이 나타날 때에는 一定한 規則따위는 必要없다고 하는 뜻. →大用現前.
대우(大佑) 中國明初의 天台宗 승려. 字는 啓宗, 號는 蘧庵. 姑蘇吳縣(江蘇省吳縣) 사람. 12歲에 出家, 內外經書에 通하고 古庭善學과 華嚴을 배웠으며 九皐聲을 따라 摩訶止觀을 익혔다. 後에 天台宗의 綱格에 通達하고 甫里의 白蓮寺에 出世하였다. 明 洪武 4(1371)年 서울에 들어가서 蔣山의 廣薦法會에 參禮하였다. 洪武 26(1393)年 僧錄右善世에 임명되고 同 29(1396)年에 左善世에 陞次되어 天下의 僧徒를 考試하였다. 많은 功으로 袈裟·衣衾·鞋履를 下賜받았다. 그후 微疾로 永樂 5(1407)年 1月 2日 世壽 74세로 入寂하다. 著書에 淨土指歸集(二卷)·阿彌陀經略解·金剛經校勘·天台授受祖圖·撰法華撮要圖·淨土解行二圖·淨土眞如禮文·華嚴燈科·淨土九蓮燈科 各 一卷. 嗣法弟子에는 慧澈·德元이 있음.
대우(大愚) ①중국 승려. 洪州高安 大愚禪師. 歸宗智常의 弟子. 大愚는 山號. →傳燈錄十. ②(1676~1763) 朝鮮 승려. 姓은 朴氏, 號는 碧霞, 全南 靈岩사람. 喚醒의 제자가 됨. 孤鴨에게 참회, 經典을 연구하고 또 諸子百家와 史記를 통

달. 늙어서 禪門拈頌을 좋아하고 末年까지 필기를 부지런히 하였음.
대우거(大牛車) 三車의 하나. 大乘에 比喩하는 것. 火灾가 일어난 집 가운데서 아무것도 모르고 놀고 있는 어린이를 羊車·鹿車·牛車가 屋外에서 기다리고 있다고 하여 屋外로 나오게 한 뒤에 大 白牛車에 태워서 避難시켰다는 故事에서 三車를 說하였다. 鹿·羊·牛의 三車는 聲聞乘, 緣覺乘, 菩薩乘에 比喩한 것(法華經). →三車.
※法華經譬喩品에 「羊車鹿車大牛之車 今在門外」
대운경(大雲經) 大方等無想經의 다른 이름.
대운륜(大雲輪) ㉿〈Mahāmeghā〉 비를 오게하는 먹구름.
대운륜청우경(大雲輪請雨經) 二卷. ㉿ mahā-megha-sūtria〉唐의 不空 번역. 또는 請雨經·大雲輪經. 가물어 비를 請할 때 受持하는 陀羅尼를 說한 經. 同本異譯에 隋의 那連提黎耶舍의 번역本이 있음.
대운무상경(大雲無相經) 大方等無想經의 다른 이름.
대운밀장경(大雲密藏經) 大方等無想經의 다른 이름.
대운증가(大嗢蹭伽) ㉿〈mahā utsaṅga〉 數의 單位로 十의 二十四乘.
대운청우경(大雲清雨經) 本名은 大雲經請雨品第四十六. 一卷, 宇文

周闍那耶舍가 번역. 請雨經 四譯중의 하나.

대웅(大雄) 부처님의 德號. 부처님은 큰 힘이 있어 四魔(煩惱魔·陰魔·死魔·他化自在天子魔)를 항복 받으므로 大雄이라 함.

대웅맹세존(大雄猛世尊) 부처님을 말함.

대웅봉(大雄峯) 百丈山의 別名. 中國 江西省 鄱陽湖 근방에 洪州에 있음. 百丈大智禪師가 이 山에 住하였다. 山嶽이 重疊한 까닭에 百丈山이라 이름.
※ 碧巖二十六則에「僧問百丈 如何是奇特事 丈云 獨坐大雄峯」.

대웅전(大雄殿) 우리나라의 寺刹에서 釋尊을 奉安한 殿閣.

대원(大願) ①衆生이 成佛을 願하는 마음. 또는 부처가 衆生을 구제하려는 마음. ②阿彌陀佛이 세운 四十八願.

대원각(大圓覺) 廣大 圓滿한 知覺. 佛의 智慧를 이름.
※ 圓覺經에「一切衆生欲汎如來大圓覺海 先當發願勤修二障」又「障盡願滿便登解脫淸淨法殿 證大圓覺妙莊嚴域」.

대원경(大圓鏡) 부처님의 智慧를 크고 티가 없는 거울에 비유한 것.

대원경지(大圓鏡智) 大圓鏡에 모든 像이 그대로 비치는 것과 같이 모든 것을 있는 그대로 現出하는 佛智를 말하는 것. 거울과 같이 모든 形像을 비추는 智. 唯識宗에서는 모든 煩惱를 轉하여 얻은 煩惱없는 智를 四智로 나누었다. 그 中의 하나를 말하는 것. 四智의 하나.
※ 唯識論十에「一切境相 性相淸淨 離諸雜染 純淨圓德現種依持 能現能生身土 智影 無間無斷窮未來際 如大圓鏡現衆色像」密敎五智之一 密敎於顯敎之四智 加法界體性智而爲五智 配於五大五佛五方等 大圓鏡智 東方也 地大也 阿閦如來也 菩提心也 菩提心論에「東方阿閦佛由成大圓鏡智亦名金剛智也」.

대원경지관(大圓鏡智觀) 여러개의 거울을 마주 대하면 그림자가 서로 비추어 佛身과 내몸이 함께 入我·我入하는 觀法 즉 大圓鏡智의 모양.
※ 三摩地軌에「知身與尊無有二 色相威儀皆與等 衆會眷屬自圍繞 住圓寂大鏡智」.

대원력(大願力) ①큰 願의 힘. ②阿彌陀佛의 誓願의 힘.

대원본존(大願本尊) 地藏보살과 같이 일체 중생을 제도한 후 부처가 되겠다는 大願을 지니고 있는 菩薩.

대원선(大願船) 佛의 本願이 배(船)와 같음에 비유한 것. 淨土傳에「菩薩이 大願船을 타고 生死海에 간다. 이 世界에 가서 衆生을 불러 大願船에 태우고 西方에 보내는데 가는 자는 得生하지 않은 이가 없다」往生要集中本에「無量淸淨覺經에 말하기를 阿彌陀佛과 觀世音·大勢至가 大願船을 타고 生死海에 떠서 娑婆世界의 衆生을 불러 大願船에 태우고 西方에 送着시킨다. 만일 衆生이 大願船에 올라서면 모두 西方世界로 가는데 이는 가기 쉽기 때문이다」하였음.

대원수명왕(大元帥明王) 梵〈Ātavika〉숲에 사는 者. 숲의 主人이란 뜻. Ātavi 樹木이 빽빽한 荒野의 숲이라는 뜻. 鬼神大將 元帥大將 大元帥등으로 일컬어짐. 曠野神. 十六夜叉大將의 하나로 四天王 二十八部衆을 統率하고 惡獸 王賊 刀兵등의 難을 除하고 國土를 守護하며 衆生을 擁護함. →大元尊・大元明王.

대원수어수법(大元帥御修法) 大元의 法. 大元帥明王을 本尊으로 하여 行하는 修法.

대원업력(大願業力) 大願力과 大業力을 말함. 阿彌陀佛이 세운 四十八願을 大願, 大願을 성취하기 위하여 六度萬行을 쌓는 것을 大業이라 함.

대원조지(大圓照智) 大圓鏡智와 같음.

대원청정보토(大願淸淨報土) 阿彌陀佛의 極樂淨土. 阿彌陀佛의 大願으로 成就한 淸淨無垢한 淨土를 뜻함.

대원평등방편(大願平等方便) 四種方便의 하나.

대위(大圍) 둘레가 큰 것.

대위광대보살삼매야(大威光大菩薩三昧耶) 大日如來出生南方金剛光菩薩의 三摩地. (金剛頂經)

대위덕(大威德) 惡을 調伏하는 힘이 있으므로 大威라 하고, 善을 斗護하는 功이 있으므로 大德이라 함.

대위덕가루라왕(大威德迦樓羅王) 法華經序品所列四迦樓羅王의 하나.

대위덕금륜불정치성광여래(大威德金輪佛頂熾盛光如來) 消災陀羅尼의 本尊. 略하여 金輪佛頂 또는 熾盛光佛頂이라 함.

대위덕금륜불정치성광여래소제일체재난다라니경(大威德金輪佛頂熾盛光如來消除一切災難陀羅尼經) 一卷. 譯者未詳, 消災經 二譯의 하나. 내용은 金輪佛頂尊의 消災陀羅尼를 說한 經.

대위덕다라니경(大威德陀羅尼經) 二十卷. 隋나라 闍那崛多의 번역. 내용은 부처님이 阿難을 위하여 陀羅尼의 法本을 說한 것.

※──法中示多種之名 多種之義 亦廣說末世惡比丘之事 及說菩薩住於母胎中之樓閣莊嚴.

대위덕명왕(大威德明王) 梵〈閻曼德迦=yamāntaka〉五大明王의 하나. 번역하여 降閻魔尊・六足尊이라 한다. 그 本身은 阿彌陀로 西方에 배치함. 형상은 三面六臂로 大白牛를 타고 있음. →降焰魔尊.

대위덕법(大威德法) 大威德明王의 修法.

대위덕생인(大威德生印) 如來大威生印의 異稱.

대위덕자(大威德者) 百光徧照眞言을 말함.

대위덕존(大威德尊) 大威德明王을 말함.

대위덕주(大威德呪) (經) 消災陀羅尼의 別名. 陀羅尼의 本尊을 大威德金輪佛頂熾盛如來라 함.

대위등광선인문경(大威燈光仙人問經) 一卷. 隋의 闍那崛多의 번역. 大威燈光仙人의 疑心나는 일에 對한 質問을 받고 부처님이 그를 解決함에 仙人이 드디어 大願을 發하여 一切智를 求하였음. 一切仙人들이 다 그렇게 하니 부처님께서 그들에게 菩提의 受記를 다 주었다고 함.

대위신력(大威神力) (梵)〈mahā rddhika〉대단히 큰 威德이 있는 힘.

대위요의(大威曜義) 大日如來出生南方金剛光等菩薩의 義趣. 出生義에「一切如來大威曜義로 말미암아 金剛光을 生한다」하였음.

대위의사(大威義師) 法會 때 승려의 威儀를 정돈하는 승직으로서 威儀師(또는 敎授師·威儀僧)의 윗자리에 있으므로 大威儀師라 함.

대위다론사(大圍陀論師) 베다의 大學者 (西) rig byed skyes bu.

대유(大猷) 大道와 같은 말.

대유(大遺) (梵)〈pāyu〉肛門.

대유가(大瑜伽) 金剛頂蓮華部心念誦儀軌의 다른 이름. 金剛界儀軌라

일컬음이 옳음.

대유경(大有經) 勝論 六句義중 大有句義를 說한 것.
※起信論에「若說三界外更有衆生始起者 卽外道經說」良賁仁王疏中一에「若言界外有衆生者 卽是外道吠世史迦六句義中大有經說非佛敎也」

대율(大率) 대개 또는 大體의 뜻.

대율사(大律師)→律師. 大는 尊稱의 뜻.

대은(大隱) 朝鮮 승려. 朗旿의 號.

대은교주(大恩敎主) 釋迦如來를 일컬음. 一切衆生을 이롭게 한 恩德이 넓고 크므로 大恩이라 하고 敎法의 主가 되므로 敎主라 함.

대은소은(大隱小隱) 隱은 숨어 살고 세상에 나오지 않아서 사람들이 알지 못하는 高士를 이름. 世俗의 塵中에 살면서 世俗에 물들지 않는 者를 大隱, 世塵을 피하여 深山幽谷에 살면서 世俗과 交際를 끊은 者를 小隱이라 함.

대음계입(大陰界入) 大는 四大, 陰은 五陰, 界는 十八界, 門은 十二門.

대음광(大飮光) 摩訶迦葉의 譯名. 迦葉을 혹은 龜라 번역하고 혹은 飮光이라 번역함. →迦葉.

대응(大應) 朝鮮 승려. →坦鐘.

대응공(大應供) ①부처님 十號 가운데 하나. 應供은 三乘에 通하는 것으로 小乘의 阿羅漢에 對하여 부처님을 大應供이라 함. →應供. ②阿

— 707 —

彌陀佛을 가리킨 말.

대의(大衣) ㉕ 〈僧伽梨=Saṃghāti〉의 譯語. 三衣의 하나. 三衣 가운데 가장 크므로 大衣라 함. 僧伽梨에는 三品이 있는데 9·11·13條를 下品衣, 15·17·19條를 中品衣, 21·23·25條를 上品衣라 함.

대의(大意) 經論을 講하는 데는 처음 大意, 다음은 題號. 다음은 文章을 解釋하는 式의 三段으로 나눔이 通例이다. 大意라 함은 一部를 論하는 始終의 綱要.
※止觀一에「大意囊括始終冠戴初後」說 法明眼論에「若供養經律論等 必應有 大意釋名科文三段」同鈔上에「大意者 未入文前懸談敎起因由一部綱要 釋名 者次解名題也 科文者正入正文分三分 科等」

대의(大義) (762~818) 馬祖道一의 弟子. 衢州 須江 사람. 姓은 徐氏(或 으 吳氏), 號는 鵝湖, 諡號는 慧覺禪師. 塔號는 見性之塔. 唐의 憲宗 元和 13(818)年 1月 7日에 世壽 57歲로 入寂.

대의경(大意經) 一卷. 宋의 求那跋陀羅의 번역. 大意는 童子의 이름. 나라의 貧窮한 이를 구하고자 바다에 들어가 보물을 求하였다. 海底에 明珠가 있다는 소문에 바다를 헤엄쳐 찾으려 하니 天帝가 그 精誠에 감동하여 와서 도왔다. 海神이 두려워 구슬을 내어주니 大意가 得珠 歸還하여 國人에게 施與하였

다. 大意는 곧 釋迦佛.

대의단(大疑團) 큰 疑心의 덩어리. 커다란 懷疑. 全身이 어떠한 問題 意識이 된 狀態.

대의도(大義渡) 黃檗運禪師의 江西 鄕里. 江渡가 있으므로 福淸渡란 이름이 있음.
※黃檗於此爲母爲一子出家九族生天之秉 炬 自此改名大義渡.

대의문(大義門) 大乘에 들어가는 門. 大乘一味는 菩薩根性이다. 大乘의 義라는 뜻으로 大乘一味 平等一味로 大涅槃을 證하는데 通入하는 門이라는 뜻으로 大義門이라 함.

대의삼의(大義三義) 大字에 包含된 大·多·勝의 三種의 뜻.

대의성(大義城) 唐의 沙門 慧海가 말하기를「몸이 大義城이 된다」하였고 經에「많이 들은 사람은 뜻에 밝고 言說에는 밝지 못하다. 言說은 生滅하고 뜻은 生滅하지 않으며 뜻은 形相이 없고 言說 밖에 있는 것이다」라고 하였음.

대의왕(大義王) 唐의 沙門. 慧海의 말에「마음이 大經卷도 되고, 大義王도 된다. 만약 마음을 了契하지 못한 者는 義에 밝을 수 없고 다만 말을 배우는 사람에 지나지 않는다」라고 하였음.

대의왕(大醫王) ①佛·菩薩을 비유한 말. 어진 의사가 病에 따라 藥을 주어 병자를 낫게 하듯 佛·菩薩이 중생의 根機에 따라서 거기에

알맞는 교법을 說하여 그 고통을 없애고 편안하게 하므로 大醫王이라 한다. ②釋尊當時 王舍城中의 娼女인 波羅跋提와 瓶沙王의 太子인 無畏王子와의 사이에서 生한 私生兒 耆婆(또는 耆域)가 右手에 쇠을 가지고 生하였다 하며, 耆婆를 世間身病을 치료하는 大醫王이라 하고 佛은 衆生의 心病을 치료하는 法王이라 말함.

대의지처(大依止處) 佛·菩薩으로 막함. 無量壽經에 「이 諸衆生의 穩樂處·救處·護處·大依止處」라고 했음.

대이(大異) 梵〈prābhūtā〉 感覺되는 粗大한 物質.

대이삼장(大耳三藏) 唐 代宗時에 西域의 大耳三藏이 京師에 와서 他心慧眼을 얻었다 하여 帝가 忠國師를 시켜 시험케 하였다. 三藏이 師를 보자, 禮拜하고 右便에 서니 師가 "네가 他心通을 얻었느냐"고 물으니 "不敢"이라 대답했다. 또 "道老僧이 지금 어느 곳에 있느냐" 하니, "私尙은 一國의 師라 어찌 西川에서 競渡를 보리오"라고 하였다. 다시 "道老僧아 지금 어느 곳에 있느냐"고 물으니 "私尙은 一國의 師라 어찌 天津橋上에서 獮猴희롱함을 보리오"라고 답하였다. 師의 第三問도 또한 전과 같으니 三藏이 몸둘 바를 몰라 쩔쩔 매었다. 이에 師께서 크게 꾸짖기를

"이 野狐精아 他心通이 어느 곳에 있느냐" 三藏이 대답하지 못했다는 傳說. (傳燈錄五忠國師章)

대인(大人) ①大丈夫와 같음. 佛心을 열어 修行이 圓滿한 사람. ②부처님을 가리킴. 正法眼藏 八大人覺에 「諸佛을 大人이라하며 大人의 知覺에 따라 八大人覺의 칭호가 있다」③大士와 같은 뜻으로 菩薩을 말함.

대인다라(大因陀羅) 密敎에서 方形의 壇을 말함.

대인다라관(大因陀羅觀) 黃色方形의 金剛輪. 곧 地輪, 大因陀羅輪이라 하며 阿字의 攝理를 觀하는 것. 또는 金輪中觀을 말하는 것.

대인다라단(大因陀羅壇) 金剛輪의 方壇을 말함. 大疏八에 「方壇은 大因陀羅壇이라 하며 心王의 뜻」 同二十에 「方壇은 梵名으로 摩訶因陀羅이고 帝釋 또는 金剛輪의 別名」이라고 함. 心王은 諸法에 의지하는 것이므로 壇이라 함.

대인다라좌(大因陀羅座) 金剛輪座·方座와 같음.

대인달라(大印達羅) 梵〈mahendra〉 數의 單位로 十의 三十四乘.

대인력(大忍力) 梵〈kṣānti-bālā〉 커다란 忍辱의 힘.

대인법계(大忍法界) 娑婆世界를 말함. 瓔珞本業經上에 「四種의 非色衆生은 모두 化生한 것. 五輪際에 이것이 하나의 佛刹이 되며 이를 大

忍法界라 한다」고 하였음.
대인부(大印部) 麗 〈mahā-mudrā-kula〉密敎 聖句의 한 部類.
대인상(大人相) 三十二相을 말함. 大人은 轉輪王이나 佛·菩薩. 三十二相은 大人의 相好.
대인상인(大人相印) 法界에서 發生하는 印으로 弟子를 印可하여 大人의 相을 반드시 얻게 하는 것. 義釋十一에 「王이 印으로 찍은 것을 모두 信受하는 것과 같이 이제 一切法界의 印으로 찍은 것이 法印이며 곧 大人의 相印이 된다」고 함.
대인신정(大印身定) 大印을 맺어서 몸을 禪定 가운데 두는 것을 말함. 宋高僧傳에 「大印을 맺어 몸이 禪定 가운데 들었으므로 고요하다」고 함.
대인왕회(大仁王會) 一代一度 仁王會의 약칭. →一代一度 仁王會.
대일(大日) →大日如來.
대일각승인(大日覺勝印) 大日如來의 印相. 大日覺勝은 大日覺王이라 하며 大日如來로 眞言密敎의 敎主임. 金剛界와 胎藏界의 印相의 區別이 있음.
대일각왕(大日覺王) 大日如來를 말함. 覺王은 如來의 別稱.
대일경(大日經) 本名은 大毘蘆遮那成佛神變加持經. 七卷. 毘蘆遮那는 日의 別名이므로 大日經이라 일컬음. 唐나라 善無畏의 번역. 前六卷은 正經이며 第七卷은 供養法. 秘密部 三經의 하나이며 胎藏界 眞言의 本經. 說한 것은 金剛頂經의 說에 對하여 胎藏界라 함. 또는 大日宗·瑜伽宗.

대일경근본번뇌(大日經根本煩惱) 貪·瞋·痴·慢·疑의 五使가 五根本煩惱.

대일경부사의소(大日經不思議疏) 二十卷의 疏와 十四卷의 義釋. 모두 善無畏三藏의 解釋으로 本經七卷中에서 前六卷은 經文을 說한 것이며 그 第七卷은 供養本經에서 說한 諸經의 차례를 說한 것으로 三藏이 解釋하지 아니하고 뒤에 不可思議法師가 解釋하였으므로 不思議疏라 함. 二卷.

대일경삼구(大日經三句) 大日經一에 「부처님 말씀에 菩提心은 因, 大悲는 根, 方便은 究竟이다」라는 三句. 大日經一部는 이 三句로써 大宗을 삼은 것.

※同疏一에「以此三句義中悉攝一切佛法(中略)佛已開示淨菩提心 略明三句大宗竟 則統論一部始終(中略)當知十方三世一切如來 種種因緣隨宜演說法 無非爲此三句法門 究竟同歸 本無異轍」此三句攝於金剛薩埵種子ꝰ(吽)之一字 其故 以字體之ꝯ字 爲因之義 當於菩提爲因之句 ꝯ字之三昧點爲行 當於大悲爲根之句 ꝯ(麼)字之大空點爲究竟之果 當於方便究竟之句也 吽字義에「雖千經萬論亦不出此三句一字 其一字中所開因行果等準前思之」

대일경소(大日經疏) 善無畏三藏이 玄

宗皇帝를 위하여 本經을 强說한 것. 一行 阿闍梨가 기록함. 異本이 많음.

대일경의궤(大日經儀軌) ①攝大毘盧遮那成佛神變加持經入蓮華胎藏海會悲生曼茶羅廣大念誦儀軌供養方便會 三卷. 唐의 善無畏가 번역. 攝大軌라 칭함. ②大毘盧遮那經廣大儀軌 三卷. 善無畏가 번역, 廣大軌라 칭함. ③大毘遮那成佛神變加持經蓮華胎藏悲生曼茶羅廣大成就儀軌供養方便會 二卷. 唐의 法全이 玄法寺에서 편찬, 玄法軌라 稱함. ④大毘盧遮那成佛神變加持經蓮華胎藏菩提幢幖幟普通眞言藏廣大成就瑜伽, 三卷. 法全이 靑龍寺에서 편찬, 靑龍軌라 칭함. 以上을 四部儀軌라고 함.

대일경의석(大日經義釋) 十四卷. 大日經疏와 大同小異함. 日本의 演密鈔十卷은 곧 이 義釋을 해석한 것.

대일공(大日供) 大日如來를 예배 공양하는 法會 또는 大日法이라 함. 대일여래는 密敎의 근본경전인 金剛頂經과 大日經의 敎主이고 弘法大師는 그의 저서 付法傳에서 이 여래를 付法의 교조라 하였음.

대일금륜각승인명(大日金輪覺勝印明) 時處儀軌에 智拳印은 이른바 中·小·名의 三指로서 拇指를 잡고 頭指의 뒤편에 붙이면 金剛拳이 됨.

※右拳握左頭指一節 面當於心 是名智拳印 當誦此密言 勃嚕唵 三密纔相應 則自身同本尊 能偏入佛智 成佛猶不難

獲智壽力年 得一切遍行 現證大菩提 故名覺勝印」

대일대성부동명왕(大日大聖不動明王) 不動明王은 五大明王의 中尊. 大日如來의 化身이므로 머리에 大日 二字를 붙였음.

대일법신(大日法身) 大日如來. 日本密敎에서는 이 如來를 法身으로 삼음.

대일삼부(大日三部) →三部秘經.

대일설(對一說) 機에 대한 說法.

대일소현삼보살(大日所現三菩薩) 大日如來가 세 菩薩로 몸을 示現한다는 말이다. 大日經一卷에 執金剛과 普賢과 蓮華手의 세 菩薩 등의 모습으로 나타나서 널리 十方에서 眞言淸淨句法을 베풀어 說한다」라 하였고 同疏에「執金剛은 金剛智慧門이니 降伏方便이며, 普賢은 如來의 法身門이니 寂災의 方便이고, 觀音은 蓮華三昧門이다. 衆生을 이롭게 하는 方便이니, 無量한 不思議한 부처님의 妙用은 모두 이 세가지 속에 들어온다. 그러므로 이렇게 말한다」라고 하였음.

대일업(大日業) 日本. 叡山이 세운 五業의 하나. 大日經을 專門的으로 배우는 課業.

※傳敎合密經諸部爲遮那業 至智證乃分諸經爲大日業 金剛頂經業等 各以一經爲專門 見天台學則下.

대일여래(大日如來) ㉛〈摩訶毘盧遮那＝Mahāāvjrocanā〉의 번역된 말

— 711 —

密敎의 本尊임. 摩訶는 大의 뜻. 毘盧遮那는 日의 別名. 그러므로 번역하여 大日이라 함. 또한 毘盧遮那는 光明遍照의 뜻. 遍照如來라 하며 또는 最高顯廣眼藏如來라 함. 世間의 해는 別과 方으로 나눈다. 만일 빛이 밖에 비치면 안으로는 미치지 못한다. 밝음은 一邊만 到着하고 다른 一面은 갈 수가 없다. 또한 빛이란 낮에만 있는 것이고 밤에는 비치지 않으나 如來의 智慧日光은 그렇지 않고 두루 一切處를 크게 照明하여 內外·方所·晝夜의 區別이 없다. 世間의 해는 말할 것이 없으나 다만 조금은 서로 같으므로 摩訶毘盧遮那란 大名을 붙인다. (大日經疏一) 毘는 遍. 盧遮那는 光明照. 이것을 光明遍照

(No.2) 大日如來

(No.1) 大日如來

(No.3) 大日如來

라 한다. (演密鈔二) 金剛界와 胎藏界 兩部의 大日이 各各 다르다고 함.

대일여래사종신(大日如來四種身) ① 瑜祇經에서 말한 金剛界 徧照如來의 自性身. ②分別聖位經에서 말한

二種의 受用身으로 盧遮那佛이 二受用身이 됨. ③攝眞實經에서 말한 毘盧遮那가 示現한 化身으로 釋迦菩提道場에 이른 것. 또는 義訣에서 말한 龍樹菩薩이 먼저 毘盧遮那眞言을 持誦하여 眞身을 感得하고 持念法을 說한 變化身. ④略出經에서 말한 毘盧遮那가 天等의 會에 온 等流身을 말하는 것.

대일여석가(大日與釋迦) 天台와 密敎에서 大日과 釋迦는 同一佛이며 다만 法身(大日). 應身(釋迦)의 差가 있다 하고 東密에서는 二佛別體이며 각각 三身을 갖추었다 함. 守護國界守陀羅尼經九에 「부처님께서 "秘密主여 나는 無量無數劫 가운데서 이 같이 波羅密多를 修業하고 最後에 六年苦行을 하였으나 阿耨多羅三藐三菩提를 얻어 大毘盧遮那를 成就하지 못하고 道場에 앉을 때에 無量化佛이 油麻와 같이 虛空에 徧滿하니 (中略) 이 때에 諸佛이 함께 나에게 말하기를 善男子여, 諦聽하고 諦聽하라. 마땅히 너를 爲하여 말하리라. 네 지금 鼻端을 廣하여 淨月輪이 月輪 가운데 唵字觀을 짓는 것을 생각하라. 이 觀을 짓기를 마치면 밤의 後分에서 阿耨多羅三藐三菩提를 얻을 것이다" 했으며 金剛頂經一에 「때에 一切如來가 이 佛世界에 가득하여 胡麻와 같았다. 이 때에 一切如來가 一切義에 雲集하여 菩薩摩訶薩을 成就하고 菩提場에서 佛께 뵈옵고 受用身을 나타내어 모두 이 말을 들었다. 善男子 말하기를 "어찌 無上 正等覺菩提를 證할 수 있읍니까, 一切如來의 眞實한 忍諸苦行을 알지 못하는데…" (中略) 一切如來가 異口同音으로 저 菩薩에게 말하기를 "善男子가 觀에 常住하여 스스로 三魔地를 살피면 自性을 成就하고 眞言을 아무 거리낌 없이 외우리라" 하였다」는 金剛界五相成佛의 文을 밝힌 것으로 一切義의 菩薩을 成就한 者는 悉達太子이며 곧 釋迦如來이다. 이들 經文은 곧 台·密의 諸師가 大日·釋迦의 一切의 뜻을 成立한 것인데 그 說이 비록 盛하나 東密은 差別門에 依하여 大日·釋迦라 하고 各各 三身이 있다고 하며 釋迦의 法身은 無相의 空理가 되고 大日의 法身은 六大平等의 體性이 되므로 二身은 하늘과 땅의 分別이 있다고 하였음. 大日經六에 「薄伽梵이 大智灌頂에 들어 가면 곧 陀羅尼形이 되어 佛事를 示顯한다. 이 때 大覺世尊이 一切衆生을 따라 住하며 그 앞에서 佛事를 始作하고 三三昧耶句를 演說하니 佛께서 "秘密主여! 나의 語輪境界를 觀하라 廣長함이 두루 無量世界의 淸淨門에 이를 것이다. 그의 本性이 類를 따라 法界門을 表示하면 一切 衆生이 모두 歡喜를 얻으며 또한 지금같이 釋迦世尊이 無盡虛空界에 흘러 諸刹土의 佛事

를 지을 것이다"라고 하였다. 이 글 大日尊의 三身이 모든 世界에 두루 佛事를 지을 것이며 釋迦三身도 같다. 이로써 釋迦三身과 大日三身이 같지 않음을 알 수 있음. (二敎論下)

대일자성천진법락형(大日自性天眞法樂形) 모든 現象 그대로가 大日如來의 法身에서 받은 法樂의 本來形體라고 말하는 뜻.

대일정인(大日定印) 大日如來의 入定의 相을 나타낸 印.

대일종(大日宗) 胎藏界의 宗義를 大義宗이라 함. →菩提心義.

대자(大姉) 優婆夷의 통칭. 善見은 婢를 大姉라 불렀고 또는 婢라고 하였다(行事鈔下三의 四). 이미 出家하게 되면 自己의 所屬이 아니므로 美飾을 붙이고 本名을 부르지 않음. (同資時記)

대자(大慈) 佛·菩薩의 큰 慈悲. →大慈大悲.

대자대비(大慈大悲) 佛·菩薩의 넓고 큰 慈悲. 積極的으로 즐거움을 주는 것을 慈, 消極的으로 괴로움을 벗어나게 하는 것을 悲라고 함. 「大慈는 一切衆生에게 즐거움을 주는 것. 大悲는 一切衆生의 苦痛을 뽑아 버리는 것. (中略) 菩薩의 大慈를 부처님은 적다고 하며 二乘은 크다고 하니 이는 거짓으로 크다고 하는 것이며 부처님의 大慈大悲는 眞實로 最大한 것이다.」(智度論二十七)「大慈大悲란 恒常 게으름이 없는 것을 말한다.」(法華經)

대자대비변제시방세계(大慈大悲徧諸十方世界) 大慈大悲를 十方世界에 遍滿케 하는 일. 菩薩의 功德名號의 하나.

대자비(大慈悲) 또는 大慈大悲·佛·菩薩의 넓고 큰 慈悲. 慈悲란 적극적으로 즐거움을 주는 것을 慈, 소극적으로 괴로움을 없애는 것을 悲라함. →大慈大悲.
※觀無量壽經에「佛心者大慈悲是 以無緣慈攝諸衆生」

대자비문(大慈悲門) 如來가 크게 가없게 여기는 뜻으로 衆生을 구제하는 部門. 門은 差別의 뜻. ↔大智慧門.

대자비심(大慈悲心) 佛의 廣大한 慈悲에서 생기는 尊敬받는 마음. →大慈悲.

대자비행(大慈悲行) 四安樂行의 하나. →四安樂行.

대자산(大慈山) 中國 浙江省 杭州에 있음. 唐의 末葉 寰中禪師가 이 山에 住하면서, 四方에서 오는 雲衲를 接見하여 百丈의 宗風을 크게 떨쳤음.

대자생보살(大慈生菩薩) 胎藏界曼茶羅 除蓋障院上第五位, 衆生이 스스로 慈悲를 發生함을 주관하는 菩薩 또는 大慈起·慈發生·慈愍慧.
※梵名昧怛利也毘庚㗚藥多 譯言慈發生 密號稱爲慈念金剛 肉色 左手持無憂樹 右手於膝上仰掌 立開敷蓮 坐赤蓮上.

대자성(大自性) 大心이 있는 者. 大德이 있는 者. 즉 大我. 如來와 同義語.

대자은사삼장(大慈恩寺三藏) 玄奘三藏께서 일찌기 大慈恩寺에 住하였으므로 이 別號가 있음.

대자은사삼장법사전(大慈恩寺三藏法師傳) 十卷. 唐의 慧立本 등이 편찬.

대자재(大自在) 梵〈摩醯濕伐羅〉摩醯는 大, 濕伐羅는 自在의 뜻. ①무슨 일이라도 마음대로 할 수 있는 넓고 큰 力量. ②大自在天의 약칭.

대자재궁(大自在宮) 梵〈摩醯首羅宮〉의 譯語. 大自在天의 宮殿으로 色界의 頂上에 있다. 外道에서 祭祀하는 大自在天이 이 곳에 住하며 또한 十地의 菩薩이 將次 成佛할 때도 이 곳에서 淨土를 變現함. 十方諸佛이 成佛의 灌頂을 하는 곳이기도 하다. 唯識論七에 「모든 異生으로 佛果를 求하는 者는 色界를 定한 뒤에야 無漏를 生한다. 뒤에 반드시 淨土에 居할 수 있는 것은 天上 大自在宮에서 自在를 얻기 때문이다.」라고 하였고 同述記七에 「大自在宮은 淨居 위에 있는 實地의 淨土이다. 곧 受用身이 된 처음에는 이곳에서 證을 얻으며 이를 十地菩薩宮이라 하며 옛날에는 摩醯首羅라 하였다. 지금도 莫醯伊濕伐羅라 하니 곧 大自在라는 뜻이라」하였고 天台觀音義疏下에 「大自在는 곧 色界頂으로 摩醯首羅이다. 樓炭을 阿迦尼吒. 華嚴을 色究竟. 어떤 이는 第六天이라 하나 經論에는 大自在天이라 하며 이는 色界의 項이다. 釋論에는 淨居天을 지나서 있는 十住菩薩의 號를 大自在라 하고 大千界의 主人이 된다」고 하였음.

대자재왕보살(大自在王菩薩) 二十五菩薩의 하나. 이 보살은 八正道를 보이는 權化身을 나타내며 八幡大菩薩이 되어 괴로움을 받는 중생을 구제한다고 함.

대자재천(大自在天) 梵〈摩醯首羅 = Maheśvara〉의 譯語. 또는 摩醯濕伐羅 大千世界의 主神. 줄여서 自在天이라 함. 그 모양은 팔이 여덟, 눈이 셋인데 天冠을 쓰고, 흰소를 타고, 흰 拂子를 든 큰 威德을 가진 神의 이름. 원래 印度 바라문교의 神으로 萬物 창조의 最高神임.

(No.1) 大自在天

(No.2) 大自在天

(No.3) 大自在天

이 神을 毘遮舍라 부르기도 하고 初禪天의 임금이라 하기도 하며 혹은 伊舍那라 하며 第六天이라고도 함. ※涅槃經十九에「今有大師 名迦羅鳩駄迦旃延(中略)爲諸弟子說如是說 若人殺害一切衆生 心無慚愧 終不墮惡 猶如虛空 不受塵水 有慚愧者 卽入地獄 猶如大水 潤濕於地 一切衆生 悉是自在天之所作 自在天喜 衆生安樂 自在天瞋 衆生苦惱 一切衆生若罪若福 乃是自在天之所爲作 云何當言人有罪福」

대자재천여남근(大自在天與男根) 自在天은 外道의 主神. 大自在天은 萬物이 生하는 根本의 義에 依持하는 自在天派의 사람, 사람의 男根으로써 天神의 神實(神主)을 삼아 제사하는 괴상한 外道.

※西域記健馱羅國記에「跋虜沙城東北五十里至崇山 山有靑石 大自在天婦像 毘摩羅天女也 聞諸士俗曰 此天像者自然有也 靈異旣多祈禱亦衆 印度諸國求福請願 貴賤畢萃遠近咸會 乃至山下有大自在天祠」是初爲男根 後爲女根也 此男女根之義 爲與自在天同體之那羅延名 更爲分明(梵王與那羅延與摩醯首羅一體三分如上所引)

대자재천외도(大自在天外道) 大自在天. 곧 마혜수라(摩醯首羅=maheśvara)를 奉祀하는 外道 또는 自在天外道・摩醯首羅論師라고도 함. 그 敎徒는 몸에 재(灰)를 바르는 까닭에 塗灰外道라고 일컬음. 大自在天을 創造神으로 섬기는 外道의 一派.

대자재천자인지경(大自在天子因地經) 一卷. 趙宋의 施護가 번역. 佛이 目蓮 등을 대하여 大自在天子의 往因을 說한 것.

대자존(大慈尊) 彌勒菩薩을 이름. 彌勒은 번역하여 慈라 함.

대장(大障) 크나 큰 障礙.

대장(大藏) 大藏經의 약칭 杜荀鶴의 詩에 「大藏經門一夜尋」은 곧 釋典의 大藏을 말한 것.

대장각판 군신기고문(大藏刻板君臣祈告文) 고려때 몽고병을 격퇴하고자 대장경을 刻印하기 시작할 때에 쓴 祈告文. 고종 24(1737)年에 李奎報가 지은 것으로 그 내용은 현종이 契丹軍을 막기 위하여 대장경을 각인. 대구 符仁寺에 봉안 중 몽고병에 의하여 燒失되었음.

대장경(大藏經) 經·律·論 三藏을 총망라한 一切經을 말함. →一切經·藏經.

대장경강목지요록(大藏經綱目指要錄) 八卷. 宋나라 惟白이 편집. 大藏經指要錄, 大藏綱目·綱目指要·綱目이라고도 함. 大藏經을 解題하여 그 綱要를 指示한 것. 本書는 宋徽宗 崇寧 3(1104)年에 著述한 것으로 알려져 있으나 宋 元明의 諸藏 가운데는 없음. 다만 萬治 2(1307)年의 刻本만 日本 昭和法寶總目錄 第二卷에 실려 있음.

대장경목판(大藏經木板) →大藏經板

대장경판(大藏經板) 慶南 陜川郡 伽倻面 緇仁里 伽倻山 海印寺에 있는 高麗大藏經을 새긴 經板. 크기는 縱 8寸, 橫 2尺 3寸이며, 厚 一寸 二~三分. 一面 二十三項 十四字로 兩面에 刻板 되었으며, 모두 八萬二百五十八장 6,589卷임. 國寶 第32號 (舊番號 第111호)로指定됨.

대장교(大藏敎) 釋尊이 說하신 經律을 비롯하여 印度와 中國의 佛敎學者들의 著書, 註釋 등을 말함. 大藏經과 같음.

대장도감(大藏都監) 高麗고종 23(1236)年에 대장경을 彫刻하기 위하여 임시로 설치한 官衙. 本司는 江華에 두고 分司는 晋州 부근에 두어 사업을 분담하다. 고종 19(1232)年 몽고병의 침략으로 인하여 初刻 대장경이 燒失되자 君臣의 發願으로 다시 착수하여 16年이 걸려 고종 38(1251)年 9月에 완성함. 혼히 刊經都監이라 함.

대장목록(大藏目錄) 三卷. 高麗本一切經典의 目錄.

대장법수(大藏法數) 七十卷. 明나라 寂照가 편집함. 또는 一代經律論法數라 함. 大藏 중에 散說한 法數를 編輯한 것. 增一法에 의하여 처음 一心에서 차례로 增數하여 八萬四千에 이르며 약 四千六百八十五項을 수록 낱낱이 이를 註解하였음. 간혹 外典의 名數도 載錄하였음.

대장부(大丈夫) 眞實로 佛法 修行이 圓熟한 사람. 곧 부처님의 知見을 터득한 사람을 일컬음.

대장부론(大丈夫論) 二卷. 提婆羅菩薩이 짓고 北京道諦가 번역. 三十九品으로 엮었으며, 悲心行施의 相과 功德을 廣說한 것.

대장부아(大丈夫兒) 틀이 크고 精神

과 肉體가 튼튼한 사람을 말하는 것. 또는 眞實한 修行者.

대장성교법보표목(大藏聖敎法寶標目) 十卷. 宋의 王古가 지음. 또는 元管主八續集・大元續集法寶標目・法寶標目. 내용은 大藏經을 解題하고 그 要旨를 記述한 것.

대장소장(大藏小藏) 藏은 含, 一切의 敎를 含藏한다는 뜻. 大藏은 菩薩藏으로 곧 五千四十餘卷의 經文, 小藏은 聲聞藏으로 곧 八百四十卷의 經文을 말함.

대장수지록(大藏須知錄) 三卷. 고려 僧 一然이 編修함.

대장엄(大莊嚴) 福德과 智慧 二個의 觀品.

대장엄경(大莊嚴經) 大方廣莊嚴經의 약칭.

대장엄경론(大莊嚴經論) 大莊嚴論經의 異名.

대장엄론(大莊嚴論) 大莊嚴論經의 약칭.

대장엄론경(大藏嚴論經) 十五卷. 馬鳴菩薩이 지음. 秦의 羅什이 번역. 갖가지 因緣을 모아서 사람을 勸誡함에 비유.

대장엄법문경(大莊嚴法門經) 二卷. 隋의 那連提黎耶舍의 번역.
※佛在耆闍 文殊化現殊勝之身色衣服 度婬女勝金色光明德 使得順忍之悟 此女化現死壞惡相 使長威德長者恐怖 詣佛聞法亦得順忍 佛爲二人次第授記.

대장엄삼매경(大莊嚴三昧經) 三寶感應錄下에 此經을 引用하여 馬鳴・龍樹 두 菩薩의 本地를 擧論한 것. 經藏중에는 없음.

대장엄세계(大莊嚴世界) 虛空藏菩薩經에 虛空藏菩薩의 本土는 西方의 一切香集世界라고 함. 大集經 十二 虛空藏菩薩所問品에 東方의 大莊嚴世界라 하였음.

대장일람(大藏一覽) 十卷. 明의 居士 陳實이 편찬함. →大藏一覽集.

대장일람집(大藏一覽集) 또는 大藏一覽 十卷. 目錄 一卷. 明의 陳實이 編撰함. 주로 대장경 가운데 要文 一千百八十一則을 뽑아 類別로 배열한 것. 모두 八門 六十品으로 되어 있음. →大藏一N.

대장전주(大藏全呪) 八十卷. 目錄八卷. 淸의 章嘉國師가 詔勅을 받들어 지음. 또는 御製滿漢蒙古西蕃合璧大藏全呪라 함. 淸 雍正 13 (1735) 年 勅板의 大藏經 중에서 陀羅尼呪를 抄出하고 滿・漢・蒙・藏 四體를 合璧한 것. 八套로 나누고 또 一套를 각 十冊으로 분류한 것.

대장총경목록(大藏總經目錄) 書等不等觀雜錄에 「일찌기 行脚하는 禪僧和를 보니 經目을 小冊子로 만들어 차고 다니며 法寶로 받들었다. 그 名目과 卷數를 閱覽하니 藏의 內容과 相異하여 그 根源을 알아보려고 해도 알지 못하였다. 어느날 西遊記를 읽어 보다가 唐僧이 가져온

經의 目次를 보았는데 곧 小册子에 記載한 由來가 되었다. 西遊記에 邱長春이 唐僧이 가져온 經名을 적었는데 道家에서 內丹을 修練하는 術이 그 經卷數目에 들어 있어 五千四十八 黃道를 借用한데 不過하였다. 任意로 주어 모아 전혀 考校를 아니하였으나 後人들이 不察하여 이것을 實相으로 여겨 넌즈시 鈔出하여 刊行하고 널리 流布되니 비록 禪林의 修行하는 선비라 할지라도 그 眞僞를 辨斷하지 못하게 되니 가히 크게 嘆息할 일이었다. 내가 그 源流를 알았으므로 記錄하여 뒤에 오는 사람들에게 事實을 알리고자 한다」라고 하였음.

대장회(大藏會) 一切의 經을 供養하는 恒例의 法會.

대재(大齋) 盛大히 齋食을 베풀어 衆僧을 供養하는 일.

대재가송상(對在家送喪) 比丘가 그 父母를 除한 外에는 在家人의 喪에 가는 것을 許可하지 않음. 다만 無常布施와 補助道念은 比限에 不在한 것임. 檀越이 말하기를 "어느 나라 國王인 某檀越이 죽어서 葬事를 지내는데 比丘들이 葬事에 갈 것을 請하였으나 얻지 못하였다. 比丘들이 스스로 생각하기를 그의 葬事를 보게 되면 無常함을 觀할 것이며 이로 因하여 모든 道果를 얻을 것이니 이 같으면 가도 罪가 없다"고 하였다. 父母의 葬事에

는 부처님도 棺을 메었는데 報恩을 爲한 것이다. 檀越이 死者를 爲하여 經呪頭을 讀誦하면서 葬所에 이르게 되면 이것도 比丘 化方의 一端이 된다. 出家衆이 葬事지내는 法은 在家者의 葬處에서 無常經을 誦하여 死者를 위해 呪頭을 하고 生者를 爲해서는 法雨를 내리게 한다. 「父母兄弟나 和尙·阿闍梨의 죽은 날과 三七日 七七日에는 大乘經律을 讀誦하거나 講說하며 齋會로 福을 求한다」고 하였음. (梵網經下)

대재해탈복(大哉解脫服) 解脫服은 袈裟의 다른 이름. 袈裟는 그 功德이 廣大하기로 이것을 입으면 煩惱業苦에서 解脫되므로 이같이 일컬음. 大哉는 讚嘆辭.

※法苑珠林二十二에「然後和尙爲著袈裟 當正著時依善見論復說偈贊云 大哉解脫服 無相福田衣 披奉如戒行 廣度諸衆生」

대재회(大齋會) 齋食을 베풀어 衆僧을 供養하는 큰 法會.

대저(大抵) 대체로 보아서. 무릇, 대개, 대략, 大都.

대적광전(大寂光殿) 毘盧舍那佛을 奉安한 殿堂. 海印寺의 本殿.

대적멸(大寂滅) 大涅槃을 말함. 寂滅은 涅槃의 譯語.

※圓覺經에「以輪廻心生輪廻見 入於如來語寂滅海終不能至」

대적법왕(大寂法王) 大日如來를 말함. 梵語로 牟尼 (muni), 寂이라

번역함. 如來의 身・口・意는 一切의 煩惱를 여의었으므로 寂.
※大日經一에 「牟尼諸法王告持金剛慧」 同疏六에 「大寂法王 告金剛手」

대적실삼매(大寂室三昧) →大寂定.

대적정(大寂定) ①또는 大寂定三昧・大寂靜妙三摩地. 空은 三昧・三摩地의 譯語. 如來가 드는 禪定을 말함. 一切의 散亂한 마음을 여의고 究竟寂靜에 도달함을 大寂이라 이름. ②大涅槃과 같음. 如來가 娑羅碧樹에서 入滅한 것을 大寂空 즉 大涅槃이라 함.
※如來會에 「世尊今日入大寂定 行如來行」 舊譯仁王經上에 「初年月八日 方坐十地入大寂室三昧」 新譯仁王經上에 「爾時世尊 初年月八日 入大寂靜妙三摩地」

대적정묘삼마지(大寂靜妙三摩地) →大寂定.

대적정문융금고거래지상(大寂定門融今古去來之相) 大寂定은 涅槃. 涅槃은 梵語로 不生不滅・滅度라 번역함. 今古는 時間의 推移, 去來는 物體의 動轉이라, 모두 差別의 相이나 涅槃은 寂靜無爲라 一切 差別의 相이 없는 까닭에 大寂定門에는 今古去來의 相이 融合된다 함. 融은 混融으로 融合하여 一體無二가 된다는 뜻.

대적화(大赤華) 法華經에서 說하는 四花의 하나.
※光宅法華義疏二에 「摩訶曼珠沙華者 譯爲大赤華」

대전(大殿) 佛殿을 말함.

대전륜불정(大轉輪佛頂) 梵〈mahā-ṣṇiṣa-cakra-vartin〉西〈gtsug-tor-chen-po-cher-ḥbyuṅ-ba〉 또는 大轉佛頂・廣生佛頂・廣大佛頂・會通大佛頂・黃色佛頂・會通三頂論이라 함. 八佛頂의 하나. 三佛頂의 하나. 胎藏界 曼茶羅 釋迦院 중中尊. 釋迦牟尼佛의 右側下段 第三位에 奉安된 尊位. 密號는 破魔金剛. →佛頂尊.

大轉輪佛頂

대전륜왕(大轉輪王) 金剛界의 金輪佛頂을 말함. →大勝金剛.

대전배(大展拜) 坐具를 펴고 禮拜하는 것. 그 禮拜의 數에 따라 大展一拜・大展三拜・大展九拜 등의 區分이 있음. 特히 丁重히 敬意를 表하는 것.

대전삼배(大展三拜) 坐具를 길게 펴고 세번 예배하는 것. 이는 특히 존경의 뜻을 나타내는 예배방법.

대전촉례(對轉觸禮) 場所를 相對方의 正面으로 向하여 머리가 땅에 닿도록 禮하는 것.

대절(大節) 重要한 點.

대절(待絕) 相對와 絕對를 말함.

대절이묘(對絕二妙) 相對妙와 絕對妙를 말함.

대점벌라사(大拈筏羅闍) 梵 ⟨mahān-imbāraja⟩ 數의 單位. 十의 四十乘.

대정(大定) 諸佛 三德의 하나.

대정구왕경(大正句王經) 一卷. 趙宋의 法賢이 번역함. 곧 中阿含蜱肆王經.

대정법문경(大淨法門經) 一卷. 西晋의 竺法護가 번역함. 大莊嚴法門經과 同本.

대정지비(大定智悲) 大定·大智·大悲를 말하며 이를 부처님의 三德이라 함. 부처님의 마음은 맑고 밝으므로 大定이라 하고, 맑고 밝아 一切의 法界를 照見하므로 大智라 하며 一切의 法界를 비추어 苦海衆生을 救齊할 마음을 내므로 大悲라 함.

※不動經에 「唯圓滿大定智悲無不具足 卽以大定德故坐金剛盤石 以大智德故現迦樓羅焰 以大悲德故現種種相貌」

대정진(大精進) 큰 努力. 倦怠없는 精進.

대정진보살(大精進菩薩) 金剛界曼茶羅 外廓의 南쪽에 位置한 菩薩. 賢劫十六尊의 하나. 또는 勇猛, 大勇猛. 梵名은 輸囉野, 勇猛이라 번역함. 密號를 不退金剛. 살색. 바른 손에 창을 쥐고, 左拳을 허리에 붙이고 있음.

대조(大祖) 스승의 스승.

대조당(大祖堂) 禪院에서 祖師의 位牌를 모시고 있는 本堂.

대족왕(大族王) 西域記四에 「北印度에 磔迦國이 있음. 數百年前에 摩醯羅矩羅(Mihirakula) 中國語로 大族王이 있었다. 武勇이 있어 印度를 統治하더니 일이 있을 때마다 佛法을 미워하였다. 五印度에 命하여 모두 毁滅하여 버리니 大檀은 抗拒하였다. 摩竭陀國後幻日王이 두텁게 佛法을 崇敬해서 大族王과 싸워서 이김. 大族王이 迦濕彌羅國에 投降하여 뒤에 그 나라를 빼앗아 自立하고 그 餘勢를 몰아 犍陀羅를 치고 沙門과 國人을 逆殺하고 나라에 돌아 오다가 中途에서 死亡하였다」고 하였음.

대종(大宗) 가르침의 根本.

대종(大種) 地·水·火·風의 四大를 말함. 이 네가지는 一切 色法에 두루하므로 大라 하고, 一切의 色法을 만들어 내므로 種이라 함. 色香 등 一切物質은 이 四大를 떠나 生할 수 없으므로 大種이라함.

대종(大鐘) 禪刹의 鐘이 세 가지가 있으니, 大鐘·殿鐘·堂鐘. 大鐘은 圓山의 諸堂을 號令하는 것이므로 곧 鐘樓에 달고, 매일 昏・曉 및 法會 때에 침.

대종소조(大種所造) 諸元素에 依하여 만들어진 것. 「大種所造性」元素를 因으로 하여 만들어진 것.

대종장(大宗匠) 大宗師・善知識을 뜻함. →宗匠.

대종조색(大種造色) 여러 元素에 依하여 만들어진 自然世界의 物體.

대종지현문본론(大宗地玄文本論) 二十卷. 馬鳴菩薩이 짓고, 陳의 眞諦가 번역함. 十種愛樂心, 十種識知心, 十種修道心, 十種不退心, 十種眞金剛心 및 一大極自然陀羅尼地의 五十一種으로써 法門의 大宗地로 삼은 것임. 다만 五十一種의 名字는 梵語에 있는데, 또한 고래로 주석이 없으므로 이것을 이해하기가 지극히 어렵다. 그의 論體는 釋摩訶衍論과 비슷함.

대좌(臺座) 佛像을 安置하는 높은 臺. 이 臺座에는 蓮華座. 須彌座 등이 있음.

대좌다탕(大坐茶湯) →大座湯.

대좌참(大坐參) ①坐參은 晚參전에 坐禪하는 것. 寺刹에서 대중 스님이 많을 때는 특별히 晚參(늦게 여는 小參:參은 대중을 모아놓고 開示함)을 행하는데 이것을 木坐參이라 함. ②坐參의 큰 것. 그 規模는 보통의 坐參과 같으나 다만 首座가 入堂하여 香을 피우지 않는 것이 다른 點. (象器箋九)

대좌탕(大座湯) 住持가 특별히 茶를 끓이고 菓를 點함을 이름. 一說에는 庫司의 煎・點을 말하기도 하나 어느 것이 맞는 것인지 不分明함.

대주(大呪) 諸尊의 呪에 大呪・小呪・心呪의 세가지가 있는데 呪語가 가장 많은 것을 大呪, 大呪보다 간략한 것을 小呪, 小呪보다 간략한 것을 心呪라고 함.

대주(大洲) 大海中 須彌山의 四方에 四大陸이 있으니 이것을 四大洲라 일컬음.
※俱舍論八에 「四大洲者 一南贍部洲 二東勝身洲 三西牛貨洲 四北俱盧洲」

대주간정중경목록(大周刊定衆經目錄) 十四卷. 唐 명전(明佺) 등이 엮음. 695년 則天武后의 명을 받고 經目을 校閱, 3,616부 8,641卷을 기록. 제 1卷 大乘單譯經目에서 제 十卷 小乘律論賢聖傳目까지의 十卷은 道安・僧祐로부터 道宣에 이르는 經錄을 모아 만든 것으로 위의 붓수 포함. 제十一卷은 失譯經目, 十二卷은 闕本經目, 十三・十四卷은 見定入藏流行의 大・小乘 三藏 및 賢聖集傳 874부 4,253卷을 기록함.
※則天武后天册萬歲元年 刺明佺等作 外附大周刊定僞經目錄一卷.

대주화상(大珠和尙) 唐나라 沙門 慧海의 俗姓은 朱, 建州人. 越의 大雲寺 道智知尙에게 受業하고, 江西參馬祖에게 가서 깨달음을 얻었다. 馬祖께서 衆에게 "越에 大珠가 있

어서 圓明 光透하고 自在하며 遮障
處가 없다"하니 衆中에 師의 姓이
朱임을 안 者 있어 서로 추천하여
結契하게 되었다. 當時에 號를 大
珠和尙이라 부름.

대준제(大准提) 梵〈mahā-candi〉准
提觀音. →准提.

대준제경(大准提經) 七佛俱胝佛母心
大准提陀羅尼經의 약칭.

대준제보살분수실지참회현문(大准提
菩薩焚修悉地懺悔玄文) 准提懺의
具名.

대중(大衆) 梵〈摩訶僧伽=Mahāsa-
mgha〉譯語. ①多衆의 뜻으로 많
은 승려를 말함. ②四部衆의 총칭.
→衆.
※衆有三人四人之異義 智度論에「大衆
者 除佛餘一切賢聖」法華經序品에
「世尊在大衆 敷演深法義」

대중공양(大衆供養) 佛敎 信者들이
여러 스님에게 음식을 차려서 供養
하는 일.

대중부(大衆部) 梵〈mahāsamgika〉
二種이 있음. (一)根本結集할 때의
大衆部로 窟內에서 結集한 것을 上
座部라 하고 窟外에서 結集한 것을
大衆部라 한다. 이는 小乘 二十部
의 根本二部가 됨. 佛滅後 100年
경 大天比丘가 나와 大衆部의 本義
를 立하였다. (이 前에는 宗異의
相異함을 보지 못하였음) 뒤에 그
部로부터 異部가 나오니 本末이 合
하여 五部가 되었다. 文殊師利問經

下에「佛이 文殊師利에게 告한 것
으로 처음에 둘이 있는데. ①摩訶
僧祇(大衆이란 말로 老少가 같이
모였다는 뜻이며 律部에서 共集한
것). ②體毘履 梵〈sthd vird〉(이는
老宿이란 말로 淳老宿人同會 함께
律部에 나옴)「내 涅槃한지 100年에
二部로 나누일 것이다」宗輪論述
記上에「界內에 迦葉 上座部가
되었으나 界밖에는 別로 標首가 없
다. 다만 總言으로 大衆이 모두
未生願이 생김을 緣由한 것. 王이
大檀越을 위하여 여러가지 供養을
하고 界內의 사람들이 和合치 못할
까 두려워서 兩處에 弘仙하였다.
이 때에 비록 兩處에서 結集한 사
람들이 靜法도 다르지 않고 說도
다르지 않았다. 界內에는 나이 많
은 분이 많고 界外에는 年少한 사
람이 많았으나 大天에게 와서는 靜
이 무너졌다. 옛날 界外의 少年僧
의 門人과 苗裔가 一朋이 되어 大衆
部라는 옛 이름을 따랐다. 지난날
界內에 있던 耆舊의 僧이 모두한 무
리가 되어 上座部라 함」(二) 四律
五論가운데 阿僧祇律(大衆)을 말하
는 것. 이는 窟內의 上座部로 大衆
이라 한 것. 그러므로 이 窟內上座
部의 律藏을 八十번 외워냈기 때문
에 八十誦이라 하며 百年 사이에 五
師가 서로 傳하여 優婆毱多에 이르
고 毱多의 門人에 五師가 있어 各各
一見을 세웠다. 根本이 되는 八十

誦律은 一宗의 律部를 建立하였고 上座部의 律藏은 여기서 五部로 나누어졌다. 이 根本인 八十誦律을 大衆部라 하며 現存하는 四律 가운데 摩訶僧祗律을 말한다. 大集經二十二에 「내 涅槃한 뒤 모든 諸子가 如來十二部經을 受持하여 외워 받아쓰고 五部를 널리 遍覽할 것이니 經律을 摩訶僧祗라 하라」 하였고 飜譯名義集四에 「智首疏에 이르기를 모두 六部로 分別되며 僧祗는 總이란 뜻. 前에는 五部로 나누었다. 이 僧祗部는 衆이 行解한 것이 虛와 通하므로 偏執이 생기지 않는다. 五見을 偏順하여 通行시키므로 이를 總이라 한다」 남방과 북방이 각각 달리 전한다. ①북방에서 전하는 것. 佛滅 116(429 B.C) 頃 학승 大天이 五개조의 새 主張(五事妄言)을 내세워 전통적 보수주의 불교에 반대함. 이 자유주의 一派를 대중부라 한다. 이들은 생사·열반은 모두 이름만인 것에 지나지 않는다고 주장, 현재만을 인정하며 과거·미래를 부정, 無爲를 내세워 심성이 본래 깨끗함을 주장, 應身밖에 報身을 내세우는 등 뚜렷한 교리의 발전을 보였다. 그뒤 약 三백년 동안에 一說部·說出世部·鷄胤部·多聞部·說假部·制多山部·北山住部의 분파를 내었다 함. ② 南方에서 전하는 것. 佛滅 후 一百여년에 비야리의 跋耆비구가 十개조의 새 주장을 내세워 종래의 持戒法을 깨뜨렸으므로, 장로 耶舍가 사방의 학승을 모아 비야리의 婆梨迦園에서 그 열가지의 옳고 그름을 평론. 이때 이들을 옳다고 한 東方 발기족의 自由寬容派를 일컬어 大衆部라 한다. 이들은 그뒤 백년 동안에 鷄胤部·一說部·說假部·多聞部·制多山部의 五분파를 내어 본파와 합하여 모두 六부가 되었다 함.

대중상부법보록(大中祥符法寶錄) 二十二卷. 北宋의 楊億 등이 奉勅撰. 또는 皇宋大中祥符法寶錄·祥符法寶錄이라고도 한다. 北宋初에서 부터 大中祥符 4(1011)年 11月에 亘하는 譯經 등을 收錄한 것. 現行本은 一, 二, 五, 九, 十九, 二十一, 二十二의 七卷이 缺本이며 卷六·十은 殘闕이므로 그 全內容은 詳考할 수 없으나 全卷은 別錄(二十一)과 總錄(二十二)로 大別함.

대중생미로(大衆生彌盧) 梵 〈meru〉 不動尊을 이름. →底哩三昧耶不動念誦法.

대중소겁(大中小劫) 二種의 大·中·小가 있다. ①一增하고 또 一減하는 것이 小劫. 一增 一減을 合한 것이 中劫. 成·住·壞·空의 四期에 각각 이 一增 一減의 中劫二十을 지낸 다음 또 成 등 四期를 지내는 사이가 곧 八十中劫이니 大劫이라 하며 이는 俱舍論의 뜻임.

②一增과 一減을 合한 것이 小劫. 二十增減 곧 二十小劫이 中劫이 되며 成 등 四期가 各各 지나야만 一中劫이며 八十增減 곧 四中劫이 大劫이 되는 것. 이는 智度論의 뜻. 以上 二說에 大劫의 量은 同一한 것.

대중위덕외(大衆威德畏) 五怖畏의 하나. 여러 사람 앞에서 두려워 함. 곧 보살이 왕궁에서나 지식인 앞에서 宗旨를 말할 때에 잘못이 있을까 두려워 하여 마음이 침착하지 못함을 말함.

대중인(大衆印) 한 절에서 公用하는 印鑑. 毘奈耶雜事一에 「부처님께서 말씀하시기를 印에는 二種이 있다. ①은 大衆이 쓰는 것이고, ②는 私物을 말함」이라 함. 大衆印은 轉法輪印像을 새긴 것으로 두 변에 사슴이 伏跪하여 住하는 것을 安置하며 그 아래는 元本造寺의 施主의 이름을 씀.

대중집(大衆集) 安居가 끝난 뒤에 많은 修行僧이 佛前에 參謁하고자 모여드는 일.

대중처소(大衆處所) 중이 많이 사는 절.

대중천자(大中天子) 大中은 唐나라 宣宗皇帝의 年號. 따라서 大中天子는 宣宗皇帝를 이름.

대중청법(代衆請法) 請法은 請益과 같이 法益을 請함을 이름. 대중을 代身하여 住持의 法益을 請하는 儀式. 그 方法은 먼저 燒香侍者가 法座에 올라서 左手로 請法香을 爆畢하고 大略問訊한 뒤 下座하여 座前의 正面에 서서 깊이 問訊함. 이것을 代衆請法의 式이라 함.

대증(大證) 無印禪師(~1354) 曹洞宗 饒州 鄱陽의 사람. 姓은 史氏, 어려서부터 영특하였다. 昌德寺에서 머리 깎고 具足戒를 받았다. 뒤에 圓通을 참배하고, 다시 天童을 방문하여 드디어 堂奧에 들고 그 法을 이어 받았다. 元의 順帝 正九年에 雪竇山에 들어가, 四年間 住한 다음 圓明庵에 退居하였다가 入寂.

대지(大旨) 크고 主要한 內容을 말함.

대지(大地) 見道 이상의 菩薩을 十地로 나누어 그 가운데에 가장 높은 地位를 大地라 함.

대지(大智) 廣大한 智慧. 一切의 非理에 通達한 者. 法華經 序品에 「널리 佛의 慧가 大智를 通達하다」하였음. 維摩經 佛國品에 「大智本行을 다 成就하였다」고 하고 同慧遠疏에 「大智는 이것이 佛智를 말하며 佛慧는 深廣하므로 大智다」라 하였음.

대지각혜(大智覺慧) 大智와 大覺과 大慧의 뜻. 菩薩의 德의 三種.

대지관정지(大智灌頂地) 佛地를 일컬음. 義釋十三에 「大智灌頂地는 곧 如來의 第十地. 十一地를 住한

다음 大智灌頂에 들어가 능히 如來事를 짓는다」고 하였음.

대지국사비(大智國師碑) 국보 제25호. 忠北 中原郡 億政寺터에 있음.

대지도론(大智度論) ⓟ 百卷. 龍樹菩薩이 짓고 秦의 鳩摩羅什이 번역함. 내용은 大品般若經을 해석한 것.

대지무촌토(大地無寸土) 一大地撮來無寸土.

대지미진겁(大地微塵劫) 이 大地를 微塵으로 計算한 만큼의 數를 가진 오랜 時間.

대지법(大地法) 俱舍宗에서 세운 心所法 四十六 가운데 受·想·思·觸·欲·慧·念·作意·勝解·三摩地의 十個心所가 있는데 이는 一切의 心과 더불어 서로 應하여 일어나므로 大地法이라 함. (俱舍論四)

대지분신(大地焚身) 三國佛敎略史에 「大業 五年에 天下 僧徒중 德業이 없는 者에 詔書하여 모두 佛道를 그만 두고 還俗케 하니 寺刹의 冗餘者는 다 물러났다. 廬山沙門 大志가 素服하고 三日間 佛前에서 통곡하며 自身을 던져 구제할 法을 서원하고, 東都에 나아가 올린 表文에 "원컨대 陛下께서 三寶를 興隆케 하시면 貧道는 一身을 죽여서라도 國恩에 報答云云"하고 마침내 大棚上에 몸을 묶고 端坐焚死하니 帝가 이에 감동하여 前日의 詔를 中止시켰다」는 故事.

대지사륜(大地四輪) ①風輪. 有情의 業力으로 먼저 最下인 虛空에 依止하여 風輪을 生한다. 그 넓이가 끝이 없고 두께가 十六億踰繕那가 된다. 이 風輪은 그 體가 堅密하다. 假令 一大諾健那가 金剛輪의 奮威로 치니 金剛이 부서졌으나 風輪은 아무렇지도 않았다. ②水輪이 또한 有情의 業力으로 大雲雨를 일으켜 風物上에 심어서 水輪을 이룩하였다. 이 水輪은 凝結하기 前의 자리에 있으므로 깊이가 十一億 二萬踰繕那가 됨. ②金輪. 有情의 業力이 다른 바람을 일으켜 물위를 擊搏하므로 물위가 凝結하여 金이 되고 熟乳의 凝結이 膜이 되므로 水輪을 減하여 그 두께가 八億이 되고 그 나머지는 金輪을 轉成하여 두께가 三億 二萬이 되어 水와 金 二輪의 넓이는 같다. 그 直徑은 十二億 三千四百半이나 된다고 함. 이에 依持한 虛空輪이 된다고 함. (俱舍論世間品)

대지선사게송(大智禪師偈頌) 一卷. 光嚴의 편저. 大智祖繼禪師의 偈頌을 集錄한 것. 香語·畵讚·紀行·偶感·雜詠 등 모두 二百二十九首이며 五言 一首를 除하고는 모두 七言絶句이다. 言句가 流暢華麗하고 深玄한 禪意가 含畜되었으므로 널리 流布되었음.

대지승미(大智勝味) 梵 〈mahā-jñā-na-raha〉 偉大한 智의 뛰어난 맛.

대지장(大智藏) 부처님의 大圓鏡智

를 이름. 佛地論五에 「諸佛의 鏡智를 大智藏이라 함. 世와 出世間의 智의 根本이 되기 때문」이라고 함.

대지촬래무촌토(大地撮來無寸土) 大地는 큰 것. 寸土는 작은 것. 撮은 끄집어낸다는 뜻이며 大地를 끄집어내어 보면 寸土도 없다. 이는 大小, 廣狹의 相을 단절하였음을 이름.

대지치바(大地致婆) 梵〈titibhā〉 數의 單位로 十의 二十九乘.

대지혜광명의(大智慧光明義) 一切 迷의 根源인 無明을 摧破하는 일.

대지혜광삼매경(大地慧光三昧經) 經 濟備一切智德經의 다른 이름.

대지혜문(大智慧門) 大智大悲佛이 갖춘 二德. 門은 差別의 뜻. ↔大慈悲門.

대직도(大直道) 凡夫가 바로 부처가 되는 길.

대진(大塵) 地・水・風・火의 四大와 眼・耳・鼻・舌・身의 五蘊.

대진국(大秦國) 아세아의 西端. 地中海의 東岸에 있던 옛나라의 이름 또는 海西・犂鞬・拂菻. 옛부터 中國과 교류한 나라로서 당시에는 이 세상에서 제일 서쪽에 있는 나라로 믿었다. 大秦이라 함은 그 나라 사람들이 키가 장대하므로 漢人들이 지어 준 이름.

대질경(帶質境) 三類境의 하나. 第六識이 五根・五境을 연하고 第七識이 第八識을 연하는 것과 같이 자기 마음에 나타난 相分에 本質의 實體를 띠고 있는 것이 마치 거울 속에 나타난 影像이 거울밖의 實物을 띠고 있는 것과 같은 것임.

대집(大執) 大乘의 執念.

대집경(大集經) 大方等大集의 약칭.

대집경보살염불삼매분(大集經菩薩念佛三昧分) 大方等大集經菩薩念佛三昧分의 약칭. 十卷, 隋의 達磨笈多가 번역함. 菩薩念佛三昧經과 同本. 念佛三昧法을 說한 것.

대집경현호분(大集經賢護分) 大方等大集經賢護分의 약칭. 五卷, 隋의 闍那崛多가 번역. 佛이 王舍城 竹園에 계시며 빛을 發하여 大衆을 모은 다음 賢護菩薩로써 相對케 하여 說法한 것. 般舟三昧經과 同本이나 뒤에 번역됨.

대집대허공장보살소문경(大集大虛空藏菩薩所問經) 十卷. 唐 不空의 번역. 大集經虛空藏菩薩品과 同本이나 번역은 다름.

대집법문경(大集法門經) 二卷. 趙宋의 施護의 번역. 長阿含經衆集經과 同本.

대집비유왕경(大集譬喻王經) 二卷. 隋의 闍那崛多가 번역. 舍利佛이 諸譬喻를 들어 菩薩과 二乘智慧功德의 差別을 說한 것.

대집수미장경(大集須彌藏經) 大乘大集經의 다른 이름. 六十卷. 大集經의 須彌藏分.

대집월장경(大集月藏經) 大方等大集月藏經의 약칭. 十卷. 高齊那連提耶舍의 번역. 六十卷 大集經 중에서 第四十六부터 五十六까지를 月藏分이라 이름.

대집일장경(大集日藏經) 大乘大方等日藏經의 다른 이름.

대집현호경(大集賢護經) 大方等大集經賢護分의 다른 이름.

대집회정법경(大集會正法經) 五卷. 趙宋의 施護가 번역. 大集會正法이란 本經에서 說한 法이므로 이같이 이름. 佛이 靈山에 계시면서 普勇菩薩을 위해 說하여 尼犍外道를 折伏시킴.

대찬(大讚) 密行法會에서 쓰이는 讚文. 中語讚은 略出經, 梵語讚은 金剛頂儀軌에 있음.

대찰(大刹) 큰 절. 巨刹. 이름난 절.

대참(代參) 남을 대신하여 참여하는 일. 또는 그 사람을 말함.

대처승(帶妻僧) 살림을 차리고 妻와 가족을 거느린 중. ↔比丘僧.

대천(大千) 三千大千世界의 약칭. 維摩經佛國品에 「法輪을 大千에서 세번 轉하였다」 하였고, 無量壽經 上에 「이 願이 만약 果를 尅하게 되면 大千이 應하여 感動한다」 하였음.

대천(大天) 倻 〈摩訶提婆=Mahādeva〉 ①佛滅後 百年에 大衆部 가운데서 나와 小乘部에서는 처음으로 異見을 말하여 다시 大衆部라 한 것. 앞에 비록 上座와 大衆 二部가 있으나 다만 結集하는 場所가 같지 않을 뿐 그 宗義는 같다. 大天에 와서 上座와 大衆에서 처음으로 宗義上의 區別이 생긴 것. 當時 國王 阿輸迦가 大天의 黨이 되어 上座部의 聖僧을 죽이고자 하므로 그들은 加涅彌羅國에 가서 住하였다 함. 西域記三에 「摩竭陀國의 無憂王이 如來 涅槃한 뒤 百年餘에 君臨하여 威勢가 다른 王과 달랐다. 三寶를 深信하고 四生을 愛育하니 五百名의 羅漢僧과 五百의 凡夫僧이 있었으나 王이 恭敬하고 供養함에 差別이 없었다. 凡夫僧에 摩訶提婆가 있어 闊達하고 智慧가 많아 가만이 名實을 求하여 생각을 담아 論을 지으니 理致가 聖敎와 틀리었다. 凡夫들이 듣고 무리로 異議를 달았다. 無憂王이 凡人과 聖人을 알지 못하고 情이 같음을 좋아하여 親한 사람을 黨으로 하여 德이 높은 僧을 불러모아 殑伽河에 빠뜨려서 모두 죽이고자 하였다. 그 때 모든 羅漢은 命이 窮逼함을 알아서 모두 神通을 부려서 空中을 밟고 이 나라에 와서 山谷에 隱身하여 살았다」고 함. ②옛날 末土羅國에 한 商主가 아들을 하나 낳아서 이름을 大天이라 하였다. 어머니와 통하여 아버지를 죽이고, 羅漢을 죽이고 또 어머니도 죽였다. 뒤에 그릇됨을 뉘우치고 佛門에 들어와 三藏의 뜻을 통달. 말솜씨가 교묘하여 파타리성을 敎化, 아육왕과 일반인의 귀의를 받다. 五개조의 새로운 주장(五事妄語)을 발표, 전통적 보수주의 불교를 반대. 五개조를 옳다고 하는 자유주의의 일파로써 대중부를 창설. ③制多山部의 시조. B.C.3세기 경의 인도 사람. 대중부에 출가하여 많이 배우고 아는 것이 많아 학행과 이름이 높았다. 제다산에 있으면서 제자를 교화. 大天의 五事를 계승, 賊住出家者(승려 모양을 하고서 속마음으로는 불법을 믿지 않는 외도)의 수령이 되어 대중부에서 분파하여 따로 一部를 세움.

대천계(大千界) 三千大千世界를 이름. →三千大千世界.

대천국토(大千國土) 梵 〈maḥā sah-ahta〉 三千大千世界.

대천기(大千機) 三千大千世界의 움직임.

대천삼종무간(大天三種無間) 婆沙論 九十九에 「옛 末土羅國에 한 商人이 아들을 낳아 그 字를 大天이라 함. 商人이 他國에 가서 오래 돌아오지 않으니 그 母子가 不倫에 빠졌다. 뒷날 아비가 돌아옴을 듣고 殺父計를 꾸미니 이게 第一無間業. 일이 탄로 될까 두려워 母子가 摩竭陀國 華氏城으로 도망쳤으나 얼마 후에 本國의 供養 羅漢을 만나니 다시 일이 들킬까 두려워 羅漢을 죽였다. 이것이 第二無間業. 그 뒤에 어미가 他人과 情을 通하므로 大天이 어미를 죽였다. 이것이 第三無間業이다. 이 일은 혹시 後世에 꾸민 이야기가 아닌지 分明치 않음.

대천세계(大千世界) 三千大千世界의 약칭. 世界에 小千·中千·大千의 구별이 있는데 즉 四大洲의 日月과 諸天을 一世界라 하고 그 一千世界를 小千世界, 小千世界의 千倍를 中千世界, 中千世界의 千倍를 大千世界라 함.

대천오사(大天五事) 釋尊入滅後 백여 년경에 학승 大天이 전통적 보수주의의 불교를 반대하고 내세운 五個條의 새로운 주장을 말한다. ①餘所誘. 아라한에게는 번뇌로 漏失하는 일은 없으나 天魔가 와서 유혹하고 요란할 때에는 不淨이 흘러 나옴을 면치 못한다는 것. ②無知. 아라한은 染汚無知는 없으나 不染汚無知는 아직 존재한다는 것. ③猶豫. 아라한은 隨眠性의 疑는 없으나 處非處의 疑는 유예하여 결정치 못한다는 것. ④他令入. 경문에서는 아라한이 聖慧眼으로 말미암아 자신의 해탈을 스스로 證하여 안다고 하였으나, 그래도 남의 가르침을 따라 비로소 아는 이도 있다는 것. ⑤道因聲故起. 四諦 등의 聖道를 일으키게 함에는 지극한 마음으대천오사망어(大天五事妄語) 婆沙論 九十九에「大天이 비록 三逆大罪를 지었으나 善根이 끊어지지 않아서 깊이 憂悔가 생겼다. 沙門釋氏에게 滅罪法이 있다는 말을 듣고 鷄園寺에 가니 門밖에서 중이 伽陀를 외우기를 "만약 사람이 重罪를 지어도 善을 닦으면 罪가 사라지고 제가 世間을 照明하는 것이 달이 구름속에서 나오는 것 같다"고 하니 大天이 듣고 기뻐하여 한 중에게 出家를 請하였다. 大天이 聰明하여 出家한지 오래지 않아 三藏說法을 誦持하고 阿羅漢이라 自稱하니. 上下가 歸仰하였다. 뒤에 어느날 밤 染心이 일어나 夢失(夢精)한 不淨汚衣를 弟子에게 빨아 오게 하니. 弟子 "阿羅漢은 一切煩惱를 斷絕하거늘 어찌 이같은 일이 있읍니까" 大天 "天魔가 얽어매면 阿羅漢이라 할지라도 不淨漏失을 免할 수 없다"고 하니 이것이 第一 惡見이며 또한 弟子에게 歡喜를 사고저 하여 거짓 記別하여 누구를 預流果를 하였다 하고 누구는 阿羅漢果를 得하였다 하니 弟子가 말하기를 "내가 듣기에는 阿羅漢 등이 智證이 있다고 하는데 어찌하여 우리들은 알수 없읍니까" 大天 "阿羅漢이 비록 汚染됨이 없음을 알지 못하나 오히려 汚染이 있지 않음을 알지 못하므로 너희들은 알지 못한다"하니 이는 第二惡見이며. 弟子 "일쩌기 들어보니 聖人은 疑惑을 여읜다고 했는데 어찌하여 나는 四諦의 實理에 疑惑을 갖읍니까" 大天 "阿羅漢은 煩惱障과 疑惑을 비록 끊었으나 오히려 世間的 疑惑은 있다"고 하니 이것이 第三惡見이다. 弟子 "阿羅漢은 聖人의 慧眼이 있어 스스로 解脫을 안다고 하였는데 어찌하여 우리들은 自證하여 알지 못하고 先生님을 通하여 알게 됩니까" 大天 "舍利弗과 木蓮같은 사람도 佛께서 末記에 가면 저들도 스스로 알지못한다 했는데 너의 鈍根으로 어찌 알수 있겠느냐"하니 이는 第四의 惡見이다. 그러나 저 大天은 비록 衆惡을 지었으나 善根이 斷盡되지 않았으므로 뒤에 밤중에 스스로 重罪를 뉘우치고 憂惶에 逼迫되어 자주 呻吟하였다. 弟子들이 듣고 怪異하게 생각하여 스승에게 물으니 大天 "呻吟은 聖道를 부르는 것이라"하니 이것이 第五惡見이다. 大天이 偈을 지어 "남은 衆生을 無知로 引導하니 오히려 다른 슬기한 사람과 같구나 道는 소리를 의지하여 일어남으로 이것을 眞佛敎라 하네"라고 하였다. 그러나 이 五事는 반드시 惡見이라 할 수는 없고 分別에 各各 一理가 있다고 하겠다. 眞諦三藏部의 執流의 解한 것과 같은 것.

대천왕(大天王) 梵 〈Mahā-rājika-deva〉→四天王.

대철위산(大鐵圍山) 一世界의 鐵山을 圍繞한다는 것이므로 鐵圍山이라 함. 大·小의 區分이 있으며 大千世界를 圍繞한 것을 大鐵圍山이라 함. 法華經에 「鐵圍山大鐵圍」이라 하였음.

대청(大靑) 梵 ⟨Mahānila⟩ 靑色의 寶玉. 玄應音義二十三에 「大靑은 梵語로 摩訶泥羅라 하고 帝釋이 쓰는 보배를 이름」한다고 함.

대청(大淸) 大虛 곧 虛空을 말함. 楞嚴經에 「마땅히 알지어다. 虛空이 너의 心內에 생김은, 片雲이 大淸裡에 뜨는 것과 같다」라고 하였음.

대청규(大淸規) 永平元禪師淸規를 일컬음. →永平淸規.

대청면금강(大靑面金剛) 夜叉王의 하나. →靑面金剛.

대청인다라보(大靑因陀羅寶) 靑玉(사파이어)과 綠柱石(에머랄드).

대체(大體) 梵 ⟨mahātta⟩ ①偉大性 ②바이세시카 哲學으로 性質(德)의 第六인 量中의 第二의 性質을 말함. 크다는 뜻.

대초(大初) 산캬哲學에서 自我意識 梵語 ⟨ahaṅkāra⟩를 말한다. 諸元素가 生하는 根源的 物質(bhata adi)

대초열(大焦熱) 大焦熱地獄. 八熱地獄의 第七.

대초열지옥(大焦熱地獄) 八大地獄의 일곱째. 또는 大執地獄. 大燒炙地獄. 맹렬하게 타는 불속에 들어가 가죽과 살이 타는 苦痛이 극심하며 罪가 소멸되기까지는 죽지도 못하고 그곳을 벗어나면 또 十六小地獄에 들어간다고 한다. 이 地獄의 수명은 一만 六천歲로 他化天(人間의 一천 六백歲가 他化天의 一주야)의 晝夜가 된다. 五戒를 犯한 者가 이 地獄에 떨어진다고 한다. →焦熱地獄.

대촉례(對觸禮) 낱낱이 相對하여 禮拜하는 儀式.

대총림(大叢林) 衆僧이 和合하여 佛道를 修行하는 道場. 大樹들이 우람하게 자라서 잘 調和된 모습에 比喩한 말.

대총상(大總相) 究極의 普遍性. 眞如를 말한다. 眞如는 가는 곳마다 넘쳐흐르므로 大라 하고 모든 것을 總括하므로 總이라 함. →大總相法門.

대총상법문(大總相法門) 眞如의 實體를 이름. 眞如가 廣大하여 一切法을 總攝하므로 大라 하고 一味平等하여 差別의 相을 여의었으므로 總相이라 하며, 修行者의 軌範이 되므로 法이라 하고, 正智를 觀하여 流通出遊하므로 門이라 함.

대총지문(大總持門) 總持는 梵 ⟨Dharani⟩의 譯語. 大陀羅尼門을 이름.

대추생(大麤生) 크게 거친 物體.

대출가송상(對出家送喪) 僧侶가 죽으면 一山의 僧衆이 葬送한다. 이는 四葬의 하나에 붙이며 經과 呪를 誦하여 發願하게 함. 毘奈耶雜事十八에 「苾蒭를 送葬할 때 能한 사람을 시켜서 三鬘無常經을 외우며 伽陀를 說하여 그 呪願으로 한다. 일을 마치고 절에 돌아와도 洗手나 沐浴을 하지 않고 居處하는 곳으로 돌아간다. 俗人들이 이것을 보고 譏弄하며 말하기를 "중들은 지극히 淨潔하지 않다. 몸이 屍身을 가까이하고도 洗浴을 할줄 모른다"고 한다. 부처님께서 말씀하시기를 "너희는 몸을 씻지 말라." 저들이 모두 씻으니 다시 말씀하시기를 "만약 屍身을 만졌으면 옷과 함께 씻고 만지지 않았거던 手足만 씻으라" 저들이 절에 돌아와서 禮制대로 아니하니, "禮制대로 하라"하였다. 西域記二에 「모든 사람들이 送葬을 不潔하다하여 모두 部外에서 沐浴하고 들어간다.」하고 하였고. 律宗에서는 이 法規에 依하여 死屍를 不淨하다고 佛殿에 두지 못하게 한다고 함.

대충(大蟲) 충은 짐승, 대충은 虎를 말한다. 傳燈錄에 「百丈問希運見大蟲麽 運便作虎聲.」

대취생화(碓觜生花) 碓는 방아의 확, 觜는 그 가장자리, 곧 無情. 生花는 有情의 동작. 大死一番에 大活現成한다는 뜻. →枯木開花.

대치(大癡) ㊙ (Kāma. mahāmoha) 커다란 迷妄. 疑倒의 第三.

대치(對治) 煩惱를 끊는 것. 이에 四種이 있다. ①厭患對治로 加行道라 하며 見道 以前에 苦·集二諦를 緣由하여 깊은 厭患의 생각을 生하는 것. ②斷對治로 無間道라 하며 無間道에서 四諦를 緣由하여 바로 煩惱를 끊는 것. ③持對治로 解脫道를 말하며 無間道 뒤에 解脫道가 생기며 다시 四諦를 緣由하여 無間道에서 얻은 擇滅의 得을 攝持하여 所斷한 煩惱로 다시 일어나지 못하게 하는 것. ④遠分對治. 勝進道를 말하며 다시 四諦를 緣由하여 所斷한 惑을 돌이켜 더욱 멀어지게 하는 것. 그 가운데 正對治는 第二의 無間道斷이 됨.

대치단(對治斷) 斷惑 四因의 하나. 無漏道法을 닦아 惑을 끊는 것. 修惑은 이 대치단에 의하여 끊는다. 上品의 혹을 끊음에는 下下品의 道로써 하고, 下下品의 惑을 끊음에는 上上品의 道로써 함.

대치도(對治道) 染法(더럽혀 진 일)을 끊는 無漏道.

대치비밀(對治秘密) 四種秘密의 하나. ①令入秘密 ②相秘密 ③對治秘密 ④轉變秘密을 四種秘密이라 함. 對治秘密은 如來가 衆生의 過失을 고치려고 秘密의 敎를 說하는 것. →四種秘密.

대치사집(對治邪執) 大乘의 올바른 敎義에 對한 謬見을 反駁하는 것. 그릇된 執着을 反駁하는 것.

대치성광(大熾盛光) 金輪佛頂尊의 別名. 熾盛光.

대치성광법(大熾盛光法) 熾盛威德光明佛을 本尊으로 모시고, 재난이 없어지기를 비는 修法. →熾盛光.

대치수(對治修) 四修의 하나.

대치실단(對治悉檀) 四悉檀의 하나. 悉檀은 成就의 뜻. 마치 常見을 깨뜨리기 위하여 空敎를 說하고 斷見을 깨뜨리기 위하여 有門을 說하듯 彼此의 邪執을 對治하기 위하여 갖가지 法을 說하여 邪執을 깨뜨리는 이익을 성취하는 것.

대치조개(對治助開) 十乘觀法의 第七. 만일 正觀을 닦을 때에 그릇된 전도심이 일어나서 장애가 되어 앞으로 나아가기 어려우면 相應法을 行하여 이를 對治하여 正道를 도와 앞으로 나아갈 길을 여는 것을 말함.

대친(大嚫) 梵 〈Dakṣiṇā〉의 音譯. 또는 噠嚫・檀嚫 등 →達嚫.

대칠보경(大七寶經) 大七寶陀羅尼經의 약칭.

대칠보다라니경(大七寶陀羅尼經) 一卷. 譯者不詳 七佛의 陀羅尼가 능히 衆生의 畏怖를 제거함을 說한 것.

대탑길상(戴塔吉祥) 阿闍梨가 傳한 曼荼羅觀音院의 一尊. 또는 窣堵波大吉祥菩薩. 戴塔吉祥으로 곧 彌勒菩薩을 말함. 菩薩이 釋迦如來의 佛位를 이음을 表示하여 或은 손으로 窣堵波印을 하고 或은 이마에 塔을 이고 있다. 圖에는 戴塔德菩薩이라 함. 大疏六에 「戴塔吉祥을 머리에 얹은 窣堵波는 或은 所持한 꽃위에 있다」고 함. 不同記二에 「窣堵波大吉祥菩薩은 梵號로 阿梨耶窣堵波摩訶室利(Āryatūpa-mahā-śri)」라 하였다. 演密鈔八에 「觀音이 佛을 加持함은 佛이 現在한 까닭이요 慈氏가 塔을 加持함은 佛이 滅度한 까닭임. 또는 八大菩薩의 經說에 慈氏菩薩이 머리에 如來率都婆를 이고 있다고 하여 戴塔의 尊이라 한다」고 하였음.

戴塔吉祥菩薩

대탑덕보살(帶塔德菩薩) 戴塔吉祥과 같음.

대탑존(帶塔尊) 彌勒菩薩의 다른 이름.

대택(大宅) 迷한 生活.

대통(大通) ①大通智勝佛의 약칭.

②中國 北宗禪의 祖師 神秀의 號. ③(816~883) 신라 승려 字는 太融 俗姓은 朴氏. 일찌기 學業을 닦아 諸子百家에 통달하였다. 후에 內典을 보고 더욱 人生의 無常함을 깨달아 드디어 삭발하고 중이 되었다. 文聖王 7(845)年에 聖鱗에게 具足戒를 받고 丹嚴寺에서 수도하고 있을 때 그의 師兄 慈忍이 唐나라에서 돌아오자 그에게서 강한 자극을 받고 분발하여 직산에서 석 달동안 禪定을 닦고, 廣宗大師를 찾아 수련을 쌓은 후 文聖王 18(856)年 賀正使를 따라 唐나라 仰山에 가서 澄虛大師에게 배우고 그 뒤 黃梅의 心印을 받아가지고 景文王 6(866)年에 돌아와 月光寺에 있으면서 玄機를 보이고 法要를 宣揚하였다. 그 이름이 궁중에까지 미쳐 경문왕의 존경을 받았다. 憲康王 9(883)年 나이 68세로 죽었다. 시호는 圓朗. 塔號는 大寶禪光. 그의 碑가 충청북도 제천군 한수면 月光寺 터에 있음.

대통(大統) 僧官의 이름. 一國의 比丘를 統轄하는 職位. 佛祖統紀五十一에 「隋文帝가 僧의 勇猛한 者를 詔勅하여 隋國의 大統을 삼다」라고 하였음.

대통결연(大通結緣) 過去三千塵點劫 옛적에 大通智勝佛이 있어 法華經을 說하였는데 그때 十二王子가 부처가 入定한 後 八萬四千劫 동안 法華經을 覆講하였다. 釋迦出世하여 法華經을 說함을 듣는 一切 聲聞衆은 그때 이미 王子의 說法을 듣고 發心하여 未來得度의 인연을 맺은 者들이라 함. 이는 法華三周 說法中 因緣周의 說法. (法華經化城喩品)

대통방광참회멸죄장엄성불경(大通方廣懺悔滅罪莊嚴成佛經) 三卷. 또는 方廣滅罪成佛經. 大通方廣經. 上卷에는 佛이 涅槃하고자 沙羅로 가는 길에 十方來菩薩을 위하여 三乘과 一乘을 說하시니 諸鬼神王 등이 이 經을 獲持할 것을 誓約하였다. 中卷에는 無憍慢 등 여러가지 四法을 說하여 虛空藏菩薩에게 付囑하였다. 下卷에는 師子吼菩薩을 위하여 三寶一相의 뜻을 說明한 것임.

대통사지(大通寺址) 忠南 公州郡에 있던 寺址, 百濟 聖王 2(524)年에 梁武帝가 聖王을 冊封하여 特節都督 百濟諸軍事綏東將軍 百濟王이라 하였다. 그 뒤 聖王 5(527)年 3月 梁武帝는 同泰寺에 나아가 捨身受戒하였으니 聖王은 이 일을 기념하기 위하여 當時의 국도인 熊川(지금 公州)의 中央에 절을 세우고 大通寺라 이름하였다. 大通이라 한 것은 그해가 바로 梁武帝 大通 元(527)年이었던 까닭이다. 寺址에 殘存한 石槽二基는 公州博物館으로 옮겨 갔고 지금은 風磨雨洗된 石幢竿支柱만이 남아 있음.

대통선사(大通禪師) 神秀를 가리킴. →神秀.

대통제삼여류(大通第三餘流) 大通智勝佛. 十六王子의 說法을 듣고도 佛이 될 수 있는 種子를 發할 수 없었던 第三類의 사람들.

대통지승(大通智勝) 梵 (Mahābhij-ñanābhibhū)의 譯語. 또는 大通衆慧·大通이라 함. 三千塵點劫前 옛적에 出世하신 如來의 名號. 이 佛이 세상에 계실 때 十六王子가 出家하여 沙彌가 되어서 佛의 法華經을 듣고 佛이 入定한 뒤에 十六沙彌가 各各 法座에 올라 大衆에게 다시 法華經을 講論하였다. 그 아홉번째 沙彌가 成佛하여 阿彌陀佛이 되고 一六번째 沙彌가 成佛하여 釋迦如來가 되었다. 一六번째 沙彌의 說法을 들은 사람은 至今의 一座大衆들이었다. 至今의 大衆들이 大通智勝佛일 때에 十六沙彌와 結緣했으므로 오늘 釋迦如來 밑에서 法華를 듣고 證에 들어서 果를 얻은 것. 法華經 化城喩品에 「過去世 無量 無邊 不可思議한 阿僧祇劫때 大通智勝如來(中略)가 있었는데 그 때 化度한 恒河沙數와 같이 無量한 衆生이란 너희들 諸比丘이다」이는 種熟脫한 敎理에서 나온 것. →種熟脫.

대통지승여래(大通智勝如來) 三千塵點劫의 옛날 世上에 나와서 八千劫 사이에 法華經을 說하였다고 한다. 阿閦·阿彌陀·釋迦등 十六佛은 그 때의 王子라고 함.

대통화상(大通和尙) 五祖 宏忍大師의 弟子. 神秀上座의 諡號.

대퇴(大退) 大乘에서 退墮된 者.

대판(大板) 鳴板의 큰 것. 禪林의 庫司 앞의 板을 大板. 그것이 다른 板에 比하여 크므로 이르는 말. (象器箋十八)

대판(對辦) 對하여 區別함.

대편중(對偏中) 三論宗에서 말한 四中의 하나. 斷見·常見의 편견에 대해서 中道의 敎를 말함.

대품(大品) ①大品般若經을 말함. ②經卷의 간략한 것.

대품경(大品經) ①大品般若經의 약칭. ②佛經의 卷帙이 比較的 많은 것. 白帖에 「陳後主가 東宮에 있을 때 徐陵에게 命하여 大品經義를 講하게 하니 名僧들이 먼곳에서 雲集하였다」고 함.

대품경의소(大品經義疏) 十卷. 隋나라 吉藏 지음. 鳩摩羅什의 번역. 大品般若經의 綱要를 풀고 그 文義를 해석한 것.

대품반야경(大品般若經) 摩訶般若波羅蜜經의 약칭. 鳩摩羅什의 번역으로 二十七卷(大品般若經)과 十卷本(小品般若經) 두가지가 있음.

대풍재(大風災) 大三災의 하나. 劫末에 大風이 일어나 破滅이 色界第三禪天까지 이르는 災厄. →三災.

대하(大河) 煩惱를 大河에 비유한 것.

대하(臺下) 臺는 三公을 말한다. 三公의 位에 相當하는 貴人에 對한 尊稱. 至今은 一宗의 法主를 敬稱하는데 使用함.

대학(大學) 巴〈bahu katam Doti〉가르침을 크게 實踐하였다는 뜻.

대한림(大寒林) 印度에서 墓所를 屍陀. 寒林이라 번역함. 사람이 두려워 멀리게 한다는 뜻. →尸多婆那.

대한림난나다라니경(大寒林難拏陀羅尼經) 一卷. 趙宋의 法賢이 번역. 羅睺羅가 寒林中에서 귀신의 괴롭힘을 當함을 보고, 佛이 難拏陀羅尼를 說한 것. 難拏는 歡喜의 뜻이며 이 陀羅尼는 安樂歡喜의 功德이 있음.

대해(大海) 梵〈摩訶三母捺羅娑誐羅 =mahāsamudra-sāgara〉 여러개의 江물이 모여드는 곳.

대해십상(大海十相) 華嚴經 가운데 大海의 十相을 十地菩薩의 修行에 비유한 것. ①점차로 깊어짐 ②죽은 시체를 묵혀 두지 않음. ③여러 강물을 모두 받음 ④어디든지 同一한 맛 ⑤한량없는 보배가 있음. ⑥밑바닥까지 이르지 못함. ⑦크고넓기가 한량 없음. ⑧큰 동물이 삶. ⑨조수물이 시간을 어기지 않음. ⑩큰 비를 모두 받음.

대해인(大海印) 큰 바다의 水面에 森羅萬像이 그대로 나타나는 것을 菩薩의 三昧含藏과 一切諸法에 비유한 것. 이를 海印三昧라 한다. 大集經十五에 「閻浮提의 一切 衆生의 몸과 그밖의 빛을 말하며 이같은 色道 가운데 다 印像이 있다. 그러므로 大海印이라 하여 菩薩도 또한 이와같다. 大海印三昧는 이미 一切 衆生의 心行을 分別하여 一切法門에서 모두 慧明을 얻으니 이것이 菩薩이 얻는 海印三昧가 된다」라고 하였음.

대해제고객(大海諸估客) 海外에 다니는 貿易商.

대해중(大海衆) 온갖 강물이 바다에 들어가면 한가지 짠맛이 되듯이 四姓이 비록 귀천의 차별은 있더라도 出家하면 모두 평등하므로 大海衆이라 하다. 또한 중생이 많은 것을 큰 바다에 비하여 大海衆이라 함.
※增一阿含經四十四에「此閻浮提有四大河 一切諸流皆投歸於海 衆僧如彼大海 所以然者 流河決水以入於海便滅本名 但有大海之名耳」往生要集中本에「淸淨大海衆」

대해지침(大海之針) 海底에서 바늘을 찾는 것처럼 얻기 어려움을 비유한 것.

대해탈(大解脫) 偉大한 解脫. 法身 般若解脫 三德의 하나.

대해탈지(大解脫地) 偉大한 解脫의 境地.

대해팔부사의(大海八不思議) 바다에 갖추어 있는 여덟가지의 不思議한 공덕. 불법의 공덕을 나타내는 비유로 쓴다. ①점점 깊어지는 것. ②깊어서 바닥을 알 수 없는 것. ③한가지로 짠맛인 것. ④조수가 시간을 어기지 않는 것. ⑤여러가지 보배를 가진 것. ⑥큰 중생이 사는 것. ⑦송장을 묵히지 않는 것 ⑧여러 강물과 큰 비가 들어가도 늘지도 줄지도 않는 것.

대행(大行) 中國 齊州(山東省 濟南府) 사람. 姓氏는 未詳. 妙行이라 함. 唐 乾符年 도적들이 일어나 백성이 편안치 않았다. 師는 이로 因하여 泰山에 들어가 풀(草)을 짜서 옷(衣)을 만들고 나무뿌리를 캐서 요기하면서 法華普賢懺法을 精誠껏 行한지 三年, 普賢의 現身을 感見하였다. 이로부터 더욱 精進, 如來의 法을 念하고 朝暮激切 飮食을 잊게 된 후 幻身의 無常함을 느끼고 來世의 受生을 생각 經藏얻기를 念願하여 阿彌陀經을 얻었다. 三七日 夜半에 瑠璃地의 瑩淨한 것을 보고 더욱 心眼洞明, 阿彌陀佛과 觀音勢至 無數한 化佛을 感見하였다. 念佛로써 道俗을 敎化하니 遠近 그 소문을 듣고 兜率의 行人과 禪門의 學徒들이 많이 모였다. 僖宗이 師의 德望을 듣고 宮中에서 불러 法要를 묻고 勅하여 常精進菩薩이라 號하며 開國公의 爵을 下賜하였다. 一年後 疾病을 얻어 觀想없이 또 瑠璃地가 나타나는 것을 보고, 即日 所居의 禪室에서 入寂하였음.

卒年 未詳.

대행도(大行道) 盛大行道의 儀式. →行道.

대행사(大行事) 큰 법회를 행할 적에 사무를 맡아보는 승려.

대행소사(帶行小師) 또는 帶行侍者. 스님을 따라다니면서 시봉하는 제자.

대행승행(帶行僧行) 賓客 등이 거느리고 온 승려와 行者.

대행시자(帶行侍者) 帶行은 거느리고 간다는 뜻. 賓客이 거느리고 온 사람. 곧 賓客의 伴侶가 되는 侍者를 말함.

대행지사(帶行知事) 賓客 곁에서 말벗도 되고 모든 것을 案內하는 知事僧.

대행추엄상당(大行追嚴上堂) 大行은 天子가 崩御하여 다음 位를 이을 天子의 諡號가 내리기 까지의 사이를 이름. 追嚴은 追禪, 또는 追薦의 뜻. 곧 大行天子를 追薦하기 위하여 堂(政堂)에 오름을 말함.

대향(大香) 瓣香과 같음. 瓜類의 열매를 닮았으므로 瓣香. 그 모양이 큰 까닭에 大香이라 함. 그러나 一說에는 瓣은 片의 뜻으로 一瓣은 一片. 古代에는 香은 香나무껍질을 한 조각씩 깎아내어 만들었으므로 一片二片이라 하였음. (祖庭事苑)

대향(代香) 남을 대신하여 燒香함. 혹은 香을 사르는 사람.

대향(對向) 對하여 向하다. 接頭辭 梵語 abhi를 解釋한 것.

대향합(大香盒) 큰 香盒. 香을 담는 큰 그릇. →小盒.

대허(大虛) ①虛는 空間, 大空. 大虛空의 뜻. 또는 虛空 ②太虛.

대허공대보살염송법(大虛空大菩薩念誦法) 一卷. 唐의 不空이 번역함.

대허공장(大虛空藏) 菩薩名. →虛空藏.

대허공장인명(大虛空藏印明) 十八道의 하나. 大虛空藏은 金剛界 南方 寶性如來의 四親近으로 寶光幢笑 四菩薩의 總體이므로 本尊을 召請하여 運心의 供養을 지을 때 大虛空藏菩薩의 印을 짓고 밝게 誦한다. 그 印은 寶幢形이 됨. 一十八道.

대현(大賢) ①聖人 다음가는 智德이 아주 높은 사람. ②新羅 景德王(742~764)때의 高僧. 瑜伽宗의 祖師. 號는 靑丘沙門. 大賢은 諱. 或은 太賢. 南山 茸長寺에 있을 때에 돌미륵을 돌면 미륵도 따라서 얼굴을 돌렸다고 한다. 또 경덕왕 11(752)年 여름에 큰 가뭄이 들자 王이 大賢을 宮中에 불러들여 金光明經을 講하여 비 내리기를 빌게할 때 淨水를 늦게야 가져오므로 왜 늦었느냐고 물으니 宮의 우물이 말라서 그렇다 하므로 大賢이 爐를 받쳐 들고 북녘하자 우물물이 솟아오르기를 刹堂의 높이와 같았다 한다. 그리고 어렵기로 이름 있는 法相宗의 眞理를 스님이 홀로 분석하여 成唯識論學記를 저술하여 그릇된 점을 고쳐 깊은 이치를 열어 놓았으므로 우리나라의 후진과 中國의 학자들이 모두 그것으로 안목을 넓힌 귀중한 저서이다. 師의 門下에는 檜岩·雲卷·龜巖 등이 있다. 著書 五十五部 百十餘卷이나 現存하는 것은 成唯識論學記 八卷, 菩薩戒本宗要 一卷, 梵網經古迹記 二卷, 藥師經古迹記 二卷, 起信論內義略探記 一卷의 五部 十五卷뿐임..

대혜(大慧) ① 梵 〈Mahāmati〉 摩訶摩底. ①楞伽經 會座에서 一會의 上首가 된 菩薩로 揚主에 對한 것. 佛地論에 「問答決擇이 無窮無盡하므로 大慧라 함.」 ②宋의 杭州徑山의 佛日禪師로 이름은 宗杲. 圜悟禪師의 法師로 高宗紹興 17(1147)年 詔勅으로 徑山에 住하게 하고 21(1151)年에 일이 있어 梅州로 謫居하였다가 28(1158)年에 詔書로 徑山에 再任 되었다. 孝宗 隆興元(1163)年 8月 10日 徑山 明月堂에서 入寂하니 壽가 75歲. 普覺이라 諡號하고 塔을 寶光이라 한다. 孝宗이 太子때에 師事하였더니 即位하자 大慧禪師라 追諡하고 語錄三十卷을 大藏經에 包含할 것을 勅詔하였다. 碧巖種電鈔一에 「이글이 完成되니 學者가 달려와서 知解하는 사람이 많았다. 大慧가 이 弊端을 없애기 위해 불태워 버렸다. 雲

門이 一棒으로 打殺한 高懷라 한다.」③唐나라 一行禪師의 諡號.

대혜광명(大慧光明) 廣大한 智慧의 빛.

대혜견보(大慧年譜) 一卷. 祖詠禪師가 편찬함. 本書는 大慧普覺國師의 年譜이며 原書에 誤謬가 많았으므로 宗演이 다시 校訂하였음. 張倫이 序文을 쓰고 淳熙 10年 4月에 刊行.

대혜도(大醯都) ㉕ ⟨mahā hetu⟩ 數의 單位十의 三十乘.

대혜도인(大慧刀印) 모양이 塔印과 같음. 十八道事鈔에 「塔印·寶瓶印·大慧刀印 이 세가지 印은 같으나 이름만 다르다. 그 所用에 따라 阿闍梨의 觀心을 고친 것」이라 하였음. →塔印.

대혜무고(大慧武庫) →大慧普覺禪師宗門武庫.

대혜법어(大慧法語) 三卷. 臨濟宗. 道先이 편찬. 黃文昌이 重編함. 大慧普覺禪師의 法語이며 法淨居士에 敎示한 法語를 위시하여 妙總禪人에 敎示한 法語로 끝을 맺었음. 黃文昌의 跋文이 있음.

대혜보각선사보설(大慧普覺禪師普說) 五卷. 慧然·蘊聞·祖慶·道先 등이 편찬. 黃文昌이 重編함. 大慧普覺禪師의 普說을 수록한 것으로 宋代 名匠의 宗說을 엿볼 수 있는 絕好書의 하나. 紹熙元年 4月에 刊行.

대혜보각선사서(大慧普覺禪師書) 大慧普覺禪師語錄의 약칭. 三十卷 그 內容은 다음과 같다.

第一卷～第四卷…大慧普覺禪師住徑山能仁禪院語錄.
第五卷………大慧普覺禪師住所育廣利禪院語錄.
第六卷………大慧普覺禪師再住徑山能仁禪院語錄.
第七卷………大慧普覺禪師住江西雲門庵語錄.
第八卷………大慧普覺禪師住福洋嶼庵語錄.
第九卷………大慧普覺禪師雲居首座寮秉拂語錄.
第十卷………大慧普覺禪師頌古.
第十一卷………大慧普覺禪師偈頌.
第十二卷………大慧普覺禪師讃佛祖.
第十三卷～第十八卷…大慧普覺禪師普說.
第十九卷～第二十四卷…大慧普覺禪師法語.
第二十五卷～第三十卷…大慧普覺禪師書(書狀).
第二十五卷은 曾開 및 李叅政
第二十六卷은 江給事～許司理
第二十七卷은 劉寶學～夏運使
第二十八卷은 呂舍人～曾宗承
第二十九卷은 王敎授～曺太尉
第三十卷은 榮侍郞～鼓山逮長老의 順序로 四十二人 六十二狀.

※書狀의 大旨는 邪된 所見을 물리치고 바른 所見을 나타내는데 있다. 다시 말하면 參商活句로 爲正見하고 黙照邪解로 爲邪解라 함.

대혜보각선사어록(大慧普覺禪師語錄)

三十卷. 南宋 大慧宗杲語錄 同蘊聞錄, 南嶽下 第十五世, 佛果克勤의 法을 이음. 大慧宗杲의 語要・遺編 등을 문인 蘊聞이 집록한 것. 宗杲의 제자 온문이 宗杲가 평일에 제창한 語要를 기록하여 廣錄 三十卷, 語錄 十卷을 만들어, 그중 어록 十卷을 入藏토록 請하였는데 乾道 5(269)년에 청허되어 福州 東禪寺의 德潛이 이것을 대장경의 일부로 開板하였다. 그후 본 어록은 명의 南藏・北藏 및 楞嚴寺板 方册藏經에 수록되었음.

대혜보각선사종문무고(大慧普覺禪師宗門武庫) 二卷. 大慧禪師가 古人의 行錄을 들어 대중에게 教示한 것을 參學比丘 道謙이 蒐集한 것에 不過하다. 그러나 禪師는 臨濟의 巨匠로 曹洞의 宏智正覺과 함께 宋末의 二大明星이라 일컫는 분이다. 사람을 가르침이 남다른 데가 있어, 臨濟의 宗風을 알고자 하는 者는 반드시 熟讀할 價値가 있는 것임.

대혜서(大慧書) 二卷. 大慧禪師 宗杲의 편지를 모은 책. 일명 書狀. 우리나라 四集科의 하나.

대혜서문(大慧書問) →大慧普覺禪師書.

대혜어록(大慧語錄) →大慧普覺禪書語錄.

대혜파(大慧派) 大慧宗杲를 開祖로 하는 中國禪宗의 一派. 楊岐下 三世의 孫에 圜悟克勤이 있어, 子孫이 번영하고 道化가 海內에 퍼졌음. 宗杲는 虎丘紹隆과 함께 法을 克勤으로부터 받고 第一座로 選擧되었음. 南宋 紹興七年 徑山 能仁寺에 住함. 雲集하여 모인 者가 항상 二千을 넘고, 또 正法眼藏六卷을 著述하고 看話禪을 唱道하였음. 紹隆의 法系를 虎丘派라고 하는데 對해 師의 法脈을 大慧라고 號한다. 嗣法에 拙庵德光, 卍庵道顏, 懶安鼎雲 등 九十餘人이 있음. 拙庵德光은 法系에서도 가장 번성하여 이門中에서 妙玄之善, 北磵居簡, 浙翁如琰 등 많은 英才가 나와 大慧의 宗風을 크게 鼓吹하였음.

대호규지옥(大號叫地獄) 八大地獄의 第五. 고통을 견디지 못하여 큰 哭聲을 내므로 大號叫라 함. →大叫喚地獄.

대호인(大護印) 如來藏에 順應하여 二水指(第四指)를 펴고 指頭를 맞대어 山峯 모양을 지은 다음 二火指(中指)頭를 또한 서로 맞대고 조금 굽혀 連環狀을 짓는다. 또 二空指(大指)를 二寸가량 떼어 보이는 것. 眞言에 「南麼薩婆怛他揭帝弊(歸命一切如來 등) 薩婆佩也微揭帝弊(能除一切障礙 등 또한 佛이 歸命함을 讚嘆한 것.) 微濕嚩目契弊(여러가지 門, 또한 巧妙耋, 諸佛이 여러가지 功德力을 巧現하는 것) 薩婆他(遍이란 뜻. 一切時・一切處.

一切方을 말하는 것) 唅欠(訶는 因의 뜻. 欠은 空의 뜻. 點은 空. 空은 淨의 一切因이 되며 또한 空은 이 空도 또한 空이란 뜻임) 囉吃灑(擁護함. 非但 二乘만 擁護하는 것이 아니고 一切諸佛이 이를 緣由하므로 버리지 않음. 有情은 恒常 佛事에서 休息하지 않고 寂滅에 處하지도 않음) 摩訶抹魔는 大力임. (곧 如來의 十種智力을 말하는 것) 薩婆怛他揭多(一切如來를 말함.) 本眠也寧社帝(生이란 뜻. 이 힘이 如來의 功德을 따라 생긴다는 것) 吽吽(第一은 恐怖로 다른 사람이 그 障害를 滅除하는 것. 第二는 佛의 三德을 圓滿하도록 하는 것. 거듭 말하는 것은 읽고 極히 두려워한다는 뜻) 怛囉吒怛囉吒(攝伏시키는 것. 內外障을 攝伏하는 것이며 佛法身을 成就하므로 거듭 말한 것.) 呵鉢囉底阿帝(害가 없다는 뜻. 막힘이 없다는 뜻.) 沙訶(成就). 또는 無堪忍大薩. 그의 威光이 크게 盛하여 처음 난 어린 아이가 烈日의 빛을 보는 것을 堪當하지 못하는데 비유한 것. 이 또한 一切를 堪忍하지 못하고 빛이 빼앗기므로 無能堪忍大護라 한 것」이라 하였음.

대홍련(大紅蓮) 地獄名. 찬 물에 빠져서 몸이 찢어져 大紅蓮과 같이 된다는 地獄. →地獄.

대홍련지옥(大紅蓮地獄) 八寒地獄의 하나. 極寒으로 身體가 터져서 大紅蓮과 같이 된다는 地獄.

대홍서(大弘誓) 廣大한 誓願.

대화(大化) 佛陀 一代의 敎化를 일컬음.

대화갈라(大和竭羅) 梵 〈Dipaṁkara〉 또는 提和竭・提洹竭. 佛名. 燃燈錠光이라 번역함.

대화상(大和尙) ①僧侶의 존칭. ②受戒師를 和尙이라 하고 和尙으로서 나이가 많고 德이 높은 이를 大和尙이라 함. ③西晋 懷帝 永喜 4(310)年에 天竺의 부처 圓澄이 오니 石季龍이 마음을 다하여 섬기고 號를 大和尙이라 하였음.

대화상산(大和尙山) 中國 요동반도의 금주평야의 동쪽에 있는 關東州 最高의 山으로 옛날에는 大黑山이라 하였다. 隋煬帝가 大業 10(614)年 第三回의 高句麗 원정에 적을 罷한 사비성이 있었다고 함. 山腹에 響水寺, 朝陽寺, 觀音閣, 勝水寺, 石鼓寺 등이 있음.

대화엄경략책(大華嚴經略策) 一卷. 줄여서 華嚴略策이라 함. 淸凉國師 澄觀이 지음.

대화엄장자(大華嚴長者) 佛이 이 長者를 對하여 施食하면 福을 받는다는 것을 說하였음.

대화엄장자문불나라연력경(大華嚴長者問佛那羅延力經) 一卷. 唐의 般

대화재(大火災) 若三藏이 번역. 佛이 那羅延力의 量을 說하여 佛力에 比較하고 이어서 施食한 者는 이 佛力을 얻는다고 說한 것.

대화재(大火災) 大三災의 하나. 住劫이 끝나고 壞劫에 들게 되며, 壞劫 끝에 七日輪이 나와 위로는 色界 初禪天으로부터, 아래는 無間地獄에 이르기까지 모두 불살라 버린다는 것. 俱舍論 十二에 「器世間에는 空이 넓게 住하며 (中略) 이때에 七日輪이 나타나서 모든 바다가 마르고 모든 산이 다 타버린다. 洲渚의 三輪(風輪·水輪·金輪)도 모두 타버린다고 하며 바람은 猛熖을 불어 타올라가서 天宮과 梵宮까지도 재가 된다고 하는 것」이라고 하였음.

대화취(大火聚) 大火가 한 곳에 모였다는 뜻. 觸着할 수 없는 物體에 비유한 것. 智度論 六에 「이는 眞實한 智慧는 四邊이 叵捉한 것이 大火의 모임과 같으므로 觸할 수 없다. 法을 받지도 못하고 받을 수도 없다는 뜻」이라 하였음.

대화탑(大和塔) 江原道 平昌郡 五臺山 月精寺에 세운 13층탑. 慈藏律師가 부처님의 舍利 37顆를 奉安했다고 함.

대환(大患) 患은 病, 몸의 病과 마음의 病이 합쳐진 것.

대환사(大幻師) 佛의 德名. 부처님이 幻化를 說하며 능히 幻化스런 일을 하므로 幻師라 말함.

대황탕(大黃湯) 黃龍湯의 다른 이름.

대회(大會) 大法會를 말함. 佛事에 많은 大衆이 모이는 것.
※般舟讚에 「一一大會隨人入」

대회재(大會齋) 또는 大齋會·無遮會·一切衆生을 모두 平等히 供養하는 法會.

대회중(大會衆) 賢聖의 會衆. 往生論註 下에 「阿彌陀佛을 讚嘆하고, 名義의 順序에 따라 如來의 名을 일컬음. 如來의 智相에 依하여 光明을 修行하므로 大會衆에 들어간다」고 하였음.

대회중문(大會衆門) 五功德門의 하나. ①극락세계에 왕생하여 정토의 大會聖衆 가운데 들어가 수행을 같이 하는 것. ②他力의 신념에 머무는 것. 他力을 믿는 사람은 마음의 왕생을 성취하여 사바세계에 있으면서 정토의 聖衆數에 참여하는 것.

대후(大厚) 가장 손이 두텁다는 뜻. 信用이라는 뜻.

대휴(大休) →正念. 宋의 僧侶.

대휴대헐(大休大歇) 休歇의 뜻. 心意·識이 中止하여 一切의 思慮分別로 해서 迷惑이 생기고 스스로 번뇌하는 까닭에 이 一切의 思慮分別을 끊으면 마음의 迷妄을 脫却할 수가 있음.

대휴파(大休派) 禪宗 二十四流派의 하나. 大休正念의 一派. 臨濟宗에 속함.

대휴헐저(大休歇底) 또는 大死底. 一切妄想을 제거하여 心智가 모두 滅盡된 자리를 말함.

대휴헐지(大休歇地) 大休大歇·大死底. 大事를 了達해 마친 安身立命處. 또는 온갖 妄想을 쉬어버린 境地 休歇은 망상을 쉬었다는 말이니 곧 깨쳤다는 뜻.

대흑비력법(大黑飛礫法) 그 法은 榎木의 乾方으로 뻗은 가지로 喬麥, 또는 麥의 모양을 함. (곧 寶珠形). 그 三面에 (키)字를 써서 本尊 앞에 두고 本尊의 根本呪 4번을 誦하여 加持한다. 그런 뒤에 福人의 집에 던져서 저의 福德이 내집에 모이도록 하는 것. 이를 大黑의 飛礫法이라 함.

대흑여흑색(大黑與黑色) 摩訶伽羅를 번역한 것. 大時와 大黑의 두 가지가 있다. 大時는 神力의 程度를 다한다는 뜻으로 本義가 되며 大黑은 傍儀가 된다. 大日經疏에 閻魔王의 后妃로 있는 黑闇女를 魔訶迦羅라 하며 闇夜神이란 뜻이다. 이 黑이란 뜻이 本義이지만 지금의 大黑神과는 無關하다. 그렇다면 그 黑色은 寄歸傳에서 말한 油로 닦는 그 像의 自然黑과는 迦羅의 本義와 無關함을 알 수 있다. 香油를 몸에 발라서 몸의 邪熱을 없애는 것은 印度 一般의 風習이다. 다만 이를 降魔神이라 하여 密敎의 本義와 對照하면 黑色이 降魔의 色이 아니고 胎藏界 曼茶羅에 安置한 이 天이 北方에 있으므로 黑色이며 또한 그 身體와 相應한 것.

대흑진언(大黑眞言) 「唵 摩訶迦羅娑嚩賀」→攝大軌. 또한 唵 尼旨尾旨 (降伏) 惹嚩禮(自在) 多囉伽帝(救度) 莎訶. →眞言鈔.

대흑천(大黑天) (梵)〈摩訶迦羅=Ma-hākāla〉의 譯語. 또는 大黑神. 大時. 顯敎와 密敎의 說이 各各 다르다. 密敎에서는 大日如來가 惡魔를 降伏시키기 爲하여 忿怒를 示顯한 藥叉主의 形이라 하고 或은 一面八臂. 或은 三面六臂. 사람의 骸骨을 가지고 瓔珞을 만든 무서운 形相을 한 것이라 함. 옛부터 이 軍神에게 祭祀를 지냈다. 印度에서는 女體를 迦梨(kali)라 하며 大自在天의 後妃라 하여 盛大히 祭祀한다. 新譯 仁王經護國品에 「옛날 天羅國王의 太子를 班足이라 하며 王位에 오를 때 善施라 하는 外道師가 王에게 灌頂을 하고 班足에게 千頭王을 取하여 塚間에 있는 摩訶迦羅 大黑天神에게 祭祀토록 하였다.」同 良貫疏에 「塚間이란 所住處를 말하는 것. 摩訶는 大. 迦羅는 黑天, 上句는 梵語이고 下句는 漢語. 大黑天神은 鬪爭하는 神이란 뜻. 그 神을 祭祀함은 그 威德을 增加시켜 하는 일마다 모두 이기기 위한 것. 그러므로 饗祀한다」함. 大日經疏十에 「摩訶迦羅는 大黑神이다. 毘盧遮那

의 降伏三世法門으로 茶吉尼를 除去하고자 하므로 大黑神이 되어 茶吉尼를 凌駕하는 無量을 示現하였다. 灰를 몸에 바르고 曠野中에 있으면서 術法으로 一切法을 成就하고 空中을 날으며 물 위를 걸어다녀서 行動에 아무런 障礙됨이 없는 茶吉利를 모두 불러서 크게 꾸짖어 말하기를 "네가 아직도 사람을 잡아 먹으니 나도 너를 먹을 것이다."하고 곧 먹어 버렸다. 그러나 죽이지는 않고 降伏을 받은 뒤에 놓아 주고는 그들에게 고기를 먹지 않도록 하였다」理趣釋下에「七母天은 摩訶迦羅天의 眷屬이다. (中略)이 天등은 曼茶羅에 그려져 있다. 그 曼茶羅에는 中央에 摩訶迦羅를 그렸으며 七母天이 圍繞하고 있음은 廣經에서 說한 것과 같다. 摩訶迦羅

(No.2) 大黑天

(No.3) 大黑天

는 大時라 뜻이며 時는는 三世無障礙의 뜻을 말하는 것. 大는 毘盧遮那의 法身이 無處不徧하다는 것이고 七母女天은 梵天母와 같다」고 하였음.

대흑천공상응물(大黑天供相應物) 두 가지가 있으니, ①은 白米로써 相應物을 삼는 것. 聖天供의 浴油와 같아서 念誦時에 白米로써 목욕하되 한번 呪하고 한번 목욕하기를 번갈아 한다. 이 大黑天이 熾盛光

(No.1) 大黑天

佛頂舍利法의 本源이 되므로 白米로써 舍利의 當體를 삼음이 가장 걸맞는다. ②는 鹽으로써 最上의 供物을 삼으며 항상 소금 一杯씩 供養함.

대흔(大訢) (1284~1344) 中國 臨濟宗 승려. 중국 南昌 九江義門 사람. 號는 笑隱. 俗姓 陳氏晦機의 법을 이음. 天曆 2(1329) 文宗이 金陵의 龍翔大集慶寺를 지을 때에 이 스님을 請하여, 開山主를 삼고 廣智全悟大禪師라 號하다. 뒤에 百丈淸規를 교정, 釋敎宗主의 호를 받음. 至正 4(1344)년 죽다. 世壽 61세. 著書 : 語錄 四卷.

땡추 →땡추중.

땡추절 땡추중들만이 있는 절.

땡추중 또는 땡추. 黨聚라고 함. 우리나라 동냥중으로 이름만을 가진 중, 중답지 아니한 중. 그 행위는 酒色・魚肉을 마음대로 하는 극히 나쁜 가짜 중.

덕(德) 梵 〈alpa-Kuśalamūla〉 ① 善根과 같음. →善根. ②功德 福德 ③聖者의 美德. ④德行. ⑤大悲의 行. ⑥屬性. 活動. 性質. ⑦殊勝한 美德. ⑧實體에 屬하는 性質을 말함. ⑨산캬哲學에서 말하는 構成要素. 純質. 激質. 翳質 3個의 構成要素가 있으며 이것을 三德이라 일컬음.

덕과(德果) 梵 〈prāpta-phala〉解脫의 果報를 말함.

덕광(德光) 梵 〈瞿拏鉢剌婆 = guna-prabha〉 西 〈yon-tan-hod〉 北印度 鉢伐多國 사람. 어려서 부터 英傑헸고 長하여 弘敏, 博聞強識하고 碩學多聞이다. 처음 大乘을 배웠으나 그 뜻에 통하지 못하고, 毘婆沙論을 보고 이를 흠모하여 大乘을 버리고 小乘을 배워 數十餘部의 論을 만들어 大乘을 破하였음.

덕기(德基) 字는 定庵 姓은 林氏. 中國淸初의 律僧. 休寧(安徽省休寧縣) 사람. 成長하여 佛旨를 信奉하고 酒肉을 가까이 하지 않았으며 蘇州寶林寺에서 竹懷를 따라 出家하였다. 大津部를 硏精하기 十五年 玄奧를 터득하고 上座가 되어 來學을 敎授하였다. 寶華山 第三世가 되어 師跡을 이었으며 四方의 僧侶가 雲集하여 寶華山의 規模가 날로 繁昌하였음. 生卒未詳.

덕모(德母) 功德의 母體. 德本과 같은 뜻.
※華嚴經에「信道元爲功德母」廣弘明集序에「信爲德母 智是聖因」

덕무구녀경(德無垢女經) 一卷, 元魏 瞿曇般若流支의 번역. 大寶積經二十三, 無垢施菩薩應辯會第三十三의 異譯.

덕박구중(德博垢重) 善根이 적고 煩惱가 많음을 말함.

덕병(德瓶) 또는 賢瓶・天瓶・吉祥瓶. 마음으로 하고자 하는 물건을 내는 보배병. 어떤 가난한 사람이 天神에게 기도하여 甁 하나를 얻었다. 마음에 하고자 하는 것이 모두 이 甁에서 나오게 되어, 조금도 부족한 것이 없이 지냈다. 그 뒤에 이 사람이 교만해져서 甁위에 올라서서 춤을 추었더니, 그만 甁이 깨져서 다시 가난하게 되었다고 한다. 이것은 戒行을 갖는 사람이 天上에 갔으나 그 쾌락에만 즐기다가 다시 苦痛받는 곳에 떨어진 것에 비유.

※智度論十三에 「持戒之人無事不得 破戒之人一切皆失 譬如有人常供養天 得德瓶」 法華玄贊二에 「智度論戒爲德瓶」

덕본(德本) ①德은 善, 本은 因의 뜻. 佛果를 얻게 되는 原因인 善根 功德. ②아미타불의 名號. 모든 善根의 根本이란 뜻.

※無量壽經上에 「係念我國植諸德本」 敎行信證六本에 「德本者如來德號 此德號者一聲稱念 至德成滿 衆禍皆轉 十方三世德號之本 故曰德本也」

덕사(德士) 僧侶의 다른 이름. 釋門正統四에 「宋나라 宣和 元(1119)年에 詔하여 釋氏를 고쳐 金仙이라 하고 菩薩을 大士, 僧을 德士라 하였다」 宋費袞의 梁谿漫志에 「宣化 庚子에 僧을 고쳐 德士라 하니 繞德操가 이미 僧이 된 뒤이므로 改德士頌을 짓다. 마지막 句에 「衲子는 紛紛하여 煩惱를 禁하지 못하고 松傳과 法에 依하여 安心하네. 缾·盤·釵·釧이 形體는 비록 다르나 도리어 나를 따라 一色金이 되었네. 少年 때 일찌기 書生의 帽子를 썼더니, 늙어서는 德士의 冠을 쓰게 되었네. 이 몸은 나도 아니요, 또한 物質도 아닌데 三敎를 따라 가는 곳마다 平安하다」고 하였음.

덕산(德山) (782~865) ①青原下第四世인 龍潭崇信의 弟子. 湖北省 施南府 利川縣 釖南 사람. 姓은 周氏, 諱는 宣鑑, 號는 德山, 諡號는 見性禪師. 어려서 出家 戒律을 숭상하고 모든 經에 밝았으나 그 중에서도 金剛經을 항상 講說했으므로 그를 周金剛이라 불렀다. 南方으로 지나다가 중도에서 점심때가 되어 어떤 老婆의 떡 파는 집에 들어가 點心을 請하니 그 노파가 묻기를 "그 걸망에 든 것이 무엇입니까," 그는 "金剛經疏요"하고 대답했다. 다시 老婆는 "金剛經에 말하기를 過去心不可得, 現在心不可得, 未來心不可得이라 하였는데 스님께서 이제 點心하신다 하니 도대체 어떤 마음에 點心을 하겠읍니까." 하니 그는 말문이 막혀 대답하지 못하고 그의 지시로 龍潭崇信에게 가서 크게 깨치고 그 이튿날 지금까지 애지중지하던 金剛經疏를 불살라 버리고 곧 길을 떠났다. 澧陽(예양)에서 30年을 머물다가 唐나라 第十五代 武宗이 破佛할 때에 獨浮山의 石室에서 亂을 避한 후 朗州에서 크게 교화를 펴고, 唐의 宣宗 大中初 (847)에 佛敎를 부흥할 때를 당하여 武陵의 刺史 薛延望의 請으로 德山精舍에 들어가 크게 宗風을 떨쳤다. 그는 가는 곳마다 佛殿을 폐지하여 說法하는 法堂만 두었고 學人을 다룰 때에는 방망이(棒)를 많이 썼다. 唐 懿宗 咸通 6(865)年 12月 3日 世壽 84, 法臘 65세로 坐化하다. ②중국 湖南省 洞庭湖 부근에 있는 山. 唐의 宣宗 大年中間 (847~859)에 宣鑑(德山의 名) 禪師가 이 곳에 머물러 크게 宗風을 떨침.

덕산봉(德山棒) 德山宣鑑은 修行者를 指導하는데 棒을 즐겨 使用하여 棒으로 修行者를 치는 일이 많았다는 것을 말한다. 德山의 嚴格한 指度態度를 가르키는 말.

덕산탁발(德山托鉢) 雪峯이 德山의 飯頭가 되었다. 어느날 밥이 늦어 德山이 托鉢하여 法堂에 이르니 雪峯이 飯巾을 말리다가 德山을 보고 이르기를 "저 老漢이 鍾을 치지도 않았고 鼓도 울리지 않았는데 托鉢하여 어디를 가는가" 德山이 문득 方丈으로 돌아오니 雪峯이 巖頭에게 이같이 말함에 巖頭가 말하기를 "大小 德山이 末句를 알지 못하는구나" 德山이 듣고 侍者를 시켜 巖頭를 불러 묻기를 "너는 老僧을 좋아하지 않느냐" 巖頭가 가만히 그 뜻을 말하였다. 德山이 이 일에 上堂하여 다른 때와 같지 아니하니 巖頭가 僧堂앞에 이르러 손벽을 치면서 크게 웃으며 말하기를 "老漢이 末句를 알게 된 것을 기뻐한다. 이 뒤에는 天下의 사람들이 어찌하지 못하겠구려"라 하였음.

덕상(德相) 부처님의 最勝한 相好를 말하는 것.

덕생(德生) 童子의 이름. 善財童子 所參 五十三知識의 하나.

덕성(德性) 勝論派의 一部에서 말하는 俱分의 第二. 一般的인 性質을 말하는 것. 一切의 德에 和合하며 一切의 德에 있어서 德이라 詮緣하는 原因으로 實과 業에 轉하지 않는 一切의 根底를 取한 것.

덕소(德素) 고려 승려. 字는 慧約. 兒名은 子美. 俗姓은 田氏. 9세에 大禪師 敎雄의 門下에 들어가 중이 되었다. 敎雄은 항상 우리 宗을 일으킬 사람은 반드시 이 沙彌僧일 것이라고 말했다. 의종 8(1154)年에 禪師가 되고 이어서 大禪師. 명종 1(1171)年에 王師가 되었다. 諡號는 圓覺國師. 그때 세운 碑에 충청북도 永同郡 陽山面 寧國寺가 있으나 글자가 많이 마멸되었음.

덕소(德韶) 中國 處州龍泉·貴州省 石阡府 龍泉縣 사람. 俗姓은 陳氏. 母는 華氏. 唐 昭宗大順 2(890)年에 출생. 15세에 出家하고 18세에 信州 開元寺에서 受戒함. 뒤에 臨川 交益의 법사가 되다. 後漢 乾祐元(9

덕시라~덕차가

48)年 吳越王의 國師가 되고 天台教籍이 高麗에 구비되어 있음을 듣고 忠懿王에게 請하여 求하였고 法眼宗 第二祖가 됨. 宋太祖 開寶 5(922)年 6月 28日 世壽 82세로 入寂함.

덕시라(德尸羅) 梵〈Takṣasilā〉城의 이름. 闍夜多比丘가 餓鬼를 濟度하던 곳.

덕시라성아귀(德尸羅城餓鬼) 옛날 德叉尸羅에 한 餓鬼가 있어, 五百年 동안 먹을 것을 얻지 못하다가 마침내 그 子息을 먹었다는 傳說. (付法藏傳六)

덕연(德緣) 고려 승려. 예종 12(1117)年 王師가 되고, 예종 15(1120)年 왕에게 金剛經을 講論. 인종 1(1122)年 國師가 되었음. 生卒未詳.

덕왕관음(德王觀音) 三十三관음의 하나. 바위에 가부좌하고 왼손을 무릎 위에 놓고, 오른손에 푸른 나뭇가지를 잡은 관음상.

덕용(德用) 活動. 殊勝한 活動. 妙用이라고 함.

덕음(德音) ①도리에 맞는 至當한 말. ②칭찬하여 들리는 말. ③天子의 말.

덕의(德義) 사람이 되는 올바른 길을 말함. 德과 義理.

덕장(德杖) 錫杖. →錫杖.

덕전(德田) 阿羅漢 및 如來 등의 이름. 능히 모든 勝功德을 갖추었으니 이를 供養한바 勝功德을 낸다고 함. 田은 能生의 뜻.
※俱舍光記十八에 「德田謂餘阿羅漢僧及如來具諸勝功德 及能生他勝功德故」

덕정(德情) 德. 梵〈guṇa〉(百五十讚)

덕진(德眞) (?~1888) 朝鮮 스님. 號는 虛舟. 조계산에서 出家. 학문을 성취. 도를 통하다. 사람을 피하여 송광·선암·동리·칠불·불일·능가·백운·두륜·달마·가지·백양 등 名刹에서 지내다. 다시 서울로 갔다가 大院君의 請으로 철원 보개산 초암과 지장암에서 기도 불사를 행하다. 가는 곳마다 四部大衆이 운집. 의식이 항상 밀리다. 근세에 이름난 禪師.

덕차가(德叉迦) 梵〈Takṣaka〉 법화경에 있는 龍王의 이름.
※法華文句二에 「此云視毒 亦云多舌 或

德王觀音

云兩舌」同玄賛二에 『此云多舌 舌有 多故 或由嗜語故 名多舌也』

덕차가룡(德叉迦龍) ⓢ 〈Takṣaka〉의 음역. 龍의 一種. 世間을 尊奉하는 神.

덕차시라(德叉尸羅) 國名. →阿育.

덕창(德昌) 고려 승려. 숙종 말년에 玄化寺에 있었다. 예종 1(1106)년 王師를 봉하고 회경전에서 般若道場을 베풀고 비(雨)를 빌었음.

덕천(德天) 功德天女. 涅槃經聖行品에 功德天女, 黑闇天女의 비유를 說하였음.

덕청(德淸) 中國 金陵全椒·安徽省 滁州全椒縣 사람. 俗姓은 蔡氏. 字는 澄印 호를 憨山이라 하다. 明世宗嘉靖 25年에 출생. 11세에 出家하고 無極明信에게 具足戒를 받았다. 萬歷 5年 피를 내어 泥金에 섞어서 화엄경을 書寫함에 神宗이 듣고 金紙를 下賜하였다. 疫癘이 流行하여 死傷者가 많으므로 普濟道場을 개설하여 飢民을 구호하였음.

덕풍(德風) 極樂의 淸風에 萬德을 具備한 者.
※無量壽經上에 『自然德風起微動 其餘風調和 不寒不暑 溫涼柔軟 不遲不疾』

덕해(德海) 功德의 弘大함이 바다와 같다는 뜻.
※最勝王經十에 『我今略贊佛功德 於德海中唯一滴』敎行信證序에 『大聖一代敎無如是方德海』

덕행(德行) 客觀的인 所成의 善을 德, 主觀的인 能成의 道를 行이라 이름. 곧 功德과 修行法이며, 또는 功德의 修行法이 具足함을 이름. 三學(戒學·定學·慧學)과 六度. (六波羅蜜)

덕행품(德行品) 無量義經중의 品名. 品中에 阿羅漢·菩薩·佛의 德과 行을 밝혔음.

덕향(德香) 德의 향기로움이 香과 같다는 뜻.

덕혜(德慧) ⓢ 〈Guṇamati〉 寠拏末底·瞿那末底라 음역. 南印度 발벌다국 사람. 6세기 경에 출생. 어려서부터 총명하여 三藏에 통달. 唯識 十大論師의 하나. 마갈타국에서 그때에 유명한 數論外道의 摩沓婆와 大論하여 外道를 꺾고 이름을 떨치다. 왕이 伽藍을 주고, 공양을 풍부하게 하다. 저서 隨想論 一卷(진체번역)

덕호(德號) 功德이 圓滿한 名號. 彌陀의 六字名號를 가리킴.

덕호(德護) ⓢ 〈śrigupta〉 室利毱多·尸利崛多라 음역. 嚴密이라 번역. 印度 왕사성의 장자 이름. 외도의 꾀임에 빠져 문안에 화갱(火坑)을 만들고 음식 가운데 독약을 넣어 석존을 초대하여 죽이려 하였다. 석존은 이를 미리 알고 그 집에 가서는 신통력을 나타내므로 장자는 크게 부끄러워 참회하였다. 석존은 장자 月光 등에게 大菩提의 수기를 주었음.

덕호장자경(德護長者經) 二卷. 隋의 那連提黎舍의 번역.

덕화(德化) 高德에 의하여 佛의 가르침을 넓히는 것.

덕휘(德輝) 元代의 禪僧. 德輝라고도 한다. 敕修百丈淸規의 편자로 廣慧선사라 賜號된 者. 洪州 百丈山 大智壽聖禪寺 湖州 道場山 護聖萬歲禪寺에 歷住한 후 文和 2年 婺州 金華의 북산에 退老後 곧 入寂한 것 같다. 백장산 佳山寺에 청규의 편집과 함께 開山百丈懷海의 祖堂을 중수하여 天下師表閣을 창건하고 백장의 遺德顯揚에 힘썼음.

데브텔·곤포(Deb-ther sṅon-po) 靑册이라 번역함. 티베트에서의 敎法 流通 및 敎說者. 출현순서라 한다. 티베트에서 가장 신빙성 있는 佛敎史書. 著者는 센누베(Gshon-nu-dpal) 童子吉祥. 1476~8년의 편찬. 본서는 기술의 공명성과 年代의 정확성에 정평이 있다. 저자 센누베는 (1393~1481) 카루마파에 속한 顯密 諸敎에 通曉한 一代의 碩學.

데이빈(Daivids Thomas William Rhys)(1843~1922) 英國의 印度學者·佛敎學者. 근대 파리佛敎硏究史上 최대의 功績者. 스리랑카의 官吏로 근무하면서 巴利佛敎를 硏究, 巴利聖典協會를 설립. 1882년부터 1912년까지 런던大學 巴利語 및 佛敎文學敎授. 1915년 辭任할 때까지 맨체스타大學에서 比較宗敎 講座를 담당. 著書로는 Buddist India(London 1903). 本生經, 律藏 大小品, 밀린다 王問經 등의 多數의 經典을 英譯하고 巴英辭典을 편찬함.

덴칼마목록(덴칼마目錄) 구체적으로는 테탄의 테칼궁전의 譯經論目錄 (Pho-braṅ stod-thaṅ ldan-dkar-gyi bkaḥ daṅ bstan-bcos ḥgyur-rocog-gi dkar-chag)이라 한다. 티베트의 덴칼(Ldan-dkar) 宮殿에서 譯經者 펠세그(Dpal-brtsegs) 루이완포(Kluḥi dbaṅ-po) 등에 의하여 편찬한 佛敎經論目錄. 一卷, 티베트 최고의 現存目錄이다. 편찬연대는 定說이 없으나 8世紀 後半에서 9世紀에 걸친 所産으로 보고 있음.

도(度) ①구족하게는 濟度라한다. 생사의 苦海에서 피로워 하는 이를 구제하여, 열반의 彼岸에 이르게 하는 것. 생사·윤회를 물 흐르는데 비유, 그 흐름을 벗어나서 이상의 피안에 건너간다는 뜻. 度는 渡의 뜻. 변하여 교화하는 것도 度라 한다. ② 梵 〈Pāra-mitā〉 波羅蜜多라 음역, 到彼岸이라 번역. 이상의 경지인 피안에 도달하는 보살 수행의 총칭. 五種·六種·十種에 나누어 五度·六度·十度라 부름. →바라밀.

도(倒) 梵〈viparyāsa〉①잘못된 일. →顚倒. ②語順이 顚倒되어 있다는 뜻.

도(掉) 掉는 擧. 마음이 까닭없이 높아져서 安靜치 못하는 煩惱.
※俱舍論四에「掉謂掉擧 令心不靜」 唯識論六에「云何掉擧 令心於境不寂靜 爲性能障行捨奢摩他爲業」

도(道) ①通入·輪轉·軌路 등의 뜻이 있어 여러가지 다른 의미로 쓴다. 1.三惡道·三善道·五道·六道 등의 道는 輪轉의 뜻으로 쓴다. 業因에 따라 五道·六道 등의 다른 과보를 받아서 차례로 지내가면서 윤전하여 그치지 않으므로 道라 한다. 惑·業·苦의 三道도 인과가 상속하여 끊이지 않고 輪轉하므로 道라 한다. 2.人道·佛道 등의 道는 軌路. 곧 밟고 다니는 길이란 뜻. 또 궤로의 뜻으로부터 근본 원리를 道라고 한다. 3.正道·邪道 등의 道는 通入의 뜻으로 범어에서는 末伽라 하여 결과에 도달하는 통로란 뜻. ② 梵〈Bodhi〉菩提라 음역.→보데. ③ B.C.6세기 경의 老子를 개조로 하고, 仙道와 속세의 신앙 등을 가미하며, 불교의 조직을 모방하여 만들어 놓은 中國 宗敎의 하나인 道敎를 말함.

도가(到家) 悟境에 이르다. 家는 本家.

도가거칩(陶家居蟄) 거칩은 용이 될 북(梭)이 잠간 숨었다는 뜻.

도가류(道家流) 道敎의 修行者. 道士.

도가륜(陶家輪) ①陶器를 만드는데 使用하는 車輪. 轆轤. ②陶器를 製造하는 사람.
※維摩經不思議品에「菩薩斷取三千大千世界 如陶家輪」資持記中一之下에「陶家謂土作家 輪卽範土爲杯器之車 運之則轉 故以喩焉」 行宗記三上에「陶家卽土作者 輪盤一發 餘力自轉」

도가벽상(陶家壁上) 晋나라 陶侃이 어렸을 적에 雷澤에서 고기를 잡다가 베짜는 북을 얻어 가지고 집에 와서 벽에 걸어 놓았다. 그 뒤에 번개가 치고 우뢰가 있는 날, 북이 용으로 변했다는 데서 나온 말. 神變 부사의 한 機略을 말함.

도가자류(道家者流) 道敎를 믿고 이를 닦는 사람. 道家者·道家·道流·道士.

도각찰간(倒却刹竿) 語 아난이 어느 날 가섭존자에게 묻기를 「사형이 부처님으로부터 금란가사를 받으셨거니와 그밖에 따로 무엇을 전해 받은 것이 있읍니까」 가섭 「아난」 아난 "예" 가섭 "문앞의 찰간을 거꾸로 세워라"

도간(道看) 말하여 맞추는 것.

도간경(稻稈經) 梵〈Salista mbha〉 또는 稻芋經. 稻稈經. 稈·芋·蘖의 三字는 禾莖을 말함. 二經이 있으니, ①稻芋經, 一卷. 譯者未詳. 十二因緣法과 十二因緣이 차례로 나오는 것이 稻芋이 種子에서 芽, 芽에서 葉이 나옴과 같으므로 들어서 비유한 것. ②慈氏菩薩이 說한 大乘緣生稻蘖喩經, 一卷. 不空이

번역함. 上同本.
도간유경(稻幹喩經) 慈氏菩薩이 說한 大乘緣生稻幹喩經의 약칭.
도감(都監) 절에서 돈이나 곡식같은 것을 맡아 보는 일. 또는 그 사람.
도감사(都監寺) 都寺를 말함. 都寺 및 監寺의 뜻이 아님.
도강(都綱) 一僧錄司. 職位.
도강(都講) 講會를 맡은 소임. 都講師라 한다. 講會를 主宰하며 問端을 발하여 講者로 하여 解脫하도록 하는 소임.
도거(掉擧) 心所의 이름. 大煩惱地의 하나. 二十隨煩惱의 하나. 精神을 흐트리고 다른데로 달아나게 하는 마음의 作用. 昏沈의 反對로 散亂의 뜻과 같은 것. 마음이 一境에 住하지 않고 物에 대하여 散亂하는 精神作用. 惺惺寂寂한 一念의 狀態가 아니고 複雜散亂하게 일어 나는 妄想을 말함.
도건(兜巾) 頭襟. 頭巾이라고도 함. 修行者의 道具의 하나.
도검(道檢) 聲聞이 見道의 位에서 道로써 마음을 점검하므로 道檢.
※玄應音義三에「以道檢心 故言道檢 大品經云 若入聲聞正位是也 蒼頡篇 檢 法度也 亦攝也」
도견(倒見) 顚倒된 妄見. 四種으로 常·樂·我·淨이 있음. 곧 無常爲常·苦爲樂·無我爲我·不淨爲淨.
※大乘義章五末에「倒者邪執翻境 名之 爲倒」

도겸(道謙) 宋나라 때의 禪僧. 大慧의 弟子로서 中國 建寧府의 사람. 諱는 道謙, 號는 密庵. 宋 哲宗 元祐 4(1089)年~南宋孝宗 隆興 1(1163)年 年間 승려.
도경(道經) 道敎의 經典.
도계(道戒) 道共戒의 약칭.
도계주(盜髻珠) 僧尼羅國王이 黃金으로 몸과 같은 佛像을 鑄造하였다. 상투는 寶珠로 裝飾하니 盜賊이 사다리를 놓고 가져 가려고 하니 像이 漸漸 높아져서 미치지 못하였다. 盜賊이 嘆息하기를 "부처가 衆生을 救濟하지 아니하는구나" 하니 佛像이 머리를 숙여서 寶珠를 盜賊에게 주었다. 뒤에 市人이 盜賊을 잡으니 盜賊이 그 일(부처가 머리숙여 주든 일)을 말하여 불상을 보니 아직도 머리를 숙이고 있으므로 王이 그 珠寶를 重한 값을 주고 다시 사서 裝飾하였다는 故事.
도고(屠沽) 屠는 백정. 沽는 술파는 사람. 미천한 사람을 일컫는 말.
※元照之彌陀經疏에「此乃具縛凡夫 屠沽下類 刹那超越成佛之法也」
도골(道骨) ①佛祖의 骨髓라는 뜻으로 佛法의 奧義를 말한다. ②道人의 骨相風來를 말함.
도공(道龔) 中國 北凉代의 사람. 鄕貫姓씨 未詳. 북량영안년간에 沮渠蒙遜을 위하여 張掖에서 寶梁經 二卷을 번역 하였음.
도공계(道共戒) 三種 계의 하나. 無

漏律儀·道生律儀라고도 한다. 불교의 성자가 見道하고 수행하는 자리에서 無漏道를 일으키면 저절로 몸과 말의 허물을 여의게 된다. 이 무루도와 함께 防非止惡하는 戒體를 발하여 얻은 것을 도공계라 함. →三律儀.

도과(度果) 梵〈phala-vyatikrama〉 果報의 나타남을 지나서 뒤까지 存在하는 것.

도과(度科) 得度의 試科. 唐 中宗景龍 初期에 天下에 命하여 僧侶의 經度를 시험하니 山陰의 靈隱과 僧童(行者) 大義가 法華經第一을 誦讀하였다. 이것이 唐나라 度科의 始初. (佛祖統紀五十一)

도과(道果) 佛道의 果. 깨닫는 것. 涅槃을 말함.
※法華經藥草喩品에「漸次修行 皆得道果」四十二章經에「度憍陳如等五人而證道果」

도과고하(渡過苦河) 生死의 흐름을 건느는 일.

도관(都管) →都寺.

도관(道觀) 道는 化道, 他를 敎化함. 觀은 空觀 스스로 空理를 觀함을 이름. 스스로 空理에 住하여 他를 향해서 化道를 行함을 道觀雙流라 하니 이것이 菩薩의 正行임.
※止觀六에「菩薩者 福慧深利 道觀雙流」四敎儀集註下에「道觀雙流者 道謂化道 觀謂空觀 帶空出假 故曰雙流」

도관쌍류(道觀雙流) 道는 化道. 남을 敎化하는 것. 觀은 空觀, 空한 이치를 觀하는 것. 스스로 空理에 있으면서 남을 敎化하는 것을 말한다. 이는 天台宗에서 通敎 十地 중의 제九 보살지에서 닦는 相을 나타내는데 쓰는 말.
※自修空觀 同時出假觀 化道衆生也.

도광(道光) 부처님의 지혜 광명, 부처님 지혜의 實體는 淸淨하여 모든 허물을 여의고 무명의 어둠을 깨뜨리므로 道光이라 함.

도광(韜光) 빛을 숨겨서 밖에 나타나지 않게 하는 것. 轉하여 聖者가 山谷에 숨어서 俗世를 멀리한다는 뜻.

도광회적(韜光晦迹) 修行의 結果 높은 境地에 達한 自己의 心身을 世間의 耳目으로부터 숨겨서 사람들로부터 떨어져 사는 것. →韜光.

도교(道交) 衆生의 善根이 發動함을 機, 大悲心이 感動함을 應, 機와 應이 서로 붙어 일치함을 道交라 이름.

도교(道敎) 正道의 가르침. 즉 佛道의 가르침. 世上사람들을 救하기 위한 가르침. 여러 法門과 부처의 길.
※無量壽經上에「出興於世 光闡道敎」同下에「宣布道敎 斷諸疑網」其後 魏 寇謙之以爲神仙道之名 見道士條 惟蒙古人尙稱佛敎爲道敎 蒙古源流四에「癸祀昭釋迦牟尼佛於上方福地 大施金銀寶貝於釋迦牟尼佛 極加敬重 修明道

敎」又에「遵依從前道敎而行 遂頓道
敎 獲亨安逸」 案此書中稱佛敎爲道敎
處甚多 略錄一二例其餘」

도구(道具) 佛道를 修行하는데 필요
한 기구. 袈裟・鉢盂등. 三衣什物
을 말하는 것. 華嚴經入法界品에
「無分別功德을 修하는 道具」라 하
고 同觀自在章에「善知識에서 一切
智에 到達하는 道行을 돕는 器具」
라 하고 釋氏要覽中에「道具는 中
阿含經에는 所蓄한 物品으로 資身
進道하는 것. 곧 善法을 增長시키
는 器具라 하며 菩薩戒經에는 生을
도와서 道에 順行하는 器具」라 하
고 天台別傳에「衣鉢과 道具 두 가
지로 구분한다」고 하였음.

도구(道舊) 함께 불도를 수행하는
오랜 친구. 오랫동안 도로써 사귄
동무. →道伴.

도구소(道舊疏) 新住持가 入寺할 때
에 住持의 道伴들이 推奬하여 짓는
疏.

도구의(道具衣) 禪宗에 由來된 이름
또는 裝束衣.

도근(道根) 道를 確立하는 뿌리.

도금(道禁) 佛道를 위하여 諸惡을
禁하는 戒를 말한다. 佛戒・佛道의
規律.

도기(掉起) →掉擧.

도기(道記) 成道의 記別을 말함.

도기(道氣) 佛道의 氣分을 말함.
※止觀十에「闍證凡龜 盲狗櫓吠 自行化
他 念無道氣」

도기(道基) ①中國 阿南東平 사람.
俗姓은 呂氏. 14세에 彭城에 遊學
하여 見聞한 것이 많으며 俊邁하여
세상의 존경을 받았다. 隋太尉 尙
書令 楊素師를 공경하여 洛陽에 청
하여 雜心論을 講하게 하였다. 雜
心論 玄章과 抄 八卷을 撰하였고,
慧日道場에서 講을 개최하자 煬帝
도 그 자리에 있어 佛敎東漸以來의
壯觀이라 하였다. ②菩提의 基本.

도기(道器) 佛道를 닦을 만한 器量.
※戒本疏二下에「斷彼相續 違慈惱他 損
害道器 過中之甚」

도기(道機) →鐵牛.

도기불전입등롱(倒騎佛殿入燈籠) 큰
佛殿을 타고 작은 燈籠에 들어간다
는 逆說로 大小의 相을 泯滅하고,
逆順自在한 明眼衲僧의 機用을 말
한 것.

도념(道念) ①佛道를 구하는 생각.
②道를 믿고 좋아하는 마음. 곧 信
念 ③도의적인 생각 곧 道德心.

도다(徒多) 또는 梟多. 私多河의 이
름. →私陀.

도단(倒斷) 倒는 欺倒로서 煩惱. 斷
은 斷絶이며 煩惱妄想을 斷絶한 것.
解脫 또는 透脫과 같은 뜻.

도단만다라(都壇曼茶羅) 大日曼茶羅
는 大日로써 中胎를 삼아 三重의
都壇을 이루는 까닭에 都壇曼茶羅
라 일컬어 諸尊의 別壇曼茶羅에 對
比한 것.
※大疏四에「若行人自見中胎藏時 卽知

一切衆生悉有成佛因緣故 其所起大悲曼茶羅亦周徧法界」見都會壇曼茶羅條

도달(忉怛) 切切怛怛의 준말이니 걱정에 쌓여 슬퍼하는 모양. 切는 哀의 뜻이나 叨와 通用한다. 叨는 饒舌(지껄이는 것)의 뜻으로 切怛은 饒舌多辯함을 形容하는 말.

도덕(道德) 道는 正道. 德은 所得의 뜻. 또는 德은 자기의 소득이요 道는 他에 미친다는 뜻. 無量壽經 卷下에 「無量壽佛國에 태어나면 快樂이 끝이 없고, 오래도록 道德과 같이 밝으며 길이 生死의 근본에서 벗어난다」고 하였음.

도덕제(道德諦) 道를 實踐하는 眞理 道諦와 같다. →道諦.

도덕제자(道德弟子) 道를 實踐하는 弟子.

도도(刀途) 三途의 하나. 畜生道의 異稱. 畜生은 罪業으로 괴로움을 받는 온갖 짐승. 三途는 三惡道이며 地獄道·畜生道·餓鬼道임.
※止觀一에「若其心念念欲得名聞 四遠八方稱揚歆詠 因無實德 虛比賢聖 起下品十惡如摩犍提者 此發鬼心行刀途道」同輔行에「從被驅逼爲名 故名刀途」

도도(忉忉) ①忉는 憂, 근심, 詩經에「無思遠人, 勞心忉忉」라고 하였음. ②叨字와 같이 쓰며 饒舌의 뜻 洞山曉聰의 말에「또 하필 대중을 대하여 忉忉하냐」고 했음.

도도(滔滔) ①물이 많은 모양. 廣大한 모양. 큰물이 흘러가는 모양. ②물이 출렁출렁 흐르는 모양. 江河의 넓고 큰 물이 흐르는 모양.

도도량(都道場) 중국에서 한 군(郡)이나 한 현(縣)마다 세운 불교의 道場. 각 종파의 사람들이 모여 聖壽 萬歲를 축원하는 곳. 425(魏 나라 대무제 시광 2)년에 이 도량을 세움.

도독(刀毒) 梵 〈viṣā-Sastra〉 毒과 武器.

도독고(塗毒鼓) 독약을 바른 큰 북. 그 소리를 들은 이는 죽는다고 함. →毒鼓.
※傳燈錄에「全豁禪師上堂 一僧出禮拜請 師曰 吾敎意猶如塗毒鼓 擊一聲 遠近聞者皆喪」

도동(掉動) 움직임.

도두(到頭) 到底와 같은 말. ①드디어 마침내. 필경. 결국. ②끝까지 徹底.

도두(掉頭) 머리를 흔들음.

도득(道得) 들어내놓고 일러서 말함. 道는 言·云·曰·謂와 같은 뜻. 得은 語勢를 强하게 하여 주는 助字.

도득시(道得是) 말하는 것이 옳다. (正法眼藏)

도득지당부(道得之當否) 말하고 있는 것이 맞는가 어떤가라고 말하는 것. (正法眼藏)

도등(道登) 고구려 승려. 영류왕 10(627)年 唐나라에 가서 嘉祥寺 吉

藏大師에게 三論의 宗旨를 배우고, 일본의 遣唐使를 따라 渡日, 元興寺에 있으면서 주로 空宗을 강의, 고승 道昭와 함께 이름을 떨쳤다. 일본 효덕천황 대회 1(645)年 일본의 孝德天皇의 命으로 福亮 慧雲 등과 함께 十師가 되어 佛法을 널리폈다. 650年 長門지방에서 흰 꿩을 헌상하매, 道登이 아뢰기를 좋은 징조로서 佛法이 크게 흥할 것이라 하였으므로 일본왕은 연호를 白雉(650~654)라고 고쳤다 함.

도라(兜羅) 梵〈Tūla〉 또는 妬羅·堵羅·蠹羅. 번역하여 楊華·絮·野蠶·繭·綿이라 하며 一般的으로 兜羅綿. 兜羅毦라 함. 慧琳音義에「堵羅綿은 가늘고 부드러운 綿絮이다. 沙門 道宣의 注四分戒經에 依하면 草木花絮라 함. 蒲臺花·柳花·白楊·白曼花 등의 絮를 말하며 細㮈의 뜻을 取한 것」이라 하고. 同六十四에「兜羅貯는 草木花絮로 木綿이다」라 하고, 俱舍光記十一에「妬羅는 樹名이며 綿은 果實內에서 나오니 이름은 妬羅綿. 柳絮와 같다」고 함.

※譯曰楊華 絮 野蠶繭 綿 常曰兜羅綿 兜羅毦 又樹名 慧琳音義三에「堵羅綿 細綿絮也 沙門道宣注四分戒經云 草木花絮也 蒲臺花 柳花 白楊 白疊花等絮是也 取細㮈義」同六十四에「兜羅貯 草木花絮 木綿也」飾宗記六末에「兜羅者 草木花絮之總名也」俱舍光記十一에「妬羅 是樹名 綿從樹果中出 名妬羅綿 如言柳絮」瑜伽倫記八上에「野蠶繭 名妬羅綿」

도라면(覩羅綿) 梵〈tura〉 번역하여 都羅의 木綿. 부드러운 綿.

도락(道樂) 道를 解得하고 스스로 즐거워 함.

도락차(度洛叉) 梵〈atilaksa〉 敎의 單位. 十의 六乘. 百萬에 該當됨.

도랑(道朗) 中國 北凉時代의 사람. 鄕貫 미상. 北凉玄始 10年에 曇無識이 河西王을 위하여 大般涅槃經을 번역할 때에 慧嵩과 함께 이에 참가하여 同經의 序文을 지었다. 學과 道가 함께 높아 河西地方에 獨步하였으므로 河西道朗이라 칭하였다. 著書는 涅槃經義疏, 法華義疏, 中論序等이 있다 하나 모두 傳해오지 않음.

도래(都來) 全部. 모두. 다. 來는 語助辭.

도래승(渡來僧) 다른 나라에서 건너온 僧侶.

도량(道場) 원래는 도장이나 우리나라에서 도량이라 부른다. 일명 菩提道場. 모든 佛·菩薩이 聖道를 얻거나 또는 얻으려고 수행하는 곳. 그후 뜻이 여러가지로 바뀌어 佛道를 수행하는 절이나 승려들의 모임도 도량이라 불렀다. 密敎에서 祈禱修法을 짓는 장소. 고려때에는 王이 국가의 평화와 왕실의 번영을 빌거나 또는 천재지변, 질병, 災難 등의 예방을 위한 여러가지 도량이 자주 베풀어졌다. 예를 들면 膚宗 때에는 消災道場, 般若道場, 仁王도량, 天帝釋도량, 佛頂도량, 藥師도량 등을 궁궐안에서 베풀었고, 仁宗때도 궁중에 소재도량, 인왕도량, 寶星도량 등을 열었다. 중국에서는 隋煬帝 大業 9(613)年 煬帝의 詔勅에 따라 寺院을 道場이라 부름.

도량관(道場觀) 眞言行者가 住하는 道場과 信하는 佛身을 觀하는 것을 道場觀이라 한다. 그 住하는 道場을 器界와 道場의 二段으로 나누며 그 器界에 나가는 것은 顯・密・諸敎에서 밝힌 三輪, 五輪과 같지 아니하다. 三輪은 風輪・水輪・地輪.

도량교주(道場敎主) 觀世音菩薩을 높이어 일컫는 말.

도량방(道場榜) 祈禱, 혹은 法要 등을 행하려면 먼저 道場을 莊嚴한다. 이 일을 알리기 위하여 榜을 써서 一般에게 告知하는 것.

도량소득법(道場所得法) 梵 〈bodhi-maṇḍa〉 菩薩의 道場에서 얻은 깨달음의 精要.

도량수(道場樹) 菩提樹를 말함. 이 나무 아래에 成佛한 金剛座가 있으므로 道場樹라 함.
※無量壽經上記極樂世界之菩提樹에 「其道場樹無量光色 高四百萬里」

도량수원(道場樹願) 阿彌陀佛 四十八願中에 第二十八. 「내가 부처가 된다면 淨土의 菩薩은 功德이 적은 者라도 높이 四百萬里의 道場樹를 보도록 할 것이다」라고 誓約한 일.

도량승묘지장(道場勝妙之場) 梵 〈bodhi-maṇḍa〉 殊勝한 깨우침의 자리.

도량신(道場神) 道場의 守護神.
※止觀私記八에 「道場神者 護法善神 如法華十羅刹 方等夢王等」

도량천수(道場千手) 道場을 돌면서 千手를 외는 일.

도려(道侶) 道敎의 사람들.

도력(道力) 道를 닦아서 얻는 힘. 道의 힘.
※楞嚴經一에 「阿難見佛 頂禮悲泣 恨無始來一向多聞 未全道力」 智度論二에 「阿難聞是事 悶心小醒 得念道力助」

도력화공(道力化功) 佛道修鍊의 힘과 導化하는 功德.

도렴소치(陶染所致) 環境에 依한다는 뜻. 直接 배우지 않아도 보고 듣는 사이에 스스로 알게 된다는 것.

도로(徒勞) 梵 〈mogham Sra mon〉 헛된 努力.

도로(都盧) 온통・전부・모두의 뜻. 흔히 禪家에서 쓰이는 말로, 하나도 남은 것이 없다는 뜻. 斛飯王이라 번역. →斛飯王.

도로(道路) 梵 〈mārga-satya〉 實踐의 道.

도로단나(途盧檀那) 梵 〈Droṇo dr-na〉 王名. 佛本行集經五에 「途盧檀那는 隋나라 말로 斛飯王」이라 함.

도로슬가~도리과

一斛飯.

도로슬가(都嚧瑟迦) 梵〈uruṣka〉또는 咄嚕瑟劒·兜樓婆. 香名·蘇合. 번역하여 香草, 白茅香.

도로시(都盧是) 도무지.

도루바(兜樓婆) 梵〈Turuṣka〉또는 姤路婆. 번역하여 香草. 印度地方에서 나는 향초의 一種. 婆는 娑의 잘못인 듯.
※楞嚴經七에「壇前別安一小火爐 以兜樓婆香 煎取香水」大日經疏七에「姤路婆草 是西方苜蓿香 與此間苜蓿香稍異也」

도류(道流) 流는 輩, 徒와 같은 뜻. 佛道를 修行하는 사람들.

도류인(道類忍) 八忍의 하나. 道類智忍의 준말. 색계·무색계의 道諦의 이치를 관하여 한창 道類智를 얻으려 할 적에 일어나는 忍可決定하는 마음.

도류지(道類智) 八智의 하나. 색계·무색계의 道諦를 관하여 얻는 지혜. 이 지혜는 먼저 욕계의 도체를 반연하던 法智와 같은 종류이므로 類智라 한다. 唯識宗에서는 이를 見道의 智라 하고, 俱舍宗에서는 修道에 속한다 함.

도류지인(道類智忍) 欲界의 道諦를 觀한 뒤에 明確하게 認知하는 마음을 말한다. 道類智를 얻기 前에 일어나는 마음. 八忍·十六心의 하나.

도륜(道倫) 新羅 僧侶. 成唯識要決을 지음.

도륭(道隆) (1213~78) 臨濟宗 스님. 송나라 西蜀 涪江 출신. 字 : 蘭溪. 俗姓 : 冉. 十三世에 成都의 大慈寺에서 출가. 陽山의 無明性禪師의 문하에서 깨달음. 三十三세 때 商船을 타고 일본에 건너감. 後北條 時賴의 請을 받아 鎌倉 建長寺를 開山. 일찌기 오해를 받아 甲州에 유배되었으나 얼마 아니되어 사실이 밝혀져서 건장사에 돌아오다. 六十六壽에 죽다. 大覺禪師의 號를 줌. 이것이 일본에서 禪師의 號를 주게된 始初. 저서 : 大覺錄 3卷.

도리(忉利) →忉利天.

도리(倒離) 梵〈viparita-vyatire-Ka〉顚倒하는 離作法의 뜻. 異喩五過의 하나. 離作法을 할 때에 先宗後因의 순서를 顚倒하는 것.
※蓋於聲無常之量爲之 則諸常住者(離無常之宗)視爲非所作(離所作之因) 應謂如虛空 若倒說 諸非所作者 視爲常住 謂如虛空時 則是以非所作之因 成立常住之宗 違異喩之本義 故爲倒離之過.

도리(道理) 梵〈yukti〉如理의 뜻. 理라고도 함. 타당한 義趣를 말함.
※通貫事物本眞之義曰道理 道理者通達無礙之謂 指一物上所具之義 通於餘物而言.

도리(導利) 梵〈nara-nāyaka〉引導하여 利롭게 하는 사람을 말하는 것.

도리과(倒離過) 因明三十三過中 異喩에 屬하는 五過의 하나. →倒離.

도리극성진실(道理極成眞實) 道理에 依하여 一般에게 認定된 眞實.

도리삼세(道理三世) 三種 三世의 하나. 種子曾當三世라고도 한다. 현재라는 1法에 도리로써 假設한 三세. 현재의 法은 과거의 因에 따라 나타난 것이므로 그 현재법의 因을 가정하여 과거라 이름하고 현재법은 미래에 반드시 果를 이끌어 오는 뜻이 있으므로 그 果를 가정하여 미래라 이름한 것. 곧 현재 1찰나의 法 위에 과거의 因과 미래의 果를 세워서, 가정하여 3世를 말하는 것.

도리지부속(忉利之付屬) 地藏菩薩이 忉利天에서 釋迦의 부탁을 받고 六趣의 衆生을 구제하였음. →地藏.

도리천(忉利天) ⓢ 〈Trāyastriṁśa〉 欲界 六天의 第二天. 怛唎耶怛唎奢天. 多羅夜登陵舍天이라고도 쓰며 三十三天이라 번역한다. 南贍部州의 위에 八萬由旬되는 須彌山 꼭대기에 있다. 중앙에 善見城이라는 四面이 八萬 由旬되는 큰 城이 있고 이 城안에 帝釋天이 있으며 사방에 각기 八城이 있는데 그의 권속인 하늘 사람들이 살고 있다. 四方 八城인 三十二城에 善見城을 더하여 三十三이 된다. 이 三十三天은 반달의 三齋日마다 城밖에 있는 善法堂에 모여서 法답고, 法답지 못한 일을 評한다 함. 이 하늘의 衆生들은 淫慾을 行할 때에는 변하여 人間과 같이 되지만 다만 風氣를 누설하기만 하면 熱惱가 없어진다고 한다. 키는 1由旬, 옷의 무게는 六銖, 수명은 一千세, 그 하늘의 一晝夜는 人間의 百年, 처음 태어났을 때는 人間의 六歲되는 아이와 같으며 빛깔이 원만하고 저절로 의복이 입혀졌다고 한다. 부처님이 일찌기 하늘에 올라가서 어머니 마야부인을 위하여 석달동안 說法하고 三道의 寶階를 타고 승가시국에 내려왔다고 전함.

도림(道林) 中國 杭州富陽, 浙江省 杭州府富陽縣 사람. 俗姓은 潘씨. 또는 翁씨. 어릴 때 이름은 香光. 唐 玄宗開元 29年에 출생. 9세에 出家하고 21세에 荊州 果願寺에서 具足戒를 받다. 秦望山에 居하니 時人이 鳥窠禪師라 하였다. 白居易가 杭州太守가 되었을 때 선문을 하여 존경하였고 諡號를 圓修禪師라 하였음.

도림(道琳) 고구려 승려. 第20代 장수왕의 첩자로 백제에 들어가 바둑으로써 蓋鹵王의 신임을 얻고 백제의 내정을 살피는 동시에 蓋鹵王을 설득하여 토목공사를 크게 일으켜 財政과 백성을 곤궁에 빠뜨린 뒤 고구려로 돌아와 장수왕 63(475)年 장수왕으로 하여금 백제를 쳐서 漢城을 함락하고 蓋鹵王을 죽이게 했음.

도마죽위(稻麻竹葦) 물건이 많은 것

을 비유한 말. 벼, 삼, 대, 갈대와 같이 많다는 것.

도멸(都滅) 모두 멸하는 것.

도멸(道滅) 道諦와 滅諦의 병칭. 道法을 닦아서, 寂滅의 涅槃을 얻음은 出世의 因果며 妙樂의 因果.

도멸이체(道滅二諦) 修行과 修行에 依한 苦의 絕滅.

도명(道明) 中國의 鄱陽 사람. 姓은 陳氏. 어려서 永昌寺에 出家. 뒤에 五祖弘忍 大師의 會下에 들어가 있다가 五祖가 衣鉢을 盧行者(六祖慧能)에게 傳했다는 말을 듣고 여러 사람들과 함께 그를 뒤쫓아 大庾嶺에 이르니 盧行者가 그 衣鉢을 바위 위에 버렸다. 師(道明)가 그것을 들고자 하였으나 움직이지 않자 盧行者에게 말하기를 "내가 法을 求하려고 온 것이요 衣鉢때문이 아니니 바라건대 行者께서는 나를 가르쳐 주소서"하였다. 行者가 말하기를 "善도 생각지 않고 惡도 생각지 않을 때 어느 것이 本來面目을 밝히는 것인가"하니 師(道明)가 言下에 크게 깨쳤다. 뒤에 廬山의 布水臺에 3년을 住한 후 袁州 蒙山에서 크게 敎化를 폈다. 生卒未詳.

도모로(兜牟盧) ㊈ ⟨tumbura⟩ 四姉妹女天의 兄으로 欲界中의 諸天의 眷屬.

도무(都無) 전혀 있지 않음. 아무것도 存在하지 아니함.

도무극(度無極) ㊈ ⟨波羅密多=Par-amita⟩ 舊譯에 度無極. 新譯에 到彼岸. 度는 곧 到彼岸. 無極은 行法이 除限이 없음을 이름.

도무극경(度無極經) 六度集經의 다른 이름.

도무로천(都牟盧天) ㊈ ⟨tumbrā⟩ 또는 瞳母瞻・兜牟盧・凍母囉・耽浮樓・珠浮樓. 胎藏界曼荼羅 文殊院中 最北端 五奉敎者의 중앙에 있는 天尊의 이름. 密號는 金剛임. →兜牟盧.

도무론자(都無論者) 모든 것이 無라 主張하는 論者. 虛無論者. 中觀派의 일을 評하여 말한 것.

도무상(道無上) 如來의 利他한 行動이 가장 殊勝하다는 것. 七無上의 하나.

도문(都文) 또는 都聞・通文・通聞・禪寺에서 쓰이는 승려의 직명. 都寺의 위에 있기도 하고 혹은 아래나 監寺 위에 있기도 한다. 승려에게 이름을 붙일 적에 모든 일을 다루는 소임.

도문(都聞) 또는 都文. 禪林에서 주로 쓰는 말이며 文書를 맡은 職名.

도문(道門) 實踐해야 할 道. 正道門의 略語. 般若眞實의 가르침. 諸法實相의 敎를 말함.

도문종(道門宗) 우리나라 불교 華嚴宗의 一 分派. 李朝 태조때에 화엄종이 화엄종과 도문종의 두 파로 갈라졌는데 도문종의 정체는 알 수 없음.

도물(度物) 衆生을 救하는 일.

도미시(道未是) 말하는 것이 充分하지 아니함.

도민(道忞) 中國 清初의 禪僧. 姓은 林氏 字는 木陳. 山翁. 또는 夢隱이라 號하였음. 明 萬歷 24(1596)年 潮陽(廣東省潮陽縣)에서 出生하여 처음에 儒學을 배웠으며 官途에 나갔으나 金剛經 法華經等을 읽고 廬山開先寺에서 剃髮하였다. 그 後 諸山을 遍歷하고 16年 召喚되어 世祖에게 說法하였고 會稽化鹿山에 隱居하였음.

도바(兜婆) ⑳ 〈Stupa〉 塔婆와 같음.

도박화라성(荼鎛和羅城) 地名. 舊唐書에 「荼鎛和羅城은 북으로 禪連河에 臨하였다」고 하였음.

도반(道伴) 함께 佛道를 修行하는 벗. 道로써 사귄 동무.

도발비사문천(兜跋毘沙門天) 唐나라 때에 中國의 邊境에 나타나서 國土를 守護한 武將.

도방고(道方高) 道風이 크게 떨치어 믿는 사람들이 많다는 뜻.

도범(倒凡) 顛倒된 생각을 가진 凡夫. 釋門歸敬儀中에 「無始倒凡, 隨情妄執」이라 함.

도법(道法) 涅槃正道에 이르는 法.
※無量壽經下에 「奉持經戒 受行道法」 四十二章經에 「爲沙門受道法者」 維摩經方便品에 「不捨正法而現凡夫事」

도법아사리(都法阿闍梨) 모든 법을 죄다 배워 얻은 大阿闍梨란 뜻. 밀교의 비밀한 법에서 胎藏界의 三부와 金剛界의 五부의 법을 모두 전해 받아 남의 스승이 된다는 칭호.

도법어(道法御) 道를 따라 사람을 이끄는 사람. 調御丈夫. 佛의 十號의 하나.

도법인(道法忍) 道法智忍의 준말. 八忍의 하나. 욕계의 道諦의 이치를 觀하여 한창 道法智를 얻으려는 때에 일어나는 忍可決定하는 마음.

도법지(道法智) 八智의 하나. 욕계의 道諦의 이치를 觀하여 얻은 지혜. 모든 법의 진리를 證得하는 지혜이므로 法智라 한다. 이는 욕계의 道諦에 迷한 見惑을 끊는 지혜.

도법지인(道法智忍) 滅諦를 緣한 뒤에 欲界의 道諦에 對하여 明確하게 아는 것을 말함. 道法智를 얻기 前에 일어남. 八忍・十六心의 하나. →八忍. 一十六心.

도벽(倒僻) 남을 넘어뜨리는 일.

도병기근역병(刀兵飢饉疫病) 人間이 받아야 할 갖가지의 災難을 말함.

도복(道服) 袈裟의 別名. 道人이 입는 것이므로 이렇게 부름. 六物圖에 「혹은 袈裟・道服・出世服・法衣라 이름 함」이라고 하였으며, 法衣의 總稱.

도복(道福) ⑳ 〈punya〉 功德.

도부다라니목(都部陀羅尼目) ㉒ 一卷 唐密空 번역. 陀羅尼諸部要目이라고도 함. 金剛頂經・大日經・蘇悉地經・蘂呬耶經・蘇婆呼童子經・怛

唎三昧耶經의 六부에 대하여 그 要目을 들어서 해설한 것.

도부요목(都部要目) 諸部要目의 다른 이름.

도부조(稻負鳥) 새의 一種.

도분(道分) 깨우침의 果를 얻는 것. 福分은 世俗的인 것에 對하여 道分은 出世間的인 것임. →福分.

도불시(都不是) 전혀 옳지 못함.

도빈모경(度貧母經) 摩訶迦葉度貧母經의 약칭. →摩訶迦葉度貧母經.

도사(度使) 惡魔名. 俱舍光記八에「魔羅의 이름을 度使라고 하며 度使란 毁毁를 이름」이라고 하였음.

도사(都寺) 六知事의 하나. 자세히는 都監寺. 禪寺에서 모든 절일을 감독하는 직명. 한 절의 총감독 격으로 지금 우리 나라의 總務에 해당 또는 都總・都寺・都守.

도사(道士) ①佛道를 닦아 깨달은 사람. ②道敎를 닦는 사람.
※盂蘭盆經疏下에「佛敎傳此方 呼僧爲道士」行事鈔資持記下三에「道士本釋氏之美稱 後爲黃巾濫竊 遂不稱之」

도사(圖寺) 浮圖와 佛寺의 병칭. 高僧傳 康僧會에「江左興立圖寺」라 하였음.

도사(導師) ①사람을 引導하는 師라는 뜻. 指導者. 사람들을 正道로 引導하는 者. 佛・菩薩의 敬稱. ②많은 僧侶의 中心이 되어 法要를 執行하는 僧. 法事를 主管하는 僧을 말함.

도사경(都史京) 彌勒菩薩이 있는 兜率天의 都邑.

도사경(兜沙經) 一卷. 後漢의 支婁迦讖이 번역함. 玄應音義八에「兜沙經은 번역하여 行業經이라」함. 華嚴經 如來名號品의 少分과 光明覺品의 小分을 말하는 것.

도사관(道士觀) 道敎를 修行하는 사람들이 住居하는 舍屋. 道觀을 말하는 것.

도사궁(都史宮) 都史多天의 宮殿. 彌勒菩薩의 居處. →兜率.

도사다(都史多) 梵〈Tuṣita〉 도는 覩史多・兜駛多・鬪瑟多. 天名. 舊譯에 兜率. →兜率天.

도사다천(覩史多天) →兜率天.

도사라(都沙羅) →兜沙羅.

도사라(兜沙羅) 梵〈Tusāra〉 또는 都沙羅. 霜이라 번역.
※華嚴經七十八에「兜沙羅色光明」慧苑音義下에「兜沙羅色 具云兜沙羅色 言兜沙者 此云霜也 兜羅 氷也」梵語雜名에「霜 覩沙羅」

도사야마(都史夜摩) 梵〈Tuṣita-Yāma〉 都史多天과 夜摩天의 병칭.

도사전(都史殿) 都史多天의 宮殿. 彌勒菩薩의 居處.

도사전(盜四錢) 印度 王舍城의 국법으로 五錢 이상을 훔치면 사형에 처하는 것이므로 四錢까지는 훔치는 이가 있거니와 불교의 계율에서는 이것마저 금한다. 5錢을 훔친 이는 擯斥을 받고 四전 아래로는 다시 배우는 것을 허락함.

도사천(都史天) 都史多天의 약칭.

도삭찬(鍍鏒鑽) 자루를 돌려가며 구멍을 뚫는 송곳. 秦代에 옛 송곳이 삭아서 구멍을 뚫지 못하여 쓰지 못한 것을 鈍漢의 머리에 들어 갈 곳이 없는데 비유한 것.

도산(刀山) 十地獄의 하나. 地獄에 있다는 칼을 심어 놓은 산.
※千手經에 「我若向刀山　刀山自摧折」
往生要集上本에 「牙如劍　齒如刀山」

도산(掉散) 五蓋의 하나. 身·口·意의 三業이 安靜치 못하고 항상 떠들썩함을 좋아함.
※身掉者 好游走諸雜戲謔 不暫坐安靜
口掉者 好吟詠 爭是非 爲無益之戲論
世間之語言 意掉者 心情放逸 恣意攀
緣 思惟文藝世間之才技 爲諸惡覺觀也

도산화수(刀山火樹) 刀山劍樹라고 한다. 針의 山이라 함.

도살라(都薩羅) 梵〈Turasāra〉 城名. 慧苑音義下에 「都薩羅는 都羅. 번역하여 喜이며 薩羅는 生의 뜻. 이 城中에서 無量歡喜의 일들이 發生하므로 城名을 삼았다.」라고 하였음.

도상(圖像) 佛·菩薩 등의 형상을 그린 그림. 畵像. 우리 나라에서 幀畫라 함.

도상학(圖像學) 불교의 諸尊像은 製作者의 自由스러운 意志로 만들어 진 것이 아니고, 일정한 規則에 의해 造顯된 것이다. 그 規則의 基本

은 經典과 儀軌임.

도생(度生) 衆生을 濟度함.

도생(道生) (?~434) 中國 승려. 鉅鹿 사람. 俗性 魏. 竺法汰에게 출가하여 도를 배웠으므로 竺이라 성하다. 처음 靑園寺에서 교를 펼침. 隆安(397~401) 때에 廬山에 들어가 慧遠과 함께 있으면서 연구하기 七年. 뒤에 慧叡·慧嚴·慧觀 등과 함께 長安寺에 들어가 鳩摩羅什을 따라 교학을 연구. (409의 희 5년) 다시 청원사에 있으면서 善不受報·頓悟成佛·闡提成佛 등을 주창하다가 증승에게 擯斥. 平江의 虎丘山에 들어가 돌을 모아 聽衆으로 삼고 涅槃經을 강설하면서 闡提도 성불한다고 하니 여러 돌이 끄덕거렸다고 한다. 元嘉 十一年 여산에서 죽음. 저서 二諦論 佛性當有論 佛無淨土論 法身無色論 應有緣論과 유마힐경 법화경 涅槃經 소품반야경 등의 義疏가 있음.

도생승통(導生僧統) 高麗의 승려. 이름은 窺. 제십일대 문종의 제육왕자. 문종 25(1071)年에 중이 되어 玄化寺에 있었다. 예종 7(1112)年 정치적 파동으로 장군 金澤臣. 刑部尙書 申幸任 등과 함께 유배되어 巨濟에서 죽었음. 生卒未詳.

도생율의(道生律儀) 梵〈anāsravaḥ Samvaraḥ〉 道共戒와 같음. →道共戒.

도서(都序) 圭峰宗密이 쓴 禪源諸詮

集都序의 약칭.

도석화(道釋畫) 도교 및 불교의 人物畫. 대개 종교적으로 숭배할만한 人物의 초상이나 行狀을 그린 것으로 종교적, 觀賞的인 의의를 가지는 그림을 말한다. 세밀한 彩色畫도 있기는 하나 가장 특색 있는 형식은 순박한 水墨畫임.

도선(逃禪) 逃墨(墨子에게 감)·逃楊(楊子에게 감)이라 함과 같음.
※杜甫詩에「蘇晉長齋繡佛前 醉中往往愛逃禪」王嗣奭云 醉酒而悖其敎 故曰逃禪 後人以學佛者爲逃禪 誤見訂譌雜錄.

도선(道宣) 中國 吳興(浙江省 湖州府 烏程縣 사람. 一說은 潤州丹徒縣江蘇省鎭江府丹徒縣사람이라고도 함. 姓은 錢氏 字는 法佛. 陳史部尙書申의 子. 隋 開皇十六年 佛誕日 출생. 十五세에 長安 日嚴寺 智頵에게 가서 法華와 餘經을 배웠으며 17세에 落髮하였다. 그뒤 智首에게 律學을 익히고 智首의 律筵을 따라 聽講하기 十遍 드디어 그 業을 完遂하였다. 貞觀 4년 終南山 北淸宮精舍에서 般舟三昧를 행함에 群龍이 來聽하여 化함을 얻고 華果를 드리었다고 함. (高僧傳十四)

도선(道詵)(827~898) 신라 말기 스님. 姓은 金氏. 號는 玉龍子. 靈巖출신. 15세에 중이 되어 月遊山 華嚴寺에서 大經을 배워 大義를 통하고 그 후에 桐裏山 惠徹大師를 찾아 無說說 無法法을 배워 크게 깨닫고 23세에 穿道寺에서 具戒를 받았다. 도선은 雲峰山에 굴을 파고, 불도를 닦고, 태백산 속에 움막을 치고 여름을 보내면서 수도생활을 하다가 나중에 曦陽縣 白鷄山의 玉龍寺에서 入寂했는데, 일찌기 고려 태조 王建의 탄생과 그의 건국을 예언했으며, 風水 地理說과 陰陽圖讖說을 골자로 한 그의〈道詵秘記〉는 고려의 정치 사회면에 많은 영향을 끼쳤으며 李朝를 거쳐 오늘날까지 국민의 일상생활과 불가분의 관계를 맺어왔다. 효공왕으로부터 了空國師라는 시호를 받았고 제자들이 스승을 기념하여 玉龍寺에 세운 탑은 澄聖愚燈이라 命名되었다. 고려 현종은 大禪師를, 숙종은 王師를, 仁宗은 先覺國師의 시호를 追贈하고, 毅宗은 碑를 세웠음.

도선(道璿) 中國 河南省 許州 사람으로 속성은 衛氏. 唐 中宗 嗣聖元(684)年에 出生. 어려서 出家하여 洛陽大福先寺에 들어가서 定賓에게 투신하여 受戒하고 律藏을 배웠다. 또 華嚴寺 普寂에게 禪旨를 傳授받고 大福先寺에서 四衆을 敎誨하다. 後에 渡日하여 律學布敎에 많은 業蹟을 남기었음. 卒年未詳.

도선굴(道詵窟) 경상북도 善山郡 金鰲山 북쪽에 있는 굴. 집 두칸을 지었음.

도선비기(道詵秘記) 고려때 유행한 讖緯書. 고려 전국을 예언하여 神僧으로 알려진 도선이 지음. 원본은 전하지 않고 고려사의 도선비기에 언급한 것이 있다. 訓要十條에 도선이 정한 곳 이외에는 절을 짓지 말라는 말이 있는 것으로 보아 당시는 아마 秘記가 남아 있었고 또 도선을 무척 높이 여겼던 것으로 보임.

도설(倒說) 主語와 述語의 位置가 顚倒되게 말한 것. 앞 뒤의 말이 뒤바뀐 것.

도성(道成) 신라 스님. 觀機와 함께 包山의 남북에 따로 있으면서 서로 만나 풍월을 즐기다가 하루는 바위 위에서 공중으로 날아갔다고 한다. →觀機.

도성제(道聖諦) 梵〈mārga-satya〉涅槃에 이르기 위한 길이라는 聖스러운 眞理의 뜻. →道諦.

도세(度世) ①出世・出世間・離世間이라고도 함. 생사의 바다를 건너서 理想鄕인 涅槃에 이르는 것. ②세상 사람들을 제도하는 것.
※出過世間之謂也 無量壽經上에「超過世間諸所有法 心常諦住度世之道」同下에「獲其福德度世長壽泥洹之道」

도세(道世) 中國 長安・陝西省西安府 사람. 字는 玄惲. 姓은 韓氏. 12세에 靑龍寺에 출가 弘福寺智首에게 具足戒를 받음. 특히 律一宗에 정진하여 聲譽가 날로 높아지다. 고종황제 詔勅하여 자은사의 大德을 삼고 更代行道시키다. 諸皇太子를 위하여 西明寺를 세우고 師를 請하여 주거하게 하였음.

도세도(度世道) 世俗을 超越한 깨달음.

도세무위도(度世無爲道) 生存에서 解放된 解脫에의 길.

도세품경(度世品經) 六卷. 西晋의 竺法護가 번역함. 곧 華嚴經離世間品의 異譯. 度는 離.

도소(屠所) 소나 말을 잡는 곳. 屠殺場.

도소(道昭) 日本人으로 唐나라에 들어가 玄奘三藏께 뵈오니 三藏이 힘써 敎誨하였다. "經論은 글의 뜻이 廣博하여 수고로움은 많고 功은 적다. 나에게 禪宗이 있으니 네가 이 法을 배워서 東土에 傳할 수 있겠느냐" 하니 昭가 기뻐하여 修習하여 깨달음을 얻었다. 또한 指令하여 相州 降化寺에 있는 慧滿禪師를 보게하니 滿이 懇曲하게 開示하고 楞伽經을 가르치었다. 業을 完成하고 三藏을 作別하니 三藏이 佛舍利와 經論과 相宗의 章疏를 주었다. 昭가 돌아와 相宗을 盛하게 하고 日本에 처음으로 唯識의 뜻을 傳하였다. 壽가 七十二에 入寂하여 茶毘하니 日本火葬의 始初가 되었다.

도소(屠燒) 사람을 많이 죽이고 집을 많이 불태워 없이함. 殘忍한 惡行을 말하는 것.

도소양(屠所羊) 사람의 수명이 時時刻刻으로 죽음에 가까워지는 것을 屠殺場에 끌려가는 羊에 비유한 것. 涅槃經三十八에 「사람의 壽命을 보니 恒常 끝없는 怨敵의 노리는 것이 되고(中略) 아침 이슬과 같이 오래 머물지 못하는 것이 마치 死刑場에 끌려가는 罪囚나 屠殺場에 끌려가는 牛羊과 같다」고 하였고, 摩訶摩耶經上에 「旃陀羅와 같다. 소를 몰고 屠殺場에 가게 되면 한 걸음 한걸음이 죽을 땅에 가까워지는 것이 人命의 빠름을 비유함」이라 함.

도속(道俗) ①出家한 道人. 在家한 俗人. ②道를 닦는 일과 속된 일. ※智度論十에 「佛弟子七衆 比丘 比丘尼 學戒尼 沙彌 沙彌尼 優婆塞 優婆夷 優婆塞 優婆夷是居家 餘五衆是出家」

도속남녀(道俗男女) 出家와 在家의 모든 사람들.

도속업경(道俗業經) 演道俗業經의 약칭.

도솔(都率) ⑳ ⟨tuṣita⟩ 彌勒菩薩의 淨土가 있는 곳. →兜率天.

도솔(兜率) ①兜率天의 略稱. ②宋나라때 스님 從悅의 號.

도솔가(兜率歌) 新羅 景德王 19(760)年에 月明師가 지은 四句體의 鄕歌. 三國遺事에 실려 있음.

도솔내원(兜率內院) 菩薩最後身의 住處. 釋迦如來가 菩薩時節의 晝後 住處. 여기에 住하다가 此生을 마치고 人間에 태어나 成佛.

도솔만다라(兜率曼茶羅) 兜率天宮을 圖畵한 것. 곧 彌勒菩薩淨土의 形狀.

도솔삼관(兜率三關) 囮 兜率從悅이 세 가지 關門을 베풀어 學人을 접함. ①「撥草瞻風은 단지 견성만을 꾀함이니, 지금 그대의 성품은 어데 있는가」 ②「自性을 알면 바로 생사를 벗어날지니, 眼光落地時에 어떻게 벗겠는가」 ③「생사를 透得하면 가는 곳을 아나니, 四大가 分離하면 어디로 향하여 가겠는가」

도솔상생(兜率上生) 兜率天에 往生한다는 뜻. 또는 도솔왕생이라 한다. 도솔천에 往生하여 미륵보살을 만나기를 기원함을 말함.

도솔안양(都率安養) 彌勒菩薩의 淨土에 往生함을 말함.

도솔천(都率天) 또는 兜率陀·都史陀, 번역하여 知足이라 함. 五欲에 止足을 아는 까닭에 이름함. →兜率天.

도솔천(兜率天) ⑳ ⟨Tuṣita-deva⟩ 欲界 六天의 第四天. 覩史多 闘瑟哆 兜率陀. 兜術이라고도 하며, 上足, 妙足, 喜足, 知足이라 번역한다. 須彌山 꼭대기에서 十二萬由旬되는 곳에 있는 天界로서 七寶로된 궁전이 있고, 한량없는 하늘 사람들이 살고 있다 함. 여기에 內外의 二院이 있으며, 外院은 天衆의 欲樂處이고 內院은 미륵보살의

淨土라 함. 이 하늘은 아래에 있는 四天王, 忉利天, 夜摩天이 欲情에 잠겨 있고 위에 있는 化樂天, 他化自在天이 들뜬 마음이 많은데 대하여 잠기지도, 들뜨지도 않으면서 五欲樂에 滿足한 마음을 내므로 미륵보살 등의 補處가 있다고 함. 이 하늘 사람의 키는 二哩, 옷 무게는 一銖 半, 수명은 四千세, 人間의 四百세가 이 하늘의 一晝夜라 한다. 사바세계에 나는 모든 부처님은 반드시 이 하늘에 계시다가 성불한다고 함.

兜率天

도솔천궁(兜率天宮) 兜率天의 宮殿. →兜率天.

도솔천자(兜率天子) 또는 地獄天子. 釋迦菩薩이 兜率天宮에 있으면서 빛을 내어 十方世界를 비추니 이때 地獄衆生중 往昔에 諸善根을 심은 者는 이 빛을 받아서 地獄을 벗어나 兜率天에 태어나게 되었다. 天鼓 所說의 法音을 도솔천에 있는 몸으로 듣고 第十地에 이른 者를 이름. (華嚴四十八)

도솔타(兜率陀) 곧 兜率天. 欲界諸天의 하나. 그 뜻이 妙足함으로 또한 知足이라 번역함. 天人이 五欲에 모두 滿足할 줄 알았다는 말.

도솔화상(兜率和尙)(1044~91) 從悅禪師를 말한다. 寶峰克文의 법제자. 송나라 隆興府 도솔원에서 지내다. 元祐 六년 四十八세로 죽음. (續傳燈錄二十二)

도수(道水) 正道는 淨澄하여 塵垢를 씻어버리므로 물로써 비유함.
※行事鈔上一에「洗心道水者 慕存出要」

도수(道修) 佛道를 닦는 것.

도수(道邃) 중국 천태종 스님. 俗姓은 王氏 十四세에 출가, 경전을 연구. 大曆年中(766~779)에 荊溪湛然의 문에 들어가 천태종의 敎觀을 배움. 뒤에 楊州에 이르러 法華三大部를 강설하기 수 십번, 정원 2(796)년 천태산 國淸寺에 들어가 학도들을 위하여 삼대부를 講說. 804 台州 龍興寺에서 일본의 最澄 등에게 천태종을 전함. 저서 摩訶止觀記中異義 一卷. (佛祖統紀八)

도수(道樹) 菩提樹를 말함. 그 나무 밑에서 부처님이 成道한 데서 생긴 이름.

도수(導首) 禪을 修行하는 무리의 首座를 말함.

도수경(道樹經) 菩薩道樹經의 약칭.

도수범사(倒修凡事) 佛果를 成就하기 前에 다시 無始凡夫地以後의 한 일을 하나 하나 理致에 맞추어 보는 것. →八重玄門.

도수삼매경(道樹三昧經) 私呵昧經의 다른 이름.

도수화상전찬(桃水和尙傳贊) 자세히는 前總持桃水和尙傳贊 一卷. 曹洞宗 瑞方面山의 저서. 乞食桃水라고 불려 많은 사람의 입에 膾炙되었다. 桃水和尙의 一代記를 繪本體裁로 하여 알기 쉽게 편찬한 것. 卷頭에 著者의 自序 및 桃水和尙傳所述因緣 있음. 1768년 冬에 刊行.

도술(道術) 道法의 技術. 內外 世間 出世間의 法에 通한 者.

도술(兜術) ⓢ〈Tuṣita〉 都率과 같음. →兜率.

도승(度僧) ①남을 제도하여 중을 만듬. ②조선왕조 때의 승려에 관한 法. 승려가 되고자 하는 자는 3개월 이내에 禪宗이나 敎宗에 고하여 佛經을 암송하는 것을 시험하고 禮曹에 보고하면 丁錢을 받고 度牒을 준다. 또 선종, 교종은 3년마다 시험을 보니 선종이면 傳燈錄·拈頌. 敎宗이면 華嚴經·十地論으로 하여 각각 30인을 뽑는다. 주지를 뽑을 때는 후보자 여러 명을 예조에 보고하면 吏曹에서 결정하여 보내고 30개월만에 교대하며 교대할 때 파괴분실된 물건이 있으면 그 대가를 받는다. 또 軍兵이 많이 필요하게 될 때는 중이 되는 것을 금하는 등이었음.

도승(道僧) 道를 깨달은 중, 도통한 중.

도시왕(都市王) 冥途에 있으면서 亡人의 一周忌를 맡은 官王의 명칭. 또는 都帝王, 都吊王이라하며 十王의 하나. 本地는 阿閦如來로서 亡人에게 法華經과 阿彌陀佛造立의 功德을 說하는 冥官.

都 市 王

도식(道識) 正道의 知識.

도신(道身) 道의 몸. (地獄이라면 地獄道身) (四敎儀註)

도신(道信)(580~651) 東土 禪宗의 第四祖로 鑑智僧璨의 弟子. 姓은 司馬氏, 諱는 道信, 諡號는 大醫禪師(代宗이 賜), 蘄州 廣濟 사람. 隋 文帝 開皇 13(593)年 14세 때에 僧璨을 參訪하고 그를 九年間 侍奉하여 마침내 衣鉢을 傳해 받았다. 大衆을 거느리고 廬山의 大林寺에 住錫하였다. 唐 高宗 武德 7(6

4)年에 蘄州에 돌아가 破頭山에서 四部大衆을 敎化하였다. 貞觀中(627~649)에 太宗이 그의 德을 사모하여 三回에 걸쳐 불렀으나 나아가지 않으므로 太宗이 한층 더 崇信하였다. 唐 高宗 永徽 2(651)年 9月 4日 世壽 72세로 入寂하다. 五祖 大滿 弘忍에게 法을 傳함.

도신족무극변화경(道神足無極變化經) 四卷. 西晋 安法欽 번역함.
※佛昇忉利天爲母說法經之異譯 經中說 如來現十方之身而施化 故名道神足無極變化.

도심(倒心) ㉑〈vipa ryasta mati〉慾情때문에 마음이 顚倒되어 있는 것.

도심(道心) ①菩提를 求하는 마음. 佛道를 行하고 믿는 마음. ②五道를 드러내는 마음.

도심(道琛) 百濟 승려. 다른 六인과 함께 일본에 가서 지내다. 백제 위덕왕 1(554)년 曇惠 등 九인을 보내어 도심 등과 교체.

도심법인욕피안(到深法忍辱彼岸) ㉑〈gamabhiro-dhorma Kṣānti-paramiṁ-gata〉深遠한 法가운데 忍辱의 彼岸에 達하는 것. 菩薩의 功德名號의 하나.

도심자(道心者) 佛門에 들어가 道를 닦는 사람. 道者.

도심지법사(道心之法師) 佛法을 깊이 信奉하는 僧侶.

도심지승(道心之僧) 佛道修行의 僧.

僧과 같은 말.

도심퇴(道心退) ㉑〈āvṛttta〉道心이 退轉하는 것을 말함.

도아(倒我) 내가 實體가 없는데 내가 있다고 생각함은 顚倒된 妄見이므로 倒我. 四顚倒의 하나.
※釋門歸敬僞中에「凡懷遵承倒我我因循何由得覺」

도아(屠兒) 屠殺하는 일에 從事하는 賤한 사람.

도아(道芽) 正道의 萌芽. 싹.
※法事讚上에「智慧冥加 道芽增長」心地觀經五에「道芽增長如春苗」法華玄讚二에「佛說法雨 道芽生命生善」

도아행상(屠兒行上) 羊을 屠殺하는 業者가 무리를 지어 있는 곳. 마을 全體가 屠殺者로 넘쳐있는 곳.

도안(到岸) 到彼岸의 약칭.

도안(道安) (314=385) ①중국 常山의 扶柳 사람. 姓은 魏氏, 일찌기 부모를 여의고, 12세에 출가하였으나 얼굴이 검고 너무 못생겨 그때 사람들이 그를 黑頭陀 또는 漆道人이라 하였다. 따라서 스승에게 귀염도 받지 못한채 논밭에서 일하기 3년, 어느 날 밭일을 하던 餘暇에 辨意經과 成具光明經을 배운 뒤 곧 외워서 스승을 놀라게 하였다. 佛圖澄을 스승으로 섬기고, 法濟, 支曇 등에게 배웠다. 大法을 宣揚하기 위하여 門人들을 凉州, 蜀, 羅浮山 등지에 보내고, 또 慧遠 등 四百人을 거느리고 襄陽에서 전도, 여러 경전 가운데 잘못된 곳을 개탄, 般若經·道行經·密跡經·安般經등의 문구를 비교하여 밝히고, 또 모든 경전의 역자와 번역, 연대가 미상한 것을 상고하여 經緣을 작성하였다. 그가 있는 白馬寺에 四方의 學人이 다투어 모여 모두 수용할 수가 없어서 檀溪寺를 새로 지었다. 秦王 苻堅이 그의 學德을 사모하여 군대로 襄陽을 포위하고, 長安으로 초청하여 五重寺에서 경전을 번역, 강론케 하였다. 무엇이나 모르는 것이 없으므로 당시의 사람들이 '學不師安이면 義不禁難'이라고 할 정도였다 한다. 그의 學說은 般若의 空論을 主張, 中國 初期의 佛敎는 主로 印度와 西域에서 온 스님에 依하여 개척되었는데 道安 때부터 중국 사람에 依하여 中國 佛敎가 일어나게 되었다. 經傳을 해석하는데 序分, 正宗分, 流通分의 三分科目을 창설하고 승려생활의 규범 및 釋氏를 승려의 姓으로 하여야 옳다는 것 등을 주장하였다. 前秦의 建元 二十一年(385) 2月 28日에 世壽 72세로 入寂. 왼팔에 살덩이가 마치 도장(印)을 세운 것같이 隆起하여 세상에서는 그를 印手菩薩이라 불렀다. 著書로는 般若折疑略·大十二門註·陰持入註·綜理衆經錄·西域誌등 20餘部가 있으나 현존하는 것은 적음. ②(1638~1715) 朝鮮 승려. 姓은 劉氏. 號는 月渚, 平壤 사람. 10세에 天信에게 중이 되다. 楓潭에게 가서 西山의 密傳을 받았다. 1664年 妙香山에 들어가 華嚴經의 大義를 강구, 宗風을 드날릴 적에 청중이 많아서 그 당시에 처음 보는 法會라 하였다. 大乘經傳을 刊行하여 道俗에 펼침. 肅宗 23年(1697年) 獄事에 誣告를 입었으나 王命으로 특사되어 그후 78세에 入寂. 著書로는 月渚集이 있다. ③(?~600) 中國 馮翊胡城 사람. 姓은 姚氏. 일정한 스승을 정함이 없이 큰 스님이 있다는 말만 들으면 찾아갔다. 勅命으로 불렀으나 "陛下는 백성을 위하시므로 나오시고, 貧道는 法을 위하여 나가지 않겠읍니다"하고 答하였다 한다. 獨子이므로 어머니를 大中興寺에 모셔 놓고, 손수 어머니의 진지를 지어드리고 난 뒤에 講을 하였다 한다. 隋나라 文帝 開皇末年(600)에 入寂.

도안(道眼) 大道를 깨달아 體得한 眼目, 곧 諸法實相의 當體를 꿰뚫어 보는 눈, 法眼 등과 類似한 말.
※佛開解梵志阿颰經에 「道眼觀知可度者」圓覺經에 「分別邪正能於末世一切衆生無畏道眼」 楞嚴經에 「發妙明心開我道眼」 注에 「眞妄顯現 決擇分明曰道眼」 蘇軾詩에 「道眼已入不二門」

도안원명(道眼圓明) 眞理를 보는 눈이 至極히 밝다는 뜻.

도안인연(道眼因緣) 道的인 眼目, 곧

도를 관하여 분별하는 힘이 있는 因緣.

도암(道岩) ①朝鮮 승려. 印定의 號 →印定. ②宋滿空의 俗名. →滿空.

도야(陶冶) 梵 〈parikarma〉 心身을 닦아 기름. 陶冶人.

도야(兜夜) 兜는 兜率天 夜는 夜摩天.

도어(道御) 이끌어서 制御함.

도엄(道嚴) 百濟 스님. 588 聆照律과 함께 일본에 건너감.

도업(道業) 佛道 修業을 말함. 곧 大道를 몸소 행한다는 뜻.

도여록(道餘錄) 一卷. 明나라 慶壽寺 住持였던 獨庵道衍 편찬. 宋의 程明道·程伊川·朱晦菴 등이 부르짖던 廢佛毁釋의 言論을 반박한 것으로 한번 읽으면 매우 痛快한 點도 있으나 完全히 首肯하기는 어려운 대목이 많다. 洪武 15(1382)年부터 建文 4(1402)年 사이에 이루어진 것.

도여이승(道如理勝) 聖道의 興起를 目的으로 하여 理에 따라 精進하는 것.

도여행출(道如行出) 十六行相 중의 四行相. 道諦의 경지를 관하여 일어나는 四종의 觀解. 道諦는 깨달은 원인인 無漏法으로서 이 무루법은 聖者가 실천 이행하는 것이므로 道, 正理에 계합하는 것이므로 如, 열반의 果에 나아가는 것이므로 行, 생사의 피로움에서 뛰어나는 것이므로 出이라고 함.

도역배(逃役輩) 徵用을 逃避한 出家人.

도연(度緣) 度牒과 같음. 僧尼가 出家할 적에 조정에서 발급하는 허가증. 우리 李朝 때에 준 일이 있다.

도연(徒然) ①아무 일도 않고 꼼짝 않는 모양, 움직이지 않는 모양, ②부질없이, 헛되이, ③심심한 모양, 적적한 모양, ④헛되이 그러함, 한갓 그러함 등.

도연(道衍) 姓은 姚氏. 字는 斯道, 獨庵, 또는 逃虛라 號하였다. 後에 還俗하여 廣孝라 하였다. 中國 明初의 傑僧, 長洲(江蘇省吳縣) 사람으로 醫家에서 出生하였다. 14세에 出家 相城妙智庵의 중이 되었음. 詩文에 能하였고 陰陽術數의 學을 배웠으며 明 洪武年間에 詔勅으로 儒書에 通한 僧侶에게 禮記의 試驗을 치루게 하였으나 그는 應試하지 아니하고 僧服을 下賜받았다. 成祖 即位時의 功으로 僧錄司左善世에 任命되었으며 永樂 2(1404)年 資善大夫太子小師에 冊封되었고 太祖實錄을 重修하는데 監修하였으며 永樂大典二萬二千九百卷을 纂修하였다. 推誠報國協謀宣力文臣特進榮祿大夫上柱國榮國公에 追贈되었음.

도연(道緣) 佛道의 因緣.

도연(禱演) (1737~1807) 朝鮮 僧侶 號:白蓮 俗姓:李氏 康津 사람 13세에 頭輪山 聰悟에게 중이되고,

16세에 萬化에게 비구계를 받다. 應星에게 外典을 배우고, 蓮潭에게 경론을 배우고, 그의 법을 잇다. 眞佛庵에서 壽에 入寂. 71.

도염소치(陶染所致) 環境에 따라 性質이 變하는 것을 뜻함.

도엽림(刀葉林) 나무잎이 칼로 된 地獄. 微風에 依하여 落下하며 그 아래 쉬는 者의 身體를 끊음.

도엽림지옥(刀葉林地獄) 邪淫을 犯한 사람이 떨어지는 地獄. →刀葉林.

도오(道悟) ①天王道悟는 渚宮 사람으로 성은 崔氏이며 子玉의 後裔. 15세에 長沙寺 曇翥를 따라 출가하고 23세 때 嵩山律德에게 參詣하여 尸羅를 얻고, 뒤에 馬祖道一을 만나 言下에 大悟하였다. 天王道悟는 南岳馬祖의 嫡流임. ②中國 婺州東陽·浙江省 金華府 東陽縣 사람. 姓은 張씨 唐玄宗 天寶 7년에 출생. 明州大德에게 落髮 25세에 杭州竹林寺에서 具足戒를 받음. 뒤에 三哲을 만나 禪旨를 연구하였다. 天皇寺에 招請되어 이를 부흥하고 江陵 尹右僕射裵公의 歸崇을 얻어 법석이 더욱 성하였다. 세상에 天皇門風이란 이것을 말함.

도오산(道吾山) 中國 湖南省 潭州에 있음. 唐나라 中世에 圓智禪師가 이 山에 住하면서 敎化를 크게 펴고 敎勢를 擴張하였다.

도오전(盜五錢) 五錢以上을 盜賊하는 것. 國法에서는 死罪가 되며 또 比丘는 波羅夷罪를 얻게 됨. →盜四錢.

도옥(道玉) 신라 스님. 沙梁 사람. 奈麻聚福의 둘째 아들. 實際寺에서 중되다. 百濟軍이 助川城을 침략할 적에 태종이 군사를 거느리고 나가니 그도 국가에 몸을 바치기 위하여 법복을 벗고 적진에 들어가 싸우다가 전사. 沙湌을 증직함.

도옥초(度沃焦) 舊華嚴經名字品에 如來의 別號라고 함. 沃焦는 大海中에 있으며 萬流를 吸入하는 焦石, 衆生은 焦石 같아서 五欲에 부풀어 (沃)厭足을 모르나, 오직 佛께서 이 欲心을 超越하였으므로 이름. →沃焦.

도외단만다라(都外壇曼茶羅) 諸尊을 集合한 中에서 有緣한 一尊을 特別히 取扱한 曼茶羅.

도요(道要) 佛道의 樞要를 이름. ※賢愚經十三에 「願重稀愍 顯示道要」 讚阿彌陀佛偈에 「究暢道要無障閡」

도용(道用) 禪(道)의 功用. 禪이 境界와 비슷한 말.

도우(盜牛) 他人의 소를 도적하였으나 料理方法을 몰라서 醍醐味를 얻을 수 없다. 이로써 外人이 佛敎의 文句를 盜用하나 능히 解脫은 얻을 수 없음에 비유한 것.

도우(道友) 佛道修行을 함께 하는 親友.

도원(道元)(1200~1253) ①日本 曹洞

宗의 開祖. 京都 사람. 이름은 希玄, 俗姓은 源氏. 13세에 집에서 도망하여 比叡山의 外叔인 良顯을 찾고, 이듬해 公圓僧正에게 머리를 깎고 보살계를 받음. 그 후부터 天台宗의 敎觀과 여러 經論을 배우다가 「본래성불」이란 말에 의심을 내고 1214년 榮西에서 臨濟의 宗風을 듣다. 1223년 宋나라에 건너가 明州의 天童山 景德寺의 無際了派를 찾음. 그 뒤부터 折翁如琰과 盤山思卓 등 여러 고승을 찾음. 1225년 경덕사의 長翁如淨을 찾고, 師資가 서로 계합하여 曹洞의 堂奧에 들게되자 일생 참학하는 일을 마치다. 1227년 귀국, 1233년 城南宇治에 興聖寺를 짓고 禪堂을 열어 說法을 시작하였다. 그 뒤부터 각 지방으로 다니면서 宗風을 떨쳤다. 그후 京都에서 나이 54세로 8月 28日 入寂. 孝明天皇이 佛性傳燈國師의 諡號를 주고 明治天皇이 承陽大師의 시호를 주었다. 著書는 正法眼藏 95卷, 普勤坐禪儀 一卷, 學道用心集 一卷, 淸規 二卷, 廣錄 十卷, 寶慶記 一卷 등이 있다. ②고려승려, 文宗 때에 右街僧錄이 되다. 文宗 21(1067)年 興王寺를 創建, 王命을 받아 1천명의 승려를 선발 여기에 머물게 함. ③ 吳代의 승려. 著書는 傳燈錄. 三十卷. ④正道의 根元.

도원(道源) 佛道의 根源.

도원집요(道院集要) 三卷. 宋의 晁逈이 편찬.
※廻耽於禪悅 王古序文言其名理之妙 雖白樂天不逮 廻所著有道院別集 自擇增修百法 法藏碎金錄 隨因記述 髦智餘書凡五編 古刪除重復 擇其精要 以爲此書 見四庫提要.

도위(道位) 修道의 位次. 菩薩의 十地, 聲聞의 七方便位 등과 같음.

도유나(都維那) 또는 維那. 都는 統都란 뜻. 維는 網維란 뜻. 那는 범어 羯磨陀那의 준말. 知事·授事라 번역. 절에서 여러 스님네의 일을 맡은 소임. →維那.

도육(道育)(?~939) 新羅 승려. 진성여왕 5(891)年 唐나라에 가서 天台山을 순례한 후 平田寺 僧堂에 들어 갔는데, 끝내 본국말을 버리지 않았다 한다. 날마다 전당을 소제하고 모든 중들의 음식을 보살피고 나서야 나머지를 먹었다. 목욕물 시중도 들었으며 자비로운 마음으로 만물을 대하며 심지어 모기 따위가 물어 피가 흘러도 쫓지 않았다. 이러기를 40年 한결같았으며, 몸에는 붉은 舍利가 나와서 사람들이 이것을 얻으면 소원성취 되었다 한다. 平田寺 僧堂에서 入寂.

도윤(道允)〔798~868〕 新羅 승려. 姓은 朴氏. 諱는 道允(或은 道均 또는 道雲) 號는 雙峰(全南 和順 雙峰寺에 오래 머무른 까닭에 그렇게 부름). 諡號는 澈鑑(哲鑑). 塔

號는 澄昭. 母는 高氏. 漢州 鵂嵓(黃海道 鳳山郡) 사람이다. 어머니가 異光이 滿室한 胎夢을 꾸고 在胎 16個月만에 元聖王 14(798)年에 출생하였다. 18세 때 出家하여 黃海道 鬼神寺에서 華嚴經을 듣고 생각하기를 "圓頓의 敎인들 어찌 心印만 같으랴"하고 憲德王 17(825)年에 入唐하여 南泉普願에게 法을 받고, 文聖王 9(847)年 4月에 歸國하여 金剛山을 거쳐 楓岳山(江原道 淮陽)에 住錫하였는데 四方에서 學徒가 모여 들었다. 同時에 景文王의 崇仰을 받았으며 다시 雙峰으로 이주하여 宗風을 大振하다가 景文王 8(868)年 4月에 世壽 71, 法臘 44세를 一期로 入寂하니 五色光明이 입으로부터 나와 空中에 散漫한 瑞相이 있었다고 하여 瑞氣漫天澈鑑國師라고도 한다. 上首弟子인 澄曉折中(826~900)이 憲康王때 師子山의 興寧寺를 擴張하고 道允의 禪風을 받들고 그 門下에 宗弘, 端智등 數百人의 英衲이 배출하여 宗風을 宣揚함으로부터 비로소 師子山派의 名聲이 世上에 喧藉하였음.

도융(道融) ①新羅의 승려. 문무왕 때의 義湘의 十六弟子중의 한 사람. ②중국 승려. 汲郡 林慮 사람. 關中 四聖의 하나. 12세에 출가, 장안에 가서 鳩摩羅什의 문인이 되었다. 勅命으로 逍遙園에 들어가 譯經에 종사. 鳩摩羅什이 번역한 보살계본·중론·신법화경 등을 강설하여 그의 칭찬을 받았다. 彭城에서 강설을 일삼다가 世壽 74세로 入寂. 著書는 법화경소·대품경소·금광명경의소·유마경소·십지론소등이 있다. 세상에서 道生. 僧肇. 僧叡 등과 함께 什門의 四哲이라 함.

도은(道隱) 中國 沂州 사람. 靈山이라 號하였다. 어려서 중이 되어 仰山雪巖祖欽에 의하여 狗子無不性의 이야기를 듣고 開悟하여 그 印可를 받고 江湖에 萍遊하였으며 經藏을 열람한지 多年, 그 이름이 드날리었다. 元 延祐 6년에 渡日하여 가마구라(鎌倉) 建長寺主가 되었고 正受庵을 세워 終焉의 땅으로 삼았음.

도읍취락염처(都邑聚落念處) 十念處의 第七. →十念處.

도응(道膺)(?~902) 洞山良价의 弟子. 河北省 津海道 玉田縣에서 출생. 姓은 王氏, 號는 雲居, 諡號는 弘覺, 塔號는 圓寂. 어려서 出家하여 처음에는 戒律을 숭상하다가 뒤에 翠微의 會上에 가서 參禪을 했다. 남방에서 오는 이마다 洞山의 法會를 칭찬하는 소리를 듣고 찾아가 얼마 후 깨친 바 있어 그가 洞山의 法을 이어가지고 江西省 建昌의 雲居山에서 敎化를 펴 그때 徒衆이 1,500名에 達하였다 한다. 그의 제자 가운데는 新羅의 雲住, 慶

猶禪師와 高麗의 大鏡, 眞徹禪師가 나왔다. 唐의 昭宗 天復 2(902)年 1月 3日에 入寂함.

도의(道意) 또는 道心. 道는 범어 菩提의 譯語. 意는 마음이란 뜻. 無上道를 구하는 마음, 곧 菩提心.
※無量壽經上에「顯現道意無量功德」

도의(道義) ①新羅의 승려. 姓은 王氏 法號는 元寂(或明寂) 一名 道儀라 한다. 北漢郡 사람. 아버지의 꿈에 白虹이 立室함을 보고 어머니의 胎夢에는 聖僧과 同坐함을 꿈꾸고 드디어 姙娠 39個月만에 分娩하였다고 한다. 어려서 出家, 宣德王 5(784)年에 入唐하여 廣州 寶壇寺에서 比丘戒를 받고 曹溪山에 가서 六祖의 影堂에 參拜코자 하니 홀연히 影堂의 門이 스스로 열렸다가 瞻禮三拜를 마치고 나옴에 影堂의 門이 스스로 닫아지는 異瑞를 現하였다고 하며 江西 開元寺에 가서 西堂智藏에게서 疑心을 決斷하고 法을 이어 받음과 同時에 智藏이 讚嘆하되 "傳法을 非師而誰오"하고 드디어 이름을 道義라고 고쳤다. 그로부터 다시 百丈山 懷海에게 가서 法要를 받았는데 西堂처럼 百丈도 찬탄하기를 "江西의 禪脈이 東國의 僧에게로 돌아간다."하였다. 憲德王 13(821)年에 歸國하여 禪法을 流布해서 국민으로 하여금 安心立命을 얻게 하고자 하였으나 當時 사람들은 經敎만 숭상하고 無爲의 法을 믿지 않으므로 時機가 아직 오지 않은 줄 알고 江原道 襄陽郡 雪岳山 陳田寺에서 40年間을 安居修道하다가, 法을 弟子인 廉居에게 傳하고 入寂하였는데 廉居가 다시 普照體澄에게 傳하고 體澄이 法을 받은 後에 迦智山에 나아가 종래에 있던 草庵을 擴張하여 寶林寺라 하고 道義의 宗風을 크게 떨쳐 이에 一派를 이룩하였으니 淸道 雲門寺와 義興 麟角寺(慶北 軍威郡)등이 모두 迦智山派에 屬한 寺刹이다. ②도덕과 의리 사람이 이행하여야 할 바른 길.

도이센⟨Deussen Paul⟩ (1845~1919) 獨逸의 철학자. 인도철학자 1845년 1월 7일생. 1818년 베를린대학 강사. 동 89년 킬대학교수, 쇼펜하웰의 철학의 영향을 강하게 받아 그 계통을 繼受하였다. 또 吠陀 및 인도철학에 精通하고, 세계 철학사상에서의 인도철학의 位置決定에 대하여 卓越한 견해를 보였다. 1919년 7월 6일 사망. 중요저술은 다음과 같다. Elemente der Metaphysik, 1877, Allgemeine Geschichte der Philosohie, 2vols 1894-99, Das System des Vedānta, 1833, Der Kategorische Imperativ, 1891, Sechzig Upanishads, des Veda, 1897, Outline of Indian Philosophy, 1907, Die Geheimlehre des Veda, 1907—09,

Der Gesang des Heiligen, 1911 등.

도인(道人) 佛道를 닦거나 깨달은 사람.
※四十二章經에 「道人見欲 必當遠之」 釋氏要覽上에 「智度論云 得道者 名爲道人 餘出家者 未得道者 亦名道人」

도인(導引) 다른 이를 敎導하는 뜻.
※唐高僧傳(僧稠傳)에 「棟梁三寶 導引四民」 探玄記二에 「或闇夜中導引衆生」

도인로(刀刃路) 地獄 가운데 大道에 劍刃이 위로 向해 깔려있는 곳.

도인성고기(道因聲故起) 印度의 大天이 提唱한 異議의 五個條의 하나. →五事.

도일(道一) (709-788) 南嶽懷讓의 弟子. 四川省 成都府 什邡 사람. 姓은 馬氏 字는 江西 號는 馬祖諡號는 大寂. 세상에서는 江西馬祖(江西에서 敎化했으므로 그렇게 일컬음)라고 함. 塔號는 大莊嚴. 資州 唐和尙에게 落髮하고 渝州 圓律師에게 나아가 具足戒를 받았다. 容貌奇異하고 牛行虎視하며 引舌過鼻하고 足下有二輪文이었다. 傳法院에서 坐禪하다가 南岳을 만나 西來密旨를 悟得하고 이로부터 頭角을 드러내 江西 馬祖山에 法幢을 建立하고 盛大히 宗風을 宣揚하여 當時 사람들이 江西의 馬祖와 湖南의 石頭를 並稱하여 禪界의 雙璧이라 부르게 되었다. 어려서 出家하여 唐玄宗 開元年中(713-741) 南嶽懷讓에게 가서 禪을 익혀 心印을 받다. 唐 代宗大曆年中(766-779) 南康의 龔公山과 江西省 南昌府 鍾陵 開元寺에서 敎化하니 그의 法을 받은 弟子가 139명이나 輩出되어 各爲一方 宗主였으나 百丈懷海, 西堂智藏, 南泉普願, 大梅法常등이 特히 俊拔한 宗匠들이다. 그의 弟子 南泉普願에게서 新羅의 道均禪師와 哲鑑國師가 輩出되였고, 鹽官齊安에게서 梵日, 眞鑑 등 두 國師가 輩出되었다. 그리고 歸宗知常에게서 迦智·忠彦 두 선사가, 麻谷寶徹에게서 無染국사가, 西堂知藏에게서 道義·惠哲·洪隱禪師가, 章敬懷暉에게서 玄昱국사와 黨體禪師등이 輩出되었다. 唐의 德宗 貞元 4(788)年 2月 4日 建昌의 石門山에서 結跏趺하고 世壽 80歲로 入寂. 師의 法門中에 馬祖印月. 馬祖黑白 四句百非 등은 有名함.

도자(度者) 得度하는 사람이란 뜻. 출가하여 승려가 되는 이를 말함.

도자(倒者) ㉎⟨viparite⟩ 顚倒한 見解를 가지고 있는 사람.

도자(道者) ①출가하여 불도를 수행하는 사람. ②道心을 가진 사람이란 뜻. 여러 곳으로 돌아다니면서 수행하는 사람. ③童行이라고도 한다. 선종에서 절에 들어와 불도를 수행하면서 아직 중이되지 못한 나이 어린 동자를 말함.

도자리(到者裏) 이속에 이르러서,

이 경지에 와서의 뜻.

도자바라문촌(都子婆羅門村) 五分律에 「都夷婆羅門 마을이 拘薩羅國의 境界, 舍衛大城 西北六十餘里에 있으며 원래 迦葉佛의 本生處」라 하였음.

도자 잔(櫂子棧) 나무가지로 만든 庥을 말함.

도작(道綽)(562~645) 中國 승려. 並州 汶水 사람. 속성 衛. 14세에 출가, 경론을 많이 익힘. 大涅槃經을 연구, 24번을 강설. 慧瓚을 스승으로 섬기다. 大業年中(605~617)에 汶水 石壁谷의 玄中寺에 이르러 曇鸞의 비문을 보고 감동하여 涅槃宗을 버리고 淨土門에 들어가다. 그 뒤부터 날마다 부처님의 명호를 부르기 7만번, 관무량수경을 강설하기 2백번, 晋陽·大原·汶水 등지를 교화. 貞觀 19(645)年 玄中寺에서 죽다. 나이 84. 그가 있던 현중사가 西河의 汶水에 있었으므로, 후세에 그를 일컬어 西河禪師라 함. 저서 : 安樂集 2卷.
※唐高僧傳(道綽傳)에 「綽今年八十有四 而神氣爽明 宗紹存焉」

도작불(圖作佛) 부처님이 되기를 圖謀한다는 뜻. 깨닫는 것을 唯一絶對의 目的으로 하여 恒常 깨달음을 생각하며 念求하는 것.

도잠(道潛) 號는 永明, 法眼宗. 中國 河中府 사람, 姓은 武氏. 어려서 出家 法眼 文益禪師를 배알하고,

多年間 參究한 끝에 드디어 開悟하고 印可를 받았다. 뒤에 法眼을 떠나 衢州의 古寺에서 大藏經을 閱覽하였다. 그때에 忠懿王이 궁중에 불러들여 王 스스로 菩薩戒를 받았으며 慈化定慧禪師라 號를 내렸다. 大伽藍을 建立하여 慧日永明이라 號함.

도장(都莊) 또는 莊主·莊頭. 禪宗에서 사원의 논밭을 경작하는 일을 맡은 직명.

도장(道場) 도량이라고도 한다. ①또는 菩提道場. 모든 불·보살이 聖道를 얻거나 또는 얻으려고 수행하는 곳. 中印度 말갈타국 니련선하가의 菩提樹 아래는 석존의 도장. ②불교를 말하거나 또는 불도를 수행하는 장소. 밀교에서는 祈禱修法을 짓는 장소. 중국에서는 613隋 대업 9年 煬帝의 조칙에 따라 寺院을 도장이라 부름. 우리 나라에서는 절의 기지 전투를 도장이라 부름. ③중국 北魏時代 사람. 鄕貫 未詳. 道長이라고도 한다. 처음에 慧光에 의하여 출가하였고, 뒤에 菩提流支에게 나아가서 그의 가르침을 받다. 뒤에 鄴都大集寺에서 크게 講筵을 베푸니 緇徒가 운집하였음.

도장(道藏) 百濟末의 승려. 670~680年경에 일본에 건너가 일본 天武 12(684)年에 가뭄이 들자 天皇에게 불려 들어가 齋를 올렸더니 비가

내리어 天皇의 후대를 받고, 688 (일본 持統 2)年에도 비를 내리게 하였다. 721(일본 元正 5)年에 天皇은 이미 80세가 넘어 기력이 쇠잔한 道藏에게 綿布를 내렸다. 90세가 가까와서 南京에서 入寂.

도장(韜藏) 속 깊이 숨겨 두는 것.

도장구경(道章句經) 五句章句經의 다른 이름.

도장래(道將來) 將은 뜻이 없는 助字. 命令形의 경우에는 「말하라」라는 뜻.

도적(道跡) ㉘〈paṭipadā〉①實踐하는 方法. ②經過 ③四諦中의 第四. 道諦. ④須陀洹 ⑤길.

도전(道全) 曹洞宗. 그 生地는 未詳. 어려서 出家하여 洞山良介를 따라 修行을 쌓았다. 洞山 死後 大衆의 推薦을 입어 洞山第二世가 되었으며, 흔히 中洞山이라 일컬음.

도전(道前) 實道를 證悟함을 이름. 道前의 다음 位次. →道後.

도전(道殿) 字는 法藏. 俗姓은 杜氏 雲中人, 唐나라 末期의 사람. 五台山 金河寺에 住하면서, 顯密圓通成佛心要 一卷을 著述.
※其門人序之云 博學則侔羅什之多聞 持明則具佛圓之靈異(指人言) 又云 其文則精僞簡約 其義則淵奧該弘 窮顯密之根源 盡修行之岐路 一十二分教之蓍龜 八萬四千行之鈴鍵云云(指顯密圓通言)

도전법륜(道轉法輪) 道는 說한다는 뜻. 轉法輪은 說法을 말하는 것. 부처님께서 叙述하신 說法을 말함.

도전의(稻田衣) 곧 水田衣. 袈裟를 말함.
※德異壇經序에「悉棄罟網 襲稻田之衣」

도전진여(道前眞如) 實道를 깨닫기 전의 자리, 곧 初地 이전을 道前이라 한다. 그 때에는 아직 수행의 공을 많이 쌓지 못했으므로, 眞如가 煩惱에 가려서 진실한 작용이 없는 것을 말함. ↔道後眞如.

도절(倒絶) 웃음을 참지 못하여 떼굴떼굴 구르는 것. →絶倒.

도절(盜竊) 盜賊질 하는 것. 四大惡事의 하나.

도정(倒正) 道를 버리고 번뇌와 합하고 번뇌를 버리고 道에 합하는 것

도제(度弟) 이미 得度한 弟子.

도제(徒弟) 門徒弟子의 약칭. 또는 弟子.

도제(道齊) 號는 雲居, 法眼宗. 姓은 金氏(?~997) 어려서 出家하여 禪院을 두루 訪問하고 學心이 왕성하였다. 뒤에 上藍院의 藏主가 되고 清凉泰欽에게 師事하여 마침내 깊은 妙理를 깨닫고 印可를 받았다. 최후로 雲居山에 二十餘年 동안 住하였다. 도제(道濟)또는 原濟라고도함. 俗姓名은 朱若極. 中國 明朝때 楚藩의 後裔. 字는 石濤, 清湘老人·大晴子·苦瓜和尙·滌尊者 등이라 號하는 清初의 畫僧. 桂林(廣西省桂林市)사람. 書는

八分隷書에 精通하고 畵는 山·水·蘭·竹을 兼하였으며 특히 葛筆과 淡彩의 運用이 妙하여 大江以南 第一人者의 評을 받았음.

도제(道諦) 四諦의 하나. 道는 滅에 이르는 佛道의 因. 諦는 眞의 뜻으로 眞理·眞相을 말하는 것. 無漏의 三學으로 可히 涅槃에 이를 수 있는 正道를 말하는 것. 이 道諦는 因이 되고 滅諦는 果가 된다. 滅諦는 涅槃을 말하며 이는 出世間의 因果가 된다고 함.

도제불경계지광엄경(度諸佛境界知光嚴經) 一卷. 失譯. 大方廣入如來智德不思議經의 異譯으로 먼저 나온 것. 度는 入의 뜻.

도제승(都帝僧) 貧寺의 僧侶를 이름.

도조(道祖) 중국 吳國 사람. 어려서 臺寺 支法濟에게 귀의하여 薙染하다. 姓이 竺씨이므로 竺道祖라고 한다. 뒤에 廬山에 들어가 慧遠에게 수학하였다. 道流가 衆經目錄을 撰하다가 未畢하고 病沒함에 그 業을 계승하여 四권을 만들다. 즉 魏世錄目·吳世錄目·晋世雜錄·河西錄目. 各 一卷.

도조경(兜調經) 一卷. 譯者 未詳. 鸚鵡經 및 分別善惡報應經이 모두 中阿含鸚鵡經의 別譯. 兜調는 婆羅門의 이름.

도졸천(都卒天) ①都率天의 轉. 一 都率. ②本地垂迹說에 依하면 天의 岩戶. 高天原을 말함.

도종(道種) 佛道의 種子. 곧 修行하여 成佛될만한 種子.

도종성(道種性) 瓔珞經에서 說한 六種性의 하나. 十廻向의 地位. 이 地位에서 비로소 中道觀을 바로 닦으므로 道라 하고 능히 佛果를 生하므로 種이라 함.
※四敎儀에「十廻向者 一救護衆生離衆生相(中略) 十入法界無量(伏無明習中觀)亦名道種性.」

도종지(道種智) 智度論에서 밝힌 三智의 하나. 一切의 道法을 배워서 衆生을 濟度하는 菩薩의 지혜. 三諦 가운데 假諦의 지혜. →三智.

도주법(搯珠法) 攝眞實經에 佛部는 右手의 拇指와 頭指, 金剛部는 右手의 拇指와 中指, 寶部는 右手의 拇指와 無名指, 蓮華部는 右手의 拇指와 小指, 羯磨部는 右手의 拇指와 四指를 이름.

도중(徒衆) 弟子들의 무리, 成羣門徒.

도중(道中) 巴〈uppatha〉①道路의 中央. ②똑바로 眞의 道를 깨달은 位置.

도중생심(度衆生心) 一切의 衆生을 제도하고자 하는 菩薩의 大悲心.
※往生論註下에「按王舍城所說無量壽經三輩章中雖行有優劣 莫不皆發無上菩提之心 此無上菩提心卽是願作佛心 願作佛心卽是度衆生心 度衆生心卽攝取衆生生有佛國士心.」

도중수용(途中受用) ①어디에도 住하지 않음. 自由自在. ②修行의 途

도증~도첩

도증(道證) 新羅 승려. 圓測의 제자. 唐나라에 유학하여 唯識論을 배우고, 孝昭王 1(692)年에 귀국하여 天文圖를 왕께 바쳤다. 著書는 成唯識論綱要·辨中辨論疏·因明理門論疏 등.

도지(道支) ⑪ 〈mārgasya aṅgam〉 道를 構成하는 모든 部分.

도지(道旨) 말의 趣旨. (正法眼藏)

도지(道地) ①修行하는 課程에서 거쳐야 하는 階梯를 말함. ②요가行을 뜻함.

도지(道智) 十智의 하나 道諦의 이치를 證得한 지혜.

도지견(度知見) 一解脫知見.

도지경(道地經) 一卷. 後漢 安世高의 번역. 修行道地經의 약칭.

도차(道次) 聖道를 證得한 자리의 順序.
※日緣經에「獲得須陀洹果 求入道次」

도착(道着) 말하다 또는 이르다의 뜻. 着은 語勢를 强하게 하여 주는 助字.

도창(都倉) 禪寺에서 出納을 맡아보는 소임.

도처(道處) 見解나 생각의 表白을 말함.

도천(渡天) 天竺(印度)에 건너 가는 것.

도천수대비가(禱千手大悲歌) 希明이 지은 鄕歌. 관음의 자비와 향가가 靈異한 神力이 있다고 믿고 있던 上代人의 관념이 잘 나타나 있는 노래이다. 景德王 때 漢岐里에 살던 여자 希明이 나온지 5年만에 눈이 먼 자식을 위하여 芬皇寺의 千手大悲앞에 나가서 이 노래를 부르며 기도드렸다. 觀音의 자비하신 덕과 힘으로 눈먼 자식이 사물을 볼 수 있는 광명을 갖게하여 달라고 애소하는 내용으로 되어 있음. 줄여서 千手大悲歌라고도 한다. 禱千手觀音歌.

도철(途轍) 길에 남은 車輪의 자취.

도철(饕餮) ①財貨와 飮食을 탐냄. ②惡獸의 이름. 轉하여 탐욕이 많은 흉악한 사람. 左傳文公十八의 注에 貪財爲饕였고, 貪食爲餮이라 하였고, 饕餮은 獸名이니 身如牛人 兩目在腋下. 食人이라 함.

도첩(度牒) 度緣. 度牌 또는 祠部牒. (祠部에서 發給하기 때문) 僧尼가 출가할 때에 조정에서 발급해주는 公認狀. 원래 이 도첩의 제도는 국가에 대한 納稅의 의무를 저버리고 함부로 山門에 들어가는 폐단을 막기 위한데서 비롯된 것이다. 중국의 南北朝時代에 시작, 唐에 와서 制度化했으며, 우리나라에서는 고려때부터 있었던 것인데 이조때에는 抑佛策의 하나로 이 제도를 강화하였다. 1911년 朝鮮寺刹令, 寺刹令施行規則에 의하여 관청에서 발급하던 것을 三十一本山 住持가 직접 발부하였음.

※編年通論十六에「天寶五年五月制 天下度僧尼 並令祠部給牒 今謂之祠部者自是而始」唐會要에「天寶六載 制僧尼道士令祠部給牒」唐書食貨志에「安祿山反 楊國忠遣御史崔衆至太原納錢 度僧尼道士 旬日 得百萬緡 明年御史鄭叔清與宰相裵冕又議度僧道收贄」按此 是鬻度牒之始.

도첩식(度牒式) 李朝 때 僧侶의 許可狀 樣式. 초기부터 실시하였으나 高宗 때 폐지. 그 형식은 다음과 같음.
    禮曹牒
    學生某, 年某甲 本某官
    父某 職某
    外祖某 職某, 本某官
    本曹
    啓過 準禪宗(또는 敎宗) 呈該某處住某職某狀告內 男某願納丁錢出家爲僧名某 伏乞出給度牒 據此熙遵舊例 具本於某年月日 某承旨臣某奉敎 依允敬此移關該司 收訖丁錢 合給度牒者
    年 印 月 日
    牒判書押 參判押 參議押 正郞押 佐郞押

도체(道諦) →도제.

도체(道體) 聖道의 體로 自己의 本心을 말하는 것.

도총(都總) 都寺의 다른 이름. 한 절의 일을 모두 감독하므로 이같이 이름.

도총(道寵) 中國 北魏時代 사람. 姓은 張氏. 俗名은 賓. 어려서부터 才藝가 출중하여 李範과 함께 國學大儒 雄安의 門下에서 배웠으며 그 後嗣가 되어 門徒 일천여명을 거느렸다. 入寺하여 日試를 거치지 아니하고 구족계를 받다. 뒤에 학덕이 알려져 임금이 黃金三兩을 하사하고 終身學士에 제수하여 그 학덕을 존숭하였다. 門弟가 많아 도를 전한 자가 一千餘人이라 함.

도추(道樞)〔?~1176〕 中國 吳興 嚴安 사람. 姓은 徐氏. 號는 懶庵, 南宋 淳熙 3(1176)年 8月 15日에 入寂함. 道場居慧禪師의 法을 이음.

도출(跳出) 뛰어 나감. 迷한 곳에서 깨침의 곳으로 뛰어 나가는 것. 本來의 淸淨한 身心을 얻는 것.

도출탈락(跳出脫落) 本來 깨달은 우리들의 身心이라는 뜻. 迷한 곳에서 跳出하고 脫落하였다는 것.

도충(道冲) 中國 武信長江·四川省 潼川府溪縣西 사람. 姓은 荀氏. 字는 癡絶. 어려서 絶群하였으나 커서 進士試에 실패하고 梓州妙音院 修證에게 낙발하여 成都에서 經論을 배웠다. 饒州薦福寺에서 松源崇岳을 배알하고 수좌 曹源道生을 따라 妙果寺에서 省悟하였다. 師의 이름이 朝廷에 알려져 忠獻衛王이 청하여 蔣山의 주(主)로 삼았음.

도취(徒聚) ㉦〈parṣad〉集會. 集會한 사람들.

도취(道取) 道를 말한다는 뜻. 取는 語助辭.

도취생(道取生) 生은 語助辭. 道를 말한다. 또는 物件을 말한다는 뜻.

도치(倒置) 顚倒와 같음. →顚倒.

도침(道琛)〔?~661〕 百濟 승려. 義慈王 20(660)年 羅·唐 연합군에게 百濟가 멸망하자 百濟의 장군이던 福信, 道琛등은 일본에 볼모로 간 왕자 扶餘豊을 왕으로 추대하여 周留城을 근거로 백제의 재건을 표방, 도침은 스스로 領車장군, 복신은 霜岑장군으로 칭하고, 백제의 유민을 규합, 기세를 떨쳤으나 內紛이 일어나 道琛은 복신에게 피살되고, 복신 역시 扶餘豊에게 죽었으며, 이때 唐將 劉仁軌는 劉仁順을 도와 이를 치니 백제는 완전히 멸망하였음.

도타가(都吒迦) 또는 咄吒迦. 喜悅에 찬 音聲名, 鳥名이기도 함.
※入楞伽經一에「以都吒迦音讚歎佛」慧琳音義三十一에「咄吒迦音 梵語不求字義 唐云喜悅之音也 經作都吒迦」華嚴疏鈔十四에「俱枳羅者 亦云都吒迦 此云衆音合和 微妙最勝」

도타가음(都吒迦音) 韻律(metre)의 일종. 비릿타(Vrtta)는 운률 그 자체를 가리키며 경문의 다음에 있음. cittā-svābhāva-nāyā-dhārmā-vīdhīh nairātmyām dṛṣṭī-vīgātām hy āmālām/prātyātmā-vedyāgātī-sūcānākām deśehī nāyakā īhā dhār-mā-nāyām//(心自性圣藏 無我雖見垢 證智之所 知願佛爲宣說)등의 十一音節 四行의 偈頌三의 韻律이 이것에 해당함.

도탁(圖度) 헤아리다의 뜻.

도탄(塗炭) 塗炭之苦의 약칭. 진흙 길(塗)을 걷고, 숯불(炭)속으로 들어 가는 고통 即 水火의 苦痛. 극도로 곤궁함을 이르는 말.

도탈(度脫) 生死의 苦海를 벗어나는 것.
※法華經序品에「諸仙之導師 度脫無量衆」無量壽經下에「積累德本 度脫一切」

도탈일체(度脫一切) 모든 世上 사람을 救摩하여 解脫시키는 일.

도탐(盜貪) 도적의 貪欲을 말함.

도태(淘汰) 天台宗에서 세운 五時教의 說. 第四時의 般若經을 淘汰라 함. 諸法이 皆空한 이치를 說하여 一切의 執情을 씻어버리는 것. 空葉水로 그 執情을 씻어버리므로 淘汰라 함.

도태교(淘汰教) 天台教學에서 세운 五時教 가운데 第四時의 般若經의 가르침을 말한다. 모두 空의 理를 說하여 一切의 固定된 妄執을 打破하는 것이므로 이렇게 말함.

도퇴삼천(倒退三千) 作家의 機鋒을 당할 수 없어, 창을 버리고 三千里나 도망쳤다는 뜻.

도파(道把) ㊝ (Dohā) 中期 인도·아리안語의 一種인 아파브란샤(Apabhramśa)를 사용하여 獨自的인 韻律을 가진 문학작품의 총칭. 변화많은 對句로 이루어지며 그 韻律은 北印度의 거의 모든 現代語 중에 계승되고 있음.

도패(度牌) →度牒.

도패(道霈) 中國 福建省建寧府建安 사람. 姓은 丁씨. 字는 爲霖 旅泊. 號를 非家叟라 하였다. 明 神宗 萬曆四十三(一九一五)년생. 14세에 白雲寺에 들어가서 落髮하고 諸經을 학습하였다. 講肆 經歷 5년에 法華・楞嚴 등 諸經에 통하였고 諸山을 遊歷하여 大悟하였다. 華嚴疏論纂要 二十권을 탈고하였고 禪海十珍 등 많은 著書를 남겼음.

도평(洋平) 唐나라 道平沙門이 金吾大將軍이 되었음.

도포(挑包) 挑(멜도)는 어깨에 멘다는 말. 包(꾸릴포)는 보따리를 꾸린다는 뜻. 即 行裝을 꾸려 어깨에 메는 것.

도표여의륜관음(都表如意輪觀音) 如意輪觀音이 日輪三昧의 尊이 되었다는 말. 如意輪의 德이 餘他의 尊보다 뛰어났으므로 이렇게 이름. (都表如意輪軌)

도품(道品) 道法의 品類. 이에 三十七科가 있다. 涅槃의 道法에 이르게 되므로 도라 하고 品類를 差別하였으므로 品이라 함. →三十七道品.
※三明六通道品發 台家立四種.

도품조적(道品調適) 天台宗에서 세운 十種觀法(十乘觀法) 中 第六修

道品의 다른 이름. 三十七道品을 하나하나 골라서 시험해 보고 自己의 程度에 가장 맞는 道品을 닦아서 道에 들어가는 것.

도풍(刀風) 人命이 끊어지려할 때 風氣가 支節을 解體하는 것이 마치 칼날과 같으므로 刀風이라 한다. 곧 斷末魔의 苦痛.
※正法念經六十六에「見命終時刀風皆動 皮肉筋骨脂髓精血一切解裁」五王經에「欲死時刀風解形 無處不痛」安樂集上에「若刀風一至 百苦蘂身」行事鈔資持記上一之下에「能解支節故喩如刀」

도풍(道風) 道로 사람을 教化하는 것이 마치 바람이 풀을 쓰러뜨리는 것과 같으므로 道風이라 함.
※無量壽經에「道風德香熏一切」釋氏要覽中에「寶林傳云 祖師難提至摩提國 一日有風西來 占曰 此道風也 必有道人至 果得伽耶舍多至」

도풍일지(刀風一至) 숨을 끊는 最後의 瞬間이 밀려 오는 것.

도피기(到彼忌) 死後 二十七日의 忌辰 또는 以芳忌・總分忌.

도피안(到彼岸) 梵〈彼羅蜜多＝pāramitā〉新譯에 到彼岸. 生死海를 超越하여 涅槃岸에 到達하는 正道를 말함. 智度論十二에「波羅는 中國語로 彼岸이며 蜜은 中國語로 到라는 뜻. 곧 바로 나가고 물러나지 않으면 佛道를 成辦한다는 것을 到彼岸이라 함. 다음은 일을 成辦하는 것도 到彼岸이라 하며 天竺의

俗法에 凡事를 造成하는 것을 到彼岸이라.」함.

도피안법(到彼岸法) 苦痛의 世界로부터 널바나의 彼岸에 到達할 수 있는 德目. 施·戒·忍·精進·禪定·慧 등을 말하는 것.

도피안보특가라(到彼岸補特伽羅) 修行으로 涅槃을 體得한 뒤에 다시는 生을 받지 않는 사람을 말하는 것. →補特伽羅.

도하(渡河) 梵〈tirtha〉나루터.

도할(屠割) 죽여서 찢는 일. 地獄苦의 하나.

도할(塗割) 恩人이 와서는 내 한쪽 손에 塗香하고, 怨人이 와서는 내 한쪽 손을 베어가다(割)란 말로 恩과 怨의 두 因緣을 비유한 것.
※涅槃經三에「若有一人以刀害佛 復有一人持栴檀塗佛 佛於此二 若生等心云何」此觀十에「雖起慈悲 愛見悲耳 雖安塗割 乃生滅强忍」

도합(倒合) 因明三十三過의 하나. 同喩로 無常이라는 宗의 뜻을 立證할 경우, 그 因을 말하는 順序를 거꾸로 해서 宗의 뜻을 옳게 나타내지 못하는 허물. 이를테면 '모든 作爲된 것은 다 無常하다. 그건 瓶과 같다'고 할 것을 '모든 無常한 것은 다 作爲된 것이다. 그건 瓶과 같다'고 하면 作爲에 대한 證은 되지만 無常에 대한 證은 안되므로 倒合過라 함. 'A는 한국사람이다(宗). 서울사람이므로(因). 무릇

서울사람은(先因) 죄다 한국사람인 것이(後宗) B 등과 같다(喩)'고 할 것을, 거꾸로 '무릇 한국사람은(先宗) 죄다 서울사람이다(後因)'고 하면 이를 倒合의 過라 함」.

도합과(倒合過) 因明 三十三過中 同喩에 屬하는 五過의 하나.

도해(倒解) 梵〈mithya cintita artha〉잘못된 見解를 말함.

도해(道諧)〔1043~1118〕曹洞宗 中國 沂州 沂水 사람. 姓은 崔氏. 號는 芙蓉. 어렸을 때 伊陽山에서 辟穀學道하다가 徜臺山에 가서 중이 됨. 宋의 政和 8(1118)年 5月 14日에 "吾年七十六에 世緣今己盡이로다, 生不愛天堂하고 死不怕地獄"이란 臨終偈를 남기고 入寂.

도행(道行) 道를 배우는 修行. 또는 道德的인 修行.

도행반야경(道行般若經) 梵〈aṣṭasāhasrikā-prajñāpāramitā〉西〈śes-rab-kyi pha-rol-tu-phyin-pa brgyad-stoṅ-pa〉十卷. 後漢 支婁迦讖이 번역. 道行般若波羅蜜經·摩訶般若波羅蜜道行經·般若道行品經 摩訶般若波羅蜜經이라 하며 般若波羅蜜法과 그 受持의 功德등을 밝히고 이를 學習하기를 勸說한 것. 三十品으로 되어 있음.

도행정법(道解淨法) 聚落間淨과 같음. →聚落間淨.

도향(塗香) 六種供具의 하나, 몸과 손에 香을 바르고 부처님에게 供養

하는 것. 印度는 날씨가 무더워서 몸에 냄새가 나므로 향을 몸에 바르고 모든 부처님과 僧에게 공양한다. 이 塗香에는 두 가지가 있다. ①旃檀木 등을 갈아서 몸에 바르는 것. ②갖가지 雜香을 가루를 만들어 몸에 바르고 衣服에도 뿌리며 아울러 땅바닥과 壁에도 바름.

※大日經疏八에「塗香是淨義 如世間塗香能淨垢穢息除熱惱」行願品疏鈔三에「塗香者 謂和合諸香用塗身手 供養之時當作是念 我獻塗香 願從此等流五無漏塗香磨瑩熱惱者 脫彼諸地獄一切極炎熱」又請誦印明 用塗香 不空羂索經三에「塗香塗手結持印」都表如意摩尼轉輪聖王念誦秘密略法에「次用塗香塗手臂上 然後念誦」

도현(倒懸) 梵〈盂蘭盆＝ullambana〉 또는 烏藍婆拏. 사람이 죽으면 魂魄이 闇道에 빠져서 몸이 거꾸로 매달려 苦痛을 받음. 이 倒縣의 괴로움을 구하기 위하여 三寶에게 공양하는 것을 盆供이라 함.

※玄應音義十三에「盂蘭盆 此言訛也 按西國法 至於衆僧自恣之日盛設供具奉施佛僧 以救先亡倒懸之苦 舊云盂盆是貯食之器 此言訛也」新稱之婆拏 卽舊稱之盆 皆梵語也.

도현(道顯) 高句麗 승려. 內典과 外典에 통달. 일본의 君臣들이 佛敎를 믿는다는 말을 듣고 貢船편으로 일본에 들어가 大安寺에 있으면서 불법을 가르쳤다. 日本世紀를 지었

고, 羅·唐 연합군이 고구려를 칠 때 말꼬리에 달린 쥐를 보고, 고구려가 망할 것을 예언하였다 함.

도현지고(倒懸之苦) 사람이 죽어서 魂이 闇道에 잠기어 倒立懸垂의 非常한 苦痛을 받는 것.

도호(道昊) 圓通禪師. 臨濟宗. 中國 興化 사람. 姓은 蔡氏, 어머니가 摩尼寶珠를 삼킨 꿈을 꾸고 잉태하여 낳았다. 五세까지도 걷지도 못하고 말도 못하였으나 어머니가 데리고 西明寺에 갔는데, 佛像을 보자, 갑자기 걸으며 南無佛이라고 소리쳤다. 커서 景德寺 德祥을 따라 出家得度하고, 潙山喆에게 오랫동안 배웠으며 뒤에 泐潭乾을 師事하여 그 法嗣가 되었다.

도호(道號) 號로써 道를 나타내는 것. 곧 字, 또는 道人의 別號가 되므로 道號라 한다. 즉 某居士·某道人이라 하는 것이 모두 道號임.

도호송(道號頌) 사람에게 道號를 줄 때에 그 文字의 由來나 뜻을 들어, 祝賀와 격려의 뜻을 담아 頌을 짓는 것.

도화(陶化) 薰陶同化하는 일. 善으로 引導하는 일.

도화(道化) 道法으로써 남을 敎化하는 것.
※無量壽經下에「聽受經法 宣布道化」

도화(道話) ①佛道의 이야기. ②禪宗에서는 古則과 같음. →古則.

도화(導化)　衆生을 導引敎化함을 이름.

도화라국(覩貨羅國)　㉕〈Tukhāra〉㊄〈tuhkhara, tusara〉또는 覩貨羅·覩火羅·吐火羅라고도 함. 葱嶺(pamirs)의 西南. 烏滸水의 上流에 있는 나라 이름.
※西域記一에「出鐵門至覩貨羅國(舊曰吐火羅國誤也) 其地南北千餘里 東西三千餘里 東阨葱嶺 西接波刺斯 南對雪山 北據鐵門(中略) 諸僧徒以十二月十六日入安居 三月十五日解安居 斯乃據其多雨 亦是設敎隨時也」

도화불소구(道火不燒口)　不染汚의 活說法을 이름. 得道한 사람은 一切의 束縛을 解脫한 까닭에 學人을 說得시키는 수단으로 비록 是라고 하였다가 다시 非라 說하고 有라고 하였다가 다시 無라고 하더라도 些少한 蹤跡도 남기지 않음을 말함.

도환(道環)　環은 輪과 같은 뜻. 莊子에 環中이란 말이 있다. 環의 가운데는 空虛하여 아무 것도 없는 것과 같이 大道의 虛無함을 비유한 것. 그러므로 道環은 大道를 말함.

도회(掉悔)　掉는 흔들림. 悔는 뉘우침. 마음이 들떠서 흔들리고, 또 뒤에 뉘우치는 것이 모두 마음의 安靜을 빼앗는 煩惱임.

도회(都會)　多數의 事物이 한 곳에 모였다는 뜻.
※玄義八에「體者 一部之指歸 衆義之都會也」

도회단만다라(都會壇曼茶羅)　諸尊이 모두 集會하는 曼茶羅 또는 都壇·都法壇·普集會壇 혹은 都會道場法壇이라고도 함. 大日經具緣品 所說의 大日如來를 主尊으로 하는 大悲生胎藏曼茶羅를 말함.

도회대단(都會大壇)　都會壇曼茶羅와 같음.

도회외도(塗灰外道)　塗灰 ㊄〈bhasman〉또는 灰塗外道 혹은 獸主外道(pāsupata) 또는 牛主外道라고 한다. 온몸에 재(灰)를 칠하고 고행으로써 昇天을 구하는 大自在天外道의 一派.

도후(道後)　道는 自行眞實의 道. 實道에 契合하지 않음을 道前·實理를 正證함을 道中, 自證以後를 道後라 함. 每地에 이 三種으로 나누어 觀함.
※法華文句記三에「此中須以十地爲道前 妙覺爲道中 證後爲道後」金光明玄義上에「當知道前圓性德 道中圓分德 道後圓究竟德」

도후진여(道後眞如)　↔道前眞如. 實道를 증득한 뒤의 지위, 곧 初地이상을 말한다. 이 자리에서는 깨달은 도가 나타나, 眞如가 煩惱를 가리지 않고 진실한 작용을 하는 것을 道後眞如라 함.

도휴(道休)　釋道休, 항상 頭陀로써 業을 삼아 雍州 新豊 福祿寺와 南曬山 깊은 골짜기에 住하였다. 풀을 얽어서 庵子를 짓고 한번 자리에 들면 7일이 되어야 定에서 나온다. 山을 내려 가서 乞食하며 禁戒를 施說하고 慈善으로 사람을 敎誨하기 四十年. 貞觀 3(629)年 夏居에 들어 가서 端正히 앉아 죽다. 出家한 뒤로 다만 三衣만 입었고 緇纊을 입어서 生을 傷하게 하지 않았다. 입은 무명 옷은 오래되어 썩고 떨어져서 보는 사람의 마음이 섬뜩하게 하였다 함.

도휴피(稻畦帔) 袈裟의 이름.

도흔(道欣) 百濟 승려. 609년 武王의 명으로 吳나라에 사신으로 가다가, 때마침 일어난 난리로 입국하지 못하고 귀국하던 도중, 폭풍을 만나 惠彌 등 十人과 속인 75인과 함께 일본의 肥後國 葦北에 표착, 본국으로 송환 도중 대마도에 이르러 道人 등 11인이 그곳에 살기를 청하여 허락받고 元興寺에 머물다(日本書紀).

도흠(道欽) 號는 徑山. 牛頭門下. 中國 蘇州崑山 사람. 法欽이라고도 하며 俗姓은 朱氏. 唐 玄宗開元 2(714)년생. 처음 儒學을 배워 28세 때 長安에 나가려고 했으나, 길에서 鶴林玄素를 만나 그 勸勵에 의하여 중이 되고 受戒하였다. 南遊하여 臨安을 거쳐 徑山에 들어가 禪座하니, 한 獵師가 茅屋을 짓고 師를 여기에 머무르게 하였다. 大曆 3(763)년에 代宗이 勅命으로 宮中에 불러 친히 瞻禮를 다 하고 의복을 하사하였으나 이를 제자들에게 나누어 주고 布衣와 蔬食를 버리지 아니하므로 國一禪師의 號를 하사하였다. 勅命으로 大覺禪師라 시호하였고 세상에서는 徑山道欽이라 불렀음.

도희심(掉戲心) 휘청휘청하여 쓰러질듯한 마음을 말함.

독(禿) 禿頭(대머리)의 뜻. 戒를 지키지 않고 修行이 없는 比丘를 禿人 또는 禿居士라 함. 비록 머리는 깎았으나 沙門의 行이 없는 것을 禿頭俗人·禿頭居士라 함.

독(毒) 梵〈viṣa〉①健康과 生命을 害치는 것. ② 梵〈Kilbiṣa·hara〉罪障. 罪.

독(篤) 梵〈mitra〉親愛의 情이 있는 것. (佛所行讚)

독(獨) ①홀로. 다만. ……만. ②寧(疑問詞. ……인가). ③豈(어떻게) ④將(未來를 가리킴)

독가다(獨柯多) 禁語. 突吉羅와 같음. 惡作이라 번역. 가장 가벼운 罪로 一人에 對하여, 혹은 自己 스스로 참회하는 것. 五篇罪의 하나.

독각(獨脚) 絕對를 象徵하는 말. 외다리.

독각(獨覺) 梵〈Pratyekabuddha〉 巴〈Paccek-abuddha〉鉢剌翳伽佛陀. 또는 緣覺. 부처님 없는 세상에 나서 다른 이의 가르침을 받지 않고 혼자 수행하여 깨달은 이를 말한다. 이에는 麟角喩獨覺과 部行獨覺의

二種이 있다. 麒麟의 뿔과 같이 獨 신으로 동무가 없는 이를 麟角喩獨角, 몇 사람이 한곳에 모여 수행하여 證得하는 이를 部行獨角이라 한다. 부처님 없는 세상에 태어나 부처님의 敎法을 받지 않은 것은 같음.

독각기린(獨角麒麟) 한쪽 뿔만 있는 麒麟이란 뜻. 麟·鳳·龜·龍을 四靈이라 하여 東洋人이 尊重하는 動物이라 拔群傑出의 人物에 비유함.

독각룡(獨覺龍) 龍은 中國에서 가장 神聖視되는 物件으로 尊敬받음. 傑出한 片目의 人物.

독각사비장(獨覺捨悲障) 獨覺有捨大悲心障을 이름. 대개 獨覺한 사람이 스스로 제도함에 능하고, 他人을 이롭게 할 마음이 없으므로 능히 大悲心을 일으켜, 一切衆生을 복되게 못하고 따라서 佛果에 이르지 못하는 까닭에 捨悲障이라 이름.

독각선인(獨角仙人) ⓢ〈Ekaśringa〉 또는 一角仙人. 오랜 옛적에 波羅奈國의 산중에서 사슴의 뱃속에서 태어났다는 仙人. 머리에 한 개의 뿔이 났으므로 獨角仙人이라 한다. 이 선인은 禪定을 닦아 신통력을 얻었으나, 扇陀라는 姪女에게 유혹되어 신통력을 잃고 산에서 내려와 그 나라의 대신이 되다. 이 선인은 今生의 釋尊, 扇陀는 耶輸陀羅의 전신이라고도 한다.

독각승(獨覺乘) ⓢ〈pratyeka buddha mārga〉獨覺의 實踐法.

독각신(獨覺身) 無上正覺을 證得한 佛陀의 身體.

독각지(獨覺地) 혼자의 힘으로 깨우침의 修行을 하는 段階.

독거사(禿居士) 禿은 대머리란 뜻. 居士는 집에 있는 男子信徒. 戒를 깨뜨리고 法을 지키지 않는 比丘를 말한다. 이는 겉모양은 중인듯 하나 心行은 중이 아닌 것을 이름. 혹은 옷이나 밥을 위하여 머리를 깎고, 출가한 이를 가리키는 말. 禿人. 禿奴.

독경(讀經) 소리를 내어서 經을 읽는 것. ↔看經.

독경법사(讀經法師) 五種法師의 第二, 正心端坐하여 눈으로 經을 보고 입으로 句讀대로 읽는 것. →五種法師.

독경쟁(讀經爭) 經文을 읽어 막힘이 없음을 勝, 막힘이 있음을 負, 곧 진 것으로 하여 勝負를 다투는 것.

독고(毒鼓) 그 북 소리를 들으면 죽는다는 북. 涅槃經에「佛性은 常住」라는 소리가 能히 衆生의 五逆十惡을 죽여서 佛道에 들게 한다는 것에 譬喩. 그런데 이 북에 두 가지 作用이 있어 天鼓도 되고 毒鼓도 된다고 함. 五乘의 根機에 五乘의 敎를 說하여, 그들이 信順修行하면

證果의 益을 얻으므로 天鼓가 되고, 「佛性은 常住」라는 大乘의 極致를 說하여 어리석은 衆生이 듣고 誹謗하면 無間地獄에 떨어지므로 毒鼓가 된다는 것. 다만 이 無間에 떨어진 衆生도 大乘의 極致에 接한 因緣으로 마침내 五逆十惡을 滅하고 菩提의 道에 들게 된다는 것.

독고(獨鈷) 또는 獨鈷杵. 眞言師가 사용하는 金剛杵. 鈷는 股의 借字. 金剛杵가 한갈래로 된 것을 獨鈷. 세갈래로 된 것을 三鈷, 다섯 갈래로 된 것을 五鈷, 아홉 갈래로 된 것을 九鈷라 한다. 鈷는 원래 印度의 武器. 獨鈷는 大日如來獨一法界의 智慧를 頓幟하는 것. →金剛杵.

獨 鈷

독고락가(獨孤落迦) 衣服. →七種衣麻布.

독고연(毒鼓緣) 들은 사람이 衝擊을 받아 憤을 나게 하는 것을 毒鼓라 한다. 正法을 비웃는 者에게 곧 바로 正法을 말하여 그들의 見解를 徹底하게 否定하여 正法으로 引導하는 것을 말함.

독고저(獨股杵) 또는 獨鈷. 眞言師가 사용한 金剛杵. →獨鈷・不動明王.

독공(禿空) 方廣道人의 惡을 배척하고 空을 取함을 禿空. 法界의 萬德 중 하나도 具備함이 없으므로 禿이라 함.
※止觀七에「正法大城金剛寶藏 具足無缺何所而無 豈容禿空而已」

독공(獨空) 事緣에 따라 諸法의 空을 說하나, 空理는 하나이므로 一空 혹은 獨空이라 함.
※止觀七에「一切法趣十八空 歷十八緣 名十八空 但是一空 方等云 大空小空 皆歸一空 一空卽法性實相諸佛實法 大品云獨空也」

독과(毒果) ㊹〈latām viṣa Phalām〉毒이 있는 果實.

독기(毒氣) 三毒의 習氣. 三毒은 貪・瞋・痴. 法華經壽量品에「毒氣가 깊이 들어가 그 本心을 잃게 하므로 好色과 香藥이 모두 不美하다」고 하였음.

독기(毒器) 肉身을 毒器로 觀함. 止觀七에「재물은 糞土와 같고, 肉身은 毒器와 비등하며, 命은 뜬 구름 같으나 버리기를 춤뱉듯하라」고 하였음.

독노(禿奴) 또는 禿人・禿居士. 중을 罵倒하는 말. 外樣은 중 같으나 心

行은 중이 아님을 말함.
※臨濟錄에「有一般不識好惡禿奴」

독담(獨湛) 黃檗宗. 이름은 性瑩(1628~1707) 中國 福建 蒲田 사람. 姓은 陳氏, 明나라 毅宗 崇禎元年에 나서, 十六세에 衣珠를 따라 出家하여 積雲寺에 住하면서 日夜 坐禪하였다. 淸나라 順治 6年, 承天寺에서 亘信和尙을 뵈옵고, 同 8年에 隱元隆琦를 黃檗山에서 參拜하고 또 鼓山에 가서 永覺元賢을 배알하였다. 同 10年에 登壇受戒, 27세에 日本으로 건너갔음.

독두무명(獨頭無明) 二種無明 혹은 五種無明의 하나. 또는 不共無明이라 한다. 貪·瞋·痴·慢·疑·惡見의 六大惑 가운데에 無明(痴)이 홀로 일어나 다른 五大惑과 함께 行하지 않는 것을 獨頭無明이라 함.
※與其他五大惑隨一共起之無明 名爲相應無明 是於六大惑中論共不共也 故獨頭無明亦不遮與五大惑以外之諸惑俱起也.

독두의식(獨頭意識) 四種意識의 하나. 다른 五識과 함께 일어나지 않고 홀로 일어나 널리 十八界의 意識을 伴緣하는 것. 여기에는 定中獨頭意識·散位獨頭意識·夢中獨頭意識의 四種이 있음.

독로(獨露) 全體를 露出하는 것. 있는대로를 들어 내는 것.

독룡(毒龍) 毒龍이 戒를 加持하다가 몸을 잃어 버린 것을 말함. 智度論 十四에「菩薩의 本身이 일찌기 大力毒龍이 되었는데, 衆生들의 前身에 힘이 弱한 者는 눈으로 보기만 해도 죽고 힘이 强한 者는 氣가 가서 죽였다. 이 龍이 一日戒를 받고 出家하여 고요히 숲속에 들어가서 생각을 오래하다가 疲困해서 졸았다. 龍이 法睡할 때 形狀이 뱀과 같고 몸에 문채가 있으며 七寶의 雜色을 하고 있으므로 사냥꾼이 보고 기뻐하여 말하기를 "이는 드물게 보는 것으로 얻기 어려운 가죽이다. 國王에게 獻上하여 服飾을 만들도록 함이 좋지 않는가"하고 막대기로 머리를 누르고 칼로 껍질을 벗겼다. 龍이 스스로 생각하여 말하되 '내 힘이 뜻과 같아 이나라를 뒤집는 것이 如反掌이다. 이 사람의 적은 物體로 어찌 나를 困하게 할 수 있을까? 내 이제 戒를 加持하므로 이 몸을 생각지 않았으니 마땅히 佛語를 따라 스스로 참을 것이다'하고 눈으로 보지 않으며 氣運을 닫아 숨쉬지 아니하고 이 사람을 憐愍하여 戒를 지켰으므로 벗김을 當했으나 뉘우치는 빛이 없었다. 이미 가죽을 잃으니 붉은 살덩어리가 땅에 딩굴었다. 그때 햇빛이 크게 뜨거워 흙위에 딩굴다가 큰 물에 가고자 했더니 모든 작은 벌레들에게 發見되어 그 몸이 먹혀 버렸다. 持戒하고 있었으므로 敢히 다시 움직이지 않았다. 스스로 생각하여 말하기를 '내 이제 이 몸으로 小虫에게 布施하니 뒤에 成佛할 때에, 이 法施로 마음이 增益될 것이다'라고 맹서하고 몸이 마르고 목숨이 끊어졌다. 곧 第二忉利天 위에 나니 그때의 毒龍은 釋伽文佛이다. 이때의 獵者는 提婆達多 등 六師이며 小蟲의 무리는 釋迦文佛이 처음으로 法輪을 轉할 때의 八萬諸天의 得道者들이다」라고 하였음.

독루생(禿屢生) 禿은 無髮. 즉 대머리라는 뜻으로 중을 가리킴. 屢는 어리석은 者. 生은 助辭. 見識이 없는 중을 꾸짖는 말.

독리(獨離) 梵〈Kevalasya bhāvaḥ〉獨存과 같다. →獨存.

독명(獨明) 佛의 光明이 홀로 빛나고 있는 것.

독묘(獨妙) 梵〈ekontarāja〉홀로 뛰어난 것.

독발(獨拔) 홀로 佛敎를 行하는 것.

독법(獨法) 獨一善法. →七善.

독병(獨秉) 心念法(三種羯磨法之一)을 이름. 이 法으로써 自己一人의 心念에 告하여, 그 일이 成就되었으므로 일컬음. →羯磨
※謂心念法也 以此告於自己一人之心念 而其事成故也

독보(獨步) 朝鮮 仁祖 때의 승려. 초명은 中歇. 묘향산에서 佛道를 닦다가 丙子胡亂이 일어난 후 명나라와 청나라를 왕래하면서 공을 세웠다. 처음 明의 都督 沈世魁 밑에 있다가 그가 죽은 후 左都督 洪承疇 밑에 있으면서 後金(淸)軍이 北京을 함락하자 瀋陽에 들어가 敵情을 정탐한 후 압록강에서 우리나라 군사에게 잡혀 節度使 林慶業에게 移送, 다시 崔鳴吉에게 압송되었다. 仁祖 17(1639)년 사신으로 明나라에 가서 홍승주에게 후금군의 서울 함락을 傳하여 명황제로부터 麾忠이란 호를 받고, 본국에서도 많은 상을 받다. 홍승주가 淸나라에 항복한 뒤에는 임경업 휘하에서 명나라를 왕래하였다. 明나라가 망한 후 임경업과 함께 北京에 잡혀가 옥살이를 하고, 귀국했으나, 모함으로 蔚山에 유배되었다.

독비구(禿比丘) 대머리 중이라는 뜻. 惡僧을 꾸짖을 때에 쓰이는 말.

독사(毒蛇) ①몸의 四大를 四種의 毒蛇와 四大增損이 人身을 害함이 毒蛇와 같다고 비유. ②黃金을 毒蛇에 비유함.

독사(讀師) 法華를 講說하는 法會에 講師와 같이 高座에 올라가 經의 제목을 외우는 승려를 말함.

독사고좌(讀師高座) 八講을 行할 때 八講壇을 佛前 左右에 두 高座를 상대해서 設置하고 左를 讀師의 座, 右를 講師의 座라 함.

독사입수리(毒蛇入袖裏) 煩惱妄想을 毒蛇에 비유함. 좋은 일이라도 注意하지 않으면 도리어 신세를 망치는 일이 있다는 뜻.

독산의식(獨散意識) 또는 散位獨頭意識. 第六意識이 散位에서 前五識을 伴緣하지 않고 일어나며 五塵의 境界를 반연하지 않고 홀로 三世諸法과 空華水月 등의 色을 伴緣하는 때를 말함.

독생독사독거독래(獨生獨死獨去獨來) 死와 生의 사이에는 그 누구도 同伴할 사람없이 오직 自己 一身뿐이라는 뜻.
※無量壽經下에 「人在世間愛欲之中 獨生獨死 獨去獨來 當行至趣苦樂之地」

독선(獨善) 獨善其身의 약칭. 자기 한 몸만을 온전하게 잘하여 감.

독선일거(獨善逸居) 自己 한 사람의 善行에 滿足하여 제 멋대로 살아가는 것.

독선적(獨善寂) 獨善的인 靜寂이라는 뜻. 獨覺의 境地.

독성(獨聖) 那畔尊者.

독성각(獨聖閣) 獨聖인 那畔尊者를 奉安한 殿閣.

독성전(獨聖殿) 우리나라의 寺院에서 홀로 있는 聖者像을 安置한 堂宇. 獨聖의 觀念은 道敎에서 由來한 것.

독성탱화(獨聖幀畫) 獨聖인 那畔尊者의 초상을 그려 건 족자.

독송(讀誦) 讀은 글자를 보면서 읽는 것. 誦은 글자를 보지 않고 외우는 것.
※法華經法師品에 「受持讀誦解說書寫妙法華經乃至一偈」

독송다문견고(讀誦多聞堅固) 經論의 讀誦과 聞法에 精進하는 사람이 많은 것이 確定되어 있는 것. 大集經의 五百歲說 가운데 第三의 五百年의 特質.

독송대승(讀誦大乘) 大乘經典을 讀誦.

독송잡행(讀誦雜行) ↔讀誦正行 五種雜行의 第一. 受持讀誦淨土三部經 以外 大小 顯密의 諸經典.

독송정행(讀誦正行) 五種正行의 第一. 一心專念하여 淨土三部經을 讀誦하는 것.

독송품(讀誦品) 天台宗에서 세운 觀行 즉 五品의 第二. 지극한 마음으로 妙經(法華經)을 讀誦하여 內觀을 돕는 地位.
※止觀七에 「善言妙義 與心相會 如膏助火 是時心觀益明 名第二品也」

독수(毒手) 宗師家의 惡辣한 수단에 비유한 것. 지독한 수단.

독수(毒樹) 惡한 比丘가 淸衆을 해하는 것에 비유함. 涅槃經三에 「長者가 居하는 곳에 田宅과 居舍에서 모든 毒樹가 생하는 것과 같다. 長者는 그것을 알아서 문득 斫伐하여 永遠히 滅盡토록 하며 또는 壯年의 머리에 白髮이 나는 것을 부끄럽게 생각하고 뽑아 버려서 영영 나지 않게 하는 것과 같다. 持法比丘도 또한 이와 같다. 戒를 破하고 正法을 무너뜨림을 보고 곧 驅遣하고 呵責한다.」고 하였음.

※止觀二에『戒海死屍宜依律擯治 無令毒樹生長者宅』

독수투로(讀修姤路) 修姤路는 梵語 Sutra의 音譯으로 經이라는 뜻. 經을 배우고 經을 외운다는 뜻.

독승각(獨勝覺) 梵〈svaya mbhū〉獨覺이라는 뜻.

독신(篤信) 巴〈saddhā〉信仰心이 두꺼운 사람.

독약(毒藥) 佛·菩薩이 神通力과 神呪의 힘으로 능히 毒藥을 消滅하였다고 함.

독약심(毒藥心) 사람이 毒에 中毒되어 氣絶하면 살아있을 수가 없는 것과 같이 善心·惡心을 비롯하여 모든 心所의 作用이 생기지 않는 마음. 六十心의 하나.

독영경(獨影境) 三類境의 하나. 第六意識의 妄分別로 떠오르는 實我實法이라는 相으로서, 空華와 兎角이 나타남과 같은 것. 이 相分은 實體가 있는 것이 아니고, 오직 意識만의 作用으로 變現되는 影像이므로 獨影境이라 함. 一時의 妄分別의 反應인지라 感情上으로는 있으되 理致로는 없는 것이므로 三性中의 遍計所執性에 該當.

독오(獨悟) ①스승에 의지하지 아니하고 혼자서 깨달음. 緣覺이 혼자서 깨달음. ②佛만이 깨달은 것. →獨覺.

독우전신(犢牛前身) 南泉潙山의 宗匠. 老僧이 百年後에 一頭水牯牛가 되었다는 말이 있으니, 牯牛는 牝牛라 송아지를 낳았을 것인 즉 그렇다면 지금의 諸禪師는 송아지의 前身일 것이다. 이로써 禪宗을 욕하는 말.

독원(獨園) 給孤獨園의 약칭.

독유행(獨遊行) 梵〈ekā-cara〉行者가 혼자 거하는 것.

독인(禿人) 또는 禿居士·禿奴. 행실이 그른 중을 꾸짖는 말. →禿.

독일(獨一) 獨覺 또는 緣覺을 말하는 것.

독일법계(獨一法界) 顯한 것을 一眞法界, 密한 것을 獨一法界라 함. 一切諸法이 眞如平等하므로 一切 곧 一切法이 되며 一切法은 곧 一法이니 一法을 들면 一切諸法이 다 돌아와 一法으로써 萬法을 모두 수합하므로 獨一法界라 함.

※大日如來之智拳印 幖幟此獨一法界之一也 大日經疏一에 「如來獨一法界加持之相」 同十七에 「言一者 此卽如如之道 獨一法界故言一也」

독일선(獨一善) 七善의 第四. 純一하여 잡스러움이 없는 善. →七善.

독자(禿子) 僧侶로 削髮하지 않고 敎를 듣는 信心이 없는 者를 말하는 것. →禿屢生.

독자(犢子) 外道하는 사람인 까닭에 犢子外道. 뒤에 出家하여 佛에 왔으므로 犢子比丘라 함. 犢子部의 部主.

독자부(犢子部) 梵〈vātsīputrīya〉

小乘 20部中의 一派. 佛在世時에 어느 外道가 부처님께 歸依한 後 實我說을 세웠고 그 門徒가 끊이지 않고 이어 오다가 佛滅後 200年頃에 스스로 一切有部라 稱하였고 거기서 흘러나온 一派를 犢子部라 하는데, 이들은 五蘊을 卽한 것도 離한 것도 아닌 我라는 것을 세워서, 衆生에게는 이러한 實我가 있다고 主張함. 이는 佛敎의 眞無我의 眞理에 違背되므로 이들을 佛法中外道 또는 附佛外道라고 함. 俱舍論 破我品에는 痛烈히 排斥하였고 眞諦玄應記에는 可住子部라 하였다. 智度論一에 「佛法中에 또한 犢子比丘說이 있는데, 四大和合의 眼法이 있고 五衆이 和合하는 人法이 있다. 犢子 阿毘曇 가운데 說은 五衆이 人을 떠나지 않고 人이 五衆을 떠나지 않는다. 五衆을 說하지 못하는 것이 人이며 五衆을 떠나는 것이 人이다. 人이 五衆을 說하지 못하나 法藏中에서 包含히여 說하였다.」하였다. (人은 實我이며 五衆은 五蘊을 말하는 것.) 宗輪論에 「이 300年中 一切有部의 說에 따라 一部가 流出되어 犢子部이다. (中略) 그 犢子部와 本宗의 뜻은 같으나 補特伽羅는 卽蘊도 離蘊도 아니고 蘊處界에 依하여 假로 施設하는 이름이다.」하고 (補特伽羅는 번역하여 人) 唯識述記一에 「筏蹉氏의 外道를 犢子外道라 한다. 男聲中에서 나면 出家하여 佛에 歸依하고 皤雌子部는 女聲中에서 부르니 곧 同一하다. 上古에 仙人이 山寂한 곳에 살았으나 貪心을 참지 못하고 母牛를 犯하여 生男하였다. 그 子孫을 犢子라 하며 婆羅門의 一姓이 됨. 涅槃經에는 犢子外道가 出家하여 佛에게 歸依하여 그 後 門徒가 相傳하여 끊어지지 않았다. 犢子部는 그의 子孫들로서 멀리 그 事實을 이어 犢子部라 하였다.」고 함.

독자처(獨自處) 巴〈viveka〉 사람들을 떠나서 혼자 있는 것.

독장불랑명(獨掌不浪鳴) 獨掌은 隻手와 같음. 두 손바닥이 서로 마주쳐야 소리가 나는 것인데, 외손바닥은 소리가 안난다는 말.

독전(毒箭) 煩惱는 능히 사람을 해치므로 독을 바른 화살에 비유하여 이같이 이름.
※涅槃經五에 「見閻浮提苦衆生 無量劫中被婬怒痴煩惱毒箭受 大苦切」

독전착신(毒箭著身) 巴〈Sallavidda〉 毒矢에 貫通되는 것.

독정(禿丁) 禿은 禿頭(대머리)의 뜻. 중을 욕하는 말.

독존(獨存) 梵〈Kaivalya〉 상가學派에서 說하는 것. 神我가 物質에 束縛되지 아니하고 홀로 存在하는 것.

독존(獨尊) 三界에서 부처님만이 가장 尊貴하다는 말.
※長阿含經一에 「天上天下 唯我獨尊」

독좌대웅봉(獨坐大雄峯) 百丈禪師의 말. 大雄峯은 百丈禪師가 住하던 절이 있던 山의 이름으로 江西省에 있다가 혼자 대웅봉에 앉아 있다는 뜻.

독참(獨參) ①修行者가 한사람 한사람 스승의 방에 들어가서 親히 敎示를 받는 것. ②賦與된 公案에 對하여 自己의 見解를 提出하여 스승의 點檢을 받는 것. 單身 師家의 방에 參詣하여 指導를 받는 것. 入室과 같음. →入室.

독처(獨處) 고요한 山林에 혼자 住하는 것.

독천이고(毒天二鼓) 毒鼓와 天鼓를 말함. 부드러운 말로 善을 내게 하는 것을 天鼓에 비유하고 苦言으로 惡을 소멸하는 것을 毒鼓에 비유한다. 또는 敎法이 나에게 있어 順緣하는 것을 天鼓, 반대로 逆緣하는 것을 毒鼓라 함. →毒鼓.

독철(讀徹) 姓은 趙氏 初名은 見晩. 後 蒼雪로 고쳤고 南來라 號하였다. 中國 明代의 學僧. 雲南省呈貢縣 사람. 都講僧인 父親 碧潭을 따라 昆明妙堪寺에 出家. 鷄足山 寂光寺에서 水月儒全의 侍者가 되다. 十九歲에 行脚하여 天衣에게 楞嚴을, 雲棲에게 十戒를 받았으며 鐵山一雨潤의 衣鉢을 이었다. 中峰寺에서 支公의 道場을 再興하고 寶華山見月讀體의 請으로 楞嚴經을 講論하였다.

독체(讀體) 字는 見月. 許氏의 아들. 그의 祖上은 江寧句容의 사람으로 代代로 指揮使를 지냈다. 中國明代의 律學僧. 明 萬曆 29(1601)年 雲南省楚雄縣에서 出生하여 어려서부터 그림을 잘 그려서 大士의 像에 精巧하므로 吳道子라 불리웠다. 寶洪山亮如에 依하여 出家. 그 後 諸山을 探訪하고 行脚六年에 丹徒海潮庵에서 寂光에게 具足戒를 받음. 見聞하는 者 南山道宣의 還生이라 함.

독탈(獨脫) 獨立된 脫體. 어느 것에나 依持하지 않는 것.

독행무명(獨行無明) 不共無明과 같음. 不空無明.

독행불공무명(獨行不共無明) 第六意識에만 相應하는 無明. 다른 識이나 탐심 등의 本惑과는 상응하지 않고 홀로 일어나는 無明을 말한다. 이에 主獨行無明과 非獨行無明의 두 가지가 있다.

돈(頓) 갑자기 문득 또는 한꺼번에 단박이라는 뜻.

돈각(頓覺) 차례를 밟아 漸修하지 않고 菩提를 깨친 사람을 일컬음. 華嚴宗 五敎 가운데 頓敎가 이것이다.
※圓覺經에「十方諸如來三世修行者 無不因此法而得成菩提 唯除頓覺人」

돈교(頓敎) ①五敎의 하나. 華嚴宗에서 維摩經과 같이 文字와 言語를 여의고 수행의 차례를 말하지 않고 말이 끊어진 眞如를 가리킨 敎法.

②化儀四敎의 하나. 天台宗에서 소승·대승의 차례에 따르지 않고, 바로 처음부터 대승 一佛乘의 법을 말한 것. 석존이 성도한 뒤에 곧 說하신 華嚴經의 說法. ③南申三敎의 하나. 부처님이 처음에 모든 보살을 위하여 높고 묘한 華嚴經을 을 說하여 해가 뜰 때에 먼저 높은 산을 비추는 것과 같음을 말한다. ④光統三敎의 하나. 한 법문에서 常과 無常, 空과 不空 등을 구족하게 말한 것. 한 때 모든 법문을 구족하게 설한 교를 말함.

※有二解 一爲頓成之敎 凡歷劫修行 方出生死之法 名爲漸敎 頓成頓悟佛果之法 名爲頓敎 楞伽經一에「如菴摩羅果漸熟非頓 如來淨除一切衆生自心現流 亦復如是(中略)譬如明鏡頓現一切無相色像 如來淨除一切衆生自心現流亦復如是」依此義而佛自名圓覺經爲頓敎大乘 賢首於五敎之第四 立頓敎之名 天台善導判觀經之所說爲頓敎 且天台所立第四之圓敎 亦得圓頓之名 圓覺經에「善男子 是經名爲頓敎大乘 頓機衆生從此開悟」天台觀經疏에「漸頓悟入此卽頓敎 正爲韋提希及諸侍女 並是凡夫 未證小果 故知是頓 不從漸入」善導般舟讚에「瓔珞經中說漸敎 萬劫修功證不退 觀經彌陀經等說 卽是頓敎菩薩藏 一日七日專稱佛 命斷須臾生安樂」四敎儀에「圓名圓妙(中略)圓頓」集註下에「體非漸成 故名圓頓」二 爲頓說之敎法 對未熟之衆生 初說小法 漸次說大乘之法 此爲漸敎 對頓悟之機 自初直說大法 此爲頓敎 玄義一에「如日初出先照高山 厚殖善根感則頓 頓說 本不爲小 小雖在座如聾如啞 緣得大益 名頓敎相」大乘義章一에「自有衆生藉淺階遠 佛爲漸說 或有衆生一越解大 佛爲頓說」依此義而天台於化儀四敎之第一 立頓敎之名 卽謂華嚴經於一切經中 爲對菩薩之大機 頓說別圓二敎之大法者 故名爲頓敎 非如法華以圓頓之法名爲頓敎 是台宗之意也.

돈교일승(頓敎一乘) 唐의 善導가 淨土法門을 判別한 것을 頓敎一乘이라 함. 급속히 成佛하는 까닭에 頓敎, 一乘衆生이 다 이 法을 得乘하므로 一乘이라 일컬음.

※觀經疏三寶偈에「我依菩薩藏 頓敎一乘海 說偈歸三寶」

돈교점교(頓敎漸敎) 또는 頓漸二敎라 한다. 順序를 밟지 않고 바로 깨우침에 이르는 가르침을 頓敎. 차례를 밟아서 漸進的으로 오랫동안 修行에 依하여 깨침을 얻는 것을 漸敎라 함. 또는 說法의 形式上으로는 처음부터 자못 깊은 內容을 說하는 것을 頓敎, 얕은 內容에서 漸次的으로 깊은 內容을 說하여 나가는 것을 漸敎라 하며 敎判에 사용됨.

돈극(頓極) 頓은 곧, 極은 究極, 頓極은 願土에 이르러서 즉각 無上涅槃을 證하게 되는 곳을 말함.

돈극미묘(頓極微妙) 頓하고 極하여 微妙하다는 것.

돈기(頓機) 頓敎·大乘의 根機. 頓

敎를 듣고 佛道를 頓悟하는 機類를 말함.
※圓覺經에 「是經名爲頓敎大乘 頓機衆生從此開悟」

돈단(頓斷) 많은 煩惱를 一時에 斷切하는 것.

돈대(頓大) 華嚴經을 가리킴. 頓은 頓敎, 大는 大乘敎이다. 般若經 등은 大乘敎라고 하나 漸入의 機類에 대하여 阿含經·方等經 등으로 次梯를 밟아서 說한 漸敎의 大乘經이고 華嚴經은 頓入의 菩薩에 대하여 한꺼번에 大乘敎을 說하여 단박에 大乘이 되게 하므로 頓大라 함.

돈대삼칠일(頓大三七日) 天台一宗의 說, 華嚴經에 佛 成道後 二十七日間 향한 說法을 말함.

돈돈(頓頓) 頓圓이라 한다. 淸凉澄觀은 華嚴經의 說을 이렇게 불렀다. 「頓敎에 頓漸과 頓頓의 둘로 나누어 圓敎에 漸圓과 頓圓의 二를 세우고 華嚴經을 頓頓·頓圓이라 하고 法華經을 漸頓 漸圓의 敎」라 함.

돈돈교(頓頓敎) 二頓敎의 하나. → 二頓.

돈문(頓門) 頓悟를 說하는 法門.

돈방(頓放) 整頓放任의 뜻. 즉 世智辨聰으로 이리저리 分別하여 맞추며 공부를 하지 않고 놓아 버려 두는 것.

돈법(頓法) 급속히 求하는 바가 成就하는 法.

돈부씨(頓部氏) 頓悟를 說하는 學派. 楞伽經을 筆頭로 함.

돈사(頓寫) 또는 頓經·一日經. 즉석에서 法華經을 빨리 書寫한다는 뜻. 福을 짓기 위하여 하는 修行.

돈삼의(頓三義) 頓悟頓修·頓修頓悟·修悟一時를 말함. ↔漸三義.

돈설(頓說) 頓敎의 說法. 小乘으로 階梯를 밟지 않고 華嚴經과 같이 바로 大乘을 說破하는 것. →頓敎.

돈성제행(頓成諸行) 徧成諸行에 대하여 이름. 圓融門에 의지하여 修行하는 菩薩이 만약 한 미혹만 끊으면 곧 一切의 惑을 모두 끊게 되고, 一行을 닦으면 곧 一切行이 具足하여 滿足한 道行을 문득 이룩함을 말함.

돈속(頓速) 급격하고 빠른 것.

돈숙(敦肅) ㉫〈Sthaidya〉㉠〈br-tan pā〉討論을 할 때에 스스로 삼가하는 일.

돈약(頓藥) 頓服藥. 한첩을 一時에 마시는 藥. 速効藥.

돈연(頓緣) 同一時에 緣의 對象으로 定해지는 것.

돈오(頓悟) 修行의 段階를 거치지 않고 홀연히 깨달음. 禪宗에서는 특히 南宗禪에서 强調함.
※圓覺經에 「是敎名爲頓敎大乘 頓機衆生從此開悟」 大日經疏에 「無頓悟機不入其手」 頓悟入道要門論上에 「云何爲頓悟 頓者 答 頓除妄念 悟者悟無所得

又云 頓悟者 不離此生卽得解脫」

돈오기(頓悟機) 수행의 차례를 밟지 않고 단번에 깨닫는 사람.
※上根上智得速入悟之人 無量壽經註에 「頓悟上機又如說修行之人也」

돈오대승(頓悟大乘) 段階를 거치지 않고 곧바로 깨달음에 달하는 道理를 說하는 大乘. 衆生은 佛의 種子만 있으나, 이 衆生이 聲聞·緣覺의 자리를 지나지 않고 곧 바로 佛이 되는 것. 이것을 頓悟의 大衆이라 함.

돈오보살(頓悟菩薩) 또는 直往菩薩. 無始以來로 八阿賴耶 가운데에 菩薩의 法爾無漏種子가 있어 二乘의 修業을 거치지 않고 바로 菩薩의 道位에 들어간 사람. ↔漸悟菩薩.

돈오열반(頓悟涅槃) 機會가 이르러 곧 바로 깨치는 일.

돈오왕생(頓悟往生) 곧 바로 悟境에 이르는 것.

돈오입도요문론(頓悟入道要門論) 二권(續藏二의 十五). 唐代 中期의 禪僧 慧海의 撰. 원래 一卷이었으나 현재는 上下 二권. 下권을 諸方門人參問語錄이라 한다. 본서는 많은 경전을 인용하고 여러 佛敎敎義를 극히 平易明快하게 설하고 禪의 입장에서 자유로운 해석을 하였으며, 慧海가 처음 배운 敎宗의 넓이와 馬祖에 의해 열린 禪의 體驗의 깊이가 혼연한 체계로 조직되어 있음.

돈오점오(頓悟漸悟) 쉽게 究極의 깨달음을 얻는 것을 頓悟, 漸次로 깨달음에 이르는 것을 漸悟라 함. →頓漸二敎.

돈원교(頓圓敎) 二圓敎의 하나. →二頓.

돈절(頓絶) 갑작스럽게 끊어지는 것.

돈점(頓漸) 또는 頓速과 漸次의 뜻. 그 쓰임에 따라 의미가 다르다. 여기에 부처님이 설법한 형식에서 말하는 것과, 사상의 내용에서 말하는 것과, 수행의 과정에서 말하는 것의 三종이 있다. ①부처님 설법의 형식에서 말하면, 단박에 설법한 화엄경은 頓, 근기에 맞추어 점차로 말한 아함경 방등경 반야경 등의 여러 경은 漸. ②사상의 내용에서 말하면, 일정한 차례에 따르지 않고 변칙적으로 한꺼번에 해탈을 얻는 방법을 말한 것을 돈교, 원칙적으로 차례를 밟아서 점차로 해탈케 하는 가르침을 점교. ③수행의 과정에서 말하면, 사상상의 돈교에 의하여 속히 證悟를 얻는 것은 돈. 점교에 의하여 수행해서 점차로 얕은 데서 깊은 데로 나아 가는 것은 점. 앞 것은 수행하는 점차와 경과하는 시간을 말하지 않으나, 뒤엣 것은 그 과정으로 七賢·七聖·五十二位·三아승지겁·백대겁 등을 말한다.

돈점이교(頓漸二敎) 또는 漸頓二敎.

부처님 일대의 설교를 돈교와 점교로 나눈 것. 이 二敎는 사람에 따라 그 뜻을 달리한다. ①淨影은 교를 받는 근기에 대해서 판단. 바로 대승에 들어가는 頓悟의 근기에 대해서 말한 화엄경·유마경·승만경 등을 돈교, 소승에서 마음을 고쳐 대승에 들어가는 漸入의 근기를 위하여 말한 법화경 열반경 등을 점교라 한다. ②天台는 부처님 설법의 형식에 대해서 판단. 부처님이 성도한 처음에 보살을 위하여 한꺼번에 설한 화엄경을 돈교, 소승의 근기를 점차로 대승에 이끌기 위하여 說한 아함경·방등경·반야경을 점교라 한다. ③賢首는 설한 법문에 대해서 판단. 언어·문자를 초월하여 말과 생각이 끊어진 법문. 이를테면, 유마경의 說獸不二와 같은 것을 돈교, 언어로써 지위 점차를 말하여 점점 修學을 가르친 법문을 점교라 한다. ④善導는 이익의 느리고 빠름에 대해서 판단. 단박에 證悟를 얻는 관무량수경·아미타경 등에서 말한 정토염불의 법문을 돈교, 점차로 수학하여 오랜 뒤에 증과를 얻는 瓔珞經등을 점교라 함.

돈종(頓宗) 頓悟를 說하는 가르침의 뜻.

돈중지돈(頓中之頓) 淨土敎의 他力念佛의 가르침은 天台宗과 眞言宗이 스스로 頓敎라고 말하나 惑을 斷함으로 漸敎라 함에 反하여 凡夫가 極樂往生을 이룩함으로 頓敎中에서도 가장 殊勝한 頓敎임을 主張하는 것.

돈증(頓證) 많은 段階를 經由하지 않고 곧 바로 깨닫는 것.

돈증보리(頓證菩提) 단박에 菩提를 증득하는 것. 곧 빨리 진리를 깨달음. 速證菩提·頓證佛.

돈지(頓旨) 문득 道를 깨달음의 뜻. ※出生義에「削地位之漸階 開等妙之頓旨」

돈진다라(頓眞陀羅) ㉲〈Drwna-kimnara〉緊那羅의 이름. 羅什의 譯本에 大樹緊那羅라 하고 支婁迦讖의 번역에는 頓眞陀羅라 하였음. ※玄應音義七에 此覺譯云眞人也.

돈진다라소문여래삼매경(頓眞陀羅所問如來三昧經) 三卷. 後漢의 支婁迦讖 번역. 羅什이 번역한 大樹緊那羅王所問經과 同本이며 먼저 번역된 것.

돈착(頓著) 貪著의 轉訛. 탐내어 執着함.

돈황(敦煌) 中國 甘肅省의 西北隅에 있는 縣의 이름. 燉煌·敦煌이라고도 한다. 東西 약 十二哩. 남북 약 十六哩의 耕地로 南은 南山山脈에 接하고 西는 不毛의 荒原에 連하며 東北方은 모래땅으로 잡초가 무성하며 黨河 耕地의 西部를 北流함.

돈황보살(燉煌菩薩) 또는 燉煌三藏

竺法護를 말함. 竺法護는 중국 돈황에서 자라나, 돈황에서 교화하였으므로 세상에서 이렇게 부름. →竺法護.

돈황삼장(燉煌三藏) 燉煌菩薩과 같음.

돈황석실(敦煌石室) 甘肅省燉煌縣 東南쪽에 鳴沙山이 있고, 그 山麓에 三界寺가 있다. 절 곁에 石室이 千餘나 있는데 舊名 莫高窟, 俗名은 千佛洞이라 하니 四壁이 다 佛像이므로 이같이 일컬음.

※淸光緖庚子 有道士掃除積沙 於複壁破處 見一室 內藏書甚富 發之 皆唐及五代人所手寫 並有離本 佛經尤多 蓋西夏兵革時 保存於此也 英人史泰英 法人伯希和 先後至其地 皆擇完好者捆載而去 陳於彼國博物院中 至我國政府更往搜求 精好者已不可得 近人據伯希和所得本印行者 有敦煌石室遺書 鳴沙石室古佚書二種 皆前所未見之祕笈也.

돈후(敦厚) ①인정이 많음 ②心德이 두터움, ③事物에 정성을 들임.

돌(咄) 感嘆詞. 꾸짖는 소리, 혀차는 소리, 驚怪聲 또는 슬프게 말하는 소리로서 禪書에서 咄破, 咄散, 却咄의 뜻으로 喝字의 用法과 비슷함.

돌길라(突吉羅) 梵〈Duṣkṛta〉巴〈Dukkaṭa〉또는 突膝吉栗多·突瑟几理多·獨柯多. 번역하여 惡作·惡說. 계율의 죄명으로, 몸과 입으로 지은 나쁜 업을 말한다. 二百五十戒 중 二不定·百衆學·七滅諍은 여기에 속한다. 혹은 七聚戒라 하기도 한다. 여기에 方便突吉羅·其相重物突吉羅·非鐵突吉羅·毘尼裳吉羅·知突吉羅·白突吉羅·聞突吉羅의 八種이 있다. 이 突吉羅罪를 범한 이는 等活地獄에 떨어진다고 함.

돌로나(突路拏) 梵〈Droṇa〉波羅門의 이름. 佛舍利를 고루 나눠 주어 諸國의 鬪爭을 防止한다고 함. 經中에 香姓·香煙이라 번역함. (毘奈耶雜事三十九)

돌바(突婆) 香名. 陀羅尼集經五에 「突婆香은 唐에서는 茅香이라 한다」라고 하였음.

돌부(鈯斧) 鈯은 무딘 칼, 작은 칼, 斧는 도끼. 般若智慧에 비유한 것.

돌색흘리다(突色訖里多) 梵〈duṣkṛta〉突吉羅와 같음. 突瑟几理多.

돌슬궤리다(突瑟几理多) 梵〈Duṣkṛta〉또는 突膝吉栗多. →突吉羅.

돌부(咄哉) ①"어이 자네"라고 부르는 말. ②嘆息하는 말. ③나무라고 경계하는 말.

돌출(突出) ①갑자기 쑥 나옴. 툭 튀어 나옴. ②쑥 내밀어 있음. 突은 穴과 犬의 合字로 담구멍으로 개가 쑥 튀어 나옴을 뜻함.

동(同) ①같은. 梵〈tulya samā〉②大部分 같은 것. 梵〈tulya〉. ③同類 梵〈sajāti〉. ④同一한 것. 梵

〈sāmanya〉. ⑤同意함. 容認함. 承認함. 原語는 대부분 㲀 〈anujānāti〉이라. ⑥和敬. ⑦勝論派哲學에서 普遍 (㲀 〈sāmānya〉)을 말함. 普遍을 「同」이라 하는 것은 「荀子」 正名篇에 由來함. ⑧十句義의 第四 (最高의) 普遍. ⑨共通性에 바탕을 두는 推論. 覺(德의 第十二)의 作用인 比量(推論)의 第二. (十句義論)

동(動) 風大의 自性을 말함. 四大로 만들어진 物質이 相續하여 이 곳에서 저 곳으로 옮겨지는 것. 俱舍論 一에 「風界의 動性이 大種造色을 끌어서 그것을 相續시켜 없는 곳에 생기도록 하는 것이 燈의 빛을 불어서 끄는 것과 같으므로 動이라」함.

동가(洞家) 曹洞宗의 一家. 濟家의 對稱.

동가인사서가인조애(東家人死西家人助哀) 이웃집 사람이 죽으니 生前에 대접 못함을 후회하는 말을 늘어놓음은 親切한 것같으나 實効 없음을 말함.

동갱무이토(同坑無異土) 같은 坑內에는 異質의 흙이 없다는 것으로, 同穴狐와 같은 뜻. 한 스승에게 薰陶된 사람들은 그 가는 方向도 同一함을 이름.

동거(同居) 凡人과 聖人이 同居하는 土란 뜻. 凡聖同居土의 약칭. →四土.

동거예토(同居穢土) →同居淨土.

동거정토(同居淨土) 四土의 하나. 凡聖同居土의 약칭. 娑婆世界와 같이 凡夫와 聖者가 同居하는 國土. →同居土.

동거토(同居土) 四土의 하나. 凡聖同居土의 약칭. 범부와 성인이 함께 사는 三界 안에 있는 세계를 말한다. 여기에는 同居穢土(사바세계와 같은 국토)와 同居淨土(서방 극락세계와 같은 국토)의 두 가지 있음.

동경의(同境依) 四種 依의 하나. 順取依라고도 한다. 五根을 말한다. 五根은 前五識과 같이 현재 五塵의 경계를 인정하여 五識의 의지처가 되므로 동경의라 함.

동계(同界) 부처님과 같은 種族.

동고(銅鼓) 또는 鐃鈸. 깊고 둥근 대야와 같은 유기 그릇. 본래는 물건을 담는 그릇으로 만든 것인데 불가에서는 이것을 경(磬)쇠대신으로 사용하여 독경할 때에 치는 것.

동과인(冬瓜印) 冬瓜를 잘라서 찍는 印, 眞印과 같은 듯하나 실제는 아니므로 모호한 印可證明을 비유함.

동과인자(冬瓜印子) 애매하게 印可받는 것을 말한다. 동과로 만든 인이란 뜻.

동교(同敎) 一乘의 包攝的인 方法을 말한다. 三乘과 같이 說한 一乘. 모든 敎에서 行하여지는 方法은 一

乘에 包含되어 있다. 華嚴宗에서는 法華經을 이에 配한다. 同敎一乘의 약칭.

동교별교(同敎別敎) 同敎와 別敎의 倂稱. 判敎의 이름. 또는 同別二敎라 하며, 同敎一乘·別敎一乘이라고 한다. 一乘 三乘이 서로 共同되는 것을 同敎라 하며 一乘이 전혀 三乘과 다른 것을 別敎라 함.

동교일승(同敎一乘) 二敎의 하나. 華嚴宗에서 말한 것으로, 三乘교도 一乘교와 필경은 같다고 하는 것. 三乘은 그 말한 것이 一乘과 많이 다르지만, 실상은 一乘과 별로 다를 것이 없고 모두 一乘에서 나눌 것이므로 三乘의 법문을 수행하여도 돌아갈 곳은 一乘이다. 이와 같이 一乘은 三乘이 되고, 三乘은 一乘이 되어서 三과 一乘이 서로 융통하므로 同敎一乘이라 한다. →同別二敎.

동국대학교(東國大學校) 사립종합대학의 하나. 서울특별시 中區 筆洞 소재. 1915年 전국불교 三十개의 본말사가 합병하여 그 교육기관으로 세운 불교 中央學林이 모체이다. 1922年 朝鮮佛敎中央敎育院으로 개편되었고, 1928年 불교전수학교, 1940年 惠化專門學校로 발전하였다가 1942年 일제의 學校 정비에 따라 폐쇄되었다. 1946年 동국대학으로 새로이 발족, 1951年 종합대학으로 승격함와 동시 현재 명칭으로 개칭하였고, 그 이듬해에는 대학원을 설치하였다. 7개 단과대학외에 대학원 및 행정대학원이 있고, 부속 기관으로는 도서관·박물관·농장·외국어교육원·譯經院 등이 있음.

동국선등단(東國禪燈壇) 一卷. 中觀海眼 지음. 조선 인조때에 중관의 創說인 臨濟太古宗統說을 유통하기 위하여 石屋·太古·幻庵·龜谷·碧溪·碧松·芙蓉·慶聖·淸虛 등의 업적을 찬송한 禮文을 지어 東國諸山禪燈直點壇이라 제목한 것.

동귀(同歸) ①같은 趣意에 歸着하는 것. ②同歸敎의 약칭.

동귀교(同歸敎) 劉虬가 說한 五時敎의 第四. →五時敎.

동냥 動鈴의 변한 말. 또는 乞食·托鉢. 승려들이 보시를 권하며, 재물이나 곡식을 얻으려고 여러 곳으로 이집저집 돌아다니는 일. 그 출처로는 신라 때에 王輪寺의 스님 巨貧과 皎光이 함께 발원하고, 비로자나장륙금상을 조성하기 위하여 동냥하였다고 한다. 後日 개인의 의식에 충당하기 위한 것으로 되다. 혹 洞糧이라고도 씀.

동녀가섭(童女迦葉) 斷見外道인 弊宿梵志와 論議한 끝에 屈服시켜서 優婆塞가 되게 한 比丘. 長阿含經第七 弊宿經에「童女 迦葉이 斯婆醯林의 北 尸舍婆林에 住할 때 婆羅門 弊宿가 斯婆醯林에서 살았다. 이

마을에 豊年이 들어서 民人이 많았고 樹木도 繁茂하여 波斯匿王이 特別히 이 마을을 封하고 婆羅門 弊宿과 梵이 나누게 하였다」함. 그러나 이와 同本異譯의 中阿含經十六 蜱肆經에 「鳩摩羅迦葉이 拘薩羅國에 갔을 때 大比丘衆과 함께 가서 斯和提를 보고 그 마을 北쪽에 있는 尸攝和林에 갔을 때 斯和提 가운데 蜱肆王이 있었다」하였다. 鳩摩羅는 童子라 번역되어 童子迦葉이란 뜻이며 童女는 그릇된 것 같다. 僧祗律十九에 「王舍城中에 姉妹二人이 妊娠하였으나 아기를 낳지 못하여 佛을 믿고 出家하였다. 모든 比丘尼가 그 배를 보고 서로 몰아내게 되니 이것이 因緣이 되어 世尊에게 가서 아뢰니 부처님이 말하기를 "在家에서 妊娠한 것은 罪가 없다."고 하였다. 이 比丘尼가 뒤에 男兒를 낳으니 童子伽葉이다. 나이 여덟살에 出家修道하여 阿羅漢이 되었다」라고 하였음.

※五分律九에「童子迦葉 不滿二十受具足戒 比丘生疑 佛言今聽數胎中歲足爲二十 若猶不滿 又聽以閏月足」

동녀천(童女天) 梵〈devakanyā〉神의 딸인 少女.

동당(東堂) 禪院에서 先代의 主持가 있는 房室. 轉하여 先代의 住持가 隱退하고 그 절에서 住하는 老僧을 말함. →東堂和尙.

동당서탑제(東堂西塔制) 東쪽에 법당을 짓고, 西쪽에 탑을 세우는 절의 건물. 삼국시대에 발달하여 일본에까지 건너가 유행한 법으로서 南原의 萬福寺와 日本 奈良의 法隆寺가 그 좋은 보기임.

동당화상(東堂和尙) 禪宗에서 寺院의 住持로 있다가 退職隱居한 僧을 말함. 境內 東方에 房舍를 짓고 住하였으므로 이렇게 부름. →東堂.

동대이밀(東臺二密) →동태이밀.

동도불동철(同途不同轍) 轍은 차바퀴. 同一한 方向으로 進行하지만 사람에 따라 차비퀴의 가는 모양은 同一하지 않다는 뜻으로, 言語는 같으나 意義는 同一하지 않음을 일컬음.

동도창화(同道唱和) 마음을 허락하는 사람들이 서로 和合하여 가르침을 노래하고 和答하고 한다는 뜻. 同道는 같은 길. 唱和는 부르며 和答하는 것.

동라(銅鑼) 金屬製의 打樂器. 直經

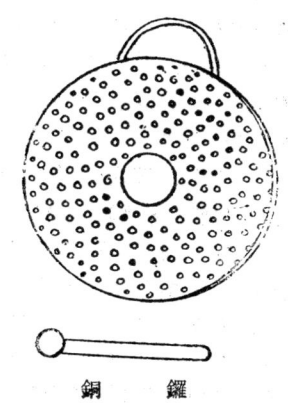

銅　　鑼

45cm程度의 둥근 항아리形의 靑銅製. 한쪽에 끈을 달아서 채(桴)로 치는 것. 鈸과 함께 使用함.

동란(動亂) 梵 ⟨iñjita⟩ 움직여서 어지러워 지는 일.

동량(洞糧) →동냥.

동량(棟樑) 棟樑之材의 준말. ①마룻대와 들보. ②一家 또는 一國의 重任을 맡을만한 사람. 重任을 맡을 만한 器量을 棟樑之器라 함. 佛法의 正材를 비겨서 하는 말.

동력체구(同力締構) 힘을 합쳐서 절을 훌륭한 道場이 되게하기 爲하여 努力하는 것.

동령(動鈴) →동냥.

동류(東流) 佛法이 印度로부터 東으로 中國에 流轉하였다는 뜻. 四敎儀에 「東流一代聖敎」

동류녀(同類女) 妾 등을 말함.

동류무애(同類無礙) 火와 火. 흙과 흙이 相互 障礙되지 않음을 말함. ↔異類無礙.

동류오역(同類五逆) ①母와 無學의 比丘尼를 犯한 것이니 殺母罪. ②禪定에 든 菩薩을 죽이는 것이니 殺父罪. ③學問이 높은 聖者를 죽이는 것이니 羅漢을 죽인 罪. (羅漢은 無學之聖者) ④僧과 衆이 和合을 이룬 緣을 빼앗는 것이니 破僧罪. ⑤佛의 窣堵波를 破하는 것이니 佛身의 血을 내는 罪.

※俱舍論十八에 「同類者何 頌曰 汗母無學尼 殺住定菩薩 及有學聖者 奪僧和合緣 破壞窣堵波 是無間同類」

동류인(同類因) 梵 ⟨Sabhāga-hetu⟩ 六因의 하나. 習因이라고도 한다. 因果 關係에서 원인이 그 결과와 동류인 것을 말한다. 이를테면 결과로 나타나는 善의 원인이 또한 선인 때에나, 악의 원인이 또한 악인 때에는 그 因을 동류인이라 한다. 이것은 시간상으로는 인과 과가 다른 때에 일어나는 것이라 함.

동류조업(同類助業) 同類善根이라고도 한다. 淨土에 往生하기 위하여 올바른 行業인 五종의 正行, 곧 讀誦・觀察・禮拜・稱名・讚歎供養 중에서 앞의 三행과 뒤의 一행을 말한다. 이 四종은 제四의 칭명과 같이 아미타불이 왕생할 업으로 직접 서원 결정한 正定의 업은 아니지만 칭명을 도와서 마찬가지 왕생 정토를 목적으로 한 行業이므로 동류의 조업이라 함. ↔異類助業.

동륜(銅輪) ①銅輪王의 약칭. 銅製의 輪寶를 感得하여 二大洲의 王인 轉輪聖王. ②十住의 菩薩習種性의 사람은 銅輪王이 되어 二大洲를 敎化하는 것으로 十住를 銅輪住로 함.

동륜왕(銅輪王) ①四輪王의 하나. 구리로 만든 輪寶를 感得하고 東弗婆提와 南瞻浮洲를 다스리는 轉輪聖王. →轉輪王. ②種性을 익힌 十住菩薩이 銅輪王이 되어 二大洲를 敎化하므로 十住를 銅輪住라 함.

※②圓敎分證卽之位也 仁王經上에 「習

種銅輪二天下」同天台疏에「十住菩薩
習種性人作銅輪王 王二天下」 止觀二
에「進入銅輪 破弊根本 本謂無明 本
傾枝折 顯出佛性 是分證眞實位」

동릉(東陵) (?~1365) 臨濟宗 승려.
중국 明州 사람. 이름: 永興. 天童
山 雲外雲岫를 따라 曹洞宗의 종풍
을 배우고, 天寧寺에서 출가. 1351
年 일본으로 가다. ②물이 固體化
되는 것. 얼음.

동리(同利) 🕒〈samānattatā〉協力
하는 것. 同事라고 함.

동리산파(桐裡山派) 新羅 때 불교의
한 종파. 禪宗 九山門의 하나로
神武王 1(839)年 惠哲이 唐나라에
서 공부하고 돌아와 지금의 谷城
桐裡山의 大安寺에서 일으킨 禪風.

동림(東林) 中의 승려. 混融의 號.

동림후록(東林後錄) 二卷. 白龍이 편
집. 卍山道白禪師의 法語를 수록한
것이나 이것보다 앞서 이미 東林錄
이 나왔다. 本書는 그 渥落分을 모
아 後錄이라 하고, 法語·小佛事·
讚·記·銘·序·跋·詩偈 및 西遊
草 등을 수록하였음. 筑州 實山居
士의 序, 門人 曹源의 跋文이 있
다. 寶永 二年七月에 刊行.

동마(憧摩) 印度 賤族의 一種.
※唯識了義證二本에「憧摩 比云不共死」

동만다라(東曼陀羅) 胎藏界의 曼陀
羅. 胎藏界는 本有의 理性을 보여
주고 金剛界는 修證의 果相을 보여
주는 것이므로, 二界가 서로 상대

된다. 胎는 因, 金은 果라, 因曼多
羅와 果曼多羅라 일컫는다. 配置하
는 方位는 胎는 東位, 金은 西位이
며 萬物이 東에서 發하여 西에서
成하며 東은 因相, 西는 果相을 갖
추었기 때문임.

동망(幢網) 帝釋天의 網羅幢을 말함.
이것에는 無數한 寶珠가 달려 있어
서로 相映하여 光彩가 重重無盡하
다고 함.

동명(東明) 曹洞宗. 이름은 慧日
(1272~1340)宋의 明州 定海縣 사
람. 俗姓은 沈氏. 九세에 大同寺에
들어가 13세에 머리 깎고 17세에
具足戒를 받았다. 天寧寺의 直翁擧
를 師事하여 오래 參究한 끝에 印
可를 받고, 다시 天童·萬壽·靈隱·
蔣山을 歷訪한 뒤 承天寺에 머물
며 藏鑰의 소임을 맡았다. 뒤에 渡
日.

동명신(同名神) 俱生神의 하나. 同
名天이라고도 한다. 모든 중생의
왼쪽 어깨 위에 있으면서 밤낮으로
그 사람의 善業을 기록한다는 男神.
→俱生神.

동명천(同名天) 사람이 태어날때 함
께 생기는 同名의 하늘. 항상 그 사
람을 따라다닌다고 함.

동몽(童矇) 愚昧.

동몽(瞳矇) 눈병. 事理에 어두운 것
을 말하며 또는 事理에 어두운 사
람을 뜻하는 것.

동몽지관(童蒙止觀) 智顗가 지은 修

習止觀坐禪法要의 別名.
동몽지관(童蒙之觀) 年少한 者들의 무리. 少年들을 말하는 것. (道範消息)
동몽지재(童蒙之儕) 年少한 자들의 무리, 少年들을 말하는 것 (道範消息).
동몽행(童蒙行) 어린애와 같은 無知한 행동의 뜻. 華嚴經에서는 苦諦의 異名임. (華嚴經)
동문(同門) 一族 一門의 뜻. 傳法上 同一系統인 것. 곧 法門上의 兄弟를 말함.
동문(同聞) ①함께 說法을 듣는 사람들. ②念佛하는 同友.
동문고래(同文故來) 證文을 引用하여 한 文章을 엮는데 꼭 증거한 部分의 글이 아니라도 또한 引用하여 列擧하는 것을 同文故來라 함. 俱舍光記 十五에「바야흐로 六境을 取하게 되면 色貪을 받지 않아도 同文故來라 한다.」라고 하였음.
동문서답(東問西答) ①東語西話·東家西家와 거의 같은 뜻으로 世俗에서 흔히 쓰는 平凡한 말이라는 뜻. ②묻는 內容을 잘 모르고 反對로 對答하는 것.
동문서문(東問西問) 여러 禪匠을 두루 參詢하면서 되는대로 不徹底한 修行(問道)만 거듭하는 것.
동문소(同門疏) 새로 任命된 住持가 入寺할 때 그 法眷, 또는 傳法上 同一門中인 兄弟 등이 疏를 지어

祝賀하는 것.
동문중(同聞衆) 諸經을 처음부터 끝까지 함께 듣는 比丘·菩薩들의 諸衆을 말한다. 함께 法을 듣는 大衆.
동미(同味) 趣旨가 같음. 맛이 같다는 뜻.
동밀(東密) 眞言宗의 密敎를 말하는 것. 그 根本道場인 東寺의 이름에 根據한 것. ↔台密(天台宗)
※以東寺爲其根本道場故也 東台二密有種種之差異 見東台二密條.
동반(東班) 禪林 兩班의 하나. 또는 東序. 知事의 班位. →兩序.
동반(桐飯) 黑飯. 楊桐의 汁으로 밥을 물들인 까닭에 桐飯. 그 빛깔이 黑色임으로 黑飯이라 함.
동반장(東班長) 監事의 俗稱.
동발(動發) ①意志의 努力을 말하며 新譯에는 勤勇이라 함. ②일어난다는 뜻.
동발(銅鉢) 銅으로 만든 磬을 말함. 이 磬은 中國에서 傳해 온 打樂器의 一種으로 주로 銅으로 만들며 曲形·蝶形·雲形·蓮華形이 있음.
동방(東方) 東의 方角. 藥師佛이 계신 方角. (灌頂經)
동방강삼세(東方降三世) 五大明王으로써 五位(東西南北 中央)에 配置한다. 즉 三世明王은 東方의 位를 맡아 강림하였음을 일컬음.
동방만팔천세계(東方萬八千世界) 法華經序品에 如來의 放光瑞를 밝힌 經文에「佛이 眉間의 白毫相光을

發하여 東方 萬八千世界를 비추니 두루 미치지 않음이 없었다.」同頌文에 「眉間의 光明이 東方 萬八千土를 비쳤다」고 하였음.

동방여래(東方如來) 東方(淨瑠璃) 世界의 敎主(藥師如來)라는 뜻.

동방정유리의왕(東方淨瑠璃醫王) 藥師如來를 지칭. 醫王은 곧 藥師, 그 國名이 淨瑠璃이며 東方에 있으므로 이같이 일컬음.
※藥師經에 「佛告曼殊室利 東方去此過 十殑伽沙等佛土有世界 名淨瑠璃 佛號藥師瑠璃光如來」

동방최승등왕여래조호지세간신주경 (東方最勝燈王如來助護持世間神呪經) 一卷. 闍那崛多가 번역함. 佛이 祇園에 계시니 東方의 最勝燈王如來가 菩薩을 보내어 神呪를 說하였다는 內容.

동방항사(東方恒沙) 東方에 恒河의 모래 알과 같이 많은 佛國이 있다는 뜻.

동범행자(同梵行者) 깨끗한 修行을 함께 하는 사람들.

동법(同法) ⓢ〈saha-dhārmika〉① 行을 같이 하는 사람. 同法者라 함 修行을 같이 하는 者. ②同法喩의 略語. 理由槪念(因)에서 말로 表現한 性質이 實例(喩)에 있어서도 같은 形態로 있는 것.

동법(動法) 生死流轉하는 法(存在).

동법상사(同法相似) 相似한 同法이라는 뜻. 本來 主張者의 論式에 對하여 異法인 喩를 同法의 喩라 하여 提出하는 것. 例를 들면 「말은 無常하다. 意志的인 努力 뒤에 나타난 것이므로 말하자면 甁과 같다」는 論式에 對하여 本來 異喩인 虛空을 同喩하다고 提示하고 「말은 常住한 것이다. 가히 볼 수가 없으므로 말하자면 虛空과 같다」라고 하는 것.

동법상사과류(同法相似過類) 因明 十四過의 하나. 同法은 同喩를 말한다. 비슷하면서도 잘못된 동유로써 상대편의 잘못된 것을 깨뜨리는 과실. 立論者가 異喩로 삼은 것을 이편이 同喩로 삼아서 상대편의 올바른 논법을 깨뜨리려는 허물을 말함.

동법자(同法者) ⓢ〈saha-dhārmi-ka〉修行을 함께 하는 사람. →同法

동변낙절서변발본(東邊落節西邊拔本) 落節은 장사치가 팔고 사는 사이에 商品이 자연 損耗되는 것을 이르고. 拔本은 資本의 亡失을 말함. 東(저쪽)에서 손해를 보고 西(이쪽)에서도 亡했다. 곧 저쪽이나 이쪽이나 다 失敗했다는 뜻.

동별이교(同別二敎) 화엄종 敎判의 하나. 華嚴一乘의 내용을 同敎와 別敎로 나눈 것. ①별교일승. 一乘敎는 三乘敎와 아주 다르다는 뜻. 화엄경에서 말한 事事圓融의 법문은 三乘敎에서는 전혀 밝히지 않은 것으로 부처님이 깨달은 경계를 그대로 說한 것. 그 敎義의 입각지는 三乘과는 전혀 다르다. 그래서 화엄경 법문을 別敎二乘이라 한다. ②同敎一乘. ③三乘교나 一乘교가 필경엔 한 가지란 뜻. 一乘과 三乘과는 그 말한 것이 아주 다르다 하더라도 三乘의 법문은 본래 一乘과 달리한 것이 아니고 모두 一乘에서 나누어진 것이므로 三乘의 법문을 닦아도 그 귀취는 一乘이다. 이와 같이 一乘이 三乘이 되고, 三乘이 一乘이 되어 三과 一이 서로 융통하므로 이를 同敎一乘이라 한다.

동본이역(同本異譯) 原典은 같은데 그 翻譯이 各各 다른 것.

동부동법(動不動法) 욕계의 법은 무상하고 빠르므로 動法이라 하고 색계·무색계의 법은 오래 가므로 不動法이라 함.

동분(同分) ①心不相應法의 하나. 많은 물건 가운데서 공동한 부분이란 뜻. 모든 법으로 하여금 서로 비슷하고 서로 같게 하는 물질도 아니고 정신도 아닌 법을 말한다. 이를테면 사람은 사람끼리, 원숭이는 원숭이끼리 저절로 비슷하고 서로 같은 것은 모두 이 동분에 의한 것. 이것을 衆生同分과 法同分의 二種으로 나눔. ②↔彼同分. 根·境·識, 곧 五관과 대상경계와 인식 작용과의 셋이 서로 교섭되어 자기의 業을 이루는 것을 동분이라 한다. 이를테면 眼根은 색채나 형태 등의 대상을 취하는 것을 自業이라 하고 見물은 색채·형태 등을 인식하는 것을 자업이라 하고 색채나 형태 등은 눈 및 시각을 위하여 대상 경계가 되는 것을 자업이라 한다. 이와 같이 근·경·식의 셋이 상대하여서는 동시에 다 같이 자기의 작용을 가지므로 同分이라 한다. 分은 자기의 작용이라는 뜻.

동분망견(同分妄見) 衆生이 眞理에 迷하여 虛妄의 境界에 있어서 함께 苦樂을 받는 것을 말함.

동분이전부정과(同分異全不定過) 同品一分轉異品遍轉不定過의 하나. 似因十四過 가운데 六不定過의 하나.
※謂三支中之因 關係喩中同品之一部分 關係異品之全部也 例如謂 「或人爲女子」(宗)「不產子故」(因) 此宗之同品 總爲女子 因之同品 限於其中一部不生子之石女 故可謂因關係同品之一部 但異品之男子 總無生子者 故其關係全部勿論矣.

동분인(同分因) 因과 果가 善惡을 같이 하는 境遇를 말한다. 眞諦와 玄奘을 同類因이라 飜譯함.

동불바제(東弗婆提) →東勝神洲.

동불어체(東弗於逮) ㉿〈Pūrva-videha〉 舊譯에는 弗婆提, 또는 弗於逮. 新譯에서는 毘提訶. 四大洲 중 東大洲의 이름.

동불파제(東弗婆提) 東勝身洲를 일컬음. 須彌四洲의 하나. 또는 東毗提訶. →東勝身洲.

동붕(同朋) ①修行同友. 함께 잠자는 弟子들. ②念佛行을 함께 하는

사람. 同行의 벗.

동비(同丕) 曹洞宗. 傳記는 詳傳치 못하나 어려서 出家하여 雲居道膺 禪師의 法을 이어받고 뒤에 鳳棲山에 住하면서 宗風을 떨쳤다. 師는 唐末에 宗風을 維持한 사람으로 그 法嗣 同安觀志 및 梁山緣觀을 거쳐 大陽蕃玄에 이르기 까지, 실로 亂世였으므로 宗風을 擧揚하는데 많은 不便이 뒤따랐음.

동비(同比) ㉿〈Sāmānyatodṛṣṭa〉 推論의 一種. →平等.

동비제하(東毘提訶) ㉿〈Videha〉 또는 東勝身洲. 四大洲의 하나. 東大洲를 이름. 須彌山 東方鹹海에 있음. →毘提訶.

동사(同事) ㊽〈samānattatā〉 ①協力하는 것. 서로 돕는 것. 協同하여 일하는 것. 일을 共同으로 하는 것. ②衆生과 함께 일하면서 衆生을 가르키는 것. ③같은 일을 함께 하는 것.

동사(東司) 또는 東淨. ①禪宗 寺院의 동쪽에 있는 뒷간(東廁). 東序에 있는 이들이 다니는 변소를 말한다. ②변소가 있는 방향을 물론하고 어떤 변소든지 동사라 한다. 除穢明王이 동쪽에 있어 사람을 두호하고 法을 지키므로 변소는 흔히 동쪽에 짓는다고 함.

동사(僮使) 심부름하는 아이. 使喚을 말하는 것. (中阿含經33)

동사법붕(同事法朋) ㉿〈bodhāv a-ṅgāni〉 菩提分을 말함. →菩提分.

동사섭(同事攝) 形體를 變하여 사람에게 接近하고 衆生과 일을 같이하여 親한 뒤에 道에 들어오게 하는 것.

동사섭사(同事攝事) 衆生의 素質 能力에 應하여 善으로 引導하고 그것에 依하여 衆生을 攝하여 親近시키는 것을 말함.

동사열전(東師列傳) 역대의 유명한 중들의 행적을 쓴 책. 이조 말기의 중 梵海가 지음. 阿道로부터 이 책 저작 당시까지의 것으로 이조의 중이 많이 수록되었다. 覺訓이 쓴 海東高僧傳과 함께 僧傳의 쌍벽이라 함.

동산(東山) ①한국 스님. 慧日(1890~1965)의 法號. ②日本 臨濟宗 湛照(I231~1291)의 號. ③黃梅山의 다른 이름. 黃梅山이 黃梅縣(現湖北省. 蘄州에 있는 山 이름)의 東쪽에 있으므로 東山이라 한다. ④중국 浙江省에 있는 山 이름.

동산(洞山) ①中國 江西省 瑞州府 高安縣에 있는 산. 당나라 말기에 良价가 이 산에서 크게 선풍을 떨쳤다. 그 뒤 曹山本寂이 와서 이 종지를 받고 조산에 돌아가서 洞山의 종풍을 펼쳤으므로, 이 종풍을 曹洞宗이라 한다. 양개의 뒤에는 道全·師虔·道延 등이 뒤를 이어 법을 證하고 오래도록 이 땅에서 선풍을 드날리다. 良价(807~86

9)를 말한다. 양개가 이 산에 있으면서 선풍을 크게 떨친 때문임.

동산(動散) ㉞ 〈Visraṇa〉 움직임. 나타남. 피어 남.

동산록(洞山錄) 一卷. 筠州洞山悟本禪師語錄 玄契가 편찬함. 洞山大師의 初發心부터 過水 悟道한 뒤 新豊山 혹은 洞山에서 爲人度生 63年間의 語錄과 五位·寶鏡三昧·玄中銘·新豊吟·三種綱要 등을 수록하였음. 元文年中에 宜黙玄契가 刊行했으며 現行本은 寶曆 11年 指月慧印이 校訂 復刊한 것.

동산마삼근(洞山麻三斤) ㉞ 僧이 「洞山에게 "어떤 것이 이 佛입니까"하니 洞山이 "삼(麻) 세근"이라 하였다 함.

동산무한서(洞山無寒暑) ㉞ 洞山寒暑·洞山寒暑到來 혹은 洞山寒暑廻避라고도 한다. 洞山良价의 無寒暑에 부치어 생사를 超脫해야 된다는 것을 商量한 것.

동산법문(東山法門) 禪宗의 四祖 道信과 五種 弘忍이 함께 黃梅 東山에 住하며 學人을 引接하였으므로 이렇게 일컬음.

동산불안(洞山不安) ㉞ 洞山良价가 불안한 것을 없애기 위하여 安不安을 超絶하려면 屋裏에 있는 本佛을 상견하면 된다는 것을 商量한 것.

동산사구(洞山四句) 洞山이 세운 四句라는 뜻. 洞山守初가 四句의 분별을 세워서 그 四句가 다 틀린 것을 표시한 것. 洞山守初語錄에 말하기를 「말(言)은 事를 展함이 없고 語는 機를 投하지 아니하며, 言을 承하는 者는 喪하고 句에 滯하는 者 逆한다」하였다. 第一句는 言語와 文字는 그 일을 開示할 수 없다는 것이며 第二句는 言語와 文字는 오는 機會와 投合하지 못하며 第三句는 言語와 文字에 依하여 佛祖의 一大事를 이어받으려 하면 도리어 그 本旨를 喪失한다는 것이며 言語에 滯하는 者(말만 하는 사람)는 開悟하지 못하고 도리어 迷路에 빠지게 된다는 것.

동산삼돈봉(洞山三頓棒) ㉞ 洞山이 처음 雲門을 뵈올 때의 일이다. 雲門이 묻기를 "近日에 어디에 있다가 왔느냐" 洞山 "査渡에서 왔읍니다" 雲門 "여름에는 어디에 있었느냐" 洞山 "湖南 報慈寺에 있었읍니다" 雲門 "언제 그 곳을 떠났느냐" 洞山 "八月 二十五日입니다" 雲門 "너에게 세대의 매를 때리노라" 이튿날 洞山이 雲門을 뵙고 묻기를 "어제는 스님에게 세대의 매를 맞았으나 그 허물이 어디에 있는지 알지 못합니다" 雲門 "이 밥통아 江西와 湖南을 뭣하러 다니느냐" 洞山이 이 말을 듣고 크게 깨달았다고 함. (五燈會十五·洞山章)

동산삼로(洞山三路) 洞山이 제창한 세 길이라는 뜻. 또는 洞宗三路라고도 한다. 곧 洞山良价가 學人接

化에 사용한 鳥道·玄路·展手의 세가지 방법을 말함.

동산삼종강요(洞山三種綱要) 洞山良价禪師의 宗旨의 大綱을 三種으로 나눈다. ①敲唱俱行, ②金鎖玄關, ③不墮凡聖.

동산수상행(東山水上行) 東山이 물위에 流行한다는 말로 青山常運步와 같은 말. 雲門錄에 의하면 어떤 스님이 雲門에게 묻기를 "如何諸佛出身處(어떤 것이 모든 부처님의 출신한 곳인고)"하니 雲門이 東山水上行이라 하였다. 東山은 山이요, 水上行은 물이 위로 흐르는 것. 山은 不動이요 물은 流動으로 보는 것이 우리의 常情인데 山이 물위에 떠내려 가는 것을 말함이다. 即 動靜 二相을 초월한 위에서 말하는 것.

동산오위(洞山五位) 洞山이 提唱한 五位를 말함. 곧 洞山良价가 學人接得의 手段으로 偏正回互의 理致에 의하여 正中偏등의 五位의 분별을 開示한 것.

동산오위현결(洞山五位顯訣) 一編. 唐 洞山 良价 지음. 正中偏등의 五位를 서술한 것.

동산외집(東山外集) 二卷. 雪峰 禪空和尙이 지음. 禪空의 語錄을 外集으로 頌古·詩偈등을 수록한 것. 中國 淳熙五年에 刊行.

동산종(洞山宗) 曹洞宗을 말함. → 曹洞宗.

동산지법(東山之法) 五祖 弘忍의 禪法이라는 뜻. 五祖는 四祖가 住한 雙峰山의 憑茂山에 옮겨서 그 禪을 繁盛시킨데서 由來한 말.

동산토지신(洞山土地神) 洞山和尙이 一生동안 院에 住하면서 土地神을 찾았으나 그의 蹤跡을 보지 못하였더니 어느 날 厨前에 米麵을 흩어 놓았더니 洞山이 생각하기를 〈常住하는 것이 어찌 이러한 짓을 하는가〉 土地神을 한번 보고 禮拜하게 하였다. 공안(碧巖錄).

동상(同相) ①同一相 ②깨우침의 世界에서 示現된 衆生救濟의 갖가지의 活動도, 無明에 依하여 生하는 갖가지의 迷妄의 活動도 모두 같이 眞如를 本質로 하여 그 위에 展開되고 있는 假의 形體라고 말함.

동상(洞上) 曹洞宗을 末師·末流에 對比하여 上이라 함.

동상고철(洞上古轍) 二卷. 明 元賢이 편집. 道霈 重編 鼓山의 永覺元賢이 撰述한 것을 제자 爲霖道霈가 편찬한 것. 내용은 世宗帝의 嘉靖중, 세상에 공개된 曹洞宗旨緒余, 小林筆記 등 글을 보고 그의 謬妄과 後學을 迷亂하는 것을 근심하며 正法의 破滅을 개탄하고, 모든 사설을 删去하여 古德의 舊案만을 둔다고 하여 본서를 찬하여 曹洞의 眞風을 진작하려 한 것. 본서는 중국의 五位의 註疏의 최후의 것이며 五位에 관한 문헌을 망라한 점에서 중요함.

동생동사(同生同死) 生死를 같이 한다는 뜻으로 가장 親함을 이름. 또는 同道唱和의 뜻으로도 쓰임.

동생신(同生神) 俱生神의 하나. 또는 同生天. 모든 중생의 오른쪽 어깨 위에 있으면서 밤낮으로 그 사람의 악업을 기록한다는 女神. →俱生神.

동생천(同生天) 天名. 同生神과 같음. →俱生神.

동서(東序) 禪院寺院의 佛殿. 法堂의 東側에 列하는 者. 都寺. 監寺. 副寺. 維那. 典座. 直歲의 六知事가 이에 屬함.

동서밀부(東西密附) 東西는 東土西天의 약칭으로, 中國과 印度를 이름. 密은 秘密의 뜻이 아니고 親密・綿密, 附는 相傳附屬의 뜻. 如來의 大法을 迦葉에, 迦葉은 阿難에 傳하여 마침내 菩提達磨에 이르러 中國에 전해와서 다시 五祖 大滿弘忍에 傳하고 우리 나라에 傳來하여 今日에 이르렀다. 이같이 遞代相承하면서 毫釐의 增減도 없이 以心傳心 相授者와 相承者 외는 누구도 그 妙를 헤아릴 수 없다. 그러므로 東西密附.

동선(東宣) 朝鮮 승려. 淨義의 號. →淨義.

동섭(銅鍱) 구리쇠로 만든 板子. 즉 銅板을 말하는 것 (十誦律).

동섭부(銅鍱部) 上座部의 다른 이름.
※玄應音義二十三에 「銅鍱部上座部也 鍱赤銅應書字記文 今猶在師子國也」

동성(動性) 動搖하는 本性.

동성경(同性經) 大乘同性經의 약칭. 二卷. 宇文周闍那耶舍의 번역. 佛이 大摩羅耶 精妙山頂에 계시니, 楞迦大城의 毘毘沙那 羅利王이 부처님을 供養하고 菩薩의 受記를 받은 內容.

동세오사(同世五師) 또는 黃五師. 佛滅後 百年동안 佛敎는 大迦葉・阿難・末田地・商那和修・優婆毱多의 차례로 傳하고 第五 優婆毱多에게는 五人의 제자가 있어 각기 다른 의견을 주장하여 佛敎가 五部로 나누어졌다. 그 五人은 曇無德・摩訶僧祇・彌沙塞・迦葉維・犢子部이며 이들을 同世五師라 함. 大集經二十三에 「①曇摩毱多 ②薩波若帝婆 ③迦葉毘部 ④彌沙塞部 ⑤波蹉富羅로 이들은 오직 一種을 相傳하였을 뿐 確實한 證左가 있는 것은 아니다. 이는 同世五師로 律部의 分派가 된다. 위에서 말한 것은 師의 名稱이 아니고 分派의 이름이다. 善見律二에 「目犍連子 帝須가 涅槃에 臨하여 弟子 摩哂陀에게 付囑하니 摩哂陀는 阿育王의 아들이다. 律藏을 가지고 師子國에 갔고 摩哂陀가 涅槃할 때 弟子 阿栗多에게 付囑하여 그 以後로 서로 傳授하여 오늘에 이르렀다. 내가 至今 說하는 往昔의 師名은 閻浮利地에서 律藏을 가지고 師子國에 온 第一은 摩哂陀요 第二는 一地臾요 第三은 鬱帝夷

요 第四는 參婆樓요 第五는 拔陀沙이다 云云」하였다. 巴利의 律文을 말하는 것. 이 五師와 위에 나온 五派는 같은 것 같으나 一致하지 않으며 그 傳統中 律文의 아래에 曇無德의 이름을 볼 수 있다고 함.

동소성(同所成) 梵〈sādhyasama〉宗과 같이 喩도 證明을 要한다고 하는 그릇된 論難을 말함.

동수(桐藪) 慶北大邱市 八公山에 있는 桐華寺를 가리키는 말.

동수(童受) 梵〈Kumārabdha〉經部의 論師. 拘摩邏多의 譯名.
※西域記三에 「拘摩邏多 唐言童受」 同 十二에 「當此之時 東有馬鳴 南有堤婆 西有龍猛 北有童受 號爲四日照世」

동수(童授) 新因明의 開祖 陳那의 譯名. 西域記十에 「陳那는 唐나라 말로 童授」라 하였음.

동수(童壽) 人名. 姚秦三藏鳩摩羅什의 번역한 이름.

동승신주(東勝身洲) 梵〈Pūrvavideha〉須彌 四洲의 하나. 또는 東弗婆提・東毘提訶. 弗于婆毘提訶・逋利婆鼻提賀・哺兒幹微的葛 수미산 동쪽으로 七金山과 鐵圍山 사이 짠물 바다 가운데 있으며 사람들이 사는 세계. 이 땅 사람들은 몸이 매우 훌륭하므로 勝身洲라 한다. 땅 모양은 동쪽이 좁고 서쪽이 넓어서 세로와 넓이가 九千由旬, 반달 모양. 수명：250세. 키：8肘.

동시(童侍) 또는 童行. 어린 行者, 宋僧傳(貫休傳)에 「出家하여 童侍가 되어 날로 法華經 一千字를 讀誦함」이라 하였음.

동시구족상응문(同時具足相應門) 華嚴宗에서 說하는 十玄門의 하나로 十玄門의 總說이라 할 수 있는 것. 宇宙의 事物은 時間的으로나 空間的으로나 모두 一體의 緣起的인 關係를 이룩하여 하나의 事象이 다른 事象에 同時具備되고 包含되는 것을 말함.

동시성도(同時成道) 釋尊이 道를 깨치고 獅子吼를 외친 말. "나와 大地의 有情이 同時에 成道하였다"는 말에서 나온 것. 諸法 實相의 當體에 到達하면 一切의 差別相이 泯滅되고 平等常住하므로 一人이 悟道하면 大地의 有情도 一時에 成道하고 大地有情이 成道하면 나도 따라서 成道한다는 뜻으로 한 말.

동시즉(同時卽) 卽字가 동시라는 뜻으로 사용되는 경우에는 同時卽이라 한다. 이를테면 "빛이 오면 어둠이 사라진다" 할 적에 시간의 간격이 없이 오는 것을 나타내는 경우에 쓰임. ↔異時卽.

동신동기(同身同機) 自己와 다른 一切의 存在가 完全히 一身同體가 되는 일.

동심결(同心結) 袈裟 끈을 매는 結法. 노끈으로써 結結을 지어 양쪽 끝이 가운데 한 곳으로 넣어 매는 것이므로 同心結.

동심동의(同心同意) 서로 相對方의 心境을 充分히 알아서 합쳐진 사람들이라는 뜻.

동악(東嶽) 泰山의 神. 吳澄의 山嶽碑에「嶽은 地祇 神)이며 그 祭祀는 壇에서 하고 廟는 없었는데 五嶽 四瀆(長江·黃河·淮水·濟水)에 모두 廟를 세운 것은 拓拔氏로부터 始作하였다. 唐에서도 廟를 五嶽의 麓에 세웠다. 東嶽이 天下에 두루 미치게 됨은 宋의 中葉에서 肇하였다」고 하였음.

동안거(冬安居) 겨울 동안에 승려들이 한 곳에 모여서 修道하는 일. 中國·韓國·日本의 禪寺에서 여름 안거 이외에 음력 10월 15일부터 이듬해 1월 15일까지 석달동안 외출을 금하고 坐禪하며 수행하는 것.

동안십현담(同安十玄談) 靑原門下 六世 九峯道虔의 法嗣, 同安常察이 처음으로 唱道한 것으로 佛法 중에서 그 뜻이 玄妙한 十題를 가려 一般 대중에게 佛祖單傳의 妙旨를 알리려 한 것. 心印·祖意·玄機·塵異·佛敎·還鄕曲·破還鄕曲·轉位·回機·正位前의 十.

동암(東庵) 禪林의 東堂을 말함. 禪院에서 先代 住持가 있던 居室을 말하며 轉하여 先代 住持로 그 任을 辭하고 隱居하여 그 절에 住하는 老僧을 말하기도 함. →東堂.

동야(冬夜) 冬至날의 前夜.
※幻住淸規十一月冬至에「其多夜士地堂念誦」

동양(東陽) 梁傅大士를 이름. 婺州 東陽縣 사람이므로 東陽大士라 한다. 大士는 大心의 선배라는 뜻으로 菩薩의 美稱임. 姓은 傅氏. 名은 翕이며 彌勒의 化身이라 함.
※止觀義例에「東陽大士 位居等覺」義例隨釋五에「言東陽者 古東陽郡也今爲東陽縣縣有東陽山屬婺州」

동어(桐魚) 桐木으로 만든 木魚를 말함. 울리면 소리가 數里 밖에까지 들린다고 함.

동언(動言) ⓢ 〈Caṇḍa-vaco dāsitā〉 暴言을 吐하는 일.

동여계(同餘界) 他界에 함께 하는 것. 他界란 地獄·餓鬼·畜生·修羅·人間·天上·聲聞·緣覺·菩薩·佛의 十界中에 人間을 除한 다른 九界. 다른 그들의 境界에도 自己와 같은 形體의 如來를 보아가는 것을 뜻함.

동여래장엄구(同如來莊嚴具) 密印을 말함. 密印은 一切諸佛이 密印으로 莊嚴하기 때문에 法界의 몸을 成就하고 密印으로써 衆生을 加持하므로 함께 法身을 얻게 한다. 그러므로 同如來莊嚴具라 함. 大日經密印品에「同如來莊嚴具가 있어서 함께 法界로 나가는 幖幟가 된다.」하였고 義疏十에「一切佛이 密印으로써 莊嚴하므로 如來法界의 몸을 成就하고 만약 衆生이 이 法을 닦으면 印으로써 加持하므로 또한 如

來法界身과 같다」하였음.

동역전등목록(東域傳燈目錄) 一卷. 永超엮음. 中國·韓國·日本에서 諸師撰述의 論疏註記 등의 書目을 編錄한 것. 東域錄 또는 永超錄이라 함.

동연(同緣) 함께 修行하는 벗.

동연당(同緣堂) 베트남에서는 信仰을 같이 하는 親舊를 同緣堂이라 부르는 일이 있음.

동연맹화(洞然猛火) 모든 것을 태워 버릴 수 있는 猛火를 말함. →銅然爐火.

동연신화(銅然爐火) 或은 銅然猛火. 활활 타오르는 사나운 불이라는 뜻.

동요(動搖) 梵〈spandana〉①마음이 活動하여 現象世界를 現示하는 것. ②어수선하고 떠들썩하여 마음이 갈팡질팡함.

동용(動容) ①動作 ②顔色이 변함.

동용서몰(東涌四沒) 東쪽에 나타 났는가 하면 西쪽에서 없어져 버리는 것. 出沒이 自在하여 어느 것에도 拘束되지 아니하는 것. 또는 手段과 方法을 가리지 않고 修行者에게 適切한 指導를 行하는 것.

동운(同雲) ①눈이 내릴 때 하늘의 구름 빛이 한결같이 희므로 눈의 별칭으로 쓰임. ②눈이 내릴 듯한 구름, 또는 눈이 내릴 듯한 하늘. ※詩經 小雅에 上天同雲 雨雪雰雰.

동유(同喩) 證明할 수 있는 「宗」과 同類로 理由概念(因)의 意義를 갖추고 있는 것. 因明三支作法의 第三支. 이미 아는 物件에서 同類인 未知의 物件을 推理斷定한 命題. 例를 들면「말은 無常한 것. 만들어진 物件이므로 比喩하면 甁과 같다」고 할 境遇 甁이 그것임.

동유오과(同喩五過) 因明에서 喩 가운데 同喩의 과실에 五種이 있음을 말한다. 能立法不成過·所立法不成過·俱不成過·無合過·倒合過를 말함.

동유조업(同類助業) 淨土敎의 五正行 가운데 讀誦 觀察·禮拜·讚歎供養의 四種을 말한다. 이것들은 淨土에 往生하는 正行이나 이름을 助成하는 業이므로 이렇게 말함.

동의(同依) 梵〈sama-āśrya〉 依持하는 것이 同一하다는 것.

동의권(同意勸) 親하기 때문에 怒하지 않을 것이라 생각하여 勸하는 것.

동의석(同依釋) →六合釋.

동일상(同一相) 梵〈ekā-lakṣaṇā〉 同一한 特質을 가지고 있는 것.

동일선사(同一善事) 남의 善行에 協力하는 것.

동일함미(同一醎味) 絕對平等을 말함. 바닷물이 같은 맛인데 비유한 것.

동자(童子) 梵〈Kumāra〉①究摩羅라음역. 중될 마음을 내고 절에 와서 불교를 배우면서도 아직 출가하지 않은 어린 아이를 말함. ②胎

外 五位의 제二. 7세에서 15세까지의 아이. ③보살을 말한다. 보살은 여래의 왕자이고 또는 淫慾의 생각이 없는 아이들과 같으므로 이와 같이 일컬음. ④절에서 심부름하는 아이. 법회 때에 花花을 쓰고 行列에 참례하거나 혹은 幡을 들기도 한다. 덕이 높은 승려가 밖에 다닐 때에 데리고 다니는 아이.

동자가섭(童子迦葉) 그 母가 姙娠중에 出家하여 比丘尼가 되었다가 이어 男子를 낳으니 字를 童子迦葉이라 함.
※經律異相十六. 年至八歲出家 成阿羅漢果嘗浴於恒河 現神通於波斯匿王前 使王起敬信僧寶之念.

동자경법(童子經法) 또는 十五童子法. 護諸童子陀羅尼經에 의하여 金剛童子를 本導로 모시고 기도하는 비밀법. 아이들의 병을 없애거나 順產 등을 위하여 닦는 法.

동자삭발(童子削髮) 어릴 때에 出家하여 중이 됨.

동자형(童子形) 童子의 形相. 또는 少年의 形相. 佛像을 分類하는 方法의 하나. 童女形도 있음.

동자희작불사(童子戲作佛事) 法華經 方便品에 「童子들의 놀이에까지 모래를 모아 佛塔을 만든다. 모든 사람들이 이와 같으면 모두 佛道를 成就했을 것이다.」하고 阿育王傳一에 「世尊과 阿難이 마을에 있을 때 길을 가다가 두 아이를 보니 하나는 德勝으로 兩班의 子孫이요 하나는 無勝으로 平民의 子孫이다. 흙으로 놀이를 하는데 城도 만들고 舍宅도 만들며 倉庫도 만들어서 흙을 뭉쳐서 倉庫에 쌓았다. 이 두 아이가 부처님의 三十二大人相을 보고 기뻐하여 德勝은 倉庫속의 흙을 뭉쳐서 떡을 만들어 世尊에게 바치고 無勝은 옆에서 合掌하여 기쁨을 감추지 못하였다. 德勝이 이에 偈를 說하여 讚하였다. (中略) 佛께서 말하기를 "내가 涅槃한지 百年뒤에 이 어린이들은 轉輪聖의 四分의 一을 지을 것이다. 花氏城에서 正法王이 되어 號를 阿恕迦라 하고 나의 舍利를 나누어 八萬四千寶塔을 만들어 衆生을 饒益하게 할 것이다"라고 하였음.

동장(東藏) 知藏을 東藏·西藏으로 나누어 分擔함을 이름. 知藏이란 藏經을 管理하는 소임. 藏經을 한 사람이 管理하기 벅찰 때에 補任으로 東藏·西藏을 둔다. 그러므로 東藏 또한 藏經을 管理하는 소임.

동장주(東藏主) 東藏을 맡아 간수하는 職位.

동재(冬齋) 禪林에서 冬至의 秉拂(拂子를 잡는 것. 秉拂之五頭首)들이 都寺齋를 마련하는 것을 冬齋. (象器箋十七)

동재(同齋) 절에서 밥 짓는 일.

동재업(同財業) 共同으로 利益을 얻는 事業을 經營하여 一方이 他方을

속이고 自己의 利益을 過大하게 하는 것. (四分律)

동재차례(同齋次例) 절에서 밥을 짓는 차례.

동전(動轉) 動搖不止. 계속해서 動搖하는 것.

동전삼배(同展三拜) 大衆이 모두 坐具를 펴고 三拜하는 것.

동점(東漸) 漸은 流入의 뜻이니 佛敎가 東方의 諸國에 傳播된 것을 이름. 곧 佛敎가 印度에서 중국으로 중국에서 우리나라로 우리나라에서 다시 日本으로 이렇게 점차로 東方에 傳播된 것을 말한다. 佛敎가 諸國에 傳播된 것을 圖示하면 다음과 같다.

流入한 나라	流入 한때	備考
①中國	A.D. 67	後漢明帝永平十年 王이 金人을 꿈꾸고 蔡愔과 王遵等 18人을 月支國에 보내어 葉摩騰 竺法蘭 二僧과 함께 佛像과 佛經을 가지고 洛陽에 온 뒤부터.
②高句麗	A.D. 372	第17代 小獸林王 2年 6月에 秦나라 王苻堅이 使者 및 僧 順道에게 佛像과 經을 보낸 뒤부터.
③百濟	A.D. 384	第14代 枕流王 元年 9月에 印度스님 摩羅難陀가 東晋에서 건너온 뒤부터.
④新羅	A.D. 528	第21代 炤智王 元年에 처음 들어 왔으나 공공연히 流布되지 못하다가 第23代 法興王 15年 8月 5日 舍人 異次頓이 殉敎한 뒤부터.
⑤日本	A.D. 552	第29代 欽明天皇 13年 10月(一說 6年 11月 또는 宣化天皇 3年 12月)에 百濟 第25代 聖王 30年에 佛像과 經을 보내 온 뒤부터.

동정(東淨) 東司와 같음. 東序에 있는 뒷간. →東司. 禪林屬於 東序之厠曰東淨 屬於西序之厠曰西淨 厠爲至穢之處 宜爲潔淸故曰淨.

동정(動靜) 動作靜止의 약칭. 行·住·坐·臥를 이름.

동정이상(動靜二相) 事物의 兩面. 動은 物事의 活動하는 一面. 靜은 그 靜止하는 一面으로 人間生活의 兩面.

동조(冬朝) 冬至날 아침에 禪林에서 祝賀하는 儀式.

동조(東照) 朝鮮 승려의 號. →初月.

동종사인(洞宗四印) ①當風不當印, ②當印不當風, ③風印俱當, ④風印俱不當.

동종사지유(洞宗四知有) ①不知有, ②知有, ③知有了却不知有, ④不知有後眞知有.

동종삼해탈문(洞宗三解脫門) ①文殊面目, ②觀音妙唱, ③普賢 妙用. 五

家宗旨纂要 가운데 三解脫門. 著語에 「文殊門은 事物을 引證하여 나타냄. 觀音門은 音聲이 명확함. 普賢門은 身動靜」이라고 하였음.

동주(同住) 🌀 ⟨nikāya-sthiti⟩ 同分이 存續하는 것. →同分.

동주조한(嚩酒糟漢) 술찌꺼기를 먹는 사람. 베트남 사람이 즐겨서 술찌꺼기를 먹었으므로 처음에는 越人을 嘲弄하는 뜻으로 使用했으나 뒤에는 널리 사람을 嘲弄하는 뜻으로 使用되었다. 장난삼아 他人의 말을 追求하여 文字와 言語에 拘碍되어 참뜻을 理解하지 못하는 者를 嘲弄하는 말.

동중이변(同中異辨) 同의 가운데 異를 分別하는 일. 平等의 法界中에 모든 事象이 差別을 看知하는 것.

동지(東地) 東土·東震. 中國을 말한다. 東地六世는 達磨 慧可 僧璨 道信 弘忍 慧能 등 中國 禪宗의 六人의 祖師를 말한다. 印度의 二十八人祖師에 對한 말.

동진(同塵) 和光同塵. 佛·菩薩 또는 化身으로서의 神은 스스로 빛을 부드럽게 하여 煩惱하는 사람들을 同化시키는 일. 부처님이 빛을 弱하게 하여 먼지와 같은 衆生을 同化시킨 일. 老子의 和其光 同其塵에서 나온 말.

동진(東震) 東夏와 같음. 震旦 중국은 인도의 동쪽에 있으므로 동진이라 함.

동진(童眞) 🌀巴 ⟨Kumāra⟩ ①童子의 漢譯. 童子의 性은 天眞爛漫하므로 眞이라 한다. ②沙彌. ③有髮童子 등 八歲未寇의 童子의 總名임.

동진대사(洞眞大師) →慶甫.

동진주(童眞住) 十住中 第八住. 처음 佛家에서 태어난 童子의 階位.

동진청정(童眞淸淨) 童眞은 少年僧 (沙彌) 또는 有髮少年의 眞精. 天眞爛漫한 少年과 같이 淸淨한 것.

동집(同執) 🌀 ⟨darśana tulyatā⟩ 見解를 함께 하는 것.

동착(動著) 著은 助字, 動搖함을 말함.

동참(同參) 또는 參謁. 僧侶와 信徒가 한 法會에 참례하여 같이 淨業을 닦는 일.

동참불공(同參佛供) 여러 사람이 적은 돈이나 물품을 한데 모아서 한 번에 드리는 佛供.

동참재자(同參齋者) 同參하여 淨業을 닦는 사람.

동첩(動輒) 動도 輒의 뜻. 두 글자가 걸핏하면·자칫하면·움직이면·곧등의 뜻이다. 一說에 動을 「문득」「걸핏하면」으로 쓰일 때는 「통」으로 읽어야 된다고 함. 그러나 康熙字典·辭海·辭源·集韻·六書尋原 등 여러 字典을 찾아보아도 「통」으로 나온데는 없음.

동청(東請) 常啼菩薩이 般若를 求하려고 東方 妙香城에 이르러 살을 베어 帝釋님게 팔아 般若를 求하였다고 함. 이로 因하여 身命을 아끼지 않고 求道에 힘 쓰는 것을 常啼菩薩의 東請이라고 함.

동청(動睛) ⓢ ⟨netra-samcāra⟩ 눈瞳子를 움직이는 것.

동청이문(同聽異聞) 同一한 佛說을 들으면서 理解를 달리하는 것을 말한다. 天台宗의 敎學에서 말하는 化儀四敎中에 第三의 秘密敎와 第四의 不定敎는 함께 같은 座席에서 佛說을 들었으면서도 小乘을 믿는 者는 小乘을, 大乘을 믿는 者는 大乘을 들었다는 것을 말함.

동체(同體) 물결과 물. 四肢와 一身을 同體라 일컬음.

동체대비(同體大悲) ①佛·菩薩의 大慈悲. 衆生과 自己가 同一體라고 보아 慈悲를 일으키므로 이렇게 부른다. ②諸佛의 慈悲는 모든 사람들을 極樂淨土에 還生하도록 하려하므로 阿彌陀佛의 慈悲의 本質과 同一하다는 것.

동체무연지자비(同體無緣之慈悲) 佛·菩薩이 衆生과 同一體로 觀하고 執着이 이르지 못하는 곳에서 일어나는 大慈悲를 말함.

동체문이체문(同體門異體門) 一法中에 多法이 갖추어진 것을 同體門이라 하고 一法과 多法이 各別로 體用을 이루고 있는 것을 異體門이라 한다. 이것은 華嚴宗의 法界緣起의 中心思想인 無盡緣起의 論理的 構造를 밝힌 것.

동체방편(同體方便) 또는 體內方便. 天台宗에서 方便을 體內·體外의 둘로 나누어 해석함.

동체삼보(同體三寶) 一體三寶. 四種三寶의 하나. 본체론적으로 설명하는 三寶. 三寶는 眞如 法身을 본체로 삼고, 같은 寶體의 三방면을 나타내는 것. 곧 眞如 法身에 갖추어져 있는 완전 무결한 靈覺을 佛寶, 그의 고요한 법성을 法寶, 화합하는 德相을 僧寶라 한다. 이것은 실로 우주 본원의 理體에 갖추어진 三보를 가리키는 것이므로 동일한 眞如의 구족한 덕을 인식하고 체달함으로써 동체삼보에 귀의하는 극치가 됨. →三寶. ↔別相三寶.

동체자비(同體慈悲) 一切衆生의 몸과 自身을 同體一身으로 보고 苦와 樂을 起拔하는 마음을 일컬음.
※起信論에「一切諸佛菩薩 皆願度脫一切衆生 自然熏習常恒不捨 以同體智力故 隨應見聞而現作業」또「以取一切衆生如己身故 而亦不取衆生相 此以何義故 謂如實知一切衆生及與己身眞如平等無別異故」

동체중(同體重) 悉曇에 있어서 同一한 子音이 重複되게 쓴 것.

동체지혹(同體之惑) 根本無明은 眞如自體의 迷惑이 되므로 同體之惑이라 이름함. 물결과 물이 同體인 것과 같음.

동탑종(東塔宗) 唐 懷素를 始祖로

하는 四分律宗의 一派. 또는 東塔部宗 혹은 東塔律宗이라고도 한다. 律三宗의 하나. 長安崇福寺東塔을 本處로 하였으므로 이 명칭을 사용한다. 懷素는 玄奘에게 경론을 배웠고 道宣에게 行事鈔를 배웠고 뒤에 法礪의 四分律疏를 배워 그 善을 다하는 것을 탄식하고 스스로 疏記를 草하고 四分律開宗記 二十卷을 撰하고 古疏의 十六실을 糾彈하여 별도로 一家說을 형성하였음.

동태이밀(東台二密) 日本 東寺의 密教와 天台의 密教. 空海를 祖로 하는 東密은 大日如來를 主尊으로 하여 大日과 釋尊을 別體로 하는데 對하여 最澄, 圓仁圓珍의 台密은 이 大日과 釋尊의 둘을 同體로 보는 相違가 있음.

동토(東土) 中國을 말함. 印度를 西天이라 함에 對하는 말.

동토구조(東土九祖) 중국에서 天台宗이 계승한 九祖. 즉 龍樹・慧文・慧思・智顗・灌頂・智威・惠威・玄朗・湛然을 말함. ↔西天二十四.

동토소석가(東土小釋迦) 仰山 慧寂禪師를 이름.

동파선희집(東坡禪喜集) 九卷. 徐長孺가 편집하고 曾聖魯가 校閱. 宋朝一代의 文豪로서 奇才라고 소문난 東坡居士의 詩文 가운데 禪에 관한 것 만을 수록한 것. 東坡의 詩文은 세상에 이미 定評이 있으나 參禪의 餘談은 또한 特種의 妙趣가 있다. 東書는 실로 快讀할만 한 絶好書.

동판(桐板) 楊桐의 汁으로 물들인 밥을 말함. 빛이 검은 黑飯을 말함.

동판경(銅板經) 銅板의 表面에 經文을 鏤刻한 것.

동품(同品) ①同類의 것. 어떤 性質을 共通으로 가지고 있는 것. 品은 廣義로 物이라는 뜻으로 形體가 있는 것이나 없는 것이나 모두 包含된다. ②證明될 수 있는 性質과 共通性이 있는 對等한 事物을 말한다. ③宗(主張命題)의 後陳(述語部)와 同類의 것.
※於因明宗之所立均等之品類名同品即同喩也 入正理論에「所立法均等義品 說名同品 如立無常 甁等無常 是名同品」

동품일분전이품변전(同品一分轉異品遍轉) 不定因의 一種. 因이 同品의 一部에 있으며 異品中에 반드시 存在하는 境遇. 例컨대「소리는 意志的 努力의 뒤에 發하는 것이다. 常性이 없기 때문」(因明大疏)

동품일분전이품변전부정과(同品一分轉異品遍轉不定過) 因明 六不定過의 하나. 줄여서 同分異全不定過. 三支 가운데 因이 喩 중의 同品에는 일부분만 관계되고 異品에는 전부 관계되는 것을 말한다. 이를테면, "그는 여자다(宗). 아이를 낳지 못하므로(因)"라 할 적에 이 宗의 同品(喩)은 죄다 여자일 것인데 因의 同品(喩)은 그중 아이를 낳지 못하는 일부의 石女에 국한 된다. 그러므로 인은 동품의 일부에만 관계되고 이 품의 여자는 모두 아이를 낳지 못하므로 그 전부에 관계하고 있는 것은 물론이다. 이러한 것은 그 因의 과실임이 분명함.

동품정유성(同品定有性) 因(媒概念)은 반드시 同品(여기서는 大概念) 가운데 包含되어야 된다는 規則. 媒概念이 具有하는 三個의 特徵(因의 三相)의 하나. →因의 三相.

동하(東夏) 中國. 中國사람이 自國을 呼稱하는 尊稱. 印度에서 東方에 있는 大文明國이라는 뜻.

동하(洞下) 洞山의 法脈을 이은 사람들. 曹洞宗의 門下라는 뜻.

동학(同學) 한곳에서 같이 배운者.
※維摩經菩薩品에 「樂近同學」 註 「什曰 我學大乘 彼亦如是 是名同學」

동할서봉(東喝西棒) 東쪽에는 一喝을 보내고 西쪽에는 一棒을 보냄 엎치락 뒤치락 하는 說法.

동해약(東海若) 柳宗元의 작품명. 柳河東集卷 제二十 銘 雜題의 部 및 全唐文 제五·八·六, 居士傳 제十九등에 수록되어 있음. 東海의 若이라는 海神이 孟猪의 언덕에 올라가 두개의 박을 주어 그 속에 糞壤蟯蚘를 채워 밀봉하여 海水에 던졌던 바, 뒤에 한 박은 海神의 가르침에 순종하여 자기의 더러움을 깨닫고 박을 깨어 群穢를 버려서 처음의 海水에 돌아 왔으나, 다른 박은 자기의 더러움을 모르고 海水로 自負하여 마침내 大海로 돌아올 수 없었다는 寓話에 부쳐, 後者가 性空立場을 취한데 대하여 前者는 성인의 교훈에 순종하여 群惡을 버려 佛智見을 얻은 것이라 述하였음. 작자는 唐宋八大家의 一人으로 손꼽히는 문학자. 字는 子厚. 大曆 8년 河東에서 출생. 元和 14(819)년 사망함.

동행(同行) ㉦⟨samapravṛtti⟩ ①同一時에 存在하는 것. ②마음을 같이하여 함께 佛道를 닦는 者. 길을 같이하여 法을 求하는 親友. ③眞宗에서는 門徒信徒를 同行이라 한다. ④信仰을 같이하는 者.

동행(童行) 옛날 중국 禪寺에서 아직 중이 되지 않은 나이 어린 行者를 부르던 말. 道者라고도 함.

동행당(童行堂) 行者의 居處. 또는 行者寮.

동행동법(同行同法) 함께 佛法修行에 邁進하는 것을 말함.

동행불동보(洞行不同步) 가는 곳은 같으나 그 걸음걸이는 다르다는 뜻. 이는 同一한 目的을 向해 나아가지만 그 修行方法은 同一하지 않음을 말함.

동행자(同行者) 佛敎의 修行이 같은 사람. 같이 佛道를 닦는 사람.

동행중(同行衆) 同行과 같음. 同志로서 友誼를 맺고 遍歷하는 사람을 말함.

동형(童形) 童子形과 같음. →童子形.

동화(同火) 한솥의 밥을 먹고 지내는 친구. 軍法에 五人이 一伍, 一伍에 솥 하나씩을 가졌으므로 동화라 한다. 同參·同學이라 뜻.

동화상(同和上) 같은 스승 아래서 같이 배우는 승려. 同門.

되깎이 僧侶 노릇하던 이가 還俗하였다가 다시 僧侶가 되는 일. 또는 再削·量削·還削.

두(斗) 물건의 분량을 계량하는 기구. 말(斗). 十升入의 容器.

두가(杜家) ①杜姓의 家. ②杜撰하는 학자. 두찬은 사리에 맞지 않는 것을 자기의 억측으로 주장하는 것.

두각(頭角) ①煩惱와 妄想을 말하는 것. ②머리 끝. ③재능이나 학식. 또는 하는 일이 여럿 가운데서 뛰어나게 나타남을 일컫는 말.

두계우선상(頭髻右旋相) 右旋의 頭髮을 가진 相. 三十二相의 하나. →三十二相.

두공(斗栱) 度築物에서 기둥의 위에 지붕 받들고 있는 나무.

두광(頭光) 背光·後光. 불·보살의 정수리에서 나오는 광명. 等像이나 幀畵 같은 데서는 흔히 머리 언저리에 圓相을 그리어 이를 표시함.
(術語) 在佛 或羅漢頂上之圓光也又曰背光 亦曰世光.

두교(逗敎) 逗는 投合. 가르침을 베푸는 일.

두구(杜口) 法의 玄妙함은 말로 說할 수 없는 것이므로 그 입을 막고 그치는 것이 옳다는 뜻.

두구비야(杜口毘耶) 毘耶城 維摩詰居士가 거짓 病을 앓고 있었는데 文殊菩薩이 부처님의 命을 받고 維摩가 있는 毘耶에 가서 問病을 빙자한 問答을 不二法門이라 하며 「終日 共談不二한 未嘗掛於一字」라 해서 이를 杜口毘耶라 함.

두기(逗機) 逗는 投止의 뜻. 상대편의 근기에 서로 맞는 것. 大悟하여 佛祖의 機에 合致하여 스승과 弟子의 心機가 一致한다는 것. 投機와 같음. →投機.

두다(杜多) (梵)〈Dhūta〉또는 杜茶·頭陀와 같음. →頭陀.
※慧琳音義二에 「杜多梵語也 古曰頭陀 十二種苦行 具如本經所說也」

두다(杜茶) (梵) 〈Dhūta〉頭陀와 같음. →頭陀.

두다(頭多) 有部律에서는 依處殺이라 하며 扭縛하여 죽이는 것을 말함. (十誦律)

두다행(杜多行) 衣·食·住 三種의 貪을 여의는 행동. →頭陀.

두대사(豆大師) 護符의 一種. 작은 僧形으로 三十三體가 있는데 十八體는 종이에 印한 것. 이는 元三大師(慈慧大師良源)의 像이라 하며 攘災의 功이 있다고 함.

두도(逗到) 到達하는 것. (虛堂錄)

두두(頭頭) 낱낱이.

두두라(頭頭羅) 紵 또는 生練. 혹은 白練이라 하기도 함.

두두물물(頭頭物物) 事事物物의 뜻.

두두시도(頭頭是道) 宇宙의 모든 現象은 하나 하나가 서로 다른 特殊한 形態를 가지고 存在하지만 究極의 立場에서 있는 그대로를 본다면 그것들은 그대로 絕對의 眞如 그 自體의 形態를 나타낸다고 하는 것.

두라(頭羅) 校羅(㉰ ⟨Kola⟩)의 誤記. (那先經) →校羅.

두량(斗量) ㉰ ⟨turā⟩ 되(升)나 말(斗)의 計量.

두륜(頭輪) 조선 승려. 淸性의 법호 →淸性.

두리(肚裏) 뱃속. 心中, 肚皮裏와 같은 뜻.

두면작례(頭面作禮) 또는 接足頂禮. 接足作禮. 상대편 앞에 무릎을 꿇고 두 손을 내밀어 손바닥 절반으로서 尊者의 발을 받들어 자기의 머리에 대는 것. 인도의 절하는 방법.

※智度論十에「何以曰頭面禮足 答曰 人身中第一貴者頭 五情所著而最在上故 足第一賤 履不淨處最在下故 是故以所貴禮所賤 貴重供養故」 觀無量壽經에 「遙見世尊 頭面作禮」法華經化城喩品에「時諸梵天王 頭面禮佛 繞百千帀」.

두문벽관(杜門壁觀) 문을 닫고 壁을 觀한다는 뜻이며 즉 參禪하는 것을 向壁觀心이라 함.

두발(頭鉢) 禪院에서 食事할 때의 中鉢을 말하는 것. 鉢盂. 應量器를 말함.

두백치황(頭白齒黃) 머리는 희고 이가 누렇다는 뜻으로 늙었다는 말.

두병(斗柄) 北斗七星中의 第五星. 玉衡을 斗柄이라 함. 새벽이 되려고 하면 斗柄이 드리워 진다고 함.

두북면서(頭北面西) 머리를 북쪽으로 오른쪽 옆구리를 아래로 하고 서쪽으로 향하여 가로 눕는 것. 이것은 부처님의 涅槃相을 일컫는 말.

두분(頭鐼) →두훈(頭鐼).

두상안두(頭上安頭) 錦上添花. 雪上加霜과 같은 뜻. 無用하다는 뜻으로 쓰임.

두선화(杜禪和) 杜撰 禪和子의 약칭. 和子는 和合衆. 제멋대로의 形便이 없는 僧이라는 뜻.

두소인(斗筲人) 斗는 量器의 이름. 筲는 竹器. 斗二升을 담는 그릇. 胸懷가 鄙細하고, 器量이 작은 사람.

두수(斗藪) ①抖擻와 같음. ②汙染을 버리고 모든 俗塵을 떠나는 일. 轉하여 出家를 뜻함.

두수(抖擻) ㉙ ⟨Dhūta⟩ 斗藪와 같음. ①마음속의 잡념을 씻어 낸다는 뜻으로 出家함을 이름. ②出家者가 남의 집에 다니며 물건을 구걸하는 일. 托鉢 ③깨끗이 씻어 버림, 또는 털어 버림. ④奮發함 →頭陀.

두수(頭首) 禪林에서 모든 僧職을 東西의 兩班으로 나누어 西班의 모든 職任을 頭首라 하고 東班의 모든 직임을 知事라 함.
※前堂首座 後堂首座 書記等是頭首也 敕修淸規兩序章列西序之頭首에 「前堂首座 後堂首座 書記 知藏 知客 知浴 知殿 燒香侍者 書狀侍 者請客侍者 衣鉢侍者 湯藥侍者 聖僧侍者是也」

두수(頭袖) 頭巾의 다른 이름. 그 形狀이 옷 소매와 같으므로 이렇게 말하는 것.

두수행각(斗藪行脚) 길에서 밥을 얻으면서 修行을 떠나는 일.

두순(杜順) (557=640) 中國 화엄종 승려. 雍州 萬年 사람. 속성:杜. 이름 法順. 18세에 출가. 因聖寺의 魏珍에게 禪業을 받다. 뒤에 종남산에 숨어 살며 五敎止觀 華嚴法界觀門을 지음. 일대 불교를 판단하여 五문으로 나누고 또 十玄門의 단서를 열어 화엄종의 敎網을 크게 펼치다. 당나라 태종이 지성으로 歸依, 帝心尊者란 호를 주다. 항상 여러 곳으로 돌아다니면서 "아미타불"을 念하라고 권하고, 五悔란 글을 지어 淨土를 찬탄함. 貞觀 14(640)년 11월에 坐化하다. 나이:84. 후세에 그를 화엄종의 初祖라 부름.

두슬(頭蝨) 머리에 있는 이. (三敎指歸)

두여마다나과(頭如摩陀那果) 머리가 摩陀那果와 같이 巨大하다는 뜻. 八十種好의 하나.

두연(頭然) →頭燃.
※佛藏經三에 「勤行精進 如救頭然」 心地觀經五에 「精勤修習 未嘗暫捨 如去頂石 如救頭然」 止觀七에 「眠不安席 食不甘哺 如救頭然」

두연(頭燃) 頭髮에 불이 붙어 타는 것. 一刻도 放置할 수 없는 緊急한 事態를 比喩하여 말하는 것.

두운(斗云) 朝鮮 僧侶. 호는 隱峰. 海南 大興寺에서 出家하여 鰲坡의 법을 이었다. 순조 9(1809)년 典平과 함께 대흥사 佛日庵을 중건했음. (文獻) 朝鮮佛敎略史.

두운(杜雲) 新羅 말기 승려. 용문산(지금 양평)에 들어가 草庵을 짓고 지내다. 고려 태조가 남쪽을 지나다가 그의 이름을 듣고 찾아 가다. 龍門寺는 조선 성종 11(1480)年 貞熹王后가 處安을 시켜 중수케 함.

두유갱(頭乳羹) 훌륭한 요리. 맛있는 음식. 두유·우유 酥酪 頭는 동물의 수효를 세는 數詞.

두자폭(豆子爆) 圖 傳燈錄에 「佛日和尙이 夾山을 만나 "누구와 同行하였는가" 和尙 "나무 위에 앉았읍니다"하고 拄杖을 들어 夾山의 面前에 던졌다. 夾山 "天台에서 왔는가" 和尙 "五嶽이 생하는 것이 아니오" 夾山 "그럼 須彌山에서 왔단 말인가" 和尙 "月宮에서도 만나지 못하였오" 夾山 "그럼 다른 사람에게 가서 얻게" 和尙 "이미 모두 怨家

인걸 누구에게 무엇을 얻었읍니까" 夾山 "찬 잿속에도 한 낱의 탄 콩 알이 있어"하였다. 張無盡 流通의 海眼經偈에 "새로운 經典에 天命을 부치니 願力도 깊어지고 決然히 한 글字가 千金의 價値있음을 알았네. 곧장 콩알이 잿속에서 튀는 것을 찾아도 先生의 用心이 잘 못되었다 고 웃지 마오"하였음.

두장(斗帳) 綾·金襴·錦 등의 織物 로 佛像·佛壇·宮殿·廚子의 앞에 드리우는 帳幕.

※漢劉熙逸雅六에 「帳張也 張施於床上 也 小帳曰斗 形如覆斗也」佛本行集經 十五에 「作甁天子化作一屍 臥在床上 衆人舉 復以種種妙色絹衣張施其上 作於斗帳」起世經四에 「婦女丈夫命終 作種種斗帳幰蓋而普周匝」

두장삼척경단이촌(頭長三尺頸短二寸) 머리의 길이는 三尺, 목의 길이는 二寸이라는 뜻이며 定相이 아닌 相 好를 말함. 옛날 한 스님이 古德에 게 "부처님의 相은 어떠합니까"하 고 물었다. 古德의 말씀이 "頭長三 尺頸短二寸"이라고 하였다. 이는 부처님은 定相이 아님을 暗示하는 말.

두저(杜底) ⓢ 〈Dūta〉 使者라 번역 함.

두정미정(頭正尾正) 頭尾 共히 바르 다는 뜻. 頭尾는 始終의 뜻으로 처 음이나 끝맺음이 모두 바르다는 말. 또한 단순히 始終의 뜻으로 쓰이는 경우도 있음.

두찬(杜撰) 著作이나 議論에 錯誤가 많아서 信用되지 않는 것. 中國 杜 默이 지은 詩가 種種 規定에 맞지 않았다는 故事에서 由來한 것.

두출두몰(頭出頭沒) 물에 빠져서 허 우적거리며 나올 수 없는 상태. 生 死海 가운데 沈沒하였음을 말함. 또는 出沒隱顯의 뜻으로도 쓰임.

두칭(斗秤) ⓢ 〈Kamsa Kāmsa Kūṭa Kuṭa〉 눈금. 저울.

두가(豆佉) ⓢ 〈Duḥkha〉 번역하여 苦라 함. 四諦의 하나. 苦는 煩惱 로 괴롭다는 뜻. 一切의 有爲心行 이 항상 無常患界의 煩惱로 하여 괴로움에 시달린다 함.

두타(頭陀) ⓢ 〈Dhūta〉 또는 杜多· 杜茶·杜陀. 번역하여 抖擻·修治· 洗浣·棄除·陶汰의 뜻. 모든 煩惱 의 티끌을 털어없애고 衣·食·住 에 貪着하지 않으며 청정하게 佛道 를 수행하는 것. 여기에 十二종의 行이 있음. →十二頭陀.

두타공덕(頭陀功德) ⓢ 〈dhūta·guṇa〉 ⓣ 〈sbyaṅs-pahi yontan〉 또 는 頭陀行頭陀事라 함. 곧 身心을 修治하여 貪欲등을 멀리 버리는 것 을 말함. 十二頭陀經에 「阿蘭若의 比丘는 二著을 여의고 形體와 마음 을 깨끗하게 하여 頭陀法을 行한다」 하였음.

두타대(頭陀袋) 頭陀의 修行을 하는 중이 三衣 등을 넣고 行脚할 때에 거는 자루.

두타문(頭陀門) 한 곳에 살지 않고 乞食修行者의 實踐을 말하는 것.

두타십팔물(頭陀十八物) 頭陀가 使用하는 十八種의 道具. 즉 楊枝(이 쑤시개)·澡豆(비누)·三衣(세가지 가사)·물병·바리때·坐具·錫杖·香爐·香盒(漉水囊물거르는 주머니 (수건·칼·부시·족집게·승창 經律·佛像·菩薩像을 일컬음.
※律中之十三資具 爲比丘用物 與此有別 爲後世之修行者制之.

두타원기(頭陀圓忌) 死後 三十三年의 忌辰. 또는 冷照忌·本然忌·淸淨忌.

두타제일(頭陀第一) 十大弟子中 迦葉으로써 頭陀第一을 삼았음.

두타행(頭陀行) ㊩〈Dhūta〉번뇌의 티끌을 떨어버리고 衣·食·住에 貪着하지 않으며 청정하게 불도를 수행하는 것. 頭陀의 行하는 法에 十二種이 있으나 그중에서 흔히 걸식하는 행만을 말함.

두탕(豆湯) 豆乳. (禪苑淸規)

두파칠분(頭破七分) 鬼神이 머리를 쳐서 七分으로 쪼갠다는 뜻.

두피분(頭被焚) →頭燃.

두호(杜鎬) 江蘇省 無錫 사람. 字는 文周, 宋 太宗 때에 秘書閣를 거쳐 大中祥符 年間(1008~1016)에는 禮部侍郞을 歷任함.

두회(逗會) ①統合한다. 꼭 맞게 한다. ②指導를 받은 者에게 適合시킨다는 뜻.

두훈(頭鐏) 둘째 발우. 應量器 중에 세개의 작은 발우를 포개고, 이를 총칭하여 鐏子라 하는데, 그 가장 큰 것을 두훈 또는 次鉢이라고도 한다. 응량기 다음의 발우라는 뜻. 혹은 什器라고도 함은 什物을 담는다는 뜻. 혼히 「두분」이라 읽음.

둔(鈍) 좀처럼 끊을 수 없는 煩惱. (四敎論註)

둔(遁) 世間에서 피하여 숨는 것. (敎行信證)

둔공(鈍工) 退步해서 착실히 공부하는 것.

둔근(鈍根) 鈍은 錐不利(송곳이 뾰족하지 못한 것)를 鈍이라 하고 根은 梵語의 Lnvdriya로 能生·增上의 뜻. 마치 草木의 뿌리가 增上하는 힘이 있어서 줄기와 가지를 자라게 하는 것과 같은 것. 鈍根은 우둔한 根機, 智慧와 德行이 예민하지 못한 이를 말함. ↔利根.

둔근무지(鈍根無智) 宗敎的인 素質이 不足하여 知識이 없는 者를 말함.

둔근열기(鈍根劣器) 태어 나면서 부터 根機가 鈍하고 劣한 者를 뜻함.

둔근인(鈍根人) 태어 나면서부터 能力이 鈍한 者를 말함. (往生要集)

둔기(鈍機) 愚鈍한 根機, 佛道를 배울만한 자가 아니라는 뜻.

둔동이승(鈍同二乘) 천태종에서 化法四敎 중의 通敎는 성문·연각·보살이 함께 배우는 법으로서 얕고 깊은 이치를 한꺼번에 말하였으므로 이것을 배우는 사람들의 利鈍에 따라서 낮게도 알고 높게도 알게 된다. 낮은 鈍根이 천박하게 알면 藏敎와 같은 결과가 되고 수승한 利根이 고상하게 알면 별교·원교에 통하게 되므로 둔근이 통교를 천박하게 알아서 장교인 二乘과 같이 되는 것을 말함.

둔루생(鈍屢生) 屢는 婁와 같음. 生은 助子. 어리석다는 뜻. 俗에서 말하는 바보라는 말. 남을 꾸짖을 때 쓰는 말.

둔륜마(屯崙摩) 甄陀羅王名. 부처님 처소에 와서 琴을 타니 迦葉이 흥이 나서 자리에 가만히 앉아 있지 못했다고 함. (智度論十)

둔리(鈍利) ⑳ 〈mṛdu-tikṣnaindriya〉 鈍한 사람과 銳利한 才智가 있는 사람.

둔사(鈍使) 十使중 身邊邪取戒의 五惑을 五利使. 貪瞋·慢·癡·疑의 五惑을 五鈍使라 함. 使는 煩惱의 다른 이름. 眞理에 어두운 惑을 利使, 事物에 어두운 惑을 鈍使라 함.

둔색(鈍色) ①本來 赤·白·黑·靑·黃의 五正色을 조금 鈍化시킨 色을 말함. ②法衣의 一種. 鈍色衣의 약칭. 무늬가 없는 천으로 만들어 袍服과 비슷하나 袍와 裾가 하나로 되어 있는 것.

둔세(遁世) 世上을 피하여 佛門에 들어감. 이에 通相·別相의 두가지가 있다. 通相의 遁世는 出家하여 佛道에 들어간 것을 말하고 別相의 遁世는 出家中에 出世와 住持로서 대중과 교유하는 것을 버리고 한결같이 스스로 修行하는 者를 遁世者 또는 後世者라 함.
※弘明集十二沙門不敬王者論에 「凡在出家皆遁世以求其志」 唐僧傳(慧勇傳)에 「每思遁世 莫知其所」

둔세문(遁世門) 또는 遁世者라 함. 元來는 世俗을 떠나서 佛道를 修行하는 者를 말하는 것이었으나 中年이 되어 出家하는 者를 特히 遁世라 하였음. 遁世한 者. 門은 分類에 使用됨.

둔세성(遁世聖) 世上을 避하여 僧侶로서의 榮達을 마다하고 佛道修行에만 專念하는 僧을 말함.

둔저(屯阻) 막히고 가리워지는 것.

둔조서로(鈍鳥栖蘆) 鈍鳥는 어리석은 새, 蘆는 갈대, 強風에 물결이 높으면 문득 倒折하는 것이니 이곳에 栖息하는 鳥類는 매우 危險하다. 愚鈍하여 身邊의 危險을 모름에 비유한 것.

둔조역풍(鈍鳥逆風) 영리한 새는 바람의 方向을 따라 난다. 그러므로 빠르고 快하지만, 愚鈍한 새는 反對로 바람을 거슬러 난다는 뜻으로 愚鈍한 사람은 時機를 잃고 일마다

徒勞에 그치는데 비유한 것.

둔천지형(遁天之形) 世上의 人情의 둘레에서 벗어나 몸을 숨기는 仙人의 姿態.

둔철경(鈍鐵鏡) 둔한 鐵로 만든 거울이나 거울 구실을 못하는 쓸모 없는 것. 또는 鈍鐵漢.

둔체(鈍滯) 癡鈍停滯의 준말. 우물쭈물하며 민첩하지 못한 것.

둔치(鈍置) 頑固한 것. 곧 無礙自在하지 못함을 말함. 사람을 痴鈍하게 하는 것을 말함.

득(得) ㉲ 〈Prāpta〉 不相應法의 하나. 鉢羅鉢多라 음역. 사람들에게 유형・무형의 것을 매달리게 하는 작용. 이를테면 악한 사람이 선인이 될 때에 내 몸에 악인의 자격을 떼어 버리고 그 대신 선인의 자격이 따르게 하는 것. 이러한 작용을 得이라 함. 이 得에 四種의 分別이 있는데 ①法俱得. 所得의 法이 現在하니 이 得도 또한 現在한 것. ②法前得. 所得한 法이 오히려 未來에 있어서 生하기 前에 겨우 얻는 것. 비유하면 太陽이 地下에 있으면서 밝은 相이 앞에 나타나는 것과 같음. ③法後得. 所得한 法이 過去에 들어가서 오히려 現在를 얻는 것. 太陽이 西쪽에 넘어가도 남은 빛이 머무르는 것과 같음. ④非前後俱得. 앞에 말한 三得은 有爲法上의 得이고 有爲法은 過去・現在・未來가 같지 않으므로 得에 前後俱가 있다. 無爲法은 不生法이 되며 過去・現在・未來의 分別이 없으므로 所得한 法이 能히 前後俱를 말하지 못한다. 無爲法에 因하여 擇滅 非擇滅이 得에 卽하므로 前後俱의 得이 아니라고 말한다. 小乘薩婆多에서 세운 이 得은 一種의 實法이며 成實宗과 大乘에서 세운 假法이 된다고 함.

득계(得戒) ㉲ 〈Samrara āpti〉 善의 律儀를 얻는 것. 他人으로 부터 戒律을 받고 戒體(無表色)를 내몸에 發得시키는 일.

득계사미(得戒沙彌) 比丘가 重罪(小乘四大乘十)를 犯하니 즉시 들통이 나 마음속에 숨길 수 없어 고민함을 본 大衆스님들이 四羯磨와 擧戒法으로 사뢰니, 이미 比丘라 할 수 없으나, 그렇다고 일단 僧侶된 몸이라 袈裟마저 벗어던질 수 없는 立場이라 큰 스님과 함께 住함을 일컬음.

득과(得果) ㉲ 〈Phala-prāpti〉 結果를 얻는 것. 三乘의 聖者가 各各 自乘(自己의 實踐法)의 目的을 達成하는 일.

득금강신원(得金剛身願) 또는 那羅延身願. 彌陀佛三十八願중 第二十六願의 이름. →那羅延身.

득기(得起) ㉲ 〈Sampra vrt〉 나타나는 것.

득누진지력(得漏盡智力) 智漏盡力과 같음. →智漏盡力.

득대세(得大勢) 菩薩의 이름. 大勢至를 이름. →勢至.

득대세명왕(得大勢明王) 得大勢菩薩이 蓮華部의 持明王이 된 까닭에 明王이라 일컬음. →勢至.

득대현응(得大顯應) 光明이 修行에 따라 增進하는 것. 十念行地의 名目.

득도(得度) 巴〈ogham tarati〉 ①救한다. 救援할 수 있다. 迷한 世上에서 깨침의 彼岸에 到達하는 것. 輪廻의 흐름에서 건너가는 것. 깨달음. ②覺을 얻음. 究極. ③僧이 되는 일. 在家에서 佛門에 들어가는 것. 出家와 같음.

득도(得道) 三乘이 각각 迷惑을 斷盡하고 眞理를 證得하는 智慧를 道라 하며 三學을 行한다. 이 智를 發함을 得道라 함. 得道者. 得道人.

득도식(得度式) 중이 될 때에 행하는 儀式. →得度.

득도유무(得道有無) 道(깨달음)를 얻느냐 얻지 못하느냐의 뜻.

득도인(得道人) 巴〈arahāt〉阿羅漢을 말하는 것. →阿羅漢.

득도인연경(得道因緣經) 給孤獨長者女得度因緣經의 약칭.

득도자(得道者) 梵〈Prāpta-phala〉이미 깨침을 얻은 者라는 뜻. 解脫者.

득도제등석장경(得道梯橙錫杖經) 一卷. 譯者 未詳. 錫杖은 得道의 사다리가 된다는 뜻. 이 설은 律制의 錫杖과는 다른 것임.

득도탈자(得度脫者) 巴〈vitarāga〉貪欲을 떠난 者.

득도혹문(得度或問) 一卷. 曹洞宗. 面山瑞方이 편찬. 得度의 方法, 功德 등을 問答體로 說示하여 一定하지 않던 得度의 法式을 一定하게 하였음. 卷頭에 面山의 自序, 卷尾에 一梁의 跋文이 있음. 寶曆十三年三月 刊行.

득득(得得) 唐나라의 俗語로 모처럼이란 뜻. 일부러, 특별히, 그럴듯하게, 부질부질이란 뜻.

득리(得利) 利益을 얻음. 깨달음을 얻는다는 뜻.

득멸(得滅) 巴〈nibhāti〉安樂한데 들어가는 것.

득무상(得無上) 梵〈labha ānuttarya〉利得이 이 以上 없는 것.

득무생인(得無生忍) 無生法忍을 얻은 것.

득법(得法) 佛法의 妙를 會得하였음을 이름.

득법분제(得法分齊) 理解해서 얻은 範圍.

득법분제처(得法分齊處) 分齊處는 각각 定해진 자리라는 뜻. 法을 實際로 얻은 位置라는 말.

득변재지원(得辯才智願) 阿彌陀佛四十八願中 第二十九願의 이름. 極樂에 往生한 사람에게 辯才와 智慧의

願을 얻게하는 것.
※無量壽經上에「設我得佛 國中菩薩 若 受讀經法 諷誦持說 而不得辯才智慧者 不取正覺」

득병십연(得病十緣) 佛說醫經에서 說한 것으로 병을 얻게 되는 열가지 緣. ①오래 앉아 있는 것. ②음식을 조절하지 않는 것. ③근심·걱정을 많이 하는 것. ④극도로 피곤한 것. ⑤음탕한 욕심. ⑥성내는 것. ⑦대변을 참는 것. ⑧소변을 참는 것. ⑨호흡을 참는 것. ⑩방귀를 참는 것.

득불퇴전원(得不退轉願) 四十八願중의 第四十七願. 他方 國土의 菩薩이 彌陀의 名號를 듣고 곧 찾아가서 不退轉의 位에 住한 것.

득삼법인원(得三法忍願) 阿彌陀佛 四十八願中의 四十八願. 他方佛國土의 菩薩이 阿彌陀佛의 名號를 들으면 第一 第二 第三의 法忍을 얻도록 誓한 것.

득생(得生) 極樂淨土에 還生하게 된 것.

득생상(得生想) 如來의 回向發願을 行者에게 獲得시킨 것으로 行者의 마음에 欲生心이 일어나는 形態. 必得往生의 想이라고 하는 것으로 決定 必定得土에 往生한다는 마음에 定한 일.

득생정토신주(淨生淨土神呪) 拔一切業障根本得生得土神呪의 약칭.

득성불도(得成佛道) 佛道를 이룩하는 것. 成佛.

득수(得髓) 玄理의 至極함을 얻었다는 뜻.

득승(得乘) 三大乘의 하나. 得果와 得機를 말한다. 자기가 佛果를 얻는 것과 중생의 근기에 따라 교화하는 것.

득승(得繩) 有部宗에서 설한 十四不相應法중에 名得者가 一切의 有情法으로 하여금 人身중에 얽어매어 떠나지 못하게 하므로 繩에 비유함.

득승당(得勝堂) 天帝가 修羅와 싸워 이긴 다음, 毘首羯磨를 시켜 最勝之堂을 짓고 得勝堂이라 함.

득실(得失) 得喪과 같음. ①잃음과 얻음. ②이익과 손해 ③成功과 失敗 ④長處와 短處등 여러가지의 뜻이 있음.

득안림(得眼林) (梵)〈Andhavana〉中印度 사위국 기원정사 부근에 있는 원림의 명칭. 또는 安陀林·安和林이라 하며 闇林 晝闇院이라 번역한다. 또는 開眼林이라고 함.

득업(得業) ①學僧의 課程을 끝낸 승려의 칭호. ②淨土宗·眞宗에서 일컫는 僧의 學階의 하나.

득업생(得業生) 學問을 硏修하는 學生을 말함.

득오(得悟) 깨닫는 것.

득우(得牛) 十牛의 하나. →十牛.

득의(得意) 親한 벗.

득의망언(得意忘言) 文句에 구애되

지 않고, 眞意를 吟味한다는 뜻.
※僧肇之寶藏論에 「得意忘言 一乘何異」

득익(得益) ①깨달음을 편안하게 얻는 것. ②利益. 또는 利益을 얻는 것.

득익분(得益分) 善導之觀經疏科 本經之 王宮會를 四分으로 나눈 第三을 得益分.

득인(得忍) 眞理를 깨달은 安樂한 자리에 住하는 것.

득인욕평등(得忍辱平等) 견디고 참아서 平等을 얻는 것. 菩薩의 功德名號의 하나.

득일법통일법(得一法通一法) 佛道修行에서 하나의 법을 얻는 일은 法全體를 通達하는 것이라는 말.

득입(得入) 佛道에 들어 갔음을 말함. 得은 證得入은 悟入.

득정(得定) 곧 三三昧·三解脫門을 가리킴.

득증(得證) 梵 ⟨abiisamaya antika⟩ 깨달음을 얻는 것. 깨달음.

득차도청정(得此道淸淨) 解脫을 得한 道의 깨끗함. 解脫의 道가 淸淨한 것. 四淸淨法의 하나. →四淸淨法.

득천안능관일체력(得天眼能觀一切力) 梵 ⟨Cyuty utpatti jñāna-dara⟩ 知天眼力과 같음. →知天眼力.

득청량(得淸凉) 欲望의 火焰이 꺼져서 식어 버렸다는 뜻. 如來와 同義語.

득촌간(得村間) 聚落間淨와 같음. →聚落間淨.

득총지(得總持) 梵 ⟨dhāraṇi-pratilabdha⟩ 呪文을 休得한 것. 菩薩의 功德名號의 하나.

득치(得宜) 梵 ⟨āvāgayitvā⟩ 마음에 든다. 梵語의 原意는 ①얻는다. 到達한다. ②기쁘게 하다. 만족시키다의 두가지 뜻이 있음. 이 경우에는 后者의 뜻. (法華經)

득탈(得脫) 해탈을 얻음. 모든 煩惱生과 死의 束縛을 벗어나서 菩提·涅槃의 妙果를 증득하여 자유롭게 됨.

득통(得通) ①조선 승려. 涵虛堂 己和의 법호. →己和. ②通力(不可思議한 偉大한 法力)을 얻음.

득편의(得便宜) 便宜는 便利. 便利하게 되었다는 뜻.

득해탈(得解脫) 梵 ⟨Vimuktir visamyogaḥ⟩ 本質的으로나 實際的으로나 모든 塵染으로부터 自由롭게 解放된 것. 離垢淸淨과 같다. →離得淸淨.

득행(得行) 梵 ⟨abhinir-hāra⟩ 行하여 體得하는 것.

득현응(得顯應) 梵 ⟨āloka-labdha⟩ 光明을 얻음. 十念行地의 名目.

등(等) 等類란 뜻. 일부분을 들어서 다른 平等·等級을 줄이는 말. 여기에 두 가지 용법이 있다. 열거하려는 것을 모두 든 뒤에 等자를 놓는 것과, 열거하려는 것 중에서 두 셋만 들고 등 자를 놓아서 다른 것을 類取하는 것. 앞에것을 向内等·向上等·向前等, 뒤에것을 向外等·向下等·向後等이라 한다. 이를테면 "눈 등 六識"하면 향외등, "눈·귀·코·혀·밥·뜻 등, 六識"하면 향내 등이라 함. →向内等.

등(燈) 梵 〈儞播=Dipa〉六種供具의 하나. 佛前에 켜는 등불. 부처님의 智波羅蜜을 표시함. →燈明.

등(磴) 山 언덕에 있는 오르막 길을 말하는 것.

등각(等覺) ①부처님의 다른 이름. 等은 평등, 覺은 覺悟의 뜻. 모든 부처님이 깨달은 것은 한결같이 평등하므로 등각이라 한다. ②等正覺·金剛心·一生補處·有上士라고도 한다. 보살이 수행하는 지위 점차 중에서 第五十一位의 이름. 이는 보살의 極位로서 그 지혜가 萬德 원만한 부처님과 대개 같다는 뜻으로 등각이라 함.

등각금강심(等覺金剛心) 菩薩이 三祇百劫동안 修行하여 因地의 最後인 等覺位에 올라 金剛喩定에 듦을 말한다. 金剛喩定은 바로 成佛하려는 때에 들어 가는 定으로 知慧가 堅固하므로 金剛에 비유함. 一念으로 無始無明을 打破하고 無上한 佛果의 因位에 도달하는 최후의 道心을 말함.

등각대사(等覺大士) 大士는 보살의 다른 이름. 등각의 자리에 도달한 보살. →等覺.

등각보살(等覺菩薩) 等覺位의 菩薩을 뜻함. →等覺.

등각성(等覺性) 부처가 되기 一步前의 자리를 말하며 부처님의 바로 밑의 자리를 말하는 것. 第十地의 最後를 金剛喩定이라 하며 一切의 煩惱를 斷切한 때를 等覺性이라 함.

등각위(等覺位) 十地以上의 等正覺의 地位를 말함.

등각이하(等覺己下) 等覺은 一生補處菩薩을 일컬음. 지금의 彌勒菩薩의 이름. 下地에서 보면 비록 佛과 같은 것 같으나, 極細한 一品無明未盡함이 있으므로 菩薩이라 칭함. 下라 함은 下位 九地 三賢을 가리킴.

등각이하(等覺以下) 等正覺 이하라는 뜻. 等正覺이란 菩薩修行의 階位가 五十二位(十信·十住·十行·十回向·十地·等覺·妙覺) 있는 가운데 五十一位에 該當됨. 内容的으로는 부처님의 깨달음과 對等하지마는 實際에 있어서는 一步直前에 있는 것.

등거(燈炬) 커다란 횃불. 彌陀의 誓願을 커다란 횃불에 比喩한 것.

등견(等見) 巴 〈Sammā·ditthi〉 正見과 같음. →正見.

등고좌(登高座) ①誦經導師가 禮盤에 오르는 것. 諸法會儀則上에 그 式을 기록함. ②讀經時에 尊師가 올라 앉는 高座. 須彌壇의 正前에 있고, 그 앞에는 經凳을 왼쪽에는

香爐台, 바른 쪽에는 磬鍾을 달아 둔다.

등공(等供) 또는 等得. 大衆의 食法이 上座로 부터 下末에 이르기 까지 食物을 平均하게 나눈 다음, 維那가 等供, 혹은 等得을 부른 뒤에 먹기 시작함.

등공(等空) 虛空에 對等한다는 뜻.

등공법계(等空法界) 等은 如의 뜻. 즉 허공과 같은 法界란 뜻. →法界

등과(登科) 科擧에 及第하는 것.

등관(等觀) 一切平等히 事理를 觀念함.
※無量壽經下에 「等觀三界 空無所有」 涅槃經一에 「等觀衆生 如視一子」

등광범지(燈光梵志) 止觀輔行二에 「驚上菩薩經에 이르기를 過去 無數한 梵志가운데 燈光이라 이름한 분이 있었다. 林藪間에서 吉祥願을 行하면서 四百二十세를 지내고 摩竭國에 들어 가니 陶工의 딸이 梵志의 端正함을 보고 앞에 나아가서 梵志에게 말하기를 "내 欲心이 없으나 너에게는 참을 수가 없으니 내 自害할길을 찾으리라" 梵志가 스스로 生覺하기를 〈나는 恒常 戒를 지켜 왔으니 만일 犯하게 되면 吉祥이 아니다〉하고 七步를 물러나서 곧 慈心을 일으켜 생각하기를 〈戒를 犯해야 되겠다. 그렇지 아니하면 女人이 죽을 것이니 차라리 女人을 便安하게 하고 나는 地獄에 떨어지리라〉하고 그의 願을 따르니 十二 年을 지난 뒤에 마침내 梵天에 태어남.

등광비(燈光譬) 梵〈taila·pradyoia-dṛṣṭānta〉 燈光의 비유.

등기(等起) 梵〈samutthana〉 巴〈samutthana〉 西〈Kun·nas slon·ba〉 한결같이 함께 일어나는 것. 또는 緣起라고 한다. 뜻이 因이 되어 身·語 二業을 일으키며 또한 同時에 俱行하는 것을 말함.

등기(燈期) 燈불을 밝히는 時期. 三月 三辰 四月 八日 七月 七夕등을 말하는 것.

등기불선(等起不善) 四種不善의 하나. 自性不善·相應不善에 따라 일어나는 몸·입의 表業·無表業과 不相應行法을 말함.

등기선(等起善) 四種善의 하나. 自性善·相應善과 함께 일어나는 몸. 입의 表業·無表業과 不相應行法을 말함. →善惡

등념(等念) 올바른 생각을 말함. →正念.

등단(登壇) 戒壇에 오르는 것. 곧 戒法을 받는다는 뜻.

등단수계(登壇受戒) 高壇을 쌓아 授戒式을 올리는 곳을 戒壇. 受는 이 壇에 올라 戒를 받는 것.

등동(等同) 한결같은 모양을 말함.

등두(燈頭) 또는 油頭. 禪寺에서 燈油 따위를 맡고 등불을 보살피는 직책.

등득(等得) 等供의 다른 이름. →等

供.

등등(騰騰) 공중에 날듯이 自在함.

등란(謄蘭) 摩謄과 竺法蘭. 佛敎를 처음으로 中國에 傳한 사람.

등량(等量) ㉫ 〈Tulya〉 對等한 分量을 말하는 것.

등려(等侶) 同類人.

등련소연(等蓮所緣) 大乘境界의 하나. 第八地에 이르는 修道의 境界를 말함.

등로(燈爐) 世俗에서 흔히 쓰는 燈籠.

등롱(燈籠) 法堂앞에 등불을 켜기 위하여 쓰는 기구. 처음엔 僧房안에서 쓰던 것을 뒤에는 法堂에서도 쓰고 또는 庭園이나 길가에 켜기도 하였다. 지금은 石燈籠이나 유리등롱이 사용되지만 부처님 계실 적에는 대로 만든 초롱에 엷은 천이나 운모를 붙여 사용하였다. 여름철 밤 誦經할 적에 뛰어드는 벌레를 막기 위하여 대나 나무등으로 만들어 종이를 바른 燈 덮게.

등류(等流) ㉫ 〈Niṣyada〉 等은 비슷한 것 流는 같은 종류 두 가지가 서로 비슷함을 이름. 因流에서 果가 나오고 本流에서 果가 나오고 本流에서 末이 나와 因果와 本末이 서로 비슷함. 甲에서 나왔으나 甲과 다름이 없는 것.

등류과(等流果) ㉫ 〈Niṣyanda·phala〉 五果의 하나. 六因 중에서 同類因·遍行因으로 생기는 결과. 인과 관계에서 因이 善하면 果도 선하고, 인이 惡하면 과도 악한 것처럼, 原因과 같은 結果를 말함. 例를 들면 前의 생각이 善하지 않은 마음에서 나온 것이면 뒤에 생각도 善하지 않은 마음에서 나오는 것을 말하며 이를 不善業이라 한다. 果性은 因性과 같으나 뒤에 나오는 까닭에 等流果라 한다. 또 等流란 등이 같으면서 流가 類似하다는 뜻으로 因果의 性이 同類이므로 等流라 한다. 舊譯에서는 習果라 하여 因에 對하며, 六因中에서 同類因과 編行因에 따라 생기는 것을 等流果라 한다고 함. 唯識論二에 「等流果는 果가 因과 같기 때문이다.」하였고 俱舍論六에 「等流果는 自因法과 같다. 同流果라 한 것은 同類·偏行 二因과 같기 때문이다」하였으며 唯識述記二에 「等은 相似함을 말하고 流는 類似함을 말한다.」하였음.

등류상속(等流相續) 같은 種類의 것이 그 성질을 변치 않고 한결같이 계속하는 것.

등류습기(等流習氣) 또는 名言習氣·名言種子. 등류는 같은 종류란 뜻. 習氣는 種子의 다른 이름. 제八識에 감추어진 종자가 그로부터 일어나는 결과인 언동과 사상이 되어서 몸·입·뜻에 나타나는 현행법과 비슷할 때, 그 종자를 등류습기라 한다. 악한 因에서 악한 果를 내고

善한 因에서 선한 결과를 내고, 無記因에서 무기과를 내는 것과 같이 자기와 비슷한 과를 내는 종자를 등류습기라 함.

등류신(等流身) 四種 法身의 하나. 자세히는 等流法身. 부처님의 몸이 변화하여 사람·하늘·귀신·짐승과 같은 모양을 나타내는 것을 말한다. 만다라 외금강부의 사람·하늘·귀신·짐승은 모두 대일여래의 등류신이라 한다. 법화경 보문품에 말한 三十三身은 관세음보살의 등류신임.

등류심(等流心) 五心의 하나. 바깥 경제와 어울려 생기는 마음이 앞뒤가 바뀌지 않고 계속되는 것을 말한다. 이를테면 染心은 염심과 상속하고, 淨心은 정심과 상속하는 것을 말함.

등류최승(等流最勝) 菩薩의 十種修行(十波羅蜜)이 最勝한 理由에 하나. 初地以外의 他 八地는(第二地—第九地) 十種의 修行을 行함에 依하여 初地에서 흘러 나온 結果로 가장 殊勝한 것을 말하는 것.

등류(等倫) 같은 동지. 한패.

등멸방성(燈滅方盛) 燈光이 꺼지려 할 때 잠시 반짝하듯, 佛法이 장차 멸할 때, 一時 彩然히 法盛할 것을 豫言한다는 뜻.

※止觀六에「初果猶七反未盡 如燈滅方盛」法滅盡經에「吾法滅時譬如油燈 臨欲滅時光明更盛 於是便滅 吾法滅時亦如燈滅」

등명(燈明) ㉫〈Dipā〉六種 供具의 하나. 佛·菩薩前에 바치는 등불. 이것은 불·보살의 지혜가 밝은 것을 표방한 것. 등은 예배·독경할 때에만 켜기도 하고, 또는 밤낮으로 켜는 長明燈이 있다. 향·꽃과 함께 供養하는데 쓰임.

등명불(燈明佛) 日月燈明佛의 약칭. 過去에 出世하여 지금의 釋迦佛이 六瑞相을 나타냄과 같이 法華經을 설한 佛.

등목보살소문삼매경(等目菩薩所問三昧經) 또는 普賢菩薩定意經. 三卷. 西晉의 竺法護가 번역함. 곧 華嚴經의 十定品.

등묘(等妙) 等覺과 妙覺의 병칭. 大乘의 階位 五十二級 中 第五十一位를 等覺, 第五十二位를 妙覺이라 한다. 곧 佛果를 말함. 等覺은 十四日의 달이요, 妙覺은 十五日의 달임.

※二十七尊出生義에「削地位之漸階 開等妙之頓旨」

등묘각왕(等妙覺王) 부처님의 존칭. 等은 等覺, 因位의 수행이 원만함을 표하고, 妙는 妙覺, 果地의 萬德이 만족함을 표한다. 부처님은 因圓·果滿한 覺者이므로 이같이 말함.

등묘금강(等妙金剛) 菩薩. 胎藏界 金剛手院 第三行 第六位. 密號를 細細金剛이라 하며 佛의 內殿을 맡고

있다. 肉色이며 바른 손의 大指와 頭指를 세우고 그 사이에 獨股를 세웠으며 남은 三指는 굽혔다. 左手는 忿怒三股를 잡고 무릎위에 놓았으며 赤蓮華에 앉아 있다고 함.

등묘이각(等妙二覺) 等覺과 妙覺으로 佛位를 말하는 것.

등무간연(等無間緣) 梵〈Samanantara·praty·aya〉四緣의 하나. 心·心所가 前念 後念으로 옮아 변할 때에, 전념에 없어진 마음이 길을 열기 위에 생기는 마음을 끌어 일으키는 원인이 되는 것을 말한다. 佛敎에서는 두 마음이 한꺼번에 일어난다고 하지 않으므로, 마치 두 사람이 외나무다리를 건널 적과 같이, 전념이 識域에서 떠나서 그 위치를 주지 않으면 후념이 생기지 못한다고 한다. 이 때에 전념·후념의 심·심소의 수는 설사 많거나 적거나 같지 않더라도, 그 주체는 앞뒤가 평등하여 하나이므로 等이라 하고, 後念 前念과의 사이에 설사 얼마의 시간이 경과하더라도 다른 마음이 그 사이를 뜨게 하지 않고 곧 생기므로 無間이라 한다. 이 等無間緣은 心法에만 국한되고 다른 법에는 통하지 않는다. 또 阿羅漢이 涅槃에 들려는 最後心의 心·心所를 제하고는 모든 마음의 작용은 반드시 이 관계를 갖는 것이라 함.

등무간연의(等無間緣依) 또는 開導依. 三種 所依의 하나. 心·心所가 前念 後念으로 옮아 변할 때에, 전념의 마음이 후념의 心·心所를 생기게 하기 위하여 所依가 된다는 뜻으로 前念의 마음을 말한다. 곧 後念의 심·심소는 전념의 마음이 멸하여 識域을 넘겨 받고야 비로소 생기는 것이므로, 후념 심·심소에서 전념의 마음을 바라보고 말하는 것.

등무이무별(等無異無別) 梵〈nirviśiṣṭa〉對等하여 區別이 없는 것.

등미(等味) 涅槃平等一味의 性德을 말함.
※勝鬘經에「智慧等故得涅槃 解脫等故得涅槃 清淨等故得涅槃 是故涅槃一味 等味 謂解脫味」

등방편(等方便) 올바른 努力을 말하는 것. 正精進.

등보살(燈菩薩) 金剛界 曼茶羅 外四供養菩薩의 하나.

등사유(藤蛇喩) 凡夫가 迷惑된 마음에 나타난 相을 執着하여 實相이라고 믿는 것을 藤蔓을 보고 蛇라 하는 것에 比喩한 말.

등쌍(等雙) 나란히 놓고 比較하는 것. 같은 것이 없다는 뜻.

등선(登仙) 仙人이 되는 것.

등수순일체중생(等隨順一切衆生) 十回向位의 第七. →十回向.

등시(等時) 梵〈Sama·Kalatva〉同時인 것.

등신(等身) 諸尊의 형상을 造成하는

데 자기의 身長과 같은 것을 이같이 말함.

※瑜祇經에「凡一切瑜伽中像 皆身自坐等量畫之」又佛有等身 晉華嚴經云等身 新華嚴經云是等身.

등신불(等身佛) 自己를 위하여 어떤 發願으로 佛像을 만드는데 자기의 키와 똑같이 만든 佛像.

등심(等心) 一切衆生에게 怨과 親을 平等하게 생각하는 마음. 또는 諸行을 均等하게 修行하는 마음. 無量壽經下에「等心·勝心·深心」이라하고 智度論八에「等心이란 一切衆生에게 怨과 恚가 없는 것이다.」하였으며 探玄記二에「有益한 物件을 생각함이 없으므로 等心이라 한다」하였고 大經淨影疏에「諸行을 갖추어 닦으므로 等心이라 한다.」하였음.

등왕(燈王) 維摩經에 東方에 世界가 있어 이름을 須彌相, 그 佛號를 須彌燈王이라 함. 그 師子座의 높이는 四萬八千 由旬이나 된다. 維摩詰이 神通力을 나타내어 即時 그 佛을 三萬二千 師子의 座로 보내니 維摩詰室에 들어왔다 함. 謝靈運의 賦에「燈王의 贈席에 應하다.」함은 이것을 읊은 것임.

등운소연(等運所緣) ㊀ 〈Prasathatva·ālambana〉 大乘境界의 하나. 第八地의 修道의 境界.

등원(等願) 諸佛의 平等한 誓願. 四弘誓願을 가리켜 말함. 阿彌陀佛을

讚頌한 偈에「或覩淨土興等願」이라 하였음.

등위(登位) ①十地에 오른다는 뜻. ②位에 오른다는 뜻. (四分律)

등은봉(鄧隱峰) 中國 福建省 邵武·사람. 姓은 鄧氏. 號는 五臺. 그때 사람들이 鄧隱峰이라 불렀다. 처음 馬祖門下에 있다가 후에 石頭希遷을 參訪하였으나, 契悟한 바가 없어, 다시 馬祖를 찾아가 省悟하였다. 唐 中和(881~884)年 中에 入寂코자 대중에게 묻기를 "여러 곳에서 앉아 죽은 이는 내가 보았지만 서서 죽은 이도 있었는가" 大衆 "서서 죽은 이가 많읍니다" 그러면 "꺼꾸로 서서 죽은 이가 있었느냐" 大衆 "그렇게 죽었다는 이는 보지도 듣지도 못하였읍니다"고 대답하니 隱峰이 꺼꾸로 서서 죽으니, 옷자락이 그대로 있고 밑으로 내려오지 않았다고 한다. 大衆이 茶毘하려 했으나 시체가 움직이지 않아서 어찌할 바를 모르고 있는데 그의 누이동생인 比丘尼가 곁에 가서 "오빠는 生前에 戒律을 좇지 않고 莫行莫食하더니 死後에 또 사람을 현혹케 합니까"하며 손으로 미니 넘어졌다고 함.

등의(等意) 慈悲心. (普法意經)

등인(等引) ㊀ 〈Samāhite〉 三摩呬多라 음역함. 定의 다른 이름. 等은 마음에 혼침과 掉擧가 없고 평정 평등한 것. 사람이 선정을 닦으

면 이 等을 일으키게 되므로 等引이라 한다. 唯識述記六에 「差等의 執着은 定을 通하여 없어지고 다만 境의 뜻에 注한다. 等引은 오직 定心의 慶으로 意注가 되며 等引은 한결 같이 끌어 옴으로 等引이라 한다. 身心中에 分位가 있어서 安和한 性과 平等한 時를 等이라 하며 이것이 定力을 따르므로 이 자리가 생긴다. 引하여 等이 생하므로 이름이 等引(中略)이라 함. 梵에서 말하는 三摩呬多를 우리 나라에서 等引이라 하고 三摩地를 等持라 함.

등인선(等引善) 等引은 禪定. 禪定과 함께 이루어지는 善을 말함.

등일(等一) 平等一心의 뜻.

등일대거(等一大車) 法華經 譬喩品에 설한 것으로 長者가 諸子에 下賜한 大白牛車, 等一은 平等一味의 뜻이며 이 大車가 諸法實相으로써 本體를 삼는 까닭에 等一이라 일컬음.
※經에 「爾時長者 各賜諸子等一大車」

등일체제불(等一切諸佛) 十廻向의 第三位. →十廻向.

등자(等慈) 平等한 慈悲. 楞嚴經一에 「阿難이 応器(比丘의 食器)를 갖고 다니던 城을 차례로 돌며 구걸하는데 바르게 等慈를 베풀어 貴賤을 가리지 않고 一切衆生의 無量 功德이 圓成토록 發意하였다」 同長水疏에 「軌則如來, 行平等慈」라 하였음.

등자(橙子) 발을 올려 놓기 위하여 椅子앞에 놓는 小几. →踏床.

등절(燈節) 燃燈節의 略稱.

등정(等正) 梵〈Sammā·samādhi〉 바른 精神統一. 바른 瞑想. 正定과 같음. →同定.

등정각(等正覺) 梵〈Samyaksambuddha〉 부처님 十號의 하나. 三藐三佛陀라 음역. 正等覺·正遍智·正遍覺라고도 번역함. 부처님은 평등한 正理를 깨달았으므로 이같이 말함.

등제(等諦) 俗諦의 別稱. 世俗의 모든 法이 하나가 아니라는 뜻.

등좌(登座) 禪宗에서 法師가 장차 座臺에 오를 때 그 자리를 가리키며 법문하는 것을 登座라 말함. (象器箋)
※禪宗之師將陞座 指座有法語 謂之登座 見象器箋

등좌고(登座鼓) 住持가 須彌座에 오를 때에 치는 북, 한 階段 오르면 한번씩 치는 것.

등주(登住) 菩薩의 階位에 十信·十住·十行·十廻向·十地·等覺·妙覺 등이 있는데 그 가운데 十住位에 들어 감을 登住라 함. →登地.
※然圓敎菩薩之十住卽當於別敎菩薩十地之位 圓敎之菩薩 有登住已去一分之斷惑證理 別敎之菩薩 於登地以後成之 法華玄義五에 「無明是同體之惑 如水內乳 唯登住已去菩薩鵝王能嗛無明乳 清法性水 從此已去乃判眞因」 釋門歸敬儀中에 「眞俗並觀 登住方修」

등주(燈炷) 梵 ⟨aloka⟩ 燈心. 燈의 光明.

등중생계(等衆世界) 衆生界를 두루 한다는 뜻. 一切衆生을 度脫한다는 뜻에 該當됨. 起信論에「大誓願을 세워서 모두 度脫시켜 衆生界를 均等하게 한다」하였음.

등지(等至) 梵 ⟨Samāpatti⟩ 三摩鉢底의 번역. 身心이 平等하여 安樂한 狀態를 말하는 것.

등지(登地) 梵 ⟨Bhūmyākramaṇa⟩ 또는 鎭地. 보살 수행의 지위 점차 중에서 十地의 자리에 오르는 것을 말한다. 이 자리에 오르면 벌써 1분의 眞如를 증득하여 영원히 三界의 迷한 경계에 돌아오지 않고, 점차로 나아가 佛果에 도달하는 것이므로 그 이하의 보살에 대하여 분별하는 것.

등지(等持) 梵 ⟨Samādhi⟩ 三摩地·三摩提·三昧라 음역. 定의 다른 이름. 정을 닦으면 마음이 한 경계에 머물러 산란치 아니 함을 말한다. 평등하게 유지되므로 등지라 함.
※俱舍論二十八에「等持者爲定 名異體同 故契經說心定等定 名正等持 此亦名爲心一境性」

등지(等智) 十智의 하나. 世俗의 작은 일들도 아는 智慧.
※大乘義章十五에「言等智者 世俗之慧 等知諸法 故名等智」

등지(燈指) 比丘의 이름. 王舍城 長子의 아들이 출생할 때 한가닥 빛을 발하였으므로 燈指라 일컬음. 初年에 富, 中年에 貧, 末年에 또 富하였음. 出家하여 羅漢果를 얻었음.(燈指因緣經)

등지보살(登地菩薩) 初地에 드는 歡喜地行位의 菩薩.

등지삼매(等至三昧) 大日如來가 示現한 大悲胎藏曼茶羅 莊嚴大會의 三昧.

등지인연경(燈指因緣經) 一卷. 秦 羅什의 번역. 燈指比丘가 俗世에 있을 때 前後는 富하였으나, 中間은 貧困하였던 往昔宿因을 說한 것.

등지조(等持調) 梵 ⟨Samādhātṛ⟩ 바른 길로 引導하는 것.

등집중덕삼매경(等集衆德三昧經) 三卷. 西晉의 竺法護가 번역. 集一切福德三昧經의 異譯.

등척(登陟) 올라가는 것. (碧岩錄)

등촉계(燈燭契) 부처님 앞에 등촉을 켜기 위하여 모은 契.

등한(等閑) 마음에 두지 않고 대수롭지 않게 생각함.

등해탈(等解脫) 巴 ⟨Sammā vimutta⟩ 完全한 解脫. 바른 解脫을 말함.

등향(等香) 梵 ⟨Sama·gardha⟩ 같은 香氣, 적당한 향기의 뜻.

등허(騰虛) 梵 ⟨Paranaṇpathena⟩ 虛空에 날아 올라간다는 뜻.

등현(等現) 梵 ⟨Prādur·bhava⟩ 出現. (俱舍論)

등활지옥(等活地獄) 八熱地獄의 하나. 南贍浮洲 아래 一千 由旬 되는 곳에 있다는 지옥. 이 지옥에 나는 중생은 서로 할퀴고 찌르며 옥졸들도 쇠몽치를 가지고 罪人들을 때려 부수고 칼로 살을 찢는다고 한다. 죄인이 죽으면 서늘한 바람이 불어와서 살아나게 되며, 혹은 옥졸이 쇠칼퀴로 땅을 두들기면서 살아나라고 하거나 혹은 공중에서 나는 소리를 듣고 살아나서 전과 같이 된다고 해서 等活이라 한다. 산목숨을 죽인 이가 이 지옥에 떨어진다고 한다.

디파팜사(dipavamsa) 島史의 뜻. 錫蘭島를 중심으로 하여 釋尊當時부터 西曆世紀初에 이르기까지의 사이에 불교의 傳播事實을 記述한 것. 巴梨文으로서 全篇偈述으로 되어 있고 약 二十二장 있음.

韓國 佛敎大辭典 1

初版 發行●佛紀 2526年(西紀 1982年) 9月 15日
重版 發行●佛紀 2543年(西紀 1999年) 2月 25日

監　修●閔　　泳　　珪
　　　　趙　　明　　基
編　者●韓國佛敎大辭典編纂委員會
發行者●金　　東　　求
發行處●明　　文　　堂
서울특별시 종로구 안국동 17~8
대체　010041-31-0516013
전화　(영) 733-3039, 734-4798
　　　(편) 733-4748
FAX 734-9209
등록　1977. 11. 19. 제1~148호

●낙장 및 파본은 교환해 드립니다.
●불허복제・판권 본사 소유.

값 35,000원
ISBN 89-7270-091-6
ISBN 89-7270-009-6 (전7권)

불상·탱화·불서·불교용품일체
고려불교예술원
부산광역시 부산진구 안지동 72-33번지
전화. 807-6842
FAX. 807-6843